トマ・ピケティ
THOMAS PIKETTY

格差と再分配

20世紀フランスの資本

山本知子 山田美明 岩澤雅利 相川千尋［訳］
若田部昌澄［解説］

Les hauts revenus en France
au XXe siècle
Inégalités et redistributions
1901-1998

早川書房

格差と再分配

——20世紀フランスの資本

LES HAUTS REVENUS EN FRANCE AU XXe SIÈCLE
Inégalités et redistributions, 1901-1998
by
Thomas Piketty

Translated by
Tomoko Yamamoto, Yoshiaki Yamada,
Masatoshi Iwasawa and Chihiro Aikawa
First published 2016 in Japan by
Hayakawa Publishing, Inc.
This book is published in Japan by
direct arrangement with
Les Éditions Grasset & Fasquelle.

装幀／川添英昭

凡　例

一・本書は*Les hauts revenus en France au XXe siècle: Inégalités et redistributions, 1901-1998*（Grasset, 2001）の翻訳である。

一・翻訳にあたっては、フランス語の新版（Grasset, 2014）を底本として用いた。

一・訳注は〔　〕で囲み、本文より級数を下げて記載した。

一・二〇世紀におけるフランス・フランと日本円との換算レートはおよそ次の通りである。
1フラン＝85・96円（1957年）、1フラン＝68・32円（1975年）、
1フラン＝20・68円（1998年）　（以上は総務省統計局ＨＰ http://www.stat.go.jp/ より）

目次

新版への序文

本書は、２００１年9月にグラッセ社から出版された『*Les hauts revenus en France au XXe siècle*』の再版である。２００１年版の内容にはいっさい変更を加えていない。本書の扱う内容は限定的だが、独自の一貫性をもっている。何よりも本書がきっかけで国際的な研究プログラムが生まれ、12年後の２０１３年9月には、スイユ社から『21世紀の資本』〔邦訳は山形浩生・守岡桜・森本正史訳、みすず書房、２０１４年〕を上梓することができた。そのため、無理に一部を削除したり恣意的に加工したりするよりは、元の形のまま再版するほうがよいと考えた。以下では、２００１年のこの作品を簡単に一望し、本書から『21世紀の資本』に至るおもな経緯を手短に紹介することにしよう。

本書はいささかマニアックである。その内容は、あるデータのみに基づいているといっていいだろう。それは、第一次世界大戦の始まるほんの数週間前、１９１４年7月15日法によるフランスにおける総合所得税の導入とともに制度化された所得申告の集計である。１９０１年2月25日法により相続税が累進課税に変更されるにともない制度化された相続申告や、そのほかさまざまな給与データや財務データも参考にしているが、それらはかなり限定的にしか使用していない。このマニアックなアプローチには、社会構成や制度構成の分析なども含め、この「中心となるデータ」に対して十分に体系的な処理を行なうことができるという利点がある。とくに第4章や第5章では、20世紀フランスの所得税の法制史や政治史を比較的詳しく扱っている。経済史や社会史に関心のある読者だけでなく、政治史や文化史に関心のある読者にも興味を抱いてもらえれば幸いである。税の問題は専門的に見えるかもしれない。だが税となれば、対立する政治勢力も、何が公平で何が公平でないかをあいまいにすることはできない。公権力の庇護を受けるべき社会集団、庇護を受けなくてもよい社会集団を、きわめて正確に定義する必要に迫られる。つまり税は、時代を特徴づける社会正義のさまざまな考え方を明らかにし、さらにそれを生み出すものともいえる。

本書に比べると『21世紀の資本』は、はるかに幅広いテーマ、地域、時代を対象としている。所得の歴史だけでなく資産の歴史も扱い、1カ国だけでなく20カ国以上の事例を調べ、1世紀のみならず3世紀（部分的にはそれ以上）もの時間枠を採用した。こうして18世紀以降の富の分布の全体的推移を世界的規模で分析し、総合的な解釈を提示したのである。その内容は、過去15年にわたり数十人の研究者が収集した歴史的資料に基づいている。また、本書よりも柔らかい文体を採用し、1人称を多用するとともに、データから距離を置いた表現を試みている。

それでもやはり、より広範なテーマを扱った『21世紀の資本』を上梓できたのは、本書が存在したおかげである。また、この私の処女作を発展させる手助けをしてくれた多くの同僚のおかげでもある。とりわけアンソニー・アトキンソンとエマニュエル・サエズは、本書を出版した直後から熱心に支援してくれた。大学院生時代に師と仰いだアンソニーは、フランスの格差に関する私の歴史研究を最初に読み、すぐさまイギリスをはじめ、数多くの国の事例の研究に取り組んでくれた。その研究をもとに私たちは、２００７年と２０１０年、2冊の分厚い本をオックスフォード大学出版局から出版した。それらは、総計20カ国以上を対象にしており、所得格差の歴史的推移に関する最大規模のデータベースとなっている。一方エマニュエルとは、アメリカの事例研究を行なった。そして、１９７０—１９８０年代以来、所得分布の上位1パーセントの所得が劇的に増加していることを明らかにし、アメリカでの論争に多少なりとも影響を与えた。そのほか、処女作以後の研究については、ジル・ポステル゠ヴィネイやジャン゠ローラン・ローゼンタールにも多大な影響を受けている。この2人とは、フランス革命の時代から現代に至るパリの相続記録の歴史研究を続けている。こうした研究プログラムが継続できるのも、この15年間ともに働いてくれた博士課程の学生や若い研究者たちの多大な努力があったからだ。とりわけ、ファクンド・アルバレード、カミーユ・ランデ、ガブリエル・ズックマンといった面々のおかげである。

大事なことを言い忘れていたが、この研究プログラムを立ち上げられたのもグラッセ社の信頼があったからにほかならない。同社は2001年、本書をいっさいカットすることなく出版することを認めてくれた。この場を借りてグラッセ社に謝意を述べるとともに、分厚い本を読まされる読者が同社を恨むことのないよう切に願う。

2014年9月3日、パリ

謝辞

この研究に取り組んでいる間、個々の問題について、多くの人が助言や激励、専門知識を与えてくれた。とくに、リュック・アロンデル、アンソニー・アトキンソン、クリスティアン・ボードゥロ、アラン・バイエ、フランソワ・ブルギニヨン、ジャック・ブルネイ、アドリヤン・フリエ、ジャン＝ミシェル・ウリエ、アンヌ・ラフェレール、シルヴィ・ラガルド、ステファン・ロリヴィエ、ファブリス・ルーネ、アンドレ・マッソン、ベルナール・サラニエ、ピエール・ヴィラの各氏に感謝する。また、20世紀を通じて所得・給与・相続の申告を集計・分類してくれたフランス財務省の職員全員にも礼を述べたい。彼らの存在がなければ、この種の研究は成り立たない。資金援助をしてくれた国立科学研究センター（CNRS）、数理経済計画予測研究センター（CEPREMAP）、およびマッカーサー基金にも、心から謝意を表する。

最後に、ナタリーに感謝の気持ちを伝えたい。彼女がいなければ、この画期的な研究に着手することもできなかったことだろう。

2001年7月

概論　高所得者に注目するのはなぜか？

1　本質的な理由——高所得者、および格差のダイナミクス

高所得者は、政治演説においても何が公平で何が公平でないかを考える場合においても、中心的な話題となる。だが実際のところ、高所得者のことはほとんど知られていない。どの程度の所得がある人から「高」所得者と考えるべきなのか？　その社会集団はどんな収入源を利用しているのか？　高所得者の実態や高所得者に対する認識は、20世紀フランスでどのように変わったのか？　高所得者と中・低所得者との格差は、20世紀の間に大きくなる傾向が見られたのか、それとも小さくなったのか？　市場経済においては、所得格差がどう推移していくのが「自然」なのか？　これが、本書で取り組む根本的疑問である。

1.1　高所得者——「中流階級」から「200家族（最富裕層）」まで

高所得者を考える際にまず問題となるのが、それがどのような人を指すのかということである。「高」所得者をどう定義し、それにあてはまる社会集団をどう呼べばいいのか？　定義や用語は、取るに足りない問題ではもちろんな

い。公的な場での発言で所得が実際の平均よりもかなり上の社会集団を呼ぶ際、「中流階級」、「上位中流階級」、「上流階級」、「２００家族」〔もともとは第三共和制下のフランスで支配層をなしたグループのことだが、現在ではフランス経済界を支配する富豪を指す。p・19注（2）参照〕といった呼称がいずれも使用される。だが、ほかならぬこの呼称が、再分配の問題に重大な影響を及ぼす。前述の呼称が使われた記録において、「中流階級」および「上位中流階級」のグループと、「上流階級」および「２００家族」のグループとの決定的な境界となる所得水準をあえて明確にしている例はほとんどない。

そのためここで、21世紀を迎えたフランスにおいて、高所得者および超高所得者が手にしているおおよその所得額を明確にしておいたほうが何かと有益だと思われる。そうすれば、私たちが高所得者の所得構造の問題に注目する方法を説明できるだけでなく、読者もそれぞれの時代の所得階層のどこに自分が位置していたのかをすぐに把握できる。所得階層を表現する最も中立的と思われる方法は、所得を「十分位」、「百分位」、「千分位」などに分類する方法である。本書では、全編を通じてこの方法を採用する。具体的には、世帯を所得の少ない順に並べ、同じ世帯数からなる10のグループ（「十分位」）に分ける。つまり、所得分布の最下位10パーセントがいちばん下の十分位となり、続く10パーセントごとに十分位を上がっていき、所得分布の最上位10パーセントがいちばん上の十分位となる。この分析をさらに細かくし、同じ世帯数からなる１００のグループ（「百分位」）に分けることもできる。その場合は、所得分布の最下位1パーセントがいちばん下の百分位となり、続く1パーセントごとに百分位を上がっていき、所得分布の最上位1パーセントがいちばん上の百分位となる。この作業をさらに続け、同じ世帯数からなる１０００のグループ（「千分位」）を考えてもいい。この場合も同様に、所得分布の最下位０・１パーセントがいちばん下の千分位となり、続く０・１パーセントごとに千分位を上がっていき、所得分布の最上位０・１パーセントがいちばん上の千分位となる。このような分割はどこまでも続けられる。表０－１は、１９９８年の所得を上記の方法で分類した結果を示している。税務当局に申告された控除前の所得額である。

表 0-1　1998 年のフランスの高所得者

閾値	所得
P90	262,000
P95	336,000
P99	589,000
P99.5	765,000
P99.9	1,428,000
P99.99	3,998,000

分位	所得
P90-100	420,000
P95-100	542,000
P99-100	996,000
P99.5-100	1,316,000
P99.9-100	2,542,000
P99.99-100	7,058,000

分位	所得
P90-95	297,000
P95-99	428,000
P99-99.5	675,000
P99.5-99.9	1,010,000
P99.9-99.99	2,040,000
P99.99-100	7,058,000

情報源　付録Bの表B-11、B-12、B-13（所得はすべて千の位までの概数である）。

解説　1998年に所得申告額の上位10パーセントの世帯に属するには、年間所得申告額が26万2000フランを超えなければばならない（閾値P90）。上位5パーセントに属するには、年間所得申告額が33万6000フランを超えなければばならない（閾値P95）。上位0.01パーセントに属するには、年間所得申告額が399万8000フランを超える必要がある（閾値P99.99）。また、所得申告額の上位10パーセントの世帯の平均所得は、42万フランである（分位P90-100）。上位5パーセントの平均所得は、54万2000フランである（分位P95-100）。上位0.01パーセントの平均所得は、705万8000フランである（分位P99.99-100）。一方、P90-95、P95-99などは、中間の分位を示している。閾値P90とP95の間に含まれる世帯の平均所得は29万7000フラン（分位P90-95）、閾値P95とP99の間に含まれる世帯の平均所得は42万8000フラン（分位P95-99）となる。

注　本書全体にあてはまることだが、ここに示した各分位はいうまでもなく、世帯全体に対する分位である（課税世帯も非課税世帯も含む）。所得分布の上位10パーセントの世帯とは、世帯全体の中の上位10パーセントである。1998年の世帯総数はおよそ3200万であることから、その10パーセントは320万世帯ということになる。

1998年のフランスには、課税対象となる世帯が3200万以上あったが、そのうちのおよそ半分は非課税世帯である。つまり、所得が少なかったために所得税を支払う必要がなかった。この3200万世帯が申告した年間所得の平均は、およそ13万フラン（月額1万1000フラン弱）となる。一方、この世帯が申告した中央値の所得は、わずか10万フラン（月額8000フラン強）である。これは、世帯の半分の所得がこの額より少ないことを示す。このように中央値の所得は、平均所得より20—30パーセント低いが、これは常に見られる現象である。所得階層の上半分は常に、下半分よりもはるかに所得の格差が大きい。そのため（中央値でなく）平均が上へ押し上げられてしまうのだ。実際、表0-1に示した数字を見れば、所得階層のトップ十分位の中を上に行くほど、所得額が加速度的に増えていく様子を確認できる。20世紀末のフランスで、所得分布の上位10パーセントの世帯（3200万世帯のうちの上位320万世帯）に入るためには、年間所得申告額が26万2000フラン（月額2万2000フラン弱）以上であればいい。だが、所得分布の上位5パーセントの世帯に入るためには、年間所得額が33万6000フラン（月額およそ2万8000フラン）を超えなければならない。さらに上位1パーセント圏内（3200万世帯のうちの上位32万世帯）に入るためには、年間所得額が58万9000フラン（月額およそ4万9000フラン）を上まわる必要がある。所得階層のトップ百分位の中では、さらに所得額が加速度的に増加していく。上位0・5パーセントの世帯に入るためには76万5000フラン（月額およそ6万4000フラン）以上、上位0・1パーセントの世帯に入るためには140万フラン（月額およそ12万フラン）以上、上位0・01パーセントの世帯（3200万世帯のうちの上位3200世帯）というきわめて限られた圏内に入るためには400万フラン以上の年間所得が必要になる。

　本書で集中的に取り上げるのは、この所得階層のトップ十分位である。前述のように、その中には実に大きな隔たりがある。トップ十分位には、人口全体の平均所得の2倍強の所得を手にしているだけの世帯もあれば、その何十倍もの資産に恵まれている世帯もある。そこに含まれる世帯すべてを「高」所得者と見なすケースが少ないのは、おそらくそのためだろう。21世紀を迎えた時点で、トップ十分位の下半分（分位P90―95の世帯）は、月額所得が2万2000フランから2万8000フランまでの世帯で構成され、その平均所得は年間およそ30万フラン（月額2万5000フラン）である。また、続く4パーセント（分位P95―99の世帯）は、月額所得が2万8000フランから4万9000フランまでとなり、その平均所得は年間42万8000フラン（月額3万5000フラン強）である。これらの所得水準は、当人や社会全体（少なくとも社会の大部分）が考える「中流階級」の所得とぴったり一致する（分位P95―99の所得については「上位中流階級」といえるかもしれない）。

「中流階級」という呼称がこのような形で使われた代表的な例として、家族手当に関する最近の議論が挙げられる。1997年6月、リオネル・ジョスパン首相は就任直後、月額所得が2万5000フランを上まわる世帯への家族手当給付を廃止する意向を表明した。政府がまもなく公表した数字によれば、これに該当するのは「全家族の10パーセント未満」[1]のはずだという。この発表はすぐさま激しい反発を引き起こした。フランス民主連合の議長フランソワ・バイルー、フランス共産党の全国書記ロベール・ユーをはじめ、あらゆる政治的立場の数多くの代表者が声をそろえ、

「中流の家族が犠牲になる」[2]と改革を非難した。こうして右派からも左派からも攻撃され、ジョスパン政権は最終的にこの計画を撤回した。従来どおり、所得水準にかかわりなく、あらゆる世帯に家族手当を給付することにしたのだ。その代わり所得分布上位者は、1998年の所得への課税分から、家族係数〔家族の人数に応じて所得税を調節するための係数〕に応じた税制上の優遇措置を削減されることになった。その結果、月額所得がおよそ3万5000―4万フラン（子供の数によって変わる）を超える家族は所得税がわずかに高くなる。それでも、その対象になる家族は3パーセント以下にすぎず、増える税額もたいていは、家族手当の上限設定により失われるおそれのあった額より少ないという。だが、この問題はそこで終わらなかった。1999年秋、この増税を考慮した初めての課税通知が納税者に送付されると、ほとんどの報道機関がまたしても声をそろえ、ジョスパン政権は「やや上位の中流階級」[3]に冷たいと糾弾したのだ。それを受け、与党の主要政治家が何人も、翌年から数年間、所得税減税という形で「中流階級に向けた措置」を約束せざるをえなくなった。

家族手当の問題が引き起こした議論や論争を見ると、興味深い事実が明らかになる。ここで問題になっているのは、

(1)『ル・モンド』紙1997年6月24日付第16面、『ル・モンド』紙1997年6月27日付第8面を参照。実際、家族手当が関係する世帯に限れば、月額所得が2万5000フランを上まわる世帯の割合は、10パーセントをかなり下まわる（家族手当国民基金が当時公表したデータによれば、家族手当受給者のうち、年間所得が20万フランを超えるのは5・8パーセントにすぎない。『ル・モンド』紙1997年6月24日付第7面を参照）。

(2)『ル・モンド』紙1997年6月24日付第16面、『ル・モンド』紙1997年6月27日付第8面を参照。社会主義的目標に沿って「中流階級」を守ろうとする考え方は、翌年以降の共産党の演説の中に定期的に現われる。たとえば1998年6月、ロベール・ユーは住宅税の改革の影響を不安視し、こう述べている。「所得を考慮してこの税を計算することになれば、中流層、すなわち月額所得が2万フラン程度の家庭が打撃を受ける。そのような事態は避けるべきだろう。この層はすでに、家族係数の上限を下げたことで不利益を被りはじめている」（『ル・モンド』紙1998年6月23日付第16面）

(3)たとえば、『リベラシオン』紙1999年8月26日付の社説および第1面の記事を参照。

月額所得が2万5000フランを超える世帯が10パーセント以下だというのが本当かどうかといったことではない（この数字には誰も異議を唱えようとはしなかった）[1]。それよりもむしろ、そのような形で社会を表現することで、「社会学的」な現実とは関係のない、ある種の「統計上の幻想」にとらわれてしまうのではないかということだ。言い換えよう。統計的に見れば、月額2万5000フランの所得がある世帯は、所得分布の上位10パーセントに属する。それでも「社会学的」に見れば、この世帯はきわめて平均に近いと考えられる。そのため、この世帯を富裕者扱いし、追加の出費を要求するのは不当だというのだ。ここで大切なのは、この論争の背景について意見を述べることではもちろんない。それよりもむしろ、これが何を意味しているのか、その意味がどう推移しているのかを理解しようとすることだ。ある意味では、月額所得が2万5000―3万フランの「中流階級」は、「平均よりやや成功した」階級でしかない（それでもこの世帯は、月額所得が5000―6000フランの法定最低賃金労働者の5倍、社会参入最低所得手当を受けている生活困窮者の10倍の購買力を持つ）。「中流階級」の所得者と実際に平均的な所得者との差はそれほどない。両者はしばしば、同じ家族の中にも存在する。兄弟姉妹やいとこの中で両者が混在することもあれば、個人でも、偶然あるいは必然と思われる状況しだいで一

図 0-1　1998 年の高所得者の所得構成
「中流階級」（分位 P90-95）から「200 家族」（分位 P99.99-100）まで

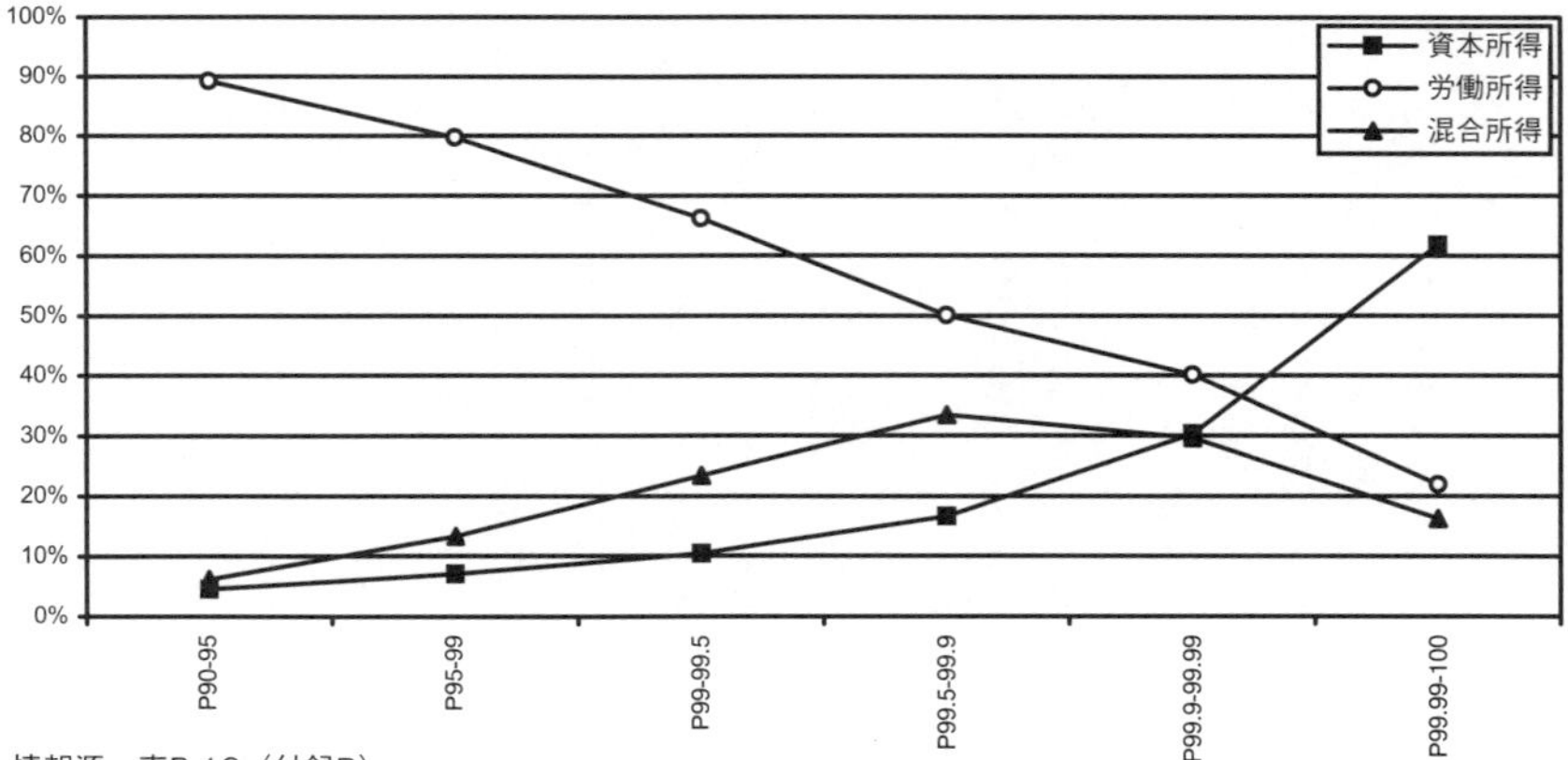

情報源　表B-16（付録B）

生のあいだに両方の所得を経験することもある。たとえば、同一世帯でも就業所得が一つしかないか、あるいは二つあるかによって変わる。資産状況に応じて家族手当を支給すると発表したときも、反対派はこう力説した。「2万5000フランというのは平均給与2人分に相当する。教師2人分の給与がまさにそうだ」

各分位の所得構成を調べてみると、この「中流階級は平均に近い」という印象を客観的に補強することができる（図0－1を参照）。

この図を見るとわかるが、トップ十分位の下半分（分位P90―95）を占める「中流階級」は、所得の90パーセント近くを「労働所得」（給与や退職年金、そのほかの社会保障手当）として受け取っている。この割合は、所得分布の下位90パーセントの世帯にきわめて似ている。そういう意味で、中流階級は十分に「平均的」である。だが、トップ十分位の上層になると様相が一変する。この層では、給与や退職年金の占める割合がだんだん減っていき、「混合所得」や「資本所得」が支配的になっていく。とりわけ「資本所得」の伸びが著しい。混合所得とは、非賃金労働者が、提供した労働および投下した資本の双方から得た所得を指す。一般的な用法に従い、この所得カテゴリーには以下のものが含まれる。農業経営者が受け取る「農業収益」、商店主や職人など、賃金労働者ではない「商工業」企業主が受け取る「商工業収益」、医師や弁護士、公証人、芸術家などが受け取る「非商業収益」である。この所得は、図からもわかるように、当該所得階層において労働所得と資本所得の間の位置を占めている。所得階層を上へ行くにつれ、労働所得の割合はしだいに減り、資本所得の割合はしだいに増えていくが、混合所得はトップ百分位の真ん中（分位

（1）実際には脱税の問題や、累進所得税を合法的に免除されている所得（源泉分離を受けた所得、キャピタルゲインなど）の問題、すなわち表0－1で示された数字に含まれない所得の問題が考えられる。しかしこうした問題が大きな影響を及ぼすのは、月額所得が2万―3万フランの「中流階級」よりもはるかに上の所得層だけである。分位P90―95やP95―99の水準では、所得の大半が、給与や退職年金である（図0－1を参照）。この種の所得では、合法的な租税回避の可能性や脱税はほとんどない。そのため申告所得は、実際の所得にきわめて近いと考えられる。

P99・5—99・9の所得水準）で最大の割合に達すると、そのあとは減少していく（図0－1を参照）。つまり、年間所得がおよそ100万フランの世帯には、裕福な医師や弁護士がたくさんいる（それでも、図0－1のどの分位を見ても、常に上級管理職よりはやや少ない）。しかしその一方で、かなりの資本所得がなければ、年間数百万フランの所得を達成することはほぼできないということでもある。所得申告額の上位0・01パーセントの世帯（P99・99—100）は、3200万世帯の中の上位3200世帯に相当するが、その平均年間所得は700万フラン以上に達する（表0－1を参照）。この世帯では、給与や退職年金の割合がおよそ20パーセントにまで落ち（混合所得も同様）、その一方で資本所得の割合が60パーセントを超える（図0－1を参照）。ちなみに、不動産所得（家やビル、地所などの不動産の所有者が受け取る地代や賃貸料）の割合は、所得が増えてもわずかしか増えない[1]。ということは、超高所得者の資本所得の割合が激増しているのは、大部分は動産資本所得（株主が受け取る配当、債券所有者が受け取る利子、そのほか動産所有者に支払われる所得）によるものといえる。つまり、分位P99・99—100の世帯はそれぞれ、動産資本により年間平均400万フラン以上の所得を得ている計算になる。さらに強調しておかなければならないのは、この所得には、所得税の対象として申告された所得しか含まれていないということだ。合法的に課税を免除されている財務所得は、それがかなりの額に上るとしても、そこには含まれない。キャピタルゲインもその一つだが、これは資本所得の実質的な比重を無視できないほど引き上げ、超高所得者の所得水準をさらに高めると考えられる。図0－1を見るかぎり、莫大な資産による所得で生活しているごく少数の人々と定義される「200家族」が、実際に存在するのだ[2]。こうして見ると「中流階級」は、「200家族」や大資産所有者とは対照的に、大多数の人々同様、おもに労働で生計を立てている世帯と定義される。

しかし、大多数の「労働で生計を立てている庶民層や中流階級」と、不労所得で生活しているごく少数の人々とに社会を分割したとしても、それで満足できるわけではない。「中流階級は平均に近い」と考えたところで、どこまでが「中流階級」なのかという中心的問題は解決できない。月額所得が5万—6万フラン、あるいはそれ以上である超上級管理職の世帯を、なんのためらいもなく「中流階級」や「上位中流階級」と呼ぶ人もいるかもしれない。だがこれほどの所得になれば、優に所得分布の上位1パーセントに入ってしまう。こうして見てくるとわかるように、「中流階級」と「上流階級」と「200家族」との間に、明確な違いや区切りは当然存在しない。月額所得2万5000フランから年間所得数百万フランに至るまで、どの所得水準にも一定数の世帯が存在する。その世帯数や社会的特徴は、どこかの水準でがらりと変わるわけではなく、途切れなく徐々に推移していく（表0－1および図0－1を参照）。とりわけ賃金労働者（給与水準は問わない）と資産所有者とを完全に区分けしようとするのは、まったくもって非現実的だろう。賃金労働者である上級管理職でも、より上級職へ出世していくにつれ、所得全体の増加分を資本所得として受け取ることが多くなる（自身の貯蓄による場合もあれば、企業主から利潤配分が行なわれる場合もある）。また、巨額資産の保有者でも、大企業の管理職として給与を受け取っている人は多い。1998年の所得分布の上位0・01パーセントの世帯は、年間平均所得700万フランのうち、20パーセント以上を給与として受け取っている。平均して年間140万フランもの給与を手にしているのだ。つまり、このような形で境界を設定したとしても、その境界はいずれも穴だらけとなる。「庶民層および中流階級」と「200家族」を二項対立的にとらえれば、所得階層のトップ十分位を構成する各層が、途切れなく徐々に推移していくという事実が見えなくなってしまう。

（1）分位P99・99―100の所得水準では、不動産所得はやや減少する（全集計結果については付録B表B－16およびB－17を参照）。

（2）1934年、急進党のナント大会で演説したエドゥアール・ダラディエが、フランス銀行の大株主200人を「200家族」と呼んだのが始まりである。その後フランス銀行が国有化されるとこの定義も時代遅れとなり、それ以降「200家族」の明確な定義は存在しない。ビルンボーム（1979年）に記されているように、このカテゴリーを真に定義しようとした「信頼に値する」文献はいっさいない。はっきりと「200家族」をテーマに据えた書籍もないわけではないが、たいていは公然と反ユダヤ主義を標榜する著者によるものだ。その内容は、所得分布の分析ではなく、フランス国民を搾取する数百人の「国際的資本家」の告発に焦点を絞っている。本書ではおもに、所得階層の分位P99・99―100の世帯に対し、この象徴的なカテゴリーを用いている。

本書の主要目的の一つは、この推移の構造、および高所得者と超高所得者の境界の構造を調査することにある。とりわけ重視しているのが、20世紀中にフランスでこの境界がどのように変わったかということだ。本書では、これまでフランスでほとんど利用されることのなかった税務データ（所得申告、給与申告、相続申告）を入念に活用し、20世紀初頭から１９９０年代末に至る、所得階層のトップ十分位の構造の推移を分析していく。「中流階級」と「上流階級」および「２００家族」との所得差がいちばん大きかったのは、20世紀初頭なのか、戦間期なのか、１９５０―１９６０年代なのか、それとも20世紀末なのか？　高所得者の各層の所得構成は、20世紀初頭から大きく変化したのか？　給与で生活している「中流階級」と動産資本所得で生活している「２００家族」とは、常に対立していたのか？　「中流階級」、「上位中流階級」、「上流階級」、「２００家族」を分ける経済学的・社会学的な差は、20世紀中にどう推移したのか？

1.2　高所得者とクズネッツ曲線

所得分布の上位10パーセントの世帯、上位1パーセントの世帯、上位０・１パーセントの世帯などを長期的に調査すれば、高所得者の所得の内部構造に光を当てられるだけでなく、独自の視点から、20世紀の所得格差の全体的推移を分析することもできる。これは、フランスではほとんど研究されてこなかったテーマである。本書では、所得階層のトップ十分位を構成する各分位の所得の推移を、人口全体の平均所得がたどった推移と比較する。そして、所得全体に占める高所得者の所得の割合が変化しているのであれば、その変化がどんな経済的・政治的要因によって説明できるのかを探っていくことにしたい。この分析は、所得階層のトップ十分位の中に共存する各層をある程度細かく分割することで、きわめて容易になると思われる。所得全体に占める高所得者の所得の割合が変化した理由を説明するためのプロセスは、対象となる高所得者の所得水準に応じて大きく変わる。たとえば、平均所得を得ている者に対する「中流階級」（分位P90―95）の地位は、おもに給与階層の拡大・縮小の動きに左右される。一方「２００家族」（分位P９９・９９―１００）の地位は、何よりもまず、資本所得やその出所となる企業利益にまつわるトラブルに左右される。そのため、所得全体に占める高所得者の各分位の所得の割合の推移、および、それと同時に起こる各分位の所得構成の推移を分位ごとに検証すれば、その原因となった経済的・政治的要因を正確に突き止めることができるはずだ。ここで中心的な問題となるのは、いうまでもなく格差の推移が「自然発生的」なものなのかどうかということである。こうした推移は、どこまでが経済発展プロセスの「自然」な結果なのか？　どこまでが外的衝撃や政治的介入の影響なのか？

この点については、とくに、「クズネッツ曲線」がどこまでフランスの事例にあてはまるのかを検証していきたい。「クズネッツ曲線」は、アメリカの経済学者サイモン・クズネッツが１９５５年に提唱した理論である。クズネッツは、１９１３―１９４８年のアメリカの所得申告に基づく統計を活用し、１９１０年代初めから１９４０年代末にかけて、高所得者の所得が所得全体に占める割合が大幅に減少したことを確認した。そしてこの結果をもとに、「クズネッツ曲線」という理論を編み出した。その理論によれば、工業化および経済発展の過程で、所得格差は常に「釣鐘曲線」をたどることになる。工業化の最初の段階では格差が目に見えて拡大する（アメリカでは19世紀に相当する）が、やがて格差は大きく縮小していく（アメリカでは20世紀初頭に縮小が始まった）という。クズネッツの研究は、大きな反響を呼んだ。所得格差の推移を綿密に分析しようとする初めての大規模な歴史研究だったうえ、冷戦時代にはこの発見が政治的に重要な意味を持っていたからだ。クズネッツの理論は、１９５０年代以来大幅な見直しが行なわれている。とくに１９７０年代以降アメリカで所得格差の拡大傾向が認められるようになると、同理論の再検討が進んだ。しかし１９８０―１９９０年代の転換期においても、20世紀前半に格差が縮小した理由を解き明かすことはできなかった。そのため「クズネッツ曲線」はいまだに、格差をテーマにした歴史研究において、避けて通れない基準と見なされている。

所得格差の問題については、その間に（クズネッツの流れを汲む）アメリカやイギリスで重要な歴史研究が行なわれた。両国ほどではないが、大陸ヨーロッパの大半の国でも同様である（ただし南欧諸国は除く）。だが残念なことに、フランスではこの種の研究はきわめてまれだ。[1] 一般的にフランスでは、所得分布の推計はほとんど行なわれていない。たしかに、国立統計経済研究所（ＩＮＳＥＥ）が１９５６年以来、５―６年ごとに「税収」と呼ばれる調査を実施している。税務当局からＩＮＳＥＥに提供された所得申告のサンプルに基づく調査で、各世帯の所得に、所得申告には含まれない非課税所得（家族手当、必要最小限の福祉給付など）をいくつか含める補正を行なっている。対象となったのは、１９５６年、１９６２年、１９６５年、１９７０年、１９７５年、１９７９年、１９８４年、１９９０年、１９９６年の所得である。だがこの調査では残念ながら、高所得者に焦点を絞ることができない。高所得者の所得は短期的に大きく変動することを考えると、数年おきにしか調査が行なわれていない点がまず問題である。そのうえ「税収」調査が利用しているサンプルサイズは、とても十分とはいえない。この調査から高所得者の各分位の所得水準を推計したとしても、重大なサンプリング誤差を生む可能性がある。[2]

１９５６年以前の入手可能な推計となると、さらに限られる。何より、１９４６年にＩＮＳＥＥが設立される以前、原則的に同様の役割を果たしていたフランス総合統計局は、「税収」調査のような調査を一度も行なっていない。フランスにおける全国的な所得調査が始まるのは、１９５６年である。人口統計学者のアルフレッド・ソーヴィは、その著書『両大戦間期のフランス経済史』に、１９２９年の所得分布を示した表を掲載している。しかしソーヴィは、情報源やその利用法について詳しい説明をしていないばかりか、その推計結果も、当時の所得申告集計から得られた統計とあまり一致していない（とくに、超高所得者の数を４分の１―３分の１ほど過小評価している）。[3] また、19世紀末から20世紀初頭にかけて財務大臣を務めたポール・ドゥメールとジョゼフ・カイヨーは、１８９６年と１９０７年に所得税導入計画を立ち上げ、財務省のスタッフに所得分布の推計資料を作成させた。この推計資料はのちに、当時の著名な経済学者クレマン・コルソンが見直し、修正を行なっている。こちらは、情報源やその利用法についてソーヴィよりもはるかに詳しい説明があるが、やはり超高所得者の比重を大幅に過小評価していると思われる。[4] さらに、ジャンケリヨウィッチ（１９４９年）とブロシエ（１９５０年）が個別に、１９３８年と１９４６年の所得申告統計をもとに行なった推計もあるが、これにも重大な不備がある。[5] 最近では、クリスティアン・モリソンとウェイン・スナイダーが、人頭税の統計をもとに１７８０年当時のフランスの所得分布を推計している。[6]

つまり、利用できる20世紀の資料としては、１９５６年以来ＩＮＳＥＥが定期的に行なっている推計、ソーヴィの１９２９年の推計、ドゥメールとカイヨーとコルソンによる１９００—１９１０年の推計、ジャンケリヨウィッチとブロシエによる１９３８年と１９４６年の推計がある。しかしこれらの推計は、まったく均質ではなく、高所得者に関しては真に満足できる内容のものが一つもない。こうしたちぐはぐな推計を使っても、20世紀フランスの所得格差の推移を満足のいく形で研究することはもちろんできない。

本書では、この穴を埋めることを試みる。先に述べた税務データ（所得申告、給与申告、相続申告）を体系的に活用すれば、フランスの事例がクズネッツ曲線にあてはまるかどうかを判断できる。それはまた、一部（おもに英米）の学者が擁護してきたこの理論を再検討することでもある。ほかのヨーロッパ諸国やアメリカで見られる推移と比べ、フランスの推移にははっきりとした独自の性質があるのか？　あるとすれば、それはなぜか？　フランスで格差が大

（１）フランス以外の国の入手可能な研究成果については、フランスの事例を外国の事例と比較する際に詳しく検討する（第7章を参照）。ジャン・フラスティエとクリスティアン・モリソンの研究など、フランスを対象にした数少ない研究については、関連する章で適宜取り上げる（第3章第2．4節および第7章第2．3節を参照）。
（２）「税収」調査については、付録Ⅰ第1節を参照。
（３）ソーヴィの１９２９年の推計については、付録Ⅰ第2．2節で検討を行なっている。
（４）ドゥメールとカイヨーとコルソンによる１９００—１９１０年の推計については、付録Ⅰ第2．1節で検討を行なっている。
（５）ジャンケリヨウィッチとブロシエによる１９３８年と１９４６年の推計については、付録Ⅰ第2．3節で検討を行なっている。
（６）この推計については、19世紀の所得格差の推移について言えることを検討する際に取り上げる（第7章第2．3節を参照）。

幅に縮小したのはいつごろか？　それに深く関係しているのは「中流階級」なのか、それとも超高所得者なのか？　ほかの国ではどうなのか？　資産所得の推移、給与格差の推移、国家による再分配は、それぞれどんな役割を果たしたのか？　所得格差は「自然」に縮小するという考え方は、フランスの事例にもあてはまるのか？　この理論は本当にほかの国で証明されているのか？

2　実務的な理由――利用できるデータ

高所得者に注目するのは、高所得者にそれだけの重要性があるからだが、そのほかに実務的な理由もある。諸外国同様フランスでも、高所得者の所得については長期にわたるデータがそろっている。20世紀初頭以来、所得税という制度により、少なくとも高所得者は政府に定期的に所得を申告しなければならなかったからだ。20世紀フランスの格差の推移を研究するために利用できるデータは、ほかにもないわけではない。それらのデータを利用すれば、所得申告から得られる情報を効果的に補完はできるものの、この所得申告ほど体系的な情報を豊富に得られるデータはない。

2.1　中心となるデータ――所得申告（1915―1998年）

2.1.1　このデータの概要

フランスでは、1914年7月15日法によって所得税が導入され、1917年7月31日法によってこの税制が確立された。これは実際には複合税であり、「所得カテゴリー」（給与、非賃金職による収益、動産資本所得など）ごとに徴収される「分類所得税」全体と「総合所得税」からなる。総合所得税とは、各納税者の包括所得、つまり各カテゴリーの所得すべての合計額に課される累進税を指す。私たちの観点から最も重要なのはもちろん、この包括所得に対する累進税である。というのは、この制度により課税対象となる納税者はすべて、一般的には毎年3月に、前年の所得すべてを申告しなければならなくなったからだ。総合所得税は1916年に初めて適用され、最初の納税者は1916年3月に1915年の所得申告を提出した。この税は、それ以来何度も名称を変更している（1915―1947年の所得課税の際には総合所得税だったが、1948―1958年の所得課税の際には「個人所得税」の「累進付加税」となり、1959年の所得課税以降は単に個人所得税となった）。しかし、納税者による前年の所得すべての申告に基づき、包括所得に累進税をかけるという原則は、1915年の所得への課税以来一度も変わっていない。

この一貫した税制にも増して注目すべきは、フランス税務当局の一貫した仕事ぶりである。1915年の所得に対する課税以来、第二次世界大戦期も含め、税務当局は毎年、提出された申告書すべてを集計し、それをもとにいくつかの統計表を作成した。1915―1998年の所得について1年の欠損もなくまとめられたこの統計表は、公式資料として、その多くが財務省が各時代に配布したさまざまな統計報告書で発表されている。1980年代初めからはいっさい公表されなくなったが、それでも関係部局に問い合わせれば誰でもいつでも入手できる。この統計表の中で最も重要なのは、いくつかの課税所得区分ごとに申告所得の合計額および納税者数を示した表である。この区分とは、課税所得が50万フランから100万フランまでの納税者、課税所得が100万フランを超える納税者といった区分を意味する。この表は、1915年の所得以来1年の欠損もなく存在する。さらにもう一つ注目すべきは、やはり課税所得区分ごとに、（包括所得の総額だけでなく）各カテゴリーの所得の総額を示した表である。こちらの表は、税務当局により1917年、1920年、1932年、1934年、1936年、1937年、1945年、1946年の所得についてのみ作成された後、1948年の所得からは毎年作成されている。

ただし、所得の全体的な増加やインフレがあるため、当然これらの表に掲載された数字を未加工の状態で使うわけにはいかない。税務当局が提示したこの未加工の数値を、経済学的に有意で均質なデータに変えるには、かなり時間のかかる退屈な統計処理が必要だ。しかしこの未加工資料を統計的に活用することで、1915―1998年の各年ごとに、フランスの所得階層のトップ十分位を構成する各分位の所得水準を推計できる。また、2番めの表が利用できる年については、各分位の所得構成も推計できる。

こうした推計を行なうことで、このデータが持つきわめて豊かな情報が明らかになる。それについては、所得申告の集計にあたり、長い年月にわたってきわめて高い所得区分まで採用してくれた税務当局に感謝しなければならない。そのおかげで、たとえば戦間期でも、当時の価値で課税所得が100万フランを超える納税者の人数やその所得総額が年ごとにわかる。実際には、そこに該当する納税者は毎年せいぜい700―800人程度だったらしい[1]。こうした超高所得者の区分を見れば、トップ十分位（P90―100）、トップ二十分位（P95―100）、トップ百分位（P99―100）の所得水準だけでなく、トップ二百分位（P99・5―100）、所得分布の上位0・1パーセント（「トップ千分位」）（P99・9―100）、所得分布の上位0・01パーセント（「トップ万分位」）（P99・99―100）の所得水準まで、きわめて正確に推計できる。このことから、1915―1998年の期間全体にわたり、所得全体に対して高所得者のどの分位の所得の割合が増減したかを1年ごとに追跡し、その経済的・政治的要因を特定できる。さらには、所得格差の長期にわたる大きな変化も、短期的・中期的な変化の「細部」も、かなり正確に調べられる。こうした「細部」は、20世紀フランスの経済史や政治史の多様な展開と密接に絡んでいる場合が多いと思われる。戦間期はとくにそうだ。

この推計の技術的特徴に関心がある読者は、巻末の技術的事項に関する付録を参照してもらいたい。活用した未加工の統計表、採用した推計方法、得られた結果、あるいは、その未加工の統計表すべてが公表されているフランス財務省の報告書の出典について詳細に記している（基本的にこの付録には、私たちが行なったすべての計算を再現し、税務当局が公表した未加工の数字から最終的な推定値を導き出すまでに必要な、中間的な計算式などあらゆる情報を掲載している[2]）。

2.1.2　フランスでこのデータがこれまで活用されてこなかったのはなぜか？

先述したように、これまでフランスでは、この税務統計が体系的に活用されることはなかった。所得分布の推計にこの統計を活用した試みは、私たちが知るかぎり、ジャンケリヨウィッチ（１９４９年）とブロシエ（１９５０年）による二つの論文しかない。2人とも、１９３８年と１９４６年の所得の統計を利用している。(3) しかし、戦間期および終戦直後の公共財政ならびに税法について論じる際にこれらの統計に言及しているものの、税務当局が作成した未加工の統計表をそのまま転載しているだけで、各年の未加工の数字を均質化する試みをいっさい行なっていない。その論文の目的が、所得税のために申告された所得のおおよその額を読者に提示することにあり、所得分布を推計することにはなかったからだ。(4) １９５０年代以降になると、どの論文も、税務当局が作成した年次統計にはいっさい目を

(1) 付録A表A－1を参照。
(2) 付録AおよびBを参照。
(3) ジャンケリヨウィッチとブロシエの推計については、付録I第2.3節で検討を行なっている。
(4) たとえば、ロム（１９２５年）、アリックス&ルセルクレ（１９２６年a、１９２６年b、１９３０年）、ローファンビュルジェ（１９５０年）を参照。マルシャル（１９４２年）やルカイヨン（１９４８年）は分析をもう少し推し進めている。税務当局が作成した所得区分ごとの統計表にある未加工の数字を検討し、それを利用可能な当時のマクロ経済指標（工業生産高や物価など）と比較することにより、高所得者の所得は順景気循環的《プロサイクリカル》な傾向がきわめて強いと結論した。しかしこの二つの論文の全体的なテーマは、やはり公共財政であり（当時の研究者は、従来の「四つの国税」による税制を所得税による新たな税制に代えることで、国家の税収が以前よりもマクロ経済状況に左右されやすくなったことを不安視していた。このテーマについては、マルシャル〔１９３３年〕やローファンビュルジェ〔１９３４年〕も参照。しかし、この両論文は、税収の集約統計を検討するのみで、所得区分ごとの統計を検討していない）、所得分布そのものには関心を示していない（少なくとも、当局が作成した未加工の数字をもとに、百分位ごとの所得や収益を推計してはいない）。

向けなくなり、たいていは1956年以来INSEEが定期的に実施している「税収」調査の結果を引用するのみとなった。[1] この調査が登場するやいなや、統計学者や経済学者はほとんどそればかりを利用してフランスの所得格差を推計するようになった。「税収」調査が、税務当局の作成した年次統計の地位を奪ってしまったのだ。[2]

税務当局が作成した統計がこれほど活用されていない理由は、ほかにも考えられる。たとえば、フランスでは脱税が横行しているという意識が高いからなのかもしれない（少なくとも部分的にはそうだろう）。フランスではしばしば、脱税が想像を絶する規模に達していると考えられている。それがフランス「文化」の特徴だと言う人もいる。脱税がはるかに少ないと思われるイギリスやアメリカ、ドイツ、北欧諸国とは違い、フランス文化は南欧諸国のラテン文化と結びついている。たしかに、誰もが目に余るほどの脱税を行なっていたら（そう言っている当人は例外として）、税務統計や所得分布に注目してもなんの意味もない。しかし、この問題について信頼のおける数字を示した数少ない調査によれば、所得申告における脱税が、アメリカなどよりフランスのほうが断然多いというわけでもないように思われる。そうなると、フランスで税務統計がほとんど活用されていないのは、脱税が横行しているせいだとは言いきれない。

とはいえ、所得申告に記載された数字を鵜呑みにせよと言っているわけではもちろんない。フランスでもほかの国でもそうだが、脱税の問題もあれば、合法的に所得税を免除されている所得の問題もある。つまり、税務データは常に、きわめて慎重に扱わなければいけないということだ。申告所得の推移には現実の所得の推移に関する価値ある情報が含まれていないと考え、税務統計の利用をいっさい拒否するといった態度は慎まなければならないが、その正反対の考え方に陥ってもいけない。合法・非合法を問わず、申告されない所得の問題については、第3部（第6章）で詳しく取り上げる。こうした所得は、超高所得者の所得水準においても20世紀におけるその推移においても、推計結果や結論を歪めてしまうおそれがある。それはともかく、とりあえずここでは以下の事実だけを指摘しておきたい。脱税（あるいは合法的に所得税を免除されている所得）があるというだけの理由で、申告所得に見られる格差の推移に信頼性がないとは判断できない。脱税の割合が常にだいたい同じであれば、あるいは所得階層の各分位で脱税が同じ割合で推移しているのであれば、現実の所得の格差の推移は申告所得の格差の推移と同じになる。申告所得の推移に信頼性がないと判断するためには、一部の所得階層のみで、脱税の規模が時とともに申告所得とは反対方向へ大きく推移した理由を説明する必要がある。だが結果的には、申告所得から得られる格差の推移は脱税の規模の推移によって増幅され、むしろその推移が確固たるものになると思われる。そもそも、申告所得が操作されている可能性が予見できないほど大きく、この所得の推移から信頼できる結論を引き出せなかったとしても（私たちはそうは思わないが）、やはり申告所得の推移を検討することには意味があると思われる。というのは、申告された所得とは、「公」の所得、つまり、一人一人が公の場に提示した所得だからだ。実際、税務当局は１９２０年代の初め以来、「生活スタイルの諸要素」や「富の外的指標」をもとに、申告所得を修正する能力を有している。ということは少なくとも、現実の所得と申告所得との差が一定の範囲を超えることはない。また、20世紀を通じて高所得者の税負担水準が、申告所得に基づいて計算されてきたという意味でも、申告所得は「公」の所得といえる。この税負担の歴史、およびそれに対応する再分配の重みの歴史は、それだけで興味深いテーマであると思われる。

　税務データには、ほかにも限界がある。とりわけ大きな問題となるのは、所得税の導入以来、税務当局が作成する統計表には、課税されるほどの所得を申告した納税者しか含まれていないという点だ。フランスにおける課税世帯の

（１）たとえば、ダヴィド（１９８７年）を参照。

（２）とくにＩＮＳＥＥは、この年次統計を活用しようとしたことがない。１９４６年以降のＩＮＳＥＥの出版物（および戦間期のフランス総合統計局の出版物）をすべて調べてみても、この統計を活用した試みは、ジャンケリヨウィッチ（１９４９年）の1件しか確認できなかった。同様に、所得・コスト研究センター（ＣＥＲＣ）が１９６６年に創設されてから１９９３年に廃止されるまでに発行した出版物もすべて調べてみた。だがこちらも、全国レベルの所得格差を研究するのに利用していた情報源は、「税収」調査のみだった。所得格差に関するＩＮＳＥＥおよびＣＥＲＣの出版物については、付録I第1節を参照。

割合は、戦間期には10―15パーセントあたりを上下している。50―60パーセントに達したのは、１９６０―１９７０年代に入ってからである。そのためこの税務統計では、第90百分位より下の所得を、調査対象の期間全体にわたり推計することはできない。私たちが、トップ十分位（分位Ｐ90―１００）およびその上位分位（分位Ｐ95―１００やＰ99―１００からＰ９９・９９―１００まで）の所得の推計に焦点を絞ったのはそのためだ。同じ理由から、トップ十分位の推計期間を１９１９―１９９８年に制限している（１９１５―１９１８年は、課税世帯の割合がきわめて少なく、トップ百分位およびその上位分位の所得しか推計できないため）。この限界は、きわめて大きな障害となる。たとえば、低所得者と中所得者との格差の推移を知ることができない。この問題はどの国でも同じように見られる。アメリカを含む大多数の国で、戦間期の課税世帯の割合はやはり10パーセント程度だった。クズネッツをはじめ、格差に関する歴史研究が、ほとんど所得階層のトップ十分位に制限されてしまうことが多いのはそのためだ。フランスだけに限った問題ではない。

フランスで税務統計があまり活用されていないのは、フランスが他国よりも優れた格差観測ツールを開発したことも多少は関係しているのかもしれない。その中でもとりわけ注目すべきツールが、職業別社会階層である。フランスの国勢調査では従来、おもに職業分野に基づいた「水平的」な分類法が用いられていたが、第二次世界大戦後には、社会階層内の地位に基づいた「垂直的」な分類法である職業別社会階層が採用された。世界的に見てもきわめて洗練されたこの分類法は、フランスで採用されると瞬く間に、さまざまな社会的地位や格差を示す重要なツールとなった。国勢調査の統計分類に「管理職」という項目があるのは、フランスぐらいだろう。こうした分類法が開発され、利用されたがために、税務統計への関心、ひいては職業別社会階層ではなく分位を用いた所得格差の研究への関心が損なわれた可能性は大いにある。たとえばベゲ（１９８７年、ｐ・２４２―２４３）によれば、ＩＮＳＥＥが１９５６年に第一回めの「税収」調査を行なったおもな理由は、税務当局が所得申告を用いて作成した年次統計表では「職業別社会階層ごとの結果を出せない[1]」からだという。また、職業別社会階層を採用した当時の目的は、「労使間紛争および各階層間の交渉で提起される問題を明らかにする」ことにあったとはっきり述べている。これはつまり、社会的格差を読み取るには、所得分位より職業別社会階層のほうが適切だと誰もが考えていたということだ。実際、労使間紛争は一般的に、分位間の対立ではなく職業別社会階層間の対立だと考えられていた。この視点から、マルシャルとルカイヨンの共著『国民所得の分布』はきわめて示唆的だと思われる。全4巻、およそ1800ページに及ぶこの本は、1958─1970年に出版され、数世代にわたり研究者の必携の書とされてきた。だがこの本には、分位を用いた所得（あるいは給与）分布についてはいっさい言及がない（単語さえ登場しない）。「分布」の問題を、職業別社会階層のプリズムを通してのみ検討しているのだ。[2] しかし職業別社会階層には、格差の長期的推移を満足のいく形で研究できないという問題がある。1950年代より前のデータが存在しないのもさることながら、職業別社会階層のいちばんの問題は、各カテゴリーの規模が絶えず変わることにある。そのため、各職業別社会階層が受け取る平均所得（あるいは平均給与）を比較しても、格差の実質的な推移について信頼できる結論は導き出せない。信頼できる結論を導き出すには、研究対象の人口の一定部分を表わす集団（すなわち分位）が受け取る平均所得（あるいは平均給与）を比較するしかない。実際、職業別社会階層を用いた比較により、フランスにおける格差の推移について重大な判断ミスが繰り返されているようだ。[3] 職業別社会階層にはほかにも、超高所得者に「注目」できないという問題があ

（1）以下の点を指摘しておくのも興味深い。このベゲの書籍は、フランスの統計史の必携書とされており、人口・給与・物価・保健衛生・司法などの統計史に関する、きわめて有益で網羅的な数多くの章で構成されている。にもかかわらず、税務当局が所得申告を用いて毎年作成している統計表については、これだけの言及しかない。

（2）とくにマルシャルとルカイヨンは、税務当局が所得申告を用いて作成した所得区分ごとの統計が存在することさえ記していない。そして、各職業別社会階層の間で平均所得を比較する際には、もっぱら「税収」調査を参照している（マルシャル＆ルカイヨン〔1958─1970年、第4巻、p・208─211〕を参照）。実際ＩＮＳＥＥは長らく、分位ではなく職業別社会階層を用いて「税収」調査の結果を提示していた（付録Ⅰ第1節を参照）。

（3）とくに第3章第2・4節を参照。

る。超高所得者がきわめて幅広いカテゴリーの中に埋もれてしまうため、ある意味では格差が「おとなしく」見えてしまうのだ。(1)

最後に次の点を指摘しておこう。フランスで税務統計があまり活用されていないことを、大げさに考えてはいけない。フランスで、所得申告の統計がほとんど利用されていないことはたしかだが、英米を含む諸外国でも、この統計が十分に活用されているとはとても言えない。それはのちに、フランスについて得られた私たちの結果を、諸外国で入手できる推計結果と比較する際に明らかになるだろう。フランスに限らずどの国でも、未加工の税務データを比較可能な均質な数字に変換するのは退屈な作業であり、一見したところたいして魅力的ではない。所得区分ごとの税務統計から所得分布曲線を推計する統計手法は、パレートが1896年に「パレートの法則」を発見して以来変わっていない。クズネッツも格差の歴史研究はすべてこの手法を用いて行なっており、本書でもこの手法を採用している。だがこの統計手法はあまり洗練されておらず、ある程度の技術的な努力を必要とする。そのため、長期間に及ぶ税務データの活用には、これまで学界でも誰も手をつけようとしなかった。歴史学者にとってはあまりに経済学的な、経済学者にとってはあまりに歴史学的な作業だったため、ほとんどの研究者が魅力を感じなかったのだ。しかし、本書で活用した税務データは、歴史学者にとっても経済学者にとっても情報の宝庫である。それを私たちは証明していきたい。

2.2　本書で利用したほかのデータ

2.2.1　所得税法に関するデータ（1914―1998年）

所得申告の統計を正確に解釈して活用するためには、所得税を導入した1914年7月15日法以降の所得税法の変遷を十分に知っておく必要がある。たとえば、納税者が所得から差し引くことのできる控除の内容は、20世紀の間に大きく変わっている。高所得者の各分位の所得水準（控除前）について、限りなく均質なデータを導き出そうとすれば、この法律の変遷をすべて考慮し、未加工の税務統計に基づく推計に一定の修正を加えなければならない（税務統計は常に、控除を考慮したあとの課税所得に基づいている）(2)。

さらに、このように純粋に技術的な意味で重要な情報のほか、所得税法には、20世紀フランスで所得格差がどのように受け止められていたかを研究するうえでも、きわめて貴重な情報が含まれている。たとえば、20世紀の間にフランスで「高」所得者の概念がどのように変わったかを調べるため、私たちは1914年以来適用された税率をすべて考慮に入れた。歴代政府が高所得者の各分位に課してもよいと判断した税率の平均を、年ごとに推計したのだ。各所得カテゴリー（給与、非賃金職による収益、動産資本所得など）固有の課税状況の変遷からも、20世紀の間に格差の受け止め方や表われ方が大きく変わったことがよくわかるだろう。

また、私たちの推計に見られた、20世紀における所得や財産の蓄積の推移を理解するための主要な説明要因となると思われるのが、累進税の展開である。それを考えると、所得税法の変遷を詳細に検討することがなおさら重要になる。私たちが提示した説明に信憑性があるかどうかを判断するためには、20世紀フランスにおいて、どの時期に、どの所得分位で、平均税率が一定の水準に達したかを調べる必要がある。

(1) 1956—1996年にINSEEが行なった「税収」調査すべてにおいて、最も平均所得が高いのは、「自由業と上級管理職」（1982年の分類法が採用されてからは「管理職および上級知的職業」）の家庭だった。しかしその平均所得は、1998年フラン換算で月額3万フランでしかない（付録I表I-2を参照）。これは「中流階級」の所得に相当する。このように、職業別社会階層を用いると、格差が「おとなしく」見える。その意味については、本書でもたびたび取り上げている（とくに第3章第4節および第6章第3.3節を参照）。

(2) こうした修正については、付録AおよびBで詳細に解説している。

このような理由から、1914年7月15日法以降の所得税法の変遷について、本書に関係する範囲内でできるだけ完全な情報を収集した。だが、この問題を扱った二次的な参考資料はきわめて限られているため、官報に掲載された法文にまでさかのぼらなければならない場合が多かった(1)。一般的に所得税は、あまり歴史学者の注意を引かない。1914年7月15日法に至る審議プロセスに関する著作はいくつかあるが(2)、この抜本改革以降の累進税の推移については、ほとんど研究されていない(3)。政治史の教科書や議会史の年表を見ても、たいていは所得税の推移については表面的にしか触れられていないが、各税法が可決された政治的状況を明確にする点ではきわめて有益だった(4)。これらの各税法が政治家にどう受け止められているかを十分に理解するため、国会議事録や各政党が配布した選挙公約も参考にしている(5)。

法制論に関しては、各時代の法学者が執筆した税法の教科書も利用した。こうした教科書にはたいてい当時の法制が紹介されているだけだが、いくつかの点において、法文からだけではわからない法解釈を理解するうえできわめて有益だった(6)。また、財務省が所得申告集計から作成した統計表とともに公表していた法制の概要も参考にした。ただしこの概要は、やや不完全な場合が多く、調査期間全体を通じて作成されているわけでもない(7)。事実上、官報に掲載された法文以外の情報源のうち、法制について最も有益かつ体系的な情報を提供してくれたのは、統計表そのものにほかならない。税務当局が作成した統計表には、納税者の人数や所得の合計額だけでなく、当の納税者が支払うべき税の合計額も、所得区分ごとに記されている。そのため、法律に記載された情報から理論的な税額を計算し、この表に掲載されている実質的な税額と比較対照することで、法律上の値が、実際に適用された値と一致していることが年ごとに確認できた(8)。そのほか、税務統一全国組合（SNUI）やその前身団体が1932年以来ほぼ毎年出版している『納税者のための手引き』も参照している(9)。

2.2.2　国民経済計算（1900―1998年）

先述したように、所得申告の統計を活用しても、所得分布の上位10パーセント、上位1パーセント、上位0・1パーセントといった世帯の所得水準の推移しか推計できない。だが、こうした高所得者が当時の社会でどのような位置

（1）所得税に関するおもな法文の年表は、付録Cに掲載している。
（2）とくにフラジェルマン&ウィノック（1972年）、アランが発表したカイヨーの伝記（1978―1981年）を参照。ジャンヌネ（1984年、p・96―108および1987年、p・122―129）も参考になる。
（3）最近ではスレ＝ドゥ＝ロッシュ（1999年）がある。
（4）私たちがよく利用したのは、ボンヌフーが執筆した大部の第三共和政史（1956―1967年）、および1945年以来毎年出版されている年鑑『フランス政治』である（従来の政治史教科書も参考にした。アゼマ〔1979年〕、ベッケル&ベルンスタイン〔1990年〕、ボルヌ&デュビエフ〔1989年〕、ゴゲル〔1946年〕、マイユール〔1984年〕、リウー〔1980年、1983年〕など）。これらの著作については、問題点がある場合、あるいは引用する場合にのみ参照している。
（5）これらの資料の正確な出典については、具体的に取り上げる際に明記している。
（6）私たちが利用した所得税をおもに扱った税法の著作には、ロム（1925年）、アリックス&ルセルクレ（1926年a、1926年b、1930年）、マルキ（1947年）、ローファンビュルジェ（1950年）、ベルトラム（1970年）、ダヴィド（1987年）などがある。イザイア&スパンドレルによる税法史に関する著作（1987年、1989年）も参照。この著作は私たちの視点を考慮に入れてはいるが、本書で問題にしている税率や所得にまるで注目していないという欠点がある（アルダンによる記念碑的な世界税制史〔1972年〕や、ニゼによる1945年以降のフランス税制史〔1991年〕にも同じことがいえる）。また、モルセリ&トロタバによる一風変わった著作（1964年）も挙げておこう。これには各国で適用された税率がまとめられている（誤りが多いのが残念だが）。これら税法関係の著作（とりわけアリックス&ルセルクレの論文はきわめて有益だった）についても、政治史の教科書や議会史の年表同様、問題点がある場合、あるいは引用する場合にのみ参照している（各情報源の間で内容が一致しない場合は常に、官報に掲載されている法文にさかのぼっている）。
（7）付録A第1・4節を参照。
（8）付録A第1・3節を参照。
（9）『納税者のための手引き』全巻は、税務統一全国組合本部（SNUI、80-82 rue de Montreuil, 75011 Paris）で閲覧できる。

を占めていたのか、とりわけ所得全体に占める高所得者の所得の割合がどう推移したのかを算出したければ、人口全体の所得や世帯ごとの平均所得（課税・非課税を問わず）の推移を知る必要がある。そこで、国民経済計算のマクロ経済データを利用した。これは、国家の経済活動全体を数値化したものであり、国家レベルの所得総額の概算値を教えてくれる。賃金労働者に支払われる給与の総額、非賃金職による収益の総額、株主に支払われる配当の総額などである。所得申告から高所得者の所得水準を、そして国民経済計算から平均所得水準を推計する手法は、決して新しいものではない（クズネッツなど、格差に関するあらゆる歴史研究に利用されている）。だが、この手法にはかなりの注意が必要だ。国民経済計算と税務当局の統計とでは、給与や収益といった言葉の使い方が異なる。そのため、国民経済計算のマクロ経済データにいくつか修正を施し、所得申告から導き出した高所得者の所得データとできるだけ均質な平均所得データを作成する必要がある。

こうして国民経済計算を利用すれば、所得格差の推計によって明らかになった推移がどんなマクロ経済状況に対応しているのかを見極めることができる。その結果、推移の信憑性を判断し、評価することもできる。ただし、「公的」な国民経済計算は１９４９年から始まる。そこでそれ以前については、「民間」の研究者数人が作成したマクロ経済データを利用した。とくに、戦間期にデュジェ・ド・ベルノンヴィルが作成したデータ、およびピエール・ヴィラが最近、過去にさかのぼって作成したデータを利用している。利用した情報源、適用した修正、得られた結果の詳細は、巻末の技術的事項に関する付録を参照してもらいたい(1)。

２・２・３　給与申告（１９１９―１９９８年）

所得格差の推計から得られた情報を完全なものにするためには、給与格差の推移も調べる必要がある。たしかに、所得から得られた結果をもとに、いくつかの仮説を立てることはできる。だが、給与格差を調べなければ、その仮説を肯定することも否定することもできない。そこで、給与について入手可能な最も信頼のおける体系的な情報源を利用した。すなわち、雇用主による給与申告である。政府は、１９１４―１９１７年に総合所得税および給与に対する分類所得税を導入すると、雇用主に対し、前年中に各雇用者に支払った給与の総額を毎年申告するよう義務づけた。この義務は、それ以来絶えることなく適用されつづけている。このデータを活用すれば、給与格差について、所得格差と同様の推計が可能になる。つまり、高給与所得者（給与所得分布の上位10パーセント、上位5パーセント、上位1パーセントなど）の給与が給与所得全体に対して占める割合がどう推移しているのかを推計できる。税務当局が給与申告の集計や、それに対応する統計表の作成を始めたのは、１９１９年の給与からである。そのため推計は１９１９年以降となる。それ以前の年については、職種別・部門別データ（民間労働者給与、公務員給与など）を利用している。

本書で検討する期間全体を通じ、雇用主による給与申告が活用された事例はこれまで一度もないようだ。１９４７―１９５０年以降については、ＩＮＳＥＥが、統計の作成にほぼ毎年それを活用している。クリスティアン・ボードゥロとアンヌ・ルボーパンは１９７９年、この統計をもとに過去にさかのぼって調査を行ない、１９５０年以降のフランスの給与格差に関する重要な著作を出版した（最近になって１９９０年までの情報を増補している）[2]。しかしながらこの研究では、給与所得全体に占める高給与所得者の給与の割合を分位ごとに推計する作業がいっさいなされていない。そこで私たちは、１９４７―１９５０年以来ＩＮＳＥＥが給与申告をもとに作成した未加工の統計資料をすべて分析し直し、１９４７―１９９８年の期間について分位ごとの推計を行なった。一方、戦間期については、税務当局が当時給与申告を集計していたにもかかわらず、それがこれまで給与格差の調査に利用された形跡はない。第二

（1）　付録Gを参照。
（2）　ボードゥロ＆ルボーパン（１９７９年a、１９７９年b）、バイエ＆ジュレス（１９９６年）、フリエ＆ジュレス（１９９８年）を参照。

次世界大戦以後行なわれたどの調査を見ても、1947―1950年が起点となっている。1947年以前にも給与格差の調査が可能な同等のデータがあることは忘れられているかのようだ。[1] だが、20世紀全体にわたる給与格差の推移（とくに高給与所得者の地位の推移）を調査すれば、20世紀初頭および戦間期のフランスの社会構造の重要な特徴を明らかにできるはずだ。その結果、20世紀における所得格差のダイナミクスをより深く理解できると思われる。私たちが活用した未加工の統計資料、推計のために適用した手法、結果的に得られたすべての数値に関する詳細は、巻末の技術的事項に関する付録を参照してもらいたい。[2]

2.2.4　相続申告（1902―1994年）

20世紀フランスの所得格差の構造の変化をたどっていくと、相続資産所得が中心的な役割を果たしていることがわかる。そのことから、相続資産格差の推移を調査し、所得格差や給与格差の推計から得られた情報を補完することもまた必要になると思われる。そこで、税務当局が1902年以来、相続申告集計をもとに作成している統計表を活用した。この統計を利用すれば、財産が最も豊かな死者の上位10パーセント、上位1パーセント、上位0・1パーセントにあたる相続資産水準が、20世紀の間にどう推移したのかを推計できる。そうすれば、所得水準で得られた推移が相続資産水準で得られた推移と一致するかどうかを調べることもできるだろう。

このデータについても、本書で検討する期間全体を通じて活用されたことは一度もない。税務当局が提供した1980―1990年代の相続申告サンプルをもとに、重要な研究が行なわれてはいる。[3] だが、長期にわたり入手可能な相続統計を利用した研究者は一人もいないようだ。[4] したがって、所得格差の場合と同様、20世紀フランスにおける相続資産格差の推移をテーマにした歴史研究は、いまのところまったくない（英米には、同種の相続申告に基づいたこのような研究が存在する）。[5] 私たちが活用した未加工の相続統計、採用した手法、結果的に得られたすべての数値に関する詳細は、巻末の技術的事項に関する付録を参照してもらいたい[6]。

（１）１９４６年以降のＩＮＳＥＥの出版物（および戦間期のフランス総合統計局の出版物）すべてに目を通したが、戦間期の給与申告の統計はいっさい利用されていなかった。給与申告の統計を利用しているどの研究者も、１９４７―１９５０年を起点にしている（たとえば、マルシャル&ルカイヨン［１９５８―１９７０年、第1巻、ｐ・２７７、ｐ・２９６、ｐ・４２７］を参照）。ヴォルコフ（１９８７年、ｐ・２２０）も参照。ヴォルコフは、給与申告の歴史を扱った論文の中でこう述べている。「雇用主による年次給与申告は１９２７年から存在する。だが、この資料を統計的に活用する決定が下されたのは１９４７年である」（実際には、この申告は１９１７年から存在する。税務当局は１９１９年から、その集計および統計表の作成を始めた）

（２）付録Ｄを参照。

（３）とくにアロンデル&ラフェレール（１９９１年、１９９４年、１９９８年）を参照。

（４）歴史的視点から20世紀の相続統計を活用した数少ない研究には、トレヴー（１９４９年）（１９３４年と１９４５年の相続資産構成に関する統計のみを利用しており、相続資産の資産水準の推移や分布の推移を調べてはいない）やコルニュ（１９６３年）（県ごとに20世紀初頭以降の平均相続資産の推移を調べているが、トレヴー同様、個々の相続資産水準の分布には注目していない）がある。20世紀初頭には（やや程度は落ちるが戦間期も）、第二次世界大戦後よりはるかに積極的に相続統計が活用されていた（この点についてはのちに触れる）。また、19世紀の相続申告からも重要な研究が生まれている（とくにドマール［１９７３年］を参照）が、これについても追って説明する。

（５）私たちの知るかぎりでは、ドマール（１９７３年）を除き（これは19世紀のみを取り上げている）、比較的長期にわたる相続資産格差の推移を扱ったフランスの研究は、マッソン&ストロス＝カーン（１９７８年）しかない。ただしこれも、１９４９―１９７５年の期間しか研究の対象にしていない（しかも、採用した手法があまり満足できるものではない。１９７５年の相続資産に対する調査から始め、資本所得に関するマクロ経済データを利用して１９４９年まで調査年代をさかのぼっていくという手法を用いているのである）。英米の研究者が相続統計をもとに行なった歴史研究については、フランスの事例と諸外国の事例を比較する際に取り上げる。

（６）付録Ｊを参照。

3　本書の構成

本書は3部からなり、以下のように構成されている。

第1部では、20世紀フランスにおける所得格差および給与格差の全体的推移を示す。第1章ではまず、フランスにおいて、20世紀のどの段階で平均購買力が増加したかを再確認する。この章にはまったく新しい事実は何もないが、私たち独自の結果を示す前に、この全体的枠組みを確認しておいたほうが有益だと考えた。第2章は、本書の中心となる章である。ここでは、所得全体に占める高所得者の所得の割合、およびその所得構成の推移について、所得申告統計から得られる結果を提示する。そして、後の章でより細かい分析をするための仮説を立てる。第3章では、給与格差の推移を扱う。とりわけ、高給与所得者の給与が給与所得全体に占める割合の推移について、給与申告統計から得られる結果を示す。

第2部では、20世紀フランスの累進所得税、およびそれが高所得者に与えた影響を調査する。第4章では、1914年の所得税導入以後の所得税法の変遷を示す。次いで第5章では、高所得者の各分位に課された平均税率の推移を調べる。この第2部により、第2章で立てたいくつかの仮説がいっそう明確になる。ここではまた、所得格差に対する考え方の推移にも目を向ける。

そして第3部では、これまでの章で得られたさまざまな結論全体をふたたび取り上げ、フランスの事例がクズネッツ曲線にあてはまるのかどうかを検討する。第6章では、（合法・非合法を問わず）申告されない所得により、先に所得申告から得た結論がどの程度歪められる可能性があるかを調べる。ここではとくに、相続統計を活用して得た情報を利用している。第7章では、フランスの事例を諸外国の事例と比較し、クズネッツ理論全体の評価を行なう。そこから私たちの結論を導く。

第1部

20世紀フランスにおける所得格差の推移

第1章　20世紀の間に5倍になった「平均」購買力

所得格差の推移を調べる前に、20世紀フランスにおける「平均」購買力が、どの段階でどの程度増加したのかを頭に入れておくと有益である。本章で前もって提示する内容は、20世紀フランスの経済史全体にかかわるものであり、その大部分は比較的よく知られている。だが、次章以降で提示する私たち独自の結果を大局的にとらえるには、これらの内容を簡単に再確認しておく必要があるだろう。そこでまずは、インフレ（第1節）、人口構造（第2節）、家庭の所得構成（第3節）の推移の概要を示し、次いで「平均」購買力の推移の問題に取り組むことにしよう（第4節および第5節）。これらの全体的な推移についてはよく知っているという読者は、ざっと目を通して第2章に進んでもらってもかまわない。

図 1-1　フランスのインフレ率（1900-1998 年）

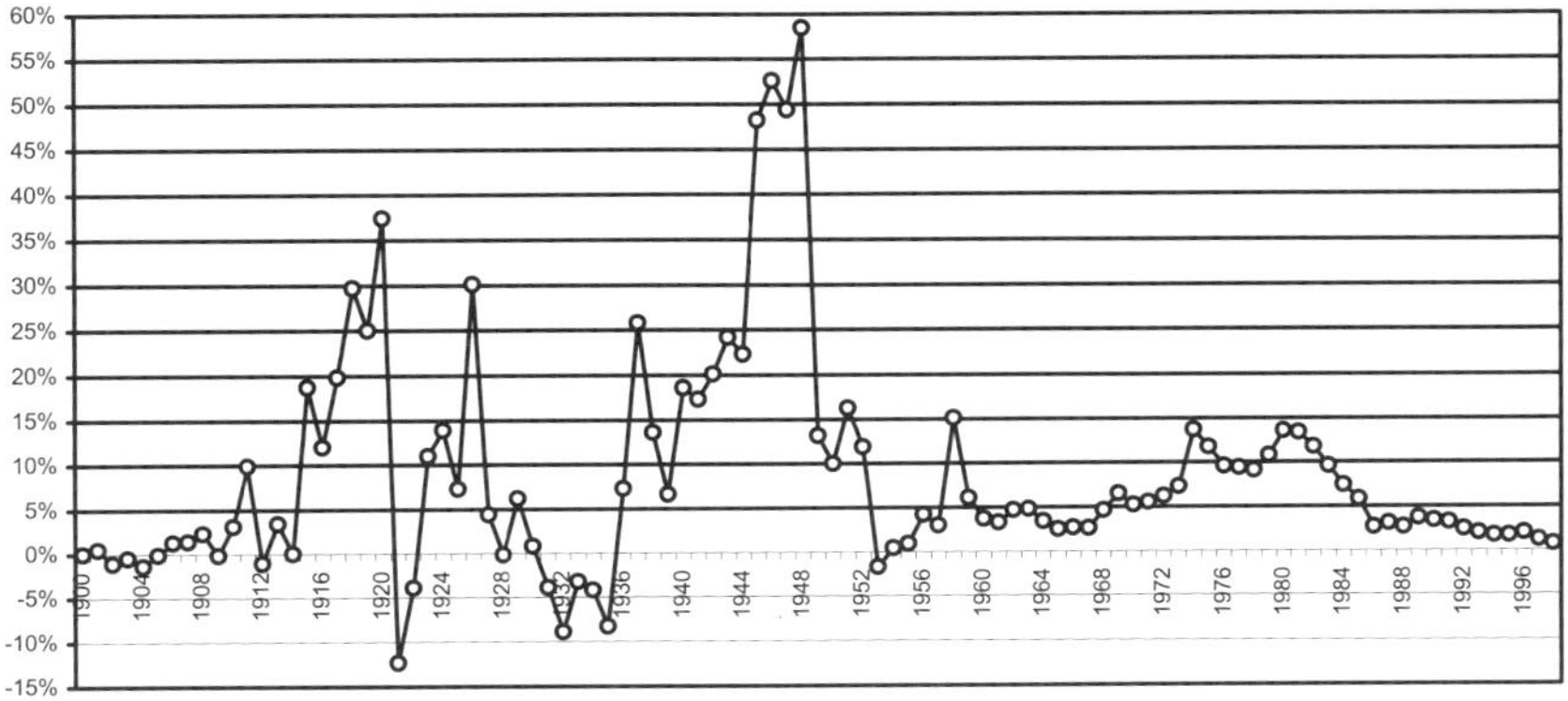

情報源　表F-1の列(5)(付録F)

1 名目フランと実質フラン——20世紀フランスのインフレ

過去の所得と20世紀末の所得を比較したければ、まずは20世紀フランスにおいて物価が上昇した各局面を分析する必要がある。そうすれば、名目フランから実質フランへの換算といった単純に金銭的・会計的な問題を解決できるだけではない。続く節や章を見ればわかるように、20世紀の間にインフレは実質所得の分布に大きな影響を与えている。そのため、いまから大まかな歴史の流れを理解しておくと有益である。

20世紀の初めから終わりまでの間に、消費者が支払う小売価格はおよそ2000倍上昇した。つまり、年平均インフレ率がおよそ8パーセントだったことになる。[1] 図1-1は、1900—1998年のフランスのインフレ率の推移を示している。最初にフランス総合統計局、次いで国立統計経済研究所（INSEE）が消費者物価を調査し、それに基づいて計算した値である。この図を見ればわかるように、20世紀フランスのインフレの流れは、決して穏やかなものではない。世紀の半ばに、とりわけ二度の世界大戦にかかわる高インフレの局面が何度かあった後、世紀末には、世紀初頭と同じきわめて低い水準に戻っている。

第一次世界大戦以前の平均インフレ率は、ほぼ0パーセントだった。物価がやや上下することはあっても、たいていは数年で相殺されてしまう。この安定状態は、19世紀初頭から続いている。1820—1914年の期間全体の小売価格の上昇率は、およそ30パーセントだった。つまり、年平均インフレ率はおよそ0・3パーセントである。[2] 1910—1911年にはやや大きなインフレ率の上昇が見られるが（1911年には10パーセント近くに達している）、これはおもに、1910年の壊滅的な凶作と1911年の〔第二次〕モロッコ事件〔モロッコの支配権をめぐって起きたフランスとドイツの二回にわたる紛争の一つ〕による。[3] だが、第一次世界大戦によって、フランスは「現代的」なインフレの時代に突入する。1914—1918年の間に、物価は2・1倍になった。年間インフレ率は、4年連続で20パーセント前後の数値を示した。これは、フランス革命期以降は見られなかった現象である。1919—1920年にはインフレがさらに加速したが、１９２１—１９２２年には軍需産業の転換にともなう景気後退によりデフレに陥った(4)。だが、１９２２年の間に経済が回復するとともにふたたびインフレが始まる。しかしこれも、１９２６年８月にポワンカレ政権が行なった通貨安定政策および増税政策とともに終わりを告げた（１９２７年にはふたたび景気後退に陥っている）。１９２６年末に行なわれた通貨安定政策は、１９２８年６月の貨幣法により法制化され、フランの金平価が新たに定められた。これにより「ジェルミナル・フラン」は正式に「ポワンカレ・フラン」に変更となった(5)。ところが、それから2年が過ぎると、まもなくフランスも世界恐慌の波にのまれ、衝撃的なデフレを経験する。１９３

（１）$2000^{1/100}=1.079$

（２）19世紀については、バイエ（１９９７年、ｐ・25—26）が提示した物価指数を参考にした。バイエはこれを、クチンスキーおよびサンジェ＝クレルの指数をもとに作成したと述べている（19世紀には「公的」な指数が存在しない）。このバイエの指数によれば、１８２０年は46、１９１４年は61である（61/46＝1.33であり、$1.33^{1/94}=1.0030$となる）。また、この物価上昇は、１８２０—１８７３年の期間に達成されているようだ。指数の値は、１８７３年も１９１４年も同じ61である。１８７３—１８９６年に穏やかなデフレがあり、小売物価がやや下がったが、１８９６—１９１４年の穏やかなインフレにより相殺された。

（３）マルチェフスキー（１９８７年、ｐ・25）を参照。全体的にマルチェフスキー（１９８７年、ｐ・９—33）は、１８１５—１９３８年のフランスの経済サイクルについて、年代順にきわめて有益な解説を行なっている。第二次世界大戦以降のフランスの経済サイクルに関する年代順の解説については、ポルティエ（１９９２年、ｐ・68—69）、アラール（１９９４年）、カンドゥロン＆エナン（１９９５年）などを参照。１９００—１９９８年のＧＤＰの年間成長率については、付録Ｇ表Ｇ－１の列(３)を参照（図１－１のもとになった１９００—１９９８年の年間インフレ率は、付録Ｆ表Ｆ－１の列(５)に掲載している）。

（４）１９２０年代初めの産業転換による経済危機、とりわけ１９２１年の景気後退に関する詳細なマクロ経済分析については、ヴィラ（１９９３年、ｐ・72—80）を参照。

（５）フランの金平価は、革命暦11年ジェルミナル７日（１８０３年３月28日）法により決定されて以来、１９２８年６月25日に貨幣法が制定されるまで、正式に変更されることはなかった。だが実際のところフランス銀行は、１９１４年８月以降、紙幣の金銀への引き換えを中止していた。つまり、１９１４年から１９２６—１９２８年の通貨安定政策までの期間、「金兌換フラン」は事実上「紙幣フラン」になっていた。ソーヴィ（１９８４年、第１巻、ｐ・59—72）、およびジャンヌネ（１９９１年、ｐ・２８９、ｐ・３０９）を参照。

1—1935年の期間を通じてインフレ率はマイナスとなり、1930—1935年の小売価格の累積下落幅は25パーセントに達した。人民戦線政府は賃金引き上げを決定し、1936年9月には平価を切り下げることで、デフレ局面を収束させ、インフレを再開させた。このインフレは、1937—1938年と続き、さらに第二次世界大戦中も続いた。20世紀フランスのインフレの頂点は、終戦直後の数年に現われた。1945—1948年の間、4年連続で年間インフレ率が50—55パーセント前後に達したのだ。物価の上昇は、1949—1952年もほどほどのペースで進んだが（年間10—15パーセント）、1952年3月のピネー政権による通貨安定政策とともに実質的に止まり、1953年にはまたしても景気後退に陥った。これが、20世紀フランスにおいてインフレ率がマイナスになった最後の年である（マイナスといってもわずかだが）。これ以降は、物価が完全に安定していた1954—1955年、インフレ率が15パーセントを超えた1958年を除き、1950—1960年代を通じ、インフレ率は年率5パーセント前後の水準で安定する（1958年は、おもにアルジェリア戦争によりインフレ率が急騰したが、ド・ゴール将軍が政権に復帰し、財務大臣となったピネーがふたたび通貨安定政策を実施したことにより収束した）。1970年代は、1968年の5月革命および社会的・政治的緊張状態がもたらした給与の大幅な増加（SMICと呼ばれる全産業一律スライド制最低賃金の採用など）、および1973年と1979年の石油危機により、20世紀フランスにおける最後の高インフレ局面を迎えた。1974年から1983年までは、10年続けてインフレ率が10パーセント超（あるいは10パーセントをわずかに下まわる程度）となり、平時のフランスにおいて長期にわたり高インフレを記録した最大の局面となっている。1982—1983年からはモロワ政権によりインフレ抑制政策が実施され、物価や給与の抑制、さらには給与の物価スライド制の廃止が行なわれ、1985—1986年になるとインフレが「最終的」に解消された。1986年以降、インフレは年率2—3パーセントで推移し、1998年には物価の上昇率が1パーセントを下まわりさえしている。20世紀末に至り、20世紀初頭のゼロインフレの水準に戻ったのだ。

20世紀フランスにおけるインフレの歴史を簡単に振り返ってみたが、ここからどんな結論が導き出せるだろうか？

重要なポイントは、二つの世界大戦、およびその直後の時期が中心的な役割を果たしているということだ。どちらの世界大戦を見ても、戦争中よりも、戦争直後の数年間のほうがインフレ率が大幅に高い。物価の上昇率は、1914―1918年の間に2・1倍、1918―1927年の間に2・7倍になっている。両者を合わせた1914―1927年の間では5・5倍である。また、1939―1944年の間に2・5倍、1944―1952年の間に8・7倍になっている。両者を合わせた1939―1952年の間では22倍である。[(1)] これを見るとさらに、第一次世界大戦期よりも第二次世界大戦期のほうが、インフレ率が4倍近く高いこともわかる（1914―1927年の間は5・5倍、1939―1952年の間は22倍）。この二つの重要なポイント（大戦中の高インフレ、大戦直後のさらなる高インフレ、第一次世界大戦よりも第二次世界大戦のほうが高いインフレ）は、以下のように説明できる。

まずインフレには、物価と給与の追いかけ合いという特徴がある。物価が上がると、賃金労働者はそれを相殺する給与を求め、企業はさらに価格を上げることで給与の上昇分を埋め合わせる、といった具合だ。この追いかけ合いは一般的に、物価と給与がほぼ同じ割合で増えていくという意味で、なんら「実質的」な影響をもたらさない場合が多い。だが実際にはどちらも上昇を止めないので、追いかけ合いは続いてしまう。ところで、戦争には常に、混乱や生産高の低下、物資の不足といった事態がつきまとう。そのため、物価と給与の追いかけ合いが始まる絶好の機会となる。また、この追いかけ合いは、戦争中よりも終戦直後のほうがはるかに起こりやすい。その理由は次のように考えられる。戦争が終われば、誰もがすぐさま平和の配当〔軍事費削減分を経済力の回復に振り向けること〕を享受したいと考える。しかし、こうした要求に応えられる水準にまで生産高を回復するには、ある程度の時間がかかる。そのうえ、経済を再建するためには一般的に、数年間にわたって生産高のかなりの割合を消費ではなく投資に充てなければならないからだ。実際、入手できる推定値によれば、生産高が1913年の水準に回復するのは1923年、1938年

（1）付録F表F－1を参照。

の水準に回復するのは1948年である。つまり、どちらの世界大戦においても、生産高を戦前の水準にまで回復させるのに10年かかっている。[1] またこの視点から考えると、第一次世界大戦後よりも第二次世界大戦後のほうが、インフレ率がきわめて高い状態になりやすかった。第二次世界大戦中の生産高は、第一次世界大戦中をかなり下まわる最低水準に達した。というのは、1914―1918年に戦闘行為や破壊から直接被害を受けたのは国土のごく一部でしかなかったが、1944年には国土全体に破壊の被害が及んだからだ。同年の国内生産の総額は、20世紀における最低水準の数値を示している。[2] さらに第二次世界大戦中は、占領軍の徴収により物資不足に拍車がかかり、生産高がさらに大きく低下した。また、第二次世界大戦後は冷戦により政治的緊張が大きく高まり、それもまたインフレ圧力を高める要因となった。賃金の抑制を促すことがほとんどできなくなったからだ。[3]

先の三つのポイントを説明できる要因はもう一つある。それは、「紙幣をどんどん印刷する」ことが、戦争の資金を確保するのにも戦時会計を清算するのにも有効な、ほぼ唯一の手段だったということだ。フランスはどちらの大戦においても、多額の国債を発行しており、戦後になると財政赤字や借入金の返済が政治的な重要課題となった。だが、政府が発行した国債は、たいてい名目フランで記載されている（つまり、インフレに合わせてスライドしない）。そのためインフレを起こせば、返済額を大幅に減らすことができた。ここでもまた、第一次世界大戦後よりも第二次世界大戦後のほうが、この種のインフレを起こしやすかった。というのは、1920年代にはまだ、1914年以前の「金兌換フラン」が記憶に新しかったからだ。当時の政治家の多くが、金本位制への復帰を求めた。そして、「国防債」などの国債を大量に購入して戦争資金の調達に手を貸してくれた国民への「聖なる約束」を守るよう要求した。だがこの「聖なる約束」は、当然のことながら、守られなかった。国債を大量に買い込む財力があったのは不労所得生活者である。その返済のために、労働力人口に対する徴税の比重を大幅に増やすことなどできるはずもなかった。それでも1920年代の政府は、あまりに公然とあまりに大規模にインフレに頼ることに、抵抗を感じていたのである。通貨が安定していた1914年以前への強い愛着は、ほかの場面にも表われている。たとえば、1927―19

２８年に通貨がひとたび安定してしまうと、政府は１９３０年代のデフレの間も、フランを切り下げてインフレをふたたび起こすことを頑として拒否している。一方、第二次世界大戦後の場合は、１９３０年代のデフレの苦い記憶があった。そのため政府は、インフレに対するコンプレックスからすっかり解放され、インフレに大幅に頼ることができた。

結局、二つの世界大戦が引き起こしたインフレにより、物価は１００倍以上になった（１９１４―１９２７年の間に５・５倍、１９３９―１９５２年の間に22倍になったため）。これはつまり、もし戦争がなければ、物価は１世紀の間に20倍にもならなかったということだ（実際には２０００倍になった）。１９１４―１９２７年の期間および１９３９―１９５２年の期間がなければ、１９００―１９９８年の年平均インフレ率はせいぜい３パーセントにしかな

（１）付録Ｇ表Ｇ－１の列(2)を参照。

（２）入手できる推計（付録Ｇ表Ｇ－１の列(2)を参照）によれば、第一次世界大戦中の国内総生産（ＧＤＰ）の最低値（実質フラン換算）は、１９１３年のＧＤＰより3分の1ほど少ないだけだった（１９３８年フラン換算で、１９１８年は２４４５億フラン、１９１３年は３６８４億フラン）。一方、第二次世界大戦中のＧＤＰの最低値は、１９３８年のＧＤＰのおよそ半分だった（１９３８年フラン換算で、１９４４年は20世紀フランスで最低の２２２２億フラン、１９３８年は３９５８億フラン）。

（３）１９４４―１９５２年のインフレの経過の詳細な分析については、シェリニ（１９９８年）を参照。シェリニはとりわけ、失敗に終わった数多くの通貨安定化政策に言及している。１９４４年2月のマンデス＝フランスの政策（１９４４―１９４５年に行なわれることになった賃金の大幅引き上げを考慮し、実行されなかった）や、１９４７年1月のブルムの政策（強権的な物価引き下げおよび給与抑制政策だったが、１９４７年に数カ月に及ぶ大規模ストライキを引き起こし、共産党が政権から離反したため頓挫した）などである。結局、１９４７年12月のマイエールの政策により、１９４８年の間にハイパーインフレが克服され、１９５２年3月のピネーの政策により、最終的な通貨安定化が実現した。しかしシェリニによれば、インフレは１９５２年より前に克服が可能だったという。だが、やや強権的すぎる政策のため、社会党や人民共和派の一部からしか支持を得ることができず、最終的には自由主義者や共産主義者までもが一緒になった多党派連合に拒否されてしまった（共産党は当時、党の歴史の中で最も多くの議席を獲得していた）。

らない。[1] このように1950年代には、第一次世界大戦以前に比べて物価がかなりの割合で増加したため、1958年末、ド・ゴール政権はそれまでの100フランを1フランとする新フランの導入を決めた。この通貨政策は、純粋に会計上の処置にすぎなかったが、新政治体制が通貨安定への意志、国力充実への意志を表明したことをきわめて象徴的に示している。その結果1960年1月1日から、あらゆる価格、給与、所得が、原則として新フラン表示になった。本書では、金額（価格、給与、所得、資産など）の表記において「名目フラン」もしくは（なんの修飾語もなく）単に「フラン」と書かれていた場合、1900―1959年は旧フラン、1960―1998年は新フランを意味する（とくに明記しないかぎり）。また、「1998年フラン」と書かれている場合は、名目フランの金額に図1-2の換算率を掛け、1998年のフラン価値に換算している。この換算率は、図1-1のインフレ率をもとに計算したものだ。図1-2を見ると、1960年に大きく上昇しているが、これは新フランへの移行に対応している。[2] この移行があったため、旧フランで表示された20世紀初頭の所得を1998年の新フランで表示したければ、20世紀初頭の所得におよそ（2000ではなく）20を掛けることになる。この1998年フランへの換算率は、1911―1914年にはおよそ17―18に落ち（1910―1911年にややインフレ率が上昇したため）、1920年代初めには5―6、1930年代には3―4へと下降し、1943―1944年にはほぼ1に等しくなる。これは、1943―194

図1-2　名目フランから1998年フランへの換算率（1900-1998年）

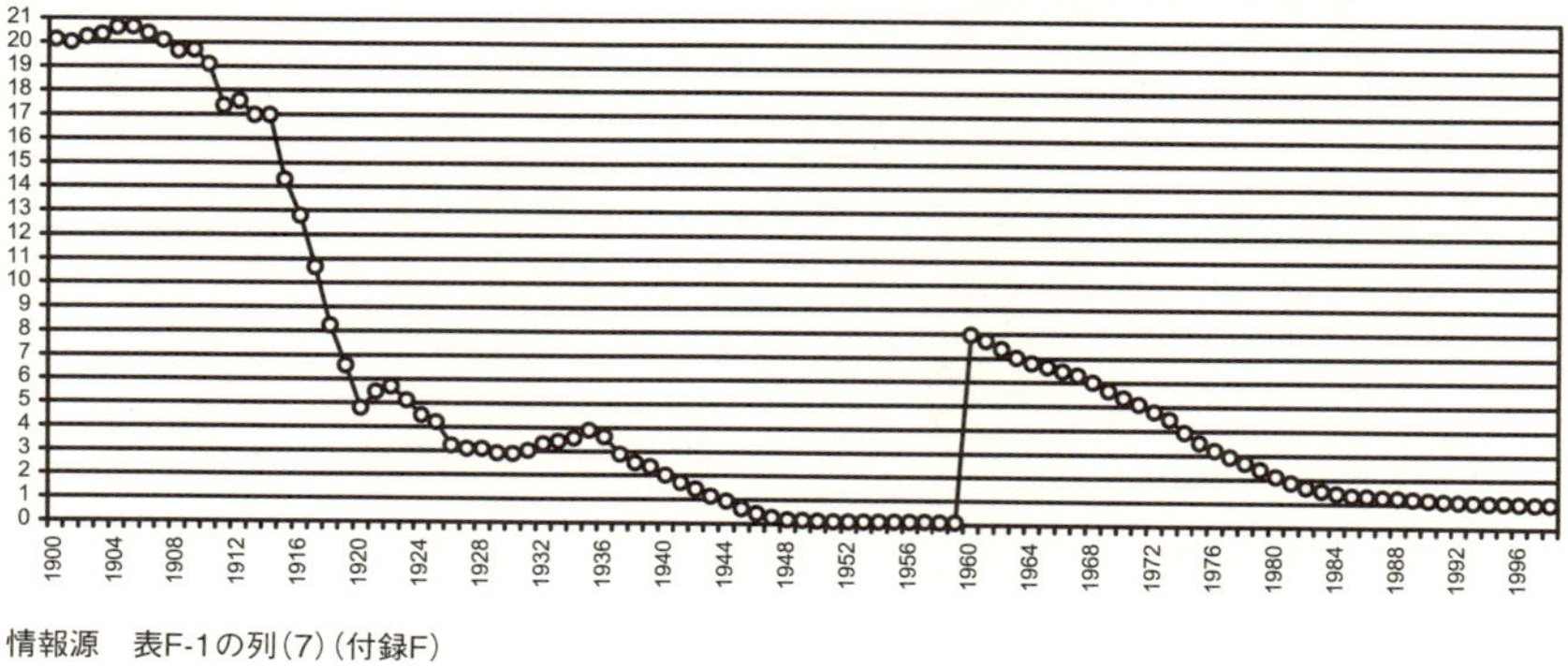

情報源　表F-1の列(7)(付録F)

4年から1998年までの間に物価がおよそ100倍になったこと、1943—1944年の旧フランでの購買力が1998年の新フランでの購買力とほぼ等しいことを示している。換算率はその後、1940年代末から1950年代にかけて1を大きく下まわるようになる。当時は、きわめてつましい生活をしている賃金労働者でさえ「百万長者」だった。その後、新フランが導入されると、振り子が大きく揺り戻されて換算率も1を超え、1960年代末から1970年代初めには5—6になる。これは1920年代初めの換算率とほぼ同じであり、その当時の物価が1920年代初めの物価の100倍になったことを表わしている。念のために言っておくが、この数字をすべて覚える必要はないだろう。主要な局面を特徴づける変化のおおよその大きさを頭に入れ、必要なときに正確な数字を参照できるようにしておくことが大切だ。

2　人口、家庭、世帯、労働力人口——20世紀フランスの人口動態

20世紀の「平均」購買力の推移を調べる前に、20世紀の間にフランスでおよそどのくらい人口が増加したか、人口構造にどんな変化があったかを頭に入れておくこともやはり有益である。20世紀の間に人口、家庭や世帯の数、労働力人口が増加したペースは、それぞれ大きく異なる。そのことを理解しておけば、「平均」所得の増大ペースを考える際に、混乱を避けることができる。一口に「平均」所得といっても、「人口1人あたり」「1家庭あたり」「1

(1)　$20^{1/100}=1.030$

(2)　1959年の旧フランを1998年の新フランに換算する場合、1959年の名目フランに0・0826を掛ける。これは、12で割った値とほぼ等しくなる。一方、1960年の新フランを1998年の新フランに換算する場合は、1960年の名目フランに7・96を掛ける（旧フランが継続して使われていたとしたら、0・0796を掛けることになる。これは12・5で割った値にほぼ等しい）。

世帯あたり」「労働力人口1人あたり」の平均が考えられる。これらの区分を組み合わせたものさえある。

まずは、人口から始めよう。フランス本土の人口は、20世紀の初頭には4000万人弱だったが、1990年代末には6000万人近くに達した。(1) 1世紀でおよそ50パーセント増えた計算になる。ちなみにこの人口増加は、ほとんどが20世紀後半によるものだ。1900―1946年の間は、ほんのわずかしか人口が増えていない。第一次世界大戦後、フランス国土にアルザス＝ロレーヌ地方が再統合されたにもかかわらず、20世紀初頭の人口およそ3900万人に対し、1946年の人口はおよそ4000万人でしかない。20世紀の前半と後半のこのような顕著な違いはよく知られているが、それには三つの要因が考えられる。二つの世界大戦による人命損失、第二次世界大戦後の出生率の回復（「ベビーブーム」）、20世紀後半の急速な長寿化である。この長寿化および人口の高齢化により、いうまでもなく年齢層ごとに人口増加のペースに違いが見られるようになった。20歳以上60歳未満の人口は、20世紀初頭におよそ2000万人だったが、1990年代にはおよそ3000万人になった。(2) これは、1世紀でおよそ50パーセント増えたことになり、全人口の増加ペースにほぼ等しい。この数字を見ると、20世紀を通して、20歳以上60歳未満の人口は、全人口のおよそ半分を占めている（世紀初頭の全人口4000万人に対し2000万人、世紀末の全人口6000万人に対し3000万人）。つまり、残りの半分が「若年者」（20歳未満）と「高齢者」（60歳以上）ということになる。そしてこの二つの年齢層のそれぞれが占める割合は、20世紀の間に大きく変わった。20世紀初頭にはかなり高かった「若年者」の割合が世紀末には大きく低下したのに対して、60歳以上の人口は全人口を大きく上まわるペースで増えた。20世紀初頭には約500万人だったが、1990年代末には1200万人近くに膨れ上がり、(3) およそ140パーセントの増加を見せている。逆に、20歳未満の人口は、平均よりもはるかに増加ペースが遅い。20世紀初頭のおよそ1300万人が1990年代末にはおよそ1500万人となり、15パーセント強の増加しか見せていない（1970年代初めには1700万人近くに達したこともあった）。(4)

家庭内の人口分布を見ても、やはり大きな変化が現われている。この場合の家庭とは、血縁関係があってもなくても、同じ住居に住む人の集まりを指す。家庭については20世紀初頭以来、国勢調査が行なわれているが、１世紀の間に家庭の平均人数は減少の一途をたどり、世紀初頭には３・６人近くだったのが、１９９０年代末には２・５人未満となった（次頁の図１－３を参照）。戦後のベビーブームのおかげで、１９５０―１９６０年代には家庭の平均人数も一時的に安定したが、１９６０年代末以降は急速なペースで低下を続けている。そのため家庭の数は、20世紀初頭には１１００万弱だったが、１９９０年代末には２３００万以上になった[5]。１世紀で１００パーセント以上、全人口の倍以上のペースで増加した計算になる。こうした推移には、三つの理由が考えられる。家庭ごとの子供の数が減少したため、高齢者の数が増加したため（一人暮らし、または二人暮らしの高齢者家庭の数が増えた）、いわゆる「複合」家庭（複数の世代あるいは複数の核家族が同じ屋根の下で暮らす家庭）の数が減少したためだ。「平均」所得や「平均」購買力の推移を考える際には、家庭の平均人数が減少傾向にあることを頭に入れておくことが大切である。というのは、それにより人口１人あたりの平均所得が、１家庭あたりの平均所得よりも、構造的に見て速いペースで増えていくことになるからだ。たとえば、１家庭あたりの平均所得が停滞している時期（１９８０―１９９０年代）やわずかに下降している時期でも、人口１人あたりの平均所得が増えている場合がある（後出の第４節を参照）。

だが本書ではむしろ、家庭よりも課税対象世帯（あるいは単に「世帯」と記す）に注目したい。課税対象世帯とは、税法で定められた単位であり、所得をまとめて申告するよう義務づけられた人の集まりを指す。これは、家庭よりも狭い単位となる。その根本的理由は二つある。第一に、所得申告を一つにまとめることができるのは、核家族（両親

（１）付録Ｈ表Ｈ－１の列（１）を参照。
（２）付録Ｈ表Ｈ－１の列（３）を参照。
（３）付録Ｈ表Ｈ－１の列（４）を参照。
（４）付録Ｈ表Ｈ－１の列（２）を参照。
（５）付録Ｈ表Ｈ－１の列（８）を参照。

とその子供）だけだ。身体障害のある固有資産のない祖父母がいる場合など、ごく少数の例外を除き、同じ屋根の下に住んでいようとも、複数の世代、複数の核家族の所得申告を一つにまとめることはできない。血縁関係のない同居人についてはいうまでもない（同じ「家庭」には含まれるが）。第二に、核家族でも所得申告を一つにまとめられない場合がある。たとえ同居していたとしても、成年に達した子供の所得は、両親の所得と一緒にまとめて申告することはできない。ただしこの場合も、子供に身体障害があって固有の資産がなく、両親に扶養されている場合などは例外とされるが、該当する例はごく限られている。また、結婚していないカップルは、所得をまとめて申告できない（逆に、結婚すると所得をまとめて申告する義務が生じる。妻が夫とは別に所得申告を行なうことはできない）。つまり、内縁関係にある2人で構成される家庭には、世帯が二つあることになる。研究者にとっては都合がいいことに、1914年7月15日法によりフランスに所得税が導入され、1916年に初めて納税者が前年度の所得の申告を行なって以来、こうした大原則はいずれもまったく変わっていない[1]。これは、私たちの研究において実用的な意味を持つ。税務当局が所得申告を集計して作成した統計表はすべて、世帯ごとに申告された所得の

図 1-3　家庭および世帯の平均人数（1900-1998 年）

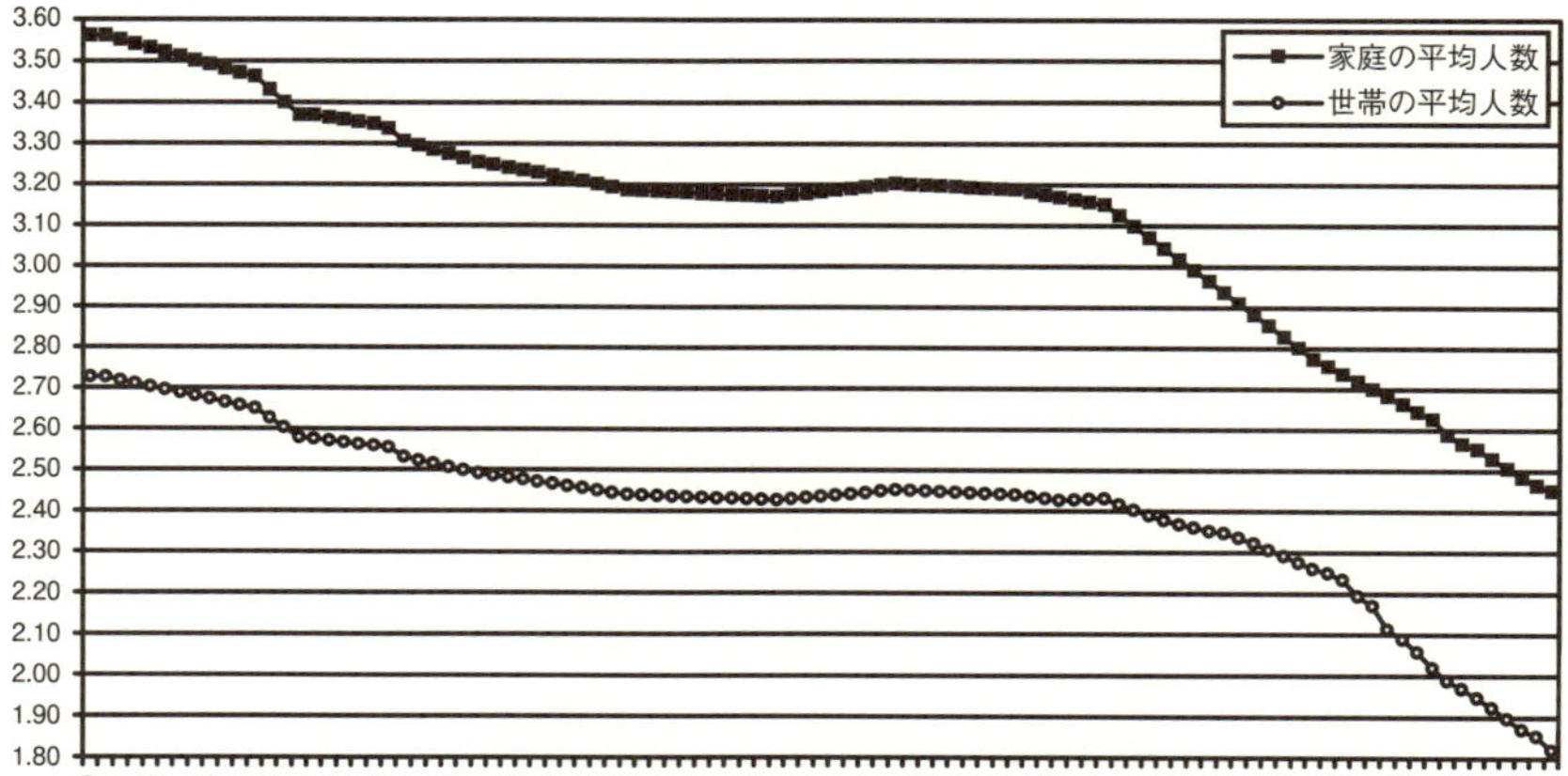

情報源　表H-1の列（7）および（11）（付録H）

分布を示している（国勢調査が世帯という概念を常に無視しているように、税務当局は家庭という概念を常に無視している）。つまり、統計表は１９１５年の所得への課税以来、ずっと均質の統計単位に基づいて作成されている。そのため私たちは、所得の格差やその推移を調べるための分析の基本単位として、世帯を採用することにする。私たちがこれから論じていくのは、所得分布の上位10パーセントの世帯、あるいは上位０・０１パーセントの世帯などの所得が、所得全体に占める割合である。同様に、（なんの修飾語もなく）「平均所得」という場合には、事実上「１世帯あたりの平均所得」を意味する。

所得分布の上位10パーセントの世帯、上位０・０１パーセントの世帯などが申告した所得水準を推計し、その所得を1世帯あたりの「平均」所得と比較するためには、世帯（課税世帯および非課税世帯）[2]総数の推移を知っておく必要がある。20世紀の間に世帯総数は、家庭総数よりも速いペースで増加したのか、それとも遅いペースで増加したのか？　複合家庭の割合は減少傾向にあり、核家族だけで構成される家庭の割合が増えている。そう考えると、家庭ごとの世帯数は減少傾向にあるはずだと考えられる。だがその一方で、内縁関係者の同居も増える傾向にある。そうな

（1）第2部第4章の第2節を参照。１９１４―１９９８年の間に同一の課税対象世帯にまとめるルールについて変わったことといえば、身体障害者を扶養世帯に含める詳細な条件（年齢や障害の内容など）だけだ。しかし、こうした条件の変更には一貫性がない（ある時期に厳しくなったかと思えば、別の時期には緩くなったりと、20世紀の間に明確な傾向がない）。それに、該当者の所得は一般的に微々たるものでしかない（扶養世帯に含まれるためには一般的に、身体に障害があるだけでなく、「固有資産がない」という条件も満たさなければならないため）。しかも、こうした身体障害者の問題は（幸運なことに）ごく一部の世帯に関係するだけである。そのため、こうした比較的ささいな税法の変更は無視しても差し支えない。ところが、１９９９年になってＰＡＣＳ（連帯民事契約）法が成立し、内縁関係者も婚姻関係にある夫婦同様、まとめて所得申告を行なうことが可能になった。これは、１９１４年以来の課税対象世帯の概念を初めて大きく変える可能性がある。

（2）非課税世帯の大半は、１９８０年代半ばに至るまで所得を申告していなかった。非課税世帯が税務統計に含まれるようになるのは１９８５年の所得への課税以降であり、入手可能な税務統計を見ても、大半の期間は課税世帯の数しかわからない。そのため、世帯（課税世帯および非課税世帯）総数の長期的な推移については、自分たちで推計に取り組むほかなかった（付録H第1節を参照）。

ると、(ほかの条件が同じであれば)家庭ごとの世帯数は自動的に増えることになる。1901年以来行なわれている国勢調査や、1956年以来INSEEが行なっている「税収」調査をもとにした家族構成に関する入手可能なデータによれば、この反対方向へ向かう二つの力は、長期間にわたりほぼバランスが取れているらしい。その結果、世帯総数は20世紀全体を通じ、家庭総数よりおよそ30パーセント多い状態が続いた。[1] これはつまり、各家庭に課税対象世帯が平均1・3含まれるということであり、家庭ごとの平均所得が、世帯ごとの平均所得より常におよそ30パーセント多いということである。また20世紀の間、世帯ごとの平均所得は家庭ごとの平均所得とまったく同じペースで増大しており、そのペースは構造的に見て、人口1人あたりの平均所得の増大ペースより遅いということでもある。20世紀初頭から1990年代末にかけて、家庭数が1100万弱から2300万以上に増えるにつれ、世帯(課税世帯および非課税世帯)総数も1500万弱から3200万以上に増えた。[2] 同じ理由により、20世紀初頭から1990年代末にかけて世帯の平均人数も家庭の平均人数とほぼ同じ割合で減り、2・7人以上から1・9人未満に下がった(図1-3を参照)。ここでもまた、このおおよその数を頭に入れておくとよい。所得分布の上位10パーセントの世帯と言えば、20世紀初頭には所得分布の上位150万世帯、1990年代末には所得分布の上位320万世帯となる。所得分布の上位0・01パーセントの世帯といえば、20世紀初頭には所得分布の上位1500世帯、1990年代末には所得分布の上位3200世帯となる。[3]

20世紀フランスの人口動態の大きな変化を考える際、最後にもう一つ、頭に入れておくと有益な人口区分がある。それは、労働力人口である。労働力人口は、見逃してはならない重要な動きを見せている。総人口や家庭数や世帯数に比べ、就業人口は20世紀の間にほとんど増加していない。世紀初頭から1990年代にかけて、およそ1900万人からおよそ2200万人になっただけで、この間を通じてフランスの雇用総数は2000万を中心に上下している(世紀初頭はやや少なく、世紀末はやや多い)。[4] 20歳以上60歳未満(「生産年齢」人口の大部分を含む年齢層)の人口が、20世紀の初めから終わりまでに2000万人から3000万人に増えているにもかかわらずである。だが、この

「雇用率」（生産年齢人口に対する雇用数の割合）の歴史的低下を説明できる人口動態的要因、文化的要因、経済的要因を遺漏なく分析することは、本書の枠を大きく逸脱している。ここでは、本質的な要因を指摘するだけにとどめよう。[5] 第一に、男性の雇用率は第二次世界大戦後に大きく低下した。これは、就学期間の延長、退職年齢の低下、および１９８０—１９９０年代の失業の増加による。[6] 第二に、女性の雇用率が想像されたほどの伸びを見せなかった。実際、20世紀の女性の雇用率は「U字曲線」を描いている。20世紀の最初の３分の１の期間にしだいに減少するが、１９３０年代から１９６０年代にかけては増減していない。そして１９６０年代末から「歴史的」上昇を見せ、20世

（１）付録H表H－１の列(９)を参照。
（２）付録H表H－１の列(10)を参照。
（３）世帯の平均的な家族構成は、所得水準が変わっても比較的わずかな変化を見せるにすぎない（付録B第３．２節を参照）。所得階層の各分位に含まれる世帯人数の推移を考慮しなくても、私たちの推計や結論が大きく偏ることはない。
（４）付録H第２節の表H－５の列(１)を参照。就業人口とは、実際に雇用されている労働力人口を指す（そのため定義上、就業人口は雇用総数に等しい）。一方、労働力人口は失業者を含む（１９９０年代末の失業者は約３００万人なので、これを含めると労働力人口は２２００万人ではなく、およそ２５００万人となる）。
（５）19—20世紀フランスの雇用水準の推移に関する包括的な研究に興味がある読者は、マルシャン＆テロ（１９９１年、１９９７年）を参照。１８０６年以来のあらゆる調査から得た情報をもとに、性別、年齢別、産業部門別などの雇用水準を均質なデータに基づいて再構築した野心的な研究である（農業部門に従事する女性など、女性の雇用数の見積もり方法が変化していることを考慮し、調査から得た未加工の数値に修正を加えている）。以下の注で引用した数値は、マルシャン＆テロ（１９９７年、表A－５、p・２２２—２２４）による。
（６）マルシャン＆テロによれば、15—64歳の男性の労働力率は、１８０６—１９４６年には常に95パーセントを上まわっており、１９６２年にもまだ92パーセントだった。だが、１９６８年には88パーセントになり、１９９６年には74パーセントにまで落ちた（１９９０年代の失業率が高かったため、男性の雇用率の低下は労働力率の低下よりもさらに激しいと思われる）。

紀末には20世紀初頭の水準に戻った。[1] しかし、20世紀の最後の3分の1の期間、女性の雇用率が上昇したとはいえ、その上昇幅は男性の雇用率の低下幅よりかなり小さかった。その結果、（男女含めた）全体の雇用率は20世紀を通じて減少の一途をたどった（世紀の前半はおもに女性に、世紀の後半はおもに男性に原因がある）[2]。この雇用率の低下傾向から、所得について以下の重要な結論が導き出せる。20世紀の間、就業人口1人あたりの平均所得は、構造的に見て人口1人あたりの平均所得よりも速いペースで増加した（1家庭あたり、1世帯あたりの平均所得よりも速いペースで増加したことはいうまでもない）。1990年代末には、就業人口1人あたり3人近くを養っていた（人口6000万人に対し、就業人口は2000万人強）が、20世紀初頭には、2人強を養っていただけだった（人口4000万人に対し、就業人口は2000万人弱）。

3 賃金労働者と非賃金労働者、労働所得と資本所得――20世紀フランスの家庭の所得構成

インフレや人口動態のほかに、購買力の全体的推移を調べる前に確認しておくと有益だと思われる要素がある。それは、20世紀フランスの家庭所得の「平均的」構成の構造的推移である。この構成は、前述の所得の三つのカテゴリーを利用して分析できる。三つのカテゴリーとは、「労働所得」（賃金労働者や元賃金労働者が受け取る給与や退職年金、および給与を補完するそのほかの社会保障手当）、「資本所得」（家やビル、地所などの不動産所有者に地代や賃貸料として支払われる「不動産所得」、および債券・通帳預金の所有者や株主などの動産所有者に配当や利子として支払われる「動産資本所得」）、「混合所得」（非賃金労働者が職業活動の一環として、自分の事業に投資した労働および資本から得た収益。一般的に、労働からの収益と資本からの収益を明確に区別できない）である。このカテゴリーについては、1998年の高所得者の所得構成に触れた概論で、すでに取り上げている[3]。

所得を労働所得、資本所得、混合所得という三つの大きなカテゴリーに分け、その割合の推移を調べると、問題の

核心が見えてくる。たしかに、世帯間の所得格差について確固たる結論を引き出せるほど、世帯所得の「平均的」構成に関する情報があるわけではない。それでも、以下に示す推移は、次章以降の論説に頻繁にかかわる全体的枠組みとなる。[4] 20世紀の家庭所得の構成には、二つの大規模な構造的推移が見られる。どちらも、この世紀にフランス社会およびフランス経済が経験した最も根本的な大変動に対応している。第一の推移は、職業活動の遂行にまつわる所得（「就業所得」と呼ばれることもある）に関係している。つまり、賃金労働者が受け取る労働所得、および非賃金労働者が受け取る混合所得である。20世紀を通じて見ると、家庭所得に占める混合所得の割合がしだいに減り、それを補うように、労働所得の割合がしだいに増えているのである（第3.1節）。第二の推移は、第一の推移より複雑であまり知られてもいないが、同じように重要な意味を持つ。こちらは、家庭所得に占める資本所得の割合に関係している。資本所得の割合は、20世紀の間に「U字曲線」をたどった。20世紀の半ばに落ち込みが見られるが、世紀末にな

（1）マルシャン&テロによれば、15—64歳の女性の労働力率は、19世紀中にやや上昇した後（1806年から1906年の間に47パーセントから55パーセントへ）、20世紀の最初の3分の1の期間に減少した。1936—1968年の間は47—48パーセント前後で安定していたが、1968年からは増加に転じ、1990年に57パーセント、1996年に60パーセントに達した。つまり、1806年から1990年までの間、15—64歳の女性の就業率は、常に45—55パーセントの間にあり、1990年代になって初めて55パーセントの大台をやや上まわることになった（1990年代の女性の失業率がきわめて高かったため、20世紀末の女性の雇用率は、20世紀初頭の水準をやや下まわる）。

（2）マルシャン&テロによれば、15—64歳の（男女を含めた）全体の労働力率は、19世紀の間に一定の増加を見せたが（1806年から1906年の間に70パーセントから78パーセントへ）、20世紀の間は絶えず減少している（1906年から1990年代までに78パーセントから66—67パーセントへ）（失業率の上昇を考慮すれば、雇用率の低下幅はさらに大きくなる）。

（3）概論第1．1節の図0-1を参照。

（4）マクロ経済学的な労働所得・資本所得・混合所得間の所得分配については、生産高の「要因」を所得分配の基準にしていることから、「所得の要素的分配（または「機能的分配」）」という。一方、ミクロ経済学的な個人間（または世帯間や家庭間）の所得分配は、「個人的分配」という。

ると急激に上昇し、第一次世界大戦前の高い水準に戻った（第3．2節）。[1]

3．1　就業所得に見られる「賃金労働者化」傾向

第一の大規模な構造的推移はさほど驚くべきことではない。20世紀の間に見られた労働者の「賃金労働者化」という大きな傾向と一致しているからだ。総就業者数は20世紀全体にわたり一定しているが（2000万前後）、雇用の総数に占める賃金職と非賃金職の割合はがらりと変わった。賃金労働者の数がしだいに増え、それに従って非賃金労働者の数がその分だけ減ったのだ。この「賃金労働者社会」への転換現象はよく知られているが、おおよその数値を再確認しておいたほうがよいだろう。20世紀初頭には、非賃金職が雇用全体の50パーセント近くを占めていた（賃金労働者がおよそ1000万人、非賃金労働者がおよそ1000万人）。それが、戦間期には40パーセント強になり、1950年代に35パーセント、1960年代に25パーセント、1970年代に15パーセントへと下がり、1990年代末にはとうとう10パーセントをやや超える水準にまで落ちてしまった（賃金労働者が1900万人以上、非賃金労働者が300万人未満）（次々頁の図1－4を参照）。[2] 20世紀末には、雇用全体の90パーセント近くを賃金職が占めるようになり、賃金労働が職業活動遂行の「普通」の形態になった。20世紀に非賃金労働者が圧倒的に減少したのはおもに、農業経営者の数が驚くほど減少したからだ。20世紀初頭におよそ600万人（雇用全体の30パーセント近く）いた農業経営者は、世紀末には60万人ほど（雇用全体の3パーセント未満）[3]に減った。だが、農業以外の非賃金労働者、つまり職人、商店主、自由業や、その他の賃金労働者ではない非農業企業主の数も、20世紀の初めから終わりまでにおよそ400万人（雇用全体の20パーセント以上）からおよそ200万人（雇用全体の10パーセント未満）[4]に減っている。ただし、農業経営者の数は今日でもなお減少を続けているが、農業以外の非賃金労働者の数は1950年代末以来、200万人前後で安定している。[5]

この「賃金労働者化」傾向はそのまま、家庭の就業所得の中身が、混合所得から労働所得へ徐々に置き換わったプロセスを示している。20世紀の間に、農業経営者の農業収益や、職人や商店主の商工業収益は、少しずつではあるが着実に、賃金労働者や元賃金労働者が受け取る給与や退職年金へと代わっていったのだ。ただしこのプロセスは、農業従事者の都市流入の規模や景気変動などに応じて、ペースが速くなる時期もあれば遅くなる時期もあった。たとえば戦間期において、１９２０年代にインフレ率が増加した時期には、家庭〔の就業〕所得に占める混合所得の割合が回復局面を迎えた。[6] これは、給与の引き上げが物価や生産高の上昇より遅れがちになるのに対し、非賃金労働者は、販売価格に対するインフレの効果や、経済成長の恩恵をすぐさま受けることができたからだ。逆に、１９３０年代のデフレによる景気後退時には、混合所得の割合が大幅に減少した。[7] これは、賃金労働者は、賃金が名目値で固定され

(1) ここでは、家庭所得の構成に関する第三の構造的推移を取り上げなかった。第三の推移とは、労働所得に占める社会保障手当（とくに退職年金）の割合の大幅な増加である。これもまた、フランス社会の大変動（とりわけ人口の高齢化）に対応している。この推移を取り上げなかったのは、それが労働所得の中での推移であり、労働所得・資本所得・混合所得間の分配の推移ではないからだ。

(2) 絶対数については、付録H第2節の表H－5の列(2)および(3)を参照。この賃金労働者と非賃金労働者の割合は、１９０１年以来フランス総合統計局およびＩＮＳＥＥが行なってきた国勢調査をもとに推計を繰り返して導き出したもので、修正はいっさい加えていない。ただし、20世紀初頭および戦間期の国勢調査における「個人事業主」については、すべて非賃金労働者に分類した。不自然なデータの途切れを避けるには悪くない方法だと思われるが、その結果、図１－４に示した20世紀初頭と戦間期の非賃金労働者の割合がやや過大評価されている可能性もある。だがここで重要なのは、こうした技術的問題が、おおよその全体的推移には影響を与えないということだ。

(3) 付録H表H－5の列(4)および(8)を参照。

(4) 付録H表H－5の列(5)および(9)を参照。

(5) 付録H表H－5の列(5)を参照。

(6) 付録G表G－5の列(17)を参照。

(7) 付録G表G－5の列(17)を参照。

ている（あるいは賃金の低下が物価の低下よりも遅くなる）という恩恵を受けられるのに対し、非賃金労働者、とりわけ商店主や農業経営者は、すぐさま物価の下落の犠牲となるからだ。このような状況はまた、賃金労働者と非賃金労働者の間にきわめて強い政治的緊張を生み出し、デフレの時期にはそれが農業経営者の激しい騒乱となって表面化した[1]。だが第二次世界大戦後になると、物価スライド制賃金がそれまでよりもはるかに主流となる。その結果、インフレが労働所得や混合所得の分布変動に与える影響が、戦間期ほどはっきりしなくなり、それよりもマクロ経済状況が（インフレとは無関係に）この分布変動に影響を及ぼすようになった。つまり賃金労働者は非賃金労働者よりも経済回復の恩恵を受けるのに常に時間がかかり、非賃金労働者は賃金労働者よりも経済減速の悪影響を早く受けるということだ。たとえば、１９７０年代の石油危機の時期には（激しいインフレがあったにもかかわらず）、混合所得の割合の減少ペースが加速した。また、１９８０年代末の経済が力強く回復した時期には（インフレ率が低下したにもかかわらず[2]）、この減少ペースが一時的に減速している。だがここで重要なのは、こうした分布変動はすべて純粋に経済情勢によるものであり、長期的な傾向に変

図 1-4　フランスの賃金労働者および非賃金労働者の数
（雇用全体に対する割合、1901-1998 年）

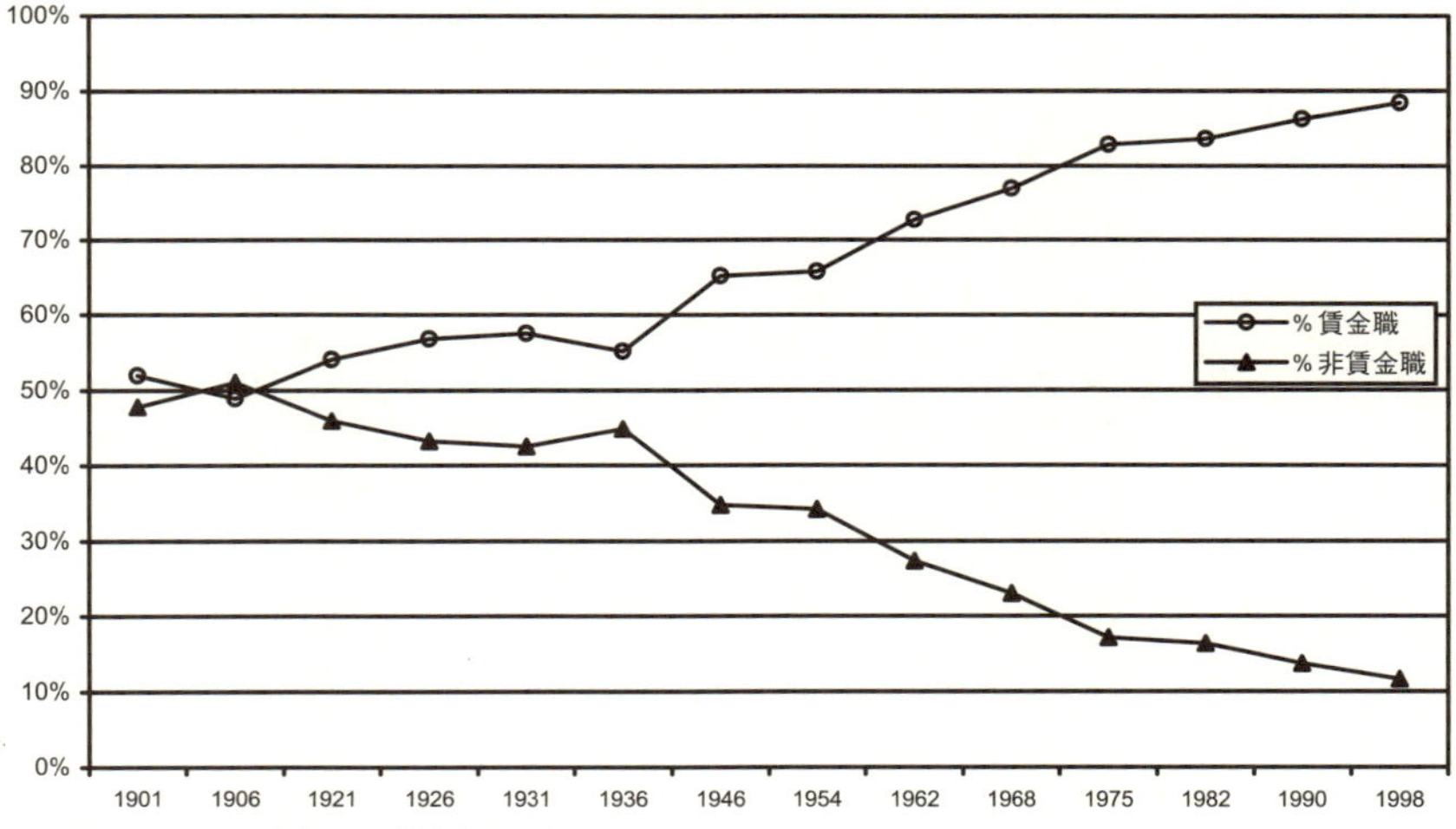

情報源　表H-5の列(6)および(7)(付録H)

わりはないということだ。就業所得に占める混合所得の割合は、否応なく減少している。

実際、長期的に見れば、家庭の就業所得に占める混合所得の割合は、雇用全体に占める非賃金職の割合とほぼ同じペースで減少しているように見える。国民経済計算（国民全体の所得の総額を算出できる唯一の情報源）に基づくマクロ経済データによれば、混合所得は20世紀初頭には、家庭の就業所得の50パーセント近くを占めていた。だが、戦間期にはおよそ40―45パーセント、１９５０年代にはおよそ35パーセント、１９６０年代には25パーセント、１９７０年代には15―20パーセントとなり、１９９０年代にはおよそ10―15パーセントという水準にまで低下した。[3] この推計を見ると、就業所得に占める労働所得と混合所得の割合は、図１－４に示した雇用全体に占める賃金職と非賃金職の割合とほとんど同じ推移をたどったようだ。ここから、非賃金労働者の平均就業所得と賃金労働者の平均就業所得は、20世紀全体を通じてほぼ同じだったと考えられる。ただし、国民経済計算が算出し、上記の推計のもとになった非賃金労働者の混合所得は、いずれも「粗」収益（「営業粗利益」と言う）である。これには、国民経済計算が算出する数値すべてに見られるように（国内総生産も同様）、機器や設備の損耗や取り替え費用が考慮されていない。そのため、非賃金労働者の実質的な平均就業所得は、賃金労働者の平均就業所得を常にやや下まわると思われる。この結論は、まったく当を得ているように思われる。非賃金労働者のカテゴリーにはたしかに、ほとんどの賃金労働者には手が届かないほどの収益を上げていることが多い自由業者や大規模な商店主、個人事業主が含まれる。だがそこにはまた、小規模な農業経営者や職人も無数に含まれる。彼らは一般的に、きわめてつましい生活をしている賃金労働者でさえうらやむことのないほどごくわずかな収益で生計を立てている。この「数の力」による副次的効果が（やや）勝った

（１）とくにパクストン（１９９６年）を参照。デフレが頂点に達した１９３５年が、農業経営者の騒乱が頂点をきわめた年でもあったことを詳述している。
（２）付録Ｇ表Ｇ－６の列(14)を参照。
（３）付録Ｇ表Ｇ－５の列(17)、および表Ｇ－６の列(14)を参照。

としても、なんら不思議はない。

このように、賃金労働者と非賃金労働者の平均就業所得が20世紀を通じてほぼ同じ（賃金労働者の収益のほうがやや多いが）だったという結論は、ざっと見積もったかぎりでは妥当なものと考えられる。ただし、入手できるデータの性質に限界があり、これ以上の分析を進められないことは認識しておかなければならない。「小規模」な非賃金労働者に関するデータは、決して十分とはいえない（20世紀初頭、１９３０年代、１９５０年代などの小規模農業経営者の「所得」がどの程度だったかは、実際のところ誰にもわからない。大多数はたいてい、生産した食料を自家消費して暮らしていたのだからなおさらだ）[1]。そのうえ、非賃金労働者の「純」収益の推計には、どうしてもある程度の不正確さがつきまとう。したがって、国民経済計算のデータをもとに、非賃金労働者の平均就業所得と賃金労働者の平均就業所得を厳密に比較することはできない（国民全体の平均所得を体系的に推計できる情報源は、国民経済計算しかない）。それに、「非賃金労働者」という概念にも問題がある。国民経済計算は「非賃金労働者」の所得を算出している。一方、国勢調査では「非賃金労働者」の人数を調査している。だが、両者が採用している「非賃金労働者」の概念は、まったく同じというわけではない。それらのデータを使って非賃金労働者の平均就業所得を推計しようとすれば、やはりある程度の不正確さが混じることになる[2]。

いずれにせよ、賃金労働者と非賃金労働者の「平均」就業所得が20世紀を通じてほぼ同じ（賃金労働者の収益のほうがやや多いが）だったとしても、それぞれの「平均」就業所得の分布の推移についてはもちろん何もわからない。国民経済計算ではその性質上、「平均」を推計できるだけで、分布についてはなんの情報も得られないからだ。本書で取り組もうとしている中心的問題の一つは、この「賃金労働者化」傾向が高所得者の所得構造にどんな影響を与えたかということにある。高所得者の中に高給与所得者が現われたのは最近の現象なのか？　それは、かつて企業主だった非賃金労働者が、以前は（ほとんど）存在しなかった上級管理職という賃金労働者に変わった結果なのか？　それとも「賃金労働者化」は、あらゆる所得層に同じ割合で起こったのか？　その結果、高所得者に占める高給与所得者の数は、家庭所得における給与の全体的増加、雇用全体における賃金職の全体的増加とほぼ同じペースで増加していったのか？　あるいはそれよりも遅いペースで増加していったのか？　賃金労働者の平均就業所得と非賃金労働者の平均就業所得が20世紀を通じてほぼ同じだったという事実は、こうした問題を考察する大まかな枠組みにはなるだろうが、答えまでは教えてくれない。たしかに、両者の平均就業所得がほぼ同じとなれば、貧しい事業主から豊かな事業主まで、あらゆる層の個人事業主が同じ割合で「賃金労働者化」のプロセスをたどったと考えてもまったく矛盾はない。しかし、「中規模」の非賃金労働者に比べ、「小規模」な非賃金労働者や「大規模」な非賃金労働者ばかりがかなりの割合でこのプロセスに参加したという考え方も成り立つ。この場合でも、平均就業所得はほとんど変化しないからだ。たとえば、ごくわずかな土地、ささやかな収益で生計を立てている小規模農業経営者、独立していて小規模な仕事をしている無数の商店主や職人は、採算の取れる規模の土地や店舗を持っている「中規模」の農業経営者や商店主に比べ、真っ先に姿を消す運命にある。一部の「大規模」な非賃金労働者が（税務上の理由などで）事業の構造を変えて上級管理職になる道を選び、「小規模」な非賃金労働者を賃金労働者として雇うようになったということがあるかもしれない。所得格差や高所得者の所得構造に対する結果的影響も、もちろん考え方によってまったく異なるものとなる。この決着をつけるには、次章以降のアプローチが必要になる。

（1）原則的に国民経済計算では、自家消費が考慮され、農業経営者の混合所得に含まれているが、推計するのがきわめてむずかしいことはいうまでもない。

（2）上記の「混合所得の割合」を推計するにあたり、私たちは「個人事業主」の「営業粗利益」の割合を計算した（付録G表G－5およびG－6を参照）。だが国民経済計算では、個人事業主は、経営者の人格とは異なる法人格を持たないすべての事業主とされている（農業経営者、職人、商店主など）。これにより事実上、「大規模」な非賃金労働者（合名会社の共同事業者など）が相当数排除されることになる。

3.2 資本所得の割合がたどった「U字曲線」

家庭所得の構成に見られる第二の大規模な構造的推移は、家庭所得に占める資本所得の割合がたどった「U字曲線」である。この推移は、第一の推移よりも複雑だが、少なくとも同じ程度には重要であり、あまり知られてもいないため、深く検討する価値はある。ここでも、国民全体の所得の総額について信頼のおける推計ができる情報源となるのは、国民経済計算だけである。資本所得はたいていきわめて多様な法的形式を取るだけに、いっそうそれに頼るほかない。国民経済計算は、銀行や保険会社の口座など、多数の情報源を活用し比較しているため、家庭が受け取った資本所得全体を総合的に推計できるのである。この資本所得には、非課税という理由で税務データから除外されることの多い所得形式（生命保険や通帳預金の利子など）も含め、ほとんどの形式の資本所得が含まれる。[1] 国民経済計算の推計を利用して確認してみると、家庭所得に占める資本所得の割合は、20世紀初頭は20パーセント程度だったが、戦間期におよそ15パーセント、1940―1950年代に10パーセント未満にまで落ちた。しかし、1960―1970年代になるとおよそ10―15パーセントにまで徐々に上昇し、1980年代には15―20パーセント、1990年代末にはおよそ20パーセントにまで戻った。[2] 当然のことながら、この資本所得の割合がたどった「U字曲線」に対し、就業所得（労働所得および混合所得）は「逆U字曲線」をたどる。就業所得は、20世紀初頭に家庭所得の80パーセントを占めていたが、20世紀の半ばには90パーセントに達し、20世紀末にはふたたび80パーセントに戻っている。

国民経済計算を見ると、家庭の資本所得の二つの構成要素が、それぞれこの「U字曲線」の影響を受けていることもわかる。双方が全体的に同じ割合を保ちながら「U字曲線」をたどっているのである。20世紀初頭と1990年代末では、不動産所得も動産資本所得もそれぞれ家庭所得の約10パーセントを占めており（資本所得全体ではおよそ20パーセント）、20世紀の半ばでは、それぞれ5パーセント弱に落ちている（資本所得全体では10パーセント未満）。つまり大まかに言えば、家庭の資本所得は20世紀を通じ、常に不動産所得と動産資本所得にほぼ二等分できる。

しかしここで注意しなければならないのは、国民経済計算の不動産所得に含まれるのは、借家人が支払って家主が実際に受け取る家賃だけではないということだ。それ以外に、自分の持ち家に住んでいる（あるいは別荘の用益権を確保している）家主が自分自身に支払っていると考えられる「帰属」家賃、つまり、その持ち家や別荘を誰かに貸していたら得られたであろう家賃の総額も含まれる。このように「帰属」家賃を含めるのは理にかなっている。国民経済計算は、国民経済が生産する財やサービスの総額を見積もろうとしているのであり、家主の住んでいる住宅が生産する「住宅サービス」には、（提供された住宅の規模や質などにおいて）賃貸されている住宅が生産する「住宅サービス」と同じ価値があるからだ。「帰属」家賃を考慮しなければ、たとえば、家を持っていてそれを誰かに貸している社会のほうが、家を持っていてそこに住んでいる社会よりも不動産所得が高く、平均所得も高くなってしまうことになるが、それは明らかに不自然である。ただし、次の事実は頭に入れておいてほしい。家主が実際に受け取る家賃だけを考慮すると、不動産所得の合計額は動産資本所得の合計額をかなり下まわることになるということだ（つまりほぼ同じにはならない）。たとえば1990年代を見ると、「実際」の家賃収入は、国民経済計算が推計した不動産所得全体の半分にも満たない[3]。つまり、「実際」の不動産所得の総額は、動産資本所得の総額の半分以下ということになる。さらに、国民経済計算が算出する不動産所得は、非賃金労働者の混合所得同様、「粗所得」である。そこには、不動産の損耗やそれに対応するコストが考慮されていない。

加えて、この二つの所得の推移を子細に眺めると、重要な違いが明らかになる。それがわかれば、20世紀の間に家庭の資本所得に何が起きたのかをいっそう深く理解できる。その違いとは、不動産所得のほうが動産資本所得よりも

（1）国民経済計算に含まれない資本所得は、キャピタルゲインだけである。キャピタルゲインにまつわる固有の問題については、第3部（第6章第1．3節）で扱う。
（2）付録G表G－5の列(14)、表G－6の列(11)を参照。
（3）付録G第2節を参照。

早くから下降を始めているということだ。家庭所得に占める不動産所得の割合は、20世紀初頭にはおよそ10パーセントだった。それが第一次世界大戦中に急落し、戦後は約3パーセントにまで下がった。一方、動産資本所得の割合は1920年代を通じて、20世紀初頭にきわめて近い水準にとどまっている（家庭所得の10―11パーセント程度）[1]。1930年代に入ると下降を始めるが、それでもペースは比較的ゆっくりしており、1930年代に家庭所得の7―8パーセントを下まわることはなかった。そして、第二次世界大戦中および終戦直後に至って、ようやく最低水準に達するのである[2]。不動産所得が第一次世界大戦で減少したのに対し、動産資本所得が第二次世界大戦まで減少しなかったのは、どうしてだろうか？　しかも不動産所得の下落幅は、動産資本所得の下落幅より大きかった。入手できる推定値によれば、動産資本所得の割合が家庭所得の5パーセントを下まわることはなかった。一方、不動産所得の割合は、二つの世界大戦の後に3パーセントにまで落ち込んでいる[3]。「実際の家賃」のみを考慮すれば、この最低レベルの数字はさらに1パーセント強にまで減少すると思われる。動産資本所得の割合は常に比較的狭い範囲内（家庭所得の5―10パーセントの間）を変動しているだけであるのに対し、不動産所得がとんでもなく低い水準にまで落ちてしまうのはなぜなのか？

一般的に、20世紀に家庭所得に占める不動産所得の割合が前述のように推移した理由は、比較的説明しやすい。それは、二つの世界大戦それぞれの期間中およびそれぞれの大戦後の数年間におけるインフレ率の変動、そして政府が行なった家賃凍結政策の直接的な結果である。それにより、物価の全体的な水準に比べて家賃の水準が急落したのだ。一般物価指数に対する家賃指数の変動については、家庭の「平均」購買力の推移を考察する際に詳細に取り上げる[4]。ここでは、そうした要因により、家庭所得に占める不動産所得の割合の20世紀における推移全体がうまく説明できることに注意してもらいたい。とりわけ、インフレや厳しい家賃凍結政策にともなって、この割合が第一次世界大戦以降に減少したことやその減少幅がきわめて大きくなったことが説明できる。インフレの動きを見ると、家庭所得に占める家賃収入の割合が以下のように推移した理由もわかる。この割合は、1930年代のデフレ時にほぼ戦前の水準に戻った（このときにはほかの物価が下がったため、常に名目値で固定されている家賃が有利に働いた）。しかし1936年にインフレ率がふたたび高まってから第二次世界大戦中にかけてふたたび急落し、1940年代末にはとうとう20世紀最低水準に至っている。[5] だがきわめて興味深いことに、不動産所得は1世紀近くの間に、20世紀初頭の水準に戻った。1950年代からは不動産所得の回復プロセスが見られる。1970年代の高インフレにより一時的に停滞することはあったが、賃貸契約の更新時に家賃を引き上げることが法律で認められると、その更新や引き上げのペースに合わせ、このプロセスはきわめてゆっくりと進んだ。こうして1990年代末には、家庭所得に占める不動産所得の割合が、20世紀初頭と同じ10パーセント程度に戻ったのである。[6] この不動産所得の推移は、インフレの実質的効果とともに、20世紀の初めと終わりに明らかな類似性があることを、一点の曇りもなく、きわめて純粋な形で証明している。

家庭所得に占める動産資本所得の割合がたどった「U字曲線」は、もっと複雑な様相を呈する。たしかにこの推移も部分的には、不動産所得の割合がたどった「U字曲線」同様、インフレ率の変動によって説明できる。動産資本所得の中には、利子という形式を取るものがある。利子の名目総額は、事前に固定されている（インフレに合わせてスライドしない）。そのため、二つの世界大戦によって物価が全般的に上がれば、こうした利子の実質的価値は下落する。家賃と同じである。しかし、動産資本所得の大部分はこれにあてはまらない。たとえば、株主が受け取る配当は

（1）付録G表G－5の列(8)および(9)を参照。
（2）付録G表G－5の列(8)および(9)、表G－6の列(6)および(7)を参照。
（3）付録G表G－5の列(8)および(9)、表G－6の列(6)および(7)を参照。
（4）後出の第5節、とくに図1－9および1－10を参照。
（5）付録G表G－5の列(8)、表G－6の列(6)を参照。
（6）付録G表G－5の列(8)、表G－6の列(6)を参照。

原則的に、インフレの直接的な影響をまったく受けない。企業利益およびそれが生み出す配当の実質的価値は、物価の水準ではなく、生産高の実質的価値、および生産高に占める利益や配当の割合に左右される。たしかにインフレは、労働所得と混合所得の分布の場合と同じように、短期的には株主が受け取る配当の実質的価値に影響を与えるかもしれない。しかし、どちらの方向に影響を与えるかはきわめてあいまいである。たとえば、給与引き上げへの強い圧力がもとでインフレが発生した場合、企業はその引き上げ分の一部を商品の販売価格に転嫁しなければならない。するとインフレは事実上、実質的な利益や配当を減少させる方向へ働くかもしれない。しかし逆に、物価の動きが給与の動きに先んじていた場合、インフレは株主にプラスの影響をもたらすかもしれない。戦間期には後者のシナリオが支配的となり、インフレが不動産所得と動産資本所得に対して正反対の影響を及ぼすことになった。これは、1931―1935年のデフレ局面にもあてはまる。この時期、不動産所得は回復を果たしたが、企業利益および動産資本所得は、物価の下落や名目賃金の相対的安定性の被害を受けた。不動産所有者はデフレを喜び、株主はデフレを嫌う（インフレの場合は逆になる）。「固定所得」者（不動産所有者や不労所得者、固定金利の債券や有価証券の保有者）と「変動所得」者（おもに株主）の間のこの対立はよく知られている。これは就業所得の場合にもあてはまる（給与所得者や年金生活者である「固定所得」者と、非賃金労働者である「変動所得」者）。この対立は、インフレの役割や、戦間期に見られる短期的な変動を理解するのに役立つ。戦間期の経済史の古典的分析において、それが中心的な位置を占めているのも、当然といえば当然である。(1) だが、第二次世界大戦以降、インフレが所得分配に与える影響は、あまりはっきりしなくなった。これはおもに、物価スライド制賃金が主流になったためだ。その結果、たとえば1970年代に給与引き上げと石油危機によりインフレが引き起こされたときには、企業利益や「変動所得」者にあまり有利には働かなかった。しかし何より重要なのは、配当の実質的価値にインフレがもたらすこうした影響はすべて、短期的なものでしかありえないということだ。不動産所得と動産資本所得の本質的な違いはそこにある。だからこそ家庭所得に占める動産資本所得の割合は20世紀の間、不動産所得の割合ほど大きな変動を示すこともなく、それほどはっきりとした「U字曲線」を描くこともなかった。動産資本所得の中で、両世界大戦によるハイパーインフレの影響を長期的に受けた可能性があるのは、ごく一部（固定金利）にすぎない。全体として見た動産資本所得が、不動産所得ほど大きな影響を受けないのは当然なのである。

家庭所得に占める動産資本所得の割合が「U字曲線」をたどった原因を理解するためには、企業レベルにまでさかのぼり、20世紀における企業会計に占める利益の割合の推移を調べてみることも有益だ。この点に関してまず覚えておかなければならないのは、企業の生産高を利益と給与に分配する割合が、たいていはきわめて安定しているということだ。もう少し詳しく説明していこう。企業が販売する財やサービスの生産高の価値から、ほかの企業から購入した財やサービスの価値を引いたものを、企業の「付加価値」という。これは、国内生産高に対する企業の実質的な貢献度を示し、常に「労働所得」と「資本所得」に分割できる。「労働所得」は、企業が賃金労働者に報酬や手当として支払うものすべての合計（給与のほか、社会保険の雇用者負担分、企業が直接支払う社会保障手当など）を指す。「資本所得」は、国民経済計算では「営業粗所得」とも呼ばれ、企業の付加価値のうち、「労働所得」を支払ったあとに残る分を指す。企業の付加価値を労働所得と資本所得に分配する割合を長期的に調べてみると、その割合にほとんど変化がないことがわかる。第二次世界大戦の数年を除き（これについては後に詳しく取り上げる）、20世紀全体を通じて、労働所得の割合の平均値は常に65—70パーセント前後、資本所得の割合の平均値は常に30—35パーセント前後に位置している（図1－5を参照[2]）。

ちなみに、企業の付加価値が労働所得と資本所得に3分の2／3分の1の割合で規則的に分配されているという事

（1）とくにソーヴィ（1965—1975年、1984年）を参照。この分析は、戦間期の歴史全般を扱った著作にしばしば引用されている。

（2）図1－5は、企業（個人事業を除く）の「純」付加価値（付加価値全体に課税される付加価値税などの税金を除いた値）を賃金労働者の報酬（労働所得）と営業粗所得（資本所得）に分配する割合を示している（付録G第2節を参照）。

実が発見されたのは、最近のことではない。この事実はずいぶん前から知られている。戦間期にはケインズがすでにこれを、経済「科学」が明らかにした最もたしかな規則性と述べている。この3分の2／3分の1の割合は、適切な統計データが利用できるあらゆる国で、あらゆる時期に見られる。20世紀初頭以降の西洋諸国にはとりわけこの数値がぴったりあてはまる。[1] フランスでは、第一次世界大戦以前の統計データの質に問題があるため、十分に満足できる形で20世紀初頭（とくに第一次世界大戦中）の分配率の短期的推移を知ることができない。図1－5の時系列を1919年から始めることにしたのはそのためだ。この年以降であれば、入手可能なデータから推計したあらゆる推移を、信頼できるものと見なすことができる。[2] だがそれでも、それ以前の期間のデータをもとに、企業の付加価値の分配が、第一次世界大戦以前からほぼ同じ条件で行なわれていたことを確認する程度のことはできる。図1－5の1913年の推定値が示しているように、企業の付加価値に占める労働所得の割合は、65―70パーセント程度を示している（20世紀初頭には、それをやや上まわる水準だったかもしれない）[3]。所得の格差を考える際には、この規則性を必ず頭に入れておかなければならない。というのは、この規則性を考えれば、賃金労働者の購買力が上昇しているのは（少なくとも長期的には

図 1-5　企業の付加価値が労働所得と資本所得に分配された割合（1913 年および 1919-1998 年）

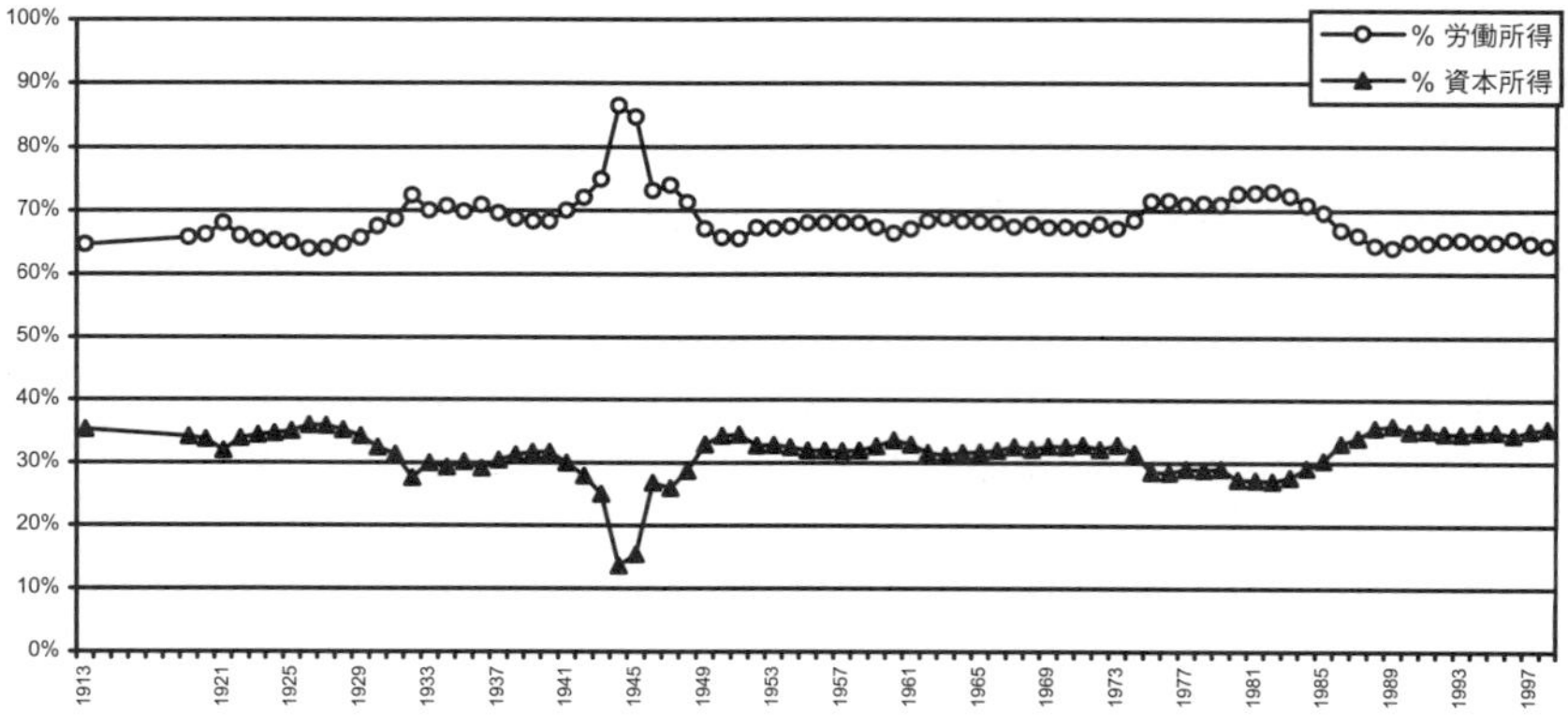

情報源　表G-3の列(16)および(17)(1913年と1919-1948年)、表G-4の列(7)および(8)(1949-1998年)(付録G)

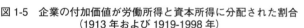

上昇している)、企業が利益の割合を引き下げているからではないことがわかるからだ。ただし、この規則性に注目するあまり、家庭所得に占める資本所得の割合が20世紀の間に「U字曲線」をたどった事実を忘れてはいけない。私たちの知るかぎり、この推移についてはほとんど注目されていない。

そこで、この「U字曲線」に話を戻そう。最初に気づくのは、企業の付加価値に占める資本所得の割合が、家庭所得に占める動産資本所得の割合と同じような、ある種の「U字曲線」を示しているということだ。１９３９―１９４８年には、付加価値に占める資本所得の割合が通常の水準を大きく下まわり、１９４４―１９４５年には10パーセント強という最低水準にまで落ち込んだ（図１‐５を参照）。入手可能な戦時中の推計については、当時の混沌とした状況により精度に問題がある場合がないわけではないが、図１‐５の１９３９―１９４８年に見られる落ち込みには、質的になんら疑わしい点はない。この時期について入手できるどの情報を見ても、第二次世界大戦の数年は、企業の利益の減少率が生産高の減少率を大きく上まわり、生産高に占める給与の割合が増加したことを示している。(4) とくに、労働所得の割合が１９４４年に20世紀最高の水準（付加価値の90パーセント近く）に達したという事実は、国土解放の年について知られているあらゆる事実とぴたりと一致する。この年には、生産高が20世紀最低の水準に達していた

(1) １９２０―１９９５年のアメリカ、フランス、イギリスのデータについては、たとえばピケティ（１９９７年、表Ⅷ、p・40）を参照。これらのどの国、どの年を見ても「3分の2／3分の1」という分配率を示している（この論文におけるフランスの数値は、本書で最終的に採用した推定値とはわずかに異なる）。
(2) 第一次世界大戦中の付加価値の分配率の推移の問題については、第2章（第2．2節）で取り上げる。
(3) 付録Ｇ表Ｇ‐３の列(16)を参照。ただし、20世紀初頭の数年の労働所得の割合の推計は、やや過大評価されている可能性がある（付録Ｇ第2節を参照）。
(4) 図１‐５の１９４４―１９４５年に見られる落ち込みは、有価証券所得税の税収統計をもとに当時ミツアキス（１９４４年）が行なった推計（付録Ｇ表Ｇ‐12を参照）とも、商工業収益に対する分類所得税の統計とも完全に一致する。この統計はまた、第二次世界大戦中に、利益（とくに大企業の利益）が大幅に減少したことも示している（付録Ｇ表Ｇ‐15からＧ‐17を参照）。

のに、賃金労働者の窮乏や購買力の喪失を防ぐために臨時政府が強制的に給与を引き上げたことから、企業利益は、破壊された設備を取り替えることさえできない程度のものだった。

実際のところ、第二次世界大戦中（とくに１９４４年）の資本所得の割合の落ち込みは、一般的な現象が極端化したものにすぎない。こうした現象は、フランスではほかの時期にも見られるうえ、フランス以外の西洋諸国にも見られる。その現象とは、資本所得の割合は一般的に、経済が急成長している時期には増え、経済成長が鈍化、あるいは景気が後退している時期には減る傾向があるということだ。つまり、資本所得の割合は、全体的な景気循環の動きと同じ方向へ変わるという意味で「順景気循環的《プロサイクリカル》」であり、逆に労働所得の割合は「反景気循環的《カウンターサイクリカル》」である。この現象はまた、給与に比べ、利益が常に不安定であることも示している（経済が急成長している時期には急速かつ大幅に増加し、景気が後退している時期には急速かつ大幅に減少する）。これは、雇用関係の根本的基盤をなしている。賃金労働者に支払われる給与は、全体的な経済活動レベルに（ほとんど）左右されない。この給与を支払ったあとの残りが利益となる。そのため、経済活動が低下した場合にリスクにさらされるのは、企業やその株主ということになる（逆に、経済活動が上昇に転ずれば真っ先に利益を上げることができる）。たとえば図１－５を見ると、１９３０年代の世界恐慌の間に、資本所得の割合は急減している。逆に、第二次世界大戦直後の、経済が急速に立て直された時期には、企業利益も回復し、資本所得の割合も急増した。その後の１９５０―１９６０年代は、経済が絶えず成長を続け、景気変動がほとんどなかったため、資本所得と労働所得の分配率はきわめて安定している。だが、１９７０―１９８０年代に見られる推移は、より複雑なダイナミクスを示している。この変動は、ある程度は、労働所得の割合に常に見られる反景気循環的な現象に相当する。１９７０年代には、給与の増加ペースが、石油危機および経済成長の鈍化の影響をあまり受けなかったため、自動的に労働所得の割合が上昇した。逆に、経済が急成長した１９８０年代末には、企業利益が回復し、給与の割合が低下した。ところがこうした「オーソドックス」な経済サイクルは、もっと政治的な性質を持つ中期的なサイクルによって増幅されることになった。これについてはすでに言及している。

１９６８―１９８３年の給与の増加は、法定最低賃金（ＳＭＩＣ）の引き上げなど、この時期に激化した社会的要求の増大によりいっそう拡大され、付加価値に占める資本所得の割合はとりわけ大幅に低下した。しかし１９８２―１９８３年には、給与の大幅引き上げを終わらせて企業利益を回復するために明らかに政治的な決断が下され、その結果１９８０年代後半には、付加価値に占める資本所得の割合がとりわけ急速に上昇し、１９６０年代末をやや上まわる水準に戻っている。それ以降は落ち着いた状況が続いており、１９９０年代初め以来、資本所得と労働所得の分配率は、35パーセント／65パーセントという「従来」の水準を保っている（図１‐５を参照）。所得格差の推移におけるこの景気変動の意味については、次章以降で取り上げる。ここではとりあえず、１９３９―１９４８年に見られる資本所得の割合の減少は、企業の付加価値に占める資本所得の割合に一般的に見られる順景気循環的な現象が極端化したものにすぎないということを覚えておいてもらえばいい。

１９３９―１９４８年のこの落ち込みが示すように、家庭所得に占める動産資本所得の割合がたどった「Ｕ字曲線」は、企業会計に占める利益の割合が実質的に低下した現象と一致している。これはつまり「Ｕ字曲線」が、動産資本所得のうち固定金利という形式を取る部分が二つの世界大戦のインフレにより減少したといった、純粋に貨幣的な現象だけによるものではない、ということだ。また、企業の付加価値に占める資本所得の割合が１９４９年以後戦前の水準に戻ったからといって、この説明の「実体的」な部分が１９３９―１９４８年にしかあてはまらないというわけではない。企業会計における「資本所得」、付加価値に占める「資本所得の割合」という場合の「資本所得」は、企業の「粗利益」に相当する。したがってその所得カテゴリーが示す範囲は、家庭が受け取る動産資本所得が示す範囲よりもはるかに広くなる。というのは、企業は粗利益のすべてを分配するわけではないからだ。粗利益は、株主に配当を、企業の債券の保有者やそのほかの債権者（銀行やほかの企業など）に利子を支払うのに使われるが、それだけではない。ほかにも、収益に対するさまざまな支払い（収益に対する税金など）や、古くなった機器や設備の取り替え資金に使われることもあれば、新たな株式や債券を発行しなくてもいつでも新たな投資を行なえるように資金を蓄えておくこともある。この「未分配利益」が粗利益に占める割合は、企業や経済情勢によって大きく変わり、50パーセントを超えることも少なくない。そのため、家庭所得に占める動産資本所得の割合は常に、企業の付加価値に占める資本所得の割合をはるかに下まわることになる。

ところで、ここに興味深い重要な事実がある。未分配利益の割合が、第二次世界大戦以後になって、それ以前の時期に比べ構造的に高い水準を示しているようなのだ。未分配利益、および企業の「自己金融」の問題は、１９５０年代に頻繁に取り上げられ、当時の研究者が何人も、未分配利益の割合が増大していることを数値で示そうとした。たとえばマリサン（１９５３年、１９５７年）の推計によれば、この割合は、１９２０年代にはおよそ50パーセントだったが、１９３０年代の世界恐慌でおよそ20—30パーセントに下落し、１９４６—１９４７年から１９５０年代初めにはおよそ70—80パーセントの水準で安定していた。そのため、１９４８年に企業が分配した配当の実質的価値は、１９３８年に分配した配当の４分の１以下になってしまったという。その間に、企業の利益が30パーセント以上増えたにもかかわらずである（いずれも実質的価値において）[1]。この現象に関するマリサンの解釈および全体的印象は、当時の大部分の研究者と一致している。第二次世界大戦がもたらした破壊によってフランス経済は荒廃した。そのうえ戦後は、１９３０年代に顕著だった投資不足の代償を支払わなければならなかった。１９３０年代には付加価値に占める資本所得の割合が激減したために投資不足に陥り、企業が株主を優遇する目的で利益の大半を分配したことにより、投資不足状態がさらに悪化していた。そのため国を再建するには、企業が蓄えを回復し、収益の大半を投資に回せるようにする必要があった。その結果、株主の利益は二の次になったのである。民間企業にかかわるこの現象は、国土解放後の企業の国有化により、さらに拍車がかかった。公営企業であれば、民間の株主に収益を一切分配する必要がなくなるからだ（図１－５に示した企業の付加価値の分配率の推計には、公営企業も含まれている）。

それを考えると、未分配利益の割合が第二次世界大戦後に構造的に増大した現象がおもな理由となって、家庭所得に占める動産資本所得の割合が「Ｕ字曲線」をたどったことは、もはや疑いの余地がない。だが、この説明の「実体的」な部分が果たした役割と、固定金利に関する純粋に貨幣的な説明が果たした役割を、それぞれ正確に数値化することはきわめてむずかしい。入手できる戦間期のデータでは、未分配利益の割合や、動産資本所得における配当や利子の分配率について、比較的大まかな推計しかできない。それを、戦後や20世紀末について利用可能な十分に満足のできる推計と正確に比較するというわけにはいかないのである。[2] それに、上記の説明におけるこの二つの部分は密接に結びついている。戦後および１９５０年代に企業が利益のごくわずかしか分配しないですんだおもな理由として、インフレのおかげで、戦前・戦中・戦争直後に発行した債券の利払いの重荷から解放されたという点も挙げられるからだ。また、企業の分配利益が、家庭が受け取る動産資本所得へと変わる過程は、きわめて複雑である。企業と家庭の間に金融機関（銀行や保険会社など）が存在するせいで、企業が分配する一部の配当が、利子という形で家庭の所得になることもある。たとえば、１９８０―１９９０年代に家庭による投資のきわめて大きな部分を占めていた生命保険の利子を考えてみよう。この利子はおもに、生命保険会社が家庭から預かった長期預金で購入した株式に対して、保険会社が受け取る配当をもとにしていると考えられる。こうした理由から、この二つの説明要因が果たした役割を十分に満足のいく形で区分けすることはできないのである。

それでも、入手できるデータによれば、上記の説明の実体的な部分のほうが中心的な役割を果たしたのではないかと思われる。二つの世界大戦によるインフレはたしかに、数多くの不労所得や債券投資、確定利付証券投資の実質的価値を引き下げたが、こうした利子を生み出していたのはおもに、発行されたばかりの債券、とくに国が戦費調達のために発行した債券だった。たとえば１９２０年代、家庭所得に占める動産資本所得の割合が、20世紀初頭と同じ水準（家庭所得の10―11パーセント）を保っていたのはそのためだ。第一次世界大戦によるインフレのおかげで、かな

（1）マリサン（１９５３年、p・89）を参照。マリサンが得たおもな結果については、付録G表G－15に掲載した。
（2）戦間期のこの推計に利用できるデータの限界については、付録Gを参照。

りの量の債券が償却されたことはまちがいない。だがその債券の大部分は、大戦中および1920年代初めに（おもに国が）発行した債券だった。そのため、そこからの利益が減少しても、動産資本所得全体の水準には影響がなかったのだ。ハイパーインフレがなければ、それまでおもに企業からの配当で構成されていた「通常」の動産資本所得に、この新たな利子が加わり、1920年代の家庭所得に占める動産資本所得の割合は、10―11パーセントをかなり上まわる水準に達していたことだろう。逆に、おもに政府が生み出すこの新たな利子がなければ、動産資本所得の割合は、1920年代には戦前を下まわる水準に落ちていたかもしれない。というのは、第二次世界大戦の場合と同じ理由により、未分配利益の割合が、戦後よりも戦前のほうが低かったと思われるからだ。(1)

こうして見ると、20世紀の家庭所得に占める動産資本所得の割合が「U字曲線」をたどったのは、第二次世界大戦がもたらした破壊というきわめて現実的な現象への反応として解釈できる。第二次世界大戦後になるとフランス経済は、資本の「本源的蓄積」局面に入り、それがおもに企業内で行なわれるようになった。備蓄や設備の回復に利益を優先的に振り向け、一時的に株主の利益を棚上げしたのだ。そのため、家庭における動産資本所得の回復は、少しずつしか進まなかった。それでも、1950年代末から1960―1970年代にかけて、家庭所得に占めるその割合はゆったりとしたカーブを描いて上昇し、やがて1980―1990年代になると、20世紀初頭および戦間期の水準に戻った。第一次世界大戦後にも、より小規模な「本源的蓄積」局面が始まっていたかもしれない。だが、物質的損害は第二次世界大戦よりはるかに少なかったうえ、国が国債の利子という形で新たな動産資本所得を生み出したことで、この局面がすっかり覆い隠されてしまった。さらに、1930年代になると世界恐慌により投資が急減し、この局面は突如として中断を余儀なくされている。こうした事実解釈にはまだ不明な部分もあるが、入手できるデータとは矛盾なく一致している。不動産所得の場合と同じように、動産資本所得が二つの世界大戦から回復するには、半世紀近い年月が必要だったのだ。

いずれにせよ、資本所得がたどった「U字曲線」は、「平均」に関する事実を示しているだけで、分布については何も教えてくれない（非賃金労働者と賃金労働者の平均就業所得が20世紀を通じてほぼ同じだったのと同じである）。家庭所得に占める資本所得の割合が20世紀初頭と20世紀末でほぼ同じだからといって、資本所得が所得格差に与える影響も20世紀初頭と20世紀末で同じだとは結論できない。すべては、その資本の所有が各家庭にどのように分布しているかに左右される。たとえば、動産資本所得の総額が同じ二つの社会を考えてみよう。一方の社会は、家庭の動産投資のほとんどが、おびただしい数の通帳預金や小規模な株式ポートフォリオという形式を取っている。もう一方の社会は、ごく少数の大規模個人株主が、家庭の動産資産の大半を所有している。この場合、そのほかの条件を同じとすれば、いうまでもなく前者の社会のほうが後者の社会よりもはるかに平等である。不動産所得の場合も同じことがいえる。ここでも不動産所得の総額が同じ二つの社会を考えてみよう。一方の社会は、大多数の家庭が１、２軒のアパルトマンを所有して賃貸し、就業所得を補っている。もう一方の社会は、数多くのビルを所有するごく少数の大規模不動産所有者が総不動産の大半を保有している。この二つの社会では、まちがいなく所得格差に大きな違いが出る。国民経済計算では、各時代の資本所得の総額を知ることができるだけで、動産資本や不動産資本の分布の推移については何もわからない。国民経済計算のデータを使った所得の「平均的」構成の分析には、このような限界がある。たしかに、「平均的」構成の大まかな推移を知っておけば、年代順の大まかな枠組みとして利用できる（実際、私たちも大いに参照している）。しかしいかなる場合であれ、それを世帯レベルの所得格差の分析に代えることはできない。

（1）この解釈全体については、デュジェ・ド・ベルノンヴィルが１９１３年および１９２０年代の動産資本所得の構造について行なった推計により確認されている。それによれば、国が発行した有価証券にまつわる所得の割合は大幅に上昇しているが、企業が発行した有価証券にまつわる所得の割合は大幅に低下しているという（付録Ｇ表Ｇ－14を参照）（20世紀初頭および大戦直前には逆の傾向が支配的だっただけに、いっそう際立った結果となっている。これについてはミシャレ〔１９６８年、ｐ・１５８―１６１〕を参照）。１９２０年代に国が（国債の利子という形で）生み出した資本所得の規模については、ルカイヨン（１９４８年、ｐ・２３５―２３８）も参考になる。

20世紀フランスにおいてあの「U字曲線」が所得格差に与えた影響を理解したければ、高所得者の所得構造および所得水準の推移を分析するほかない。それについては、次章以降で取り上げる。

4　20世紀フランスにおける「平均」購買力の推移

物価、人口動態、所得構成の大規模な構造的推移を考慮すれば、20世紀フランスの「平均」購買力の推移を検討することができる。

4.1　GDPに占める家庭所得の割合の安定

第一に注目すべき重要な事実は、20世紀フランスにおける家庭の購買力は、フランスで生産された財やサービスの量とまったく同じ割合、まったく同じペースで増大しているということだ。国民経済計算の推計によれば、1900年から1998年にかけて、国内総生産（GDP）に占める家庭所得の割合は、常に80―90パーセントの間を揺れ動いている。時期によって、あるいは可処分所得（税引きおよび移転後）を対象にするか一次所得（税引きおよび移転前）を対象にするかによってその間を前後する程度である。(1)先に、労働者の「賃金労働者化」のプロセスなどにより、家庭所得の構成が20世紀の間にすっかり変わったことを確認した。だが、家庭所得の全体的な水準を見た場合、GDPに占めるその割合はきわめて安定している。長期的に見て、はっきりとした上昇傾向や低下傾向はいっさい見られないのである。

GDPに占める家庭所得の割合が安定しているのは、何も驚くべきことではない。これは単に、フランスで生産される財やサービスのおもな受け取り先が常に家庭だったということを示しているにすぎない。これはまた、そのほかの受け取り先にあたる残りのごくわずかな部分が、長期的に見てはっきりとした上昇傾向や低下傾向を見せていないということでもある。GDPには、家庭所得のほかに重要な要素が二つある。一つは企業の未分配利益、もう一つは国家「自身」が消費する財やサービス（公共建築物、公用車、役所の設備など）である。未分配利益の役割についてはすでに述べた。企業は、その企業を所有する家庭にすべての利益を分配するわけではない。使い古した機器や設備を取り替えたり、家庭の貯蓄に頼らなくてもすむように資金を蓄えたり、新たな投資の資金にしたりする。この未分配利益の推移は一般的に、そのもとになる企業利益全体と同じように、GDPよりも不安定である。GDPに占める未分配利益の割合は短期的に変動する。したがって、たとえばGDPの成長率と家庭所得の成長率が、短期的に乖離する傾向がしばしば見られる。家庭所得は一般的に、GDPよりも安定しており、滑らかな推移を示すからだ（家庭所得の成長率はGDPの成長率に比べ、経済が成長している時期には低く、経済が停滞・後退している時期には高い傾向にある）。だがここで、見逃してはならない事実がある。GDPに占める未分配利益の割合は、このように短期的に変動する。また20世紀半ばには、中期的に未分配利益の割合が上昇したこともあった。それにもかかわらず、長期的に見ればはっきりとした上昇傾向や低下傾向は見られない。その割合は、常に比較的ささやかな水準にとどまっているのである。すでに確認したように、企業の付加価値に占める利益の割合は、20世紀全体を通じて安定している（およそ3分の1）。そのかなりの部分を企業内に際限なくため込むことは、株主が許さないのだろう。[2]

（1）付録G表G－1の列(9)および(10)を参照。ここでは、市場GDP（後出）に占める家庭所得の割合を参照している。

（2）第二次世界大戦後に未分配所得の割合が増加したが、GDPに占める家庭所得の割合は減少しなかった。その理由は二つ考えられる。第一に、この増加は、家庭の動産資本所得に大きな影響を与えたかもしれないが、GDPや家庭の所得全体に引き比べると、比較的ささやかな増加幅にとどまっていたからだ（20世紀を通じて、家庭の所得全体に占める動産資本所得の割合の変動は、常に5―10パーセントの間を推移していた）。そして第二に、終戦直後の数年間にわたり、政府は外国から支援を求め、かなりの借金をして家庭の購買力の維持に努めていたからである。

第二の要素（国家が「消費」する財やサービス）についても、どの時期であれ比較的安定しているが、これも驚くべきことではない。20世紀の間に国家が経済生活や社会生活に介入する度合いはかなり大きくなったが、そのためにGDPに占める「国家の割合」が大幅に増大することもなければ、それにともなって「家庭の割合」が減少することもなかった。これは、「国家の割合の増大」の大半が、公務員給与や社会保障手当の急激な増大となって表われるだけで、国家が直接消費する財やサービスの割合の増大となって表われるわけではないというよく知られた事実を示しているにすぎない。大まかに見れば、国家が直接消費する財やサービスの割合は20世紀全体を通じて安定している。言い方を変えよう。GDPに占める義務的な支払いの割合は、実際に増えている。だが、社会保険料の負担額は大幅に増大しているものの、当然のことながらそれはすべてが社会保障手当という形で家庭に再分配される。また、税金もやや増えているが、これも大半は公務員、および病院や地方自治体などの職員の給与という形で家庭に再分配される。そのため、GDPに占める家庭所得の割合が変化することはなかった。国家の割合が増大したといっても、単に家庭所得の中で移転を行なっているにすぎないからだ。家庭所得の会計の中で、一方の手で徴収した所得を他方の手でふたたび払い込んでいるだけなのである。(1) 結果的に、家庭所得が20世紀を通じてGDPのおよそ80―90パーセントを占めていること、国民経済計算から算出される家庭の購買力が20世紀の間、GDPと同じペース、同じ割合で増大していることになんら驚くべき点はない。

ところで、家庭所得の推移、とりわけ高所得者の所得の推移を調べるために本書で使用する所得の概念は、国民経済計算が使用している所得の概念とは異なる。ここでその違いを明確にしておこう。本書では、家庭の「課税対象所得」の推移を扱う。「所得」という単語がなんの修飾語もなく使用されている場合は、国民経済計算でいうところの所得ではなく、（とくに記載のないかぎり）常にこの「課税対象所得」を指す。課税対象所得とは、納税者が累進所得税支払いのために申告を義務づけられているあらゆる所得の控除前の総額である（非課税世帯を含め、全世帯が所得申告を提出することを想定している）(2)。そのため課税対象所得は、「課税所得」よりも広い概念といえる。課税所得は、課税対象所得から、各時代の税法により認められたさまざまな控除を差し引いた額を指す（たとえば現在では、賃金労働者は10パーセント控除や20パーセント控除を受けられる。第二次世界大戦以前は、前年の所得に対する税の控除が認められていた）。つまり、所得税の計算のもとになる所得である。税務当局が所得申告の集計から作成した統計表の所得は、常に課税所得である。そのため私たちは、課税所得により作成された高所得者の各分位の平均所得の推定値を上方修正し、課税対象所得による推定値を求めた。以下の章ではこの課税対象所得の推定値を示している。(3)

一方で課税対象所得は、国民経済計算でいうところの家庭所得よりも狭い概念といえる。その理由はいくつかある。第一に、すでに述べたように、国民経済計算が算出する家庭所得は、（国内総生産が常に「粗」収入であるのと同じように）常に「粗」所得である。つまり、資本の損耗、あるいは機器や設備の取り替えにかかるコストが差し引かれていない。ここでとくに問題になるのが、非賃金労働者の混合所得だ。国民経済計算が推計する混合所得は、粗所得である。一方、非賃金労働者が所得税支払いのために申告を義務づけられている混合所得、すなわち私たちのいうところの「課税対象所得」に含まれる混合所得は「純」収益である。非賃金労働者は常に粗収益から、使い古した機器の取り替えにかかる経費や、経営により生じた負債に対する利子などを差し引く権利を有している。同様に、国民

（1）市場GDPのみに占める家庭所得の割合の推移ではなく、GDP「全体」（市場GDPと非市場GDP）に占める家庭所得の割合の推移となると、（やや）事情が異なる。非市場GDPは、1970年代から国民経済計算に組み込まれた。これは、国が提供する非市場サービス（学校、病院、警察など）の「価値」を示す。この「価値」は、公務員の給与など、これらのサービスの生産コストに等しいと仮定して算出される。非市場GDPは、1950年代初めには市場GDPの10パーセント程度だったが（おそらくそれ以前も同程度だったと思われる）、1980─1990年代にはおよそ20パーセントを占めるようになった（付録G表G－1の列(5)を参照）。その結果、20世紀を通じてGDP全体に占める家庭所得の割合は、約10パーセント減った。

（2）「課税対象所得」のこの概念は、INSEEが1956年以来、「税収」調査に関する刊行物（付録I第1節を参照）で使用している概念と同じである。

（3）この修正を行なうために採用した方法については、付録B（第1節）で説明している。

経済計算が推計する不動産所得もまた、所有不動産の維持にかかる経費を考慮していないが、税務当局はその控除を認めている。

第二に、国民経済計算でいうところの家庭所得には、(一般的な意味で)「所得」の一部とは見なされない要素がいくつか組み込まれている。それは実際に所得申告にも含まれないため、私たちの「課税対象所得」の概念からも除外される。たとえば、先にも述べた、自分の持ち家に住んでいる家主が自分自身に支払っていると考えられる「帰属」家賃が、それにあたる。健康保険による支払いも同じである。健康保険によって、薬代あるいは診察代として家庭に100フラン支払われた場合、国民経済計算でいうところの家庭所得は100フラン増える。「帰属」家賃と同様、健康保険による支払いを家庭所得に含めるのは、国民経済計算の視点から考えれば理にかなっているといえる。国民経済計算というのは、国民経済が生産した財やサービス全体を数値化することを目的としている。健康保険による支払いは、家庭に支払われる膨大な社会保障手当全体の一部であるため、家庭の「所得」に含めるに値すると見なされるのである。だが、こうした支払いや「帰属」家賃の額は、所得申告にはもちろん記載されない(1)。そのため私たちも、これらについては計算に入れていない。

第三に、本書で使用する課税対象所得の概念では定義上、一般的な意味で「所得」に含まれる数種の所得カテゴリーを除外している。これらの所得カテゴリーは、国民経済計算には組み込まれているが、各時代の税法により非課税とされているため、所得申告にも記載されない。これには、大半の社会保障手当が含まれる。健康保険手当や必要最小限の福祉手当(社会参入最低所得手当〔RMI〕や高齢者最低生活保障手当など)のほか、家族手当、「扶養家族手当」は、大半の失業手当同様、これまで一度も課税されたことがない(社会保障手当の中では、退職年金だけが一貫して課税されてきた)。また、一部の資本所得もこれに含まれる。具体的には、源泉分離を受けた所得やさまざまな通帳預金からの所得などだが、非課税項目は年々増える傾向にある。キャピタルゲインもその一つである。キャピタルゲインは、フランスにおいて包括所得に対する累進課税という枠組みの中で課税されたことは一度もない。したがって、ここで採用する課税対象所得の概念にも含まれない。[2] そこで私たちはまず、所得申告に記載されないこうした資本所得を除外して分析を行ない、それを含めると結論にどんな影響が及ぶ可能性があるのかを第3部（第6章）で示すことにする。

　結果的に前述の三つの要素を組み合わせると、課税対象所得は、国民経済計算でいうところの家庭所得よりかなり少なくなる。平均所得という観点から見ると、課税対象所得のほうが少なくなる大きな要因は二つある。第一の要因は、非賃金労働者の粗収益でなく純収益を計算に入れていることである。だがこの要因の重要性は、20世紀の間に「賃金労働者化」のプロセスと同じペースで、ゆっくりとだが確実に減少している。第二の要因は、大半の社会保障手当を除外していることである。この要因の重要性は逆に、20世紀の間に社会保障が発展するにつれてしだいに増え、20世紀末には健康保険手当を筆頭に、かなりの重要性を帯びるに至っている。私たちの推計によれば、この二つの要因は長期にわたりどうにかバランスを保ってきたようだ。そのため、20世紀全体を通じて家庭の課税対象所得は、国民経済計算でいうところの家庭所得のおよそ60—70パーセントという規模を維持している。[3] つまり、短期的にわずかな相違はあるものの、家庭の課税対象所得は、国民経済計算でいうところの家庭所得と同じペース、同じ割合で増大してきた。ということは、GDPと同じペース、同じ割合で増大してきたともいえる。

（1）実際に所得申告に帰属家賃を記載しなくてもよくなったのは、1964年の所得への課税以降である（第2章第1．2．1．2節および第4章第4．4節を参照）。

（2）キャピタルゲインには固有の問題がある。（ここに記載したほかの種類の所得カテゴリーとは違い）国民経済計算にも含まれていないからだ。

（3）付録G表G－2の列(3)を参照。国民経済計算でいうところの家庭所得に占める課税対象所得の割合の推移を推計するのに利用した方法や情報源については、付録G第1節で詳しく説明している。

4.2　「平均」所得の増大の諸段階

平均課税対象所得（以下では単に「平均所得」とする）に見られる購買力は、20世紀の間にＧＤＰと同じような推移を示している。この類似性はまず、この期間全体のおおよその成長規模にあてはまる。ＧＤＰ、すなわちフランス経済が生産した財やサービスの総量は、20世紀の初めから終わりまでの間に実質フラン換算でおよそ10倍になった(1)。同様に、家庭の所得全体、すなわち家庭の購買力全体も、20世紀の初めから終わりまでの間に実質フラン換算でおよそ10倍になった。一方、20世紀の間に、人口は約50パーセント増え、家庭や世帯の数は2倍強となった。それは、人口1人あたりの平均所得はおよそ6・5倍に、1家庭あるいは1世帯あたりの平均所得はおよそ4・5倍になったことを意味している。より正確には、私たちの推計によれば、１９００―１９９８年の間に、人口1人あたりの平均所得（１９９８年フラン換算）は6・72倍に、1世帯あたりの平均所得（１９９８年フラン換算）は４・４９倍になった（後出の表1－1を参照）。1世帯あたりの平均所得（１９９８年フラン換算）は、１９００年は2万８７６０フラン（月額２４００フラン以下）、１９９８年は12万９０８５フラン（月額およそ1万８００フラン）であり、その年間平均成長率は１・５４パーセントに相当する。20世紀初頭の「平均的」世帯は、現在の社会参入最低所得手当（ＲＭＩ）と同等の生活資金で暮らしていた。一方、20世紀末の「平均的」世帯は、世帯人数が大幅に減少したにもかかわらず、そのおよそ４・５倍もの所得を手にしている。

しかし、20世紀における購買力の驚くべき増大は、年率およそ１・５４パーセントの一定したペースで進んだわけではない。実態はまったく異なる。家庭の購買力は、20世紀の間に全体的に国民生産高と同じように成長しただけでなく、その推移のしかたも同じような動きを見せている。20世紀前半はほぼ停滞したままだが、第二次世界大戦に続く30年間に急上昇を示し、１９７０年代末以降は成長が大幅に鈍化しているのである。88頁の図1－6を見れば、「栄光の30年」がその名に値することが、はっきりと見てとれる。1世帯あたりの平均所得で見た購買力がおよそ5

倍になったのは、大部分が1948―1978年の急増によるものだ。1900―1948年および1978―1998年は比較的停滞していた時期といえる。私たちの推計によれば、1世帯あたりの平均所得の成長が停滞していた両時期のうち、1900―1948年の年間平均成長率はわずか0・18パーセント、1978―1998年の年間平均成長率はマイナス0・01パーセントである。一方、「栄光の30年」に当たる1948―1978年の年間平均成長率は4・84パーセントに及ぶ（表1‐1を参照）。

図1‐6を子細に見ると、この三つの時期（1900―1948年、1948―1978年、1978―1998年）それぞれの中にもさまざまな細かい局面があることがわかる。20世紀前半では、二つの世界大戦および1930年代の世界恐慌によるさまざまな混乱を受け、購買力も国内生産高同様、混沌とした推移を見せている。1世帯あたりの年間平均所得（1998年フラン換算）は1900―1914年には2万8000―2万9000フランの間を前後しつつ、緩やかな上昇傾向を見せている。だが、第一次世界大戦による生産高の急落により、1915―1916年には2万5000―2万6000フランに落ち、その後、1920年代の復興と急成長により、1925年には3万3000フランにまで上昇する。これは、1915―1916年の落ち込み時期に比べると約30パーセント、戦前の水準に対しては約15パーセントの購買力の増大となる(2)。しかし、1926年のインフレの再開やポワンカレの通

(1) 名目フランで見ると、市場GDPは20世紀初頭から1990年代末までの間に、およそ350億フランからおよそ7兆フランになった（付録G表G‐1の列(1)を参照）。約200倍（旧フランから新フランへの移行を考慮すれば2万倍）である。一方、20世紀の初めから終わりまでの間に物価は約20倍になった（付録F表F‐1の列(7)を参照）（旧フランから新フランへの移行を考慮すれば2000倍）。そのため実質フランに換算すれば、市場GDPは約10倍ということになる（非市場GDP〔前出〕も考慮すれば、11―12倍となる）。

(2) 付録G表G‐2の列(7)を参照。最低値に達した1916年の平均所得は2万5717フラン、最高値を記録した1925年の平均所得は3万3009フランである（33009／25717＝1・284）。また、1900―1914年の平均所得は2万9051フランである（33009／29051＝1・136）。

図 1-6　1 世帯あたりの平均所得（1900-1998 年、1998 年フラン換算）

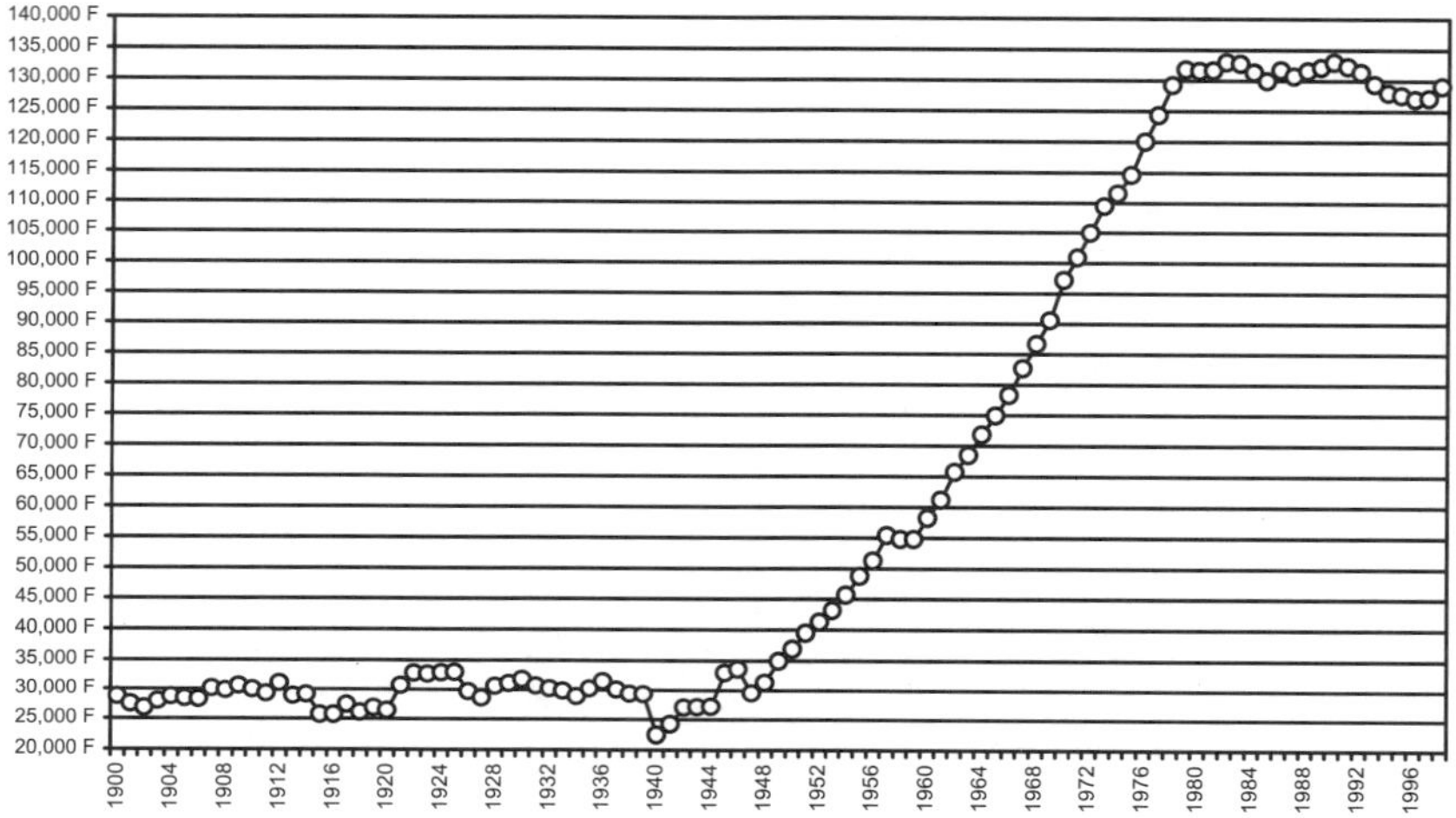

情報源　表G-2の列(7)(付録G)

図 1-7　人口 1 人あたりの平均所得（1900-1998 年、1998 年フラン換算）

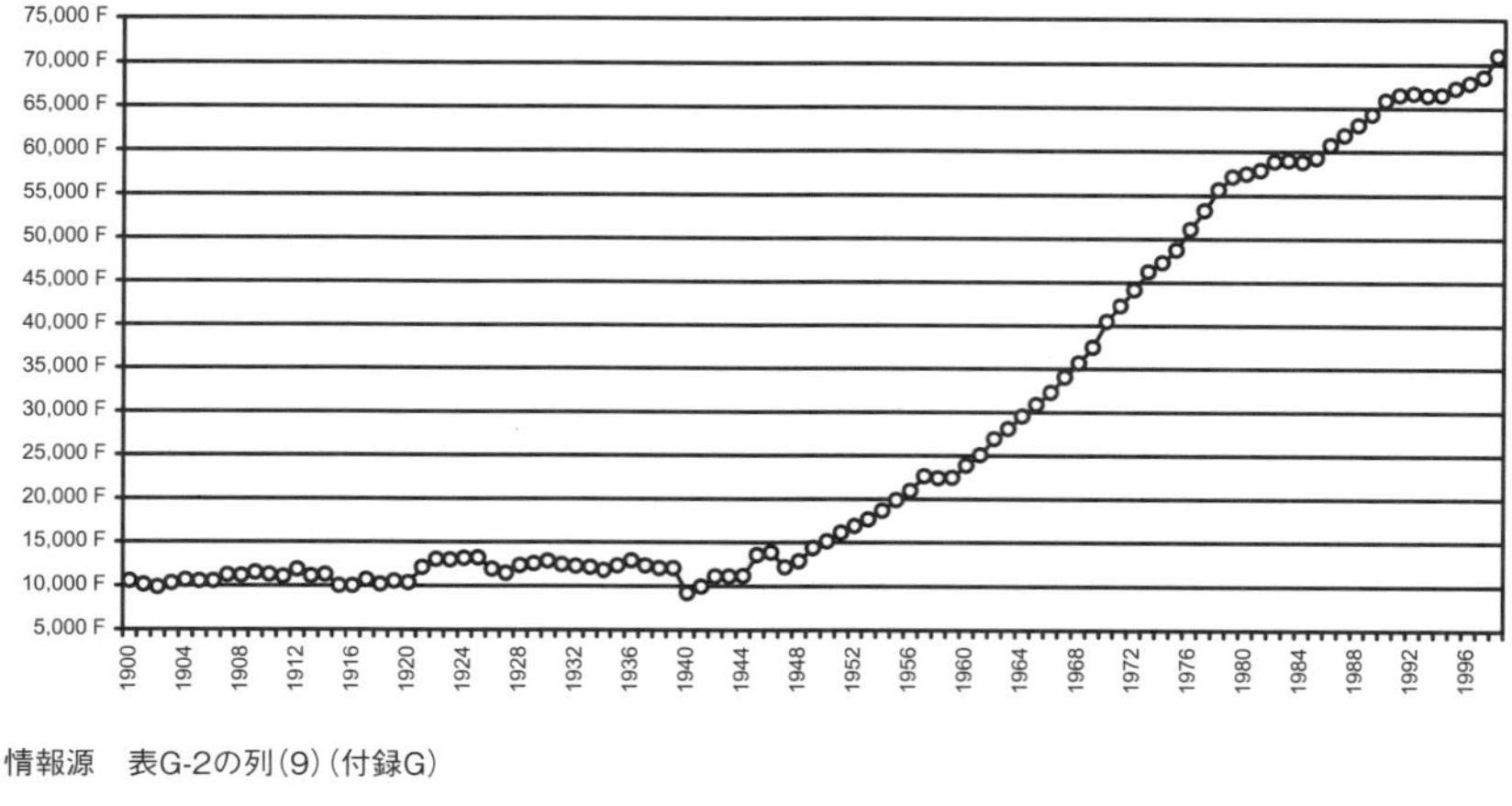

情報源　表G-2の列(9)(付録G)

表 1-1　平均所得の成長率（1900-1998 年）

1世帯あたりの平均所得（1998年フラン換算）		人口1人あたりの平均所得（1998年フラン換算）	
1900	28,760	1900	10,551
1998	129,085	1998	70,894
1998/1900 比	**4.49**	1998/1900 比	**6.72**
年間平均成長率	**1.54**	年間平均成長率	**1.96**
1900	28,760	1900	10,551
1948	31,315	1948	12,873
1948/1900 比	**1.09**	1948/1900 比	**1.22**
年間平均成長率	**0.18**	年間平均成長率	**0.42**
1948	31,315	1948	12,873
1978	129,214	1978	55,641
1978/1948 比	**4.13**	1978/1948 比	**4.32**
年間平均成長率	**4.84**	年間平均成長率	**5.00**
1978	129,214	1978	55,641
1998	129,085	1998	70,894
1998/1978 比	**1.00**	1998/1978 比	**1.27**
年間平均成長率	**－0.01**	年間平均成長率	**1.22**

解説　1世帯あたりの年間平均所得（1998年フラン換算）は、1900年に2万8760フラン、1998年には12万9085フランで、4.49倍になった。1900-1998年の年間平均成長率は1.54パーセントである。

情報源　表G-2（付録G）の列(7)および(9)から算出

貨安定政策により、１９２６―１９２７年にはふたたび購買力が低下し、戦前の水準に戻る。１９２８―１９３０年にはふたたび上昇に転じるが（１９３０年には３万２０００フラン近くに達する）、世界恐慌によって１９３１年以降はまたしても購買力が低下する（１９３５年と１９３６年にわずかに上昇を見せはするが）。その結果１９３０年代を通して、平均所得が１９２０年代に達した年間およそ３万３０００フランの水準を超えることはなかった。

　だが１９３０年代は、購買力が実質的に低下したというより、むしろ購買力が停滞していたといえる。１９３０―１９３９年の間、年間平均所得は２万９０００―３万２０００フランの間を前後していた。その変動幅はおよそ10パーセントである。一方ＧＤＰは、

１９２９年の最高値から１９３５年の最低値へと20パーセント近く下落した。[1] これは先に述べたように、景気後退期には、家庭所得は常にＧＤＰほど下落しない傾向があるためだ（景気後退の「打撃」をとくに受けるのは、企業の利益や投資能力である）。より具体的には、１９３０年代のデフレが、給与の購買力に有利に働いたことから説明できる。名目フランでの給与水準が全体的に物価ほど速いペースで下落しなかったため、賃金労働者の購買力がやや増大したのである（職を失っていなければの話だが）。１９３５年に生産高は１９３０年代最低の水準に達したにもかかわらず、１９３４年から１９３５年にかけて平均所得（１９９８年フラン換算）が5パーセント近く上昇したのは、この現象のためだ。[2] １９３５年はデフレの底にあたる。名目フランで見れば、１９３４年から１９３５年にかけて平均所得がやや減少しているものの、それよりも物価の下落のほうが大きかったのである。[3] このような形で購買力が増大する現象は、軍需産業からの転換が生み出した１９２１年のデフレ不況の時期にも見られる。このように実質所得は、デフレに対して相対的に強いが、逆もまたしかりである。デフレの年よりもむしろ、１９２６年に大幅にインフレ率が上がり、ポワンカレが通貨安定政策を講じた時期に家庭の購買力が低下したのはそのためだ。１９２８―１９２９年にＧＤＰが急成長したにもかかわらず購買力が１９２５年の最高値にまで届かなかった理由もまた同じである。ちなみに、戦間期のＧＤＰの最高値は（１９２５年ではなく）１９２９年に記録された。

第二次世界大戦とそれにともなう生産高の急減により、平均所得に見られる購買力は、20世紀フランスで最低の水準に達した。私たちの推計によれば、平均所得の絶対的な最低値は、１９４０年に記録した2万２４１５フラン（月額１９００フラン以下）である。購買力は１９４１―１９４２年にやや回復を見せるが、戦前の水準に戻るのは国土解放後の１９４５―１９４６年であり、１９４８―１９４９年には戦前の水準を決定的に超えることになる。１９４７年にはふたたびやや下降しているが、これは大規模なストライキが発生し、再建ペースが大幅に減速したことによる。ここでも、短期的に見れば、家庭所得の推移とＧＤＰの推移の間にわずかな相違が見られる。たとえば、平均所得が20世紀最低の水準に達したのは１９４０年だが、生産高が最低水準に達したのは１９４４年である。これもまた、企業の未分配利益の短期的な変動によって説明できる。1944年には、国土解放後初めての大規模な賃金引き上げが行なわれ、未分配利益が20世紀最低の水準に達していた。

最終的に1世帯あたりの平均所得（1998年フラン換算）は、第二次世界大戦後に第一次世界大戦以前とほぼ同じ水準に戻った。終戦直後（1920年代と1940年代後半）の購買力の増大により、1930年代や二つの世界大戦中に見られた購買力の減少がちょうど埋め合わされているのである。1914—1948年はまた、名目所得の大幅な増大が物価の上昇により完全に相殺されてしまった時期としても際立っている。名目フランによる平均所得は、1914年から1948年の間に100倍以上になった。1914年はおよそ1700（旧）フラン、1948年は17万（旧）フラン超である。[4]ところが、同じ期間に物価も約100倍になっている。そのため実質的な所得はほとんど変わっていない。

それに比べると、1948—1978年は、まさに異例の時期といえる。平均購買力が30年で4倍以上になったのだ。2桁のインフレが再発して購買力がやや落ちた1958年を除き、1948—1978年の30年間ずっと、目立った景気変動もなく、ほぼ一定のペースで購買力が増大している。こうなると、1970年代末の増大の停止という急変がもはや唐突にしか見えない（図1－6を参照）。1978—1979年には、1課税対象世帯あたりの平均所

(1) ヴィラの推計によれば、1929年から1935年までにGDP（1938年フラン換算）は、4731億フランから3915億フランに減少した（付録G表G－1の列(2)を参照）。つまり、17・2パーセント減である（3915／4731＝0・828）。

(2) 付録G表G－2の列(7)を参照。1課税対象世帯あたりの平均所得は、1934年が2万8937フラン、1935年が3万245フランであり、4・5パーセントの増大となる（30245／28937＝1・045）。

(3) 名目フランで見ると、1課税対象世帯あたりの平均所得は1934年から1935年にかけて、8132フランから7794フランに落ちた（付録G表G－2の列(6)を参照）。つまり、4・2パーセントの減少である（7794／8132＝0・958）。その一方で、消費者物価指数は1934年から1935年にかけて8・3パーセント下落した（付録F表F－1の列(5)を参照）。

(4) 付録G表G－2の列(6)を参照。

得（1998年フラン換算）が「歴史的」な高額に達し、13万フランを超えたが、それ以降は20年間にわたってその前後で停滞している。1984―1985年、および1992―1993年の不況後の1990年代には、購買力がはっきりと低下したが、1980年代末と1990年代末の経済回復期には、その低下を遮るようにやや上昇した。1982年には、1世帯あたりの平均所得が20世紀における絶対的な最高値（13万2981フラン）を記録したが、1982―1983年に実施されたインフレ抑制政策および企業の内部留保の回復政策により、生産高の低成長の影響がさらに強まり、1984―1985年の購買力低下はいっそう際立つものになった。一方、1973年の石油危機以来、生産高の増大ペースが鈍化する兆候が見えていたのに、家庭の購買力が1970年代末まで「栄光の30年」の増大ペースを維持できたのは、当初は1970年代の成長鈍化の「打撃」を受けるのが、内部留保のみですんでいたからだろう。その後、1981年の選挙で誕生した社会党政権は、購買力の成長ペースを生産高の新たな成長ペースに合わせる重大な任務に携わることになる。しかし、こうした短期的な変動はあったものの、1998年には、平均購買力が1978年とほぼ同じおよそ13万フランに戻る（両者の差は1パーセントしかない）。こうして上昇傾向は完全に消えたように見える。ちなみに「栄光の30年」という言葉は、ジャン・フラスティエが1979年に執筆した書籍『栄光の30年』に由来する。当人は、自分の表現が20年後に、限定された一時期を形容する言葉になるとは思いもしなかっただろう。

しかし、1世帯あたりの平均所得で考えると、1970年代末のこの急変の程度がいくぶん誇張されてしまう。実際、世帯の平均人数は、時代を追うごとにだんだん減っている。1980―1990年代はとりわけそのペースが速い。そのことを考慮すると、1世帯あたりの平均所得は、不自然に下方へ引き下げられていることになる（1家庭あたりの平均所得も同様）。そのため「平均的な生活水準」を示す指標としては、1世帯あたり（もしくは1家庭あたり）の平均所得よりも、人口1人あたりの平均所得のほうが適している。そこで、人口1人あたりの平均所得の推移を見てみると、1980―1990年代も購買力が上昇を続けていることがわかる（図1-7を参照）。たしかに、人口1人あたりの購買力を見ても下降している年が2回ある（内部留保の回復が急速に進んだ1984年、およびフランス経済が第二次世界大戦以降最大の景気後退を経験した1993年）。だがそれを除けば、人口1人あたりの平均所得は1978年から1998年まで毎年増えつづけている。それでも、以前に比べると、生活水準の成長ペースが減速していることは否めない。だからこそ、減速がそれだけ強く感じられるのだ。人口1人あたりの平均所得は、1948―1978年の間に4倍以上になったが、1978―1998年では27パーセントしか上昇していない。人口1人あたりの平均所得の年間平均成長率は、1948―1978年には5・00パーセントだが、1978―1998年では1・22パーセントと、前の時期に比べて4分の1以下のレベルに減少している（表1－1を参照）。

20世紀フランスの購買力がこのように一定しないペースで増大していることを、どう説明すればいいのだろうか？このペースは、これまで見てきたように短期的には多少の相違はあるものの、国内生産高の成長ペースと一致している。この最近の現象について、すなわち1970年代末以降に見られる成長の減速については十分な注意を払う必要がある。最も一般的な説明としては、フランス経済が「栄光の30年」に経験した「キャッチアップ」プロセスが終わり、「通常」の成長ペースに戻るとともに、従来の工業社会から「サービス社会」に移行したのだという考え方がある。この考え方はたしかに、あらゆる先進国で生産力の成長ペースが明らかに鈍化している現象を説明してくれるかもしれない。1990年代末には、新たな情報テクノロジーや情報サービスにまつわる高成長の新局面が現われたとさかんに言い立てられたが、結論を出すにはまだ早すぎるだろう。また、20世紀前半と「栄光の30年」との対比についても、異論があるかもしれないが、確固たる結論を出すには時間をおいて見ることが必要だ。この考え方について最もよくある主張は、フランス経済が戦後30年に経験したのは、ほかの先進国に対する機械的なキャッチアッププロセスではなく、1930年代の世界恐慌や二つの世界大戦により一時的に中断された戦前のフランス固有の成長ペースへのキャッチアッププロセスなのではないか、というものだ。ソーヴィは『両大戦間期のフランス経済史』の中ですでに、1920年代の急成長によって、1929年には生産高が「戦争がなく、戦前の長期的な成長ペースを維持していれば達したであろう」水準に戻ったと述べている。[1] また、カレ&デュボワ&マランヴォーが1972年に執筆した有名な著作『フランスの経済成長』では、この分析をさらに幅広く、詳細に行なっている。それによれば、活発な産業投資や教育水準の向上によるフランス経済の急成長は、すでに1896—1929年にはっきりと見てとれる。だがこの急成長は、1930—1946年の危機により「異常な形で」中断されてしまった。そのためフランス経済は、戦後数十年の間に失われた時間を取り戻し、戦前にすでに確立されていた潜在的な成長ペースに戻っただけだという。[2] 一方、「レギュラシオン」派は、「栄光の30年」を実現できたのは、第二次世界大戦後、インフレや生産力の増大に合わせて給与をスライドさせる制度の普及や公共投資などに基づく新たな「調整方法」を採用したからだと主張している。[3] 所得格差の推移の研究を通じ、これらの分析をどの程度肯定または否定できるのか、もしくはどの程度補完できるのかを、次章以降で見ていくことにしよう。[4]

4.3 平均所得と平均給与

20世紀における「平均」購買力の増大を分析するには、平均給与の推移と平均所得の推移を比較してみるのも有益である。先に提示した情報から判断するかぎり、平均給与の購買力は、20世紀の間におよそ8・5倍—9倍になったと予想される。前述したように、20世紀初頭から20世紀末にかけて、GDPはおよそ10倍になったが、就業人口は15パーセントしか増えていない(20世紀初頭の就業人口は1900万人強、20世紀末の就業人口は2200万人強)。この数字から判断すれば、就業人口1人あたりのGDPは、およそ8・5倍—9倍になった。[5] また、賃金労働者と非賃金労働者の平均就業所得が20世紀全体を通じて同等だったという仮説はおおむね妥当なものと考えられることや、企業の付加価値の労働所得と資本所得への分配が20世紀初頭も20世紀末もほぼ同じ条件で行なわれていること(付加価値の3分の2が労働所得、3分の1が資本所得)もこれまでに確認している。これらの事実から、賃金労働者1人あたりの平均就業所得は、就業人口1人あたりのGDPと同じ割合で増大しているはずである。しかし私たちが推計を行なってみると、賃金労働者（あらゆる賃金労働者を含む）1人あたりの年間平均純給与（1998年フラン換算）は、1900年は2万3383フラン（月額2000フラン以下）、1998年は12万2930フラン（月額1万フラン以上）だった。これはおよそ8・5倍—9倍どころか、5・26倍の増加でしかない（図1－8を参照）[6]。いうまでもなく、この不一致は表面的なものでしかなく、社会保障手当の増加によって説明できる。賃金労働者の労働に対する総報酬には、純給与だけでなく、社会保険料の（雇用者・被雇用者）負担分や、雇用者が直接被雇用者に支払う手当もすべて含まれる。この総報酬額は、20世紀の間におよそ8・5倍—9倍に増えている。しかし、20世紀の間に賃金労働者および退職者に支払われる退職年金や健康保険手当が急激に増え、その財源を確保するため、社会

（1）ソーヴィ（1965—1975年、第1巻、p・281）を参照。しかしその後ソーヴィは、1929年の生産高の推定値をやや下方修正しており、それがこの結論を弱めてしまっている（付録G表G－21、およびソーヴィ〔1984年、第2巻、p・84—85〕を参照）。

（2）この解釈は、この著作の結論部分にきわめてはっきりとした形で提示されている（カレ&デュボワ&マランヴォー〔1972年、p・611—624〕を参照）。

（3）「レギュラシオン」派の古典的な論文については、ボワイエ（1978年、1987年）を参照。

（4）とくに第7章第3節を参照。

（5）10／1.15＝8.7

（6）122930／23383＝5.26。賃金労働者（すべての賃金労働者を含む）1人あたりの年間平均純給与の推移を推計するために採用した方法については、付録E第1節から第3節を参照。

図1-8　賃金労働者1人あたりの平均給与（1900-1998年、1998年フラン換算）

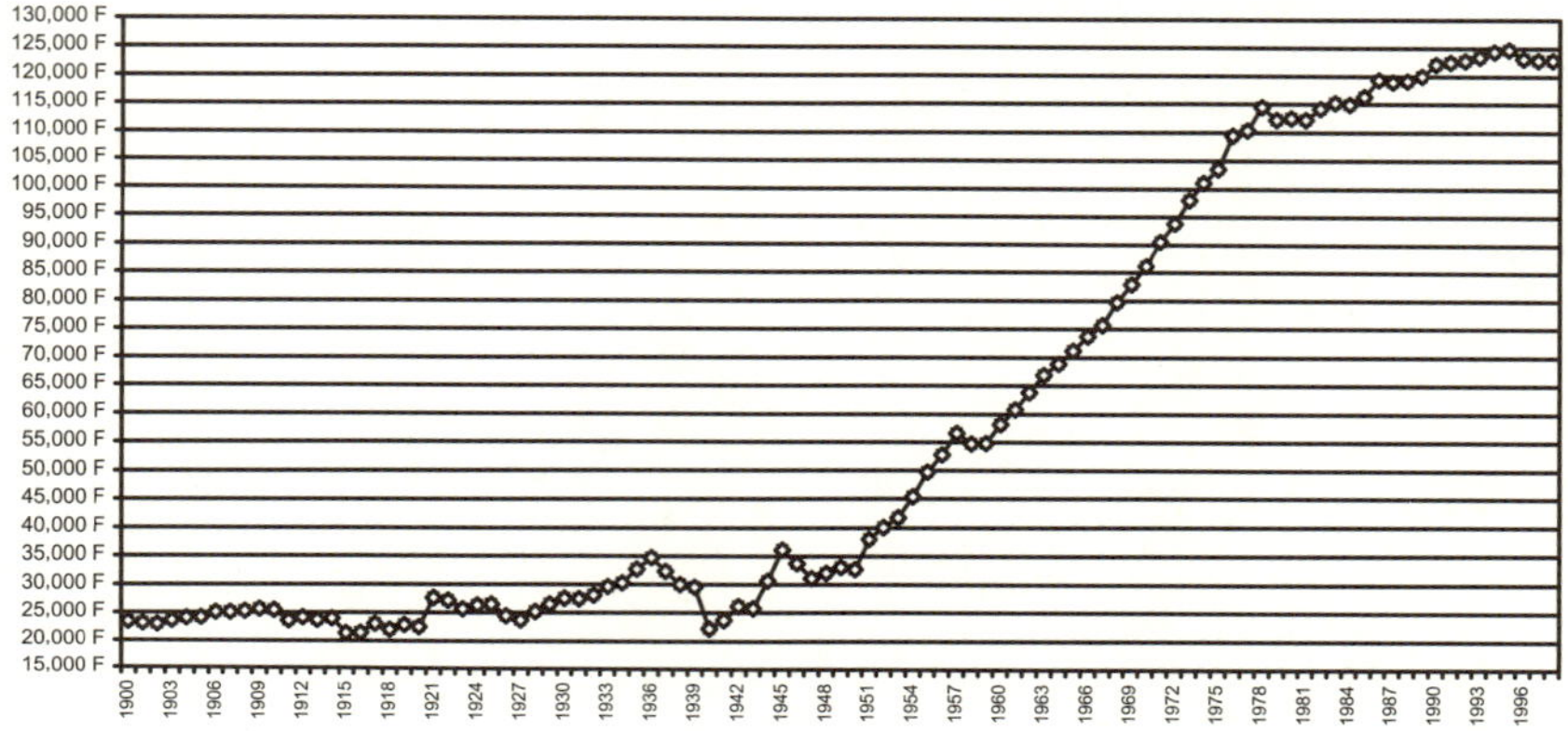

情報源　表E-3の列（12）（付録E）

保険料の負担率が大幅に上がった。そのため純給与は、「わずか」5・26倍の増加にとどまったのである。[1]

　これを見ると、賃金労働者1人あたりの平均純給与は、20世紀の間に1世帯あたりの平均所得をわずかに上まわる程度の増加率しか示していない（前者が5・26倍、後者が4・49倍）。だが、平均給与が平均所得より増加のペースが（やや）速いという事実を見ても、所得格差の推移については何も読み取れない。実際、雇用数が世帯数よりかなり遅いペースで増加していることを考えれば、平均給与が平均所得の2倍近いペースで増大していてもおかしくない（それでも、格差の推移については何も読み取れないのだが）。そう考えると、社会保険料負担額を考慮に入れれば平均純給与と平均所得の増加率がかなり近くなるというのは、単なる偶然にすぎない。また、1世帯あたりの平均所得は20世紀の間ずっと、賃金労働者1人あたりの平均純給与をわずかに上まわる程度だった。20世紀初頭では、平均所得がおよそ3万フランに対し平均給与がおよそ2万5000フラン、20世紀末では、平均所得がおよそ13万フランに対し平均給与がおよそ12万フランである（図1－6および1－8を参照）。だがこの類似もまた、大まかな値を覚えておくには便利だが、格差については何も読み取れない。やはりこれも、偶然の一致と考えるべきである（あるいは、人口構造や所得構成を機械的に表わしていると見なすべきだろう）。20世紀初頭、平均所得と平均給与にはおよそ20パーセントの差があった。これは、当時の就業人口が世帯数をやや上まわっていたという事実とも（前者が1900万、後者が1500万）、所得全体には家庭の就業所得のほか資本所得も含まれるという事実とも一致する。[2]だがこの差は徐々に縮まり、20世紀初頭のおよそ20パーセントから20世紀半ばにはおよそ10パーセントになり、1990年代にはおよそ5パーセントになった。[3]だがこれも単に、20世紀の間に平均給与が平均所得よりおよそ10―15パーセント速く増大したという事実を機械的に表わしているにすぎない（前者が5・26倍、後者が4・49倍）。

ところで、平均給与は全体的に見て、平均所得と同じような推移を示している。1948―1978年の間に急激な上昇を示し、1900―1948年および1978―1998年にはほぼ停滞している（図1－6および1－8を参照）。もちろん、長期的な推移は全体的に類似していても、短期的には相違がある。その本質的な理由はすでに説

（1）20世紀における社会保障手当や社会保険料負担率の増加について詳細な検討をするのは、本書の枠を大きく超えている。ここでは、20世紀初頭には社会保険料負担はなく、20世紀末には社会保険料の被雇用者負担が20パーセント、雇用者負担が40パーセントだったと想定し、おおよその数値が一致していることを示すにとどめておく。この場合、20世紀の間に労働に対する総報酬は、純給与よりもおよそ75パーセント速く増えた計算になる（総給与を100とした場合、純給与は80、労働に対する総報酬は140となり、140／80＝1・75となる）。これを考慮すると、平均純給与が5・26倍になれば、労働に対する平均総報酬は9・21倍になる（5・26×1・75＝9・21）（実際には、20世紀初頭の社会保険料負担はゼロではなかった。また20世紀末を見ても、あらゆる給与に20パーセントや40パーセントといった概算値があてはまるわけではない。そのため、社会保険料負担率が実際にどの程度上昇したのかを細かく計算すれば、倍率は9・21をやや下まわり、およそ8・5倍―9倍になるものと思われる）。

（2）前述したように、20世紀初頭には、資本所得だけで家庭所得のおよそ20パーセントを占めていた。それを考えると、この20パーセントという差はやや少ないのではないかと思えるかもしれない。だがこの表面上の不一致は、課税対象所得が国民経済計算でいうところの所得より少ないという事実によって説明できる。非賃金労働者の混合所得（私たちの推計によれば、20世紀初頭の平均課税対象所得は、賃金労働者よりも非賃金労働者のほうがやや少ない）や不動産所得はとくにそうだ。

（3）付録G表G－2の列(11)を参照。

明した。所得のほかの要素（混合所得と資本所得）は、給与より不安定な傾向がある。したがって平均所得と平均給与の差は、経済が大きく成長している時期には広がり、成長が減速したり景気が後退している時期には縮まる場合が多い。そのため平均所得と平均給与の差は、1920年代には拡大したが、1930年代には大幅に縮まった。デフレの際には平均所得が平均給与を下まわりさえしたが、1936年にインフレが再燃するとふたたびもとに戻っている[1]。給与の物価スライド制が主流になる以前や第二次世界大戦直後は、インフレが実質的な給与水準にかなり大きな影響を与えたため、平均給与の短期的な推移はしばしば、平均所得の推移よりもはるかに不安定なものとなった。とくに1936—1948年には、大幅なインフレとあまり規則性のない規模での給与引き上げにより、平均給与に見られる購買力はきわめて混沌とした推移をたどった。1998年フラン換算で、平均給与は1936年におよそ3万5000フランに達し、20世紀初頭に比べ、50パーセント近い購買力の増大となったが、1940年には20世紀最低の水準にまで落ち込む（2万2000フラン強）。1945年には国土解放後の大幅な給与引き上げにより、3万6000フラン以上にまで回復するが、1946—1947年のインフレでふたたび減少し、1948—1950年にはほぼ横ばいとなった。そして1951年になってようやく、平均給与が1936年の水準を決定的に超えることになる（図1‐8を参照）。この時期は、給与の引き上げや物価の凍結といった問題が、常に主要な政治的対立のテーマとなった。所得や給与の格差がこの混乱期にどう推移したのかについては、次章以降で取り上げる。

さらに、1世帯あたりの平均所得とは異なり、平均給与もまた、人口1人あたりの平均所得と同様に、1978—1998年に上昇を続けていることにも注意したい（図1‐6から1‐8を参照）。また、1978—1998年の期間全体で、年間平均純給与に見られる購買力はおよそ7パーセントしか増えていないが[2]、この増大には理論上、社会保障手当の増大も労働時間の縮小も考慮されていない点を忘れてはならない。私たちの推計では、全体的にこの労働時間の問題を完全に除外している。図1‐8に示した「平均給与」は、賃金労働者1人あたりの年間平均純給与であり、時間平均給与ではない。そのような選択をしたのは、20世紀全体を通じて労働時間を計測するのは大変むずかしく、高所得者に焦点を絞る場合、労働時間の問題はさほど重要ではないからでもある。だが、それが「平均的」な生活の条件を決める重要な要素の一つであることはいうまでもない。最近の推計によれば、賃金労働者1人あたりの時間平均純給与に見られる購買力は、20世紀の間に、年間平均純給与に見られる購買力の2倍近くになったという(3)。しかし、労働時間の縮小や社会保障手当の増大を考慮に入れたとしても、平均給与に見られる購買力の成長ペースは、平均所得に見られる購買力同様、「栄光の30年」の成長ペースに比べればかなりスローダウンしている。

5　購買力が5倍になったことにどんな意味があるのか？

20世紀における「平均」購買力の成長ペースがわかったとしても、所得格差の推移、および各時代の所得階層のさまざまな場所に位置している実際の世帯の購買力の推移については、何もわからない。たしかに「平均」購買力は、20世紀の間に前述のような変動を示しながら推移し、結果的におよそ5倍になった（1世帯あたりの平均所得は4・49倍、人口1人あたりの平均所得は6・72倍、賃金労働者1人あたりの平均純給与は5・26倍）。だがこの事実も、所得の「平均的」構成と同じように、以下の章で参照するのに便利な、大まかな枠組みを与えてくれるにすぎない。

そもそも、生活水準の向上をこうした倍率だけで表わそうとすると、重大な解釈の問題が生じる。「20世紀の間に購買力が5倍になった」ということは、実際には何を意味しているのか？　もちろんこれは、1998年の家庭が消費していた財やサービスの量が、20世紀初頭の家庭が消費していた財やサービスの量より5倍多いということではな

（1）付録G表G－2の列(11)を参照。
（2）122930／114523＝1.07
（3）バイエ（1997年）を参照。

い。たとえば、食品の平均消費量は5倍になどなっていない。食品の需要はずいぶん前から満たされているため、そこまで消費量を増やす必要がなかったのだろう。フランスをはじめどの国でも、20世紀に購買力が成長して生活水準が向上したことで、何よりもまず消費スタイルが多様化した。20世紀初頭の消費は食品が中心だったが、しだいに工業製品やサービスを豊富に含む、きわめて多様化した消費へと移行していったのだ。それに、1998年の家庭が、20世紀初頭の家庭が消費していた財やサービスを5倍多く消費したいと思っても、実際には不可能である。「平均」物価よりも速いペースで価格が上昇した財やサービスもあれば、遅いペースで価格が上昇した財やサービスもある。つまり、あらゆる種類の財やサービスに対して購買力が5倍になったわけではない。短期的に見れば、こうした「相対価格」の問題は無視できる。私たちが名目フランを1998年フランに換算する際に、フランス総合統計局やINSEEが20世紀全体を通じて作成した「平均」物価指数を利用しているように、一般的にこの指数を使えば、購買力の実質的な成長率を正確に推計できる。だが長期的に見れば、新たな財やサービスの出現などによって家庭の消費構造や相対価格の構造が激変した場合、「平均」物価指数ではこの激変の性質を十分には説明できない。統計学者がどれだけ物価指数の推計方法を洗練させたとしても、それは変わらない(1)。

実際、20世紀に起きた生活水準や生活スタイルの激変を分析しようとすれば、名目フランで表わされた所得水準を参照し、各時代ごとにさまざまな財やサービスの価格水準をそれと比較するしかない。しかし、この生活水準の計測の問題は、所得格差やその歴史的推移を計測しようとする際に、当然のことながらなんの影響も及ぼさない。所得分布の上位1パーセントの世帯の平均所得が、世帯全体の平均所得の10倍だった場合、この10倍という数字は、所得の換算に利用した物価指数とは関係がない。それどころか、各世帯の所得を名目フランで表わそうが1998年フランで表わそうがいっさい関係ない。しかし、格差という観点にとどまらず、絶対的な観点から各世帯の生活水準の推移を見たいのであれば、名目フランで表わされた所得を利用し、それを各時代のさまざまな価格と比較することが必要である。そのため本書の付録に、世帯全体の平均所得や高所得者の各分位の平均所得について、(1998年フランだけでなく）名目フランで表わした推計もすべて掲載した。賃金労働者全体の平均給与や高給与所得者の各分位の平均給与についても、（1998年フランだけでなく）名目フランで表わした推計をすべて掲載している。興味のある読者は、この数字を使い、それを各時代のさまざまな価格と比較してみると、各時代の所得や給与がどの程度の生活水準に相当するのかがわかるだろう。本節では、指摘しておいたほうがよい物価の主要な規則性を示すとともに、個々の財やサービスの価格推移の実例を挙げ、それぞれの状況が著しく異なることを示すにとどめる。

「平均」して見ると、20世紀の初めから終わりまでの間に物価はおよそ20倍、所得はおよそ100倍になった（1998年の値を旧フランで表わせば、それぞれ2000倍と1万倍になる）。つまり、購買力は5倍になったということだ。一般的に財やサービスは3種類に分けられる。第一に、工業製品である。その生産力は、平均よりもかなり速いペースで向上したために、販売価格は物価平均に比べ、かなり遅いペースで上昇した。その結果、この財に対する購買力は、5倍を大きく上まわることになった。第二に、食料品である。その生産力は、長期的に見ればまちがいなく向上を続けているのだが、20世紀に工業製品が生産力を向上させたペースに比べるとかなり遅かった。そのため販売価格は、平均すると物価平均とほぼ同じ倍率で上昇しており、結果的に食料品に対する購買力はおよそ5倍になった。第三に、サービスである。その生産力はどの時期を見ても、わずかに向上しているだけか、まったく向上していない。この部門が常に多くの割合の労働力を吸収する傾向があるのはそのためだ。その価格は、平均よりかなり速い

(1) この推計の問題は、常に議論の的になっている。つい最近も、アメリカ上院の調査により、新たな財（とくにコンピュータやその質の劇的向上）の取り扱い方を誤ったせいで、アメリカで利用されている「公式」物価指数が、インフレを年間約1・1パーセント過大評価していたことが明らかになった。これはつまり、家庭の購買力の実質的増加を年間約1・1パーセント過小評価していたということだ（これは購買力の増加を、30年でおよそ40パーセント、100年でおよそ300パーセント過小評価することになる）。INSEEはその直後、フランスでは独自の推計方法を採用しているため、フランスの指数はアメリカの指数より、インフレを過大評価している割合ははるかに低いと発表している。だが、主張される論拠にいくら説得力があったとしても、まったく新しい製品の問題を十分に満足のいく形で解決することは当然できない（ルキエ［1997年］を参照）。

ペースで上昇したために、サービスに対する購買力は5倍を大幅に下まわることになった（あるいは、まったく増えていない）。

この三つのカテゴリーに分ける古典的な分類法は、どの国でも、どの時期においてもあてはまる。たとえば、INSEEの推計を見ると、1949—1989年に「一般」物価指数は12・7倍になった（これはつまり、物価が「平均して」12・7倍になったということだ）。だが、工業製品の物価指数は8・2倍、サービスの物価指数は27・1倍である。一方、食料品の物価指数は11・7倍で、「平均」物価の倍率にきわめて近い(1)。残念ながら、INSEEが数多くの財やサービスを対象に「公的」な物価調査を行なうようになるのは、第二次世界大戦後である。それまでフランス総合統計局が行なってきた「公式」調査では、ごく限られた数の財しか対象にしていない（当初は食料品11品目を含む13品目だったが、のちに食料品29品目を含む34品目に拡大された）。それでも、短期間における物価水準の「平均的」推移を正確に計測するには十分だが、相対価格の構造の長期的推移を体系的に分析することはできない。工業製品やサービスに対する購買力を調べたい場合はなおさらである(2)。そのため、第二次世界大戦前の年については、ジャン・フラスティエのチームなど、研究者数人が「民間」名義で行なった物価調査のデータでフランス総合統計局やINSEEの「公式」調査を補完して得られた、いくつかの財やサービスの価格推移の例を挙げるにとどめる。フラスティエのチームは、無数にある各時代の販売カタログや商業関連資料に目を通し、19世紀半ば以降の何千という価格データを収集し、公表する作業を根気よく続けた。こうした調査のおかげで、生活水準の推移を長期的に調査するには、財やサービスによって価格の推移が異なるという事実を考慮する必要があることが明らかになった。価格の推移は、前述した3種類のカテゴリーの財やサービスそれぞれの中でも異なるのである(3)。

まずは、食料品の事例から始めよう。食料品の価格についてはは以前からよく知られている。全体的に見ると、食料品の価格は物価平均とほぼ同じ割合で上昇し、20世紀の初めから終わりまでの間におよそ20倍になった。つまり、1990年代の平均的な賃金労働者や家庭は、20世紀初頭の平均的な賃金労働者や家庭のおよそ5倍の食料品が購入できるということだ（所得の同じ割合を食料品に割いた場合）。たとえば、ニンジン1キログラムの平均価格は、20世紀初頭には約30サンチーム、1998年には約6フランだった(4)。20世紀初頭の年間給与はおよそ1200フラン（1日あたり約3・30フラン）なので、当時の平均的賃金労働者が1日に買えるニンジンは10キログラム強になる。一方、1998年の年間給与はおよそ12万フラン（1日あたり約330フラン）なので、1998年の平均的賃金労働者が1日に買えるニンジンは50キログラム強になる。すなわち、ニンジンに対する購買力は5倍になった。

しかし、パンやジャガイモなど、一部の基本的な食料品は、平均よりやや速いペースで価格が上昇した。つまりそれらは、20世紀初頭には（相対的に）安価だった。たとえば20世紀初頭のパンの価格は、1キログラムあたりおよそ

(1)『フランス過去年鑑1948―1988年』（INSEE、1990年）のp・288を参照。

(2) フランスの物価指数の歴史については、付録Fに掲載した参考資料を参照。

(3) ジャン・フラスティエのチームが作成した個々の価格の詳細なデータについては、フラスティエ（1958年、1961年、1970年）およびフォンテーヌ（1966年）に掲載されている。フラスティエはまた、数多くの書籍を出版し、この膨大な研究プロジェクトを終戦直後に始めて以来（フラスティエ〔1951年〕を参照）、その調査を何度も取り上げては期間を延長し、その主要な成果の再解釈を行なっている（フラスティエ〔1969年、1977年、1979年、1987年〕およびフラスティエ&バジル〔1980年、1984年〕を参照）。フラスティエはおもに、物価調査から生活水準の推移を算定するために、「地方労務者の給与」を唯一の基準所得として利用しているが（私たちも付録E第1節で、この「フラスティエの地方労務者の給与データ」を参照している）、残念ながら一部の著作で、格差の推移の問題をいくぶん不用意に扱っている。これについてはのちに詳しく取り上げる（第3章第2．4節を参照）。

(4) 20世紀初頭の価格については『フランスの統計年鑑――過去要覧1966年版』（INSEE、1966年）のp・418を、1998年の価格については1999年1月『月次統計報告』のp・105を参照（以下の注では、1966年にINSEEが発行したこの年鑑を指す場合には『AR1966』という略号を使用）。

40サンチームだった（「日常消費パン2キログラム」のデータから計算）[1]。それが1998年には、「パリジャン」1キログラムがおよそ12フランになった（「バゲット」は16フランまで上がり、「特殊なパン」はさらに高くなった）[2]。そのため、「パリジャン」に限れば、パンの価格は20倍ではなく30倍になった。つまりパンに対する購買力は5倍ではなく約3・5倍になった。しかしこの差は、20世紀の間に商店で販売されるパンの質がかなり向上したという事実から説明できるため、真に有意な差なのかどうかを判断するのはむずかしい[3]。またジャガイモも、同種の推移を示している。20世紀初頭の普通のジャガイモ1キログラムの価格は、販売の年や場所によって違うが、15—20サンチーム、あるいはもう少し高い程度だった[4]。一方、1998年の1キログラムの価格は、普通のジャガイモで約4・60フラン、早掘りジャガイモになると7・70フランである[5]。普通のジャガイモに限れば、その1キログラムの価格は、20倍ではなくおよそ25—30倍になっている。肉にも同じことがいえるが、ここでもまた、質の推移を正確に考慮するのはきわめてむずかしい。ステーキ肉1キログラムの価格は、第一次世界大戦直前には約3フランだったが、1998年には約90フランになった[6]。つまりパンと同じように、価格は30倍になり、ステーキ肉に対する購買力は5倍ではなく3・5倍になっている（20世紀初頭の平均的賃金労働者は1日にステーキ肉を1キログラム買えるだけだったが、1998年の平均的賃金労働者は3・5キログラム買える）。

逆に、価格が20倍に達しなかった食料品もある。この場合は、購買力が5倍以上上昇したことになる。こうした食料品には、牛乳、バター、卵、ヨーグルト、乳製品などが含まれる。牛乳1リットルの価格は、20世紀初頭から1998年の間に、約30サンチームから4—5フランになった[7]。つまり、およそ15倍であり、牛乳に対する購買力は5倍ではなくおよそ6—7倍になったことになる。またバターは、20世紀初頭には1キログラムあたり3—3・50フランだったが、1998年には250グラムの「超高級バター」でさえ8・80フランしかしない（1キログラムでは約34フラン）。つまり、バターの価格は20倍ではなく10倍にしかなっていないため、バターに対する購買力は5倍ではなく10倍になっている[8]。これらの製品はいずれも、搾乳、製造、保存などの分野において、きわめて重要な技術的進歩の恩恵を受けたようだ。砂糖の場合も同様である。砂糖１キログラムの価格は、20世紀初頭から１９９８年までの間に、約75サンチームから約８フランになった。その結果、砂糖に対する購買力もまた、ほぼ10倍になった。(9) 一方、果物や野菜の価格の推移は、種類によって大きく異なる。(10) 生産にかかわる技術的進歩（とくに収穫技術の進歩）は比較的遅く、その点ではサービスと似ている。しかし、輸送コストの削減、および生産国の発展により、相対価格がかなり下がる場合もある。たとえば、20世紀初頭から１９９８年にかけて、オレンジ１キログラムの価格は１フランから10フラン弱に、バナナ１キログラムの価格は２フランから10フラン強にしかなっていない。オレンジに対する購買

(1)『ＡＲ１９６６』のｐ・４１５、およびフラスティエ（１９５８年、ｐ・81および１９７０年、ｐ・85）を参照。

(2)１９９９年１月『月次統計報告』のｐ・１０４を参照。

(3)フラスティエの推計によれば、パンの価格が、19―20世紀の間に小麦などの穀物の価格と同じ推移をたどっていれば、だいたい２分の１になっていたはずだという（フラスティエ＆バジル〔１９８４年、ｐ・59〕、およびフラスティエ〔１９８７年、ｐ・40〕も参照）。

(4)『ＡＲ１９６６』のｐ・４１６、およびフラスティエ（１９７０年、ｐ・88）を参照。

(5)１９９９年１月『月次統計報告』のｐ・１０５を参照。

(6)使用している情報源は、ジャガイモと同じである。

(7)20世紀初頭の価格については『ＡＲ１９６６』のｐ・４１６、およびフラスティエ（１９７０年、ｐ・71）を、１９９８年の価格については１９９９年１月『月次統計報告』のｐ・１０５を参照（超高温殺菌半脱脂乳は３・８９フラン、低温殺菌全乳は５・８１フラン）。

(8)20世紀初頭の価格については『ＡＲ１９６６』のｐ・４１６を、１９９８年の価格については１９９９年１月『月次統計報告』のｐ・１０５を参照。

(9)20世紀初頭の価格については『ＡＲ１９６６』のｐ・４１７を、１９９８年の価格については１９９９年１月『月次統計報告』のｐ・１０６を参照。砂糖の価格は、１８７５年から20世紀初頭までの間にすでに半額になっており、工業の技術的な進歩の恩恵を受けた食料品の一例といえる（この場合は、製糖業の進歩である）（フラスティエ〔１９７７年、ｐ・１０５〕を参照）。

(10)フラスティエ（１９７７年、ｐ・１０１）を参照。

力は10倍に、バナナに対する購買力は20倍になったのだ。[1]

しかし、一部の食料品が技術的進歩の恩恵をどれだけ受けていようと、購買力の上昇が最も著しいのはやはり工業製品である。それだけ技術革新やコスト削減が進んだのだ。ジャン・フラスティエが調査した中でもきわめて際立った事例を提供しているのが、自転車である。[2] １８９２年には、いちばん安い自転車でも５００フランはした。「車輪は硬いゴムのバンドで覆われているだけで、ブレーキは一つしかなく、前輪を直接回して進める」タイプの自転車である。１８９２年の年間平均給与は１０００フラン強だったため、この自転車は平均給与６カ月分に相当する。だが１９７６年になると、高級自転車（「フリーホイール、二つのブレーキ、チェーンカバーや泥よけ、荷台、ライト、反射板」つき）でも４６０フランしかしない。１９７６年の年間平均給与は約3万４０００フランであり、１週ごとに６５０フラン以上を手にしている計算になる。[3] ということは、平均的な賃金労働者がせいぜい1週間弱仕事をすれば、この自転車を購入できる。製品の質や安全性が格段に向上していることを考慮に入れないとしても、自転車に対する購買力は、１８９２年から１９７６年の間に40倍になったのだ。

電子工学の登場により、わずか数年の間に同程度の倍率を示した製品も多い。たとえば電卓である。フラスティエが参照したカタログに掲載されているいちばん安い電卓は、１９７０年代初めには１０００フランだったが、１９８０年代初めには50フラン以下になり、[4] 名目フランで20分の1以下になった。だがこの期間に、平均純給与は1万６０００フラン弱から5万２０００フラン以上に増え、[5] 名目フランで3倍以上になった。その結果、電卓に対する購買力は、この10年でおよそ60倍になったのである。フラスティエのチームが集めたデータを利用すると、こうした事例がいくつもあることがわかる。購買力の成長率が同水準（40倍、50倍、60倍、あるいはそれ以上）に達している製品としては、ほかにも、自動車、カメラやラジオ、冷蔵庫、電球などが挙げられる。いずれも、製品の質が驚くほど向上しているにもかかわらずである。[6] だが、それはすべて、各工業製品に関連する技術革新や技術的進歩のペースに左右されることはいうまでもない。たとえば、織物や皮革、靴といった伝統的な産業部門の場合、新たな産業部門に比べて技術的進歩がはるかに遅く、むしろ食料品に近い傾向を示している。靴の場合はとくにそうだ。20世紀初頭の「平均的」な質の靴は、一足20—30フランだった(7)（情報源により異なる）。一方１９９８年には、ＩＮＳＥＥが調査対象にしている「紳士用ローシューズ（革製、革底）」と「オーソドックスな女性用パンプス（革製、革底）」の価格は、一足およそ５００フランだった(8)。このように、20世紀の間に靴の価格はおよそ20倍になったが、これは物価平均と同じ倍率である。つまり、靴に対する購買力も5倍になったということであり、「平均」購買力とも食料品に対する購買力とも同じ値を示している。

こうした製品の対極にあるのが、20世紀初頭には存在しなかった製品（テレビ、ビデオ、コンピュータなど）である。これらの製品に対する購買力の成長率は、当然無限大となる。20世紀初頭には、いくら所得があったとしても購入できなかった製品だからだ。この事実を見ても、「平均的」な購買力や「工業製品」に対する購買力だけで成長率を考えることには限界があるとわかる。要は、検討する製品しだいなのである。だから、おもな数値を大まかに覚えておき、必要に応じてそれぞれの具体的な数値を参照する以外に有益な方法はない。

（1）20世紀初頭の価格については『ＡＲ１９６６』のｐ・４１８、およびフラスティエ（１９６１年、ｐ・67）を、１９９８年の価格については１９９９年1月『月次統計報告』のｐ・１０６を参照。
（2）フラスティエ（１９７７年、ｐ・12）を参照。
（3）付録Ｅ表Ｅ－３の列(11)を参照（３４０００／52＝６５４）。
（4）フラスティエ＆バジル（１９８４年、ｐ・２３９）を参照。
（5）付録Ｅ表Ｅ－３の列(11)を参照。
（6）戦間期以降の家電製品および自動車の価格データについては、たとえばフラスティエ＆バジル（１９８４年、ｐ・２５９—２６０）を参照。
（7）たとえば、フラスティエ（１９５８年、ｐ・４５６—４５７）や、ディヴィジア＆デュパン＆ロワ（１９５６年、第1巻、ｐ・15）を参照。
（8）１９９９年1月『月次統計報告』のｐ・１０６を参照。

最後に、サービスの価格の推移をいくつかの事例とともに紹介しよう。20世紀の間にこれといった技術革新に恵まれなかった「純然たる」サービス業の典型といえるのが、理髪師である。散髪にはいまでも、20世紀初頭とほぼ同じ労働時間がかかる。そのため散髪の料金は、理髪師の給与と同じ割合で上昇した。その理髪師の給与は、平均給与や平均所得と（大雑把に見て）ほぼ同じペースで上昇している。言い方を変えると、20世紀末の平均的賃金労働者は、1時間労働すれば、20世紀初頭の平均的賃金労働者とまったく同じ回数だけ散髪に行くことができる。つまり、散髪に対する購買力はまったく成長していない。(1) もう一つ「純然たる」サービス業の典型例に、家事使用人がある。家事使用人の料金は当然、家事使用人の給与と同じペースで上昇しているのであって、物価平均と同じペースではない。この家事使用人の事例は、裕福な世帯について検討する際にきわめて重要になる。家事使用人に対する高所得者の購買力が20世紀にどう推移したかについては、次章以降で取り上げることにしたい。ここで注意しておくべきことは、この購買力の推移が、所得格差の推移と密接に結びついているということだ。裕福な世帯が20世紀末に20世紀初頭と同じだけの家事使用人を雇うためには、その所得が家事使用人の給与と同じ割合で増えていなければならない。

理髪師や家事使用人ほど「純然」とはいえないサービス業もある。すなわち、サービスを提供する者に支払われる給与だけでなく、そのほかの重要な要素も料金に組み込まれているサービス業である。たとえばホテルの部屋は、建築面でかなり技術的進歩の恩恵を受けている。またレストランの料理も、農業や調理器具の技術的進歩の恩恵を受けている。しかし、こうしたサービスの価格の大部分は、ホテルの受付係や警備員、レストランのウェイターやウェイトレスの給与に充てられている。そして、これらの労働者の生産性は、時代を経てもほとんど変わっていない。フラスティエの推計によれば、それが何よりも重要な要素だという。実際、ホテルやレストランの料金は、散髪の料金同様、20世紀の間に給与とほぼ同じペースで上昇している。つまり、こうしたサービスに対する購買力は、20世紀全体を通じて変わっていない。(2) ということは、このサービスにおける生産性の向上は、質の向上に回されていると考えられる。同じような現象は新聞にも見られる。20世紀初頭の日刊紙の価格は、印刷部数の多い新聞は5サンチーム、

「高級」紙（『ル・ジュルナル・デ・デバ』紙や『ル・タン』紙）[3]は10サンチームほどだった。一方、１９９８年の日刊紙の価格は、一般的にはおよそ5フランだが、「高級」紙になると7―8フランのものもある（『ル・モンド』紙は７・５０フラン）。このように、新聞の価格は平均給与や平均所得と同じようにおよそ１００倍になっているため、新聞に対する購買力は20世紀全体を通じて変わっていない。この新聞製作も、印刷技術の向上や輸送コスト削減といった、技術的進歩の恩恵を受けているが、やはりそれが製作物の質の向上に回されていると考えられる（ページ数の増加、新聞ごとの記者の数の増加など）。

「住宅サービス」の価格である家賃は、さまざまな意味できわめて重要である。第一に、家賃は一般的に、家庭の支出の中でかなり大きな地位を占める。そのため、大半の低所得家庭にとって、生活水準を決定する重要な要素となる。第二に、不動産所有者が受け取る不動産所得について説明した際にすでに述べたように、家賃の金額は20世紀の間にきわめて大きな変動を示している。それはおもに、二つの世界大戦中および各大戦の直後に行なわれた家賃凍結政策のためだ。ときには住居が単に消費財であるだけでなく投資対象にもなるため、この変動がさらに増幅されることもある。不動産物件の価格は貯蓄に励む人の投資熱に応じて大きな変動を示す。不動産物件の価格ほどではないが、家賃の水準も同様である。だが、こうした政治的変動や投機的変動を除いて、物価の水準に対して家賃の水準が長期的にどのように推移していったのかを演繹的に予測するのはむずかしい。住居は20世紀の間に、建築面で大きな技術的

（1）実際には、労働時間の削減や社会保険料負担の潜在的増加を考慮すると、年間平均純給与（あるいは平均所得）に見られる散髪に対する購買力は下がっている。散髪の平均料金は、20世紀初頭には50サンチーム弱だったが（たとえばディヴィジア&デュパン&ロワ〔１９５６年、第1巻、ｐ・18〕を参照）、１９９８年にはおよそ１００フランになった（１９９９年1月『月次統計報告』のｐ・１０７を参照）。つまり、１００倍ではなく約２００倍になっている。
（2）とくにフラスティエ（１９６９年、ｐ・85および１９８７年、ｐ・54）およびフラスティエ&バジル（１９８４年、ｐ・２６２―２６３）を参照。
（3）たとえば、『ＡＲ１９６６』のｐ・４１７、およびディヴィジア&デュパン&ロワ（１９５６年、第1巻、ｐ・18）を参照。

図 1-9　一般物価指数に対する家賃指数の値（1900-1998 年、1914 年を 100 とする）

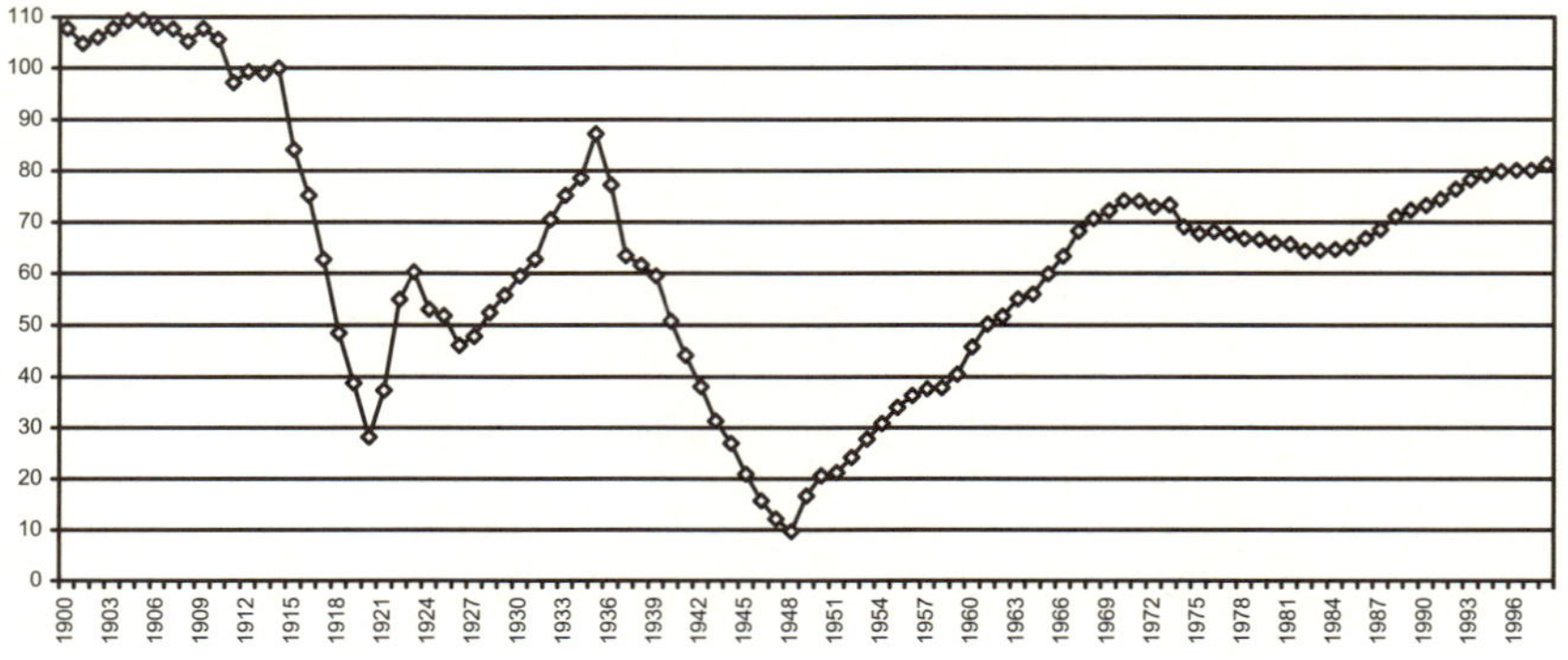

情報源　表F-1の列（10）（付録F）

進歩を経験した。新たな建築機械や安価な建築資材などの登場により、いまでは20世紀初頭よりも少ない労働時間で一定の品質の住居を建築できるようになった。そう考えると家賃の水準は、純然たるサービス業の価格とは対照的に、長期的には一般的な給与水準よりもかなり遅いペースで上昇していったと予想される。しかし建築部門は、一部の産業部門が経験したようなめざましい技術革新の恩恵を受けていない。それに、市街地への人口集中が進むと、ほかの条件が変わらないかぎり、建築コストが膨らむ傾向がある。そこで、結果的に住居が、財やサービス全体の平均的な水準で技術的進歩の恩恵を受けたと想定すると（技術的進歩のペースが工業製品ほど速くなく、サービス業ほど遅くない）、家賃は長期的には、食料品と同じように、一般物価指数と同じペースで上昇していったと予想されるはずである。

　実際はどうだったのだろう？　図1－9は、1900―1998年の一般物価指数に対する家賃指数の値の推移を示している（1914年を100とする）。

　この図を見ると、20世紀の初めから終わりまでの間に、家賃はたしかに物価全体とほぼ同じ割合で上昇している。一般物価指数に対する家賃指数の値は、1914年を100とすると、1990年代末に80をやや上まわっている。これはつまり、物価が平均して20倍になったのに対し、家賃は15―16倍になったということだ。[1]しかし、家賃が物価にほぼ追いついたのは、20世紀も終わりになってからである。20世紀のほとんどの期間にわたり、家賃指数は一般物価指数を大きく下まわっている。第一次世界大戦中、家賃は完全に凍結され、その結果１９２０年には（物価との比較で見ると）１９１４年の水準の30パーセント弱にまで落ちた。これは、前述した家庭所得に占める不動産所得の割合の急減と軌を一にしている。１９２１―１９２３年には不動産所有者に家賃の大幅な引き上げが認められたが、１９２４―１９２６年のインフレにより、一般物価指数に対する家賃指数の値はふたたび下降した。その後、１９２７年の通貨安定政策や１９３０―１９３５年のデフレの結果、物価に対する家賃の比は、ほぼ戦前の水準を回復した（１９３５年に87になった）。しかし、１９３６年にインフレが始まり、それが第二次世界大戦中も続き、１９４４―１９４８年のハイパーインフレを引き起こすと、相対的な家賃の水準は底をついた。１９４８年には（物価との比較で見ると）１９１４年の水準の10パーセントになり、20世紀最低に達している。フラスティエ（１９７７年、ｐ・１８０）にはこうある。「１９４８年になると法定家賃は、平均的なフランス人にとって、タバコのための支出を下まわるほどだった」。ここで注目すべきは、１９３０―１９４０年代には、名目家賃が凍結されたことは一度もない点である。(2) 家賃指数は１９３６年から１９４７年にかけて2倍に、１９３６年から１９４８年にかけてほぼ3倍になった。(3) しかし、それよりもはるかに一般物価指数の上昇が大きかった。一方、１９４８―１９７０年には、家賃は物価よりも７・５倍速いペースで上昇を続けた。１９７０年代には、インフレによって物価に対する家賃の歴史的なキャッチアップ過程が一時的に中断されるが、１９８０―１９９０年代にはキャッチアップ過程を再開している。

　購買力という観点から見た場合、１９９０年代に家賃（「平均」物価との比較で見た家賃）がほぼ20世紀初頭の水

（１）１９１０年以前は指数が１０５―１１０の間を前後していることから、１９０９―１９１１年にインフレ率がやや上がっても、家賃はそれほど影響を受けなかったことがわかる。
（２）例外的に、１９３５年にラヴァル政府が行なったデフレ政策により、１９３５―１９３６年の名目家賃がやや下げられた。
（３）付録Ｆ表Ｆ－１の列（９）を参照。

図 1-10　借家家庭の家計に占める家賃の比重（1914-1996 年）

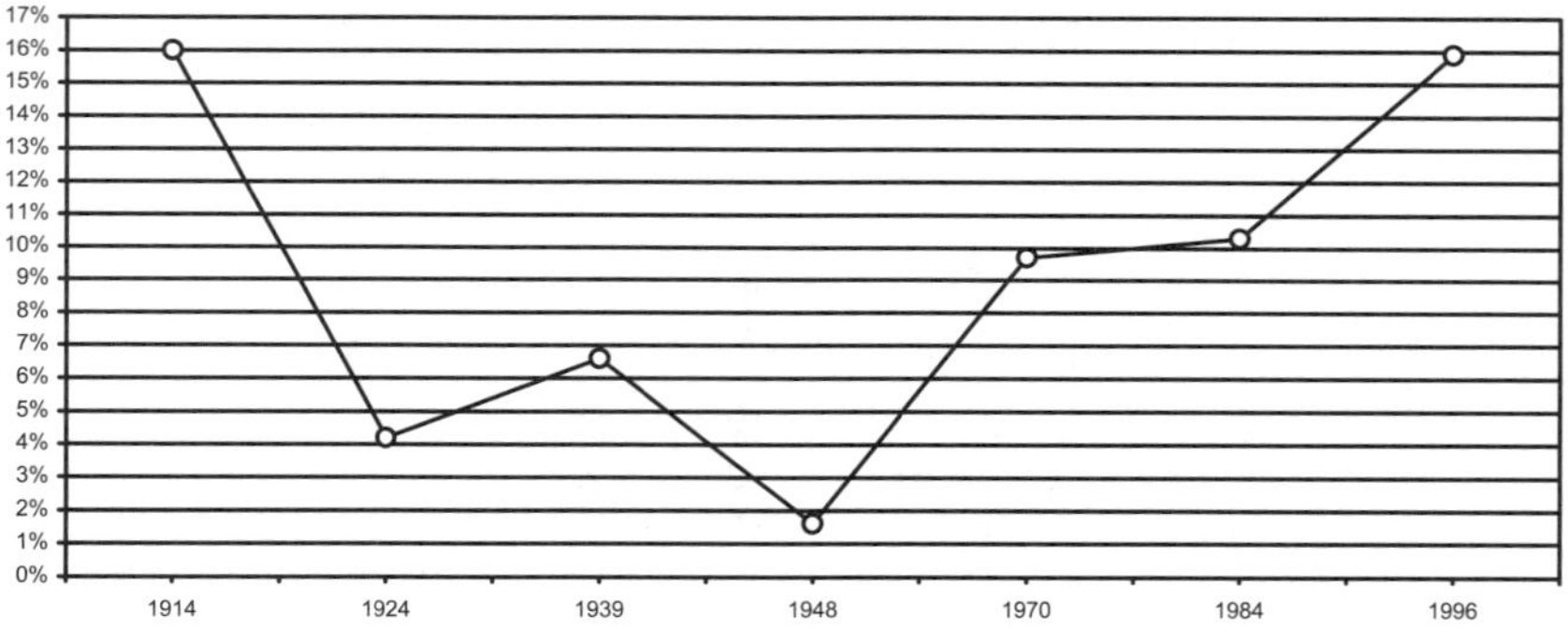

情報源　1914年（16.0パーセント）、1924年（4.2パーセント）、1939年（6.6パーセント）、1948年（1.6パーセント）はタファン（1993年、p.407-408）、1970年（9.7パーセント）、1984年（10.3パーセント）、1996年（15.9パーセント）はオマレク他（1998年、p.20）（ラフェレール〔1999年、p.334〕も参照）。

準に回復したという事実から何がいえるのだろうか？　これはもちろん、住居に対する購買力がずっと変わらなかったということではない。たしかに、平均給与や平均所得は物価より5倍速いペースで増加している。つまり、同じ住居に住んでいても、１９９８年の家庭は20世紀初頭の家庭に比べ、家計に占める家賃の割合が５分の１になった。しかしこの考え方には、20世紀の間に住居の規模や質が大幅に向上したという事実が考慮されていない。図１‐９作成のために利用した家賃指数は、あらゆる物価指数同様、基本的には「ほかのすべての条件を同一として」価格の推移を算出している。つまり、同じ面積、同じ質の住居の家賃の推移を年ごとに計算している[1]。だが実際のところ、家庭が支払う平均家賃は、家賃指数よりもかなり速いペースで上昇している。平均的な住居の規模や質が大幅に向上しているためだ。たとえば、トイレのない住居の割合は、１９７０年には40パーセント近くだったが、１９９６年には３パーセントに満たない。住居の平均面積は、同じ期間に68平方メートルから88平方メートルに増えた（30年もたたないうちに30パーセント近く増えた計算になる）。１人あたりの平均面積は、22平方メートルから35平方メートルに広がった（60パーセント近い増加である）[2]。借家家庭の家計に占める家賃の平均的割合が、20世紀初頭と20世紀末とでほぼ同じ水準（16パーセント）に見えるのはそのためだ（図１‐

10を参照)。

このデータを利用しても、家賃指数と同じような推移が確認できる。家計に占める家賃の割合は、1914年から1924年までの間に4分の1になり、1930年代のデフレの間にやや上昇するが、1948年には最低の水準に達する。しかし1948年以降は、1970年代のインフレによる中断を挟みながら、連続的に上昇している[3]。最低

(1) フランス総合統計局やINSEEが作成した家賃指数で、長期にわたる住居の規模や質の向上をどの程度正確に補正できるかを判断するのはきわめてむずかしい。だが、ほかの家賃指数は存在しないようだ（フラスティエ＆バジル〔1984年、p・272〕では、家賃指数と一般物価指数の比を計算するために、はっきりとは明示していないものの、明らかにフランス総合統計局やINSEEが作成した指数を利用している。彼らはこの比を「家賃の購買力」と呼んでいる）。

(2) オマレク他（1998年、p・12およびp・15）を参照。20世紀における住居の質の歴史を分析することは、本書の枠を大きく逸脱している。書誌要素については、とりわけクルチ（1990年）、タファン（1993年）、ラフェレール（1999年）の出典が役に立つ。国勢調査やINSEEの調査をもとに、住居総数の推移について徐々に理解を深めていった方法については、デュリフ（1987年）を参照。

(3) ここでも入手可能なデータに不備があるが、それにより全体的な推移やおおよその数値が疑わしくなるとは思えない。1914年、1924年、1939年、1948年の推定値はタファン（1993年、p・407—408）によるが、これは、パリの生産労働者の家計に占める家賃の平均的割合を算出している。一方、1970年、1984年、1996年の推定値はINSEEの住居調査をもとにしているが、借家家庭全体を対象にしているため、こちらのほうが信頼性が高いと思われる。だが、1970年、1984年、1996年について、パリの生産労働者の家計に占める家賃の平均的割合を採用したとしても、推移はあまり変わらないだろう。たとえば1996年の数値は、借家家庭全体では15・9パーセントだが、それがおよそ14パーセントになる程度である（ラフェレール〔1999年、p・334〕を参照）（それに、1990年代の平均家庭と20世紀初頭のパリの生産労働者とを比較するのは、それなりに意味があるかもしれない。当時のパリの生産労働者の所得は、平均家庭の所得とほぼ等しいからだ）。なお、ここに記載した1970年、1984年、1996年の数値は「純費用比率」である。これは、家計に占める（家賃補助金分を引いた）家賃の割合を指す。1970年以来、（家賃補助金を考慮しない）「総費用比率」の上昇が著しい。純費用比率は1984年が10・3パーセント、1996年が15・9パーセントなのに対し、総費用比率はそれぞれ12・5パーセント、19・6パーセントである（オマレク他〔1998年、p・19—20〕を参照）。これは、1980—1990年代に住宅手当が大幅に増えたことによる（ラフェレール〔1999年、p・334〕を参照）。

の年である1948年を見ると、家計に占める家賃の割合は2パーセントにも満たず、先に引用したフラスティエの所見を立証しているように見える。こうして見ると、実質フランによる平均所得が全体的にあまり変わっていないという事実だけを見て、20世紀前半の購買力の推移を判断するのは間違っていることがわかる。1950年の生活スタイルは、明らかに1900年の生活スタイルとは大きく異なる。たしかに食料品に対する購買力は、この期間全体を通じて変わっていない。だが家計に占める家賃の割合が急減したため、（少なくとも借家家庭では）その分の購買力が解放され、ほかの支出に回せるようになった。こうしてフラスティエが取り上げていた自転車やラジオなど、一部の工業製品に対する購買力は、「栄光の30年」を待たずして成長を始めたのである。[1] 同様に、1978年から1998年の間に購買力があまり変わらなかったという事実にとらわれすぎてもいけない。1980—1990年代には技術革新が進み、一部の相対価格（航空輸送、音楽、コンピュータ、通信など）が劇的に低下しており、その20年間に生活スタイルは大きく変わった。[2] 生活状態の推移を正確に把握するには、名目フランで表わされた所得を参照し、それを各時代のさまざまな価格と比較するほかない。

（1）ロム（1968年、p・68）が述べているように、20世紀前半に労働時間の大幅な短縮が進んだことも考慮に入れれば、この期間の「生活水準」がほとんど変わらなかったとは結論できない。
（2）こうした技術革新（とりわけコンピュータ分野における革新）によって、公式の物価指数から算出される購買力をかなり上まわるペースで購買力が成長したと考える経済学者もいる（前出）。

第2章　20世紀フランスの高所得者の所得構成と所得水準の推移

本章では、高所得者の各分位の所得構成や所得水準の推移について、私たちが推計した結果を紹介する。それは、フランスの税務当局が1915年の所得税課税以来、所得申告集計をもとに毎年作成してきた統計表を用いて行なった推計である。もちろん、この推計結果を解釈する際には注意が必要である。というのは、そこには当然のことながら税務当局に申告された所得しか含まれないからだ。だがそれを、フランス全体の経済的推移、とりわけ「平均」的な所得構成や所得水準の推移（前章で概観したマクロ経済データで表わされた推移）と比較することで、20世紀フランスの所得格差の歴史に時代区分を設定し、いくつかの仮説を立てることができるようになる。その時代区分や仮説については、次章以降で詳しく検討する。

概論でも述べたように、本書では、累進所得税が（ほぼ）常に課税されてきたごく少数の世帯、すなわち所得分布のトップ十分位に焦点を絞る。その調査には、1915年の所得税課税以来、その世帯が毎年提出してきた所得申告に基づく統計を利用する。本書全体にいえることだが、ここでいう「高」所得とは、所得分布の上位10パーセントの世帯の所得を指す。しかし、このトップ十分位を構成する世帯は、決して均質というわけではない。それぞれの世帯が受け取る所得の性質という点ではとくにそうだ。そこでまずは、各分位の高所得者が申告した所得の構成の推移を調べ、この社会集団の構造や20世紀におけるその推移を把握する（第1節）。次いで、この各分位が申告した所得の水準の推移を検討する。それにより、20世紀フランスの所得全体に占める高所得者の所得の割合がいかに推移したかを調べることができる。また、トップ十分位の中でさえ、きわめて多様な状況が混在していることがわかる。この所得水準の推移については、長期的な推移（第2節）および短期的・中期的な変動（第3節）について検討を行なう。そして最後に、本章で学んだことをまとめ、次章以降で取り組む未解決問題のリストを作成する（第4節）。

1　20世紀フランスにおける高所得者の所得構成の推移

高所得者とはどのような人か？　この問題に適切に答えるには、高所得者の所得の構成を検証する必要がある。高所得者の所得では、資産所有者が受け取る家賃や利子や配当（「資本所得」）、非賃金労働者が生み出す収益（「混合所得」）、賃金労働者が手にする給与（「労働所得」）がどのような構成になっているのか？　先に1998年の高所得者の所得構造を簡単に検討した際、所得分布のトップ十分位に含まれる社会集団が、きわめて多様な世帯で構成されていることを確認した。そしてこの集団に、ある用語をあてはめた。この用語は、再分配の問題についてさまざまな価値観や結果をはらんでいるように見え、あまり当てにはならないかもしれないが、概念を固定化できるという利点がある。最初に分析を行なった際には、所得申告額の上位10パーセントの世帯を以下のグループに区分した（概論の表0－1および図0－1を参照）。

●「中流階級」（分位P90―95）および「上位中流階級」（分位P95―99）　1998年の所得は、分位P90―95が月額2万2000―2万8000フラン、分位P95―99が月額2万8000―4万9000フランである。この1998年の「中流階級」の特徴としては、所得の大半を労働所得として受け取っていることが挙げられる。つまり、給与や退職年金である（分位P90―95は90パーセント近く、分位P95―99は80パーセント近く）。この点で、人口全体の「平均」と似ている。

●「上流階級」（分位P99―99・5、P99・5―99・9、P99・9―99・99）　1998年の所得は、分位P99―99・5が月額4万9000―6万4000フラン、分位P99・5―99・9が月額6万4000―12万フラン、分位P99・9―99・99が月額12万―34万フラン（年間では400万フラン強）である。この「上流階級」の中を上に進むにつれ、資本所得および混合所得（医師、弁護士、大規模な商店主など、非賃金職による収益）の割合が徐々に増していく。

●「200家族」（分位P99・99―100）　1998年の年間所得申告額は400万フラン以上であり、その年間平均所得は700万フランを超える。この社会集団においては、もはや労働所得や混合所得はごく些細な割合しかなく、1998年には所得の60パーセント以上を資本所得が占める。しかもその90パーセント以上が動産資本所得である（とはいえこれは、累進所得税のために実際に申告された所得分でしかない。源泉分離を受けた所得やキャピタルゲインなどはここに含まれない）。

つまり、所得構成という点から見て最も重要なポイントは、1998年の高所得者の特徴は「労働所得→混合所得→資本所得」にあるということだ。労働所得、混合所得、資本所得がそれぞれの分類の間で順に大きな割合を占めるようになっているのである。トップ十分位の下層、すなわち月額所得が2万―5万フランの「中流階級」および「上位中流階級」は、ほとんどが労働所得で生計を立てている賃金労働者の世帯である。だがそこからトップ百分位、すなわち「上流階級」の世界に入るにつれ、非賃金労働者の混合所得が労働所得に取って代わりはじめる。そしてトップ百分位の最上層、すなわち「200家族」になると、資本所得が支配的になり、やがてはそのほかの所得を大きく上まわるようになる。トップ十分位の下半分、つまり分位P90―95の世帯では、資本所得は無視できるほどの割合しかなく、補助的な所得の役割しか果たしていない。一方、所得分布の上位0・01パーセント、つまり分位P99・

99―100の世帯では、所得の大部分が資本所得で構成されており、逆に就業所得が補助的な所得の役割を果たしている。この両者の間には、実に驚くべき相違がある。これを見れば、所得分布のトップ十分位が、きわめて性質の異なる世帯で構成されていることがわかる。だからこそ、前述したように、所得分布の上位10パーセントに含まれる世帯でも「中流階級」と呼ぶことを「正当化」できる（あるいはその理由を「説明」できる）世帯があるのである。

20世紀末に見られるこの現象は、20世紀を通じてどう推移したのか？　その点についてはまず、所得申告の統計を活用すれば、「労働所得→混合所得→資本所得」が20世紀フランスの高所得者の所得構造に常にあてはまる特徴であるという重要な情報が導き出せる。高所得者の階層を上へ行くにつれ、徐々に混合所得が労働所得に取って代わるようになるが、トップ百分位の最上層に至ると、資本所得が混合所得に取って代わるようになる。わずかな例外を除き、20世紀全体を通じてこのことがいえる。この基本的な規則性は、「資本主義」社会に対する一般認識とみごとに一致する。資本主義社会では、資本所有者が「個人事業主」（混合所得を受け取る非賃金労働者）や「純粋」な資本家（働かずして資本所得を受け取る資産所有者）となる。こうした人々は、所得の階層を上へ行けば行くほど増え、労働力しか持たない人々を上まわるようになる。つまり高所得者の所得の大半が、現在の労働による所得ではなく、過去に蓄積された資本を所有することで得られる所得なのである。実際、諸外国の高所得者の所得構成について入手できる数少ない研究結果を検証してみると、この特徴は、資本主義社会に対する一般認識に一致するだけではない。データが入手できるあらゆる時代のあらゆる資本主義経済国で、実際にそのような特徴が見られる。(1)

フランスの税務統計を用いて高所得者の所得構成を子細に推計すると、こうした一般認識が妥当であることを確認できるだけでなく、この基本的な規則性があてはまる範囲やおおよその数値も詳細にわかる。たとえば、資本所得がある程度の割合を占める世帯は高所得者の中でもかなり上位の世帯に限られるといった事実を明らかにしてくれる（第1・1節）。また、前章で述べたように、家庭所得の「平均的」構成には、20世紀の間に二つの大きな構造的推移が見られる。第一に、資本所得の割合が「U字曲線」をたどった。これは、資本所得が「20世紀前半」の世界恐慌と破壊により急減したためで、20世紀末になってようやく完全に回復した。第二に、就業所得に占める混合所得の割合が減少を続けた。これは、労働者の「賃金労働者化」傾向による自然な結果である。こうした大規模な構造的推移が高所得者の所得構成に与えた影響についても、税務統計を活用すれば詳細に検討できる。この構造的推移は、20世紀の間に高所得者のアイデンティティを大きく変えることになった（第１．２節）。

１．１　「資本主義」社会の規則性

１．１．１　所得が高いほど所得全体に占める資本所得の割合も常に高い

まずは、「資本主義」社会において最も特徴的、最も象徴的と思われる規則性から始めよう。それは、所得全体に占める資本所得の割合は、常に所得階層の上へ行くほど増える傾向がある、ということだ。

私たちが入手した結果を記す前に、注意しなければならない点がある。フランス税務当局が所得申告の「完全」集計を毎年行なうようになったのは、１９４８年の所得への課税以降である。「完全」集計であれば、包括所得の水準ごとに申告所得の構成がわかるため、高所得者の各分位の所得構成を年ごとに推計することもできる。一方、１９４８年より前の年になると、「簡易」集計しか行なわれていない。これは、所得税が始まった１９１５年から毎年行なわれてはいるが、包括所得の水準ごとに所得申告を整理しているだけで、所得構成をまったく考慮していない。そのため、高所得者の各分位の所得水準を年ごとに推計することしかできない。この期間にも、税務当局が所得申告の「完全」集計を行なったことがないわけではない。だがそれは、１９１７年、１９２０年、１９３２年、１９３４年、

(1) 第3部第7章の第1節を参照。

図 2-1　分位 P90-95、P95-99、P99-100 の所得に占める資本所得の割合
(1917 年、1920 年、1932 年、1934 年、1936 年、1937 年、1945 年、1946 年、1948-1998 年)

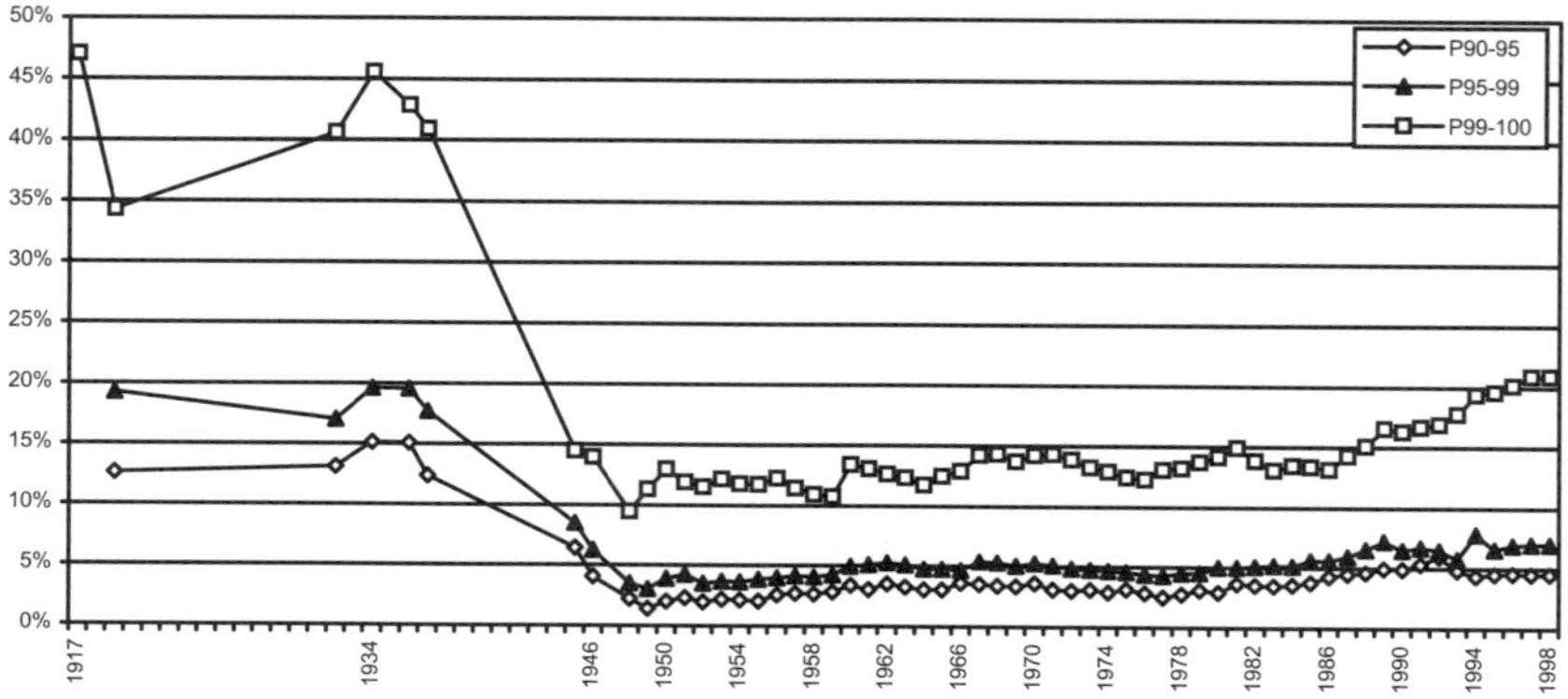

情報源　表B-18の列P90-95、P95-99、P99-100（付録B）

１９３６年、１９３７年、１９４５年、１９４６年の所得への課税に対して申告された所得のみに限られる。しかも、所得税が適用された当初の数年は、課税世帯がごくわずかだった。そのため１９１７年の所得に関する統計については、トップ百分位（およびその上位分位）の所得構成を推計することしかできない。所得分布のトップ十分位全体の所得構成を知ることはできないのである。

　このように、１９４８年以前の高所得者の所得構成については、前述の各年しか推計できない。これが、１９１５―１９４７年の所得構成の短期的変動、とりわけ資本所得の割合の変動を調査するうえで、大きな障害となることはいうまでもない。しかし基本的な規則性や推移を確認するには、これら一部の年のデータだけでも十分である。図２―１は、分位Ｐ90―95、Ｐ95―99、Ｐ99―１００の世帯が申告した所得全体に占める資本所得の割合（不動産所得の割合と動産資本所得の割合の合計）について、私たちが推計した結果を示している。この図を見ると、所得水準が高いほど資本所得の割合も一貫して高いことがわかる。データが入手できる１９２０―１９９８年の間、一度の例外もない。世帯所得に占める資本所得の割合は一貫して、トップ十分位の下位５パーセント（分位Ｐ90―95）の世帯よりも、続く４パーセント（分位Ｐ95―99）の世帯のほうが高く、トップ百分位（分位Ｐ99―１００）の世帯はさらにその上を行

く（図2－1を参照）。また、トップ百分位内における資本所得の割合の推移を見ても、同じ特性が確認できる。データが入手できる1917—1998年の間に、（ごく）わずかな二度の例外を除き、世帯所得に占める資本所得の割合は、トップ百分位の下位0・5パーセント（分位P99—99・5）の世帯よりも、続く0・4パーセント（分位P99・5—99・9）の世帯のほうが高い。また、それよりも次の0・09パーセント（分位P99・9—99・99）のほうが高く、「200家族」（分位P99・99—100）はさらにその上を行く（次頁の図2－2を参照）。この一般法則にあてはまらないのは、1917年と1945年のみである。1917年の場合は、資本所得の割合が、分位P99・9—99・99と分位P99・99—100より分位P99・5—99・9のほうが（ごく）わずかに高い。1945年の場合は、分位P99・99—100より分位P99・9—99・99のほうが（ごく）わずかに高い（図2－2を参照）。不動産所得と動産資本所得の割合に関する詳細な結果を検証してみると、トップ百分位において不動産所得の割合がわずかに減少したことが、この二つの例外の原因だとわかる。それ自体はほかの年にも見られる現象だが、1917年と1945年の場合は、その現象による影響が動産資本所得の割合の増大を抑えることになったのだ。このことは、この大戦中の二つの年では、超高所得者の動産資本所得が相対的に低かったことから説明できる（とくに1945年）[1]。

資本所得の比重に関する第二の重要な規則性は、不動産所得と動産資本所得との顕著な相違と関係している。その規則性とは、包括所得の水準が高いほど資本所得の割合も高い原因はもっぱら動産資本所得による、というものだ。実際、不動産所得の割合はトップ十分位の中ではほぼ一定しており、トップ百分位の中ではわずかに減少する傾向さ

（1）付録B表B－16、1917年と1945年の列RFとRCMを参照。実際に1945年を見ると、分位P99・9—99・99よりも分位P99・99—100のほうが、RCMの割合がわずかに少ない。これは、ほかの年には決して見られない現象であり、1944—1945年には例外的に、大株主に支払われる配当など、RCMが急減したことを示している。これについてはのちに取り上げる（後出の第1．2．1節を参照）。

図2-2　分位P99-99.5、P99.5-99.9、P99.9-99.99、P99.99-100の所得に占める資本所得の割合（1917年、1920年、1932年、1934年、1936年、1937年、1945年、1946年、1948-1998年）

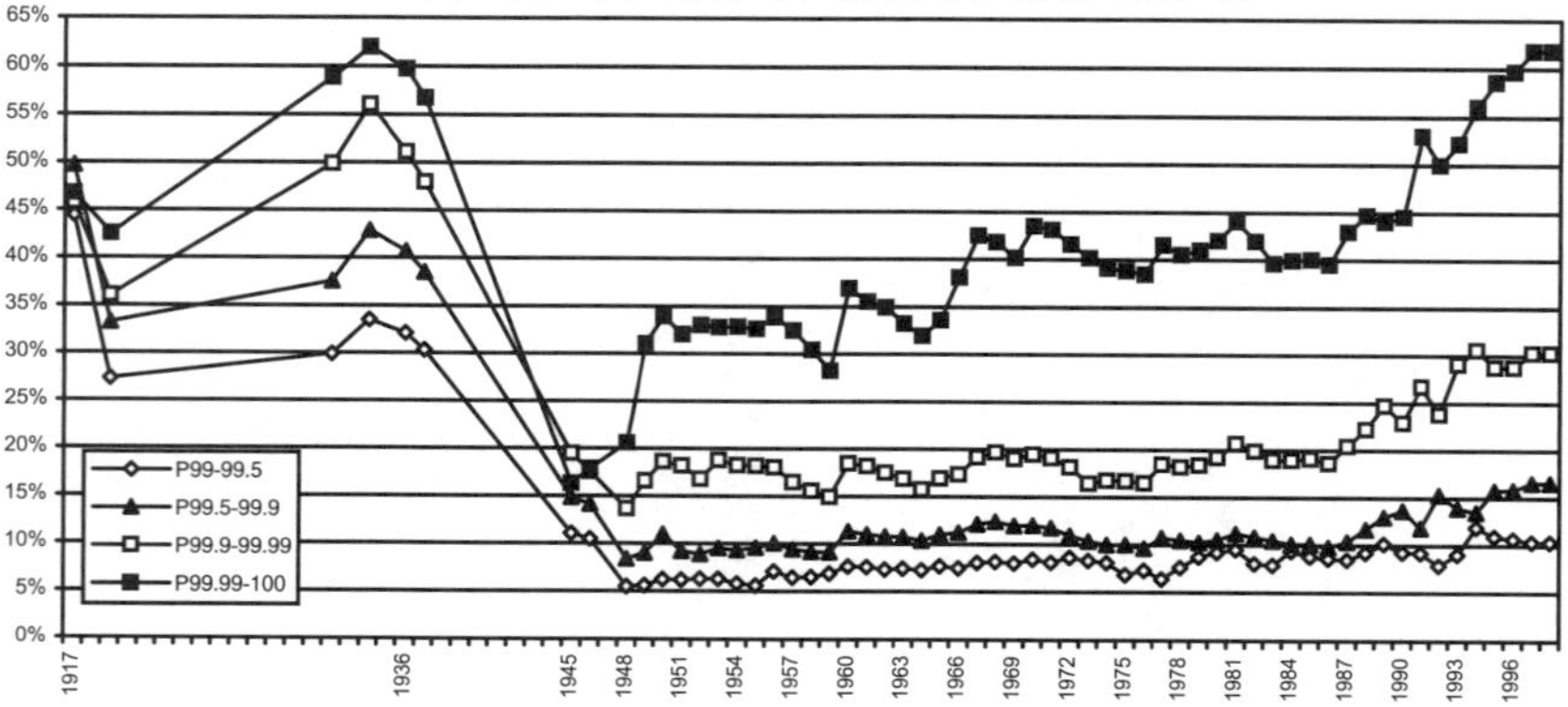

情報源　表B-18の列P99-99.5、P99.5-99.9、P99.9-99.99、P99.99-100（付録B）

え見受けられる。一方、動産資本所得の比重は、トップ十分位（とりわけトップ百分位）の中で劇的に高まる。分位P99・99―100という超高所得者になると、資本所得の割合がおよそ50―60パーセントという規模に達するのはそのためだ。超高所得者の不動産所得の割合は、常にごくわずかな水準にとどまっている。これは、データを入手できる1917―1998年すべてにあてはまる現象である。20世紀の間に高所得者の各分位が申告した所得に占める不動産所得の割合は、最大で10―15パーセント程度であり、一般的には高所得者の大半の分位で10パーセントを大きく下まわる。超高所得者はとくにそうだ。たとえば不動産所得がきわめて好調だった年を見ると、分位P90―95やP95―99の世帯では、不動産所得は申告所得のおよそ5―10パーセントを占める。しかしトップ百分位の下層（分位P99―99・5やP99・5―99・9）に入ると、その割合は最大で10―15パーセントまで上がる。だがトップ百分位の最上層（分位P99・9―99・99やP99・99―100）に至ると、ふたたび5―10パーセント近くにまで減少する。もちろん正確な数値は、分位や年によって変わる。第二次世界大戦中のインフレや家賃凍結政策を受け、第二次世界大戦後から1950年代にかけて、この数値がかなり低い水準にまで落ち込むこともあった[1]。不動産所得全体の比重のこうした変動については、第1章ですでに大まかな原因を説明している（それが高所得者に与える詳細な影響については、のちに詳しく取り上げる）。とりあえずここで注目すべき重要なポイントは、こうした変動が、高所得者のどの分位にも、ほぼ同じ割合で影響を与えているらしいということだ。これは、不動産所得が常に、高所得者の間でほぼ同じような形で分配されていることを意味する。こうした特性は、動産資本所得に見られる特性とはまったく異なる。動産資本所得の規模は所得が増えるにつれて大きく上昇していき、トップ十分位の最上層の世帯になると、申告所得に占めるその割合がおよそ50―55パーセントに達することもある。[2]

所得申告額の上位0・01パーセントの世帯を見てみよう。この「200家族」は常に、不動産所得の6倍以上にあたる額の動産資本所得を申告している（一般的には10倍ほど）。データが入手できる1917―1998年において例外はまったくない。[3] しかし、この特性の堅牢性はその点にとどまらないと思われる。この推計には、累進所得税のために申告された所得しか含まれていない。不動産所得よりも動産資本所得のほうが、脱税や所得の無申告（合法・非合法を問わず）の可能性は常に大きい（不動産は動産より「目につきやすい」ため）。こうした脱税や所得の無申告を正確に考慮に入れれば、超高所得者の動産資本所得と不動産所得の実質的な比はさらに大きくなると思われる。[4]

（1）年ごとの正確な数値については、付録B表B－16の列RFを参照。
（2）年ごとの正確な数値については、付録B表B－16の列RCMを参照。
（3）付録B表B－17、P99・99―100の列RFおよびRCMを参照（RCMの割合とRFの割合の比は、決して5・5―6を下まわることはなく、一般的には10前後である。家賃凍結によりRFの割合がごくわずかな水準にまで下がった1940年代末から1950年代にかけては、この比が100を超えた〔後出の第1．1．2節を参照〕）。
（4）とはいえ、トップ十分位の中で所得が増えるにつれ、RCMにおける脱税や所得の無申告（合法・非合法を問わず）の全体的割合が増えるというわけではない（事実はむしろその反対だと思われる。「少額」のRCMは大幅な免除を受けられるからだ）。したがって、こうした脱税や無申告を考慮したとしても、トップ十分位の中のRCM／RF比の増加にさらに拍車がかかるわけではない。だが実際には、この比の増加がすでにかなり大きいため、脱税などが問題になることはない。

統計に見るこの規則性が、社会のまぎれもない現実を表わしていることには疑いの余地がない。「中流階級」や「上位中流階級」は不動産に投資する。だが「本当の富豪」は動産資本を所有している。これもまた、「資本主義」社会の本質的特徴である。近代資本主義社会における本当の富とは常に、不動産ではなく、企業の株式などの動産資本を所有することにある。実際のところ、19世紀の高所得者の各分位の所得構成の推移を示すデータはもちろんないが、そのような現実が産業資本主義の到来と結びついていることはまちがいないだろう。その到来以後の社会は、アンシャン・レジーム期から19世紀初頭までの社会とはまったく異なる。その当時は、動産資本所得の比重が20世紀に比べてはるかに少なかった。超高所得者の所得は一般的に、不動産、とくに農地や地所の収益に基づいていた。相続申告の統計によれば、動産の規模が増し、金額で不動産を上まわるようになったのは19世紀の間である。[1]だがここで注目すべきは、この新たな「資本主義的」現実が、20世紀の間ほとんど変わらなかったということだ。このような状況は、20世紀初頭にはもはや決定的なものとなっていたと思われる。それは、1917年に「200家族」が申告した動産資本所得が、すでに不動産所得のおよそ6倍に及んでいたことからもうかがえる。その年は、「200家族」の不動産所得が少ないのは家賃凍結のためだと判断するには早すぎる時期であり（家賃凍結が実施されてまだ3年もたっていなかった）、かつ動産資本所得に不利だと思われる戦時中の時期だったことを考えれば、なおさらである。

また、税務当局が戦間期に行なった所得申告の「完全」集計では、不動産所得を、「建物つき地所による所得」（家やビルによる所得）と「建物なし地所による所得」（土地による所得）に区分していた。この区分を見ても、所得税が適用された当初から、かつての大地主がすでに社会からすっかり姿を消していたことがわかる。戦間期の間ずっと、建物なし地所による所得の割合は、各分位の高所得者が申告した所得全体の2―3パーセントを超えることはなかった。超高所得者になると、1パーセントさえ下まわる。ただし、かつての大地主の名残りもないわけではない（そう考えるにはある程度の想像力が必要だが）。所得全体の水準が増えるにつれ、「建物つき地所による所得」の割合よりも「建物なし地所による所得」の割合のほうが、減少するペースがやや遅くなるのである（少なくとも超高所得者ではそうなる)。[(2)] しかし税務当局が１９４５年に行なった集計以降は、もはやこの区分が採用されなくなった。いまではもう、土地が莫大な財産や高所得の重要な源になるかもしれないと考えることさえ、遠い思い出になってしまった。

１．１．２　所得が高いほど就業所得に占める混合所得の割合も常に高い

所得が増えるにつれ、資本所得の割合、その中でもとりわけ動産資本所得の割合が増えるというこの現象は、「資本主義」的社会の最も象徴的な特徴といえるだろう。だがそれでも、所得階層のかなり上まで行かなければ、資本所得が就業所得（混合所得と労働所得）を上まわり、支配的な割合を占めるようにはならない。高所得者の大半にとって、資本所得は実際のところ、補助的な所得でしかないのだ。所得税が導入されて以来、トップ十分位の下半分（分位P90─95）の資本所得は、申告所得の10─15パーセントを超えることはなかった。続く4パーセント（分位P95─99）の資本所得でさえ、申告所得の15─20パーセントを上まわることはなかった（図２‐１を参照）。つまり、トップ十分位の10分の9においては、就業所得が常に、申告所得全体の80─85パーセント以上を占めている。そのため「高所得者とはどのような人なのか？」という質問に答えるには、就業所得が混合所得と労働所得にどのように分配されているのかを理解する必要がある。

税務統計を活用するとおもに以下のことがわかる。いつの時代でも、高所得者が申告した就業所得に占める混合所得の割合は、所得水準が上がるにつれて大きく増加する。所得が増えるにつれて資本所得の割合が増えるのと同じよ

（１）相続申告の統計から導き出せる19世紀および20世紀の格差のダイナミクスに関する情報については、第３部で取り上げる（第６章第３節および第７章第２．３節を参照）。
（２）付録Ａ第２．２節を参照。

図 2-3　分位 P90-95、P95-99、P99-100 の就業所得に占める混合所得の割合
（1917 年、1920 年、1932 年、1934 年、1936 年、1937 年、1945 年、1946 年、1948-1998 年）

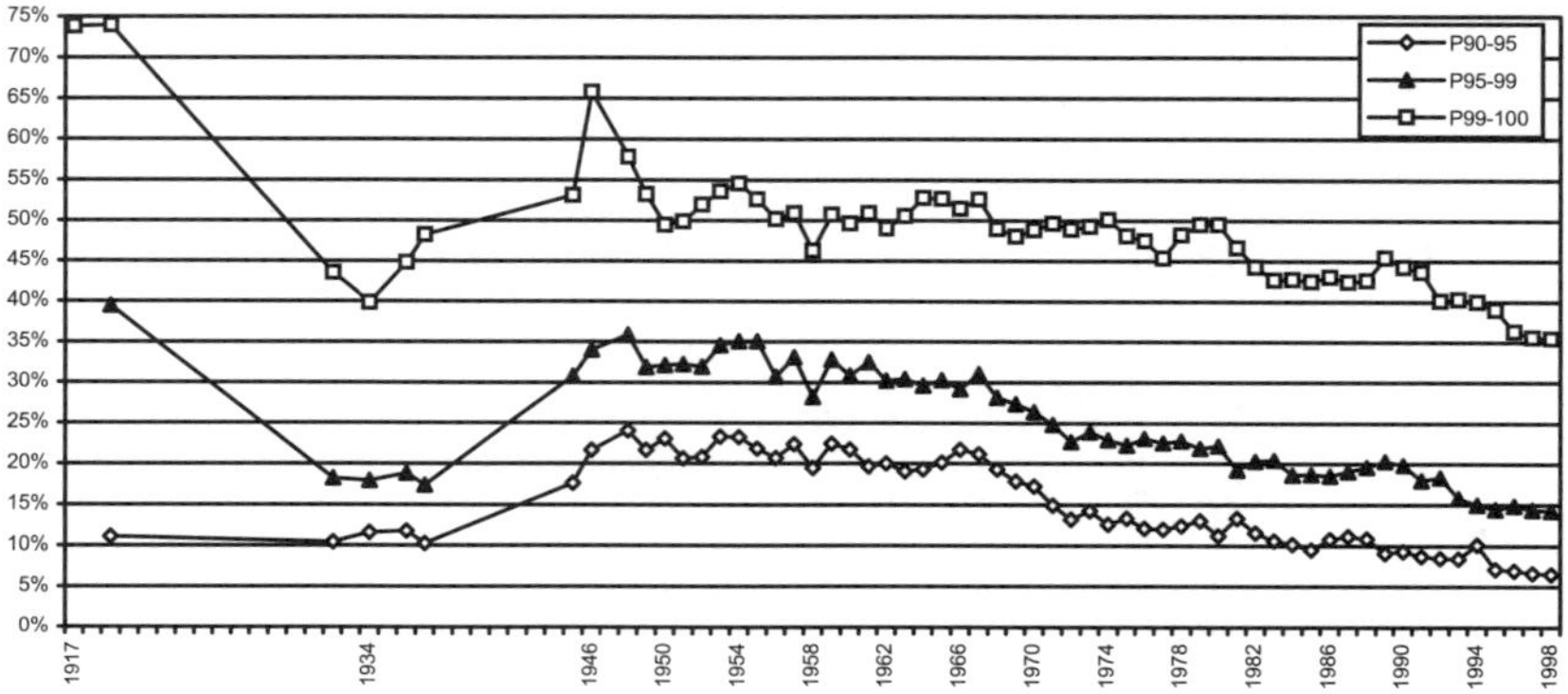

情報源　表B-18の列P90-95、P95-99、P99-100（付録B）

図 2-4　分位 P99-99.5、P99.5-99.9、P99.9-99.99、P99.99-100 の
就業所得に占める混合所得の割合
（1917 年、1920 年、1932 年、1934 年、1936 年、1937 年、1945 年、1946 年、1948-1998 年）

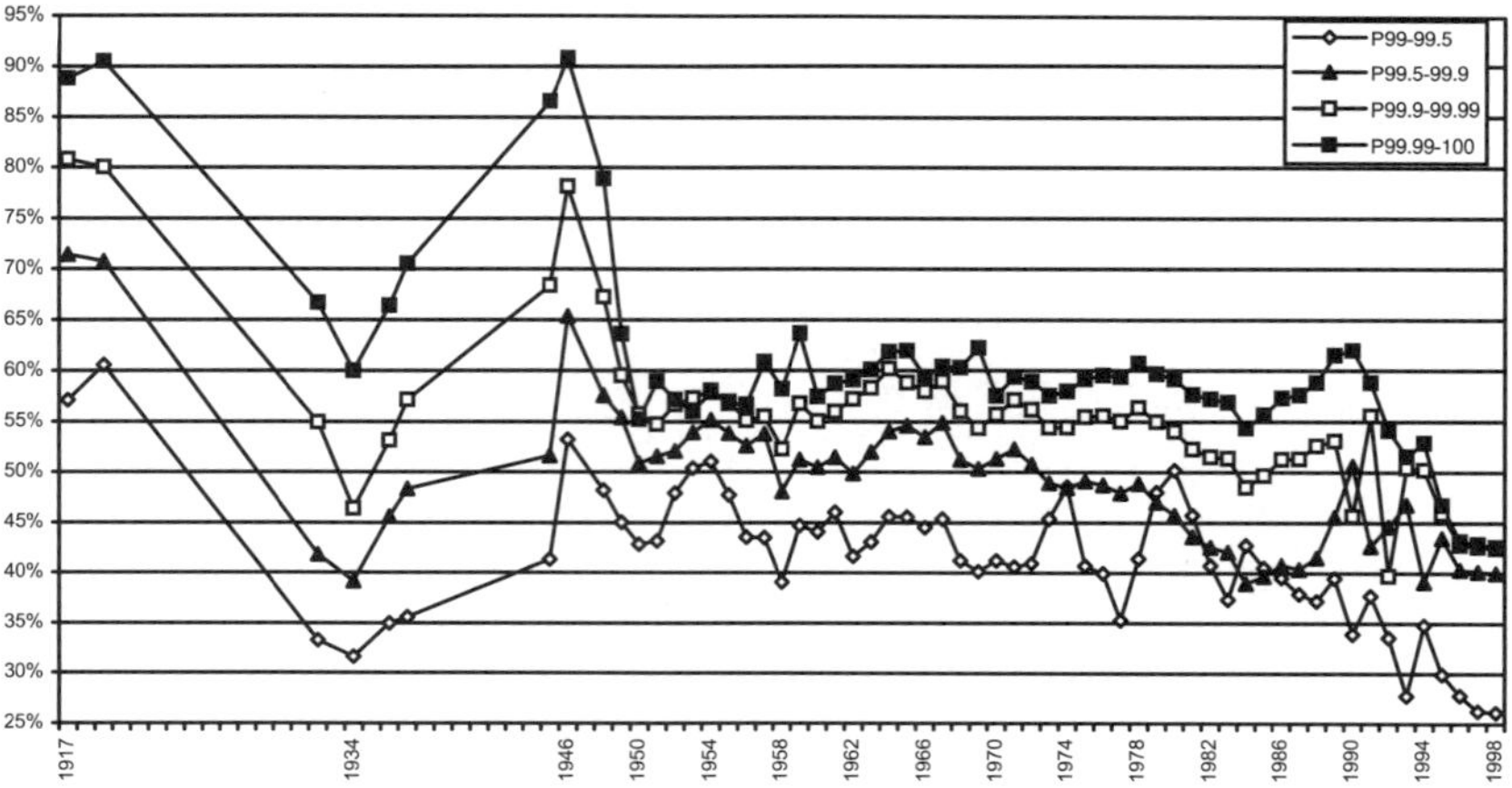

情報源　表B-18の列P99-99.5、P99.5-99.9、P99.9-99.99、P99.99-100（付録B）

うに、この特性もまた、20世紀の間みごとな規則性を示している。高所得者の所得構成のデータが入手できる1920―1998年の間、就業所得に占める混合所得の割合は一貫して、トップ十分位の下位5パーセント（分位P90―95）の世帯よりも、続く4パーセント（分位P95―99）の世帯のほうが高く、トップ百分位（分位P99―100）の世帯はさらにその上を行く（図2－3を参照）。これには一度も例外がない。また、資本所得の割合と同様、トップ百分位内の就業所得に占める混合所得の割合の推移を見ても、同じ特性が確認できる。データが入手できる1917―1998年の間に、例外はまれにしかない（その例外もたいしたものではない）。就業所得に占める混合所得の割合は、トップ百分位の下位0・5パーセント（分位P99―99・5）の世帯よりも、続く0・4パーセント（分位P99・5―99・9）の世帯のほうが高い。また、それよりも次の0・09パーセント（分位P99・9―99・99）のほうが高く、「200家族」（分位P99・99―100）はさらにその上を行く（図2－4を参照）[(1)]。

これらの結果からわかるように、所得階層の上へ行けば行くほど、就業所得に占める給与の割合は減り、非賃金職による収益の割合が増えていく。これをどう解釈すればいいかは明らかだろう。非賃金労働者のカテゴリーは、賃金労働者のカテゴリーよりもはるかに多様だということだ。この事実は、「平均」所得を比較しただけではわからない。非賃金労働者にはたしかに、大多数の小規模農業経営者や、それよりも数は少ないが、小規模な職人や商店主が含ま

（1）この一般法則にあてはまらない例外は以下のみとなる（図2－4を参照）。就業所得に占める混合所得の割合は、1950年、1953年、1954年、1955年には、分位P99・9―99・99がわずかに分位P99・99―100を上まわっている。1974年、1979年、1980年、1981年、1984年、1985年には、分位P99・5―99・9がわずかに分位P99―99・5を下まわっている。そして1990年、1992年には、分位P99・5―99・9がわずかに分位P99・9―99・99を上まわっている。これらの例外（ごくわずかな差であり、軽微な推計誤差によるものと思われる）はいずれも、トップ百分位の各分位において就業所得に占める混合所得の割合の差が、第二次世界大戦以後かなり縮まったためだと考えられる（戦間期には一度も例外がない）。いずれにせよ、トップ百分位の就業所得に占める混合所得の割合は（全体的に見れば）一貫して下位分位より明らかに高い、という事実に疑問の余地はない（図2－3を参照）。

れる。その中には、最低レベルの給与さえ下まわる収益で暮らしている人も多い。だからこそ、非賃金労働者は賃金労働者より「平均」就業所得がやや低くなる。しかしその一方で、非賃金労働者には、医師、大規模な商店主、成功を収めた個人事業主も一定数含まれる。その収益は、最高レベルの給与を上まわることも多い。だからこそ、所得階層の上へ行けば行くほどしだいに非賃金労働者が増え、賃金労働者が減っていく。所得申告額の上位０・０１パーセント（分位Ｐ９９・９９—１００）の世帯を見てみよう。この「２００家族」は20世紀を通じて常に、就業所得の40パーセント以上（たいていはこの数字を大きく上まわる）を混合所得として申告している（図２－４を参照）。20世紀末の時点で、非賃金労働者は雇用全体の10パーセント強しか占めていないにもかかわらずである。[1] しかし、不動産所得と動産資本所得を比較した場合と同じように、この結果の堅牢性はその点にとどまらないと思われる。賃金労働者よりも非賃金労働者のほうが、脱税や所得の無申告（合法・非合法を問わず）の可能性は常に大きい。そのため、分位Ｐ９９・９９—１００の世帯の就業所得に占める混合所得の「実質的」な割合は、私たちの統計が示した数値よりさらに大きいと思われる。[2] 資本所得について得られた結果と同様、ここでも、就業所得について得られた統計結果が、社会のまぎれもない現実を表わしていることには疑いの余地がない。資本主義社会では、賃金労働者が「独立して商売を始め」なくても、多数の非賃金労働者を上まわる所得を手にすることはできる。しかし「中流階級」の所得に満足せず、所得分布の最上層にあたるほどの所得を望んでいるのであれば話は別だ。

　これまで見てきた二つの規則性（所得が高いほど所得全体に占める資本所得の割合も常に高い、所得が高いほど就業所得に占める混合所得の割合も常に高い）は、ある一つの現実を表現しているとも考えられる。資本主義社会では、自ら企業を経営し、その収益を受け取る非賃金労働者の個人事業主、あるいは、有価証券を所有し、そこからの収入を手に入れることで満足する「純粋」な意味での資本家が、生産手段を所有するという形態を取っている。つまり、この社会では常に、生産手段を所有することが超高所得者になる最も確実な方法なのだ。実際、混合所得で生計を立てていると考えられる「個人事業主」と資本所得で生計を立てていると考えられる「資本家」は、法的基準に照らせば明確に区別できるかもしれないが、その経済学的・社会学的境界はさほどはっきりしたものではない。ここで、会社の各法的形式、それに対応する所得の規模、20世紀におけるその全体的推移を余すところなく論じても退屈なだけであり、本書の枠からも大きく逸脱する。それでも、このきわめて重要な会社のカテゴリーについて、あるいはそれにまつわる現実についてここで少々説明を加えておくのも有益ではないかと思う。

　フランスの会社は、税務面において、常に「人的会社」と「物的会社」に区分される。「人的会社」とは、会社を所有する人間と会社を日常的に運営する人間とが混同される傾向がある会社を指す。これには、経営者の人格とは異なる法人格が存在しない、無数の小規模個人企業（農業経営者、職人、商店主、「小規模」な独立企業家など）が含まれる。一方、「物的会社」の筆頭に挙げられるのが「株式会社」（ＳＡ）である。すなわち、会社の会計・資産と株主の個人的会計・資産とがきわめて厳密に分離されている会社を指す。株主は、会社に対して株式を所有するだけで（それが会社の資本になる）、たいていは賃金労働者である経営者に会社の日常的運営を委託する。一般的に、人的会社の収益は、農業経営者が受け取る「農業収益」、職人や商店主など、賃金労働者ではない「商工業」企業主が受け取る「商工業収益」、医師や弁護士、公証人《ノテール》〔日本の公証人よりも活動範囲が広く、日本では弁護士が扱うような法的サービスも行なう〕、芸術家など、前二つのカテゴリーに含まれない非賃金労働者が受け取る「非商業収益」という法的形式を取る。これらはいずれも混合所得であり、会社を所有し経営する人間に対して累進所得税が課される。一方、物的会社の収益には企業収益税が課される。この収益のうち、株主に配当として分配された部分（あるいは債券所有者に

（1）第1章第3．1節の図1－4を参照。

（2）とはいえ、ＲＣＭの場合と同様（前出）、所得水準が上がるほど、混合所得における脱税や所得の無申告（合法・非合法を問わず）の全体的割合は減ると思われる（「少額」の混合所得は協約課税〔事務能力の低い零細事業者が税務当局と協議して税額を決める課税制度〕の恩恵を受けられるため）。そのため、こうした脱税や所得の無申告を考慮したとしても、トップ十分位の中の就業所得に占める混合所得の割合の増加にさらに拍車がかかるわけではない。だが実際には、ＲＣＭ／ＲＦ比同様、この割合の増加がすでに大きいため、脱税などが問題になることはない。

利子として支払われた部分）に対してのみ、当の株主（あるいは債券所有者）に対して累進所得税が課される[1]。

普通に考えれば、この区別は比較的わかりやすい。人的会社の所有者は「個人事業主」である。一般的には小規模な企業を日常的に運営するまぎれもない非賃金「労働者」であり、その所得は混合所得になる。一方、物的会社の所有者は「資本家」である。過去に蓄積した資本、大企業に投資した資本に対応する配当や利子を受け取るだけで、その報酬は現在のなんらかの労働によるものではない。その所得は資本所得（この場合は動産資本所得）になる。また、物的会社の株主は、会社の日常的経営を賃金労働者である経営者に委託する。この経営者は、もちろん「個人事業主」ではないが、「資本家」でもない。当の会社の資本を所有していないからだ。だがこれらの区別は、実際にはかなり複雑な様相を呈する場合がある。

第一に、たしかに人的会社の大部分は賃金労働者を一人も雇っていないような零細企業であり、大企業の大半は物的会社（普通は株式会社）の形態を取っている。だが例外がある。たとえば、大企業でありながら、人的会社という形態を維持している企業が、常に一定数存在する。とりわけ、資本の開放を制限して家族的性格を維持するため、あるいは株式会社にして証券市場で株式や債券を発行する（資金を大衆の貯蓄に頼る）必要がないために「合名会社」（SNC）という形態を取る場合が多い。こうした大規模な人的会社の所有者は、ときおりかなりの収益を生み出す。だからこそ超高所得者においては、就業所得に占める混合所得の割合があれほど高い水準に達するのだ。つまり、一方では、自分の会社を株式会社に変えて、その会社の主要な株主となり、取締役会に積極的に参加して経営に深くかかわりつづける企業家がいる。一方では、会社を合名会社のまま維持して、自分は相変わらずその会社のおもな共同事業者として、多少の余暇を楽しむ企業家がいる。両者の経済学的・社会学的な差は、事実上ほとんどない。税務統計では、前者を動産資本所得で生計を立てている「資本家」と考え、後者を混合所得で生計を立てている「個人事業主」と考えているにもかかわらずである。しかし、この区別にはある程度の正当性もある。株式会社の株主は、株式として投資した資産以上に個人的な財務リスクを負わない。一方、合名会社の共同事業者は、人的会社の所有者同様、企業が損失を被った場合には、個人資産においていつまでも連帯的に責任を負わなければならない。

第二に、物的会社の中には、賃金労働者が日常的な業務運営を行なわない会社が存在する。「有限会社」(SARL)である。この新たなカテゴリーの会社は、1925年に認められて以来、法人格のない小規模な個人企業と大規模な株式会社との中間に位置する主要な形態として幅広く浸透している。この会社を経営する人間は「業務執行者」と呼ばれる。私たちの推計では、「業務執行者や共同事業者の報酬」(税務統計において、有限会社の業務執行者や合名会社の共同事業者が受け取る所得をまとめたカテゴリー)を、農業収益や商工業収益、非商業収益とともに、混合所得のカテゴリーに含めている。[2] 有限会社の業務執行者がまぎれもない非賃金「労働者」であることを考えれば、この選択も正当なものと思われる。だが、こうした複雑さは、たとえば以下のような問題を引き起こす。20世紀の間に、合名会社など大規模な人的会社の多くが株式会社や有限会社に変わった。「有限責任」という利点のため(有限会社の株主は株式会社の株主以上に個人的なリスクを負うことはない)、あるいは税務上の理由からだ。[3] このような場合、関係する人間の社会的アイデンティティ(「個人事業主的」性質、「資本家的」性質、「賃金労働者的」性

(1) 1914—1917年の税制では、人的会社の収益は、累進所得税の対象になるとともに、物的会社と同じ企業収益税の対象にもなった(少なくとも商工業収益についてはそうだった)。この点については、1914—1917年の改正以後の所得税法の推移を検討する際に取り上げる(第2部第4章を参照)。

(2) 未加工の税務統計で利用されている各カテゴリーを私たちがどのように扱っているかについては、付録A(第2．2節)で詳細に説明している。

(3) 株式会社に変わると、経営者が賃金労働者になるため、その恩恵を受けることができる。一般的にはそのほうが社会保障面で有利である。物的会社(株式会社や有限会社)には、ほかにも税務上の利点がある。物的会社は利益を蓄えておくことができる(累進所得税の課税対象となるのは、株主に分配される配当、および賃金労働者である経営者や業務執行者に支払われる報酬だけである)。人的会社(とくに合名会社)は、収益すべてが累進所得税の対象になる(人的会社の場合、会社の会計と所有者の個人的会計が区別できないため、未分配利益という概念がはっきりしない)。超高所得者の「実質的」な所得水準を推計する際に、未分配利益が引き起こす固有の問題については、第3部第6章の第1・4節を参照。

質）が事実上変わらなくても、その会社が生み出す所得の構成はきわめて不自然な変化を示すことになる。
そして第三に、こうした純粋に会計的な操作の問題以外に、同一人物が同時にこれらのカテゴリーの所得すべてを受け取る場合も当然考えられる。たとえば、ある大規模な株式会社の株式や債券を所有している人が、人的会社の枠組みの中で個人事業主として事業を行なうこともある。この場合、その人は「資本家」であり「個人事業主」である。また、大規模な株式会社の経営者（賃金労働者）が、自社や他社の株式や債券を所有していることもある。この場合、その人は「賃金労働者」であり「資本家」である。こうした役割の掛け持ちが決まりになっていることさえある。実際に有限会社では、業務執行者が主要株主である場合が多く、ときには同じ会社の中で賃金の支払いを受ける管理職という地位を掛け持ちしている。また、同一人物がこれらさまざまなカテゴリーの所得を受け取るにしても、当人あるいは家族の人生の各段階に応じて所得の種類が変わる場合もある。たとえば、ある「個人事業主」が退職して資産を売り、不労所得で生計を立てるようになれば、その人は「資本家」になる。そうなるとおそらくその子供も、資本家の立場を引き継ぐことになるだろう。

このように、企業の利益から生じる所得には、さまざまなカテゴリーの所得が入り混じっている。それを意識するのは大切だが、「個人事業主」の混合所得と「資本家」の資本所得との区分を「単純化」することで見えてくる真実もある。税務統計を見ると、高所得者のある分位では、ほかの分位よりも混合所得が多く（労働所得はなおのこと多い）、資本所得が少ないことがわかる。これはつまり、その分位の所得者が（平均的に見て）、企業の業務にかかわる仕事にそれだけ多く携わっていることを如実に示している。だが、所得階層のトップ百分位の最上層に入ると、資本所得が常に（労働所得はもちろん）混合所得にとって代わる。これはどう見ても、会計的な操作によるものではない。この規則性は、疑いの余地のない経済学的・社会学的現実を表わしている。それは、資産がある水準を超えると、働かなくても所得を増やせるということだ（それに、企業が成長して何世代も過ぎれば、もはや企業を日常的に運営する人間は資本の所有者でなくてもよくなる）。「２００家族」が、（労働所得はもちろん）混合所得よりもむしろ動産資本所得で生活しているのは、決して偶然ではない。

1.2　「資本主義」社会の推移

1.2.1　資本所得の割合がたどった「U字曲線」

前述の「資本主義」社会の規則性がいかに重要であろうと、20世紀に所得構成が激しい構造的推移を経験した事実もまた忘れてはならない。超高所得者に最も重大な影響を与えたと思われるのは、資本所得に関する推移である。前章では国民経済計算に基づいたマクロ経済データを用い、20世紀の間に資本所得の割合が「U字曲線」をたどったことを確認した。つまり資本所得の割合は、20世紀半ばに急減し、20世紀末になってようやく完全に回復したように見える。では、高所得者の所得においてはどうなのだろうか？

1.2.1.1　「200家族」（分位P99・99—100）の場合

「U字曲線」の時間的特性を最も明確に、かつ最も際立った形で示しているのは、私たちが先ほど推移をたどった超高所得者、すなわち所得分布の上位0・01パーセント（分位P99・99—100）の世帯である。この分位の所得では、資本所得が常にかなりの割合に達している。「200家族」の申告所得に占める資本所得の割合は、戦間期にはおよそ55—60パーセントに達していたが、第二次世界大戦後にはおよそ15—20パーセントにまで激減した。しかしその後の数十年間に、ゆっくりとだが確実に上昇し、1950年代にはおよそ30—35パーセント、1960年代にはおよそ35—40パーセント、1970—1980年代にはおよそ40—45パーセントに増え、1990年代にはおよそ

55―60パーセントの水準に回復した（図2－2を参照）。驚くのは、戦間期も1990年代末も最高時には、「200家族」の申告所得に占める資本所得の割合が60パーセントをやや上まわっているということだ。どちらの時期も、動産資本所得だけで申告所得全体のおよそ50―55パーセント（資本所得のおよそ90パーセント）を占めている。(1)

20世紀半ばに資本所得の割合が急減しているのは、唐突な印象さえ受ける。1945―1946年、分位P99・99―100の資本所得の割合は、申告所得の15パーセント強でしかない（このときも、その90パーセント近くは動産資本所得である）。そのため当時の「200家族」は、所得の85パーセント近くを就業所得に頼っていた。つまり、職業活動に依存する立場にあったということだ。これは、ほかの分位の高所得者が常日頃経験している立場と、質的にほとんど変わらない。しかし当時の「200家族」の場合、就業所得のおよそ90パーセントが、給与や退職年金ではなく混合所得だった。この事実により、相変わらず「200家族」とその下位分位とには明確な違いがあることがわかる（図2－3および2－4を参照）。さらに詳細な推計結果を見ると、混合所得の大部分が商工業収益で構成されていることがわかる。1945―1946年、分位P99・99―100では、商工業収益だけで申告所得のおよそ70パーセントを占めていた。だがそれからこの割合は、1948年に60パーセント、1949年に40パーセント、1950―1951年に35パーセントと下がっていき、やがて戦間期と同じおよそ25パーセントという「通常」の水準に戻っていった。(2) このように、第二次世界大戦後の数年間、超高所得者の所得構成は異例の形態を取った。所得が増えるにつれ、所得全体に占める資本所得の割合や、就業所得に占める混合所得の割合が増えるという特性に違いはない。だが、20世紀の間でこの時期だけ、「労働所得→混合所得→資本所得」が「労働所得→混合所得」に置き換わった。超高所得者も含め、資本所得が混合所得を追い越すことがなかったのである。しかしその後、資本所得は徐々に従来の立場を回復し、20世紀末にはこの「危機」以前の状態に戻ることになる。

この推移をどう解釈すればいいだろう？　まずいえるのは、終戦直後の時期に所得分布の分位P99・99―100を構成していた世帯を、もはや「200家族」とは呼べないということだ。「通常」の時代において、この単純化した用語を使うのは、この分位の世帯が、所得の大半を大規模な有価証券ポートフォリオが生み出す所得に頼っているという事実に着目させることができるからである。ところが、終戦直後の時期にはこれがあてはまらない。とりわけ１９４５—１９４６年には、超高所得者の所得はおもに、配当ではなく商工業収益という形を取っている。「個人事業主の黄金時代」だったといってもいい。そのうえこの時期には、所得分布の分位Ｐ９９・９９—１００を構成する世帯が、「通常」時よりもかなり速いペースで刷新されたようだ。１９４５—１９４６年にこの分位で商工業収益を手にしていたのは、新たな世代の個人事業主か、戦前にはさほど所得分布の上層にいたわけでもない個人事業主だったと思われる。こうした人々が戦後、戦間期に「２００家族」が占めていた地位を奪ったのだ。「２００家族」が所有する企業や有価証券は、１９３０年代の世界恐慌や戦争による破壊によって、大きく価値を引き下げられてしまったのだろう。だがあいにく税務データでは、個々の世帯が分位間をどう移動したかを分析し、この現象を正確に調査することはできない。

　いずれにせよ、戦間期から終戦直後にかけて分位Ｐ９９・９９—１００が申告した所得において、商工業収益と配当の占める割合ががらりと変わったという事実が、現実の経済現象と一致していることは疑いの余地がない。その規模がきわめて大きいこと、その期間がきわめて限定的であることを考慮すると、税務上の目的から、この二つの所得カテゴリーの間で所得を操作したという純粋に会計上の理由によりこの現象が起きたとは考えられない。そもそも、そのような動機が見当たらない。この推移は、前章でマクロ経済データを検証した際に確認したあらゆる事実（とりわけ、第二次世界大戦後に大企業の株主に分配される利益が激減していた事実）に一致している。分位Ｐ９９・９９

（１）付録Ｂ表Ｂ-17の分位Ｐ９９・９９—１００、列ＲＦとＲＣＭを参照。
（２）付録Ｂ表Ｂ-17の分位Ｐ９９・９９—１００、列ＢＩＣを参照。１９４８年までは、合名会社の共同事業者の収益を機械的に商工業収益に含めた。１９４８年からは、新たに作られたＲＧＡというカテゴリー（業務執行者および共同事業者の報酬）を商工業収益に含めている（付録Ａ第２．２節を参照）。

—１００の申告所得に占める資本所得の割合は、１９４５年に20世紀最低の水準に落ち込んだ。この事実は、１９４４—１９４５年に企業の付加価値に占める資本所得の割合が歴史的な深みに落ち込んでいた事実と完璧に符合する（第1章図1－5を参照）。また、資本所得の割合がたどった「U字曲線」は、人口全体で見るより超高所得者だけを対象に見たほうが、よりくっきりとした「U字曲線」を描く。その理由は先に述べたように、一般的に株主に分配される配当は、平均資本所得よりもはるかに順景気循環的だからだ。これは企業が、設備の更新や負債に対する固定利子の支払いのため、常に利益の一定額を確保しておかなければならないことによる。

全体的に、マクロ経済データと所得申告に基づく推計は、みごとに一致する。これは、20世紀半ばに見られた資本所得の急減が、どこからどう見ても否定しようのない現象であったことを示唆している。両者の情報源がまったく独立したものであることを考えればなおさらである。国民経済計算に基づくマクロ経済データは、きわめて多様な情報源（生産指数や産業部門別のさまざまな調査など）を体系的に組み合わせて作成されており、信頼性が高い。その一方で、所得申告はほとんど利用していない。国民経済計算は国民全体のマクロ経済統計を推計しようとするものだが、所得の申告をしているのは人口のごく一部でしかないという単純かつ正当な理由があるからだ[1]。ちなみに、所得申告を分析してみると、第一次世界大戦の際にも、分位Ｐ９９・９９—１００の所得に占める資本所得の割合がやや低下し、混合所得が増えているようだ。このときの低下はたしかに、第二次世界大戦後の急減と比べるとはるかに規模が小さい（これもマクロ経済データと一致している）。１９１７—１９２０年に、従来の60パーセントではなく、およそ45—50パーセントになった「程度」である（図2－2を参照）。残念ながら１９２０—１９３２年の間、所得申告の完全集計はいっさい行なわれていないが、マクロ経済データを見るかぎり、１９２０年代の間には、第一次世界大戦直前の水準と思われる60パーセントに回復しているようだ[2]。

分位Ｐ９９・９９—１００の所得に占める資本所得の割合の推移について、ざっと分析した結果をごく自然に解釈すると、次のようになる。まず「２００家族」の動産は、１９２０年代の高成長により第一次世界大戦の影響から回復したが、間もなく１９３０年代の世界恐慌および第二次世界大戦の破壊によって急減した。これにより、この社会集団の中身は大きく入れ替わり、所得分布の上位０・０１パーセントというきわめて狭い圏内に新世代の個人事業主が入り込んできた。次いで、戦後数十年間に「資本の本源的蓄積」という新たな局面が始まった。これにより「２００家族」の動産は、20世紀末には世界恐慌以前の規模を取り戻した（少なくとも申告所得に占める資本所得の割合から判断するかぎり）。この解釈は、筋が通っている。しかし、いうまでもなくこの現象は、20世紀フランスの高所得者の所得の推移を研究するうえでも重要である。細かい年代ごとの観点からも（とくに二つの世界大戦や１９３０年代の世界恐慌がそれぞれ果たした役割など）、所得格差への影響という観点からも、さらに掘り下げた分析を行なう価値がある。この現象、およびその解釈については、「２００家族」が申告した所得水準の年次推計を検討する際に取り上げる。

１．２．１．２　「２００家族」より下位の分位の場合

次に、「２００家族」より下位の分位を見ると、分位Ｐ９９・９９―１００とは重大な相違があることがわかる。

（１）国民経済計算の情報源や方法を詳細に記した刊行物の詳細な出典については、付録Ｇを参照。

（２）分位Ｐ９９・９９―１００の所得に占める資本所得の割合は、１９３０年代でもおよそ60パーセントだった（世界恐慌により企業の利益や配当が、１９２０年代末や20世紀初頭をかなり下まわる水準に落ちたにもかかわらず）。それを考えると、１９２０年代末や第一次世界大戦直前の時期には、この割合は60パーセントを超えていたのではないかと思われる（70―80パーセントあたりにまで達していたかもしれない）。これは、所得や給与、財産の集中度の推移について得られた結果とも一致しているようだ（あいにく１９１７―１９２０年以前および１９２０―１９３２年の間、分位ごとの所得構成を知る信頼できるデータがないため、この点についてははっきりとは断言できない）。

申告所得に占める資本所得の割合が、1990年代末になっても戦間期の水準に回復していないのだ。たしかに、高所得者のどの分位を見ても、例外なく「U字曲線」に似た時間的特性を示している。資本所得の割合はいずれも、第二次世界大戦後に史上最低水準に落ちるが、続く数十年間に確実に上昇し、1980—1990年代にはとりわけ速いペースで増大した（図2－1および2－2を参照）。しかしその上昇は、20世紀半ばに経験した下落を埋め合わせるほど大きなものではない。資本所得の割合を分位ごとに見ると、分位P90—95の場合、戦間期には所得全体の10—15パーセントだったが、20世紀半ばに2—3パーセントまで急落し、20世紀末には5パーセント前後にとどまっている。分位P95—99の場合、戦間期には所得全体の15—20パーセントだったが、20世紀半ばに3—4パーセントまで急落した後、20世紀末には7—8パーセント前後にしか戻っていない。分位P99—100を全体として見た場合、戦間期には所得全体の35—45パーセントの間を上下していたが、20世紀半ばに10パーセント以下に落ち、1990年代末には20パーセント強にとどまっている（図2－1を参照）。ではトップ百分位の中ではどうかというと、所得階層が高いだけに、1990年代における資本所得の割合はたしかに高い。それでも、「U字曲線」が完全に「左右対称」になっているのは、分位P99・99—100だけだ。20世紀半ばの急落分を完全に埋め合わせるほどの上昇を示したのは、この分位しかない。そのほかの分位の資本所得の割合を見ると、分位P99—99・5の場合、戦間期にはおよそ30パーセントだったが、20世紀半ばに5パーセント強に落ち、20世紀末になっても10パーセント強にしか戻っていない。分位P99・5—99・9の場合、戦間期にはおよそ35—40パーセントだったが、20世紀半ばにおよそ10パーセントに下がり、1990年代末には15—20パーセント前後にとどまっている。分位P99・9—99・99の場合、戦間期には35—55パーセントの間を上下していたが、20世紀半ばに15パーセントを下まわったあと、1990年代末にはおよそ30パーセントまでしか回復していない（図2－2を参照）。この現象をどう説明すればいいだろう？

まずここでいっておきたいのは、この現象を見ても、所得階層をかなり上まで行かなければ、資本所得が決定的な重要性を帯びるようにはならないという点は、なんら変わりはないということだ。そう考えるとこの現象は、当の世帯の社会的アイデンティティという観点から見ても、その所得水準や格差の研究という観点から見ても、どちらかといえば二次的な重要性しか持たないと考えられる。たとえば、「中流階級」（分位P90―95）や「上位中流階級」（分位P95―99）を考えてみよう。分位P90―95の場合、1990年代の資本所得の割合が、5パーセント前後でなく、戦間期の水準であるおよそ10―15パーセントに回復していたとしても、たいした違いはない。また、分位95―99の場合も同様に、1990年代の資本所得の割合が、7―8パーセント前後でなく、戦間期の水準であるおよそ15―20パーセントに回復していたとしても、たいした違いはない。いずれにしろ、この社会集団にとって、資本所得が補助的な所得でしかないという事実は変わらない。この二つの分位とも、1990年代に申告された資本所得がかつての水準まで回復していたとしても、その増加率はせいぜい10パーセントでしかない。この増加率は、「上流階級」になると高まるが（分位P99―99・5やP99・5―99・9ではおよそ20パーセント、分位P99・9―99・9ではおよそ10―20パーセント）、それでもわずかな規模にすぎない。こうして見ると、この現象から引き出せる唯一の結論は次のようになる。今日では、戦間期よりもはるかに上の所得階層まで行かなければ、申告所得において資本所得がある程度の重要性を帯びるようにはならない。申告所得に占める資本所得の割合は、数十年にわたり増えつづけてきたにもかかわらず、1990年代末におけるその割合は、トップ百分位の下位0・5パーセント（分位P99―99・5）の世帯で10パーセント強、続く0・4パーセント（分位P99・5―99・9）の世帯で15パーセント強である（図2-2を参照）。言い換えると、戦間期には所得分布のトップ百分位でありさえ「すれば」、資本所得がある程度の重要性を帯びていた（申告所得の30パーセント以上）。ところが今日では、トップ千分位でなければそうはいえない。かつては、トップ十分位の中の10分の9の世帯では、資本所得がごくわずかな役割しか果たしていなかった（申告所得の15―20パーセント以下）。ところが今日では、トップ十分位の中の100分の99の世帯で資本所得がごくわずかな役割しか果たしていない（申告所得の15―20パーセント以下）。

とはいえ、申告所得の水準に見られるこの現象については、説明を加えておく必要があるだろう。実際のところ、あらゆる点から考えて、この現象は「税務統計上の幻想」に大いに合致する。つまり、「実体的」[1]な経済現象によるものではなく、資本所得の増加分が、20世紀の間に所得税の完全免除・部分免除を受けただけなのだ（とくに第二次世界大戦以後）。まずは、より理解しやすい不動産所得から説明しよう。トップ十分位の世帯が申告した所得全体に占める不動産所得の割合は、１９２０年が６・８パーセント、１９３２年が９・８パーセント、１９３４年が１１・９パーセント、１９３６年が１０・６パーセント、１９３７年が８・８パーセントだった。だがその後急落し、１９４５年に４・０パーセント、１９４６年に２・３パーセント、１９４８年に１・４パーセントとなり、１９４９年には０・５パーセントと20世紀最低の水準に至った。しかし続く数十年間に確実に上昇し、１９５０年代には１―１・５パーセント前後に増え、１９６０年代初めには２パーセントを超え、１９７０年代初めには３パーセントを超えた。１９７０年代には３パーセントをやや下まわる水準で停滞した局面もあったが、１９８０―１９９０年代にはふたたび上昇に転じ、１９９０年代にはおよそ４―５パーセントに達している。[2]質的に見ると、この全体的推移は、マクロ経済データとも、前章で確認した家賃指数とも完全に一致する。１９２０年代、および１９３０年代前半のデフレ期に見られる大幅な上昇は、この時期に家賃が経験したキャッチアップ局面に対応しており、デフレ後には物価に対する家賃の割合が第一次世界大戦前の水準にほぼ戻っている。しかし、１９３６年にインフレが再燃し、第二次世界大戦中および１９４４―１９４８年にハイパーインフレが発生すると、家賃や不動産所得の相対価値が急落した。所得申告において不動産所得は１９４８―１９４９年に最低水準を記録するが、これは家賃指数の落ち込みと完全に一致している。[3]しかしそれからの数十年間は、やはり全体的な家賃水準と同様、１９７０年代のインフレによるわずかな下落はあったものの、緩やかだが確実に上昇している。

ところが量的な推移となると、重大な不一致が認められる。マクロ経済データによれば、（国民経済計算でいうところの）平均家庭所得に占める不動産所得の割合は、比較的左右対称な「U字曲線」をたどる。一方、所得申告によれば、１９９０年代にトップ十分位の世帯が申告した所得に占める不動産所得の割合は、５パーセントを下まわっている。デフレ末期に達した12パーセント近い水準まで回復してはいない（第一次世界大戦前に所得税が導入されていれば、１９１４年以前もこの最大水準の数値にかなり近かったのではないかと思われる）。入手できる統計データだけでは、所得水準ごとの「帰属」家賃の分布の推移を体系的に調べることはできない[4]。だが、上記の不一致のおもな理由が、家賃の凍結による影響を強く受けた不動産所有者が、第二次世界大戦後、国から一種の「賠償」を受けた点にあることはまちがいない。賠償は、不動産所得に対する課税ルールを徐々に甘くするという形で行なわれた。その最たるものが、１９６４年の所得への課税から実施された、帰属家賃の完全免除である[5]（１９６４年までは、自分の持ち家に住んでいる家主は、所得申告の際に相応する帰属家賃額を申告しなければならなかった）。１９９０年代に

（1）比較的説得力があると思われる「実体的」説明として、次のような仮説がある。おもに就業所得で生計を立てている高所得者は、第二次世界大戦後、資産を蓄積する意欲をそがれた。資産が破壊され、退職年金の資金に充てられる社会保険負担金により構成される貯蓄システムが義務化されたためだ。そう考えると、この社会集団の所得に占める資本所得の割合が戦間期の水準まで回復しなかった理由を説明できなくはない。おもに資産からの所得に頼って高い生活水準を保った分位P９９・９９―１００の世帯とは対照的だ。

（2）付録B表B－17の分位P90―１００、列RFを参照。

（3）分位P９９・９９―１００以外のすべての分位で、資本所得の割合が１９４８―１９４９年に20世紀最低水準に達したのも、同じ理由による。分位P９９・９９―１００の場合、不動産所得はほとんど重要ではない。ちなみに、この分位の資本所得の割合が最低を記録したのは、１９４４―１９４５年である。

（4）１９３４年、１９３６―１９３７年、１９４５―１９４６年の所得申告のみ、実質不動産所得（家主が実際に受け取った家賃に相当）と帰属不動産所得（自分の持ち家に住んでいる家主が自分自身に支払ったと考えられる家賃に相当）を分けて集計している。その結果によれば、不動産所得全体に占める帰属不動産所得の割合は、超高所得者がいちばん高かった（付録A第2．2節を参照）。

（5）実際のところ、この免除により１９６４年の数値が大きく変わることはなかった（私たちの推計によれば、トップ十分位の所得に占める不動産所得の割合は、１９６３年が2・2パーセント、１９６４年が2・0パーセントであり、１９６５年からはふたたび上昇に転じている。これはつまり、１９６３年の不動産所得に占める帰属家賃の割合がおよそ10パーセントだったということを示唆している。付録B表B－17の分位P90―１００、列RFを参照）。これは、１９６４年以前から、帰属家賃の算出ルールが家主にきわめて都合のよいものだったという事実によって説明がつく（第二次世界大戦後は概して、あらゆる不動産所得の課税ルールにおいて適用除外が拡大された。たとえば不動産所得は、１９４８年に最低水準に達した家賃の数倍まで課税を制限されていた。第４章第４．４節を参照）。

は、国民経済計算が算出した不動産所得全体の半分以上を、帰属家賃が占めていた。(1) ということは、この割合が所得分布のトップ十分位でも人口全体とほぼ同じだと仮定した場合、帰属家賃が１９９０年代も課税対象でありつづけていれば、トップ十分位の世帯の申告所得に占める不動産所得の割合は、（およそ5パーセントではなく）10―12パーセントに達していたと考えられる。つまり、課税ルールに変更がなければ、高所得者の不動産所得の比重は、20世紀の間にほぼ左右対称な「U字曲線」を描いていたと思われる。

だが不動産所得は常に、高所得者（とりわけ超高所得者）の所得のごくわずかな部分しか占めていない。それを考えれば、この「税務上」の問題は、所得格差の長期的推移の研究にさして大きな影響を及ぼすものではない。これが動産資本所得となると、話は複雑になる。動産資本所得には多種多様な法的形式があるからだ（配当、民間企業が発行した債券の利子、国が発行した債券〔国債〕の利子、通帳預金や積立預金や生命保険の利子など）。そのため、所得申告に記載する必要のない所得、免除される所得がどのように変わっていったのかを子細に検討する必要が生まれる。そのうえ、不動産所得とは違い、動産資本所得の割合は、所得水準が上がるにつれて急速に増加していく。トップ十分位内や百分位内ではなおさらだ。超高所得者になると、極端に高い水準に達することもある。そうなると、この課税対象でない動産資本所得の問題、およびそれがしだいに増えている問題は、所得格差の推移の研究に重大な影響を及ぼす恐れがある。そのため現段階ではまだ、この問題に満足のいくまで取り組むことができない。まずは、高所得者の各分位が申告した所得水準の年次推計結果を検討するところから始めよう。そうすれば、争点を絞りやすくなる（後出の第3節および第4節を参照）。次いで、所得税法の変遷を詳細に検討していく。これは第2部で行なう（第4章）。そして第3部（第6章）で、課税対象でない所得の問題が結果的にどれほどの偏りを引き起こすのかを確認することにしたい。ここでは脱税の問題も扱う。脱税が問題になる可能性が高いのはやはり、不動産所得よりも動産資本所得である。とりあえずいまのところは、以下を指摘するだけにとどめておこう。申告所得に占める動産資本所得の割合を分位ごとに見ると、１９９０年代になって戦間期に記録した最高水準まで回復したのは、「２００家族」

（分位P９９・９９―１００）だけだった。それより下位の分位では、部分的なキャッチアップしか行なわれていない。これは一見したところ、第二次世界大戦後に課税対象でなくなった動産資本所得が、おもに「中流階級」の動産資本所得（公債や通帳預金の利子など）だったという事実と一致している。超高所得者にとって重要な所得（配当など）は、課税を免れることがなかった。

１．２．２　就業所得に見られる「賃金労働者化」傾向

20世紀の家庭所得構成の大きな構造的推移として、まず資本所得の割合が「U字曲線」をたどったという事実を取り上げた。それに続く第二の構造的推移としては、就業所得に見られる「賃金労働者化」傾向が挙げられる。単なる景気の変化、とくに１９３０年代の世界恐慌により混合所得は多大な被害を受け、この時期にその割合は異常なほど低い水準に落ちたが、それを差し引いても、就業所得に占める混合所得の割合は20世紀全体を通じて、「中流階級」から「２００家族」まで、高所得者のいずれの分位においても、下降線をたどっている（前出の図２−３および２―４を参照）。所得格差の研究という観点から見るかぎり、この第二の構造的推移は一見すれば、資本所得の割合がたどった「U字曲線」に比べ、さほど重要性があるとは思えない。この「U字曲線」は、二つの世界大戦に密接に関係する経済的・社会的衝撃が実際にあったことを示しており、その衝撃が超高所得者の所得水準に重大な影響を与えたことを予測させる。だが「賃金労働者化」傾向は、連続的で漸進的な推移を示している。しかもすでに指摘したように、この連続的なプロセスは多くの場合、実体的な経済的推移というよりも形式的な経済的推移として説明できる。非賃金労働者の個人事業主から賃金労働者の管理職への移行は、当の会社の法的形態の変更と軌を一にしている場合

（１）付録G第2節を参照。

が多い。それによって実質的な業務内容や当人のアイデンティティが、必ずしも影響を受けるわけではない。たとえば、歴史・社会学者のピエール・ビルンボームは、１９５４年版、１９６４年版、１９７４年版の名士録をもとに数多くの人物の経歴を分析している。それによれば、この名士録に掲載されている賃金労働者の管理職の人数はしだいに増えているが、非賃金労働者の個人事業主から転身した場合が多いという（非賃金労働者の個人事業主の息子という場合もある）。つまり、自分がかつて事業主を務めていた会社（あるいは父がかつて事業主を務めていた会社）で、管理職として働いているのである。[1] また、賃金労働者の管理職の増加が、「実体的」な経済的推移（小規模な家族組織から大企業への移行、「血縁主義」から「能力主義」への移行など）と一致していたとしても、一見したところ、そのような推移が所得格差に重大な影響を及ぼすとは必ずしもいえないように思われる。

さらに、所得申告に基づいた統計を分析すると、高所得者に見られる「賃金労働者化」傾向は、想像するほど大規模なものではなかったことがわかる。実際のところ、「ブルジョワ」の賃金労働者は、戦間期から（おそらくは20世紀初頭から）、高所得者の中でかなりの数を占めていた。戦間期には、トップ十分位の下半分（分位Ｐ90―95）の世帯の非賃金職による収益は、就業所得の10パーセント強でしかない。[2] つまり、給与が就業所得の90パーセント近くを占めていた。この分位の世帯にとっては資本所得が補助的な所得でしかないこと（せいぜい所得全体の10―15パーセント）を考えあわせると、戦間期の「中流階級」は、おもに給与で生計を立てていたことになる。トップ十分位の下半分（分位Ｐ90―95）では、１９２０年から１９３７年まで、データが入手できるすべての年において、給与が所得全体の75―80パーセントを占めている。[3] さらに、次の4パーセント（分位Ｐ95―99）の申告所得を見ても、給与の比重はわずかしか減っていない。就業所得に占める混合所得の割合が40パーセントに達した１９２０年を除き、戦間期のその割合は常に15―20パーセントである。[4] また、この分位Ｐ95―99の資本所得の比重も比較的少ない。つまり、この分位の世帯でも給与は、所得全体の中できわめて大きな部分（65―70パーセント）を占めていたことになる。[5] 言い換えれば、トップ十分位の10分の9にとって給与は、戦間期からおもな収入源になっていた。当時すでに、これがあてはまらないのは、トップ百分位だけだった。実際のところ、資本所得を考えず、就業所得に占める給与の割合だけを見れば、戦間期に一貫して混合所得が就業所得の半分以上を占めているのは、ほとんどの場合所得分布の上位0・1パーセントの世帯だけである。(6)

たしかに、1930年代が混合所得にとってあまり有利な時期でなかったこと、この所得が給与よりも脱税の影響を大きく受ける可能性があること（とくに景気後退時には税制に対する反発が高まる）も考慮に入れる必要がある。しかし、脱税についてきわめて高い推定値を採用したとしても、分位P90—95において、1930年代の混合所得の割合の「実体的」な水準が20—25パーセントを大きく超えていたとは思えない（実際は10パーセント）。また分位P95—99でも、その割合が30—35パーセントを大きく超えていたとは思えない（実際は15—20パーセント）。ということは、不況や脱税を考慮したとしても、戦間期からすでに、給与が「中流階級」（上位か否かを問わず）のおもな収入源だったという事実に変わりはないようだ。景気の影響については、さらにこんな説明もできる。1920年は高給与所得者にとって暗黒の年だった（第一次世界大戦のインフレにより給与が目減りしてしまったのだ）。だがそれでも、分位P90—95では、就業所得に占める混合所得の割合は、10パーセントをわずかに上まわる水準でしかなかった。これは、第一次世界大戦以前から、給与が「中流階級」の所得のきわめて大きな部分を占めていたことを示唆し

（1）とくにビルンボーム（1978年、p・25—51、p・170—172）を参照。
（2）前出の図2－3を参照。
（3）付録B表B－17の分位P90—95、列TSPを参照。
（4）前出の図2－3を参照。
（5）付録B表B－17の分位P95—99、列TSPを参照（戦間期は1920年を除くすべての年において、所得全体に占める給与の割合は65—70パーセントの間を上下している。1920年は高給与所得者にとっては暗黒の年であり〔後出〕、その割合は50パーセントそこそこだった）。
（6）前出の図2－4、および付録B表B－18を参照。

ている。

もちろん、だからといって「賃金労働者化」傾向などなかったというわけではない。「中流階級」（上位か否かを問わず）でも高所得者のほかのどの分位でも、就業所得に占める混合所得の割合は、20世紀の間にまちがいなく低下した。この割合は1990年代になると、戦間期に比べてかなり少なくなる。要するに忘れてならないのは、「中流階級」（上位か否かを問わず）、すなわちトップ十分位の10分の9では、就業所得に占める混合所得の割合が、戦間期からすでにきわめて低かったということだ。おそらくは、20世紀初頭でも事情は同じだろう。実際、高所得者のうち、「賃金労働者化」傾向により社会的状況が実質的に変わったと思われるのは、トップ百分位だけ、とくにその中の最上層だけだ。たとえば、「200家族」（分位P99・99—100）の就業所得を見てみよう。20世紀前半、この世帯の非賃金職による収益は、就業所得の90パーセントにまで達していた。しかし、第二次世界大戦に続く数十年の間におよそ55—60パーセントになり、1990年代末には40—45パーセント前後にまで落ちた。混合所得が支配的な状況から、給与が「200家族」の就業所得の絶対多数を占める状況に変わったのである。この分位P99・99—100の就業所得に占める混合所得の割合は、1990年代にかなり速いペースで低下したようだ。これは、きわめて高い給与を受け取る「高所得経営者」などの管理職がここ数年の間に潜在的に増えたことを想起させる。だが、「中流階級」（上位か否かを問わず）は、こうした大きな変化を経験していない。この階級は20世紀の間ずっと、賃金で生計を立てていたようだ。

この結果にはいくつか重要な意味がある。第一に、この結果は、「管理職の増加」について一般的に広まっている認識とは異なっているように見える。この認識については、明確な説明がなされたことがほとんどないが、普通はこう考えられている。「管理職の増加」あるいはもっと広く「高給与を受け取る賃金労働者の増加」は、1960—1970年代、あるいは1950年代に始まる現象だが、いずれにせよこうした賃金労働者は、20世紀初頭や戦間期の社会にはほとんど見られなかった、あるいは少なくとも、所得階層においてごくささやかな地位を占めるにすぎなかった、と。ところが分位P90―95やP95―99（1990年代に月額所得がおよそ2万―5万フランの世帯）は、以前からいわば管理職の王国だった。この分位の所得全体に占める給与の割合は、戦間期、あるいはおそらく20世紀初頭でさえ、1990年代よりわずかに少ない程度でしかない。管理職は当時からすでに、正式に言及されることはなかったものの、所得階層において現在と同じ地位を占めていたようだ。より正確にいえば、「高給与を受け取る賃金労働者」（必ずしも20世紀末のような意味での「管理職」ではない）は、戦間期や20世紀初頭にはすでに、（当時の所得や給与の階層から見て）おそらくは20世紀末にきわめて近い規模や割合で存在していたということを、この結果は強く示唆している。だがこのような現象については、給与格差の詳細な分析を行なって確認する必要がある。各時代における格差の表われ方や認識に関する仮説あるいは問題については、次章で取り上げる。

先の結果が持つ第二の重要な意味は、20世紀における高所得者の所得水準、所得全体に占める高所得者の所得の割合の推移の分析と関係がある（後出の第2節および第3節を参照）。分位P90―95やP95―99の所得の大半がいつの時代も給与で構成されている以上、この分位の申告所得の水準の変動、所得全体に占めるこの分位の所得の割合の変動は、大半は給与の変動によって説明できるはずだ。給与の変動とは、具体的には給与階層の拡大・縮小の動きである。逆に、超高所得者、とくに「200家族」（分位P99・99―100）の所得は、常に動産資本所得が圧倒的な割合を占めているため、その変動は、企業利益の増加・減少の動きで説明できるはずである。この両端の二つのグループの間に位置する分位については、給与階層の動きと企業利益の動き双方の影響を受けると考えるのが自然だろう。つまり、トップ十分位の各分位に合わせて各社会集団を区別することは、高所得者の社会学的構造や社会的格差をより適切に表現できるだけにはとどまらない。所得格差の歴史の節目となるまぎれもなく経済的な現象を理解しようとする場合にも、この区別はきわめて重要となる。

最後に、以下の点に触れておこう。先の結果は一見するとやや意外に見えるかもしれないが、実際には、20世紀初頭からフランス総合統計局やＩＮＳＥＥが行なってきた国勢調査から引き出せる情報と一致しているように思われる。

国勢調査を見ると、非賃金労働者が雇っている賃金労働者数がわかるため、その数ごとの非賃金労働者の分布について貴重な情報を入手できる。それによれば、いつの時代も、国勢調査で集計された非賃金労働者の大半は、ごく小規模な個人事業主だった。このデータが私たちの目的に最適なものというわけではない（１―２人の賃金労働者しか雇っていない個人事業主でも、かなりゆとりのある収益を上げている人がいる）が、おおよその規模を思い描くことはできる。20世紀初頭や戦間期には、労働力人口およそ２０００万人のうちの半分近く、だいたい９００万―１０００万人が非賃金労働者だった（20世紀初頭には１０００万人強、１９３０年代には９００万人弱だった）[1]。だが国勢調査の詳細な結果を見ると、この９００万―１０００万人のほとんどは、「独立」して自宅で働いている小規模な農業経営者、小規模な職人、職工や仕立て屋など、低所得の非賃金労働者である。つまり、非賃金労働者の大半は、自分一人あるいは配偶者と仕事をしており、賃金労働者を一人も雇っていない。数人以上の賃金労働者を雇っているのは、ほんのごく一部である。20世紀初頭も戦間期も、非賃金労働者９００万―１０００万人のうち、賃金労働者を５人より多く雇っている企業主の総数は、常に20万人以下である（全体の約2パーセント）。10人より多く雇っている企業主は常に10万人以下（全体の約1パーセント）、50人より多く雇っている企業主になると、常に2万人を下まわる（全体の約０・２パーセント）。ここには、賃金労働者を5人超、10人超、あるいは50人超雇っている農業経営者も含まれる（その数はきわめて少なく、それぞれ常に5万人、1万人、３００人以下である）[2]。ただし実際には、この数字は少し大きすぎるといわなければならない。フランス総合統計局の調査では、実質的に企業の経営に携わっている人はすべて、賃金労働者であったとしても、非賃金労働者に分類している（より正確には「事業主」）。たとえば、株式会社の社長や副社長は、みな非賃金労働者に含まれる[3]。そのため、正確な数字はわからないが、戦間期の国勢調査で集計された、賃金労働者を50人より多く雇っている企業主およそ1万５０００―2万人のうち、かなりの数が混合所得でなく給与で生活している「ブルジョワ」賃金労働者だと思われる。

第二次世界大戦後にＩＮＳＥＥが行なった国勢調査を見ても、おおよその規模は同じようなものである。１９５４

年の国勢調査では、非賃金労働者が６５０万人近くいたが、そのうち「工場主」は約８万５０００人しかいない（全体の１パーセント強）[4]。「工場主」とは、１９５４年に導入された分類法において、賃金労働者を５人より多く雇っている工業あるいは手工業の企業主を指す。「工場主」の数はその後、１９５４年から１９８２年にかけて行なわれた国勢調査によれば、６万―８万人の間を上下している。１９５４年の分類法の区分には、ほかにも「大商店主」がある。これは、賃金労働者を２人より多く雇っている商店主を指すが、その数は１９５４―１９８２年の国勢調査の間、20万人を前後している[5]。だが、１９８２年に導入された新たな分類法では、工業、手工業、商業の「大規模」企業主が、同じカテゴリーに組み込まれている。それによれば、１９８０―１９９０年代には、賃金労働者を10人以上雇っている企業主は13万―17万人、50人以上雇っている企業主は３万―３万５０００人だった（年によって異なる）[6]。だが１９８２年の分類法では、第二次世界大戦以前の慣例をふたたび採用し、賃金労働者であるにもかかわらず株式

（1）第1章図1－4を参照。それぞれの数値については付録H表H－5を参照。
（2）付録H表H－2を参照。「大規模」個人事業主の数は、１９３１年の国勢調査の際に最高水準に達した（非農業部門では、賃金労働者を5人より多く雇っている個人事業主はおよそ16万７０００人、10人より多く雇っている個人事業主は9万２０００人、50人より多く雇っている個人事業主は1万８０００人だった。農業部門では、賃金労働者を5人より多く雇っている個人事業主はおよそ3万２０００人、10人より多く雇っている個人事業主は８０００人、50人より多く雇っている個人事業主は３００人だった）。だが１９３０年代の世界恐慌で、おそらくは破産のため大幅に減少した。
（3）20世紀初頭および戦間期の国勢調査の方法や結果を紹介したフランス総合統計局の刊行物を見れば、この点について明確な説明がある（たとえば、『１９３６年3月8日実施の国勢調査の統計結果』第1巻第3部〔労働力人口、事業〕のp・62〔国立統計局、国立印刷局、１９４３年〕を参照）。
（4）付録H表H－3を参照。
（5）付録H表H－3を参照。
（6）付録H表H－4を参照。

会社の社長や副社長を企業主に含めている。[1] そのため、給与でなく混合所得で生活している非賃金労働者の「大規模」企業主の数は、実際にはそれよりかなり少ないと思われる（あいにくフランス総合統計局のデータはもちろん、ＩＮＳＥＥのデータでも、この区別を行なうことはできない）。

いずれにせよ、「大規模」企業主に含まれる賃金労働者をかなり少なく見積もったとしても、こうした企業主がきわめて少ないことは明らかである。比較のために世帯の総数を挙げておくと、第二次世界大戦以前はおよそ１５００万世帯（20世紀初頭で１４００万、１９３０年代で約１７００万）、１９９０年代は３０００万世帯を上まわっている。[2] つまり、所得分布のトップ十分位は、第二次世界大戦以前がおよそ１５０万世帯、１９９０年代が３００万世帯になり、その90パーセントがトップ十分位の中の下位10分の9、すなわち「中流階級」（分位Ｐ90—95）と「上位中流階級」（分位Ｐ95—99）に属することになる。そう考えると、非賃金労働者の「大規模」企業主の総数が5万人や10万人であろうが20万人であろうが、トップ十分位の世帯、とりわけその中の下位10分の9の世帯に占める割合はきわめて少ない。また、ここに主要な非賃金職だと思われる自由業を加えたとしても、事情は変わらない。自由業の場合、雇う賃金労働者の数を増やさなければ、会社を発展させて一定水準の収益を達成することができないというわけではないが、上記の結論が揺らぐ可能性はまったくない。自由業者の数は、税務統計からはっきり読み取れるように、20世紀の間に大幅に増えている。しかし、それでも全体数があまりに少ないため、トップ十分位においては、あるいは少なくとも「中流階級」や「中流上位階級」においては、その他の社会カテゴリーの中に埋もれてしまう。[3]

2　20世紀フランスの高所得者の所得水準の推移——所得全体に占める超高所得者の所得の割合の低下

20世紀フランスの高所得者が所得税のために申告した所得の水準は、どのように推移したのだろうか？「クズネッツの法則」によれば、資本主義の発展が進んだ段階では、所得格差が縮小する傾向がある。とくに、高所得者の所得は、平均所得よりも構造的に遅いペースで増大していく傾向があるという。この法則は、フランスにあてはまるのだろうか？

私たちの推計から二つの重要な事実が明らかになった。第一に、20世紀全体を通じて長期的に見ると、所得全体に占める高所得者の所得の割合が、はっきりとした減少を示している。しかもこの重要な事実は、とりわけ最富裕層の所得の割合が劇的に急落し、所得全体に占める超高所得者の所得の割合が大幅に減少したことによってのみ説明できる。だがそのきわめて信憑性の高い説明を見るかぎり、この格差の縮小は決して、「自然」で「自発的」な経済プロセスによるものではないと考えられる（第2節）。第二に、所得全体に占める高所得者の各分位の所得の割合について、短期的・中期的な推移を詳細に検証していくと、20世紀の間に、格差の縮小局面と拡大局面の交代が見られる。これもまた、所得の差は不可避的に一定のペースで縮小していく傾向があるという考え方では、いかなる場合も格差

（1）1982年の分類法を紹介したINSEEの刊行物を見れば、この点について明確な説明がある（たとえば、「1982年の総人口調査——労働力人口」『INSEE集成』第472巻〔シリーズD（人口統計と雇用）第100巻〕、p・48〔INSEE、1984年9月〕を参照）。1954年の分類法（1954年、1962年、1968年、1975年の国勢調査で採用）では、それ以前やそれ以後の分類法とは違い、社長や副社長などについては、当人が賃金労働者として申告した時点から賃金労働者として分類していた（たとえば、「1975年の総人口調査——労働力人口」『INSEE集成』第328巻〔シリーズD（人口統計と雇用）第67巻〕、p・50—51〔INSEE、1979年10月〕を参照）。

（2）付録H表H-1の列(10)を参照。

（3）自由業者の総数は、20世紀初頭や戦間期はおよそ5万人だったが、1950—1960年代には10万—15万人、1970—1980年代には15万—20万人になり、1990年代には30万人を超えた（付録H表H-2、H-3、H-4を参照）。トップ十分位の所得全体に占める非商業収益の割合は、戦間期には4パーセント（トップ百分位では6パーセント）程度だったが、1980—1990年代には10パーセント（トップ百分位では20パーセント）を上まわった（付録B表B-17の分位P90—100およびP99—100、列BNCを参照）。

のダイナミクスを説明できないことを示唆している。そのため、複雑な歴史を画する数々の転換点について説明してくれるさまざまな理由を、慎重かつ入念に分析する必要がある（第3節）。

2.1　第一の指標——トップ十分位の平均所得の推移

20世紀の間に高所得者が所得税のために申告した所得の水準の推移を調べるにあたり、まずは、所得分布の上位10パーセント（分位P90—100）の世帯の平均所得の推移を検討する（後出の図2－5を参照）。たしかに、この社会集団を構成する世帯は、受け取る所得の性質という点でも、所得の水準という点でも、まったく同質ではない。トップ十分位の平均所得を計算し、これらの所得すべての平均を出しても、たいして満足できる結果を得られない。トップ十分位の中に存在する重要な経済学的・社会学的格差が覆い隠されてしまうからだ。トップ十分位の平均所得を分析しても、全体的な推移が大まかにとらえられるだけであり、その分析結果は必ず、トップ十分位を構成する各分位の平均所得の分析で補完しなければならない。

分析結果を検討する前に、以下の点を指摘しておきたい。フランスにおいて所得税が導入されたのは、1915年の所得への課税からである。だが、当初は課税世帯数が十分ではなかったため、1919年の所得への課税以降でなければ、トップ十分位の平均所得を推計できない。1915—1918年の所得については、税務当局が作成した所得申告の全集計を見ても、トップ百分位（およびその上位分位）の平均所得を推計できるだけである。図2－5に掲載した年次推計は1919年を起点にし（トップ十分位に関する図はすべて同様）、トップ百分位（もしくはその上位分位）に関する図に掲載した年次推計が1915年を起点にしているのはそのためだ。そこで本章では、20世紀全体を通じて高所得者の所得の推移を分析できるように、この所得申告に基づいた年次推計だけでなく、1900—1910年の平均推計も利用した。これは、財務省が第一次世界大戦前、所得税導入法案を作成する作業の一環として行なった所得分布調査などを利用して私たちがまとめた推計であり、所得税導入後数年の実績値やマクロ経済データに基づく指数を使用して修正を加えている。その性質上、１９００―１９１０年の平均推計は、１９１９―１９９８年（トップ百分位では１９１５―１９９８年）の年次推計と完全に均質のものとはいえない。第一次世界大戦以前には、所得税も所得申告も存在しなかったからだが、それでもできるかぎり均質のものとなるよう推計を作成している。ちなみに、１９００―１９１０年の高所得者の所得水準の推計は、少なすぎることはあるかもしれないが、多すぎることはまずない。第一次世界大戦中の高所得者の所得水準が、図２-５やそれ以降の図に示すよりも少し低かった可能性はあるが、実際の下落の幅が図に示すよりも小さかったとは考えられない[1]。

この推計から導き出せる第一の結論は、トップ十分位の平均所得は20世紀の間、人口全体の平均所得ときわめてよく似た全体的推移をたどったということだ（第1章図１-６を参照）。高所得者（税務当局に申告した額から判断した場合）の購買力は、20世紀の間に大きく増加している。ただし、トップ十分位の平均所得のこの大きな増加（１９９８年フラン換算）は、おもに栄光の30年（１９４８―１９７８年）に成し遂げられたものであり、１９００―１９４８年および１９７８―１９９８年は、購買力は比較的停滞していた。これらはいずれも、人口全体の平均所得と同様である。しかし図２-５を見ると、両者の間に大きな違いがいくつかあることがわかる。第一に、トップ十分位の平均所得は第二次世界大戦の数年により、人口全体の平均所得よりも激しい打撃を受けたようだ。トップ十分位の場合、購買力が戦前の水準に戻るのは、１９５１年まで待たなければならない。一方、人口全体の平均所得を見ると、１９４５―１９４６年にはすでに戦前の水準に戻っている（平均給与も同様。第1章図１-６および１-８を参照）。全体的に見て、トップ十分位の平均所得の推移は、人口全体の平均所得の推移よりも不安定なようだ。たとえばトップ十分位の購買力は、１９８０年代末の好況時に大幅に増加し、１９９０年代初めの不況時に大きく減少し、１９９

（1）１９００―１９１０年の平均推計を得た方法については、付録Ｉ第2．1節を参照。所得申告に基づく統計がない第一次世界大戦以前の所得格差の推移に関していえることについては、第3部（第7章第2．3節）で取り上げる。

0年代末の好況時にはふたたび増加している（図2－5を参照）。このような短期的な変動は、人口全体の平均所得にも見られるが、その変動幅はもっと小さい（第1章図1－6を参照）。このような結果になるのは当然といえば当然である。資本所得や混合所得は労働所得よりも常に不安定だが、これらの所得は平均的な所得者よりも高所得者に深く関係している。それに、ボーナスなどの補助的報酬（利潤分配など）の額は、景気のサイクルに応じて大きく変動する。高給与所得者の給与にはこうした報酬が含まれる場合が多いため、平均的な給与よりも不安定な傾向がある。

第二に、20世紀に見られる購買力の増加幅は、トップ十分位のほうが人口全体の平均よりもはるかに少ないように思われる。1998年フランに換算すると、トップ十分位における世帯ごとの平均所得は、1900―1910年がおよそ13万フラン、1990年代がおよそ42万フランで、購買力は約3・2倍になった。一方、人口全体における世帯ごとの平均所得は、1900―1910年がおよそ2万9000フラン、1990年代がおよそ13万フランで、購買力は約4・5倍になっている。(1) 言い換えると、トップ十分位の高所得者は、全体的に見れば、20世紀の間に購買力を大きく増加させたが、その増加幅は、大きい

図 2-5　トップ十分位の平均所得
（1900-1910 年および 1919-1998 年、1998 年フラン換算）

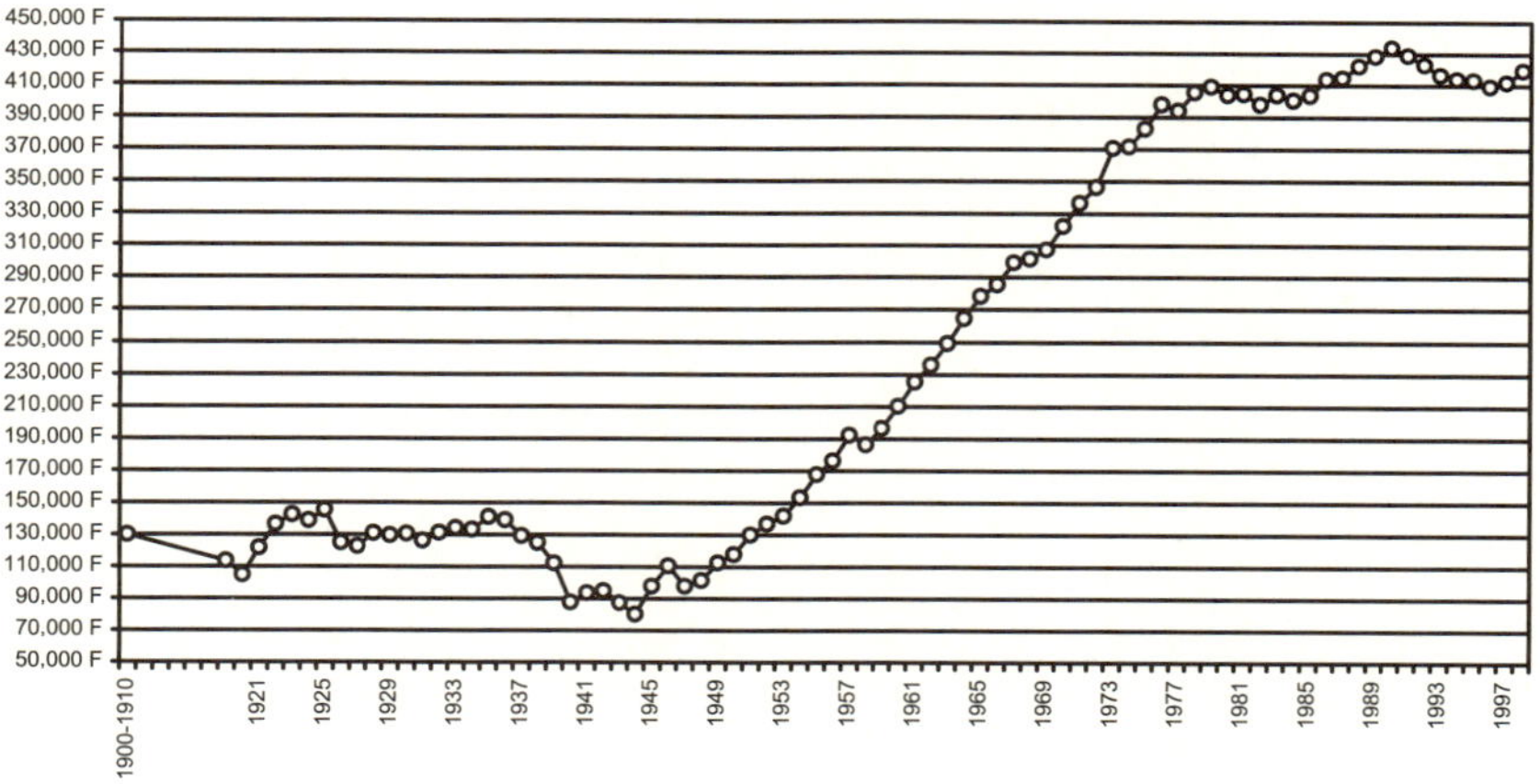

情報源　表B-11の列P90-100（付録B）

ながらも人口全体の平均をかなり下まわった。20世紀の間にトップ十分位の購買力も3倍以上増えてはいるが、「平均」の購買力は4倍以上増えている。つまり、20世紀フランスでは「クズネッツの法則」が予言するとおり、所得格差が縮小しているように見える。

ところで、この数字をよく見ると、20世紀初頭のトップ十分位の平均所得が、20世紀末の人口全体の平均所得と、偶然にもほぼ一致している（どちらも1998年フラン換算でおよそ13万フラン）。つまり20世紀の間に、20世紀初頭におけるトップ十分位と人口全体との購買力の差の分だけ、平均購買力が増加したということだ。こうした比較はさまざまな連想を呼ぶが（所得分布の上位10パーセントは、平均的フランス人が20世紀末になってようやく持てるようになった購買力を、すでに20世紀初頭から持っていた）、このような偶然の一致をあまり重視しすぎてはいけない。時代とともに、さまざまな財やサービスの相対価格が変動しているからだ（第1章第5節を参照）。いうまでもないが、所得分布の上位10パーセントが20世紀初頭に経験していた生活水準やライフスタイルが、20世紀末の「平均的」な生活水準やライフスタイルと同じわけではない（両者の年間所得がともに、1998年フラン換算で13万フランであったとしても）。20世紀末の平均所得者は、20世紀初頭のトップ十分位の平均所得者よりも多くの自動車やビデオデッキを購入し、頻繁に旅行をすることができる。逆に、20世紀初頭のトップ十分位の平均所得者は、20世紀末に平均所得者よりも多くの家事使用人を雇い、頻繁に理髪店に通うことができた。

所得格差の推移をもっとわかりやすく算出する方法がある。トップ十分位における世帯ごとの平均所得のデータ（図2－5を参照）と、人口全体における世帯ごとの平均所得のデータ（第1章図1－6を参照）を利用し、家庭の所得全体に占めるトップ十分位の所得の割合の推移を算出するのである（図2－6を参照）。所得申告によれば20世紀フランスでは、所得分布の上位10パーセントの世帯の所得が所得全体に占める割合は、最低が1944年の29・

（1）1900─1910年および1990─1998年のこれらの平均値については、後出の表2－1に掲載している。

図 2-6　所得全体に占めるトップ十分位の所得の割合
（1900-1910 年および 1919-1998 年）

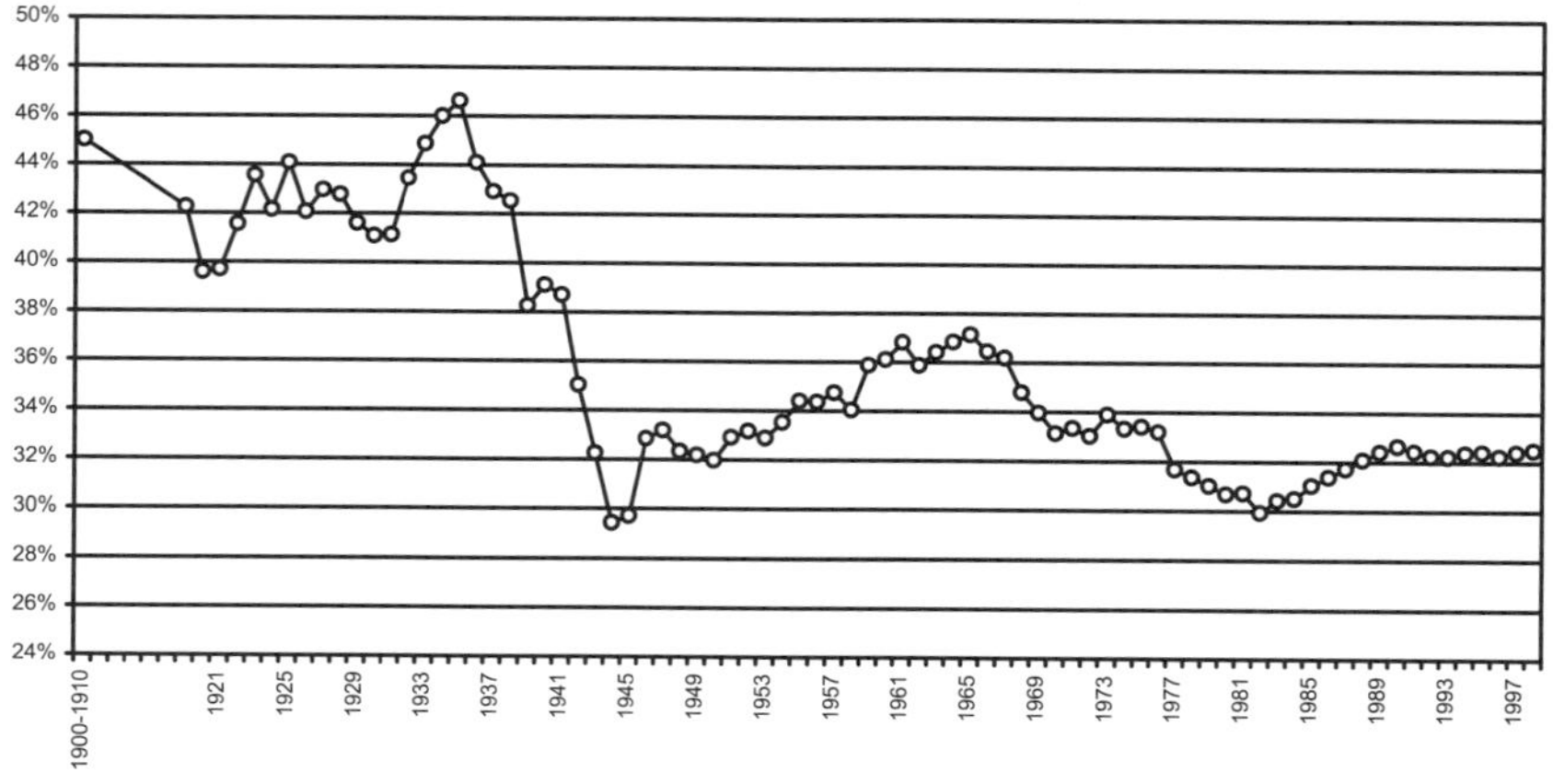

情報源　表B-14の列P90-100（付録B）

４パーセント、最高が１９３５年の４６・６パーセントである。言い換えると、20世紀におけるトップ十分位の平均所得は、最低でも人口全体の平均所得の２・９４倍（１９４４年）、最高だと４・６６倍（１９３５年）に達する。だが、１９００―１９１０年のトップ十分位の割合（45パーセント）の推計がやや過小評価されている可能性もあるため、すでに第一次世界大戦前に１９３５年の史上最高値に到達していた（あるいはそれをやや上まわっていた）かもしれない。それはともかく、結果的にいえるのは、所得全体に占めるトップ十分位の所得の割合が、20世紀の間にかなり低下したということだ。１９００―１９１０年には45パーセント（あるいはもう少し上）だったが、１９９０年代にはおよそ32パーセント（あるいはもう少し上）に下がっている。20世紀初頭、所得分布の上位10パーセントの世帯は、１９９８年フランに換算すると、平均しておよそ13万フランの年間所得（月額１万１０００フラン近く）を手にしていた。当時の人口全体の世帯平均所得はおよそ2万９０００フラン（月額およそ２４００フランで、１９９０年代末の１人あたりの社会参入最低所得手当〔ＲＭＩ〕に相当する）である。つまり、所得分布の上位10パーセントの世帯の平均所得は、人口全体の世帯平均所得の約４・５倍に達しており、所得全体に占めるその所得の割合はおよそ45パーセントに及んでいた。一方、20世紀末には、所得分布の上位10パーセントの世帯は、平均しておよそ42万フランの年間所得（月額およそ3万5０００フラン）を手にしていた。当時の人口全体の世帯平均所得はおよそ13万フラン（月額1万1０００フラン近く）である。つまり、所得分布の上位10パーセントの世帯の平均所得は、人口全体の世帯平均所得の約3・2倍であり、所得全体に占めるその所得の割合はおよそ32パーセントだった。

このように、トップ十分位の所得の割合は大きく低下した（20世紀初頭のおよそ45パーセントから20世紀末のおよそ32パーセントへ）。これは、所得分布の下位90パーセントの世帯の所得の割合が、20世紀の間に著しく上昇したことを示している（20世紀初頭のおよそ55パーセントから20世紀末のおよそ68パーセントへ）。実際、この世帯が20世紀の間に経験した購買力の増大率は、人口全体の平均所得の増大率（4・5倍）よりかなり高かった。私たちが推計した20世紀初頭と20世紀末のトップ十分位の所得の割合を利用して計算すると、所得分布の下位90パーセントの世帯の平均所得（1998年フラン換算）は、20世紀の間に（4・5倍ではなく）約5・5倍になった(1)。こうして見ると、所得の差が本当に縮小しているように見える。20世紀の間に、所得分布の上位10パーセントの購買力が3・2倍になったのに対し、残りの90パーセントの購買力は5・5倍になっているのだ（「平均」の増大率は4・5倍）。そのうえ、ここで分析している所得はすべて税引き前所得である。高所得者の所得税負担率は、20世紀の間にかなり高くなった。それを考慮すると、実際には可処分所得や購買力の差はさらに大幅に縮小したという結論に至る。これについては第2部で取り上げる（第4章および第5章を参照）。

しかしこの数字を見ても、すべての高所得者が同じ割合で、平均所得者との差を縮小させたとはいえない。むしろ事実はまったく異なる。所得申告を活用した私たちの調査から、目を見張るような事実が明らかになった。20世紀の

（1）後出の表2－1を参照。

間に所得全体に占めるトップ十分位の所得の割合が低下したのはおもに、トップ百分位の所得の割合が大きく減少したからだ。さらにいえば、トップ百分位の中の最上層の所得の割合が大幅に減ったからなのだ。この推移に対する最も真実味のある説明を分位ごとに検討する前に、まずは説明すべき事実を総合的に提示しておくのが有益だろう（表2－1および2－2を参照）。表2－1では、高所得者の各分位の平均所得水準（1998年フラン換算）を、1900―1910年と1990―1998年とで比較し、各分位の購買力が何倍になったかを計算している。この表からわかるように、トップ十分位の平均所得の増大率は、人口全体の平均所得の増大率よりも少ない（前者は3・23倍、後者は4・48倍）。ところが、トップ十分位の下半分（分位P90―95）の平均所得の増大率は、人口全体の平均所得の増大率に意外に近く、それをやや上まわってさえいる（前者は4・65倍、後者は4・48倍）。しかし、高所得者の所得階層を上るにつれ、20世紀における購買力の増大率はしだいに下がっていくようだ。分位P95―99は3・95倍、分位P99―99・5は2・94倍、分位P99・5―99・9は2・02倍、分位P99・9―99・99は1・30倍、分位P99・99―100は0・83倍である（表2－1を参照）。つまり、トップ十分位の下層の購買力は、人口全体の購買力とほぼ同じ割合で増大しているが、トップ百分位の最上層の購買力は、20世紀の間にほとんど増えていない。「200家族」（分位P99・99―100）に至っては減少しているようにさえ見える（20パーセントほど）。表2－2では、所得全体に占める高所得者の所得の割合で、こうした結果の影響を示している。1900―1910年から1990―1998年の間に、トップ十分位の所得の割合は45・0パーセントから32・4パーセントに落ちた。12・6ポイントの低下であり、当初の水準から28・0パーセント減少したことになる。この分位の中を詳しく見ると、分位P90―95の所得の割合はやや増えている（11・0パーセントから11・4パーセントへ）。分位P95―99の所得の割合も、15・0パーセントから13・2パーセントへと、わずか10パーセント強（12・0パーセント）の減少を見せたにすぎない。ということは、トップ十分位の人口の10分の9に当たるこの二つの分位は、20世紀の間に所得全体に占めるトップ十分位の所得の割合が低下したことにはほとんど関係していないことになる。トップ十分位の所得の割合の低下の90パーセント近く（88・9パーセント）は、トップ百分位の所得の割合の低下によるものなのだ。トップ百分位の所得の割合は、1900—1910年の19・0パーセントから1990—1998年の7・8パーセントへと、20世紀の間に2分の1以下に落ちている。さらにいえば、所得全体に占めるトップ百分位の所得の割合がすさまじい低下を見せたのはおもに、トップ百分位の最上層の所得の割合が激減したからだ。トップ十分位の所得の割合の低下の80パーセント近く（78・1パーセント）は、所得分布の上位0・5パーセント（分位P99・5—100）の所得の割合の低下による。また、トップ十分位の所得の割合の低下の50パーセント近く（47・6パーセント）は、所得分布の上位0・1パーセント（分位P99・9—100）の所得の割合の低下による。さらに、その半分近く（47・6パーセントに対する19・4パーセント）は、「200家族」（分位P99・99—100）の所得の割合の低下によるものである（表2－2を参照）。

　高所得者の各分位がこれほど対照的な推移を示したのはなぜなのか？　その説明のため、まずは最富裕層（分位P99・99—100）の事例を取り上げよう（第2.2節および第2.3節）。次いで「中流階級」（上位か否かを問わず）（分位P90—95およびP95—99）の事例を検証する（第2.4節）。そして最後に、両者の間に位置する「上流階級」（分位P99—99・5、P99・5—99・9、P99・9—99・99）の事例を調べる（第2.5節）。

2.2　「200家族」の所得の急落（1914—1945年）

　所得分布の上位0・01パーセント（分位P99・99—100の「200家族」）の世帯が申告した所得の水準は、20世紀の間に大きく推移したが、それはまちがいなく、所得申告統計の分析により明らかになった最も注目に値する現象といえる。図2－7に、1900—1910年の平均推計の結果と、1915—1998年の所得申告統計から算出した年次推計の結果を示した。それによると分位P99・99—100の平均所得は、20世紀の間に「U字

表 2-1　高所得者の各分位の購買力の変化（1900-1910 年から 1990-1998 年）

分位	1900—1910年の平均所得（1998年フラン換算）	1990—1998年の平均所得（1998年フラン換算）	（1990—1998年）／（1900—1910年）比
P0-100	28,848	129,380	4.48
P90-100	129,815	419,015	3.23
P95-100	196,165	543,087	2.77
P99-100	548,107	1,006,845	1.84
P99.5-100	865,432	1,334,205	1.54
P99.9-100	2,307,820	2,587,710	1.12
P99.99-100	8,654,324	7,154,769	0.83
分位	1900—1910年の平均所得（1998年フラン換算）	1990—1998年の平均所得（1998年フラン換算）	（1990—1998年）／（1900—1910年）比
P0-90	17,629	97,198	5.51
P90-95	63,465	294,943	4.65
P95-99	108,179	427,148	3.95
P99-99.5	230,782	679,484	2.94
P99.5-99.9	504,836	1,020,828	2.02
P99.9-99.99	1,602,653	2,080,259	1.30
P99.99-100	8,654,324	7,154,769	0.83

解説　人口全体（分位P0-100）の世帯平均所得は、1998年フランで換算すると、1900-1910年が2万8848フラン、1990-1998年が12万9380フランで、4.48倍になっている。所得分布の上位10パーセント（分位P90-100）の世帯の平均所得は、1900-1910年が12万9815フラン、1990-1998年が41万9015フランで、3.23倍になっている。所得分布の上位0.01パーセント（分位P99.99-100）の世帯の平均所得は、1900-1910年が865万4324フラン、1990-1998年が715万4769フランで、0.83倍になっている。

情報源　人口全体の平均所得データ（付録G表G-2の列（7）を参照）および高所得者の各分位の平均所得データ（付録B表B-11、B-12を参照）から算出

表 2-2　高所得者の各分位の所得が所得全体に占める割合の変化（1900-1910 年から 1990-1998 年）

分位	所得全体に占める割合（%） 1900-1910	1990-1998	差（ポイント）	低下率（%）	各分位が全体の低下に関与した割合
P90-100	45.00	32.39	−12.61	−28.0	
P95-100	34.00	20.99	−13.01	−38.3	103.2
P99-100	19.00	7.78	−11.22	−59.1	88.9
P99.5-100	15.00	5.15	−9.85	−65.6	78.1
P99.9-100	8.00	2.00	−6.00	−75.0	47.6
P99.99-100	3.00	0.55	−2.45	−81.6	19.4
分位	所得全体に占める割合（%） 1900-1910	1990-1998	差（ポイント）	低下率（%）	各分位が全体の低下に関与した割合
P90-95	11.00	11.40	0.40	3.6	−3.2
P95-99	15.00	13.21	−1.79	−12.0	14.2
P99-99.5	4.00	2.63	−1.37	−34.4	10.9
P99.5-99.9	7.00	3.16	−3.84	−54.9	30.5
P99.9-99.99	5.00	1.45	−3.55	−71.1	28.2
P99.99-100	3.00	0.55	−2.45	−81.6	19.4

解説　所得分布の上位10パーセント（分位P90-100）の世帯の所得が所得全体に占める割合は、1900-1910年が45.00パーセント、1990-1998年が32.39パーセントで、12.61ポイントの低下、あるいは低下率28.0パーセントとなっている。所得分布の上位0.01パーセント（分位P99.99-100）の世帯の所得が所得全体に占める割合は、1900-1910年が3.00パーセント、1990-1998年が0.55パーセントで、2.45ポイントの低下、あるいは低下率81.6パーセントとなっている。この低下幅は、所得分布の上位10パーセントの世帯の所得の割合の低下幅の19.4パーセントにあたる。

情報源　高所得者の各分位の所得が所得全体に占める割合のデータ（付録B表B-14、B-15を参照）から算出

曲線」を描いているが、その変化の度合いは、とても現実とは思えないほど大きく見える。1998年フランに換算すると、20世紀初頭および1920年代には800万―900万フランのあたりを上下していたが、1930年代および第二次世界大戦中に文字どおり急落し、1944―1945年にはおよそ160万―170万フランという最低水準に達した。だが続く数十年間は、時々景気変動に左右されつつも、ゆっくりと確実に上昇を続け、1990年代にはおよそ700万―800万フランの水準にまで回復した。20世紀初頭および1920年代をやや（およそ10―20パーセント）下まわる水準である。ここで「問題」になるのは、同時期に人口全体の平均所得が約4・5倍になったことだ。その結果、「200家族」の平均所得と人口全体の平均所得の差は、20世紀の間におよそ5分の1に縮小した（ここでは、所得税の負担率を考慮していない。本章では可処分所得ではなく税引き前所得を検討している）。

しかし、所得の差が大幅に縮小したといっても、「200家族」の所得が平均の間近にまで落ちたというわけではない。実際のところ、分位P99・99―100の世帯と平均的な世帯との所得の差は、いつの時代を見てもきわめて大きい。最富裕層にとって「暗黒」の時代でさえ、それはあてはまる。わかりやすく説明しよう。所得申告によるとこの差は、20世紀初頭には20世紀末の約5倍も大きかった。20世紀初頭、人口全体の平均所得（1998年フラン換算）は年間3万フランを下まわっていたが、分位P99・99―100の平均所得は900万フランを超えていたと思われる。つまりこの世帯は平均して、人口全体の平均所得のおよそ300倍もの所得を手にしていた。この世帯だけで、所得全体のおよそ3パーセントを占めていた計算になる（0・01パーセント×300倍＝3パーセント）。一方、20世紀末を見ると、人口全体の平均所得は年間およそ13万フランだったのに対し、分位P99・99―100の平均所得はおよそ700万―800万フランだった。つまりこの世帯は、人口全体の平均所得のおよそ50―60倍の所得を手にしていたのであり、所得全体に占めるその割合はおよそ0・5―0・6パーセントとなる（0・01パーセント×（50―60倍）＝0・5―0・6パーセント）。このように、「200家族」の平均所得と人口全体の平均所得の間には、20世紀初頭にはおよそ300倍の差があったが、20世紀末にはおよそ50―60倍の差「しか」ない。驚く

図 2-7 「200 家族」(分位 P99.99-100) の平均所得
(1900-1910 年および 1915-1998 年、1998 年フラン換算)

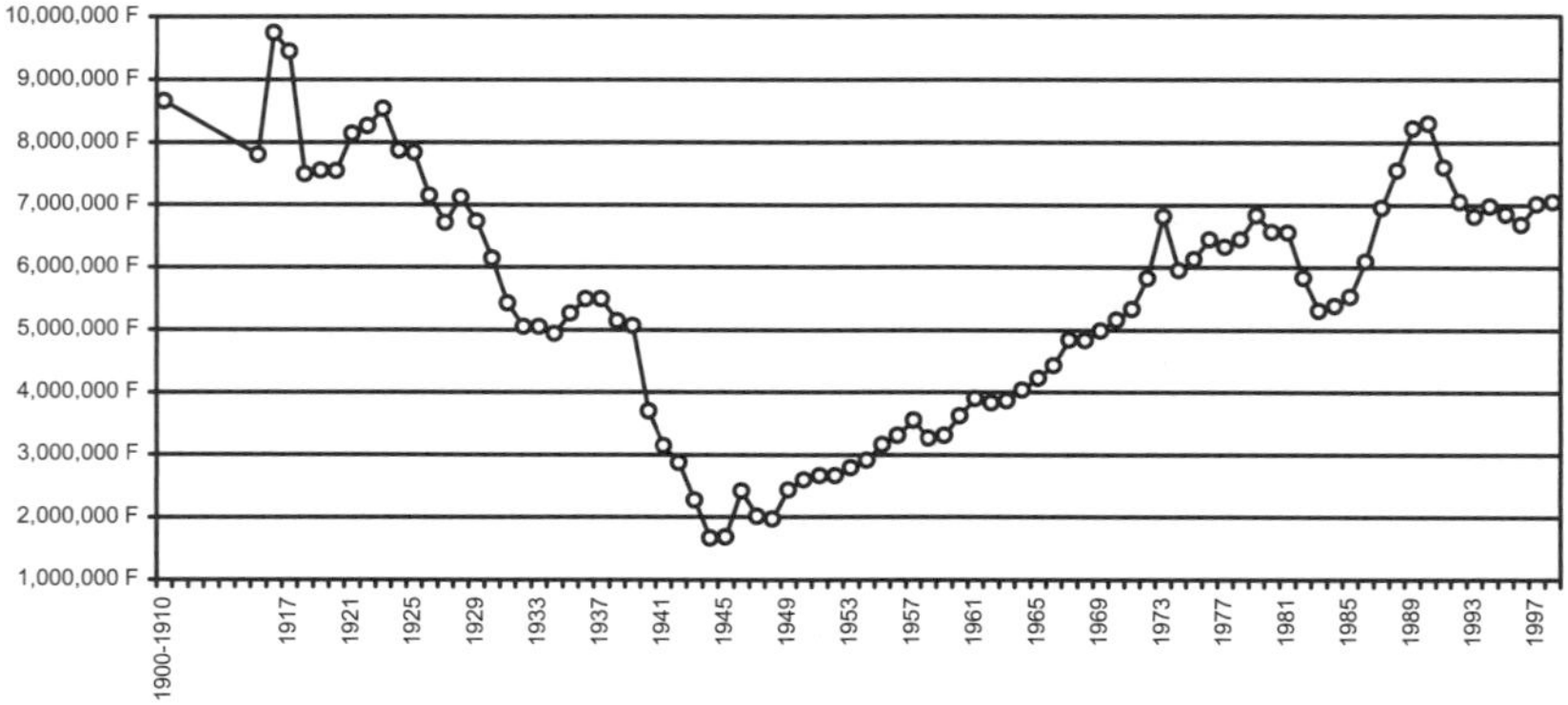

情報源　表B-11の列P99.99-100（付録B）

図 2-8　所得全体に占める「200 家族」(分位 P99.99-100) の所得の割合
(1900-1910 年および 1915-1998 年)

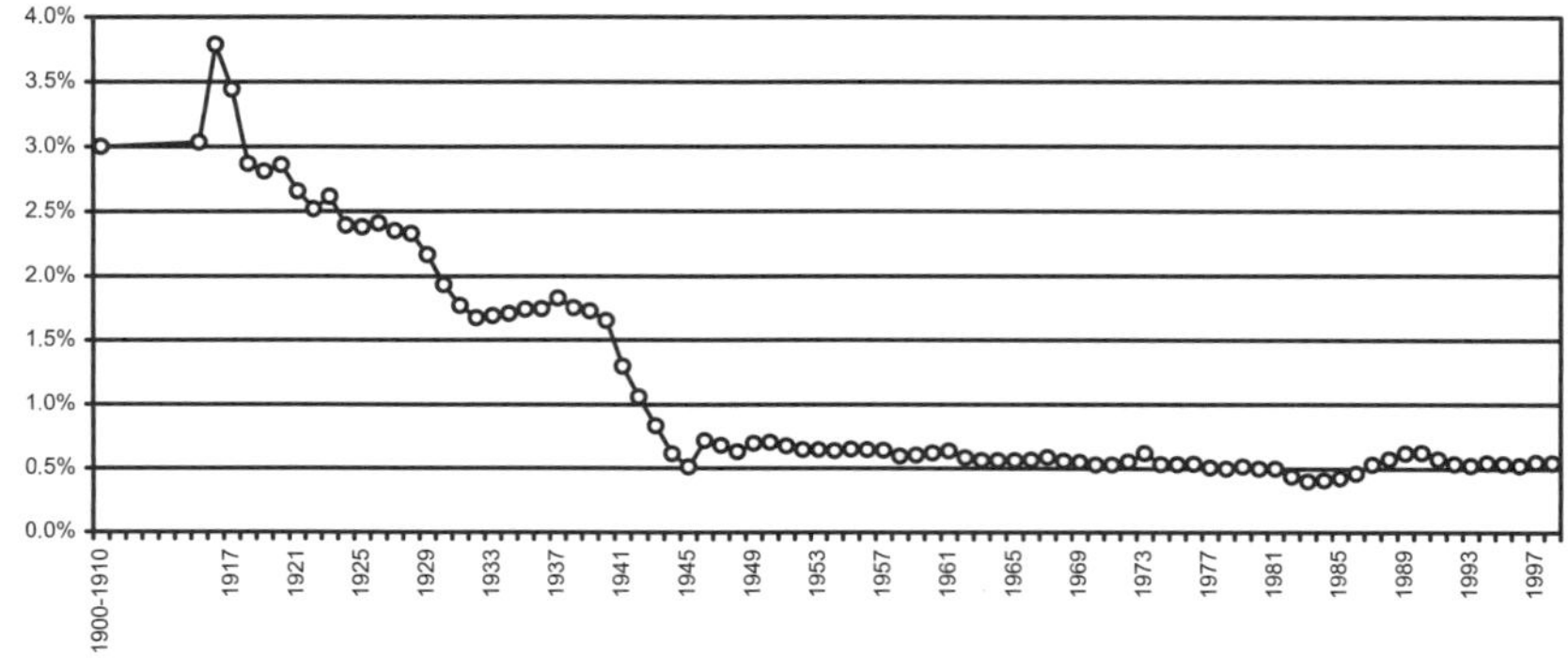

情報源　表B-14の列P99.99-100（付録B）

ことに、この差は１９２０年代から１９４４―１９４５年にかけて急減したが、１９４５年以降はほとんど変わっていない。１９４５年から１９９８年にかけて、分位Ｐ９９・９９―１００の所得が所得全体に占める割合は、０・５―０・７パーセントのあたりでほぼ一定しており、長期的にはいかなる動きも見せていない（図２‐８を参照）。つまり、分位Ｐ９９・９９―１００の平均所得と人口全体の平均所得の差は、１９４５年以来50―70倍前後で安定しているということだ。分位Ｐ９９・９９―１００の世帯が申告した平均所得は、図２‐７の「Ｕ字曲線」の上昇部分が示しているように、第二次世界大戦以降に大幅に増大した。しかし同時期に、人口全体の平均所得もほぼ同じ割合で増大した。そのため、所得全体に占める分位Ｐ９９・９９―１００の所得の割合は、１９４５年以来ほとんど変わることがなかった。分位Ｐ９９・９９―１００の世帯が１９９０年代に20世紀初頭の相対的地位を回復しようとすれば、平均所得が３５００万―４０００万フラン程度なければならない（実際はおよそ７００万―８００万フラン）。この分位の急落ぶりは、家事使用人の数にも表われている。「２００家族」は常に使用人を数多く雇っているが、この「商品」の相対価格は20世紀の間上昇を続けた（第１章第５節を参照）。そうした数字を見るかぎり、１９００―１９１０年代から１９８０―１９９０年代の間に「２００家族」の購買力は大幅に低下した。大まかに見れば、家事使用人の給与（すなわち家事使用人の料金）は、20世紀の間に平均所得とだいたい同じ割合で上昇したと考えられる。つまり、家事使用人に対するこの分位の購買力は、20世紀の間におよそ５分の１になった。実際、国勢調査によれば家事使用人の数は20世紀の間に減少しており、その割合はこの数字と正確に一致している。[1]「２００家族」の所得が

（1）国勢調査によれば、家事使用人の数は、20世紀初頭にはおよそ90万―95万人だった。以後、１９２０年代には75万―80万人、１９３０年代には70万―75万人、１９５０年代には50万人、１９６０―１９７０年代には30万―40万人と減り、１９８０―１９９０年代には15―20万人になった（付録Ｈ表Ｈ‐２からＨ‐４を参照）。マルシャン＆テロ（１９９７年、ｐ・２３７）が19世紀の国勢調査をもとに行なった推計によれば、家事使用人の数は１８５０年から第一次世界大戦までは比較的安定していたが（90万―１００万人前後）、第一次世界大戦後になって大きく低下したのだという。

（残りの人口の所得に対して）これほど急減したのはなぜなのか？

ここでまず述べておきたいのは、この調査結果が、私たちが行なった１９００―１９１０年の平均推計の結果に左右されるものではまったくないということだ。この推計はそもそも、所得申告に基づいていないため、それ以降の年の推計と完全に均質なものとはいえないという点で疑念を抱かせるかもしれない。だが、所得分布の上位０・０１パーセントの世帯が、所得税が導入された最初の数年間に申告した所得を見ると、私たちが１９００―１９１０年の推定値として採用した数字よりもかなり高い。私たちの推計によれば、分位Ｐ９９・９９―１００の世帯が申告した平均所得（１９９８年フラン換算）は、１９１６年に20世紀最高の９７０万フラン以上という水準に達したが、１９００―１９１０年の私たちの推定値はおよそ８６０万フランである（図２－７を参照）。また、所得全体に占めるこの分位の所得の割合も、１９１６年に20世紀最高の３・８パーセント近くに達したが、１９００―１９１０年の私たちの推定値は３・０パーセントである（図２－８を参照）。第一次世界大戦の最中である１９１６年は、戦争が停滞し、フランスの経済活動が大きく回復した年だった（１９１４年と１９１５年に生産が低下した後）[1]。この年を含め、第一次世界大戦が全体的に見て超高所得者に有利に働いたのは、何も意外なことではない。たしかに戦争は、とりわけ第二次世界大戦は、資本所得（つまり超高所得者の所得）に不利益をもたらす傾向があった（一般の不況と同様）。だが以前にも確認したように、第一次世界大戦期については入手できるマクロ経済データが不足しているため、第一次世界大戦期がこの一般的な傾向にあてはまるかどうかを断定することはできない[2]。実際、第一次世界大戦の少なくとも最初の数年間は、企業や超高所得者にむしろ有利に働いたと考えられる。それに先立つ１世紀の間、物価が全体的に安定していたため、戦争により物価が上がっても、それに合わせて給与をスライドさせようとしなかったからだ[3]。だが、ここで忘れてならないのは、１９００―１９１０年の推定値として私たちが採用したおよそ８６０万フランという数字が、「最小」の推定値だということである。この期間に所得申告が行なわれていれば、分位Ｐ９９・９９―１００の世帯が申告したであろう平均所得（１９９８年フラン換算）はもう少し高く、およそ１０００万フランに達していたかもしれない。これは十分にありうる話だ。そうであれば、20世紀におけるこの分位の所得の割合は、先に示したよりもはるかに大きく急落したことになる。第一次世界大戦中に生産高が減少したことで、そこから超高所得者の所得水準も、所得全体に占めるその所得の割合も、必然的に低下したのかもしれない（1916年の景気回復期は例外として）。だが、フランスの所得申告は1915年以降の所得分しかなく、この取り返しのつかない不備を補う役目を果たす統計システムも当時はなかった。それを考えると、この二通りの解釈のどちらかに確信をもって決着をつけることはできないだろう。

それはともかく、ここで重要なのは、所得税を導入してから1920年代にかけて、分位P99・99―100の平均所得水準（1998年フラン換算）が、800万フラン前後（1916―1917年には900万フラン以上）だったということだ。これは、1990年代に達したきわめて高い水準に等しいか、それを上まわる。一方で、人口全体の平均所得は、同時期におよそ4・5倍になっている。ということは、第一次世界大戦の所得分配効果にややあいまいな点があるとしても、ここで説明しようとしている重大な現象、すなわち、所得全体に占める「200家族」の所得の割合が20世紀の間におよそ5分の1になったという事実に変わりはないのである。私たちは、上記のあいまいな点を考慮し、1900―1910年の推定値については「最小」の数字を採用している。そのため、この重大な現象に関する私たちの推定値が少なすぎることはあっても、多すぎることはない。

（1）付録G表G－1の列(3)を参照。
（2）第1章第3．2節を参照。
（3）戦争を利用して製品の価格を上げ、賃金を上げなければ、企業の付加価値に占める利益の割合は自動的に増加する。当時は、企業がそのようなことをしているというイメージがかなり一般化していた。オークール&グロタール（1999年）は、戦争収益に対する特別税（第一次世界大戦後に適用された）に基づいた統計データを使い、そのイメージが事実ではないこと、付加価値の分配率が第一次世界大戦の間全体的に一定していたことを証明しようとした。興味深い研究ではあるが、この結果を見ても、戦争中の最初の数年（とくに1916年）に資本所得の割合が増加した可能性は否定できない。この仮説は、比較的妥当なものと思われる。

もっと幅広い年代に目を向けると、１９１４―１９４５年に見られる推移は、その時期のフランスの経済全体の推移を考えれば、比較的妥当なものと思われる。分位Ｐ９９・９９―１００の所得はおもに、大企業の（超）大口株主が受け取る配当などの動産資本所得と、非賃金労働者の（超）大規模個人事業主が受け取る収益などの混合所得で構成されていることを思い出してもらいたい。第一次世界大戦中は、上記のようにあいまいな点はあるものの、いずれにせよ超高所得者の所得が大幅に減ることはなかった。また１９２０年代には、この分位の平均所得は、戦前にきわめて近いと思われる水準（あるいはそれをやや下まわる水準）にあったと思われる（図２－７を参照）。こうした事実は、入手できるマクロ経済データと一致している。第一次世界大戦中は、家賃凍結政策を受け、不動産所得のみが実質的に減少した。一方、家庭所得に占める動産資本所得の割合は、１９２０年代には戦前と変わらない水準にあった。そう考えると、超高所得者の所得が、第一次世界大戦からの影響をほとんど受けなかったとしても不思議はない。超高所得者の場合、不動産所得にほとんど依存しておらず、所得の大半を動産資本所得に依存しているからだ。ところが、１９２０年代に人口全体の平均所得が大きく増大したのに対し、分位Ｐ９９・９９―１００の平均所得はさほど増大しなかった。そのため、第一次世界大戦後の10年間に、分位Ｐ９９・９９―１００の所得の割合は減少傾向を示している。所得全体に占めるこの分位の所得の割合は、戦争直後は3パーセント近くあったが、１９２０年代末には、世界恐慌が始まる前だったにもかかわらず、2・5パーセントを下まわった。この現象については、おそらく以下のような理由が考えられる。分位Ｐ９９・９９―１００の世帯は、おもに利子ではなく配当という形で動産資本所得を受け取っているが、そのポートフォリオには債券（公的な債券と民間の債券を含む）もある程度含まれている。とくに第一次世界大戦中や１９２０年代初めには、「国防債」などの国債にかなりの額を投資していたはずである。だがこれらは「確定利付」証券だったため、戦時中および１９２０年代のインフレにより、その利益が目減りしてしまったのだ。[1]いずれにせよ、１９２０年代のこの減少傾向はささやかな規模でしかない。１９１４―１９２９年の時期を全体として見た場合、第一次世界大戦の所得分配効果についてはあいまいな点もあるが、超高所得者にとっては比較的穏やかな時期だったと思われる。それとは対照的なのが、１９２９—１９４５年の急落である。この急落もまた、入手できるマクロ経済データと完全に一致している。

１９３０年代の世界恐慌により、超高所得者の所得は大幅に減少した。これは、国際ビジネスを展開していた大企業が貿易量の急減により被害を受けるといった企業利益の減少を考えれば、当然の結果である（そうでなければおかしい）。さらに、この現象を量的に見ると、分位Ｐ９９・９９—１００の平均所得（１９９８年フラン換算）は、１９２０年代にはおよそ７５０万—８００万フランだったが、１９３０年代の世界恐慌の真っ只中にはおよそ５００万フランとなった（図２－７を参照）。30パーセント強の低下だが、これも比較的妥当な数字と思われる。むしろ少なすぎるぐらいである。(2)

(1) 先に高所得者の所得構成について述べた際、動産資本所得を配当と利子に区分することには言及しなかった。それは、税務当局が行なう所得申告集計にこの区分がないという正当かつ単純な理由による。この制約があるため、さまざまな時間枠、あるいは高所得者の各分位において、インフレや固定所得が果たした役割を正確に検証することはできない。しかしながら、相続申告の統計や、ＩＮＳＥＥが実施した資産調査結果を調べれば、超大資産所有者の資産はいつの時代も、おもに債券ではなく株式で構成されていることが確認できる（第６章第１．１節を参照）。また、１９２３年の所得への課税から、政府が支払う利子の一部が非課税になった（第４章第４．４節を参照）。これもまた、所得全体に占める分位Ｐ９９・９９—１００の所得の割合が１９２０年代に減少した理由として挙げられるかもしれない（超高所得者の所得においてこの利子が果たしている役割はごくわずかなため、所得申告からこの利子分がなくなったとしても、所得が急減するほどではない。だが、所得全体をおよそ10—15パーセントほど減少させる程度の効果はあった）。

(2) 名目フランで表わせば、１９３０年代の世界恐慌を通じた分位Ｐ９９・９９—１００の平均所得は、最大値が１９２９年の２３１万フラン、最小値が１９３５年の１３６万フランだった（付録Ｂ表Ｂ－８の列Ｐ９９・９９—１００を参照）。41パーセントの低下である（136／231＝0.59）。比較のため、一般的に（正当な理由から）信頼性が高いと考えられているデュジェ・ド・ベルノンヴィルの推計を紹介しておこう。フランスの企業が分配した配当の総額（名目フラン）は、最大値が１９２９年の１００億フラン、最小値が１９３５年の55億フランだった（付録Ｇ表Ｇ－14の列(7)を参照）。45パーセントの低下である。また、商工業収益に対する分類所得税の統計によれば、高額納税者上位10万人が生み出した収益は、１９２９年から１９３５年までの間に50パーセント以上減少した（付録Ｇ表Ｇ－18の列(3)を参照）。

「２００家族」の所得急落の第二局面は、１９３９―１９４５年に訪れる。これは前述の第一局面よりも規模がはるかに大きかったが、さほど驚くべきことではない。第二次世界大戦により、国内総生産（ＧＤＰ）は20世紀最低水準にまで落ちた（１９３９年から１９４４年の間にほぼ2分の1になった）。この生産高の著しい下落は、第一次世界大戦時の水準をはるかに超えている。それにともない、企業の付加価値に占める利益の割合が大幅に減少した。その結果、所得申告によれば、分位Ｐ９９・９９―１００の平均所得は１９４４―１９４５年に２００万フランを下まわり、史上最低値に達した（図２－７を参照）。また、マクロ経済データによれば、企業利益もまた、１９４４―１９４５年に史上最低値に達し、企業の付加価値に占める資本所得の割合は、わずか10パーセント強となった。一般的に、この割合が30―35パーセントという「通常」の水準から逸れることはめったにないにもかかわらずである（第1章図１－５を参照[1]）。そのうえ、企業が設備や機器の取り替えや新たな投資のため、株主に分配しないで確保しておく利益（「未分配利益」）の割合は、第二次世界大戦勃発後に大きく増加した。それだけ再建費用が必要だったのだ[2]。そう考えると、分位Ｐ９９・９９―１００の平均所得が第二次世界大戦の間に3分の1になったのも、さして驚くべきことではない（１９３０年代の世界恐慌の真っ只中におよそ５００万フランだった平均所得は、１９４４―１９４５年におよそ１６０万―１７０万フランに落ち込んだ。図２－７を参照）。これはまた、この分位の申告所得に占める動産資本所得の割合が、「通常」時であれば50パーセントを超えるが、１９４５年には15パーセント以下に減少していた事実とも一致する。こうして見ると、「２００家族」の所得は１９２９年から１９４４―１９４５年に至る15年間に4分の1になったが、この事実は比較的妥当なものと思われる。たしかにこれほどの急減は、低所得者はもちろん、中所得者にとっても想像を絶するものだろう。だが資本所得（すなわち高所得者の所得）は、常に「順景気循環的」である（不況の際には減少するペースが速く、好況の際には増大するペースが速い）。なおかつ１９２９―１９４５年の「不況」は、かつてないほど規模が大きかった。ある意味では、１９１４―１９４５年、とくに１９２９―１９４５年に見られた超高所得者の所得急減は、異例な「不況」が引き起こしたごく普通の結果だったといえる。

2・3　「200家族」はなぜ、1914―1945年の衝撃から回復できなかったのか？

1914―1945年、とりわけ1929―1945年に見られる超高所得者の所得の急減局面よりも、説明が必要とされる現象がある。それは、第二次世界大戦後の数十年間に、実質的なキャッチアップ局面がなかったことである。「通常」であれば、（平均所得に対する）超高所得者の所得は、不況時に減り、続く景気回復時にふたたび増える。そのため景気サイクルそのものが、所得の分布に永続的な影響をもたらすことはない。だがそれが、1929―1945年の「不況」にはあてはまらないようなのだ。分位P99・99―100の平均所得と人口全体の平均所得との差は、1944―1945年以来ずっと50―70倍前後に「固定」されており、以前の水準に戻ることはなかった（図2－8を参照）。分位P99・99―100の平均所得（1998年フラン換算）はたしかに、1945―1946年から「歴史的」増加を始め、1990年代にはおよそ700万―800万フランという水準にまで戻った（図2－7を参照）。しかし、かつて平均所得に対して後れを取った分を埋め合わせようとするならば、1990年代に（700万―800万フランではなく）3500万―4000万フラン前後に到達していなければならない。（平均

（1）この二つの情報源（所得申告とマクロ経済データ）が、互いにきわめて独立したものであることに着目してほしい（前出の第1・2・1・1節を参照）。

（2）とりわけ、1930年代の急落局面について見たのと同様、そのおおよその大きさは、有価証券所得の合計総額の推定値と符合する。デュジェ・ド・ベルノンヴィルとミツァキスの推計によれば、この額（名目フラン）は1938年には300億フランだったが、1943年には350億フランに増えた（付録G表G－12の列(2)を参照）。15パーセント強の増加である（350／300＝1.17）。この増加分は、配当だけを考慮すれば、はるかに少なくなるだろう（減少に転じるかもしれないが、ミツァキスはあいにく配当だけに絞った計算をしていない）。一方、名目フランで見た分位P99・99―100の平均所得は、1938年も1943年もほぼ同じおよそ200万フランである（付録B表B－8の列P99・99―100を参照）。

所得に対する）超高所得者の所得が、1929—1945年の危機以前の水準に戻らなかったように見えるのはなぜなのか？

第一の説明として考えられるのは、第二次世界大戦からまだ十分な時間が過ぎていないからというものだ。つまり、あと数十年もすれば分位P99・99—100の世帯は、平均所得との差が（およそ50—60倍でなく）およそ300倍もあった20世紀初頭や1920年代初めの相対的水準に戻るのではないかという考え方である。実際、1929—1945年の「不況」から立ち直るには時間がかかるという発想は、比較的妥当なものと思われる。「通常」であれば、不況にともなって資本が著しく失われることはない。景気の悪化で被害を受けるのは資本所得であり、一般的に資産所有者が所有する資産の量は、不況前も不況後も変わらない（同量の株式、同量の工場、同量のビルなど）。そのため、資本所得が以前の水準に戻れば、数年で不況の影響は忘れ去られてしまう（破産となると話が変わるが、新たな企業の創業ですぐに埋め合わせられる）。ところが1914—1945年、とくに1929—1945年の「不況」の時期には、資産所有者のかなりの資本が失われた。それを考えれば、この不況の影響を払拭するには長年にわたる資本蓄積が必要だというのもうなずける。1930年代の世界恐慌が異例の規模に達したことを思い出してほしい。それにより無数の企業が破産した。数多くの企業が第一次世界大戦による破壊から立ち直ったばかりだったため、なおさら打撃は大きかった。どれだけの損失を被ったのかを、以前の資産や所得の水準ごとに正確に数値化することはできない。それでもこの破産により、分位P99・99—100の世帯を構成する動産や事業資産の大規模所有者がかなりの資本を失ったことは、疑いの余地がない。その大規模所有者とは、倒産した企業の株主（その株式はもはや一銭の価値もない）や企業を失った非賃金労働者の個人事業主などである。

また、第二次世界大戦時の戦闘（地上戦や爆撃など）による物理的な破壊の規模を考慮に入れなければならない。たしかに、破壊された民間資本の割合を正確に数値化するのはきわめてむずかしい。ある推計によれば、第二次世界大戦後の民間資産の総額（企業やビルなど、家庭が所有するあらゆる種類の財産の総額）は、実質フランで1930

年代の3分の1になったという。(1) この種の推計はきわめてあいまいになりがちだが、戦争によってかなりの割合の民間資産が破壊されたことはたしかだろう。とくに、第二次世界大戦が第一次世界大戦よりはるかに多くの破壊をもたらしたことはまちがいない。こうした大まかな特徴は、さまざまな研究者が民間資産の総額をまったく異なる推計方法を使って算出した結果にも表われている。(2) 実際、第二次世界大戦（とくに1944年）では国土全体が破壊の被害を受けたが、第一次世界大戦では国土のごく一部しか戦闘の被害を受けなかった。また、第二次世界大戦で使用された「テクノロジー」のほうが、はるかに破壊力が大きかった（とくに、飛行や爆撃に関するテクノロジーがあてはまる。大規模な工場などはその優先的な標的になった）。

さらに、第二次世界大戦の場合、戦争が終わっても大資産家の不幸は終わらなかった。その損失は、1945年に行なわれた企業の大胆な国有化政策によって大きく膨らんだ。銀行部門はとくにそうだ。国有化をするにしても、政府が企業の株式を「市場価格」で買い取るのであれば、理屈の上では株主に重大な損害をもたらすことはないはずだ。しかし実際には、戦後の経済状況が混沌としていたため、この「市場価格」がきわめて低い場合が多かった。その結

(1) ソーヴィ（1965―1975年、第2巻、p・442および1984年、第2巻、p・323）を参照。ソーヴィは、コルニュ（1963年、p・399）による民間資産の総額推計を利用し、（民間資産）／（国民所得）比を算出した。それによれば1934年は3・5、1949年は1・2だった。1949年の所得が1934年の所得をやや上まわっていた（せいぜい10―20パーセント）ことを考えれば、民間資産の総額はこの期間に3分の1近くになったといえる。

(2) ソーヴィ（同前）は、コルニュ（1963年、p・399）が「相続財産の帰属率」という手法（この方法については付録J第1.4節で説明している）を用いて行なった民間資産の総額推計を利用している。それによれば、（民間資産）／（国民所得）比は、1908年には5を上まわっていたが、1934年に3・5に落ち（1908年に対して30パーセント以上の減少）、1949年にはさらに1・2まで下がった（1934年に対して65パーセント以上の減少）。ディヴィジア&デュパン&ロワ（1956年、第3巻、図I、p・62）が「直接的」な手法（複数の情報源を利用し、資産額をカテゴリーごとに算出する）を用いて民間資産の総額を推計したところによれば、第二次世界大戦による損失は、第一次世界大戦による損失のおよそ2倍だという（前者が610億金兌換フラン、後者が340億金兌換フラン）。

果、国有化により株主は、動産ポートフォリオを回復させる機会を失ってしまった（関連企業や国内経済全体が「通常」の状態に戻れば、まずまずの額まで回復したのだろうが）。また、ルノーの工場や炭鉱など、いくつかの大企業は「制裁」のためと称して国有化された。この場合、ヴィシー政権と関係したり、協力した疑いがあったり、卑劣な行為をしたりした「資本家」に制裁を科すため、「市場価格」よりもかなり低い、話にならないほどの価格で株式の買い取りが行なわれた。補償金がいっさいなかった場合さえある。ここでもまた、この政策がどれほどの影響を及ぼしたのかを、以前の所得や資産の水準ごとに正確に推計するのはきわめてむずかしい(1)。だが、1945年の国有化は、第一次世界大戦による破壊、1930年代の破産、第二次世界大戦による破壊のあとに行なわれた。大資産家にとってはそれが事実上の「とどめの一撃」となったと思われる。さらに1945年8月15日には、行政命令により「国民連帯税」が導入された。これは、大規模な資本、および占領時代に名目上増えた資産分（実質的には減っている場合が多かったが）に対する特別税である。この税は一度徴収されただけだが、税率がきわめて高く、資産所有者にさらに大きな損害を与えた(2)。それだけではない。場合によってはフランスの有価証券所有者は、1914―1945年の間に、外国の負債放棄や国有化政策の被害も受けた。とりわけ有名なのがロシアの有価証券である。入手できる推計によれば、第一次世界大戦直前には、フランスで所有されている外国の有価証券の4分の1以上がロシアの有価証券だったという(3)。

そして最後に、インフレを考慮する必要がある。20世紀初頭から1950年代までの間に、物価はおよそ200倍になった(4)。この過程においても、やはり第二次世界大戦が中心的な役割を果たした。第二次世界大戦時のインフレ率は、第一次世界大戦時の4倍近くに及ぶ(5)。そのため、資産がおもに、社債や国債、債権証書など、インフレに合わせてスライドしない投資で構成されている人は、第二次世界大戦後には莫大な損失を被った。それは、資産が物理的に破壊された場合と変わらない損失だったにちがいない。「200家族」を含め、高所得の社会集団はすべて、固定利付証券（インフレに合わせてスライドしない有価証券）に資産の一部を投資している。そういう意味では、この社会集団の誰もが、これまでに蓄積してきた貯蓄を破壊するこの力強い要因から完全に逃れることはできなかったと思われる。だがそれでも、きわめて多額の資産や所得を持つ世帯、中でも分位P99・99—100の世帯は、常に資産の大部分を株式として所有している。そのため、この世帯の資産が破壊される過程においてインフレが果たした役割は、1930年代の破産、二度の戦争による物理的な破壊、国有化といった事柄が果たした役割よりは、はるかに小

(1) たとえば、たびたび引用されるディヴィジア&デュパン&ロワ（1956年、第3巻、p・73—76）には、時価よりもかなり低い価格で1945年の国有化が行なわれた、きわめて興味深い事例が掲載されている。ただし、株式ポートフォリオ全体に対する影響を数値化しようとはしていないため、それに対するポートフォリオの規模や所得水準ごとの影響まではわからない。アンドリュー&ル・ヴァン&プロスト（1987年）がまとめた資料も参考になる。これは、1945年に国有化を行なった政治・社会・司法状況をより深く理解する助けになるが、やはり個々のポートフォリオがその規模に応じてどれほどの損失を被ったのかを正確に数値化することはできない。

(2) 1945年8月15日の行政命令により導入された「国民連帯税」は、2種類の特別税に分けられる。一つは、1945年6月4日に推計された全資産額に対する税で、2億フランを超える資産に対し、最大20パーセントの税率が掛けられた。もう一つは、1940—1945年の間に名目上増えた資産に対する税で、500万フランを超える増加分に対し、最大100パーセントの税率が掛けられた。しかし、きわめて高いインフレ率を考えると（1940—1945年に物価は3倍以上になった。付録F表F-1の列(6)を参照）、この税は結局、大きく資産を減らしていない世帯すべてに最大100パーセントの税率を課すことになった。これは、パリ解放後のド・ゴール臨時政府のメンバーだったフランス社会党のアンドレ・フィリップも認めている。フィリップはこう述べている。「資産が増えていない世帯、あるいは、物価全体が上昇したほど資産が増えていないという意味で資産の貨幣価値が減ったという世帯にも課税するのは避けられない。すべてを失ったフランス人が大勢いるというのに、彼らはそれだけの資産をすべて維持できたのだから」（『政治年鑑1945年』p・159を参照）

(3) ディヴィジア&デュパン&ロワ（1956年、第3巻、p・70）の推計によれば、1914年にフランスで所有されていたロシアの証券は、およそ110億金兌換フランに及ぶ。当時のフランスの外国有価証券ポートフォリオ（あらゆる有価証券を含む）の評価額は、400億金兌換フランだった。

(4) 付録F表F-1の列(7)を参照（名目〔旧〕フランから1998年フランへの換算率は、20世紀初頭はおよそ20、1950年代はおよそ0・1である）。

(5) 第1章第1節を参照。

さかったことだろう。

これらの不確定要素がどうであろうと、1914―1945年の危機、とりわけ1929―1945年の危機により、資本所得が急減しただけでなく、資本の蓄積が「ゼロ」（もしくはそれに近い数値）になった。第二次世界大戦後には大資産家の資産水準は、第一次世界大戦直前の水準（これは1920年代にもほぼ維持されていた）をかなり下まわった。そう考えれば、この資産やそれによる所得が回復し、（人口全体の平均所得に対する）分位P99・99―100の平均所得が危機以前の水準に戻るまでに、数十年あるいは数世代分の時間がかかるというのもうなずける。この解釈は、分位P99・99―100の世帯の所得構成の推移を検証することで確認できる。戦前にこの分位を構成していたのは大口株主だったが、戦後の数年間は、自分が運営する企業からの混合所得で生活する個人事業主がそれに取って代わった。おそらくは、新世代の個人事業主だろう。しかし1950年代、1960年代、1970年代、1980年代と徐々にではあるが、資産はしだいに増えていき、新たに形成された（あるいは回復を果たした）大資産家が分位P99・99―100に加わり、資産からの動産資本所得のみで生活できる水準に達した。資本所得が混合所得に対し、「当然」の権威を回復したのだ。そのため、第二次世界大戦に続く数十年間は、「資本の本源的蓄積」の局面にあったといえる。大部分が破壊されたそれまでの資産に代わり、新たな事業資産が形成されたのである。この解釈はまた、未分配利益について述べた事実とも一致している。終戦直後の数年、および1950年代もほぼ同様に、企業は利益の大部分を再投資する道を選んだ。それからのちになって、株主に支払われる配当の割合が徐々に回復していった。(1) これらの事実はすべて、超高所得者の所得が20世紀初頭や1920年代の相対的水準に戻るまでにはかなりの年月がかかるという考え方と一致している。だから、1990年代にはまだこの水準に達していないのも「当然」というわけだ。

しかし、この第一の説明では不十分である。1945年から1998年までの間に半世紀以上の月日が流れている。ぎりぎり譲歩して、大資産家の資産が完全に以前の水準に戻るにはまだ時間が足りないという考え方を認めたとしよう。しかしこれだけの時間が過ぎていれば、大資産家の資産の回復がすでにかなり進んでいたとしてもおかしくはない。この第一の説明どおりであれば、第二次世界大戦以後の半世紀の間に、所得全体に占める分位P99・99―100の所得の割合が、もっと高くなっていてもいい。少なくとも、1944―1945年の最低水準（所得全体のおよそ0・5パーセント）から、20世紀初頭や1920年代初めの水準（所得全体のおよそ3パーセントかもう少し上）へ向けて、ある程度は上昇しているはずだ。たとえば、1990年代に1・5―2パーセント前後に達しているといった具合にである。ところが実際には、長期的な回復の兆しはいっさいない。所得全体に占める分位P99・99―100の所得の割合は、1944―1945年以来、0・5パーセント前後で停滞しているように見える（図2―8を参照）。1946年に著しい回復の兆しがあったが（0・5パーセントから0・7パーセントへ）、1950―1960年代には減少傾向を示し、1950年代初めのおよそ0・7パーセントから1960年代末におよそ0・5―0・6パーセントに落ちると、それ以降は0・5―0・6パーセント前後を維持している（何度か景気による変動はあったが）。図2―8に示したデータのどこにも、分位P99・99―100の所得の割合が21世紀初頭の数十年で突然およそ3パーセントに戻ると思わせる要素はない。

そこで第一の説明を補完する第二の説明が考えられるが、こちらの説明のほうがはるかに説得力があるように思われる。それは、20世紀の間に、大資産を蓄積するための条件が、19世紀から1914年までとは構造的に異なるものになったということだ。その理由はおもに、所得税と相続税にある。つまり、大資産家の資産が危機から回復できなかった理由、1914―1945年に陥った「ゼロ」状態から回復できなかった理由は、回復局面において重い税負担に直面したからだと思われる。毎年所得から徴収される所得税、および世代ごとに一度、蓄積した資産を次世代に引き継ぐ際に徴収される相続税である。「経済情勢」による最初の衝撃（1930年代の世界恐慌、世界大戦、イン

（1）第1章第2.2節を参照。

フレ）の後、こうした構造的要因（累進税）のせいで、大資産家の資産や超高所得者の所得は、衝撃以前の水準に戻ることができなかったのだろう。

この説明は、比較的説得力があるように思われる。20世紀初頭に所得を生み出していた大規模資産は、1世紀にわたりたいした障害もなく資本を蓄積した結果生まれたものだ。１８１５―１９１４年の間は、インフレの心配も所得税や相続税の心配もなく資産を蓄積できた（１９１４年以前の相続税は、いちばん高い税率でも微々たるものだった）。だが、第一次世界大戦後に条件が劇的に変化した。所得税や相続税の最高税率は、30パーセントや40パーセントや50パーセント、あるいはそれ以上に及び、今日までその水準が維持されている。そのため所得分布の最上位の世帯は毎年、所得の30パーセントや40パーセントや50パーセントを所得税として支払わなければならなくなった。また世代ごとに一度、所有資産に対して上記と同様の割合の額を相続税として支払わなければならなくなった。脱税や所得の無申告（合法・非合法を問わず）といった行為により、こうした税負担が軽減されることもないわけではないが、きわめて巧妙に立ち回ったとしても、所得の少なくとも20―30パーセントは毎年徴収を余儀なくされる。世代ごとに一度、資産から徴収される相続税についても同様である。このような状況では、課税の（ほとんど）ない時代の水準（平均所得に対する水準）まで資産を蓄積することなど、事実上できない。こうした世帯が最初から、１９１４―１９４５年の危機により完全に「プロレタリア化」してしまうことさえ回避できればいい、ある程度の生活水準さえ維持できればいいと考えていたとすれば、なおさらである。だがこの現象の重要性を考えると、この説明が妥当なものであると客観的に判断するためには、20世紀における税法の変遷、とくに超高所得者の各分位に課税された所得税率の変遷を詳細に調べる必要がある。これについては第2部で取り上げる（第4章および第5章を参照）。

さらに、第三の説明の重要性を無視するわけにはいかない。それは、「２００家族」の所得の急落は「税務統計上の幻想」にすぎないかもしれないというものだ。つまり、所得全体に占める分位Ｐ９９・９９―１００の所得の割合が１９４５年以降停滞し、20世紀初頭や１９２０年代の水準に戻らないのは、もっぱらこの分位の平均所得を、税務当局への申告所得をもとに算出しているためだとも考えられる。分位P99・99―100の場合、「本来の所得」と申告所得の比が、1945年以来かなり増加している可能性がある。そのため、申告所得だけを頼りにしていては、1990年代にこの分位の「本来の所得」が（平均所得と比べて）危機以前の水準まで回復したかどうかを確認できない。しかし、20世紀の間に所得全体に占める超高所得者の所得の割合が減少している規模を考えると（1990年代の分位P99・99―100の平均申告所得は「本来」の数値のおよそ5分の1でしかないことになる）、この説明にはあまり妥当性があるとは思えない。たとえば、観察された現象をこの種の要因で説明しようとすれば、1990年代に分位P99・99―100が申告した所得1フランが「本来の所得」5フランに相当すること、および所得税導入当初や1920年代に申告した所得1フランが「本来の所得」1フランに相当することを証明しなければならない。それに、申告所得に占める資本所得の割合の推移を調べてみると、1945年以来、数々の資本所得に対する課税免除の恩恵を受けているのは、トップ十分位のうち分位P99・99―100よりも下位の分位だと思われる。

しかし、20世紀の高所得者の歴史分析において、この現象は中心的な役割を果たしている。それを考えると、この説明を取り下げる前に、まずはそれがどの程度の影響力を持つのかを詳細に検討する必要があると思われる。そのためには、ここでもまた、まずは所得税法の変遷を調べ、20世紀の間に脱税や所得の無申告（合法・非合法を問わず）の誘因や機会がどのように変わったのかを知る必要がある。これについては第2部で取り上げる（第4章および第5章）。そして第3部ではまるまる1章を割き、相続申告の入念な分析により導き出した情報などをもとに、この「税務統計上の幻想」理論の検証、および大資産家の資産が回復しなかった問題を取り上げる（第6章）。

2.4　20世紀初頭から1990年代まで安定していた「中流階級」

いまのところは、所得分布のトップ十分位の下層にいる社会集団を検証しよう。すなわち、「中流階級」（分位P

90―95）と「上位中流階級」（分位Ｐ95―99）である。この社会集団は、「高」所得者の中では最も「貧しい」世帯で構成されているため、人口全体の平均所得との所得差が、「２００家族」（分位Ｐ９９・９９―１００）に常に見られるような極端に大きな数字になることはない。しかしこの集団は、「２００家族」よりもはるかに数が多い。分位Ｐ90―95とＰ95―99は定義からして、総人口の９パーセントを占める（分位Ｐ９９・９９―１００は０・０１パーセント）。また、トップ十分位の人口の90パーセントを占める（分位Ｐ９９・９９―１００は０・１パーセント）。

私たちの推計から得られたおもな情報については、すでに述べている（表２‐１および２‐２を参照）。「中流階級」も、それよりはやや劣るが「上位中流階級」も、20世紀の間に、人口全体の平均購買力の増大率にきわめて近い割合で、購買力を増大させているようだ。分位Ｐ90―95の世帯の平均所得（１９９８年フラン換算）は、20世紀初頭から１９９０年代までに、６万５０００フラン弱（月額５５００フラン弱）から30万フラン近く（月額およそ２万５０００フラン）に増えた。つまり約４・７倍の増大であり、人口全体の世帯平均所得に見られる約４・５倍という増大率とほぼ同じである。私たちの推計によれば、分位Ｐ90―95の所得が家庭の所得全体に占める割合は、１９００―１９１０年にはおよそ11パーセント、１９９０年代もやはりおよそ11―１１・５パーセントだった。分位Ｐ90―95の世帯数は理屈上、総世帯数の５パーセントにあたる。それに対して、この分位の所得全体に占める割合がおよそ11―１１・５パーセントだったということは、この分位の世帯は、人口全体の平均所得のおよそ２・２―２・３倍にあたる平均所得を手にしていることになる。それが、20世紀初頭においても（分位Ｐ90―95の平均所得は６万５０００フラン近く、人口全体の平均所得はおよそ２万９０００フラン）、20世紀末においても（分位Ｐ90―95の平均所得は30万フラン近く、人口全体の平均所得はおよそ13万フラン）同様にあてはまるのである。言い換えれば、20世紀初頭の「中流階級」（分位Ｐ90―95）は、平均所得がだいたい20世紀末の社会参入最低所得手当（ＲＭＩ）（月額およそ２４００フラン）に相当する社会で、20世紀末の法定最低賃金労働者とほぼ同じ所得（月額およそ５５００フラン）を手にしていた。一方、20世紀末の「中流階級」（分位Ｐ90―95）は、人口全体の世帯平均所得が月額およそ１万１０

００フランの社会で、月額およそ2万５０００フランの所得を手にしている。

このように、分位Ｐ90―95の平均所得と人口全体の平均所得との差は、20世紀の間きわめて安定した推移を示していた。これはつまり、「２００家族」の平均所得と人口全体の平均所得との差と同様、「２００家族」の平均所得と「中流階級」の平均所得との差も、20世紀の間におよそ5分の1になったということだ。これはきわめて意外なことのように思われる。20世紀の間に、物価は約２０００倍になった（旧フランから新フランへの移行を考慮すれば20倍）。名目所得は約９０００倍になった（旧フランから新フランへの移行を考慮すれば90倍）。それなのに「中流階級」（分位Ｐ90―95）の平均所得は常に、人口全体の平均所得の約2・2―2・3倍だった。１９００―１９１０年、１９３０年、１９５０年、１９７０年、１９９０年のいずれも、所得全体に占める分位Ｐ90―95の所得の割合は、常におよそ11―１１・５パーセントなのである（図２－10を参照）。たしかにこの割合は、経済情勢に合わせて大きく変動してきた（とくに20世紀前半）。この変動の原因についてはのちに詳しく取り上げる。しかしここで注目すべきは、どの時期であろうと、またインフレ率がどう変化し、名目所得がいくら上がろうと、「中流階級」（分位Ｐ90―95）の平均所得を常に、人口全体の平均所得の約２・２―２・３倍の水準に戻そうとする抗しがたい力が働いているように見えることだ。これほどまでに両者の差が安定しているのはなぜなのか？

まずいえるのは、「上位中流階級」（分位Ｐ95―99）の平均所得と人口全体の平均所得との差もまた、ほぼ安定して見えるということである。分位Ｐ95―99の年間平均所得（１９９８年フラン換算）は、20世紀初頭から１９９０年代にかけて、11万フラン弱からおよそ44万フランに増えた。つまり20世紀の間に購買力が4倍になったのだが、この数字は、人口全体の平均購買力の増大率（約４・５倍）より10パーセント強少ないだけであり、たいした差ではない。また、分位Ｐ90―95の場合と同様に、所得全体に占める分位Ｐ95―99の所得の割合はこの期間に大きく変動しているが、長期的に見れば明確な傾向はない（図２－10を参照）。１９００―１９１０年にはおよそ15パーセント、１９９０年代には13―１３・５パーセントで、20世紀初頭の水準から10パーセント強下がっただけにすぎない。分位Ｐ95―

図 2-9 「中流階級」（分位 P90-95）および「上位中流階級」（分位 P95-99）の平均所得（1900-1910 年および 1919-1998 年、1998 年フラン換算）

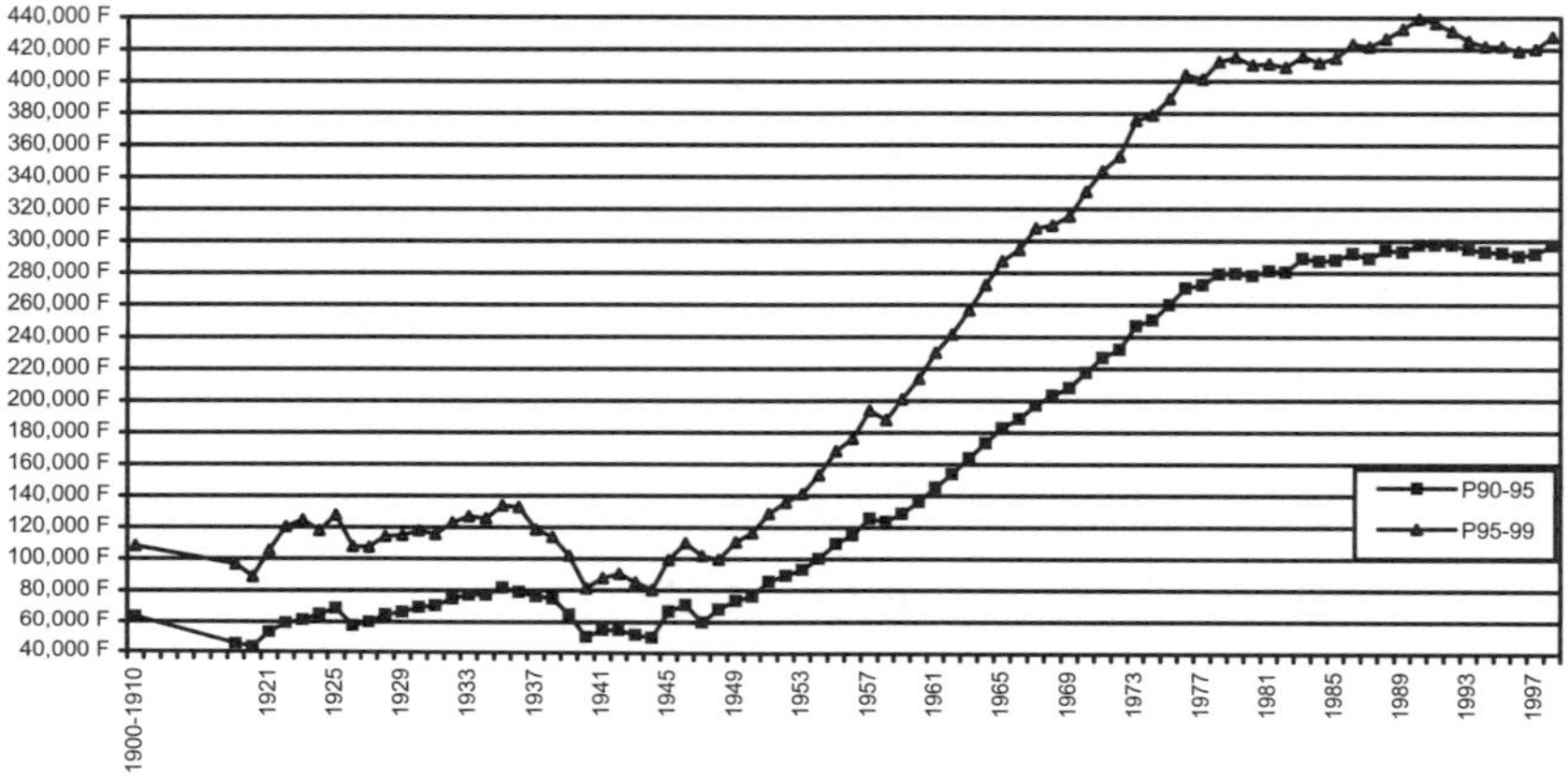

情報源　表B-12の列P90-95とP95-99（付録B）

図 2-10 「中流階級」（分位 P90-95）および「上位中流階級」（分位 P95-99）の所得が所得全体に占める割合（1900-1910 年および 1919-1998 年）

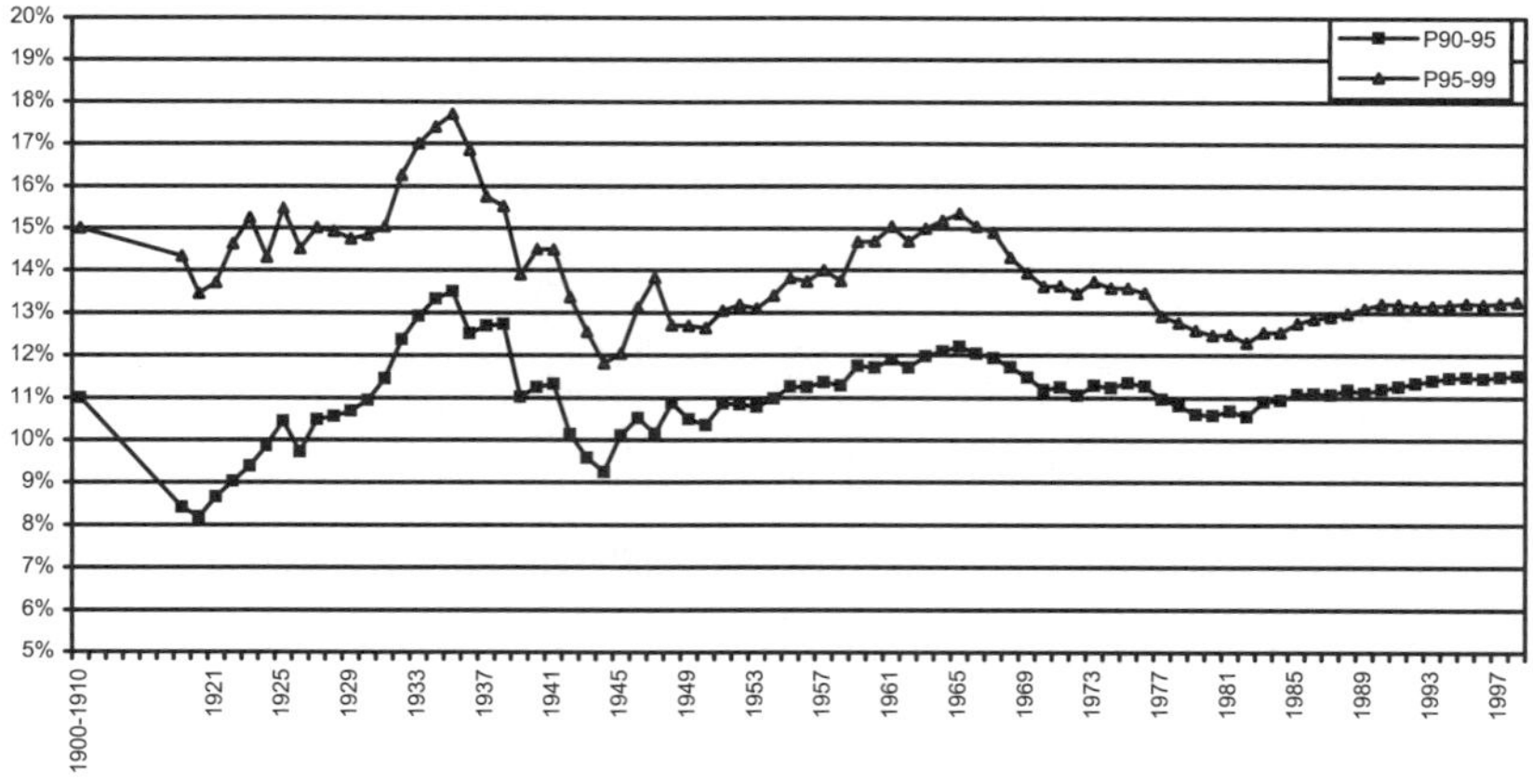

情報源　表B-15の列P90-95とP95-99（付録B）

99の世帯数は総世帯数の４パーセントにあたる。つまり、分位Ｐ95—99の平均所得は、人口全体の平均所得に対し、20世紀初頭で約３・７—３・８倍、１９９０年代で約３・３—３・４倍多い[1]。こうして見ると、トップ十分位の人口の90パーセントを占める分位Ｐ90—95とＰ95—99は、人口全体の平均購買力の増大率とほぼ同じ割合で購買力を増やしてきた。そのため、20世紀の間に所得全体に占めるトップ十分位の所得の割合は低下したものの、この両分位はほとんどその低下の原因にはなっていない（10パーセント強しか関与していない。前出の表２－２を参照）。

また、トップ十分位の平均所得がたどった曲線（図２－５を参照）は、「２００家族」（分位Ｐ９９・９９—１００）の平均所得が描いた「Ｕ字曲線」（図２－７を参照）とは異なるが、分位Ｐ90—95やＰ95—99の平均所得がたどった曲線（図２－９を参照）とは全体的に形が似ている。この図２－９の曲線はさらに、人口全体の平均所得がたどった推移（第１章図１－６を参照）とも同じような特性を持っている。すなわち、「栄光の30年」（１９４８—１９７８年）に購買力が急上昇しているが、その前後の期間（１９００—１９４８年と１９７８—１９９８年）は相対的に安定している。これは、「数の力」による自然な結果である。たしかに「２００家族」は、「中流階級」（上位か否かを問わず）よりもはるかに多くの所得を手にしている。しかし「２００家族」は数が少ないため、高所得者全体の平均を取ると、わずかな影響しか及ぼさない。だからこそトップ十分位の平均所得は、「中流階級」の平均所得にきわめて近い推移をたどることになるのだ。所得全体に占める「中流階級」（分位Ｐ90—95）の所得の割合が主として11パーセント程度、「上位中流階級」（分位Ｐ95—99）の所得の割合が15パーセントに及ぶというのに、「２００家族」（分位Ｐ９９・９９—１００）の所得の割合が、最も多い時期でさえ（ほとんど）３パーセントを超えないというのも、同じ「数の力」による。この原理の影響については、第２部で所得税負担の分布や再分配の問題を検討する際に取り上げる。

（１）15／４＝3.75、13.5／４＝3.3。

所得全体に占める分位P90―95やP95―99の所得の割合が安定している理由の説明に話を戻そう。まず思い出してもらいたいのは、この社会集団においては、資本所得が補助的な所得以外の何ものでもないということだ。この分位では、就業所得が常に所得全体の少なくとも80―85パーセントを占めている（一般的には90パーセント以上）。さらにその就業所得の大部分は、常に給与である。これは、20世紀初頭以来変わらない。そう考えると、1914―1945年の期間、とくに1929―1945年の間に、「中流階級」（上位か否かを問わず）の所得が「200家族」のように急減しなかったのも、驚くにはあたらない。二つの世界大戦によるインフレや、それよりは影響力は少ないものの、破産、破壊、国有化などによって、「中流階級」が従来所有していた国債や不動産の価値は大幅に下落した（総量において）。しかしこの社会集団では、資本所得は（所得全体の）ほんのわずかな割合しか占めていない。そのため、1914―1945年に資本の蓄積が「ゼロ」になったとしても、その所得に対する影響も、人口全体の平均所得との差に対する影響もごく限られていたのだ。所得全体に占める「中流階級」（上位か否かを問わず）の所得の割合が安定していたということは、この社会集団が受け取る就業所得（おもに給与）と人口全体の平均所得との差が安定していたことにほかならない。たとえば、所得全体に占める分位P90―95の所得の割合は、11―11・5パーセント前後で安定していた。これは、「中流階級」が受け取る給与が常に、人口全体の世帯平均所得に対し、約2・2―2・3倍多かったことを示している。ちなみに、先述したように、人口全体の世帯平均所得は常に賃金労働者1人あたりの平均給与とほぼ同じである。これらの結果は、20世紀フランスにおける給与格差、あるいはもっと広くいえば就業所得格差が、きわめて安定していたことを強く示唆している。

しかし、給与の差が長期にわたり安定していたらしい理由についてさらに調査を進める前に、まず給与の格差そのものの推移を調べ、この推論が正しいことを確認する必要がある。これについては次章（第3章）で取り上げる。さしあたっていえるのは、以下のとおりである。「200家族」（分位P99・99―100）の申告所得の推移と「中流階級」（分位P90―95とP95―99）の申告所得の推移を比較すると、この二つの推移には、経済的にまったく異なる力が作用していることがわかる。「２００家族」の所得の急減は、資産やそれによる所得の急減で説明できる（この場合は、大資産家の資産が20世紀初頭の相対的水準に戻らなかった理由を理解することが重要になる）。一方、「中流階級」の相対的地位が安定しているという事実を見ると、給与格差の調査が必要になる（この場合は、労働市場が長期にわたりきわめて安定した給与の差を生み出してきたように見える理由を理解することが重要になる）。これについて所得申告からおもにわかるのは、所得全体に占める高所得者の所得の割合が20世紀の間に低下したのは、もっぱら資産やそれによる所得の急減に由来するように見えるということだ。この割合の低下は、資本が破壊され、それによる所得が急減した時期にのみ起きている。資本所得に（ほとんど）依存していない高所得者とは関係がないのである。

これは、資本主義における格差のダイナミクスという、より一般的な問題を扱ううえで欠かせない情報である。これまで私たちは、20世紀フランスで所得全体に占める高所得者の所得の割合が低下してきたプロセスを見てきた。それは、クズネッツ（１９５５年）が「釣り鐘曲線」の理論を正当化するために説明した経済メカニズムとは大きく異なるように思われる。「クズネッツ曲線」に関するさまざまな考察を生み出してきたその経済メカニズムとは、次のようなものだ。経済発展とは、田舎・農業・貧困という特徴を持つ「A部門」から、都市・工業・富裕という特徴を持つ「B部門」への労働力の移動という性質を持つ。そのため産業発展の最初の段階では、必然的に所得格差が拡大する。「A部門」にとどまる人とすでに「B部門」に移動した人との間に格差が生まれるからだ。これは、「釣り鐘曲線」の上昇部分に相当する。だが発展が進んだ段階では、誰もが「B部門」に移動してしまうため、必然的に所得格差は縮小する（「A部門」が少数派になった時点から、「B部門」へ移動があるごとに全体の所得格差は縮小していく）。これは、「釣り鐘曲線」の下降部分に相当する。もっと一般的な言い方をすれば、クズネッツの考えでは、産業発展により生み出される富は、最初は一部の人にのみ利益をもたらすにすぎない。だがその富は、最終的には人口全体に公平に行き渡るようになるという（これが「トリクルダウン」理論である）。この理論では（きわめて様式化されている場合はとくに)、第二局面において平均との差が最も縮小するのがどの分位の所得なのか、正確に予測することはできない(20世紀フランスは通常、この第二局面に位置すると考えられる)。それでもこの理論に従うかぎり、所得の差の縮小は、超高所得者だけでなく、人口のかなり広範な部分と関係しているはずである。クズネッツの理論が正しければ、所得格差だけでなく給与や就業所得の格差も、20世紀の間に縮小することが当然予想される。だが、フランスではそうなっていないように見える。[1] そのうえ、所得全体に占める超高所得者の所得の割合の減少は、フランスではある時期に、きわめて限定的かつ特殊な形で起きている。クズネッツが述べたような「自然」で「自発的」な経済プロセスとは、いかなる点でも似ていない。超高所得者の所得の急減は、二つの世界大戦に密接に結びついている。それが完全に回復しないのは、きわめて政治的な要因(所得や相続に対する累進税)で説明できるはずであり、農業部門と工業部門の比較による発展レベルでは説明できないと思われる。つまり、クズネッツの理論、あるいはもっと幅広く、資本主義が発展するにつれ所得格差は必然的に縮小するという考え方に基づく理論では、20世紀の所得格差の歴史に現われた事実を説明することはできないだろう。少なくともフランスの場合はそうだ。「クズネッツ曲線」の考え方が提起する問題、フランスの事例と諸外国の事例との比較から導き出せる情報については、フランスの事例から引き出せる教訓をもっと詳細に検討したのち、第3部で取り上げる(第7章を参照)。

2.5　中間に位置する「上流階級」

「上流階級」(分位P99—99・5、P99・5—99・9、P99・9—99・99)の場合は、比較的説明が「容易」だ。「上流階級」が、いかなる点からも「中流階級」(分位P90—95)および「上位中流階級」(分位P95—99)の所得の割合と「200家族」(分位P99・99—100)の所得の割合との中間に位置しているからだ。先に述べたとおり、高所得者の所得構成の推移を見ると、いつの時代であれ、上流階級の所得階層を上へ行くにつれ、非賃金労働者の個人事業主や株主が、賃金労働者に取って代わるようになる。所得が増すにつれ、就業所得に占める混合所得の割合が増え、所得全体に占める資本所得の割合が増えていく。所得分布のトップ百分位に入ると、その傾向はますます強くなる。私たちが概要を示したこの考え方が正しければ、「上流階級」の階層を上へ行けば行くほど、1914―1945年に失った資本が所得に及ぼす影響も大きくなり、所得全体に占めるその分位の所得の割合もそれだけ大きく減少することが当然予想される。

実際、申告された所得の水準の推移を見ると、「上流階級」の推移は、「上位中流階級」から離れれば離れるほど「200家族」の推移に似てくる。20世紀の間に、分位P99―99・5の購買力は3倍近くになったが、分位P99・5―99・9の購買力は2倍強、分位P99・9―99・99の購買力は1・3倍にしかなっていない（表2－1を参照）。もっと視野を広げ、20世紀の間に「上流階級」の各分位の平均所得がたどった推移の曲線を見てみよう（図2－11を参照）。トップ百分位の下半分（分位P99―99・5）の世帯は全体的に、「中流階級」（上位か否かを問わず）や人口全体の平均所得にきわめて近い特性を持つ推移をたどった。購買力は、1900―1948年および1978―1988年にはほぼ停滞しているが、「栄光の30年」の間に急増している。続く0・4パーセント（分位P99・5―99・9）も、全体的な特性はあまり変わらないが、20世紀前半の「停滞期」が、より大きな減少の形を取った様相を見せはじめる。分位P99・9―99・99になると、その特性はもはや「200家族」（分位P99・99―100）が示した特性と酷似しており、1900―1948年の「停滞期」がまぎれもなく減少期に姿を変えている。ただしその後の「栄光の30年」により、20世紀初頭の水準をやや上まわるほど購買力が増大している。

（1）クズネッツのモデルによれば、農村部の低賃金労働者（農業労働者や農場の使用人など）が都市部へ移動すると、普通なら給与格差がかなり縮小するはずである（より一般的にいえば、農村部の低賃金労働者や小規模な独立農業経営者が都市部へ移動すると、就業所得格差がかなり縮小するはずである）。クズネッツは所得格差の縮小の理由を、（資本所得の変化ではなく）この現象により説明している。

図 2-11 「上流階級」(分位 P99-99.5、P99.5-99.9、P99.9-99.99) の平均所得
(1900-1910 年および 1915-1998 年、1998 年フラン換算)

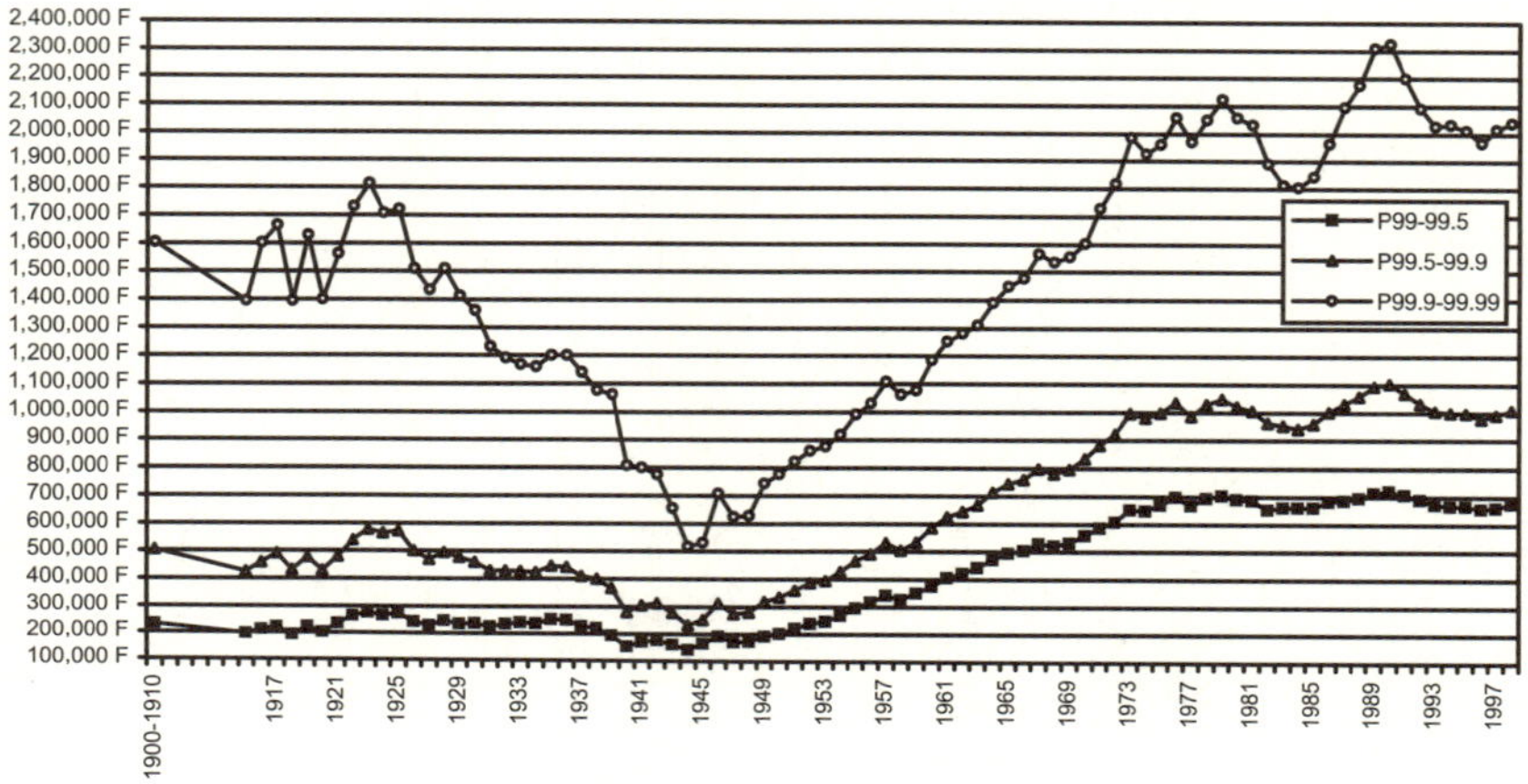

情報源　表B-12の列P99-99.5、P99.5-99.9、P99.9-99.99（付録B）

図 2-12 「上流階級」(分位 P99-99.5、P99.5-99.9、P99.9-99.99) の
所得が所得全体に占める割合 (1900-1910 年および 1915-1998 年)

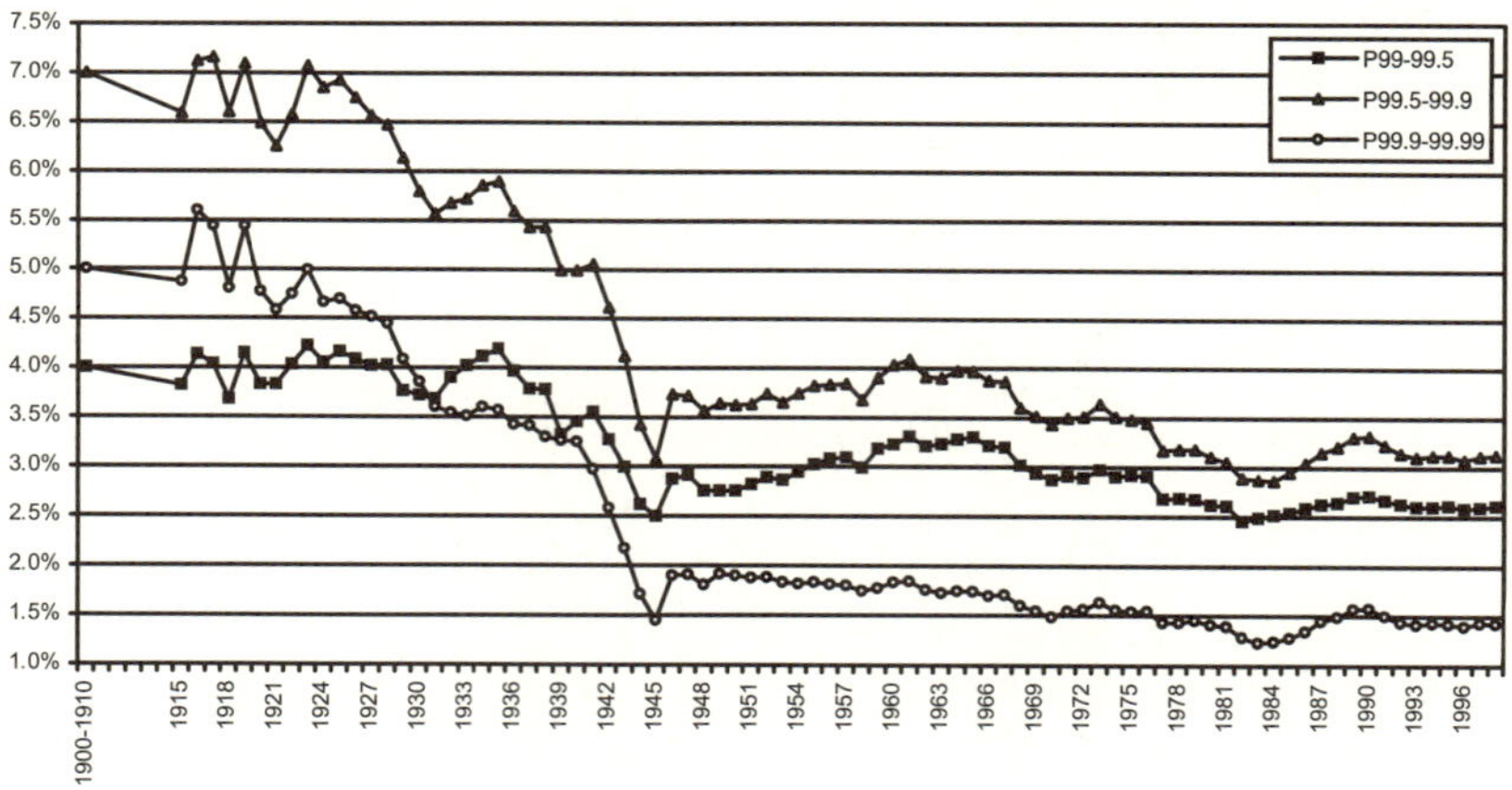

情報源　表B-15の列P99-99.5、P99.5-99.9、P99.9-99.99（付録B）

当然のことながら、「上流階級」の各分位の所得が所得全体に占める割合の推移を見ても、事情は同じである（図2－12を参照）。分位Ｐ99—９９・５の推移は、「上位中流階級」ときわめて似ており、所得全体に占めるこの分位の所得の割合は比較的緩やかに低下している。一方、分位Ｐ９９・９—９９・９９の推移はむしろ「２００家族」と類似しており、その低下はもはや急減といっていい。

この結果は理にかなっている。実際には、高所得者の各階層の間に明確な切れ目があるわけではない。それを考えれば、分位Ｐ90—95の「中流階級」（所得全体に占める割合が長期的にきわめて安定している）から、分位Ｐ９９・９９—１００の「２００家族」（所得全体に占める割合が20世紀の間に急減している）へ、途切れることなく徐々に移行していくのが自然である。この観点から見れば必然的に、「上流階級」は過渡的階級だと考えられる。「中流階級」と「２００家族」の間にあるすべての分位で得られた結果が、この両階級で得られた結果の中間の様相をはっきり示している点は、私たちが提示した解釈と完璧に一致する。つまり、所有する事業資本や動産資本に依存している所得階層ほど、その所得が所得全体に占める割合が20世紀の間に大きく減少している。高所得者の分位ごとに申告所得の所得構成や所得水準の推移を推計する利点、さらに広くいえば、「中流階級」から「２００家族」へとまったく途切れることなく徐々に移行していくと考える利点は、そこにある。

また、20世紀の間に購買力がはっきりとした低下を示すのは、「２００家族」（分位Ｐ９９・９９—１００）の水準まで行ってからである。これは、トップ百分位でもかなり上層へ行かなければ、資本所得が真に決定的な重要性を帯びるようにはならないというすでに指摘した事実と一致している。トップ百分位の全分位の平均を取ってみればわかるが、その平均所得の推移は「２００家族」よりもむしろ、「中流階級」（上位か否かを問わず）や人口全体の平均所得の推移に似ている（図2－13を参照）。これはまたしても「数の力」を表わしている。たしかに、所得全体に占めるトップ百分位の所得の割合は、20世紀の間にかなり低下した。20世紀初頭には20パーセント近くあったが、１９９０年代にはおよそ8パーセントまで落ちている（図2－14を参照）。これは、トップ百分位の平均世帯が、20世

図 2-13　トップ百分位の平均所得
(1900-1910 年および 1915-1998 年、1998 年フラン換算)

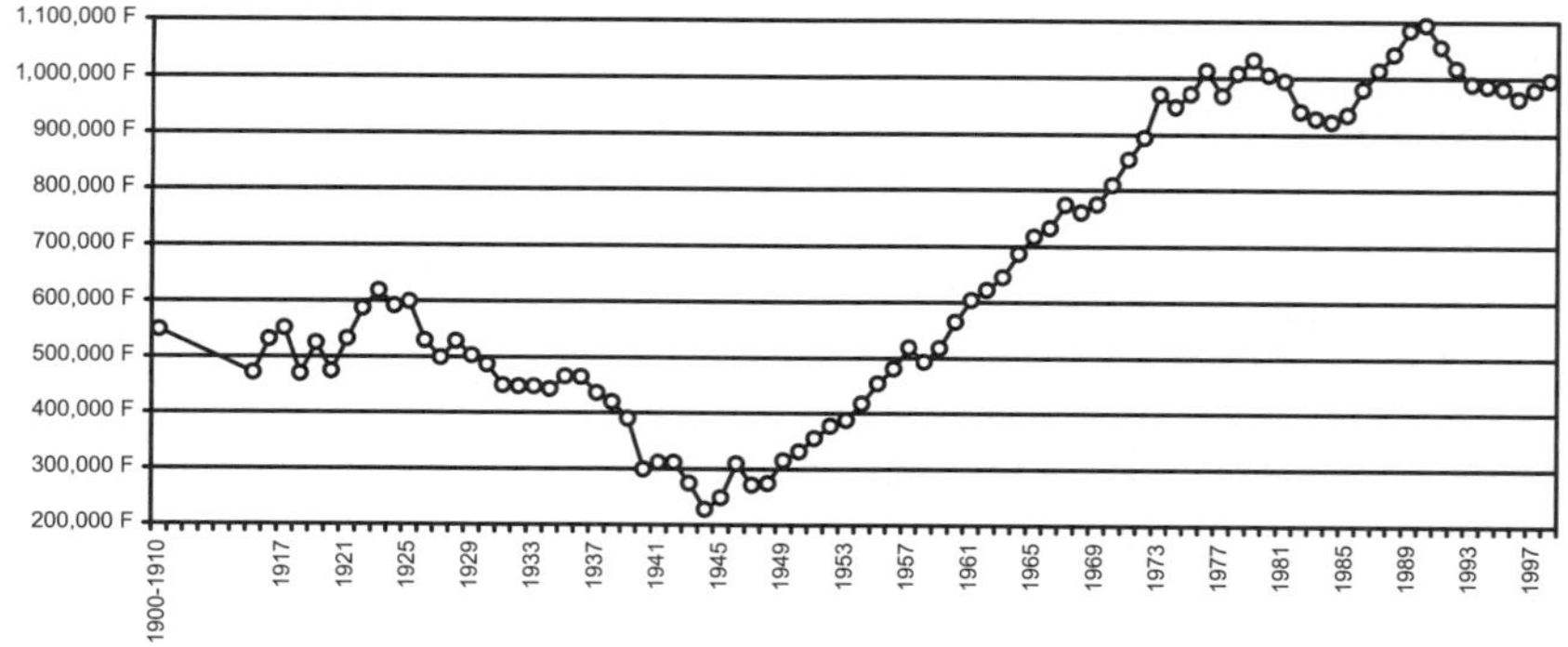

情報源　表B-11の列P99-100（付録B）

図 2-14　所得全体に占めるトップ百分位の所得の割合
(1900-1910 年および 1915-1998 年)

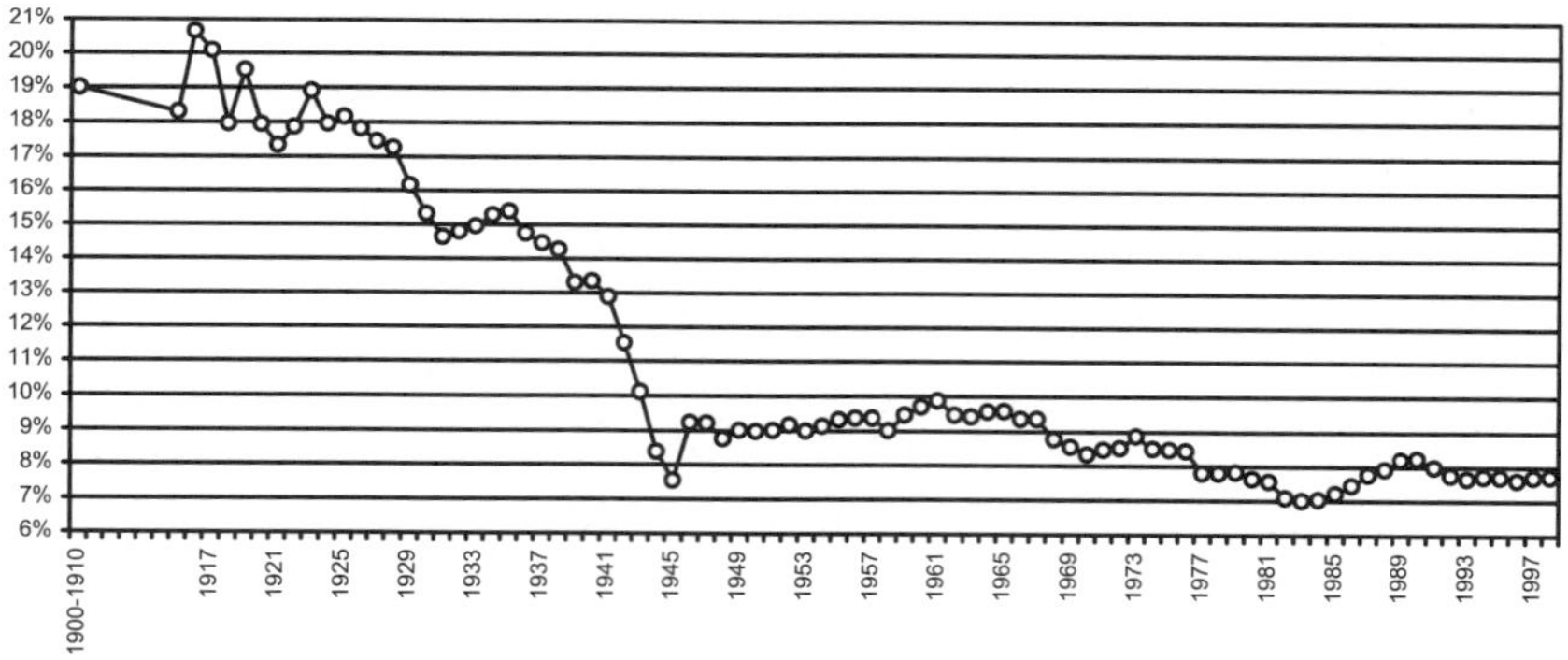

情報源　表B-14の列P99-100（付録B）

紀初頭には人口全体の平均所得の20倍近くの所得を手にしていたが、20世紀末には人口全体の平均所得の８倍の所得「しか」持てなくなったということだ。しかしそれでも、「２００家族」はあまりに数が少ないため、トップ百分位全体の購買力は20世紀の間にかなり増えている。20世紀初頭から１９９０年代までの間に、およそ50万フランからおよそ１００万フランに増加しているのである（図２－13を参照）。

3　20世紀フランスの高所得者の所得水準の推移――中期的に見た格差のダイナミクスの複雑さ

所得全体に占める高所得者の所得の割合の1世紀にわたる低下を調査したところ、この長期的な現象が「自然」で「自発的」な経済プロセスとは似ても似つかないことが判明した。短期的・中期的変化を分析してもこの全体的な印象は確認できる。１世紀にわたって、格差の縮小局面と格差の拡大局面とが交互に繰り返されたことが観察され、その交代のタイミングは、それらのさまざまな時期のフランスにおける経済の一般的推移と一致している。しかし、そうした繰り返しがあるということは20世紀フランスにおける格差の実際の歴史が、所得格差は規則的に必ず縮小傾向に向かうとする考えから想像されるよりはるかに複雑であることを示している。まずは、１９１４―１９４５年の時期を特徴づける格差の変動を分析し（第３．１節）、次に１９４５―１９９８年の変動を見ていこう（第３．２節）。

3．1　戦間期の複雑さ

戦間期は、政治経済的観点から見て極端に複雑な時代である。したがって、この時期の格差の歴史もまた、相当に複雑であったとしても驚くにあたらない。とりわけ、第一次世界大戦後の復興と大幅な経済成長の期間ともいえ、高所得者にとって明らかに有利だったにちがいない１９２０年代と、世界恐慌が起こり高所得者にとって明らかに不利だったにちがいない１９３０年代との従来の対比だけでは、この複雑さはとても論じきれるものではない。このことは、戦間期の経済情勢が高所得者の中の各分位に対して、さまざまな点から影響を与え、その結果、高所得者はこの時期に、時代に逆行する変化を経験したという事実から説明できる。

「２００家族」の所得は１００年間で激減したが、そのさまざまな段階を検討してみると、すでに指摘したように、第一次世界大戦が最上位の高所得者にとって実際に不利に働いたのかどうかははっきりしない。いずれにせよ、１９１４年から１９１８年にかけて、超高所得者の所得の減少は比較的小幅にすぎなかった可能性がある。その点は不確実であったとしても、第一次世界大戦によって、「上流階級」（分位Ｐ99―９９・５、Ｐ９９・５―９９・９、Ｐ９９・９―９９・９９）や「２００家族」（分位Ｐ９９・９９―１００）よりも、「中流階級」（分位Ｐ90―95）と、（中流階級よりはましだったものの）「上位中流階級」（分位Ｐ95―99）とがはるかに大きな打撃を受けたことだけはたしかである。所得全体に占める「２００家族」と「上流階級」の所得の割合はこの時期、実質的には低下していないように思えるが（図２‐８および２‐12を参照）、その一方で「中流階級」の割合は、１９００―１９１０年は11パーセントだったのに対して１９１９―１９２０年には８パーセントに低下した（図２‐10を参照）。つまり、人口全体の平均所得に対して25パーセント以上低下したことになる。「中流階級」の相対的地位は、通常はかなり安定しているという特徴を持っていることを考慮すると、これは大きな数字である。この結果はまた、次のように説明できる。まず、分位Ｐ90―95の世帯はおもに比較的高い給与を得ている給与生活者だが、高い給与は、第一次世界大戦中はごく一部しか引き上げられなかった。その結果、インフレの影響で、他の所得階層、つまり非賃金労働者の混合所得階層や低賃金労働者の所得階層と比べると、分位Ｐ90―95の世帯は大きく後退した。反対に、分位の高い世帯への影響は明らかに小さかった。なぜなら、これらの世帯は、他の所得階層に比べると、物価の上昇にすぐに連動する企業の利益（混合所得と配当金）に依存している度合いが大きいからである。

このような第一次世界大戦中の「中流階級」と超高所得者との間のコントラストは、１９２０年代に見られる両者の対照的な推移をも説明するものである。「中流階級」はキャッチアップ現象の恩恵を受けたが、一方の超高所得者にはそもそもキャッチアップすべき遅れなどなかったからだ。１９２０年代に起こった給与階層のこのような再構築現象について、とくに第一次世界大戦中には完全に据え置かれていた公務員給与の大幅な引き上げが果たした重要な役割については、次の章で取り上げる。したがってここでは、単に次のことを指摘しておく。まず、「中流階級」（分位Ｐ90—95）の所得の割合は１９２０年代に一定の割合で上昇し、それにより１９２０年には所得全体の８パーセント強だった割合が１９３０年には所得全体の約11パーセントになり、「中流階級」の割合はインフレによって給与階層が平坦になる第一次世界大戦以前の水準にまで回復した（図２－10を参照）。「上位中流階級」（分位Ｐ95—99）では、低下の幅がより少なく再上昇もそれほど大きくはなかったが、１９２０年代末にはやはり、戦前の水準まで回復している（図２－10を参照）。「上流階級」と「２００家族」については、キャッチアップすべき遅れはまったく見られず、所得全体に占めるこれらの分位の割合は１９２０年代を通じて比較的安定していた（図２－８および２－12を参照）。すでに指摘したように、最上位の高所得者（分位Ｐ９９・９９—１００とそれよりも一つ下位の分位Ｐ９９・９—９９・９９）でさえ、１９２０年代、とくにその後半には、やや低下ぎみの傾向が見てとれる。この傾向はすでに述べたとおり、最終的に、最上位の高所得世帯が有価証券のうち固定利付証券の形で保有していた部分の価値の低下による影響を被ったことから説明できる。[1]またこの傾向はおそらく、資本の蓄積と超高所得者層の形成に対する所得税の最初の影響を表わしている。[2]

結局、所得全体に占めるトップ十分位（全体として見た場合）の割合の推移を調査すると（図２－６を参照）、復

（１）前出の第２．２節を参照。
（２）この点に関しては第２部でふたたび取り上げよう（第５章第３．２節を参照）。

興と大幅な経済成長の時期であった1920年代が格差再構築の時期でもあったと見なすことができる。とはいえ、このような比較的単純に見える図式には、いくつかの要素を付け加える必要がある。まず先ほど見たように、格差の再構築は、「中流階級」（そしてそれより程度は下がるが「上位中流階級」）だけに起因しており、第一次世界大戦で揺らいだ給与階層が立て直されるプロセスによっておおよその説明が可能である。次に、何回か大規模な景気変動が起こったために格差の再構築が妨げられている。すなわち、平均所得者と比べると、高所得者の割合は、1920—1921年の産業の転換による不景気の際に低下し、ポワンカレの通貨安定化政策〔1926年に財務大臣兼首相のポワンカレがインフレ対策として行なったフラン安定策〕による1926—1927年の景気後退の際にふたたび低下したのだ。さらに、たしかにトップ十分位の所得全体に占める割合は、1920—1921年のおよそ39・5パーセントから1925年には44パーセント以上へと上昇し、事実上戦前と同じ水準にまで回復した（図2-6を参照）が、1920年代後半には、そうした格差再構築のプロセスがはるかにあいまいになる。トップ十分位の割合はむしろ停滞する傾向となり、場合によってはやや低下しているが、これは最上位の高所得者の割合が緩やかな低下傾向となり、結局はその高所得者の割合の低下のほうが「中流階級」が実質的に達成した再上昇を上まわる規模だったという事実から説明できる。1929年10月24日の「暗黒の木曜日」〔世界恐慌のきっかけになったとされるアメリカで起こった株価の暴落〕とそこから始まった世界恐慌の影響がフランスで初めて感じられるのは、数カ月たってからだったと一般的には考えられている。にもかかわらず、1929年以降、「上流階級」と「200家族」のすべての分位において、（平均所得と比較して）所得が非常に下がっていることにとくに留意してほしい(1)。しかし、これが「税務統計上の幻想」である可能性もある。私たちの推計のベースとなった1929年の所得申告は1930年の春に記入されたものであり、その当時はすでに実業界が不安に包まれはじめていたために、超高所得者が申告所得を作為的に低く操作したのではないかとも考えられるからだ(2)。

そうはいっても事態が非常に複雑になってくるのは1930年代に入ってからだ。とはいえ、おもに混合所得と動産資本所得から所得を得ている高所得者、とくに分位P99・9—99・99とP99・99—100にとっては、状況は単純である。世界恐慌とともに企業の利益が急激に減少し、当然の結果として所得全体に占めるこれらの分位の割合が大きく低下した。(3) しかし、高所得者の中でもおもに給与から所得を得ている者、つまり「中流階級」（上位か否かを問わず）については反対に、世界恐慌によって所得の格差が増大したことがわかる。1930年から1935年にかけて、所得全体に占める分位P90—95とP95—99の割合は年々増加し、1935年には歴史上最も高い水準

(1) しかし、多くの著者が異説ともいえる理論を擁護している。それによると1929年の経済危機は外国からフランスに輸入されただけではなく、フランス国内にもフランス独自の原因があるという（とくにボワイエ〔1978年〕とマルセイユ〔1980年〕を参照）。超高所得者の所得が1929年から下がりはじめていたという事実は、この理論を補強するものとして引用できるだろう。とはいえ、（過剰生産による経済危機という考え方に固執する）前出の著者が擁護するメカニズムには、入手可能なデータとの一貫性がほとんどない。入手可能なデータは、企業が生み出す付加価値に占める給与総額の割合が1920年代には実際にはきわめて安定しており、1928—1929年にはわずかに増加してさえいることを示している（第1章図1-5および付録G表G-3の列(16)を参照）。本書第3部では、1929年の経済危機の原因に関する問題と「栄光の30年」の時期の問題についての議論を取り上げる（第7章第3節を参照）。

(2) 商工業収益に対する分類所得税の統計から推計できるような大企業利益もまた、1929年以降に低下に転じたようである（付録G表G-18およびG-19を参照）。しかし、これもまた「税務統計上の幻想」の可能性がある。たとえば、デュジェ・ド・ベルノンヴィルが有価証券所得税の税収統計（これは非常に信頼のおける資料である）をもとに行なった推計によると、有価証券所得は1929—1930年に最も高い水準に達し、1931年から低下しはじめた（付録G表G-12を参照）。いずれにせよ、1915—1998年の間で、1929年は、所得申告から読み取れる経済状況の推移と、従来のマクロ経済データから読み取れる経済状況の推移が唯一大きく異なる年である（ただし、1924年は例外で、従来のマクロ経済データによると高い経済成長を示している年であるが〔付録G表G-20からG-22を参照〕、高所得者の所得はすべての分位で所得全体に占める割合が低下しているという特徴がある〔分位P90—95は例外〕。しかし、従来のデータは戦間期の比較的制約のある統計システムにより得られたものなので、1924年の成長を大きく見積もりすぎている可能性も排除できない）。

(3) 対応するデータについては、前出の図2-8および図2-12、付録B表B-14および表B-15の列P99・9—99・99とP99・99—100を参照。

に達した（図２－10を参照）。トップ十分位のうちの下半分のケースはとくに注目される。所得全体に占める分位P90―95の割合は、まるで何ごともなかったかのように１９２０年代の勢いを保っている。というのは、１９１９―１９２０年に８パーセントをわずかに上まわっていたこの分位の割合は、１９３５年にはおよそ１３・５パーセントとなり、70パーセント近い増加を示しているからである。[1]つまり、「中流階級」の所得は１９２０年から１９３５年まで、全人口の平均所得と比較して70パーセント近くも増加した！　この現象は二つの意味で例外的だ（一般的に、「中流階級」と平均所得階級との差は非常に安定しており、格差は不況になると小さくなる傾向がある）。これは、１９３０―１９３５年の不況を特徴づける激しいデフレにより説明できる。この時期の消費者物価の累積低下は25パーセントに達した。実際、「中流階級」（上位か否かを問わず）の大半を占める高給与所得者はデフレには何も不満を抱いていなかった。一般に名目給与はほとんど変化しなかったため、自然と給与所得者の購買力は大きく増大した。当時、生産が急激に縮小するなか、高給与所得者は失業のリスクもなく（あったとしても非常に小さく）、報酬についてもほかの賃金労働者が受けた圧力を受けることがなかった。反対に低賃金労働者や「平均」賃金労働者、とくに工場労働者は、失業や報酬の減額に大いに苦しんだ。このプロセスは、給与所得者間の格差だけでなく給与所得者とほかの形態の所得者との間の格差にかかわりがある。そしてこのプロセスの分析については、ここでもまた給与格差の推移を詳しく調査するだけの価値がある。その点に関しては次章で取り上げる。ここでは、１９３０年から１９３５年にかけてのデフレはまるで「高給与所得者の巻き返し」のようだったことだけを指摘しておこう。第一次世界大戦が引き起こしたインフレの最初の犠牲者だった高給与所得者がデフレの最初の受益者なのである。

デフレが高給与所得者にもたらしたプラスの効果は非常に大きく、その影響は「中流階級」（上位か否かを問わず）だけでなく、「上流階級」の下層にも波及したようである。平均所得に比べ、分位Ｐ99―99・5とＰ99・5―99・9の所得は１９３０―１９３１年に減少したが、１９３２―１９３５年には、デフレにもかかわらず一時的な回復を見せた（図２－12を参照）。ほかとは対照的なこうした状況は、これらの社会集団が中間的な地位を占めていることで説明できる。「中流階級」（上位か否かを問わず）とは対照的に、上流階級の下層はたしかに所得の大部分を混合所得や配当金によって得ているので、当初、不況はこの階級には不利に働いたが、わずかながら高給与による所得もあり、[2]その点ではデフレから利益を得ていた。加えて、上流階級の下層は、不動産所得が最も増大した社会集団でもある。すでに見たように、デフレは家賃所得のある人々にとって非常に幸運な時期であり、第一次世界大戦のインフレや家賃凍結政策によって失った勢いを取り戻すことができるほどだった。所得申告は、残念なことに毎年「完璧に」調査されていたわけではないものの、次の点はとりわけ明らかである。１９３２―１９３４年、つまりった2年間で、これら二つの社会集団は不動産所得の大幅な上昇の恩恵にあずかったのだ。[3]

したがって、１９３０年から１９３５年にかけてのデフレによる景気後退期における理想的な社会的地位は、不動産所得（あるいは国債や確定利付証券）といった形の副収入のある上級公務員、あるいは上級管理職かもしれなかった。これらの階層は、最上位の所得者が苦しんだ破産や企業利益の暴落とも無縁で、最も所得の低い人々を襲った失業も免れることができた。ところで、こうした階層の人々は非賃金労働者である大企業の事業主や株主の地位より、高所得者の平均的な姿を包括的に表わしている。１９３０年から１９３５年にかけての所得全体に占める超高所得者（分位Ｐ９９・９―９９・９９とＰ９９・９９―１００）の所得の割合は低下したが、「中流階級」や「上位中流階級」（分位Ｐ90―95およびＰ95―99）の所得の割合の急激な増加と相殺されるほどではなく、とくに「上流階級」は、１９３２年以降、「上流階級」（分位Ｐ99―９９・５、Ｐ９９・９―９９・９９）の最下層の割合の上昇が

（1）13.5／8＝1.69
（2）１９３２―１９３４年には、給与所得は分位Ｐ99―９９・５の世帯では申告した所得のおよそ45パーセント、分位Ｐ９９・５―９９・９の世帯では申告した所得のおよそ35パーセントを占めていた（付録Ｂ表Ｂ‐16を参照）。
（3）１９３２年から１９３４年の間に、所得全体に占める不動産所得の割合は、分位Ｐ99―９９・５で１２・８パーセントから１５・４パーセントに増加し、分位Ｐ９９・５―９９・９で１３・９パーセントから１７・５パーセントに増加した（付録Ｂ表Ｂ‐16を参照）。

より緩やかであることによって、さらに割合を増やした。(1) ここから、こうした変化の平均値を出してみると、1930―1931年にはトップ十分位は所得全体の41パーセント強だったのが、なぜ1935年には46・5パーセント以上となり、1930―1935年には（全体として見た）トップ十分位が割合を増やしつづけたのかが説明できる。この数値は20世紀を通じて最も高い水準である（図2－6を参照）。矛盾しているように見えるが、世界恐慌によって企業の利益や最上位の高所得者の収入が大幅に減少したにもかかわらず、これほど大きな所得格差が見られた（そしてこれほど大幅に拡大した）のは、1930―1935年のデフレによる景気後退の時期しかない。

1930年代を論じるうえで二つめの難点は、1930―1935年と、1936年の人民戦線の政権樹立以降の時期を分けて考えなくてはならないことである。この二つの時期は根本的に断絶しており、それが所得申告にもはっきりと表われている。人民戦線は、実際にデフレ政策を終わらせ、インフレをふたたび推進する決定を下した。そのため、まずは1936年6月のマティニョン協定〔政府・資本家・労働組合により取り決められた労使協定。この協定に基づき、労働者の組合への加入権、週40時間労働、給与の引き上げ、有給休暇制度が定められた〕に基づき、給与の大幅な引き上げが行なわれた。続いて同年9月には、給与の上昇によるフランス企業の競争力低下を抑制するためにフランの切り下げが実施された。給与の引き上げはおもに最低賃金所得者を対象として行なわれ、高給与の賃金労働者にとってインフレ政策の再開は明らかに悪いニュースであった。というのも、高給与の賃金労働者の報酬は名目上はほとんど変化しないために、第一次世界大戦中と同じような物価上昇が進むことにより、購買力が低下して給与階層の格差が縮小するからである。その影響は即座に見られ、デフレ期間中は上昇しつづけていた所得全体に占める「中流階級」と「上位中流階級」（分位P90―95、P95―99）の所得の割合は、1936年になると突然減少しはじめる（前出の図2－10を参照）。また、インフレは「上流階級」の中でも超高給与を得ている人々や、固定所得の形で不動産所得や動産資本所得から所得を得ている人々に大きな損害を与えた。その結果、所得全体のトップ百分位の下層の割合についても、同様に急激な変化が起こった。(2) しかし、興味深いのは、給与や不動産所得、確定利付証券からの所得が相対的に少ない最上位の高所得者にとっては、反対に人民戦線のインフレ政策再開はいいニュースだったことだ。とくに、所得全体に占める「２００家族」（分位Ｐ９９・９９―１００）の所得の割合は１９３６年に安定しはじめ、１９３７年にははっきりと増加に転じた。このインフレ政策のおかげで「２００家族」の所得の割合はデフレが起こる前の１９３０―１９３１年とほぼ同じ水準まで回復した。(3)

この結果は一見すると矛盾しており、人民戦線が政権を手にしたことで「２００家族」が利益を得たように見えるが、実はインフレの影響について前述したことと完全に同じである。１９３６年６月に決定された名目給与の上昇による実質的な費用負担が雇用主にとってきわめて少なかったことを思い起こそう。同年９月に決定したフランの切り下げとインフレ政策の再開を考慮すると、賃金労働者１人あたりの平均給与や平均的労働者の給与では、１９３６年には一時的に、しかもかなり限定的にしか購買力は上がらなかった。それらの給与は、１９３７年以降には１９３５

（１）私たちの推計を詳しく分析してみると、高所得者の各階層が果たした正確な役割がはっきりとわかる。１９３０―１９３５年、分位Ｐ90―95の所得者の所得の割合は１０・９４パーセントから１３・５０パーセントに増加し、分位Ｐ95―99では１４・８３パーセントから１７・７１パーセントへと増加した。両者ともおよそ20パーセントの増加である。分位Ｐ99―９９・５は３・７２パーセントから４・１９パーセントとなり、およそ10パーセント増加した。分位Ｐ９９・５―９９・９では、５・８０パーセントから５・９０パーセントへの増加で、ほぼ安定している。分位Ｐ９９・９―９９・９９の所得者の所得の割合は３・８６パーセントから３・５７パーセントへ減少し、分位Ｐ９９・９９―１００の割合は１・９３パーセントから１・７４パーセントへと減少した。後者二つの分位では、およそ10パーセントの減少である（付録Ｂ表Ｂ－15のＰ90―95、Ｐ95―99、Ｐ99―９９・５、Ｐ９９・５―９９・９、Ｐ９９・９―９９・９９、Ｐ９９・９９―１００を参照）。

（２）前出の図２－12を参照。

（３）前出の図２－８を参照。

年の水準（実質上の水準）よりも低い水準までふたたび下落した。[1] 実際、インフレの再開は企業にとっては、給与コストの一時的微増という不利益をはるかに上まわる利益をもたらした。デフレの5年間、企業は株式相場の下落に対処しようにもうまくいかなかったが、その後のインフレの再開で、ようやく製品を適正な価格で販売できるようになった。給与引き上げと平価切り下げが、最も差し迫った場合には企業が価格を大幅に引き上げるための口実となったからなおさらである。インフレにはまた、企業の抱える負債の価値を低下させるというメリットもあった。

　実際、入手可能なあらゆる統計結果は、人民戦線が決定したインフレの再開によって、１９３６―１９３７年の企業利益が大幅に改善したことを示している。とくにマクロ経済データは、１９２９―１９３５年は大幅に下落していた企業の付加価値に占める資本の割合が１９３６年以降回復したことを示している。こうした利益の堅調な回復は、平価切り下げが輸出の回復を意味するような大企業が利益をあげたことで説明できる。[2] 家庭所得の構成に関するマクロ経済データもまた、１９３６―１９３７年の混合所得の割合がふたたび大幅に増加したことを示している。この割合は、2年足らずで、デフレで大幅に低下する以前の１９３０年代初めの水準に戻っている。[3] 分位Ｐ９９・９９―１００の世帯の大部分が、非賃金労働者である大企業の事業主として受け取った利益や大株主として受け取った配当金など、形は何であれ企業の収益、とくに大企業の利益によって所得を得ていることを考えると、１９３６―１９３７年にこの社会集団の所得が平均所得よりも速く増大したことも驚くにあたらない。この点についても所得申告にはっきりと表われており、とくにインフレの再開が大企業主の収益にもたらしたプラスの効果がよくわかる。１９３４年と１９３６―１９３７年の間に、最上位の高所得者はとくに商工業収益の増加から利益を得た。[4] たしかに、大企業主だけがインフレの再開から利益を得たわけではなく、インフレは非賃金労働者、なかでも物価の下落の影響を直接的に受けていた農業経営者にとっても利益となった。しかし、こうした一般的な動きが大企業主、すなわち超高所得者にも影響を及ぼしたことはたしかである。

　したがって、１９３６年に決まったインフレの再開は、１９３０―１９３５年のデフレとは真逆の分配効果をもたらした。デフレが高所得者の分位の大半にとって有利である一方で、最上位の高所得者の分位にとっては不利に働いたのに対し、インフレの再開は高所得者の分位の大半にとって不利であったが、最上位の分位にとっては有利だった。デフレが起こった当初の影響が大きく、（全体として見た場合の）トップ十分位の所得全体に占める割合が1930—1935年に前例がないほど増加したのと同様に、インフレが再開した当初の影響もあまりに大きく、1936年以降所得全体に占めるトップ十分位の割合は大幅に減少した。トップ十分位の割合は、1935年には46・5パーセント以上だったのに対して、1936年には44パーセントをかろうじて上まわり、1937—1938年には43パ

（1）1998年フランで示された賃金労働者の平均賃金は1935—1936年の間に5パーセント程度上昇している（3万2630フランから3万4754フランまで上昇）。しかし、1937年には3万2324フランまで低下し、1935年よりも低い水準となった（対応するデータについては第1章図1－8および付録E表E－3の列(12)を参照）。工場労働者の平均給与についても同様の推移が認められる（付録E表E－1の列(7)を参照）。

（2）対応するデータについては、第1章図1－5および付録G表G－3の列(17)を参照。企業の付加価値に占める資本の割合は、1930—1935年の間に大幅に低下したあとで1936年にはほんのわずかな低下を示した。このことは給与上昇の影響がすぐに表われたためだと解釈できる（その後インフレによって上昇は完全に相殺された）。そして、1937—1938年にはかなりの上昇を示した。商工業収益に対する分類所得税に基づく統計によれば、企業の名目利益、中でも大企業の利益は1936年から大幅に増加し、この動きは1937—1938年まで続いた（付録G表G－18および表G－19を参照）。

（3）付録G表G－5の列(15)を参照。家庭所得に占める混合所得の割合は、1930年には34・6パーセントだったのが1935年には30パーセントを下まわったが、1936年に33・1パーセント、1937年には34・5パーセントに回復した。

（4）所得全体に占める商工業収益の割合は、分位P99・9—99・99については、1934年には14・8パーセントだったが、1936年には20・6パーセント、1937年には25・7パーセントと増加した。分位99・99—100については、1934年が20・7パーセントだったのが、1936年には25・2パーセント、1937年には29・2パーセントと増加した（付録B表B－16を参照）。反対に、確定利付証券にインフレ再開が不利に働いたことはたしかだが、1936—1937年に分位P99・99—100の割合が回復したのが配当金のおかげであったかどうかを判断するのはむずかしい（残念なことに所得申告の調査に基づく統計では、動産資本所得の中の固定所得〔利子〕と変動所得〔配当金〕を区別することができない）。

ーセントを下まわった。(1)

1936年のこの断絶は非常に興味深い。なぜなら、この断絶は、経済における選択、とくに金融に関する選択の非常に大きな複雑さを如実に表わしているからである。戦間期のどの政権もこのようなむずかしい選択を迫られていた。すでに1920年代にも、このような複雑さは見られた。当時は戦争と復興の財源を得るために国家が負った債務をなくすことが課題であった。さまざまな立場の政治家たちが、インフレによって債務の価値をほとんどゼロまで下げることができると公式に認めることをためらったとするならば、それは明らかに、この政策がいくつかの社会集団に対して悪影響を及ぼし、その結果、選挙をうまく乗り切れなくなるとよく知っていたためである。とくに、債務の価値を消滅させることで悪影響を受けるのが、誰もが納得できる「大資本」だけでないことは、政治の当事者全員にとって明らかだった。(2) 実際には、おもに株式や人的会社によって形成される莫大な財産は、そうした悪影響を免れ、むしろインフレから利益を得る可能性もあった。また、インフレが「中流階級」の給与を（低賃金労働者を保護する手立てを何も取らない場合は、すべての給与を）脅かすものであるということを別にしても、懸念されていたのは、「国防債」や国が発行したほかの債券を大量に持っているインフレ反対派の数百万人規模の小口株主の反応だった。だが、結局インフレという解決策が選ばれた。たとえば、公務員の給与を大幅に引き上げるといったように、こうした政策の最悪の結果に対峙するために必要な措置はとられていたものの、「紙幣を大量に発行する」以外に復興に必要な費用をまかなう現実的な方法がなかったためである。

1936年、人民戦線も同じような問題に直面した。社会党の指導者たちは、1930年代初めから実施されていた、フランスの物価水準を世界的な水準に引き下げることを目的とするデフレ戦略が失敗に終わることを確信していたが、同時にインフレの再開による好ましくない分配結果についても警戒していた。そこで彼らが採用した解決策は、最低賃金の引き上げと平価切り下げによるインフレの再開という方策だった。それはまた、さまざまな矛盾する目的を調整するための妥協策と見なされることもあった。人民戦線の政策の総括を試みた歴史学者や経済学者の間では以下のようなコンセンサスが広く認められている。あらゆる研究者が、人民戦線に対しては、悲惨なデフレに終止符を打ち、最終的にフラン切り下げという決断を下した功績を認めている。フラン切り下げは世界恐慌が起こった当初、あらゆる党派の政治家の中でポール・レノー〔1878―1966年〕だけが提唱していた措置であった。しかし、人民戦線が政権発足後すぐに大規模で制約のないフラン切り下げを行なっていれば、1936―1937年の景気回復は、途中で挫折することなく非常に力強い回復となっただろうという点も、すべての研究者の意見が一致している。ところが人民戦線が実際に行なったのは、まずは給与コストを無駄に膨らませ、労働時間を短縮した後で、制約付きの平価切り下げを行なうことであり、それは雇用と経済成長にマイナスの影響を与えた(3)。広く共有されたこのコンセンサスにはおそらく根拠があるのだろうが、人民戦線がこのような政策を警戒していたのは偶然ではないと付け加えておくことが重要である。どんなものにも代償があるように、ほかに何も歯止めがない場合、大規模で制約のない平

(1) 対応するデータについては前出の図2-6、付録B表B-14の列P90―100を参照。

(2) 全員（あるいはほとんど全員）が、第一次世界大戦後に裕福な世帯に負担を求める必要性を認めていたことは、1920年に国民ブロック政権〔1919―1924年の右派と中道の連立政権〕が超高所得者に適用される税率の大幅な引き上げを決定し、実施したことからも確認できる。国民ブロック政権は戦前には所得税の原則さえ拒否していた議会の諸政党からなる連立政権であった（第2部第4章の第3．2節を参照）。

(3) たとえばソーヴィ（1965―1975年、第2巻、p・279―307および1984年、第1巻、p・312―333）、アスラン（1974年および1984年、第2巻、p・53―65）、J．J．カレ&デュボワ&マランヴォー（1972年、p・619―620）を参照。事実に関するこのような解釈は、戦間期の歴史を扱った教科書の大部分で広く採用されている。また人民戦線に好意的な人々も含めて、当時を知る多くの政治関係者にも、この解釈は認められているようである（たとえばフルケ〔1980年、p・16―28〕に再録されたインタビューの中のピエール・マンデス＝フランスの発言を参照）。最近の経済学による分析については、従来の解釈を幅広く追認しているヴィラ（1993年、p・103―112）を参照（ヴィラは、労働時間短縮の悪影響は、平価切り下げのみならず、生産性の大幅な向上によっても抑制されたと主張している。しかし、経済活動と雇用に対して労働時間短縮がもたらした影響が総じてマイナスの影響であったことについては問題にしていない）。

価切り下げの代償は明らかである。つまり、インフレの再開によって少なくとも短期的には、最低賃金も含め実質給与が大幅に引き下げられるおそれがある。そして、このような政策が、企業や（大規模・小規模）個人事業主にとって、つまり経済成長や雇用にとって、おそらく実施可能なほかのいかなる政策よりもよい影響を及ぼしたことは疑う余地がなかったとしても、政策実施直後の社会的・政治的代償は甚大だったようだ。共産党が最後まで平価切り下げに反対したのも偶然ではない。共産党によれば、平価切り下げはかなり前から明らかに「大資本」（実際には大規模および小規模な個人事業主）の武器となっており、「労働者」（実際には賃金労働者）の購買力を低下させるものであった。[1] 1936年の選挙以前の時期には同じような姿勢が社会党員の中にも見られた。1935年5月28日に下院でレオン・ブルム〔1936―1937年に人民戦線内閣首相。1892―1950年〕が行なった以下の演説にそれが顕著に表われている。「われわれは、平価切り下げであれ、超デフレであれ」――ブルムにはどちらでも同じことだった――、「賃金労働者の購買力を下げようとする大産業資本の定める法律を受け入れない」[2]。平価切り下げもデフレも拒否するこうした政策は、のちに歴史学者たちから強く非難されることになるが、明らかに維持できるものでなく、事実、長くは続かなかった。しかし、この政策は、経済のメカニズムを理解していない結果ではなく、反対にリスクを非常によく理解していた結果であったと付け加えておくことが重要だと思われる。実際のところ、私たちが調査した所得申告によく表われているように、最終的に採用された妥協的な政策は、「中流階級」（上位か否かを問わず）に対して非常に悪い影響を与え、とくに公務員（おもに教員）からなる選挙集団が影響を被った。彼らに対してレオン・ブルムは、約束していた給与引き上げを拒まなくてはならなかった。反対にこの政策は、個人事業主や所得を企業利益に依存している社会集団、つまり最上位の高所得者に対しては非常によい影響をもたらした。人民戦線が実施した所得税改革が、どれほど正確に狙いを定めて、超高所得者がインフレの再開によって手に入れたものを奪い取ろうとしていたかについては第2部で検討する。

1920―1930年代の変化と比較すると、第二次世界大戦の時期を特徴づける格差のダイナミクスは比較的単純に見える。高所得者の各階層が反対方向への推移を頻繁に経験したそれまでの数年とは逆に、たしかに1938―1939年と1944―1945年には、高所得者のすべての分位の所得の割合が平均所得に比べて減少傾向にあることが認められる。おもに高給与によって所得を得ている高所得者は、「中流階級」（上位か否かを問わず）をはじめとし、インフレと給与階層の格差縮小の犠牲となった。その結果、1936年に下がりはじめていた所得全体に占める高所得者の所得の割合は下降しつづけ、1944年には第一次世界大戦後の水準と同じ、最も低い水準となった。給与階層が再構築された1920―1935年の15年間における影響は、1936―1944年の激しいインフレのために無に帰したのだ。[3] おもに企業利益によって所得を得ている高所得者は、「200家族」をはじめとし、企業の付加価値に占める利益の割合と生産高の暴落の犠牲となった。1936―1937年の回復は長くは続かず、所得全体に占める「200家族」の所得の割合は、1938年の不況の際に初めて低下に転じた後、1939―1945年の間にはきわめて規則的に、またとりわけ例外的なほど大規模に低下した。[4] 高給与と企業利益の双方から所得を得て

(1) この時期、『ユマニテ』紙上や議会での演説で、共産党はこの問題について何度も意見表明をしている。たとえば第2部に複写を掲載した『ユマニテ』紙の第1面を参照（第5章第2．3節のコピー5―1を参照）。また、K．ムレ（1998年、p・310―311）も参照。

(2) この演説のテキストは次の文献に掲載されている。ボンヌフー（1956―1967年、第5巻、p・335）。

(3) 対応するデータについては、前出の図2－10と、付録B表B－15の列P90―95とP95―99を参照。事実、分位P90―95の割合が1944年に到達した最低水準は1920年の水準よりもわずかに高い（8・18パーセントに対して9・24パーセント）。一方、分位P95―99が1944年に到達した最低水準は反対に1920年の最低水準を下まわっていた（13・46パーセントに対して11・81パーセント）。このことは、所得とともに規模が大きくなる混合所得にとっては、第一次世界対戦よりも第二次世界大戦のほうが不利であったことから説明できるだろう。また、1940―1941年には、一時的にわずかではあるが好転したことにも留意しよう。しかし、不明な点の多いこれらの年代について入手可能な経済情報は質が悪く、この現象を説明することができない（たとえば、次の章で見るように、第二次世界大戦中の給与格差の短期的な推移を正確に把握することは不可能である）。

(4) 対応するデータについては、第2．1．2節と前出の図2－8、付録B表B－14の列P99・99―100を参照。

いる「上流階級」からなる中間的な分位についても当然、隣接する社会集団と同じ運命をたどった。したがって、1939—1945年にはこれらの分位が所得全体に占める所得の割合はきわめて必然的にかなりの低下を示した。(1) 結局、給与階層の崩壊と企業利益の暴落の相乗作用によって、所得全体に占める（全体として見た場合の）トップ十分位の所得の割合は例外的なほど大きく低下した。トップ十分位の所得の割合は1935年には所得全体の46・5パーセントを占めていたが、1936年に低下しはじめ、1938年には42・5パーセント前後となった。さらに第二次世界大戦中には文字どおり暴落し、1944年には約29・5パーセントまで下がった。(2) 1935年から1944年までに、すなわち10年弱で、トップ十分位の所得の割合はこのように20世紀でいちばん高い水準から、いちばん低い水準まで下落したのである。

第一次世界大戦の勃発から1945年の第二次世界大戦の終戦までの変動を総括すると、1914年から1945年までを「格差の崩壊段階」とするのは誇張しすぎだとわかる。実際、高所得者が全体的に所得の割合を大幅に下げたのは第二次世界大戦中だけだ。たしかに、最上位の高所得者は、少なくとも1920年代末から相対的な地位を下げつづけてきたという特徴がある。しかし、「高」所得を得ている他の社会集団、とくに「中流階級」に影響を与えた矛盾するさまざまな動きを考えると、戦間期は所得格差の点から見て、はっきりとした傾向のつかめない混沌とした時代に近かった。この間、所得全体に占める（全体として見た場合の）トップ十分位の所得の割合は極値の間を絶えず変化したが、総じて40—45パーセントの間だった。1919—1938年の平均値は43パーセント程度で、1900—1910年について私たちが採用した平均値45パーセントよりもわずかに少ない。(3)

3・2　第二次世界大戦以降の格差の混沌とした再構築

一見して、1944—1945年に始まる格差の再構築の時期は、それ以前よりも複雑でないように見える。第二次世界大戦中のさまざまな崩壊から予測される現象、すなわち給与格差の再構築と資本所得の再構築は、実際に終戦直後と1950―1960年代の大部分の時期の特徴でもあり、1980―1990年代になっても続いていたようである。複雑なのは、これら二つの時代の間に、フランスにおける格差が大きく縮小した時期に相当する、1970年代、あるいはむしろ1968―1983年の時期が挟まれている点だ。このため、1945年から1998年までの時期を正しく理解するためには、この時期をさらに三つに分ける必要がある。所得格差が急激に再構築された時期にあたる1945―1968年、所得格差が大幅に縮小した1968―1983年、そして格差がふたたび広がったように見える1983―1998年である。

この三つの時期は、（全体として見た場合の）トップ十分位の所得の割合の推移に着目するとはっきり区別することができる（前出の図2－6を参照）。純粋に景気による突発的急変を除いては、トップ十分位の所得の割合は戦後20年間一定のペースで増えつづけ、1944―1945年には所得全体のおよそ29・5パーセントを占めていたのが、1966―1967年には所得全体のおよそ36―37パーセントを占めるようになった。その後、トップ十分位の所得の割合は1968年から急激に下がりはじめ、1970年代も下がりつづけ、1982年には30パーセントをやや下まわるほどの最低水準（29・9パーセント）に達し、1944―1945年の史上最低水準をかろうじて上まわるほどの水準となった。しかし、その後1983年から増加に転じ、最終的に1990年代末には、所得全体の32

（1）対応するデータについては、前出の図2－12および付録B表B－15のP99―99・5、P99・5―99・9、P99・9―99・99を参照。分位P90―95とP95―99（前出参照）と同様に1940―1941年の間に、分位P99―99・5とP99・5―99・9は非常にわずかに一時的な回復を見せた（反対に、分位P99・99とP99・99―100の割合は第二次世界大戦の間は毎年低下しつづけた）。

（2）対応するデータについては前出の図2－6および付録B表B－14の列P90―100を参照。

（3）対応するデータについては前出の図2－6および付録B表B－14の列P90―100を参照。1919―1938年について平均値を出すとすると、42・74パーセントである。

―33パーセント近くを占めるまでに回復した。

この時代区分は、所得申告に基づく統計を調査した結果、必要と判断したものだが、国民経済計算に基づくマクロ経済データが示す付加価値の労働所得と資本所得との間での分配の推移とも完全に一致している（第1章図1－5を参照）。企業の付加価値に占める資本の割合は、第二次世界大戦中、とくに1944年に急激に低下したものの、戦後すぐに急激な上昇を見せた。そして、1950―1960年代になると安定したかに見える。しかし分配利益の割合が「正常な」水準に達したのがきわめて漸進的であったことを思い起こさなければならない。続いて、資本の割合は1970年代に低下の段階に入ったが、それは所得格差縮小の時期とぴたりと一致している。最後に、資本の割合は1982年に最低水準に達し、1983年には増加に転じたが、これはトップ十分位が所得全体に占める所得の割合がふたたび増加しはじめ、数年間で、1970年代に低下する前の割合に戻ったのと同じタイミングであった。このように、戦間期と同様に1945年以降も、所得申告に基づく情報とマクロ経済データの間には全体的に非常に強い整合性が認められる。

また、戦後を三つの時期に分けるこの時代区分が、不動産所得の推移を特徴づける時代区分とも一致していることに着目してほしい。1950―1960年代に起こった物価平均に対する家賃の歴史的なキャッチアップ過程は1970年代に急激に進んだインフレによって中断したが、その後1983―1984年に再開し、以来急速に進行した（第1章図1－9を参照）。企業利益に基づく動産資本所得と同様、不動産所得は高所得者にとって、そのほかの人々にとってよりも重要な位置を占めていることを考えると、第二次世界大戦後の所得格差のダイナミクスが三つの時期に分けられるということをすべての指標が示しているようである。

とはいえ、このダイナミクスをよく理解するためには、資本所得に関する考察だけでなく、1945―1998年の間も、両大戦期も戦間期においても重要な役割を果たした給与格差が引き起こした変動を調査することが不可欠である。それまでの時期同様、この変動が果たした役割は非常に大きいので、給与格差の推移はそれ自体として調査する価値がある。このことについては次の章で取り上げよう。ここでは、給与格差の推移が資本所得の推移を特徴づける変動といかに連動しているかを指摘するにとどめる。

　戦間期に比べて、１９４５―１９９８年に特徴的なのは、実際に所得分布のトップ十分位を構成するすべての社会集団が常に同じ方向に向かって推移したことである。１９４５年から（実際には１９３８年から）は、もはや給与階層の格差の拡大と同時に資本所得が低下する（あるいはその逆が起きる）時期の形跡はもはやない。そうした時期ではすでに見たとおり、「中流階級」「上流階級」「２００家族」の所得が当然（平均所得に比べて）それぞれ正反対の方向に推移していた。事実、所得全体に占める高所得者の各分位の所得の割合の推移を調査してみると、それらの社会集団はすべて１９４５年以降、同じような三つの時代区分を経験していることが確認できる。１９４５年から１９６８年の時期は、高所得者のすべての分位で所得全体に占める所得の割合が明らかな増加傾向を示し、続いて１９６８―１９８３年には、所得全体に占める所得の割合は明らかな低下傾向を示し、最後に１９８３―１９９８年にはふたたび増加に転じた(1)。各分位の中期的な推移に似通った傾向が見られることにより、格差のダイナミクスの分析は著しく単純化される。というのも、分位ごとに観察される推移を示したところで意味がないからである。

　この単純化は、１９４５年以降に資本所得のたどった変化が給与格差の歴史をはっきりと区切る断絶と同じ断絶によって引き起こされているという事実から説明が可能である。まず、１９６８年から１９８３年の時期を特徴づける

（１）前出の図２-８、図２-10、図２-12を参照。とはいえ、最上位の高所得者の分位（P９９・９―９９・９９とP９９・９９―１００）の特殊なケースにも注目しよう。これらの分位では、それ以下の分位の割合とは反対に、１９４５―１９６８年の間に所得全体に占める割合にわずかな低下傾向が見られた（すでに述べたが、このような特殊な状況は、所得税のもたらした効果によって説明することができる（第2.1.3節を参照）。所得税については第2部で取り上げる（とくに第5章の第3.2節を参照）。つまりこれは、１９３０―１９３５年や１９３６―１９３８年とは非常に異なる状況である。この時期に、最上位の高所得者の分位とそれより下位の分位が正反対の方向に推移したのは、景気の転換による「当然の」結果であった）。

格差縮小の段階への移行を見てみよう。断絶点がはっきりと特定できる。それは1968年の「五月革命」〔パリを中心として始まった学生運動が契機となり、全国に広がった反体制運動〕と、その結果講じられた社会的措置、すなわちグルネル協定締結の際に決定された給与の大幅な引き上げ措置である。このときの給与の引き上げはとくに最低賃金と低賃金を対象としていた。ここでは1968年の「五月革命」が断絶の原因として果たした直接的な役割については評価しない。しかし、たとえ「五月革命」が起こらなかったとしても、かなりの程度まで五月革命の原因となった1950―1960年代の不平等で生産至上主義的な経済成長に対する全体的な倦怠感は、いずれにせよなんらかの形で表出し、おそらくは少しだけ時期がずれて同じような措置が取られるに至っていただろう(1)。

それはそれとして、グルネル協定によって給与と給与格差の歴史の新たな段階が始まったことには議論の余地がない。事実、最低賃金は1950年の創設以来、実質的には上昇していなかったが、グルネル協定の締結後は、政権が変わっても毎年かなりの「後押し分」〔全産業一律スライド制最低賃金では、最低給与は物価上昇、経済成長、政府裁量の三つで決められ、政府裁量が政府による「後押し分」と呼ばれる〕を追加する義務があると感じられる雰囲気があった。このような給与格差に関する政策の結果は次の章で取り上げる。しかし、いまここで特筆すべき重要な事実は、最低賃金引き上げの「後押し分」が1970年代を通じて、給与格差是正の手段としてだけでなく、給与が全般的にきわめて速いテンポで増加しつづけるための手段としても用いられつづけたことである。しかもこれは、経済成長の停滞と石油危機にもかかわらず続行された。その結果はすぐに表われ、企業の付加価値に占める利益の割合が1970年代には著しく低下している。さらに、石油危機と給与の上昇によって引き起こされたインフレが物価平均に対する家賃のキャッチアッププロセスの停止を導いたことを考え合わせれば、1968年から1983年の時期が給与格差縮小の時代であるのと同時に、資本所得にはほとんど好ましくない時代だったとしても驚くにはあたらないことがわかる。二つの現象は同じ原因に端を発しており、二つが合わさることで、所得全体に占める高所得者の所得の割合は全体的に減少するようになった。

1983年から1998年の時期を特徴づける格差拡大段階への移行もまた同じように分析することができる。すべてのプロセスがただ単に逆方向に推移しただけなのだ。ここでもまた断絶の時点がはっきりと特定できる。それは1983年の「緊縮政策への方向転換」である。1981年5月の選挙後に適用された最低賃金の最後の「後押し分」は1968年以降の格差縮小の段階をほんの少し長引かせることができたものの、その後、社会党政権は、1982—1983年に生産性の向上よりも速いペースで、給与、とくに低給与が構造的に増大するがままにさせておくことはできないという決断を下した。1970年代には、給与引き上げのせいで企業の投資は急激に減少していたのだ。1983年からは最低賃金に対しての大幅な「後押し分」は一度も適用されず、その後の政府はすべてこの方針を引き継いでいった。きわめて象徴的なこうした決定にともない、給与の物価スライド制の廃止を手始めとして給与引き上げを制限したり、投資と利益を回復させたりすることを狙った措置が取られた。必然的に、企業の付加価値に占める利益の割合が1983年から急激に増え、この時期以降、給与格差の縮小も止まり、次の章で見るように、格差はむしろわずかに拡大した。1968年から1983年までの時期の給与インフレが物価平均に対する家賃のキャッチアップの歴史的プロセスを中断したのと同様に、1983年から実施された給与インフレ抑制戦略がこうしたプロセスを回復させ、その結果、1980—1990年代もまた不動産所得にとって都合のいい時代となった。資本所得の割合の増加と給与格差の拡大という二つの現象が同時に起こることがまったく自然であることがここでもわかる。この二つの力が合わさって1983—1998年は所得格差の拡大段階となった。

(1) 経済成長の不平等な性格を明らかにすることは、たとえば1965年に北フランスのアラスで開かれたシンポジウムの中心テーマだった。その記録は1966年に「ダラス」という著者名を使って出版された（ダラス〔1966年〕を参照）。「所得関連政策の実施に必要な情報を集め、政府および経済・社会生活に関するすべての関係者が利用できるようにすること」（1966年4月18日の政令《デクレ》）を目的とした所得・コスト研究センター（CERC）が創設されたのも1966年である。このことから、1968年5月よりもはるか以前に、経済成長の成果を分配する気運がすでにあったことがわかる。

ただし、1983年から1998年の時期の特徴を正確につかむには長期的視点が必要だ。これは1970年代の格差縮小段階に続く「キャッチアップ」の一時的な現象なのだろうか。それとも、所得格差が拡大する長期的な段階に入ったということなのだろうか。所得全体に占めるトップ十分位の所得の割合の推移を調査すると（前出の図2－6を参照）、1980年代の大幅な増加と（1982年には30パーセント足らずだが、1990年にはおよそ33パーセントまで増加）、続く1990年代の32―33パーセント前後での安定が確認できる。この間、トップ十分位の割合は経済活動の後退あるいは不況の時期（1991―1993年と1996年）にわずかに低下し、回復期（1994―1995年と1997―1998年）にはわずかに増加した。このことから、一時的な現象であるという一つめの仮説は妥当だと考えられる。一方で、マクロ経済データから確認される1980―1990年代の家庭所得に占める資本所得の大幅な増加は、所得申告においては非常に部分的にしか表われていないことがわかった。トップ十分位、とくに「中流階級」および他の「上位中流階級」の世帯が申告した所得における資本所得の割合は、1990年代末には、戦間期よりはるかに低いままであり、この疑わしい事実は、（少なくとも部分的には）非常に多岐にわたる税金の免除によって説明できそうだ。トップ十分位の社会集団が受け取っている資本所得も現在、この恩恵を受けている。税金を免除された所得のおおよその額を考察すると、高所得が実際には1990年代にも平均所得より速く増加しつづけていたという結論に至るが、これについてはあとでまた取り上げよう[1]。

以下のことを指摘しつつ結論としたい。1945年から1998年には、1914年から1945年までの時期の主要な教訓の一つが追認された。格差の歴史は静かな大河のように流れているわけではなく、とくに、格差の歴史のさまざまな転換点は、しばしば20世紀フランス史の転換点と一致する（二つの世界大戦、人民戦線による政権、1968年の五月革命、1983年の「緊縮政策への方向転換」など）。だからといって、経済固有の力がなんの役割も果たさなかったわけではない。しかしこのことから、「自然で」「抑制しがたい」経済の傾向が資本主義下で所得格差の縮小をもたらすとする考えのみに基づいた理論では、観察された事実を説明できないことがわかる。

4　所得格差の世紀　いまだ答えの出ない問題

この章で導き出された結論はさまざまな教訓を含んでいるが、同時にその結論からは、ここまで用いてきたものとは異なる資料や情報を用いないかぎり十分な答えが得られないような多くの疑問が生まれる。

まず、私たちはたびたび給与階層の問題に直面した。1920―1935年、1945―1968年、1983―1998年を特徴づけているように見える給与格差拡大の段階についても、両世界大戦期や1968―1983年を特徴づけているように見える給与格差縮小の段階についても、国民の平均と「中流階級」を隔てる所得格差の見かけ上の長期的安定性についてだけでなく中期的なさまざまな変動についても、給与階層の問題に直面する。所得格差というプリズムを通してこれらの時期を研究することには、より大きなコンテクストの中にこれらの推移を位置づけなおすことができるという明らかなメリットがある。しかし、この研究には同じぐらいはっきりとしたデメリットもある。それは、給与格差が原因であるものと、他の要因、とりわけ資本所得と混合所得の推移を決定づける景気動向のような要因が原因であるものとを厳密には区別することがむずかしいというデメリットである。そのため、給与格差の推移そのものについての研究によって、20世紀の所得全体に占める高所得者の所得の割合の低下が資本所得による超高所得の急激な低下のみに起因する、という考えを検討するためにこれらの分析を補完することが不可欠になってくる。この研究は、「高」給与という概念や、「高」給与が「高」所得に対して果たす役割が20世紀フランスにおいてどのように認識されていたかを考えるきっかけとなるだろう（第3章を参照）。

次に、第二次世界大戦後、超高所得の水準が1914―1945年に（平均所得と比べて）急激に低下する前の水

（1）第3部第6章第1節を参照。

準には決して戻らなかったように見えるという事実には十分な説明が与えられてこなかった。この急激な低下の現象は、その規模から考えても、20世紀フランスにおいて所得格差が唯一構造的に大きく変質した機会だったように見えるという事実から考えても、非常に印象的な現象である。最も真実味のある説は、累進所得税と相続資産に対する累進課税の重みによって大資産の再構築が抑えられたというものだが、この仮説は検証する必要がある。そのために、まずは本書の第2部で所得税法の変遷、なかでもとくに最上位の高所得者に対する所得税率の変遷について調査する必要があるだろう。それにより20世紀における脱税や（合法・非合法を問わず）所得の無申告への誘惑がどのように変化したかを推計することができるだろう（第4章および第5章を参照）。先に「大資産が再構築されなかった」ことを述べたが、これは税務統計上の幻想や、脱税と無申告の規模がかなり大きかったためであり、累進課税が大資産の再構築に必要な条件に対して影響を与えたためではないとする見方がある。続く第3部ではそうした考え方をもう一度検討したい（第6章を参照）。

この章で調査した事実と提示した説明には、もう一つ別の大きな不確定要素がある。フランスで初めて税申告が行なわれたのは1915年の所得に対してであることから、第一次世界大戦が所得の分配に果たした役割を特定すること、より一般的には1900年から1914年までの時期に対して第一次世界大戦と1920年代が所得格差に関してどういう位置づけになるのかを知ることはとてもむずかしいという点だ。第一次世界大戦以前、マクロ経済が非常に安定していたことを考えても、所得格差の点ではこの時代に大きな変化はなく、実際に大規模な是正措置が取られるようになったのは第一次世界大戦以降、とりわけ1930年代の世界恐慌と第二次世界大戦によってであると考えるのが妥当だ。しかし、資本主義体制における所得格差縮小が「自然な」性質であるかどうかや、「クズネッツの法則」が有効かどうかをしっかりと評価するうえで、これは本質的な問題である。この問題については、フランスで起こったことを諸外国で起こったことと比較する際に、より厳密に検討する（第7章を参照）。

最後に、本章で提示した事実や推移については、「リアルタイムで」それらの出来事を経験した当時の人々が、こうしたことをどの程度自覚していたのかという疑問が必然的に湧いてくる。第3章ではこの複雑な疑問をいくつかの側面から究明していく。第4章と第5章では、所得税法の調査に基づき、所得格差をどの程度自覚していたのか、それはどのように変化していったのかについて興味深いさまざまな側面を明らかにしていこう。

第3章　20世紀フランスにおける給与格差

この章では、20世紀フランスにおける給与格差の推移について私たちが行なった推計結果を示す。この推計はおもに、１９１７年以降、雇用主が税務当局に毎年提出することを義務づけられている給与申告に基づく統計表の分析によっている。給与格差の研究には、それ自体に明らかな意義がある。20世紀の間、給与は家庭所得のおもな収入源であり、給与所得全体が賃金労働者の中でどのように分配されたかを知ることは非常に重要である。さらに、先の章では何度も、所得格差の変動を調査するためには給与階層の縮小あるいは拡大の動きが重要であることが確認された。その際に立てたさまざまな仮説を給与格差の分析によって確かめ、正確に示す必要がある。とくに、所得全体に占める「中流階級」の割合が長期にわたって非常に安定していたことから、20世紀フランスにおいては給与格差も長期にわたり変化がなかったと考えられるが、もちろんこうした仮説は正しいかどうかを確認する必要がある。要するに「高給与を得ている賃金労働者」の問題は格差の社会的表象という観点からとりわけ重要である。給与格差についての研究は、20世紀におけるそうした認識や推移を分析する際に欠かせないステップである。

まず、調査の際に用いられた賃金労働者の各カテゴリーの構成人数の変遷から、20世紀の給与構造とその変化についてわかることをふたたび指摘しよう（第1節）。次に、20世紀フランスにおける給与所得全体に占める高給与の割合の推移に関する推計結果、とくに、高給与の割合が長期にわたりきわめて安定していたことに関して私たちが得たおもな結果を示す（第2節）。給与格差の研究のさらにもう一つの意義は、給与所得は、分布下層に関して長期にわたる情報を得られる数少ない所得カテゴリーの一つだということである。続いて、低給与と平均給与の格差や、低所得と平均所得の格差の推移についてこれらデータから何がいえるかを見ていこう（第3節）。さらに、個人の認識と社会的表象の問題も取り上げる。すなわち、（給与所得全体に対する）高給与の比重が20世紀を通してほとんど変化していないように思えるのに、「高給与を得ている賃金労働者」という概念そのものが格差の社会的表象として現われるまでになぜあれほど時間がかかったのかという問題である（第4節）。最後に、給与格差が長期にわたって非常に安定していたことを説明できる理由の特定を試みる。この問題は、一見、純粋に経済的な考察に帰されるものであるかのように見えるが、実際にはかなりの割合でおそらく社会的表象や社会的受容性の問題も含んでいる（第5節）。

1　調査からわかる賃金労働者間の格差

賃金労働者の各カテゴリーの構成人数に関する調査に基づく情報から、20世紀フランスにおける給与構造の推移について最初の評価を下すことができる。もちろん、こうした情報から給与格差の推移を知ることはできない。少なくともそれは、構成人数についてのみの情報であって、それぞれが受け取った給与所得全体についての情報ではないからだ。とはいえ、構成人数を把握することによって明示されることがあり、研究の方向性が示されることもある。給与格差の推移について得られた結果を解釈するのにこうした情報は有益だろう。それらの結果については後述する。

最初に指摘したいのは、給与階層や役職階層に多少なりとも対応する項目によって賃金労働者を分類するような分類項目や職業別社会階層が統計に導入されるようになったのは、第二次世界大戦後であるという点だ。[1] 第二次世界大

（1）1901年以降のフランス国勢調査結果ならびに分類項目を公表した資料は付録Hに示した（表H－2からH－4）。フランスの職業別社会階層分類の歴史については、デロジエール（1977年、1987年）とデロジエール＆テヴノ（1988年）も参照。

戦以前の調査では、労働力人口は次の四つのカテゴリーに分類されているだけだった。すなわち、「生産労働者」「事務労働者」「事業主」「個人事業主」である。「生産労働者」と「事務労働者」の対比だけでは、賃金労働者をすでに分断していた格差の概要をつかむのに明らかに不十分である。とりわけ実際には「生産労働者でない者」を寄せ集めただけの「事務労働者」というカテゴリーにはさまざまな人が含まれている。その中には、多くの生産労働者に比べて低い給与しか得ていないような、小さなレストランでウェイターや雑用係として働く人々も、そうした人々が働くレストランの収益を大きく上まわる給与を得ているような、大規模な株式会社でエンジニアや営業部長として働く人々も含まれている。重要な事実は、第二次世界大戦以前に実施された調査では、国家や企業の管理上・技術上の上級職を「事務労働者」という大きなカテゴリーの中で区別できないということだ。とくに、「管理職」あるいは「上級管理職」とのちに呼ばれるようになる人々の数はどのようにしても把握できない。たしかに、中心となる四つのカテゴリー(「生産労働者」「事務労働者」「事業主」「個人事業主」)は産業部門(農業、製造業、輸送、商業、公共サービスなど)により分類されていたが、そこからわかるのはだいたいにおいて、当該の賃金労働者についての「水平的な」情報であって「垂直的な」情報ではない。「事務労働者」が「採掘産業」や「銀行・保険」の部門に属すことがわかっても、それが低給与の単なる事務労働者なのか、企業の経営陣の一員である上級管理職なのかまではわからないのである。(1)

この重大な「欠陥」はそれ自体として興味深く、この問題についてはこの先でも取り上げるが、こうした欠陥があるからといって第二次世界大戦前の調査には有益な情報が何もないということではもちろんない。たとえばすでに見たように、これらの調査は、雇用している賃金労働者の数に応じた非賃金労働者(「事業主」と「個人事業主」)の分布を表わしている。これにより、それらの非賃金労働者の大部分が「小規模」であることがわかり、「大規模」個人事業主と呼ぶことができる人々はわずかな部分にすぎないこともわかる。(2) また、「個人事業主」というカテゴリー自体が「非賃金労働者」という概念のあいまいさを示していることにも留意しよう。賃金労働者を一人も雇用していない「小規模個人事業主」（職人、家庭内労働者など）と、生産労働者や職人など「独立して」自宅で働く人々、そして「決まった雇用主を持たず、その時々でさまざまな人の下で仕事をする非正規労働者」などが、まとめて「個人事業主」と呼ばれていた。実際、「個人事業主」という広いカテゴリーと、「生産労働者」のカテゴリーや「事業主」のカテゴリーとを分ける境界線はかなりあいまいである（生産労働者についてはいったいどの時点から自宅で働く労働者が「独立した」労働者ではなく「賃金労働者」であると見なされなければならないのか、という問題がある。「事業主」については小規模な農業や手工業において夫と妻が一緒に働いている場合には、いったいどの時点から「個人事業主」ではなく「事業主」と見なされる条件が十分だとするのか、という問題がある[3]）。フランス総合統計局の統計学者はしばしば、「個人事業主」のうちのどの部分が（「事業主」に分類される）「経営者」ではなく、（「生産労働者」と「事務労働者」に分類される）「賃金労働者」のカテゴリーに組み入れられるべきなのかを推計しようとしている。しかし、そもそもそれは、フランス総合統計局も認めているとおり、相対的に根拠の薄い推計にならざるをえないのはいうまでもない[4]。

（1）１９０１—１９３６年まで5年ごとに行なわれた調査の中で、この一般的規則に対する唯一の例外は１９１１年の調査である。この年の個々の要覧は、部門別ではなく職業別に労働力人口を分類できる詳細な一覧表を用いて調べられている。しかし、１９１１年の調査で用いられた職業はあまりにも数が多く、また第二次世界大戦後に用いられた職業別社会階層とも大きく異なるため、この二つを対応させても意味がないだろう。

（2）第2章第1.2.2節を参照。

（3）賃金労働者を雇っていなくても、実際には夫と妻（あるいはなんらかの形の2人の共同経営者）が同時に家族経営で働いていれば「事業主」に分類されたという事実が、当時の調査方法と調査結果について紹介するフランス総合統計局の刊行物中に非常にはっきりと示されている（たとえば『１９３６年3月8日実施の国勢調査の統計結果』、第1巻、第3部〔労働力人口、事業〕、p・61〔国立統計局、国立印刷局、１９４３年〕を参照）。

（4）同書、p・62およびp・64—67参照。

いわゆる賃金労働者、つまり「生産労働者」と「事務労働者」に分類された人々に限ってみると重要な規則性が見られる。第二次世界大戦前の調査では「事務労働者」が常に全体のおよそ4分の1を占めていたという規則性である。20世紀初頭には750万人の生産労働者に対して250万人が事務労働者で、戦間期は少なくとも世界恐慌までは900万人の生産労働者に対しておよそ300万人の事務労働者が存在していた。[1] 1930年代の世界恐慌の影響は調査にもはっきりと表われている。実際、職に就いている生産労働者数は1931年の調査と1936年の調査の間で激減する。一方で事務労働者の数は安定し、雇用全体に占める事務労働者の割合は劇的に増加した。[2] また、たとえ公務員の相対的な割合は減少傾向にあったとしても、これらの調査からは、公務員が「事務労働者」のカテゴリーの多くを占めていることが確認できる。とはいえ、20世紀初頭、公務員は全事務労働者の半数近くを占めていたが、戦間期にはかろうじて3分の1というところまで減っている。ここからわかるのは、雇用全体と事務労働者全体に占める民間部門の事務労働者の割合が、すでに20世紀初頭と戦間期に明らかな上昇傾向にあったということだ。[3] また、農業労働者や家事使用人（後者も生産労働者として分類されていた）の数が非常に多いことにも留意しよう。その数はたしかに減少していくが、考慮すべき重要な点は、戦間期になってようやく、工場労働者が生産労働者のカテゴリーの中で（わずかに）多数を占めるようになったということだ。20世紀初頭、工場労働者は少数であった。たとえば1901年には「生産労働者」に分類された750万人のうち工業労働者は350万人以下である。これに対して農業労働者はおよそ300万人、家事使用人がおよそ100万人だった。給与格差を論じる際、この事実を考慮することはとりわけ重要である。農業労働者と家事使用人の給与は常に工場労働者の給与よりも明らかに低く、これら二つの「貧しい賃金労働者」はあまりに忘れられていた。たとえば、歴史学者や経済学者が「労働者の給与」として用いるデータはたいてい工場労働者しか対象にしていないにもかかわらず、そうした研究者はしばしばこの「詳細」を明示することを忘れている。

第二次世界大戦後は、賃金労働者のさまざまな集団を表わすために調査で使われる分類項目は以前よりもはるかに洗練された。１９４６年の調査の際に導入された分類項目で、初めて「管理職」つまり（広い意味で）「管理業務に携わる賃金労働者」という概念が用いられる。しかし、これは最初の試みではあったが、私たちの観点からすると、「経営者」と「上級管理職」を同じカテゴリーに入れているという欠点があり、１９４６年の分類項目がのちにふたたび用いられることはなかった。[4]１９５４年の調査で初めて、職業別社会階層の分類項目が完全に網羅され、１９８２年の調査まで大きな変更のないままこの分類が用いられた。１９５４年には、約１２００万人の賃金労働者のうち、40万人以上が「上級管理職」、１１０万人以上が「中間管理職」、約２００万人が「事務労働者」であった。「事務労働者」という用語は戦前に比べてより厳密に用いられるようになり（というのも「管理職」がそれ以降含まれなくなったためである）、それ以外は「生産労働者」「農業労働者」「奉公人」に分類された（「農業労働者」と「奉公人」の二つの集団はそれ以降、工場労働者とは区別された）。[5]１９５４年の調査から１９８２年の調査までは、「ブルジョワの」賃金労働者が飛躍的に増加する。賃金労働者の総数は１９５４年におよそ１２００万人だったのが、１９８２年にはおよそ１８００万人になり、およそ50パーセントの増加となった。しかし、事務労働者の人数は１００パーセント以上増加し（２００万人から４００万人以上）、「中間管理職」の人数は２００パーセント近く（１１０万人から３１０万人）、「上級管理職」の人数は３００パーセント近く（40万人から１５０万人以上）増加した。[6]これら

（１）付録Ｈ表Ｈ－２を参照。
（２）付録Ｈ表Ｈ－２を参照。
（３）付録Ｈ表Ｈ－２を参照（ここでは最も広い意味での「公務員」について述べている。つまり、当時の調査で「公共サービス」部門に分類された事務労働者全体のことで、この部門は国家公務員だけでなく、地方自治体や公立病院の賃金労働者なども含んでいる）。
（４）１９１１年の調査結果についてと同様に、１９４６年の調査結果も、一度しか用いられなかった分類項目を使って示されたため、この年の結果を利用することは非常にむずかしい。
（５）付録Ｈ表Ｈ－３を参照。
（６）付録Ｈ表Ｈ－３を参照。

の調査によってもまた「ブルジョワの」賃金労働者に占める公務員の割合が高いことを確認できる。たとえ民間部門の割合が継続して高まっているとしても、公務員の割合はなお１９７０年代末には「行政中間管理職」と「行政上級管理職」の３分の１以上を占めている。[1]

１９８２年には「職業および職業別社会階層」と呼ばれる新しい分類項目が導入された（この分類は現在でも用いられている）。１９５４年の分類項目に比べ、新しくなったのは「中間管理職」と「上級管理職」というカテゴリーをなくして、「中間職」と「管理職および上級知的職業」を代わりに導入したことである。この変更は単なる名前の変更にとどまらない。二つのカテゴリーの正確な境界線が修正されたことによって、完全に厳密な方法で、１９８２年の前と後に推定された人数を比較することは不可能になった。それでもなお、質的に進歩したことはまちがいない。１９８０―１９９０年代には賃金労働者の合計人数は１９００万から２０００万人ぐらいが上限だったが、「管理職および上級知的職業」のカテゴリーの人数は１９８２年に２００万人以下であったのに対して１９９８年には３００万人以上に増え、「中間職」は１９８２年の４００万人以下から１９９８年には５００万人近くにまで増えた。[2]最終的に、広い意味で「事務労働者」のカテゴリー、すなわち「非生産労働者」のカテゴリー（事務労働者、中間職、管理職など）は20世紀初頭に賃金労働者の雇用の４分の１を占めていたのが、１９９８年にはおよそ１４００万人、すなわち賃金労働者の雇用の４分の３近くを占めるに至った。[3]

私たちの目的にとって、１９８２年に導入された分類項目の利点は「管理職および上級知的職業」の中から「大企業の管理・財務・営業部門の幹部クラス」に相当する部分を切り離すことができる点であることにも注目しよう。その結果、１９９０年代には、（「管理職および上級知的職業」全体の３００万人以上に対して）このサブカテゴリーには１万人をわずかに上まわる程度しかいなかったことが確認できる。[4]言い換えれば、「大規模」企業主と呼ぶことのできる非賃金労働者が非常に少ないのと同様に（「50人以上の賃金労働者を雇用する企業主」は１９９０年代にはおよそ３万人だった）、「高所得管理職」の典型にあてはまる賃金労働者もほとんどいなかった。１９９０年代においては、「50人以上の賃金労働者を雇用する企業主」と「大企業の管理・財務・営業部門の幹部クラス」という二つのサブカテゴリー、すなわち明らかに超高所得を得ていると考えられる二つのサブカテゴリーの人数を加えても、ようやく4万人の労働力人口になるかならないかである。これは、およそ2200万人の労働力人口の0・2パーセント以下、全世帯数においてはより少ない割合となる。また、1990年代の4万人の「潜在的超高所得者」はさらに、およそ3万人の「非賃金労働者の大企業主」とおよそ1万人の「大企業の賃金労働者である経営者クラス」に分けることができるが、この分類もまだ十分ではない。なぜなら1982年に導入された分類項目は第二次世界大戦前にすでに行なわれていた慣行を継承し、企業を経営するすべての人を非賃金労働者として「企業主」に分類していたが、その中には賃金労働者としての地位にあった株式会社の取締役や社長も含まれていたからだ。(5) 言い換えれば、3万人の「非賃金労働者の大企業主」のうち、正確に数字で示すのが困難ではあるが、かなりの部分が実際には1万人の「高所得管理職」の中に分類されなおさなくてはならないのだ。

したがって、全体にとってはそれほど重大ではないこの困難や、分類項目の変更と「管理職」の概念の調査への導入が遅れたことによる問題はあるものの、当該の賃金労働者の人数という観点からいえば、「管理職の増加」、より一般的には「生産労働者ではない賃金労働者」の潜在的な増加が20世紀の特徴であることがわかる。20世紀初頭の賃金労働者は、「非生産労働者」が4分の1、生産労働者が4分の3であったが、その後しだいに変化し、20世紀末には生産労働者が4分の1、「非生産労働者」が4分の3という構成になった。「非生産労働者」の中の公務員の割合

(1) 付録H表H−3を参照。
(2) 付録H表H−4を参照。
(3) 付録H表H−4を参照。
(4) 付録H表H−4を参照。
(5) 第2章第1.2.2節を参照。

がゆっくりと減ったことと、生産労働者の中の農業労働者と家事使用人の割合がほとんどなくなったことにも留意しよう。1901年の調査から1990年の調査までに、賃金労働者の雇用全体に占める農業労働者の割合は30パーセントから1パーセントまで減少し、賃金労働者の雇用全体に占める家事使用人の割合は10パーセントから1パーセントとなった。(1)

2 給与所得全体に占める高給与の割合の推移

以上、一般的な情報について示したので、ここでは給与所得全体に占める高給与の割合の推移に関する私たちの調査結果を示す。所得格差についてと同様、給与格差とその推移を正確に測定する唯一の方法は、分位という概念を用いて、給与所得全体に占める給与分布の各分位の割合（とりわけ高給与の分位の割合）の動きを研究することである。そのためには適切なデータを用いることが不可欠であり、まず初めにここで用いる資料のおもな特徴について説明する（第2．1節参照）（このような技術的な詳細に興味のない読者は直接第2．2節に進んでもかまわない）。次に、所得についてと同様、給与所得全体に占める高給与の割合の長期的な推移について得られた調査結果と（第2．2節）、短期的・中期的変化の調査結果とを別々に紹介する（第2．3節）。最後に、各分位の給与を比較するのではなく、賃金労働者の職業別社会階層の各カテゴリーの給与を比較する方法は、給与格差の長期的推移を研究するのにまったく適していないことを示し、不適切な方法を用いたために何人かの研究者がフランスにおける給与格差が1世紀の間に縮小したという誤った結論を得たことについて見ていこう（第2．4節を参照）。

2．1 使用した情報源

まず、一般的に給与についての統計データはきわめて信頼性が高いと考えられていることを指摘しよう。これは、通常、給与は契約や給与体系などであらかじめ決められ、給与が十分に「公的な」性格をしているという事実から説明できる。そのおかげで、給与は、ときには資本所得や混合所得について見られる脱税や（合法・非合法を問わず）所得の無申告の問題からはかなりの程度守られているといえるだろう。そのことは、とりわけここで用いる資料についてあてはまる。たとえば、1917年以降、雇用主は毎年、給与申告書を税務当局に提出する義務があり、その中で前年中に雇用している賃金労働者に支払った給与の総額を一人一人について申告しなくてはならなかったからである。実際、これらの申告書は当局によって用いられ、その目的は、一つには、税務署に申告した収益から雇用者が控除したと申告する給与全体の合計額を管理することであった。これは、雇用主にとって、実際に支払った給与を過少に申告してもなんらメリットにはならないことが前提になっている（なぜなら過少に申告した場合、当局が雇用主の収益に対してもっと高い税金を支払うよう要求するからだ）。もう一つの目的は、当該の賃金労働者一人一人が税務署に申告する給与所得全体を管理することにあった。これは、賃金労働者にとって実際に受け取った給与を雇用主が実際よりも多く申告してもメリットにはならないことが前提となっている（なぜならその場合、当局が賃金労働者に対して給与に対する税金をもっと多く支払うよう要求するからだ）。こうした点から、この資料の信頼性は非常に高いといえる。

しかも、これは長期間にわたって手に入れられる唯一の資料であり、この資料によって給与分布の各分位の給与水準を正しく推計することが可能となる。実際、入手可能なほかのデータは、概して、賃金労働者のうちのいくつかの特殊なカテゴリーについての情報を提供するにとどまっている。給与格差の全体的な推移、とくに長期にわたる推移に関する結論をそこから引き出すことはきわめて危険だという点については後述する。さまざまな時期に用いられた

（1）付録H表H－2、表H－3、表H－4を参照。

カテゴリー（エンジニア、現場監督、家事使用人など）の正確な定義が時代とともに大きく変化し、ほとんどの場合、入手できる給与の推計では当該の賃金労働者の人数がわからないのでなおさらである。さらに、第二次世界大戦前の時期については、とくに「ブルジョワの」賃金労働者の職業分類別あるいは産業部門別のデータは非常にまれで、部分的すぎるということも見ていこう。ただし、公務員の給与については例外であり、非常によく知られている。反対に、雇用主による給与申告は賃金労働者の全体をカバーすることができる。なぜなら、すべての雇用主は１９１７年以降、事業の分野や所在地にかかわらずこの義務に従っているからである。また申告では、最も低給与の者から最も高給与の者まで、企業の賃金労働者の一人一人に支払われた給与の総額を労働者一人一人について記載しなければならなかったためでもある。しかも、第二次世界大戦前は税務当局によって作成され、１９４７年以降は国立統計経済研究所（ＩＮＳＥＥ）によって作成された給与申告の調査に基づく統計表は、私たちにとって都合よく作られているといえる。というのも、これらの表は年間給与の水準に応じて賃金労働者を全国水準で分けた分類に基づいており、賃金労働者の人数と給与所得全体の総額を一定数の年間給与の水準ごとに示しているからである。所得申告の調査に基づく統計表と同様、これらの表によって、最も給与の高い10パーセント、５パーセント、１パーセントなどが受け取る平均給与の水準をきわめて正確に推計することができる。(1) したがって、高所得者の研究で用いたのと同じ表現（P90―100、P95―100、P99―100など）をこの先もしばしば使用する。ただし、ここで用いるのは賃金労働者ごとの給与階層における高給与の分位であり、世帯ごとの所得階層における高所得者の分位ではない点を忘れてはならない。

そうはいっても、この資料にはいくつもの欠点がある。まず、給与申告書が存在するのは１９１７年以降である。所得申告書と同様に、この資料を用いて第一次世界大戦前の時期について調査することはできない。そのため、給与格差に対する第一次世界大戦の影響を推計するためには、明らかに不十分なほかのデータに頼らざるをえなくなる。

次に、１９１５年の所得以降例外なく毎年実施されていた所得申告とは反対に、給与申告は残念なことに毎年の統計調査の対象ではなかった。私たちが利用することのできる給与申告に基づく統計表は、１９１９―１９３８年と１９４７年、１９５０―１９９８年の給与に関する分だけである。そのため、給与所得全体に占める高給与の割合の推計はそれらの年についてしか行なっていない。その結果、ここでもまた、とくに第二次世界大戦中などデータのない時期の給与格差の推移を推計するために、別のデータに頼ることになった[2]。実際に、給与申告が純粋に統計目的で調査されるようになったのは、第二次世界大戦以降にすぎない。初めて調査されたのは１９４７年の給与からだが、１９４８―１９４９年の給与については調査は行なわれず、その後１９５０年の給与以降は毎年給与申告が調査されるようになった。今日しばしば現在の正式名称（「社会保障年次報告」）で呼ばれる雇用主による給与申告は、すぐにＩＮＳＥＥが給与の推移を測定するために用いる主要な情報源となった。１９１５―１９９８年の期間全体について私たちが用いた所得申告の調査に基づく統計表と同様に、第二次世界大戦前には給与申告の調査に基づく統計表もまったく異なる発想で作成されていた。税務当局にとって重要なのは、税金、とくにこの場合、分類所得税が機能していることを報告することであった。この税については第２部で取り上げるが、総合所得税（あるいはもっと単純に「所得税」）とともに、１９１４―１９１７年の税制改革の重要な構成要素の一つだった。所得申告が作られたのもこの改革の結果である。給与に課税される分類所得税が初めて適用されたのは、１９１７年の給与からだったが、税務当

（１）じつは、戦間期についての推計は戦後についての推計よりはるかに正確である。なぜなら、戦後の統計表では賃金労働者を分類する際に用いた給与階層の数が少なく、さらにＩＮＳＥＥの資料作成法においても変更が多かったためである。しかも、戦後の統計表はそれぞれの層の賃金労働者の比率を示すだけで、給与所得全体と人数は示していなかった。給与申告に基づき税務当局やＩＮＳＥＥが作成した「未加工の」あらゆる統計表を付録Ｄに収録し、私たちの行なった推計の詳細な結果と、「未加工の」統計表をここに紹介した推計に加工する際に用いた方法論を、詳細に記述した。

（２）１９５０―１９９８年の時期についても、たとえば給与申告がＩＮＳＥＥによって利用されなかった年など、いくつかの「欠落」がある。しかし、それらは常にほかとのつながりがない年なので、これらの「欠落」は線形内挿法によって補った（詳細についてはすべて付録Ｄに示した）。

局がすべての分類所得税を実施するには数年を必要とした。給与申告の調査に基づく統計表が1919年の給与からしか作成されず、公表されなかったのはこのためである。統計表がもともと税務目的で作成されたことは、1938年の給与でなぜデータが途切れているのかの説明ともなる。1939年に給与に課税される分類所得税が源泉徴収税に変わったのだ。これは、賃金労働者の税金を雇用主が計算して天引きする税であり、税務署は相当する税額を受け取り、所得申告の中の給与と照合して管理を行なうだけでいい。このために、1939年以降に作成された税務統計だけが給与に課税される分類所得税の税収総額を対象としているが、各賃金労働者の間の分布についてはなんの情報もない。これは1948年の分類所得税の最終的な廃止まで続く。1947年の給与以降ようやく、純粋に統計的な目的から、財務省は給与申告を活用しはじめることでこの欠落を補うことに決めた。このため、1939—1946年の給与についてはまったく統計表が存在していないように見える(1)。

しかしながら、1939—1946年の「欠落」による不都合のほかに、第二次世界大戦前に税務当局が作成した統計表と第二次世界大戦後にINSEEが作成した統計表が唯一のデータであることも強調する必要がある。これらの表はどちらも唯一の情報源、すなわち雇用主による給与申告に基づいている。税務署は、体系的な調査がまったくなされなかった年代も含み、常に税務管理の目的で給与申告を使用してきた。とくに、給与に課税される分類所得税は常に個人レベルで定められた税金であったという点に留意することが重要である(反対に所得税は常に世帯ごとに課税されていた)。配偶者や子供に給与があったとしても、どんな場合でも、それらが個人の給与に加算されることはないため、税務署によるデータはINSEEが作成した統計に比べて偏りがあったかもしれない。また納税者の家庭状況は税金の減額という形でしか把握することができない。そして税金の減額は、課税対象の給与額と税務当局が行なった給与階層ごとの賃金労働者の分類には影響しない。また、給与に課税される分類所得税は常に、雇用主による給与申告に基づいていたのであって、賃金労働者による申告に基づいていたわけではないということもはっきりいっておこう。賃金労働者が税務署から必要とされるのは税金を払うときのみだった(少なくとも1939年まではそうであった)。

このように技術的に複雑かつ細かく見える点は重要である。なぜならおそらくそのために、(概論の中ですでに指摘したように[2])いままでこの情報源が問題となる期間全体について一度も用いられてこなかったことに加え、なぜ、この情報によって１９１９―１９３８年の期間の給与分布全体を研究できないのかについても理解できるからだ。税務当局の作成した統計表は税金が機能していることの報告を目的としているために、給与が十分に高い賃金労働者のみを対象にしていた。給与に課税される分類所得税という名目で彼らに課税できるようにするためだが、実際には戦間期では10パーセント以上の賃金労働者が対象となることはまれだった(ただし、戦間期の末期を除く[3])。反対に、ＩＮＳＥＥによって作成された統計表は給与格差そのものを研究することを目的としている。このため最も安い給与から最も高い給与まで、すべての給与水準を対象としており、１９４７年から１９９８年まで、とくに１９５０年から１９９８年までの時期の給与分布全体の推移を調査することができる。ただし、私たちはおもに高所得と高給与について論じるので、その意味では、これはそれほど重大ではない欠点といえる。なぜなら、戦間期に給与申告に基づいて税務当局が作成した統計表から、私たちは給与分布の上位10パーセントの賃金労働者の給与について知ることが

(１)とはいえ、１９４７年の給与申告を活用して得た結果を公表している資料では、それが初めての試みだと断ったうえで(１９１９―１９３８年の給与に関する統計表には言及していない)、次のようにも述べている(ほかに詳しい説明はしていない)。「直接税総局は表１０２４と１０２５の調査を行なった。これらは雇用主によって１９４２年と１９４６年に支払われた給与を直接税局に申告するために用いられたものである」(「１９４７年に支払われ、１９４８年に直接税局に申告された工業および商業の給与統計」、『統計および財務調査』第2巻(１９４９年2月)、ｐ・75を参照)。財務省、フランス総合統計局、ＩＮＳＥＥ、財務省の統計出版物、ならびに財務省のアーカイブで確認したが、１９４２年と１９４６年の給与申告の統計分析の痕跡はいっさい見つからなかった。

(２)概論第２・２・３節を参照。

(３)１９１９―１９３８年に給与に課税された分類所得税の対象となった賃金労働者のパーセンテージの推移については、付録Ｄ表Ｄ―３の列(２)を参照。

でき、当時の平均給与との比較により給与所得全体に占める割合を計算することができるからだ。所得申告に基づいて作成された統計表によって、所得分布の上位10パーセントの世帯の所得を知ることができ、平均所得と比較することで所得全体に占める割合を計算することができるのと同様である。とはいえ、１９１９―１９３８年の統計資料からは、当時最も給与の高かった賃金労働者が属していた職業別社会階層については何も知ることができない。所得申告の場合と同様に、税務当局は支払われるべき税金の計算に適した情報のみに関心があり、職業別社会階層による分類項目には関心がなかったためだ（いずれにせよ、少なくとも今日でいうところの分類項目は当時存在していなかった）。

最後に、この情報源の最後の欠点は、１９４７年から１９９８年までの期間の給与申告を活用する際に、民間部門の雇用主による申告しか対象としていない点である。つまり、公務員は分析範囲から外されている[1]。１９１９―１９３８年については、税務上の目的から作られた統計表であることから、給与に課税される分類所得税という名目で課税対象となる賃金労働者全体を対象としている。つまり、この時期についての高給与水準の私たちの推計と同様に、（公務員あるいは民間部門の賃金労働者など）地位に関係なく、給与が十分に高い賃金労働者を対象としているのだ。しかし、このこともまた、それほど重大ではないものの欠点ではある。重大でないというのは、これから見るように、公務員の給与については、このような偏りの幅を正確に推計できるほかの情報源を利用できるからだ（少なくとも１９８０―１９９０年についてはそれがいえる）。

2.2　給与所得全体に占める高給与の割合の長期的安定性

まず、給与所得全体に占める高給与の割合の長期的推移について得られた結果を紹介しよう。この結果は、本書の枠組みの中で活用したデータが明らかにした結果の中でも、「２００家族」の所得の急激な低下とそれが再構築されなかったことと並んで、私たちにとって最も興味深いものであった。まずは、給与所得全体に占める給与分布上位10パーセントの賃金労働者の給与の割合の推移を検討しよう（図3－2を参照）。この計算は給与分布の上位10パーセントの賃金労働者の平均給与（図3－1を参照）と賃金労働者全体の平均給与（第1章図1－8を参照）について私たちが行なった推計に基づいている。重要な最初の規則性は、給与所得全体に占める給与分布の上位10パーセントの賃金労働者の給与の割合が、所得全体に占める所得分布の上位10パーセントの世帯の所得の割合よりも常に低かったということだ。給与分布の上位10パーセントの賃金労働者の給与の割合は一般におよそ25パーセントであるのに対し、所得分布の上位10パーセントの世帯の所得の割合は一般におよそ30—35パーセントである（第二次世界大戦前には40パーセントを超えることもあった[2]）。たとえば、1990年代の賃金労働者1人あたりの平均給与は年間およそ12万フランで（ひと月におよそ1万フラン[3]）、世帯ごとの平均所得はそれをわずかに上まわっている（年間およそ13万フランで、ひと月では1万1000フラン以下[4]）。しかし、給与分布の上位10パーセントの賃金労働者の平均給与が全体の平均（年間およそ31万—32万フラン、ひと月ではわずかに2万5000フランを上まわる[5]）を2・5—2・6倍上まわっているのに対し、所得分布の上位10パーセントの世帯の平均所得は全体の平均（年間およそ41万—43万フラ

（1）事実、1947—1998年の給与申告を活用する際も相変わらず農業労働者と家事使用人は排除されていた（農業部門や家事使用人ではない民間部門のみ扱っている）。しかし、これらのカテゴリーに含まれる賃金労働者が事実上トップ十分位に届く可能性はまったくなく、いずれにせよ20世紀末にはこれらのカテゴリーは社会から姿を消した（前出参照）。そのうえ、私たちは1990年代については（例外が一つもない）賃金労働者全体に関する資料を入手した。この資料のおかげで、これらの偏りのすべてを考慮することが可能となった（後出参照）。

（2）第2章図2－6および付録B表B－14の列P90—100を参照。

（3）第1章図1－8および付録E表E－3の列(11)を参照。

（4）第1章図1－6および付録G表G－2の列(7)を参照。

（5）図3－1および付録D表D－15の列P90—100を参照。

図 3-1　給与分布の上位 10 パーセントの賃金労働者の平均給与
（1919-1938 年、1947 年、1950-1998 年、1998 年フラン換算）

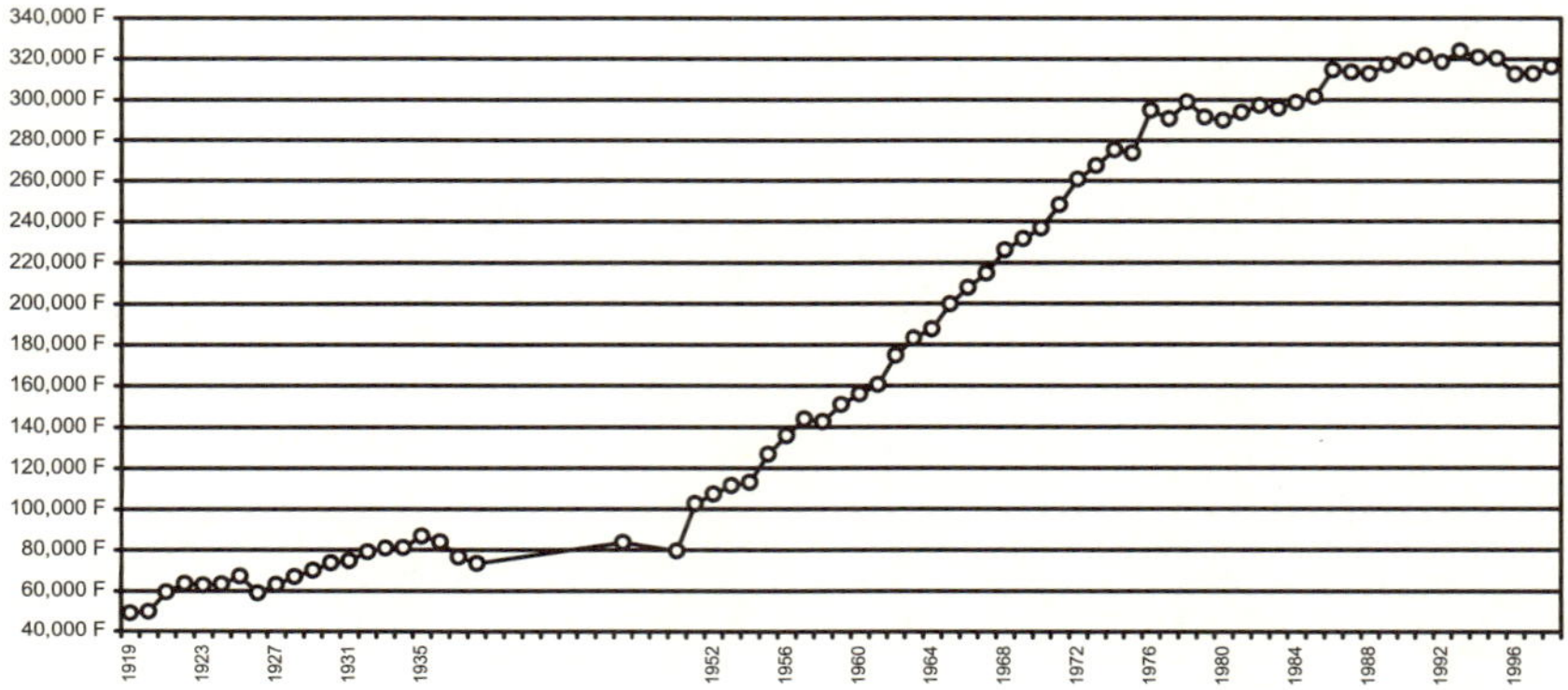

情報源　表D-6およびD-15のP90-100の列（付録D）

図 3-2　給与所得全体に占める給与分布の上位 10 パーセントの賃金労働者の給与の割合
（1919-1938 年、1947 年、1950-1998 年）

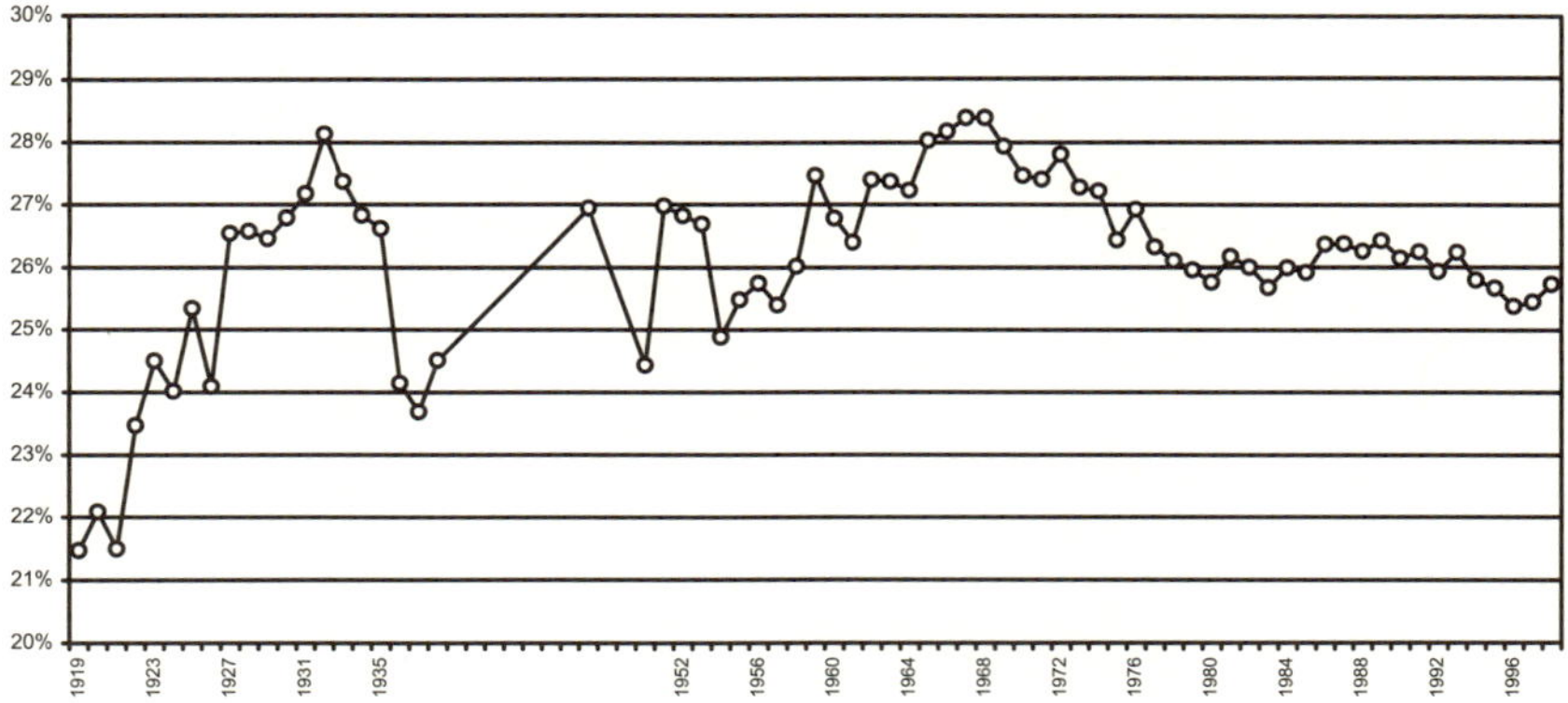

情報源　表D-7およびD-16のP90-100の列（付録D）

ンで、ひと月あたり3万5000フラン以上）[1]を3・2―3・3倍上まわっている。つまり、1990年代において給与分布の上位10パーセントの賃金労働者が給与所得全体の25―26パーセントを得ていたのに対して、所得分布の上位10パーセントの世帯は所得全体のおよそ32―33パーセントを得ていた。これが非常に一般的な規則性である。すべての国のすべての時代で、所得格差は給与格差よりも常に大きい傾向がある。これは、混合所得や資本所得（これらを給与に加算した合計が所得となる）が常に、給与に比べてより不平等な形で分配されていたためである。また、給与格差は比較的均質な人々（雇用されている賃金労働者）の中での比較であるが、所得格差はより幅広い人々の間での比較であるためでもある。その中には職のない人々や少額の年金を受け取る年金生活者などが含まれる。また、個人もさまざまな資産を持つ世帯（あるいは相続資産所有者、またはその両方）もひっくるめて考えられている。

さらに驚くべき、そして興味深い方法で、給与所得全体に占める高給与所得者の給与の割合は長期にわたって非常に安定しているという特徴があることがわかる。たしかに20世紀には短期的・中期的な景気変動がいくつも観察されるが、重要なのは長期的には明確な傾向が何も見られないということだ。1919―1922年を除けば、給与所得全体に占める所得分布の上位10パーセントの賃金労働者の給与の割合は常に24―28パーセントであり、たいていは25―26パーセントであった。この割合は1920年代から1990年代まで目立った傾向もなく、増加も減少もせずに長期的に続いた（図3―2を参照）。そのうえ、あとで取り上げる私たちが利用できた職業分類別・産業部門別のどのデータも、1919―1922年の給与分布の上位10パーセントの賃金労働者の給与の割合がかなり低かった（給与所得全体のおよそ21―22パーセント）のは、じつは単なる偶然にすぎないことを示している。事実、第一次世界大戦によるインフレが給与階層を大幅に縮小し（高給与は他の水準の給与よりも明らかに引き上げの幅が少なかった）、給与所得全体に占める給与分布の上位10パーセントの賃金労働者の給与の割合が20世紀初頭と第一次世界大戦前には

（1）第2章図2―5および付録B表B―11の列P90―100を参照。

図 3-3　給与分布の上位 5 パーセントの賃金労働者の平均給与
(1919-1938 年、1947 年、1950-1998 年、1998 年フラン換算)

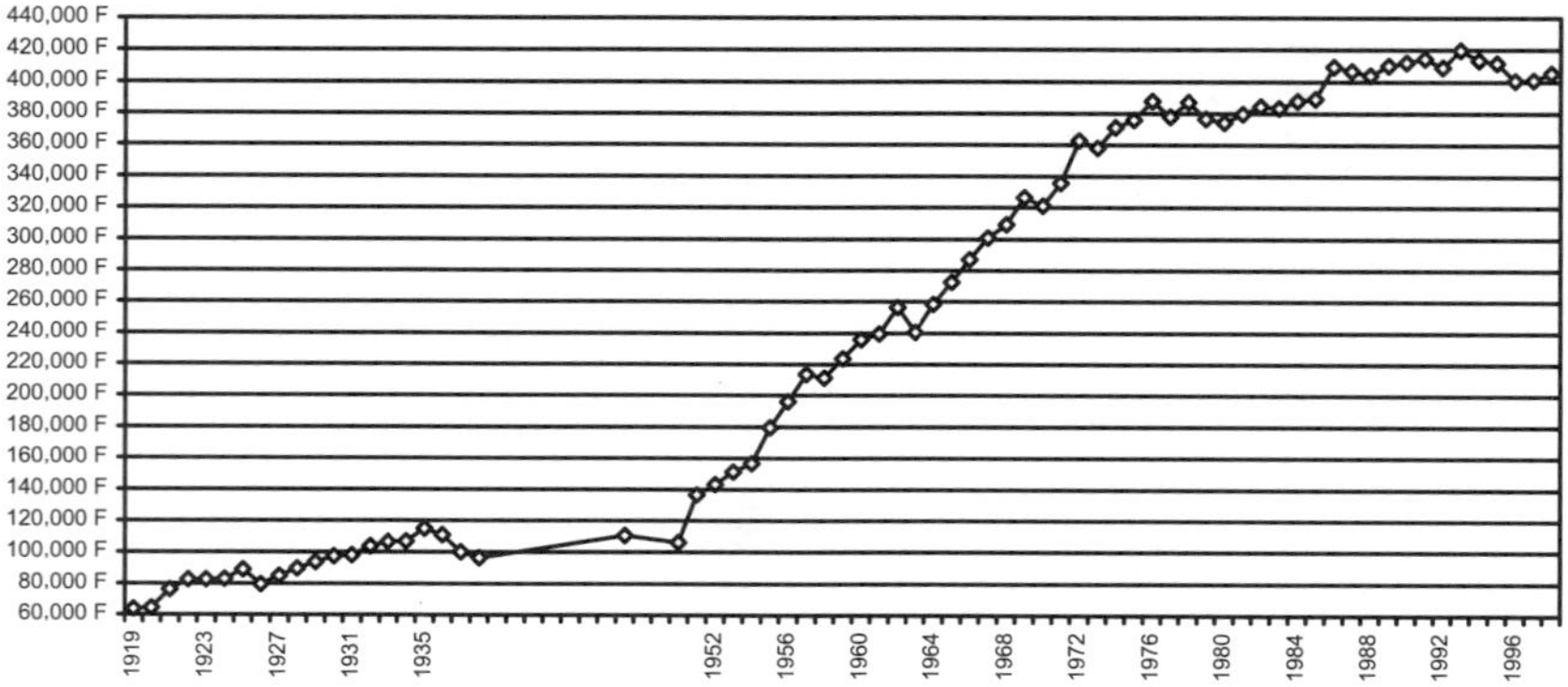

情報源　表D-6およびD-15のP95-100の列(付録D)

図 3-4　給与所得全体に占める給与分布の上位 5 パーセントの賃金労働者の給与の割合
(1919-1938 年、1947 年、1950-1998 年)

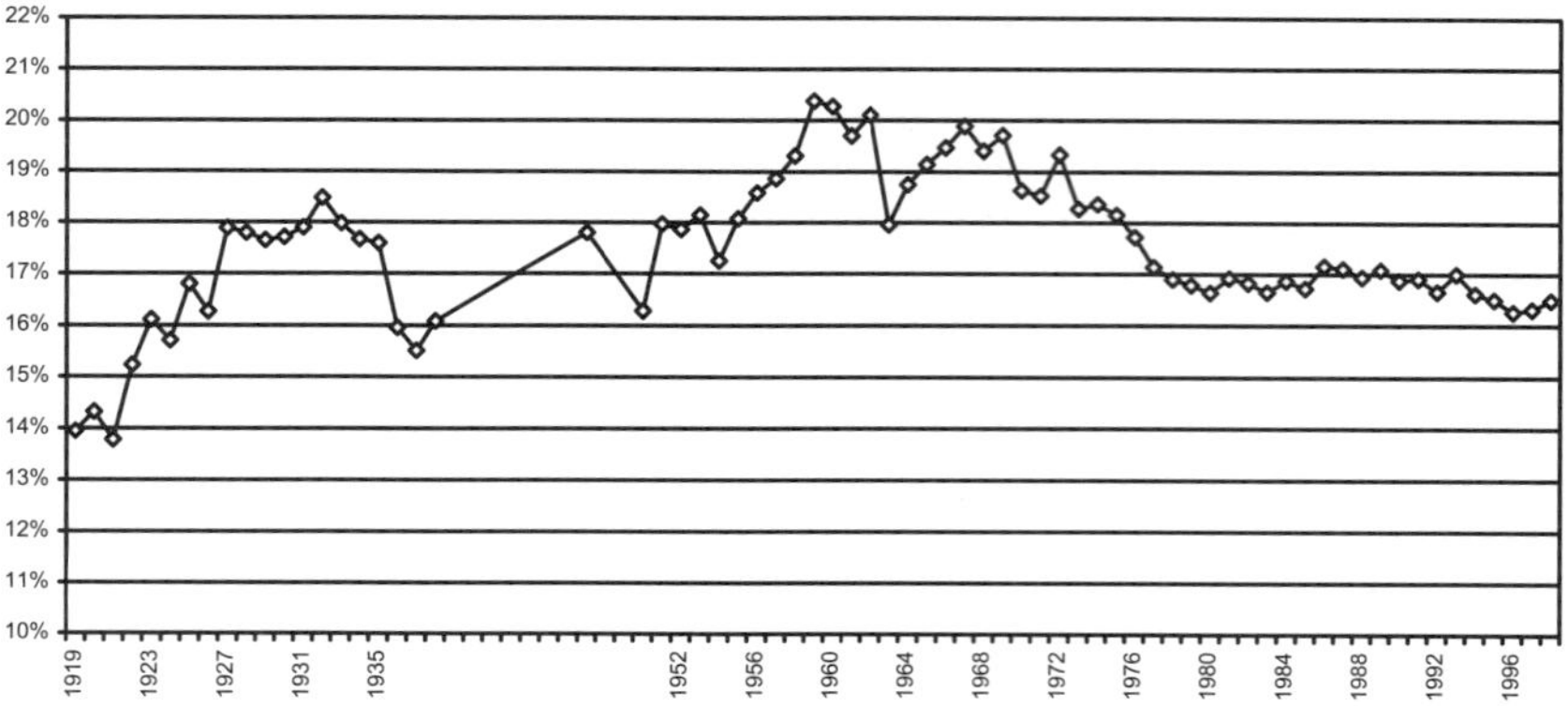

情報源　表D-7およびD-16のP95-100の列(付録D)

およそ25—26パーセントだったことがあらゆるところから読み取れる。これは1990年代に観察される水準と事実上同じ水準である。言い換えれば、20世紀に何度か起こった給与階層の縮小と再構築という純粋に一時的な現象は別として、抑制できない力によって、給与分布の上位10パーセントの賃金労働者の平均給与は常に、賃金労働者全体の平均給与のおよそ2・5—2・6倍の水準に戻っていたようである。この結果は、私たちが所得格差について得た結論とは根本的に異なっている。というのも、所得では逆に1世紀を通じて所得全体に占める高所得者の所得の割合が構造的に減少しており、所得全体に占める所得分布の上位10パーセントの世帯の所得の割合は第二次世界大戦前にはおよそ40—45パーセントだったのが、1945年以降はおよそ30—35パーセントでしかないからだ（第2章図2－6を参照）。長期的には、所得全体に占める所得分布の上位10パーセントの世帯の所得の割合は1900—1910年代の45パーセント（あるいはそれを少し上まわる割合）から、1990年代の32—33パーセントに推移した。このことは、所得分布の上位10パーセントの世帯の平均所得が人口全体の平均所得の4・5倍から3・2—3・3倍に減少したことを意味している。

給与格差と所得格差の推移のもう一つの重要な違いは、いままで見たように20世紀を通してさまざまな推移を経た高所得の各分位とは反対に、高給与のすべての分位が常に同じように推移してきたように見えることである。またとくに、高給与のすべての分位が長期にわたって同じように安定しているという特徴がある。給与所得全体に占める給与分布の上位5パーセントの賃金労働者の給与の割合の推移を見てみると、1919—1922年は偶然に低かったものの、ほかの時期は長期的には変化の傾向は何も認められず、常に16—20パーセントの間を上下していることがわかる。平均値は17—18パーセントあたりである（図3－4を参照）。言い換えれば、給与分布の上位5パーセントの賃金労働者の平均給与は常に人口全体の平均給与の3・2—4倍の間を上下し、平均はおよそ3・4—3・6倍だった。給与所得全体に占める給与分布の上位1パーセントの賃金労働者の給与の割合の推移について見てみると、この割合は、1919—1922年は偶然に低かったものの、ほかの時期は、長期的な傾向はまったくなく、常に6—8

図 3-5　給与分布の上位 1 パーセントの賃金労働者の平均給与
(1919-1938 年、1947 年、1950-1998 年、1998 年フラン換算)

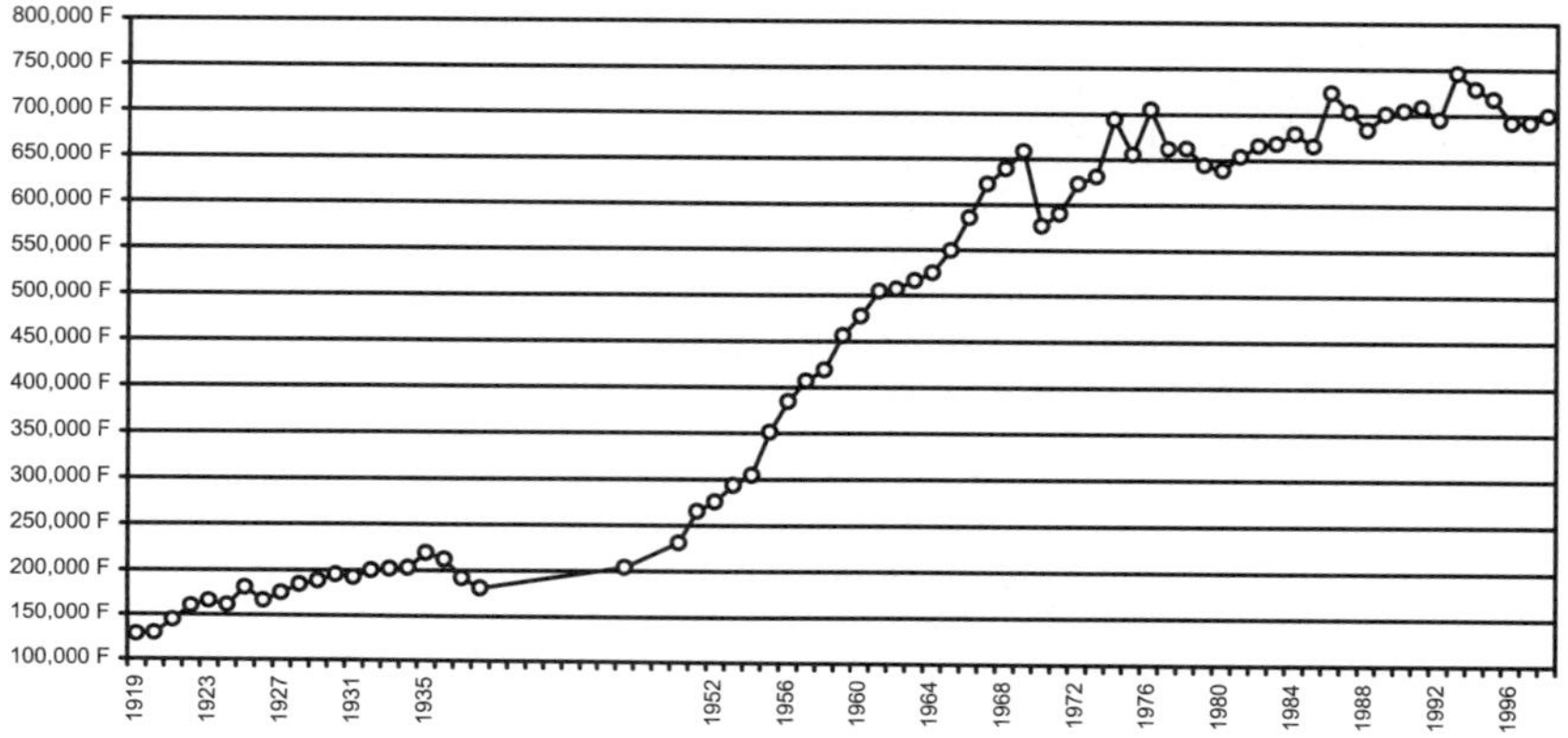

情報源　表D-6およびD-15のP99-100の列(付録D)

図 3-6　給与所得全体における給与分布の上位 1 パーセントの賃金労働者の給与の割合
(1919-1938 年、1947 年、1950-1998 年)

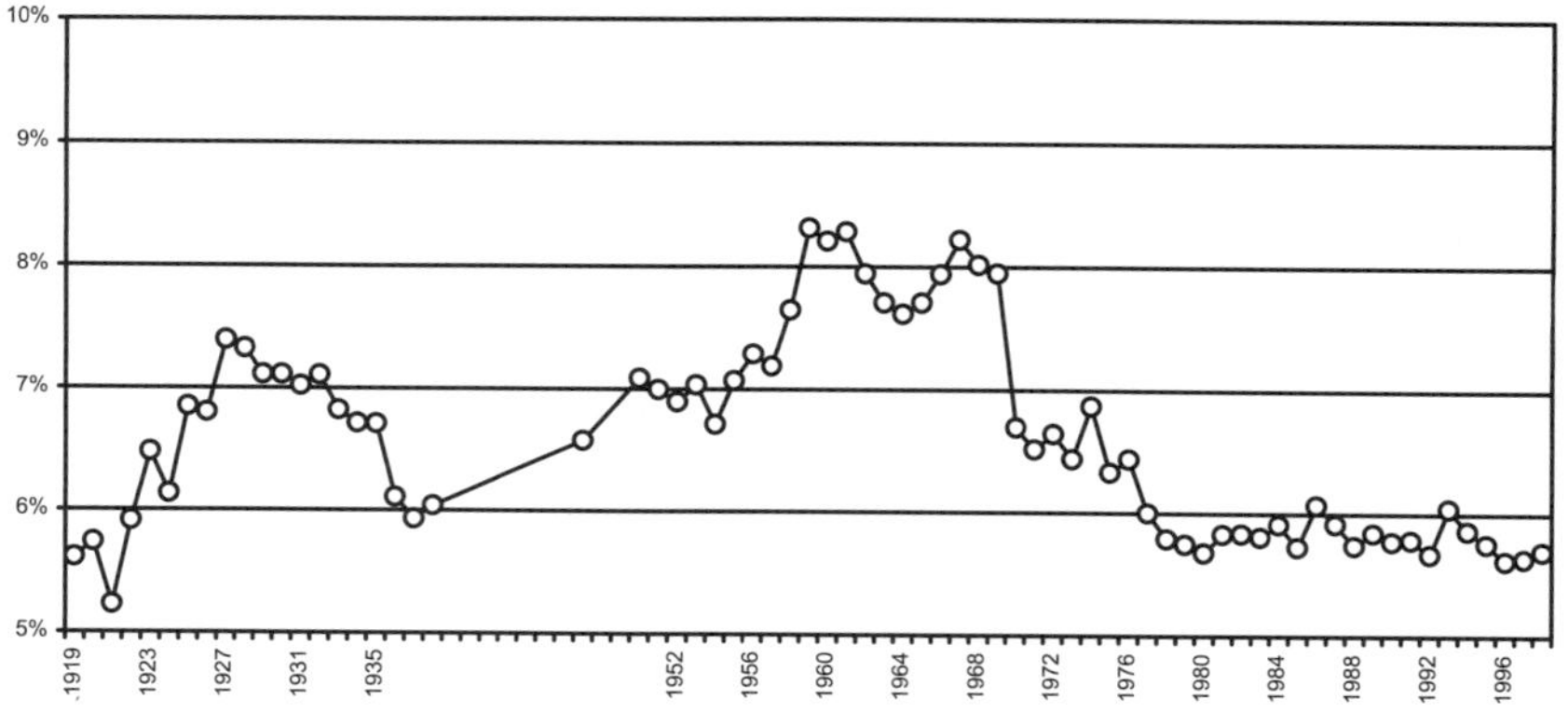

情報源　表D-7およびD-16のP99-100の列(付録D)

パーセントの間を上下していることがわかる。平均値はおよそ６—７パーセントである（図３‐６を参照）。言い換えれば、給与分布の上位１パーセントの賃金労働者はすべての時代において人口全体の平均給与の６—８倍（たいていは６—７倍）の平均給与を受け取っていたことになる。20世紀の間、実質平均給与は５倍以上、名目平均給与では１万倍以上増えた（旧フランから新フランへの切り替えを考慮に入れると、実際には１００倍以上増えたことになる）[1]。しかし、給与階層は実質的には変化しなかった。

ＩＮＳＥＥは、第二次世界大戦以降の雇用主による給与申告に基づいて統計表を作成したが、その中で用いられている給与区分は、同様の申告を調査するために戦間期に税務当局が使用した給与区分とは反対に、残念ながら給与階層の高給与の部分については十分ではなかった。このため、当該の時期全体について、給与所得全体に占める給与分布の上位の０・５パーセント、０・１パーセント、０・０１パーセントの賃金労働者の給与の割合の推移を検討することはできない。それでも、ＩＮＳＥＥは入手可能な給与申告の情報処理ファイルに基づいて作成された超高給与の区分を含む統計表を私たちに提供してくれた。これらのデータのおかげで、私たちは戦間期について得られた推計と１９９０年代について得られた推計との間に非常に大きな類似性を確認することができた。１９２０—１９３０年代には、給与所得全体に占める給与分布の上位０・１パーセントの賃金労働者の給与の割合はおよそ１・５—２パーセントで、給与分布の上位０・０１パーセントの賃金労働者の給与の割合はおよそ０・４—０・５パーセントだった[2]。１９９０年代には給与分布の上位０・１パーセントの賃金労働者の給与の割合はふたたび給与所得全体のおよそ１・５パーセント（あるいはそれよりやや少ない）となり、給与分布の上位０・０１パーセントの賃金労働者の給与の割

（１）付録Ｅ表Ｅ‐３の列（11）および（12）参照。
（２）付録Ｄ表Ｄ‐７の列Ｐ９９・９—１００、Ｐ９９・９９—１００を参照。

合もふたたびおよそ0・4パーセント（あるいはそれよりやや少ない）となった。[1] 言い換えれば、1990年代には戦間期同様、給与分布の上位0・1パーセントの賃金労働者は賃金労働者全体の平均給与のおよそ15倍の平均給与を受け取っていたとわかる。また、給与分布の上位0・01パーセントの賃金労働者は賃金労働者全体の平均給与のおよそ40倍の平均給与を手にしていた。しかし、長期間をカバーする年ごとのデータがなく、1990年代について入手可能なデータの活用に関する技術的なさまざまな問題もあるため、[2] 上記のような一般的な傾向を確認する以上のことはできず、給与分布の上位0・1パーセントと0・01パーセントの賃金労働者の場合について十分に調査することもできない。いずれにせよ、給与所得全体に占める（全体として見た場合の）給与分布の上位1パーセントの賃金労働者の給与の割合は長期的に非常に安定しているという特徴があることから、給与分布におけるトップ百分位の上位層が経験した変動の幅は非常に限られていたことが明らかである。所得について認められた結果とのコントラストは驚くほどだ。所得全体に占める所得分布の上位1パーセントの世帯の所得の割合は、第一次世界大戦直前と1920年代初めにはおよそ20パーセントだったのに対し、1990年代にはおよそ7・5―8パーセントとなり、20世紀の初めと終わりを比べると半分以下になった（第2章図2－14を参照）。一方、給与所得全体に占める給与分布の上位1パーセントの賃金労働者の給与の割合は長期的には増加も減少もせず、もっぱら6―7パーセントあたりで推移していたようである（図3－6を参照）。

使用したデータの性質に偏りはあるものの、そのうちのいずれもが、給与所得全体に占める高給与の賃金労働者の給与の割合のこのような長期にわたる安定性を説明することはできないように思える。とくに、戦間期の私たちの推計は公共部門と民間部門の両方を対象としているのに対して、戦後についての私たちの推計は民間部門のみを対象としているという事実は、いかなる場合も私たちの結論を左右するものではない。事実、1980―1990年代についてはほかの資料によって、民間部門だけの格差と民間部門と公共部門を合わせた格差を別々に推計することができたが、これらの資料からわかるのは、給与所得全体に占める給与分布の上位10パーセント、5パーセント、1パーセントなどの給与の割合が、民間部門のみを対象としたときには、公共部門も含めた場合よりわずかに高くなるという点である。(3) こうした結果は当然である。公務員の中での給与階層の縮小と再構成の動きが、後述するように、20世紀前半において大きな役割を果たしたことはたしかだが、１９８０―１９９０年代においては公務員の中の給与格差は民間部門における給与格差に非常に近い水準だったことも事実である。唯一、二つの部門で異なっていたのは、給与所得全体に占める超高給与の割合が公共部門よりも民間部門のほうがわずかに高かったことである。したがって１９８０―１９９０年代について図３－２、図３－４、図３－６で示された給与所得全体に占める高給与の割合は戦間期について示された水準に比べるとほんのわずか高めに推計されているが、このわずかな偏りがあっても、給与所得全体に占める高給与の割合が戦間期と１９８０―１９９０年代では本質的には同じだという点はなんら変わりがない。

平均的な賃金労働者と高給与所得者の格差が長期的には非常に安定していたということは私たちにはじつに印象的

(1) 付録D表D－16の列P99・9―100、P99・99―100を参照。しかし、これらの推計はほかとは性格が異なるうえに、一定していないリスクも大きいので（これは超高給与所得者に関する１９９０年代の社会保障年次報告を活用するのが技術的に困難なためである）、扱いは慎重を要する。

(2) 付録D第2節を参照。

(3) １９９０年代に実施された雇用調査によると、給与所得全体に占める給与分布の上位10パーセントの賃金労働者の給与の割合は、民間部門だけではおよそ24―25パーセントであるが、公共部門も含めるとおよそ23―24パーセントとなる（雇用調査は給与の推計に完全に適しているというわけではなく、とくに、高給与の水準をやや低く推計する傾向がある。しかし、この調査にはすべての賃金労働者を対象としているというメリットがあり、これらの結果は、公共部門を含めても概算値は大きく変わらないことを確認するには十分である。付録D表D－17を参照）。１９９０年代に関しては、国家公務員給与の支払い資料に基づく公務員の給与分布推計の資料を利用した。これは、ＩＮＳＥＥが公表している（たとえば『フランスの統計年鑑１９９９年版』、ｐ・１８８、ＩＮＳＥＥ、１９９９年を参照)。この資料により、上記の結果を確認することができる（給与格差は公共部門ではずっと少ないが、それでも公共部門を含めたからといって、給与分布の上位10パーセントの賃金労働者の給与の割合のような給与格差の全体的推計を大幅に修正しなくてはならないほどではない)。

に思えた。20世紀の間ずっと、インフレや実質給与のめざましい増加があったにもかかわらず、給与分布の上位10パーセントの賃金労働者が常に平均よりもおよそ2・5─2・6倍多く稼ぎ、給与分布の上位5パーセントの賃金労働者が常に平均よりも3・4─3・6倍多く稼ぎ、給与分布の上位1パーセントの賃金労働者が常に平均よりも6─7倍多く稼ぐように、「見えざる手」が調整しているかのようである。給与階層のこのような驚くべき安定性の理由は何であれ、「高給与を得ている賃金労働者」は常に存在し、その割合は今日の割合と非常に近いということがわかった。とりわけ、これらの結果は、私たちが先の章で、所得全体に占める「中流階級」とそのほかの「上位中流階級」（分位P90─95とP95─99）の割合が非常に安定していることを確認しながら予想したことを追認するものである。そうではないということはありえないだろう。賃金労働者1人あたりの平均給与と1世帯あたりの平均所得は20世紀を通じてきわめて近い推移をたどった。（上位か否かを問わず）「中流階級」の所得は常に主として給与で構成され、この場合、給与分布の上位10パーセントの給与に近い高給与で構成されていた。そして、（上位か否かを問わず）「中流階級」が申告する所得水準は、平均所得に比べて20世紀を通じてきわめて安定していた。これらのことから、高給与の水準が平均給与に比べて長期的に非常に安定しているという特徴があるのも当然である。「中流階級」の所得について得られた結果と高給与について得られた結果が似通っていることは、賃金労働者の世帯による脱税や所得の無申告などの非常に限られた可能性についてすでに私たちが指摘したことを追認しているにすぎない。税務行政当局が常に雇用主による給与申告を参照して、所得申告で申告された給与が少なく見積もられていないかを確認していたために、そういった可能性は限られているのである。[1]

これらの結果はまた、先の章で投げかけられたクズネッツの理論に対する深い疑問が正しかったことを裏づける。それは、とくに資本主義の発展が進むと格差が必ず自発的に縮小するという考え方に基づく理論に対する疑問であったが、少なくともフランスについてはこの疑問を抱いたことは正しかった。給与所得全体に占める高給与の割合が長期的に非常に高い安定を示していたにもかかわらず、所得全体に占める高所得の割合が1世紀の間に低下したということは、その低下の原因は、ただ資本所得による超高所得が急激に減少し再構築されなかったためだと考えられる。この現象が「自然で」「自発的な」経済プロセスと、どれほどかけ離れているかについてはすでに見てきた。長期的には、20世紀フランスにおける格差の歴史に起こった二つの現象は、一つめが、大資産の急激な減少とそれが再構築されなかったことであり、もう一つは給与階層が非常に安定していたことである。この二つの現象については説明が必要であろう。

2.3　短期的・中期的変動

給与階層が長期的に非常に安定していたことがどれほど目立つとしても、だからといって20世紀のフランスにおける給与格差の短期的・中期的な数多くの変動を忘れてはならない。これらの短期的・中期的な変動はまずは二つの世界大戦と戦争がもたらした激しいインフレによって引き起こされた。実際、どちらの世界大戦中も、低給与や中程度の給与のほうが高給与よりも大きく引き上げられたことによって給与の差が大幅に縮小したという特徴がある。同様に、両世界大戦とも戦後の数年間に、戦時中にかなりの揺さぶりを受けた給与階層が再構築されたという特徴がある。雇用主による所得申告に基づく統計的データが１９１９年にしか作成されず、１９３９年から１９４６年までの期間に中断されていたことは、もちろんこのプロセスを研究するうえで大きなハンデとなる。しかし、私たちが入手可能な職業分類別・産業部門別のすべてのデータから、状況がこのように推移したことがはっきりとわかる。

（1）所得と給与の結果がこのように類似していることからは、家族構成（二つの給与を得ている世帯の割合など）と所得水準の間の結びつきが場合によっては歪みを生じるが、その歪みは、いずれにせよ個人の賃金労働者から世帯へと移行したことでこの結論が変わるほどには大きくはなかったこともわかる。このことは平均的な家庭状況が所得水準に応じて変化することはほとんどないという事実とも一致している（付録B第3.2節を参照）。

第一次世界大戦の事例から始めよう。「非生産労働者」の給与に関するデータは20世紀初頭についてはとくに少なく、戦間期についても状況はかなり似ている。このことはおもに、第二次世界大戦以前にフランス総合統計局あるいは労働局が実施した公式の調査はすべて、生産労働者の給与のみを対象としていたことから説明できる。ただし、これらの調査から、生産労働者の各職業間の非常に大きな給与の差を推計することが可能である。とはいえ、この調査では農業労働者と家事使用人は対象となっていない。またこの調査によって、１９１３―１９１４年と１９１９―１９２０年にこれらの格差が大幅に縮小したことも確認できる。[1] しかも、「非生産労働者」の給与に関するデータは極端に数が少ないとはいえ、調査がすべて同じ方向性を示していることによって、その不足は補われているといえる。第一次世界大戦の時期について入手可能なすべてのデータは、生産労働者内だけでなく、とりわけ生産労働者と「非生産労働者」の間でも、さらに「非生産労働者」内でも給与の差の大幅な縮小が起こったことを示している。「パリ地方の製鉄業」は比較的正確なデータが集まる珍しい産業部門の一つである。それらのデータが数年間のみを対象としているとしても、単純労働者と専門労働者を隔てる給与の差が１９１４年には１・９であり（専門労働者は単純労働者の１・９倍の給与を得ていた）、１９２０年には１・５でしかなくなったことがわかる。また、単純労働者と新人エンジニアの給与の差は１９１４年には2であったが、１９２０年にはたった１・４になり、単純労働者と2年の経験があるエンジニアの給与の差は１９１４年には3であったが、１９２０年には１・７に低下した。さらに単純労働者と8年の経験があるエンジニアとの給与の差は１９１４年には5だったが、１９２０年には２・４になった。[2] 保険の分野では、新人会計士とベテラン会計士の給与の差は１９１４年の２・４から１９２０年代初めには１・６となった。新人会計士と会計部門の主任の給与の差は１９１４年には８・９だったが１９２０年代初めには４・３となった。[3] 銀行では3等級の行員と会計主任の給与の差は１９１４年には４・６だったのが、１９２０年代初めには３・５となった。3等級の行員と監査部長の給与の差は１９１４年の７・７から１９２０年代初めには５・８となった。[4] これらのデータはたしかにかなり細分化され、数社の企業だけを調査対象としていることもしばしばだが、すべての調査が、給与階層の上に行けば行くほど賃金労働者が第一次世界大戦中に起こった給与の格差縮小による影響を強く受けたことを示している。

最も資料がそろっているのは公務員の給与である。第一次世界大戦直前に「非生産労働者」であった賃金労働者全体の半数近くを公務員が占めていたことが調査によって明らかになっているだけに、なおのこと公務員給与は興味深い。一つめの重要な事実は、戦争が始まった当初の数年間、公務員の給与は完全に据え置かれていたということである。激しいインフレにもかかわらず、1917年までは国家も戦前に支払っていたのと同額の名目給与を支払っていた。[5] そして1917年、たとえば郵便配達員の給与のような公務員の中でも最も低い給与が名目で少し引き上げられた（およそ10パーセント）。しかし、小学校教員や行政職員、大学教授、管理職、そのほかの上級公務員の給与は完全に据え置かれたままだった。[6] 比較として、工場労働者の平均給与は1913―1917年に名目で50パーセント以

（1）たとえば『フランス一般統計要覧』、第10巻（1920―1921年）、p・339―374を参照。その中でデュジェ・ド・ベルノンヴィルは1911年、1916年、1921年にフランス総合統計局によって実施された調査結果を比較している。そして、最も給与の安い生産労働者の給与がより給与のいい生産労働者の給与よりも大きく引き上げられたことを確認した。『フランス一般統計要覧』、第9巻（1919―1920年）、p・243も参照。

（2）ルカイヨン（1952年、p・243）を参照。これらのデータは次の資料にも引用されている。ジャカン（1955年、p・117）およびマルシャル&ルカイヨン（1958―1970年、第1巻、p・428）。

（3）メルシヨン（1955年、p・110）参照（6121／2566＝2.4、15389／9407＝1.6、22841／2566＝8.9、40436／9407＝4.3）。

（4）メルシヨン（1955年、p・230）参照（12000／2600＝4.6、18000／5200＝3.5、20000／2600＝7.7、30000／5200＝5.8）。

（5）公務員のいくつかの職種が実質フランで受け取っていた年俸について、1911―1966年までの年ごとの推移を示した一覧表については、次を参照。『フランスの統計年鑑――過去要覧1966年版（AR1966）』（INSEE、1966年版）、p・438（これらの数字の重要性を考慮し、付録E表E－4に引用した。この表についてはこの先で参照する）。

（6）付録E表E－4を参照。

上も上昇した。[1] この数字は、物価の上昇率よりはわずかに低いものの、公務員の給与の上昇率に比べればかなり高い。公務員の給与の実質的引き上げが初めて決定されるのは1918―1919年になってからである。郵便配達員の名目給与はほぼ3倍に引き上げられ、小学校教員の給与はほぼ2倍となった。[2] しかし、第一次世界大戦末期と終戦に続く数カ月に実施された最初の大規模な給与引き上げも、依然として公務員のうちの最も高い給与については対象としていなかった。1919年、国家は大学教授、管理職、そしてほかの上級公務員に対して1913年と同じ名目給与を支払っていたが、[3] 1913年から1919年までに一般的な物価水準は実質上3倍になった。[4] 事実、生産労働者の平均給与は1913―1919年の間もほんのわずかの低下にとどまった（およそ5パーセント）。[5] 結局、平均的な生産労働者と最も給与の高い上級公務員の給与格差は、最も給与の低い公務員（平均給与が工場労働者の給与と変わらない郵便配達員など）と最も給与の高い上級公務員との給与の差と同様、1913―1919年には半分以下になった。

したがって、第一次世界大戦の時期について入手可能なデータから、1919年と1920年代初頭に給与所得全体に占める高給与の割合が歴史的に低い水準だったのは、単なる「偶然」だったということが確信できる。また、第一次世界大戦直前と20世紀初頭では、この割合ははるかに高い水準を示していたこともわかる。しかし、これらのデータも公共部門と民間部門がそれぞれ果たした役割とこの現象の規模とを正確に把握するには不十分である。給与階層が公共・民間どちらの部門でも崩壊したことは明らかだが、民間部門の高給与に関するデータが乏しいため、両方の推移を正確に比較することはむずかしい。それでも、問題のプロセスの性質を考慮すると、給与階層の崩壊は公共部門のほうがより際立っていたと推測できる。また、おそらくその崩壊は民間部門においても付随的に給与階層の崩壊を招いたのではないかとも考えられる（国家が管理職の公務員の給与引き上げをしない〔あるいはほとんどしない〕ならば、民間部門も給与引き上げをしないことがより容易になる）。公務員については、問題となるメカニズムはとりわけ透明性が高い。第一次世界大戦の初めには、1世紀にわたって通貨が全面的に安定したあとだったので、インフレが一時的なものでしかないことは明らかだった。いずれにせよ、国家には公務員に気前のよさを示すだけの財力がなかった。第一次大戦末期と終戦に続く最初の数カ月に公務員の購買力があまりにも低下したために、最も給与の少ない公務員は貧困に近い状態となり、公務員の中でも最も少ない給与は、中程度の給与の度合いよりは小さいものの、大幅に引き上げざるをえなくなった。その結果、１９１９年には給与階層が大幅に縮小した。民間部門でも同じようなメカニズムが働いたのだろう。民間部門も公共部門同様、インフレにはほとんど慣れていなかったが、その影響の規模は公共部門ほどではなかったと思われる。理由はとりわけ、民間部門では給与の引き上げプロセスが公共部門ほど集中して行なわれなかったからである。たとえば、民間部門のすべての企業が１９１３年から１９１９年まで管理職の給与を完全に凍結するということはありえない。だが公共部門ではそれがありえるのである。

同様に、１９２０年代に実施された公務員の給与の大幅な引き上げは、その10年間の特徴である給与階層の再構築のプロセスを推し進める役割を演じたかのように思える。私たちの推計によれば、このプロセスが最も急激に進んだのは、１９２２—１９２３年と１９２７—１９２８年である。たとえば給与所得全体に占める給与分布の上位10パーセントの賃金労働者の給与の割合を観察すると、１９１９—１９２１年の21—22パーセントから１９２２—１９２３年のおよそ24—25パーセントに推移し、１９２３—１９２６年には24—25パーセント前後で安定した。そして、この１９２３—１９２６年の24—25パーセントの安定期のあとで１９２７—１９２８年には26—27パーセントとなった。

（1）付録E表E‐1の列(6)を参照（2047／1338＝1.53)。
（2）付録E表E‐4を参照。
（3）付録E表E‐4を参照。
（4）付録F表F‐1の列(6)を参照。
（5）付録E表E‐1の列(6)および(7)を参照（これらのデータは工場労働者のみを対象としているが、入手可能なデータは農業労働者や家事使用人の給与も同様の割合〔あるいはやや少ない割合〕で引き上げられたことを示している。たとえば次の資料を参照。『AR１９６６』〔ＩＮＳＥＥ、１９６６年〕、ｐ・４３７)。

ところで、これら二つの割合増加の段階はそれぞれ、1920年代の特徴である公務員の給与引き上げの二つの大きな段階にぴたりと一致する。1919年から1923年までに、全公務員の名目給与は実質的に2倍になった。19 18―1919年とは反対に、この非常に大幅な給与の引き上げは公務員の中の最も高い給与にも適用された。[1] ちなみに、工場労働者の平均名目給与は1919年から1923年までに40パーセント強も上昇した。[2] 続いて1923―1926年には公務員の給与の引き上げははるかに少なく、ポワンカレによる通貨安定化政策後の1927年になって、ようやく給与引き上げの新しい段階が始まった。この段階は1931年まで続いたが、これは当時の政府によって、第一次世界大戦の清算をようやく可能にする国家規模の努力として喧伝された。事実、この第二段階の公然の目的は、公務員の給与階層を再構築し、1918―1919年の給与の差の大幅な縮小の影響を帳消しにすることだった。1927年から1931年の時期には、給与引き上げは、低給与と中程度の給与より高給与に対してははるかに大規模に実施された。[3] とりわけ注目すべきは、公務員の最も高い水準の給与が最も大幅に引き上げられたのが1927年であり、[4] 給与所得全体に占める高給与の割合の推計が最も大きく上昇したのも1927年だという点である。[5]

また、これらすべてが、公務員の給与が1930年代の給与格差の歴史において中心的な役割を演じたことを示しているように思われる。実際、公務員はほかのどんな社会的カテゴリーよりも「中流階級の巻き返し」現象を体現している。先の章で見たように、これは1930―1935年を端的に特徴づける現象である。理由は簡単だ。1927―1931年の公務員給与の大幅な引き上げはまだ終わっていなかったが、一方で民間部門の賃金労働者、なかでも工場労働者はすでに世界恐慌の犠牲になりはじめていたのだ。実際、世界恐慌は運よく職を失わずにすんだ工場労働者にとってかなりの重圧となった。工場労働者の平均名目給与は1930―1935年に15パーセント近く減少し、とくに1930―1932年には急激に減少した。[6] 農業労働者と家事使用人の名目給与も同じような割合で低下した。[7] こうした民間部門の名目給与の減少はたしかに物価の低下よりは小さかったが（物価は1930年から1935年までに25パーセント低下した）、公務員の給与もまた、そこまでの強い圧力を受けなかったことも事実である。192

7年から1931年までの給与の大幅な引き上げは実施されたばかりで、公務員の給与はすべて1930—1931年にもまだ上昇していた。そして、1931—1932年、つまり生産労働者の給与が最も大きく下落した時点で、名目給与は同じ水準に凍結されたままとなった。そして1933—1934年になってようやく、当時の政府が「特別税」の課税を試みた。この税には公務員の新しい給与体系を作り出すために、公務員が受け取っている名目給与を減らす狙いがあった。実際には、この1933—1934年の「特別税」は負担が非常に軽く（公務員の最も高い給与しか対象とされず、2—3パーセントの低下があったのみである）、公務員の給与をすべて一律10パーセント低下させようとした1935年7月の有名なラヴァル〔フランスの政治家。1881—1945年〕の統令《デクレ・ロワ》〔第三共和制および第四共和制下で用いられた政府による立法〕による規制も、実際には1936年初頭からかなり緩和された。[8] このため、給

(1) 付録E表E‐4を参照。
(2) 付録E表E‐1の列(6)を参照（4653／3269＝1.42）。
(3) 付録E表E‐4を参照。ソーヴィ&ドゥポワ（1940年、p・36）が指摘したように「1928年から1930年まで給与引き上げが相次いで行なわれたことで、雑用係で10パーセント、平均的等級の公務員では35パーセント、局長クラスでは65パーセント、給与が上昇した」（より全般的には、ソーヴィ&ドゥポワ〔1940年、p・29—50〕が、1928—1939年の公務員給与の推移に関する非常に有益な記述を行なっている）。多くの観察者が、1913年の給与階層が1920年代の初めからふたたび見られたと主張している（たとえばマリヨン〔1923年〕を参照）。
(4) 付録E表E‐4を参照。
(5) 対応するデータについては、前出の図3‐2、図3‐4、図3‐6、および付録D表D—7の列P90—100、P95—100、P99—100を参照。1925年には給与所得全体に占める高給与の割合が1924年および1926年より大きかったということも指摘できる。同様に、公務員の給与の引き上げの一般的なペースについても同じことがいえる。
(6) 付録E表E—1の列(6)を参照（7538／8864＝0.87）。
(7) 『AR1966』（INSEE、1966年）、p・437、およびソーヴィ&ドゥポワ（1940年、p・27）を参照。
(8) 付録E表E—4を参照。また、この時期に公務員の給与に適用されたさまざまな「特別税」や他の「特別課税」の完全なリストを提示するソーヴィ&ドゥポワ（1940年、p・31—32）も参照。

与所得全体に占める高給与の割合は１９３０年代初めになっても、１９２０年代に見られた上昇傾向を続け、そうした上昇も１９３３―１９３４年以降には落ち着いたという流れは完全に理にかなっているように思われる。私たちの推計によると、給与所得全体に占める給与分布の上位10パーセントの賃金労働者の給与の割合は１９３０―１９３２年に上昇し、１９３２年には28パーセントを超え、１９３３―１９３５年にはわずかに減少して27パーセント前後となった。

しかも、生産労働者に対する世界恐慌の影響は給与への圧力にとどまらなかった。１９３０年代には生産労働者はとりわけ、失業リスクにもさらされていた。このリスクはしばしば、部分的失業（生産労働者の１週間あたりの労働時間が減らされ、その分給与を下げられた）という形をとったが、公務員は失業のリスクとは無縁であった。民間部門の給与所得全体が１９３０―１９３５年に（名目給与で）50パーセント以上減少したのは、この部分的失業が原因である。それに対し、公共部門の給与所得全体は１９２０年代末から１９３１年までに大きく上昇し、１９３３年までは名目で同じ水準を保ち、１９３４―１９３５年になってほんのわずか減少しただけだった。[1] 入手可能な推計によれば、工場労働者の部分的失業の平均的な割合は、１９２９―１９３０年にはおよそ２パーセントだったのが１９３１年にはいきなり12パーセントになり、１９３２年から１９３９年まではおよそ20―25パーセントで、１９３５年には最大値を記録した。[2] すでに参照した生産労働者の平均給与のデータは、本書で示された給与のすべての推計と同様に、フルタイムの雇用に対応する平均給与を対象としている。このことは部分的失業を考慮すると、生産労働者の平均名目給与が実際には１９３０―１９３５年に15パーセントではなく40パーセント近く減少したことを意味する。言い換えれば、給与所得全体に占める高給与の割合に関する私たちの推計はフルタイムで働く賃金労働者のみを対象としているため、部分的失業現象を含めることができず、[3] そのため、１９３０―１９３５年、そしてとくにこの期間の終盤に、実際に存在した賃金労働者間の格差の進展をかなり小さく見積もることになる。

たとえ、民間部門の「非生産労働者」である賃金労働者に関する入手可能な資料が極端に少なく、そのせいでここでも満足のいく結論に達することができないとしても、デフレの時期に見られた給与格差拡大の要因がおもに公務員にあったと考えるのは理にかなっている。民間部門の「非生産労働者」が、（調査結果が示すように）民間部門の生産労働者に比べて失業のリスクにさらされることは少なかったこともありえる。しかし、失業のリスクと、とりわけ失業リスクの影響や職を失わなかった「非生産労働者」の給与の全般的な停滞の影響が、経済危機のあおりを直接的に受けた製造業の管理職やエンジニアにとって、まったく取るに足りないものだったとは思えない。[4] 給与申告に基づく統計調査によって、１９３０—１９３５年に超高給与が、公務員の給与体系の中の対応する給与よりいっそう低くなったことがわかる。このことが示すのは、民間部門の「非生産労働者」は同じ階層の公務員よりもデフレに苦しんだということである。いずれにしても問題となっている分位の平均給与を下げるほどのダメージは受けたようだ。たとえば、退職まぎわの大学教授の給与の動きは、戦間期には給与分布の上位０・５パーセント（分位Ｐ９９・５—１

（１）ソーヴィ&ドゥポワ（１９４０年、ｐ・56）を参照（これら一連の給与所得全体はデュジェ・ド・ベルノンヴィルの推計に基づいている）。

（２）ロム（１９６８年、ｐ・52）を参照（この資料はクチンスキー〔１９６０—１９７２年〕の研究に由来する「生産労働者による損失時間の平均パーセンテージ」に基づくもので、付録Ｅに再録してある。表Ｅ—３の列(5)を参照）。

（３）より正確にいえば、戦間期について「給与所得全体における上位賃金労働者の給与の割合」を計算するために用いられた「給与所得全体」は、実際には、フルタイムで働く賃金労働者の平均給与に賃金労働者の全体数を乗じたものである。この結果、部分的失業はあたかも存在しないかのようになった（戦後に関しては、給与申告に基づく統計表はフルタイムの賃金労働者全体だけを対象としている。したがって、「給与所得全体」は、これらの表に基づいている）（付録Ｄ）。こうした手法の選択は正当化される。なぜなら、部分的失業とパートタイム労働について長期にわたり均質の調査を行なうことはきわめて困難だからだ。

（４）専門誌、とくにカトリック・エンジニア社会連盟の公報は１９３５年に「エンジニアの地位低下」や「学位のある若いエンジニアがキャリア選択を誤ったと不平を漏らし、現在では下位のポストを受け入れざるをえなくなっている」ことについて遺憾の意を示している（ボルタンスキー〔１９８２年、ｐ・１２２〕を参照）。ここからは、技術職の管理職も実際には１９３０年代の製造業の危機の打撃を受けていたことがわかる。しかし、その影響について正確に数字で示すことは不可能だ。

00）を代表するといえるものだったが、1930年には（実質フランで）年給7万8240フランだったのが、1931―1933年には9万2240フランとなり、1934―1935年には「特別税」が原因でわずかに減少したものの、1930年の水準よりは高い水準を維持した（1934年は8万5240フランで、1935年は8万4140フラン）[1]。それに比べ、私たちの推計では、給与分布の上位0・5パーセントの賃金労働者の1年あたりの平均給与は、1930―1935年には毎年下がりつづけ、1930年には9万2385フランであったのに対して、1935年には7万5149フランにまで下がった[2]。戦間期に給与分布の分位P99―99・5を代表するといえる退職まぎわの中央官庁の管理職の最高給与や[3]、あるいは戦間期において給与分布の分位P90―95とP95―99の平均給与との常に中間の位置にあった退職まぎわの小学校教員の最高給与[4]について見てみると、同じような現象が確認できる。また、給与所得全体に占める給与分布の上位0・1パーセントの賃金労働者の給与の割合が、給与分位の上位10パーセント、5パーセント、1パーセントの賃金労働者の給与の割合とは逆に1931―1932年に下がっていることにも気がつくだろう[5]。このことは、当時のトップ百分位の上層は、1990年代の上層と同様に、上級公務員よりも、大規模な株式会社の「高所得管理職」であることのほうがはるかに多かったことと、そしてこれらの「高所得管理職」は経済危機を完全に免れることができなかったということを示している。

退職まぎわの小学校教員はとりわけ興味深い。というのも、戦間期の「中流階級」を体現しているからである。私たちは所得申告を用いて「中流階級」（分位P90―95）世帯の平均所得を推計し、先の章では「中流階級」の平均所得が1920―1935年に人口全体の平均所得に比べて70パーセント近く上昇したと述べた。実際、「中流階級」世帯の平均所得は戦間期には（数パーセントの差はあるものの）公務員の給与体系によって定められた退職まぎわの小学校教員の最高給与とほとんど同じような水準だった。とくに、1920―1935年についてはそれが顕著であり、両者とも2パーセント以内の差で推移した（15年間にわたってである！）[6]。また、「中流階級」の所得についての私たちの推計（所得申告に基づく統計によって作成）と高給与についての私たちの推計（給与申告に基づく統計によって作成）が示すそれぞれの推移がきわめて一致していることもわかる。このことから、賃金労働者の世帯が給与の無申告や脱税を行なう可能性が低かったことと、同時に私たちの推計手法の信頼性が高いことが確かめられる。[7]

事実、「中流階級の巻き返し」が終焉を告げた1936年の転換点は、所得申告の中でも給与申告の中でも同じくらい目立っている。私たちの推計は、給与所得全体に占める給与分布の上位10パーセントの給与労働者の給与の割合が1934―1935年には27パーセント近くであったが、1936年に急激に低下し、1936―1937年には

（1）付録E表E－4を参照。

（2）付録D表D－5の列P99・5―100を参照。

（3）中央官庁の管理職の最高給与は1930年の5万5240フランから1931―1933年の6万2240フランへ上がり、1934年に5万8040フラン、1935年に5万7440フランとなった（付録E表E－4を参照）。給与分布の分位P99―99・5の平均給与は1930―1935年まで継続的に減少し、1930年の5万4482フランから1935年の4万4646フランとなった（付録D表D－5の列P99―99・5を参照）（下院は、1928年、総選挙の数カ月後に、見たところ世論の激しい反対にあいながら、4万5000フランから6万フランへの議員歳費の引き上げを決定していた。当時の議員歳費は中央官庁の管理職とほとんど同様の水準だった〔ボンヌフー（1956―1967年、第4巻、p・309）を参照〕）。

（4）小学校教員の最高給与は1930年の2万2240フランから1931―1933年の2万1240フランに増加し、1934年には2万670フラン、1935年には2万290フランとなった（付録E表E－4を参照）。給与分布の分位P90―95とP95―99の平均給与は1930―1935年の間に下がりつづけ、分位P90―95については1930年の1万7126フランから1935年の1万4811フランとなり、分位P95―99については1930年の2万4644フランから1935年の2万1182フランとなった（付録D表D－5の列P90―95とP95―99を参照）。

（5）付録D表D－7の列P99・9―100、P90―100、P95―100、P99―100を参照。

（6）分位P90―95の平均所得（実質フラン）は1920年の9030フランから1935年の2万1050フランに増加した（付録B表B－9の列P90―95を参照）。小学校教員の最高給与は1920年の8920フランから1935年の2万290フランに増加した（付録E表E－4を参照）。二つのデータの類似は興味深く、1920―1935年の全体的な推移がほとんど同じである（21050／9030＝20290／8920＝2.3。また、（21050／9030）／（20290／8920）＝1.02）。

（7）付録B第1・3・2節を参照。

およそ24パーセントでしかなく、1920年代半ばの水準に戻ったことを示している。[1] この結果は、生産労働者の給与、なかでもその最低給与がマティニョン協定によって引き上げられたのに対して、管理職、なかでも公務員の管理職の給与は1936―1937年にほんの少ししか引き上げられず、[2] 反対にインフレ再燃の代償を払うことになったという事実と完全に一致している。公務員のケース、とくに退職まぎわの小学校教師のケースは典型であるが、これは人民戦線が向き合わなければならなかったジレンマを象徴している。その点については先の章でも触れた。1937年2月にレオン・ブルムがラジオで国民に向けて語りかけ、改革政策の「一時停止」〔第一次レオン・ブルム内閣が行なった労働立法等の改革政策の一時停止。財政難による〕を発表したが、その主旨は公務員の給与に関するものだった。ブルムは、少なくとも「国の財政状況が改善しないかぎり」、公務員給与をこれ以上引き上げることはないだろうとはっきりと述べた。このことは、選挙前の約束が反故にされたと受け止められる結果となり、社会党支持者は誰もが不満を抱いた。[3] また、非賃金労働者である「大」企業の経営者とは逆に、「高所得管理職」は人民戦線が政権を握ったことやインフレが再開したことからは利益を得なかったという点も興味深い。これは、1936年の転換点についてすでに述べたこととも一致する。[4] 最後に、1938年に給与分布の上位10パーセントの賃金労働者の給与の割合がわずかに持ち直したが、それでも、1934―1935年の水準よりはかなり低い水準にとどまっている点も指摘しよう。[5] このことは、公務員が1938年になってようやく、1936―1937年より多くの給与引き上げを獲得するに至ったことと一致しているように思われる。[6]

残念なことに、給与所得全体に占める高給与の割合についての私たちの推計は、十分な資料がないために1939年で中断する。このため1939―1946年の給与格差の推移を正確に研究するのはきわめてむずかしい。そうはいっても、入手可能な情報によれば、1936年に始まった給与階層の縮小の動きは第二次世界大戦中も続いたことがわかる。第一次世界大戦時と同様に、給与格差は戦争末期、おそらく1944年に最も小さい水準に至ったようである。実際、すべての給与の強制的引き上げが戦後の国土解放直後に臨時政府により決定された。また、この194

４年の給与引き上げは全員一括という性質だったため、給与階層をかなり縮小させたようである。[7] この仮説は、所得全体に占める「中流階級」（分位Ｐ90―95）の世帯の所得の割合がこの時期の最低水準に達したのが１９４４年であり、１９４５年以降にはまた増加しはじめたという事実とも矛盾していない。[8] しかし、二つの世界大戦とそれぞれの戦後に起こった給与階層の縮小と再構築のプロセスとの間には、さまざまな違いがあることを指摘しなければならない。

まず、第二次世界大戦時の給与階層の縮小はかなり限定的な規模で起こったが、対応する格差再構築の段階はそれよりずっと速く進行したようだ。私たちの推計によれば、給与所得全体に占める給与分布の上位10パーセントの賃金労働者の給与の割合は、１９４７年に27パーセント近くまで回復した。これは１９３４―１９３５年に近い水準で、

（１）対応するデータについては前出の図３－２、および付録Ｄ表Ｄ－７の列Ｐ90―１００を参照。
（２）付録Ｅ表Ｅ－４を参照。
（３）１９３７年２月にラジオ放送されたこの演説のテキストは次の文献内に収録されている。ボンヌフー（１９５６―１９６７年、第６巻、ｐ・１１２）。
（４）給与所得全体に占める給与分布の上位０・１パーセントと０・01パーセントの賃金労働者の給与の割合は１９３６―１９３７年で下がりつづけた（あるいは少なくとも増加しなかった）（付録Ｄ表Ｄ－７の列Ｐ９９・９―１００とＰ９９・９９―１００を参照）。これとは反対に所得全体に占める所得分布の上位０・１パーセントと０・01パーセントの世帯の所得の割合は１９３６―１９３７年にはっきりと持ち直した（付録Ｂ表Ｂ－14の列Ｐ９９・９―１００とＰ９９・９９―Ｐ１００を参照）。このことから、インフレの再開による割合の持ち直しが何よりもまず個人事業主の利益となったことがわかる（とはいえ、給与所得全体に占める給与分布の上位０・01パーセントの賃金労働者の給与の割合の低下は１９３７年に中断したことにも留意しよう）。
（５）対応するデータについては前出の図３－２および付録Ｄ表Ｄ－７の列Ｐ90―１００を参照。
（６）付録Ｅ表Ｅ－４を参照。
（７）ペロー（１９６５年、ｐ・21）を参照。
（８）第２章図２－10および付録Ｂ表Ｂ－15の列Ｐ90―95を参照。

１９３８年の水準（およそ２４・５パーセント）を上まわっている。１９３８年と１９４７年を図で比較したり、１９３９—１９４６年のデータの「欠落」部分を見たりすると、給与格差がこの時期にゆっくりと広がっていったと（誤って）信じてしまいそうなほどである。(1) つまり、給与所得全体に占める給与分布の上位10パーセントの賃金労働者の給与の割合が10年間かけてゆっくりと上昇し、１９２０年代になってようやく27パーセント近くに回復した第一次世界大戦後とは、完全に違う状況だったのである。(2) この結果には、１９４５年春にパロディ・アレテ〔労働者の給与体系を定めた省令。アレテは省庁や地方議会が出す命令で、日本の省令・条例などにあたる。パロディは当時の労働大臣アレクサンドル・パロディの名前による〕によって、民間部門の給与階層の大規模な「立て直し」が始まったことと完璧な一貫性がある。このパロディ・アレテの目的はまさに１９３６年の状態に給与階層を立て直すことにあり、アレテは１９４５年から１９４６年初頭にかけて施行された。(3) 私たちが入手できた職業分類別・産業部門別の数少ないデータによると、給与格差の縮小は第一次世界大戦中より限定的であり、１９４５年にはすでに給与階層はだいぶ立て直されていたようである。(4) さらに、給与階層の縮小が限定的であり、そのためにこの立て直しが非常に速く進んだのではないかという仮説は、「中流階級」の所得推移の推計でさらに信憑性の高いものとなる。(5) また、このような迅速な立て直しは、トップ百分位の上層の給与も含むすべての高給与の分位を対象としていた点にも留意すべきである。給与所得全体に占める給与分布の上位０・１パーセントの賃金労働者の給与の割合は、１９４７年以降は１・５パーセント以上となった。(6) この水準は１９３０年代終わりごろの水準とほぼ同じである。(7) このことが意味するのは、１９３０年から１９４７年までに名目給与は10倍以上に増えていたにもかかわらず、(8) 給与分布の上位０・１パーセントの賃金労働者の平均給与は、どちらの時期も、賃金労働者全体の平均給与のおよそ15倍だったということである。

たしかに、これらの結果は１９４６—１９４７年に給与階層が完全に安定したことを示してはいない。１９４４—１９４８年のハイパーインフレはまだ続いており、ピネーの安定化策〔アントワーヌ・ピネーによる経済・財政安定化策。デフレ政策をとった〕がとられたのも１９５２年になってからのことなので、この段階ではまだ何も行なわれていなかった。予想よりも強力なインフレと低給与および中程度の給与のみを対象とした給与引き上げ策だけで、給与階層が大幅に縮小するには十分だった。事実、私たちの推計によれば、給与所得全体に占める高給与の割合は１９４７―１

（１）前出の図３-２と付録Ｄ表Ｄ-７、表Ｄ-16の列Ｐ90―１００を参照。１９３８年と１９４７年の比較には明らかに問題がある。なぜなら私たちの推計は戦間期については賃金労働者全体を対象としているのに対し、戦後については公務員、農業労働者、家事使用人が含まれていないからだ。１９９０年代にはこの偏りの幅が非常に小さかったことはすでに見てきた。しかし、戦争直後についての公務員の給与分布に関する正確な調査によってのみ、この時期も同様であったことが確認可能となるだろう。とはいえ、ざっと見積もると、対象とならなかった公務員の分と農業労働者・家事使用人の分はほぼ相殺されると推測できる。

（２）前出の図３-２および付録Ｄ表Ｄ-７の列Ｐ90―１００を参照。

（３）１９４１―１９４４年に適用されたさまざまな「一括手当」（給与階層を縮小する効果があった）と１９４５年の給与階層の「立て直し」とその実施についてはとくに次の文献を参照。ルウリエ（１９４７年、１９４８年）（この研究には制度的措置とさまざまな職業分類別・産業部門別のデータについての非常に役に立つ記述がある）。また、ペロー（１９６５年、ｐ・21―22）も参照。

（４）保険分野では、１９３８―１９４５年の間に最低給与から最高給与まですべての給与が給与係数でおよそ3増えたようである。とくに最低給与はより大きな係数で増加した（メルシヨン〔１９５５年、ｐ・１１２〕を参照）。「パリ地方の製鉄業」では、エンジニアと単純労働者を隔てる格差がパロディ・アレテの結果、１９４５年以降、１９３８年の水準を上まわるようになったとジャカン（１９５５年、ｐ・１１７）は指摘している。ペロー（１９６５年、ｐ・54）の研究で紹介されている家事使用人の給与を見ると、平均給与との差は１９３８―１９４５年にほんのわずかしか縮小しなかったようだ（付録Ｅ表Ｅ-３の列(11)を参照）。また、ルウリエ（１９４７年、１９４８年）も参照。

（５）１９４４年に所得全体に占める「中流階級」（分位Ｐ90―95）の所得の割合はこの期間の最低水準に達したが（９・２４パーセント）、これは１９２０年の水準（８・１８パーセント）に比べると非常に高かった（付録Ｂ表Ｂ-15の列Ｐ90―95を参照）。しかも１９２０年には、「中流階級」の公務員は、すでに１９１８―１９１９年の給与引き上げの恩恵を受けていた（この時期の最低水準はおそらく１９１７年）。

（６）付録Ｄ表Ｄ-16の列Ｐ９９・９―１００を参照。

（７）付録Ｄ表Ｄ-７の列Ｐ９９・９―１００を参照。

（８）（実質フランで表わした）年間平均給与は１９３０年代末には1万フランをわずかに超えるほどであったが、１９４７年には11万フラン以上となった（付録Ｅ表Ｅ-３の列(11)を参照）。

950年に大きく低下し、1951年にいったん上昇したが、1952年にはまた低下した。ほぼ規則的な上昇を始めるのは1950年代半ばになってからであり、この上昇傾向は大きな変動もなく1967―1968年まで続いた。[1]戦後の国土解放からピネーの安定化策がとられる時期まで、給与は常に政策論争の中心となり、物価凍結と給与引き上げの問題はしばしば内閣が倒れる原因となった。「給与格差を縮小する」という考えが戦後すぐの議論において、とくに幹部総同盟〔1944年設立。管理職が加盟する労働組合。現フランス幹部職総同盟(CFE―CGC)〕の権利要求の発言に非常に目立つのも、おそらくこの明らかな不安定さから説明できるだろう。幹部総同盟は、パロディ・アレテとその後の給与引き上げによって管理職に認められた給与がきわめて不十分であると考えていた。とはいえ、私たちの推計は、給与階層がとくにパロディ・アレテのおかげで、あっという間に以前の水準に回復したことを示している。このことは、当時の消息筋も、少なくとも民間部門については1950年代初頭から指摘していた。[2]

それぞれの世界大戦が引き起こした給与の推移の二つめの大きな違いは、公共部門と民間部門のコントラストである。公務員の給与は、第二次世界大戦が引き起こした推移においては、格差の縮小段階でも再構築段階でも、第一次世界大戦のときほど大きな役割を果たさなかったように見える。実際、1940―1941年を除いて、第二次世界大戦中に公務員の給与が全面的に凍結されることは一度もなかった。公務員の給与引き上げはたえまなく実施され、たとえ公務員給与のうちの高給与よりむしろたいていは低給与に対して大きな引き上げが行なわれていたとしても、高給与が忘れられたことは一度もない。1943年に実施された改革は公務員の給与幅をほんの少し回復させることで「立て直す」ことさえ試みた。[3]第一次世界大戦の経験とは非常に対照的である。というのも、第一次世界大戦時は1913年から1919年までの6年間連続して上級公務員の給与が全面的に凍結され、その結果、公務員の給与階層が例外的に大幅に縮小したからである。おそらく公務員給与の事例は二つの世界大戦の間のより一般的な違いを示している。第二次世界大戦時は、インフレはすでに広範囲に浸透しており、もはや誰も物価が以前の水準に戻るとは思わなかった。第一次世界大戦後にはとくに給与の引き上げが緩慢だった公共部門で、第二次大戦後に、給与の引き上げプロセスがはるかに迅速に行なわれたのだ。こうした条件のもとでは、第二次世界大戦時のインフレが実質給与の格差に与えた影響は第一次世界大戦のときよりも小さく、しかも短い期間しか続かなかったのは当然であり、このプロセスにおいて、公務員の給与が第一次大戦後ほどは大きな役割を果たさなかったのも完全に理にかなっている（「非生産労働者」の中の公務員の比重は時代とともに構造的に低くなり、第二次世界大戦直前にはすでに第一次世界大戦の直前よりはるかに低くなっていただけになおさらである）。

しかも、１９２０年代に起こったこととは反対に、第二次世界大戦後にとられた対応措置は、第一次大戦後よりはるかに控えめだった。というのも、１９２０年代には、当時の政府が１９１４年の公務員の給与階層を明らかに再構築しようと試み、１９２７―１９３１年には公務員の給与を大幅に引き上げたからだ。たとえ第二次大戦後に実施された再分類が複雑なために戦前と比較することがむずかしいとしても、また、１９５０年代には給与の幅を少しでも

（１）給与分布の上位10パーセントの賃金労働者の割合の推移については、たとえば前出の図３－２および付録Ｄ表Ｄ－16の列Ｐ90―１００を参照。１９４７―１９５０年に給与分布の上位10パーセントの給与の割合が大幅に低下したことは、１９４８―１９５０年に多数の「一括手当」が実施されたことと整合性がある。この手当は、１９４５年の「立て直し」の際に固定された給与階層を大きく縮小させたと考えられる（レヴィ＝ブリュル〔１９５２年、ｐ・４４２―４４３〕を参照）。反対に１９５４年の低下はあまりにも大きすぎる点が疑わしい（とくに、所得全体に占める「中流階級」〔分位Ｐ90―95〕の所得の割合がほとんど変化していないことと比べて低下が大きい。付録Ｂ表Ｂ－15の列Ｐ90―95を参照）。こうした変動のいくつかは、ＩＮＳＥＥによる給与申告の活用の際の技術的問題が原因かもしれない（付録Ｄ第2節を参照）。

（２）とくにルカイヨン（１９５２年、ｐ・２２７―２２９、ｐ・２４３）を参照。ルカイヨンはとくに「パリ地方の製鉄業」の事例（１９５０―１９５１年に、生産労働者とエンジニアの給与格差が１９１４年の水準に回復した）に基づいて、次のように結論づけている。「フランスの民間部門における実質的な給与格差の解消について言及する根拠は何もない」（ジャカン〔１９５５年、ｐ・１１７〕とラロック〔１９５５年、ｐ・Ⅸ〕も参照）。ラロックによれば、管理職のフラストレーションの感情は一家の財産やそれに対応する所得〔これらは戦前であれば所得をもっと補うことができた〕の減少が原因であり、給与格差の解消という仮説が原因ではない）。

（３）付録Ｅ表Ｅ－４およびペロー（１９６５年、ｐ・63）を参照。

立て直すためにさまざまなメカニズム（「序列外」の上級公務員の「階層別手当」など）が発達を遂げたとしても、1945年にとられた措置と1948年に（公務員の一般的な地位と同時に）公務員に適用された新しい給与体系は、1914年や1930年よりもかなり開きの小さな給与体系となった。その結果、公務員の給与階層は両世界大戦前の水準には二度と戻らなかった[1]。したがって、1950—1960年代の給与格差の増大は民間部門に牽引されたものであり、公共部門は1920—1930年代に担っていた牽引役としての役割をすでに失っていたようなのだ。

実際、入手可能なデータは、1950—1960年代に民間部門において管理職と生産労働者の間の給与格差が例外的に増大したことを示している。この傾向は少なくとも1967—1968年まで続いた[2]。私たちの推計は、給与所得全体に占める給与分布の上位10パーセントの賃金労働者の給与の割合が28・5パーセント近くとなり、史上最高の水準に達したのも1967—1968年であったことを示している[3]。入手可能なデータでは、1919年以前の給与所得全体に占める高給与の割合についてのどのような推計であれ、正確に行なうことはむずかしい。しかし、公務員の給与体系に基づく情報を見ると、それでも給与分布の上位10パーセントの賃金労働者の給与の割合は、第一次世界大戦直前には25—26パーセントは超えず[4]、1967—1968年に到達した水準は20世紀で最高の水準だったと考えることができる。しかも、私たちの推計は、超高給与がこの推移において重要な役割を果たしたことを示している。給与所得全体に占める給与分布の上位10パーセントの賃金労働者の給与の割合は1967—1968年には1932年のピークをわずかに超えただけだった（28・1パーセントに対して28・4パーセント）。それに対して、給与分布の上位5パーセントの賃金労働者の給与の割合は1960年代に20パーセントを超え（戦間期には18・5パーセントを超えることはなかった）、給与分布の上位1パーセントの賃金労働者の給与の割合は1960年代に8—8・5パーセントとなった（戦間期には7—7・5パーセントを超えることはなかった[5]）。

1936年の転換点と同じように、1968年の転換点も所得申告と給与申告の両方にはっきりと表われている。給与所得全体に占める給与分布の上位10パーセントの賃金労働者の給与の割合は1968年にいきなり低下しはじめ、

1970年代から1983年までずっと、かなり規則的に低下しつづけた。給与分布の上位10パーセントの賃金労働者の給与の割合は1967—1968年にはおよそ28・5パーセントだったが、15年間低下が続いたあとで、19

(1) 付録E表E－4およびペロー（1965年、p・63—66）を参照。1945—1948年の公務員改革の複雑さについては、シヴエック＝プイドゥソー（1989年、p・293—328）を参照。戦前と比べた給与格差の縮小は社会保障行政や（プヌイユ〔1957年、p・301〕を参照。とはいえ、この研究のデータが示すところでは、1944—1948年の格差解消はすでに1955年には効果がほとんど消えていた）、フランス国鉄のような公的企業にも関係があったようである（1940年代末に、1914年と比べた国鉄の「部局技師」と「職員」の間の給与格差の縮小例が幹部総同盟に頻繁に引き合いに出されていた。プヌイユ〔1957年、p・226〕を参照）。また、マルシャル＆ルカイヨン（1958—1970年、第1巻、p・611—612）も参照。長期にわたって公務員の給与格差の推移を正確に推定することがむずかしい問題については後述する。

(2) 後出の図3－7および付録E表E－2の列(9)を参照。管理職と生産労働者の平均給与の割合がこのように上昇したことの歴史上「例外的な」性格については後述する。

(3) 前出の図3－2および付録D表D－7、表D－16の列P90—100を参照。

(4) たとえば、退職まぎわの小学校教師の最高給与を給与の推移を示す指標として用いて、給与分布の上位10パーセントの賃金労働者（分位P90—100）の平均給与を推計すると、1913年における分位P90—100の割合は27・4パーセントとなる（1919年には分位P90—100の割合は21・46パーセントだった〔付録D表D－7の列P90—100を参照〕）。退職まぎわの小学校教師の最高給与は1913年から1919年の間に1・95倍になり〔4300／2200＝1・95。付録E表E－4を参照〕、平均給与は2・49倍となった〔3469／1393＝2・49。付録E表E－3の列(11)を参照〕。ゆえに、（2・49／1・95）×21・46＝27・40）。公務員が戦争の影響をとくに受けたことを考えると（たとえ1919年にはすでに小学校教師の給与が部分的に引き上げられていたとしても）、この方法では戦争直前の分位P90—100の割合をわずかに多く推計してしまうだろう。

(5) 前出の図3－4および3－6、付録D表D－7、表D－16の列P95—100、P99—100を参照。両方の場合において、1960年代の初めからある程度の落ち込みが観察できる。このことから、給与階層がすでに上限に達しはじめたように思われる。しかしながら、疑わしい変化がいくつかあり（たとえば1963—1964年の減少）、これは給与申告の活用の際の技術的な問題が原因のように思える（付録D第2節を参照）。このため慎重を期する必要がある。これらのデータからは、1950—1960年代に起こった「歴史的な」上昇の幅を確かめることができるが、短期的な細かい変化を研究することはできない。

８３年にはおよそ25・５パーセントとなった。これは１９５０年から１９６０年までの格差拡大段階の影響がまだ感じられなかった１９５０年代初めの水準とほぼ同じである。(1) 給与格差拡大の段階と同じように格差縮小の段階も超高給与所得に関しては非常にはっきりしている。給与所得全体に占める給与分布の上位５パーセントの賃金労働者の給与の割合は１９６８年五月革命直前には20パーセント近くになったが、１９８３年には17パーセントを下まわった。給与分布の上位１パーセントの賃金労働者の給与の割合は１９６８年の五月革命直前には８パーセントを超えていたが、１９８３年には６パーセントを下まわった。(2)

１９６８年の転換点は、１９８３年と同じように、国家の給与政策、とくに最低給与に対する国家政策の転換の結果であることは疑いない。１９６８―１９８３年にきわめて急激に行なわれた最低給与の引き上げの結果、非常に激しい給与インフレが起こり、低給与と中程度の給与全体に波及した。それに対して、最も高い給与はより「正常な」上昇を見せ、その結果、給与所得全体に占める高給与（とくに超高給与）の割合は大幅に低下した。１９５０年には最低給与が定められたが（「全産業一律最低保障賃金（ＳＭＩＧ）」）、だからといって、国家が給与格差を縮小しようとしていたというわけではまったくない。１９５０年２月11日法〔「労働協約及び労働争議の解決手続き関連法」を指す。これに基づいてＳＭＩＧが制定された〕は、しばしば給与階層全体を対象としていた１９４４年から１９５０年にかけてかなり強制的にたえまなく行なわれていた介入（一括手当やパロディ・アレテ、特別手当など）と比較すると、一般に、給与政策からの国家の撤退の印であると解釈された。ＳＭＩＧが創設されると、国家はその後は労使関係と「労働市場」に各人の給与を決めさせ、国家としては、どんな給与も下まわることができない最低給与を定めるにとどまった。事実、１９５０年に定められた最低給与は最小限の役割しか果たさなかった。(3) ＳＭＩＧの購買力は１９５０年から１９６８年までにかろうじて25パーセント上昇しただけだった。それに対して、平均給与の購買力は生産労働者の平均給与(4)と同様に２倍以上になった。(5) このことは、１９６８年の五月革命直前にＳＭＩＧの直接の対象となっていた賃金労働者はごく少数であったことを意味している。そして、グルネル協定で定められた20パーセントの給与引き上げによって状況は根本的に変化した。ＳＭＩＧを廃止し、全産業一律スライド制最低賃金（ＳＭＩＣ）を導入し、その直後には、インフレに合わせた自動スライド制度から生産労働者の平均給与に合わせた自動スライド制度へ切り替えるという象徴的な決定が下された（１９７０年1月2日法）。その後の政府はいずれもが、１９７０年代にはＳＭＩＣにかなりの「後押し分」を追加するのが義務であると考えていた。１９５０年から１９６８年までの時期との転換は明らかであり、しかも大規模に行なわれた。最低給与の購買力は１９６８年から１９８３年までに１３０パーセント以上も上昇している。(6) 一方、同じ時期、平均給与はおよそ50パーセントしか上昇しておらず、(7) その結果、給与格差は大幅に縮小した。

１９８３年の転換点も同じくらいはっきりしている。１９８１年に最後の大幅な「後押し分」の引き上げが行なわれると、１９８２―１９８３年以降はＳＭＩＣの引き上げはたいてい法律で定められた最低水準にとどまった。また、珍しく政府による「後押し分」があっても、それが2パーセントを上まわることはなかった。とはいえ、１９８３年から１９９８年までの時期は給与格差という観点では、１９５０年から１９６８年までの時期とは大きく異なっている。実際、平均給与の購買力は１９８３年から１９９８年までに10パーセント近く増大した。したがって１９８３年以降最低給与の購買力がほとんど上昇しなかったのは、単に給与全体の購買力が上昇しなかったことを反映している

（1）前出の図３－２および付録Ｄ表Ｄ－16の列Ｐ90―１００を参照。
（2）前出の図３－４および３－６、付録Ｄ表Ｄ－16の列Ｐ95―１００とＰ99―１００を参照。
（3）バイエ＆ジュレス（１９９6年、ｐ・45）を参照（最低純給与の購買力の指数は１９６７年に１２５だったのが、グルネル協定後の１９６８年には１５０になった［１９５０年を１００としたときの数値］）。
（4）付録Ｅ表Ｅ－１の列(7)を参照（59087／26932＝2.19)。
（5）付録Ｅ表Ｅ－３の列(12)を参照（75683／32630＝2.32)。
（6）バイエ＆ジュレス（１９９6年、ｐ・45）を参照（289／125＝2.31)。
（7）付録Ｅ表Ｅ－３の列(12)を参照（115215／75683＝1.52)。

からであり、他の給与に対して最低給与の購買力が構造的に後退したためではない[1]。事実、私たちの推計では、給与所得全体に占める高給与の割合は、1983―1984年から1980年代末までにわずかに上昇した後、1990年代には給与分布の上位10パーセントの賃金労働者の給与では25・5―26パーセント、給与分布の上位5パーセントの賃金労働者の給与については16・5―17パーセント、給与分布の上位1パーセントの賃金労働者の給与では6パーセントをやや下まわる割合で安定したように見える[2]。言い換えれば、1983年の転換点によって1968年に始まった給与格差の縮小段階が終わったのは明らかだが、だからといって、給与格差の拡大傾向が新たに始まったわけではない。ただし、1980―1990年代に給与所得全体に占める高給与の割合が一見安定して見えたのは、私たちの推計が唯一対象としたフルタイムの賃金労働者についてだけであった点に留意する必要がある。ところで、1930年代の経済危機のときと同様に、1980―1990年代の失業者の増加にともない、とくにパートタイム労働などの臨時雇用の不安定な雇用が増加した。フルタイムの賃金労働者だけでなく労働時間の長さにも関係なく、雇用されているあらゆる賃金労働者の給与格差を推定すると（これは1990年代についての入手可能なデータを使って推定することが可能である）、1990年代の給与格差の拡大は無視できないほどであり、安定化とはほど遠いことがわかる[3]。

さらに、給与所得全体に占める高給与の割合について短期的・中期的変動を分析することで、所得全体に占める高所得の割合の変動の分析によって得られた時代区分全体が妥当であったと確かめられたことを指摘し、結論としたい。とくにここで分析した変動は先の章の主な教訓の一つを完全に追認している。すなわち、20世紀フランスの格差の歴史は激動の歴史であり、その転換点は20世紀フランスの一般的な政治史の転換点（二つの世界大戦、1936年、1968年、1983年など）と一致しているということだ。とくに給与格差については、格差縮小の段階は必ず格差拡大の段階によって帳消しにされることをここでも強調したい。そのためそれらの影響は常に一時的なものにすぎなかった。給与格差は、所得格差とは反対に、20世紀のフランスにおける大規模な構造的変質の影響は受けなかったのである。

2．4　「典型的賃金労働者」の比較がもたらした誤り

最後に付け加えたい点がある。給与所得全体に占める高給与の割合は、長期的に見て非常に安定していた。しかし、だからといって全体の推移を代表していると安易に考えられがちな「典型的賃金労働者」のいくつかのカテゴリーの給与を比較することによって給与階層の1世紀にわたる推移を推定しようとしても、同じような安定性が認められるわけではない。給与階層の短期的・中期的変動の研究によって、「典型的賃金労働者」の各カテゴリー（生産労働者、公務員、管理職など）の間の給与格差の分析には大きな利点があることは明らかになった。そのような職業分類別・産業部門別のデータによって、そうでもしなければ無味乾燥な分位の歴史に少しだけ「肉づけ」をすることができ、データが乏しいために分位ごとの給与の推移を正しく推計できない時期の給与格差の推移についての仮説を立てるこ

（1）第1章第4．3節の図1－8を参照。私たちの推計によれば、（1998年フランで表わした）平均給与は1983―1998年に7パーセント増加した（122930／115215＝1.07）。バイエ＆ジュレス（1996年、p・45）とフリエ＆ジュレス（1998年、p・39）の推計によると、SMICの購買力は1983―1996年の間3パーセントしか上昇しなかったが（296／289＝1.03）、この推計は1997―1998年の政府による「後押し分」が入っていないため、（ほんの）少しだけ少なく見積もられているように思える（いずれにせよ、平均給与の上昇との差はほんのわずかにすぎない）。

（2）前出の図3－2、図3－4、図3－6を参照。

（3）雇用調査によると、フルタイムの賃金労働者の給与分布の比率P90／P10は1990年代を通じて比較的安定していたようだが（2・8―2・9前後）、（フルタイムとパートタイムを合わせた）すべての賃金労働者の給与分布の比率P90／P10は、10年たたないうちに3・7から4・3となった。しかしながら、分位P90―100の割合は両方の場合で実際に安定していた（付録D表D－17を参照）（雇用調査は、賃金労働者全体を対象とする実質的に唯一の資料であるが、この調査は、給与推計、とりわけ高給与の推計については、完璧からはほど遠い。付録D第2節を参照）。

とも可能になる。事実、短期的には、つまり考慮の対象となる各カテゴリーの人数や典型的な性質がほとんど同じ期間については、「典型的賃金労働者」の間の給与格差の推移の研究によって、給与階層の全体的な推移について、少なくともおおよそのところを把握することができる。しかし、長期的には、つまり給与の職業別社会階層構造が根本的に変わるときには、職業分類別・産業部門別のデータは非常に慎重に扱わなくてはならない。長期的な給与格差の全体的推移を正確に推計できるのは、十分位、百分位といった概念を使用する場合だけである。こうした職業分類別・産業部門別のデータ使用に関する問題は、ときには重大な推計ミスをもたらすおそれがあるので、それらの複雑さについては少し詳しく取り上げることが有益だろう。

まずは、生産労働者の例を取り上げよう。20世紀初頭には賃金労働者の雇用は4分の3が生産労働者だったが、20世紀末には4分の1を占めるにすぎなくなった。このことを考えると、生産労働者内の給与格差がより大きかったのは、20世紀末よりも20世紀初頭だろうと予想するのは当然である。事実、20世紀初頭以降の「高給与の賃金労働者」の各分位が果たした役割の正確な推移を知ることができるデータがなくても、20世紀初頭に給与分布の上位10パーセントの賃金労働者にかなりの数の工場労働者が含まれていたことは疑う余地がない。これらの「高給与の生産労働者」はおもに、たとえば鉱山や石材研磨など、最も危険であるか熟練を要する、あるいはその両方である職業に従事していたが、生産労働者全体の中ではそもそもきわめて少数であった。とはいえ、彼らが、最も給与の低い農業労働者や家事使用人の4—5倍の給与を得ていたのは事実である。農業労働者や家事使用人は今日では実質的には消滅してしまった社会カテゴリーであり、このため20世紀末に生産労働者の間に同じような給与格差を見いだすことはむずかしいだろう。[1] したがって、生産労働者の各職業の給与格差は20世紀の間に縮小したように見えるが、この縮小からは（すべての賃金労働者を含む）給与格差の全体的推移、とりわけ給与所得全体に占める高給与の割合の推移については何もわからないことも明らかである。

賃金労働者全体の中で工場労働者が給与階層において占める地位は20世紀を通じて絶えず低下したことも指摘でき

る。入手可能なデータによると、20世紀初頭には賃金労働者全体の平均給与は工場労働者の平均給与とほとんど同じだったが、第二次世界大戦直前には工場労働者の平均をおよそ10―15パーセント上まわっており、1990年代にはおよそ30パーセント上まわっていた。[2] もちろん、平均給与に対する工場労働者の地位が後退したからといって20世紀に給与格差が拡大したということではない。ここでもまた、この現象は給与構造の変化から自動的に生じた結果にすぎない。20世紀初頭には、賃金労働者の30パーセント近くは農業労働者で、10パーセント近くが家事使用人であった。そのため、工場労働者は給与階層の中でほぼ中央値（あるいは中央値より上）の位置を占めていた。このため、工場労働者の平均給与が給与全体の平均とそれほど変わらなくても驚くには値しない。アラン・バイエの推計によれば、19世紀半ばには、工場労働者の平均給与はすべての給与の平均よりもおよそ10―12パーセント高かったと考えられる。当時は農業労働者と家事使用人だけで、全賃金労働者の雇用の半分以上を占めていた。[3] 20世紀末には、工場労働者よ

（1）たとえば、トランペ（1971年、第1巻、p・345、p・409）によれば、カルモー鉱山において1910―1913年に適用されていた最高給与の労働者の平均給与は、年間2200フランだった。労働局が1891年に行なった調査によると、最高給与の労働者の平均給与はセーヌ県の石材研磨工の給与で、年間2500フランだった（『フランスの産業における賃金と労働時間』、第1巻、p・354―355〔労働局、国立印刷局、1893年〕）。1998年フランに換算すると、つまりおよそ20の係数をかけると（第1章図1―2を参照）、20世紀初頭の生産労働者の最高給与は年間およそ4万5000―5万フランとなる。私たちの推計によれば、1998年フランで表わした場合、給与分布の上位10パーセントに入るための閾値は、1919年ではおよそ3万フランで、1922年からはおよそ4万フラン水準だった。あらゆる面から考えて、これは20世紀初頭と同じ水準であるように思える。農業労働者と家事使用人の給与については（20世紀初頭に年間500フランに届くかどうか）、後出の第3節参照。生産労働者の中の各職業の給与格差（また、男女間、パリと地方との間の格差など）もまた工場労働者の中で1世紀にわたって低下したように思える（たとえばモリソン〔1991年、p・154〕とバイエ〔1997年、p・14―16〕を参照）。

（2）付録E表E―3の列(10)を参照。

（3）バイエ（1997年、p・7）を参照。私たちは、工場労働者の平均給与と賃金労働者全体の平均給与に関する継続的で均質なデータを作成する際、バイエの研究を大いに参考にした（付録Eを参照）。

りも貧しかったこれらのカテゴリーが事実上消滅し、その結果、平均的な生産労働者の給与は賃金労働者全体の平均給与よりも明らかに低くなった。その比率は（すべての給与の平均）／（生産労働者の平均給与）で表わすとおよそ１・３である。また、もし工場労働者よりも貧しい賃金労働者という新しいカテゴリーが現われなければ、この比率はもっと高かったことを指摘しなくてはならない。この新しいカテゴリーとは、とくに大型スーパーマーケットのレジ係やレストランのウェイターなどで、以前よりも明らかに数が増えたものの、昔の農業労働者や家事使用人ほどは多くなく、20世紀末の「法定最低賃金労働者」の大部分を形成している。その結果、１９９０年代初めには、生産労働者の平均給与は「事務労働者」の平均給与を上まわった。[1] これらの現象はすべてそれ自体として非常に興味深いが、それらはあくまでも給与所得者の職業別社会階層の構成要素の推移を反映しているのであって、（すべての賃金労働者を含む）給与階層の構造的な変化を反映しているわけではない。

　同様に、「管理職」の数は大幅に増加したので、「管理職」と「生産労働者」の給与階層の推移を研究する際には慎重を期す必要がある。実際、「管理職の大衆化」が起こったことで、管理職の平均給与と生産労働者の平均給与の差が、20世紀の間に縮小傾向を示すと予想するのは自然であり、ましてや管理職の平均給与とすべての給与の平均との差についても同様の予想をするのは当然だ。とはいえ、高給与の分位から予測できるような給与階層は実際にはそれほど縮小しなかった。事実、第二次世界大戦以降、ＩＮＳＥＥが開発した職業別社会階層による分類項目や雇用主による給与申告書を活用することにより、実際に、このような現象がかなりはっきりと起こったことを確認できる。上級管理職の平均給与と生産労働者の平均給与の比率は１９５０年代初めには4倍をわずかに上まわっていたが、１９９０年代末には２・５—２・６倍程度にすぎず、半世紀で40パーセント近く低下したことになる（図３－７を参照）[2]。では、このことから１９５０年代と１９９０年代の間に給与格差が40パーセント近く縮小したと推測することはできるだろうか？　もちろんできない。実際、１９５０年代も１９９０年代も、給与分布の上位10パーセントの賃金労働者は平均給与のおよそ２・５—２・６倍の給与を得ており、給与分布の上位5パーセントは平均給与のおよそ

３・４―３・６倍程度、給与分布の上位１パーセントは平均給与のおよそ６―７倍の給与を得ていた（前出の図３－２、３－４、３－６を参照）。最低給与から最高給与までの給与階層全体についても同じような長期的安定性が見られる点については後述する。言い換えれば、上級管理職の平均給与と生産労働者の平均給与の比率は20世紀後半に40パーセント低下したが、分位で推計される給与格差はきわめて安定しているのである。この「矛盾」は簡単に説明することができる。というのは、１９５０年代には上級管理職は50万人以下だったが、１９９０年代には３００万人近くになったからだ。つまり、１９５０年代の上級管理職は１９９０年代の上級管理職よりも（同時代の社会で）より厳しく選り抜かれたエリートであった。これは、たとえば、給与分布の上位１パーセントの賃金労働者に入るには１９５０年代には「平均的な」上級管理職であれば十分であったのに対して、１９９０年代にはより「上級の」上級管理職でなければならないことを意味している。これらの結果はまた、１９５０―１９６０年代の給与格差拡大の例外的な性格も示している。つまり、上級管理職のパーセンテージ〔人数の割合〕は構造的に上昇したにもかかわらず、上級管理職の平均給与と生産労働者の平均給与の比率は、１９５０年代初めに4倍をわずかに上まわっていたのに対して、１９６８年の五月革命直前には４・６倍以上になったのだ。

これらの結果は所得水準についても同様に見られる（１９５０年代と１９９０年代の間に上級管理職の家庭と生産

（1）バイエ&ジュレス（１９９６年、ｐ・56）およびフリエ&ジュレス（１９９８年、ｐ・50）を参照。所得に関しても同じ現象が認められる。生産労働者の家庭の平均所得は１９９０年の「税収」調査以降、事務労働者の家庭の平均所得をわずかに上まわった（付録Ｉ表Ｉ－１を参照）。

（2）上級管理職の平均給与とすべての給与の平均の比率では、低下がもっと著しくなるだろう。ＩＮＳＥＥの推計は、１９８２年まで職業別社会階層の中の「上級管理職」の平均給与、１９８４年からは職業別社会階層の「管理職および上級知的職業」の平均給与を対象としている（１９８３年の推計は線的内挿法によって得られた）。ただし、新しい分類項目への移行が傾向に大きな影響を与えたとは思えない（１９８２年にはすでに幅広く上記の低下傾向が見られた）（付録Ｅ表Ｅ－２の列（9）を参照）。

図 3-7　上級管理職の平均給与と工場労働者の平均給与の比率（1951-1998 年）

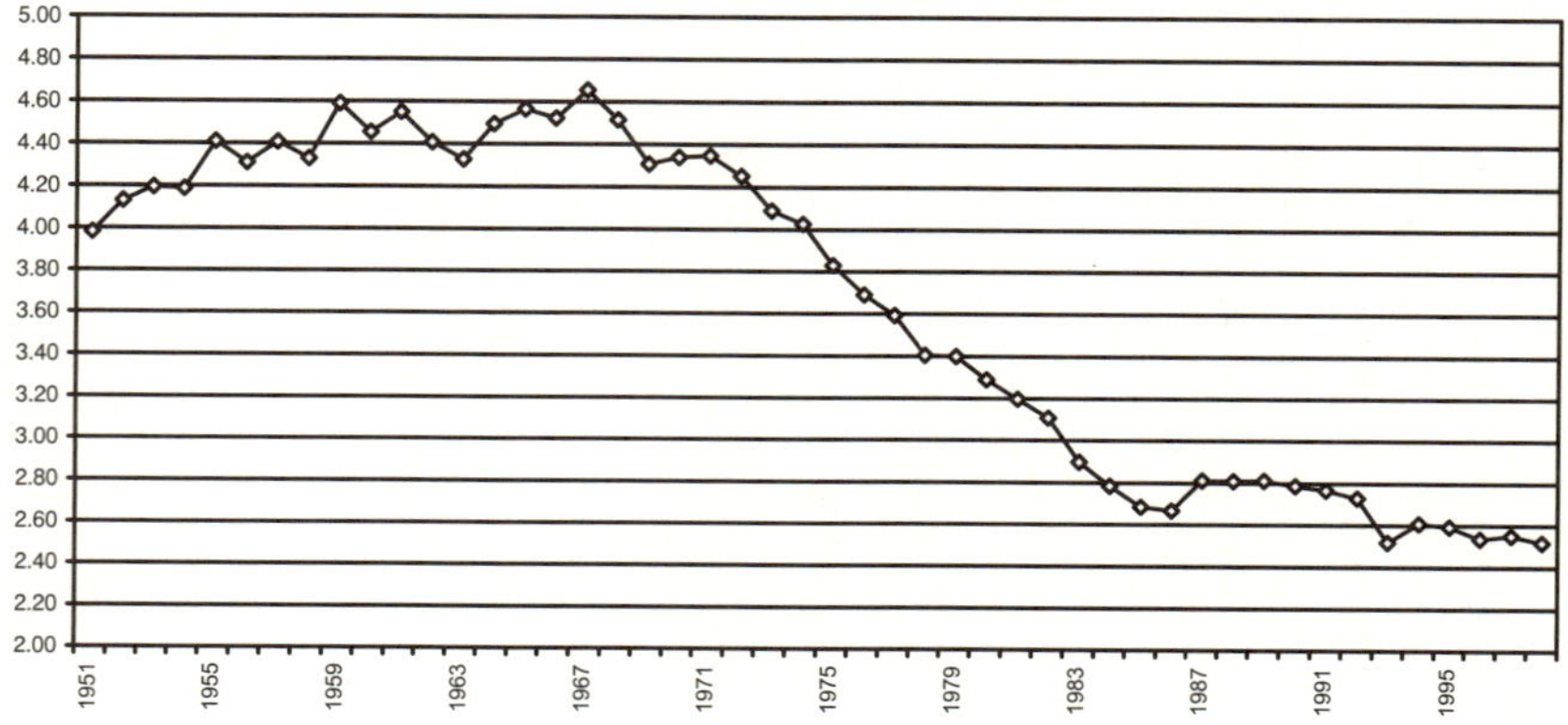

情報源　表E-2の列(9)(付録E)

労働者の家庭の所得の差は大幅に縮小したが、分位で推計された所得格差はきわめて安定していた)[1]。この結果はまた、長期的な格差の推移が対象となるときには、職業分類別・産業部門別のデータをかなり慎重に扱う必要があることを端的に示している。使用されるカテゴリーが、INSEEが開発した職業社会階層別分類のように正確かつ厳密に定義されている場合も同様である。ここには職業社会階層別分類による格差分析のあらゆる限界が見てとれる。ましてや、入手可能な職業分類別・産業部門別データがきわめてあいまいで流動的に定義された分類項目に基づいているときはなおさらである。一般的に第二次世界大戦前の時代はまさにこのケースにあてはまり、かなりの慎重さが必要となる。たとえばクリスティアン・モリソンのような何人かの研究者は、20世紀初頭について上級管理職の給与と生産労働者の給与の比率を示すデータを提示したが、これは20世紀末に見られる比率よりはるかに高い[2]。しかし、20世紀初頭について得られた推計はきわめて部分的なデータに基づいている（この場合には、サンゴバン〔1665年創業のフランス企業。ガラスなどを製造〕のエンジニアの給与についてのデータである）[3]。これらの比率はしばしば産業部門や企業によって大きく異なることを考えると[4]、これらの推計が全国レベルでも実態をよく表わしているのかどうかを知るのは非常に困難である。しかもとりわけ、それらの推計が実態を表わしているという楽観的な仮説においては、1950―1998年の例は、上級管理職の平均給与と生産労働者の平均給与の比率が1世紀を通じて小さくなったことがいかに「普通の」現象であったかを示しているが、ここからは給与階層の実際の推移に関して正確なことは何ひとつ推測することができない。クリスティアン・モリソン自身が慎重に指摘しているように、管理職の数が大きく増えたために20世紀のフランスにおける給与格差が1世紀の間に縮小した、と結論づけるためには、このようなデータはまったく不十分である。(5)

残念なことに、研究者がすべてこのような慎重さを示しているわけではない。とくにジャン・フラスティエは数多くの論文において、なんとしてもフランスにおける所得格差と給与格差が1世紀の間に大幅に縮小したという説を擁

---

(1) 1950年代には、上級管理職の家庭の平均所得は生産労働者の家庭の平均所得の3・5倍程度だったが、1990年代にはこの差はもはや2・5―2・6倍程度でしかなかった。およそ30パーセントの縮小である（付録I表I－1およびI－2を参照）。「ところが」所得全体に占める所得分布の上位10パーセントの所得の割合、上位5パーセントの割合、上位1パーセントの割合などは1950年代と1990年代でほとんど同じである（第2章図2－6、図2－12、図2－14などを参照）。

(2) モリソン（1991年、p・154）を参照（これらのデータは部分的にモリソン（2000年、p・246）にも掲載されている）。モリソンが提示したデータによれば、上級管理職の給与と生産労働者の給与の比率は19世紀末と20世紀初頭には6から8で、1970―1980年代にはおよそ5となった（モリソンは生産労働の給与として「単純労働者」の給与を用いており、これにはまた別の問題がある）。

(3) 19世紀末と20世紀初頭についてのモリソンの推計は大部分が当時サンゴバンという企業で適用された管理職（なかでもエンジニア）の給与についてのレヴィ＝ルボワイエ（1979年）の研究に基づいている（モリソンはまたフラスティエが示した上級公務員の給与にも触れているが、このデータの問題については後述する）。

(4) 1947年と1950年の雇用主による給与申告の分析に基づいてプヌイユ（1957年、p・290―291）が示したデータによれば、上級管理職の給与と生産労働者の給与の比率は繊維産業においてはおよそ6だったが（この部門では生産労働者35人に対して上級管理職は1人しかいなかった）、この比率は食品販売業ではたった2だった（この分野では生産労働者2人に対して上級管理職が1人いた）。これらの統計からは、「上級管理職」という概念自体が産業部門によってどのように違うかを知ることができる。

(5) モリソン（1991年、p・131、142）を参照。また、モリソン（2000年、p・246―247）も参照。

護したいようである。彼は、いくつかの非常に地位の高い上級公務員（コンセイユ・デタ評定官、会計検査院院長、コレージュ・ド・フランス教授など）の給与に関するデータだけを根拠にしたり、これら上級公務員の給与と「地方の単純労働者」の給与の比率、あるいはこれらの上級公務員とその「使い走り」の給与の比率が1世紀の間に大幅に低下したことなどを指摘したりしている。(1) フラスティエによるこれらの推測には多くの問題がある。まず第一に、フラスティエが非常に地位の高い上級公務員に関するデータしか参照していないという点は、当然のことながら容認できることではない。公務員の給与階層は民間の人々に比べ、二つの世界大戦によるショックから回復するのがはるかに困難であった。したがって、公務員の給与格差の長期的な推移が給与全体の格差の長期的な推移を代表しているという仮説はまったく成り立たない。公務員間の給与格差の問題は非常に興味深い問題であるが、だからといって、その問題と全体の給与格差の問題を混同してはならない。また、所得格差との混同はなおのこととしてはならない。

次に、たとえ公務員の中のとても興味深い（しかし、とても特殊な）ケースのみを対象とすることを受け入れたとしても、問題はフラスティエが集めたデータが公務員の給与格差の長期的推移を正確に研究するにはあまりにも部分的すぎることだ。フラスティエはその時期のかなり特殊な数年について公務員のいくつかのカテゴリーが受け取っていた給与を示しているだけで、これらの給与を受け取る公務員の人数についてはまったくなんの情報も示さなかった。とりわけ、フラスティエは「管理職の大衆化」の現象を完全に無視している。この現象は公務員にも起こったので（国家公務員の中の管理職の割合も他の産業部門と同様に大幅に増加した）、（上級管理職の給与）／（生産労働者の給与）といった比率を信用してはならず、さらに（コンセイユ・デタ評定官の給与）／（役所の使い走りの給与）といった比率も信用してはいけない。20世紀を通じて公務員の給与格差が低下したという結論を出す前に、またとくに、なぜ公務員の給与が全体の給与格差とは非常に異なる特殊な長期的推移をたどったのかを理解しようとする前に、まずは20世紀初頭から１９９０年代までの公務員に対して適用されたすべての給与体系について、さらに各時代の給与体系の各等級に属する公務員の数についてもデータを系統立てて集めるべきだろう。

私たちが知るかぎり、このような研究はかつて一度も行なわれたことがない。何人もの研究者が（フラスティエも含めて）公務員のいくつかのカテゴリーの給与に関する部分的なデータを利用したが、[2] 誰も予算資料や入手可能なさまざまな行政上の情報源のデータを系統立てて集めてはいないようだ。[3] そのような作業によって、公務員の給与所得全体に占める給与分布の上位10パーセントの公務員給与（あるいは給与分布の上位1パーセントの公務員給与）の割合は、実際には1世紀を通じて、フラスティエの集めた一握りの非常に地位の高い上級公務員のみを対象としたデータから考えられるよりもはるかに小規模な変化しか受けていなかったという結論が導き出される可能性はきわめて高い。また、公務員の給与所得全体に占める給与分布の上位0・1パーセントあるいは0・01パーセントの公務員の給与の割合は1世紀を通じておそらく低下したものの、フラスティエが示唆するほど直線的に低下したわけではないこともわかるだろう。たとえば、実際、フラスティエが得意としているコンセイユ・デタ評定官は1927―193

（1）とくにフラスティエ&バジル（1984年、p・146―148、p・303―304、p・341―346）を参照。じつは、これらのデータそのものが初めて公表されたのはフラスティエ（1951年、p・22―26）においてであり、このデータはその後、以下の文献にも掲載された。フラスティエ（1958年、p・xxiii）、フラスティエ（1969年、p・75）、フラスティエ（1970年、p・624―626）、フラスティエ（1977年、p・40）、フラスティエ（1979年、p・147、p・163）、フラスティエ（1987年、p・55）。

（2）この章ですでに挙げた文献以外ではペルー（1933年）とティアノ（1957年）を参照。

（3）19世紀初頭の公務員についての論文において、ジュルダン（1991年、p・227）は「公務員の給与に関する歴史が今後書かれるべきである」と指摘している。この指摘は20世紀にもあてはまるだろう。予算資料によって公務員の給与格差について総合的な知識を得る際のむずかしさや、第二次世界大戦後にINSEEがその名に値する「公務員に関する調査」を実施するようになった理由については、D・カレ（1987年）を参照。

1年の公務員給与の大規模な引き上げによって1914年の地位に戻っている。(1) そして、このような給与引き上げが第二次世界大戦後には実施されなかったために、非常に上位の上級公務員の水準は20世紀に大きく後退した。(2) また、このような作業によって各時代の「高給与を得ている賃金労働者」の各分位における公務員の比重を正確に推計し、とりわけ公務員給与が大きな役割を果たしたと考えられる戦間期について推計することも可能になるかもしれない。「非生産労働者」である賃金労働者において民間部門の割合が大きく増えたこと、また第二次世界大戦後に民間部門の給与階層の再構成が最大規模で行なわれたことから、「高給与を得ている賃金労働者」に占める公務員の割合が20世紀を通じて大幅に低下したと推察することができるが、当然ながら、そのことを正確に示す必要がある。さらに、非常に上位の上級公務員の相対的地位の後退が始まったのはフランス革命にまでさかのぼりそうだという点に留意しよう。フラスティエが集めたデータによれば、コンセイユ・デタ評定官（および、他のいくつかの上位の上級公務員）の名目給与は20世紀初頭よりも19世紀初頭のほうが高かった。このため、公務員の給与の非常に特殊なケースについては、18世紀末以降「公務員」という概念自体がどのように本質的に変化したかを検討することによってしか正確には理解できないかもしれない。しかし、そうした作業が本書の枠組みを大きく超えるものであることはいうまでもない。

いずれにせよ、ジャン・フラスティエによる性急な一般化は、1世紀にわたる購買力上昇の推計を可能にするような、個別の価格に関する100近いデータを集めたときの厳密さや緻密さとはとりわけ対照的ではあるものの、(3) この一般化はより全体的な現象を反映しているように思える。とくに資本主義がまだ根本的に見直しの対象になっていた時代には、資本主義体制では格差は必然的に減少するのかという問題は常に重大な政治的争点であった。必要な慎重さをまったく欠いたまま、前述のような楽観的な結論に至ろうとした研究者はフラスティエだけではなかった点も知っておかなければならない。(4) このような明らかな厳密さの欠如を指摘すべきだと私たちが考えたのは、方法論上の理由からだけではない。問題は、フラスティエが集めた断片的なデータが、格差に関する一般向けの論文にしょっちゅう引用され[5]、それが格差縮小のイメージを作り出してしまうことにある。ところが、私たちの結果から得られるイメージはそれとはまったく異なっている。フラスティエのデータと彼がそこから引き出した解釈では、格差の縮小は継続的で、ほとんど「自然な」現象であり、時代区分など必要ないように見える。それはまた、人間の労働の形によって待遇に格差があることが時代とともに受け入れられなくなってきた結果であるかのようだ。しかし、私たちの結果は、そういった説明がまったくあてはまらないことをはっきりと示している。つまり賃金労働者全体を対象にすると、給与分布の上位10パーセントの賃金労働者、給与分布の上位5パーセントの賃金労働者、そして給与分布の上位1パーセントの賃金労働者の給与と平均給与との格差が実際には20世紀を通じて変化せず、給与格差の縮小段階はすべて拡大段階によって相殺された（逆もしかり）ということがわかる。人間の労働のさまざまな形は完全に姿を変えたが、給与階層は変わっていない。20世紀の始まりから終わりまでに、所得全体に占める超高所得の割合が低下したことは、もっぱら資本所得による超高所得が急激に減少し、再構成されなかったことによって説明できる。この現象は給与格差の問題とはなんの関係もなく、とりわけ「自然で」「自発的な」経済プロセスとは似ても似つかないものである。

（1）コンセイユ・デタ評定官の給与と「小都市で仕事を始めたばかりの郵便配達人」の給与の比率は1914年にはおよそ11だった。この比率は1930年におよそ9の水準となった（『比較法要覧』、1943年、第4四半期、p・487を参照）（15200／1330＝11・4、および97860／10640＝9・2）。

（2）このことを確認するためには、1950年代以降の上級公務員の本俸に追加されたさまざまな追加報酬も考慮する必要があるだろう。この報酬については先に触れた。

（3）第1章第5節を参照。

（4）第7章第2．1節および第2．2節を参照。

（5）たとえばマルセイユ（1996年、p・31―32）を参照。マルセイユは『リストワール』誌に発表した論文の中で、フラスティエの集めたデータに基づいて「フランスにおける格差のめざましい縮小」という考えを擁護しようとしている。フラスティエのデータはまた、モリソン（1991年、p・131、p・139）とバイエ（1997年、p・15）に引用されているが、それらはより慎重に扱っている。

資本所得による超高所得の急激な減少は継続的に、漸進的に、しかも不可逆的に起こったのではなく、限られた特定の時期に起こったのである。

3　分布下位における格差の推移について何がわかるか？

ここまではもっぱら給与所得全体に占める高給与の各分位について割合の推移を調査し、格差の推移を推定してきた（あるいは先の章では高所得の各分位について所得全体に占める割合の推移を見てきた）。概論で述べたとおり、このように見てきたことは、本書のおもな目的が最も恵まれている社会階層の所得および国民の平均的階層に対してのその階層の地位の変化を調査することである点に加え、さらに長期間にわたる分布下位における格差に関して入手可能な資料が、上位の格差に関する資料に比べて非常に少ないという点から正当化できる。加えて、給与所得全体に占める高給与の割合は、給与格差の全体的な推移を示すのに非常に優れた指標となる（所得全体に占める高所得の割合が所得格差の全体的な推移を示す非常に優れた指標であるのと同じである）。たとえば、格差の拡大あるいは縮小の大きな動きが、分布の中の下位九つの十分位だけで起こり、トップ十分位の割合だけが何も変わらないとは想像しにくい。とはいえ、トップ十分位と平均に対するその位置だけに焦点を当てていると、重要な現象を見逃してしまうおそれも否定しきれない。したがって、分布の下位や中位についての補足的な情報もあるに越したことはない。給与格差についての研究の利点の一つは、分布下位についての長期的なデータが手に入ることである。まずは、低給与と平均給与との間の格差の推移についてこれらのデータからわかることを考察しよう（第3．1節）。次に低所得と平均所得の格差の推移についてそのデータから推測できることを見ていこう（第3．2節）。

3．1　低給与と平均給与との間の格差の推移

1950年から1998年までの時期については、INSEEが行なった給与申告の統計を活用することによって、トップ十分位から最下位の十分位まで、給与の分布全体とその推移を非常に詳しく知ることができる。分布の両端のトップ十分位と最下位の十分位の間の格差を推測するために頻繁に使われるのは、P90／P10という指標である。P90はトップ十分位の下側閾値であり、P10は最下位の十分位の上側閾値である。つまり、P90／P10は、その閾値以上であれば給与分布の上位10パーセントの賃金労働者に分類される給与と、その閾値以下だと下位10パーセントの最低給与の賃金労働者に分類される給与の比率を示したものである。次頁の図3－8は、P90／P10の割合が1950年から1998年までにたどった推移を示している。この推移は、先に指摘した時代区分と完全に一致している。P90／P10は1950年と1967―1968年の間に大きく上昇し、1950年代初めにはおよそ3・2―3・3だったのが、1968年の五月革命直前には4・2近くになった。これは、フランスにおける給与格差の大幅な拡大段階と一致している。次にP90／P10は1968―1983年に、同じくらいの速さで減少した。これは最低給与の大幅な引き上げによる給与格差の「大幅な縮小」の段階に対応する。最後にP90／P10は1983―1984年におよそ3・1となり最低水準に達したが、その後数年の間にふたたび上昇し、1990年代には3・2―3・3前後で安定した。これもまた、給与所得全体に占める高給与の割合に見られる動きと対応している。

結局、P90／P10の比率は、給与所得全体に占める高給与の割合と同様に、1990年代には1950年代初めの水準に戻った。1990年代には1950年代初めと同様、給与分布の上位10パーセントに入るために上まわる必要のある給与水準は、それ以下だと下位10パーセントとなる給与水準のおよそ3・2―3・3倍だった（図3－8を参照）。1990年代の金額は身近なものであり、頭に入れておきやすい。閾値P10はおよそ5000フランの月給（年間およそ6万フラン）に相当し、閾値P90はおよそ1万6000フランの月給（年間およそ20万フラン）[1]に相当

（1）付録D表D－12の列P10*とP90*を参照。

図 3-8　給与分布の P90／P10 比率（1950-1998 年）

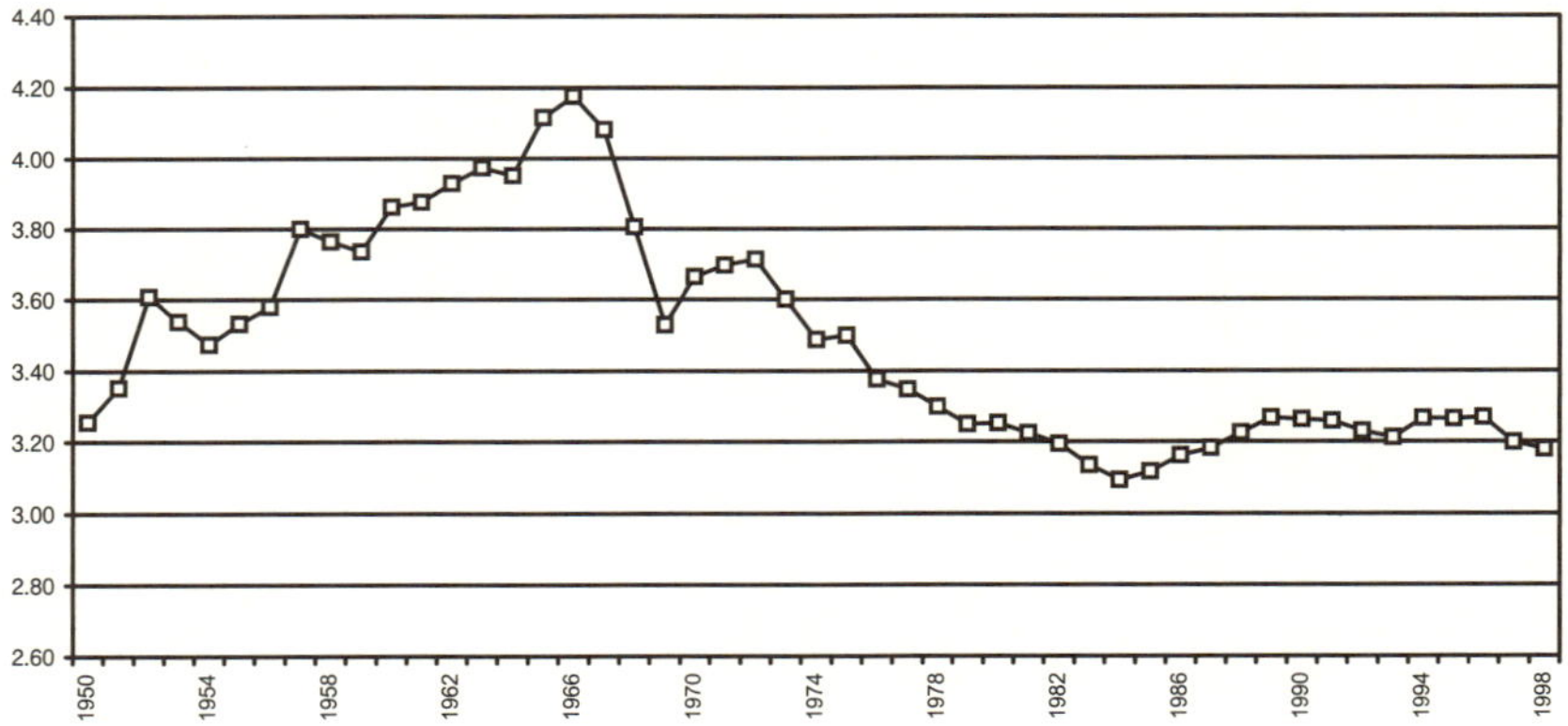

情報源　表D-12の列（14）（付録D）

図 3-9　平均給与に対する給与分布の閾値 P10、P50、P90 の位置（1950-1998 年）

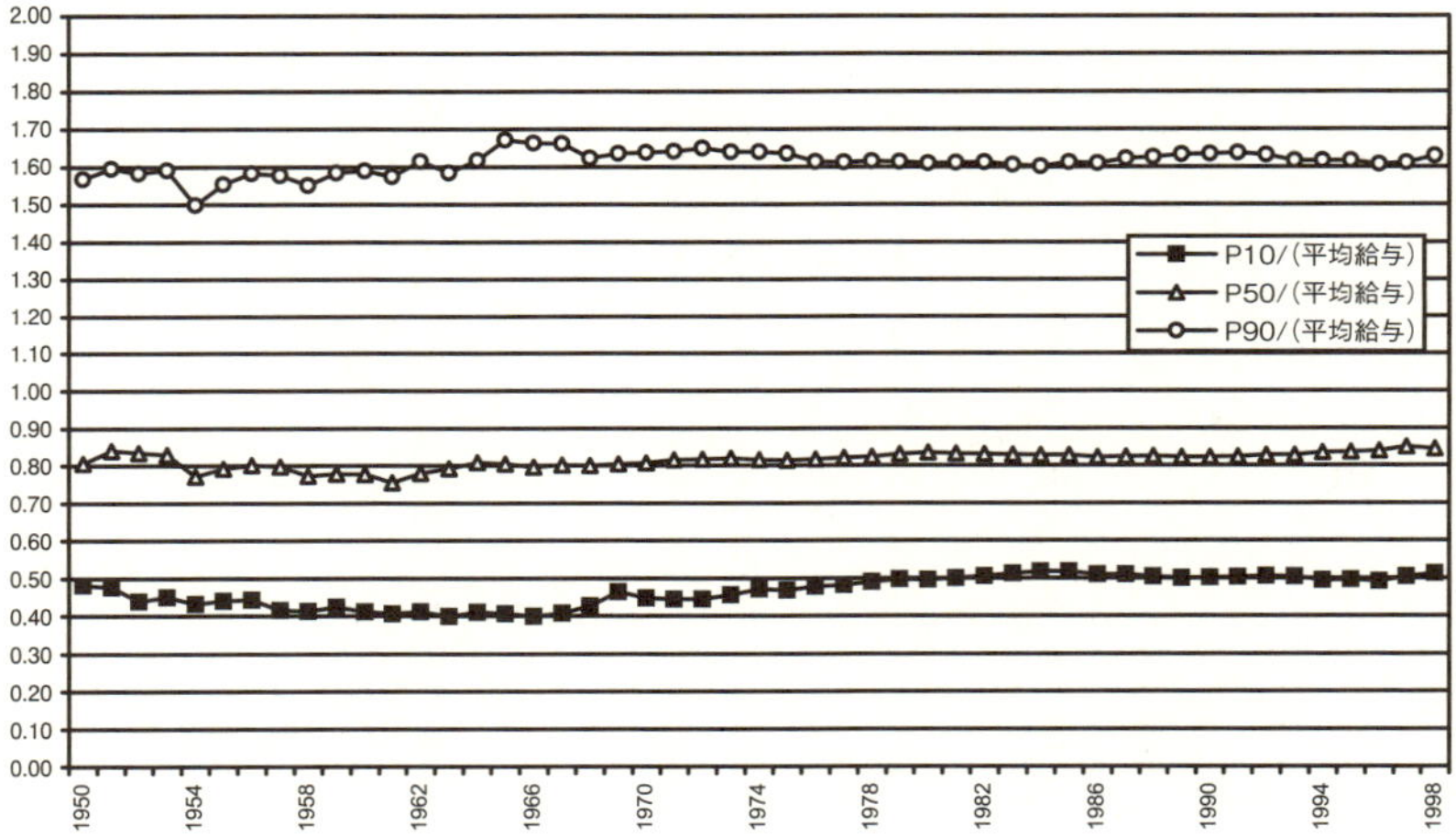

情報源　表D-12の列（11）、（12）、（13）（付録D）

する。言い換えれば、最も給与の低い10パーセントの賃金労働者が「法定最低賃金労働者」で、最も給与の高い10パーセントは「法定最低賃金労働者」の少なくとも3・2─3・3倍稼いでいる。(1) 重要なのは、この格差は、すべての実質給与が1990年代の4分の1程度だった1950年代初めと、まったく同じだという点である。(2)

1950年から1998年までに給与階層全体が長期間にわたって非常に安定していたことを伝えるさらに明確な方法は、平均給与に応じて、閾値P10とP90の給与とともに閾値P50の給与（すなわち中央値の給与）も示すことである（図3－9を参照）。実際、これらの比率が長期間にわたって安定していたことは注目すべきである。閾値P10は常に平均給与のおよそ40─50パーセントに相当し、閾値P50は常に平均給与のおよそ80─85パーセント、閾値P90は常に平均給与の150─170パーセントに相当している。たしかに、すでに指摘した短期的・中期的変動に対応する変化も見られる。すなわち、閾値P10は1968年の五月革命の直前には平均給与の40パーセントまで低下したのに対して、閾値P90は同じ時期に平均給与の170パーセントまで上昇した（このために図3－8で示すようにP90／P10の比率が目立って上昇している）。しかし実際には、これらの変動は長くは続かなかった。閾値P10は1970年代末から「通常の」水準（平均給与の50パーセント）に戻り、閾値P90も同様だった（平均給与の160パーセント）。したがって、1950年から1998年までの「典型的な」給与階層は、次のように表わされる。賃金労働者10パーセントが平均給与の50パーセント弱（多くの場合、50パーセントよりほんの少し少ない）を稼ぎ、賃金労

（1）ここで示した調査結果はすべてフルタイムの賃金労働者のみを対象としていることを想起しよう。閾値P10はフルタイムで働いた場合のSMICに相当する。パートタイムで働く賃金労働者も含めると、とくに1990年代においては、閾値はより低くなるだろう（前出第2・3節を参照）。

（2）第1章図1－8および付録E表E－3の列(12)を参照（1998年フランで表わした年間平均給与は、1950年にはおよそ3万2000フランだが、1990年代には12万フラン以上だった）。

働者の40パーセントが平均給与の50―80パーセント、そして40パーセントが平均給与の80―160パーセント、さらに賃金労働者の10パーセントが平均給与の160パーセント以上を稼いでいる。平均して、平均給与の160パーセント以上を稼ぐ10パーセントの賃金労働者は、平均給与のおよそ2・5―2・6倍を稼いでいる。つまり、最も給与の低い10パーセントの5倍以上である。1990年代には、最も給与の高い10パーセントの賃金労働者の平均給与はひと月におよそ2万5000―2万6000フランで（年間ではおよそ31万―32万フラン）[1]、これは「法定最低賃金労働者」の月給5000フランのおよそ5倍にあたる。すべての実質給与が1990年代の4分の1程度だった1950年代初めについても状況は同じだった。

1950年以前はどのような状況だったのだろうか。給与所得全体に占める給与分布の上位10パーセントの割合が戦間期、そしておそらく20世紀初頭には1950年から1998年までと同じ水準であり、閾値P10、P50、P90は1950年から1998年までは非常に安定していた。そして、これらの閾値の相対的位置および平均に対する位置は、給与所得全体に占める高給与の割合と同じように純粋に一時的な変動を示すにとどまっている。こうしたことを考えると、20世紀の間にほとんど変化しなかったのは給与階層全体であると推測するのが理にかなっている。また、雇用主の給与申告に基づく私たちの推計によれば、20世紀の後半と同じように、閾値P90は、戦間期には平均給与の150―170パーセント程度となったことがわかる（閾値P90が平均給与の140パーセントにやっと届くくらいだった1919―1921年を除外した場合）[2]。戦間期と20世紀初頭の中央値の給与は、当時の平均給与のおよそ80―85パーセント程度の水準とは大きく異なっていたこと、そして戦間期と20世紀初頭の閾値P10は当時の平均給与の40―50パーセント程度の水準とは非常に異なっていたことは大きな驚きだろう。20世紀前半の低給与についての入手可能なデータによって、この仮説をしっかりと確かめることができる。実際、家事使用人が受け取っていた最低給与はどの時代も平均給与のおよそ40―50パーセントだったとわかる。第一次世界大戦前には、「女中」や「小間使い」や「下僕」の（実質フランで表わした）給与は、年間およそ500―600フランが典型だった（「女中」ではもう少し低く、「下僕」ではもう少し高い）。それに対し、当時の平均給与は年間およそ1万2000フランだった。1930年代には家事使用人の中のこれらのカテゴリーの給与は年間およそ4000フランだったが、当時の平均給与は年間およそ9000フランだった。1950年には家事使用人の中のこれらのカテゴリーの給与は年間およそ10万フランであったが、当時の平均給与は年間およそ23万フランだった[(3)]。ここで問題にしているのは地方の家事使用人が受け取っていた給与なので、これより低い給与の賃金労働者のカテゴリーがあったとは想像しにくい。さらに付け加えると、20世紀初頭、家事使用人は賃金労働者の雇用の10パーセント近くを占めており、戦間期には5―10パーセントを占めていた。このため、これらの給与はこの時期に実際に支払われていた最低給与の10パーセントをかなり正しく表わしていると考えることができる。したがって、20世紀初頭と戦間期、そして戦後に、給与分布の上位10パーセントの賃金労働者が給与所得全体のおよそ25―26パーセントを得ていたということは、彼らの平均給与が賃金労働者全体の平均給与より2・5―2・6倍多く、給与分布の下位10パーセントの賃金労働者の平均給与よりもおよそ5倍多いということになる。

私たちが入手できる20世紀前半についてのデータは非常に不完全であるにもかかわらず、これによって20世紀のフランスにおいては、（平均給与に対する高給与の地位だけではなく）給与階層の全体が長期にわたって非常に安定していたという特徴があると結論づけることができる。

（1）図3－1および付録D表D－15の列P90―100を参照。
（2）付録D表D－6の列P90／(平均給与)を参照。
（3）地方における家事使用人の給与に関しては『AR1966』（INSEE、1966年）、p・437を参照。また、平均給与に関しては付録E表E－3の列(11)を参照。1913―1953年の家事使用人の給与とほかの職業の給与の格差の長期的な安定（とはいえ、景気による大きな変動、とくに第二次世界大戦中の格差縮小などはあった）については、マルシャル＆ルカイヨン（1958―1970年、第1巻、p・233）を参照。

3.2 低所得と平均所得の格差の推移

以上のことから所得格差についてはどんなことが推測できるだろうか？　先の章で見たように、「中流階級」（分位Ｐ90―95）の所得と平均所得の格差は、長期にわたって非常に安定しているという特徴があった。短期的・中期的な景気変動は別にして、「中流階級」（分位Ｐ90―95）は常に、すべての世帯の平均所得のおよそ2・2―2・3倍の水準であった。私たちの推計はまた、平均に対する閾値Ｐ90の位置が非常に安定していたことも示している。20世紀を通じて、短期的・中期的な景気変動は別にして、所得分布の上位10パーセントの世帯に分類されるのに必要な所得の閾値は常に、世帯平均所得の１８０―２００パーセント前後であった。[1] 本章で示した結果から、この安定性は、平均給与に対して上位10パーセントの高給与の位置がほとんど変化しなかったことから説明できるとわかった。下位10パーセントの所得が下位10パーセントの給与とほとんど一致しているという仮説を立てると、下位10パーセントの給与と平均給与との格差が安定していることから、下位10パーセントの所得と平均所得の格差も20世紀フランスにおいては長期にわたって非常に安定していたと推測できる。そこで、20世紀フランスにおける所得格差の唯一の重要な変化は超高所得の位置の大幅な低下に関連していると結論できるだろう。「２００家族」（分位Ｐ９９・９９―１００）の所得と平均所得の格差は、「２００家族」（分位Ｐ９９・９９―１００）の所得と「中流階級」（分位Ｐ90―95）の所得の格差と同様に、20世紀の初めから終わりまでにおよそ5分の1となったが、「中流階級」（分位Ｐ90―95）と下位10パーセントの低所得の世帯との格差は、（「中流階級」〔分位Ｐ90―95〕と平均所得の格差と同様に）ほぼ変わらなかったようである。平均所得に対する「上位中流階級」（分位Ｐ95―99）の位置は、平均所得に対する「中流階級」（分位Ｐ90―95）の位置よりはわずかに大きく変化したが、この非常に大きな安定性は実際には所得分布の下位99パーセントにも見られるだろう。トップ百分位を下まわると、すなわち資本所得がかなり大きな役割を演じる時点からは、所得階層はほとんど変化しなかった。

トップ百分位を除いた残り99パーセントの所得の低い世帯における所得格差の1世紀にわたる変化は、トップ百分位と下位99パーセントの世帯との格差（そしてとりわけ、トップ百分位の上層と下位99パーセントの世帯との格差）に比べてはるかに小さかったことは議論の余地がないようだ。しかしそれでも、私たちが入手した情報では、下位99パーセントの世帯で格差が長期にわたって完全に安定していたと結論づけるには不十分である。事実、給与格差から所得格差を考えること、とくに低給与から低所得について考えることはきわめて複雑である。1990年代については、トップ十分位の割合と閾値P90の位置に関してすでに指摘したような所得分布のより不平等な特徴が、閾値P50とP10の位置に関してもあてはまることを確認できる調査が入手可能である。中間点の給与は通常は平均給与のおよそ80―85パーセントだが（図3－9を参照）、1990年代の中央値の所得は平均所得のおよそ75―80パーセントだった。[2] 給与分布の閾値P10は通常は平均給与のおよそ40―50パーセントだが（図3－9を参照）、1990年代の所得分布の閾値P10は平均所得のおよそ30パーセントだった。[3] その結果、所得分布のP90／P10の比率は1990年代

(1) 閾値P90のデータは付録B表B－13の列P90を参照。世帯ごとの平均所得のデータは付録G表G－2の列(7)を参照。たとえば1900―1910年代には、（1998年フランで表わした）世帯ごとの平均年間所得は2万5000―3万フランで、閾値P90はおよそ5万フランだった。1990年代には世帯ごとの平均年間給与はおよそ13万フランで、閾値P90はおよそ25万―26万フランだった。

(2) INSEEが1994―1995年に行なった「家庭の予算」調査によれば、中央値の家庭所得と平均所得の比率はおよそ0・82だった（ピケティ〔1997年、表Ⅳ、p・13〕を参照。11700／14190＝0・82。税務当局の所得申告カードは、INSEEの調査とは反対に非課税の社会保障サービスは考慮に入れていないが、この資料によると（中間点の所得）／（平均所得）の比率は、1988―1995年については、およそ0・74―0・75だった（ピケティ〔1998年、表3－1、p・29、表F－1からF―13、p・138―144〕を参照）。

(3) INSEEが1994―1995年に行なった「家庭の予算」調査によれば、閾値P10と平均所得の比率はおよそ0・31である（ピケティ〔1997年、表Ⅳ、p・13〕を参照。4530／14190＝0・31）（所得申告カードから、閾値P10を正確に推計することは不可能である。なぜなら、この所得水準にとっては社会保障費の割合が高いためである）。

には5以上で、[1]それに対して給与分布についてはおよそ3・2だった（図3－8を参照）。所得分布のより一般的な特徴、とりわけ最低所得の額が非常に少ないことの原因は、所得分布には安定した職を持つ賃金労働者だけでなく、失業者や臨時雇いで働く人々、低所得の退職者、小規模農業経営者なども含まれていたことから説明できる。1990年代には、所得分布の下位10パーセントの世帯が毎月使う生活費は4000フラン以下だったが、彼らの平均所得はひと月あたり3000フラン以下である。[2]これらの所得はフルタイムのSMICよりもかなり低い。このことからわかるのは、低給与と平均給与の格差の推移だけに基づいて、低所得と平均所得の格差の推移を正確に知ることは不可能だということだ。給与以外の所得の推移、なかでも所得分布の下位10パーセントの世帯が受けている社会保障手当の推移も考慮に入れる必要がある。

事実、概論ですでに触れたINSEEが1956年以降定期的に行なっている「税収」調査は、その名称にもかかわらず、税務署に申告されない多くの社会保障手当や高齢者最低生活保障手当、さらに家族手当をも対象としている。この調査は、中央値の所得の位置はかなり安定しているものの（閾値P50は常に平均所得の75―80パーセント前後にあり、したがって閾値P90に対する位置も安定している）、P10とP50の格差は大きく縮小したことを示しているように思える。これは、所得全体に占める高所得の割合が増加し、給与格差がしだいに拡大した時期にも起こっていたことで、その結果、所得分布のP50／P10比率は1950年代半ばから1980年代初めまでほぼ継続的に低下し、その後1980―1990年代に安定したようである。[3]1956年以前にフランスで類似の調査が行なわれたことはなかったが、20世紀を通じて社会保障制度が継続的に発展したことを考慮すると、[4]分布下位での所得格差の縮小は1950年代ではなく、おそらく20世紀前半にはすでに始まっていたと考えるのが理にかなっている。また、20世紀初頭と戦間期に小規模農業経営者の数が多かったことが、最も貧しい世帯の10ないし20パーセントと中央値の所得または平均所得世帯との格差がとくに大きくなった原因であるとも想像できる。[5]

分布下位における格差の縮小傾向という仮説が最も妥当そうに見えたとしても、入手可能なデータの脆弱性については強調しなくてはならない。困窮した世帯が受け取る小規模な移転所得の水準を推定するのは非常にむずかしい。これはとくに、さまざまな基金や措置があったためで、同様に小規模農業経営者の所得水準を推定するのもきわめて

（1）ＩＮＳＥＥが１９９４—１９９５年に行なった「家庭の予算」調査によれば、Ｐ90／Ｐ10の比率は５・７に達した（ピケティ〔１９９７年、表Ⅳ、ｐ・13〕。２５８９０／４５３０＝５・７）。とはいえ、Ｐ10の水準の一人世帯（とくに下層の退職者）の多さを考えると、この比率は家庭の規模を考慮に入れた場合には、ずっと小さくなるだろう（付録Ｉ第１・１節を参照）。

（２）ＩＮＳＥＥが１９９４—１９９５年に行なった「家庭の予算」調査によれば、閾値Ｐ10は家庭ごとに毎月４５３０フランで、Ｐ０—10の平均所得は家庭ごとに毎月３０７０フランだった（ピケティ〔１９９７年、表Ⅳ、ｐ・13〕を参照。世帯ごとの平均所得に対応する数字を得るためには、これらの数字をおよそ30パーセント減らす必要がある。

（３）付録Ｉ第１・１節を参照。

（４）これらの発展、とくに社会保障手当の援助的要素のゆっくりとした発展を分析することは、本書の枠組みを大きく超えるものである。そのため、社会保障制度が始まったのは１９４５年ではないことを指摘するにとどめよう。社会保険の最初の「包括的」制度は１９２８年法によって制定された（この制度は第二次世界大戦のインフレのせいで完全に崩壊し、そこから１９４５年の改革が行なわれることになった）。１９２８年法の「年金」の要素は、「産業労働者および農業経営者の年金」に関する１９１０年法を引き継いでいた（この制度は第一次世界大戦のインフレによって完全に崩壊した）。１９１０年法自体は、１８５０年法によって制定された老齢年金全国金庫の枠組みに組み込まれた。また、これは、共済金庫の継続的な発展までは考慮に入れていない（この歴史については、デュモン＆ポレ〔１９９４年〕を参照）。

（５）19世紀末に行なわれたある全国規模の調査の結果が、ジョゼフ・カイヨーが１９０７年に提出した法案の提案理由説明に掲載されたが、この調査によると、農業経営者の95パーセントの年間所得は１０００フランに満たず、２５００フラン以上の所得を得ている世帯はかろうじて１パーセントを上まわるくらいだった（『統計比較法要覧』１９０７年３月、第61巻、ｐ・２７５を参照）。当時、世帯ごとの平均年間所得はおよそ１４００フランで（付録Ｇ表Ｇ－２の列(6)を参照）、工場労働者の平均給与（賃金労働者全体の平均給与も同様だが）は、およそ１１００—１２００フランだった（付録Ｅ表Ｅ－１の列(6)および表Ｅ－３の列(11)を参照）。また、地方の家事使用人の年間給与はおよそ５００フランだった（前出参照）。ただし、農業経営者の大部分が農業労働者や地方の家事使用人よりはるかに低い所得を得ていたとは信じ難い。したがって、農業や家事使用人の部門の低賃金労働者が消滅しても、給与階層全体がトップ十分位から最下位の十分位まで、20世紀において長期的にきわめて安定していることを考えると、小規模農業経営者が消滅したことで格差に大きな影響があったとはほとんど考えられない。

困難である。その結果、常に、所得分布の閾値P10の推計は1990年代においても、また長期的にはなおのこと非常に脆弱である。このため、P90／P10やP50／P10といった指標は常に疑ってかからなければならない。P10はゼロとほとんど変わらないことが多く、いくつかの移転所得をさらに考慮に入れるだけで（たとえば、こうした移転はもはや地方レベルではなく国家レベルとなったなどの理由で）、あるいは農業経営者の所得の評価を上方修正するだけで（たとえば、食料自給率の推計がより正確になったなどの理由で）、閾値P10は急激に上昇し、P90／P10とP50／P10の比率は急激に低下するだろう。だからといって、分布下位における所得格差が実質的に縮小することはないだろう[1]。それに比べると、所得全体に占める高所得の割合（あるいは給与所得全体に占める高給与の割合）のような指標は、分布下位に影響を与える細かな動きとは関係がないため、より堅固であり、一般的にそれほど混沌とした変化は見られない。そして、そうした変化は所得申告によって毎年追跡することができ、しかもすでに見たように、マクロ経済データや高給与についてのデータなどのほかのさまざまな資料に頼ることでデータの信憑性も確かめることができる。

4　同時代の人々はこれらの事実に気づいていたか？

ここで、認知の問題について考えよう。実際には20世紀の間に（給与所得全体に対する）高給与の比重はほとんど変化しなかったにもかかわらず、格差に対して社会が抱くイメージの中に「高給与の賃金労働者」という概念自体が現われるのに、かなりの時間がかかったように思われるのはなぜだろう。より正確にいえば、長い間、社会の格差を表わすために最もよく使われたのは、賃金労働者を非賃金労働者である経営者や資本家に対してほとんど二分法的に対置させる方法だったようだ。つまり賃金労働者はそもそも所得階層の下位に属し、経営者や資本家は上位を占めるという見方だった。また、高所得世帯はたいてい「高給与の賃金労働者」という形をとり、なかでもとくに「管理職」であるという考えがかなり広く受け入れられるようになったものの、この見方は20世紀後半になってから非常に漸進的に受け入れられたにすぎない。こうした状況はどのように説明できるだろうか。

まず、分析に関しては謙虚にならなければならない。というのも、20世紀に「高給与の賃金労働者」という概念がゆっくりと現われたことを正確に把握できるような世論調査が手に入るわけではないからだ。しかし、実際にはこの「高給与の賃金労働者」という概念が政治に関する議論の中で完全に忘れられていたことは一度もなかった。とくに興味深いのは、20世紀初頭に、所得税導入の擁護派が「大規模な株式会社の経営陣」が得ている巨額の給与は、「小規模企業家」や「小規模商店主」の所得と比べればいかなる税制上の優遇措置にも値しない、と頻繁に主張し、さらに、「小学校教員、税収吏、鉄道員は、小規模農業経営者や小規模な個人事業主から見れば、多くの場合、裕福である」とさえ主張したことである。そもそも、所得税を導入するという考え方自体は社会格差に対する比較的「中立の」見方を示している。原則として、このような税は納税者のすべての所得の合計金額に対して所得の性質にかかわらず厳密に課税されるものであり、それが労働所得か、混合所得か、あるいは資本所得かといったことは考慮されない。とはいえ、多くの指標から、「高所得の賃金労働者」という概念がしだいに形成されてきたと考えるのはある程度正しいということが確認できる。

所得税法に関する正確な研究については本書の第2部で取り上げるが、そこからはおそらく、最も説得力のある指標を得ることができるだろう。事実、税金の計算方法は、他のどの情報源より多くを物語っている。とくに、抽象的な議論や、それぞれの時代の政治家たちの所得格差に対する見方や、自分たちが優遇したりしなかったりする社会集団の格差に対する見方よりも雄弁である。また、一般的にいって、こうした見方は当時の大部分の人々の意見と無関

(1) 付録I第1.1節を参照。
(2) これらのほのめかしは、ジョゼフ・カイヨーが下院で行なった演説から引用した（カイヨー〔1910年、p・65、p・138―139、p・174―175、p・198―199、p・501、p・518〕を参照）。

係ではないと推測することができる。原則的な「中立性」や先に引用した発言にもかかわらず、所得税は当初から同水準の混合所得や資本所得に比べて、最低賃金から最高賃金まで、給与をかなり大幅に優遇するよう考えられたという点、そして、こうしたやり方が「小規模な」非賃金労働者の反発を大いに買ったという点についても見ていこう。このような優遇策が弱められたのは第二次世界大戦後、とくに1960—1970年代になってからだった。とはいえ、法制度にはいまでもその痕跡が残っている。

もう一つの重要な指標は20世紀初頭から統計調査に用いられていた職業別社会階層の研究から得ることができる。第二次世界大戦前に適用された分類項目では「賃金労働者」(「生産労働者」と「事務労働者」)を「経営者」(「事業主」と「個人事業主」)に対置するだけだったが、このことは、社会格差に対するほぼ二分法的な見方を最もはっきりと示している。たしかにこれらの調査によって経営者の多くが「小規模な非賃金労働者」であったことはわかるものの、これらの調査から「大規模な賃金労働者」の存在を明らかにしたり、彼らを一人一人列挙したりすることはできない。1世紀を通じて変化しなかった「高給与の賃金労働者」の具体的な現実と、こうした賃金労働者を分類して名前をつけるのに用いられた社会的カテゴリーのゆっくりとした発展とのギャップは、私たちにとっては驚くべきものであった。給与分布の上位10パーセントの賃金労働者、上位5パーセントの賃金労働者、上位1パーセントの賃金労働者などは(同時代の平均賃金労働者や低賃金労働者に対して)20世紀を通じて階層の中で同じ位置を占めていたが、第二次世界大戦以降ようやく、賃金労働者を実際の階層に応じて分類できるようになり、こうしてとくに「管理職」という概念を導入したことで調査の中に「高給与の賃金労働者」が登場するようになった。また第二次世界大戦前の調査では、企業の経営に携わる者はすべて「事業主」に分類されていたが、その人々は実際には賃金労働者である場合が多かった。この分類法によれば、資本主義社会における「経営者」は、正式な地位が何であれ完全な「賃金労働者」であることはありえない。この分類法はまた「超高給与の賃金労働者」という考え方自体に対する強い疑念の表われでもある。最後に、この分類法が1980—1990年代に実施された職業別社会階層にも適用されていることを指摘したい（株式会社の代表取締役と社長は「企業主」のカテゴリーに統合されたため、正式な地位にかかわらず賃金労働者とは見なされない）。このことが示すのは、20世紀初頭に見られたいくつかの認識は完全には消えなかったということだ。このように「高給与の賃金労働者」という概念の発展に時間がかかったことはどのように説明できるだろうか？

一つめの理由はもちろん、幸いにもその影響力は弱まりつつあるとはいえ、マルクス主義のイデオロギーの悪影響だろう。マルクス主義の理論によれば、資本主義社会の本質である格差は生産手段の所有に結びついており、すべての賃金労働者は、その地位によって、搾取とプロレタリア化が運命づけられている。この思想の影響が絶大なのはそもそもなんら驚くことではない。というのは、賃金労働者とは根本的に均質であり、資本の所有者に比べてみじめに生きることが運命づけられているという見方は、最も極端な場合には最も過激な教条主義に陥るものだが、まったく極端ではない場合でも、資本主義体制での所得格差の根本的な法則に一致しているからだ。先の章では、超高所得者の階層を上に上がれば上がるほど賃金労働者が少なくなる傾向があることがわかった。とくに、最も高い所得は、原則的には現在の労働からではなく、過去に蓄積した資本の所有による報酬のみで構成されている。一方でこれが避けられない法則であり、正当でさえあると主張し、この法則を非難することは結局貯蓄や投資を非難することになると結論づけることができるが、他方で、人々がこの法則にこだわれば、賃金労働者（この中には「高給与の賃金労働者」も含まれる）と大規模な生産手段保有者との間の対立は解消不能であるとする考え方に根拠を与えることになる。もちろん、問題はこうした世界観が現実の一面しかとらえていないことである。というのは、この見方は「労働者」すなわち国民の99パーセント以上の中にも格差が存在していることを無視しているからで（資本所得が副収入ではなくなっているのは、ほとんどトップ百分位世帯、なかでもトップ百分位の上層世帯だけである）、それがある種のデマゴギーを反映していることは否めない。したがってこうした説明によれば、「高給与の賃金労働者」という概念がなかなか発展しなかったのは、イデオロギーとデマゴギーの両方が組み合わさったからである。幸いにも、最終的には現実の重みに（少なくとも部分的には）屈することになるのだが。

この説明にはおそらく多くの真実が含まれてはいるものの、それでも少し物足りない。「高給与の賃金労働者」という概念、なかでも「管理職」という概念がなかなか現われなかったことは、所得格差という現実に対する先入観による無理解の単なる表われではなく、「20世紀最初の」経済危機によって所得格差に起こった大転換、つまり大資産が崩壊し、再構成されなかったことについての集団的な自覚の表われである。別の言い方をすれば、「２００家族」（分位Ｐ９９・９９―１００）の所得と平均所得とを隔てる格差が、「２００家族」（分位Ｐ９９・９９―１００）の所得と「中流階級」（分位Ｐ90―95）を隔てる格差と同様に、１９４５年以降の格差のおよそ5倍以上あった時代に、「高給与の賃金労働者」や給与によって生活する高所得の世帯が存在しているということを「忘れる」のは、客観的に見てしかたのないことである。20世紀初頭と戦間期には、資本所得による超高所得者と「超高給与所得者」も含むそれ以外の国民の格差が非常に大きかったため、それほど差し迫って「高給与の賃金労働者」に名前をつける必要性はなかった。すでに再分配政策の避けて通れない標的は設定されていて（すなわち「２００家族」のことだが）、それ以上に進むことは無駄に思われた。そして第二次世界大戦後は、資本所得による超高所得者の大部分が姿を消した、あるいは少なくとも明らかに数が減ったか、それ以前と比べて所得が少なくなっていることに気づくと、給与で生活をしている高所得者に名前をつける必要が出てきた。ここから「管理職」という概念が生まれたのである。

この解釈に対して必ず出てくる反論は、大資本が崩壊し再構築されなかった過程を明らかにするような所得申告の統計の活用がこの時代にはまだ一度も行なわれていなかったという主張である。しかし、実際にはこの現象は非常に大規模だったため、気づかないことはありえない。しかし、たとえ当時の人々が私たちと同じようなやり方でこの現象を名づけることなく、また私たちのように一歩引いて見ることができなかったとしても、こうした出来事をじかに体験した人たちは、資本所得による超高所得が構造的に崩壊したことを十分に感じ取っていたと思われる。そして、いくつもの指標がこの仮説の正しさを証明している。ここでもまた、最も説得力のある指標は、所得税法を検討することで得られる。本書の第2部では、歴代政府が第二次世界大戦後にどのように資本所得に対する一連の税負担軽減措置を導入したのかを見ていこう。こうした措置の目的は明らかに、戦争によって失われた相続財産の再構成と貯蓄を促進することにあり、その結果、20世紀初頭と戦間期に優勢だった労働所得よりも資本所得に多く課税するという特徴を持っていた税制上の均衡が、20世紀末には完全に逆転した。とりわけ明確なもう一つの指標は、所得税の税率表の推移を分析することで得られるだろう。第二次世界大戦以降、所得税の税率表における最も所得の多い階層の税率は、所得税が制定された戦間期より構造的に低い水準となっている。まるで、もはや存在しない超高所得を公然と非難するのは意味がないとでも言っているかのようである。

人口調査のために用いられた社会的カテゴリーの推移も、独自のやり方でこうした集団的意識を示している。とりわけ興味深いのは、第二次世界大戦後に初めて「管理職」という概念が調査に使われると同時に、戦前のあらゆる調査において広く使われていた「不労所得生活者」という概念が使われなくなったことである。たしかに、この「不労所得生活者」というカテゴリーは慎重に扱う必要がある。アドリーヌ・ドマールが19世紀における相続資産の申告についての研究で指摘しているように、遺族によって「不労所得生活者」あるいは「不労所得所有者」であったと記載された故人の中には、ほんのわずかの年金で生活していた者もかなりの数含まれ、相続資産が何もない者さえいた[1]。同様の問題が20世紀初頭と戦間期のすべての調査についてもいえる。それらの調査では、「不労所得生活者、不労所得所有者、年金生活者など」のカテゴリーの中に、組織化された年金制度を利用していたすべての年金生活者が入っており（公務員、鉄道員、鉱山労働者、「生産労働者および農業経営者年金」受給者など）、もっと広く「報酬のある職業に従事していない人々」もすべて含まれていた。「専業主婦、子供、小学生など」や「移動生活者」、「留置人、囚人」あるいは「入院患者、身体障害者、精神障害者など」のカテゴリーには入れることができなかった人々で

（1）ドマール（1973年、p・96）参照。

あるが、全体に占める実際の「不労所得生活者」の割合を信頼できる統計基準から推計できないというわけではない。[1]したがって、第二次世界大戦前に使われていた「不労所得生活者、不労所得所有者、年金生活者など」のカテゴリーには実際にはきわめて異質なものが混ざり合っていた。同様に「職業に従事していない人々」という第二次世界大戦後の調査で用いられたカテゴリーも「年金生活者」以外のすべての「非就業者」を含んでいた。また、金利で生活する数少ない人々もこの中に入っていた。[2] いずれにせよ、公式の分類項目である「不労所得生活者」という概念にのみ頼るのは、公正とはいえない。ここからわかるのは、おもに資本所得で生活している人々は、20世紀初頭と戦間期の社会的背景の産物であり、この概念の使用をやめるということは、こうした人々がほとんどいなくなったという事実の集団的認識を示している。どの調査でも資本所得による超高所得を「把握する」ことは決してできなかったが、その割合がもっと大きかった時代については、少なくともそれらを「垣間見る」ことはできた。

また、19世紀末と20世紀初頭の経済学者は、「高所得者」の人数と水準の推計を試みる際に、もっぱら相続資産に関するデータ、なかでも大規模な相続資産に関するデータに基づき資産に一括の利率を適用することで所得相当の金額を計算していた。経済学者は「超高給与」を考慮に入れようとさえしなかったが、それほど資本所得による超高所得と賃金労働によって得ることのできる所得の格差は自明に思えたのだ。[3] それでもなお、これらの経済学者は誰もが同時代の資本主義社会の擁護に深くかかわった確固たるリベラル派であった。[4] このことからわかるのは、こうしたやり方は特定の現実を反映しているにすぎず、マルクス主義の悪影響の結果だったわけではないということだ。ここには20世紀の始まりから終わりまでの長い道のりを見てとることができる。かつて「高所得者」は大規模な相続資産の所有者のようにとらえられ、推計されていたが、昨今は職業別社会階層の一つとして評価されている。職業別社会階層では「不労所得生活者」はなくなり、以後、階層のいちばん上は「上級管理職」のカテゴリーが占めるようになった。その平均所得はひと月におよそ3万フランである。[5] この変化は明らかに大きい。「高給与の賃金労働者」は20世紀初頭にすでに存在しており、資本所得による超高所得者は20世紀末にも依然として存在しているからである。しかし、この変化はまた現実に起こった変化に対する認識を反映しているとも考えられる。その変化とはすなわち大資産が解体し、再構成されなかったことである。

5　給与格差の長期的安定をどのように説明するか？

最後に給与格差の長期にわたる安定性の問題を取り上げよう。1世紀にわたって、給与分布の上位10パーセントの賃金労働者は常に平均のおよそ2・5―2・6倍の給与を得て、上位5パーセントの賃金労働者は平均のおよそ3・4―3・6倍の給与を得て、そして上位1パーセントの賃金労働者は平均の6―7倍の給与を得ているように、また

（1）たとえば、1926年には合計64万55人の「報酬のある職業に従事していない人々」（集計が別の「専業主婦、子供、小学生など」は除く）のうち「移動生活者、留置人、精神科病院入院患者、入院患者、精神障害者など」のカテゴリーに分類されるものは23万3916人だけで、残り（すなわち全体の3分の2近くの40万6139人）が「不労所得生活者、不労所得所有者、年金生活者など」であった（『1926年3月7日実施の国勢調査の統計結果』第1巻、第3部『労働力人口、事業』、フランス総合統計局（国立印刷局）、1931年、p・86を参照）。

（2）もちろん、この最後のグループは非常に少数で、そのため「非就業者」の職業別社会階層は、平均所得が「税収」調査において最も低い階層となる（ただし、平均収入が少なくとも1970年代末まで、さらに低かった農業経営者や農業労働者は除く）（付録Ⅰ表Ⅰ‐1およびⅠ‐2を参照）。

（3）とくに、相続に関する統計にのみ基づいて高所得者の数と高所得の総額を推計しているネイマルク（1911年）を参照。また、ルロワ＝ボーリュー（1881年、p・171―175、p・207―208、p・528―538）とコルソン（1903年、p・304―313）も参照。どちらの研究も、個人動産税と不動産税に基づく賃貸価値の統計をベースにしている（このため両方とも資本所得によらない高所得も計算に入れているが、それでも彼らが用いている表現［「10万フラン以上の資産所得を得ている人々の数は……」］には明らかに、このような水準の所得を得られるのは資本所得のみだという考えが表われている）。

（4）第7章第2．2節を参照。

（5）概論第2．1．2節および付録Ⅰ表Ⅰ‐1、表Ⅰ‐2を参照。

反対に、給与分布の下位10パーセントの賃金労働者は常に平均のおよそ2分の1しか給与を得ていないように、「見えざる手」が働いたことをどのように説明できるだろうか。

まず、純粋に経済的な観点からいうと、給与格差が所得格差に比べてはるかに安定しているのは当然のことである。また、両世界大戦と1930年代の経済危機は、資本所得の構造的な崩壊の原因であったが、給与格差はそれにより一時的に変動したにすぎないことも完全に理にかなっているように見える。実際、給与格差とその変化を説明するために従来使われていた経済モデルは、技能の「需要」と「供給」という考え方を駆使している。賃金労働者は労働市場に自分が持っている技能を提示し（その結果、労働の「供給」がある程度形成される）、企業は必要とする技能を労働市場で探し（そこから、労働の「需要」がある程度形成される）、こうした需要と供給のバランスをとることの必要性から、ある程度の給与格差が生まれる。需要の構造と供給の構造がほぼ同じであれば、給与格差がほとんど変化しないことは完全に理にかなっている。ところが、両世界大戦それ自体が、技能の需要と供給の形成に持続的な構造上の変化をもたらしたと考えられる理由は一つもない。企業の需要構造は、利用可能なテクノロジーの変化や、家庭で消費される財やサービスの構造の変化に応じてかなりゆっくりと変化していく。戦争が起こると、必要とされる技能の需要が変化し、一般的にあまり高い技能を持たない賃金労働者（兵士、建設労働者など）が必要とされるが、その変化は一時的なものでしかない。供給の構造に関しては、各世代の賃金労働者が受ける職業教育に負うところが多く、両世界大戦のあとで供給が根本的に変わったようには見えない。それぞれの戦争が終わったとき、賃金労働者が持ち合わせていた技能は戦争以前とほとんど変わっていなかった。

ここに、給与格差の問題と資本所得格差の問題の違いの大きさを見てとることができる。相続資産保有者が所有している「物的」資本（不動産や工場など）と、インフレに合わせてスライドしない株券の形をとっている「名目」資本は、取り返しがつかないほど完璧に破壊されたのに対して、賃金労働者が所有する「人的」資本は幸いにもこの種のリスクを免れている。ただし、特別な技能を持つ集団をとくに標的とするようなジェノサイドが起こり、その結果給与階層の構造に影響を与える場合は例外である。たしかに、両世界大戦、とくに第一次世界大戦による人的損失は労働市場に影響を与えたと想像できる。たとえば、１９１４―１９１８年の人的損失には最も熟練度の低い賃金労働者がより多く含まれ、その結果、技能供給の新たな構造が生まれたと推測できる。１９２０年代初めの給与格差が戦前の水準よりも低くなった理由も戦争によって説明することができるだろう。しかし実際には、両世界大戦による人的損失は、物的資本の破壊とは比べものにならないほど小さかった。ましてや、各給与階層が受けた損失はなおさらである。つまり、給与格差についての限られた変化が起きた一方で、私有相続資産の大規模な崩壊とそれによる所得の大幅な減少が起きたのも当然である。

ここで、非常に長期にわたる推移に視点を移すと、給与階層が非常に安定していたことの「経済的」理由は、技能の需要と供給が20世紀を通じてだいたい同じように推移してきたためである。言い換えれば、賃金労働者の職業別社会階層構造とそれらの職に就くのに必要とされる技能は20世紀の間に根本的に変わったが、その変化は常に十分に段階的に起こったため、技能の供給を需要の変化に対応させることができたのである。その結果、すべての賃金階層が同じような比率で上方に引き上げられ、賃金階層はほとんど変化しなかった。つまり、「見えざる手」は技能供給の手で、一時的に遅れることはあっても常に需要に追いつき、反対に需要を大幅に超えることや個々の条件が不利に引き下げられるのを避けることができたと思われる。最後に、20世紀フランスにおける給与格差が非常に安定していた理由は、フランスでは人口の推移がきわめてゆっくりとしていて規則的だったためだということを付け加えよう。実際に、労働人口はほんの少しずつしか増大せず（雇用合計数は２０００万前後で安定していた）、労働供給の構造は世代交代のテンポに合わせて非常に漸進的に変化した。この結果、賃金労働者も職業教育制度も人口の急激な増加という大きな衝撃を受けることなく、技能の需要の継続的な変化に適応する時間が常にあった。これがアメリカなどとの違いである。アメリカでは20世紀に移民によって大きな衝撃を何度も受け、そうした衝撃が労働人口の構造を劇的に変えてしまったからである。このことから、なぜフランスでは給与格差がとりわけ安定していたのかを説明できる。

この点に関してはさらに、本書の第3部（第7章）で他国の経験に対するフランスの経験の位置づけを論じる際にふたたび取り上げる。

こうした「経済的な」説明が完全に間違いであることはありえない。ある種の技能への需要が対応する供給とまったく一致せずに推移したのであれば、長期にわたって給与階層が安定しているはずはないからだ。それでもこの説明が不十分に感じられるとすれば、需要と供給に基づく経済モデルというものが、前提として「技能」や「人的資本」については常に計測可能な客観的基準を持ち、その「生産性」を常に推計できるかのように見えるからである。しかしながら、そういうわけにはいかないことも多々ある。さまざまなレベルの技能の生産性を推計する際には、しばしば大きな違いが生じる余地がある。そしてそこには、しばしばそれぞれの国の固有の歴史によって、何が適正で何がそうではないかという感じ方の違いが表われていることがある。公務員給与についてはそのことが明らかである。たしかに国家は民間部門での需要と供給を考慮しなくてはならないが、すでに見たようにそれでもしばしば国家にはかなりの裁量の余地が残されている。しかし、たとえば１９６８年の五月革命が給与格差にかなり大きな影響を与えたという例が示しているように、世論の受け止め方と世論の動きも企業における給与格差の推移を説明するのに重要な役割を果たす。給与格差が長期的に非常に安定していたことを考察するためには、いわゆる「経済的」説明に「文化的」説明を加える必要があるのではないだろうか。文化的に説明すると、20世紀フランスでは常に、給与格差は、とくに（全体として見た場合の）「労働者」と超高額資本所得者との間の格差よりは好意的に受け止められていたようである。給与格差について幅広い合意を得ていた考えがどのようなものであったかを正確に知るための最良の方法は、当然のことながら適切な世論調査を利用することである。だが残念なことに、１９９０年代について入手可能な調査からは、この仮説を全面的に確認することができるものの(1)、20世紀全体についてはそういった調査がないために(2)、いくつかの指標を示すにとどまらざるをえない。

「高所得」における「高給与賃金労働者」の位置づけがしばしば否定され、隠されてさえいたという単純な事実は、すでに興味深い指標である。「高給与の賃金労働者」の重要さを否定することは、給与格差の世界をそのまま認めることである。この指標は「中流階級」の問題と密接に結びついている。給与分布の上位10パーセントの賃金労働者と、所得分布の分位P90―95の所得を得ている賃金労働者の世帯を「中流階級」（P95―99の場合は「上位中流階級」）と呼ぶことは、これらの賃金労働者がその報酬を受けるに値し、給与格差も受け入れることができる、あるいは少なくとも「200家族」が受け取っている資本所得による超高所得よりははるかに受け入れられやすいことを非常にはっきりと示している。さまざまな人がこれらの用語をどのように用いていたかを示す系統立ったデータはないが、比較的大きな合意が形成されていたという仮説もかなり信憑性が高い。たとえば、概論でも述べたが、1997―1998年に家族手当の上限設定の問題が起こったとき、フランス共産党から最も典型的な右派まで、さまざまな政治的立場の人々が異口同音に、ひと月2万5000フラン以上の所得を得ている「中流階級」が手当を受けつづけられるよう要求する声を上げた。

しかもとりわけ、私たちが入手できる断片的な情報によると、このような「中流階級」や「上位中流階級」という概念の使い方は1990年代に始まったわけではない。リュック・ボルタンスキーは、「管理職」の社会的アイデンティティの形成についての著書の中で、すでに19世紀には現われていた「中流階級へのアピール」が戦間期の政治に

（1）ピケティ（1999年）を参照。

（2）しかしながら、体系的な研究があれば意外にもよい結果を得ることができるだろう。たとえば、1945年にフランス世論研究所が行なったアンケートでは、賃金労働者の各カテゴリー（単純労働者、現場監督、小学校教師、エンジニア、工場長など）が受け取る給与は、（質問された人から見て）どの程度であるべきかを質問している。つまり、1998年に行なわれたアンケートでの質問とまったく同じ種類の質問である。この結果についてはピケティ（1999年）を参照（1998年のアンケートと同様に、シェリニ〔1998年、p・306〕に掲載されている1945年のフランス世論研究所の調査結果が示すところでは、調査に答えた人々は、実際の給与階層よりも格差がわずかに小さい給与階層の適用を望んでいるようであった。ここには、自分たち自身を格差の下位に位置づける人々の回答も含まれている）。

おいていかに重要な役割を演じたかを示している。1944年に幹部総同盟が設立されるよりだいぶ前の1920―1930年代にはたくさんの団体が誕生した。たとえば、カトリック・エンジニア社会連合の系統を持つ団体や中流階級組合総同盟のような組織が生まれたが、それらが掲げる使命は、「金権政治とプロレタリアートの板挟みになって苦しんでいた」エンジニア、教員、管理職、公務員等の「中間」カテゴリーの利益を守ることであった。(1) これらの「中流階級」は、所得水準によってははっきりと定義されるということが決してない(「200家族」と「プロレタリアート」の中間の所得を得ているということが知られているだけだ)。(2) しかし、この階級として一般的に思い浮かぶ職業からすると、戦間期以降、所得階層における「中流階級」の位置はおそらく分位P90―95にかなり近いだろう(あるいは「中流階級」の上層は分位P95―99に近いだろう)。さらに、戦間期にも1990年代と同様に、フランス共産党から製鉄業委員会まであらゆる政治的立場の人々がこの「中流階級」をさかんに保護しようとした。(3) 1945年、幹部総同盟が給与格差の縮小と「中流階級」に対する不当な扱いを非難したとき、労働総同盟もパロディ・アレテが提案する以上の力強い「秩序回復」を要求した。そして、パロディ・アレテはすべて「現在の階層秩序に応えるものではなく」、「現在の給与階層を破壊する」ものであるとはっきりと述べた。(4) 1930―1935年のデフレの際に、公務員の給与に対して課税する「特別納税」の基準となる給与の閾値の引き上げを急進派にせまったのは社会党だった。(5) 同様に、1944―1952年のインフレの際に給与階層を守り、賃金労働者が「特別賞与」を受けられなくなる賃金の閾値の引き上げを人民共和運動〔キリスト教民主主義を掲げたフランスの政党。1944―1967年〕にせまったのも社会党だった。(6)

また、20世紀初頭に所得分布の推計を試みたリベラル派の経済学者も分位P90―95とP95―99の水準に厳密に位置づけられる所得について語る際に、「中程度の所得」や「中流階級の所得」という言葉を用いる傾向があったことも興味深い。(7) 所得税導入に先立つ国会での議論によれば、「中流階級」という概念のこのような使い方は、左派や急進

(1) とくにボルタンスキー（1982年、第1章）を参照。

(2) ボルタンスキーの著書は一冊全体が「中流階級」、とくに管理職の社会的アイデンティティの形成の問題に当てられており、所得の問題は扱っていない（ましてや中流階級の所得とその上位あるいは下位の所得との比較もない）。

(3) ボルタンスキー（1982年、第1章、とくにp・72、p・77）を参照。

(4) グリエルミ&ペロー（1953年、p・17）を参照。

(5) たとえば、1933年の1月から2月に議論された財政再建計画を参照。この計画から1933年2月28日法が定められ、公務員給与を課税対象とする閾値は年給1万5000フランとなった（社会党は年給2万フラン、急進派は1万2000フランを主張した）（ボンヌフー〔1956―1967年、第5巻、p・147〕を参照）（2万フランの閾値は当時の給与分布における閾値P95をやや上まわっている。付録D表D－5の列P95を参照）。

(6) 典型的な例は1950年2月7日のアレテで、これにより3000フランの「特別手当」が制定された。雇用主はこれを1950年1月に月給が1万4000フラン以下だった賃金労働者全員に支払わなくてはならなかった。これを受けてビドー内閣の社会党出身の大臣たちは辞任した。社会党は月給2万フラン以下のすべての給与所得者に手当が支給され、公務員も対象とされるべきだと考えていた（これらの要求は辞表の中で非常にはっきりと表明されている。辞表は『政治年鑑1950年』、p・280に収録されている）。これは1933年に類似したエピソードであると指摘できるだろう。唯一の違いは、人民共和運動が急進派に取って代わり、インフレによって、以前は年給として支払われていた額が月給の額でしかなくなったことである。

(7) とくにコルソン（1903年、p・312）を参照。この中では四つの階級を設定して合計1290万世帯についての推計を示している。すなわち、最も所得の低い1150万世帯は「小所得者」と名づけられ、これに続く130万世帯は「平均所得者」、その次の16万世帯は「大所得者」、最後の1000世帯は「超大所得者」とされた（「平均所得者」は分位P90―95とP95―99にほぼ相当する）（この分類については付録に収録した。付録I表I－4を参照）。また、ルロワ＝ボーリュー（1881年、p・532）も参照。この研究では、4000―6000フランの年収は「下位中流階級」に相当すると見なされている（実質フランでの私たちの推計によると、1900―1910年では閾値P90はおよそ2500フランで、閾値P95はおよそ3800フラン、閾値P99はおよそ1万1000フランであった（付録B表B－10を参照）。つまり、ルロワ＝ボーリューの「下位中流階級」は分位P95―99の下層に対応していた）。

的左派も含めて当時の慣用に完全に一致していた。[1] 20世紀フランスにおける「中流階級」という概念の、このように大きな安定性は驚くべきことである。20世紀を通じて、「中流階級」とは所得階層の中の分位P90—95とP95—99の世帯を指していた。これらの分位はすでに見たように、平均所得に対する位置が長期的に非常に安定していたという特徴を持っている。言い換えれば、20世紀を通じて「中流階級」とは、平均給与の2ないし3倍、最低給与の5ないし6倍の給与を得ている賃金労働者（さらに、同規模の収入のある非賃金労働者）のことであった。そして、彼らはこうした報酬に「値する」と見なされていた。というのは、彼らの技能や技能を得るための努力、責任の重さ、そして仕事に多くの時間を費やすことなどが報酬に見合っていると見なされたためだ。また、大資産が構造的に崩壊したことからこの均衡が崩れたようには見えない点にも留意しよう。「金権政治の苦しみ」は以前よりも軽減され、資本所得による超高所得は以前よりも少なく、それによる超高所得者数も減ったが、「高給与の賃金労働者」は、常に「中流階級」を形成しつづけ、その報酬や社会的地位は正当なものと思われている。

これらの情報は示唆には富んでいるものの、かなり部分的であることには変わりない。20世紀フランスにおける給与格差に対する非常に大きなコンセンサスを最もよく示している指標は、ここでもまた所得税法の研究、とりわけ高所得の各分位に対する実際の税率の分析から得られるだろう。これから見ていくように、所得税とはおもに、高給与者が多い「中流階級」（分位P90—95）や「上位中流階級」（分位P95—99）ではなく、資本所得による超高所得者が分布している所得階層トップ百分位の上層に対して課税するための手段であった。たとえば中流階級は1936年に人民戦線政府が定めた増税や1981年の選挙後に社会党政府が決めた増税の対象とはならなかった。この増税は社会党が格差と所得の再分配について抱いていた見方をかなり忠実に表わしていると考えられる。給与階層が長期にわたって非常に安定していたことは、その階層が常に比較的よく受け入れられていたという事実から（少なくとも部分的には）説明できるという説はかなり信憑性が高いと思われる。

（１）とくに１９０７年6月25日の審議を参照。この中でジョゼフ・カイヨーは、年収５０００—７０００フランの「中流階級」の大部分はこの改革の対象となることはなく、反対に年収1万５０００フラン以上の「中流階級」に対する減税は期待してはならないとはっきりと述べて、議員を安心させている。どうやら左派と急進左派はこの点に関して大いに満足したようだ（言い換えれば、分位Ｐ95—99の「中流階級」は議員の配慮の対象に値するが、偽の「中流階級」といえる分位Ｐ99—１００の階級は議員の配慮の対象に値しない〔先の注で示した閾値Ｐ90、Ｐ95、Ｐ99を参照〕）（この演説はカイヨー〔１９１０年、ｐ・67—68〕の中に再録されている）。また、１９０８年1月20日の審議も参照。この中で、ジョゼフ・カイヨーは、とくにこの改革から利益を得るのは年収２５００—５０００フランの「中流階級」（分位Ｐ90—95と分位Ｐ95—99の下層に相当。前出を参照）だろうと認めている（この演説はカイヨー〔１９１０年、ｐ・２１１—２１２〕に再録されている）。

第2部

20世紀フランスの高所得と再分配

第4章　1914年から1998年までの所得税法

20世紀フランスにおける高額の相続資産の蓄積は、累進所得税の導入と、その最高税率の猛烈な上昇によって、どのように歯止めをかけられてきたのだろうか。所得税の計算法と、「高」所得層の各分位に対して歴代の政府が課してきた税率は、所得格差の認識について、またその認識が20世紀を通じてどう変わっていくかについて、私たちに何を教えてくれるだろうか。本書第1部からはこの二つの問いが導き出されたが、第2部ではその答えを探っていく。まず第4章では、20世紀フランスにおける所得税法の変遷をめぐる主要な流れをたどるとともに、1914年から1998年にかけて政権を担当した歴代政府が確立し、適用した税率表の推移を振り返る。もちろん、所得税の歴史はきわめて波乱に富み、めまぐるしい政権交代の影響を受けている。したがって、そうした動きを時間の経過に沿って記述する本章は必然的に少し長いものになる。ことによると、自分の申告書を作成するとき以外は徴税の技術に関心を向ける習慣のない読者には、長すぎると感じられるかもしれない。それでも、所得税の歴史のおもな段階を綿密にたどり、それを各時代の政治状況に置き直してみることには意義があると思われる。こうした税制の変遷が私たちの調査にとって大きな重要性を持つことに加えて、私たちは、所得税の問題が20世紀フランスの政治史を読み解く興味深い（そしてあまり知られていない）鍵になると考えている。次いで第5章では、第4章を通じて得られた税法上の情報を、第1部で示した高所得層の各分位の水準の推計に結びつけることになる。それによって、各時代の所得階層の各分位が実際に課せられていた税率の推移を研究し、ひいては前述の問いにいっそう正確に答えることができるだろう。

この政治・法制的な話を始める前に、私たちはまず、1914年7月15日法以前に施行されていた税体系のおもな特徴が富裕な納税者にとってどんなものだったのかに触れておきたい（第1節）。次に、1914―1917年の改革で確立された新たな体系の全体的構成を紹介する（第2節）。そのうえで、この先駆的改革以後の税法の、そして歴代の政府によって適用された税率表の変遷を述べるが、その際、時代の政治経済的な混沌にともなってかなり混乱した推移が見られる1915―1944年の時期（第3節）と、所得税が（こうした性質の制度が平穏でありうるかぎりにおいて）「平穏な」税に近づく1945―1998年の時期（第4節）とを区別する。

1　1914年までの税と高所得――静かなる蓄積

1.1「四つの国税」

フランスで所得税が制定されたのは、1914年7月15日法によってである。この法は、1792年から1914年まで大きな中断もなく適用されていた税体系との本質的な断絶を意味する。フランス革命で創設され、長期にわたって存続したことから「四つの国税」と呼ばれるようになる四つの「直接税」は、現実には、納税者の所得に直接課せられるものではなかった。アンシャン・レジームにおける不当な手順を廃止し、またおそらくは、飛躍的に成長する産業ブルジョワジーに対して過度の税負担をかけないようにするため、革命政府は「指数」税制の制定を選んだ。国民に所得を申告する義務がなかった当時において、政府は所得そのものに課税するのではなく、納税者の税負担能力の指標となる「指数」に基づいて課税したのである。まず「扉・窓税」は納税者の主要住宅の扉と窓の数によって計算されるが、この生活水準の指標は税務当局にとって、納税者の家に入ったり家計簿を調べたりすることなく、課税額を決められるという利点があった。第二の税「地祖」は、実際には「建築物財産の税金」（家屋、数階建ての建物など）と、「非建築物財産の税金」（土地、森林など）に分かれるが、ともに、納税者が所有する財産の賃貸価額によって計算されていた。しかしこれもまた、課税額の計算は現実に所有者が得ている賃料を直接の対象とするのではなく（あるいは納税者が自らの不動産全体を貸した場合に得るであろう賃料の推定市場価格をもとにするのではなく）、10—15年前からの賃貸価額の「平均」の見積もりを基準としていた。基準の見直しは10年から15年ごとにしか行なわれず、見直しにあたって税務当局は大規模な調査を実施して、国土の建築物・非建築物財産全体を調べあげた。第三の税「営業税」は商人、職人、事業者などに課せられ、対象者の事業規模と職業別の税率表によって税額が計算された。各人が実際に得る収益は申告の義務がないため、税額とは無関係だった。「四つの国税」の4番めとなる「個人動産税」は、原則としてすべての納税者（借家人および家主）を対象とし、各人の主要住宅の賃貸価額によって計算された。賃貸価額の見直しはやはり10—15年ごとになされた。[1]

所得そのものではなく納税者の支払い能力の指数に基づくこうした税は、税制の舞台から完全に姿を消したわけで

（1）個人動産税は「四つの国税」の中で最も複雑である。というのも、この税には当初、根幹をなす主要住宅の賃貸価額に基づいた税のほか、使用人税、3日分の労働に相当する税、馬やラバに課せられる税などが含まれていたからだ。1792—1914年の個人動産税の変遷については、たとえばアリックス&ルセルクレ（1926年a、第1巻、p・104—118）を参照。アリックス&ルセルクレ（1926年a、第1巻、p・79—100、p・101—160、p・185—253）はフランス革命から第一次世界大戦までの「四つの国税」の変遷を詳述していて、概説としても秀逸である。税法の比較的古い概論（前出のアリックス&ルセルクレなど。この文献は1914—1917年に導入された新しい直接税にも触れており、おそらく最も有益である）を除くと、「四つの国税」に関する正確な二次的資料はごくわずかしか存在しない。とくに、19世紀フランスの税の歴史を扱った現代の少数の著作は、ほとんど税法の「詳細」にまでは踏み込んでおらず、多くの場合、国のもとに集まった税収の統計を用いて、マクロ経済学的レベルの徴税の構造を分析するにとどまっている（ブーヴィエ［1973年］を参照）。

はない。たとえば20世紀後半のフランスの納税者は、第一次世界大戦前のフランスにおける直接税がどんなものだったかについておおよその見当をつけることができ、さらには、指数を基準にするタイプの税制から必然的に生じる不公平、緊張、あきれるほどの惰性を思い描くことができる。1917年7月31日法は、後述する「分類」所得税の制度を設けることによって、それ以前の制度において「四つの国税」のうち国家の財源になっていた部分だけを撤廃し(1)、県と市町村に回されていた部分は存続させた。したがって「四つの国税」の「市町村税および県税」は、1914—1917年の改革のあとも依然として適用され、1990年代後半においても地方自治体の主要財源をなしている(扉・窓税だけは、1925年7月19日法による撤廃を受けて、地方に配分されていたものも含めて完全に姿を消した)。こうした「古い直接税」は1959年1月7日の行政命令によって改称されたが、計算法の基本は変わっていない。すなわち、従来の地租は「不動産税」となったが、その実質はこれまでどおり、建築物・非建築物、賃貸物件・非賃貸物件を含めて、財産全体の賃貸価額によって各所有者に課せられる税である。賃貸価額の見直しの間隔はかなり長く、1980—1990年代においてもまだ、政府にとって政策上の大きな難問になっている。営業税に代わって導入された「職業税」は、商人・職人・事業者という職種ごとの税率表に基づいて算出されることはなくなったが、相変わらず、それぞれの会社が実際に上げている収益に直接かかるものではなく、課税基礎の「古めかしい」性格のために、20世紀後半のフランス政界から全会一致に近い形で否決される(2)。最後に、個人動産税にかわって導入された「住居税」は、納税者が賃借人であれ所有者であれ、その主要住居の賃貸価額によってひきつづき各人に課せられている。1980—1990年代にかけての歴代政権は一様に、この(賃貸価額の見直しがめったに行なわれないだけでなく、収入との相関が完璧というにはほど遠い)「不公平」な課税基礎を、より直接的に所得に結びついた課税基礎に置き換えると約束しつづけている。

フランス革命によって生み出された「四つの国税」の体系は、その指数的性格だけでなく基本的な性格が、「定率」税ではなくて「配賦」税だった。現代のあらゆる税の方式のように、一定の課税基礎に適用される税率を毎年定める（「定率」と呼ばれる税法）代わりに、国家はさまざまな税からもたらされると見込まれる税収の総額を毎年定め、その総額は、なんらかの方法で定めた金額をもたらすように各県・各市町村の納税者に割り当てられる（「配賦」と呼ばれる税法）。この（「指数」と「配賦」との）二重の性格はとくに、「四つの国税」が課す税額を納税者の所得のパーセンテージによって正確に計算することがきわめてむずかしいことを意味する。一方では、指数税制の性質そのものによって、「四つの国税」の体系においては納税者の包括所得は決して申告されなかった。１９１４年まで施行されていた税法は、建築物財産・非建築物財産の数と賃貸価額、扉と窓の数、営業免許状所持者の数、居住用建物の家賃とその配分に関する統計はとったが、納税者の所得に直接かかわる統計はまったくとっていない。そのため、１９１４年以前における所得の分布の変化を研究することは非常に困難である。[3] 他方では、当時の納税者の所得水準を満足のいく形で推計できたとしても、「四つの国税」の平均的負担が所得水準によってどのように変化していたかを正確に見積もることはきわめてむずかしい。というのも、個人の所得と、税の計算に用いられる指標（扉と窓、不動産、営業税の税率表、家賃）との相関が不完全であり、さらに県によって、あるいは市町村によって、配賦制度の不確実性のために実質的な税率にかなり幅があるからである。

こうした困難にもかかわらず、高所得層にとっての「四つの国税」の負担は比較的軽く、さらにいえばごくわずかだったと確信できる。１９０７年、所得税導入に関する議会討論の一環として、財務省の担当部署が「80市町村以上

（1）１９１７年7月31日法の施行後も、地租だけは国税として適用されつづけた（そのため、１９１７年から１９４８年まで、不動産所得に対する分類所得税は存在しなかった。地租がその代わりとなっていた当時の状況には、地租と分類所得税との連続性が見られる）。１９４８年12月9日の政令によってようやく（国税としての）地租が最終的に廃止される（不動産所得は比例税の課税基礎に統合される）（後出参照）。

（2）職業税は設備の評価額と給与総額をもとに計算されたが、ジョスパン政権は１９９８年に、課税基礎から給与総額を除外すると表明した。

（3）第3部（第7章第2．3節）で、「四つの国税」の賃貸価額の分布に関する統計を使って得られる情報を見る。

の約2万6000人の納税者について」税の監査役にアンケートを行ない、納税者の「現実の」所得に対して「四つの国税」が平均的にどのくらいの負担であるかを概算で推計した。1908年1月20日に下院で財務大臣ジョゼフ・カイヨーが発表した調査結果は多くを物語っている。実質的税率は、年収1250フラン未満では平均1・38パーセント、年収1250―2500フランでは1・49パーセント、年収2500―5000フランでは2・08パーセント、年収5000―1万フランでは2・06パーセント、年収1万―2万フランでは1・94パーセント、年収2万フラン以上では1・62パーセントだった。[1] 20世紀初頭の名目フランに約20を掛ければ1998年フランでの所得が得られること、そして20世紀初頭の1世帯あたりの平均年収がおよそ1400―1500フランだったこと（つまり1998年の2万8000―3万フラン）、[2] さらに私たちの推計によれば、1900―1910年においては年収が2500フラン（1998年の5万フラン）以上あれば高所得世帯の上位10パーセントに入るのに「十分」であり、同様に年収が1万フラン（1998年の20万フラン）以上あれば高所得世帯の上位1パーセントに入るのに「十分」だということに注意を促しておこう。[3] つまりカイヨーが示した数字は、トップ十分位に達するまでは「四つの国税」の非常にわずかな累進性を示し、次いでこの十分位の内部で、とりわけトップ百分位の内部でわずかな逆進性を示している。当時の税の監査役が納税者のサンプルの「現実の」所得を見積もるときに直面したであろう多大な困難を考慮に入れると、こうした数字の正確さはおそらく表向きのものでしかないが、それでもここに示された値には大きな意味がある。とくに「四つの国税」の課す負担が、「平均的」な所得層よりも、低所得層と高所得層にとって相対的にいくらか軽いという事実は、この税法について私たちが知っていることと完璧に一致する。カイヨーが下院で説明したように、そして「四つの国税」が原則として（定率税でない税としては可能なかぎりにおいて）比例税と呼べるものだったとしても、低所得層は現実にはかなりの数の減税措置を享受していた。たとえば、家賃が一定額（20世紀初頭のパリで年500フラン）より低い納税者は個人動産税を支払う義務がなかった。高所得層のほうは、相対的に、家賃（自身が所有者であればその住居の賃貸価額）が自らの所得ほどは上昇しないという現実の恩恵に浴していた[4]。

しかし、所得水準によるわずかな税率の差以上に留意すべき重要なことは、あらゆる場合において実質的な税率がきわめて低いことである。カイヨーが示した推計によると、１９１４年以前のフランスの納税者が「四つの国税」として支払った税の合計は、平均すると所得の２・０―２・１パーセントにとどまる。この数値は、１８９０年に建築物財産を対象とする地租が定率税に改められたとき、税率が３・２パーセントとなった事実とみごとに符合する。１８８７―１８８８年の調査時に記録された家屋・建物全体の賃貸価額に対し一律３・２パーセントの税を課すことで、１８９０年まで施行されていた配賦税で建築物財産を対象とする地租がもたらしていた税収と同じ税収を得ることができたのだ[5]。言い換えれば、所得のすべてが不動産収入であるような納税者の、税務当局にとっては不利な場合にお

（1）この発言の内容はカイヨーの著書に記されている（１９１０年、ｐ・２０８―２０９）。

（2）付録G表G－2の列(6)および(7)を参照。

（3）付録B表B－10およびB－13の列P90とP99を参照。

（4）高所得層に対する実効税率のわずかな逆進性は、カイヨーが数字を挙げた際、厳密な意味での「四つの国税」だけを考慮に入れ、１８７２年に導入された有価証券所得税（後出）を考慮に入れなかったことにも起因する。その点を議会で追及されたとき、カイヨーは、自らの部署が所得区分に応じた有価証券所得税の分布を特定できる状態にないと答えた。たとえばカイヨー（１９１０年、ｐ・２０８―２１１）を参照。しかし、（１８７２―１８９０年の税率が3パーセント、１８９０―１９１４年の税率が4パーセントの）有価証券所得税を考慮に入れると超高所得層に見られたわずかな逆進性が実際になくなるとしても、重要なことは結論そのものに影響ないこと、つまり超高所得層を含む実効税率が、第一次世界大戦前においては現代のきわめて低い水準を常に下まわる（最大でも3―4パーセントにとどまる）ことである。

（5）実際には当時の推計は、かつての配賦税法における建築物財産に対する地租の平均税率がおよそ4パーセントであるというものだ。しかし、建築物財産に対する地租を定率税に変える（１８９０年8月8日法）とき、税率を3・2パーセントとする決定がなされた。すでに建築物に（非建築物財産と違って）扉・窓税が課せられていることから、その「埋め合わせ」を図ったのである（アリックス＆ルセルクレ［１９２６年ａ、第1巻、ｐ・１８５―２０５］を参照）。

いても、その納税者が負担する地祖は所得総額の３・２パーセントを超過することはなかったと考えられる。非建築物財産に対する地祖のほうは、１９１４年３月29日法によって定率税に改められ、税率は４パーセントとされた（１９１４年３月29日法を利用して、建築物財産に適用する税率は３・２パーセントから４パーセントに引き上げられた）。この３―４パーセント規模の最大税率はまさに、当時の数少ない定率税において適用された最も高い税率を示す。しかしながら、所得の大部分がいかなる税の対象にもならなかったという点はいっておかなければならない。「四つの国税」では不動産収入に対してはとりわけ多く課税されており、地祖は、税収全体に占める割合が19世紀を通じて下降したものの、19世紀初頭から１９１４年まで、他のあらゆる直接税よりもはるかに多い額をもたらしつづけた。(1) 税務上の観点からすると、１９１４年をもって終わる時代の本質的特徴は、高額の所得を得る人々が１世紀以上にわたって「静かに富を蓄積する」ことができたところにある。彼らが19世紀初頭から１９１４年まで納めなくてはならなかった直接税は、所得の約３―４パーセントを超えることはなく、事実上取るに足りない水準だった。具体的にいえば、高所得層の手元には、税金を支払ったあとも、19世紀初頭から１９１４年までは納税前の所得の少なくとも96―97パーセント（カイヨーの推計によれば98パーセント以上）が残り、自らの消費、家事使用人への支払い、新しい財産の獲得、有価証券の保有高の拡大、事業における新たな投資に充てることができた。１８１５年から１９１４年は通貨がきわめて安定していた時代だけに、大きな財産を蓄積するにはいっそう理想的な状況だったのである。

１．２　有価証券所得税（１８７２年６月29日法）

しかし、１９１４年７月15日法がそれ以前の税法を断ちきった点をあまりに重視しすぎてはならない。のちに見るように、１９１４年７月15日法が導入した税率は、当時「妥当」な税率と見なされたものの延長線上にあった。１９１５年の所得に適用された所得税の最初の累進税率表では、０・４―２パーセントの間であり、最も高い所得に適用される限界税率は2パーセントだった。限界税率の最高値が、私たちにとって長らくなじみ深いものになっている数十パーセントといった「現代的な」レベルに達するのは、第一次世界大戦以降なのである。したがって1914年7月15日法それ自体は、高所得層による資本の蓄積という観点に立つと、それまでの制度の本質的性格を少しも変えなかった。すなわち、税の徴収は高所得層にとって事実上取るに足りない負担にすぎなかった。1914年7月15日法による断絶の性質は、量的というよりも、（納税者の包括所得に基づく税が初めて創設された点で）思想的・制度的なものだったといえる。制度的刷新が税率レベルの激変の条件を作ったことはたしかだが、のちに見るように、国の財政と世論が4年に及ぶ「世界」大戦によって、高所得層に適用される税率の著しい上昇が戦争のあとですべての人に必要となるような状態に置かれていなかったなら、極端に低い税率がなお長い間適用されつづけた可能性はかなり高い。したがって真の断絶の原因はおそらく、1914年7月15日法それ自体というより、4年にわたる第一次世界大戦がもたらした大きな政治・社会的激変であろう。

この解釈は、1914年7月15日法以前に、同じ性質の他の制度的断絶が税率レベルの量的断絶に至らないながらもすでに生じていた事実によって裏づけられるように思われる。まず触れておきたいのは、「有価証券所得税」を制定した1872年6月29日法である。有価証券所得税はおそらく、「四つの国税」時代の1792年から1914年に導入された最も重要な改革である。第一に有価証券所得税は、その形態からして「現代的な」税だった。それは定率税であり、当初3パーセントと定められ、1890年9月26日法によって4パーセントに引き上げられ、この一定の税率を有価証券の所得全体に課した。有価証券所得税の課税基礎がそもそもの初めからきわめて広い考え方で構想

（1）ブーヴィエ（1973年、p・240）がまとめた税収統計によれば、「四つの国税」の税収総額に占める地租の割合は、19世紀初頭の約70パーセントから第一次世界大戦前の約40—45パーセントに低下した。他方、個人動産税が占める割合は15パーセント弱から約20パーセントに、営業税が占める割合は10パーセント弱から25パーセント以上に上昇した（残りの約5—10パーセントは扉・窓税に相当する）。

されただけに、「四つの国税」の「指標的」論理との断絶はくっきりしていた。つまり有価証券所得税は、株主への配当や債券所有者への利子だけでなく、投資した資本の償還に加えて有価証券の保有者が受け取ることになる「あらゆる種類の収益」に、それらがいかなる法的形態をとろうと（会社があらかじめ設定した積立金の配当、割増金付き社債、会社の解散にともなう株の値上がりなど）[1]、課せられたのである。ただ一つの主要な免除対象は、永久国債、国庫債券、国庫証券、国防債などの保有者に支払われる利子だった。つまりあらゆる「国債」は常に有価証券所得税を免除されることになる（これに対して市町村、県、ＰＴＴ〔フランス郵政省〕、鉄道会社が発行する証券は常に有価証券所得税の課税対象となる）。「外国国債」（フランス以外の国家が発行するもの）と「国内取引のない外国株」（フランスに進出していない外国企業が発行するもの）[2]が、１８７２年法のもとでは有価証券所得税の対象でなかったことにも触れておこう。しかしこれら二つの免除は１９１４年3月29日法によって廃止される。しかもこの法は外国国債と、国内取引のない外国株に適用する税率を5パーセントに定め、他のすべての有価証券に対しては、１８９0年以来の一般的税率である4パーセントを維持した[3]。つまり、１９１４年以後および戦間期を通じてフランス国債だけが有価証券所得税を免除され、預金者は大口か小口かを問わずほどほどの利子と引き換えに、国家にお金を貸すよう促されることになった。最終的に、この重要な例外を除けば、有価証券所得税の課税基礎はおそらく、有価証券の収益に対する税がフランスで得た最も幅広い課税基礎である。とりわけ、有価証券所得税の課税基礎を、20世紀後半の所得税による有価証券収益の処理と比べてみるとそのようにいえる。有価証券所得税の「現代性」は、それが常に源泉徴収されるという方法にも表われている。つまり有価証券所得税は、有価証券を発行する団体（銀行、ジョイント・ストック・カンパニー、保険会社など）が株主に配当金を分配したり、債券および「あらゆる種類の有価証券」の保有者に利子や「あらゆる種類の収益」を分配したりするたびに、そうした分配が正確にどんな法的形態をとろうと、これらの団体によって直接納められるのだ。当時の研究者の一致した意見によれば、この課税方式によって有価証券所得税は優れた徴収成果を上げ、脱税を小規模に抑えることができたという。以上を考えあわせると、有価証券所得税の徴収記録が常に第一級の統計資料をなし、１９１４年以前と戦間期のフランスにおける有価証券収益の総量を見積もるうえで役立つ理由がよくわかる。[4]

この形態上の激変（幅広く定義した課税基礎をもとに、その情報源となる組織から徴収される定率税）にも増して、有価証券所得税が「四つの国税」の制度にもたらした激変は、課税される所得の性質そのものと関係があった。１８７２年以前は、地租を課せられていた土地所有者や営業税を課せられていた「事業主」とは違って、有価証券の保有者（「資本家」）は有価証券を持っているという理由で課税されることはなかった。たしかに有価証券保有者は（他の人々と同じように）扉・窓税と個人動産税を納めていたが、有価証券の収益だけを対象とする税はまったく支払っていなかった。１８７２年の立法府は、有価証券所得税を創設したことによって、ある意味で税制を経済・社会の変化に合うように改正したのである。こうしてようやく、土地、家屋、建物よりも株券と債券によって財をなす新しいタイプの資産家の出現とその著しい台頭が公式に認められるに至った。フランス革命から受け継がれた、直接税の税法のそれまでのおもな標的だった昔ながらの土地所有者と新しい「資本家」との対立と並んで、「資本家」と「事業

(1) 有価証券所得税の課税基礎および１８７２年の法以来の変化の詳細については、アリックス&ルセルクレ（１９２６年a、第1巻、p・２５４—３１８）を参照。

(2) 「国内取引のない外国株」は「国内取引のある外国株」の対極にあるものとして定義された。「国内取引のある外国株」は、フランスに上場株を持ち、社債発行や資産運用をフランスで行なう外国企業によって発行された証券の総称で、１８７２年の税法以降、フランス企業が発行する証券と同じ条件および税率で有価証券所得税を課せられた（フランスに進出していない外国企業からもたらされる動産所得への課税がきわめて困難だったことから、１８７２年の立法府は国内取引のない外国株を無条件で非課税とした）。

(3) 外国国債および国内取引のない外国株に有価証券所得税の通常税率をわずかに上まわる税率を適用するこの習慣はその後も存続し、１９１４年以降、有価証券所得税は比例税の特徴を持ちながら、対象とする有価証券の種類によって税率をいくらか変えるようになる。

(4) たとえばデュジェ・ド・ベルノンヴィルによる推計（付録G表G－14）を参照。源泉徴収される税すべて（賃金を対象とする１９３９—１９４８年の分類所得税、１９９０年代の一般社会税など）と同様、有価証券所得税に基づいて作成された統計は税収全体を扱っているため、個人単位における有価証券収益の分布の研究に役立つものではない。

主」との対立もまた重要性を持つので、しばらく立ち止まって考察する価値がある。

事実、有価証券所得税は創設当時から、「事業主」ではなく「資本家」に課せられる税として登場した。有価証券所得税は有価証券保有者に分配される配当金や利子に課税されるが、いかなる場合にも、個人事業主が得た利益に課税されることはない。物的会社だけが有価証券所得税の納税義務を負い、人的会社は、規模の大きい合名会社になっている場合を含めてこの税の対象とはならなかった。とはいえ、有価証券所得税によって狙われたのが物的会社の利益そのものではなく、物的会社が発行する有価証券の保有者に分配される収益であることに留意しなくてはならない。もし株式会社がすべての利益を貯蓄し、配当金の分配をまったく行なわなければ、株式会社はいくら利益を上げても有価証券所得税を納めなくてよかった。逆に、有価証券の保有者に利子を分配していれば、会社としての利益がゼロでありながら有価証券所得税を納めるという可能性があった[1]。有価証券所得税の対象となる典型的な社会集団は、大きい株式会社の株主と社債の保有者（「資本家」）であって、「事業主」、自らも被雇用者である社長、そして会社そのものではなかったのである。実際には、第2章で見たように、「資本家」、「事業主」、「被雇用者である社長」それぞれの区別は19世紀と同じく20世紀になってからもおそらく明確ではなかった[2]。それでもやはり、有価証券所得税の創設によって１８７２年の立法府が狙いを定めようとした相手が、「企業主」ではなく「何もしなくても豊かになる資本家」であったことに変わりはない。この考え方は有価証券所得税が存続する間ずっと、その精神でありつづけた。たとえば、有限会社という会社形態が誕生した１９２５年以降、その責任者に対する報酬は、合名会社の社員が受け取る利益や株式会社に雇用される社長が得る給料と同様に、有価証券所得税の対象とはならなかった。つまり有限会社の責任者は、「何もしなくても豊かになる資本家」ではなく、合名会社の社員や株式会社に雇用される社長と同じように「企業主」と見なされたのである。

以上のことから、第三共和政は１８７０年代初めから、資本主義世界の最も「企業主的」な部分を守りながら、当時の歴然とした社会的格差の最も象徴的な所得カテゴリーに、比較的容易かつ効果的に課税できる強力な制度的手段を、有価証券所得税によって手に入れたことがわかる。１８７２年から１９１４年の時代の歴代政府にとって、この潜在的手段を再分配と社会正義の真の方法にすることは、そうしようと思えば技術的にかなりたやすかったであろう。有価証券所得税の税率を大幅に上げるだけで、たとえば10パーセントか20パーセントに、あるいはもっと引き上げるだけでよかったはずだ。だが第一次世界大戦前のどの政権も、そのような責任ある行動をとらなかった。歴代の政府は有価証券所得税の税率を、１８７２―１８９０年は３パーセントに、１８９０―１９１４年は４パーセントに維持する政策をとった。言い換えれば有価証券所得税は、ここで私たちが関心を向けている事柄を本質的には何一つ変えなかった。すなわち高所得層に対する課税は、１９１４年まで、少なくとも私たちの「現代的」標準と比べて、高所得層にとって事実上取るに足りない負担だったのである。第一次世界大戦後、１９１４―１９１７年に導入された新しい所得税の重みが、高所得層にとってともかくも有価証券所得税の重みを大きく超えたときにようやく、有価証券所得税の税率は「現代的」な水準に達した。[3] この例は興味深い。というのも、高所得層の１９１４年までの低い税負担が、単なる制度上の問題にとどまらないことを明白に示しているからだ。つまり、第一次世界大戦以前は、「資本家」の所得を含めて、税率が所得のおよそ３―４パーセントの水準を超えるという考えそのものが、ごく単純に「妥当」でないと思われていたのである。

（1）ただ、源泉徴収によって、また（税務当局が保有者の個人的特徴を考慮に入れるためにはこれが不可欠なのだが）個人の納税義務者台帳が発行されていないことによって、有価証券所得税の公平な面がずっと保たれてきたことを指摘しておきたい。たとえば、ある債券が４２５フランで発行され、５００フランで償還された場合、それに対する有価証券所得税は、証券取引所で買い手が４８０フランで購入したとしても、75フランの所得として計算される。同じように、会社の解散にともなって値上がりした株は、株主が株をより高い価格で買った場合を含めて、その株の発行相場との差額に基づいて課税される。

（2）第２章、第１．１．２節および第１．２．２節を参照。

（3）有価証券所得税の税率の変化については付録C第１節を参照。

1.3　累進相続税（1901年2月25日法）

1872年法による有価証券所得税の創設に加えて、1914年以前のフランス税法に導入されたもう一つの大きな思想的・制度的激変は、1901年2月25日法による相続資産への累進課税の導入である。相続税は1901年まで、完全な比例税だった。どの相続にも、金額にかかわらず、つまり相続額が1フランから始まってどんなに高額になっても、課せられる税率は同じだった。適用される税率は親等によって変化したが（兄弟姉妹やいとこなど傍系の相続人および親族以外の相続人に対しては、子や孫など直系の相続人よりも常に少し高い税率が適用された）、相続資産の額によって変わることは決してなかった。この比例税は、アンシャン・レジーム期にすでに存在していた多種多様な相続税に代わって、1799年に（革命暦7年フリメール22日法によって）制定され、それ以来ずっと適用されつづけた。1799―1901年までに「革命暦7年法」に対してなされた唯一の重要な改革は1850年5月18日法だった。これはフランス公債を相続税の対象外とする規定（3分の2破産政策で失われた国家の信用を回復するため1799年に定められた免除）に終止符を打つとともに、以後は動産に不動産と同じ税率を課すことを決めた法である（革命暦7年法のもとでは、動産に対する税率はいくらか低かった）。これは、1872年の有価証券所得税創設と同じく、いわば動産の帯びる重要性が公式に認められたことを意味する。(1)

しかし、比例税という神聖不可侵の原則が否定されるのは1901年になってからである。1901年に導入された累進相続税は、フランスに創設された最初の重要な累進税で、その後1914年に累進所得税が導入される。したがって、フランスが「現代的な」税による再分配の時代に入ったのは1914年ではなく1901年だと考えられる。所得税の場合と同じように、累進相続税の採決は議会で長期にわたる騒然たる議論を引き起こし、元老院はその可決を遅らせた（相続税を比例税とする原則は1895年11月22日に下院で可決されていた）。1901年2月25日法は所得に対する累進課税方式導入への道を開いただけでなく、それ以前の「税哲学」に対する抜本的見直しにもなっていた。1901年まで、人々は相続税のことを、財産および不動産登記証書の安全を国家に保障してもらう一種の代償であるというフィクションを抱きつづけ、そうした保障の価値と費用は多かれ少なかれ当該財産の価値におおよそ比例すると考え、各世代が遺産を相続するときにただ一度だけ納めればよいものと見なしていた。ところが1901年の法律で決定的に、高額の相続に高い税率を課すことによって、（たとえわずかではあっても）遺産の譲渡による格差を是正する役割をも果たす税制への方向転換がなされたのである。相続税の納税は、財産の安全を確保するためにそれを国家に記録してもらう手段にすぎず、相続した富を再分配する方法ではないという伝統的な考え方は、相続税が公式の税務用語において、1799年法から現在まで常に「登録税」という広いカテゴリーに属してきた事実に表われている。相続税はさらに特定すれば「移転税」、つまり「贈与によってなされる移転」（補償金をともなわない移転）、とりわけ「死亡による移転」（すなわち相続）、そして個別的な課税方式によれば「有償による移転」、すなわち代金と引き換えでなされる不動産登記証書（あるいはその他の不動産登記証書）の移転に課せられる税のカテゴリーに属してきたのだ。1901年2月25日法は研究者にとっても一つの革命である。この日付を出発点として、税務当局は相続をその総額に応じて分類し、それに対応する統計表を発表するようになる。それらの表によって私たちは、20世紀を通じてなされた大規模相続の水準の変化を研究することができるだろう（第6章を参照）。

しかしながら、累進相続税の導入が第一次世界大戦前の富裕な納税者に対する実効税率に及ぼした影響について、幻想を抱いてはならない。有価証券所得税の場合と同じように、まぎれもなく「現代的な」この制度的革新の現実の射程は、適用税率が低かったためにかなり限られたものになった。実際、1901年2月25日法が定めた税率はきわめてささやかだった。親と子、祖父母と孫といった直系の親族においては、相続額が100万フラン以上の相続人に

（1）1799年法から1901年法までの相続税法の変遷の総括的研究は、ドマール（1973年、p・1—40）およびボードラン（1929年）を参照。

譲渡される相続割合に課せられる最も高い限界税率は、わずか2・5パーセントだった。言い換えれば、1901年2月25日法のもとでは、資本家や裕福な不動産所有者は何が起ころうと自分の財産のほとんどすべてを子供に譲渡できると確信することができた。つまり財産の規模にかかわらず、子供は父親の死後、累進相続税を納めたあとで、父親が築いた（あるいは父親自身が相続した）財産の額の少なくとも97・5パーセントを常に手にすることになる。1901年2月25日法は19世紀を通じて支配的だった資本蓄積体制の本質的性格をまったく変えなかったのだ。すなわち、国家が各世代に行なう税の徴収は、それぞれの家系が財産を築き上げ譲り渡すうえで、事実上取るに足りない負担でしかなかった。「父親のあとを継ぐ息子」が現実には家族の同じ財産の保有という「聖なる義務」を果たすだけであり、その保有には本来いかなる課税もなされるべきではないと考える傾向のある当時の裕福な納税者の目に、このような税の徴収が不当なものと映ったことは疑いの余地がない。[1] 事実、2・5パーセントというこの最高限界税率は、低い値であっても、それ以前に適用されていた税率に比べると著しい上昇だった。というのも革命暦7年法のもとでは、直系の相続に課せられる（比例による）税率は1パーセントでしかなかったからだ。[2] 当時の研究者たちによると、累進相続税に反対する感情、そして租税圧力を過剰と受け止める感情はかなり強かったため、相続税の脱税額は1901年法の可決直後から著しく上昇したという。しかし100年後の現在から見ると、また少数の資産家による資本蓄積プロセスと何世代にもわたる相続資産の格差の伝達プロセスに対する相続税の具体的・経済的な結果を「客観的」な視点から眺めると、1世代につき一度徴収されるこの税が、ほとんど副次的な効果しか上げなかったことを認めるほかはない。さらに、「四つの国税」および有価証券所得税の税法の枠内において、相続資産から生じる所得の年間の流れが年3─4パーセント程度しか削られなかったことを考えあわせると、第一次世界大戦前に施行されていた税制が、累進相続税の導入後を含め、「静かなる蓄積」にとってどれほど好都合な制度だったかが理解できる。

1901年2月25日法によって定められた税率が、1901年から1914年にかけてきわめてささやかにしか引き上げられなかったことはとりわけ興味深い。最初の引き上げは１９０２年に（新しい税率区分が設けられ、最高限界税率は２・５パーセントから５パーセントになる）、二回めの引き上げは１９１０年に行なわれた（最高限界税率は５パーセントから６・５パーセントになる）。二回めの引き上げは同年に制定された「労働者・農民年金」の資金調達への寄与をうたってなされたが、重要なのは、直系の相続に対する最高限界税率が明らかに大きく上昇し、にわかに「現代的な」[3]レベルへ到達するのが第一次世界大戦後だということである。１９０１年から１９１４年にわたる累進相続税のこのような変化は、１８７２年から１９１４年までの有価証券所得税の変化よりさらに意味深い。１９１４年以前の課税のつつましさが、累進性の問題を超えた実情であったことを示しているからだ。有価証券所得税という比例税の税率の低さは少額預金者に重い負担を課すことへの危惧によって説明できるが、累進相続税の最高税率がとうてい高いとはいえないレベルに抑えられつづけたことは、当時広まっていた「妥当」な税率の観念が、高額の財産にも適用されていたことを示している（ひと握りの相続だけが毎年５パーセントと６・５パーセントの高い限界税率を課せられていたが、この税率は当該財産のごく一部に適用されるだけだった）[4]。こうした「妥当」な税率の観念に支配されていた点では所得税支持派も同じで、彼らは１９０７―１９０８年の議会における討論で、累進所得税の最高税率がすぐに天文学的なレベルに達すると考えた反対陣営に対して、累進相続税の税率が１９０１年以降ほと

（１）相続税の累進課税方式に反対する19世紀の議員たちによる多くの委員会の一つが１８７２年に述べた言葉を、ドマール（１９７３年、ｐ・20）が引用している。「息子が父親の遺産を相続するときに生じるのは、厳密な意味での財産の譲渡ではない。民法典の著者によれば、それは用益権の継続にすぎない。絶対的な意味でとらえるなら、この見解は直系血族に対する相続税をいっさい認めないことになろう。少なくともこの見解は、法の整備に最大限の節度を求めている」。

（２）革命暦7年法において、直系血族にかかる税率は不動産に対して１パーセント、動産に対して０・２５パーセントにすぎなかった（動産に対する税率が不動産と同じになるのは１８５０年法からである）。

（３）累進相続税の税率表の変化については付録Ｊ第３節を参照。

（４）付録Ｊ第3．2節を参照。

んど変わっていないことを強調したのだった。[1]

2　1914年から1917年にかけて創設された所得税法の全体的構成

1914年7月15日法は税法制定をめぐる長い歩みの成果である。すでに1848年には所得税の最初の計画が討議されたが、この計画は第二帝政の間ずっと棚上げされ、第三共和政が成立してようやく、1872年の有価証券所得税創設によって税制改革のテーマが政治の表舞台に戻ったのである。とはいえ第三共和政の初期には、所得税支持派は「革命的」課税計画の主張よりも新しい体制の地盤固めに忙しかった。1890年代後半に入り、急進社会党の勢力が増してきたときにようやく、所得税の問題が議会の変わらぬ関心事となり、選挙戦における主要な政治的焦点となった。1914年7月15日法につながるこの議会の成熟過程はすでに幅広く研究されてきたので、1914年までに相次いで生まれた数多くの計画や委員会、そして議会の紆余曲折の長い経過をここで振り返ることはしないでおこう。[2]

一つ指摘しておきたいのは、所得税が大筋において、左派と右派のどちらかといえば「古典的」な対立の対象となったことである。所得税の計画を温めてきたのは政治の場で左派にあたる議員グループと政党であり、右派にあたる議員グループと政党は計画に反対だった。前者が再分配と社会正義に不可欠の手段として所得税を見ていたのに対し、後者はこの計画を「危険な冒険」と形容し、うまくいっても、「富裕層から税金を」取りさえすれば庶民の境遇がよくなるという幻想を広めるだけであり、下手をすると、おのずからそうした改善へと導く「自然の力」をひどく妨げるおそれがあると考えた。政治体制の問題や教会の地位の問題（それらは当時の政治生活に依然として強く作用していた）と比較したとき、所得税の問題ははるかに新しいものだったので、一人一人の政治的立場はより複雑になることが多かった。右派[3]においては、所得税反対論者の中に、フランス革命から受け継がれた「四つの国税」に愛着を持ち、経済的リベラリズムと、個人の財政に対する国家の不介入とを熱心に擁護する「中道派」および「中道右派」がいたが、同時に、王党派の議員グループや、新たに共和政を支持しはじめた議員グループもいた。王党派と新たな共和政支持派は所得税の計画をアンシャン・レジームさながらの執拗な徴税方法をよみがえらせるものとして事あるごとに嘲弄してはいたが、現実には経済的リベラリズムと「野放し」の資本主義をはるかに警戒していた。彼らは所得税を、議会の半円形会議場で左側に席を占める多くの共和主義者ほど否定的に見てはいなかったのだ[4]。左派の状況はそれほど単純ではなかった。急進社会党の右寄りの議員たちは経済問題において「中道」および「中道右派」の共和主義者ときわめて近い立場だったが、全体として所得税のおもな推進役はやはり急進社会党である。それほどまでにこの改革は「私有財産を尊重する社会改革」という彼らの政治的計画に合致していたのだ。逆に、「富裕層から税金

(1) とくに１９０８年1月20日の審議。カイヨーはそこで次のように明言している。「現在の法制に6年前から累進的性格の税がありながら、その税率が変わっていない以上、累進課税が必然的結果として近いうちに税率の引き上げをもたらすなどといわないでいただきたい」(この発言はカイヨーの著書〔１９１０年、ｐ・１１５〕に記されている)。

(2) 概論第２.２.１節に挙げた出典を参照。

(3) 本書では「右派」および「左派」という用語を可能なかぎり描写的に使おうと思う。つまり、さまざまな時代に議会の半円形空間の右半分と左半分を占める政党および議員グループを指すために使うのである。この説明は、共和主義体制に反対する動きに密接に結びついていた「右派」という用語が、20世紀初頭から戦間期にかけて、議会内の右側に座る議員グループによって自分たちを指すために使われることがほとんどなかっただけに、ぜひとも必要である。「右派」という言葉をまだ使っていた、王党派を自任する少数の議員たちは、第一次世界大戦前に議会からほとんど姿を消し、１９４０年までには(左から右の順に)「急進的左派」、「共和・民主的左派」、「左寄りの共和主義者」などの議員グループが登場した。その名称とは裏腹に、これらのグループはみな、急進社会党の右側に位置を占めた(共産党と社会党の右側だったことはいうまでもない)。

(4) ゴゲル(１９４６年、ｐ・40)は正統王朝派について次のように書いている。「正統王朝派のうちにはカースト的自尊心があったかもしれないが、階級的エゴイズムは決してなかった。所得税が議会で提案され、フランス革命の税法の原理に反するというティエール〔１７９７—１８７７年。第二帝政崩壊後、国防政府の代表としてパリ・コミューンを打倒。第三共和政初代大統領となる〕の主張によって否決されたとき、議員たちは正統王朝派の味方として所得税に反対したわけではなかった」。

を取る」という考えを最も受け入れやすいはずの社会主義者は、しばしば懐疑的な意見を口にした。所得税が所得のある程度の再分配を促すのはたしかだが、この計画は資本主義の格差の基盤そのもの（資本の個人的所有）に立ち向かうわけではないし、社会革命へと、そして生産手段の共有へと歩んでいる労働者の活力を失わせるおそれがあるからだ。社会主義者の（１９２０年の分裂以降は共産主義者も含めた）所得税に対するこのどっちつかずの態度は20世紀を通じて繰り返し見られる。こうした要因が税法の変化に本質的にかかわったこと、また一般法としての税制に給与を組み入れるうえでブレーキとなったことが、考察を進めるにつれて明らかになるだろう。

また次の事実も指摘しておこう。カルメット事件[1]に代表される数々の紆余曲折ののち、１９１４年から１９１７年にかけて採択された制度の土台となったのは、カイヨーの第二次の計画（１９０７年）だった。このことは、若手の財務監督官として１８９７年に『フランスの税』という概論を著わし、１８９９―１９００年および１９０７―１９０８年に急進的な財務大臣であったジョゼフ・カイヨーの名前が所得税の創始者としてしばしば口にされる理由である。もっとも、計画がついに採択されたとき、彼自身はもう大臣の職を去っていたのだが。１９０７年にカイヨーが提示した計画では、「四つの国税」を無条件に廃止し、それを所得のカテゴリー（「所得種別」）ごとに別々に課税する一連の分類所得税と、納税者全体の所得（さまざまなカテゴリーのすべての所得の総額）に課せられる累進税である「総合所得税」の二税からなる制度に置き換えることが提案されていた。カイヨー案の一般原則は、所得の各カテゴリーがまずそれに対応する分類所得税を課税され、次いで包括所得が十分に高い少数の納税者が分類所得税とは別に総合所得税を課せられるというものだ。その際、用いられる累進税率は、納税者の包括所得の増加関数でなければならなかった。この二段構えの税法を構成する二つの要素は、それぞれ明確に異なる役割を演じる。分類所得税は所得にほぼ比例する税率表にしたがって、国民の大部分に課せられるものとされ、その基本的な使命は、それまで「四つの国税」が供給していた税収の代わりに、（納税者の実際の税負担能力に見合っている点で）この旧税よりも「公正」なやり方で国庫に税収をもたらすことだった。一方総合所得税のほうは、少数の裕福な納税者だけを対象に、かなり累進的な税率表にしたがって課税するために構想され、所得の大幅な再分配を役割としていた。

議会での2年近い討論を経て、カイヨーの二段構えの税法は1909年3月9日に下院で最終的に採択された。しかし、累進相続税に反対したように累進所得税にも反対の立場をとる元老院は法案の採択を拒み、この新法の適用を阻止した。第一次世界大戦が起こらなかったら元老院によるこの抵抗がどのくらい続いたかはわからないが、1913―1914年に生じた国際情勢の緊張と、三年法〔1913年、ドイツとの戦争に備えるためフランスが兵役期間を2年から3年に延長することを決めた法律〕がもたらした新たな財政的負担および「国防の必要性」が、おそらくは1914年5月の選挙における急進社会党と社会党の好結果にも増して、決定的な状況打開を促した。元老院は当初、1914年3月29日法の採択によって難なく窮地を脱することができると考えた。この法案はカイヨー案のうち、資本所得に対する分類所得税の条項のいくつかを取り入れたものだった。(2) だが結局、追いつめられた元老院は、ジョレス〔ジャン・ジョレス。フランスの政治家・社会主義者。反戦平和運動に挺身、国粋主義者に暗殺される〕の暗殺と宣戦布告がなされるわずか2週間前の1914年7月15日に採択された法案の中に、カイヨー案の総合所得税にかかわる条項を加えた。概して1914年7月15日法は、カイヨーが1907年に提案し1909年に下院で採択された総合所得税のおおよその形をふたたび取り上げたものだった。第一次世界大戦前の当時における1世帯あたりの平均年収は約1400―15

---

(1) ジョゼフ・カイヨーに対するジャーナリズムの非難攻勢のあと、1914年3月16日にカイヨーの妻によって殺された『フィガロ』紙の社長の名をとったもの。そうした攻勢の極端な一例に、最初の計画が挫折した1901年にジョゼフ・カイヨーが当時の愛人にあてた「きみのジョ」という署名がある手紙の、1914年3月13日付の『フィガロ』紙への掲載がある。カイヨーはそこで、自分が「支持を装いつつ所得税をつぶした」と書いている（この手紙で彼は、所得税の支持派たちが、この危険な新税の案を政界での出世に利用する日和見主義者にすぎないと言いたかったのだと思われる）。

(2) 1914年3月29日法は非建築物財産に対する地租を定率税に変え、二つの地租の税率をともに4パーセントとし、外国国債および国内取引のない外国株を有価証券所得税の課税基礎に加えた（前出参照）。

00フランだったが、[1]その3倍を上まわる5000フラン以上の包括所得がある納税者だけが総合所得税の課税対象とされ、所得の申告を義務づけられた。というのも、1914年に元老院によって復活したカイヨーの第二次計画の核心は、総合所得税が、申告の前年に各世帯の家族全員が実際に得た所得全体の、課税対象となる納税者一人一人による毎年の申告に基づく、包括所得に対する真の税として構想されたことにある。これは、累進所得税として、所得の申告をいっさい求めず、納税者の主要住宅の家賃（または賃貸価額）をもとに計算した見積もり額だけに基づく、まったく指数課税しか設けていなかった1898年のペトラルの計画とも、カイヨーが1900年に提案した計画とも対照的である。[2] 1914年7月15日法は総合所得税の適用開始を1915年1月1日と定め、最初に課税対象となる納税者に1914年の所得の申告書類を1915年初めに提出させようとした。しかし戦争による通常業務の乱れも重なり、税務当局の準備が間に合わないという理由で、総合所得税の発効は1914年12月26日法によって1916年1月1日に延期された。この発効日はそれ以上延期されなかったため、フランスで累進所得税の最初の納税者となった人々が1915年の所得申告書類を提出したのは1916年の初めということになる。こうして1916年から、包括所得が十分に高い納税者は毎年の早い時期（一般的に3月）に前年の所得を申告することになったが、これは法的義務として現在まで中断なしに適用されている。このように1915年の所得は累進所得税の名目で申告され課税された、フランスで最初の所得となった。そしてまた、所得申告書類の徹底調査によって税務当局が作成した毎年の統計を私たちが目にすることができるのも、1915年の所得からである。本書ではその統計を主要な情報源として活用している。

1914年7月15日法によって設けられた「納税者」という概念は、20世紀後半においてなお適用されている「課税世帯」という概念にきわめて近い。とりわけ、各「世帯主」は自分の所得だけでなく、妻をはじめ、生活をともにする人物全員の所得を申告する義務がある。世帯主はまた、同居人を「扶養家族」（未成年の子供や、数少ない例としては身体の不自由な両親）[3]として申告することができた。逆に、結婚していない男女はそれぞれ別の所得申告書類を提出しなければならなかった（同棲者である男女は常に二つの課税世帯を構成すると見なされた）。世帯主と同じ住居で暮らす兄弟姉妹、親戚、そしてもちろん血のつながりのない人物も同様である。[4] つまり累進所得税は、それが創設されたときから個人でも一組の男女でもなく世帯に、すなわち正式の夫婦と彼らが扶養する子供に課せられる税として構想され、フランスでは20世紀を通じてそのように適用されてきたのである。

１９０９年に下院で採択された総合所得税の根幹は変わらなかったとしても、元老院はいくつかの点でカイヨーの計画を緩和した。まず元老院は１９１４年７月15日法の中に、一方では家族扶養分に対する課税所得の一括控除、他方では扶養する人数に応じてパーセンテージで税を軽減する措置からなる、納税者の家族状況に配慮した二重の条項を取り入れた。事実、カイヨーが初めに主張した計画では、家族状況による納税者の区別はまったくなされていなかった。すべての納税者は、独身であろうとたくさんの家族を抱えていようと、年収が一般限度額の５０００フランを上まわれば総合所得税を納めなければならず、５０００フラン以上の所得に対する累進率は誰にとっても一律だった。

（1）付録G表G－2の列(6)を参照。

（2）それに対し、ドゥメール案（１８９６年）は納税者の毎年の所得申告に基づいた本当の包括所得税だった。だからこそドゥメールは、財務省の担当者に指示して、所得分布の推計を行なわせたのである。カイヨーはこの推計を借用した（付録I第2・1節を参照）。

（3）「家長」という概念は１９８２年12月29日法によって使用が中止され、この日以降、所得申告と課税通知は男女別の敬称を区別せずに作成される。しかし、この用語変更にともなって同一の課税世帯への統合規定が見直されることはなかった。

（4）じつは１９１４年７月15日法の第８条は、申告に加えることのできる「家族構成員」の概念についてあいまいだった。「家長は、彼個人の所得に応じて、また妻の所得、および同居する他の家族構成員の所得に応じて課税される。しかし次の場合、納税者は別扱いの課税を要求できる。1．夫婦財産別産制の妻が夫と同居していない場合。2．子供たち、または配偶者以外の家族が、自分の労働から、または家長の資産とは無関係の資産から所得を得ている場合」。だが現実には、「扶養家族」と見なされ、それによって「課税所得からの扶養分の控除」の対象となるのは、妻、未成年または身体の不自由な子供、身体が不自由であるかまたは70歳以上の尊属（子供たちだけに扶養されている寡婦の場合は60歳以上）に限られていた（後出参照）。累進課税のため、納税者は扶養家族の対象とならない家族の所得を自分の申告に組み入れても得にならなかった。

子供のいない裕福な納税者だったジョゼフ・カイヨーは、所得税の「家族的」な面に関心を払わなかったことで、当時のさまざまな家族擁護団体や人口増加論者の団体の激しい憎悪を買うことになった。[1] 人口増加論者の主張をカイヨーよりも気にする元老院は、正式な夫婦に２０００フラン、扶養する5人めまでの子供１人あたりに１０００フラン、６人め以降の子供１人あたりに１５００フラン相当の一括控除を導入することを決めた。[2] この控除によって、カイヨーが定めた課税閾値は著しく上がった。つまり、扶養する子供のいない独身者の課税閾値はカイヨーの計画どおり年収５０００フランだが、子供のいない夫婦では７０００フラン、子供１人の夫婦では８０００フラン、子供２人の夫婦では９０００フランに上がったわけである。最初の適用の際には総合所得税の対象となる納税者が26万人あまり（当時のおよそ１５２０万世帯の１・７パーセント）[3] にとどまったのは、（いくらかの見込み違いと戦争による所得の低下以上に）この一括控除が原因である。カイヨーは、フランスにおける年収５０００フラン以上の世帯を50万と見積もり（つまり１５２０万世帯の約３・３パーセント）[4]、したがって総合所得税の初適用の際に対象となる納税者をおよそ50万人と見込んでいたのだが、この数字は１９０７―１９０８年の議会で多くの議員が取り上げ、一つの象徴となっていた。１９１４年7月15日法はまた、パーセンテージによる軽減措置を導入した。税率表に基づいて計算される税は（扶養家族のいる者に対する課税所得の一括控除を考慮に入れたあとで）、扶養家族１人の納税者で５パーセント、扶養家族２人の納税者で10パーセント、扶養家族３人の納税者で20パーセント減額され、以後扶養家族６人まで、１人あたり10パーセント減額された（軽減率の上限は50パーセントとされたので、扶養家族が７人を超えてもそれ以上は減額されなかった）。[5] この措置は課税閾値のさらなる引き上げにはつながらなかった（この軽減を考慮に入れる前の段階で課税されることが確実な納税者は、考慮後もやはり課税される）が、課税対象の家族が実際に納める税額は、この措置によって大幅に下がった。１９１４年に元老院が定めた、家族状況を配慮するこの二重の措置は、１９１５年から１９３３年までの所得への税として、総合所得税を計算するときに適用された。次いで、パーセンテージによる軽減措置は１９３４年に廃止され、１９３４―１９４４年の所得に対する総合所得税の計算には、家族扶養分に対する課税所得の一括控除だけが引きつづき適用されたが、それものちに廃止されて家族係数による措置に置き換えられた。

　こうした家族優遇措置に加えて、元老院はカイヨーが定めた税率表を大幅に緩和し、とくに、超高所得層に対する5パーセントの限界税率を、1914年7月15日法で2パーセントに引き下げた（表4－1を参照）。この引き下げの「公式」説明は、いまや総合所得税が、その創設と引き換えに他の税を廃止できるわけではなく、すでに存在するすべての税と同じく「戦争税」になっている、というものだった。事実、1914年7月15日法は総合所得税を創設しただけで「四つの国税」の制度はいささかも変えず、「四つの国税」は1917年まで何事もなく適用されつづけた。つまり、1907年にカイヨーが示し、1909年に下院が承認した案の「分類所得税」の部分が最終的に採択されるのは、総合所得税の可決から3年もたってからだった。こうして1917年7月31日法は、少なくとも国の税収となる部分について「四つの国税」を廃止し、分類所得税を導入する。分類所得税は第一次世界大戦さなかの1917年の所得税の計算から適用が始まる。[6] 1914年3月29日法によって改正されたばかりの旧地祖は存続して不動

（1）20世紀初頭の家族擁護団体による税制上の要求については、タルミィ（1962年）を参照。カイヨーの資産についてはアラン（1978－1981年、第1巻、第3章）を参照。
（2）付録C表C－1を参照。
（3）付録A表A－2の列(1)(2)(3)を参照。20世紀初頭に財務省が行なった所得分布の推計については、付録I第2.1節の表I－3を参照。
（4）0.5／15.2＝0.033
（5）付録C表C－2を参照。
（6）第一次世界大戦中の「神聖連合」が1917年7月31日法を採択した政治的経緯は、1914年7月15日法を採択した経緯ほどには研究されていない。スレ＝ドゥ＝ロッシュ（1999年、p・176）によれば、戦争に気をとられていた世論とメディアは1917年7月31日法の採決にあまり関心がなかったらしく、この法はほとんど世間に知られないまま通過したという。

産所得に対する分類所得税の代わりとなり、やはり1914年3月29日法によって改正された有価証券所得税も存続して有価証券収益に対する分類所得税の代わりとなったので、1917年7月31日法が実際に創設したのは次の四つの分類所得税だった。一方に、賃金労働者の労働所得に適用される「公務員の俸給、給与、年金、終身年金に対する税」、簡潔にいえば「給与税」があり、他方に、賃金の支払いを受けない労働者のさまざまな所得に適用される「商工業収益税」、「農業収益税」、「非商業収益税」があった。(1) 納税者が受け取る可能性のあるさまざまな所得全体を「カバーする」ために、カイヨーの第二次の計画と1914―1917年の改革が創設したこれらの所得カテゴリーは、20世紀後半の税法においてもなお用いられている。とりわけ非商業収益は、「残余」という定義を用いて1914―1917年に規定されたが、この定義は現在もなお有効である。その大部分を占めてきた自由業（医師、弁護士、公証人など）の収益に加えて、非商業収益は当初から、ほかのカテゴリーに属するとは明示されていないすべての収益、および、発明家、芸術家、作家といった、職業活動が（商工業収益に分類されるような）「商工業」とも呼べず、（農業収益に分類されるような）「農業」とも呼べない少数の非賃金労働者の収益を包含してきた。付け加えておけば、1917年7月31日法は「債権、預金、保証金による所得に対する税」の導入を決定したが、それは動産資本から得られる所得に対する分類所得税として有価証券所得税を補うものだった。この追加の背景には、1872年制定の有価証券所得税が狭義の有価証券（株や債券など）による収益しか対象としないため、この新税によって、たとえば普通預金や当座預金の利用者に銀行が支払う利子、個人間の債権の利子など、それまで一度も課税されたことのない広義の有価証券収益すべてに課税しようという考え方があった。実際には、こうして課税された動産資本所得の総量が有価証券所得税の対象となる所得の規模に達することはなく、したがって「債権、預金、保証金による所得に対する税」の重要性はどちらかというと目立たないものにとどまってきた。しかし、有価証券所得税を補う税の導入が望まれたという事実は、1914年から1917年にかけて整備された税制に徴税を徹底させる精神があったことを示している。そこで目指されていたのは、（少なくとも理論的に）いかなるカテゴリーの所得も新しい税制から漏れないようにすることだった。

　少数の納税者に対するきわめて累進的な税として総合所得税が構想され、より多くの人に対するほぼ比例的な税として分類所得税が構想されたという事実に加えて、１９１４―１９１７年に創設された税制を形づくる二つの税のもう一つの重要な違いは、それぞれの課税単位にあった。総合所得税の徴収が常に世帯単位で行なわれたのに対して、分類所得税はすべて、厳密に個人に課せられた。たとえば給与に対する分類所得税は、1世帯の賃金労働者一人一人を課税対象として計算された。夫と妻の給与や、同世帯の他の成員によるあらゆる給与が合計されるのは（そのようにして得られる当該世帯の包括所得が、総合所得税の対象となるほど高かったとすれば）、総合所得税が課税される段階になってからである。同様に、医師の夫と小売店主の妻からなる夫婦は、夫の所得として非商業収益を、妻の所得として商工業収益にかかる分類所得税をそれぞれ納め、その後総合所得税が課せられる段階で、夫の非商業収益と妻の商工業収益、そしてその他の二人の所得すべてが合計され、世帯あたりの包括所得が示される。

　ここで指摘しておくが、総合所得税の対象となる包括所得がさまざまな分類所得税の対象となるすべての所得の総和であるという原則には、いくつかの例外があった。最も重要なのは、公債（国債、国庫証券など）の利子にかかわる例外である。こうした利子は有価証券所得税の対象外で、当然のことながら（本来の意味での有価証券から生じる利子なので）債権、預金、保証金による所得に対する税の範囲にも入らないのだが、カイヨーは、これを課税世帯が総合所得税の名目で申告すべき所得リストに組み込むよう下院を説得し、１９１４年の元老院もこの条項を追認した。さらに１９１４年7月15日法には、戦間期に大きな重要性を持つことになる条項がもう一つあった。すなわち納税者は、あらゆる分類所得を合計したあとで、ある年の総合所得税課税所得から、前年の所得の名目で納めた「直接税」の総額を差し引くことができた。かつて「直接税」といえば「四つの国税」しかなく、その税率が納税者の包括所得

（1）これらの分類所得税は、のちに見るように、人的会社の利益だけでなく物的会社の利益にも適用されていた。

のわずか2―3パーセントだった時代には、この条項はあまり現実的な重要性を持たなかった。しかし総合所得税が高い水準にまで達すると、課税所得から前年の「直接税」の総額を、とりわけ前年の所得の名目で支払われた総合所得税を差し引くというこの権利は、まったく別の意味を帯びることになった。[1]

何よりもまず高所得層および大資産の蓄積に対する税の影響力という視点から税制に関心を寄せる本書の研究において、私たちは分類所得税の税率表と税率よりも、総合所得税の税率表と税率に目を向けていく。そして、（とくに明記しないかぎり）「所得税」を参照するときは、多くの場合、総合所得税を対象とすることになるだろう。事実、高所得層、とくに超高所得層にとって、総合所得税の負担はすぐに、（総合所得税の高い税率に比べて[2]）どちらかというと税率が低いままの分類所得税とは比較にならないほど大きいものになる。しかも分類所得税は1948年から1959年にかけての改革で最終的に廃止されるというはかない運命をたどり、結果として1914年7月15日法によって採用された総合所得税が、その改革を経て、20世紀末に至ってなお適用される「唯一の」所得税となった。付け加えておけば、所得格差とその推移についての認識の分析という観点に立つと、分類所得税は性質上、個人レベルで測られた種類別の所得しか対象としないうえ、これまでずっと所得に対してほぼ同じ税率で課税されてきたので、歴代政府が課税すべき、あるいは免除すべきと判断した所得水準についてはきわめて間接的な情報しか与えてくれない。それでも、1914―1917年に導入された制度の複合的な性質を心にとどめておくのは有益である。なぜならこの分類所得税は、社会的・政治的にきわめて強い緊張を引き起こすことになる、賃金所得と非賃金所得との間のかなり不平等な扱いの原因だからである。のちに見るように、1948年から1959年までに分類所得税が廃止されたにもかかわらず、この不平等な扱いの痕跡は20世紀末の所得税法にも残っているだけに、20世紀において賃金労働者と非賃金労働者の対立がどのように認識されてきたかについて知る手がかりになると私たちは考えた。戦間期の税制が、所得申告の調査に基づく統計だけでなく、前章で用いた、給与に課せられる分類所得税に基づく統計をはじめ、分類所得税として課税されるカテゴリー別所得の分配にかかわる統計をも私たちに与えてくれるのは、1914

──1917年に導入された制度の複合的性質があってこそである。(3)

3　1915年から1944年──めまぐるしく変化する所得税

3．1　第一次世界大戦の時代──「限界税率」の税率表と「平均税率」の税率表

1914年7月15日法がもたらした激変が量的というよりもはるかに制度的・思想的なものだったことはすでに指摘したとおりである。総合所得税が初めて適用されたとき、最も高い所得に課せられた限界税率は2パーセントにすぎなかった。つまりこの新しい税法によって高所得層が被った負担は、かつての「四つの国税」と同じくらいわずかだった。しかしこの税率表は1915年の所得に対する課税のときにしか適用されず、第一次世界大戦中に政権を担当した「神聖連合」と呼ばれる政府が、二度にわたって税率を引き上げた（表4－1を参照）。

最初の税率引き上げは1916年12月30日法によって行なわれ、この法は1916年の所得に対する新しい税率表を定めていた。具体的には、基礎控除が3000フランに下げられ、高所得層を想定した税率区分が追加され、（年収15万フラン以上の）超高所得層に対する限界税率は10パーセントに達した。次いで二度めの引き上げとなる1918年6月29日法が最高税率を20パーセントに引き上げた。しかも、1917─1918年の所得に適用される予定のこの新しい税率表には、（1915─1916年の所得への課税で用いられた）「限界税率」による税率表ではなく、

(1) 納税者にはほかにも、たとえば借金の利子や会計赤字のような出費を課税所得から差し引く権利があった。しかしこうした控除は、とくに超高所得層の前年納付の税額の控除が占める大きさに比べれば影響が少なかった。
(2) 分類所得税の税率の変化については、付録C第1節を参照。
(3) 税務当局が作成した分類所得税の統計表の簡潔な記述については、付録A第4節を参照。

「平均税率」による税率表であるという特色があった。両者の相違はいくぶん専門的な印象を与えるが、平均税率はフランスの所得税の歴史、とりわけ人民戦線が実施した税制改革において重要な役割を演じたので、ここで詳しく説明しておきたい（この問題にあまり魅力を感じない読者はすぐ次の節に移ってくださってかまわない）。

「限界税率」によって定められる税率表は、１９４２年の所得に対する課税以来、中断なしに適用されてきた。とくに１９９０年代に適用されるが、限界税率のほうがよく知られているのはそのためである。理論上、「限界税率」は税率区分に含まれる納税者の所得の一部のみに適用される。たとえば１９１５年の所得に対する課税では、扶養する子供のいない独身の（したがって５０００フランの基礎控除だけを享受する）、課税所得９０００フランの納税者は、５０００フラン以下の所得部分に対する限界税率０パーセント、５０００—１万フランの所得部分、すなわち４０００フラン（９０００フラン—５０００フラン＝４０００フラン）に対する限界税率０・４

表 4-1：1915-1918 年の所得課税における総合所得税の税率表

1915		1916		1917-1918	
0-5,000	0.0%	0-3,000	0%	0-3,000	0.0%
5,000-10,000	0.4%	3,000-8,000	1%	3,000-8,000	1.5%
10,000-15,000	0.8%	8,000-12,000	2%	8,000-153,000	1.5%-16%
15,000-20,000	1.2%	12,000-16,000	3%	153,000-553,000	16%-20%
20,000-25,000	1.6%	16,000-20,000	4%	553,000-	20%
25,000-	2.0%	20,000-40,000	5%		
		40,000-60,000	6%		
		60,000-80,000	7%		
		80,000-100,000	8%		
		100,000-150,000	9%		
		150,000-	10%		

解説(i) 1915年と1916年の所得には限界税率による税率表が適用された。1915年の所得の場合、5000-1万フランの課税所得には0.4パーセントの限界税率、1万-1万5000フランの課税所得には0.8パーセントの限界税率が適用され、1916年の所得の場合、3000-8000フランの課税所得には1パーセントの限界税率が適用された。

(ii) 1917年と1918年の所得には平均税率による税率表が適用された。3000-8000フランの課税所得に対しては1.5パーセントである平均税率は、8000-15万3000フランの課税所得に対しては1.5パーセントに始まり、所得が100フラン高くなるごとに0.01パーセントずつ上がりながら16パーセントに至る。15万3000-55万3000フランの課税所得に対しては16パーセントに始まり、所得が1000フラン高くなるごとに0.01パーセントずつ上がりながら20パーセントに至る（平均税率は3000フランの基礎控除を行なう前の課税所得に適用された）。

パーセントを課せられるので、納める税額は4000フランの0・4パーセント、つまり16フランということになる。9000フランの所得に占める割合で表わすと、この納税者にかかる税率はおよそ0・18パーセントでしかない(16／9000＝0.18％)。このとき、この納税者の「実質的平均税率」、より簡潔に「平均税率」は0・18パーセントである、という言い方をする(税額は所得の0・18パーセントとなる)。それでも、「限界税率」が0・4パーセント(所得が0・4パーセントの税率区分に位置するので、所得の「限界」増加分の0・4パーセントを追加の税として納めることになる)であることに変わりはない。この納税者の平均税率は、仮に1914年7月15日法で定められた一括控除と家族扶養分の減税にあずかっていれば、さらに低くなる。[1] 1915年の所得に対する、この納税者にかかる税の場合、「平均税率」と「限界税率」がともにきわめて低いので、両者の間に大きな違いはない。しかしこれら二つの税率の区別は、所得が高額になって限界税率が高い水準に達するとにわかに重要性を帯びる。たとえば、20世紀末に適用される所得税税率表の最高限界税率(「上位の」限界税率と表現する)は54パーセントに達するが、もちろんこの税率区分に入る納税者が納めることになる所得税が課税所得の54パーセントというわけではない。54パーセントの税率がかかるのは所得の一部だけであって、平均税率はたいていの場合15—20パーセントの範囲に収まる。平均税率が54パーセントという限界レベルに近づくのは、所得が無限に高い場合だけである(それでも決して限界レ

(1) たとえば、子供を1人養っていて、課税所得が9000フランの正式な夫婦には(夫婦対象の控除2000フランに扶養控除1000フランが加わって)3000フランの控除が認められ、それを差し引いた所得は6000フランとなる。この6000フランのうち、まず5000フランに0パーセントの限界税率が適用され、1000フランだけに0・4パーセントの限界税率がかかる。したがって(1000フランの0・4パーセントなので)税額は4フランとなる。次に、この納税者には子供が1人いる夫婦のための5パーセントの軽減措置が認められるため、(4フランの5パーセントなので)20サンチームが差し引かれ、税額は4フランから3・80フランに変わる。最終的な平均税率はおよそ0・04パーセントとなるが(3.80／9000＝0.04％)、この納税者の限界税率はあくまでも0・4パーセントである。1915—1944年の課税(それ以降は家族係数の制度が導入される)における控除の水準および家族扶養分を対象とする税の軽減率の変化については、付録C表C-1およびC-2を参照。

ベルに達することはない)。次章では、高所得層の各分位に課せられる実質的平均税率の推移をたどるときに、この現象の影響を詳しく分析していく。いまのところは、実質的に納税者にかかる平均税率が、「限界税率」による税率表に見られる「公式」の限界税率よりも著しく低いという事実を念頭に置いておけばよい。

「限界税率によって」定められた税率表とは対照的に、「平均税率によって」定められた税率表は、課税所得の一部ではなく全部に直接適用される税率を決定する。たとえば、1917年または1918年の課税所得が3000―8000フランの納税者にかかった税は、所得の1・5パーセントだったと考えられる。[1] 省略なしに列挙すれば、8000―55万3000フランの所得にかかる平均税率は1・5パーセントから20パーセントへとしだいに上がっていくが、その際、8000―15万3000フランまでは100フラン増すごとに0・01パーセント、15万3000―55万3000フランまでは1000フラン増すごとに0・01パーセント上昇する(表4-1を参照)。そして、所得が55万3000フランを超える納税者は、所得の20パーセントにあたる税を納める。フランスでは1917―1918年と1936―1941年の所得税の計算にしか用いられなかったこの「平均税率」による税率表の長所は、税負担を負わせようとする所得層に「標的を定める」ことがより確実にできる点にある。平均税率による税率表を使えば、「標的とする」それぞれの層に課したい平均税率を一つ一つ決めるだけでいい(1917―1918年を例にとると、3000―8000フランの所得層には1・5パーセント、およそ15万3000フランの所得層には16パーセント、およそ55万3000フランの所得層には20パーセント)。そのあとで、中間に位置する所得層に適用される平均税率のグラフをもとに選ばれたそれぞれの平均税率を「つなぎ合わせる」ことは常に可能である。[2] 「限界税率」による税率表には、このような操作をする余地はない。たとえば、低所得層に対する税率を下げようとすると、高所得層に対する税率も下げなければならない。なぜなら、高所得層の所得の初めの部分は、低所得層に割り当てられた税率区分に重なるからだ。したがって唯一の解決策は税率表そのものを修正することだが、それは政治的観点からすると常に実現がむずかしい。「平均税率」による税率表を採用し、課税方法の自由をよりどころとした人民戦線は税制改革を実施したが、それに反対した人々はこの点で誤っていたわけではなく、彼らは、「限界税率」による税率表の放棄によって、人心に媚びる政策や税率決定の過度の「簡便さ」が生じることを強い態度で糾弾したのである。国民の視点からすると、「平均税率」による税率表には、各人が公的負担をどのくらい課せられるかが明瞭にわかるという利点がある。つまり、納税者は自分の所得に応じてどの程度の税を納めるべきか、税率表を見るだけで知ることができる。それに対して「限界税率」による税率表では、算出のしかたがより複雑なためにいろいろな誤解が生じ、多くの識者や納税者に、高所得層に実際に適用される税率をかなり過大評価させてしまうことがある。

国民にわかりやすいという透明性と引き換えに「犠牲」になったのは、「平均税率」による税率表に限界税率が明示されないことである。このタイプの税率表における限界税率は、所得との関連でかなり混乱した推移をたどることがある。たとえば、1917―1918年の所得への課税（表4－1を参照）では、55万3000フラン以上の所得に対する限界税率は（税率表で定められた平均税率の上昇が止まるので）20パーセントだが、55万3000フランよりわずかに低い所得に対しては25パーセント以上になる。つまり、平均税率は55万2000フランにおける19・99パーセントから55万3000フランにおける20パーセントに移るので、所得が55万2000―55万3000フランの納税者に対する非表示の潜在的限界税率は25・52パーセントとなる。[3] 言い換えると、「平均税率」による税率

（1）実際には、平均税率は3000フランの基礎控除（および家族扶養分を対象とする一括控除）を行なう前の所得に適用される（表4－1を参照）。1918年6月29日法は基礎控除（および納税者の条件に応じた種々の控除）を行なう前の所得区分の形で税率表を作成している。つまり0―5000、5000―15万、15万―55万そして55万以上の所得区分である。しかし表4－1では、他の年の税率表と比較できるようにするため、表示を修正した。

（2）望ましい方法として、途切れなく（つまり限界税率が100パーセント以上になる所得範囲を設けずに）つなぎ合わせるためには、対象とする各グループに適用する平均税率を、税引き後の所得が常に税引き前の所得の増加関数となるような水準にするだけでよい。

（3）所得が1000フラン上がると、税額は255・2フラン上昇する（20％×553000－19.99％×552000＝255.2）。つまり限界税率は25・52パーセントとなる。

表は、選ばれた複数の税率区分の間で平均税率を十分に早く上げるために、二つの税率区分の境界線上に位置する所得層に、二つのうちの上位の区分に入る所得層より高い非表示の潜在的限界税率を課すことがしばしばある。これは限界税率が、所得が多くなれば常にそれだけ高くなり、「限界税率」による税率表が実際に一貫してそれを用いるのとは対照的である。平均税率のこのような混乱したメカニズムは、人民戦線が制定し、１９３６―１９４１年の所得に対する課税に適用された「平均税率」表にも見られる。そこでは、１３３万フラン以上の所得にかかる平均税率は40パーセントだが、それよりもわずかに少ない所得にかかる非表示の限界税率は53パーセントを超える。[1]限界税率が混乱した推移をたどるという特徴が「平均税率」表にあることは、しかし、それ自体で際立った問題となるわけではない。なぜなら累進税の原則は、平均税率が所得の増加関数となることであって、限界税率が所得の増加関数になることではないからだ。どのみち第二次世界大戦後の歴代政府も、所得に応じて限界税率が増すことを示す必要が生じたときに、「限界税率」表に基づく税制においてはきわめて限られた裁量の幅を広げるために、公式の税率表と並行して、新たな制度を何度も作り出すほかはなかった。「控除」がその一例で、これは課税閾値に隣接する所得にかかる税を減額するものだが、閾値より少し多い所得に対しては過度の減額をしないよう考慮されている。「平均税率」表と同じように、この制度はどうしても、控除の対象となる所得に対して、それより少し多い所得に対するよりはるかに高い限界税率を課す結果となる。事実、「平均税率」による税率表に難点を指摘できるとすれば、税率表における限界税率が所得に応じてしばしば混乱した推移をたどることではなく、それが暗黙のうちにしか決定されないということである。平均税率の数々の利点を考慮に入れると、このちょっとした不都合だけで「平均税率」による税率表が現在すっかり打ち棄てられていることが果たして適切かどうか、問い直したい気持ちになる。

いずれにせよ、１９１８年6月29日法で実現した「平均税率」による税率表の採用が、第一次世界大戦の間、税率表に表われた税率の表面的な研究から推測されるよりも、超高所得層にはるかに大きい租税圧力をかけるという結果をもたらしたことはたしかである。超高所得層に適用される限界税率は、１９１５年には2パーセント、１９１６年には10パーセントを超えることはなかったが、1917―1918年には約15万3000フランの所得に16パーセント、55万3000フラン以上の所得には20パーセントの平均税率がかけられる（表4－1を参照）。（1917年の所得に初めて適用された）分類所得税による新たな負担をこれに加えるなら、第一次世界大戦前に「妥当」と見なされていた税率の水準をすでに大きく超えていたことがわかる。

3．2　所得税の第二の誕生（1920年6月25日法）

しかし、税率のこの著しい引き上げを除くと、第一次世界大戦後の平和な時期に総合所得税がどうなっていったのかはあまりわからなかった。戦争中に政権を担った「神聖連合」政府によって実施された税率引き上げは、戦争の影響による例外的な財政負担のためと見なされ、当時の納税者は、戦争が終わりさえすれば戦争前の常識だった「妥当」な税率も復活するだろうとずっと期待していた。しかし現実に起きたのは正反対のことだった。1920年6月25日法は、1919年の課税から適用される、そして1936年まで施行される税率表の土台となる（「限界税率」による）新しい税率表を制定し、高所得層に対する最高限界税率を50パーセントという「前代未聞」のレベルに引き上げた（後出の表4－2を参照）。この50パーセントという税率の導入が富裕層に与えた衝撃の大きさはたやすく想像できる。第一次世界大戦前、累進所得税について議論が行なわれていたころには、議題とされる最高税率が5パーセントを超えることは決してなかった。高所得層に適用される最高限界税率はドゥメール案（1896年）では5パーセント、カイヨーの第一次案（1900年）では4パーセント、カイヨーの第二次案（1907年）でふたたび4

（1）第3．3節および後出の表4－3を参照。1936―1941年の所得課税では、平均税率は132万9000フランに対する39・99パーセントから133万フランに対する40パーセントに移る。つまり132万9000フランから133万フランの所得層に課せられる潜在的限界税率は53・29パーセントとなる（40％×1330000－39.99％×1329000＝532.9）。

パーセントであり、1914年7月15日に元老院が採用した案においては結局2パーセントに引き下げられた。何が起ころうと税引き前の収入の95パーセント以上を常に納税者の手元に残す税法と、少なくとも理論上、所得の半分を、さらに分類所得税を考慮すれば半分以上を納税者から取り上げようとする税法との間に、いったいどんな共通点があるのだろうか。たしかに第一次世界大戦前、所得税の誹謗者は、この「おぞましい制度」がひとたび導入されれば、あらゆる行きすぎにつながると力説していた。しかしカイヨーは彼らに対し、1901年の導入以来ほとんど税率が変わっていない累進相続税を引き合いに出して答えた。たしかに1914年には、総合所得税の税率がこれほど早く、ここまで高い水準に達するとは誰も予想していなかっただろう。所得税が所得の半分（またはそれ以上）にまで増大しうるという考えは現在ではすでになじみ深いものだが、1920年代初めにはまだ真新しい考えだった。したがって1920年6月25日法は、のちに適用される税率が、政治状況や議会多数派の意向によってかなり変わりつつも、常に「現代的な」水準を維持し、もはや第一次世界大戦前に「妥当」と見なされた水準には戻らないだけに、「所得税の第二の誕生」と呼ぶにふさわしいのである。

1920年6月25日法がもたらした断絶は、この法が「国民ブロック」といわれる多数派、つまり第一次世界大戦前は最も激しく所得税の導入に反対していた議員が多くを占める多数派によって採択されただけに、いっそう注目に値する。事実、1919年11月に行なわれた戦後初の国政選挙は、明らかに右派が多数派を占める「制服議会」〔直訳すると「青灰色議会」。当選した議員の多くが第一次世界大戦に従軍した元兵士だったため、フランス陸軍の制服の色をとってこう呼ばれた〕を誕生させ、戦前に所得税導入案を主張した急進社会党と社会党は、1914年5月の選挙で生まれた議会と比べて議席を何十も減らした。このように議会勢力の重心が完全に右派に移ったことは、もちろん、戦争直後の惨憺たる財政事情によって説明がつく。戦争中に国は巨額の負債を重ねており、「ドイツが払ってくれる」という決まり文句が繰り返されたあと、まもなく誰もが、戦勝の喜びの中で戦争被害の補償金について1919年に可決された気前のいい法案と復員兵に約束された恩給とによって膨れ上がった財政負担、負債の清算と復興のための負担をまかなうために、新たな税収を見いだすことが不可欠だと気づいた。食料・物資の欠乏と紙幣の大量発行によって、戦前には想像できなかったほどインフレが進み、労働者の賃金が１９１４年の購買力を依然として回復できず、１９１９年5月―6月に、続いて１９２０年の春に、相次ぐストライキが全国を麻痺状態の手前に追い込んだ状況の中、国民は政治的な色分けなどあまり意味をなさないと感じはじめる。それよりも新しい税収を確保しなければならず、高所得層をそっとしておくことは考えにくかった。しかし、総合所得税の税率のこの引き上げによって戦争の負債が清算され、均衡ある予算が回復できたわけではない。高所得層に対する実質的平均税率の推移をたどる次章で私たちは、国民ブロックが定めた新しい限界税率がどんなに高くても、税収が象徴的な意味以上の額に達するには、対象となる納税者の数があまりに少なすぎるという事実を目にするだろう。予算と通貨の安定が、総合所得税以外の複数の税を用いて１９２６年にようやく実現するのはそのためである。しかしここで留意しておきたいのは、通常なら左派のものであるこの種の象徴的行動の選択を、右派が行なったことだ。国民ブロック政府は、高所得層への課税強化だけでは財政危機を解決できないと知っていながらも、高所得層に大きな負担を求める義務があると考えた。運命のいたずらというべきか、１９２０年6月25日法を可決させた国民ブロックの財務大臣は、左派が折に触れて「27の取締役会に名を連ねる男」(1)と呼び、イデオロギーとして所得税にも50パーセントの限界税率にも共感を抱きそうにない、銀行家出身のフランソワ＝マルサルだった。右派がこれほど異例の政治的立場に身を置くことができたという事実は、戦争の影響による例外的な財政状況と、１９１４年以前の「妥当」とされた税率を最終的に放棄させる政治状況を示している。完全に納得のいく形でこの問題に決着をつけることは不可能だとしても（仮に戦争の脅威がなかったら、元老院は総合所得税を採択しなかったかもしれない）、戦争の激しさと時間的長さが国とその財政をこれほどまでに惨憺たる（そして戦前には予測できなかった）状態に陥らせていなかったら、総合所得税は、最初に可決されてからなお

(1)　たとえばボンヌフー（１９５６―１９６７年、第3巻、p・１０１および第4巻、p・15）を参照。

長い期間にわたって、１８７２―１９１４年に施行された有価証券所得税や１９０１―１９１４年に施行された累進相続税と同じく、１９１４年の「妥当」な税率のまま適用されつづけたことだろう。

総合所得税の税率表における最高税率の劇的上昇のほかにも、１９２０年6月25日法には、１９１４―１９１７年に施行された所得税法の姿を実質的に修正する条項が含まれている。まず、総合所得税の税率と比べれば比較的ささやかな水準にとどまるとはいえ、あらゆる分類所得税の税率が総合所得税と同様に引き上げられた（分類所得税の新しい税率は賃金労働者に対しては6パーセント、商工業収益に対しては8パーセントを最高としていた）[1]。ここから見てとれるのは、１９１４―１９１７年に導入された税制を支えるこれら二つの税に、はっきりと異なる二つの役割が与えられていることである。つまり総合所得税にはきわめて高い水準に達する税率を高所得層に課す役割があり、分類所得税にはずっと抑えた税率を国民のより広い層に課す役割があるのだ。次に、１９２０年6月25日法は、子供のいない独身の納税者および結婚2年後の時点で子供のいない夫婦の納税者を対象とする加算税のしくみを、総合所得税の計算に取り入れた。そこに示された規定はかなり厳密である。扶養する子供のいないすべての独身者と、離婚していて扶養する子供のいない者には、加算税がかかる前の税額の25パーセントに相当する加算税を納めることが、また、結婚してから2年後の時点で子供のいないすべての夫婦には、加算税がかかる前の税額の10パーセントに相当する加算税を納めることが義務づけられた。当時の法解釈によれば、この加算税は「聖職者、および病気で独身生活を余儀なくされている者」にも適用され、免除されるケースとしては（結婚して早く子供を持つほかに）、課税される年の1月1日時点で30歳未満である場合、あるいは過去にもうけた子供がいま成年に達しているか、あるいは他界している場合であった。実際には、１９２０年6月26日法は他界した子供の問題についていくらかあいまいな点を残しており、１９２５年7月13日法に至って最終的に、子供が成年に達している既婚納税者と同様、子供が他界している既婚納税者も、加算税の対象外となった[2]。このような問題の解決が何年も先送りされたのは、この加算税の構想と適用がそれだけ厳密になされたことを示している。

１９２０年６月25日法の他の条項と同様に、この加算税は１９１９年の所得課税から適用されたので、十分に所得の高い、子供のいない独身納税者に課せられる総合所得税の最高限界税率は、１９１９年の課税では50パーセントではなく６２・５パーセントとなった。[3]１９３４年には強化され、１９３６年にはわずかに緩和されたが、それらを除けばこの加算税は１９１９年の所得課税から１９３８年の所得課税まで最初の形のまま適用され、第二次世界大戦中に「家族補償税」に改められる。そしてのちに見るように、第二次世界大戦後、家族係数の割り当て数を決める規則の中にその痕跡をうかがうことができる。当時は、１９１４年７月15日法が講じた納税者の家族状況を考慮する措置（課税所得の一括控除および家族扶養分の比例的減税）を補うこの加算税の実施によって、国民ブロックは、国の人口増加に貢献していない人々に対しては国民の税負担をいっそう多く担ってもらう、と強調できるようになった。[4]このことは、税の計算における納税者の家族状況への配慮という問題が、所得税の歴史全体を通じてその大筋において左派と右派の対決の焦点となってきたかぎりにおいて、国民ブロックが決定した増税に「右派」の政治色を与えるものである。つまり右派は、大人数の家族や正式の夫婦が納める税額が、子供のいない者や結婚していない男女よりも明らかに少なくなるように努め、左派は、高所得層に不当な特典を与えるとともに一種の「公序良俗」への回帰を強

（1）付録C第1節の表C‐6およびC‐8を参照。
（2）アリックス&ルセルクレ（１９２６年a、第2巻、p・２２７―２２９）を参照。
（3）62.5＝50×1.25
（4）１９２０年６月25日法には、扶養家族を持つ世帯向けの税軽減の上限設定も盛り込まれていた。（金額の上限設定がなかった）１９１５―１９１８年の課税においてこの軽減が総合所得税の額の50パーセントに達する場合があったのに対し、１９１９年の課税からは、このように享受される総合所得税の減額幅は納税者1人につき２０００フラン以内となる（この軽減率と減額の上限の変化については付録C表C‐２を参照）。１９２０年６月25日法の立案中に、子供のいない納税者に対する増税を同時に提案しないかぎり、このような措置の採択はきわめて困難だと判明した。この出来事は、国民ブロックの政策が主として新しい税収を見いだす必要によって決定され、イデオロギー上の本来の傾向が果たす役割は付随的なものでしかないことを物語る。

表 4-2：1919-1935 年の所得課税に適用された総合所得税の税率表

所得区分	
0-6,000	0/25
6,000-20,000	1/25
20,000-30,000	2/25
30,000-40,000	3/25
40,000-50,000	4/25
50,000-60,000	5/25
60,000-70,000	6/25
70,000-80,000	7/25
80,000-90,000	8/25
90,000-100,000	9/25
100,000-125,000	10/25
125,000-150,000	11/25
150,000-175,000	12/25
175,000-200,000	13/25
200,000-225,000	14/25
225,000-250,000	15/25
250,000-275,000	16/25
275,000-300,000	17/25
300,000-325,000	18/25
325,000-350,000	19/25
350,000-375,000	20/25
375,000-400,000	21/25
400,000-450,000	22/25
450,000-500,000	23/25
500,000-550,000	24/25
550,000-	25/25

税率	
1919	50 %
1920	50 %
1921	50 %
1922	50 %
1923	60 %
1924	72 %
1925	60 %
1926	30 %
1927	30 %
1928	33.33 %
1929	33.33 %
1930	33.33 %
1931	33.33 %
1932	36.67 %
1933	36.67 %
1934	24 %
1935	24 %

解説：1919-1935年の所得には均一の限界税率による税率表が適用された。6000-2万フランの所得部分は該当額の25分の1、2万-3万フランの所得部分は該当額の25分の2、55万フラン以上の所得部分は該当額の25分の25というように課税のもととなる額を取り出し、その数字に、1919-1922年には50パーセント、1923年には60パーセントの税率をかけていく（この税率には、表4-6に示した1923-1925年および1932-1933年の課税で採用された増税分が含まれている）（6000フランの基礎控除の見直しを付録C表C-1に示した）。

いる遠回しの方法がそうした試みに潜んでいるとして糾弾してきたのである。

３・３　偉大な策が支えた安定期（１９２０—１９３６年）

フランスは１９２０年から１９３６年にかけて、所得税の歴史におけるかなり変わった時代を迎える。一方で、この時代は超高所得層に対する税率がきわめて大きく、またきわめて速く変化した。その変化の幅は、（税率を引き上げるにせよ引き下げるにせよ）常に直接の影響を考慮して慎重に改革を進める、第二次世界大戦以後の「平穏」な所得税に慣れている者にとって、すぐには思い描けないほど大きい。しかし他方で、この時代のあらゆる改革は１９２０年６月25日法が定めた枠組みの中でなされている。この法が導入した税率表の基本構成は、人民戦線が１９３６年12月31日法を施行するまで、中断なしに適用されることになる。ある意味では、１９２０年から１９３６年まではさまざまな政府が共通のルール、すなわち１９２０年６月25日法が定めた一般的枠組みを受け入れた時代として、しかし各々の政府が自らの性格にしたがって、とりわけ国の財政状況の不安定な進展にしたがって、その枠組みの中でできるだけ裁量の幅を広げた時代としてとらえることができる。

事実、１９２０年６月25日法には、税率区分の基本構成と、適用する税率水準とを別々に定めるという特徴があった（表４－２を参照）。１９１９年の所得課税から１９３５年の所得課税までずっと、この税率区分の方式が適用されつづける。その原則は、０—６０００フランの所得には25分の０、６０００—２万フランの所得には25分の１、２万—４万フランの所得には25分の２を乗数としてかけていき、55万フラン以上の所得には25分の25をかけ（つまり所得額そのままの数値となる）、そのようにして得られた数値に（当初50パーセントとされた）「率」を適用するというものだ。この方式は理論上、１９４５年以降用いられているような「古典的」な限界税率による税率表に完全に対応する。古典的な税率表では、０—６０００フランの税率区分に対しては限界税率０パーセント、６０００—２万フランの税率区分に対しては2パーセント、2万―4万フランの税率区分に対しては4パーセントとなり、55万フラン以上の税率区分に対する限界税率は50パーセントとなる。しかし政治的観点から見ると、両者の根本的な違いは、将来政権を担う政府があらかじめ決められたこの枠組みを守ろうとしたときから、通常は「平均税率」による税率表の場合よりも「限界税率」による税率表の場合にいっそう小さくなる裁量の幅が、この枠組みによって仮借なしに狭まることにある。累進課税ではあるが、適用する税率が一つしかなく、（上げるにせよ下げるにせよ）租税圧力を修正しようとする政府はこの一律税率を変えるほかはなく、そうなると最低所得から最高所得まで、あらゆる所得層にとってまさしく同じ割合で租税圧力を変えることになる。実際には、人民戦線以前のどの政府も、国民ブロックから受け継いだこの「束縛」を再検討しなかった。１９１９年の所得課税から１９３５年の所得課税まで、税率区分にもたらされた修正といえば、基礎控除の拡大に関することだけだった。[1]

逆に、表４－２の年ごとの税率表が示すように、１９２０―１９３６年の歴代政府は１９２０年6月25日法が残した唯一の裁量の幅を最大限に活用せずにはいられなかった。つまり、最高所得に対する限界税率でもある、最初に50パーセントと定められた一律税率である。この数字は初めの4年間は変更されず、１９１９年の所得課税から１９２２年の所得課税まで、税率は50パーセントのままだった。やがて１９２４年3月22日法が「重付加税」の実施を決める。重付加税はこの税がかかる前の税額の20パーセントに相当する、国民全体に対する増税で、すべての納税者に課せられ、総合所得税にも分類所得税にも上乗せされる。総合所得税の「公式」税率は依然として50パーセントだが、１９２３年の所得課税では実質的な税率が60パーセントに上昇した。[2] 実際にこの「特別増税」が適用されたのは、１９２３年の課税所得から１９２５年の課税所得までの3年間である。さらに、１９２４年の所得課税では、１９２５年12月4日法によって制定され、この法案を可決させた財務大臣の名前をとって「ルシュール法」と称される、20パーセントの新たな増税が前年導入の重付加税に加わったので、総合所得税の税率は72パーセントに上昇した。[3] １９２０年6月25日法が定めた25パーセントの加算税の適用はこれらの増税と並んで続いたため、この加算税の対象となる独身納税者の場合、最も所得が高い者にかかる限界税率は、１９２３年と１９２５年の所得課税で75パーセント、１９２４年の所得課税では90パーセントに達した。(4) こうして10年足らずの間に、所得税の最高限界税率は（１９１５年の所得課税における）２パーセントから（１９２４年の所得課税における）90パーセントに、つまりあるかなきかの水準から、20世紀フランスの所得税の歴史において到達した最も高い水準に上がったのである。(5)

１９２０年６月25日法の場合と同じように、これらの増税が左派政権ではなく、右派と中道右派の政権によって採用されたことは驚きに値する。重付加税は１９２４年３月に「制服議会」によって採用されたが、その２カ月後には、財政を立て直すことのできない国民ブロックとインフレにたまりかねた有権者が、１９２４年５月の国政選挙で「左翼カルテル」（急進社会党と社会党の連立政権）に過半数の議席を与えることになる。たしかに、「制服議会」の議員たちはすすんで所得税の増税に踏み切ったわけではない。国民ブロックは１９１９―１９２４年の任期中、所得税を廃止して「四つの国税」の指数課税を復活させるという考えを捨てきれない議会多数派の消極的態度と対決しなけ

（１）０―６０００の区分は１９２２‐１９２７年の所得課税では０―７０００となり、１９２８―１９３５年の所得課税では０―１万となった。１９２２‐１９２３年の所得課税では奇妙なことが生じた。基礎控除はたしかに７０００フランだが、課税対象となる納税者（つまりその所得が、扶養控除を行なったあとで７０００フランを超える納税者）が納めるべき税を計算するために、１９２０年６月26日法で定められた０‐６０００および６０００‐２万という区分の適用が継続された。その結果、年収７０００フランにおいてわずかな綻《ほころ》びが生じた（６９９９フランの所得に総合所得税がまったく課税されないのに対し、７０００フランの所得には１０００フランの２パーセント、つまり20フラン相当の総合所得税が課せられるため、６９９９―７０００フランまでの限界税率は１００パーセントを超える）。１９２５年７月13日法によってこの矛盾に終止符が打たれた。１９２４―１９２７年の所得課税では、０―７０００および７０００―２万という区分が使われることになる。

（２）50×1.20＝60

（３）60×1.20＝72

（４）60×1.25＝75、72×1.25＝90。

（５）後出の図４‐１を参照。

ればならなかった。しかし、高所得層にきわめて高い税率を課す税へと総合所得税を変える法案を提出し通過させたのが右派政権であることは事実だ[1]。左翼カルテルは、1924年6月に政権の座に就いたとき、逆説的な立場に置かれた。財政も金融も依然として安定していないのに、総合所得税の税率はすでにそれ以上の引き上げが不可能なほどの水準に達し（高い所得に恵まれたいっそう広い層に負担を求めるよう税率表全体を修正する方法もあったが、左翼カルテルはそうしなかった）、しかも急進社会党と社会党は1924年の選挙戦で「重付加税政策」を声高に糾弾していたのである。実際、1924年6月から1925年4月まで政権を担ったエリオ政権は、総合所得税の税率引き上げはまったく行なわず、国民ブロックから引き継いだ税率表と重付加税を適用しつづけた。左翼カルテルが議会で過半数を占める状況が事実上終わり、右派に率いられた内閣が政権に返り咲く可能性が高まる中、ついにエリオ政権は倒れ、「1925年12月4日法」が採択される[2]。1925年12月4日法によって制定され、最高限界税率を歴史上最大に引き上げたこの20パーセントの増税は、おそらく、所得税という手段を用いてフランス政府ができるだけ速く「国庫に現金を入れる」ために企てた、かつてないほど必死の試みである。大量の国債の償還期限が1925年12月初めに迫り、その支払いに直面した政府は、即座に支払いに充てられる通貨を手に入れる必要があったため、直ちに徴収できる遡及的な増税の実施を決めた。1924年の総合所得税の課税通知はすでに何カ月も前に送付されていたので、政府は1925年12月に、増税の対象となる納税者にあらためて通知を送り、1924年の所得にかかる増額分を1925年12月末までに納めるよう求めた。フランスの所得税の歴史上、1948年1月7日法が厳密な意味における増税ではなく「強制的な公債」というべき特別課税を1946年の所得に課したケースを除けば、これほど迅速に手続きが進められた例はほかには見当たらない。ある年の所得課税に適用される税率表の変更や増税が翌年に議会で採択されることはしばしばあるが、そのような採択はたいていの場合、翌年の春か夏に行なわれる（たとえば1919年の所得課税については1920年6月、1923年の所得課税については1924年4月、1980年の所得課税については1981年8月、という具合に）。このように春から夏にかけてであれば、通常は当該納税者に9

月に送付される課税通知に増税を組み入れることができる。こうした異例の手続きは、当時の政府が例外的な財政状況に直面していたことを示している。[3]

（1）「共和民主同盟」（国民ブロックを構成する政治勢力の中で最も右寄りの議員グループが1919年に名乗った名称）の議員で、1924年3月の重付加税の採決時に財務大臣であったシャルル・ド・ラステリには、高い限界税率に対して、前任者のフランソワ＝マルサルよりも積極的な様子はほとんどなかった。ド・ラステリは1922年から1923年にかけて、危機的な財政状況に対処しようと、与党の多数派に重付加税を認めさせようとしたが失敗に終わっていた。1924年3月にようやくそれを実現したわけである。

（2）戦間期には珍しくないことだが、1925年12月4日法を通過させた臨時政府が「中道右派」なのか「中道左派」なのかを明確にするのはむずかしい。エリオ政権に象徴される左翼カルテルの多数派が、1924―1926年に少しずつ、ポワンカレ率いるユニオン・ナシオナルの多数派に変容していったためである（社会党は一貫して政権参加を拒み、急進社会党は自分たちよりも右寄りの議員グループ出身の閣僚を政府に送り込んだ）。かろうじて指摘できるのは、財務大臣ルイ・ルシュールが（その名称にもかかわらず急進社会党より右寄りの）「急進左派」というグループ出身であること、そして社会党の議員が1925年12月4日法に盛り込まれた増税の採決を拒んだことである（ボンヌフー［1956―1967年、第4巻、p・3―4およびp・103―104］を参照）。

（3）1925年12月4日法についてはアリックス&ルセルクレ（1926年b、p・3―18）を参照。導入された引き上げ率は総合所得税が20パーセント、非商業収益を対象とする分類所得税が25パーセント、商工業収益を対象とする分類所得税、有価証券所得税、地租がそれぞれ50パーセントだった（農業収益を対象とする分類所得税と給与を対象とする分類所得税は引き上げを免除された）。この増税が例を見ないほど遅い時期に行なわれたことは、税務統計においていくらか特殊な扱いを受けている原因でもある。しかしこの統計から、法に定められたように、納税義務者台帳が1925年12月31日までに発行されたことが確認できる（付録A第1．3節を参照）。

1925年から1926年にかけて、高所得層に対するこうした総合所得税の増税をすべて合わせても、財政と金融の安定を回復するには十分でないという共通の認識が生まれはじめる。社会党までもが、所得税の税率引き上げはこれ以上できず、いまや間接税の引き上げを検討しなくてはならないと考えているようだった。[1] これまでの税率の推移を後戻りさせたのは、1924年3月に重付加税が採択されたときにも首相を務め、1926年7月、当時絶望的と考えられていた財政を立て直すためユニオン・ナシオナル内閣の首相となったレイモン・ポワンカレである。彼が1926年8月3日に直ちに通過させた財政法は重付加税を廃止し、総合所得税の税率を50パーセントから30パーセントに引き下げるものだった。1926年の所得課税を皮切りに適用されたこの措置は、フランスの所得税の歴史で最も大幅な税率引き下げである。国民全体に課せられる総合所得税の税率は1925年の所得課税における（重付加税を含めた）60パーセントから、1926年の所得課税における30パーセントへと下がった。しかし1926年8月3日法にはまた、分類所得税と同時に間接税をも対象とする、きわめて重要な一連の増税が盛り込まれていた。それは、総合所得税の引き下げで失った税収よりも、また1920年から実施されてきた増税で得られた税収よりもさらに大きい税収をもたらし、財政再建の力となるはずの増税だった。[2] アルフレッド・ソーヴィが「果実は熟れている、あとは摘むだけだ」と述べているように、ポワンカレの安定化策が成功したのは、1926年に講じた措置に加えて、それまでの政権の行動（あるいは行動の欠如）のおかげだと思われる。税の厳格な徴収が成果を上げ、さらに、第一次世界大戦から1920年代にかけてのインフレとフランの価値下落によって国家の負債の実質的価値が低下したおかげで致命的打撃を免れた。1926年まで政権を担ったどの政府も、増税だけでカバーできない公的支出をまかなうために大量の紙幣を発行したことで、負債の実質額を徐々に下げ、戦争による赤字を清算することができたといえる。[3] そのうえ、ポワンカレ率いる右派政権にとって、フランが戦前の水準には決して戻らないことや、戦争中および1920年代初めに発行された「国防債」をはじめとする各種公債に大量に応募して国家の資金調達を助けた人々に対する「聖なる約束」が実際には守られないであろうことを公式に認めたほうが、政治の舵取りが楽だったのだろう。

（ほとんど）すべての人々が、しばらく前から、公債保有者に金《かね》が戻ることは決してないと気づいていたはずだが、仮に左派政権が、１９２６年まであらゆる立場の政治家の言説にきわめて根強かった、１９１４年以前の金本位制への回帰を再検討しようと試みていたら、おそらく右派は、預金者と資本の敵が進めるその恥ずべき政策を糾弾せずにはいられなかっただろう。そして左派は、そのようなショックに対して覚悟ができていない世論にその政策を課すにあたって大変な苦労をしたことだろう。

この問題が解決すると、所得税をめぐる政治的対立は１９２６―１９３０年代末にかけて、より伝統的な構図を示す。つまり右派は、１９２０―１９２６年に適用された税率が非常識なものであり、ポワンカレが導入した控えめな税率を維持すべきである（政治状況によってはさらに引き下げるべきである）のは明らかなことだと考えた。一方、

（１）１９２６年1月、レオン・ブルムは下院予算委員会で「ブルム案」と呼ばれる動議を可決させた。その中で彼は次のように述べている。「現在の直接税の税率から考えて、財政の健全化はまず、こうした税の課税基礎および徴収の現行方式を改正する形で検討すべきである。その際の条件は、税率の引き上げを行なわないこと、そして税収増加の必要性および一般消費を対象としない間接税の導入の必要性が広く認められることである」（この一節はボンヌフー〔１９５６―１９６７年、第4巻、ｐ・１０９〕に記載されている）。ちなみに、１９２４年に左翼カルテル政権によって大赦を与えられ〔カイヨーは大戦中にドイツと内通した罪に問われ、禁錮3年の刑に服した〕、エリオ政権が倒れたあとパンルヴェ政権の財務大臣になったジョゼフ・カイヨーは、１９２５年10月（次いで１９２６年7月）に「一括税制改正」を提案していた。これは（とくに分類所得税の税率の大幅な引き上げと総合所得税の税率の大幅な引き下げにおいて）ポワンカレが１９２６年8月に実現した税制改正にきわめて近く、ポワンカレの案が時宜を得ていたことを例証している（ポワンカレに功績を奪われる形になったカイヨーは、支援の手を差し伸べなかったことでブルムを非難し、１９３７年のブルム政権の打倒にひと役買った）。

（２）１９２６年8月にポワンカレが決定した一連の増税による税収については、たとえばボンヌフー〔１９５６―１９６７年、第4巻、ｐ・１６８―１７１〕を参照。

（３）アスラン〔１９８４年、第2巻、ｐ・23〕はソーヴィを引用したうえでその主張を支持している。１９１３年から１９２６―１９２７年にかけての貨幣価値の低下で目減りした公債額の推計についてはソーヴィ〔１９６５―１９７５年、第1巻、ｐ・２９１―２９２および１９８４年、第2巻、ｐ・３１０〕を参照）。

社会党、次いで急進社会党は、1926年8月3日法による税率変更を糾弾し、高所得層を対象とする総合所得税の課税額引き上げを訴えた。1928年4月の総選挙では、安定回復の実績を掲げる、ポワンカレを代表とする右派が勝利を収め、引きつづき政権を担当することになったポワンカレは1928年6月25日法を可決させて自らの仕事の仕上げをし、フランの新しい法定相場を決定した。1928年の法の力による安定から1930―1931年の世界恐慌に至る短い期間に政権を担当した右派および中道右派の政府はどちらも、1929―1930年の首相タルデューが同年の年末前に可決した予算および大幅な減税によって「繁栄政策」と呼んだ政策にあえて取り組むことができた。「1928年12月31日の予算案」には、総合所得税の基礎控除の（7000フランから1万フランへの）引き上げと扶養控除が盛り込まれ、次いでタルデューは「1929年12月29日の予算案」に、これらの控除の新たな引き上げと家族扶養分の軽減税率の新たな引き上げ、そしてとくに「小規模な」小売商と事業者を対象とする分類所得税の税率の引き下げを組み入れ、可決させた。(1) 1928年11月、急進社会党がアンジェにおける党大会でさらなる税の公平性を繰り返し要求するとともに、ユニオン・ナシオナル内閣からの離脱を宣言すると、ポワンカレは、それでも基礎控除と各種の控除の引き上げを埋め合わせるため、1928年12月31日法の中に総合所得税の税率のわずかな引き上げを盛り込むことを受け入れなければならなかった。その結果、総合所得税の税率は、1926―1927年の所得課税時の30パーセントから1928―1931年の所得課税時の33・33パーセント（3分の1）に上がった（表4－2を参照）。しかし1920年代末には減税と「繁栄政策」を支持する精神が支配的で、そうした政策の気前のよさは所得税の厳密な枠をはるかに超えていた。下院選挙の数週間前、ポワンカレが1928年4月5日法を可決させたのはこのような状況においてである。それはまた、1924年の選挙の2カ月前に彼が可決した重付加税と際立った対照をなしていた。また、やはりこの状況において、前章で触れた公務員給与の引き上げという重要な法が可決された。1920年代末には、戦争の影響による混乱した時代がまちがいなく終わったという気持ちを誰もが抱いていた。実際1929年には、国内総生産が1913年の水準を30パーセント近く上まわり、(2) 1930年代に向けて、財政再建計画に支配されない政治を落ち着いて検討できるようになっていた。

この楽観的な時代は長くは続かない。１９３０年春に可決された最終的な税の軽減のあと、(3) 世界恐慌がフランスを襲い、１９３０―１９３１年には減税政策に終止符が打たれた。はなはだしく悪化する経済情勢の中、１９３２年５月に下院選挙が行なわれ、当然のことながら政治の天秤は逆に動いて左翼が勝利を収める。そして急進社会党は１９２５―１９２６年に手放さざるをえなかった首相の座を取り戻す。しかし、１９２４―１９２８年の議会と同じように、１９３２年の選挙で実現した左翼が過半数を占める議会は2年しか続かなかった。１９３４年2月6日、反議会主義極右団体が議会から目と鼻の先で起こした激しい暴動の直後、ダラディエが辞任し、この日から右派と中道右派が政権を担うことになる（１９３４年にドゥメルグ、次いで１９３５―１９３６年にフランダンとラヴァル）。右派と中道右派による内閣はユニオン・ナシオナルと呼ばれ、急進社会党の議員も閣僚に加わった。急進社会党と社会党が１９３２―１９３３年の与党時代、財政再建の計画をめぐって、１９２４―１９２５年と同様、なかなか合意にこぎつけることができなかったのはたしかである。両者のおもな争点の一つは、すでに前章で触れた、公務員給与を対象とする「特別課税」および他の「特別税」で、社会党は１９２４年と同じように政府への参加を拒んだうえで、この新たな税を上級公務員の給与に限定しようとした。選挙の直後にエリオは、総合所得税の完全な改正を含む「１９３２年7月15日の予算案」を可決させる。これは、国民ブロックが１９２０年に制定した税率表を廃止して「平均税率」による税率表を採用するもので、１９３６年に人民戦線が採用することになる税率表にきわめて近く、高所得層に対する課税を大胆に強化するはずのものだった。しかしエリオ政権が１９３２年12月に倒れたため、この予算案は

（１）付録C表C−1、表C−2、表C−6、表C−8を参照。
（２）付録G表G−1の列（２）を参照（１９３８年の実質フランで表わすと、国内総生産は１９１３年の３６８４億フランから１９２９年の４７３１億フランに伸び、２８・４パーセントの上昇となった）。
（３）第４.２節および付録C表C−8を参照。

適用されずに終わった。政権を受け継いだダラディエ政権は新たに１９３３年2月28日法を採択して、現行の税法を存続させ、増税適用前の総合所得税の額の10パーセントに相当する特別増税を導入する（下院は当初20パーセントの増税を企てたが、元老院が10パーセントに抑えることに成功した）。この増税は2年間適用される。つまり１９３２年と１９３３年の所得課税では、１９２０年に制定された税率表の税率区分が踏襲されたが、税率は３６・６７パーセントとなった[1]。一般に、１９３０年代の政府が実施した総合所得税の税率引き上げは、１９２０年代前半の引き上げよりもずっとわずかだった。というのも、世界恐慌および企業の収益の激減が高所得の水準の著しい低下をもたらし、したがって高所得層からまとまった額の新たな税収を得られると主張するのは無意味だという考えが広まっていたからである。

１９３４年2月6日以降、ドゥメルグ政権は議会の過半数を占める与党の最も右寄りの議員の心をとらえるような税制改革を実施することができた。１９３４年7月20日の政令《デクレ》で補われ、１９３４年の所得課税からその措置が適用された１９３４年7月6日法は、まず左派政権が実施した10パーセントの特別増税を廃止し、次に総合所得税の最高税率を３３・３３パーセントから24パーセントに引き下げた。この24パーセントという率は、１９１８年の所得課税以来最も低い最高限界税率である（表4－1および4－2を参照）。さらにドゥメルグ内閣は、分類所得税の水準を上げることなしに高所得層に対する総合所得税の額を引き上げることが将来の政府にとって不可能となるよう、そして両方の税率が同じ割合で引き上げられるよう、総合所得税と分類所得税の税率が自動的に連動する制度を定めた[2]。この規定は１９３５年に早くも破られ、１９３６年には人民戦線もこれを守らなかったものの、１９３４年7月の時点では左翼を制約する強い措置の意味合いを持っていた。実際、戦間期を通じて、総合所得税と分類所得税それぞれの負担の問題には強い政治的意味があった。左派は分類所得税の引き下げ、とりわけ給与所得を対象とする分類所得税の引き下げと総合所得税の引き上げのために戦い、それに対して右派は、左派が折に触れて増額を求める公的支出をまかなうのに十分な税収を得るには、国民の大部分に課税することが必要だと答えた。分類所得税と総合所得税の税率を自動的に連動させることによって、ドゥメルグは将来の左派政権の裁量の幅を（左派政権がこの規定を撤廃しないと仮定して）大きく限定しようとした。税率引き下げと課税基礎の拡大に基づくこの論理は、ドゥメルグの改革の土台をなしていた。財政状況が思わしくない中、総合所得税の税率を24パーセントに引き下げた分を埋め合わせるため、１９３４年7月6日法には課税所得全体の拡大を目的とする一連の措置も盛り込まれた。つまり、課税所得からの社会保険料控除に対する限度設定と、公務員の俸給および民間就業者の給与の10パーセントに相当する必要経費の一括控除の実施である。後者は現在も適用されているが、そもそもの構想には、賃金労働者が行なうおそれがあると政府が懸念する必要経費の過度の計上を抑える狙いがあった。[3]とりわけ１９３４年7月6日法は、総合所得税課税世帯が享受していた家族扶養分の減税を廃止した。したがってこの減税の適用は１９３３年の所得課税が最後となる。[4]しかし、総合所得税の納税義務を負う裕福な大家族をことさら苦しめる意図がないことを示すため、ドゥメルグは総合所得税の計算時に考慮される家族扶養分の一括控除の水準を大幅に引き上げ、また１９２０年に国民ブロックが導入し、１９１９年の所得課税から１９３３年の所得課税まで変わることなく適用されてきた、子供のいない納税者に

（1）33.33×1.10＝36.67

（2）正確にいえば、分類所得税の一般税率は12パーセント、つまり総合所得税に適用される24パーセントの税率の半分に定められ、将来にわたって総合所得税の税率の半分とする決定がなされた（ただし給与を対象とする分類所得税の税率は、他の分類所得税の税率の半分にあたる6パーセントとされた）（付録C第1節、表C－6および表C－8を参照）。

（3）（１９３４年の改革前の税制では控除対象が原則として「実費」だけだったのに対し、１９３４年の所得課税から、実際の必要経費の証明を添えなくても賃金労働者すべてに認められることになった）この10パーセントの一括控除と「引き換え」に、新しい税制では控除対象の必要経費の範囲を制限し、（一括控除を超える「実費」の申告を望む賃金労働者に対して）経費証明の条件を厳しくすることが決定された。同じ考え方から、１９３４年の改革はたとえばジャーナリストのような特殊な職業の人々のために追加一括控除を設けた。

（4）１９３４年の改革はまた、扶養家族を持つ賃金労働者に認められていた給与対象の分類所得税の一括控除を廃止した（ただし、総合所得税を課せられる納税者に引きつづき家族扶養分の一括控除が認められたのと同様、分類所得税を課せられる納税者には家族扶養分の税の軽減がそのまま認められた）（付録C表C－1、表C－2および表C－7を参照）。

対する加算税の率を大きく上げた。子供のいない独身者と離婚者に加え、新たに子供のいない寡夫・寡婦も対象となる加算税の税率は25パーセントから40パーセントとなり、結婚から2年の時点で子供のいない夫婦に課せられる税率は10パーセントから20パーセントに増えた。多くの人命が失われた第一次世界大戦の直後に採択された1920年6月25日法で寛大に扱われていた、子供のいない寡夫・寡婦にまで加算税の対象を広げたことによって、加算税を負担する納税者の数は著しく増加した。この措置は子供のいない人々、とりわけ子供のいない非婚者に対する法律による攻撃にほかならず、2年後に人民戦線はこの「道徳的秩序」を思わせる措置の緩和を決める。

ドゥメルグの改革による裕福な家族の税の引き下げは、長くは続かなかった。1933年にいくらか回復していた景気は1934─1935年にかけてふたたび悪化し、ラヴァルは議会で1935年6月7日法を通過させる。この法によって、統令《デクレ・ロウ》の形で経済・金融対策を講じるための全権を認めさせたのである。そして、1935年夏の間に一連の決定を行なって、1930─1931年における恐慌の始まり以来、歴代の政府が進めてきたデフレ戦略を徹底させる。その核が1935年7月16日の統令で、そこにはあらゆる公的支出、とくに人件費のあらかじめ10パーセントと決めた削減が盛り込まれていた（低い給与の公務員に対しては5パーセントの削減とされた）。予算の相次ぐ縮小のあとで行なわれたこの措置の唐突さから考えて、国民ブロック政府と同様に総合所得税や高い限界税率にあまり共感していたとは思えないピエール・ラヴァル政権が、高所得層を対象とする総合所得税の特別増税を自らの統令に盛り込まざるをえないと感じたことがたやすく理解できる。こうして1935年7月16日および7月26日の統令で、8万─10万フランの所得層に対する税率の25パーセント引き上げ、10万フランを超える所得層に対する税率の50パーセント引き上げが定められる(1)。この特別増税は1935年の所得課税時にこのパーセンテージで適用されたが、統令が定めたとおり、1934年の所得課税に際しては半分の割合（25パーセントと50パーセントの代わりに12・5パーセントと25パーセント）で適用された。結果として、ドゥメルグの改革で想定されていた（子供のいない納税者の加算税を除く）24パーセントの最高限界税率は、実際にはまったく適用されなかった。この率は1934年の所得課

税時に30パーセントとなり、１９３５年の所得課税時には36パーセントとなったからである。(2)

３．４　人民戦線の所得税

人民戦線が１９３６年12月31日の予算案の一環として整備し、１９３６年の所得課税から適用した所得税の改革は、それまでの政府のやり方と比べて大きな転換点となった。社会党は１９３２年と同様に１９２４年にも急進社会党に率いられた内閣に入ることを拒んでおり、今回、第三共和政の歴史で初めて政権の座に就いただけに、これは待望の改革だった。おおかたの予想に反して社会党が急進社会党を上まわる議席を獲得した１９３６年４月―５月の選挙の直後、フランス社会党〔労働者インターナショナル・フランス支部。社会党の前身〕は、首相にレオン・ブルム、財務大臣にヴァンサン・オリオールを据えて政権を担うことになる。彼ら社会主義者は「富裕層に課税する」ことを目的とするこの手段をどう使うのだろうか？

人民戦線が着手した改革の本質は、１９２０年６月25日法で国民ブロックが定めた税率表を廃止し、新たに「平均税率」による税率表を採用することにあった（表４－３を参照）。この改革はいくつもの理由でかなり野心的である。まず、形態が新しい。国民ブロックが１９２０年に導入した限界税率による税率表は15年以上前から適用され、どの政府もこれを再検討しようとしてこなかった。たしかに、平均税率による税率表は１９１７―１９１８年の所得課税ですでに使われていたが、それは遠い記憶になっており、とりわけ、人民戦線が導入した税率はまったく別の規模を

（１）税率が１９２０年６月25日法で定められた課税区分の限界税率に適用されたため、この増税はいかなる矛盾も生まなかった（表４－１を参照）。たとえば、55万フラン以上の課税所得部分に適用される限界税率は36パーセント（24×１・５０＝36）に、50万―55万フランの課税所得部分に適用される限界税率は３４・５６パーセント（（24／25）×24×１・５０＝３４・５６）になった。

（２）24×1.25＝30、24×1.50＝36。

持っていた。人民戦線が確立した新しい税率表は、それによって何が可能になるかという点においてとくに野心的なものだった。税率を平均税率で表わすことによって高所得層に対する税額をかなり増やせるが、その際、並外れて高い限界税率を表に出さなくてすむのである。事実、人民戦線の税率表に示された最高税率（40パーセント）は、最高限界税率が60パーセントと72パーセントだった1923―1925年の所得課税時の歴史的な最大値よりだいぶ低い（表4－2を参照）[1]。だが本質的な違いは、限界税率ではなく平均税率だということである。40パーセントという人民戦線の税率は、最も高い税率区分に位置する納税者が、総合所得税の名目で課税される所得の40パーセントを実際に納めることを意味する[2]。それに対してこれまでの最高限界税率は所得中の高い金額の部分にしか適用されないため、平均税率に換算すると大幅に低くなる。ポワンカレによる安定期以降に適用された税率表では、最高限界税率は30パーセント前後だが（最高が1932―1933年の36・67パーセント、「公式発表による」最低が1934―1935年の24パーセント）、このことは超高所得層に対する実質的な平均税率が現実には（無限に高い所得に対する場合を除いて）ずっと低かったことを意味する。そのポワンカレ時代の税率表と比べると、人民戦線が採用した40パーセントの平均税率は、高所得層の総合所得税の負担を著しく大きくする結果をもたらした。そのうえ、1920年6月25日法の束縛を断ちきったことで、人民戦線は超高所得層に対する租税圧力を、総合所得税への課税閾値をわずかに上まわる納税者にはかからないように、上げることができた。これは国民ブロックが採用した税率表によっては本質的に不可能なことだった。人民戦線の税制改革がそのようにして狙った所得分位の具体的水準については、次章でまた見ることにしたい。

さらに、元老院がその内容の基本部分を廃案にしていなければ、1936年12月31日法は、超高所得層に対する微税額をはるかに上げていたにちがいない。社会主義者たちは、前年に収めた総合所得税をその年の課税所得から差し引くことを禁止するつもりだったからだ。1914年7月15日法に始まる、前年納付の税額を当該年の課税所得から差し引く措置は、税率のわずかな引き下げよりもはるかに大きい割合で、高所得層の税額を下げる結果をもたらした。

たとえば、1935年の所得の名目で納めた税が1936年の所得の3分の1であるような豊かな納税者を想定すると、人民戦線が定めた40パーセントの平均税率は実際には1936年の所得の3分の2にしか適用されなくなり、この納税者の実効平均税率は、前年の総合所得税を差し引く前の所得に対するパーセンテージで表わすと、人民戦線が掲げた40パーセントではなく26・7パーセントとなる。[3] さらにこの奇妙なシステムは、裕福な納税者が実際に納める税額をまったく人為的に変動させる結果を生んだ。つまり、ある年の所得にかかる税が課税所得のかなりの割合を占めると、次の年には所得からかなりの金額が差し引かれることになり、実効税率がかなり低くなる。その結果、2年後には差し引く額が小さくなり、実効税率は高くなる。3年後にはまた実効税率が低くなる、という具合である。[4] だが実際には誰もこの奇妙な結果に関心を抱かなかった。総合所得税に反対する一部の議員はこの規定を（廃止すると「税に対する課税」につながるおそれがあるという）理論的原則を掲げて擁護したが、前年の総合所得税を差し引く現実的な目的はまぎれもなく、高所得層の税負担を軽減することだった。この規定は第二次世界大戦中のフランス解放時にようやく廃止され、いまでは遠い記憶となっているので、20世紀末のフランスでは1998年の課税所得から1997年に納めた税額を差し引くことができると思う者はまずいないだろう。この件について、急進社会党と親

(1) 実際には、人民戦線が採用した「平均税率」による税率表の潜在的限界税率は、年収が133万フランをわずかに下まわる納税者にとって53パーセントを超えていた（第3．1節を参照）。
(2) 1917―1918年と同じように、平均税率は基礎控除を行なう前の（および扶養控除を行なう前の）所得に適用されたが（表4－3を参照）、超高額所得層にとってはほとんど差が生じなかった。たとえば、扶養する子供のいない（1万フランの基礎控除しか享受しない）、133万フランの年収がある独身者は、132万フランの40パーセントに相当する税を納めていた。つまり52万8000フランの税額で、平均税率は39・7パーセントとなる（40％×1320000＝528000。528000／1330000＝39.7％）。
(3) (2／3)×40％＝26.7％
(4) 総合所得税の税率が100パーセントで、ある偶数の年に初めて適用された場合を想定すると、前年の総合所得税の控除によって、年収が一定の納税者にかかる実効税率は偶数年のたびに100パーセント、奇数年のたびに0パーセントとなる。しかし戦間期にはこれに匹敵する規模の、税率および所得そのものの変動があったため、この揺れ幅がはっきりと見えるわけではない。

表 4-3：1936-1941 年の所得課税に適用された総合所得税の税率表

0-10,000	0 %	
10,000-20,000	1 %	
20,000-80,000	1 %-4 %	0.05 %
80,000-180,000	4 %-13 %	0.09 %
180,000-280,000	13 %-18 %	0.05 %
280,000-430,000	18 %-24 %	0.04 %
430,000-630,000	24 %-30 %	0.03 %
630,000-930,000	30 %-36 %	0.02 %
930,000-1,330,000	36 %-40 %	0.01 %
1,330,000-	40 %	

解説：1936-1941年の所得には平均税率による税率表が適用された。1万-2万フランの課税所得には1パーセントの平均税率、2万-8万フランの課税所得には1パーセントから始まって1000フランごとに0.05パーセント上昇しながら4パーセントに至る平均税率、8万-18万フランの課税所得には4パーセントから始まって1000フランごとに0.09パーセント上昇しながら13パーセントに至る平均税率がかかる（平均税率は1万フランの基礎控除を行なう前の課税所得に適用された）。

密な関係にあった高名な法律家で、所得税に関する重要な著作を戦間期に刊行したアリックスとルセルクレの立場は、前年の総合所得税控除という問題が当時の人々に呼び起こした反応の典型のように思われる。アリックスとルセルクレは、この規定が技術的観点から見て、ある年から次の年にかけて人為的な変動をもたらす点であまり納得できないものであることを認めたが、一方で「現在適用されている税率を許容可能にする唯一の手段」であると指摘し、決して廃止すべきではないと結論づけた[1]。元老院と一部の急進社会党議員は、１９３６年12月の予算審議で前述の両氏と同じ立場をとり、「平均税率」による新しい税率表を導入したうえに前年の総合所得税控除を廃止すれば、超高所得層にとって文字どおり打撃になると強調した。実際、前年の総合所得税控除が廃止されていれば、人民戦線の税率表は超高所得層にとって、結果的に適用された税率よりはるかに高いばかりか、１９２３—１９２５年の「暗黒時代」を含め、所得税が創設されてから超高所得層が経験したすべての税よりもはるかに高い実効税率を突きつけたことだろう。元老院は前年の総合所得税控除を存続させただけでなく、１９３６年12月31日法の中に「実効最大税率」の導入を盛り込んだ。それは、「粗」所得（前年の総合所得税を差し引く前の所得）に対する割合で表わされた納税者の総合所得税が、30パーセントを超えてはならないとする制度である。現実には、この措置の影響は無きに等しかった。なぜなら、人民戦線が適用した40パーセントという平均税率が「粗」所得の30パーセントを超える税を生じさせることは実際には不可能だったからだ。ありえるとすれば、ある年よりも次の年のほうが途方もなく所得が伸びたために、前年に差し引いた総合所得税の額がきわめて少なかった納税者の場合だが、そういうケースはめったになかった。(2)

人民戦線の改革は、社会主義者が1920年代初めから実現を目指していたおもな要素がそこに見いだされるだけに、いっそう興味深い。したがってこの改革には、戦間期に累進所得税について社会主義者が持っていた見方がかなり正確に表われていると見ていい。左翼カルテルが政権を担っていた1924—1925年においてすでに、社会党の議員たちは何度も、課税所得の明確化のため前年の総合所得税控除を禁止するよう提案していた。しかしこの提案

(1) アリックス&ルセルクレ(1926年a、第2巻、p・205—212)を参照。アリックスとルセルクレの指摘によれば、税務当局は納税者に対して、まだ納付していなくても、課税が決まった時点から前年の税額を差し引くことを認めていたという。「重要なのは2年続けて同じ税を控除しないことである」。税務統一全国組合の前身によって1932年から刊行された『納税者のための手引き』は、このきわめて寛大な制度を裏づける(「税金は、まだそれを納めていなくても、課税が決まった時点で控除できる」)。当初は延滞による加算税さえ控除できたが、この制度は1927年3月26日法によって廃止された(それは、アリックスとルセルクレが願っていた、この税制に対する唯一の制限でもあった)。

(2) この理論的考察の裏づけとして、1936年の所得課税から税務当局が作成した「分布」図の、「粗税額」と「純税額」の列の分析がある(この図の全体については付録A第1節を参照)。それを見ると、(100万フラン以上の所得区分の)超高所得層が1936年の所得課税で実際に納めた総合所得税の額が、(「実効最大税率」の規定を除いて)新たに始まった税制の規定全体を適用して算出される数字に(0・1パーセントの差はあるが)ほとんど完璧に一致することがわかる。1937年に20パーセントの特別増税が制定されると「実効最大税率」の効果は失われる。なぜなら(子供のいない納税者に対する加算税と同じく)この増税は「実効最大税率」に加えて適用されるからだ(したがって、表面に現われない「実効最大税率」はこの増税の導入時に30パーセントから36パーセントになった)。「実効最大税率」の制度は形式上1936—1937年の所得課税に適用されただけで、1939年11月10日の統令によって最終的に廃止された。この廃止は1939年11月29日の統令と1939年12月31日法によって追認され、1938年の所得課税にさかのぼって適用された。

は、1936年と同じように、元老院と一部の急進社会党議員の反対にあう。税負担を担わせたいと望む所得層をより的確に見極めるために「平均税率」による税率表を用いるという考えもまた、以前から社会党の計画に組み込まれていた。1928年12月、ヴァンサン・オリオールは議会の演壇で、そのころ高所得層に適用されていた30パーセントの限界税率を30パーセントの平均税率に改める総合所得税改革案を主張し、それが低所得層にとってどれほど大きい減税となるかを詳しく説明した。[1] 1932年7月、明らかに社会党の考えに影響を受けたエリオ内閣は、高所得層に対して40パーセントの平均税率を課す「平均税率による」税率表を可決させたものの、適用には至らなかった。[2] 戦間期に「平均税率による」税率表が提案されるたび、この方法の誹謗者は「平均税率による税率表は現行の政権に過度の裁量を与え、政権は『多数派の暴政』を押しつけるためにそれを利用しかねない」とか、「実際に社会主義者が考えているのは、限られた集団が他のすべての集団のために税を支払う『階級税』を設けることだけだ」といった主張を繰り広げた。この点でも、アリックスとルセルクレがとった立場は、累進所得税の原則を熱心に支持するものでありながら、私たちには、戦間期の急進社会党と「中道派」の世界にこの課税方法が引き起こした警戒を代表するものに見える。アリックスとルセルクレによれば、平均税率による税率表の問題とは、それが「高所得層に対する累進性適用の行きすぎ」を招きやすいことであり、他方、「一定の区分に一律の税率を充てる方法」、すなわち1919年から1935年までの所得課税に用いられた限界税率による税率表は「増税および減税がすべての等級に及ぶよう義務づける」[3]。しかし重要なのは、前年の総合所得税控除の問題と違って、社会主義者たちが1936年にこの点についての自らの考え方を認めさせたことである。

1936年12月31日法によって実施された所得税改革は、総合所得税の税率表の改正にとどまらなかった。人民戦線は1914年に元老院が導入した家族扶養分の一括控除制度を再検討するとともに、1920年に国民ブロックが導入し1934年にドゥメルグが強化した、子供のいない納税者に対する加算税の緩和に踏みきる。1915年の所得課税以来、納税者が自分の課税所得に適用していた扶養控除は、納税者にとって、家族構成が同じならばいかなる所得水準であっても控除額が同一であるという意味で完全に「一括的」なものだった。１９３６年12月31日法は、この一括控除が１００パーセント適用される対象を年収７万５０００フラン未満の納税者のみとし、年収７万５０００—15万フランの納税者に対しては控除額の20パーセント、15万—30万フランの納税者に対しては40パーセント、30万—60万フランの納税者に対しては60パーセント、60万フランを超える納税者に対しては80パーセントを減額することを定めた。この「控除の削減」は超高所得層の実効税率に形ばかりの影響しか与えなかったが[4]、家族政策について人民戦線が持っていた展望を明確にうかがうことができる。つまり減税は何よりもまず、暮らしぶりが「質素」な家族に対してなされるべきで、裕福な納税者には同じ控除を受ける資格がない、という考え方である。さらに１９３６年12月31日法は３人めの子供から控除額を大幅に引き上げたので[5]、年収７万５０００フラン未満の大家族にとっては控除の増額となり、それより年収の高いすべての家族にとっては減額となった。人民戦線はまた、子供のいない納税者に対する加算税の税率を引き下げた。子供のいない独身者、離婚者、寡夫・寡婦に対する加算税の税率は、国民ブロックが25パーセントと定め、ドゥメルグが40パーセントに引き上げていたが、人民戦線はこれを30パーセントとし、結婚後2年の時点で子供のいない夫婦に対しては、国民ブロックによる10パーセント、ドゥメルグによる20パーセン

（１）ボンヌフー（１９５６—１９６７年、第4巻、ｐ・３０４—３０５）を参照。
（２）前出参照。１９３２年7月15日法が定めた40パーセントの平均税率は、１９３６年12月31日法が採用した閾値よりはるかに高い閾値（１３３万フランではなく１８０万フラン）以上の所得にしか適用されなかった。
（３）アリックス＆ルセルクレ（１９３０年、ｐ・１９４）を参照。
（４）当時、一括控除は最初の2人の子供それぞれにつき５０００フランだった。これは人民戦線が定めた40パーセントの平均税率の対象となる納税者の場合、課税所得の4パーセント以下（5000／1330000＝0.38％）に相当し、控除額の80パーセントの削減は、課税所得の約０・３パーセントの上昇、税額の約０・１パーセントの上昇をもたらすだけだった。さらにこの「控除の削減」は当初（１９３６年の所得課税時）は扶養する子供がいる場合の控除にしか適用されず、１９３７—１９３９年の所得課税においてようやく夫婦のための追加控除が適用対象に加えられた。
（５）付録Ｃ表Ｃ－１を参照。

トを15パーセントに修正した。さらに、それまで所得面での区別なしに適用されていたこの加算税の対象から、たとえば子供のいない独身の女性教員のような、「年収が7万5000フランを超えない女性の納税者」を外した。しかし、比較的特殊なこの免除を除いて、子供のいない納税者に加算税を課す原則そのものは人民戦線によって見直されることはなく、人民戦線が定めた税率は国民ブロックが最初に決めた税率より高かったことがわかる。

1924—1928年、および1932—1936年の議会会期の際と同じように、1936年の選挙で生まれた左翼政権は2年足らずで中道右派に政権を譲り渡す。ブルムは(「財政再建を遂行する」全権委任を元老院から拒まれたあと)1937年に辞任を余儀なくされ、その後の内閣は、1938年3月の短命だったブルム第二次内閣を例外として、急進社会党か中道右派に率いられた(1937年がショータン、1938—1939年がダラディエ、1940年がレノー)。ダラディエ内閣の財務大臣ポール・レノーが1938年11月に、週40時間勤務規定を葬り去って残業を認めた有名な統令を発したときには、人民戦線内閣は遠い記憶でしかなくなっていた。しかしここで興味深い重要な事実は、1936年12月31日法が導入した所得税改革が、1942年のヴィシー政権による見直しまで存続したことである。人民戦線が採用した「平均税率による」税率表は、1936年の所得課税から1941年の所得課税まで6年間適用され、この期間中、特別増税が税率表に加えられたものの、課税方式の根本は変更されなかった(表4－3を参照)。国際情勢の深刻化、再軍備の必要性、好転の兆しが見えない経済情勢などのため、どの政府にとってもこうした特別増税を避けることはできなかった。元老院はブルムに対して拒んだ全権をショータンに対しては認め(1937年6月30日法)、ショータンは直ちに、増税適用前の所得にかかる総合所得税の額の20パーセント相当の増税実施を決める(1937年7月8日の統令)。この20パーセントの増税は年収2万フラン以上の納税者すべてに課せられ、1936年12月31日法で採用された新しい税率表に加え、1936年の所得課税にさかのぼって適用された。ヒトラーによるオーストリア併合からひと月足らずの1938年4月、ブルムがふたたび元老院の抵抗にあったあと、ダラディエが全権を委ねられ(1938年4月13日法)、彼は1938年5月2日の統令によって、すべての税とすべての納税者に適用される8パーセントの「特別国税」を制定する。総合所得税の個々のケースにおいてこの8パーセントの追加増税は、ショータンが定めたすでに施行中の20パーセントの増税とは別に、1937年の所得課税時に適用された。その結果、1937年の所得課税では、超高所得層を対象に人民戦線が定めた40パーセントの平均税率はおよそ52パーセントとなった[1]。ミュンヘン協定の直後、全権がふたたびダラディエに与えられ（1938年10月4日法）、1938年11月12日の統令によって新しい特別増税が1938年の所得課税から適用されることになった。また、この統令によって20パーセントの増税と8パーセントの「特別国税」がともに廃止され、代わって30パーセントの「臨時国税」が導入される。次いで1938年12月31日法が「臨時国税」の税率を30パーセントから33・33パーセント（3分の1）に引き上げ、結局この33・33パーセントという税率が1938―1939年の所得課税に適用された。そのため、人民戦線が想定した40パーセントという最高平均税率はこの2年間で53パーセントを超えることになった[2]。最終的に、超高所得層に対する税率は第二次世界大戦前にきわめて高い水準に達し、追加の引き上げは1939年には一つも行なわれなかった。

3.5　ヴィシー政権下の所得税

一般に想像されるのとは逆に、ヴィシー政権は1914―1917年に確立された所得税法を再検討することはなかった。総合所得税と分類所得税は第二次世界大戦中もそのまま適用され、総合所得税の税率表の累進性は1942年10月24日法によって（少なくとも見た目には）強化された。1940―1944年におけるこの根本的改革の不在はおそらく、1914―1917年に創設された税法が国民生活にすでに広く浸透していたことによる。1920年

（1）40×1.20×1.08＝51.84
（2）40×1.33＝53.2

代初めに下院の右派議員の多くが根強く抱いていた「四つの国税」の復活という考えは、1930年代末には政治家の言説からほぼ姿を消していた。とくに1940年代初めには、超高所得層に対する総合所得税の税率が高い水準に達してから20年以上が過ぎ、総合所得税を「富裕層に課税する」税に変えることはすでに「制服議会」と国民ブロックの政府によって決定され、実施されたことだった。ペタン元帥率いる政府の裁量の幅は、おそらくきわめて限られていたのである。生産高の落ち込み、食糧や物資の不足、ドイツ占領軍による徴税が影を落とす経済情勢において、高所得層の税負担を著しく軽減する試みが国民にとって受け入れがたいことは容易に察しがつくだろう。ヴィシー政権を担った右派が、所得税に対して、また「富裕層に課税する」ことに対して大きな敵意を抱いてはいなかった可能性もある。その「富裕層」が「資本家」で「無国籍者」であればなおさら、ヴィシー政権が同情する理由はなかった。

いずれにせよ、総合所得税のみならず、その高い税率が見直されなかったこと、人民戦線が制定した税率表をヴィシー政権が平然と使いはじめたことは事実である。1940年と1941年の所得課税では、数年前に右派の間にかなりの反対を引き起こした、1936年12月31日法に定められた「平均税率による」税率表（表4－3）がひきつづき適用された。ダラディエとレノーが1938年に導入した33・33パーセントの「臨時国税」もまた維持され、1942年2月23日法はその税率を50パーセントに引き上げさえした。これはフランスの所得税史上、特別税が達した最も高い税率である。こうして人民戦線が定めた40パーセントの最高平均税率は、1938—1940年の所得課税では53・2パーセント、1941年の所得課税では60パーセントに達したが[1]、これは所得税が導入されて以来、超高所得層に課せられた最も高い税率である。1942年10月24日法においてようやく、人民戦線の税率表に代わって総合所得税の新しい税率表が登場する（表4－4を参照）。

1942—1944年の所得課税に適用されたこの新しい税率表の原則は、「臨時国税」を完全に廃止する代わりに、税率表の最高税率を大幅に引き上げるというものである（いってみれば臨時国税は税率表の中に「統合」される）。所得の40万フラン以上の分に適用される最高限界税率は70パーセント、つまり1924年の所得課税で達した

72パーセントという史上最高値にほぼ等しい率に定められた。しかし、新しい税率表は「限界税率」に基づいているので、この累進性強化は表向きのものでしかない。70パーセントの率が適用されるのは、裕福な納税者の所得の一部にすぎないのだ。実際、超高所得層にとってこの70パーセントの最高限界税率は、1941年の所得課税で適用された（臨時国税込みで）60パーセントの最高平均税率に比べてわずかに低い税額となった。しかもヴィシー政権は、「限界税率による」税率表に戻るだけでは満足しなかった。1942年10月24日法はまた、税率区分と適用する一律税率とを別々に定める、国民ブロックが用いたのと同じ税率表の表示方法を選んだのである。1942年10月24日法の用語によれば、年収1万―2万フランの所得層は100分の2、2万―3万フランの所得層は100分の4という具合に乗数として掛けていき、年収37万5000―40万フランの所得層は100分の95、40万フラン以上の所得層は100分の100（つまり税率100パーセント）を乗数として掛け、さらに、こうして得られた所得に一律税率である70パーセントを適用し、その結果、それぞれの所得区分に対応する限界税率は表4‐4のようになった。非課税の所得額の上限は1943年の所得課税以降、1万フランから2万フランに引き上げられたが（1944年1月30日法）、他のすべての区分に適用される税率は変わらなかった。1920年6月25日法と同じように1942年10月24日法は、将来の政府の裁量の幅を限定することを目的とした税率表の形を制定したのである。たとえば、平和が戻り、経済状況が健全になったときに政権を担当する将来の政府が70パーセントの税率を引き下げようとする場合、その政府は納税者すべてが納める総合所得税の水準を、所得水準に関係なく同じ割合で引き下げなくてはならない（1942年10月24日法を廃止して新しい税率表を制定すれば話は別だが）。したがってヴィシー政権が決定した総合所得税の税率表改革は、当面は超高所得層にとって高い税率の維持になるとしても、数年前に人民戦線が実現した改革と比べるとまさに逆戻りの政策にほかならない。

（1）40×1.33＝53.2、40×1.50＝60。

表 4-4：1942-1944 年の所得課税に適用された総合所得税の税率表

0-10,000	0.0 %
10,000-20,000	1.4 %
20,000-30,000	2.8 %
30,000-40,000	4.2 %
40,000-50,000	5.6 %
50,000-60,000	7.0 %
60,000-70,000	9.8 %
70,000-80,000	12.6 %
80,000-90,000	16.8 %
90,000-100,000	21.0 %
100,000-120,000	24.5 %
120,000-140,000	28.0 %
140,000-160,000	31.5 %
160,000-180,000	35.0 %
180,000-200,000	38.5 %
200,000-225,000	42.0 %
225,000-250,000	45.5 %
250,000-275,000	49.0 %
275,000-300,000	52.5 %
300,000-325,000	56.0 %
325,000-350,000	59.5 %
350,000-375,000	63.0 %
375,000-400,000	66.5 %
400,000-	70.0 %

解説：1942-1944年の所得には限界税率による税率表が適用された。1万-2万フランの課税所得部分には1.4パーセントの限界税率、2万-3万フランの課税所得部分には2.8パーセントの限界税率が課せられた（基礎控除が2万フランに引き上げられたあと（付録C表C-1を参照）、1.4パーセントの税率区分は削除された）。

予想がつくように、ペタンの「国民革命」には主婦と大家族を優遇する姿勢を所得税法に反映させる狙いもあった。人民戦線が決めた「控除の削減」は直ちに廃止された。１９４０年の所得課税から、すべての納税者にふたたび、所得水準にかかわらず家族扶養分の同一の一括控除が認められたのだ（１９４１年１月13日法）。暮らしぶりの質素な家族に１００パーセントの扶養控除という特典を与えようとした人民戦線の意志は、１９３６年の所得課税から１９３９年の所得課税までの４年間しか実現しなかったことになる。だがこの措置は結局、比較的ささやかなものだった。ヴィシー政権は人民戦線以前の体制に戻ることで満足し、家族係数というしくみを取り入れようとはしなかった。そのうえ、納税者の家族構成への配慮という観点から見た第二次世界大戦中のおもな新しい政策、つまり、１９３９―１９４４年の所得課税で適用された「家族補償税」は、ヴィシー政権が生み出したものと思われがちだが、実際にはそうではない。家族補償税は開戦直前、１９３９年7月29日の統令によって、ダラディエ内閣と財務大臣ポール・レノーが「家族法典」の一環として採択したものである。家族補償税の本質は第一に、国民ブロックが導入した子供のいない納税者に対する総合所得税加算税を廃止することにあった。したがってこの税は１９３８年の所得課税を最後に適用されなくなる。第二に、家族補償税はこの総合所得税加算税に代えて、個別の計算に基づきながら同じ役割を果たす方式を取り入れた。１９２０年導入の加算税と同じように、家族補償税は総合所得税の課税対象となりうる所得層の納税者だけに課せられ、総合所得税の名目で申告される課税所得に基づいて計算された。そして、二種類の納税者から徴収された。つまり一方では子供のいない独身者、離婚者、寡夫・寡婦、他方では結婚後2年の時点で子供のいない夫婦である。人民戦線が加算税の対象から外した「年収が７万５０００フランに満たない女性独身者」は、子供のいない独身者、離婚者、寡夫・寡婦のグループに分類された。１９３９年7月29日法の一環として、「限界税率」に基づく家族補償税の税率表は、子供のいない独身者、離婚者、寡夫・寡婦に対しては３パーセントから20パーセントの限界税率、結婚後2年の時点で子供のいない夫婦に対しては３パーセントから14パーセントの限界税率を定めていた。[1] つま

(1) 独身者および離婚者の納税者に対する家族補償税の限界税率は以下のとおり。0―1万フランの課税所得部分には0パーセント、1万―6万フランの所得部分には3パーセント、6万―11万フランの所得部分には6パーセント、11万―21万フランの所得部分には9パーセント、21万―31万フランの所得部分には12パーセント、31万―51万フランの所得部分には15パーセント、51万―81万フランの所得部分には18パーセント、81万フラン以上の所得部分には20パーセント。夫婦を対象とする区分はこれと同じだが、限界税率は独身者・離婚者より低かった（0―3―6―9―12―15―18―20パーセントに対して0―2―4―6―8―10―12―14パーセント）。１９４４年1月30日法による総合所得税の基礎控除の1万フランから2万フランへの引き上げは家族補償税にも適用された。１９４３―１９４４年の所得に課せられる家族補償税の0パーセントの区分は（0―1万フランではなく）0―2万フランとなり、他のすべての区分の閾値が1万フラン上げられた。

りこの税率表は子供のいない納税者を対象とする追加的な税の著しい引き上げを意味していた。たとえば、人民戦線が定めた40パーセントの最高平均税率にあてはまる裕福な納税者の場合、子供のいない独身者に1938年まで適用されていた30パーセントという加算税の税率は、課税所得の12パーセントの増額に相当する。[1] すなわち、20パーセントという家族補償税の最高限界税率からもたらされる水準を明らかに下まわっている。そのうえ、より「目に見えやすい」政治的性格と並んで、推進者の目に映る家族補償税の長所は、それによって総合所得税全体の税率表と、国の人口増加に貢献しない人々への追加的な税とを相互に独立した形で用いることを検討可能にすることにある。先の制度ではそうしたことを実現するのははるかにむずかしかった。たとえば、それ以降、家族補償税の税負担を重くしつつも総合所得税の税負担を軽くすることが検討できるようになった。しかしヴィシー政権が、第三共和政から引き継いだこの新たな裁量の幅を利用しなかったことはたしかである。1939―1944年の所得課税では、1939年7月29日の統令で定められた家族補償税の税率表が修正なしで適用されつづけた。

この家族補償税の例が興味深いのは、20世紀末において、ヴィシー政権の抑圧や「公序良俗」の意志が税に投影されたものであるかのような印象を与えている措置が、実際には第三共和政下になされた決定の適用でしかないことを例証しているからである。そしてこの加算税はわずかに形を変えて、第四共和政の初期にも適用される。つまり子供のいない納税者を対象とする加算税は第一次世界大戦直後に導入され、戦間期に適用されたあと、それに代えて家族補償税の採用を決めた1939年7月29日の統令に、家族補償税と同種の「抑圧的な」いくつもの課税政策が盛り込まれたのである。[2] ただ、第三共和政、ヴィシー政権、第四共和政の三つの体制を通じて家族政策が継続されたとする考え方を過信してはならない。なぜなら、人口増加論が20世紀フランスに底流として存在するのは明らかだとしても、家族政策の継続性を重視しすぎると、「国民革命」のプロパガンダにおいて子供のいない女性を標的に吹き荒れた極端な暴力を忘れることになりかねないからだ。ヴィシー政権はまた、構成員の多い正式の家族を優遇するいっそう特殊な措置も講じた。たとえば、離婚に関する新しい法律や、省庁の一部の機関で「家族の父親」を優先して昇進させる制度である。[3] 所得税法に目を向けると、経済・金融情勢の惨状に直面していたために、ヴィシー政権にはごく限られた裁量の幅しかなかったことがわかる。したがって、仮に「正常な」経済情勢が戻っていたらヴィシー政権が所得税をどのようにしたかについて述べるのはむずかしい。たとえば、きわめて裕福な家族にとって家族係数の実施は不可避的に税額の大きな低下をもたらすが、国民の大多数が物資不足と購買力の低下にあえいでいた状況を考えると、戦争さなかのヴィシー政権にはそうした税収減少に対応する用意はなかったと思われる。子供のいない納税者に対する税率についていえば、総合所得税全体の税率表の最高税率がすでに到達した高い水準を政府が引き下げまいとしたときから、その税率をさらに上げることはほとんど不可能になった。たとえば、1942―1944年の所得課税において、独身で子供のいないきわめて裕福な納税者は、総合所得税の最高限界税率70パーセントと同時に家族補償税の最高限界税率20パーセントを、つまり全体で90パーセントという限界税率を、分類所得税とは別に課せられていた。「富裕層に課税する」という左翼カルテル政府の意志が、彼らの代わりに国民ブロック政府がすでにその役割を果たしていたという事実に直面したように、ヴィシー政権の「子供のいない人々に課税する」意志も、第三共和政によって適用されていた税率が実質的にいっそう高くなるという事実に直面したのだ。

（1）40％×30％＝12％

（2）たとえば1939年7月29日の統令の第155条は、30歳以上でまだ子供のいない相続人に対する相続税を15パーセント増税すること、そして、相続の翌年に子供が生まれた場合はこの15パーセントの増税額を還付することを定めている。

（3）とくにパクストン（1973年、p・209―212）およびミュエル＝ドレフュス（1996年、p・95―96）を参照。同じくクトロ（1972年）は継続性の主張の裏づけとしてよく引用されるが、クトロは実際にはヴィシー政権が公務員を対象に行なった独自の措置も強調している（とくに、子供のいない35歳以上の公務員の給与を削減することを定めた1941年9月14日法を挙げている。クトロはまた、財務省の「内から」の圧力と、福祉予算の抑制を繰り返し求めるドイツ軍の圧力を背景とする経済・財政状況の制約がこれほど大きくなかったら、ヴィシー政権はおそらく家族手当を引き上げたはずだと指摘している（クトロ〔1972年、p・252―254〕を参照）。

4 1945年から1998年──「平穏」な所得税

4.1 1945年12月31日法──新たな基礎

他の多くの分野と同じように、フランス解放時に所得税についてなされた決定は、その後の成り行きに重要な影響を及ぼした。たしかに、1945年12月31日法とは逆に、1914─1917年に導入された所得税法全体の徹底的な変革として現われた1948年と1959年の税制改革は、累進所得税の公式名称の変更をもたらした〔次の第4.2節を参照〕。しかしここで強調しておきたいことは、20世紀末のフランスでいまなお累進所得税の土台をなしている三つの要素（家族係数、税率表の形態、前年の税額の非控除）に関して、1948年と1959年の改革が、1945年12月31日法によってすでになされていた選択をすすんで踏襲したことである。表向きは地味だが画期的なこの法は、1936年以来9年ぶりの国政選挙となる1945年10月の選挙からおよそ3カ月後に成立した最初の憲法制定議会によって採択された。ド・ゴールが1946年1月に臨時政府の首相を辞任する数週間前のことである。

4.1.1 家族係数

1945年12月31日法はまず、1914年7月15日法によって導入され1915年から1944年までの所得課税で適用されてきた家族扶養分の一括控除制度を廃止し、代わりに家族係数制度を採用することを定めた。家族係数は1945年の所得課税で初めて用いられ、現在に至るまで毎年適用されている。この制度をめぐる数々の改革と論争についてはこのあと見ていくが、いずれにしても制度のしくみの基本は大筋において、1945年12月31日法以来変わっていない。家族係数制度は、家族構成に応じて課税世帯に一定の家族係数を割り当て、課税所得を家族係数で割った数値（係数１あたりの所得額）に税率表の税率を適用し、そうして得られた数値に、今度は家族係数を乗数として掛けることによって、税額を決めるものである〔所得税額＝｛（課税所得／家族係数）×累進課税率｝×家族係数－税額控除〕。累進課税率を考慮すると、所得を家族係数で割り、そして税額に係数を掛けるこの計算では当然のことながら、係数が高くなればなるほど税額が低くなる。平均税率は課税所得の増加関数なので、所得を係数で割ると、実際に適用される平均税率が下がるのである。つまりこの制度の特徴は、「係数１あたりの所得額」が等しい二つの世帯に同じ税率が課せられることにある。家族係数が１で年収が10万フランの世帯は家族係数が２で年収が20万フランの世帯と同じ税率を課せられ、後者の世帯も家族係数が４で年収が40万フランの世帯と同じ税率を課せられる、という具合に続いていく。１９１５―１９４４年の所得課税に適用されていた課税所得の一括控除制度と比べると、家族係数は家族に、とりわけ裕福な家族に好都合な制度であり、それゆえ公的財政にとっては明らかに一括控除より負担となる。

　実際、家族係数は１９１４年に元老院によって提案されていたが、コストがかかりすぎることから廃案とされ、一括控除制度に代えられた。当時の家族擁護団体と人口増加を訴える団体はこのことに憤りをあらわにした[1]。１９４５年の家族係数の可決は、フランス解放時の政治家が１９４０年の敗戦後、家族および出生数を重視する方向に向かったことの表われである。それは国全体の優先事項であり、１９４５年12月31日法の提案理由説明にもはっきりと表明されていた[2]。他の西欧諸国が課税所得の一括控除制度を存続させている事実（フランスは家族係数を採用した唯一の国である）は、出生数と人口減少の脅威に対するフランス人特有の姿勢と特性をありありと示している。この改革が

（１）タルミィ（１９６２年）を参照。１８９６―１９３９年にわたるフランスの家族擁護運動の歴史を扱った学位論文の序論におけるタルミィの筆致からは、フランスにおける家族係数と出産奨励政策についての白熱した議論がうかがえる。「当局が家族に注意を払うようになったのは比較的最近のことである。19世紀全体を通じて、家族は制度や法律の犠牲となり、小説家や劇作家によって愚弄され、笑いものにされてきた。こうして家族の尊厳が弱まった結果、世界に例のない出生率の低下が生じたのだと思われる」。

（２）『官報――憲法制定議会資料』、付録71号（１９４５年12月11日の審議）を参照。

最初の憲法制定議会、つまり共和国の歴史で最も左寄りの議会によって採択されたのは驚くべきことだ。[1] このことからうかがえるのは、1920年に「制服議会」が総合所得税の最高税率を極端に上げる痛ましい役回りを演じたことと合わせ、ときには歴史的状況に強いられて左派にせよ右派にせよふだん掲げている目標とは明らかに矛盾する改革を実行しなければならないという点である。1945年12月の国会審議では、ド・ゴールと財務大臣ルネ・プルヴァンが提案した家族係数制度に、あえて公然と反対した者は誰もいなかった。[2]

しかし、このうわべだけの合意は長くは続かなかった。実際、左派は本当の意味で家族係数に賛成したことはなく、採択直後から、この制度によって裕福な家族に過剰な減税がなされることを非難した。1947年3月、労働総同盟とフランス共産党は、採択されてまもなく家族係数制度の再検討を柱とする所得税改革案を発表する。フランス共産党は家族係数の原則を受け入れつつも、大家族に割り当てる係数を減らすことを提案し(子供1人あたり0・5ではなく0・25とする)、裕福な家族に対する減税額を大幅に下げるべきだと主張した。[3] 労働総同盟の提案はいっそうラジカルだった。労働総同盟は家族係数を無条件に廃止し、代わって子供1人あたりの定額減税を行なう制度、つまり、まず家族構成にかかわらず計算を行ない、次いで、両親の所得にかかわらずすべての納税者にとって同一の額を、子供1人ごとに差し引く制度の採用を訴えた。[4] どちらの案も実現には至らなかったが、これらの試みは、戦後まもない時期を含めて、家族構成をどのように考慮するかという問題がフランスの所得税の歴史において政治的対立のテーマでありつづけたことの表われである。仮に労働総同盟の案が実行に移されていれば、裕福な家族に対する税率の著しい引き上げをもたらしただろう。労働総同盟案に反対する者たちは、子供1人ごとに定額減税を行なうこの制度が所得の高い納税者にとって取るに足りない金額にしかならず、その結果、国の人口増加への貢献を彼らに促すことはできないと非難した。それに対して労働総同盟は、どの子供の生活費も同一で、「家族の負担が所得に応じて重くなる理由はまったくない」と反論した。

1947年に労働総同盟が主張した子供1人ごとに一定額を減税するというこの考えは、大変興味深い。というのも、フランスで適用されなかったとはいえ、この制度は家族手当という「平等主義」の理想（両親の所得にかかわらず、子供がいれば同じ額の手当を受けられる）[5]に最も近い制度であるとともに、20世紀全体を通じて左派の暗黙の理想として役立ったからである。実際、労働総同盟による１９４７年の提案は１９４５年に採択された家族係数の再検討というだけでなく、家族係数の「不平等主義」的な特徴をすでに帯びていた、１９１４年に元老院が採択した課税所得の一括控除制度の再検討にもなっていた。一般に限界税率は両親の所得の増加関数なので、子供1人ごとに一定額を課税所得から差し引くと、両親の所得が高くなればなるほど減税額が大きくなる。[6]１９３６年に人民戦線が裕福

（1）１９４５年10月の選挙は、共産党と社会党だけで絶対多数の議席を獲得した最初の国政選挙だった。このような状況は20世紀末になって3回起きたが、いずれの場合も共産党の議席は１９４５年よりはるかに少なかった。

（2）『官報――憲法制定議会議事録』、１９４５年12月21日の第二審議、p・３０１―３０６を参照。議事録を読むと、仮に前年の総合所得税控除の問題で要求どおりの決着を得ていなかったなら、共産党と社会党は家族係数にもっと反対したのではないかという印象を受ける（後出参照）。

（3）フランス共産党案の全文は『官報――下院――議会資料』、付録８０４号（１９４７年3月4日の審議）に掲載された。

（4）共産党案と違い議会への提出ができない労働総同盟案の内容については、たとえばマルキ（１９４７年、p・91―１００）を参照。

（5）家族手当との本質的な違いは、累進所得税の課税世帯だけが、子供1人ごとの定額減税の対象となる点である。そもそも、累進所得税を納める納税者世帯の状況を考慮するどんな制度も（１９４７年に労働総同盟が提案した制度を含め）、課税対象とならないほど所得の低い両親を持つ子供がいかなる税制上の優遇にもあずからないという意味において、「不平等」である。

（6）家族係数制度と同じように課税所得の一括控除制度においては、子供1人ごとに認められる減税額は両親の所得の増加関数である。この二つの制度の違いは原則の問題ではなく、程度の問題である。一括控除の場合、両親の所得が上がれば減税額もわずかに増す（増加の度合いは限界税率と同じであり、その結果、たとえば１９１７―１９１８年および１９３６―１９４１年の所得課税で適用された「平均税率」による税率表の場合のように、最も高い所得に対する限界税率よりも中間に位置する所得に対する限界税率のほうが高くなるという、マイナスの伸びがかすかに生じる）。他方、家族係数においては減税額の増加ははるかに速い。ただし非常に高い所得の場合、双方の制度において、子供1人ごとの減税額は（絶対値でなく）両親の所得の割合で表わすと限りなくゼロに近づいていく。超高所得層にとって、一括控除の額あるいは家族係数の値の大小にかかわらず、平均税率は常に税率表の最高限界税率に近づく（ここでも、二つの制度の違いは速さにある。つまり家族係数の場合、「減税率」は一括控除の場合よりもゆっくりとゼロに近づく）。

な納税者に認める扶養控除を他の納税者よりも低い額にしたのは、そうした一括控除制度の望ましくない影響を解消するためだった。１９３６年12月31日法によっておおよそ実現したことだが、控除額が限界税率の累進の度合いと同じ度合いで下がると仮定することで、レオン・ブルム内閣は子供１人ごとに認められる減税額が、両親の所得水準にかかわらずすべての子供にとってほぼ同じになるよう意図したのである。

それと同じ意図は、１９８１年５月の選挙の数カ月後にピエール・モロワ首相の社会党内閣が実施した家族係数改革にも見ることができる。この改革は社会党が政権復帰を待ちながら準備した計画の中に何年も前から存在したもので、１９４５年12月31日法が定めた制度の最も根本的な再検討だった。１９８１年の所得課税から適用された１９８１年12月30日法は「家族係数効果の上限設定」を設けたが、それは家族係数制度によってもたらされる減税額が一定の額を超えてはならないとする規定で、最初は家族係数０・５あたりの最大減税額を７５００フランとした。この額を超えた場合、つまり家族係数を厳密に適用すると７５００フラン以上の減額となるような高所得の家族の場合、減税額は「定額」の７５００フランに据え置かれる。つまり減税額には、１９４７年に労働総同盟が提案した制度と同じように、もはや両親の所得水準が反映されなくなる。この上限設定のしくみは見直されることなく、１９８１年の所得課税から毎年適用されている。１９９７年、大統領として新たな社会党政権のトップに就いて数週間後、リオネル・ジョスパンは、裕福な家族への家族手当支給を停止する意向を示す一方で、家族係数制度によって裕福な家族に与えられている税制上の優遇を再検討できれば、家族手当の見直しを断念する用意があると表明した。そして結局、そのとおりの決定がなされる。１９９８年の所得課税から適用された１９９８年12月30日法は、最大減税額の水準を、１９８１年と１９９８年の間のインフレに応じてスライドさせたうえで大幅に引き下げつつ、１９８１年の制度そのものを存続させた。１９９８年の引き下げ後を含めて、設定される上限はたしかに、大多数の家族が家族係数制度をフルに活用できるほど高く設定された(1)。しかし、家族係数の効果の「不平等主義」が本当に強まるのが、超高所得層の家族の場合であることは事実である。１９８０―１９９０年の社会党政権は、高所得層だけを対象に家族係数を定額減税制度に変えることによって、1945年12月31日法が確立した制度の最も不平等な影響をついに是正することができたのだ。1936年の人民戦線による改革と1980―1990年代の社会党政権による改革の間には大きな類似が見られるが、当事者たちはこの類似をとくに強調しなかったようである。どちらの場合も、社会主義者たちは定額減税という「平等主義」の理想に近づこうと努めたが、現行の制度を徹底的に見直す勇気は持たなかった。おそらく、ここぞとばかりに右派が国民に向けて「左派陣営は家族や出生率を軽視している」と呼びかけることを恐れたのだろう。半世紀後のいま振り返ると、この二つの出来事からは、所得税および納税者の家族構成への配慮について、右派と左派の政治的対立がきわめて長く続いていたことがうかがえる。

家族係数の原則のこうした再検討と並んで、1945年12月31日法の施行後に家族係数が引き起こした政治的対立は、納税者の家族構成に応じて係数を決める際の規則にかかわっている[2]。1945年12月31日法は、独身者に係数1、正式の夫婦に係数2、そして扶養する子供1人につき係数0・5を認めていた。したがって子供1人の夫婦には2・5、子供2人の夫婦には3、子供3人の夫婦には3・5という具合に係数が認められた。20世紀末に適用されている制度との本質的な違いは、1945年12月31日法が大家族を対象とする係数0・5の追加を定めていないことである。つまり何人めの子供であっても、子供1人の係数は0・5とされる。右派陣営の議員たちは、のちに大統領となるルネ・コティの1945年12月の発言を皮切りに、繰り返し「大家族特別手当」を提案したが[3]、それが実現するのは1970年代末の、ヴァレリー・ジスカールデスタン大統領の登場によってである。バール首相率いる内閣は1979

(1) 1981年以降の最大減税額およびそれに対応する課税所得の閾値の変化については付録C表C－5を参照。こうした上限設定が適用される家族の所得分布の分位については次章で見ることにしたい。

(2) われわれが記憶するかぎりでは、ここに言及していない改革は身体の不自由な人々に対する追加係数0・5の割り当て、および両親あるいは成人している身体の不自由な子供の、家族係数への帰属の条件に関する改革だけである。

(3)『官報――憲法制定議会議事録』、1945年12月21日の第二審議、p・301―306を参照。

年の所得課税において、5人めの子供に係数0・5を追加することを認め（1980年1月18日法）、1980年の所得課税からは3人めの子供に係数0・5を追加することを認めた（1980年12月30日法）。その後、最初の保革共存の時期に、1981年に社会党政権が導入した家族係数効果の上限設定を存続させることにしたシラク政権は、3人めの子供だけではなく、3人め以降の子供すべてを係数0・5の追加の対象とすることを決めた（1986年12月30日法）。したがって1986年の所得課税以降、3人の子供がいる夫婦は家族係数4、4人の子供がいる夫婦は家族係数5、5人の子供がいる夫婦は家族係数6、という具合に係数が認められることになった。1945年12月31日法から引き継がれた状況と比べて、1980―1990年代は、右派が実施した「大家族特別手当」による家族係数効果の拡大と、左派が実施した上限設定による家族係数効果の縮小という、鮮やかな対照を示している。

子供のいない納税者と結婚していない納税者に対して家族係数をどのように決めるかもまた、政治的対立の原因になると同時に重要な改革のきっかけになった。まず指摘したいのは、1945年の政権担当者が、1939―1944年の課税所得に適用された「家族補償税」の痕跡を残すに任せたことである。1945年12月31日法は家族補償税の廃止を決めたものの、実際には家族補償税に代えて別の規定を設けている。それによれば結婚後3年の時点で子供のいない夫婦の家族係数は2ではなく1・5とされる。したがって1945―1949年の所得課税では、結婚後3年の時点で子供のいない夫婦には1・5の家族係数しかなかったが、この「抑圧的な」規定は1951年5月24日法によって（1950年の所得課税以降）廃止された。そして1950年の所得課税からは、子供のいない夫婦すべてに、結婚の時期がいつであろうと家族係数2が認められるようになった。1945年12月31日法が定めたこの「抑圧的な」規定は、1920年に国民ブロックが制定した子供のいない納税者に対する加算税を直接継承するもので、ただ一つ異なるのは国民ブロックが結婚後2年の時点で子供のいない夫婦を標的にしたことである。2年という猶予期間は家族補償税に受け継がれたが、最初の憲法制定議会の議員たちはこれを3年に延ばした。この規定がフランス解放時に、出産を奨励する右派や人口増加主義者だけでなく、かなり幅広い人々から支持されたことは驚嘆に値する。

たとえば、この規定が盛り込まれたフランス共産党の1947年3月の改革案は、家族係数制度の全体的な係数削減を提案しながら、結婚後3年の時点で子供のいない夫婦に対して係数を低くするという考えは維持している。[1] 概して左派は、裕福な家族にあまりに大きい減税を享受させる規定には賛意を示さないが、当時、子供のいない納税者が加算税の対象となることには、とくにその納税者が経済的に豊かな場合にはいかなる不都合も認めていなかった。とはいえ、この規定が廃止された背景には「選挙至上主義」の政治状況があり、この「抑圧的な」措置にあまり人気がなかったことがわかる。1951年5月24日、予算案が急進社会党のアンリ・クイユ率いる、左右両派の大物を擁する臨時内閣によって採択された。閣僚にはフランス社会党のギー・モレとジュール・モッシュ、フランス人民共和派のジョルジュ・ビドーとモーリス・シューマンがいた。予算案採択の1カ月足らずののちには、1946年から政権を担当する諸政党にとって勝算の微妙な1951年6月の国政選挙が控えていた（ド・ゴールのフランス国民連合がフランス人民共和派とフランス社会党を上まわるのではないかという懸念は、実際そのとおりの結果となる）。この予算案にはまた、最も新しい税の軽減策、とりわけすべての税率区分の閾値の引き上げが盛り込まれていた。[2]

じつは、この規定の痕跡は家族係数の係数決定方法からすっかり消えたわけではない。1945年12月31日法は、結婚後3年の時点で子供がいない夫婦であっても、かつてもうけた子供が現時点で成年に達しているか、または他界していれば、「少なくともその1人が16歳に達していた場合」（逆にいえば16歳に達する前に死亡した子供は対象とならない）家族係数2を認めると定めている。この規定は家族補償税を導入した1939年7月29日の政令をそのま

(1)『官報――下院――議会資料』、付録804号（1947年3月4日）を参照。
(2) 1951年5月24日法で採用され、1950年の所得課税から適用された新しい税率表については、後出の表4－5を参照。1951年5月24日法は税の減額の非公式の開始を告げてもいる。0パーセントの税率区分の最高閾値が14万フランに設定されたのはたしかだとしても、この法は家族係数1あたりの課税所得が15万フランを超えない納税者にいかなる課税も設けないことを明確にしているからである。

ま受け継いだものだが、１９４５年12月31日法は釣り合いを考慮して、またおそらく戦争中に配偶者も子供も失った人々への配慮から、子供のいない独身者、離婚者、寡夫・寡婦を対象とする類似の規定を定めている。すなわち、通常はこれらの人々に認められる家族係数は1だが、かつてもうけた子供が成年に達している場合、あるいは他界していれば、「少なくともその1人が16歳に達していた場合」、この条件に該当する人々の家族係数は１・５に引き上げられる。この規定の見直しは行なわれず、20世紀末に至っても、16歳に達していた子供という説得力のない条項を含めて適用されつづけている。しかしながらこの規定の現実的影響は１９４５年以降、とりわけ国民の高齢化によって大きく変化した。20世紀末には、扶養する子供のいない独り暮らしの高齢者の数が非常に多くなり、かつてもうけた子供が成年に達している人、死別した子供の少なくとも1人の年齢が16歳に達していた人は高齢者の大多数に上るので、そうした大勢の人に対して1ではなく１・５の家族係数が認められた。この高齢の納税者グループには、つつましい年金生活者だけでなく、比較的恵まれた人々も相当数含まれる(1)。左派政権は、そのような人々を対象とする家族係数効果の特別上限設定を打ち出す。１９９７年の所得課税から、いま扶養中の子供はいないがかつて子供をもうけたことのある独身者・離婚者・寡夫・寡婦の係数１・５から生じる減税額に、扶養中の子供がいる係数１・５の人々が受ける減税額よりも低い額の上限が設定されたのである（１９９７年12月30日法(2)）。

その後の議会の議員たちを忙しくさせたにちがいない１９４５年12月31日法の別の規定は、結婚していない納税者の子供にかかわるものである。一般に、１９４５年の政権担当者のおもな目的の一つは、結婚していない男女に比べて正式な夫婦が優遇されるように、少なくとも不利な扱いを受けないようにすることだった。それ以前の税法では、結婚よりも同棲のほうが税制面で有利になる状況がたしかにあった。１９１５—１９４４年の所得課税では、すべての納税者を対象とする基礎控除のほうが、正式な夫婦を対象とする追加控除よりも常に額が大きかった(3)。そのため、各々がかなりの所得を稼ぐ比較的「対等」な男女には、同棲生活をして基礎控除を2人分受けるという選択肢があった。たとえば１９４４年の所得課税では、基礎控除が2万フラン、正式な夫婦を対象とする追加控除が７０００フランだったので、各々が1万5000フラン稼いでいる正式な夫婦は総合所得税を課せられるが（所得総額3万フランに対して、控除は2万7000フランにとどまる）、同じく各々が1万5000フラン稼いでいる同棲中の男女には1人あたり2万フランの控除が認められるので、総合所得税が課税されない。このようなケースが相対的に少ないことはたしかで、女性の所得のほうが下まわる「対等でない」多くの男女の場合は、結婚し、正式な夫婦だけに適用される控除を受けたほうが有利である。しかし一部のケースで同棲生活が国家によって優遇されるという事実は戦間期を通じて繰り返し非難の的となった。家族係数の採用は、1945年12月31日法の提出理由説明に記された表現によれば、この「不道徳な」状況に終止符を打つものだった[4]。実際、家族係数の原則と課税所得をその係数で割るという原則の結果、正式な夫婦が同棲中の男女よりも不利な扱いを受けることはなくなり、とくに、同棲中の男女が2人分の基礎控除を認められて総合所得税を免れるということは起こらなくなった。最悪の場合、つまり各々がきっかり同じ額の所得を稼ぐ「対等な」夫婦の場合は、所得総額を2で割ってから数値に2を掛けるため、同棲生活の場合に適用される1人ずつの課税に比べて有利な点はない。しかしそれ以外のあらゆる場合、つまり所得面において夫婦がいくらかでも「対等でない」場合は、同棲よりも結婚のほうが有利になり、現在もなおこのような状況が大勢を占めている。

残念ながら、1945年の立法府が非婚男女の子供について採用した規定のために、この措置に不備が生じた。1945年12月31日法は戦争によって配偶者を失った若い親たちを考慮して、そのような親の最初の子供に（0・5で

（1）同じ家族係数を持つ納税者の各グループの所得分布を個別に推計すると、1・5の係数を持つ納税者の所得格差が他のグループに比べて著しく大きいことがわかる（ピケティ〔1998年、p・19〕を参照）。
（2）付録C表C－5を参照。
（3）付録C表C－1を参照。
（4）『官報――憲法制定議会資料』、付録71号（1945年12月11日の審議）を参照。

はなく）家族係数1を認め、子供1人を養う独身者、離婚者、寡夫・寡婦の納税者に（1・5ではなく）家族係数2を割り当てるようにした。[1] そのため、たとえば子供が2人いる男女は、この規定を2倍享受するために同棲関係で暮らすことが得になった。男女がそれぞれ1人の子供を扶養家族として申告すれば各々が家族係数2を得られるが、結婚していた場合は男女合わせて3にしかならないからだ。それ以前の時代と同様に、同棲関係の男女に与えられるこの税制上の優遇は比較的「対等な」男女にしかあてはまらない。女性が働いていない場合は、結婚していて夫の所得をできるだけ大きい家族係数で割ったほうが得になる。しかし、共働きの世帯が将来増加し、そうした男女が結婚しないまま子供をもうける可能性をおそらく予想していなかった1945年の立法府が、結婚よりも同棲のほうが税制面で有利になる状況をつくったことはたしかである。当然、右派は何度もこの「不道徳な」規定を見直そうとした。そして1986年、最初の保革共存時のシラク政権が、1981年に左派が導入した家族係数効果の上限設定を見直し、結婚していない納税者の第一子に認められているこの係数1のみを対象とする追加の上限設定を定めた。1986年の所得課税から、この係数1によって得られる減税額には、扶養されているほかの子供を対象とする上限よりも低い上限が設けられたのである。[2] 次いで1995年に、（この新規定を提案したフランス民主連合の議員の名前から）「クルソン修正案」と呼ばれる案によってとどめが刺される。1995年の所得課税から、独身者、離婚者、寡夫・寡婦の納税者が第一子を名目とする家族係数1を得るためには、その子を一人で育てていることを証明する書類が必要となった（1995年12月30日法）。「にせものの片親」と「実際に同棲している男女」の排除を目的とするこの規定はすぐに効果を上げ、問題とされた家族係数1を申告する納税者は著しく減少した。[3]

1945年12月31日法によって「現代的な」基礎が築かれたこの豊かで波乱に富む歴史には、どんな役割を持つどんな構成の家族が国から優遇され、どんな家族がそれより低い待遇を受けるべきかについての左右両派の考え方が表われている。そしてこの歴史からは、家族と出生数に対するフランス人の思い入れの強さがひしひしと伝わってくる。こうした挿話のほとんどはいまや忘れ去られているが、国会議事録と当時の新聞・雑誌にざっと目を通すだけでも、これらの規定がどれほど激しい論争と対立の的になったかがわかる。それにまた、この歴史は決して終わったわけではない。たとえば、1999年10月に国民議会で採択された「PACS（連帯民事契約）」法は、PACSを結んだパートナー同士が、それまで正式な夫婦だけに認められていた共同課税方式を利用できるよう定めたが、この規定はすでに多くの論議を巻き起こした。しかしこの豊かで波乱に富んだ歴史はまた、決定されたことが出生数と家族構成に関して実際にどのような影響を与え、またどのような影響を与えると考えられていたのか、という問題を提起してもいる。つまり1914年から講じられてきたこれらさまざまな措置が、世帯ごとの子供の数、出生率、結婚の件数、同棲、独身のまま生活する人々にどの程度の影響を及ぼしたか、という問題である。

残念ながら、この問いに満足な形で答えてくれる包括的研究は一つもない。家族政策が家族の行動に与える影響の問題を扱ったフランスの数少ない研究は、家族手当の影響の問題に的を絞っていて、家族に対する所得税面での優遇の変化を考慮に入れようとはしていない。(4) 実際に、税制面でのそうした優遇の恩恵は定義上、国民のうちの富裕層しか対象とならず、そのため1914年以降の所得税の「家族」という次元の変化に富む歴史が、国家という次元で出生率と家族構成に及ぼした可能性のある影響には限りがある。それでも、高所得層の家族構成の変化はそれ自体、興味の尽きない問題であることに変わりはない。高所得層をめぐる課税措置の不断の変遷を取り上げることによって、そこまでは所得がない国民の場合よりもいくらか満足のいく形で、家族行動に対する税制優遇の影響を独自に考察で

（1）1945年12月31日法には、死別した配偶者との間にできた子供を扶養中の寡夫・寡婦に対して追加係数0・5を割り当てる決定も盛り込まれた。この措置は現在まで受け継がれている。
（2）付録C表C－5を参照。
（3）ピケティ（1998年、p・19）を参照。
（4）たとえばブランシェ（1992年）、ブランシェ&エケール＝ジャフェ（1994年）、マルタン（1998年）、オベール（1999年）を参照。

きるかもしれない。さらに、入手できるデータはすこぶる多い。1915年の所得課税時から毎年、税務当局が納税者の所得申告に基づいて作成してきた統計を見れば、1年ごとに、多くの税率区分（とりわけ超高所得層）について、独身者、正式な夫婦、大家族それぞれの数の長期にわたる変化をたどることができる。行政の手になる情報の常として、それらの統計で使われる統計カテゴリーはたしかに施行中の税法によって用いられていた家族条件をもとにしているので、情報の中には、税法がそのカテゴリーを特定しなくなると同時に表から突然消えるものがある。たとえば結婚後2年の時点で子供のいない夫婦は1919年の所得課税時には統計に現われるが、1945年の所得課税時からはその「2年」が「3年」になり、1950年の所得課税を最後にこの種の夫婦は統計から姿を消してしまう。しかしこうしたカテゴリーについて比較的長期にわたってこれほど豊富な統計データが得られることは、それだけでたしかな利点であり、この情報源の家族にかかわる要素を徹底的に活用する根拠となりうるだろう。[1]

しかしながらこのような研究には、課税世帯の家族状況に対応する課税規則全体、およびさまざまな改革の正確な時期への考慮と、出生率およびさまざまな所得層の家族構成の変化の精密な比較とに立脚した、きわめて入念な作業が求められる。とくに、1945年の家族係数導入と第二次世界大戦後のフランスの出生率回復（「ベビーブーム」）との間に一時的な一致が見られることだけで、税制優遇と人口統計上の行動との間の因果関係の存在およびその大きさについてなんらかの結論を引き出すことはできない。人口増加を促したり抑えたりする20世紀の所得税の変化は、現実には、ときにそう思われるほど明瞭ではない。1945年の家族係数導入によって、20世紀後半に家族を対象とする税制優遇がいっそう手厚くなったのはたしかだとしても、1915—1944年の所得課税に適用されていた一括控除制度が、1915—1933年の所得課税の際に、家族扶養分の比例減税制度と、子供のいない納税者を対象とする1919—1938年の加算税制度とによって補われていたことは考慮すべきだろう。なお後者の加算税は1939—1944年の所得課税では廃止され、代わって「家族補償税」が採用されている。そんなわけで、人口増加を促す20世紀前半の税制優遇措置が本当に効果がなかったかどうかは明らかでない。事例に即した研究が待たれるところだ。家族係数効果の上限設定と同時に大家族を対象とする０・５の追加係数の導入がなされた20世紀最後の20年についても事情は同じで、人口増加を促す優遇措置の実質的効果は、取り上げる家族の所得水準と子供の数によって細かく変化する。こうした人口統計上の研究は本書の枠には収まらないので、ここで高所得層の家族構成の歴史をたどることはしない。とくに、次章で分析する高所得層の各分位に課せられた平均税率はすべて「平均的な」高所得層の家族状況を想定して計算したもので、家族構成が異なる家族間の租税圧力差の変化を研究するのに役立つものではない。(2)

4．1．2　税率表の一般的形式

家族係数がその最も目につく要素であるとしても、１９４５年12月31日法が残したものは家族係数だけに限定されるわけではない。半世紀後のいまから見ると、１９４５年12月31日法が累進課税方式の税率表の形態に与えた決定的影響が確認できる。表４－５に１９４５年から適用されてきた税率表をすべて掲げたが、この表からは、１９１５―１９４４年の税率表（表４－１、４－２、４－３、４－４を参照）に混乱した変化が見られるのに対して、１９４５年以降の税率表の骨格に持続性があることがうかがえる。

その持続性はまず、税率表の課税のしかたに表われている。第二次世界大戦後から適用されてきた税率表は家族係数を採用しているだけでなく、みな「限界税率」による税率表であって、「平均税率」による税率表での課税がありうること、１９１７―１９１８年と１９３６―１９４１年の所得課税時にフランスでその課税方法がとられていたこ

(1) 参照できる表は付録Aにまとめ、それらの表が掲載された統計報告書の正確な出典を示した。
(2) 本書では「平均的」家族構成を持つ高所得層の各分位の平均税率を推計した。推計に用いた方法論の詳細については付録B第3節を参照。

とはいまや人々の記憶にほとんど残っていないほどだ。しかし持続性がとくに顕著なのは、税率区分の数と、最高税率をはじめ対応する税率の水準である。1945年から1998年までの半世紀以上にわたって、所得税の最高限界税率は常に55―65パーセントだった（表4‐5を参照）。すでに「家族補償税」の廃止で負担が減っている子供のいない独身者をさらに優遇するという印象を与えないよう、1945年12月31日法は、家族係数を1しか持たない納税者に（60パーセントではなく70パーセントの）いっそう高い最高限界税率を適用する。この制度は1959年12月28日法によってようやく廃止された。1945年の所得課税から1958年の所得課税まで、家族係数1の納税者に適用される最高限界税率は70パーセントで、他の人々の場合は60パーセントだったのである。この1959年12月28日法はまた、「比例税」廃止の穴を埋めるために、非賃金労働者に対する最高限界税率を、賃金労働者や退職年金生活者よりもいくらか引き上げた。実際、1959―1969年の所得課税では、税率表の限界税率すべてが表4‐5に示した率よりも5ポイント高い（最高税率は60パーセントではなく65パーセントだった[1]）が、すべての納税者に対して賃金と退職年金の額の5パーセントにあたる額を減税していたため、賃金所得に、つまりほとんどの所得に実際に適用された税率表は表4‐5に示した表になる。非賃金労働者に対するこの「限界税率の上乗せ」は1970―1971年に5パーセントから3パーセントに引き下げられ、1972年以降の所得課税からは姿を消す。1948年と1959年の税制改革の核心をなす問題だった、賃金所得と非賃金所得の間の待遇の不平等についてはあとでふたたび見ることにしよう。指摘しておきたいのは、こうした特異性はあるにせよ、所得税の最高限界税率が1945年から1998年にかけておよそ55―65パーセントだった（最小は54パーセント、最大は70パーセント）点は変わらないということである。他方1915―1944年には、税率表の最高限界税率は1915年の絶対最小値2パーセントから、10年とたたない1924年には（子供のいない納税者向けの加算税を考慮の外に置いて）絶対最大値72パーセントに跳ね上がった。1926年にポワンカレが36パーセントとしたが、以後、1924年に達した最大値72パーセントと1934年に達した最小値24パーセントとの間を揺れ動く。それと比較すると1945―1998年の所得税はまったく「平穏な」税に見える。その背景には、所得税の（少なくとも形式上の）あるべき姿について政界と世論が同じ考えを共有していたことがある。１９４５年以降、所得税は所得の最も高い人々に対して、それ以上でもそれ以下でもなくおよそ55―65パーセントの限界税率を課す恒常的な手段だと考えられていたようなのだ。

そのうえ、１９４５年以降の税率表の一般的構成のこの安定性は、最高限界税率の問題をはるかに超えている。１９１５―１９４４年の税率表が、大きな揺れ動きを示しながら何十もの税率区分を設けていたのに対し（表４－１から４―４を参照）、１９４５―１９９８年の税率表はすべて、税率区分の数が抑えられている（表４－５を参照）。１９４５年の立法府は税率表の「簡略化」という目的にこだわり、１９４５年12月31日法は１９４５年の所得課税に際して、それぞれ0パーセント、12パーセント、30パーセント、45パーセント、60パーセントの限界税率を適用する５つの税率区分を定めた。ちなみに１９４４年の所得課税では25もの区分が存在していた。年を経るにつれて税率区分の数はわずかに増え、下位の税率に修正が加えられるものの、税率表の構造は簡略さを保ち、最初の憲法制定議会が１９４５年に採用した税率表の精神を（一字一句ではないまでも）受け継いでいる。とくに注目されるのは、１９４９年の所得課税から１９７２年の所得課税までの20年以上にわたる期間、それぞれ0パーセント、10パーセント、15パーセント、25パーセント、30パーセント、40パーセント、50パーセント、60パーセントの税率を適用する８つの区分の税率表が用いられたことである（表４－５を参照）[2]。１９７４年に第一次シラク内閣がそれぞれ35パーセント、45パーセント、55パーセントの税率を適用する中間の区分を設けた（１９７４年12月30日法）ことを含め、１９７４―１９９２年の所得課税においては区分の数は12となる（１９８２―１９８５年の所得課税時には13となる）。しかし純粋に技術的なこの改革の目的は限界税率の輪郭を「滑らかにする」ことにすぎなかったので、税率表の形式にも

（１）60パーセントという率は１９６３年の所得課税では６１・５パーセントに、１９６６年の所得課税では65パーセントに特別に引き上げられ、65パーセントという率も同じだけ引き上げられた（表４－５を参照）。

（２）前注を参照。

表 4-5：1945-1998 年の所得課税に適用された所得税税率表

1945		1946		1947		1948	
0-40,000	0%	0-40,000	0%	0-100,000	0%	0-120,000	0%
40,000-100,000	12%	40,000-200,000	12%	100,000-200,000	12%	120,000-200,000	10%
100,000-300,000	30%	200,000-500,000	30%	200,000-500,000	24%	200,000-300,000	15%
300,000-500,000	45%	500,000-1,000,000	45%	500,000-1,000,000	36%	300,000-500,000	20%
500,000-	60%	1,000,000-	60%	1,000,000-2,000,000	48%	500,000-800,000	25%
				2,000,000-	60%	800,000-1,200,000	30%
						1,200,000-2,000,000	40%
						2,000,000-3,000,000	50%
						3,000,000-	60%

1949		1950		1951-1952		1953-1959	
0-120,000	0%	0-140,000	0%	0-180,000	0%	0-220,000	0%
120,000-250,000	10%	140,000-300,000	10%	180,000-350,000	10%	220,000-350,000	10%
250,000-500,000	15%	300,000-500,000	15%	350,000-600,000	15%	350,000-600,000	15%
500,000-800,000	25%	500,000-750,000	20%	600,000-900,000	20%	600,000-900,000	20%
800,000-12,000,000	30%	750,000-1,200,000	30%	900,000-1,500,000	30%	900,000-1,500,000	30%
1,200,000-2,000,000	40%	1,200,000-1,500,000	40%	1,500,000-3,000,000	40%	1,500,000-3,000,000	40%
2,000,000-3,000,000	50%	1,500,000-5,000,000	50%	3,000,000-6,000,000	50%	3,000,000-6,000,000	50%
3,000,000-	60%	5,000,000-	60%	6,000,000-	60%	6,000,000-	60%

1960		1961		1962		1963	
0-2,300	0%	0-2,300	0%	0-2,400	0%	0-2,400	0%
2,300-3,750	10%	2,300-4,000	10%	2,400-4,000	10%	2,400-4,000	10%
3,750-6,500	15%	4,000-6,750	15%	4,000-6,750	15%	4,000-6,750	15%
6,500-9,750	25%	6,750-10,000	25%	6,750-10,000	25%	6,750-10,000	25%
9,750-16,250	30%	10,000-16,250	30%	10,000-16,250	30%	10,000-16,250	30%
16,250-32,000	40%	16,250-32,000	40%	16,250-32,000	40%	16,250-32,000	40%
32,000-64,000	50%	32,000-64,000	50%	32,000-64,000	50%	32,000-64,000	50%
64,000-	60%	64,000-	60%	64,000-	60%	64,000-	61.5%

1964		1965		1966		1967-1968	
0-2,400	0%	0-2,500	0%	0-2,500	0%	0-2,500	0%
2,400-4,400	10%	2,500-4,500	10%	2,500-4,500	10%	2,500-4,500	10%
4,400-7,350	15%	4,500-7,600	15%	4,500-7,600	15%	4,500-7,600	15%
7,350-10,850	25%	7,600-11,250	25%	7,600-11,250	25%	7,600-11,250	25%
10,850-17,500	30%	11,250-18,000	30%	11,250-18,000	30%	11,250-18,000	30%
17,500-35,000	40%	18,000-36,000	40%	18,000-36,000	40%	18,000-36,000	40%
35,000-70,000	50%	36,000-72,000	50%	36,000-72,000	55%	36,000-72,000	50%
70,000-	60%	72,000-	60%	72,000-	65%	72,000-	60%

1969		1970		1971		1972	
0-2,700	0%	0-2,900	0%	0-3,100	0%	0-3,300	0%
2,700-4,800	10%	2,900-5,100	10%	3,100-5,400	10%	3,300-5,750	10%
4,800-8,100	15%	5,100-8,500	15%	5,400-8,950	15%	5,750-9,500	15%
8,100-12,000	25%	8,500-12,600	25%	8,950-13,250	25%	9,500-14,050	25%
12,000-19,100	30%	12,600-20,050	30%	13,250-21,050	30%	14,050-22,000	30%
19,100-38,200	40%	20,050-40,100	40%	21,050-42,100	40%	22,000-43,500	40%
38,200-76,400	50%	40,100-80,200	50%	42,100-84,200	50%	43,500-86,500	50%
76,400-	60%	80,200-	60%	84,200-	60%	86,500-	60%

表4-5（続き1）

1973	
0-4,950	0%
4,950-5,200	5%
5,200-6,250	10%
6,250-9,900	15%
9,900-14,900	20%
14,900-22,000	30%
22,000-46,325	40%
46,325-92,125	50%
92,125-	60%

1974	
0-5,500	0%
5,500-5,825	5%
5,825-7,000	10%
7,000-11,100	15%
11,100-15,050	20%
15,050-19,000	25%
19,000-24,450	30%
24,450-26,475	35%
26,475-45,825	40%
45,825-64,900	45%
64,900-84,000	50%
84,000-103,150	55%
103,150-	60%

1975	
0-6,125	0%
6,125-6,425	5%
6,425-7,700	10%
7,700-12,225	15%
12,225-16,575	20%
16,575-20,900	25%
20,900-25,250	30%
25,250-29,125	35%
29,125-50,400	40%
50,400-71,375	45%
71,375-92,400	50%
92,400-113,450	55%
113,450-	60%

1976	
0-6,725	0%
6,725-7,050	5%
7,050-8,450	10%
8,450-13,400	15%
13,400-17,575	20%
17,575-22,150	25%
22,150-26,775	30%
26,775-30,875	35%
30,875-53,425	40%
53,425-73,525	45%
73,525-95,175	50%
95,175-113,450	55%
113,450-	60%

1977	
0-7,250	0%
7,250-7,600	5%
7,600-9,100	10%
9,100-14,400	15%
14,400-18,900	20%
18,900-23,800	25%
23,800-28,775	30%
28,755-33,200	35%
33,200-57,425	40%
57,425-79,025	45%
79,025-100,900	50%
100,900-119,100	55%
119,100-	60%

1978	
0-7,925	0%
7,925-8,300	5%
8,300-9,925	10%
9,925-15,700	15%
15,700-20,625	20%
20,625-25,925	25%
25,925-31,350	30%
31,350-36,175	35%
36,175-62,600	40%
62,600-86,125	45%
86,125-105,950	50%
105,950-125,050	55%
125,050-	60%

1979	
0-8,725	0%
8,725-9,125	5%
9,125-10,825	10%
10,825-17,125	15%
17,125-22,275	20%
22,275-28,000	25%
28,000-33,875	30%
33,875-39,075	35%
39,075-65,125	40%
65,125-89,575	45%
89,575-105,950	50%
105,950-125,050	55%
125,050-	60%

1980	
0-9,890	0%
9,890-10,340	5%
10,340-12,270	10%
12,270-19,410	15%
19,410-24,950	20%
24,950-31,360	25%
31,360-37,970	30%
37,970-43,770	35%
43,770-72,940	40%
72,940-100,320	45%
100,320-118,660	50%
118,660-135,000	55%
135,000-	60%

1981	
0-11,230	0%
11,230-11,740	5%
11,740-13,930	10%
13,930-22,030	15%
22,030-28,320	20%
28,320-35,590	25%
35,590-43,060	30%
43,060-49,680	35%
49,680-82,790	40%
82,790-113,860	45%
113,860-134,680	50%
134,680-153,200	55%
153,200-	60%

1982	
0-12,620	0%
12,620-13,190	5%
13,190-15,640	10%
15,640-24,740	15%
24,740-31,810	20%
31,810-39,970	25%
39,970-48,370	30%
48,370-55,790	35%
55,790-92,970	40%
92,970-127,860	45%
127,860-151,250	50%
151,250-172,040	55%
172,040-195,000	60%
195,000-	65%

1983	
0-13,770	0%
13,770-14,390	5%
14,390-17,070	10%
17,070-26,990	15%
26,990-34,700	20%
34,700-43,610	25%
43,610-52,760	30%
52,760-60,870	35%
60,870-101,430	40%
101,430-139,500	45%
139,500-165,010	50%
165,010-187,700	55%
187,700-212,750	60%
212,750-	65%

1984	
0-14,820	0%
14,820-15,490	5%
15,490-18,370	10%
18,370-29,050	15%
29,050-37,340	20%
37,340-46,920	25%
46,920-56,770	30%
56,770-65,500	35%
65,500-109,140	40%
109,140-150,100	45%
150,100-177,550	50%
177,550-201,970	55%
201,970-228,920	60%
228,920-	65%

1985	
0-15,650	0%
15,650-16,360	5%
16,360-19,400	10%
19,400-30,680	15%
30,680-39,440	20%
39,440-49,550	25%
49,550-59,950	30%
59,950-69,170	35%
69,170-115,250	40%
115,250-158,510	45%
158,510-187,490	50%
187,490-213,280	55%
213,280-241,740	60%
241,740-	65%

1986	
0-16,030	0%
16,030-16,760	5%
16,760-19,870	10%
19,870-31,420	15%
31,420-40,390	20%
40,390-50,740	25%
50,740-61,390	30%
61,390-70,830	35%
70,830-118,020	40%
118,020-162,310	45%
162,310-191,990	50%
191,990-218,400	55%
218,400-	58%

1987	
0-16,560	0%
16,560-17,320	5%
17,320-20,530	9.6%
20,530-32,460	14.4%
32,460-41,730	19.2%
41,730-52,410	24%
52,410-63,420	28.8%
63,420-73,170	33.6%
73,170-121,910	38.4%
121,910-167,670	43.2%
167,670-198,330	49%
198,330-225,610	53.9%
225,610-	56.8%

1988	
0-17,000	0%
17,000-17,780	5%
17,780-21,070	9.6%
21,070-33,310	14.4%
33,310-42,820	19.2%
42,820-53,770	24%
53,770-65,070	28.8%
65,070-75,070	33.6%
75,070-125,080	38.4%
125,080-172,030	43.2%
172,030-203,490	49%
203,490-231,480	53.9%
231,480-	56.8%

表 4-5（続き 2）

1989		1990		1991		1992	
0-17,570	0%	0-18,140	0%	0-18,690	0%	0-19,220	0%
17,570-18,370	5%	18,140-18,960	5%	18,690-19,530	5%	19,220-20,080	5%
18,370-21,770	9.6%	18,960-22,470	9.6%	19,530-23,150	9.6%	20,080-23,800	9.6%
21,770-34,410	14.4%	22,470-35,520	14.4%	23,150-36,590	14.4%	23,800-37,620	14.4%
34,410-44,240	19.2%	35,520-45,660	19.2%	36,590-47,030	19.2%	37,620-48,350	19.2%
44,240-55,540	24%	45,660-57,320	24%	47,030-59,040	24%	48,350-60,690	24%
55,540-67,220	28.8%	57,320-69,370	28.8%	59,040-71,450	28.8%	60,690-73,450	28.8%
67,220-77,550	33.6%	69,370-80,030	33.6%	71,450-82,430	33.6%	73,450-84,740	33.6%
77,550-129,210	38.4%	80,030-133,340	38.4%	82,430-137,340	38.4%	84,740-141,190	38.4%
129,210-177,710	43.2%	133,340-183,400	43.2%	137,340-188,900	43.2%	141,190-194,190	43.2%
177,710-210,210	49%	183,400-216,940	49%	188,900-223,450	49%	194,190-229,710	49%
210,210-239,120	53.9%	216,940-246,770	53.9%	223,450-254,170	53.9%	229,710-261,290	53.9%
239,120-	56.8%	246,770-	56.8%	254,170-	56.8%	2,612,690-	56.8%

1993		1994		1995		1996	
0-21,900	0%	0-22,210	0%	0-22,610	0%	0-25,610	0%
21,900-47,900	12%	22,210-48,570	12%	22,610-49,440	12%	25,610-50,380	10.5%
47,900-84,300	25%	48,570-85,480	25%	49,440-87,020	25%	50,380-88,670	24%
84,300-136,500	35%	85,480-138,410	35%	870,20-140,900	35%	88,670-143,580	33%
136,500-222,100	45%	138,410-225,210	45%	140,900-229,260	45%	143,580-233,620	43%
222,100-273,900	50%	225,210-277,730	50%	229,260-282,730	50%	233,620-288,100	48%
273,900-	56.8%	277,730-	56.8%	282,730-	56.8%	288,100-	54%

1997		1998	
0-25,890	0%	0-26,100	0%
25,890-50,930	10.5%	26,100-51,340	10.5%
50,930-89,650	24%	51,340-90,370	24%
89,650-145,160	33%	90,370-146,320	33%
145,160-236,190	43%	146,320-238,080	43%
236,190-291,270	48%	238,080-293,600	48%
291,270-	54%	293,600-	54%

解説：1945-1998年の所得には、限界税率による税率表と家族係数制度が適用された。1945年の所得課税では、家族係数1あたり4万フラン以下の課税所得部分には限界税率0パーセント、4万-10万フランの所得部分には限界税率12パーセント、10万-30万フランの所得部分には限界税率30パーセント、30万-50万フランの所得部分には限界税率45パーセント、50万フラン以上の所得部分には限界税率60パーセントが課せられた。

注記：(i) 1945-1947年の所得課税は「総合所得税」、1948-1958年の所得課税は「個人所得税」の「累進付加税」、1959-1998年の所得課税は単に「個人所得税」の税率表による。どの税率表も名目フラン表示である（1945-1959年は旧フラン、1960-1998年は新フラン）。

(ii) 1945-1958年の所得課税では、50パーセント（1945-1946年は45パーセント、1947年は48パーセント）と60パーセントの最高限界税率は、家族係数1の納税者の場合、実際にはそれぞれ55パーセント（1945-1946年は48.75パーセント、1947年は54パーセント）と70パーセントだった。

(iii) 1959-1971年の所得課税では、すべての限界税率は実際には、この表に示された税率より5ポイント（1970-1971年は3ポイント）高かったが、納税者には賃金・退職年金の額の5パーセント（1970-1971年は3パーセント）相当の減税が認められていた。

実効税率にもほとんど影響はなかった。バラデュール内閣が1993年に行なった改革についても事情は同じで、その目的は、税率区分の数を減らして税率表を「簡略にする」ことだった（1993年12月29日法）。結局、1993年の所得課税から用いられている7つの区分を持つ税率表では、1945年に最初の憲法制定議会が採用した税率とほとんど同じ限界税率になっている（表4－5を参照）。また、1945年以降に企てられた改革は（中間の区分の設定、中間の区分の廃止といった）技術的な修正にとどまり、国民ブロック、人民戦線、ヴィシー政権が行なったような全体的改正ではない控えめなものだった。とはいえ、このことは、戦後の歴代政府が、納税者の所得水準にかかわらずすべての納税者に求める税負担を同じ割合で増やす、あるいは減らすといった、国民ブロックによって制定されたタイプの、一定の税率区分と一律税率を持つ税率表への敬意から思いきった行動がとれなかったということではない。戦後の歴代政府には、一部の税率区分の閾値だけを引き上げたり、一部の税率だけを修正したりできるだけの裁量の幅があった。ただしそうした修正の規模はみな、きわめて限られていた(1)。1945年以降、どの政府も税率表を大胆に変える意欲を失ったように見える。

とはいえ、表4－5に掲げた税率表には、所得税の歴史を彩る多くの「特別増税」が含まれていないことを明言しておかなくてはならない。戦後の歴代政府は戦間期の先駆者と同じように、政治および経済情勢に応じて超高所得層に課す実質的な税負担を調節するため、1946―1947年の所得課税から、特別増税の力を借りた。フランス解放時の政府が1920年代初めの先駆者ほど大きな裁量の幅を持っていなかったことはたしかである。1920年代初めの政府が超高所得層に対する税率をあえて著しく引き上げ、富裕な納税者に戦後復興の負担を強いる姿勢を国民に示すことができたのに対して、累進所得税の最高税率が1945年に到達した水準では、この種の政策を試みるこ

(1)　税率を適用する値をそれぞれの所得区分に併記し、一律税率を用いて税率表を示す習慣（表4－2を参照）は1945年12月31日法によってふたたび採用されたが、1946年から税率表は比較的「自由」に修正され、1947―1948年を最後にこうした提示の仕方は途絶える。いまでは「平均税率」による税率表と同様、完全に忘れ去られている。

とは不可能だった。二つの戦後のこのような対照については、当時の政治家もたびたび口にしている。[1] １９３０年代の不況期と第二次世界大戦の間に資本所得が下落し、超高所得層に適用する税率を上げても（少なくとも当面は）税収の増加に限りがあることを、１９４５年の政治家たちが自覚していたことはまちがいない。しかしそのことを具体的にほのめかした言葉を見いだすのはむずかしい。というのも、自発的にではないにせよヴィシー政権に協力したと思われる富裕な資本家の悲しい運命に同情することは、当時の習慣にほとんどなかったからだ。[2] この知的・政治的背景によって、フランス解放時の政府の指導者にとって、ポワンカレやドゥメルグのように最高所得に対する最高税率を25パーセントに、あるいは30パーセントに引き下げることがなぜ問題外だったか、また、１９２０年代の先駆者と同じように惨憺たる経済状況に置かれた大戦直後の政府が、表４－５に掲げた税率表を補う形で「特別増税」に頼らざるをえなかったのはなぜかが説明できる。１９４７―１９４８年は「所得税への情熱」が頂点に達した時期である。１９４７年５月には共産党が政府から離脱し、同年11月から12月にかけて大規模なストライキが相次ぐ。インフレ率は４年連続で年50パーセントを超え、政府はあらゆる手段を用いて市場に流通する通貨の量を減らし、経済のバランスを回復しようとした。数カ月に及ぶ厳しい交渉のあと、フランス人民共和派のロベール・シューマン首相と急進社会党のルネ・マイエ財務大臣は、「インフレ抑制のための特別課税」を盛り込んだ１９４８年１月７日法を可決させる。この課税は１９４７年末に示された「マイエ・プラン」と呼ばれるインフレ対策の核をなし、１９４６年の課税所得が３００万フランを超えた納税者に、最高で40パーセントの総合所得税加算税を課すものだった。[3] この加算税は１９４６年の所得に課せられる総合所得税の額にさかのぼって適用されたので、最も富裕な納税者は１９４６年の所得課税において84パーセントの最高限界税率に見舞われることになった。さらに家族係数が１しかない納税者は、分類所得税を別にして98パーセントの最高限界税率を課せられた。[4] しかし過去に定められた「特別増税」との重要な違い、とりわけ１９２５年12月４日法の遡及的増税との重要な違いは、１９４８年１月７日法の「インフレ抑制のための特別課税」が純粋な増税としてではなく、「強制的な公債」として登場したことにある。１９４８年１月７日法は希望する納税者全員に対して、少なくとも課税額と同額の現金を償還期限10年・利子3パーセントの公債の購入に充てれば、この課税を免除すると定めたのである。逆に、数カ月後に急進社会党のアンリ・クイユ政権によって決定され、1947年の所得課税だけに適用された「重付加税」（1948年9月24日法）は、償還されることのない文字どおりの増税だった。経済状況は1948年以降落ち着いたが、「特別課税」の方法は決して放棄されず、のちに言及するように1968年の五月革命と1981年5月の国政選挙のあとであらためて用いられる。いずれにせよこれらの特別増税が、どんなに重要であるにしても、一時的にわずかな幅でしか税負担の重さおよび割り当てを修正することができないのはたしかであり、1945年から適用されてきた税率表の形式に及ぼした1945年12月31日法の影響の大きさは少しも揺るがない。

（1）ド・ゴールの臨時政府の財務大臣ルネ・プルヴァンが1945年3月に行なった率直な発言については、たとえば『政治回顧1945年』、p・164を参照。プルヴァンはそこで、1918年と1945年のさまざまな税の税率を一つ一つ比較し、すでに存在する税の税率を1945年になおも引き上げるのは「不可能」だと結論づけている。

（2）当時の議会審議で高所得層の急減にはっきりと触れた数少ない言葉の一つに、第二次憲法制定議会における1946年10月のポール・レノーの、社会党と共産党の議員に向けた発言がある。「1914年以来国家規模で糾弾されてきた不労所得生活者は消滅した。彼らの服を脱がして賃金労働者や公務員に着せることは、あなたがたにはもうできない。不労所得生活者はすでに裸なのだから。あなたがたはフランスの全国民を集中攻撃したが、結果として物価を急騰させただけだ」（『政治回顧1946年』、p・256―257）。

（3）総合所得税の加算率は、課税所得が45万―100万フランの納税者に対しては20パーセント（45万フランという閾値は、扶養中の子が1人または2人いる納税者の場合60万フランに、3人または4人いる納税者の場合75万フランに、5人以上いる納税者の場合85万フランに引き上げられた）、課税所得が100万―300万フランの納税者に対しては（家族状況にかかわらず）30パーセント、課税所得が300万フラン以上の納税者に対しては（家族状況にかかわらず）40パーセントだった。1948年1月7日法には分類所得税の増税も盛り込まれ、その増税は通常なら1947年に納付される税、すなわち1946年の所得を対象とする税に適用された。

（4）60×1.40＝84、70×1.40＝98。

4．1．3 前年の税額の非控除

家族係数の導入、新しい形態の税率表の確立と並んで、最初の憲法制定議会が行なった第三の重要な決定は、前年の所得税分として納めた総合所得税を当年の課税所得から差し引くことに対する見直しである。1945年12月31日法は、納税者が1945年の課税所得を計算するにあたって、1944年の所得税分として納めた額の（全部ではなく）半分しか差し引くことができないように決定した。この措置は微調整のように見えて、実際には画期的な変化だった。前年納めた税の全額控除の再検討は、戦間期に、とりわけ左翼カルテルと人民戦線の政権担当中に繰り返し試みられながら実現しなかったのだが、これでようやく、所得税の最高税率を、対応する税率区分の所得に完全に適用できるようになった。次章では、この措置が家族係数の導入や税率の細かい調整よりもはるかに、超高所得層の実効税率に大きな影響を及ぼしたことを確認する予定である。

この決定が1945年12月31日法に盛り込まれた経緯からは、そのころの当事者たちが一見専門的に見えるこの措置の現実的な重要性をはっきり意識していたことがうかがえる。当初、ド・ゴールとルネ・プルヴァン財務大臣の臨時政府によって示された法案提出理由には、前年の総合所得税の全額控除を見直すという記述はなかった。この措置が盛り込まれたのは、予算委員会に出席した共産党議員の提案がきっかけである。しかし、その共産党議員が、前年の総合所得税の非控除と「引き換えに」、臨時政府が定めていた税率の大幅な引き下げを受け入れたことは重要だ。ルネ・プルヴァンは当初、家族係数1あたりの所得が30万フラン以上の納税者に対する最高限界税率が70パーセント（係数が1のみの納税者の場合は90パーセント）となるような税率表を提示していた。そして共産党議員は自分たちの修正案と「引き換えに」、家族係数1あたりの所得が30万—50万フランの所得層に対する最高限界税率を45パーセントに、50万フラン以上の所得層に対する最高限界税率を60パーセントに（係数が1のみの納税者の場合は70パーセントに）引き下げることに同意したのである。この駆け引きの意味に気づいた右派は、予算委員会で政府が共産党との間に結んだこの協定を撤回させようと、全員出席の審議で試みたが、撤回は実現しなかった[1]。このエピソードは、前年の総合所得税の非控除に税率の大幅な引き下げを補って余りある価値があることを、共産党議員をはじめとする当事者全員が知っていたことを示している。ルネ・プルヴァンが当初、インフレのさなかにもかかわらず、１９４４年の所得課税で40万フラン以上だった最高限界税率（表４－４を参照）の適用対象を30万フラン以上に修正したのも、家族係数の採用によって富裕な納税者の税負担がヴィシー政権時代と比べてあまりに減少することを臨時政府が避けようとしたからである。

結局、もともと前年の総合所得税控除の全面的廃止を主張していた共産党議員との妥協を経て、１９４５年12月31日法は１９４５年の所得課税に際して、１９４４年分の総合所得税の半額を課税所得から控除することを認めた。しかし重要なことは、１９１４年７月15日法が定め、１９１５年から１９４４年まで毎年適用されてきた全額控除の制度が初めて見直されたことである。そして、１９４５年12月に共産党議員が押し開けたこの扉をふたたび閉める体制が整っていなかったことはほぼまちがいない。事実、１年後の、１９４６年11月の選挙から数週間後に第四共和政初の国民議会が採択した１９４６年12月23日法は、１９４６年の所得課税において、納税者は１９４５年に納めた総合所得税の額をいっさい控除できないと定めている。１９４７年の所得に課税する際に、前年の総合所得税控除が遠慮がちに復活した。というのも、１９４８年５月13日法は、１９４７年の課税所得から１９４６年の総合所得税の４分の１を控除することを納税者に認めたのだ。しかし、所得税が新時代を迎えたことは明白で、税制に関する１９４８年12月９日の政令によって新たな制度が公表された。この政令は、１９４８年の所得課税から、総合所得税に代わる「累進付加税」の導入および「比例税」に代わる「分類所得税」の導入によって、いかなる場合にも納税者が、前年

（1）『官報――憲法制定議会議事録』、１９４５年12月21日の第二審議、ｐ・３０１―３０６。

に納めた「累進付加税」の一部たりとも、当年の「累進付加税」の計算の基礎となる課税所得から差し引くことができないよう決定した。したがって、前年の税額が課税所得から控除できなくなるのは1948年の所得課税からで、それ以来、この控除の考えそのものが話題に上らなくなる。

1945年12月31日、1946年12月23日、1948年5月13日の各法は、前年に納めた分類所得税の額を課税所得から差し引く権利については見直しの対象にしなかったことをここで明言しなければならない。また1948年の税制改革は、この新しい体制を新税という言葉で表現するにとどまっている。1948年12月9日の政令は前年の累進付加税の控除を廃止しただけで、前年に納めた「比例税」の額を課税所得から差し引くことを、ひきつづき納税者に認めている(1)。この体制は「比例税」の廃止とともに1959年の所得課税以降は姿を消すのだが(2)、完全にというわけではない。1959年12月28日法は「比例税」の廃止を埋め合わせるために「補完税」を導入する。この補完税は旧「比例税」と同じ条件で課税所得から控除できるもので、1970年の所得課税以降、ようやく完全に姿を消す。つまり、納税者が課税所得からいかなる税の控除もできなくなるのは1970年の所得課税時からである。このような一筋縄では行かなかった経緯は、税法に時折見られる根深い惰性を示している。きわめて技術的に見えるこうした規定の現実的重要性に目を向けると、正真正銘の変化が生じたのは1945年から1948年にかけて、正確には1945年12月31日法からだということがわかる。分類所得税、「比例税」、「補完税」の税率はずっと比較的低い水準にとどまっただけでなく、こうした税の課税所得からの控除にはごく限られた重要性しかなかった。それに比べて、1945年以前は、前年の総合所得税の全額を課税所得から差し引くことで富裕な納税者が享受していた減税額は格段に大きかったのである(3)。

4.2 1948年と1959年の改革——賃金の問題

1948年と1959年の税制改革はともに、1914―1917年の改革から受け継がれた税法の完全な改正として登場し、税の公式名称も変更された。しかし、名称を変えることが現実を変えることにつながるとはかぎらないことから、厳密に考察する必要がある。1948年の所得課税から適用された1948年12月9日法は、1914年7月15日法が制定した総合所得税と1917年7月31日法が制定した分類所得税を廃止し、代わりに「単税」とも呼ばれる「個人所得税」を導入した。これは単税という名称とは裏腹に、実際には分類所得税にきわめて近い「比例税」と、総合所得税にきわめて近い「累進付加税」とで構成されていた。同様に、1959年の所得課税から適用され、「比例税」を廃止して「累進付加税」だけを残すことで個人所得税を名実ともに「単税」にしたとされる1959年12月28日法がもたらした変化は、その第一印象よりもずっと穏やかなものである。たしかに「比例税」は「補完税」に、そして比例税と同じ所得層を対象とする5パーセントの付加税に置き換えられた。「補完税」と5パーセントの付加税は廃止されるまで10年以上も存続したため、所得税が本当に「単税」となるのは1972年以降の所得課税からである。すでに見たように、所得税の本来の意味で累進的な部分（1947年の所得課税までの総合所得税、1948―1958年の所得課税における個人所得税の「累進付加税」、1959年の所得課税以降の個人所得税）は、1948年と1959年の改革の影響をほとんど受けなかった。最重要の決定はすでに1945年12月31日法が行なっていて、ほとんどの納税者は総合所得税から個人所得税の累進付加税へ、さらに単税としての個人所得税へと

（1）1948年12月9日の政令はまた、（1941年の所得課税から適用された）1942年2月23日法の決定を追認した。その決定によれば、前年の所得に課せられた分類所得税の額を当年の分類所得税の課税所得から差し引くことは決してできないが、唯一、当年の「累進付加税」の課税所得からは控除できる（1940年の所得課税まで、前年の分類所得税の額は当年の分類所得税の課税所得からも当年の総合所得税の課税所得からも控除できた）。

（2）1959年12月28日法は一時的な措置として、「比例税」を納めた納税者に対して、1958年の所得課税における「比例税」の3分の1を1959年の課税所得から控除することを認めた。

（3）付録B第1．4節を参照。

いう推移に気づきさえしなかった。事実、1948年と1959年の改革において所得税の公式名称の変更という形式的な問題以上に本質的だったのは、1917年7月31日法から受け継がれた分類所得税の解消である。それにともなって、賃金に対する課税の問題が浮き彫りになる。この出来事はやや専門的なうえ、厳密な意味における累進所得税の変遷にとって限られた重要性しかないのだが、それでも少し立ち止まって考察する価値がある。それは、「高給に恵まれた賃金労働者」という概念が、そして賃金労働者と非賃金労働者との対立が、20世紀フランスでどのように認識されていたかを物語る貴重な情報だからだ。

この「賃金の問題」の始まりをしっかりと理解するには、1914―1917年の改革にさかのぼる必要がある。総合所得税の枠内には、「賃金の問題」は存在しなかった。世帯の所得はその性質にかかわらずすべて合算され、課税額を計算するには、それらの所得の合計と世帯の状況を知るだけで足りた。賃金労働者はたしかに、1934年の所得課税から必要経費として10パーセントの一括控除を享受していたが、それは真の意味での優遇ではなかった。非賃金労働者は総合所得税の対象となる収益からすべての必要経費を差し引くことができたが、ドゥメルグが賃金労働者のために創設した10パーセントの一括控除には、10パーセントを超える経費の控除を望む場合に証明書類の提出を義務づけるという条件が課せられたからである。したがって総合所得税は、所得税というものに(原則として)求められるように「中立」だった。高所得の内実が高額の賃金であれ商売の利益であれ、または株の配当であれ、課税は同じように行なわれた。

ところが分類所得税は事情が違っていた。この税にはその導入時から賃金労働者を優遇する特徴があり、その優遇体制は戦間期を通じてずっと存続した。一方で、賃金労働者に対する分類所得税の税率は、非賃金労働者の混合所得に対する分類所得税の税率よりも常に低く、非賃金労働者も、資本所得に対する分類所得税の税率に比べれば負担は小さかった。[1] 他方で、とくに商工業収益をはじめとする他の所得カテゴリーが最初の1フランから分類所得税の対象となったのに対して、賃金労働者にはかなりの基礎控除が認められ、分類所得税の対象となるのは一定額を超える高所得の賃金労働者だけだった。[2] 戦間期を通じてこの控除の水準は高かったので、実際に分類所得税を課せられた賃金労働者の割合はおよそ10―15パーセントで、まれに20パーセントを超えるにとどまった。[3] 言い換えると、概して、給料に恵まれた10パーセントの賃金労働者だけが賃金に対する分類所得税を納める義務を負ったのだが、その税率は、非賃金労働者に適用される税率よりはるかに低かった。収益が乏しい場合を含めて、最初の1フランから税務当局を相手にしなければならない小規模経営の職人、商人、その他の「小規模店主」から見ると、明らかに不公平だった。しかも1917年7月31日法の文言によれば、手工業の小さい会社から大規模な株式会社に至るまで、すべての「工業的・商業的」企業は同じ「工業・商業所得に対する分類所得税」[4]を課せられていた。「小規模店主」たちはこのように、「資本家」のグループとして、資本規模の大きい株式会社と同じ税法の下に置かれた。一方の賃金労働者は、資本規模の大きい株式会社の幹部を含め、「労働者」を優遇する税法を適用された。「賃金」と「収益」の世界のこうした二元対立的分離が引き起こしかねない激しい抵抗に備えるため、1917年7月31日法は「仲間も弟子も持たず、自宅で一人で働く自営労働者」および「かつて夫がしていた職業を、一人の労働

（1）付録C第1節の表C－6および表C－8を参照。

（2）農業収益および非商業収益を有する者には基礎控除を享受する権利もあった。このことは商工業収益を有する者と賃金労働者との激しい対立の一因となった（いずれにしても農業収益および非商業収益を有する者の控除が賃金労働者の控除を下まわること、彼らに課せられる税率のほうが高いこと、そして家族扶養分の一括控除が賃金労働者だけに認められていたことに変わりはない。付録C第1節を参照。

（3）付録D表D－3の列(2)を参照。

（4）商工業収益、農業収益、非商業収益に対する分類所得税はおおむね、会社の法的形態がいかなるものであれ、すべての会社の収益に課税された。その点でとくに重要だったのは商工業収益に対する税で、（農業部門においては慣習的に農業収益への税ではなく商工業収益への税を納める物的会社が少ないだけに）大規模な会社のほぼすべてに商工業収益に対する税が課せられていた。商工業収益に対する税率が農業収益および非商業収益に対する税率より高い水準に設定されたのはこうした事情による（付録C第1節を参照）。これは商工業収益の小規模事業者が不満を抱く原因になった。

者や弟子の助けもなしに続ける寡婦」を対象に適用除外の規定を定め、一般の商工業収益の該当者には認めていない1917年の課税収益からの基礎控除を彼らに認めた。その結果、収益がきわめて少なく、上述の二つの条件にあてはまる職人は商工業収益に対する分類所得税を完全に免除されることになる。しかし、この適用除外規定のために1917年法が定めた基礎控除は賃金労働者の基礎控除の半額で、のちに両者の差はさらに広がるうえに[1]、この規定は「小規模店主」たちのごく一部しか対象とせず、商工業収益に適用される税率が制度上、賃金に適用される税率よりも高いという事実はまったく変わらなかった。具体的にいえば、「小規模店主」には、その3、4倍の所得がある大企業の営業部長よりもはるかに高い分類所得税が課せられるという事実が、この適用除外規定によって変化することはなかった。そのうえ、分類所得税の税率が総合所得税の最高税率並みの高い水準に達しなかったことはたしかだとしても、職人や商人が現実に不利な境遇に置かれている点は留意すべきである。たとえば、1920年代初め、当時の平均所得の2、3倍にあたる収益があった職人は、商工業収益に対する分類所得税として1カ月分の収益に相当する額を納めなければならなかった。同じ時期、それらの職人と同じ年収の管理職は、その所得に対する分類所得税を完全に免除される場合があった[2]。

「小規模店主」たちはこの明らかな不公平の政治的責任を左翼の政党（社会党と共産党）に負わせた。これらの党は1917年7月31日法による賃金労働者の優遇が十分でないと見なす傾向があり、しばしば賃金労働者に対する分類所得税の廃止さえ要求したからである。当時フランス共産党と労働総同盟の中心思想をなしていた[3]この要求はたしかに、小規模の非賃金労働者に対する好意的な言葉と、巨額の利益に絞って課税するという度重なる約束をともなっていた。しかしその約束は、「マルクス主義者」が小規模の自営生産者の滅亡を望んでいるのではないかと考えるとともに、賃金労働者が分類所得税を完全に免除されれば、非賃金労働者の大多数に対して国が税負担を緩和する見込みはなくなるのではないかと考える「小規模店主」たちを納得させるには不十分だった。賃金労働者に対する税の廃止を想定して、分類所得税を納付しないことや課税通知を税務当局に返送することを賃金労働者にしばしば勧める労働

組合や「マルクス主義」政党の宣伝活動を、職人や商人が敵意ある目で見ていたのも同じ理由による。(4)

　先に、分類所得税と総合所得税それぞれの税率の問題をめぐってしばしば右派が左派と対立するのを見たが、その右派は「小規模店主」たちを擁護するにも、また税制を現代に合わせて進化させると主張しながら給与所得の大半を非課税にするよう求める左派の非一貫性を糾弾するにも、有利な立場にあった。そしてついに国民ブロックと「制服議会」が、「職人および準職人」と呼ばれる規定を定めた1923年6月30日法を「小規模店主」たちの世界に取り入れる。1917年の適用除外規定で特定されていた二つのカテゴリーに、「同居する妻、父親、母親、子、孫、および16歳未満の弟子1人と仲間1人のほかには援助を受けていない」職人全体、「1艘《そう》の船しか持たない漁師と船頭」、「運転と管理を自ら行なう1台または2台の車を所有する自動車の運転手と馬車御者」が付け加えられ、彼ら

(1) この適用除外制度のために定められた控除は当初（賃金労働者の3000フランに対して）1500フランで、その後見直されなかった。一方、賃金労働者の控除は1919年の所得課税から二倍になった（付録C表C－6を参照）。
(2)「重付加税」と「ルシュール法」による増税がそれぞれの効果を結集した1924年の所得課税で、隔たりは最大になる（これら二つの増税は賃金労働者への分類所得税を除く分類所得税に適用される）。たとえば、妻と2人の子供がいて、年収が当時の1世帯あたり平均年収の2倍にあたる1万4000フランの賃金労働者は、賃金に対する分類所得税を完全に免除される（基礎控除の7000フランに、「夫婦」を対象とする3000フランの控除と、子供1人あたり2000フランの控除の2人分が加わる。付録C表C－6およびC－7を参照）のに対し、商工業収益への分類所得税の対象となる1年あたりの収益1万4000フランの非賃金労働者は、1602フランの分類所得税を納めなければならなかった（0.036×1500＋0.072×3500＋0.144×9000＝1602。付録C表C－8を参照）。つまり税率は11・4パーセントとなる（1602／14000＝0.114）。結婚していて子供が2人いたとすれば、税率は10パーセント軽減されたはずである（付録C表C－2を参照）。
(3) のちに引用する1920年代の共産党の案（第5章第2、3節）、およびドロルム（1965年、p・197）を参照。ドロルムは、共産党が左翼カルテルに加わっていれば、賃金に対する分類所得税は1924年に廃止されていただろうと主張している。
(4) アリックス&ルセルクレ（1926年a、第2巻、p・56、p・60—61）、およびボンヌフー（1956—1967年、第3巻、p・323）を参照。

は所得の種別を商工業収益から賃金に完全に移されることになった。したがってこれらのカテゴリーには１９２３年の所得課税から、賃金労働者と同じ控除と税率が適用されたのである。このことからは、１９２３年の立法府が「小規模店主」というカテゴリーの正確な線引きをするにあたって相当な苦労をしたことがわかるだろう。フランス総合統計局の統計学者が当時の調査で使われていた「単独労働者」という広いカテゴリーの輪郭を決めるときに大変な苦労をしたのと同様、[1]議員たちには、賃金労働者と同じ税制上の優遇を与えようとしているこの社会的カテゴリーをどう名づければいいのかよくわからなかったのだ。スティーヴン・ズダトニーによれば、この１９２３年６月30日法は職人の世界の職業的・政治的構造化に本質的な役割を演じ、「職人および準職人」というこの規定こそが、絶えず姿を変える小規模の自営生産者を指す「職人《アルチザン》」という言葉を生み、その用法を定着させたという。こうして１９２３年以降、職人たちは「大規模経営者」[2]から自分たちを区別する「公式の」名称を持つことになった。

現実には、１９２３年６月30日法が設けたカテゴリーはやや限定的なものだった。ある職人が従業員を１人雇っていて、その従業員が同居する家族でも16歳未満の弟子でも「仲間」でもない場合、大きな株式会社と同じように商工業収益に対する分類所得税を課せられてしまう。また、商人はどんなに「小規模」であろうと、この適用除外規定の対象とならない。それでもやはり１９２３年６月30日法は、商工業収益に対する分類所得税の歴史において画期的な法である。「職人および準職人」は自分たちに認められた１９２３年の規定が見直しの対象にならないよう、積極的に行動を起こした。また、商工業収益に対する税に特別規定が次々に設けられるのもこの日以降である。１９２８年にポワンカレが、１９２９年と１９３０年にタルデューが、そして１９３４年にドゥメルグがそれぞれ、小規模商人に大企業と同じ条件で商工業収益に対する税を課すことがないように措置を講じ、より広範な対策として、収益が一定の基準を超えない「個人と共同経営者」すべてに、商工業収益に対する税法の「特別規定」が適用されるようにした。[3]この変遷が締めくくられたのはヴィシー政権時代である。１９４２年の収益に対する課税から、「個人と共同経営者」すべては、収益の水準にかかわらず「特別規定」の対象となった。そして「会社」すなわち所有者個人とは別の法人格を持つ物的会社だけが、人的会社の個人企業家（「個人と共同経営者」）と対照的に、商工業収益に対する税の「通常規定」に従来どおり従う。その結果、納税者の数は大幅に減った。[4] かくして1948年12月9日の税制改革の政令に残されたことといえば、この新しい状況を「公表する」ことだけだった。政令は一方に「個人所得税」、より簡潔には「所得税」、他方に「会社およびその他の法人格の収益に対する税」、より簡潔には「法人税」を掲げ、両者を厳密に区別した。個人所得への課税と法人格所得への課税のこうした厳密な区別はこの日から中断なしに適用されているため、所得税と法人税は現在まったく異なる税と見なされている。しかし、法人税が、個人企業家すべてを「資本家」グループから切り離すことになる緩慢で漸進的な変化を経て、商工業収益に対する分類所得税の「通常規定」の後を継ぐ形で生まれたことは重要である。

「賃金の問題」は第二次世界大戦後にようやく解決したと考えることができる。たしかに、1920年代末に設けられた「特別規定」は「職人および準職人」の規定ほど興味をそそらない。後者とは反対に、小規模店主と、商工業収益に対する税の「特別規定」の対象となる「個人と共同経営者」は、賃金労働者に適用される分類所得税の控除と税率をまったく享受できなかった。それでも、賃金所得と非賃金所得の待遇の不平等が大幅に改善され、この不平等によって生じた社会的緊張も和らいだように見えることに変わりはない。しかし残念ながら、このつかの間の均衡は別の変化によって崩れ去る。事実、第二次世界大戦で国民の購買力が下落したため、賃金に対する分類所得税が賃金労

（1）第3章第1節を参照。
（2）ズダトニー（1999年、p・32—38）を参照。
（3）1928年12月30日法は「小規模店主」に対する減税を定めた。次いで1929年12月29日法が「小規模の店主・工場主」すべてに対する「特別規定」を導入し、1934年7月6日法が、収益1万フラン以下の「個人および共同経営者」すべてにこの特別規定を拡大した。また1930年3月31日法は「小規模店主」を対象に20パーセントの追加減税を導入した（以上すべての課税規定を付録C表C－8に掲げた）。
（4）商工業収益への分類所得税を課税される納税者の数の複雑な変化については、付録G表G－16および表G－17を参照。

働者にとってことのほか耐えがたく感じられるようになる。追い討ちをかけるように、課税の名目的閾値の不規則な見直しとインフレが、分類所得税の対象となる賃金労働者の割合を著しく上昇させ、最も賃金の高い人々が、戦争中に見られた給与階層の減少の影響を受けるようになる。(1) フランス解放時、左派の諸政党は賃金に課せられる税の基礎控除の大幅な引き上げを訴えた。(2) それは、被雇用者の賃金にかかる税を1940年から納めるとともに、当然のことながら「この税が軽減されれば、組合が求める、またパロディ・アレテをはじめ歴代政府が促す賃上げをいっそう容易に実行できる」と考えていた雇用主の要求でもあった。こうして1945年から1948年にかけて基礎控除は繰り返し引き上げられ、やがて起きるべきことが起きた。控除の水準があまりに高くなったため、1948年10月1日の政令は賃金に対する分類所得税の全廃を決め、この税は1948年9月の適用を最後に姿を消したのだ。(3) このときも、1948年12月9日の政令はこの状況を新しい税の名称に置き換えただけだった。分類所得税に代わって登場した個人所得税の比例税は、賃金を除いて、1917年の分類所得税の対象となる所得全体に課せられる税だった。(4) とくに、1948年まで賃金労働者と同じ課税条件が適用される「特権」を維持してきた「職人および準職人」が、比例税の対象になった。彼らは一定額を下まわる収益に通常より低い税率を適用されたが、(5) いずれにしても、所得水準にかかわらず賃金労働者すべてに免除されていた税を納めなければならなかったことは事実である。

戦間期と同じように、この待遇の差は耐えがたいものだった。1950年代初めに管理職に対する累進付加税を軽減するいくつもの措置がとられただけに、緊張はいっそう高まった。賃金の上昇にともなって、多くの賃金労働者が累進付加税の対象となる可能性が生じ、政府は、復興の努力と景気回復によってようやくもたらされた恩恵の大半を国に奪われるという印象を与えないようにしたいと考えた。しかも管理職は、国の発展と「近代化」のために中心的役割を演じることを期待される社会集団だった。そこでまず、必要経費としての10パーセントの一括控除の適用を賃金労働者すべてに拡大する決定がなされる。1934年にこの一括控除が導入されたときには、10パーセントの一括控除が一定の額を超えてはならないという「上限」が設けられた（この上限を超える場合は必要経費の証明が求められた）。当初この上限はきわめて高い水準（該当するのは賃金労働者の0・1パーセント以下）[6]に設定されたが、インフレにもかかわらず通貨の引き上げが行なわれなかったため、上限の拘束力が高まる。1950年の所得課税では、5パーセント近い賃金労働者がこの上限設定の「犠牲」になった。[7] 1951年の所得課税から適用された1952年

(1) 早くも1937年から1938年にかけて、賃金への分類所得税を課税される賃金労働者の割合はインフレのために30パーセントの閾値を超えた（付録D表D-3の列(2)を参照）。源泉徴収への移行を考えると、1939―1948年の賃金に対する課税については参照可能な統計がまったくない。しかしあらゆる事情から見て、第二次世界大戦直後のハイパーインフレのとき、賃金への分類所得税を課税される賃金労働者の割合は50パーセントを超えたと考えられる（たとえば1947年の所得課税において課税閾値は上半期には6万フラン、下半期には8万4000フランだった〔付録A表A-6を参照〕。当時、賃金労働者の半分近くが10万フラン以上の給与を得ていた〔付録D表D-8を参照〕）。

(2) たとえば左翼委員会（当時フランス社会党、共産党、労働総同盟が結集した委員会）によって1945年11月に決議された案を参照。税制に関するその唯一の具体的要求は、賃金に対する税の基礎控除の速やかな引き上げだった（『政治年鑑1945年』、p・470―475にこの案の全文が収録されている）。

(3) 正確にいえば、1948年10月1日の政令は賃金への分類所得税を廃止する代わりに、雇用主に対し、被雇用者に支給している給与総額の5パーセント相当の見積もり額を負担させる方法を採用した（この「給与税」はのちに付加価値税に吸収された）。1948年までの賃金に対する分類所得税の基礎控除の変化については、付録C表C-6〔注記〕を参照。

(4) 比例税の税率および課税規定の変化については付録C補足C-9を参照。比例税は、かつての分類所得税の税率を統一し、（総合所得税および累進付加税と同じように、そして厳密に個人を対象としていた分類所得税とは異なって）世帯を対象として制定された。それによって1948年の改革は、旧制度の二重性に終止符を打つ「単一」税として個人所得税を掲げることができた（「比例税」の税率がほぼ一定であるため、課税の一元化は現実にはほとんど重要性を持たなかった）。

(5) 付録C補足C-9を参照。

(6) 1934年には上限は2万フランだったが、これは20万フランの年収に相当する（付録C表C-3を参照）。1934年は、所得分布のP99・9の閾値が10万フラン弱で、P99・99の閾値が25万フラン弱だった時代である（付録D表D-5を参照）。

(7) 1950年には、年収50万フラン以上の納税者が控除の上限設定の対象となった（付録C表C-3を参照）。そして給与分布のP95の閾値は47万2000フランだった（付録D表D-14を参照）。

4月14日法は、該当する賃金労働者が1パーセント以下となるようにこの上限を大きく引き上げることを決定する。(1)しかし、急進社会党のルネ・マイエ率いる政府は、賃金労働者層の上位0・01パーセントの「超上級管理職」が10パーセントの一括控除をフルに享受できない可能性をよしとせず、1年足らずののちにこの上限を完全に廃止する(1953年2月7日法)。こうして1952年の所得課税から、賃金の額がどんなに高くても、すべての賃金労働者に10パーセントの一括控除が認められた。

「管理職の時代」はそこでは終わらなかったようだ。1953年の所得課税から適用された1954年4月10日法は賃金労働者を対象に10パーセントの追加控除の導入を決め、さらに1954年の所得課税から適用された1955年4月30日の政令は、この控除の率を15パーセントに引き上げた。言い換えると、賃金労働者が累進課税方式の税率表に委ねられる自らの課税所得を計算するとき、必要経費としての10パーセントの一括控除だけでなく、15パーセントの追加控除も差し引くことができるので、最終的に所得の75パーセントにしか課税されないことになる。(2)所得のきわめて高い管理職にとって、上限のないこの控除は大変魅力的だが、それは累進付加税の税率表で上位の税率区分に入ることを避けられる(そうでない場合も税率がもたらす効果を緩和できる)からだ。1954年4月10日法によってこの控除を導入した理念は、1948年に賃金労働者に対する分類所得税を廃止したときの理念によく似ている。10パーセントの控除は、急進社会党の財務大臣エドガール・フォールが1954年2月に打ち出した経済振興策の有力な措置の一つで、公表された目的は、企業が賃上げをする必要なしに、「中級職および上級職」の賃金労働者の購買力を向上させることだった。(3)同様に、やはり(1955年2月にピエール・マンデス＝フランスに代わって首相に就任した)エドガール・フォールが発した1955年4月30日の政令による控除率の引き上げは、上級職の賃金労働者の購買力を上げる措置としてはっきり定義されていた。ちょうど全産業一律最低保障賃金(SMIG)の引き上げがあったばかりで、「低賃金労働者の優遇による特定の層の負担増に抗議する管理職クラスの人々を鎮静化する」(4)ことが求められていた。

まさにこうした状況のさなか、プジャード運動が大きな広がりを見せる。1953年7月22日、南仏ロット県サン＝セレの文具書籍商ピエール・プジャードは、町の職人と商人を集めて税務署に対する抗議活動を初めて行ない、1953年11月には「商工業者防衛連合」を結成した。プジャード運動は1954―1955年に勢いを強め、税務当局の貪欲さによって破産寸前に追い込まれた小規模商人や職人を救う「ゲリラ作戦」を繰り返し展開する。商工業者防衛連合は1955年1月に「納税ストライキ」を宣言し、1956年1月には国政選挙でめざましい成功を実現する。課税に対する職人と商人の抵抗が当時なぜこれほど広がったのかを説明するにあたって、歴史家たちはしばしば、インフレが終焉し、1953年には1年間デフレに転じたために、所得が小売価格の水準に直接左右される職業の人々の間に不安が生じた点を強調してきた。[5] この説明は真実の一部を言い当てているだろうが、付け加えておきたいのは、賃金労働者と非賃金労働者の待遇の差が20世紀において最も顕著なレベルに達したときにプジャード運動が拡大したことである。「小規模店主」たちは賃金労働者すべてに免除されている比例税を支払わされることに耐えられず、さらに管理職、とりわけプジャードがことあるごとに非難する「パリの管理職」を対象に講じられた優遇措置を、政権政党がどこであろうと、「近代化を促進する」中央権力とその「冷酷なテクノクラート」が小規模の自営生産者

(1) 1951年には、年収200万フラン以上の納税者が控除の上限設定の対象となった（付録C表C－3を参照）。そして、給与分布のP99の閾値が約130万フラン、P99・9の閾値が約330万フランだった（付録D表D－14を参照）。

(2) 追加控除は常に、必要経費を差し引いたあとで計算された。したがって10パーセントの一括控除と15パーセントの一括控除は、賃金労働者の所得の課税基礎が76・5パーセントであることを意味する（0.9×0.85＝0.765）。同様に、一括控除の率が20パーセントに引き上げられると（後出）、賃金労働者は所得の72パーセントにしか課税されなくなる（0.9×0.8＝0.72）。

(3) エドガール・フォールがこの政策をどのように提示したかについては『政治年鑑1954年』、p・113―114を参照。

(4) 『政治年鑑1955年』、p・115―116およびp・154―155を参照。

(5) たとえばリウー（1980年、p・79）を参照。この古典的な説明は1955年にアンドレ・ジークフリートによってもなされている（『政治年鑑1955年』、p・xiii）。

の将来を軽視している証拠と見なしていた。(1)

1950年代末には、こうした格差はいつまでも続かないことが明らかになりつつあった。ピエール・マンデス＝フランスは「職人および準職人」に対する比例税の軽減税率が適用される閾値を引き上げることによって商工業者の怒りを静めようとし（1954年8月14日法）、エドガール・フォールは1955年4月30日の政令にこの軽減税率の大幅な引き下げを盛り込み、賃金労働者を対象とする控除率の引き上げの「埋め合わせ」を図った。(2)しかしこうした宥和《ゆうわ》措置は管理職に免除されている税を「小規模店主」が支払わされるという現状をいささかも変えず、その後、賃金労働者に比例税の納付を義務づけることがまず期待できなくなると、この税を廃止するのが最も簡単な解決方法となった。ド・ゴール政権の若い財務次官、ヴァレリー・ジスカールデスタンが組織した1959年の税制改革は、まさにそれを目的としていた。1959年12月28日法は比例税を廃止して、累進付加税だけを存続させたのである。この改革は本質上、所得が比例税の対象となった人々すべて、つまり「小規模店主」だけでなく、非賃金労働者および不動産・動産資産の所有者全体にとって朗報だった。他方、もともと納付を免除されていた賃金労働者にとっては比例税の廃止はなんのプラスにもならなかった。左派の諸政党は、この改革が「労働者」の利益よりも「資本家」の利益を優先するド・ゴール政権の姿勢の表われだとして反感をあらわにした。「さまざまなカテゴリーの納税者に与えられた軽減策の間の均衡を保つために」、ジスカールデスタンは自らの改革にいくつもの代償措置を組み合わせた。(3)まず1959年12月28日法が、比例税の課税対象となっていた所得に対して、税率を比例税の半分にした「補完税」を導入する。(4)この補完税は臨時の税とされ、非賃金労働者と資産所有者があまりに大幅な減税をあまりに早く享受することを避けるのが目的だった。補完税は1960年代を通じて繰り返し税率を引き下げるという手続きを経て、予定よりも遅れて廃止されるが、いずれにせよ最終的に姿を消したことは重要である。1969年の所得課税が最後の適用となった補完税は、こうして10年前の1959年の改革が意図した目的を果たしたのである。同じ理念によって、1959年12月28日法は累進付加税の税率すべてを、非賃金労働者の所得全体を対象に5パーセント引き上げる決定をする（表４－５を参照）。ここでの狙いも、比例税が廃止されたことで非賃金労働者が１９５９年の改革のまぎれもない勝者になったとしても、賃金労働者よりわずかばかり多く課税される状況は変わらないと示すことだった。そして補完税と同じように、この法はいずれ廃止される純粋に臨時の措置だった。１９７２年の所得課税から、あらゆる所得は、ついに「単税」となった個人所得税の同じ税率と税率表を用いて課税されることになり、非賃金労働者に追加の「付加税」が課せられることもなくなった(5)。

１９５９年の改革で決定された第三の代償措置は、いまなお目に見える形で税法に痕跡をとどめる唯一のものである。改革の考慮外に置かれているという印象を賃金労働者に与えないよう、１９５９年12月28日法は１９５９年の所得課税において、１９５４―１９５５年に15パーセントと定められた一括控除の率を19パーセントに引き上げることを決めた。１９６０年の所得課税ではさらに20パーセントに引き上げられたが、それ以来、この率がずっと適用されている。つまり、20世紀末の賃金労働者が享受している20パーセントの一括控除には長い歴史がある。その直接の起

（１）「小規模店主」の世界と「管理職」の世界の「実存的」対立は、「パリの管理職」を惹きつける雑誌を自称していた当時の『レクスプレス』誌の「プジャドルフ」〔アドルフ・ヒトラーになぞらえた呼び名〕という見出しがついた表紙（リウー、１９８０年、ｐ・80に引用）に強く反映されている（だからといって、とくに１９５４年６月から１９５５年２月まで首相を務めたマンデス＝フランスに対抗した、プジャードのまぎれもない反ユダヤ主義が帳消しにならないのはもちろんである）。

（２）付録Ｃ補足Ｃ－９を参照。

（３）こうした代償措置の構想の背景にある協調的精神を明かす報告として、当時の財務省の政務次官名で書かれた「税制改革」『統計および財務調査』１３６号、１９６０年４月、ｐ・３４９―３５９を参照。

（４）付録Ｃ補足Ｃ－９を参照。

（５）表４－５を参照。非賃金所得を対象とする５パーセントの付加税は、給与総額の５パーセントの支払いという、雇用主に課せられる負担に対する「代償」として提示された。給与総額の５パーセントの支払いが最終的に付加価値税に吸収されたあと、５パーセントの付加税は廃止された（１９６８年１月１日から、総売上高の90パーセント以上に付加価値税が課せられる雇用主すべては、給与総額の５パーセントの支払いを完全に免除された）。

源は、1917年7月31日法に始まる賃金所得と非賃金所得の間の不平等な待遇なのである。20パーセントの控除によって、その格差は量的にも印象の上でも弱まったが（すべての所得が同一の税の対象となり、非賃金労働者にはいかなる追加税も課せられない）、だからといってその待遇の差が消滅したわけではない。賃金労働者は低所得層から高所得層に至るまで、この控除額を課税所得から差し引くことができたのに対して、非賃金労働者はどんなに「小規模」であっても、その権利を持たなかった。「賃金の問題」はそれだけにとどまらなかった。ヴァレリー・ジスカールデスタンは一貫した姿勢をとり、大統領に就任すると1974年12月27日法を可決させて、「公認管理センター」に加入する非賃金労働者すべてに、それまで賃金労働者だけを対象としていた20パーセントの控除と同じ控除を認めた。[1] 1970年代には、「超高級官僚」に対する上限設定の復活という特徴も見られる。1973年の所得課税から適用された1973年12月27日法は20パーセントの控除が一定額を超えてはならないと決定し、次いで1978年12月29日法は必要経費としての10パーセントの一括控除についても同じ規定を設けた（1979年の所得課税からこの措置が適用された）。これら二つのケースでは、該当する賃金労働者が全体の0・1パーセント以下となるよう、上限がきわめて高い水準に設定された。[2] 上限はその後の歴代政府によって定期的に見直され、1990年代末にはおよそ80万フランの年収に対応している。[3] これは、0・1パーセントをわずかに超える賃金労働者が、必要経費としての10パーセントの一括控除および20パーセントの控除を完全には享受できないことを意味する。[4] 非賃金労働者の場合、20パーセントの控除の上限は1995年まで、つまりジュペ政権がジスカールデスタンのもとで着手された計画を仕上げることを決定するまでは、賃金労働者の上限よりも低かった。1996年の所得課税から、「公認管理センター」に加入する非賃金労働者には賃金労働者と同じ20パーセントの控除が（同じ上限設定とともに）認められることになる（1996年12月30日法）。これによって、賃金労働者と非賃金労働者の間の待遇の差はいっさい存在しなくなった。[5]

以上のような道のりの意義は強調する価値がある。1917年の所得課税では、最も所得の高い人々を含めたすべての賃金労働者が、非賃金労働者に適用されない税制上の優遇を受けていた。そして貧しい非賃金労働者は、数少ない例外を除いて、大規模な株式会社と同じように扱われていた。20世紀末になると、賃金労働者と非賃金労働者は同じ課税条件のもとに置かれ、税法によってとくに指定される「労働者」のカテゴリーは、賃金労働者か非賃金労働者かを問わず、労働所得が一定額を超える人々だけとなる。20世紀初めの税法には、少なくとも「分類所得税」について見ると、「小さい」存在の賃金労働者と「大きい」存在の非賃金労働者とが克服しがたく対立しているとする、社会的格差の「二元対立」的な考え方が表われていた。それに対して20世紀末の税法は社会的格差をかなり「中立の立場で」とらえているが、その背景には、賃金労働者も非賃金労働者も「小さい」者と「大きい」者からなっており、所得ではなく職種に基づいた区別を正当化するのはむずかしいという考え方がある[6]。この変遷の歴史が私たちの研究にとってきわめて興味深いのは、格差の社会的表現と「高所得の賃金労働者」という観念のゆっくりとした出現につ

（1）1974年12月27日法は実際には、商工業収益および農業収益があって公認管理センターに加入する者だけを対象としていた。その後1976年12月29日法が、非商業収益があって「公認アソシエーション」に加入する者に控除を拡大した。

（2）1973年の所得課税では、（必要経費を差し引いたあとの）年収28万フランが、20パーセントの控除の上限とされた（付録C表C－3を参照）。1973年には給与分布のP99の閾値は9万フラン弱だった（付録D表D－14を参照）。1979年の所得課税では、年収40万フランが10パーセントの一括控除の上限とされた（付録C表C－3を参照）。1979年にはP99の閾値は18万フラン弱だった（付録D表D－14を参照）（1973年と1979年の給与分布におけるP99・9の閾値の推計を参照することはできないものの、確認できる他の年の結果によれば、この上限設定の対象となった賃金労働者は0・1パーセント以下と思われる）。

（3）1998年の所得課税では、10パーセントの一括控除の上限とされたのが年収77万4600フラン、20パーセントの控除の上限とされたのが（必要経費を差し引いた後の）年収70万7000フランだった（付録C表C－3を参照）。

（4）1990年代には、給与分布のP99の閾値は約45万フラン、P99・9の閾値は約95万フランである（付録D表D－14を参照）。

（5）前述のように、必要経費としての10パーセントの一括控除は実質的に不平等な待遇とはいえないため、ここでは除外して考えている。

（6）第3章第4節を参照。

いて前章で述べたことを、この歴史が裏づけてくれるからである。

この変遷史はまず、イデオロギーに軽視できない重みがあることを裏づける。「賃金の問題」は20世紀を通じて激しい政治的対立の的となり、かなりの程度まで、非賃金労働者を賃金労働者に敵対させる鋭い党派的対立の原因だった。1923年の国民ブロックから1959年のヴァレリー・ジスカールデスタンによる改革を経て1996年のジュペ政権に至るまで、税に対する非賃金労働者の要求を正しいと認めたのは常に右派の政府だった。そしてこうした出来事は、非賃金労働者の政治的アイデンティティの形成に決定的な仕方で作用する。反対に、この件における左派政党（社会党と共産党）の態度はかなりの程度まで、これらの政党が非賃金労働者から、とりわけ「小規模店主」たちから慢性的な不信を抱かれてきた要因といえる。非賃金労働者にとって税法は、「マルクス主義」政党が賃金労働者への観念的愛情を表現し、社会党独自の展望によるとやがては賃金労働者になるか「大資本」の陣営に加わることになるとされる、小規模の自営生産者を考慮から外すことのできたまたとない領域に見えた。

実際、20世紀末の時点で振り返ると、「賃金の問題」という20世紀の課題をめぐって左派政党が主張したいくつかの見解を、観念的な教条主義以外のものによって説明するのは困難だと認めざるをえない。「労働者」よりも「資本家」にいっそう大きい税負担を課そうとする考えそのものはたしかに非常識ではない。しかし問題は、そうした待遇の差をどこまで適用すべきか、そして「労働者」と「資本家」というやや抽象的なカテゴリーを具体的な社会の現実にどうあてはめるべきかを知ることである。戦間期の社会にすでに存在したことを前章で見てきた、大企業の営業部長、技術者、上級公務員といった「所得の高い賃金労働者」のカテゴリーを、「賃金労働者」と見なし、小規模な職人や商人で構成される「事業者」と区別したうえで「賃金労働者」に有利な税制を適用することが本当に理にかなっているのだろうか？　また、賃金労働者と非賃金労働者を不平等に扱うのは、非賃金労働者のほうが申告上の不正をする可能性が高いので、それを相殺するためだという論がある。20世紀を通じてこの論を用いたのは賃金労働者に対する適用除外規定の擁護者だが、それでいっさいを正当化することはむずかしい。一方で、そのような「相殺」は不正行為を防ぐどころか、むしろ不正行為の合法化につながってしまう。[1] 他方で、不正が（平均して）賃金労働者より非賃金労働者の間で多くなされてきたことに異論の余地がないとしても、この問題を扱った数少ない調査によると、不正の規模は一般に想像されるよりずっと小さく、大多数の非賃金労働者が、義務づけられた所得申告を誠実に行なっている。[2] いずれにせよ、分類所得税が施行されていた戦間期におけるように、小規模な職人が法に従って納税する場合、彼の３―４倍の所得に恵まれた管理職よりも（絶対額で）高い税金を払わなければならないことを、不正対策として説明することには無理がある。「マルクス主義」諸政党は、賃金労働者の10パーセントにあたる高所得層だけに分類所得税が課せられていた戦間期に、賃金労働者に対するこの税の廃止を要求し、１９４８年にそれを実現した。小規模な非賃金労働者は、分類所得税が廃止されてから、桁外れの所得に恵まれた人々を含むすべての賃金労働者に免除される税を納めることになったが、不正を持ち出す論によってその状況に根拠を見いだすことにはいっそう無理がある。

しかし、おそらくマルクス主義諸政党の理論的硬直性が強く作用したのだとしても、この変遷史からは、この変化が政治的・イデオロギー的対立の問題にとどまらないこともわかる。まず指摘すべきは、人民戦線が政権を担当すると、過激なスローガンがたちまち忘れ去られたことだ。レオン・ブルム政権は、賃金労働者に対する分類所得税の廃止を差し控えた。同じように、１９８０―１９９０年代の社会党政権はそれまでの政府が行なった賃金労働者と非賃

（1）一括課税制度のおかげで、１９１７年以降、非賃金労働者は網羅的な帳簿をつける必要がなく、総売上高に応じて、また経済活動の場所の面積に応じて決められた比率をもとに、一括で課税収益を計算でき、賃金労働者と比べて不利な待遇を受けるという過酷さが緩和されていたが、この制度には不正行為を公的に認める面もある（本書ではこの「一括」課税制度の複雑な歴史をたどってはいない。私たちのおもな関心は「大規模」な非賃金労働者が申告した収益の額にあり、その高い収益には１９１４―１９１７年以来、収益に対する「現実」の税が常に課せられてきたからだ）。

（2）第６章第２節を参照。

金労働者の課税格差の解消を見直さないよう配慮した。ここからうかがえるのは、政治家の熱のこもった演説よりも高い次元で、この変化がある程度の合意を獲得していたことである。[1]「賃金の問題」を生じさせた分類所得税が20世紀初頭にカイヨーによって構想され、それを採択した議会多数派の急進社会党と「中道派」の中に、純粋な「マルクス主義者」がきわめて少なかったことも想起しておきたい。総合所得税および賃金労働者に対する分類所得税の課税閾値を決めることが焦点となった1907―1908年の国会審議において、カイヨー陣営が気を配ったのは、課税対象となる賃金労働者をあまりに多くしないこと、そして「労働者が収税吏との交渉下に置かれるのを避ける」[2]ことだった。税務当局に対する賃金労働者の反応をこのように懸念する態度の表われは、1917年7月31日法で、賃金労働者に対する分類所得税の課税に際して賃金労働者に所得の申告を義務づけなかったことにも見られる。彼らに代わって雇用主が申告を行ない、賃金労働者がすべきことは税の納付だけだった。1939―1940年になるとこの制度は源泉徴収、つまり雇用主が自ら被雇用者の分類所得税の計算と納付を行ない、賃金労働者には何も求められないという制度に移行する。[3]

実際には、20世紀初頭に、賃金労働者に対してはきわめて慎重に課税しなくてはならないという認識が広く共有されていた。こうした認識が共有されたのは、この問題が「マルクス主義者」によって賃金労働者を結集させるために利用されるのではないかという懸念であるとかマルクス主義の影響であるとかを超え、資本家の超高所得と〔「所得の高い賃金労働者」を含む〕賃金労働者との間に当時存在していた深い隔たりがある程度適切に自覚されていたためだと、私たちは考える。言い換えると、「200家族」（分位P99・99―100）の所得と平均所得、および「200家族」（分位P99・99―100）と高所得層の各分位との隔たりが、20世紀末のおよそ5倍以上だった時代には、最も給与の高い人々を含めて、賃金労働者を税制面で優遇することに「事実上」の根拠があったのだ。こうした深い隔たりがあるからといって、「所得の高い賃金労働者」が小規模な職人よりも有利な税法にあずかることが正当化されるわけではない。しかし20世紀初頭に、現実を単純化して「労働者」と「資本家」を対立させる傾向がこれほどまでに一般的だった理由は、そのことから理解できる。「豊かな」非賃金労働者と「資本家」との境界は常に穴だらけだったので、[4]（「つつましい」非賃金労働者も数多く存在することを忘れて）非賃金労働者すべてを資本家と同じ陣営に分類したくなったのである。この心情が、生活の豊かな生産手段所有者とそれ以外の国民とを隔てる溝が明らかに大きかった時代にとりわけ強かったのは当然である。同様に、格差のほとんど「二元対立的な」見方からある程度「中立の」見方への推移は、マルクス主義の退潮によって、また税法が具体的現実の壁にぶつかり、（手工業による小さい会社と大規模な株式会社とに同一の税制を適用するような）１９１４―１９１７年に犯した愚かしい「過ち」の迅速な修正につながったことによって説明がつくだけでなく、現実そのものが変わったことによっても説明がつくと私たちは考える。超高額の資本所得が過去ほど高い水準でなくなった世界で、「所得の高い賃金労働

（1）むしろ高額の収益に恵まれた非賃金労働者への租税圧力強化を望んだであろう当時の左派政党は、１９７０年代に導入された20パーセントの控除の上限設定を非難したとはいえ、共産党の１９６４年の案がその先駆をなすことを指摘しておく。共産党は控除率を30パーセントに引き上げ、控除額をＳＭＩＧの3倍に制限することを提案していた（『官報――下院――議会資料』付録９２６号（１９６４年5月13日の審議）。この提案の全文はドロルム（１９６５年、ｐ・３６６―３７５）に収録されているが、それによると上限設定の対象として想定されていたのは最低賃金の9倍の賃金、つまり全体の約1パーセントの賃金労働者だった（１９６４年には、給与階層のＰ10の閾値は４１５０フラン、Ｐ99の閾値は4万５３１８フランだった。付録Ｄ表Ｄ－11およびＤ－12を参照）。

（2）カイヨー（１９１０年、ｐ・２０４―２０５およびｐ・２５０―２５１）を参照。カイヨーはそこで、年収４０００フランそこそこの「パリの労働者家庭」を例に挙げ、彼らを「収税吏に接触させる」のは避けるべきだと述べている（そのため総合所得税の場合は包括所得５０００フラン、賃金に対する分類所得税の場合は個人賃金３０００フランが課税の閾値とされた）（こうした危惧は、20世紀初頭に最も高い賃金を得ていた上位10パーセントの人々の中に存在する「高所得の労働者」について本書第3章で述べたことを裏づける）。

（3）旧税制の適用は１９３９年が最後となる（１９３８年の賃金は１９３９年の初めに雇用主が申告し、被雇用者はそれに対応する課税通知を１９３９年に受け取った）。次いで１９３９年11月10日の統令によって源泉徴収が決定され、１９４０年1月から適用が始まった（賃金対象の分類所得税の計算法〔税率、扶養控除など〕は、源泉徴収制度による見直しをいっさい受けなかった）。

（4）第2章第１．１．２節および第１．２．２節を参照。

者」に対して適用除外の税制を認めることはしだいに根拠を失っていった。二つの世界大戦による有数の資産家の衰退が、所得税の変遷に深い影響を及ぼしたという考えに基づくこの解釈は、のちに見るように、資本所得に対する課税方法の変遷とぴったり合致するとともに、累進課税方式の税率表において最も高い税率区分に分類される所得層の階級的な位置の変化にも合致すると思われる。

4・3　1968年5月と1981年5月——最後の「特別増税」とは

このような「賃金の問題」に加えて、1945年以降の所得税の歴史は、1968年の五月革命後と1981年5月の選挙後に導入された一連の「特別増税」の痕跡もとどめている。1968年と1981年の「特別増税」は、この政治上・税務上の手段が戦間期以降ほとんど使われなくなっていただけに、そしてこの著しい増税が20世紀末の政治家の想像力や世論から完全に姿を消したと思われるだけに、いっそう興味深い。表4-6に、厳密な意味での増税ではなく「強制的な公債」の形をとった増税以外の、1915年の所得課税から1998年の所得課税までに適用された「特別増税」すべてを列挙したが[1]、そこで確認されることは、1947—1948年の増税導入の高まりと1968年5月の危機との間にこの課税方法を用いたのがギー・モレ政権だけだということである（1956年6月30日法）。とはいえ、1956年6月30日法で定められた「10分の1付加税」（10パーセントの増税）に、通常こうした税に政府が与えようとする「例外的な」性格がなかったことに留意しておきたい。実際に、「10分の1付加税」は、年金が一定額に達しない高齢者すべてを対象とする最低手当をまかなう予定でありながら、長引く資金難のため創設が遅れていた「老齢国民基金」に継続的に資金を供給するための税だった[2]。事実、大多数の納税者を対象とする[3]、税率が比較的低いこの「特別」増税は、廃止までに10年を要した。つまり「10分の1付加税」が1955—1960年の所得課税に適用されたあと、1961—1965年の所得課税では「20分の1付加税」（5パーセントの増税）に改められた（表4－6を参照）。適用範囲と目的からしても、また税率と施行期間からしても、この増税は本来の「特別増税」よりも税率表の税率引き上げに近かった。

1967年の所得課税から適用された、1968年7月31日の修正予算案が定めた増税は、はるかに「例外的な」状況に位置する。クーヴ・ド・ミュルヴィル政権が掲げた目的は、グルネル協定によって得られたばかりの成果を、「平均的」なつつましい賃金労働者から奪わないよう配慮しつつ、五月革命による景気減速と財政難に対処することだった。したがって、この特別増税は超高所得層のみに課せられ、最も所得の高い納税者に対する税率が25パーセントに達した（表4－6を参照）。この出来事は、半世紀近く前に「制服議会」が採択した1920年6月25日法を思い出させる。1968年7月、ド・ゴール政権は、6月に前倒しで行なわれた総選挙で過半数を獲得していたが、それでも五月革命で表明された社会正義に対する国民の希求に応える必要から、ド・ゴール政権にはあまり似つかわしくない措置ながら、超高所得層に大きい税負担を求めることにした。1969年に入っても、最後のド・ゴール政権の財務省政務次官だった若き日のジャック・シラクは、「1968年5月―6月の危機で生じた国家財政への思わし

（1）すでに言及した（1946年の所得課税に適用された）1948年1月7日法が定めた増税に加えて、次の三つが重要である。つまり（1973年の所得課税に適用された、税率が最高で20パーセントの）1974年7月16日法が定めた増税、（1975年の所得課税に適用された、税率が最高で8パーセントの）1976年10月29日法が定めた増税、（1981年の所得課税に適用された、税率が10パーセントの）1983年4月30日の行政命令が定めた増税である（1970―1980年代のこれら三つの「還付される増税」による徴収額、および実際に還付された額の推計については、『統計および財務調査』394号〔1984年〕、p・30を参照）。

（2）私たちが知るかぎり、これは税収が具体的な支出に割り当てられた唯一の増税の例である（増税の根拠として具体的な社会支出に言及することはこれまでにもしばしばあった。たとえば1910年に労働者・農民年金（ROP）法に基づいて相続税の税率が引き上げられ、1981年8月には、失業手当の財源不足を補うためとして「特別増税」が実施された。しかし実際には、言及された支出に正式に予算が割り当てられることはまったくなかった。

（3）1955年の所得課税では、年収60万（旧）フラン以上のすべての納税者（表4－6を参照）、すなわち1955年の所得に課税された納税者の4分の3近くが、「10分の1付加税」の対象となった（付録A表A－1を参照）。

表 4-6：所得税の歴史に現われた「特別増税」（1915-1998 年）

対象となる所得	法の日付	増税の形態
1923-1925	1924 年 3 月 22 日法	「重付加税」（20 パーセントの増税）（すべての納税者に適用）
1924	1925 年 12 月 4 日法	20 パーセントの追加増税（すべての納税者に適用）
1932-1933	1933 年 2 月 28 日法	10 パーセントの増税（すべての納税者に適用）
1934-1935	1935 年 7 月 16-26 日の統令	「特別付加税」。8 万 -10 万フランの所得に対する限界税率を 25 パーセント、10 万フラン以上の所得に対する限界税率を 50 パーセント引き上げ（1934 年の所得には税率の 2 分の 1 を、1935 年の所得には全税率を適用）
1936-1937	1937 年 7 月 8 日の統令	20 パーセントの増税。所得が 2 万フラン以上の納税者すべてに適用
1937	1938 年 5 月 2 日の統令	8 パーセントの追加増税。すべての納税者に適用
1938-1940	1938 年 11 月 12 日の統令	33.33 パーセント（3 分の 1）の増税。すべての納税者に適用
1941	1942 年 2 月 23 日法	50 パーセントの増税。すべての納税者に適用
1947	1948 年 9 月 24 日法	「重付加税」（20 パーセントの増税）。課税閾値 5 万フランを超える所得があるすべての納税者に適用
1955-1960	1956 年 6 月 30 日法	「10 分の 1 付加税」（10 パーセントの増税）。所得が 60 万フラン（6000 新フラン）以上の納税者すべてに適用
1961-1965	1960 年 12 月 23 日法	「20 分の 1 付加税」（5 パーセントの増税）。所得が 6000 フラン（1961 年）、8000 フラン（1962 年）、3 万 6000 フラン（1963 年）、4 万 5000 フラン（1964 年）、5 万フラン（1965 年）以上の納税者すべてに適用
1967	1968 年 7 月 31 日法	納税額が 5000-1 万フランの納税者に対して 10 パーセント、納税額が 1 万 -2 万フランの納税者に対して 20 パーセント、納税額が 2 万フラン以上の納税者に対して 25 パーセントの増税
1968	1968 年 12 月 27 日法	納税額が 6000 フラン以上の納税者すべてを対象とし、納税額が 1 万 4000 フラン以上の納税者には最大で 15 パーセントの税率を課す増税
1969	1969 年 12 月 24 日法	納税額が 7000 フラン以上の納税者すべてを対象とし、納税額が 1 万 4000 フラン以上の納税者には最大で 7.5 パーセントの税率を課す増税
1970	1970 年 12 月 21 日法	納税額が 1 万フラン以上の納税者すべてを対象とし、納税額が 2 万フラン以上の納税者には最大で 3 パーセントの税率を課す増税
1971	1971 年 12 月 29 日法	納税額が 1 万 5000 フラン以上の納税者すべてを対象とし、納税額が 2 万フラン以上の納税者には最大で 2 パーセントの税率を課す増税
1980	1981 年 8 月 3 日法	納税額が 10 万フラン以上の納税者を対象とする 25 パーセントの増税（10 万フラン以上の税額部分に適用）
1981	1981 年 12 月 30 日法	納税額が 2 万 5000 フラン以上の納税者を対象とする 10 パーセントの増税（2 万 5000 フラン以上の税額部分に適用）
1982	1982 年 12 月 29 日法	納税額が 2 万 8000 フラン以上の納税者を対象とする 7 パーセントの増税（2 万 8000 フラン以上の税額部分に適用）
1983	1983 年 12 月 29 日法	納税額が 2 万 -3 万フランの納税者に 5 パーセントの増税、納税額が 3 万フラン以上の納税者に 8 パーセントの増税
1984	1984 年 12 月 29 日法	納税額が 3 万 2080 フラン以上の納税者に 3 パーセントの増税

解説：1924年3月22日法が制定した20パーセントの増税は、1923-1925年の所得に対してすべての納税者への課税に適用された。

注記：このリストにはすべての特別増税が含まれるが、強制的公債および還付される公債の形で実施された増税は入っていない（その種の公債は1946年、1973年、1975年、1981年の所得課税として適用された。第4章第4.3節を参照）。

くない影響によって」、「所得税減税に向けた私たちの真摯な努力を先延ばしせざるをえない」と嘆いた[1]。事実、1968年7月に導入された「特別増税」は（1967年の所得課税として）最初に設定された税率では1年しか適用されなかったが、1968―1971年の所得課税には税率を引き下げて適用され、1972年の所得課税に至ってようやく、五月革命の余熱[2]が税制から最終的に消えたのである（表4－6を参照）。

1980―1984年の所得課税に適用された特別増税の政治的事情はまったく異なっていた。1981年の国政選挙の結果、まず社会党の大統領、次いで社会党が過半数を占める議会が生まれ、高所得層に「いっそうの努力」を求めようという考えが新しい権力の重要な政治的アイデンティティとなる。そして、象徴的に最も重みを持つ規定として、1980年の所得税納税額が10万フランを超える納税者に25パーセントの税率を課す増税を盛り込んだ「1981年8月3日法修正予算」が、新しい議会によって数週間で可決される。この特別増税は1年しか適用されなかったが、1981―1984年の所得課税では、基本的な性格は同じだがより税率の低い別の増税に置き換えられた（表4－6を参照）。新政府はさらに、こうした増税に加えて、一方では1981年12月30日法によって、前述した家族係数効果の上限設定を設けることで、他方では1982年12月29日法によって、1982年の所得課税から65パ

（1）ジャック・シラクが1969年に政府を代表して提出した『所得税改革の方針に関する報告』（『統計および財務調査』増補版、242号〔1969年2月〕に再録）は、1959年の改革で制定された、非賃金所得を対象とする5パーセントの付加税の最終的な廃止を予告するとともに、「賃金所得に対する課税条件を緩和する特別措置を改革案に盛り込むという、グルネル協定における政府の約束を守るために」賃金労働者に対する追加控除の率を（20パーセントではなく）25パーセントとすることを「勧告」した（この「勧告」は実行されなかった）。

（2）この「余熱」は、1973―1974年の経済危機のあとに制定された「還付される増税」を考慮すると、完全に消えたとはいえない（前出参照）。

ーセントの税率区分を新たに設けることで（表４－５を参照）[1]、富裕な納税者の税負担を間断なく重くする根本的措置を講じた。

１９３６年の増税と同じように、１９８１年の増税には格別の注意を払う価値がある。そこで次章では、１９３６年と１９８１年の社会党政権が「いっそうの努力」を求める措置をとった高所得層の各分位の具体的な階層位置にしたがって、分析を試みたい。いまはさしあたり、少なくとも形のうえでは、１９８１年の社会党政権が１９３６年の政権よりも明らかに控えめだったことに留意しておこう。人民戦線が所得税税率表の全面的改正に乗り出したのに対して、モロワ政権は「特別増税」という方法をとり、現行の所得税税率表に65パーセントの税率区分を追加しただけで（その結果、１９８１年の所得課税の最高税率60パーセントは１９８２年の所得課税では65パーセントとなった）、それまでの歴代政府から受け継いだ他の税率区分は手つかずのまま存続させた。税率表の構造の野心的変更を拒むこの態度には、疑いの余地なく、１９４５年以降の所得税税率表の形式が広く認められていた背景がある。こうした認識は戦間期には存在しなかった。

１９８１年のエピソードに見られるもう一つの興味深い点は、それが20世紀最後の増税になったことである[2]。１９８４年の所得課税から、ファビウス政権は増税の最大率を３パーセントに戻し（表４－６を参照）、所得が一定額未満の納税者すべてを対象とする減税制度を導入することを決める（１９８４年12月29日法）[3]。次いで、１９８５年12月30日法が「特別増税」を最終的に廃止するとともに、減税率の引き上げと減税の適用範囲拡大を決定する[4]。１９８６年の政権交代でこの減税はさらに推し進められる。シラク政権は減税率引き上げと適用の拡大をもう一歩進めるとともに、社会党政権が新設した65パーセントの税率区分を廃止して、最も高い税率区分を60パーセントに戻した。その結果、１９８５年の所得課税で65パーセントだった所得税最高限界税率は１９８６年の所得課税で58パーセントに下がった（表４－５を参照）。右派政権の返り咲きが高所得層の利益になったという印象を過度に与えないようにするため、シラク政権は「つつましい」多数の納税者を課税対象から外す規定を１９８６年12月30日法に盛り込んだ。

すなわち、１９８６年の所得課税から、１９８１年に導入され１９８６年まで独身の納税者だけに適用されていた「減額」を、納税者すべてが享受できるようにしたのである。[5] 続く１９８７年12月30日法で、新たな減税策が打ち出される。最高限界税率を含むすべての税率が引き下げられ、１９８６年の所得課税で58パーセントだった最高限界税率は１９８７年の所得課税で５６・８パーセントになった（表４－５参照）。

１９８８年から１９９３年まで、状況は変わらなかった。この5年間に相次いで生まれた社会党政権はどれも、シラク政権から引き継いだ新しい税率、とくに５６・８パーセントの最高限界税率をひきつづき適用した。１９９３年３月の国政選挙とバラデュール政権の誕生によって、所得税の新たな軽減措置が講じられる。それは税率区分の数を減らし、税率表に税の減額を組み込むことで実現した措置で、１９９２年の所得課税が最後の適用となった。[6] しかし５６・８パーセントの税率は１９９３年12月30日法の影響を受けなかった。最初の保革共存で散々な目にあったエドゥアール・バラデュールは、超高所得層に対する限界税率を下げないことにしたので、５６・８パーセントという最高限界税率は１９８７年の所得課税から１９９５年の所得課税まで適用されつづけた（表４－５を参照）。ジュペ政権はさらに大胆だった。ジュペは最高税率を含むすべての税率の引き下げを決め、１９９５年の所得課税で５６・８

（１）モロワ政権は（１９８１年12月30日法により）「富裕税」の制定も決定した。これについては後続の章で触れる（第5章第2．3節および第6章第3節を参照）。

（２）前述の、１９９８年に決定された家族係数の上限設定閾値の新たな引き下げを除く。

（３）付録C表C－４を参照。

（４）付録C表C－４を参照。

（５）付録C表C－４を参照。「税の減免」は１９５１―１９５2年および１９５７―１９７2年の所得課税においてすでに適用されており、その廃止は毎回、0パーセントの税率区分を拡大することによってなされた（ジュペによる改革はそのようにして税の減免を廃止する予定だったが、この改革は中断し、税の減免は現在もひきつづき適用されている）。

（６）表４－５および付録C表C－４を参照。

図 4-1：1915-1998 年の所得税の最高限界税率

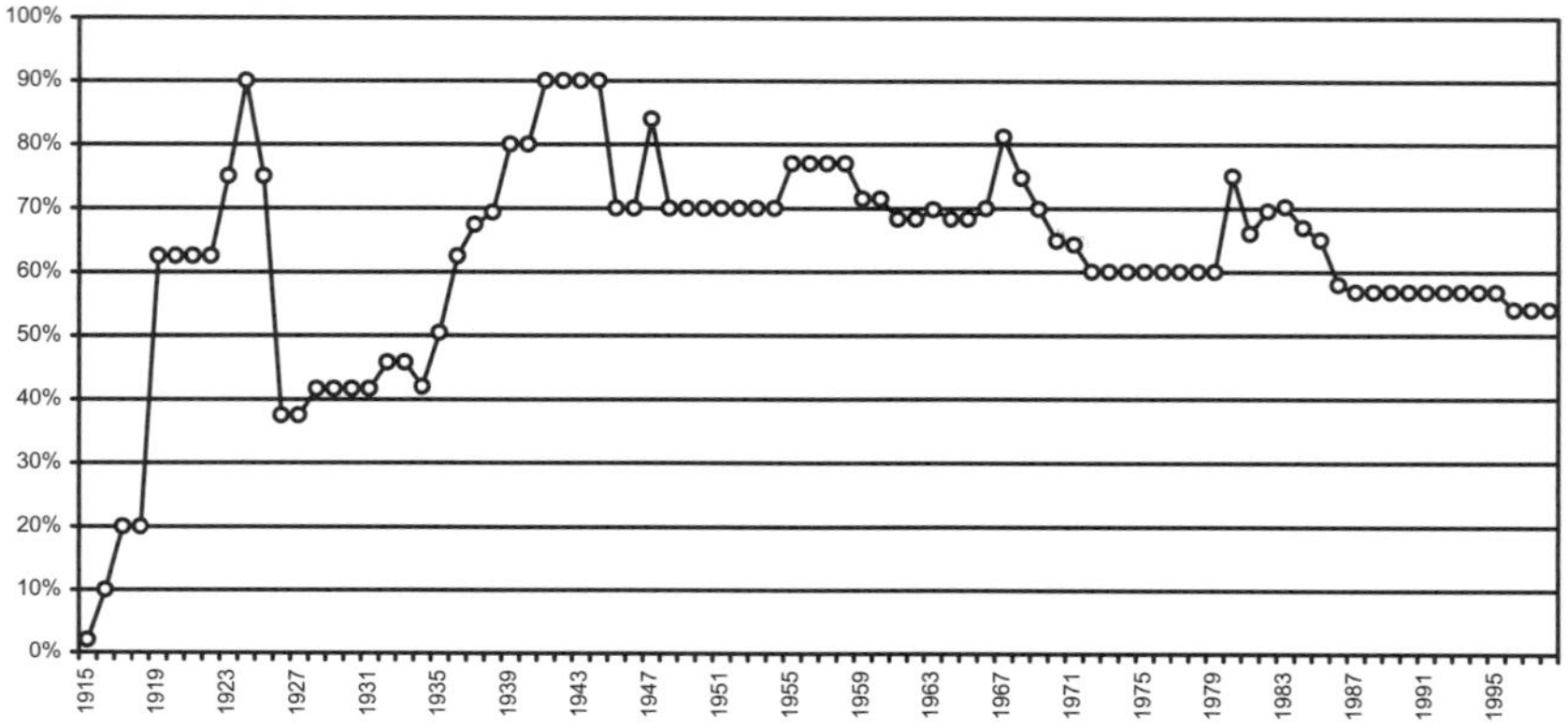

情報源　表A-2の列（12）（付録A）

パーセントだった最高税率を１９９６年の所得課税で54パーセントに緩和した（１９９６年12月30日法）。ジュペによる所得税減税プランは5カ年計画で、最高限界税率を45パーセントにまで下げるはずだったが、１９９７年に左派が政権に就いたため終止符が打たれた。それでも新しい社会党政権は、１９９８年の先駆者と同じように、前政権が決めた減税を取り消さないよう配慮する。１９９７―１９９８年の所得課税において、ジョスパン政権はジュペ政権から引き継いだ税率をそのまま適用したが、とくに注目されるのは54パーセントという最高限界税率の存続で、この税率は１９９６年の所得課税から中断なしに適用されている（表４－5を参照）。

　右派政権はチャンスが来たとたんに所得税を軽減し、左派政権はあえてまったく手をつけずに、政権の座に就いたときに適用されていた税率を踏襲するという政治的環境は、20世紀末のフランスにおいて所得税を取り巻いている一般的な空気を非常にわかりやすく表わしている。減税をしすぎても悪い印象を与えるだろうが、一般的な世論として、所得税の改革といえば減税であり、租税圧力がすでに高い水準に達している以上、税率の引き上げは想定できないという考えが浸透していることに変わりはない。とくに、税率表の最高限界税率を引き上げるとか、１９８１―１９８

2年の社会党政権が行なったように超高所得層に対する「特別増税」を導入するといったことは、1990年代末のほとんどの識者には完全に常軌を逸した考えに見えるのだ。1998―1999年には、社会党政権が自ら、所得税の最高税率引き下げに取り組む考えを公然と口にしたほどで、21世紀初頭には最も所得の高い層に対する減税を左派政権が行なうという歴史上最初の例に立ち会うことになるかもしれない[(1)]。

20世紀末のこうした趨勢を見通すには、1914年7月15日法以降、累進所得税の最高限界税率がどのように変化してきたかを総括して振り返るのが有益だろう。そこで図4－1に、税率表の最高税率だけでなく、「特別増税」および独身者や子供のいない納税者などに適用される加算税をも考慮に入れて最高限界税率を算出する形で、1915年の所得課税から1998年の所得課税までに適用された最高限界税率の変化を示した[(2)]。図4－1によって確認されることは、一般的な考えとは逆に、1996年の所得課税から適用されている54パーセントの最高限界税率が、実際には20世紀フランスで適用されてきた最も低い税率の部類に入るということである。1915―1918年、そして

(1) この見通しは予想よりも早く的中した。2000年12月30日の予算案が、税率表の税率の全体的引き下げ、とりわけ高い値にある税率の引き下げを実施したからである。こうして、1996―1999年の所得課税で54パーセントだった最高税率は2000年の所得課税で53・25パーセントとなった（最高税率は、2001年の所得課税では52・75パーセントに、2002年の所得課税では52・5パーセントになる予定である）。

(2) 図4－1に示した最高限界税率は、最も不利な状況に置かれた納税者に対する最も高い限界税率を表わしている。表4－1から4－5に転載した税率表によって得られる情報とは別に、私たちは表4－6に示した「特別増税」全体を、そして、1919―1938年の所得課税で子供のいない納税者に適用された加算税と、1939―1944年の所得課税に導入された家族補償税を考慮に入れた。1917―1918年および1936―1941年の「平均税率」による税率表については、最も高額の所得に適用される限界税率を取り上げたが、本当の最高限界税率はこれより（わずかに）高い。分類所得税、比例税、補完税は取り上げなかった（それに対して、非賃金所得に適用された5パーセントの付加税は考慮に入れた）。こうしてまとめた一連のデータを付録Aの表A－2の列（12）に掲げた。

１９２６―１９３５年を除けば、所得税の最高限界税率は常に54パーセント以上だった。[1] とりわけ「栄光の30年」と呼ばれる時期には、概して最高限界税率は70パーセントに達するか、それを上まわっていた（図４‐１を参照）。付け加えておけば、（不動産投資、フランス海外県・海外領土への投資、自宅勤務の賃金労働者の雇用といった）特定の支出を対象とする減税措置が１９８０年代に税法の中に導入され、１９９０年代に増加するのだが、このことは所得税の厳しい最高税率の緩和がたやすくなったことを意味している。[2] 20世紀の最後の数年を支配する、フランス一国をはるかに越えて広がるこの趨勢、そして「租税圧力が強すぎる」という感情がどこから来てどういう結果を招くのかを考えてみる前に、こうした一般的に確認される事実を踏まえながら、20世紀の高所得層の各分位に適用された平均税率の変化を調べなくてはならない。次章ではそれを行なうことにしたい。そして第７章では、外国がたどった経緯との比較からフランスの経験を見ていくことにしたい。

４．４　資本所得の分離――「複合的な」税への回帰？

資本所得の割合がしだいに累進所得税の領域の外へ置かれるようになっている事実に言及しなかったら、所得税法の変化を扱うこの論述は不完全なものになってしまう。税法のこの変化は、所得税のために申告された高所得の研究と、その高所得に加えるべき修正の研究にとって本質的な重要性を持つだけでなく、20世紀を通じて資本所得がどう認識され、どのように所得格差の原因と見なされてきたかについての示唆を与えてくれる。

累進所得税の課税基礎は、当初、動産資本所得全体を含んでいた。１９０９年に下院で、１９１４年に元老院で採択された総合所得税は、事実、（株主が受け取る配当、債券の保有者が得る利子、有価証券の所有者が受け取る「あらゆる種類の所得」[3] などきわめて広く定義されていたことを本書で確認した）有価証券所得税の課税基礎を提供していた。ただし総合所得税は課税基礎として、有価証券所得税の対象外でありながら、紛糾する長い審議の末にジョゼフ・カイヨーが総合所得税の課税基礎に組み込むことに成功した（国債や国庫証券などの）公債の利子全体を加え、さらに厳密な意味での有価証券による所得ではなかった動産資本所得全体、つまり債権、預金、保証金による所得に対する分類所得税が課税される所得全体をも加えた。こうした動産資本所得にはすべて、控除も個別的な減額もなしに、一般法の条件において所得税の累進課税方式の税率表が適用された。ただ一つ免除されていたのはキャピタルゲインで、フランスではキャピタルゲインに累進所得税が適用されたことは一度もない。これについてはのちに詳しく見ることにする。(4)

しかしこの状況は長くは続かなかった。1914年7月15日法から10年もしないうちに、1924年3月13日法は償還期限が1年以下の国庫証券と国防債の利子を所得税の対象としないことを決め、1923年の所得課税からこの措置を適用する。こうした決定がなされた政治・経済情勢が例外的なものだったことはたしかである。国家は、戦争によって生じた負債を必死に清算しようとするが、国民からの信頼は情けない水準に低下し、急場をしのぐための現金を供給してくれる預金者を税制面で優遇する必要があると考えた。しかし、アリックスとルセルクレがその直後に

(1) この総括は、次文における総括と同じく、ここに取り上げなかった分類所得税、比例税、補完税の税率を考慮に入れると著しく堅固になるはずである（前注を参照）。

(2) この種の減税の導入は、1983年の所得課税に、そして課税所得からの数々の控除措置を減税措置に改めたモロワ政権の決定に始まる。この決定は当初、これらの措置をより「平等」にすることを目的としていたが（控除は高い税率区分ほど有利になるが、減税では原則としてそのようなことはない）、減税措置はその後増えて、納税者が実際に納める「純税」額を大幅に減少させた（付録A第1.3節および表A-3の列(14)を参照）。

(3) ただし、一部の宝くじや割増金付社債など、有価証券所得税の対象でありながら総合所得税を免除される動産資本所得がごく少数存在した（アリックス&ルセルクレ［1926年a、第2巻、p.127］を参照）。

(4) 第6章第1.3節を参照。動産資本「所得」の中には、（たとえば生命保険契約からもたらされる利子、分配されない企業利益のように）特殊な形態のために所得税を免除されてきたものも存在する。こうした所得については第6章（第1.2節から第1.4節）で触れる。

書いたように、「突破口は開かれた」[1]。実際、それからの数年、税の免除が拡大していく。国防債と引き換えに発行された「ゴールド1925」という4パーセントの永久国債、1924年に発行された10年5パーセントの国庫証券の50パーセントの償還時割増金、償還期限2年以下の国防債、年金公庫を援助するために発行された特別債券などが、1920年代から1930年代にかけてしだいに所得税を免除されていった。第二次世界大戦前および戦争中には、非課税の対象がさらに増えた。償還期限が18カ月以下の国防秋期金庫債は1938年の所得課税から非課税となり、償還期限が2年以下の軍備証券は1939年の所得課税から、償還期限が3年以下の国庫証券と国防債は1940年の所得課税から、1925年の4パーセントの終身年金加入者が保有する1942年発行の3パーセントの国債は1943年の所得課税から、償還期限が5年以下の解放証券は1945年の所得課税から、という具合に非課税となっていく。戦後の歴代政府もこの変化に寄与する。償還期限が5年以下の国庫証券は1948年の所得課税から、1952年の3・5パーセントの公債は1952年の所得課税から、復興秋期金庫が発行した債券は1954年の所得課税から、それぞれ所得税を免除される。1950年代末になると、大多数の短期公債、そしてかなりの数の長期公債が非課税の対象となる。

このような税法上の変化の到達点は明らかに1965年11月29日法だった。この法は（一般法の租税圧力からの解放につながる）「源泉分離」と呼ばれる制度を定めた。1965年の所得課税から、発行元が国であれ私企業であれ地方自治体であれ、証券や債券、さらには固定所得をもたらす有価証券はすべて、その所得を、有価証券所得税と同じように源泉徴収方式の比例税の体裁をなす源泉分離の対象として保有者が申告すれば、累進所得税を完全に免除されるようになった。源泉分離の率は債券の発行時期とカテゴリーによって異なるが、ほとんどの債券の場合15―25パーセントであり、累進課税方式の税率表で高い税率区分に位置する裕福な納税者は、所得税を適用されないこの制度を選ぶことが大きな利益となった。その場合、（主として利子からなる）所得は他の所得に加算されて累進所得税を課せられることがなく、したがって所得の申告にも現われない[2]。付け加えておくが、源泉分離が導入されてからもそれまでの慣行は存続した。たとえば完全に免税で、累進所得税も源泉分離も課せられない（１９５２年のピネー債のような）国債が依然としていくらか存在している。

この変化と並んで、完全に非課税の貯蓄預金の増加が、一般法の条件における所得税の対象となる動産資本所得の総量を減少させた。その先駆となったのはA預金〔非課税の普通預金〕である。１９５２年４月14日法は、貯蓄金庫発行のA預金の保有者が受け取る利子すべてを完全に所得税非課税とした。１９６０年代から１９７０年代にかけては、「少額」と銘打った貯蓄預金を優遇する措置が増加する。「住宅購入定期預金」の保有者が受け取る利子と割増金、クレディ・ミュチュエル銀行発行の「青の通帳」の所有者が受け取る利子、「企業拡大の成果の分配〔従業員１００人以上の企業が固定給以外の報酬を従業員に支給する制度〕」や「企業貯蓄預金口座」の一環として実現される共同投資による利益、「住宅購入積立口座」の保有者が受け取る利子と割増金、「職人貯蓄預金口座」の保有者が受け取る利子などに、A預金の利子と同じ税制が適用され、したがって所得税の累進課税の対象にも源泉分離の対象にもならず、税務当局から関心を寄せられないことになる。[3] １９８０—１９９０年代の社会党政権もまた、１９８２年に「大衆向け預金口座」、１９８３年に「産業振興向け預金口座」、１９８９年に「大衆向け積立口座」、１９９２年に「株式積立口

（１）アリックス&ルセルクレ（１９２６年a、第2巻、p・１６２—１６３）を参照。

（２）じつは20世紀末の申告書には、源泉分離を受けている、つまり個別に課税された所得の額を原則として納税者が申告する欄がある。しかし、該当する所得すべてがこの欄に記載されるかどうかが不確かなうえ、こうした所得は当然のこととして他の所得に加算されたことがなく、税務当局が所得申告の調査に基づいて作成する統計表に現われたためしがない。そのため本書では、源泉分離を受けた所得を申告書を通じて考慮に入れることはできなかった。

（３）住宅購入定期預金は１９６５年７月10日法によって導入され、１９５２年４月14日法による、貯蓄金庫に対する非課税の預金口座開設の認可は、１９６５年11月29日法によってクレディ・ミュチュエル銀行にも認められた。「企業拡大の成果の分配」制度および「企業貯蓄預金口座」制度は１９６７年８月17日の行政命令によって制定された。「住宅購入積立口座」は１９６９年12月24日法によって導入され、「職人貯蓄預金口座」は１９７６年12月29日法によって非課税とされた。

座[1]」を設けることによって、所得税非課税の貯蓄預金の充実に一役買った。

結局、1990年代末において累進所得税をフルに適用されている動産資本所得は、（株がたとえば株式積立口座を介して合法的に非課税となる形態ではなく、「直接」所有されている場合）株を所有する世帯が受け取る配当金だけである。たしかにそのようなケースは例外に属する。合法的に所得税を免除されているさまざまな預金口座、積立口座への投資額には常に「上限」が設けられてきた（一定額を超えた投資はできない）ため、株は大規模の動産資産の所有者にいっそう気に入られる投資となっている。実際、第二次世界大戦以後に発展した、一般法の適用を免除する税制は、莫大な資産を持つ人よりも「平均的な」資産を持つ人に恩恵を与えるために構想された。第6章ではそのことを見ていくとともに、所得の申告に表われた所得だけに基づいているため、源泉分離の対象となる所得も、所得税を課税されない預金口座・積立口座の所得も考慮に入れていない、高所得層の所得水準について行なった私たちの推計に、こうした適用除外制度によってもたらされたさまざまな影響の大きさを加味してみたい。いずれにせよ、配当金の重要性がいかなるものであれ、累進所得税を課せられる動産資本所得の課税基礎が1914年7月15日法以降著しく減少したことに変わりはない。1924年に始まる長い過程の末、一般法としての税制が例外となり、適用除外の税制が基本原則となった。

株の配当が厳しい累進課税を免れるに至らなかったとしても、配当が1914年7月15日法以降の税制の改善に浴したことを忘れてはならない。すべての非賃金労働所得と同じように、配当はまず、賃金労働所得と非賃金労働所得の課税条件の平等化によって、そして所得税の「単税」化によって恩恵を受けた。1959年の改革まで、配当は「二重の課税」の対象だった。まず、配当金の最初の1フランから源泉徴収される比例税を課せられ（1948年までは有価証券所得税、1948年から1959年までは比例税）、次いで累進所得税を課せられた（1948年までは総合所得税、1948年から1959年までは累進付加税）。1959年の改革以降、とくに補完税と5パーセントの付加税が最終的に廃止されてから（つまり1972年の所得課税から）、配当に課せられるのは賃金労働所得と同様、累進所得税だけとなる。配当はまた、1965年7月12日法における配当税還付金の創設によって、配当の扱いをめぐってなされた税制改革の恩恵にも浴している。その結果1966年1月1日から、株主は実際に企業から受け取る配当だけでなく、その配当を行なうにあたって企業が納めた法人税の額に相当する配当税還付金も受け取っている。株主は配当税還付金を所得税から差し引くことができる（配当税還付金の額がその納税者の所得税の額を超えるときは、国が超過額を支給する）。言い換えれば、1965年7月12日法以降、企業が株主に配分することにしている収益は事実上、法人税を免除されている。[2] 1959年の改革の影響と1965年7月12日法の影響とを合わせると、配当が「三重の課税」から単一の課税へと移行したことがわかる。1959年の改革までは、企業はまず法人税（1948年の改革までは商工業収益を対象とする分類所得税）を納め、次いで配当に、比例税と同時に累進付加税（1948年の改革までは有価証券所得税と総合所得税）が課せられた。1959年の改革および1965年7月12日法以降、配当に課せられるのは累進所得税だけになる。[3] 1990年代には、所得税の対象となる配当に、低い水準

（1）「大衆向け預金口座」は1982年4月27日法、「産業振興向け預金口座」は1983年7月8日法、「大衆向け積立口座」は1989年12月29日法、「株式積立口座」は1992年7月16日法によって導入された。こうした銀行口座の中には、いくつもの特定の条件を守らなければ非課税にならないものがある（たとえば「大衆向け積立口座」と「株式積立口座」は、預金の引き出しを5年間行なわないことが非課税の条件となる）。

（2）1965年7月12日法は配当税還付金を、割り当てられた配当の半分とすることを決めた。これはこの制度が、割り当てられた配当に課す法人税の額を半分に減らすに至ったことを意味する（法人税の税率は当時50パーセントだった）。1990年代初めになって、法人税の税率が33パーセントに引き下げられてようやく、（割り当てられた配当の半分に相当する）配当税還付金が、該当する法人税の額に一致するようになる。

（3）（1958年の所得課税まで適用された）「三重の課税」制度から（1972年の所得課税から適用が始まった）「単一」の課税制度への移行はなかなか複雑だった。補完税と5パーセントの付加税の廃止に時間がかかったうえ（前出）、1959年の立法府は配当からの源泉徴収を存続させること、そしてこの源泉徴収に対応する税額控除のしくみを設けることを決めたのである（ただし補完税の支払い分を除く）（この複雑な制度は補完税と同時に廃止された）。

のものではあるが総合所得税の範囲では存在しなかった一括控除が認められていることを最後に指摘しておこう（課税所得の計算で配当が考慮に入れられるのは、配当が一定額を超える場合に限られる）[1]。

動産資本所得をめぐる税制は、このように、20世紀を通じて根本的に変化してきた。１９１４―１９１７年に確立された税制においては、動産資本所得は最も重く課税される所得だった。それは例外なく総合所得税を課せられ、（商工業収益への分類所得税を含む「三重の課税」はいうまでもなく）その分類所得税はあらゆる分類所得税の中で最も税率が高かった。20世紀末になると状況はすっかり逆になり、動産資本所得には最も寛大な課税方式が適用される。「三重の課税」や「二重の課税」といった状況に代わって「単一の」所得税が現われ、動産資本所得のかなりの部分が、源泉分離によるにせよ、完全な非課税によるにせよ、あるいは一括控除によるにせよ、その「単一」の税さえ課せられていない。じつは、こうした適用除外の方式が帯びる重要性はかなり高いので、20世紀末に適用されている税制について「単一」の所得税という言い方をすることはおそらく誇張になる。20世紀末の所得税はかなりの程度まで、１９１４―１９１７年に確立された所得税と同じくらい「複合的」であって、本質的な違いは、いま寛大な扱いを受けているのが賃金所得ではなく動産資本所得だということである。

この劇的な変化の起源はいたって明らかである。資本所得に対する課税条件の緩和が、「20世紀始まって以来」の危機に臨んだ立法府の当然の反応だったのだ。20世紀初頭には、資本所有者の繁栄とフランスの貯蓄の豊かさがはっきりしていたので、誰も資本所得を税制面で優遇しようとは考えなかった。二つの大戦による荒廃、１９３０年代の金融危機による多くの倒産、ハイパーインフレにともなう資産の縮小のあとで、今度は国と企業を復興し「近代化」することが重要となり、貯蓄と投資を促す最も自然な方法は貯蓄による所得に課せられる税を軽減することだった。

源泉分離の導入に至る変遷は、その過程をきわめて明瞭に物語っている。１９０７―１９０８年にかけて議会で審議が行なわれたとき、「フランス国債」への課税に反対する声が上がったが、ジョゼフ・カイヨーの陣営はフランスの余剰資金と国家予算の「揺るぎない安定」に詳しく言及し、結果として彼らの見解が支持を得たのだった[2]。利回りの決まった債券の価値が戦争とハイパーインフレによってゼロになってから、「安定」を持ち出す論には説得力がなくなり、誰の目から見ても国債に対する税の軽減が避けられないものとなった。累進所得税を合法的に免除する適用除外を認められたのが債券であって株でなかったことは偶然ではない。立法府は、取り返しのつかない資産価値減少を被ったのが利回りの決まった有価証券の保有者であることを認めたばかりだったので、インフレにスライドさせていない利子でなおも現金を貸すことをいとわない預金者に、税制面でなんらかの優遇を行なわなければならないと感じたのである。同じように、非課税の預金口座、積立口座の発展や配当税還付金の導入は、１９１４年から１９４５年の間に大きく揺らいだ預金者および投資家からの信頼を取り戻したいという、立法府の希望に対応している。

(１)　１９９８年の所得課税では、この控除は独身者の場合８０００フラン、正式な夫婦の場合１万６０００フランだった（累進税を課せられる配当を対象とする一括控除の原則が１９７６年12月29日法によって採用されたが、この控除は比較的低い水準にとどまった。納税者が源泉分離を選ばなかった利子に対する類似の控除はすでに、（１９６５年11月29日法によって）１９６５年から１９７６年まで適用されていた。１９９６年の所得課税から（１９９６年12月30日法によって）、この控除は配当だけに限定されている。

(２)　「フランス国債への課税」問題をめぐる議会での激しい論戦が、カイヨー（１９１０年、ｐ・３１７—４１０）に取り上げられている。

似たような法の変遷をたどったものとして不動産所得が挙げられる。20世紀初頭、不動産所有者が受け取る家賃の「安定性」は、有価証券保有者が得る所得と同じくらい「揺るぎない」ものに見えたので、あらゆる不動産所得の「現実」の価値を総合所得税の対象とすることが定められた。その価値には、借家人が実際に支払う家賃に加えて、家主が自らに支払うと見なした場合の「帰属」家賃も含まれる（家主は所得の申告にこの「帰属」家賃を記載しなければならなかった）[1]。次いで、二つの世界大戦で生じたハイパーインフレによる家賃の支払い凍結と家賃相場の下落を受けて、立法府は、不動産所有者の税負担を軽減し、住宅の建設をふたたび推進するための控除と適用除外規定をいくつか導入する。そして１９６４年12月23日法に至って、帰属家賃を課税の対象外とする（１９６４年の所得課税から、家主には帰属家賃を申告する義務がなくなった）[2]。

私たちの調査にとって、税法のこうした変遷は二重の意味で興味深い。それはまず、（少なくとも理論的には）資本所得全体が所得申告に記載されることが義務づけられていた１９２０年代初めに課税所得として申告された資本所得を、１９９０年代の税法において課税所得として申告された資本所得と比較するときに慎重さが求められることを意味する。第6章では、超高額の資本所得とそこから生まれる莫大な財産が急減し、その水準が戻らないことについて私たちが行なった分析が、こうした側面によってどの程度見直しを要するかを見ていくことにする。さらに、税法の変遷は、資本所得が20世紀にどう認識されてきたかについて前章で述べたことを裏づけてくれる。二つの世界大戦による資産の崩壊はあまりに大規模かつ明らかな出来事だったので、歴代の政府は税制面でその影響に対処しなければならなかったのである。

しかし、資本所得が享受した税の軽減措置のすべてが、国民に理解されて受け入れられたと結論することはできないだろう。たとえば、十分な配当を受け取っている納税者が、その配当に対する法人税がすでに納付されているという理由で、所得税としてわずかな金額しか課せられない（そればかりか国から小切手を受け取る場合もある）という状況を生み出した配当税還付金の導入は、１９６０年代末から１９７０年代初めにかけて激しい論争を巻き起こし、とりわけ１９７１―１９７２年には、『カナール・アンシェネ』紙が当時の首相ジャック・シャバン＝デルマスの課税通知を掲載し、首相がこの配当税還付金制度の恩恵をたっぷり受けていることを白日のもとにさらした。[3]

概して、資本所得への優遇を正当化するために第二次世界大戦直後になされた主張（戦争による荒廃、インフレなど）は１９４５年から今日までに著しく説得力を失い、20世紀末のフランスでそうした優遇になお意味があるのか考えてみることはきわめて理にかなっている。たとえば源泉分離は、インフレが20世紀初頭と同じくゼロ水準に戻っている時代にはもはやほとんど根拠がない。しかし、そのような状況の中、１９８０―１９９０年代の社会党政権は動産資本所得に対する優遇税制の拡大を選んだのである。すでに施行されている軽減策は（導入にあたって議会左派が猛反対した配当税還付金さえも）再検討されず、（大衆向け積立口座、株式積立口座の開設といった）新たな免税が実施され、法人税の税率と源泉分離の率がとくに１９８８―１９９３年の議会会期中に引き下げられた。[4] 当時のメデ

（１）総合所得税の納付にあたって土地所有者には、地租の課税基礎を「現実」の不動産所得にするか「土地台帳上」の不動産所得にするかという選択肢があった。しかし税務監査官は「現実の収入のほうが高いことを証明できれば」、「土地台帳上」の所得に代えて「現実」の所得を採用することができた（アリックス&ルセルクレ〔１９２６年a、第2巻、p・１３９〕を参照）。やがてデフレが不動産所得の追い風になると、１９３３年2月28日法によって、「現実」の所得に基づいて不動産所得を算定することが義務づけられる。

（２）第二次世界大戦後、土地所有者のために講じられた他の措置の一つに、不動産収入に対する累進付加税の課税閾値を、１９４８年の地租の課税閾値の2倍にすることを決めた１９４８年12月9日の政令による決定がある（１９５１年5月24日法は理論上、「現実」の所得に基づく制度への回帰を決めたが、多くの一括控除がひきつづき適用された。

（３）シャバン＝デルマスをめぐる掲載事件については、たとえばブリ&シャルパンティエ（１９７５年、第1章）の迫力ある著作を参照。

（４）１９５０年代末から50パーセントという水準を保ちつづけた法人税の税率は１９８５年に引き下げられ、１９９１年から１９９２年にかけて徐々に33パーセントに近づいた（それによって配当税還付金の額は、割り当てられる配当のために納付される法人税の額とほぼ同等になった。前出参照）。源泉分離の率はしだいに統一され、１９８８―１９９３年の議会会期には15パーセントに引き下げられた。

ィアが広く報道したこれらの措置は、「左派政権と企業界との和解」戦術において決定的な役割を演じたが、同時におそらくこれらの措置によって、「金融市場」との親密度をあまりに深めたように見える左派政権に対して、国民の大半が幻滅することになった。1993年の国政選挙ではそうした国民の受け止め方がはっきりと表われ、左派は敗北した。1990年代末には、歴代政府が資本所得への非課税を進めすぎたという考えがいっそう浸透したが、そうした認識の一例が「一般社会税」の適用の急速な拡大である。それまで賃金所得にだけ課せられていた社会保険料に代わって登場し、資本所得を含む所得全体を対象とするこの比例税は[1]、第二次世界大戦以降の累進所得税において資本所得に認められてきた軽減策の蓄積を考慮するとその影響力はたしかに限られている。しかし一般社会税は、それまでの税制の推移を現実的に刷新する税である。とはいえ、先に言及した「租税圧力が強すぎる」という感情が優位を占める現在、累進所得税が置かれた一般的な趨勢を考えると、この刷新をきっかけとして資本所得がふたたび一般法としての所得税の対象になることはほとんどありえないと思われる。

（1）一般社会税は、累進所得税を課せられる資本所得（おもに配当）と同時に、源泉分離を受ける所得にも課税される（それに対して、所得税を免除される預金口座、積立口座による所得のほとんどは一般社会税も免除される）。

第５章　誰が何を払ったのか？

この章では、高所得層の各分位が１９１５年から１９９８年の間に所得税として実際に課せられた平均税率の推計を示すことにしたい。この推計は、前章で紹介した税法の情報と、第1部で述べたさまざまな高所得者の水準の推計とを結びつけることによって得られたものである。私たちは所得税法の考察によってすでに、20世紀フランスで所得格差がどのように認識されてきたかを明かすいくつもの変化を突き止めることができた。なかでも、第一次世界大戦後の最高限界税率の気が遠くなるような上昇、賃金労働所得と非賃金労働所得との間で繰り返される対立関係、資本所得の扱いをめぐる著しい変化を把握することができた。しかし所得格差に対する認識の問題をさらに進めるには、税法の知識と税率表の限界税率の知識だけでは十分でない。多額の税を支払わせるべきだと歴代政府が判断した「高」所得層の正確な経済的位置（そして逆に、政府が課税を軽くすべきだと判断した所得層の正確な経済的位置）の分析も必要である。そして、所得層ごとの平均税率をその変化を含めて推計してこそ、納税者のそうした位置を正しくとらえられるのだ。同様に、20世紀フランスで蓄積されたり、ふたたび築き上げられたりした大資産に対する所得税の経済的効果のあらましを把握するためには、適用されてきた税率表の最高限界税率を知るだけでは不十分であり、超高所得層の各分位が実際に課せられた平均税率の推移を知ることが必要になる。

そこでまず、所得税の１００年にわたる推移をたどることで、１９１５年から１９９８年までのフランスにおける

「高」所得の観念の変化について何がわかるかを調べてみよう。「20世紀始まって以来」の打撃は、どの程度格差の認識とイメージを変えたのだろうか（第1節）。この中心問題の分析を続けながら、次に、1936年と1981年の例を手始めに、本当の意味の増税として打ち出され、公示された数少ない増税を振り返り、さらに社会党と共産党が選挙公約の中に盛り込んだ「潜在的」な増税を考察する。やがて明らかになるのは、こうした増税の対象となった「高」所得層の比較研究によって、増税の実施（あるいは提案）を選んだ政治組織が所得の再分配について抱いていた考え方をよりよく理解できることである（第2節）。次いで、認識の問題を離れて、1914年7月15日法によって創設されてから、所得税が格差に及ぼしてきた経済的影響に目を向けよう。なおその際、可処分所得の格差に直ちに作用する影響と、あらゆる点から見て決定的役割を演じたと思われる、将来の資産の格差に対する動態的な影響とを区別することになる（第3節）。

1 「高」所得層とはいかなる存在か？ 100年にわたる変化からわかること

すでに前章で言及したように、所得税の歴史は納税者それぞれが実際に課せられた税の重さを算定するのに役立つだけではない。税法は、時代によって格差と再分配の問題がどう認識されていたかを考察するうえで、きわめて豊かな情報源でもある。事実、1915年から1998年までの高所得層の各分位に適用された税率表の構造と税率の長期にわたる推移を調べると、100年の間に重要な変化がいくつもあったことが確認できるが、それらの変化は、20世紀のフランスにおける格差のイメージの移り変わりを知る手がかりとなる。

この100年間の第一の重要な変化は、税率表の上位の税率区分に該当する「高」所得の水準の著しい低下である。第二次世界大戦以降に適用された税率表は、20世紀初頭と戦間期の立法府があえて公開した高所得層ほどには構造的に高水準でない所得層を特定するようになった。このことは、1914年から1945年の危機によって超高額の資本所得が被った急落の規模に立法府が十分気づいていた、という事実を十全に裏づけると思われる（第１．１節）。第二の重要な変化は、長い間少数のエリート層だけを対象としていた所得税が、しだいに「大衆の税」となったことである。とくに、戦間期にはほとんど所得税を免除されていた「中流階級」（分位P90―95）と「上位中流階級」（分位P95―99）は、１９４５年以降その恵まれた立場を失った（第１．２節）。これら二つの変化の影響力はしかしながら相対化してとらえなければならない。「分散化」のこの重要な傾向にもかかわらず、所得税は依然として、おもにトップ百分位の上層に重い課税をすることを目的とする、かなり標的を絞った税であり、「中流階級」（分位P90―95）および「上位中流階級」（分位P95―99）とそれ以外の国民とを隔てる生活レベルの差を実質的に減らすことを目的とはしていないことがわかるだろう（第１．３節）。中流階級とそれ以外の国民との差の問題は本当の意味で検討されたことがない。言い換えれば、第二次世界大戦以降は「２００家族」と呼ばれる超高所得の資産家をあからさまに示すことが憚《はばか》られるようになるが、「中流階級」はその社会的位置づけが常にある程度の共通認識になっているという意味で、「中流階級」でありつづけている。

１．１　超高所得層の消滅

考察の範囲を最高限界税率に限定していたら、所得税が１９２０年代初めに「巡航速度」に達したと結論づけたくなるところだ。最高限界税率は１９２０年６月25日法によって60パーセント以上となり、それ以来ほとんど常に50―80パーセントの値で推移した（第４章図４‐１を参照）。もちろん問題は、最高限界税率が到達した水準がどんなに示唆的であるにせよ、所得税の真の重さを部分的に示しているにすぎないということである。つまり、実際にはすべてが税率表のその最高限界税率とそれより低い税率が適用される納税者の数と所得水準に左右される。最高税率の適用が始まる閾値は、納税者の各分位にかかっていた平均税率の正確な推計にはつながらないとしても（そのためには税率表の税率区分全体を考慮する必要があり、本書でそれを行なうのは少しあとになる)、特別の注意を払う価値がある。この閾値には、税率表の累進税率をどんなに上げつづけてもきりがないほど「高い」所得である「超高額」の所得とはどんなものかについて、歴代政府およびそれを支える政治・社会勢力がどう考えてきたのかが表われている。

国民ブロックは、1920年6月25日法が定め、1919年の所得課税から適用された50パーセントの新しい最高税率(子供のいない納税者を対象とする加算税を加えると62・5パーセント)が、当時の金額の55万フラン以上の課税所得に適用されると決めていた(第4章表4-2を参照)。この55万フランという閾値は、1998年フランに換算すると、(あらゆる控除を行なう前の額が)およそ500万フランの課税申告所得に相当する。[1] 国民ブロックが定めた所得区分、とりわけ55万フランという閾値は1935年まで中断なしに適用され、1936年になると人民戦線が、当時の金額で133万フラン以上の課税所得を最高税率の対象とする新しい税率表の導入を決める(第4章表4-3を参照)。この133万フランという閾値は、1998年フランに換算すると、(あらゆる控除を行なう前の額が)700万フラン近くに相当する。[2]

それと比較して、1998年には、54パーセントという最高限界税率が29万3600フラン以上の課税所得に適用されている(第4章表4-5を参照)。この閾値が「家族係数1あたりの課税所得」で表わされていること、20世紀末の納税者がかなりの数の控除を享受し、課税所得から必要経費を差し引いていることは、たしかに考慮すべきである。しかし、優遇度が最も高い場合を見ても、家族係数1あたりの課税所得29万3600フランという閾値は、独身者にとっては(あらゆる控除を行なう前の額が)およそ40万フランに相当し、正式な夫婦にとってはおよそ80万フランに相当する。[3] この80万フランという数字を強調すると、閾値の引き下げが独身者にとっては2倍の引き下げになるという事実を軽視することになるが、[4] いずれにせよ80万フランという現在のデータからは、実質フランで表わされた所得税税率表で最高税率が適用される閾値が、国民ブロック当時の6分の1以下に、人民戦線当時の9分の1近くになったことがわかる。[5]

それでも、1世帯あたりの平均所得が戦間期に比べてほぼ5倍になったことはあらためて言っておく必要がある。1998年フランに換算すると、1世帯あたりの平均所得は戦間期の2万5000—3万フランから、1990年代

（1）平均の控除率は年によってかなり変化する。われわれの推計によると、分位P99・99—100（この中に55万フランの閾値があった。付録B表B－4の列P99・99を参照）の課税所得にもたらすべき平均の増額更正率は、前年納付の税の控除を考慮に入れて、1919年は21・5パーセント、1920年は42・6パーセント、1921年は62・6パーセント、1922年は44・3パーセントだった（付録B第1．4節および表B－6を参照）。30パーセントの平均増額更正率を採用し、これに必要経費の約10パーセントの増額を加えると（付録B第1．5節および表B－7を参照）、550000×1・4＝770000という値が得られる。1919年フランに約6・58を掛けると1998年フランになる（付録F表F－1の列(7)を参照）ので、77万×6・58＝506万7000フランとなる（時代が下るにつれて換算の係数は小さくなるが、増額更正率は高くなる。たとえば1921年の場合、55万×1・726×5・47＝519万3000フランとなる）。

（2）前年度に納付した税の控除を考慮に入れて平均30パーセントの増額更正率を採用。この率は、分位P99・99—100において133万フランの閾値がかなり下方に位置することから考えて、おそらく低すぎる（付録B表B－4の列P99・99および付録B第1．4節と表B－6を参照）。そこでさらに必要経費の約10パーセントの更正率を加えると（付録B第1．5節および表B－7を参照）、133万×1・4＝186万2000という値が得られる。1936年フランを1998年フランに換算するには約3・62を掛ける必要があるので（付録F表F－1の列(7)を参照）、186万2000×3・62＝674万フランとなる。

（3）最も得をするのは、10パーセントの必要経費控除と20パーセントの追加控除を完全に享受する納税者である。そうした納税者の場合、課税所得は課税対象所得の72パーセントのみなので、課税所得に1・39（1／0.72）を掛けると課税対象所得となる（実際には、超高所得層の場合、平均の増額更正率ははるかに低い。付録B第1．5節および表B－7を参照）。したがって293600×1・39＝408104という値が得られる。夫婦の場合、この閾値に2を掛けて408104×2＝816208となる（この閾値は扶養する子供の数に左右されない。家族係数効果の上限設定の閾値はこの所得水準よりはるかに上だからである。付録C表C－5を参照）。

（4）夫婦および扶養家族である子供1人というのが「平均的」家族構成とされてきたので（家族係数の平均は1945年以降ずっと2・5前後で推移している）、戦間期との比較のために80万フランの閾値を採用することにはさらに大きな根拠がある。

（5）5／0.8＝6.25、7／0.8＝8.75。

の13万フランへと上昇した[1]。言い換えれば、最高税率が適用される閾値と国民全体の平均所得との一定の関係を維持するには、20世紀末に用いられている所得税税率表が、年収２５００万フラン以上の所得層を対象とする税率区分を備える必要がある（１９２０年代の比率を維持する場合）。つまり現実に適用されている閾値の30倍以上に相当する数字である。あるいは（１９３６年の比率を維持する場合）、年収３５００万フラン以上の所得層を対象とする税率区分が必要で、これは現実に適用されている閾値の45倍近い数字である[2]。戦間期においては、所得税の最高税率を適用されたのは平均所得の２００倍以上の所得に恵まれた納税者だけだった[3]。20世紀末、最高税率を適用される納税者の所得は平均のおよそ6倍である[4]。こうした数字が重要なのは、所得税の税率表が戦間期以降どれほど変化したかを認識する唯一の手がかりだからだ。桁外れの所得は税率表から姿を消し、代わって（当時の平均所得との差から見て）規模が何十倍も小さい「高」所得が現われた。

　最高税率が適用される閾値の（実質フランによる）水準が凋落《ちょうらく》したのは、最近の現象ではない。政権担当者が最も高い税率区分の現実の水準を大幅に引き下げたのは、第二次世界大戦後、すなわち超高所得が20世紀で最も低い水準に達したときである。それ以来、この現実の水準の引き上げはほとんど行なわれなかった（１９４５年以降に行なわれた名ばかりの修正が、物価上昇の影響を帳消しにしただけだった[5]）。しかし、１９３０年代の世界恐慌と第二次世界大戦によって失った、他の所得層に対する優位を取り戻すことはついにできなかったとしても、１９４５年以降、超高所得層が経済的に大きく（他の所得層と同等に）躍進したことはたしかである。私たちの見積もりによると、１９９８年フランに換算した、「２００家族」（分位P９９・９９—１００）によって申告された平均所得は、１９９０年代には１９２０年代の彼らの平均所得水準をほとんど取り戻しており、１９３０年代の水準を上まわったほどだ（１９３０年代には５００万—６００万フラン、１９９０年代には７００万—８００万フラン[6]）。最も高い税率区分の現実の水準は１９４５年からほとんど上がっていないため、この税率区分は過去よりはるかに幅広い社会階層に適用されるという意味で、著しく「普及」した。戦間期には、概して最高税率の対象となるのは毎年数百人の納税者だけであり、いずれにしても、総世帯数の0・01パーセント以下だった。(7) 1945年には超高所得層が、最も高い税率区分の閾値とほとんど同じくらい大幅に減ったので、その区分にあてはまる世帯の割合は0・01パーセントをわ

---

(1) 第1章図1－6および付録G表G－2の列(7)を参照。

(2) 25／0.8＝31.25、35／0.8＝43.75。

(3) 1998年フランに換算すると、平均所得が2万5000―3万フラン、最も高い税率区分の閾値が500万―700万フラン。

(4) 1998年フランに換算すると、平均所得が13万フラン、最も高い税率区分の閾値が80万フラン。最も高い税率区分の閾値と平均所得の比率は、独身者に適用される40万フランの閾値を基準にすると3対1にすぎない。

(5) 実際は、最も高い税率区分の現実の水準の急落はヴィシー政権の「非公開」措置のあとで（後出参照）、そして第二次世界大戦によるハイパーインフレのあとで「自然に」生じた。1945年12月31日法はヴィシー政権が定めた40万フランの閾値を50万フランに引き上げたにすぎない（第4章表4－4および4－5を参照）。したがって（1998年フランで表わした）この閾値の現実の水準は、早くも1945年には家族係数1あたりの課税所得で30万フラン前後の位置にあった（1945年フランを1998年フランに換算するには約0・63を掛ける必要がある。付録F表F－1の列(7)を参照）。つまり1990年代末に見られる水準とほぼ同じである（1998年には29万3600フラン）。1946―1950年に閾値の大幅な引き上げが行なわれたが（1950年には、最も高い税率区分の閾値は500万フラン（第4章表4－5を参照）、つまり1998年フラン換算で70万フランに達した。1950年フランに約0・14を掛けると1998年フランが得られる。付録F表F－1の列(7)を参照）、この引き上げは、1950年代から1970年代にかけて実施された不規則な見直しによって効果が相殺されたため、1980―1990年代において最も高い税率区分の閾値は1945年の現実の水準を取り戻した。

(6) 第2章図2－7および付録B表B－11の列P99・99―100を参照。

(7) 1920―1930年代、課税所得階層のP99・99の閾値は概して40万―50万フラン前後（付録B表B－4の列P99・99を参照）、つまり国民ブロックが定めた55万フランの閾値を（ましてや人民戦線が定めた133万フランの閾値を）下まわる水準にあった。しかし、1920年代末から（景気後退によって閾値が以前の水準に戻るまでの）1930年代初め、P99・99の閾値が60万―70万フランに達したことに留意したい。その結果、最も高い税率区分に入る世帯の割合は数年間で0・01パーセントをわずかに上まわった。また、100万フラン以上の課税所得を申告した納税者の数は1930年代には年におよそ300―400世帯、つまり世帯総数の0・002パーセントだった（付録A表A－1および付録B表B－1を参照）。したがって人民戦線が設けた最も高い税率区分に入る納税者の割合は0・01パーセントよりはるかに低かった。

ずかに上まわる程度だった。[1] やがてこの割合は20世紀後半にきわめて大きな伸びを示す。1990年代末、最も高い税率区分に該当するのは、総世帯数の0・7パーセントにあたる20万世帯、つまり戦間期の70倍以上の割合に上る。[2] 1920―1930年代には、所得税の最も高い税率区分は「200家族」（分位P99・99―100）と呼ばれる超高所得の資産家に課税するために設けられていた。20世紀末には、所得税の最も高い税率区分に該当するのは所得階層のトップ百分位に入る（きわめて）上級の管理職であり、それに加えて「200家族」である。

このめざましい変化には二つの意味がある。まず、所得税の最高税率が適用される閾値がこの100年で下がりつづけたことは、税の累進性に現実的な影響を与えた。所得水準が以前の適用対象に遠く及ばない層に最高税率を課した立法府は、超高所得の資産家がかつての重要性を失い、満足できる税収を得るためにはかつてより水準の低い高所得層に重い税を課す必要があると認めたのである。事実、のちに見るように、こうした変化によって所得税の「分散化」が生じた。つまり所得税は20世紀末に至って、「200家族」（分位P99・99―100）や「上流階級」（分位P99―99・5、P99・5―99・9、P99・9―99・99）への依存度が戦間期ほどではなくなったのである。この変化の重要性は、これまでに述べた考え、[3] つまり「1914―1945年の危機による超高所得の資産家の急減はあまりに大規模だったために、それに気づかずにいることはできず、さらにそこから引き出される結論を認める以外にない」という考えを裏づける点にある。当時の人々は所得格差を（所得申告に基づく統計の適切な利用法がなかったので）分位という概念で表わしてはいないが、第二次世界大戦後、所得階層のトップ百分位の上層に重点的に課税するだけでは足りないことが彼らにもはっきりしたのだ。

しかし所得税の最も高い税率区分の閾値の引き下げには（とりわけ）象徴的な側面もある。各人が負担する税の実質的な重さへの具体的影響とは別に、法の文面に個々の所得水準を「ありありと見せる」行為は、その社会集団に「公的」な命を与えること、そして彼らに社会の代表としての資格を授けることを常に意味している。「200家族」という超高所得層を公然と示すのをやめ、上級管理職という「妥当」な高所得層をそれに代えることで、立法府は現実の所得構造に生じたさまざまな変化を記録するだけにとどまらず、格差を認識し表象する新しい方法を伝え、永続させることに一役買ったのである。戦間期の所得税税率表が非常に不平等な社会のありようを伝えているのに対して、20世紀末の税率表は最も著しい格差が最終的に消滅したと思われる社会を示そうと努めている。

所得税税率表のこの象徴的な側面は、政治的議論の場で常に大きな役割を演じてきた。20世紀初頭、所得税に反対する者たちは、所得水準がきわめて高い、（彼らによれば）国民を代表する存在ではまったくない人々を世論の目にさらすことによってねたみと欲望をかき立てようとしているとして所得税支持派を非難した。所得税支持派は逆に、税の累進性が当時の所得体系のできるだけ高い序列まで続くことを望んだ。たとえばカイヨーは、１９００年に所得税の最初の案を公表したとき、４パーセントの最高税率の対象は当時の金額で１００万フランを超える所得層[4]、つま

（１）１９４５年には、課税所得階層のＰ９９・９９の閾値は約１２０万フランで（付録Ｂ表Ｂ－４の列Ｐ９９・９９を参照）、（１００万フランという）夫婦に適用される閾値よりわずかに高く、（１５０万フランという）子供が1人いる夫婦に適用される閾値よりわずかに低かった。独身者の場合、（50万フランという）最も高い税率区分の閾値は所得階層のＰ９９・９の閾値（46万９４５０フラン。付録Ｂ表Ｂ－４の列Ｐ９９・９を参照）よりわずかに高いが、その独身者を考慮に入れると、１９４５年に最高区分に入っていた世帯の割合は０・０１パーセントをわずかに上まわると考えられる。

（２）１９９８年には、夫婦の場合、課税所得58万７２００フラン（293600×2）が最も高い税率区分の閾値となる。これは課税所得階層のＰ９９・５の閾値（１９９８年フランで59万６７８８フラン。付録Ｂ表Ｂ－４の列Ｐ９９・５を参照）とほぼ同じ所得水準である。独身者の場合、（29万３６００フランという）最も高い税率区分の閾値は課税所得階層のＰ95―99に含まれるが（付録Ｂ表Ｂ－４の列Ｐ95およびＰ99を参照）、その独身者を考慮に入れると、１９９０年代末に所得税の最高税率を課せられているのは約21万―22万世帯、つまり総世帯数の約０・７パーセントと考えられる（ピケティ〔１９９８年、ｐ・７〕を参照）。

（３）第3章第4節および第4章第4．4節を参照。

（４）カイヨーの最初の計画の趣旨説明は、（実際には1万フラン以上の所得に課せられた）４パーセントの最高限界税率が、１００万フラン以上の所得にしか適用されないことを明らかにすべく、法案に盛られた限界税率による税率表を「平均税率で」示そうとしていた（『統計比較法要覧』１９００年5月、第47巻、ｐ・４６７を参照）。

り1998年フランに換算すると約2000万フラン以上の所得層に限られると力説したが、[1]当時の社会は平均所得が現在の5分の1ほどだった。こうした議論は現実的には比較的限られた重要性しか持たないが（いずれにせよ税はきわめて軽く、超高所得層にかかる税は現実には「妥当」な高所得層に対する税をわずかに上まわるにすぎなかった）、所得税支持派はこのように、超高所得層がフランス社会にまぎれもなく存在する事実に気づいていること、そしてその現実を自分たちの法案で可視化し、それを公式に認めていると示すことができた。完全な累進性の信奉者は一時的に妥協案を受け入れざるをえなかったが（1914年7月15日法が採用した税率表の最高税率は、1907年にカイヨーが提案した税率表のそれよりもはるかに「穏当」な水準だった）、数年後には、税率表に超高所得層がふたたび現われる。[2]

同様に、人民戦線が1936年に平均税率による税率表を採用したとき、主要な目的の一つは教育的なものだった。それぞれの所得層が納めなければならない税額、とくに「きわめて大きい所得」、つまり133万フラン以上の課税所得（1998年の課税所得に換算すると700万フラン近い額）に恵まれた人々が納めるべき税額をはっきり示すという目的である。実際には、超高所得層に対して適用できた累進性は、限界税率による税率表がもたらすことができた累進性より小さかった。133万フラン以上の課税所得すべてに対する平均税率は40パーセント止まりだったが、[3]限界税率による税率表であれば、所得が133万フラン以上になっても累進性が継続されるだけでなく、最高限界税率の対象となる閾値をかなり下げることもできる。しかし、人民戦線が選んだ手法の教育的かつ象徴的な長所を考えれば、そうした不都合は些細なものに見える。人民戦線は、課税の観点から「200家族」に（課税所得が133万フランを超える世帯という）[4]実質的な定義を与え、「200家族」をいわば戦勝記念品のように示すことができた。人民戦線を構成する諸政党は、パンフレットやポスター、さらには機関紙の「第1面」に、これらの所得層と彼らに課した税額を遠慮なく明示した。[5]所得税の税率表はたしかにどの時代にもきわめて政治的な資料であり、議会やメディアでさかんに取り上げられるが、おそらく人民戦線の時代ほど世に広められたことはないだろう。[6]

もちろんこの「露出趣味」は右派の好むところではなく、右派はこれほど高所得でこれほど国民の典型から離れた階層を特定するという「扇動《デマゴギー》」を激しく非難した。[7] 事実、ヴィシー政権が1942年10月24日法の一環として着手した所得税改革の眼目は、「平均税率」に基づく制度を廃止し、最高税率が適用される閾値を133万フランから40万

(1) 20世紀初頭のフランを1998年フランに換算するには約20倍にする必要があることを繰り返しておく（付録F表F－1の列(7)を参照）。したがってカイヨーが最高税率の対象とした100万フランという閾値は、さしあたり課税所得の計算にあたって納税者が行なう控除を考慮しなければ、1998年の2000万フランに相当する。

(2) 1907年にカイヨーが提案した税率表には、100万フラン以上の所得に適用される4パーセントの最高税率が含まれていた（『統計比較法要覧』1907年2月、第61巻、p・286を参照）。1914年に上院で採択された税率表には、2万5000フラン以上の所得に適用される2パーセントの最高税率が盛り込まれたが、より高額の所得層に重点的に課税するための新しい区分がかなり早い時期に設けられた（第4章表4－1および4－2を参照）。

(3) 第4章表4－3を参照。

(4) 「200家族」というこの象徴的定義がほぼ現実を表わしていることが、徐々にわかってくるだろう。1936年の所得課税では、402人の納税者が100万フラン以上の課税所得を申告した（付録A表A－1を参照）。

(5) 後出第2．3節およびコピー5－1を参照。

(6) フランス共産党が提案した（適用はされなかった）税率表は、レオン・ブルム内閣が実際に採用した税率表よりも広く流布したと思われるが、私たちにとって興味深い事実がそれによって左右されるわけではない。人民戦線が重点的に課税しようとした超高所得層の所得水準が大きく公表されたことはたしかである（共産党の税率表の最高区分に該当する超高所得層は、最終的に採用された税率表の最高区分に該当する所得層とおおよそ同一であって、二つの税率表の違いは、超高所得層に対して共産党が、採用された税率よりもはるかに高い税率を用意していた点だけである）（後出第2．3節を参照）。

(7) 人民戦線の「平均税率による」税率表に向けられた批判については、第4章第3．1節および第3．4節を参照。こうした批判の矛先が、平均税率による税率表の方式そのものよりも、税率表が狙いを定めた所得水準に向けられたことはいうまでもない。仮に最高平均税率が（133万フラン以上の課税所得に課せられる40パーセントの税率ではなく）「妥当」な所得水準に適用される低い税率であるとしたら、平均税率による税率表があまりに「わかりやすい」ことに感情を害する者はいなかっただろう。

フランへと大幅に引き下げることにあった。[1] 実際には、納税者それぞれが実際に負担する税の重さに及ぼしたこの改革の影響はかなり限定的だった。新しい税率表が採用された最初の年である1942年の所得課税において高所得層の各分位に課せられた平均税率は、人民戦線の税率表が使われた最後の年である1941年の所得課税における平均税率とほとんど同じである。[2] しかし、象徴的な観点から、ヴィシー政権はこうして人民戦線の「露出趣味」が過ぎ去ったことを伝えようとしたのだ。

同じように、20世紀末に用いられている税率表において、相対的につつましい所得水準で累進性が止まっているからといって、超高所得層にとって所得税が完全に累進的でなくなったというわけではない。54パーセントの最高限界税率はたしかに（1998年に）家族係数1あたり29万3600フラン以上のすべての課税所得に適用されるが、実質的な平均税率が54パーセントに近づくのは、無限に高額の所得層の場合だけである。のちに見るように、それぞれの所得層に実際に課せられる税率は、20世紀末を含めて（戦間期ではその区別がはるかにはっきりしていたとしても）、所得階層トップ百分位の中で常にしっかりと区別されてきた。したがって象徴的側面はここでもまた重要である。巨額の所得に恵まれた層は依然として「妥当」な高所得層よりも明らかに高い税率に直面するが、税率表には現われなくなる。まるで、トップ百分位の上層を構成する数千世帯を「公表する」ことが不作法か、または下品な行為でもあるかのように。

付け加えておけば、法の条文においても確認されるこの「高所得層の消滅」は、税務当局が作成した統計にその対応が見られた。所得申告を調べるために、また対応する統計表を作成するために使われた所得区分が、税率表の税率区分と厳密に同じものでなかったことはたしかである。しかしどちらも、100年間の同じ歴史に付随して生まれた。戦間期を通じて、所得申告を調べるために税務当局が用いた最も高い税率区分は、当時の100万フラン以上の課税所得で、国民ブロック（55万フラン）や人民戦線（133万フラン）の税率表で使われていた閾値と同じくらいの閾値である。このことは、財務省が毎年公表する統計表が、当時の課税所得で100万フラン以上を申告した納税者、つまり1920―1930年代において年に最大で700―800世帯の納税者（総世帯数の0・01パーセント以下）[3]の数と所得額を公にしていたことを意味する。「200家族」が戦間期の社会風景においてどれだけ大きな存在であったかがこれでわかる。所得税の最も高い税率区分はもっぱら「200家族」のために設けられたのであって、税務当局が作成した統計を見ればその数を算出し、その所得の推移を1年ごとにたどることができる。こうした統計表は当時の政党によって活用され、とくに共産党は、「富裕層に課税する」[4]という宿願を果たせば国庫にどれほどの金《かね》が入るかを統計表によって見積もることができた。

第二次世界大戦直後から1950年代にかけて税務当局は、税率表の最も高い税率区分に該当する所得層の大多数がすでに急減しているにもかかわらず、[5]超高所得層を統計表にひきつづき示すことは有益であると判断した。しかしこの良き習慣は時とともに失われていく。所得申告を調べるために使われる最も高い税率区分は1961年には50万名目フラン以上の課税所得を対象とし、1990年代末になっても相変わらず50万名目フラン以上の課税所得が対象である。[6]インフレおよび現実の所得の増加を考慮すると（1998年と1961年を比べると物価はほぼ8倍、名目所得は16倍以上になっている）[7]、結果として「200家族」（分位P99・99―100）は統計から完全に姿を消

（1）第4章表4―4を参照。
（2）後出の図5―2および5―3、付録B表B―20の1941年および1942年を参照。前章で述べたように、ヴィシー政権のこうした慎重さは、その多くが戦時下の特殊な状況によると思われる（第4章第3．5節を参照）。
（3）付録A表A―1および付録B表B―1を参照。
（4）第2．3節および後出のコピー5―1を参照。
（5）1961年には、所得申告調査のために用いられた最も高い税率区分の閾値は50万フランに達した（付録A表A―1を参照）。他方、所得税税率表の最も高い税率区分の閾値は6万4000フランにすぎなかった（第4章第4．5節を参照）。
（6）付録A表A―1を参照。事実、所得申告調査のために用いられた最高閾値は1969年から1984年まで40万フランに下がり、1985年から50万フランに戻った。
（7）付録F表F―1の列(7)および付録G表G―2の列(7)を参照。

した。50万名目フラン以上の課税所得を申告した納税者の数は1961年には400以下（総世帯数の0・01パーセント以下）だったが、1990年代末には20万以上（総世帯数の約0・7パーセント）[1]に上る。結論を言えば、20世紀末の税務当局が作成した統計は、戦間期および第二次世界大戦直後に作成された統計に比べるとはるかに貧弱である（情報量に乏しい）。後者二つは、一瞥しただけで所得階層トップ百分位を構成するさまざまな社会集団をつかめるが、1990年代の統計によってわかるのは50万フラン以上の課税所得に恵まれた世帯が20万存在することだけで、その他の詳細は何もつかめない。20世紀末のフランスで超高所得層が達した水準を算定するために、本書では類推によって結論を引き出す方法を用いるとともに、前述の統計表ほど入手が容易でない情報源を利用した[2]。

このように統計が貧弱になった一因は、社会がそれを要請しなくなったことにある。社会（政党、組合、経済学者など）が高所得層に関心を持ちつづけていたなら、おそらく税務当局は高所得層を統計に示しつづけただろう。ところが概論で指摘したように、所得申告の調査に基づく統計は、第二次世界大戦以降のフランスではほとんど利用されなかった。これはきわめて示唆的なことだ。社会は戦後、格差を思い描くときに、その目的のために考案された職業別社会階層の序列（労働者、会社員、「管理職」など）に目を向けるようになった。その序列の中では、1914―1945年の危機によって消滅した超高所得の資産家はもはや存在しない[3]。さらにこうした統計の貧弱化を誰も気にしていないようだ（かつて税務当局が超高所得層に関する統計を作成できたという事実は、統計学者の記憶にも社会の記憶にも残っていないと思われる）。同じように（依然として公の機関が作成している統計にもかかわらず[4]）、1980年代初め以降、所得申告の調査に基づく年刊の統計がどこからも出版されなくなったことについても誰も問題視してはいないらしい。

しかし、所得税の税率表からの象徴的な排除に対応する、この「超高所得層の統計上の消滅」は、格差のイメージそのものにも大きな影響を及ぼした。仮に所得の真の分配を目指して超高所得層に過去の税法並みの高い税率を課すことがあるとしても、超高所得層に関心を抱いたり、格差の社会的イメージの中にふたたび彼らを位置づけたりすることがきわめてむずかしいのはたしかである。課税対象のカテゴリーおよび統計を作成する過程における国家のおもな役割を考慮すると、国家は純粋に受動的な役割に甘んじることはできない。国家はまず社会の要求の変化に対処するが、やがてはその変化に拍車をかけ、永続させる。20世紀末、国家は、過去の格差が最終的に消滅する社会という考えにあまりにも執着するようになったため、超高所得層の存在を公式に認めるだけでも超高所得層にかつての重要性を取り戻させることになりかねないかのように、超高所得層を示すことを控えている。こうした格差の否認は、超高所得の賃金労働者を対象とする場合にもあてまはる。きわめて所得の高い賃金労働者は公的機関の統計にはっきりとは示されなくなったので、20世紀全体の賃金所得階層のトップ百分位の上層の推移を満足のいく形で研究することができない。(5) いずれ相続の統計の推移を考察するときにも、20世紀末のこうした「露出趣味への反動」がいっそう明白に見られるはずだ。(6)

1．2　「中流階級」の統合

フランス国民の調査に用いられた職業別社会階層のカテゴリーの推移に言及したとき、私たちは、「不労所得生活者」というカテゴリーの消滅にともなって、第二次世界大戦後に「管理職」というカテゴリーが導入されたことを指

(1)付録A表A－1および付録B表B－1を参照。
(2)付録B第1．1節および第1．2節を参照。
(3)概論第2．1．2節を参照。
(4)付録A第1．4節を参照。
(5)第3章第2．2節および付録D第2節を参照。
(6)第6章第3．3節を参照。

図 5-1：1915-1998 年の課税世帯の割合

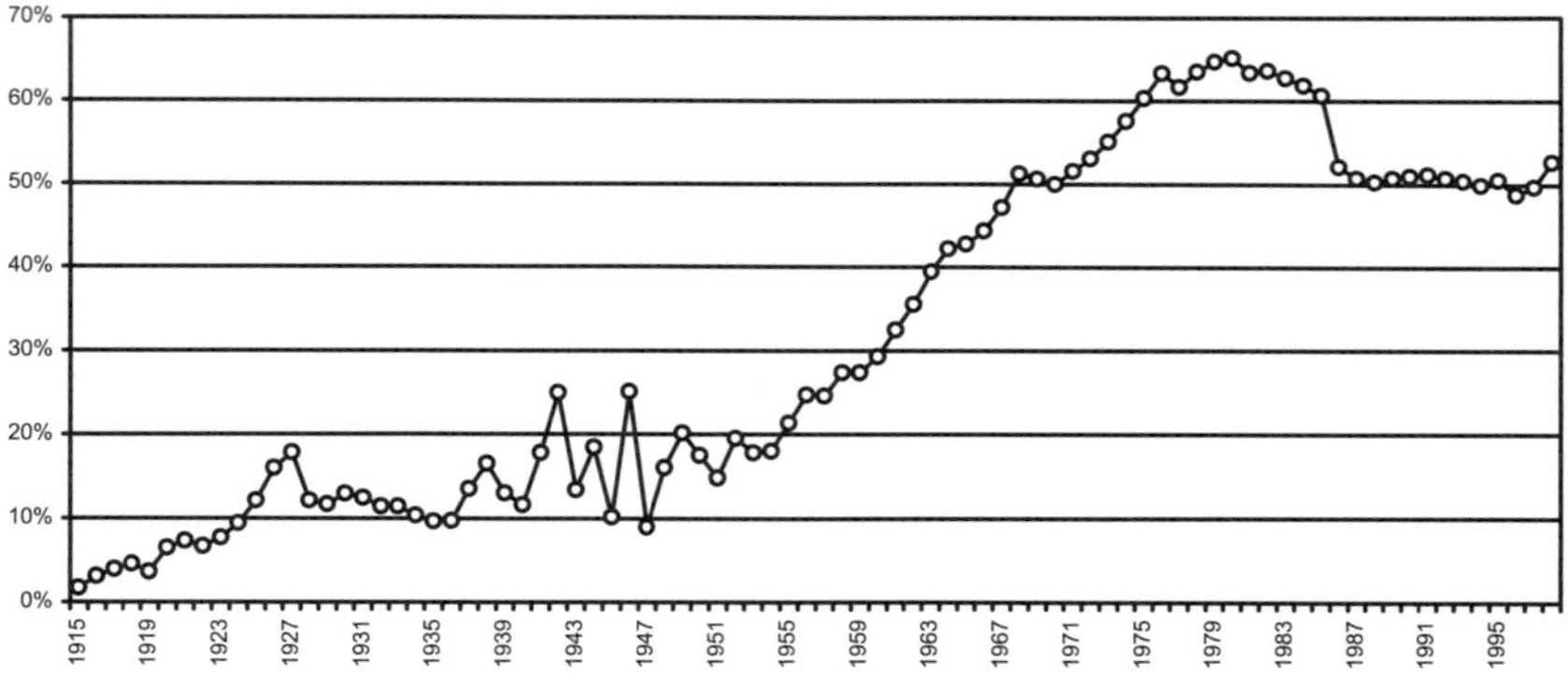

情報源　表A-2の列（3）（付録A）

摘した。このことは、１９１４—１９４５年を通じて超高所得の資産家が被った打撃が格差のイメージをどれほど深く変えたかをきわめて明瞭に物語っている[1]。所得税の歴史がこれと同じ変化を示しているのは驚くべきことである。所得階層トップ百分位の上層を占める人々は20世紀の間に税率表から姿を消し、同時に、「中流階級」（分位Ｐ90—95）と「上位中流階級」（分位Ｐ95—99）が所得税の世界に堂々と入ってくる。戦間期にはほとんど税を免除されていたこれらの社会集団は、１９４５年以降、もはや取るに足りない率ではなくなった平均税率の対象となる。言い換えれば、「20世紀前半」の打撃によって立法府は最高税率の適用範囲を「２００家族」（分位Ｐ９９・９９—１００）だけではなくトップ百分位の世帯の大半に拡大するに至るとともに、トップ十分位の上層もまた、累進所得税が示す連帯と再分配の努力の一端を担うべきだと考えるに至ったのである。

　まず初めに、累進所得税の対象となる課税世帯の割合の変化を調べてみよう（図５－１を参照）。１９１５年の所得課税では、所得の申告と新しい税の納付を義務づけられた世帯は2パーセント以下で、ここからわかるのは、第一次世界大戦前に構想された累進所得税は、決して「中流階級」（分位Ｐ90—95）ではなく、納税者のごく少数から徴収することを目的としていたという事実である。実際、議会における審議でジョゼフ・カイヨー自身が、中流階級は私の改革の影響を心配しなくても大丈夫だ、と語っていた。[2] インフレと名目上の所得増加によって、課税世帯の割合は第一次世界大戦から１９２０年代初めにかけてにわかに上昇するが、この割合が20パーセントのラインを持続的に超えるのは第二次世界大戦後になってからである。戦間期には、課税世帯の割合はおおむね10—15パーセントだった（図５－１を参照）。言い換えれば、中流階級への課税が行なわれていなかった、所得税適用の最初の数年を除くと、戦間期の「中流階級」（分位Ｐ90—95）は常に課税の閾値よりいくらか上に位置しており、このことからこれらの世帯が当時の所得税の下位の税率区分に位置すること、彼らの平均税率がゼロにきわめて近かったことがわかる。

事実、ここで各分位の平均税率を推計した結果を検討してみると、「中流階級」（分位Ｐ90—95）の平均税率が戦間期にきわめて低い水準にあること、また「上位中流階級」（分位Ｐ95—99）よりもわずかに低い水準にあることが確認できる（図５－２を参照）。１９１５年から１９４０年まで、「中流階級」（分位Ｐ90—95）に求められた所得税は常に、その所得総額の０・５パーセント以下だった。この平均税率は１９４１—１９４４年には、１パーセント以下を維持しながらも、０・５パーセントのラインを越えるに至る。[3]「上位中流階級」（分位Ｐ95—99）を見ると、その平均税率は１９１５—１９４０年にはずっと１・２パーセント以下だったが、１９４１—１９４４年には、２・５パーセント以下を維持しつつ、１・２パーセントをいくらか上まわるようになる。[4] このだいたいの数字は覚えておくといいだろう。というのも、ここから、上位を含む「中流階級」が１９１５—１９４４年を通じて所得税を免除されていたに等しいといっても過言でないことがわかるからだ。付け加えるなら、分類所得税、とくに前章で述べたとおり実際の適用対象がきわめて高い所得層に限られ、税率が所得税よりもかなり低い、賃金労働所得に対する分類所

（１）第３章第４節を参照。
（２）第３章に引用したカイヨーの発言を参照（第５節）。
（３）図５－２および付録Ｂ表Ｂ－20の列Ｐ90—95を参照。
（４）図５－２および付録Ｂ表Ｂ－20の列Ｐ95—99を参照。

図 5-2：1915-1998 年の「中流階級」（P90-95 の分位）、
「上位中流階級」（分位 P95-99）、トップ百分位（分位 P99-100）の平均税率

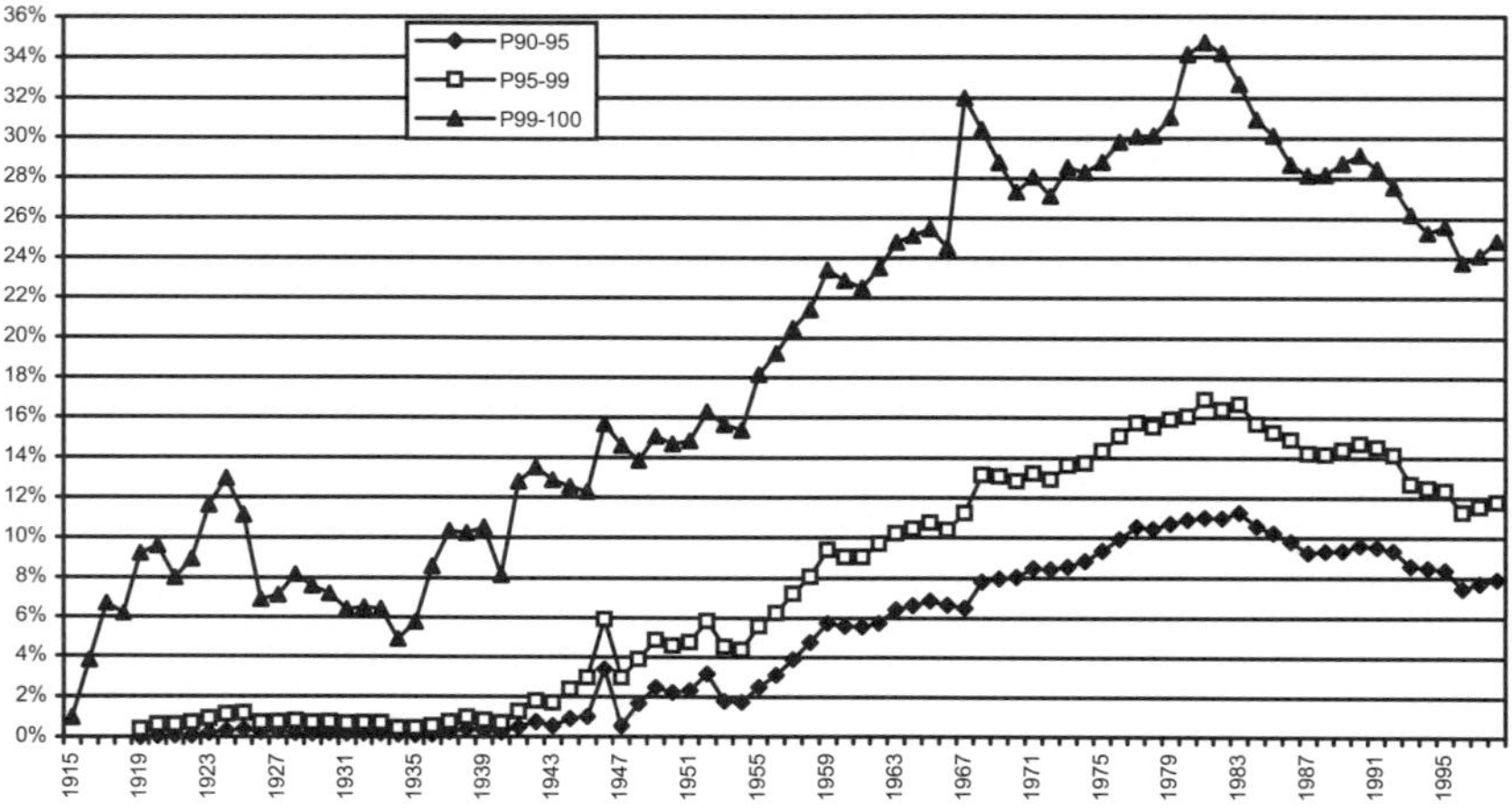

情報源　表B-20の列P90-95、P95-99、P99-100（付録B）

図 5-3：1915-1998 年の「上流階級」（分位 P99-99.5、P99.5-99.9、P99.9-99.99）および
「200 家族」（分位 P99.99-100）の平均税率

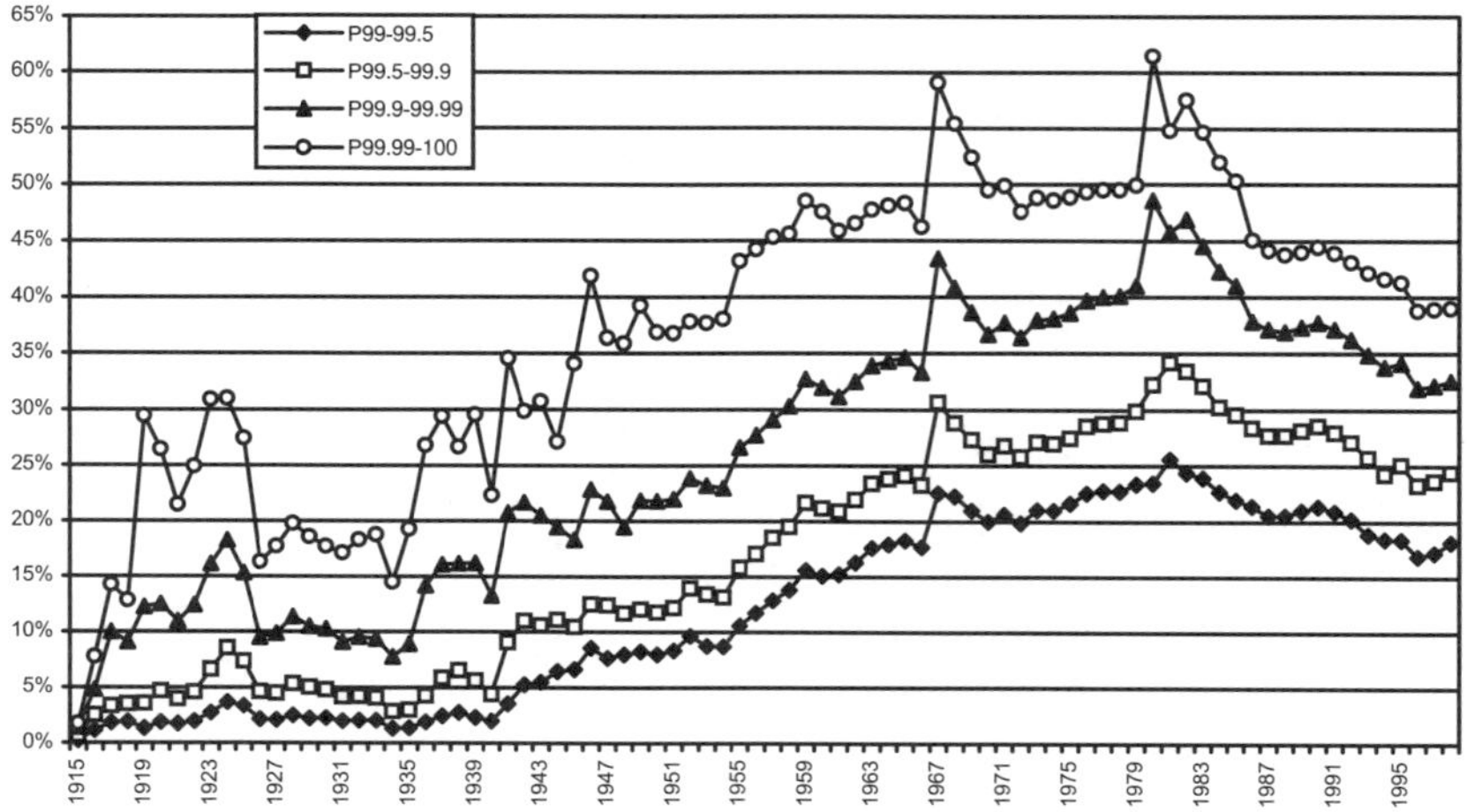

情報源　表B-20の列P99-99.5、P99.5-99.9、P99.9-99.99、P99.99-100（付録B）

得税を考慮に入れても、この結論を大きく修正する必要は生じない[1]。また、ここで考察する各分位の平均税率はすべて、さまざまな家族形態の平均税率の平均値を出すことによって得たものである。したがって、各分位を構成する独身者に実際にかかった平均税率は平均の値よりわずかに高く、各分位を構成する家族に実際にかかった平均税率はわずかに低い[2]。

「税をほとんど免除」されているからといって、当時の所得階層の分位Ｐ90―95およびＰ95―99に属する世帯が所得の申告義務や新しい税の納付義務を免れたわけではなく、そのような義務を課せられることにおそらく不満を覚えただろう。とはいえ、これらの世帯が納めるべき税の実質的な重さが「客観的に見て」きわめて軽く、いずれにしても超高所得層が直面していた平均税率とは比較にならないものだったことはたしかだ（図５‐２および５‐３を参照）。上位を含む「中流階級」（分位Ｐ90―95およびＰ95―99）と「２００家族」（分位Ｐ９９・９９―１００）との対比はかなり印象的で、これによって当時の所得税のきわめて即効的な累進性を理解することができる。戦間期には、分位Ｐ90―95の平均税率が常に０・５パーセント以下であり、分位Ｐ95―99の平均税率が１・２パーセントを超えなかった（図５‐２を参照）のに対して、分位Ｐ９９・９９―１００の平均税率は30パーセントを超えることがあった（図５‐３を参照）。言い換えると、戦間期には、上位を含む「中流階級」が年収の１００分の１を少し上まわる額の税を納めていたのに対し、「２００家族」は年収の３分の１近い額を納めなければならなかった。これらの数字は

（１）この章では、厳密な意味における累進税、すなわち１９１５―１９４７年の所得を対象とする総合所得税、１９４８―１９５８年の所得を対象とする個人所得税の累進付加税、そして１９５９―１９９８年の所得を対象とする個人所得税だけに関心を絞ることにする。分類所得税（１９１７―１９４７年）、比例税（１９４８―１９５８年）、補完税（１９５９―１９６９年）として高所得層の各分位に課せられた平均税率のおおよその推計については、付録Ｂ第１．４．２節および表Ｂ‐６を参照。

（２）前章で述べたように、本書では家族構成別の平均税率の変化を分位ごとに検討しようとはしなかった（第４章第４．１．１節を参照）。家族構成別の平均税率の平均を分位ごとに推計する方法の詳細については、付録Ｂ第３節を参照。

所得税が引き起こした激変の大きさを示している。「四つの国税」においては、平均税率は最も高額の所得層を含めて2、3パーセントを超えることはなく、トップ十分位、とりわけトップ百分位ではわずかに減少する傾向さえある。(1)この激変が大資産の蓄積に及ぼした影響についてはあとでもう一度見ることにしたい。

所得税が一定の重要性を帯びるには、当時の所得階層のトップ百分位のかなり上まで達することが必要だったことも指摘しなければならない。分位P99―99・5の平均税率は戦間期を通じて4パーセント以下であり、分位P99・5―99・9の平均税率は9パーセントに達しなかった（図5－3を参照）。これはもちろん、税率表の最高税率が適用される閾値がきわめて高い水準に設定されていた結果である。戦間期の所得税にはかなりの程度まで、「200家族」に課税する一方、トップ百分位に属する世帯の大多数を含むそれ以外の国民を寛大に扱う意図があったと考えられる。しかし、超高所得層に対する所得税のこの強い累進性は、仮に歴代政府によって選ばれた税率表が完全に適用されていればいっそう強くなっていたはずだということに注意を促しておきたい。事実、「200家族」（分位P99・99―100）に課せられた平均税率（図5－3を参照）が、税率表の最高限界税率よりかなり低いことが目を引く（第4章図4－1を参照）。たとえば、1920年6月25日法による重付加税と「ルシュール法」による付加税導入のあと、1924年の所得課税として適用された最高限界税率は、子供のいない納税者に対する加算税を別にして72パーセントとなった。(2)しかし、所得税の歴史を彩った「特別増税」すべてを考慮に入れた私たちの推計によれば、(3)「200家族」（分位P99・99―100）の平均税率は1924年にはおよそ31―32パーセントだった。(4)このことは、最高限界税率が（所得全体ではなく）所得のうちの高額の部分にしか適用されないという周知の事実によって部分的に説明がつくが、また、当時の納税者が前年の所得税として納めた税額を、課税所得から控除できたことによっても説明がつく。超高所得層にとってこの控除はきわめて魅力あるものだった。実際、この章で扱っている平均税率の推計すべてのために私たちが行なったように、平均税率の計算にあたって税額を課税申告所得で（つまりあらゆる控除をする前の所得で）割るのではなく、所得税税率表の対象となる課税所得で（つまり必要経費や部門別控除などをしたあとの、とりわけ前年に納めた所得税の控除をしたあとの所得で）割るならば、１９２４年における「２００家族」の平均税率は31—32パーセントではなく55パーセント以上であると気づかざるをえない[5]。ここからうかがえるのは、一見技術上の問題に見える規定の現実的な重要性であり、この規定のおかげで戦間期の超高所得層は自分たちにかかる税額を大幅に減らすことができたのだ。

いずれにしても、上位を含む戦間期の「中流階級」（分位Ｐ90—95およびＰ95—99）が税をほとんど免除され、トップ百分位の上層に適用される平均税率が比較的限られた値であることから明らかなように、所得税の全体的な負担がこの時代にはきわめて軽かった点はたいして驚くことではない。トップ百分位の世帯すべて（分位Ｐ99—１００）の平均値を出すと、対応する平均税率がおおむね、１９１５—１９４４年を通じて10パーセントをかなり下まわっていたことがわかる（図５‐２を参照）。また、トップ十分位の世帯すべて（分位Ｐ90—１００）の平均値を出すと、対応する平均税率がおおむね、１９１５—１９４４年を通じて５パーセントをかなり下まわっていたことが確認できる（図５‐４を参照）。そして（課税の対象か否かを問わず）すべての世帯の平均値を出すと、つまり所得税の税収総額と（課税の対象か否かを問わず）すべての世帯の所得総額の比率を計算すると、対応する平均税率は１９１５—１９４４年を通じておおむね１—２パーセントだったことがわかる（図５‐５を参照）。１９２０年代初めに決定された増税がなぜ予算の均衡回復や戦争による負債の清算にほとんどつながらなかったのか、これでいっそう納得がい

（１）第４章第１．１節を参照。
（２）第４章表４‐２を参照。
（３）高所得層の各分位にかかる平均税率を推計するにあたって、（第４章の）表４‐１に示した特別増税全体を考慮に入れた。用いた方法の詳細については付録Ｂ第３節を参照。
（４）図５‐３および付録Ｂ表Ｂ‐20の列Ｐ９９・９９—１００を参照。
（５）付録Ｂ表Ｂ‐19およびＢ‐20の列Ｐ９９・９９—１００を参照。

図 5-4：1919-1998 年の十分位の下位 90 パーセント（分位 P0-90）および
トップ十分位（分位 P90-100）の平均税率

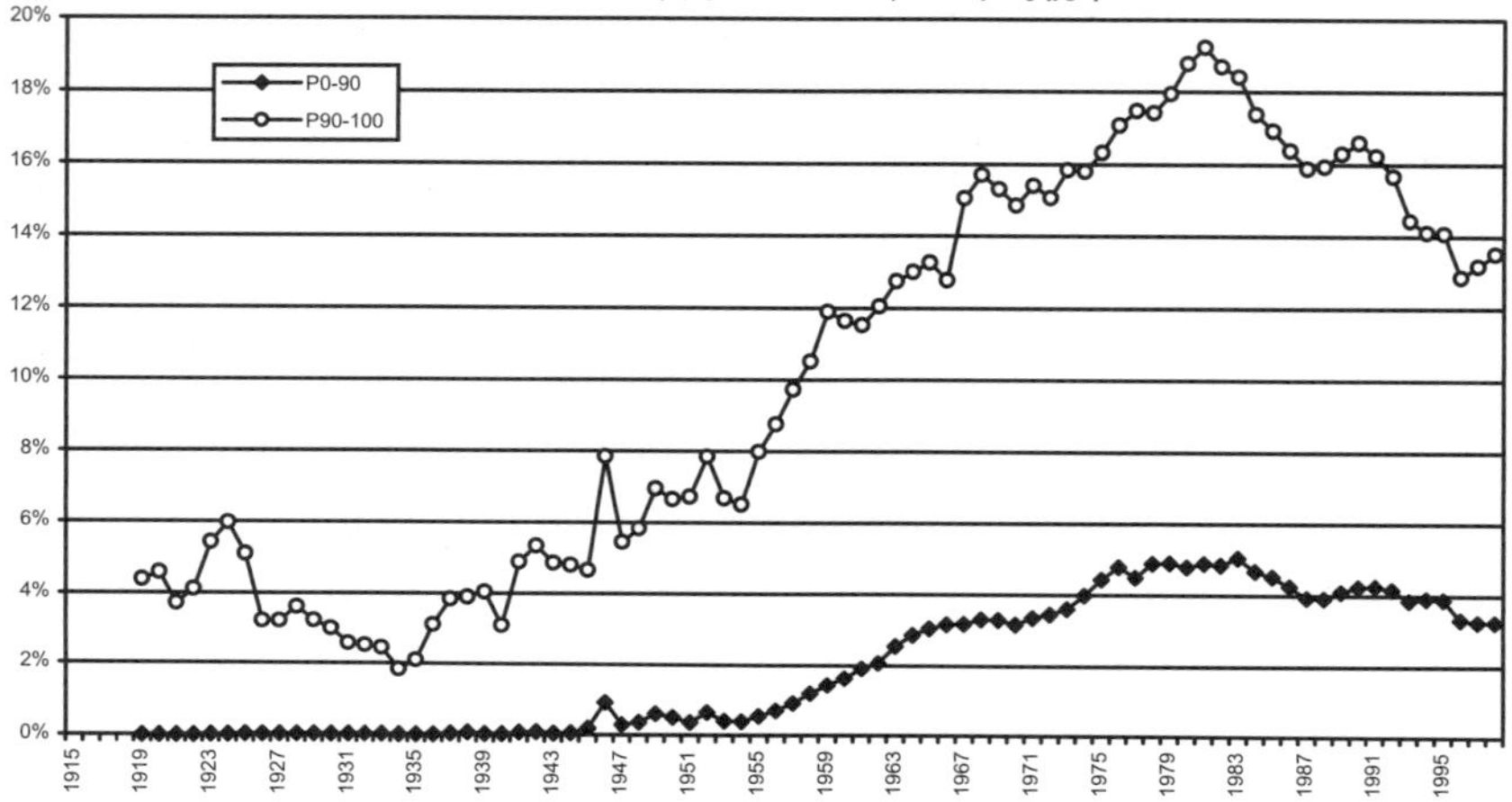

情報源　表B-20の列P0-90、P90-100（付録B）

図 5-5：1915-1998 年の所得税の（あらゆる世帯を含めた）平均税率

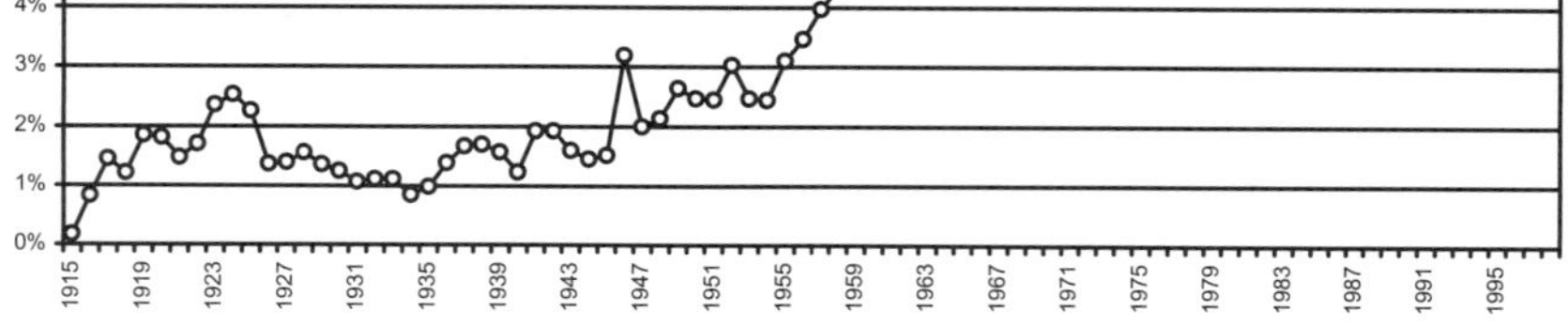

情報源　表A-2の列(7)（付録A）

く。最高税率が際立って高く設定されても、それを適用される納税者があまりに少ないため、所得税がもたらす税収はフランス人の所得総額の2パーセントにすぎなかった。国民全体に対するこの低い徴収率はすでに述べたことの必然的な結果である。国民の総所得に占めるトップ百分位（P99—100）の所得の割合が（1990年代の約7—8パーセントに対して）[1] 1920年代に20パーセント近かったのはたしかだが、このトップ百分位の平均税率がせいぜい10パーセント止まりであるうえ、それ以下の所得層がほとんど税を免除されている以上、国民全体への課税率がほとんど2パーセントを超えることがないのは当然といえる。これは「数の抗しがたい力」の原則のきわめて明白な例証である。税が過度に人数の少ない納税者に依存している場合は、税率がどんなに高くても、またその納税者の所得がどんなに高額でも、まとまった税収をもたらすことはむずかしい。

1915年から1944年における所得税が高所得層にはなはだしく集中していることを判断する別の方法として、各分位が所得税総額に占める割合を計算する方法がある。まず確認できることは、税の総額に占めるトップ十分位（P90—100）の割合がこの時期全体にわたって98—99パーセント前後に達する（所得税が初めて適用されてから数年間は100パーセントにさえ達する）ことである（図5-6を参照）。これは少しも驚くにあたらない。課税世帯の割合がおおむね10—15パーセントで、20パーセントを超えない以上、所得が閾値P90より低いながらも課税対象となる少数の世帯がきわめて少額の税を納め、税の総額に占める彼らの割合が取るに足りないものになるのは明らかだからだ。いっそう興味深いことに、トップ百分位（P99—100）が税の総額に占める割合は戦間期において典型的におよそ90パーセントであり、この水準よりもはっきりと下がるのは第二次世界大戦が始まってからである（図5-6を参照）。さらに、このきわめて大きい割合は、本質的にはトップ百分位の上層によっている。戦間期には、税の総額に占めるトップ二百分位（P99・5—100）の割合はおよそ80パーセント、トップ千分位（P99・9—

（1）一連の推移については第2章図2-14および付録B表B-14の列P99—100を参照。

図 5-6：1915-1998 年の税の総額に占めるトップ十分位（P90-100)、
トップ百分位（P99-100)、トップ千分位（P99.9-100）の納税額の割合

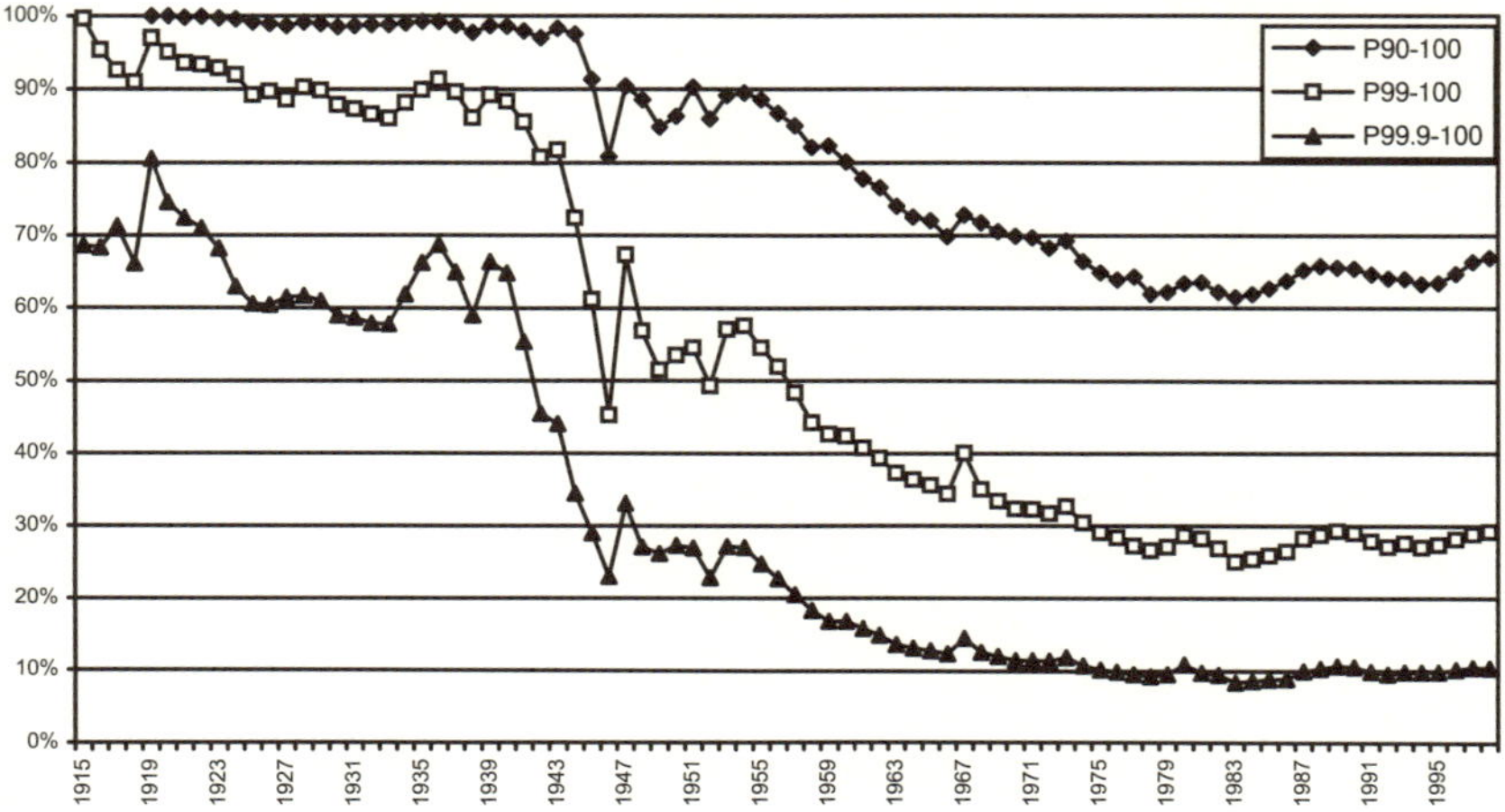

情報源　表B-21の列P90-100、P99-100、P99.9-100（付録B）

図 5-7：1915-1998 年の税の総額に占める
「200 家族」（分位 P99.99-100）の納税額の割合

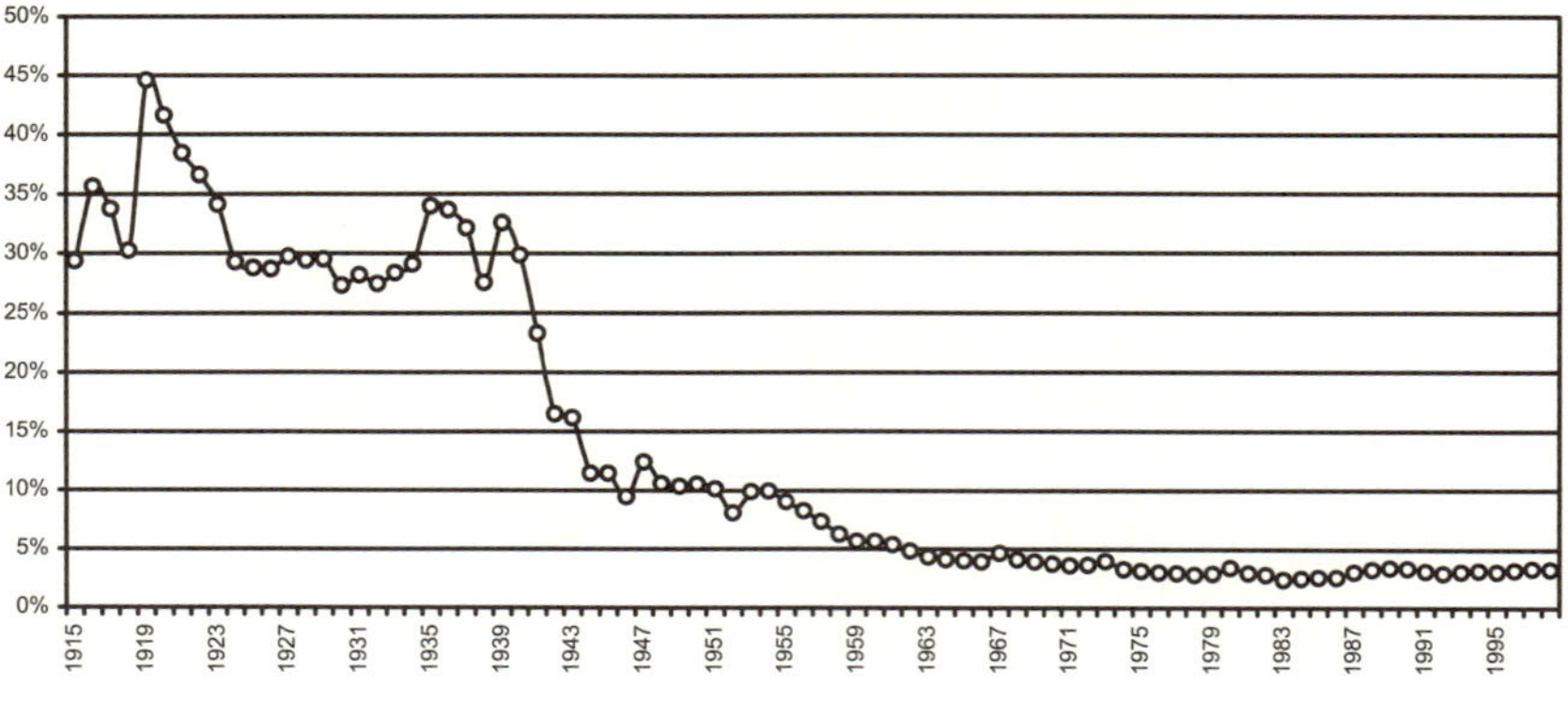

情報源　表B-21の列P99.99-100（付録B）

１００）の割合はおよそ60―70パーセントで、「２００家族」（分位Ｐ９９・９９―１００）だけで税収総額の30―40パーセントを納めていた。[1]第二次世界大戦前は、所得税はもっぱら所得階層トップ百分位にかけられていたようなもので、本質的な課税対象はこのカテゴリーのさらに上位の層だった。

所得税がこのように限られた層に集中する傾向はもちろん偶然の結果ではない。それは、当時の政府の考え方において、所得税の負担を重くするのにふさわしい「高」所得層が、「中流階級」や「上位中流階級」をはるかに上まわる所得層だったことを示している。所得税の考案者たちと共通する、格差と再分配についてのこうした見方は、戦間期のどの政府によっても見直されなかった。１９１６年12月30日法と１９１８年６月29日法が定めた税率表の改革によって、すべての課税世帯にとって租税圧力が増大したが、依然として課税世帯が（５パーセント以下という）きわめて限られた割合にとどまっただけでなく、平均税率の引き上げはトップ百分位の上層（分位Ｐ99―99・５およびＰ９９・５―９９・９）にとってほとんど無に等しく、分位Ｐ９９・９―９９・９９およびＰ９９・９９―１００にとってしか一定の重要性を持たなかった。[2]１９１９年の所得課税から適用された有名な１９２０年６月25日法についていえば、この法が定めた税率表は超高所得層だけが増税を被るようにつくられていた。分位Ｐ99―99・５までは平均税率は（１９１８年の所得課税における１・９パーセントから１９１９年の所得課税における１・３パーセントへと）明らかに下がり、「２００家族」（分位Ｐ９９・９９―１００）に対しては（１９１８年の所得課税における１２・８パーセントから１９１９年の所得課税における２９・４パーセントへと）[3]２倍以上になった。言い換えれば、

（１）図５－６、５－７および付録Ｂ表Ｂ－21の列Ｐ９９・５―１００、Ｐ９９・９―１００、Ｐ９９・９９―１００を参照。
（２）１９１５年に０・２パーセントだった分位Ｐ99―99・５の平均税率は、１９１６―１９１８年においても２パーセント以下にとどまった。同じ時期、１９１５年に１・７パーセントだった分位Ｐ９９・９９―１００の平均税率は、１９１６―１９１８年に14パーセントを超えた（付録Ｂ表Ｂ－20を参照）。
（３）付録Ｂ表Ｂ－20を参照。

財務大臣フランソワ＝マルサルをはじめとする国民ブロックの右派政府は、「並外れた所得がある人々」に税負担の大きな努力を求めたと自負することができたのだが、その一方で彼らはトップ百分位の上層、および上位を含む「中流階級」に不満を与えないよう注意を払った。

１９２０年6月25日法の戦略的選択は１９５０年代初めまで適用されつづけた。１９２８年12月31日法で決定された、７０００フランから1万フランへの基礎控除の名目水準引き上げは、この観点からするときわめて意義深い。インフレと名目所得の上昇によって課税世帯の割合が急増し、１９２７年の所得課税においては18パーセントに近づいた。「中流階級」（分位Ｐ90―95）と「上位中流階級」（分位Ｐ95―99）がしだいに高い税率区分に近づく事態を避けるのであれば、迅速に手を打たなくてはならなかった。実際、ポワンカレ政権が１９２８年に実施した課税閾値の引き上げによって、課税世帯の割合はまもなく12パーセント前後に下がる（図５－１を参照）。これによって分位Ｐ90―95およびＰ95―99の世帯は、自分たちにかかる税率がきわめて低い水準に抑えられることが確実になった（図５－２を参照）。1万フランの基礎控除は１９２８年から１９４２年まで修正なしに続いたので、課税世帯の割合は名目所得と同じ推移をたどった。つまりデフレの数年間はわずかな下降傾向、人民戦線がインフレ誘導を決めた１９３７―１９３８年は上昇、開戦によって名目所得が下がった１９３９―１９４０年は下降となり、インフレおよび名目所得の増加回復が見られた１９４１―１９４２年には、１９４２年の所得課税において25パーセントの世帯が課税対象となるほど力強い上昇となった。所得税が導入されてから、課税世帯の割合がこれほど高くなったのは初めてだった（図５－１を参照）。１９２８年のポワンカレと同じように、ヴィシー政権は直ちに基礎控除を（１９４２年の所得課税における1万フランから、１９４３年の所得課税における2万フランへと）大幅に引き上げたので、１９４３年の所得課税では課税世帯の割合はふたたび13パーセント前後に下がった。こうして１９４３―１９４４年には、「中流階級」（分位Ｐ90―95）は戦間期のころの位置、すなわち課税閾値よりわずかに高い位置に戻った（図５－１を参照）。第二次世界大戦直後にも同じシナリオが繰り返される。１９４５年には、課税世帯の割合は（基礎控除の額を臨時政府が2万フランから4万フランに引き上げたことによって）10パーセントに下がり、1946年には（4万フランの基礎控除が据え置きとなる一方、インフレの水準が20世紀最大となったため）大幅に上昇するが、1947年になると（基礎控除が4万フランから10万フランに引き上げられて）10パーセント前後に戻り、1948―1949年にはふたたび上昇に転じた（図5‐1を参照）。

　1950年代初めから、状況は根本的に変わる。歴代政府は「中流階級」（分位P90―95）を課税閾値よりわずかに高い位置にとどめることをやめ、インフレと所得増大を放任する政策をとる。この新しい戦略が頂点に達した1950年代は、所得税税率表が申し分なく安定した時期となった。1953年の課税閾値のわずかな引き上げを除けば、各税率区分の名目水準は1951年の所得課税から1959年の所得課税まで厳密に同一である（第4章表4―5を参照）[1]。各税率区分の名目水準は1960―1970年代に頻繁に引き上げられるが、そうした見直しは一時的なものにとどまり、名目所得の増加よりも、そして多くの場合インフレ率よりもかなり低かった。「栄光の30年」における名目所得の著しい増加を背景に、課税世帯の割合は急速に大きくなり、1950年代初めには15―20パーセントとなる。そしてこのころから着実に上昇し、1970年代末には65パーセントに達する（図5‐1を参照）。その結果、「中流階級」（分位P90―95）および「上位中流階級」（分位P95―99）はしだいに税率表の税率区分の中位と上位に入るようになり、それ以後、彼らの税率は軽視できない値となる（図5‐2を参照）。たしかにこの過程は高所得層全体にかかわり、最も所得の高い分位の平均税率を含め、すべての平均税率が「栄光の30年」を通じて非常に上がった理由となっている。フランス解放時に前年に納付された税の控除が廃止されて、税率表の最高税率が完全に適用されるようになったことも、平均税率の上昇に拍車をかけた（図5‐3を参照）。とはいえ、この過程がとくに顕著

（1）これまでの税率表と比べると、1945年12月31日法が導入した新しい形態の税率表には、最低区分の税率が（1パーセントや2パーセントではなく）10パーセントあるいは12パーセントから始まるという特徴があった。そのため課税世帯の最も貧しい層に課せられる平均税率は、軽視できない水準に急上昇した（第4章表4‐1から4‐5を参照）。

だったのは、かつてほとんど所得税がかからない状況にあった「中流階級」および「上位中流階級」（分位P90—95およびP95—99）である。

したがって、所得税が「大衆の税」になったのは「栄光の30年」の時代である。税収の総額における各分位の割合の推移を調べれば、このことはきわめて明瞭だ。所得階層トップ百分位（P99—100）の世帯の納税額が税収総額に占める割合は、戦間期には90パーセントだったが、1970年代末には30パーセント足らずになった（図5-6を参照）。トップ千分位（P99・9—100）の世帯の納税額の割合は、戦間期には60—70パーセントだったが、1970年代末には10パーセントでしかない（図5-6を参照）。そして「200家族」（分位P99・99—100）の納税額の割合は、戦間期には30—40パーセントだったが、1970年代末にはおよそ3パーセントになった[1]（図5-7を参照）。逆に「中流階級」および「上位中流階級」（分位P90—95およびP95—99）の納税額が税収総額に占める割合は、戦間期には10パーセント足らずだったが、1970年代末にはほぼ40パーセントになった。

所得税のこの著しい「分散化」は、所得そのものが分散したことによってある程度説明がつく。所得総額における超高所得層の割合が下落してから、税率が変わらない場合を含めて、当然のことながら税収総額におけるその割合も低下していく[2]。しかし、歴代政府が「中流階級」および「上位中流階級」（分位P90—95およびP95—99）に対する課税をいつまでも大目に見ていたら、税の分散はこれほど広がらず、「栄光の30年」を通じて継続することもなかっただろう（所得の分散過程は第二次世界大戦後に終わる）。つまり、これらの社会集団に課せられる平均税率が戦間期と同じ極端に低い率のままだったら、トップ百分位の超高所得層が所得税の税収の大半を負担しつづけることになっただろう。税の分散が拡大した背景には、税率表の最高税率の適用閾値が下がったこともある。最高税率は「200家族」（分位P99・99—100）だけでなく、所得階層トップ百分位の世帯の大半にも適用されはじめた。その結果、トップ百分位の上層が納める税の割合は所得総額に占めるその割合ほどには下がらなかった（あるいはまったく下がらなかった[3]）。それに対して、「200家族」（分位P99・99—100）が納める税の割合の低下は、所得総額に占めるその割合の低下の2倍に相当した。(4) したがって立法府は所得が分散したことを受動的に受け止めるだけでは終わらなかった。「２００家族」の存在が過去と比べて薄れていることを公式に認め、彼らよりも下の所得水準にある「高」所得層への課税を強めなければならないと判断したのだ。

所得税の分散化と「大衆化」の過程が「栄光の30年」と同時に終わることもまた注目に値する。前章で指摘したように、所得税は１９８０年代には「下げるべき税」になる。１９８０年代初めにモロワ政権が実施した増税が20世紀最後の増税で、それ以後、所得税は引き下げる方向でしか改革できないというのが暗黙の了解になる。(5) １９８０－１９９０年代のこうした転換がかなりの程度まで経済成長の不確実性によって説明できることは疑う余地がない。「栄光の30年」を通じて、所得が力強い伸びを示したことが、所得税増税を根拠づける口実になった（いずれにせよ、所得税は購買力の増大をきわめて部分的にしか削らなかった）。逆に、購買力が停滞した１９８０―１９９０年代には、所得税は納税者にとってしだいに耐えがたい徴収となる。こうした状況の中、１９８０年代初めから

（1）図５－６、および付録B表B－21の列P90―95およびP95―99を参照。
（2）第二次世界大戦中の数年間に、税の総額に占める超高所得層の納税額の割合が低下したことはこれで説明がつく（図５－６および５－７を参照）。
（3）たとえば、所得の総額に占める分位P99―９９・５の割合は、戦間期の３・５―４パーセントから20世紀末の２・５―３パーセントに低下した（付録B表B－15の列P99―９９・５を参照）。他方、税の総額に占める分位P99―９９・５の割合は、戦間期も20世紀末もおよそ6―7パーセントである（付録B表B－21の列P99―９９・５を参照）。
（4）所得総額に占めるP９９・９９―１００の分位の割合は、１９２０年代の２・５パーセントから20世紀末には約０・５パーセントに低下（第2章図２－８および付録B表B－15の列P９９・９９―１００を参照）、つまり5分の1になった。他方、税の総額に占める分位P９９・９９―１００の割合は、戦間期の30―40パーセントから20世紀末には約３パーセントに低下（前出の図５－７および付録B表B－21の列P９９・９９―１００を参照）、つまり10分の1になった。
（5）第４章第４．３節を参照。

（実質所得が停滞している局面で新しい納税者が課税対象となるのを避けるために）[1] インフレに応じて税率表の体系的なスライドが行なわれ、1986年にはシラク政権が税の減額の対象を納税者すべてに拡大したことで、納税者の数が著しく減少した。1980年代初めには約60―65パーセントだった課税世帯の割合は、1986年には52パーセントに急減し、それ以降ずっと50パーセント前後のままである（図5－1を参照）。概して、1980年代半ば以来、とりわけ1986―1987年のシラク政権、1993年のバラデュール政権、1996年のジュペ政権において実施された数々の減税によって、各分位のすべての平均税率が大幅に下がった（図5－2から5－5を参照）。ここで私たちの関心の対象である100年にわたる大きな推移についていえば、1980―1990年代のこの転換が持つ重要性は比較的限られたものだ。税の総額に占める各分位の割合によって測定できる所得税の集中は、1990年代末には1970年代末とほぼ同じ水準である（図5－6および5－7を参照）。また長期的視野に立つと、20世紀末の所得税は戦間期の所得税に比べて分位P90―95とP95―99およびトップ百分位の下層を基礎とし、トップ百分位の上層にあたる超高所得の資産家への依存度が下がっていること、この推移が単に自然に生じたものではなく、意図されたものだったことがわかる。

1.3　いまも続く集中の傾向

100年にわたるこの分散現象の影響がどんなに重要であっても、それを誇張してはならない。20世紀末になっても、所得税は「高」所得層においてきわめて累進的な税のままなのだ。まず気づくのは、所得税がほかのどんな階層にもまして所得階層トップ十分位に基礎を置きつづけていることである。1990年代末、最も富裕な10パーセントの世帯は税収総額の65―70パーセントを納め（図5－6を参照）、この層ほど富裕でない90パーセントの世帯の平均税率は3パーセント強にすぎない（図5－4を参照）。この3パーセント強という平均税率はたしかに分位P0―90

の中で大きく変わる。所得税を課せられない50パーセントの世帯は理論上０パーセントの平均税率となり、分位Ｐ80―90の世帯は「中流階級」（分位Ｐ90―95）に近い平均税率、つまり１９９０年代末には７・５―８パーセントの平均税率を課せられる（図５－２を参照）。しかし、20世紀末の「中流階級」（分位Ｐ90―95）が負担する約７・５―８パーセントの平均税率がかなり「妥当」であることはたしかだ。それはおよそ1カ月分の所得に相当する。もちろん当事者の大多数にとって、税務当局にこうして支払う金額は軽視できず、「中流階級」（分位Ｐ90―95）の平均税率が０・５パーセント以下だった戦間期に納めていた金額よりはるかに大きな額である。１９９０年代末には、平均年収がおよそ30万フラン（月収およそ2万５０００フラン）[2]の分位Ｐ90―95の世帯は、所得税として毎年（戦間期の平均税率が適用されつづけていた場合の１５００フラン足らずではなく）[3]２万５０００フランを納めなければならない。それでも、この約７・５―８パーセントの徴税は、「中流階級」（分位Ｐ90―95）の20世紀に生じた購買力の急上昇に比べれば重い負担ではない。１９９８年フランに換算すると、「中流階級」（分位Ｐ90―95）の課税前の平均所得は、国民全体の平均所得と同じように、戦間期以降およそ４・５倍[4]、つまり３５０パーセントの上昇を記録したのだ。また、「中流階級」（分位Ｐ90―95）が平均所得の約２・２―２・３倍の（つまり１２０―１３０パーセント高い）[5]所得を有し、「スライド制最低賃金労働者」の所得の約5倍の（つまり４００パーセント高い）所得を有す

（１）第４章表４－５を参照。
（２）第２章図２－９および付録Ｂ表Ｂ－12の列Ｐ90―95を参照。
（３）８％×300000＝24000、0.5％×300000＝1500。
（４）第２章表２－１と図２－９および付録Ｂ表Ｂ－12の列Ｐ90―95を参照。
（５）所得全体に占める「中流階級」（分位Ｐ90―95）の割合は１９９０年代には11―11・5パーセント前後で、彼らの所得が国民全体の平均のおよそ２・２―２・３倍であることを示す（第２章第２．４節および図２－10を参照）。１９９０年代の「スライド制最低賃金労働者」の純所得は月におよそ５０００フランで、これは最も給与の低い賃金労働者の10パーセントが得ている純給与の平均にほぼ相当し（第３章第３．１節を参照）、分位Ｐ90―95の世帯が得ている約２万５０００フランの月収の５分の１に相当する。

る状況を、およそ7・5―8パーセントの徴税はほとんど変えていない。

とくに、所得税の分散化という重要な傾向にもかかわらず、所得階層トップ十分位の上層だけが、20世紀末において何十パーセントもの平均税率を課せられていることは知っておかなければならない。私たちの推計によると、1990年代末における平均税率は、分位P90―95では約7・5―8パーセント、分位P95―99では約11―12パーセント、分位P99―99・5では17―18パーセント、分位P99・5―99・9では23―24パーセント、分位P99・9―99・99では32―33パーセント、分位P99・99―100では39―40パーセントである。[1] これらの社会集団が申告した平均所得が1990年代末において、分位P90―95で約30万フラン、分位P95―99で約43万フラン、分位P99―99・5で約68万フラン、分位P99・5―99・9で約100万フラン、分位P99・9―99・99で約200万フラン、そして分位P99・99―100で700万フラン以上であることを付け加えておこう。[2] 限界税率と平均税率との区別の重要性を明らかに示す例がある。20世紀末には、54パーセント以上の限界税率は世帯総数の約0・7パーセント（適用の閾値は、正式な夫婦の場合には年収約80万フラン）に適用されているが、平均税率が実際に54パーセントに近づくのは（実情はこの値をかなり下まわるのだが）、最も富裕な0・01パーセントの世帯および何百万フランもの年収に恵まれた世帯にほぼ限られる。1990年代末に見られる限界税率と平均税率のこのような隔たりが、通常の要因（最高限界税率が所得全体ではなく、所得の高額部分にだけ適用されること、そして限界税率は〔あらゆる控除を行なったあとの〕課税所得に適用されるが、ここに示した平均税率は〔あらゆる控除を行なう前の〕課税申告所得の割合で示されること）から生じているのはたしかである。だがそれと並んで、1980―1990年代に急速に推し進められ、私たちの推計においても考慮に入れた減税措置によって、20世紀末の超高所得層が、戦間期に施行されていた前年の所得税額の控除と（程度は及ばないながらも）同じように、自分たちの税額を大幅に減らすことができるという状況からも生じている。[3] 結局、20世紀末の所得税による税収はフランス人の所得総額の7パーセントにすぎず、これは戦間期の（1―2パーセントという）水準よりはるかに高いとはいえ、やはり低い数字である（図5－5を参照）。

さらにこれらの結果は、「中流階級」がどれほど「中流階級」のままとどまっているかを示している。立法府はたしかに、彼らを所得税の領域、つまり国家の連帯のための資金調達に貢献させるのに適した「高」所得層の領域に組み入れることを決めたが、彼らの生活水準や、所得のより低い世帯と比べたときの彼らの位置を徹底的に再検討することは慎重に避けた。分位P90―95の世帯は、最も富裕な10パーセントの世帯に属するにもかかわらず、所得水準の面でも平均税率の面でも、常に超高所得層より庶民の層にかなり近かった。戦間期には、平均税率は庶民層にとって0パーセント、「中流階級」（分位P90―95）にとって0・5パーセント以下、「200家族」（分位P99・99―100）にとっては30パーセントを超えることがあった。[4]つまり「中流階級」は庶民層と同じ世界に属していた。20世紀末における平均税率は、庶民層にとっては依然として0パーセントだが、「中流階級」（分位P90―95）にとっては7・5―8パーセントとなり、「200家族」（分位P99・99―100）にとっては40パーセントに達している。[5]「中流階級」は庶民層と同じ世界には属さなくなったが、それでも庶民層から遠く離れたわけではない。

この意味深い現実は、格差と再分配の問題が1914―1945年の時代の打撃を受けて多様に変化してきたことを表わしているように思われる。一方で、この時代の打撃は「高」所得層という言葉で示される人々の富裕度の水準

（1）前出の図5－2、5－3および付録B表B－20を参照。
（2）概論表0－1、第2章表2－1、および付録B表B－12を参照。
（3）配当税還付金と減税措置を考慮するために用いた方法からは、1990年代末に分位P99・99―100が被っている平均税率のわずかな過大評価が生じており、実際には（39―40パーセントではなく）35パーセント強である（付録B第3節を参照）。いずれにせよ、こうして得られる税の減額幅は、前年に納めた税の控除で得られる減額幅には及ばない。前年の税の控除では、分位P99・99―100の平均税率は戦間期に20ポイント以上下がった（付録B表B－19およびB－20の列P99・99―100を参照）。
（4）前出の図5－2、5－3および付録B表B－20を参照。
（5）前出の図5－2、5－3および付録B表B－20を参照。

を明らかに引き下げた。超高額の資本所得が急落してから、管理職クラスの賃金労働者もまた「高」所得層に属するとする考え方がしだいに浸透する。しかし他方で、賃金労働者層はきわめて広い共通認識の対象でありつづけたので、こうした「高所得者」に対しては、しぶしぶといえるほど極度に慎重な方法で課税が行なわれた。「20世紀前半」の打撃によって再分配は寄る辺ない立場に放置された、ともいえる。本来の標的を見失った再分配には、真の後継者がいなかった。この点については、格差と再分配に対する社会党と共産党の姿勢の変遷を考察するときにふたたび考えてみたい。

2 「高」所得層とはどんな人々か？ その答えを増税から探る

2.1 きわめて少ない増税

これまで検討してきた税の割り当てと集中の100年にわたる推移には、それに目を向けることによって、細かい短期の出来事にとらわれずに巨視的な観点を持てるという利点があった。逆に、これから考察する増税の問題によって浮かび上がるのは、特定の政治集団から生まれ、歴史上のある時点で政権を担った政府が、格差および所得の分配について抱いていた見方をどのように表わしたかである。そうして得られた情報には副次的なものもあるが、いっそうの正確さが期待できる。所得税を重くすると、その措置を支持する政府と社会的・経済的勢力は、社会的格差についての抽象的な物言いをやめて具体的な態度をとらざるをえなくなる。なぜ税を上げる必要があるのか説明しなければならないし、それが誰のためなのか明言しなければならない。国家の連帯という名目でさらなる努力を求めるべき対象はどのような社会集団か、そして、増税を免除するにふさわしい対象はどのような人々か？ どの所得水準を超えると、それを減らすことに正当な根拠がある「高」所得となるのか？

さらに、所得税の歴史においては増税がきわめてまれであるだけに、増税はいっそう興味深く、それだけを別に研究する価値がある。とくに、これまで検討してきた１００年にわたる推移は、いかなる政府もその責任を実際に引き受けることなしに、少しずつ形をなした。20世紀を通じて、所得税の集中度を和らげ、「大衆化する」ための「通常」の方法は、増税そのものを予告したり公表したりするのではなく、税率表の各税率区分の閾値を物価および所得の上昇に合わせず（合わせるとしても一部にとどめ）、納税者の所得がそれらの閾値を超えるのを待つことにあった。この１００年間で納税者の数が増えたのは当然の成り行きである。80年以上にわたって、名目的な課税閾値を引き下げた政府は一つもなかった。ただし、この一般原則に対する例外は第一次世界大戦中に見られた。１９１６年12月30日の予算案で、基礎控除が５０００フランから３０００フランに引き下げられたのだ。しかしこの日以降、こうした率先的な行動をとった政府は一つもない。名目的な課税閾値の修正すべてはその閾値の引き上げであって、引き下げではなかった。[1] 言い換えれば、１９１５―１９１６年のわずか２―３パーセントから、最大となった１９７０年代末の65パーセントを経て、[2] １９９０年代の50パーセント以上に至る課税世帯の割合の著しい上昇は、（名目的な課税閾値を調整しなかった場合は）名目所得が増加したことによって、より一般的には、名目所得の伸びが名目的な課税閾値の調整を上まわったことによって実現したのである。

この規則性は興味深い。なぜなら、それはより一般的な現象、つまり政府と所得税との間の二律背反的な関係を明かしているからだ。所得税は徳に基づく倫理的に必要なものと見なされているが、増税の意志を公然と口にしたり、増税の対象とするのが当然と思われる社会集団を指し示したりすると、きまって過度に強い影響が生じてしまうので、あえて実行した政府はほとんどなかった。こうしたあからさまな意思表示への危惧は、前年には課税対象でなかった

（１）第４章表４－１から４－５を参照。
（２）前出の図５－１を参照。

ために、なぜ新たに課税対象となるのかの説明が必要となる「つつましい」納税者に増税を適用する場合はとりわけ明らかである（それで、課税世帯の割合の増加を正当化するために、インフレおよび名目所得の増加を引き合いに出さざるをえなくなる）。だからといって、歴代政府は所得税の重さと割り当ての修正をインフレや実質所得増加の偶然に委ねたわけではない。すでに見たように、インフレは戦略的に利用されている。政府はインフレのおかげで納税者の数を増やしたり、それに根拠が見いだせるときは特定の層に対する税を重くしたりできた。しかしそうした戦略によって、所得税を納めなくてよい（あるいは少額だけ納めればよい）と判断される社会集団に影響が及ぶおそれがあるときは、政府は行きすぎのないよう自制した。私たちはすでに、インフレの戦略的利用によって政府が幅広い再分配を「そっと」実現した歴史上の例に出会っている。二つの世界大戦で蓄積された名目上の負債から国家を解放したのはインフレであり、二つの世界大戦のさなかに賃金労働者の格差を縮め、公務員給与の実質的水準を引き下げることを可能にしたのもインフレだった。このことから、所得とその格差の問題がどれほどデリケートな政治問題であるかがわかる。そのデリケートさゆえに、政府はたいていの場合、間接的な方法でこの問題に取り組んできたのだ。

実際、１９１４年７月15日法以来の所得税の歴史を注意深く調べると、第一次世界大戦中に行なわれ、国民ブロックのために地ならしをしたといえる二度の税率引き上げ（１９１６年12月30日法および１９１８年６月29日法）を除けば、20世紀フランスで本当の意味の増税が実施されたのは三度だけである。すなわち国民ブロックによる税率表改正（１９２０年６月25日法）、人民戦線による税率表改正（１９３６年12月31日法）、そして１９８１年５月の選挙で生まれた社会党政権による一連の増税（とくに１９８１年８月３日法および１９８２年12月29日法）である。それ以外の増税すべては、インフレと名目所得増加の働きによって、あるいは「特別増税[1]」を介して「自然発生的」に実現した。こうした「特別増税」は大きな影響を及ぼすことがある。とくに、１９２４年の選挙前に国民ブロックが導入した「重付加税」（１９２４年３月22日法）、ラヴァル政権が定めた「特別付加税」（１９３５年７月16日および26日の統令）、１９６８年の五月革命の後に実施された増税（１９６８年７月31日法）が重要であり、こうした税はしばしば、予想より長い期間にわたって適用された。[2] したがってこれらの税を完全に無視すると、いくらか場違いな法的形式主義に陥ることになる。とはいえ、「特別増税」は本質的に、各納税者に求められる税負担を恒常的に変えるものではなく、三つの政府（国民ブロック、人民戦線、モロワ政権）が税率表に組み入れた増税と同じ意義を持つわけではない。[3]

さらに、これら三つの増税に「特別増税」を加えた短いリストを調べると、文字どおりの増税として意図され、実施された増税が二つしかないことが確認できる。つまり人民戦線による税率表改正と、モロワ政権による一連の増税である。前章で見たように、そのほかの増税と特別増税はみな、所得税と税の再分配にとくに共鳴しているわけでは

（1）しかしながら、1928年12月31日法が定めた一般税率の30パーセントから33・33パーセントへの引き上げ（第4章表4－2を参照）、そして（1963年12月19日法による）1963年に生じた最高限界税率の61・5パーセントへの引き上げと、（1966年12月17日法および1966年12月27日の政令による）1966年に生じた65パーセントへの引き上げ（第4章表4－5を参照）を指摘しておこう。これらは厳密な意味での「特別増税」ではないが、それに類似している。1928年の引き上げは1933年2月28日法が定めた10パーセントの特別増税とほとんど変わらず、1963年と1966年の引き上げは、税率表に組み入れられてはいるが、実際には1年しか適用されなかった。さらに挙げておけば、10パーセントの一括控除および20パーセントの追加控除の上限設定を通して1973年と1978年に実現したきわめて特殊な増税、そして、のちに詳しく見るが、家族係数効果の上限設定を通して1981年と1997—1998年に実現した増税がある。

（2）すべての特別増税を含むリストについては、第4章表4－6を参照。

（3）1981年5月の選挙で誕生した社会党政権は、とくに1981年8月3日法において、特別増税という方法をかなり活用した（第4章表4－6を参照）。しかし社会党政権は（1982年12月29日法によって）65パーセントの区分を新設し、それをきっかけとして絶えず税率表に修正を施すようになる。このことは、1945年12月31日法による新しい税率表の採用以来、税率表が［税率の］高い方向へ改められたという意味でいっそう重要である。1945年から1998年まで、1982年の65パーセントという区分の新設を除いて（また、継続を想定せず、たった1年しか適用されなかった1963年および1966年の一時的な引き上げを除いて）、税率表のどんな修正も各区分の名目閾値を引き上げる、あるいは従来の区分を廃止する結果となり、特定の所得の（名目的）水準に適用される税率を上げることは決してなかったのである（第4章表4－5を参照）。

ないが、きわめて深刻な財政状況に直面していた政府によって、土壇場でしぶしぶ決定されたものである。国民ブロックは戦争による負債を必死に清算しようとし、ラヴァル政権はデフレの状況下で悪戦苦闘し、クーヴ・ド・ミュルヴィル政権は、1968年の五月革命の影響が残る財政と社会に直面していた[1]。だからこそ、私たちは1936年と1981年の増税に重点を置き、それらが表わしている格差および再分配に対する見方を考察していきたい。増税を意図して実行に移したのは左派政権だけであり、そのことから、20世紀を通じて左派の態度がこの重要な問題についてどのように変化したかがわかる。

付け加えるなら、ここで私たちが選んだ視点に基づくと、減税は本質的に増税ほど興味深くはない。実際、減税のシナリオはいつの時代も変わることがない。というのも、まず、税の軽減を一定の閾値より高い所得層に限定することは政治的に想定できない。どんなにわずかな額であれ、課税世帯すべてが減税の対象となることが不可欠である。さらに、超高所得層に対する所得税がそれより所得の低い層に対するよりもはるかに重い以上、超高所得層がとくに所得税軽減の恩恵を受けることはほとんど避けられない[2]。したがって政府は、国民すべてにとって税が下がること、超高所得層に対する減税がそれほど大幅なものではないことを、たいていの場合は体面を取りつくろいながら、知恵を絞って示さなければならない。20世紀フランスの所得税の歴史を彩った減税、つまり1926年（ポワンカレ）、1934年（ドゥメルグ）、1959年（ジスカールデスタン）、1986—1987年（シラク）、1993年（バラデュール）、1996年（ジュペ）の減税すべてに、こうしたシナリオを見いだすことができる。それに比べて増税のほうは明らかに情報量が多い。というのも、増税はその責任を担う政府に、納税者の二つのカテゴリーに境界線を引くこと、つまり、どの所得水準から上を「高」所得とするのか、どの所得水準から上が重い税負担にふさわしいのかを明確にすることを強いるからだ[3]。

2.2　1981年5月と人民戦線——歴史は繰り返す？

１９３６年にも１９８１年にも、共産党の支援を得た社会党の政府が政権を握り、直ちに「高」所得層に対する課税の強化を決めた。これらの政府の政治路線を「富裕層に課税する」という考えに帰することはもちろんできない。しかしこのスローガンはやはり、政権を担当していた政治勢力のアイデンティティの中心にある要素である。所得のより広い再分配と税の累進性の強化という目的は、１９３６年と１９８１年の選挙運動で左翼政党が伝えた綱領において重要な位置を占めていた。そして、選挙に勝利したときにこの大きな目的がなんらかの形で実行に移されることは疑う余地がなかった[4]。

１９３６年には、人民戦線が国の連帯に貢献させようと考えた納税者の所得閾値はきわめて具体的に定められた。１９３６年12月31日法によって採用された「平均税率」による新しい税率表は、７万５０００フラン以上の課税所得を有する世帯への租税圧力を大幅に強め、課税所得が７万５０００フランを下まわる世帯への税を軽減するように考えられた。人民戦線は７万５０００フランというこの閾値を、扶養控除の削減措置を実施するときにも（７万５００

（１）１９５６年にモレ政権が制定した10分の1付加税を除いて、他の「特別増税」すべてはこれと同じ考え方で導入されている（第４章表４－６を参照）。

（２）理論的には、こうして二種の納税者の間に境界線を引くことを政府に強いることで、所得税軽減は「低所得の」納税者だけに恩恵を与えると想像できる。しかし現実には、そのような結果を得るのは技術的にきわめてむずかしい（限界税率による税率表では、最低税率を引き下げると裕福な納税者にもその恩恵を与えることになる）。あらゆる所得税軽減は納税者すべてにとっての軽減となり、とりわけ所得税の負担の重い納税者が恩恵に浴することになった（唯一の例外は、１９３６年の新しい税率表および１９８４年の減税・増税の両税率表の場合のように、ある所得の閾値から上は増税となるような減税措置である）。

（３）（たとえば10分の1付加税や戦間期の重付加税のように）課税される納税者すべてを対象とする増税もわずかながら存在する。そうした場合はいかなる境界線も設けられず、増税から得られる情報は減税と同じくらい少なくなる。

（４）後出第２・３節を参照。

0フラン以上の所得がある家族は控除を減らされ、その他の家族は増やされた)、また子供のいない納税者に適用される加算税を「女性納税者」に免除するときにも(免除は7万5000フラン以下の所得層だけを対象とし、その他の所得層に対しては加算税が課せられた)[1]利用した。人民戦線が適用したこの閾値が、数カ月前に有権者の前でなされた約束の数字に正確に一致しているのは興味深い。フランスの所得税の歴史において、この分野では唯一の例である。1936年1月にフランス社会党、急進社会党、フランス共産党によって採用され、1936年の選挙戦でこれらの政治集団が広く宣伝した「人民連合綱領」は、「7万5000フラン以上の所得層に対する全体の税率の速やかな引き上げ」(それ以外の記述なし)[2]が中核となる、「税体系の民主的改革」を予告していた。したがってこの閾値は、当時の左翼政党にとって「高」所得層がいかなるものだったかを十分に表わしていると考えられる。

おおよその見当をつけるために、課税所得7万5000フランというこの閾値が、1998年フランの(あらゆる控除を行なう前の)課税申告所得に換算するとおよそ35万フランの年収に相当すること[3]、つまり月収3万フランに近いことを覚えておこう。そしてこれは、1998年フランに換算して、世帯あたりの平均収入が3万フラン(月収2500フラン)[4]だった時代、また最も低い賃金所得(使用人や農業労働者の所得)が、1998年フランに換算して、年収1万5000フラン(月収1200フラン強)[5]だった時代のことである。言い換えれば、人民戦線がこれまで以上の税負担を求めた世帯は、全世帯の平均所得の少なくとも12倍、最も低い所得の少なくとも25倍の所得に恵まれた世帯である。[6]私たちの推計によると、7万5000フランという閾値は当時の所得階層のP99・5よりもわずかに高い位置であり、レオン・ブルム政権が実施した増税は1936年のフランス社会で最も富裕だった0・5パーセントの世帯を対象としていたことになる。[7]これは、「中流階級」(分位P90—95)および「上位中流階級」(分位P95—99)が、人民戦線による新しい税率表を心配する必要がまったくなかったことを意味する。たとえば教員、あるいは公務員の中間管理職の場合、年収は7万5000フランの4分の1か5分の1なので、新しい税制を落ち着いて眺め、社会主義者の意図が自分の身に及ばないと感じることができた。[8]

実際には、新しい税制によって得られた結果は予想と少し違ったものになった。インフレの拡大と名目所得の増加によって、上位を含む「中流階級」が享受するはずだった減税の恩恵の影が薄くなったのだ。7万5000フラン未満の所得層に適用される扶養控除の引き上げは、課税世帯の割合を下げると見込まれていたが、現実にはその割合は

（1）第4章第3．4節を参照。
（2）1935年7月14日の大規模集会を催した政治勢力（フランス社会党、急進社会党、共産党および労働総同盟、人権擁護連盟）が1935年7月から起草に取り組み、1936年1月に完成した「人民連合綱領」のオリジナル版コピー（全4ページ）が、パリ・マルクス図書館〔フランス共産党中央委員会のメンバーが1955年に設立。2001年に閉館したが、パリ第13大学への移転が計画されている〕にある（この資料の第4ページに「税制の民主的改革」が述べられている）。この綱領は、1936年5月16日付の『ユマニテ』紙をはじめ、当時の数多くの新聞記事やビラに取り上げられた（後出のコピー5－1を参照）。この綱領における税制の構成要素が20世紀フランスの社会党および共産党の綱領史にどう位置づけられるかについては、後出第2．3節を参照。
（3）当時の所得階層の分位P99・5―99・9（付録B表B－4を参照）に含まれるこの（種々の控除、とくに前年納付の税の控除と必要経費の控除を行なったあとの）7万5000フランという課税所得の閾値を少なくとも25パーセント引き上げると、（控除を行なう前の）課税申告所得が得られる（付録B表B－6およびB－7を参照）。1936年フランを1998年フランに換算するには約3・62倍する必要があるので（付録F表F－1の列(7)を参照）、3・62×1・25×7万5000＝33万9375フランとなる。
（4）第1章図1－6および付録G表G－2の列(7)を参照。
（5）第3章第3．1節を参照。
（6）30000／2500＝12、30000／1200＝25。
（7）7万5000フランという課税所得の閾値は、1936年の課税所得階層の閾値P99・5（6万7257フラン。付録B表B－4を参照）よりも少し高い。
（8）たとえば1936年には、定年退職直前のパリ勤務の小学校教師の最も高い年収は約1万9000フラン、定年退職直前の中央省庁の職員の最も高い年収は約2万フランだった（付録E表E－4を参照）。実際には、人民戦線による増税を適用される可能性があったのは一部の上級公務員に限られていた。定年退職直前の中央省庁の局長でも、1936年における最高年収は約5万6000フランで（付録E表E－4を参照）、7万5000フランという閾値をはるかに下まわっていた（以上の所得額はすべて前年に納付した税の控除および必要経費の控除を行なう前の推計なのでなおさらである）。

完全に横ばいだった（１９３５年の所得課税における課税世帯の割合は９・７パーセント、１９３６年の所得課税における課税世帯の割合も９・７パーセント）。[1] 同様に、私たちの推計によると、「中流階級」（分位Ｐ90―95）および「上位中流階級」（分位Ｐ95―99）の平均税率は１９３５年と１９３６年とでは（本来なら下がるべきなのに）まったく同じであり、分位Ｐ99―９９・５の平均税率にはわずかな上昇さえ見られた。[2] だが本質は損なわれていなかった。人民戦線が決めたように、平均税率が大幅に上昇したのはＰ９９・５よりも上の層だったのである。[3]

それから50年近くたって、モロワ政権が所得階層のまさしく同じ分位を狙う決定をしたことは注目に値する。運命を決する閾値は選挙前には予告されず、[4] 人民戦線の時代より目立たない形で定められた。１９８１年8月3日法が導入した25パーセントの増税は、１９８０年の所得にかかる所得税10万フランを超える納税者を対象とした。[5] しかし、私たちの推計によれば、この条件を満たすために超えなければならない所得の閾値は、１９８０年の所得階層のＰ９９・５をわずかに上まわる位置であり、[6] つまり人民戦線が１９３６年に定めた水準とまさしく同じ水準である。どちらの場合も、最も富裕な０・５パーセントの世帯に大きい税負担が求められている。とくに、１９３６年と同様１９８１年には、20世紀を通じて「高給与者」[7] の一種の楽園だった分位である「中流階級」（分位Ｐ90―95）および「上位中流階級」（分位Ｐ95―99）は、将来を楽観視することができた。政権を握った社会主義者たちが課税の標的としてふさわしいと判断した「高」所得は、彼ら中流階級の所得よりもはるかに上だったからである。こうした結果は先ほど述べたことを裏づけてくれる。「中流階級」は依然として「中流階級」にとどまったのだ。正確にいえば、１９１４―１９４５年の時代の打撃によっても、税負担を再検討すべきなのは高所得者を含む賃金労働者ではなく、超高所得の資産家であるという社会主義者の考え方は少しも変わらなかった。そして賃金労働者は１９３６年と同様１９８１年においても、暗黙のうちに正当と見なされた。この結果はまた、政党が増税の的を絞るとき、分位という概念に明白に頼る必要がなかったことを示している。高所得層は本書で用いているような言葉では表わされていなかったが、そうしたさまざまな所得水準のおおよその規模と社会的意味は、誰もが「中流階級」および「上位中流階級」

（分位Ｐ90—95およびＰ95—99）の所得とトップ百分位の上層の所得とを区別できる程度には知られていた。

しかし、社会正義と所得の再分配に対する社会主義者の考え方が「20世紀前半」の打撃にどこまでも鈍感だったと結論づけるのは行きすぎだろう。まず、運命を決する閾値が二つの時期において所得階層のＰ９９・５のわずか上に設定されたことが事実だとしても、１９８１年の社会主義者は、１９３６年の先駆者よりもずっと圧縮された所得層を相手にしていること、そしてＰ９９・５の所得と平均所得との比率が１９３６年の２分の１であることを考慮に入れていた。どちらの時点でも運命を決する閾値はＰ９９・５よりわずかに上だが、人民戦線が定めた閾値は当時の平均所得のおよそ12倍（１９９８年フランに換算すると、１９３６年の平均年収３万フランに対して、人民戦線が定め

（１）前出の図５－１および付録Ａ表Ａ－２の列(３)を参照。
（２）１９３５年の所得課税と１９３６年の所得課税を比べると、分位Ｐ90—95の平均税率はともに０・１パーセント、分位Ｐ95—99はともに０・４—０・５パーセント前後、分位Ｐ99—99・５は１・３パーセントから１・９パーセントに上昇した（付録Ｂ表Ｂ－20を参照）。人民戦線が予測した結果と実際に得られた結果との間に差が生じたのは、１９３７年７月のショータン内閣による増税の影響が課税世帯に及んだためでもある。この増税は１９３６年の所得課税にさかのぼって適用され、（扶養控除を行なったあとの額が）２万フラン以上のすべての年収、つまり課税世帯の半分以上が対象となった（課税世帯総数の１６０万のうち90万世帯。付録Ａ表Ａ－１の１９３６年の覧を参照）。
（３）図５－２、５－３および付録Ｂ表Ｂ－20を参照。
（４）後出の第２．３節を参照。
（５）第４章表４－６を参照。
（６）10万フラン以上の税を課せられる１９８０年の課税所得閾値は、１９４５年から平均的家族構成とされている（付録Ｂ第３．２節を参照）子供１人の夫婦の場合29万フランである。この閾値は独身者では低くなり（約22万フラン）、大家族では高くなる（子供４人の夫婦の場合約34万フラン）。29万フランという年収は、１９８０年の課税所得階層の閾値Ｐ９９・５（28万３３４３フラン。付録Ｂ表Ｂ－４を参照）をわずかに上まわる。
（７）第２章第１節および付録Ｂ表Ｂ－16からＢ－18を参照。

た閾値の年収は35万フラン）(1)である。これに対して1981年の閾値は当時の平均所得の6倍にとどまる（1998年フランに換算すると、1980年の平均年収およそ13万フランに対して、1981年8月3日法が定めた閾値の年収は80万フラン）(2)。仮に1981年の社会主義者が1936年の改革を忠実に再現して、平均の12倍以上の所得だけに的を絞ったら、増税の対象は0・5パーセントではなく0・1パーセントの世帯になっていたはずである(3)。

そのうえ、すでに繰り返し言及したように、1936年の増税と1981年の増税の本質的な違いは、人民戦線が「200家族」の桁外れの所得と彼らに課す税額を何よりあからさまに示したのに対して、1981年の社会主義者がそうした高所得層の特定を控えたことである。1936年に人民戦線が導入した新しい税率表はたしかに、7万5000フラン以上の課税所得すべてに対して租税圧力を強めるよう構想された。しかしその税率表には133万フラン以上の所得が該当する最も高い税率区分、つまり7万5000フランという閾値の20倍近い税率区分が存在し、7万5000フランから先もずっと税の累進性が続くという特徴があった(4)。言い換えれば、レオン・ブルム政権は最も富裕な0・5パーセントの世帯（当時のおよそ1700万世帯のうち約8万5000世帯）(5)に対する税を引き上げ、同時に自らの改革で負担を求めるのが、最も富裕な数百世帯（全世帯の0・01パーセント以下）(6)であることをはっきりと公表した。1981年にモロワ政権が発したメッセージはまったく異なる。1981年8月3日法が定めた25パーセントの増税は、1980年の所得にかかる税が10万フランを超えるすべての納税者、つまり（1936年の7万5000フランという閾値と同様に）最も富裕な0・5パーセントの世帯をどんな区別もなしに対象としたが、社会党政権は、この「超高所得層」のうちの上位の層をことさら特定することは適切でないと考えた。とはいえ、分位P99・5—100の世帯すべてが一律に扱われたわけではない。25パーセントの増税は10万フランを超える税額部分に適用され(7)、その適用閾値から上へ行けば行くほど税負担は増す。実際に、1936年と同様1981年には(8)、平

（1）前出参照。

（２）種々の控除を考慮すると、29万フランという１９８０年の課税所得閾値（前出参照）を約30パーセント引き上げて考える必要がある（付録Ｂ表Ｂ－７を参照）。１９８０年フランを約２・１３倍すると１９９８年フランが得られるので（付録Ｆ表Ｆ－１の列(７)を参照)、２・13×１・３０×29万＝80万３０１０フランとなる。１９９８年フランに換算した１世帯あたりの平均所得は、１９７０年代末から13万フラン前後のままである（第１章図１－６および付録Ｇ表Ｇ－２の列(７)を参照）。

（３）１９９８年フランに換算すると、１９８０年の所得階層の閾値Ｐ９９・９は約１４４万フラン（付録Ｂ表Ｂ－13を参照）、つまり平均所得の12倍弱の水準である（12×13万＝１５６万フラン）。

（４）第４章表４－４を参照。

（５）世帯の総数については付録Ｈ表Ｈ－１の列(10)を参照。

（６）すでに指摘したように（前出の第１．１節を参照）、１９３６年の課税所得階層の閾値Ｐ９９・９９は、人民戦線の税率表で最高税率が適用される閾値をかなり下まわっている（１３３万フランに対して48万５０５３フラン。付録Ｂ表Ｂ－４を参照）。そして、１００万フラン以上の所得を申告したのは（当時の世帯総数の約０・００２パーセントにあたる）４０２世帯の納税者だけである（付録Ａ表Ａ－１および付録Ｂ表Ｂ－１を参照）。

（７）第４章表４－６を参照。

（８）１９３５年の所得課税と１９３６年の所得課税とを比べると、分位Ｐ９９・５―９９・９の平均税率は３・０パーセントから４・２パーセントに、分位Ｐ９９・９―９９・９９は８・９パーセントから１４・２パーセントに上昇し、分位Ｐ９９・９９―１００の上昇は１９・３パーセントから２６・８パーセント、つまり７ポイント以上だった（付録Ｂ表Ｂ－20を参照）。１９７９年の所得課税と（１９８１年８月３日法が適用された）１９８０年の所得課税とを比べると、分位Ｐ９９・５―９９・９の平均税率は２９・９パーセントから３２・２パーセントに、分位Ｐ９９・９―９９・９９は４１・０パーセントから４８・６パーセントに上昇し、分位Ｐ９９・９９―１００の上昇は４９・９パーセントから６１・４パーセント、つまり11ポイント以上となった（付録Ｂ表Ｂ－20を参照）。前年納付の税の控除を廃止するというレオン・ブルム政権の計画が上院によって阻止されていなければ、１９３５年から１９３６年にかけての分位Ｐ９９・９９―１００の平均税率は（７ポイントではなく）20ポイントを上まわる上昇となっただろう。（あらゆる控除を行なう前の）課税申告所得に占めるパーセンテージで表わすと、分位Ｐ９９・９９―１００の１９３５年における平均税率は１９・３パーセントとなる（付録Ｂ表Ｂ－20を参照）。（必要経費などの控除や前年納付の税の控除を行なったあとの）課税所得に占めるパーセンテージで表わすと、分位Ｐ９９・９９―１００の１９３６年における平均税率は４０・２パーセントとなる（前年納付の税の控除が廃止されていたら、課税申告所得に占めるパーセンテージで表わした分位Ｐ９９・９９―１００の平均税率は、税の累進性と他の控除の割合の減少から考えて４０・２パーセントより高くなったはずである）。

均税率の上昇は分位P99・5—99・9で緩和される一方、分位P99・9—99・99ではそれより大きくなり、分位P99・99—100で最大を記録した。人民戦線が平均所得の200倍以上を有する所得層（全世帯の0・01パーセント未満）をあからさまに示したにもかかわらず、モロワ政権が平均所得のおよそ6倍の所得層（全体の0・5パーセントの世帯）を特定するにとどめたという事実は、それ自体がきわめて示唆に富んでいる。1914—1945年の打撃を経て、社会主義者は超高所得の資産家をあからさまに示すことをやめたのだ。

1936年と1981年の政策のもう一つの違いは、1981年5月の選挙の結果行なわれた増税が、1981年8月3日法によって導入された特別増税で終わらなかったことである。当初、最も富裕な0・5パーセントの世帯に対象を絞っていた1980年代初めの社会党政権は、当時の所得階層においてもっと下位の分位に対して課税を強める。1982年12月29日法はモロワ政権が所得税税率表にもたらした唯一の恒常的修正であるが、この法によって税率表に組み込まれた税率65パーセントの区分はたしかに、（1981年8月3日法が定めた特別増税と同じく[1]）きわめて富裕な0・5パーセントの世帯にしか適用されなかった。しかしモロワ政権は、1981年12月30日法、1982年12月29日法、1983年12月29日法そして1984年12月29日法に盛り込む形で、1981—1984年の課税所得として徴収され、全世帯のおよそ5パーセントを対象とする特別増税の実施を決める。「中流階級」（分位P90—95）は危惧に及ばないが、1981年8月3日法による特別増税の対象にもならず、新設された税率65パーセントの区分にも入らなかった「上位中流階級」（分位P95—99）および分位P99—99・5の世帯は、直接の当事者となった[2]。1981年12月30日法によって採用された家族係数効果の上限設定のしくみが、上位1パーセントの富裕な世帯を狙って考えられたことを指摘しておこう。1パーセントという数字はたしかに少ないが、それでも1981年8月3日法と1936年12月31日法が特定した世帯の割合の2倍である[3]。1936年の先駆者と比べて、1981年の社会主義者は明らかに、当時の所得階層において1936年よりも水準の低い「高」所得層を標的に選んでいた。右派がしぶしぶ決定した増税にも同じ型の変化が見いだされるのは興味深い。国民ブロックが定めた新しい税率表とラ

（1）65パーセントという区分は家族係数1あたり19万5000フラン以上の課税所得を対象とした（第4章表4－5を参照）。これは子供1人の夫婦（1945年から平均的家族構成とされている。付録B第3．2節を参照）の場合50万フラン近い閾値に相当し（2.5×195000＝487500）、1982年の課税所得階層の閾値P99・5（34万1322フラン）と閾値P99・9（66万9523フラン）の中間の所得にあたる（付録B表B－4を参照）。また、65パーセントというこの区分の適用閾値は、すでに施行されていた60パーセントの区分の適用閾値よりも15パーセント弱ほど高い（1982年の所得課税では、60パーセントの区分の閾値は17万2040フラン、65パーセントの区分の閾値は19万5000フランだった〔第4章表4－5を参照〕。195000／172040＝1.13となる）。最高税率の適用閾値の100年にわたる急落は、モロワ政権によるこの政策から二義的な影響しか受けていない（最高税率の実質フランにおける実際の水準が、人民戦線の時代の9分の1になっていることに留意しよう。前出の第1．1節を参照）。ここからうかがえるのは、この100年の推移が、格差に対する共通認識の変化を反映していることである（1981年の社会党の見解は、1936年の社会党よりも戦後の歴代政府の見解に近い。そして1936年の社会党の見解は、1981年の社会党よりも戦間期の歴代政府の見解に近い。

（2）1981年12月30日法、1982年12月29日法、1983年12月29日法、1984年12月29日法が導入した「特別増税」は、納税額がそれぞれ2万5000フラン、2万8000フラン、2万フラン、3万2080フラン以上の納税者を対象としていた（第4章表4－6を参照）。子供1人の夫婦（1945年から平均的家族構成とされている。付録B第3．2節を参照）の場合、「特別増税」の対象となる課税所得の閾値は1981年が約13万フラン、1982年が13万8000フラン、1983年が13万フラン、1984年が16万9000フランで、こうした数字はこれらの年の課税所得階層の閾値P95よりわずかに上である（ただし1983年だけは増税の適用閾値がP95の閾値より少し下だった。それでもP90の閾値ははるかに上まわっている）（付録B表B－4を参照）。

（3）家族係数効果の上限設定は、1981年において、（子供1人の夫婦の場合）22万8550フラン以上の課税所得に、大家族の場合はそれより少し上の所得水準（子供2人の夫婦の場合23万8870フラン。付録C表C－5を参照）に適用された。この新しいしくみの適用閾値は、1981年の課税所得階層の閾値P99とほとんど同じである（すなわち23万7885フラン。付録B表B－4を参照）。

ヴァル政権が適用した「特別付加税」は、トップ百分位の上層に対する税を引き上げただけだが、[1]クーヴ・ド・ミュルヴィル政権が1968年7月に実施した「特別増税」は全世帯のほぼ5パーセントを対象としていた。[2]

しかしながらこの変化の影響を誇張してはならない。実際には、「上位中流階級」（分位P95—99）およびトップ百分位の下半分にあたる世帯（分位P99—99・5）を対象とする増税は1981—1984年の間はきわめて小さく、トップ百分位の上層だけが、社会党政権の誕生による平均税率の大幅な上昇の影響を受けた。[3]しかも、慎重に実施されたとはいえ、1981—1984年の増税はモロワ政権の支持率上昇にはほとんど結びつかなかった。社会党政権がこの増税という試みを繰り返していない理由の大半はそこにある。1984年から1985年にかけて、増税はすっかり減税に席を譲り、この時期から社会党政権は、右派政権が決定した税の軽減策を踏襲するようになる。[4]この一般的傾向に対する唯一の例外は、本書の概論でそれがどれほど議論の的になったかを述べた、ジョスパン政権が1998年に決めた家族係数の上限設定の引き下げである。結局、この措置の対象になったのは上位3—4パーセントの富裕な世帯だった（初めに検討されていた家族手当の上限設定は上位10パーセントの世帯を想定していた）。しかしこのように「やや上位の中流階級」の所得層を標的とすることには、「さまざまな党からなる左派」の過半数の合意が得られなかった。[5]付け加えるなら、レオン・ブルム内閣がもう少し長く政権を握っていたとすれば、1936

（1）すでに述べたように、国民ブロックの増税は分位P99—99・5の水準までは事実上の減税であり、分位P99・99—100の世帯だけが大幅な増税を経験した（前出第1、2節、図5－1、5－2および付録B表B－20を参照）。ラヴァル政権の「特別付加税」のほうは、8万フラン以上の所得すべて（第4章表4－6を参照）、つまり人民戦線が採用した閾値（7万5000フラン）とほぼ同じである。したがって特別付加税の対象となったのは全世帯の0・5パーセントにすぎない。この税率の引き上げは分位P99・5—99・9、分位P99・9—99・99にとってはほとんど取るに足りず、分位P99・99—100においてだけ相当の影響があった。それでも1936年の影響ほどではなかった（付録B表B－20を参照）。

（2）1968年7月31日法が定めた増税は、1967年の課税所得にかかった税が5000フラン以上の納税者に適用された（第4章

表4－6を参照）。これは子供1人の夫婦の場合およそ2万9000フランの課税所得に相当する。つまり1967年の課税所得階層の閾値P95（2万6308フラン）をわずかに上まわる所得水準である（付録B表B－4を参照）。

（3）じつは、高所得層の停滞（あるいはわずかな下降）状況を受けて導入されたスライド制税率区分、そして高額所得層を対象とする「特別増税」の税率の低さ（第4章表4－6を参照）を考慮に入れると、分位P95—99およびP99—99・5の平均税率はほとんど上がらなかった。1980年に16・1パーセントだった分位P95—99の平均税率は1981年に16・9パーセント、1982年に16・4パーセント、1983年に16・7パーセント、1984年に15・7パーセントとなり、1980年に23・4パーセントだった分位P99—99・5の平均税率は1981年に25・6パーセント、1982年に24・3パーセント、1983年に23・9パーセント、1984年に22・7パーセントとなった（前出の図5－2、5－3および付録B表B－20を参照）。また分位P99・99—100の平均税率は、1981年8月3日法が定めた25パーセントの増税ののちに大幅に上がったものの、すぐに以前の水準に戻った。1979年に49・9パーセントだった分位P99・99—100の平均税率は1980年に61・4パーセント、1981年に54・8パーセント、1982年に57・6パーセント、1983年に54・7パーセント、1984年に52・0パーセントとなった（前出の図5－3および付録B表B－20を参照）。1968—1971年の増税にもほとんど同じ推移が見られるが、平均税率の最初の上昇が分位P99—99・5から（5ポイントという）高い上昇を示した点が異なる（前出の図5－2、5－3および付録B表B－20を参照）。

（4）第4章第4.3節を参照。繰り返し言及してきた「特別増税」にも増して、おそらく国民に最も悪い印象を与えた政策が、1983年春の「緊縮プラン」の一環として1983年4月30日の行政命令で施行された「強制的公債」である。1981年の所得に対する税額が5000フラン以上のすべての納税者は、その税額の10パーセントにあたる金額を国に払い込む義務を負うが、その金額は3年後にすべて払い戻されるという制度だった。これは本来の増税ではないので、本書における平均税率の推計には勘案しなかった（所得税の歴史では数少ない「還付される増税」もまた考慮していない。第4章第4.3節および付録B第3節を参照）。しかし「強制的公債」は、世帯総数の20パーセント以上を対象としただけに、課税強化として受け止められた（適用対象となった1981年の課税所得の閾値は、子供1人の夫婦の場合およそ6万2000フランで、1981年の課税所得階層のP90の閾値より低い（付録B表B－4を参照）。当時の公式の推計（『統計および財務調査』394号、1984年、p・30）によれば、対象となったのは600万世帯以上で、これは当時の世帯総数およそ2400万の20—30パーセントにあたる（付録H表H－1の列(10)を参照）。

（5）1998年に設けられた家族係数効果の新たな上限設定は、（子供1人の夫婦の場合）課税所得31万3620フラン以上、（子供2人の夫婦の場合）33万4600フラン以上を対象としていた（付録C表C－5を参照）。これは1998年の課税所得階層の閾値P95（23万4971フラン）と閾値P99（42万8044フラン）の中間の所得水準である（付録B表B－4を参照）。

年に対象とした人々よりも水準の低い所得層に「国家の連帯のための努力」を求めるほかなくなっただろう(1)。そもそも人民戦線は、インフレ誘導という遠回しの方法で、かなり慎重にではあるが「中流階級」および「上位中流階級」(分位P90―95およびP95―99)をためらうことなく狙い、議会の過半数を占める左派議員の間に大きな論争を引き起こしたのだ(2)。

この節を締めくくるにあたって、1936年と1981年のエピソードの比較が、所得税の100年にわたる推移の検討からわかってきたおもな教訓の裏づけとなることを指摘しておこう。一方で、社会主義者は20世紀末に至って超高所得の資産家をあからさまに示すことをやめた。しかし他方でこうした超高所得層は、法の条文から姿を消したとはいえ、社会党政権にとって真の、また唯一の標的でありつづけた。管理職クラスの賃金労働者に対する課税強化の意志を公然と示すことは、依然としてかなり重荷になる、さらには不当な行為と見なされていたので、そうした政策の実行にはこのうえない慎重さが不可欠だった。いってみれば、20世紀末の社会主義者は自分たちの再分配の意志を実現するにあたって、誰を負担の対象とすべきかわからなくなっているのだ。

2.3　選挙公約に見られる「潜在的」増税

税法研究の主要な意義の一つは、各政治勢力がそれぞれの格差観や所得の再分配の考え方を具体的に表明せざるをえない領域が税法のほかにほとんど存在しない点にある。政治上の言説はたいていの場合、社会正義をめぐる抽象的な原則を並べるだけで、縮小するのが望ましい格差なり、重点的に課税すべき所得層なりについて政治指導者があえて公然と言及することはきわめてまれである。しかし、こうした慎重さはそれ自体で非常に興味深く、20世紀におけるこうした姿勢の推移の問題は、しばらく立ち止まって考えるに値すると思われる。さらに、フランス共産党には自らの政策を実行に移す機会がなかったので、格差と再分配に関する共産党の考え方が20世紀を通じてどう変化したかを知るための情報源は、その言説だけである。そこでこの節では、20世紀初頭から社会党と共産党が発表してきた選挙公約をまとめて調べ、公約の中で「高」所得というテーマや所得再分配のさらなる充実というテーマがどのように扱われてきたかを見ていきたい（このテーマについて公然と言及できるのは社会党と共産党だけである[3]）。

まず社会党の公約を振り返ってみよう。社会党の公約は常に、かなりの節度を保っている。20世紀を通じて、「格差の縮小」と「税の公平性および社会正義の拡充」という考えはこれらの資料において重要な位置を占めているものの、社会主義者が具体的な記述に踏み込むことはきわめて少ない。1919年に出された公約を見ると、「ドイツの税制は、将来の財政安定のために、平時におけるわが国の予算の財源をなす税の3―4倍の新税を遠慮なく導入するだろう」と述べられており、「ドイツが〔賠償金を〕払ってくれる」と誰もが声高に唱えていた時代にあってはかなり勇敢な態度だが、その新しい税収を得る方法についてはほとんど記述がない。フランス社会党は1914年に制定

（1）たとえばショータン政権が1937年7月に決定した増税は、（扶養控除を行なったあとの）課税所得が2万フラン以上の納税者すべて、つまり世帯総数およそ1700万（付録H表H－2の列(10)を参照）のうちの90万世帯近く（付録A表A－1の1936年の欄）で、全世帯の5パーセント以上に相当した。おそらくレオン・ブルム内閣も、政権を維持していたらやはりこの種の措置を講じたことだろう。

（2）第2章第3．1節および第3章第2．3節を参照。

（3）20世紀にフランス社会党（1971年からは社会党）によって伝えられた選挙公約、少なくとも国政選挙や大統領選挙で伝えられた選挙公約（本書では地方選挙のための公約は参照しなかった）はすべて、OURS（社会主義研究大学事務局）に保管されており、閲覧できる。1920年からフランス共産党が伝えてきた国政選挙・大統領選挙のための公約はすべて、パリ・マルクス図書館に保管されており、閲覧できる（同図書館に保管されていない貴重なビラおよび宣伝資料を閲覧するため、共産党中央資料室の協力も得た）。資料の正確な出典は以降のページに記す。社会党および共産党内部で右派に位置する陣営や政治勢力の公約は参照しなかったが、「高」所得層への租税圧力強化や所得幅の削減を掲げる提案がそこに含まれていないことは明らかである。すでに指摘したように、右派政権が実施した増税はすべてぎりぎりの時期にしぶしぶ採用されてきたもので、社会党でさえ、自らの増税案を前もって明かそうとはしてこなかったことがのちにわかるだろう。

された所得税の累進性が「はっきりと強化」されるべきであると（そのほかの説明なしに）述べただけだった。[1] 結局この「はっきりと強化」された累進性を実施したのは国民ブロックで、社会主義者からその大切なスローガンを奪う形になった。1920年代に出された公約は1932年の公約と同様に、「所得の大きい人々」に対する将来的な増税を盛り込んだ1919年の公約よりもいっそう明瞭さを欠き、「賃金労働者および中流階級の税負担」を軽減する必要を（そのように指し示した社会階層の正確な範囲については具体的記述がないまま）定期的に訴えるにとどまった。[2]

社会主義者たちが、それ以上の層に対して所得税の負担を増やそうと考えていた所得の閾値をあえて明瞭に記した唯一の選挙公約は、1936年1月に発表された「人民連合綱領」である。その中でフランス社会党、急進社会党、フランス共産党は「7万5000フラン以上の所得層に対する一般税の税率の迅速な引き上げ」を（他の説明なしに）公表したが、その約束が厳密に果たされたことはすでに言及したとおりである。[3] 1936年以後、社会党は一度も、このときのような明瞭な態度を示していない。第二次世界大戦後に現われた公約はとくに控えめなものだった。1946年、1951年、1956年、1962年、1967年そして1968年の国政選挙に臨んでフランス社会党が発表した公約は、社会主義者の目的が「国民の消費に課せられる税に対する直接税の優位」を維持することであり、「課税は所得の大きい人々に対して強化されるべきである」ときまって言明しているが、どれほどの所得額を超えると「大きい」[4] 所得となるのかについては、言及しないよう気をつけている。エピネー大会〔社会党系左翼の結集を目的として1971年にパリ北郊の都市エピネー＝シュール＝セーヌで開かれた大会〕および共産党との新たな同盟がこの慎重さにあまり影響を与えなかったことは興味深い。1972年3月、シュレンヌ全国会議〔シュレンヌは1920年代に低価格住宅がつくられたパリ西郊の都市〕で社会党が決議した綱領『生活を変える』は、所得税の累進性をさらに高めようとする社会主義者の意図をあらためて記すとともに、75パーセントの限界税率を適用する最も高い税率区分の新設を提案している（「累進性は最低所得層に対しては緩和され、最高所得層に対しては最大で税率75パーセントまで強化される」）。しかしこの綱領は、社会主義者が政権を獲得したときにどれほどの所得水準から累進性が強化されるかについては明言を「避けて」いる。[5] 社会党書記長のフランソワ・ミッテランと共産党書記長ジョルジュ・マルシェの署名がある「共同綱領」は同種の約束を繰り返すだけで（「勤労者に対する税は軽減される」、「高所得層を対象とする

（1）『1919年4月開催の党大会で決議された社会党行動計画』（社会党・『ユマニテ』合同文庫、1919年、全23ページ）、p・14を参照。

（2）とくに以下の資料を参照。『社会党の財政政策』（1925年6月26日、下院におけるレオン・ブルムの発言、新社会党評論、1925年、全40ページ）、p・14—18。『パリ特別国民大会で決議された社会党緊急行動計画（1927年12月）』（人民文庫、1928年、全51ページ）、p・28—30。『1928年5月の国政選挙のために（V）——社会党と財政政策』（J・モッシュ、人民文庫、1928年、全104ページ）、p・74—77およびp・83。『1928年5月の国政選挙のために（VI）——社会党の計画』（人民文庫、1928年、全64ページ）、p・35—37。1932年の公約には所得税への言及が見られない（『フランス社会党綱領〔1932年の国政選挙〕』〔人民文庫、1932年、全36ページ〕を参照）。1924年の選挙では（1919年の公約が踏襲されていたため）政党独自の公約は発表されなかったようである。

（3）前出第2．2節を参照。ただし「人民連合綱領」は厳密な意味での社会党の綱領ではなく、フランス社会党は1936年の選挙に備えて独自の綱領を用意し、その中で「下層に軽く高所得にいっそう重い税率」を特徴とする所得税の実施をうたっているが、「高所得」についての具体的説明はない（『フランス社会党の綱領〔1936年の国政選挙〕』〔人民文庫、1936年、全24ページ〕、p・18を参照）。

（4）とくに以下の資料。『社会党の行動計画（1946年）』（リベルテ出版、1946年、全76ページ）、p・26。『フランス社会党の行動計画（1951年6月17日の国政選挙）』（フランス社会党、1951年、全15ページ）、p・7、『フランス社会党の行動計画（1956年1月2日の国政選挙）』（フランス社会党、1955年、全15ページ）、p・5、『フランス社会党の行動計画（1958年11月23日の国政選挙）』（フランス社会党、1958年、全7ページ）、p・5、『民主社会主義左翼連盟プラン（1968年6月23—30日の国政選挙）』（民主社会主義左翼連盟、1968年、全13ページ）、p・8（1962年と1967年の国政選挙では社会党独自の計画は発表されなかったようである）。

（5）『生活を変える——社会党政府綱領および左派共同綱領』（社会党、フラマリオン、1972年、全349ページ）、p・135およびp・222を参照。

税の累進性は強化される」)、具体的な説明には踏み込んでいない(共同綱領は税率75パーセントの区分を新設する考えについてまったく触れていない)[1]。1978年に刊行された『共同綱領更新のための社会党からの提案』は従来とほとんど変わらない用語を使っている(「高所得層を対象とする税の累進性は強化される」という記述のほかに、具体的説明はない)[2]。1980年に刊行された『1980年代フランスのための社会党案』はこの全般的目的(「私たちが実現しようとする税制改革の目的は、格差の縮小である」)[3]とともに、1981年の大統領候補フランソワ・ミッテランによる「110項目の提案」の第35項「所得格差を縮めるため、直接税は少額納税者に対しては緩和され、所得の大きい人々に対しては強化される」(具体的説明なし)[4]を明確に示している。

1981年の選挙が近づいても、1936年の選挙戦のときとは違って、どれほどの所得水準から税が引き上げられるのかを知るのはむずかしかった。「所得の大きい人々」への課税が重くなり、「少額納税者」にとっては何も心配がないことは確実だったが、自分がこうした抽象的なカテゴリーのどこに入るのかは各自の判断に任されていた。とはいえ、多くの手がかりによって、超高所得の資産家だけが課税強化の対象となり、分位P90―95およびP95―99に属する管理職クラスの賃金労働者はかなりの程度まで対象外となることが予想された。事実、社会主義者は20世紀を通じて(一つの集団と見なされた)「中流階級」および「賃金労働者」を守ってきたのであり、1970年代には管理職を安心させる言葉が何度となく繰り返されたのだった。たとえば1972年の綱領は、序論として「社会党は労働者から中流階級に至る、フランス人の大多数に向かって語りかける」[5]と述べている。大統領選挙を見すえて1981年初めに社会党が刊行したパンフレット『管理職――社会党による代案』は、この観点から見るときわめて重要な資料である。社会党の政治家はそこで、「賃金労働所得と非賃金労働所得の格差は、階層分裂と格差の主因になっている」、「非賃金労働者への課税強化によって、管理職は社会党の税制改革の恩恵にあずかるだろう」(それ以外の説明なし)[6]と、好きなだけ繰り返している。フランソワ・ミッテランの署名があるこの資料の序言には、際立った筆致で社会主義的な思想が表現されている。「管理職は、失業、購買力の低下、労働条件の悪化によって打撃を受け、要するに富の真の再分配を通じて格差に対処することを拒みつづける権力によって、あらゆる賃金労働者と同様に打撃を受けた結果、自由主義が彼らの利益を考慮しないことに気づき、自由主義への警戒を怠らないようになっている」[7]。この一節が興味深いのは、「20世紀前半」の危機が格差および「高」所得層のイメージに及ぼした影響について前述したことの裏づけになっているからだ。「金権政治の鉄床《かなとこ》」はかつてほど重荷でなくなり、超高所得の資産家があからさまに引き合いに出されることはまれになったが、賃金労働者を根本的に均質の社会集団と見なすことを社会主義者がきっぱりやめることはなく、彼らは、賃金労働者層の合法性と「高所得の賃金労働者」の生活水準をはっきりと見直してみようとはしなかった。

予想がつくように、共産党の綱領は概して、格差と再分配の問題について社会党の綱領ほど制約にとらわれていない。だがそれらの資料を研究すると、「富裕者に課税しなければならない」という命題に向けてフランス共産党が大衆を結集しようと試みたのがほとんど人民戦線の時代だけであること、社会主義者と同じく共産主義者も、賃金労働者層を常に好意的に受け入れてきたことがわかる。

1920年代から1930年代初めにかけて、所得税に対する共産主義者の提案は社会主義者の提案とさほど変わらず地味だった。共産党が公表した綱領は国民ブロックの増税（とくに1924年の重付加税）を糾弾し、賃金所得

（1）同書、p・304―305を参照。
（2）『左派連立政権共同綱領――実現に向けた社会党からの提案』（社会党、フラマリオン、1978年、全128ページ）、p・84。
（3）『80年代フランスのための社会党案』（社会党出版クラブ、1980年、全380ページ）、p・217を参照。
（4）『クレテイユ特別大会で決議されたマニフェストおよび110項目の提案（1981年1月24日）』（社会党、1981年、全8ページ）、提案第35を参照。
（5）『生活を変える――社会党政府綱領および左派共同綱領』（社会党、フラマリオン、1972年、全349ページ）、p・9を参照。
（6）『管理職――社会党による代案』（社会党出版クラブ、1981年、全100ページ）、p・33―34およびp・78―81を参照。
（7）同書、p・11を参照。

コピー 5-1：1936 年 9 月 27 日付の『ユマニテ』紙第 1 面

« Ce qui fait la force du Front populaire, c'est son programme. »
F. ROUCAYROL, dans le « Populaire » du 25 septembre.

Tout à fait d'accord ! Et c'est pourquoi nous, communistes, sommes fidèles à ce programme.

l'Humanité

ORGANE CENTRAL DU PARTI COMMUNISTE (S.F.I.C.)

RÉDACTION ET ADMINISTRATION : 138, RUE MONTMARTRE, PARIS (2e) — LE NUMÉRO : 30 CENTIMES

DIMANCHE 27 SEPTEMBRE 1936 — QUATRE ÉDITIONS

Fondateur : JEAN JAURÈS — Directeur : MARCEL CACHIN — SÉNATEUR DE LA SEINE

NUANCE

CE SONT LES RICHES QUI DOIVENT PAYER !

Fidélité au programme financier du Front populaire !

Le chapitre III des revendications économiques du programme du Front populaire est intitulé : Mesures d'assainissement financier. En voici la teneur :

1° REVISION DES MARCHÉS DE GUERRE, en liaison avec la nationalisation des industries de guerre.

2° REPRESSION DU GASPILLAGE dans les administrations civiles et militaires.

3° Constitution de la caisse des pensions de guerre.

4° RÉFORME DÉMOCRATIQUE DU SYSTÈME DES IMPOTS, comportant :

a) UNE DETENTE FISCALE en vue de la reprise économique ;

b) LA CRÉATION DE RESSOURCES PAR DES MESURES ATTEIGNANT LES GROSSES FORTUNES (progression rapide de la MAJORATION DU TAUX DE L'IMPOT GENERAL SUR LES REVENUS supérieurs à 75.000 francs, — réorganisation de l'IMPOT SUCCESSORAL, — taxation des PROFITS DES MONOPOLES DE FAIT, en évitant toute répercussion sur les prix de consommation.)

5° SUPPRESSION DE LA FRAUDE SUR LES VALEURS MOBILIÈRES, par la mise en vigueur de la carte d'identité fiscale votée par les Chambres, en l'accompagnant d'une amnistie fiscale.

6° CONTROLE DES SORTIES DE CAPITAUX ET REPRESSION DE LEUR ÉVASION par les mesures les plus sévères, allant jusqu'à la confiscation des biens dissimulés à l'étranger ou de leurs contre-valeurs en France.

VOILA CE POUR QUOI LE PEUPLE DE FRANCE A VOTÉ EN MAI, ET CE QU'IL VEUT !

Le Parti communiste français demande

— DANS UNE PROPOSITION DE LOI QU'IL A DÉPOSÉE —

un prélèvement progressif sur les grosses fortunes

de 6 % sur les fortunes de 1 million à 2 millions
7 % — — 2 — 5 —
9 % — — 5 — 10 —
12 % — — 10 — 20 —
15 % — — 20 — 30 —
20 % — — 30 — 50 —
25 % — — 50 — et au-dessus

il propose une taxe exceptionnelle

1 % sur la tranche de capital rapportant un revenu de 100.001 fr. à 200.000
2 % — — 200.001 — 500.000
3 % — — 500.001 — 1.000.000
4 % sur la tranche de capital rapportant un revenu au delà de 1 million

L'avance gouvernementale se poursuit sur le front de Talavera

LA BATAILLE CONTINUE DANS LA RÉGION DE BILBAO

DE MADRID, ANDRÉ MARTY DÉNONCE LES MENSONGES DES REBELLES

LA BATAILLE DE LA MARNE DE LA DÉMOCRATIE

Demain, le Parlement aura à se prononcer sur le projet de dévaluation du franc

LA COMMISSION DES FINANCES SE RÉUNIT CET APRÈS-MIDI

HIER SOIR, LÉON BLUM A COMMENTÉ LES MESURES PROPOSÉES

FRACTION COMMUNISTE AU PARLEMENT

GRANDIOSE DÉMONSTRATION pour barrer la route à la guerre

VISITE ZOOLOGIQUE

に対する分類所得税の全面的かつ速やかな廃止を求めている（「私たちはこの不公平きわまる税の全面的廃止を求める」）が、「所得の大きい人々」[1]に対する増税の具体的な計画については何の言及もない。

　次いで人民戦線の時代になるが、このとき共産党は閣外協力の形で政権運営にかかわろうと決める。その姿勢は、税制に関する共産主義者の提案を強調する大規模な公式キャンペーンを通じて現われた。共産党はすでに１９３５年に、意味ありげなタイトルの30ページほどのパンフレットを刊行しており（『富裕者こそ支払うべきだ！　なぜ？　どうやって？――共産党が提案する経済・財政計画』）、そこで裕福な納税者に対する租税圧力を強める方法をきわめて詳しく述べていた。共産党は一方で「富裕層に対する累進課税」の導入を提案し、他方で、「この課税が整備・実践されるまで」、超高所得者への所得税額を直ちに大幅に引き上げられるよう「特別税」を設けることを提案した。これらは抽象的な提案ではなかった。共産党は「富裕層に対する累進課税」の税率と、その税率を適用すべき資産および所得の区分を具体的に示しただけでなく、所得申告データの最新の統計に基づいて、計画を実施した場合に国が得るであろう税収の推定額まで挙げている。１９３５年刊のこのパンフレットは１９３６年の選挙戦で何度も増刷され[2]、左派が選挙に勝つと、共産党はレオン・ブルムと財務大臣ヴァンサン・オリオールに対し、たくさんのビラや新

（1）とくに以下の資料を参照。『反動派から宣戦布告されている共産党は何を望むか』（フランス共産党、ユマニテ出版、１９２４年、全16ページ）、p・10、『共産党の計画（１９２８年の国政選挙）』（フランス共産党、１９２８年、全22ページ）、p・11。１９２６年と１９３２年の公約の所得税に関する言及はいっそう控えめである（『財政危機、左翼カルテルの挫折――共産党の計画』〔フランス共産党、１９２６年、全31ページ〕および『１９３２年の国政選挙のための共産党の計画』〔フランス共産党、１９３２年、全31ページ〕を参照）。

（2）「共産党が提案する経済・財政計画」第二版をのちに参照する（『富裕者こそ支払うべきだ！　なぜ？　どうやって？――共産党が提案する経済・財政計画（増補改訂を施した第二版）』、フランス共産党、１９３６年、全44ページ）。１９３５年に同じ題で刊行された初版は（44ページではなく32ページと）少し薄いが、「大資産に対する累進課税」と「特別税」による同じ提案と税率表を収めている（すべての税率、資産と所得のすべての閾値はともに同一である）。

聞雑誌の記事を使って、自分たちの提案が採用されるよう、(成果はなかったが) 圧力をかけた。たとえば、選挙前に提案された「富裕層に対する累進課税」と「特別税」の税率表は1936年9月27日付の『ユマニテ』紙の第一面に大きく掲載された(コピー5－1を参照)。[1] ジャック・デュクロは共産主義グループの名においてこれら二つの課税の実施を求める法案を提出し、[2] 1936年12月22日付の『ユマニテ』紙は、共産主義者による課税の提案を主張するために議会でジャック・デュクロが述べたばかりの言説を別刷りの形で読者に提供した。[3] この積極的な要求活動が続いたのは、人民戦線の余命が残りわずかになっていた1937年初めであり、[4]「富裕者に課税しよう」をテーマとする新しいパンフレットは、レオン・ブルム政権失脚後の1938年に共産党によって刊行された。[5]

1935年から1938年にかけて共産党が刊行したこれらの資料は、20世紀のフランスで「富裕者に課税する」という考えが具体的に表明された唯一の資料であるだけに、私たちの研究にとってきわめて貴重である。社会党はこれほど具体的な提案を公表していない(所得税をめぐる社会党の歴史の中で唯一の、数値をともなう約束は「人民連合綱領」に見られるが、それは7万5000フランという閾値だけである)。そしてのちに見るように、共産党も1935—1938年のこうした活動を本当の意味で刷新してはいない。1935—1938年の共産主義者の提案を検討すると、いくつもの教訓を引き出すことができる。まず注目されるのは、共産党には「中流階級」(分位P90—95) および「上位中流階級」(分位P95—99) に対して課税を強める意図がまったくなかったことである。彼らが提案した「特別税」は当時の10万フラン以上の課税所得を有する層 (コピー5－1を参照)、つまり、「人民連合綱領」の中で挙げられ、実際に1936年12月31日法によって定められた総合所得税の新しい税率表に取り入れられた7万5000フランという閾値をいくらか上まわる閾値の層だけを対象としていた。[6] つまり人民戦線が実際に用いた閾値では全世帯の0・5パーセント近くが対象となっていたのに対し、共産党の計画で対象となるのは全世帯の0・2—0・3パーセントにすぎない。[7] つまり分位P90—95およびP95—99の管理職にとっては、ジャック・デュクロや

(1) 1936年9月27日付の『ユマニテ』紙第1面に載った「特別税」の税率表 (コピー5－1) は、選挙前に提案されていた税率表

と正確に同じである（前出『富裕者こそ支払うべきだ！　なぜ？　どうやって？』、p・13を参照）。それに対して「大資産に対する累進課税」の税率表にはわずかな修正が施された。1936年9月27日付の『ユマニテ』紙第1面では基礎控除が100万フラン、最高税率（コピー5－1）が25パーセントとあるが、選挙前に提案された税率表では基礎控除が50万フラン（税率は50万—100万フランの資産に対して3パーセントで、それ以上になると『ユマニテ』紙の税率に追いつく）、最高税率が20パーセントだった（2000万—3000万フランではなく2000万—5000万フランの資産に15パーセントの税率、3000万—5000万フランではなく5000万フラン以上の資産に20パーセントの税率が適用されることになっていた〔前出『富裕者こそ支払うべきだ！　なぜ？　どうやって？』、p・10を参照〕）。

（2）フランス共産党によって全文が小冊子として配布された、ジャック・デュクロによるこの法案（『富裕者に支払わせたまえ！』、フランス共産党、宣伝人民委員会、1936年、全29ページ）には、1936年9月27日付の『ユマニテ』紙第1面（コピー5－1）に載ったものと（数字は別として）まさに同じ税率表が盛り込まれていた。両者は「大資産に対する累進課税」（法案第3条）についても「特別税」（法案第8条）についても一致している。

（3）『税を民主化し、富裕者に支払わせる——労働に励むフランスが望み、共産党を代表してジャック・デュクロが求めたのはこのことだ』（フランス共産党、宣伝人民委員会（『ユマニテ』紙1936年12月22日別刷）、1936年、全16ページを参照）。

（4）『税の公平性——共産党の税制改革案、ヴァンサン・オリオールにあてたジャック・デュクロの手紙付』（フランス共産党、宣伝人民委員会、1937年、全30ページ）を参照。この小冊子の税制改革案は、選挙前に起草されて1936年秋に繰り返された案とわずかに異なる（「大資産に対する累進課税」という案の削除がとくに重要）。しかし、以前主張した「特別税」と同じく、10万フラン以上の所得を対象とする所得税「増税」を想定している点では共通する（コピー5－1を参照）。

（5）とくに『富裕者には支払う余裕がある——彼らに支払わせよう』（フランス共産党、宣伝人民委員会、『人民パンフレット』第2年第9号、1938年4—5月、1938年、全32ページ）を参照。共産党はそこで、1937年の初めと同じ提案を繰り返している。

（6）前出第2．2節を参照。「人民連合綱領」に現われた閾値より高い閾値が採用されたことに、共産党はとまどいを感じていたらしい。1937年、共産党は閾値を7万5000フランから10万フランへ引き上げたのは「フラン切り下げを考慮に入れるため」だったと説明したが（前出『税の公平性——共産党の税制改革案』、p・23—24を参照）、過去のことを持ち出すこの説明は明らかに不誠実である。1937年に提案された10万フランという閾値は1935年に提案された「特別税」においてすでに採用され、フラン切り下げ前に『ユマニテ』紙に掲載された「特別税」税率表に含まれていたのだ（コピー5－1を参照）。

（7）1930年代半ばには、課税所得階層の閾値P99・5は約6万5000フラン、閾値P99・9は約15万フランだった（付録B表B－4を参照）

モーリス・トレーズ〔共産党幹部〕よりもむしろ、レオン・ブルムやヴァンサン・オリオールのほうが脅威だったのである。そもそも当時の共産党は、中流階級を安心させ、共産党が彼らを「真の富裕層」と混同していないことを示すために労を惜しまなかった。そして「現行の税の負担に押しつぶされる中流階級」に言及し、そんな「中流階級」の「味方」になりたいといった言葉を繰り返し、仮に共産党が政権を握ったら、年収3万―5万フランの「中流」所得層、つまり現実には１９３６年の平均の5倍以上に相当する所得層[1]は幅広い減税の恩恵にあずかるだろう、と得意げに述べている。[2]

「特別税」の税率表が、所得税の増税でありながら、所得の観点からではなく資産の観点から表示されていることは驚きに値する。共産党は、「10万―20万フランの所得をもたらす資本区分」に税率1パーセント、「20万―50万フランの所得をもたらす資本区分」に税率2パーセント、「50万―１００万フランの所得をもたらす資本区分」に税率3パーセント、「１００万フラン以上の所得をもたらす資本区分」に税率4パーセントを適用することを提案していた（コピー5―1を参照）。実際には、これは巧妙な説明方法にすぎない。共産主義者が主張する「特別税」の計算は総合所得税のために申告される所得に基づいてなされ、労働所得と同じく混合所得や資本所得も課税対象となる。そして、10万―20万フランの所得には20パーセント、20万―50万フランの所得には40パーセント、50万―１００万フランの所得には60パーセント、１００万フラン以上の所得には80パーセントという、各所得区分に実際に適用される限界税率が、以下のような二つの推測をすることによって、各資本区分を対象に公式に通告された1パーセント、2パーセント、3パーセント、4パーセントという率から導き出される。一つは、所得が「資本の増加分である5パーセントに相当する」、つまり資本がおよそ5パーセントの平均年収をもたらすと推測した場合であり、もう一つは逆に、ある所得が20倍の額の資本に相当する（あるいは少なくとも、上記のように課税された所得が労働所得だった場合[3]、20倍の額の「計算上」の資本に相当する）と推測した場合である。「特別税」をこのように示す方法はもちろん公正ではない。共産党はこの提示方法によって公式の税率を人為的に低く見せようとしただけでなく、超高所得層が規模の大きい資本保有者であること、またそうした「資本家」を共産主義者が重要な標的としていることを伝えようとしたのだ。これは、「高給与の賃金労働者」(4)という観念そのものに対して当時の共産主義者が抱いていた不信の明確な表われである。この件は、象徴的な意味での税率表の大きな重要性を裏づけている。納税者それぞれに課せられる税率への具体的影響と並んで、税率表は格差のイメージの一定の形態を表わし、形成する。

「２００家族」に対して共産党が計画していた増税は、レオン・ブルム政権が割り当てた増税よりはるかに重いことにも気づくだろう。１９３６年12月31日法が採用した新しい税率表には年収１３３万フラン以上の所得層に対する40パーセントの最高税率が盛り込まれているが、共産党の「特別税」では年収１００万フラン以上の所得層に対する80パーセントの最高税率適用が予定されていた。「特別税」は従来の税率表に加えて課せられるので、仮に共産党の提

（1）１９３０年代半ばの1世帯あたりの平均所得は約８０００フランだった（付録G表G－2の列（6）を参照）。さらに、税制改革案で言及される所得が常に、種々の控除を行なったあとの課税所得であることを考慮する必要がある。実際には、共産党がいう約3万―5万フランの「平均」所得、つまり１９３０年代半ばにおける分位P95―99の約3万フラン、分位P99―99・5の約5万フランという平均課税所得（付録B表B－3を参照）に相当する所得は、分位P95―99の3万5０００フラン、分位P99―99・5の6万5０００フランという（種々の控除を行なう前の）平均課税申告所得になる（付録B表B－9を参照）。

（2）たとえば前出『税の公平性――共産党の税制改革案』、p・19―22を参照。

（3）こうした詳細は（たとえばコピー5－1の『ユマニテ』紙第1面におけるように）、共産党が「特別税」を簡潔に紹介するときにはしばしば省略される。しかし、選挙前に刊行された小冊子（前出『富裕者こそ支払うべきだ！　なぜ？　どうやって？』、p・13―14を参照）にはきわめて明確な記述がある。

（4）10万フラン以上の労働所得に（「計算上の」資本に基づいて）「特別税」を課すということは、共産党内部でも自明の事柄ではなかったといっていい。その証拠に共産党の「経済・財政計画」第二版の編集者たちは弁明の義務を感じたらしく、次のように述べている。「俸給が10万フランの上級公務員や会社社長にとって、資本は計算上のものにすぎないという反論がなされてきた。10万フラン稼いでいても資本があるわけではない、というのだ。たしかにそうだろう。しかし、富裕者への課税は俸給の高い人々にも適用しなければならない。多くの場合、俸給の高い人々は小規模の資本家よりずっと生活水準が高いからである」（前出『富裕者こそ支払うべきだ！　なぜ？　どうやって？』、p・14を参照）。

案が採用されたとすれば、最も所得の高い層に適用される限界税率は明らかに（分類所得税を計算に入れずとも）[1] 100パーセント以上に達する。だからこそ、共産党はパートナーである社会党の税制改革を消極的と見なしたのであり、「人民連合綱領」に対する誠実さに欠けるとして社会党と急進社会党を非難できたのである（コピー5－1を参照）。レオン・ブルム政権は実際には自らの約束をこのうえなく誠実に守った。というのも、「7万5000フラン以上の所得層に対する総合所得税率の速やかな段階的引き上げ」を、1936年1月に決議した公約どおりに実施したからである。しかし、公約に記された表現のはっきりしない性格（「7万5000フラン以上の所得層に対する総合所得税率の速やかな段階的引き上げ」）を考えると、誰もが自分の都合に合わせて解釈できたことは明白で、とりわけ共産党には、ブルム政権が採用した「段階的引き上げ」が十分には「速やか」でなく、「人民連合綱領」に共産党が盛り込んだ内容だけが本当に「民主主義的」な税制改革につながると考えるだけの理由があった。

とはいえ、提案の実現によって国家にもたらされる税収について、共産党は幻想を抱いていたわけではない。選挙前に共産党が行ない、1936年に『ユマニテ』紙第一面（コピー5－1を参照）に掲載された算定によれば、「特別税」によってもたらされる金額は約20億フランで、これは当時の所得税の税収として大幅な上昇であり、不安定な財政状況の中では軽視できない恩恵だったものの、1936年におけるフランス人の所得全体の1・5パーセントにも満たない数字だった。[2] 特別税の税収を「労働者から中流階級に至る」国民に再分配することで、共産党は1・5パーセントをやや上まわる生活水準の向上を見込んでいた。[3] この結果は驚くにあたらない。共産党の税収予測は当時の所得申告から作成された統計に基づいており、[4] 同じ資料に立脚する私たちの推計によると、1936年の「200家族」（分位P99・99—100）は（平均所得との差において）20世紀末の時点より3倍も裕福だったにもかかわらず、国民の所得全体の1・5パーセント強を所有するにすぎない。[5] したがって、おもにこの階層を対象とする増税が限られた税収にとどまるのは当然なのだ（限界税率を100パーセントにしたところで結果は変わらない）。

いずれは「特別税」よりもはるかに多額の税収をもたらすにちがいない「大資産に対する累進課税」に、共産党が大きな期待を寄せていたことはたしかである。共産党が公表した推計（コピー5－1を参照）によると、税収は1936年におけるフランス人の所得全体のおよそ10パーセントにあたる150億フランに上る。[6] どうやら共産党はこの見積もりをいくらか「水増し」したようだが、[7] 注意すべきことは、5000万フラン以上の資産に適用される最高税

(1)「特別税」の導入による分位P99・99―100の平均税率上昇は40ポイントと考えられる。これは人民戦線が実現した上昇率（前年納付の税の控除が廃止されていれば20ポイント以上、現実には7ポイント以上。前出第2.2節を参照）を大きく上まわる。

(2) 私たちの推計によれば、1936年のフランス国民全体の課税申告所得はおよそ1500億フランである（付録G表G－2の列(4)を参照）（2／150＝1.33％）。1936年12月31日法として人民戦線が実施した税制改革によって総合所得税の税収は約7億フラン増え、1935年に約13億フランだった税収は1936年には約20億フランになった。その結果（すべての世帯を含めた）平均税率は1935年の1・0パーセントから1936年の1・4パーセントに上昇した（付録A表A－2の列(5)および(7)、前出の図5－5を参照）。したがって共産党の「特別税」がもたらす税収増加は人民戦線が実現した額の3倍に近いと考えられる。

(3) 所得全体に占めるトップ百分位（P99―100）の割合は約15パーセント（第2章図2－14を参照）で、彼らを除く国民に所得全体の1・3パーセントを分配すれば、生活水準は平均で約1・6パーセント上がることになる（1.33％／85％＝1.56％）。

(4)「特別税」が約20億フランの税収につながるという予想の根拠となる具体的計算が選挙前に公表された。その計算は（共産党は「1933年の統計」と呼んでいるが）1932年の所得申告に基づくものである（前出『富裕者こそ支払うべきだ！　なぜ？　どうやって？――共産党が提案する経済・財政計画〔増補改訂を施した第二版〕』、p・13を参照）。

(5) 第2章図2－8、および付録B表B－14の列P99・99―100を参照。

(6) 15／150＝10％

(7)「特別税」（20億フラン）の税収推計のときとは違って、「大資産に対する累進課税」の税収をどのように推計したかについて共産党は詳しい説明をしていない。選挙前に150億フランという数字が公表され（前出『富裕者こそ支払うべきだ！　なぜ？　どうやって？』、p・10を参照）、それがそのまま説明なしに、選挙後の『ユマニテ』紙第1面に掲載された（コピー5－1を参照）。とはいえ、ヴァンサン・オリオール率いる財務省が自分たちの「大資産に対する累進課税」の潜在的税収を70億フランと見積もったあと、共産党が満足を公然と示したことはたしかである（『税を民主化し、富裕者に払わせる――労働に励むフランスが望み、共産党を代表してジャック・デュクロが求めたのはこのことだ』（フランス共産党、宣伝人民委員会、『ユマニテ』紙1936年12月22日別刷、1936年、全16ページ）、p・15―16）。どうやら、150億フランという推計を誰一人、真に受けてはいなかったらしい（おそらく共産党は、申告所得に基づき、脱税を「楽観的に」考慮に入れてこの数字を修正率に適用し、課税対象となる資産の件数と額を推計したのだろう）。

率が25パーセント（コピー5－1を参照）のこの「大資産に対する累進課税」が、生活水準向上の永続的な方法には少しもなりえないことである。理論的に、ある資産に対する税率25パーセントの課税は数年間しか適用できない。その後、この資産区分には課税すべきものがなくなってしまうからだ。この点について共産党のパンフレットは明言を避けているが、要するに「大資産に対する累進課税」の行きつく先は生産手段の共有、あるいは少なくとも、大規模な資本保有者の完全な収用である。そのあとの問題は資本家の所得を国民に再分配することというより、資本家が退場した経済を公正かつ効率的に運営することになっていく。

この「大資産に対する累進課税」は、税の再分配に対する左派政党の態度、とりわけ共産党の態度の変わらぬ特徴である二面性をよく表わしている。資本主義社会の格差を正すには資本の私的所有を廃止するしかないと考えた時点で、所得税に対して、そして所得税による格差の緩和に対して、資本課税と比べて限られた熱意しか覚えなくなるのは当然である。つまり、税率を十分に引き上げさえすれば、資本に課税することで（少なくとも理論上は）社会革命が短期のうちに、穏やかに成就するよう事を運ぶことができる。そこまで行かずとも、つまり資本課税を、一時的に徴収する高い税率の税の形にせよ、継続的に毎年徴収するほどほどの税率の税の形にせよ、もっぱら所得再分配の手段として考えるなら、資本課税には、所得階層の確定に言及する必要を避けつつ、再分配の努力の標的とされるのが資産の保有者であって管理職クラスの賃金労働者ではないという事実をはっきり表明できるという利点もあるわけだ。こうして見てくると、多くの場合、所得税に関してひどく慎重な社会党および共産党の綱領が、長い間、資本課税の新設をおもな要求の一つにしてきた理由がわかってくる。

たとえば1920年代には、社会主義者は資本に対する税の新設を目指して熱心に活動し、レオン・ブルムとヴァンサン・オリオールはきわめて明快に、この税が、国の借金のインフレによる段階的な価値下落よりも経済的に有効であり、政治的に透明な形で、戦争の負債を「きっぱりと」清算するための、一回限り適用される特別税であると説明した。国庫証券がただの紙切れになる可能性があるとしても、国庫証券を保有する不労所得生活者に対して最終的な幅広い課税を行なうほうがよい、というのだ。[1] だが社会党は、パートナーである急進社会党に自らの意図の純粋さを納得させることができなかった（急進社会党の右派が、社会革命の呼び水になりかねないと考えたのだ）。この資本課税は日の目を見ず、左翼カルテル決裂のおもな要因となり、結局、インフレによる負債価額の下落によって、1926年に決定的な通貨安定を実現したのはポワンカレ政権だった。[2] 第2章で言及したが、臨時政府が1945年8月に制定した「国民連帯税」は、1920年代の社会主義者の計画と同じ考えに基づいていた。それは最高税率が1935―1936年の共産党案と同じくらい高い（共産党案の25パーセントに対して20パーセント）ものの、一度しか適用しないことを約束した資本課税である。[3] 1945年以降、資本課税の計画は、社会党と共産党の綱領から消えるのだが、以下のような本質的相違、つまり1970年代に提案され、1981年に導入された「富裕税」の、そし

（1）とくに『社会党の財政政策』（1925年6月26日の下院におけるレオン・ブルムの発言、新社会党評論、1925年、全40ページ）、p・14―18を参照。レオン・ブルムは次のように述べている。「私は昨晩ケインズの本を読みましたが、そこで彼は、段階的な通貨切り下げか資本課税か、という二つの解決策しかないと言っています」「フランソワ＝マルサル氏やド・ラステリ氏が正貨準備金なしに銀行券を発行したり、期日に償還できるかどうかが不確かな国債を発行したりするたびに、彼らは資本課税を行なったことになるのです」。ヴァンサン・オリオールの考えも明瞭である。「（資本への）課税の対象は、形成されつつある生産的な富ではなく、すでに築かれた富であるべきだ。そのような富に対しては大胆に資本課税を加えなければならない。インフレを抑えるために、これまで適用される機会のなかった、既存の資産に対する特別税を導入すれば、新税の話をむし返さずにすむだろう」（ボンヌフー〔1956―1967年、第4巻、p・237以降〕による引用）。社会党案の詳細は常に具体的に示されてきたわけではないが、この特別資本課税について言及された税率は10パーセントである（たとえば『1928年5月の国政選挙のために（V）――社会党と財政政策』（J・モッシュ、人民文庫、1928年、全104ページ）、p・75―77を参照。）1925年4月10日に第一次エリオ政権が上院によって倒されたのも、相続資産に対する10パーセントの課税に似た強制的公債の計画が原因だった。

（2）第4章第3．3節を参照。1926年8月にポワンカレが実施した「一括税制改正」には、分類所得税と間接税の引き上げに加え、（最初の名義変更時に7パーセントの課税を行なう）資本への比較的重い税が含まれていた。これは左派政権であったらおそらく課すことのできなかった税である（ソーヴィ〔1965―1975年、第1巻、p・85、および1984年、第1巻、p・61〕を参照）。

（3）第2章第2．3節を参照。

てシラク政権が富裕税を廃止したあと1988年に導入した「富裕連帯税」の一環として適用された資本課税が恒久的な税として構想され、（およそ1・5―2パーセントという）その最高税率が比較的低いという相違を除けば、「社共共同綱領」の時代に再登場した。最高税率の低さについて例を挙げれば、ある資本が5パーセントの年利を所有者にもたらす場合、資本に毎年課せられる1・5パーセントの税は、その資本の所得を対象に30パーセントの追加課税をするのと同じことになる。(1) 共産党が1935年から1936年にかけて提案した「大資産に対する累進課税」と1980―1990年代の社会党政権が導入した財産税との違いでもう一つ重要なのは、社会党政権が特定した「大」資産が、1935―1936年に共産党が最も厳しく課税しようとした資産ほどには（実質フランで、また彼らの時代の社会との関係で）「大きく」ないことである。(2) 「超高所得」と同じように「超大資産」は20世紀末の税の世界から姿を消したように見える。この点については、高額相続の水準および相続税の課税区分の変化を調べるときにもう一度考えることにしたい。(3)

いまは、共産党の綱領の変化と、「高」所得の問題を彼らがどう扱ってきたかに話を戻そう。第一の重要な教訓は、1935―1938年の「富裕者に課税しよう」というキャンペーンを共産党がその後行なわなかったことである。1938年以降、共産党は「富裕者に課税する」理由と方法について、またそれによってもたらされる税収額などについて詳しく説明したパンフレットをまったく出していない。第二次世界大戦期から1970年代初めまでに宣伝された選挙公約はいたって控えめである。高所得層に対する租税圧力の強化への、数字を挙げた言及は一つとして見当

（１）１９７2年の社会党の綱領が資産税の導入に言及しているとしても（『生活を変える——社会党政府綱領および左派共同綱領』〔社会党、フラマリオン、１９７2年、全３４９ページ〕、ｐ・１３６を参照）、１９７2年の『共同綱領』初版はこの点に触れていない（相続税の強化についてだけ短い言及がある。同書、ｐ・３０４—３０５を参照）。１９７８年になると社会党は次のように告げる。「大資産に対する税は、２００万フラン以上の資産に０・５—２パーセントの税率を課す。１０００万フラン以上の資産にはさらに高い税率が課せられ、５０００万フランを超える資産への税率は8パーセントに達する」（『左派連立政権共同綱領——実現に向けた社会党からの提案』〔社会党、フラマリオン、１９７８年、全１２８ページ〕、ｐ・84を参照）。現実には適用されたことのない、また『改訂・共同綱領』の共産党版においてはいっそう明瞭な（「資産税の税率は１・５パーセントに始まって8パーセントに至るまで累進的に上がり、８パーセントの税率は１５００万フラン以上の資産区分に適用される」。『改訂・連立政権共同綱領』〔フランス共産党、ソシアル出版、１９７８年、全１９２ページ〕、ｐ・１０３を参照）、この8パーセントという最高税率への言及は、資本課税の二つの構想の間に一種のあいまいさが存在してきたことを示している（つまり、所得税を補うためのほどほどの税率の固定税という構想と、富裕層の納税者から完全かつ迅速に徴収を行なうための高い税率の特別税という構想である）。１９８０年発表の『社会党案』および大統領候補ミッテランの『１１０項目の提案』は、共産党案よりも穏やかな語調を選んでいる（「大資産への課税は、とくに累進税率を通じて、相続資産の不平等な分布の是正を実現するであろう」。『１９８０年代フランスのための社会党案』〔社会党出版クラブ、１９８０年、全３８０ページ〕、ｐ・２１７を参照。「富裕税を、累進税率に基づいて制定する」。『クレテイユ特別大会〔１９８１年1月24日〕で決議されたマニフェストおよび１１０項目の提案』〔社会党、１９８１年、全8ページ〕提案第34を参照）。

（２）「大資産に対する累進課税」の最も高い税率区分は、５０００万フラン以上の資産（コピー５-１を参照）、つまり１９９８年フラン換算で2億フラン近い資産を対象としていた（１９３６年フランを約３・６倍すると１９９８年フランが得られる。付録Ｆ表Ｆ-１の列(7)を参照）。他方、１９８１年12月30日法が制定した「富裕税」の最も高い税率区分は１０００万フラン以上の資産、つまり１９９８年フラン換算で２０００万フラン弱に相当する資産を対象としていた（１９８１年フランを約１・９倍すると１９９８年フランが得られる。付録Ｆ表Ｆ-１の列(7)を参照）。ただし課税閾値は１９３０年代のほうが低く（「大資産に対する累進課税」の場合１００万フラン。コピー５-１を参照）、１９９８年フラン換算で３６０万フランである。１９８１年の富裕税の課税閾値は３００万フランで、１９９８年フランに換算すると５８０万フランである。このことから、超大資産（あるいは超高額所得）を明示する行為が、財政上の必要から生じた制約ではなく自由な選択だということがわかる。課税閾値をもっと低くすることも、税率の引き上げ幅をもっと大きくすることも可能なのだ。

（３）第6章第３・３節を参照。

たらない。[1] 共産党による所得税改革案としてこの期間に見いだせる提案は家族係数制度の改革に関するものだけで、綱領に盛り込まれてさえいない。また、この提案には最高税率の明確な引き上げが含まれていない。つまり超高所得層は、この改革が実行に移されたとしても、従来とほぼ同じ税率を適用される。[2] 次いで「社共共同綱領」の時代が訪れる。すでに述べたように、１９７２年に決議された最初の綱領はやや漠然とした表現で所得の「高い」層に対する租税圧力の強化をうたうにとどまっている（「勤労者への税を軽減する」、「所得の高い層への税の累進性を強める」）[3]。しかし「共同綱領」を改訂するときに、共産党は社会党よりも具体的に改革を始められることを示した。「共同綱領改訂のための社会党案」が１９７２年の表現をほとんど原文どおり繰り返しているのに対し（「高所得層への税の累進性を強める」[4]）、同じ１９７８年に刊行された共産党の『改訂・政府共同綱領』は、どの所得水準から、どれほどの累進課税率で引き上げをするつもりなのかを具体的に示している。そこには次のような一節がある。「家族係数が２で、課税対象となる年収が42万フラン以上の税率区分を新たに設け、最高税率を85パーセントとする」[5]。共産党の機関紙には早くも１９７７年に、自らが提案する所得税税率表の完全版が掲載されたが、そこにはこんな記述がある。「野党が、あいまいさと中途半端を払拭して、これほど明確に自らの政策を示すのは初めてである。政権を目指すことを共産党がためらっていると本気で主張できる者はもはやいない」[6]。だが実際には、１９７７—１９７８年の共産党提案は、１９３５—１９３８年の共産党提案ほどには有権者に知らされなかった。２００ページ近い『改訂・政府共同綱領』の中で課税上の提案が占めるのはわずか2行だが、１９３０年代の『富裕者こそ支払うべきだ！』と題す

（1）以下の資料を参照。『フランス共産党による政府行動綱領』（共産党、１９４６年、全24ページ）、『危機からいかに脱するか？ フランス共産党による、国の独立、社会の進歩、民主主義、平和に関する綱領』（共産党、１９５１年、全29ページ）、『共産主義者は何を提案するか?』（共産党、１９５８年、全16ページ）、『今日から明日へ——フランス共産党綱領』（共産党、１９６６年、全16ページ）、『フランス共産党綱領』（共産党、１９６８年、全8ページおよび全14ページ）、『路線を変更する——人民連合民主政府のための綱領』（共産党、ソシアル出版、１９７１年、全２５１ページ）。１９４６—１９７１年のこれらの綱領は、「高」所得層への課税

い１９７１年の綱領には「税制民主化のために財源を捻出する」（ｐ・１９４―１９９）をテーマに掲げた重要な箇所があるものの、にも「大」資産への課税にも数字をともなう言及をしていないだけに、１９３５―１９３８年との対照が際立って見える。比較的詳し数字を挙げることは時期尚早と判断している。

（２）１９４７年３月に共産党が提出した案は前にも引用したが、そこでは、扶養する子供に対する家族係数の削減が定められるとともに（第４章第４．１．１節および『官報――下院――議会資料』付録８０４号〔１９４７年３月４日の審議〕を参照）、60パーセント（独身者は70パーセント）の最高税率についてはそのまま踏襲されている。１９６４年５月に共産党が提出した案（『官報――下院――議会資料』付録９２６号〔１９６４年５月13日の審議〕の全文はドロルム〔１９６５年、ｐ・３６６―３７５〕にも収録されているが、この案は（第４章第４．２節で触れた一括控除の問題を除けば）１９４７年の案によく似ている。どちらの案の狙いも、家族係数効果を大幅に削減すること（家族係数は基礎控除だけに適用される予定だった）、そして最高税率をほぼそのまま残すことだった（実際の税率表の最高税率は、７万フラン以上の課税所得に65パーセントを課すものだったが、共産党案では６万フラン以上の課税所得に67パーセントを課すとしていた。第４章表４－５を参照）。これらの改革案が当時の綱領に記されなかったことは、共産党にとってこうした案の重要性が必ずしも高くなかったことを物語る（具体的説明はないが、「最下層の人々に家族係数の利点を確保する」という考えだけは定期的に綱領に表明され、１９７２年の共産党綱領と「共同綱領」にも盛り込まれた。『生活を変える――社会党政府綱領および左派共同綱領』〔社会党、フラマリオン、１９７２年、全３４９ページ〕、ｐ・１３５およびｐ・３０４―３０５を参照）。長い間、税制に関する共産党のバイブルとなった、ジャック・デュクロによる序文のある１９６５年刊の『国家資本主義時代の税』を著わしたアンリ・ドロルムは、共産党による他の所得税改革案をまったく引用していないので、重要な案はすべてわれわれの視野に入っていると考えられる（ドロルムが引用しているのは１９４７年と１９６４年の案、そして１９３５―１９３８年にデュクロが展開した「富裕者に課税しよう」というキャンペーンだけである。ドロルム〔１９６５年、ｐ・１９７以降〕を参照）。

（３）前出『生活を変える――社会党政府綱領および左派共同綱領』ｐ・３０４―３０５を参照。

（４）『左派連立政権共同綱領――実現に向けた社会党からの提案』（社会党、フラマリオン、１９７８年、全１２８ページ）、ｐ・84を参照。

（５）『改訂・政府共同綱領』（共産党、ソシアル出版、１９７８年、全１９２ページ）、ｐ・１０２を参照。

（６）「１９７８年における変革の予算とはいかなるものか」、『フランス・ヌーヴェル』誌１６６６号（１９７７年10月17日）、ｐ・39―47、および『ユマニテ』紙１９７７年10月14日、１９７８年２月５日、１９７８年２月20日を参照。共産党はその後数年にわたって、所得税税率表の同じ改革案に基づくパンフレットを出しつづけた（たとえば『税制――議会で言葉を濁すジスカールとバール』、共産党、１９７９年11月、全２ページ、を参照）。

るパンフレットは、全体の調子がいっそう力強いだけでなく、それ自体が「共産党による経済・財政計画」をなしている。1986年から1987年にかけて、明らかに国民戦線の議員が提出した法案に刺激された共産党議員たちは、5年以内に所得税を廃止することを意図して、（1977—1978年の「わずか」85パーセントに対して）最高限界税率が100パーセントに達する新しい税率表を提案するに至り、そのために「最高所得」[1]の税率区分を設けた。しかし1986—1987年のこの率先的行動は1977—1978年の行動よりさらに認知度が低かった。当時のメディアはこれについてほとんど言及せず、1980—1990年の共産党の綱領は社会党の綱領と同じく、高所得層に対する租税圧力強化の具体的な計画にひと言も触れていない[2]。

共産党が1977—1978年および1986—1987年に作成した税率表は私たちに何を教えてくれるだろうか。まず確認されることは、一目瞭然だが重要である。1936年の共産党がレオン・ブルム政権よりいっそう大幅な形で超高所得層への課税強化を提案したのと同じように、1977—1978年および1986—1987年の共産党は、モロワ政権が税率65パーセントの区分の新設に甘んじていたのに対し、税率85パーセントと100パーセントの区分の新設を提案した。言い換えれば、あえて具体的な提案をするときには、共産党は社会党よりも常に大胆に「富裕者に課税する」意志をはっきりと示してきたのだ。

1977—1978年および1986—1987年の税率表はまた、社会党が念頭に置いた社会集団よりも少し狭い社会集団を、20世紀を通じて、共産党が重点的な課税対象と考えてきたことをうかがわせる。1970—1980年と同様1930年代には、政権獲得後の社会党によって適用された「運命を決する閾値」と同じように、共産党が税の引き上げの分水嶺としていた閾値は常に、当時の所得階層のP99・5とP99・9との間にあった。しかし社会党が、1936年も1981年もP99・5をほとんど超えない閾値、つまり0・5パーセント近い世帯を対象としていたのに対し、共産党が採用した閾値は、1935—1938年も、また1977—1978年および1986—1987年も、P99・5よりいくらか上で、対象となる世帯の割合は0・5パーセントよりも0・2—0・3パーセントに近かった。[3] 戦間期と同じく20世紀末においても、「中流階級」（分位Ｐ90—95）および「上位中流階級」（分位Ｐ95—99）を構成する管理職クラスの賃金労働者にとって、共産党は社会党ほど脅威ではなかったのだ。それを裏づけたのが、１９９７—１９９８年の家族手当の上限設定で、このとき共産党は、社会党が上限設定の対象とし

（１）修正案による国民戦線と共産党との戦いについては『官報——議事録——国民議会』１９８６年10月15日および１９８７年10月14日の審議を参照（これらの審議はマルティネ〔１９８９年、ｐ・３３５—３４４〕にも収録されている）。

（２）前述したように（第４章第４．３節を参照）、１９８０年代半ばから所得税は「下げるべき税」となり、どの選挙公約も増税の可能性に言及しなくなる（たとえば１９９７年の社会党の公約は「中産階級に対する税は重すぎる」と指摘しているにすぎない。『将来を変えよう——フランスのための約束』（社会党、１９９７年、全16ページ）、ｐ・７を参照。

（３）社会党による閾値、そして１９３５—１９３８年の共産党による閾値についてはすでに言及した。１９７７—１９７８年に共産党が提案した税率表は、現行税率表の低い区分の水準を引き上げ、さらに（課税所得が22万フラン以上の、家族係数２の世帯に適用される）65パーセントの区分、（26万フラン以上の世帯に適用される）70パーセントの区分、（30万フラン以上の世帯に適用される）75パーセントの区分、（36万フラン以上の世帯に適用される）80パーセントの区分、（42万フラン以上の世帯に適用される）85パーセントの区分を補うものだった。租税圧力が強くなるのは課税所得22万フラン以上の家族係数２の世帯からで、これは家族係数２・５（１９４５年から平均的な家族状況となった係数。付録Ｂ第３・２節参照）の場合、27万５０００フランの課税所得に相当する。つまり１９７７年の課税所得階層の閾値Ｐ９９・５（20万５７６フラン）と閾値Ｐ９９・９（39万４４３４フラン）の中間の所得である（付録Ｂ表Ｂ－４を参照）。１９８６—１９８７年に共産党が提案した税率表のしくみも同様で、低い区分は引き下げられ、社会党が設けた65パーセントの区分は残された。さらに（課税所得が45万フラン以上の、家族係数２の世帯に適用される）70パーセントの区分、（47万５０００フラン以上の世帯に適用される）80パーセントの区分、（50万フラン以上の世帯に適用される）90パーセントの区分、そして（51万８４００フラン以上の世帯に適用される）１００パーセントの区分が追加された。租税圧力が強くなるのは課税所得45万フラン以上の家族係数２の世帯からで、これは家族係数２・５の場合、56万２５００フランの課税所得に相当する。つまり１９８６年の課税所得階層の閾値Ｐ９９・５（45万５２２９フラン）と閾値Ｐ９９・９（89万６８８フラン）の中間の所得である（付録Ｂ表Ｂ－４を参照）（１９８１年に導入された家族係数効果の上限設定を考慮に入れると〔付録Ｃ表Ｃ－５を参照〕、この税率表が採用された場合に増税を被るのは全世帯の０・５パーセント〔これを少し上まわるかもしれない〕程度と思われる）。

た「中流階級」を支持する側に立った[1]。もちろん、共産党が政権を担当していれば、その態度がいくらか見直された可能性はある。とはいえ、管理職の生活水準（少なくとも管理職の大多数の生活水準）を共産党があからさまには見直そうとしなかった事実は、記憶にとどめるに値する。賃金労働者階級は常にフランス社会の中で幅広い共通認識の対象となっており、おそらくそうした、賃金労働者の利益は尊重されるべきだという共通認識が、１００年にわたる彼らの安定した境遇を支えているのだと思われる[2]。

１９７７—１９７８年および１９８６—１９８７年に共産党が作成した税率表から得られる最後の教訓は、社会党と同じく共産党が、桁外れの所得層である「２００家族」（分位P９９・９９—１００）を明確に指し示すのを決定的にやめたことである。人民戦線の時代、共産党が提案した「特別税」の80パーセントという最高税率の適用対象となる閾値は、１９３６年12月31日法による税率表の最高税率の対象となる閾値と同じくらいであり、つまり（あらゆる控除を行なう前の[3]）課税申告所得が１９９８年フランで約７００万フランだった。逆に、１９７０—１９８０年には、共産党が特定した「超高所得層」は、すでに当時の税率表に現われていた高所得層の水準をほとんど上まわっていない。１９７７—１９７８年における85パーセントの最高限界税率の適用閾値は、１９９８年フラン換算の課税申告所得で表わすと、（正式な夫婦の場合[4]）およそ１４０万フランだった。１９８６—１９８７年における１００パーセントの最高限界税率の対象閾値は、１９９８年フラン換算の課税申告所得で表わすと、（正式な夫婦の場合[5]）およそ90万フランだった。年収数百万フランの所得層のあからさまな表示を断念するこの態度は、おそらく、第二次世界大戦後の共産党が組織した「富裕者に課税しよう」というキャンペーン（あるいはキャンペーンに至らなかった試み）に熱意が欠けていたこととあわせて考えるべきだろう。１９３０年代の世界恐慌、第二次世界大戦、さらには国有化に飲み込まれた超高所得の資産家を衆目にさらさないことに決めた以上、また同時に、管理職の大多数を「中流階級」として保護すべきだと主張しつづける以上、裁量の幅はきわめて狭くなる。この共産党の経験は、「20世紀前半」の打撃によって、再分配の理念が孤立無援というべき状態になったことを証明している。

（１）概論第１．１節を参照。

（２）第３章第５節を参照。ただし共産党は１９７８年刊の『改訂・共同綱領』において、賃金格差を縮小することを約束した。「会期末には、業種によって違いはあるが、賃金の最大格差はおよそ１対５の割合になっているであろう」（『改訂・政府共同綱領』〔共産党、ソシアル出版、１９７８年、全１９２ページ〕、ｐ・19を参照。この約束は１９７２年の「共同綱領」にはなかったもので、１９７８年の「実現に向けた提案」でこの点について何も語っていない社会党は、漠然とではあるが１９８０年の「案」に至って、賃金の１対５の比率という考えを口にしはじめた〔『１９８０年代フランスのための社会党案』（社会党出版クラブ、１９８０年、全３８０ページ）、ｐ・２１８を参照〕）。だが実際にはこれはきわめて控えめな約束だった。この「１対５の比率」は、20世紀全体のフランスで最も賃金の高い10パーセントの人々の平均給与と最も賃金の低い10パーセントの人々の平均給与の比率におおむね一致するうえに（第３章第３．１節を参照）、共産党の語調は（「会期末には」、「業種によって違いはあるが」など）あまりに慎重すぎて、賃金の高い人々に対するこの約束の効力を疑わせるものだった（実際に負担を被ったのはおそらく給与階層トップ百分位の上層だけであろう）。

（３）１９３５―１９３６年に提案された「特別税」の最も高い税率区分の閾値（コピー５－１を参照）は、人民戦線が採用した税率表の最も高い税率区分の閾値より少し低かったが（課税所得１３３万フランに対して１００万フラン）、１９３７―１９３８年に提案された「付加税」の最も高い税率区分の閾値ははるかに高かった（２００万フラン）（『税の公平性――共産党の税制改革案、ヴァンサン・オリオールにあてたジャック・デュクロの手紙付』〔フランス共産党、宣伝人民委員会、１９３７年、全30ページ〕、ｐ・24、および『富裕者には支払う余裕がある――彼らに支払わせよう』〔フランス共産党、宣伝人民委員会、人民パンフレット第２年第９号、１９３８年〕、ｐ・21―32を参照）。

（４）42万フランという課税所得の閾値を課税申告所得で考えるには、約１・２８倍する必要がある（付録Ｂ表Ｂ－７を参照）。また、１９７７―１９７８年フランを約２・７倍すると１９９８年フランが得られる（付録Ｆ表Ｆ－１の列(７)を参照）。したがって１・２８×２・７×42万＝１４５万フランとなる。

（５）51万８４００フランという課税所得の閾値を課税申告所得で考えるには、約１・２８倍する必要がある（付録Ｂ表Ｂ－７を参照）。また、１９８６―１９８７年フランを約１・３倍すると１９９８年フランが得られる（付録Ｆ表Ｆ－１の列(７)を参照）。したがって１・２８×１・３×51万８４００＝86万３０００フランとなる。

3 所得税が格差に及ぼした影響

3.1 可処分所得の格差に対する直接の影響

ここでは、所得税が格差に及ぼした経済的影響の問題を考えよう。最も明らかで直接的な影響は、生活水準に見られる格差が所得税によって縮小したことである。当然のことながら、累進課税には、(「可処分所得」とも呼ばれる) 税引き後の所得の格差を税引き前の所得の格差よりも小さくする働きがある。本書第1部で20世紀フランスにおける所得格差の変遷を検討したとき、私たちは税引き前の所得だけに関心を向け、税引き後の結果を考慮に入れていなかった。20世紀における推移をたどった高所得層の各分位の所得水準は、国民の所得全体に占める各分位の割合と同様に、所得税を考慮する前の段階で推計したものだった。言い換えれば、第1部で確認した、所得全体に占める高所得層の所得の割合の100年にわたる低下は、可処分所得に注目すればいっそう大きくなる。所得税によってこのように実現した生活水準の格差のさらなる縮小は、どれほどの幅なのだろうか。

まず、所得階層のトップ十分位(P90—100)について全体的に見てみよう。私たちの推計によると、所得税を考慮する前の段階で、所得総額に占めるトップ十分位の所得の割合は、20世紀初頭の約45パーセント(これをやや上まわるかもしれない)から1990年代の約32—33パーセントへと減少した(第2章図2-6を参照)。20世紀初頭には所得税はまだ存在せず、「四つの国税」によって納税者の所得からほとんど取るに足りない率の税が徴収されていた。これらの税は、所得に比例した、ほぼ定率の(超高所得層にとってはいくらか逆進的な)税だった。[1] したがって、トップ十分位について推計した税引き前所得の45パーセントという割合は、高所得層のその他の分位と同じように、トップ十分位の可処分所得の割合の的確な近似値でもある。国が行なった所得再分配は、1914年まではあまりに貧弱なため、考慮しなくても差し支えない。1990年代に所得税の課税によって減った割合は、上位10パーセントの富裕世帯（分位P90―100）の平均所得が約13―14パーセント、それ以外の90パーセントの世帯（分位P0―90）の平均所得が約3―4パーセント、全世帯の平均所得で見ると約6―7パーセントである（図5―4および5―5を参照）。したがってトップ十分位の平均税率と全世帯の平均税率との差は、（13―14パーセントと6―7パーセントの差であるから）およそ7ポイントとなる。つまり、所得全体に占めるトップ十分位の割合のおよそ7パーセントが、所得税のために減っていることになる。1990年代には、税引き前の所得全体に占めるトップ十分位の割合は約32―33パーセントで、（所得税を考慮に入れた）可処分所得全体に占めるトップ十分位の割合は約30―31パーセントである(2)。

このように、100年間の格差の縮小に対する所得税の貢献度は、実際にはわずかである。税引き前の所得全体に占めるトップ十分位の割合は20世紀初頭の約45パーセントから20世紀末の約32―33パーセントとなり、可処分所得全体に占めるトップ十分位の割合は20世紀初頭の約45パーセントから20世紀末の約30―31パーセントとなった（図5―8を参照）。所得税を考慮に入れようが入れまいが、重要なのは、上位10パーセントの富裕世帯の生活水準と国民全体の生活水準の比率が20世紀初頭にはおよそ4・5だったこと、そして20世紀末には3をわずかに超える（所得税を計算に入れる前は3・2から3・3、計算に入れたあとは3から3・1）という点である。所得税を考慮に入れても、おおよその数字は根本的に変わらない。所得全体に占めるトップ十分位の割合の100年にわたる低下の幅は、税引き前の所得と税引き後の所得とではほぼ同じだった。

所得税による再分配効果のこのような低さは、所得税の著しい集中傾向から生じた当然の結果である。所得税が所得階層のトップ百分位に達しないかぎり大きな累進性を持たなくなる時点から、そして「中流階級」（分位P90―

（1）第4章第1節を参照。
（2）0.93×32＝29.8、および0.93×33＝30.7。

図 5-8：1900-1910 年および 1919-1998 年における、税引き前と税引き後の、所得全体に占めるトップ十分位の割合

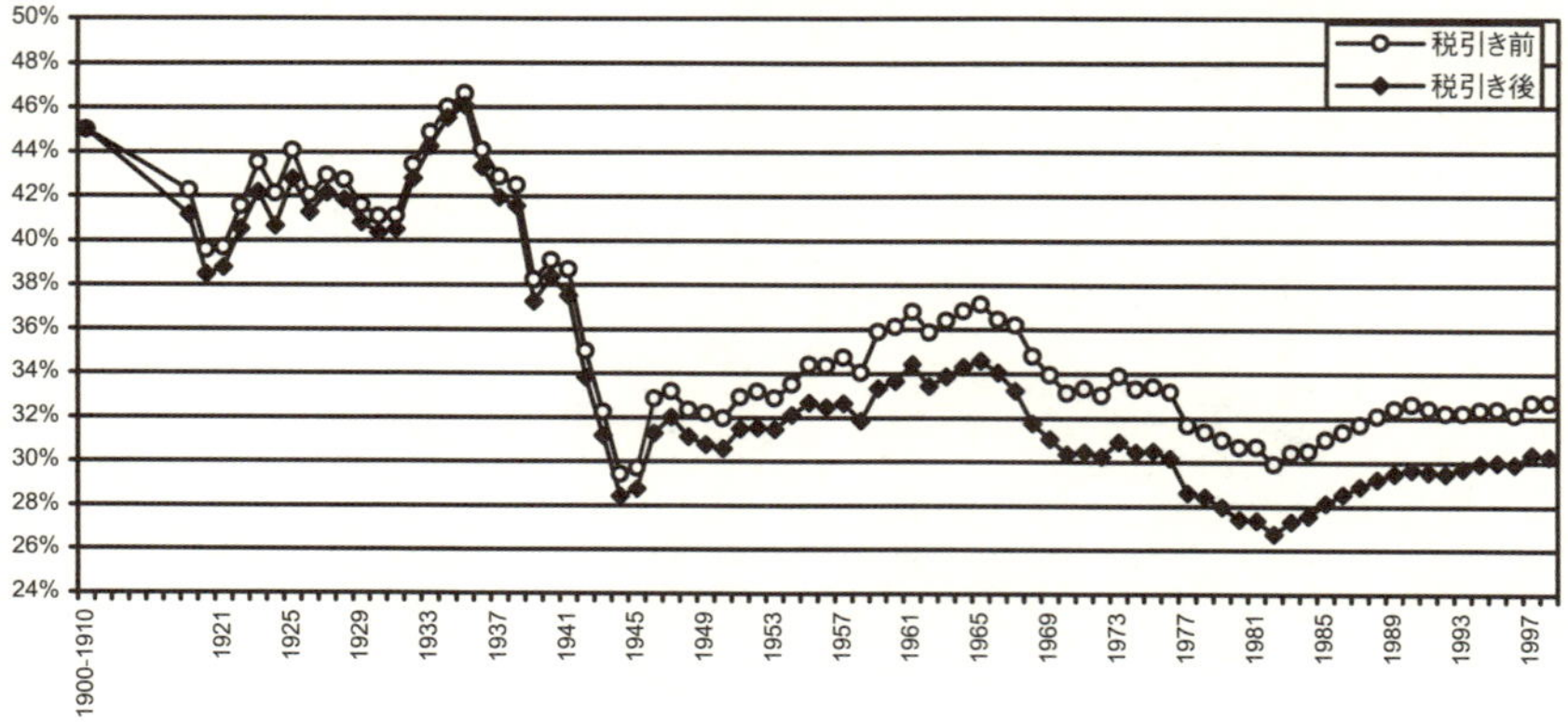

情報源　表B-14およびB-22の列P90-100（付録B）

95）および「上位中流階級」（分位P95―99）に対する平均税率が比較的低くなる時点から、その所得税が格差の大きさを根底から変える手段を持たなくなることは避けられない。（一つの集団と見なした）10パーセントの富裕世帯とその他の国民とを隔てる生活水準の格差を実質的に縮小するためには、このトップ十分位の世帯の10分の9を占める「中流階級」（分位P90―95）および「上位中流階級」（分位P95―99）に対する税を大幅に引き上げなくてはならない。事実、所得税はあまりに集中しているので、（トップ十分位の割合の低下によって測定できるように）1990年代に国が実現した再分配は、20世紀初頭のそれと比べてほとんど上昇していない。

　この事実は、どんなに重要であっても、解釈に含みを持たせるのが望ましい。まず、再分配の手段は所得税だけにとどまらない。20世紀フランスで国家が行なった、格差縮小のための再分配の規模を満足のいく形で研究するには、所得税以外のあらゆる徴収金（消費税、社会保障費負担金など）の分配が納税者の生活水準に応じてどのように変化してきたか、そして所得階層の各分位が各種の公共支出（警察、道路、学校、病院など）や社会保障給付金を20世紀初頭以来どのように享受してきたかを推計することから始めなければならない[1]。そのような作業が本書に許された紙数をはるかに超えることはいうまでもない。[2] しかしながら、いま私たちが関心を向けている上位10パーセントの富裕世帯の、残り90パーセントの世帯に対する関係についていえば、累進所得税が再分配のおもな要因として働いていることを指摘しておきたい。[3]

さらに、（一つの集団としてとらえた）上位10パーセントの富裕世帯と残りの国民との間で行なわれる再分配の弱さを所得税の「失敗」と見なすとしたら、それは大きな誤りである。そもそも所得税は「中流階級」（分位Ｐ90―95）および「上位中流階級」（分位Ｐ95―99）と残りの国民とを隔てる生活水準の格差を縮めるために構想されたわ

（１）可処分所得に占める高所得層の各分位の割合を計算するにあたって、私たちは分子と分母から所得税を差し引くにとどめ、所得税によってまかなわれる社会保障制度までは考慮に入れなかった（付録Ｂ第３．１節を参照）。つまり可処分所得の集中の推計で考慮したのは、税引き前の所得において検討した社会保障給付金、すなわち（退職年金や一部の失業手当などの）課税対象となる給付金だけである。したがって家族手当、および低所得層向け最低保障は取り上げていない（第１章第４．１節を参照）。

（２）私たちの知るかぎり、そのような作業はフランスでなされたことがない。マラン（１９６６年）は長期にわたる（すべての世帯を含めた）税負担の分布の変化を概算で推計しようと試みているが、彼が提示した分布は所得の分位ではなく、（時代とともに定義が大きく変わっていく）社会的カテゴリーだけで表わされている。ドロルム＆アンドレ（１９８３年）は長期にわたる公共支出の構造の変化の研究だが、その支出を誰が享受したかについては（社会的カテゴリーにおいても所得の分位においても）推計がなされていない。

（３）最も富裕な世帯に公共支出を享受する資格がないとはかぎらない（警察、高等教育、道路整備はもちろん、彼らのほうが寿命が長いことを考慮すると保健衛生や年金についてもそれがいえる）ばかりでなく、所得税以外のほとんどの税には、高所得層に対して他の人々ほど重い負担を課さない傾向がある（とくに消費税と社会保障費負担金にその傾向が著しい）。したがって、全体の10パーセントにあたる富裕世帯が、20世紀末において広義の（つまり税と支出を計算に入れたあとの）「総合的生活水準」に占める割合が、単に所得税だけを計算に入れた可処分所得総額に占める割合より著しく低いかどうかは不確かである。他方、前述の10パーセントの世帯ほど豊かでない90パーセントの世帯における生活水準の格差に対しては、おそらく所得税よりも社会保障への支出および給付金の増加のほうが重要な役割を果たしてきた。すでに指摘したように、最も貧しい家庭に対する社会保障制度の充実、とりわけ老齢年金最低保障は、少なくとも１９５０年代以降、社会階層の下位十分位と全体の中央に位置する平均的所得層とを隔てる所得格差をかなり縮めたと思われる（第３章第３．２節を参照）。

けではない。というのも、所得階層におけるこれらの社会集団は常に正当と見なされてきたからだ。すでに見てきたように、これまでどんな政治勢力も、「中流階級」（分位Ｐ90―95）および「上位中流階級」（分位Ｐ95―99）を表立って課税の標的にしようとはしなかった。所得税は常に、所得階層のトップ百分位の上層に重い税を課すように、そしてそれより低い所得層を寛大に扱うように考えられてきた。トップ十分位をさらに百分位に分けたときの最初の九つの層（分位Ｐ90―95およびＰ95―99）にかかる平均税率と、トップ百分位の上層にかかる平均税率との不均衡は、戦間期にはことのほか大きく、それ以降はおそらく超高所得の資産家の構造的崩壊が認識されたためにいくらか縮小した。こうした変化は興味深いが、基本的原則の見直しにはつながらなかった。つまり「中流階級」（分位Ｐ90―95）および「上位中流階級」（分位Ｐ95―99）の生活水準を実質的に下げることは決して選択肢とはならなかった。彼らに対する税率は戦間期に比べてかなり上がったとはいえ、比較的低いままである。所得税の目的は常に超高所得の資産家に重点的に課税することであって、「高所得の賃金労働者」を標的にすることではなかった。この目的を残念に思うかどうかは個人の自由であり、特定の立場をとることは本書の意図ではない。ただ、この目的を考慮に入れるなら、所得税はその役割を完璧に果たしたことになる。

　事実、所得全体に占めるトップ十分位の割合に所得税が及ぼした影響が限られたものであったとしても、トップ百分位、さらにはトップ百分位の上層の割合に及ぼした影響は文句なしに大きい。分位Ｐ90―95およびＰ95―99では、所得全体に占める割合は可処分所得と税引き前の所得とで、長期的にはほぼ変化がなかった[1]。しかしトップ百分位になると、可処分所得全体に占める上位１パーセントの富裕世帯の割合は、税引き前の所得全体に占める上位１パーセントの富裕世帯の割合よりも、この１００年間で明らかに下がっている。１９９０年代において所得税は、所得階層のトップ百分位の世帯の所得を約25―26パーセント削ったが（図５‐２を参照）、全世帯の平均所得は６―７パーセントしか削らなかった（図５‐５を参照）。つまり両者の間には20ポイント近い差がある。結果として、可処分所得に占めるトップ百分位の割合は１９９０年代には６パーセント強で、税引き前の所得に占めるトップ百分位の割合は

８パーセントに近い。20世紀初頭には、可処分所得に占めるトップ百分位の割合はおよそ20パーセントだったので、その割合は３分の１以下になったわけだ（図５－９を参照）。所得税を考慮に入れると、20世紀末の上位１パーセントの富裕世帯の平均所得は国民全体の平均所得の８倍近くでなく、６倍強であることが確認できる。

　所得税の影響力が最も大きく働くのは、もちろん「２００家族」（分位Ｐ９９・９９—１００）においてである。第二次世界大戦以降、分位Ｐ９９・９９—１００にかかる平均税率はほとんど常に40—60パーセントであり、多くの場合50パーセント前後である（図５－３を参照）。20世紀初頭の「四つの国税」では、同じ世帯にかかる平均税率はゼロに等しかった[2]。結果として、所得全体に占める分位Ｐ９９・９９—１００の割合のここ１００年間の下降は、税引き前の所得と比べて可処分所得のほうが２倍大きい。税引き前の所得全体に占める分位Ｐ９９・９９—１００の割合は、20世紀初頭の約３パーセントから１９９０年代の０・５—０・６パーセントに下がり、可処分所得全体に占めるこの分位の割合は、20世紀初頭の約３パーセントから１９９０年代の０・３—０・４パーセントに下がった（図５－10を参照）。言い換えれば、「２００家族」（分位Ｐ９９・９９—１００）の生活水準とフランス人の平均的生活水準との差は、「２００家族」（分位Ｐ９９・９９—１００）の生活水準と「中流階級」（分位Ｐ90—95）および「上位中流階級」（分位Ｐ95—99）の生活水準との差と同じように、20世紀末には20世紀初頭の10分の１ほどになった。ただしここでもまた、「２００家族」（分位Ｐ９９・９９—１００）とその他の国民とを隔てる差が依然として大きく開いていることを強調する必要がある。国民の０・０１パーセントにあたる人々の所得が国民の所得全体の０・３パーセントを占めるという事実は、この世帯の生活水準が平均の30倍高いことを意味するからだ。それでも、この隔たりを２分の１近く減らしたことは、まぎれもなく格差の縮小に対する現実的な貢献である。所得税は（一つの

（１）付録Ｂ表Ｂ－15およびＢ－23の列Ｐ90—95とＰ95—99を参照。
（２）第４章第１節を参照。

図 5-9：1900-1910 年および 1915-1998 年における、
税引き前と税引き後の所得全体に占めるトップ百分位の割合

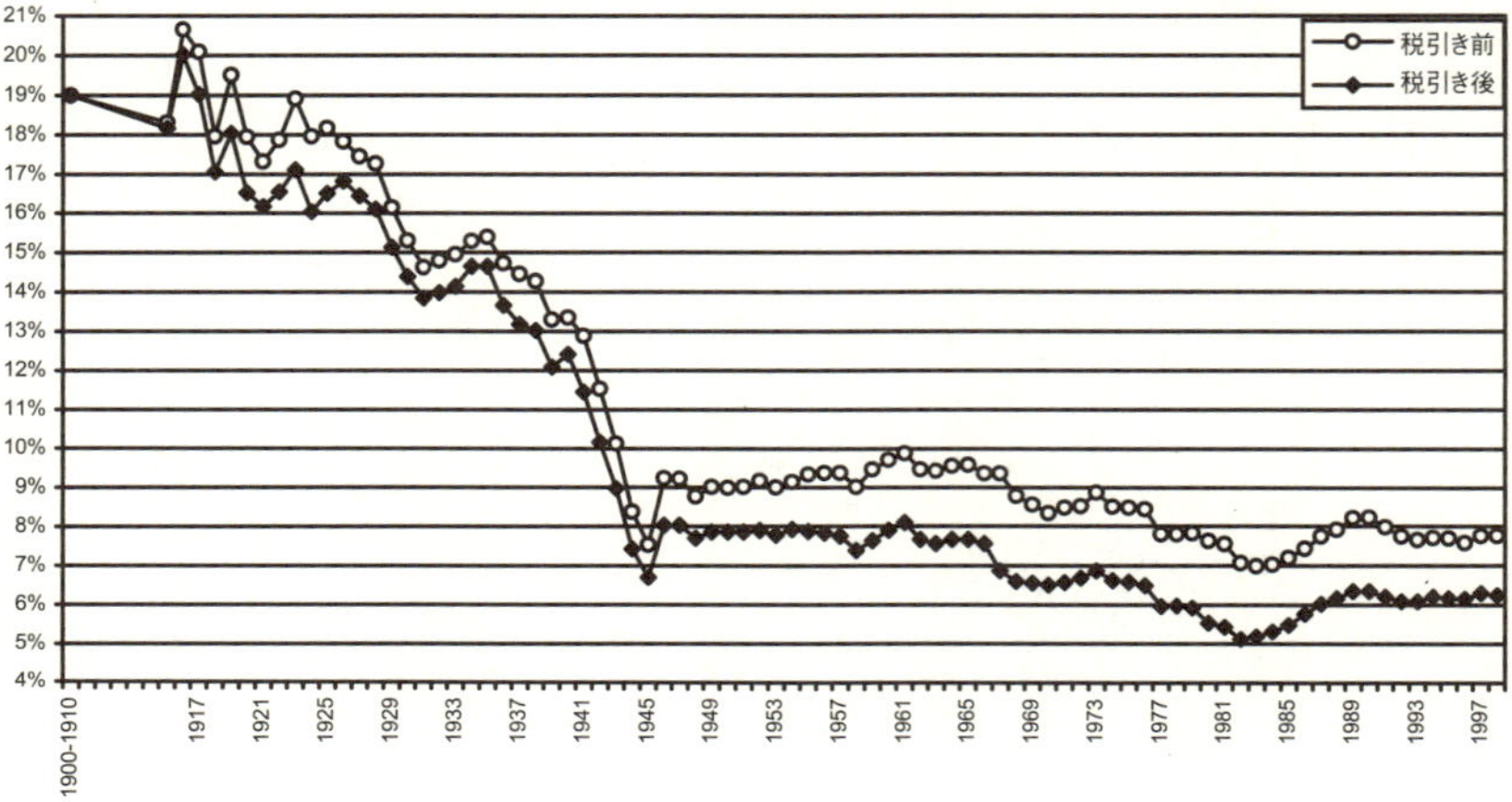

情報源　表B-14およびB-22の列P99-100（付録B）

図 5-10：1900-1910 年および 1915-1998 年における、
税引き前と税引き後の所得全体に占める「200 家族」（分位 P99.99-100）の割合

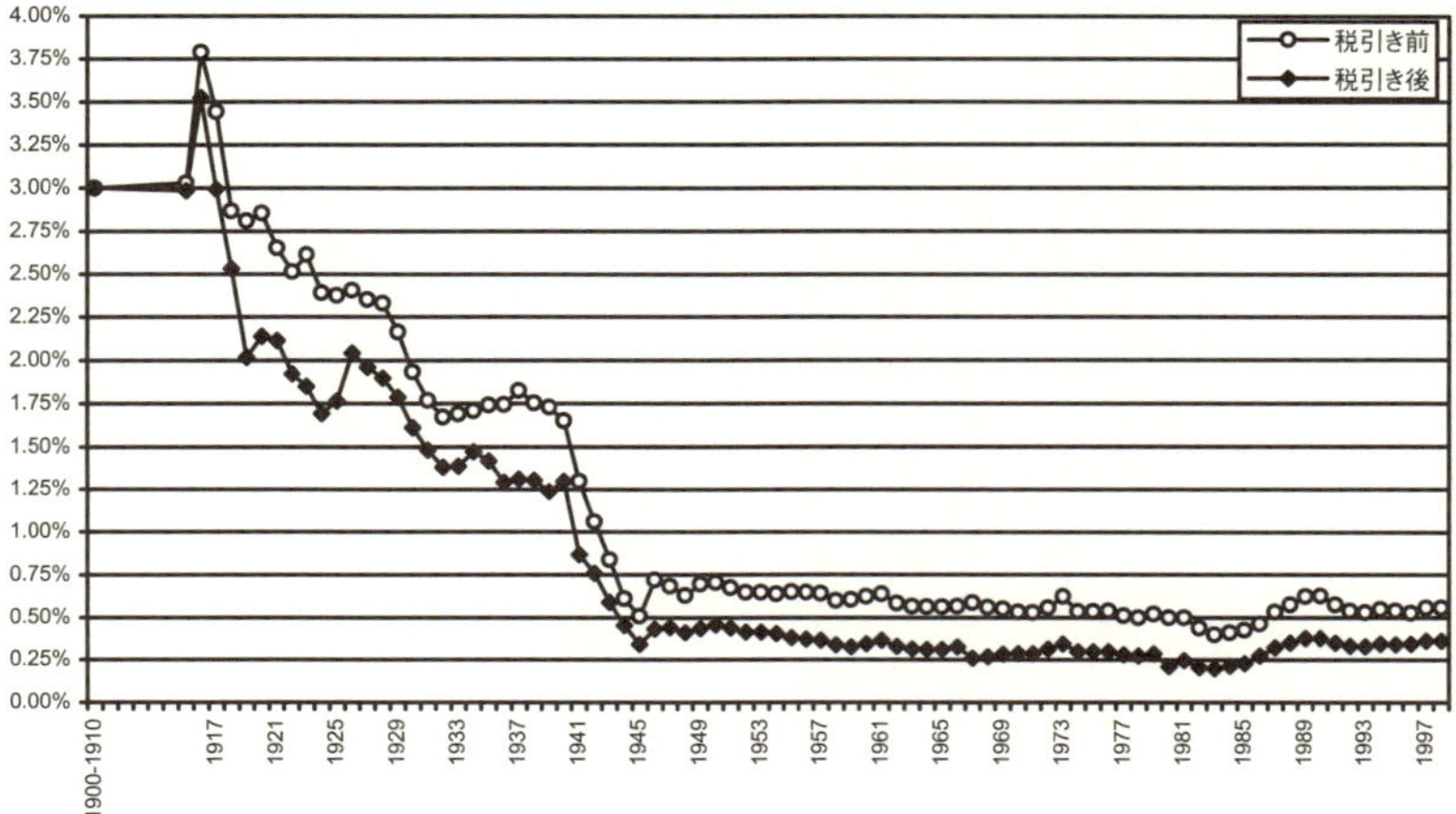

情報源　表B-14およびB-22の列P99.99-100（付録B）

集団としてとらえた）上位10パーセントの富裕世帯とその他の国民との間の格差を縮小する手段を本当の意味で獲得していないが、上位0・01パーセントの超富裕世帯とその他の国民とを隔てる格差、つまり資本主義から生まれた最もはなはだしい格差は、大幅に縮小することに成功したのである。

3.2　将来の資産の格差に対する動的効果

所得税は、生活水準に存在する格差を直接的・機械的に減らす力を持つだけではない。所得税は格差に対して、何年もたって初めてその効果が感じられるような複雑な影響力を持っている。可処分所得の格差を圧縮することによって、累進税は各人の貯蓄・資本蓄積能力を構造的に変え、それによって将来の資産の格差を、したがって将来における税引き前の所得の格差を減らすのである。こうした動的効果は、残念ながら静的効果と同じ正確さで推計することができない。しかしあらゆる状況から考えて、こうした効果は、とりわけ相続資産とそこから生じる収入に本質的に依存するきわめて裕福な世帯に対し、長期にわたって決定的な役割を演じてきたといえる。私たちの目には、この動的効果こそが、大規模な相続資産とそこから生じる超高額の資本所得が1914―1945年の打撃を乗り越えられなかった理由を説明してくれる最大の要因に見える。[1]つまり、所得税には、可処分所得に占める超高所得層の割合を、税引き前の所得に占める超高所得層の割合よりも大きく削減する効果があるだけではない。おそらく所得税は、税引き前の所得に占める超高所得層の割合そのものが100年間で大幅に下がった誘因でもある。とくに注目されるのは、所得税のおかげで可処分所得に占める分位P99・99―100の割合が、税引き前の所得に占める分位P99・99―100の割合の2倍近くも下がっただけでなく、税引き前の所得に占める分位P99・99―100の割合が20

（1）第2章第2.2節および第2.3節を参照。

世紀を通じて5分の1になったことである。所得税が存在しなかったら、所得全体に占める分位P99・99―100の割合は第二次世界大戦以降の半世紀に、1914―1945年の打撃を経験する前の水準を回復したか、少なくとも（1945年の水準にとどまる代わりに）失った勢いの大半を取り戻したことだろう。すでに指摘したように、所得税の最大の動的効果は、とりわけ1920年代に超高所得層の急減の拡大に貢献できたことであり、その結果1920年代には著しい経済成長にもかかわらず、超高所得層の地位がほぼ継続的に衰退したのだった。[1]

所得税の動的効果の規模とこの説明の妥当性の見当をつけるには、シミュレーションを用いるのが便利である。まず、超高所得層の急減に対する所得税の貢献を理解することから始めてみよう。十分に大規模な財産を蓄積して（あるいは十分に大規模な財産を相続して）その資本から生じる所得で生活できる資産家がいるとする。その資本は税のない世界で蓄積され、この資産家は自分の財産から生じる所得の大部分を毎年消費する習慣があるとしよう。当然、彼の生活ぶりは、邸宅、家事使用人、別荘などをともなううらやむべきものとなる。話を簡単にするため、彼が毎年使う金額がその資本所得の全額だとしよう。たとえば、彼の財産が毎年（資産管理に要する費用を除いて）財産の5パーセントに相当する所得をもたらし、彼は、自分の財産が一定額のまま動かない形で、この5パーセントを毎年支出するのだ。言い換えれば、前の世代の人々、または前半生における彼自身が繁栄を確立するために資本を蓄積し、その後彼は自分の不労所得を消費し、財産の現状の価値を保つだけで満足するわけである。そして、悪意のある国家が彼の所得にかなりの税率（たとえば30パーセントの税率）を課すことを決め、資産家は、いまが一時的な不遇の時期にすぎないと考え、あるいは過去の支出額を減らす意欲も心構えもないために、本来なら資産価値の維持に必要とされるように支出を30パーセント減らすのではなく、少なくとも初めのうちはこれまでどおりの生活ぶりを続けることにする。

ここで強調しておきたいのは、このような態度が、きわめて短期間のうちに当の財産の大幅な減少につながることである。財産を1000万フラン、そこから生じる純収益を5パーセントとすると、この資産家は毎年50万フラン支出する習慣を持っていることになる。30パーセントの税率がかかると、彼にもたらされる純収益は３・５パーセント、つまり50万フランの代わりに35万フランとなる。最初の年、彼は自分の資本の価値を１・５パーセント削られる。これまでどおりの生活を維持するために、彼は15万フラン相当の有価証券または不動産を売る（あるいは資産価値の維持に必要な15万フランの投資を見合わせる。どちらも結局同じことになる）。２年め、彼は財産をさらに大きい割合で削らざるをえなくなる。彼が手にする純収益は、９８５万フランの３・５パーセント、つまり34万４７５０フランとなるので、生活水準を保つために財産の15万５２５０フランを削らなければならない。続く数年、同じことが繰り返される。こうして10年後には財産の18パーセントが、20年後には42パーセントが使い果たされ、35年後には最初の財産が完全になくなってしまう（表５－１を参照）。税率が30パーセントではなく50パーセントだったら、財産の減り方は当然もっと早くなる。10年後には財産の28パーセント、20年後には64パーセントが使い果たされ、28年後には何も残らなくなる（表５－１を参照）。また、この資産家が５パーセントではなく10パーセントの純収益で暮らす習慣を持っていれば、その財産は、彼が破滅へ突き進んでいることに気づく時間さえない速さで減っていく。彼の財産は30パーセントの税率で18年後にゼロになり、50パーセントの税率では14年後に何もなくなる（表５－１を参照）。

どんなに理論的に見えようと、財産減少のこのような累積過程は、戦間期を通じて、とくに１９２０年代を通じて多くの資産家が経験したことを描き出しているように思われる。第一次世界大戦前、「四つの国税」が施行されていた時代には、資産家は直接税として最大で所得の３―４パーセントを納めていた。つまり当時の社会は、蓄えてきた富をそろそろ享受しようと考える資産家が、財産の規模を維持したまま、そこから生じる収入のほぼすべてを使うことのできた、（ほとんど）税のない世界だった。やがて１９２０年代の初めに突然、税務当局が、最も高い所得のかなりの割合を税として徴収しはじめた。１９１９年の所得課税から、分位Ｐ９９・９９―１００の世帯にかかる平均

（１）第２章第３．１節を参照。

税率は30パーセントに達し、以後、１９２６年にポワンカレの政策によってもたらされ、短期間続いた休止期を除いて、継続的に適用された（図５-３を参照）[1]。その結果、可処分所得に占める「２００家族」（分位Ｐ９９・９９—１００）の割合は、税引き前の所得に占める彼らの割合が当時、１９００—１９１０年を対象に私たちが推計した水準をほとんど下まわっていない（約３パーセント）にもかかわらず、１９２０年代初めに2パーセント前後にまで下がった（図５-10を参照）。可処分所得の3分の1近い減少に直面して、裕福な納税者のうち気持ちの切り替えの早い人々は、すぐに消費水準を税負担と同等の割合で低くしようと決意したことだろう。しかし、さらに数年間第一次世界大戦前の生活を維持しようと考えた人々は、その結果を甘受せざるをえなかった。こうした経緯は、税引き前の所得に占める「２００家族」（分位Ｐ９９・９９—１００）の割合が第一次世界大戦後の３パーセント近くから１９２９年の世界恐慌直前の２・５パーセント以下へと、１９２０年代を通じて独特の下降をたどった理由の説明に役立つと思われる（図５-10を参

表 5-1：資本蓄積に及ぼす所得税の影響（Ⅰ）

	r = 5 %, t = 30 %	r = 5 %, t = 50 %	r = 10 %, t = 30 %	r = 10 %, t = 50 %
n = 5	8 %	13 %	17 %	28 %
n = 10	18 %	28 %	41 %	63 %
n = 15	29 %	45 %	75 %	
n = 20	42 %	64 %		
n = 25	58 %	85 %		
n = 30	77 %			
...				
	n* = 35	n* = 28	n* = 18	n* = 14

解説：税率t=30パーセントの所得税が課税されると、（税が導入される前の）当初の生活水準を維持しようとする収益率r=5パーセントの資本の保有者は、n=5年後に資本の8パーセントを、n=10年後に資本の18パーセントを失う。そしてn=35年後には資本のすべてを使い果たす（税の導入前、この資本保有者は収益の全額を毎年使いきっていたが、資本は一定のままだった）。

注記：この計算を数式で表わすと次のようになる。
$X_n = t[(1+(1-t)r)^n - 1] / (1-t)$ および $n^* = \log(1+(1-t)/t) / \log(1+(1-t)r)$

照)。しかも、１９２０年代に見られるこの約20パーセントの衰退は、５パーセントの収益に30パーセントの税率が課せられるにもかかわらず従来の生活水準を10年間維持しようと決めた資産家の財産（一定の収益にとっての所得）が被る18パーセントという理論上の削減にかなり正確に一致する（表５－１を参照）。

そろそろ本質的な問題、つまり１９４５年に始まった新しい大資産の再構築段階に対する所得税の影響に目を向けよう。第一次世界大戦による荒廃、ハイパーインフレ、そして１９３０年代の世界恐慌と第二次世界大戦による荒廃ののち、これらの打撃が先に見たように所得税の最大の動的効果によって拡大されて、「２００家族」（分位Ｐ９９・９９—１００）は１９４５年には、（実質フランで表わした）税引き前の平均所得においても、税引き前の所得全体に占める割合においても、20世紀初頭に比べておよそ5分の1になった。[2] この減少の規模を考慮に入れると、20世紀初頭と同じ暮らしぶりを維持することが１９４５年に可能かどうかを考えることは問題ではない。１９２０年代を過ぎてなおこうした態度を捨てなかった数少ない資産家は、第二次世界大戦後に資本をすっかり食いつぶし、だいぶ前からすでに所得階層の分位Ｐ９９・９９—１００に属さなくなっている。したがってここでは、過去の資産を回復するつもりなら生活を切り詰めることが必要だと理解している資産家たちの場合を考えるとともに、その資本蓄積の過程および彼らが達成を志す資産規模に対する所得税の動的効果がどれほどのものかを見ていこう。この資産家たちが「地味」な生活ぶりに徹すれば徹するほど、蓄積に回す資本所得の割合が大きくなり、大資産を（再）構築できる可能性が高まる。税のない世界では、この蓄積過程はきわめて迅速に進む可能性もある。ここで１９４５年に「平均的な」規模の相続資産を有する一人の資産家を想定してみよう。彼の資産は、１９１４—１９４５年に大幅な削減を被ったことによって、あるいは彼が新しい世代の起業家の血を引く人物で大きな財産を蓄積する時間がなかったため

(1) 分類所得税として課せられた税率は、これらの平均税率に含まれていない（分類所得税によって各分位が負担した平均税率のおおよその推計については付録Ｂ表Ｂ－６を参照）。
(2) 第２章第２．２節の図２－７および２－８を参照。

に、年に5パーセントの収益をもたらしている。この資産家はなんらかの生活水準を選ぶわけだが、さしあたり、これから50年間同じ暮らしぶりを続けるとする。元の資産から生じる収益の100パーセントを支出する生活を選んだ場合、彼はいっさい貯蓄をせず、財産の額は完全に横ばいになる。しかし元の資産から生じる収益の80パーセントを支出する生活を選ぶなら、50年後に財産は3・1倍になる。元の資産から生じる収益の60パーセントを支出する生活を選ぶなら、50年後に財産は5・2倍になり、以下同じように推移する(表5－2を参照)。

重要なのは、可処分所得の大部分を財産の蓄積に回すつもりの資産家の場合も含めて、所得税が資本蓄積の可能性に強い制限を加える点である。たとえば税務当局が、この資産家の所得の50パーセントを毎年徴収すると考えてみよう。これは、第二次世界大戦以降に分位P99・99―100に課せられている平均税率の水準に一致する(図5－3を参照)。理論上、この資産家は元の資産から生じる(税引き前の)収益の50パーセント以下に支出を抑えて生活すれば、財産を増

表 5-2：資本蓄積に及ぼす所得税の影響(Ⅱ)

	r＝5％ t＝0％	r＝5％ t＝30％	r＝5％ t＝50％		r＝10％ t＝0％	r＝10％ t＝30％	r＝10％ t＝50％
c＝100%	1.0	0.0	0.0		1.0	0.0	0.0
c＝80%	3.1	0.3	0.0		24.3	0.0	0.0
c＝60%	5.2	1.7	0.5		47.6	5.1	0.0
c＝40%	7.3	3.0	1.5		70.8	13.2	3.1
c＝20%	9.4	4.3	2.5		94.1	21.3	7.3

解説：税のない世界(t=0パーセント)では、収益率r=5パーセントの資本の保有者は、元の資産が生み出す所得のc=20パーセントに消費を抑えれば、50年後に資本を9.4倍にできる。税率t=50パーセントの世界では、収益率r=5パーセントの資本の保有者は、元の資産が生み出す所得のc=20パーセントに消費を抑えれば、50年後に資本を2.5倍にできる(資本保有者が50年間まったく同じ水準の消費を続けるという想定のもとに計算を行なった)。

注記：この計算を数式で表わすと次のようになる。$X_n=c/(1-t)+[(1+(1-t)r)^n][1-c/(1-t)]$

やすことができる。支出が50パーセントを超えると、先に見たように、彼は近い将来財産を食いつぶすことになる（表５－１を参照）。彼が元の資産から生じる（税引き前の）収益の40パーセントの支出で暮らす場合、財産は50年後に１・５倍になる。この数字は、税のない世界で２倍の支出をする資産家が得る数字（３・１）の半分以下であり、税のない世界で１・５倍の支出をする資産家が得る数字（５・２）の３分の１以下、税のない世界で同水準の支出をする資産家が得る数字（７・３）の５分の１ほどである（表５－２を参照）。言い換えれば、ある水準の生活を50年間続けたあとの財産は、所得税が課せられる場合には、所得税がない場合に構築できる財産のおよそ５分の１となる。仮に蓄積過程が、自らの資本にきわめて高い収益を保証できる資産家（たとえば新たな分野で業務を行なう成長中の企業のトップ）によって進められると想定すれば、所得税の動的効果はいっそう大きくなる。毎年もたらされる収益が（５パーセントではなく）10パーセントだとすると、元の資本から生じる収益の60パーセントの支出で暮らす資産家の資産は、税のない世界では50年後に４７・６倍になる。それに対して50パーセントの税率が課せられる世界では、同じく10パーセントの収益に恵まれ、元の資本から生じる（税引き前の）収益の20パーセントの支出で、つまり前述の人物より３倍も「質素」に、並々ならぬ節約をして暮らしても、その資産家の資産は50年後に７・３倍、つまり税がない場合の６分の１以下にしかならない（表５－２を参照）。１９４５年以降に蓄積されてきた財産（したがって１９４５年以降に見られる超高額の資本所得）が、（さまざまな時代の平均所得と比較して）20世紀初頭の財産、すなわち（ほとんど）税のない世界で生じた財産の水準のおよそ５分の１にとどまっているのは所得税の働きによるものだとする考えは、統計的数値から見て現実的であると思われる。

ただ、このシミュレーションが累進相続税を視野に入れていないことは明記しておかなければならない。累進相続税は、累進所得税と同じく、裕福な納税者にとって第一次世界大戦後にきわめて大きい存在になった。分位Ｐ９９・９９―１００において、20世紀初頭から１９１４年にかけてわずか５パーセントだった相続税の平均税率は、戦間期におよそ20―25パーセント（１９２０年代初めには30―35パーセント）、１９５０年代には30―35パーセント、１９

60—1970年には15—20パーセント、1980—1990年にはふたたび30—35パーセントに急上昇した。[1]第一次世界大戦以降になると、時の流れに対して資本が持ちこたえるためには、ましてや資産価値を高めるためには、使い果たさないようにするだけでは足りなくなる。各世代が、相続した資産よりもはるかに大きい資産を次の世代に残さないかぎり、世代の移行にともなう相続税によって、家の財産は容赦なく取るに足りない規模に減らされてしまう。しかし19世紀、そして次の世紀でも1914年まではまったく状況が違っていた。つまり（ほとんど）資本の損失なしに世代が移行したのである。したがって表5－2に示した資本蓄積の比率は、（資本を50年間蓄積した1945年の資産家の家系が少なくとも一度相続税を納めたとすると）おそらく3分の1ほど推定値が高くなっている。そして第一次世界大戦前のほとんど税のない世界で得られた比率との差は、その分、過小評価されている。

こうした細かい計算はすべて、これまで述べてきた説明の数量的な妥当性を裏づけるとしても、だからといって事態がまさしくそのように展開したことを証明するものではない。20世紀フランスの大資産の蓄積に対する所得税の動的効果を厳密に研究するためには、窮地に立たされた各社会集団の資産戦略が新しい課税条件にどう適応したか、そしてそれぞれの分位の貯蓄率が20世紀を通じてどのように変化したかを知ることのできる正確な情報を手に入れなければならない。[2]さらに、可処分所得の現在の格差は、各人の貯蓄能力、つまり財産と資本所得の将来の格差に影響を及ぼすだけではない。可処分所得の現在の格差は、投資能力、つまり混合所得の将来の重要な決定要因でもあり、賃金所得の将来の格差に影響を及ぼすことさえありうる。[3]したがって税引き前の所得格差に対する所得税の動的効果はきわめて複雑な問題であり、超高所得層が再構築されないことがこの過程によって理解できると確信をもって証明することはおそらく不可能である。重要な役割を演じた他の要因が存在しなかったといいきることはできないのだ。

ただし、1945年からの半世紀にわたる経済成長が、なぜ、20世紀初頭に存在していた水準と同等に高い資本所得の再構築に結びつかなかったのかについては、もっともらしい説明がなかなか見つからない。とくに私たちが、個人の大株主が大勢いた家族的資本主義から、株主が細分化された超大企業を意味する「資本家のいない資本主義」に移行したとする考えは、真の説明にはなっていない。重要なのは、なぜそのような変化が生じたのかを知ることである。たしかに昔風の資本家の多くが1914―1945年の危機によって姿を消したが、なぜ新しい資本家が彼らの後継者になれないのか、また、なぜ個人の大株主が決定的に消滅したのかを説明してくれる、経済的あるいは技術的ななんらかの力を見いだすのはむずかしい。累進所得税（および累進相続税）に基づく説明には、はっきり確認できる歴史的激変に立脚しているという明白な長所がある。つまり資本家は19世紀から20世紀初頭の1914年まで「穏やかに蓄積する」ことができたが、戦間期と第二次世界大戦後には、毎年徴収されるかなりの額の所得税と、相続資産に対して一世代につき一度課せられる税に直面することになった。実際に納得のいく説明がほかにないことから、こういった複雑な過程の分析につきものの不確かさを認めつつも、ここに示した説明は最も説得力があるように思わ

（1）付録J第3節を参照。これは死亡時に譲渡される資産階層の分位P99・99―100（所得階層の分位P99・99―100と完全に一致するわけではない分位）を対象とするおおよその推計だが、これらのパーセンテージは大きな意味を持つと考えられる。1980―1990年代の上昇は、大規模相続にあずかる直系の相続人に対する40パーセント以上の区分が1980年代初めにつくられたことから説明できる（1983年12月29日法）。本書では、閲覧できるデータの少なさを考えて（第6章第3．1節を参照）、高所得層に課せられる所得税の平均税率の低下が、1980―1990年代に実施された（富裕税および富裕連帯税と呼ばれる）財産税によってどの程度埋め合わされたかについては推計しなかった。

（2）「ブルジョワ階級」の家族の家計簿に基づいてペロー（1960年）が行なった推計によると、裕福な家族の貯蓄率は、租税圧力の強化をはじめとする1914―1945年の打撃によって著しく低下したようである（ペロー、1961年、p・236―254）。つまり彼の調査結果はわれわれの主張と一致する。ただしこの調査結果の根拠はごく限られた数のデータ（1873―1913年については338冊、1920―1939年については156冊、1946―1953年についてはわずか53冊の家計簿）であるうえに、データの提供者は「上層ブルジョワジー」よりも「平均的ブルジョワジー」のほうが多かった。

（3）原則として、現時点における可処分所得の格差は、一人一人の貯蓄能力および（動産、不動産といった）伝統的資産と企業への投資能力に影響を与えるだけではなく、（研究費用、研修期間の機会費用など）人的資本に投資する能力、そして人材育成には貢献するがすぐに利益を生むわけではない職種の機会費用を許容する能力をも左右し、長期的には将来の賃金格差につながる可能性がある。だが現実には、具体的な相続資産の蓄積による影響のほうがいっそう重要であると思われる。

れる。この結論を確固たるものにするには、大資産の急減および実現しなかったその再構築が「税務統計上の幻想」でないことを確かめる必要がある。この幻想説によれば、私たちが説明しようとする現象は初めから存在していないことになる（第6章）。諸外国の経験の検討によって、フランスの経験を解釈するために提示したモデルが他の国々にどれだけあてはまるかを知ることができるだろう（第7章）。

第3部

フランスとクズネッツ曲線

第６章　「不労所得生活者の終焉」は税務統計上の幻想なのか？

「不労所得生活者の終焉」が税務統計上の幻想である可能性はあるだろうか。より正確にいえば、所得申告を通じて私たちが気づいた現象、すなわち、20世紀フランスにおける所得格差の重要なただ一つの構造的変化をなす、超高額の資本所得が急減し、それが再構築されない現象は、税務当局に実際に申告される超高額の資本所得の割合が著しく減ったことによって簡単に説明できる、完全に人為的な変化に対応しているのだろうか。すでに指摘したように、こうした現象の圧倒的な規模を前にすると、幻想説の妥当性を疑わざるをえなくなる。さらに、超高額資本所得のかなりの割合が税務当局に申告されていないという考えに頼るまでもなく、大資産の蓄積と再構築に対する累進所得税（および累進相続税）の「現実」の経済的効果が十分に大きかったからこそ、これらの相続資産（およびそれに対応する所得）が１９１４―１９４５年の打撃から回復しなかったのだということを、私たちは見てきた。次の章では、他の先進国でも同じような構造的急減が見られることがわかるだろう。つまりこの点でも、上述の現象は確実に存在する経済的変化なのだ。

しかしながら、私たちの調査におけるこの現象の重要性（この現象なしには、20世紀の１００年間、フランスで所得格差が縮小することはなかっただろう）を踏まえると、税務統計上の幻想という考えに基づくこの説明の妥当性をできるだけ正確に判断するために、入手可能な資料すべてを集める必要があると思われた。そこでまず、１９１４―

1917年の改革以降その種類が著しく増えている、合法的に累進所得税を免除される資本所得が、データ上にどのような偏りを生じさせることになったかをまず見ていきたい（第1節）。次いで、いわゆる脱税の規模と、20世紀におけるその推移について何が指摘できるかを探る（第2節）。最後に、財産から生じる所得ではなく、財産そのものを対象としながら、20世紀全体にわたる資産格差の変化をたどるのに役立つ唯一の統計的資料、つまり相続申告を利用して、大資産が急減し再構築されないという現象の信憑性を判断したい（第3節）。初めにいっておくが、この資料は「不労所得生活者の終焉」の現実的な性格の最も有力な証拠であるように見える。相続申告を調べることによって、すでに所得申告の検討を通じて得られたことに一致するような規模と時代区分に従って、この100年における きわめて大きな相続の水準の急激な低下を確認できるのである。相続申告と所得申告がそれぞれ独立した統計的資料であるだけに、この符合はいっそう興味深い。

1　所得税を合法的に免除された資本所得の問題

まず、考察する現象の全体的な規模について触れておこう。20世紀の初めから終わりまでに、1998年フランで表わした1世帯あたりの平均所得はおよそ4・5倍になった（第1章図1-6を参照）。トップ十分位の初めの九つの百分位数、つまり分位P90—95およびP95—99（「中流階級」および「上位中流階級」）が申告した平均所得を20世紀初頭と20世紀末とで比較すると、およそ4から4・5倍という、国民全体の平均所得とほぼ同じ伸びが見られる（第2章図2-9を参照）。しかし所得階層トップ百分位の上層に目を向けると伸び率は減少し、最も富裕な層に至っては購買力上昇が0・01パーセントと、伸びが見られなくなる。1998年フランに換算すると、1990年代末に分位P99・99—100の世帯（「200家族」）が申告した平均所得は、20世紀初頭の水準をまだ取り戻していない（およそ10—20パーセント低い）（第2章図2-7を参照）。言い換えれば、「200家族」（分位P99・

得と「中流階級」および「上位中流階級」（分位P90―95およびP95―99）とを隔てる比率と同じように、20世紀を通じておよそ5分の1になった。

本節では、所得申告の中には現われず、私たちがこれまで考慮に入れなかった、所得税を合法的に免除された資本所得の存在が、どれほどまでこの現象の説明になるかを明確にしてみたい。実際に検討するのは動産資本所得である。というのも、不動産資本所得はたしかに20世紀を通じてかなりの数の減税（とりわけ1964年の所得課税以降の「帰属」家賃に対する非課税）を享受してきたが、すでに見たように不動産所得は超高所得層にとっては常に限られた重要性しか持っていなかった。したがってこれらの免除を考慮しても、20世紀末の「200家族」（分位P99・99―100）の所得の比較的低い上方修正につながるだけである（最大でおよそ5―10パーセント）[1]。部分的または全面的非課税の対象となった動産資本所得の中で、私たちは20世紀を通じて累進所得税の領域からしだいに遠ざかった所得のケース（源泉分離に属する所得および非課税の種々の預金口座と積立口座）（第1．1節）と、生命保険契約からもたらされる利子（第1．2節）やキャピタルゲイン（第1．3節）や企業の分配されない利益（第1．4節）のように、きわめて特殊な形態のために一般法の条件における累進所得税の対象になったことがない「所得」のケースとを分けて考えることにする。

1．1　源泉分離が適用される所得および銀行預金の所得

所得税法の検討の際に見てきたように、1914―1917年に制定された税法による累進所得税の課税基礎をな

（1）第2章第1節（とくに第1．2節）を参照。

し、20世紀末にその対象から外れた、動産資本所得の2大カテゴリーがある。一方は、１９６５年の所得課税から源泉分離制度の対象となっている国債、債券、固定利付証券である。もう一方は、１９５０年代初めから種類が著しく増えている、完全に非課税の預金口座、積立口座である[1]。この二つの所得カテゴリーは第2章で提示し、先ほども触れた高所得層の各分位の所得の推計にあたっては考慮に入れなかった。というのも、私たちの推計はもっぱら累進所得税における申告所得に基づいているからである。この問題は決して軽視できるものではない。20世紀末には、これら二つの所得カテゴリーの総額は、累進所得税の名目で申告される動産資本所得の総額をはるかに上まわっていたからだ。

１９９０年代末には、累進所得税の名目で申告される動産資本所得（主として「直接的」に所有される株の配当）は年に１０００億フラン強である[2]。同じ時期、源泉分離が適用される所得の総額は年に６００億フランを超え[3]、完全に非課税の各種預金口座と積立口座（A預金、青の通帳、産業振興向け預金口座、大衆向け預金口座、住宅購入積立口座、大衆向け積立口座、株式積立口座など）の保有者が毎年受け取る所得の総額は１３００億フランに達する[4]。したがって、適用除外制度が通常の規則になり、一般法の制度が例外になったと言っても過言ではないことがわかる。１９９０年代末には、源泉分離が適用される所得と、完全に非課税の預金口座と積立口座の所得の総額は年におよそ２０００億フラン、つまり所得税納税のために申告された動産資本所得の2倍近い額である。これら二つの適用除外制度がなくなれば、つまり源泉分離制度が廃止され、完全に非課税の預金口座と積立口座すべてが、１９１４―１９１７年に制定された税法におけるように一般法としての所得税の対象になれば、累進所得税を課せられる動産資本所得の総額はおよそ3倍になるだろう。この数字から、動産資本所得に対する課税方法が20世紀を通じていかに劇的に変化したかが理解できる。

だが、どんなに劇的であってもこの数字だけでは、これら二つの所得カテゴリーを考慮したからといって、ここでの関心事である超高額の資本所得が急減し、再構築されないという現象を十分には説明できない。たとえば、源泉分離が適用される所得および非課税の預金口座と積立口座の所得が、所得税納税のために申告された動産資本所得と同じように配分されていると仮定するなら、１９１４—１９１７年の税法が存続していた場合に申告されたはずの「本来」の所得を推計するには、高所得層の各分位が申告した動産資本所得を約３倍にしなければならない。高所得層の各分位が１９９０年代に申告した所得全体に占める動産資本所得の割合は、「２００家族」（分位Ｐ９９・９９—１００）[5]において50—55パーセントに達するが、これは20世紀末の分位Ｐ９９・９９—１００の平均所得が、この分位が実際に申告した平均所得のおよそ２倍だということを意味する。20世紀初頭から20世紀末までに「２００家族」の購買力が（停滞しているのではなく）20世紀初頭の２倍になるわけで、顕著な上方修正である。しかし、顕著ではあっても、問題となっている現象を説明するには明らかに不十分である。「２００家族」（分位Ｐ９９・９９—１００）が申告した所得と国民全体の平均所得とを隔てるおよその比率は、20世紀初頭から20世紀末までに、２倍ではなく５倍になっているのである。

（１）第４章第４．４節を参照。

（２）１９９０年代末、（すべての世帯を含めた）課税申告所得の総額はおよそ４兆フランである（付録Ｇ表Ｇ－２の列(4)を参照）。そして（すべての世帯を含めた）課税申告所得の総額に占める動産資本所得の割合は２・５—３パーセント前後で（付録Ｇ表Ｇ－10の列(2)を参照）、累進所得税のために申告される動産資本所得の総額はおよそ１０００億フランということになる。

（３）租税審議会（『貯蓄所得税法』、共和国大統領への第17次報告、租税審議会、１９９９年、ｐ・１２８を参照）によれば、源泉分離制度の下で課税された所得の総額は６３０億フランである（１９９６年の数値。前後の年の数値はわずかに異なる）。

（４）租税審議会（『貯蓄所得税法』、共和国大統領への第17次報告、租税審議会、１９９９年、ｐ・１２８を参照）によれば、Ａ預金、青の通帳、青少年預金、産業振興向け預金口座、大衆向け預金口座の所得の総額は４３０億フラン、住宅購入積立口座、住宅購入定期預金、株式積立口座の所得の総額は８３０億フランである（この数値に含まれるのは実質的に非課税の所得、つまり種々の貯蓄プランと一体になった条件を満たす所得に限られる。たとえば株式積立口座では５年間、預けた金を引き出すことができない）。合計すると、大衆向け積立口座の所得を加えなくても１２６０億フランとなる（１９９６年の数値。前後の年の数値はわずかに異なる）。

（５）付録Ｂ表Ｂ－17の列ＲＣＭ（Ｐ９９・９９—１００を参照）。

さらに、源泉分離が適用される所得および非課税の預金口座と積立口座の所得（おもに利子）が、所得税の対象となる動産資本所得（おもに配当）と同じように配分されているとする仮説はまったく容認しがたい。この仮説に基づくと、１９９０年代の「２００家族」（分位Ｐ９９・９９—１００）が申告した所得に適用すべき上方修正の比率を極端に過大評価してしまうことになる。私たちが入手しているすべての資料が示すところでは、大きな動産資本を持つ者は固定利付証券よりも株への投資を常に優先してきた。したがって超高額の資本所得はおもに、利子ではなく配当によって構築されてきた。とりわけ非課税の預金口座と積立口座の利子に、それが明白である。こうした「庶民」の貯蓄形態は、一定額までしか免税で投資できないという意味で、常に「上限」が設けられてきた。１９９０年代には、Ａ預金では10万フラン、住宅購入積立口座では40万フラン、大衆向け積立口座および株式積立口座では60万フランが上限額となっている。(1)これらの預金口座と積立口座をあわせ持ち、許容されている最高額を毎回投資することによって、完全に非課税のおよそ２００万フランの資産を所有することができる。(2)この種の投資ではやや楽観的な値ながら、平均利率としておよそ5パーセントを想定すると、完全非課税の所得として年に10万フランが入ることになる。(3)これはかなりの金額であり、20世紀末の動産資本所得がどれほど所得税という一般法を免れているかをよく示している。年収10万フランの賃金労働者にこれと同じ制度が適用されないのはいうまでもない。だがこの金額は、どんなに高くても、分位Ｐ９９・９９—１００の世帯にとってはあまりにも少ない。１９９０年代、「２００家族」（分位Ｐ９９・９９—１００）が申告した平均年収はおよそ７００万—８００万フランで、(4)年に10万フランという非課税の利子はこうした世帯の所得全体の1パーセント強にすぎない。(5)しかも、これらの「共同で行なう」貯蓄形態にともなう制約と低い収益を考慮するなら、「２００家族」は非課税の預金口座や積立口座を「上限まで利用」したいという気もないと思われる。たとえば、１９９０年代に国立統計経済研究所（ＩＮＳＥＥ）が行なった相続資産に関する調査によると、所得・資産階層の上層では、非課税の預金口座や積立口座を持つ家庭の割合がはっきりと減っている。(6)

源泉分離が適用される所得のケースはいっそう注意を向ける価値がある。というのも、この適用除外制度は上限設定の対象になったことがないからだ。限りなく大きな財産を、源泉分離が適用される債券、証券、固定利付証券の形で所有することは可能であり、その場合、そこから生じる、１９１４―１９１７年に施行された税制において総合所得税の課税基礎をなしていた利子は、（いっさいの例外なく）国が発行する債券、証券、永久国債の利子を含めて、私たちが推計した１９９０年代の「２００家族」（分位Ｐ９９・９９―１００）の所得水準には含まれないことになる。私たちの手元にある資料は、きわめて不十分ではあるが、大資産の所有者にとってこうした固定利付証券がそれほど重要性を持たないことを教えてくれる。私たちの資料の第一はＩＮＳＥＥが作成した相続資産調査で、これを見ると、有価証券が大資産の目印であることがわかる。小規模の資産家はおもに（小切手預金や現金などの）流動資産と郵便貯金をよりどころとしており、それよりも高額の資産家になると、不動産（およびそれより低い割合で貯蓄預

（１）A預金以外の口座の上限はA預金の上限より低いか、または同じである（青の通帳は10万フラン、大衆向け預金口座は4万フラン、産業振興向け預金口座は3万フラン）。

（２）たとえば配偶者それぞれが自分の名義で大衆向け積立口座と株式積立口座の口座を開く場合、この額をいくらか上まわる可能性がある。

（３）5％×2000000＝100000

（４）第2章図２－７を参照。

（５）100000／7000000＝1.4％、100000／8000000＝1.2％。

（６）あらゆる世論調査と同様、相続資産に関する調査は、裕福な世帯の状況を精密に分析するにはその観察結果の数があまりに限られている。たとえば、１９９２年の「金融資産」調査、１９９６年の「資産保有」調査、１９９８年の「相続資産」調査を受けて公表された結果は、所得分布の各十分位についての資産構造の推計しか示していない。したがってこれらの調査によって、トップ十分位における非課税の預金口座と積立口座の保有率の減少を明らかにすることはできない（『家庭の所得と資産１９９６年版』、『総論第５号〔１９９６年8月、ｐ・１６１〕』、およびマルティネ＆ロワノー〔１９９９年、ｐ・48〕を参照）。１９９８年の「相続資産」調査を受けて公表された資産区分ごとの結果からは、３００万フラン以上の資産所有者において非課税の預金口座・積立口座の保有率が大幅に減っていることが確認でき（マルティネ＆ロワノー〔１９９９年、ｐ・57〕を参照）、超高所得層においても同じことがいえると考えられる。

金）の重要性が増し、超高額の資産家では有価証券が支配的となる。[1] これらの調査すべてが有価証券を株と債券に分けているわけではないが、分けている場合は、資産水準に比例した有価証券の割合の増加は主として株の割合の急増であること、また債券の割合の増加はそれより低いか、ゼロに近いことがうかがえる。[2] こうした結果は、税務当局が相続の全体的水準および相続財産の種別について行なった相続申告調査に申し分なく合致する。このような「完全」な調査が行なわれた年は限られているが、得られた結果は、調査された年すべてにおいて同じ規則性があることを示している。概して有価証券で構成される超高額の相続においては、流動資産と不動産は常に副次的な重要性しか持たなかった。さらに、これらの有価証券全体に占める国債と債券の割合は常に、相続の全体的水準の著しい減少関数だった。その割合は、もっぱら株に基づく超高額の相続にとって、一般的に20パーセント以下である。[3]

付け加えるなら、この規則性は経済的観点から見て驚くにはあたらない。実際、株の収益は債券の収益よりも明らかに大きいのが常である。たしかに株は、その企業が利益を上げて高い配当を分配するかどうかが前もってわからないだけに、リスクが高い。しかしある程度長く保有するなら、明らかに債券よりも有利である。債券の唯一の長所は、（ハイパーインフレの場合を除いて）経済情勢にどんな浮き沈みがあっても、決まった額の定期的な利子が保証されることである。したがって、まとまった額の配当を得るまで数年待つことができ、リスクを抑えるために多様な有価証券を購入できるような大資産の所有者が、財産の大部分を債券ではなく株券の形で投資する選択をしてきたのはまったく当然である。こうして高い収益を得れば、配当に課せられる不利な税を補って余りあるからだ。また、企業の真の所有者が株主であることを言い添えておこう。株主は取締役会を構成し、重要な戦略的決定を行なうが、債券の保有者は利子を受け取るだけで、企業運営についてはいかなる監査権も持っていない。高い配当に加えて存在し、しばしば当事者の目に大きな価値と映る、株主に与えられたこの「権力」は、大資産が一般的に株で構成される理由を知る鍵になる。たとえば、化粧品メーカーのロレアルに対する発言権を確保しようとする家系が、財産の大部分をロレアルの（そしてリスクを抑えるため他のいくつかの企業の）株の形で保有することはまったく驚くにあたらない。

仮にロレアルの株を売って、国債あるいは郵政省発行の債券に投資して利益を得れば、この家系は株を保有しつづけるよりも節税できるだろう。しかしやはり、選ばれるのは株のほうなのである。

つまり、累進所得税の納税のために申告される動産資本所得（おもに配当）が、あらゆる動産資本所得の中で最も不平等に配分され、最も著しく集中していることは疑う余地がない。源泉分離が適用される所得もまた、所得税を免除される預金口座、積立口座の所得よりも不平等に配分されているが、上述の所得の格差はそれ以上である。1990年代について入手できた相続統計を参照すると、所得階層の分位P99・99―100の世帯が持つ国債と債券の

（1）総資産の水準が高くなるにつれてそれぞれの投資タイプが順番に優勢になっていく、「流動資産＜不動産＜有価証券」というこの特徴は、1998年の「相続資産」調査（「家庭の所得と資産1999年版」、『総論第28号』〔1999年9月、p・92〕を参照）および1988年の「死亡にともなう資産譲渡」調査（ラフェレール&モンテイユ〔1995年、p・61〕を参照）による資産構成の推計の中にはっきりと見いだされる。同じ特徴は、1992年の「金融資産」調査および1996年の「資産保有」調査（「家庭の所得と資産1996年版」、『総論第5号』〔1996年8月、p・161―162〕を参照）で明らかになった保有率にも（保有率は、総資産に占めるそれぞれの割合ほど三つの投資タイプの差が顕著ではないが）見られる。1984年と1994年の「家計」調査からもまた、有価証券が最も多くの所得を集める投資タイプであることがうかがえる。不動産がそれに続き、銀行預金は最後に位置する（「家庭の所得と資産1996年版」、『総論第5号』〔1996年8月、p・42〕を参照）。富裕層に焦点を当てる場合、こうした世論調査には観察結果の数が少ないという弱点があるが、さまざまな調査から判明した特徴がみごとに一致している以上、この規則性は質的に疑う余地がない。

（2）たとえば1998年の「相続資産」調査からは、債券を保有する世帯の割合は、資産あるいは所得水準が上がってもわずかしか増加しないことがわかる。他方、株を保有する世帯の割合は増加が著しい（マルティネ&ロワノー〔1999年、p・49およびp・58〕を参照）。1992年の「金融資産」調査、1996年の「資産保有」調査も同じ現象を浮き彫りにしている（「家庭の所得と資産1996年版」、『総論第5号』〔1996年8月、p・162〕を参照）。つまり、こうした世論調査がどんなに不完全でも、この規則性は質的にたしかなものである。

（3）付録J表J－3を参照。これまでに挙げた世論調査と比べて、相続統計の大きな利点は、それが相続申告の全体にわたる検討（少なくとも、1994年におけるように大規模相続の全体）に基づいていることにある。したがってこの資料を使えば、大資産をきわめて細かく研究できる（相続統計の利点と限界についてはのちに触れることにする）。

額は、彼らの株券の額の約15―20パーセントと考えられる。[1]これらの国債と債券が毎年、株券と同じ平均収益をもたらすと楽観的に仮定するなら、1990年代の分位P99・99―100の世帯が受け取る、源泉分離が適用される所得は、彼らが所得税納税のために申告する動産資本所得のおよそ15―20パーセントであると考えることができる。こうした動産資本所得は、これらの世帯が申告する所得全体の約50―55パーセントに相当するので、[2]源泉分離が適用される所得を考慮に入れると、私たちは20世紀末の「200家族」(分位P99・99―100)の平均所得推定値を(最大で)約10パーセント上方修正しなければならない。およそ10パーセントの構造的上方修正はもちろん軽視できる値ではなく、いずれにせよ、私たちが1パーセントを超えないことを確認した、おそらく1パーセントよりかなり低い、非課税の預金口座と積立口座における上方修正の度合いよりもはるかに重大である。しかしここで関心を向けたいのは、分位P99・99―100の平均所得と国民全体の平均所得とを隔てる20世紀末の比率が20世紀初頭の比率を回復するために、1990年代の「200家族」(分位P99・99―100)の平均所得の推定値に適用すべき400パーセントの上方修正に比べると、こうして得られた最大約10パーセントの上方修正は40分の1にすぎないということである。したがって、20世紀に登場した非課税の二つの所得(源泉分離が適用される所得および完全非課税の預金口座、積立口座)を考慮に入れるだけでは、大資産が再構築されないという現象を説明するにも、「税務統計上の幻想」説を有効と認めるにも十分でないことがわかる。このような推計につきものの不確かさの幅がどうであれ、そういえるのである。[3]

1.2　生命保険契約からもたらされる利子の場合

生命保険契約からもたらされる利子は、源泉分離が適用される所得および非課税の預金口座、積立口座の所得のケースよりも複雑である。第一の問題は、生命保険契約にともなう「所得」が、原則として自分の金《かね》をそのように投資した当人が受け取るわけではないために、ややあいまいな性格を持つことにある。つまり契約者は（配偶者や子供など）自分以外の人物のために、生命保険契約の形で一定額を投資する。その金《かね》は保険会社によって運用され、かくしてこの投資から生じる利子が元本に加わっていく。そして、この貯蓄を行なった人物が死亡すると、受取人はその日までに蓄積された資本の全額を受け取る。生命保険契約からもたらされる利子を税務当局が「所得」の不可欠な一部と見なしたことがなく、またこの種の利子が所得税の対象とならずに所得申告に記録されないのは、生命保険のこうしたきわめて特殊な性格が原因である。[4] とはいえ、これを考慮に入れないことは正当とはいえないだろう。たしかに、こうした利子によって日常生活の水準が高まるわけではないが、当事者の資産の増大につながることはまちがいない。しかも、すべての生命保険契約が「通常」の決済期日（つまり契約者の死）を迎えるわけではない。生命保険契約は、たとえば退職後への備えといった中期の貯蓄として利用されることが多い。[5] そのうえ、この種の投資は1980—1

（1）1994年には、有価証券に占める国債と債券の割合は、相続額1000万—2000万フランの層が19・2パーセント、2000万フラン以上の層が13・2パーセントだった（付録J表J－3を参照）。1000万フラン以上の相続の件数は約500、すなわち年間の死亡数およそ50万の0・1パーセントに相当する（付録J表J－1を参照）。したがって最も裕福な0・01パーセントの世帯が保有する有価証券に占める国債と債券の割合は、実際にはおそらく15—20パーセント以下である。

（2）付録B表B－17の列RCM（分位P99・99—100）を参照。

（3）源泉分離を適用される所得が、累進所得税のために申告される動産資本所得と同じ分布をしていたという仮説を立てると（すでに見たように、この仮説は必然的に超高所得層に対する上方修正を過大に見積もることにつながる）、分位P99・99—100の所得に適用される上方修正はおよそ30パーセント（申告された動産資本所得の1000億フランに対して、源泉分離を適用される所得は600億フランとなり、分位P99・99—100の世帯が申告した所得全体に占める動産資本所得の割合は約50—55パーセントである）、つまり「税務統計上の幻想」説が有効になるために必要な400パーセントの上方修正の10分の1以下の修正となる。

（4）このように投資された金額から生じる利子は課税対象となったことが一度もなく、該当する納税者はしばしば、生命保険契約にともなう支払額の一部を自分の課税所得から差し引くことができた。

（5）契約後8年を過ぎると、預けた金《かね》の期日前の引き出しは違約金の対象とならない。

990年に大きなブームとなり、国民経済計算によると、生命保険契約によって契約者にもたらされる利子の総額は1990年代末には年に1500億フラン、つまり所得税納税のために申告される動産資本所得の総額の約1・5倍に達した。[1]このブームは一方で人口の高齢化に、他方でこうした所得に認められるきわめて条件のよい税制に密接に結びついている。生命保険契約からもたらされる利子は所得税の対象になったことがないうえ、生命保険契約によって受取人に譲渡される保険金は、のちに見るように1930年7月13日法以来、相続税を免除されている。

第二の問題は、20世紀初頭および戦間期にこうした所得がどれほどの金額に上っていたかを特定することがきわめてむずかしい点にある。実際、国民経済計算の資料によって、家庭が受け取る動産資本の利子と所得全体から生命保険による所得だけを切り離して見られるようになるのは、1960年代に入ってからである。国民経済計算はそれ以前についても原則として生命保険契約からもたらされる利子を考慮に入れているが、その正確な額を知ることはできない。[2]したがって入手可能なデータから確認できるのは、1960年代初め、さらに顕著な形で1980―1990年に、[3]こうした所得が急上昇していることである。しかし、こうした所得が20世紀初頭と戦間期に軽視できるほど少なかったと結論するのは早計だろう。おそらく生命保険はこれらの時代に重要な役割を演じたあと、第二次世界大戦によるハイパーインフレを受けて完全に下火になり、20世紀の最後の3分の1に至ってふたたび幸運な時代を迎えたのだ。[4]

いずれにしても、1990年代の生命保険契約の普及について私たちが入手している情報から確実にわかるのは、こうした所得が20世紀初頭と戦間期には存在しなかったと仮定しても、20世紀末の生命保険契約からもたらされる利子を考慮に入れることによって大資産が再構築されないという現象を説明できるわけではないという点である。入手可能なあらゆる調査資料からは、配分の格差と集中という意味において、生命保険は預金口座・積立口座と有価証券の中間に位置していることがわかる。生命保険は預金口座・積立口座ほど「大衆的」ではないが、有価証券よりも、とりわけ株よりも明らかに「大衆的」である。とくに超高額の相続においてはそれがあてはまる。所得階層トップ十分位の上層（いっそう顕著な形でトップ百分位の上層）を見ると、株と配当の重要性が急速に増加するのに対し、生命保険および生命保険契約からもたらされる利子の重要性はトップ十分位の中でほとんど変化がなく、トップ百分位を見るとかすかに減少する傾向さえある。この規則性は、ＩＮＳＥＥが１９８０─１９９０年代に行なった所得調査(5)

（１）付録Ｇ表Ｇ－８の列(２)を参照。

（２）過去にさかのぼって算定された「公式の」国民経済計算が、生命保険契約からもたらされる利子を切り離して扱うようになるのは１９５９年からで、１９４９年から１９５８年までは「利子」と「配当」を区別していたにすぎない（付録Ｇ表Ｇ－７およびＧ－８を参照）。戦間期と第一次世界大戦前については、デュジェ・ド・ベルノンヴィルの推計もまた「利子」と「配当」を区別しているだけである（付録Ｇ表Ｇ－14を参照）（しかも彼が用いた方法から見て、生命保険契約からもたらされる利子が実際に考慮に入れられているかどうかはたしかではない）。生命保険契約によって支払われる金額に対しては１９３０年以前の相続税が課せられていたので、理論的には統計が存在するはずだが、残念ながら税務当局が相続申告の「完全な」調査、つまり相続区分ごとの調査に加えて、譲渡される財産のカテゴリーごとの調査を行なうのは１９４５年以降である（付録Ｊ表Ｊ－３を参照）。

（３）国民経済計算が算定した家庭の動産資本所得総額に占める生命保険契約の利子の割合は、１９６０年代初めの2パーセント弱から１９７０年代末の5パーセントへと上昇し、１９８０年代末には10─15パーセント、１９９０年代末には20─25パーセントに達した（付録Ｇ表Ｇ－８の列(７)を参照）。

（４）１９３０年の立法府が生命保険を優遇する行動をとったことから見て、この投資形態がすでにかなりの重要性を帯びていたことがわかる。

（５）ＩＮＳＥＥが、家庭によって申告された財産所得を国民経済計算の数値と対応させるために「修正」するにあたって活用した１９９４年の「家計」調査によると、所得階層のトップ四分位が保有する動産資本所得の割合は、銀行預金が38パーセント、生命保険が54パーセント、有価証券が74パーセントだった（１９８４年の「家計」調査では、それぞれの割合は37パーセント、51パーセント、69パーセントだった）（「家庭の所得と資産１９９６年版」、『総論第5号』〔１９９６年8月、ｐ・42〕を参照）（株だけを取り出すことができれば、有価証券の集中度はさらに高くなるはずである）。１９９４年の「家計」調査からは、家庭の動産資本所得に占める生命保険の割合が、ほぼすべての所得階層で約20パーセントを占めることがわかる。ただしトップ百分位においてはわずかに低下し、生命保険の割合は約15パーセントとなる（『貯蓄所得税法』、共和国大統領への第17次報告、租税審議会、１９９９年、ｐ・37、図9を参照。これは相続資産所得全体を対象とした図なので、不動産所得を差し引いて考える必要がある）。

においても１９９０年代に行なった相続資産調査においてと同様、はっきりと現われている。この規則性は、税制的に有利で経済的にリスクの少ない生命保険契約には制度的にかなりの制約があること、また生命保険契約は、株を直接所有することによってのみ超高額資産家にもたらされるような権限や自由や高い収益を契約者に与えないことと完全に符合する。超高額資産家にとって生命保険は、非課税の預金口座や積立口座よりもずっと関心を引きつけるが、直接所有する株に比べると補助的な役割しか演じないことが多い。上述の調査に基づくと、所得階層の分位Ｐ９９・９９―１００の世帯が持つ生命保険契約からもたらされる利子は、所得税納税のためにこれらの世帯が申告する動産資本所得額の（最大で）およそ20パーセントに相当すると考えられる。[2] こうした動産資本所得は、これらの世帯が申告した所得合計のおよそ50―55パーセントに相当するが、[3] 生命保険契約からもたらされる利子を考慮に入れると、１９９０年代の「２００家族」（分位Ｐ９９・９９―１００）の平均所得の推定値は（最大で）およそ10パーセントの上方修正が必要になる。しかし、この分位の平均所得と国民全体の平均所得とを隔てる比率が20世紀末において20世紀初頭の水準を取り戻すために４００パーセントの上方修正を要することと比べれば、これははるかに少ない数字である。

源泉分離が適用される所得、そして非課税の預金口座・積立口座の所得の場合と同じように、生命保険契約からもたらされる利子が所得格差にいかなる影響も及ぼしてこなかったと結論するのは行きすぎだろう。実際には、こうした所得全体に関して得られた結果から、とりわけ第二次世界大戦以降に定められた適用除外制度の対象となる動産資本所得が享受してきた免税が、大資産の再構築を優遇するためではなく、「平均的」な資産の再構築を優遇するために考えられたことがわかる。大資産の所有者はたしかに、所得税の「単税」へのゆっくりした歩みと配当税還付金とを享受したが、重要なことは、彼らが好む所得（つまり配当）が累進所得税を決して免れられなかったことで、それは「２００家族」が申告する所得全体における動産資本所得の割合が、課税されない所得の総額の急増にもかかわらず、20世紀末において、戦間期と同じ水準（どちらの場合も約50―55パーセント[4]）にとどまっている理由でもある。

逆に、申告されない所得がどのように分布しているかを正確に特定することが理論上きわめてむずかしいとしても、源泉分離の導入、非課税の預金口座・積立口座の充実、生命保険の普及が、かなりの程度まで、「中流階級」（分位P90―95）および「上位中流階級」（分位P95―99）が申告する動産資本所得が依然として戦間期の重要性を回復していない原因であることは疑う余地がない。戦間期には、「中流階級」（分位P90―95）が申告した所得全体の7―8パーセント（1カ月〔弱〕の副収入に相当[5]）までを動産資本所得が占めることがあったが、1990年代には2パーセントしか占めていない。この差の少なくとも半分は、源泉分離が適用される所得、預金口座や積立口座の所得、

（1）とくに1998年の「相続資産」調査を参照。そこには、1994年の「家計」調査と同じタイプの特性が見られる。つまり家庭の相続資産総額に占める生命保険の割合は、家庭の包括資産水準による違いが比較的少ない。ただし大規模な資産家においてはわずかに減少する（300万フランから800万フランの財産では生命保険の割合は20パーセントだが、800万フラン以上では約15パーセント。「家庭の所得と資産1999年版」、『総論第28号』〔1999年9月、p・92〕を参照）。アロンデル&マソン（1997年）は、1992年の「金融資産」調査を独自に活用することで、生命保険が、投資形態の一方の極にある（リスクを嫌う顧客向きの「庶民的な」投資である）銀行預金と、他方の極にある（収益率の高さから富裕層が積極的に選ぶ投資である）株との間の中間に位置するという考えを主張している。

（2）世論調査の常として、これまでの注に引用した調査によっては分位P99・99―100を切り離して考察することはできないため、この推計には不確かな部分が残る（相続統計には生命保険契約の記載がないので、債券の場合と違って相続統計に頼ることはできない）。しかし、動産資本所得に占める生命保険の割合が分位P90―95およびP95―99で20パーセント、（全体としてとらえた）トップ百分位で15パーセントであるという事実から（『貯蓄所得税法』、共和国大統領への第17次報告、租税審議会、1999年、p・37、図9を参照）、分位P99・99―100における生命保険の割合は20パーセントを大きく下まわると考えられる。

（3）付録B表B-17の列RCM（分位P99・99―100）を参照。

（4）付録B表B-17の列RCM（分位P99・99―100）を参照。

（5）付録B表B-17の列RCM（分位P90―95）を参照。

そして生命保険からもたらされる利子によって説明がつくと考えられる。[1]

いずれの場合も、それはたしかに副収入を意味する。第2章で見たように「中流階級」（分位P90―95）は、「上位中流階級」（分位P95―99）およびトップ百分位の世帯の大多数と同じように、主として就業所得（および賃金）によって生活している。したがって「税務統計上の幻想」は、これらの社会集団に対しては比較的限られた影響しか与えることはない。それでもやはり、こうした非課税の所得を考慮しないことは、20世紀末の所得全体における高所得層の割合の過小評価につながるだろう。税の免除は大規模な資産家よりも「平均的」な資産家に恩恵を与えたが、（「平均的」なものにせよ）資産の再構築を優遇するということは、必然的に格差の拡大の要因となる（所得階層の下位十分位はまったく、あるいはほとんど資産を持っていない）。事実、源泉分離が適用される所得、非課税の預金口座や積立口座の所得、生命保険からもたらされる利子を考慮に入れると、所得総額に占めるトップ十分位の割合は1990年代において、累進所得税の対象となる所得だけに基づいて推計したように32―33パーセント前後ではなく、34―35パーセント前後となる（第2章図2－6を参照）。[2] 同じように、入手可能な資料が乏しいためこの格差拡大をたしかな数値で表わすことはできないにしても、1980―1990年の動産資本所得の急増は、所得全体におけるトップ十分位の割合に、1982―1983年以降には、もっぱら累進所得税の対象となる所得をもとに確認された増加をかなり上まわる増加があったことを示唆している（第2章図2－6を参照）。[3] たしかに、累進所得税を合法的に免除された動産資本所得の存在によって生じる「税務統計上の幻想」は、この100年間に超大資産が急減し、再構築されないという現象を説明するには明らかに不十分である。しかしこの理論は、1980―1990年の格差拡大について判断を下す場合にははるかに有効であると思われる。

(1) 1994年の「家計」調査によると、預金口座、積立口座、生命保険契約から生じる所得は、分位P90―95において、有価証券から生じる所得に匹敵する額だった（『貯蓄所得税法』、共和国大統領への第17次報告、租税審議会、1999年、p・37を参照）。「有価証券から生じる所得」に源泉分離が適用される所得が含まれることを考慮すると、これらの所得すべてが課税所得として申告されるとすれば、1990年代における分位P90―95の所得全体に占める動産資本所得の割合は（2パーセントではなく）少なくとも約4パーセント、おそらく約5パーセントとなるだろう。

(2) 1990年代末、これら三つの所得の総計は年間でおよそ3500億フラン（源泉分離および預金口座・積立口座が2000億フラン、生命保険が1500億フラン）、つまり年間の課税申告所得およそ4兆フランの9パーセント近くに相当する（付録G表G－2の列(4)を参照）。1994年の「家計」調査によれば（「家庭の所得と資産1996年版」、『総論第5号』〔1996年8月、p・42〕を参照）、この9パーセントの副収入のうち約50パーセントを、トップ十分位の世帯が保有していると考えられる（したがって(32＋0・5×9)／(100＋9)＝33・5%、(33＋0・5×9)／(100＋9)＝34・4%となる）。

(3) INSEEは1984年、1989年、1994年の「家計」調査に基づく研究結果を1996年に発表したが、その結論として、家庭が申告した資本所得の総額と国民経済計算の総額が対応するように前者を「修正」すれば、所得格差が著しく大きくなると述べている（「家庭の所得と資産1996年版」、『総論第5号』〔1996年8月、p・36〕を参照。そこで得られた結果を付録I第1．1．3節に掲げた）。しかしINSEEが、理論的に高所得層の変化の説明にはつながらないP90対P10といった格差の尺度だけを用いていることは指摘しておく必要がある。また、1980―1990年代の格差拡大を量で表わすことは、非課税の資本所得の分布が総所得だけでなく、年齢や職業的水準にも左右されるために複雑になる。したがって年間の体系的データなしに正確なことをいうのはきわめてむずかしい（たとえば「家庭の所得と資産1995年版」、『総論第1号』〔1995年6月、p・92〕においてINSEEは、1990年の「課税申告所得」調査と1992年の「金融資産」調査を結びつけながら、「現実の」資本所得と所得税のために申告される資本所得の比率が年齢のかなりの減少関数であるとしている。若年層のほうが所持する口座の数が多いのはこれによって説明がつく）。また「家庭の所得と資産1999年版」、『総論第28号』〔1999年9月、p・30〕でINSEEは、資本所得が著しく増加しても、多くの場合、その恩恵を受けるのが現役で働いている家庭ではなく退職者の家庭である以上、必ずしも格差の拡大を招くわけではないと指摘している。

1.3 キャピタルゲインの場合

キャピタルゲインには特別な注意を向けるだけの価値がある。これまで検討してきた種類の所得と違って、キャピタルゲインは大量の有価証券を持つ者にきわめて高く評価される所得の形態である。一般にキャピタルゲインは、個人または企業が、購入時の価格を上まわる価格で財を売ることから得られる利益を意味する。たとえば、マンション、家屋、営業権などの売却によってキャピタルゲインを得ることができる。しかし実際には、最も重要なキャピタルゲインは一般に株式市場で生まれる。たとえば1980―1990年代のような、著しい株価上昇が見られた時期に、記録的な短時間で莫大な金額を手に入れることができるのは、株を巧みに買い、巧みに売ることによってである。この「投機」活動はもちろん、株券による大資産を持っていればいるほど大きい利益をもたらし、最上層の資産家においては実際そうなっている。

キャピタルゲインを考慮に入れて高所得層の所得水準の推計をどのくらい修正すべきかを検討する前に、キャピタルゲインが実際にどの程度の「所得」になるのかを考えてみる必要があるだろう。事実、この問題は経済学者の間で取り上げられただけでなく、キャピタルゲインへの課税をめぐっても多くの議論がなされてきた。何人かの経済学者によれば、キャピタルゲインは「所得」ではなく「資本利得」であって、他の所得に加算するべきではないという。クズネッツが選んだのもこのような立場で、彼は1913―1948年のアメリカにおける所得申告に基づいた統計表を1953年に活用し、所得格差に関する最初の網羅的研究を行なったとき、キャピタルゲインを研究範囲から無条件に外すことを決めた(1)。このような原則的立場の根拠となるのは、キャピタルゲインがなんらかの新しい生産、新しい価値の創造には結びつかず、本当の生産の結果として割り当てられる所得と同じように扱うことが不自然に思われることである。そうした事情がとくに明白なのが、全体的な株式資本化〔資本が生産ではなく株式投資に向かう状態〕が一定で、ある企業が別の企業を犠牲にして発展することによってのみ株価が変動するような「定常的な」経済の場合である。そのような経済のもとでは、理論上、あらゆるキャピタルゲインは「キャピタルロス」〔資産の売却額が購入時の取得コストを下まわっている状態〕によって直ちに相殺される。衰退する企業の名と成長する企業の名を早くから言い当てられる者は、前者の株を売って後者の株を買うことでキャピタルゲインを獲得する。一方、逆の選択をする者には、同額のキャピタルロスが生じる。言い換えれば、キャピタルゲインとキャピタルロスの合計は、株価変動が誘発する売買に影響されることなく常にきっかりゼロとなる。

キャピタルゲインのこうした「人為的」な性格は、全体的な株式資本化が著しく拡大する経済においてもはっきりしている。このように株取引の幸福感に満たされた時代は、株の保有者が、程度の差はあれ、近い将来に企業利益の全体的上昇を一致して予想する（したがって配当の上昇を予想し、それらの配当を見込める株を買うためにより高い金額を払う）ということに、あるいは単に株の保有者が（期日前の配当とは無関係に）自分が買った金額より高い金額で手持ちの株を求める買い手を常に見いだせると確信していることによって到来する。現実に、こうした幸福な株取引の時代はときには大きく拡大し、１９８０—１９９０年代の現象のように、株式資本化を生産よりも構造的に速く進展させることがある。数年の間、実際の取引で生じたキャピタルゲインとキャピタルロスの合計はたしかに、たとえば新しい家庭〔個人投資家〕が株に手を出し、他の家庭にキャピタルゲインをもたらす場合のように、厳密に黒字となりうる。しかしこの種の現象はそれほど長く続かず、しかも株式資本化全体にそうした現象が浸透することはありえない。仮に株の保有者全員がキャピタルゲインを獲得しようとすれば、彼らの株を買う者はいなくなり、相場は暴落する。言い換えれば、幸福な株取引の時代によって生じたキャピタルゲインは、「バーチャル」な状態でしか存在しない（これを「潜在的」キャピタルゲインという）。理論上、このキャピタルゲインはすべての者がそれを獲得しようとするとたちまち消滅する。これが、生産に直結した所得とキャピタルゲインとの違いである。国民経済計算

（１）クズネッツ（１９５３年、ｐ・１１０—１１５およびｐ・２５３—２６２）を参照。

がこれまで一度もキャピタルゲインを考慮に入れてその量を割り出していないのは、キャピタルゲインのこの「バーチャル」な性格による。国民経済計算の目的は、国民経済が生産する財とサービスの総量、およびその生産が給与、利益、税、配当、年金などの形で分配される様態を推計することである。資産（株、債券、不動産など）の価格の変動に関する知識は、こうした国民経済計算の推計になんの役割も演じてこなかった。そして国民経済計算の担当統計学者も、こうした価格変動やそれにともなうキャピタルゲインに関心を示すことがなかった。

しかし、私たちの調査の枠組みにおいてキャピタルゲインを無条件に無視することは行きすぎであると思われる。まず、一部の人々が十分な巧みさをもって、あるいは十分な情報や人脈を武器にしてかなりのキャピタルゲインを得ている事実は、所得格差の形成につながるより一般的な過程の、一つの特殊な面にすぎない。株取引の巧みさ、情報、人脈に恵まれた一部の人々は、企業からいっそうの利益を引き出し、自らの地位を高め、最大の成果に結びつく知識を収集することができる。したがって、一部の人々が他の人々よりも大きい利益を獲得できる背景となる、より一般的なこの格差現象の「キャピタルゲイン的」な面を完全に考慮の外に置くのは不自然だろう。「潜在的」キャピタルゲインは、推計がむずかしい場合が多いうえに、おそらくは関心を抱かれていない。キャピタルゲインは相場のめまぐるしい動きに大きく依存し、あまりに「バーチャル」な存在なので、それを考慮することは解釈上の厄介な問題を招かないわけにいかない。[1] 他方、自分の資産をタイミングよく売ることのできた人物が現実に獲得したキャピタルゲインは、超高所得層の水準の推計、そして所得全体における高所得層の割合の推計に組み入れる価値がある。

さらに、キャピタルゲインを考慮の外に置くと、私たちの結論の精度が下がるおそれがある。というのも、この「所得」は1980―1990年に、株式市場の好状況によって、また「迅速に再資本化できる」と銘打たれ、キャピタルゲインを動産資本所得のほぼ「通常」の様式にすることに大きく貢献した、一般投資家向けの新しい金融商品の充実によって、きわめて重要なものとなったからである。たとえば「契約型投資信託（ＦＣＰ）」あるいは「オープンエンド型投資信託（ＳＩＣＡＶ）」の商品を買おうと決めた個人は、配当や利子を自分自身で受け取る立場にはない。ＦＣＰやＳＩＣＡＶの経営組織が集めた資金を最良の方法で投資し、そうして得られた配当と利子は直接「再資本化」、つまり再度すぐに投資されて、ＦＣＰなりＳＩＣＡＶなりの商品価値を高めるのである。やがて、当の個人が現金を必要とするようになると、商品を売り、キャピタルゲインを得る。ＦＣＰまたはＳＩＣＡＶの管理組織が（割り当てられる配当・利子から見ても相場の上昇から見ても）最も利益の高い銘柄を選ぶという選択眼を持っていた場合、キャピタルゲインの額はきわめて高くなる。１９８０年代半ばから、証券取引の「再評価」と優れた運営によってすでにきわめて世評が高くなっているこれらの金融商品の発展は、１９８９年12月29日法によって大幅に優遇された。つまりこの法によってＦＣＰとＳＩＣＡＶは、より広くいえばすべての「有価証券・投資信託機関」（その一部がＦＣＰおよびＳＩＣＡＶ）は配当を「自由」に再資本化する権利を認められた。このことは、有価証券・投資信託機関の商品の応募者の資金を投資することで得られた配当がいかなる税も課せられず、その全額をふたたび投資に回せることを意味する。[2] こうした配当への課税とは無関係に、この「集団による」投資形態の利点は、株への投資を望む個人に、わずかな費用で、経験豊かなプロの資金運用を享受させ、一定のキャピタルゲインを獲得させる点に

（１）「ストックオプション」（会社に貢献した個人や機関に、あらかじめ決めた価格で自社株式を購入する権利を会社が認めること）は解釈上きわめて深刻な問題を突きつける。たとえば『エクスパンシオン』誌によれば、フランスの大企業の「超上級管理職」２万８０００人は１９９０年代末の株取引ブームの結果、総額４５０億フランに達するストックオプションを所有し、１人あたりで考えると約１６０万フランの潜在的キャピタルゲインを持っていることになる（『エクスパンシオン』誌第６０４号、１９９９年９月９—22日、ｐ・42—62を参照）。しかし、先に述べた一般的問題よりも重要なのは（みなが自分のキャピタルゲインを獲得しようとすれば、キャピタルゲインは消滅する）、この金額が何年もかかって蓄積されたキャピタルゲインであるため、平均年収への換算がきわめてむずかしいことである。税制上の優遇措置を受けるには最低5年の保有を要するので、平均保有率を5年と考えると、これらのストックオプションは超上級管理職１人あたり約30万フランの平均年収に相当する。つまり、最も高額の所得を申告している3万世帯によって申告される平均年収の10パーセント強にあたる（１９９０年代には、分位Ｐ９９・９—１００の世帯の平均年収は２５０万フランから３００万フランである。付録Ｂ表Ｂ‐11を参照）。

（２）ただし、ふたたび投資された配当は配当税還付金の対象にならない。

ある。個人投資家の資金すべてがそのように運用される極端な場合を想定すると、個人投資家は（厳密な意味での）動産資本所得を決して受け取らない立場に置かれることがわかる。あらゆる利子と配当は、獲得されるやいなや、多くの投資家の資金を管理する組織によってふたたび投資され、個人投資家はこの組織の中に所有する商品を売ることでキャピタルゲインを受け取るにすぎない。とくにこのような世界では、個人投資家に生じるキャピタルゲインとキャピタルロスの合計は、株式資本化が停滞している場合を含めて構造的に黒字になる。つまり個人投資家の貯蓄を預かって運用する組織は配当や利子を得るが、キャピタルゲインはそれらの配当や利子を偽装する方法にすぎない。こうした間接的手段があることは、超高額の資本所得が再構築されない現象がこの種の「税務統計上の幻想」に起因するのではないことを確かめるためにも、キャピタルゲインを考慮に入れる点が欠かせないことを意味している。

残念ながら、20世紀を通じたキャピタルゲインの総額と分布の変化を正確に推計するのはきわめてむずかしい。キャピタルゲインが国民経済計算の考慮に入っていないだけでなく、この「資本利得」が税法と所得申告の中に登場したのはごく最近のことだからである。1914―1917年に確立された税制には、キャピタルゲインへの課税を可能にする網羅的措置が存在しなかった。たしかに、原則としてキャピタルゲインが課税対象となる特殊な状況はいくつもあった。たとえば、「証券取引所の投機家」によって獲得されるキャピタルゲインは理論的に非商業収益に属し、「投機家」としての取引活動がまちがいなくプロとして「習慣的に行なわれる」[1]活動であるという条件で、他の非商業収益と同じように、非商業収益に対する分類所得税と総合所得税とを同時に課せられていた。言い換えれば、「有価証券の銘柄を買った額よりも高く売る個人は、分類所得税も総合所得税も課税されない」[2]。実際には、この「習慣的に行なわれる」キャピタルゲインの割合は現実に生じるキャピタルゲインのほんのひと握りにすぎない。したがって、総合所得税納税のために提出され、当時の高所得層の水準を見極めるために私たちが利用した所得申告は、キャピタルゲインを（ほとんど）考慮に入れていないと考えられる[3]。ここで、会社によって獲得されるキャピタルゲインにも触れておこう。そのようなキャピタルゲインには総合所得税を課税することができ、たとえば人的会社がキャピタルゲインを得た場合や、会社の解散でキャピタルゲインが生じた場合には、原則として所得申告に記載しなければならない。[4] しかしそうしたケースもまた特殊であって、キャピタルゲインが一般的には完全に非課税であるという事実を変えるほどではなかった。[5] キャピタルゲインが「資本利得」であって「所得」ではないとする理論上の先入観とは別に、１９１４―１９１７年の改革後の税法によるキャピタルゲインの非課税扱いは、おそらく当時の立法府が自らの限界を自覚していたことを表わしている。のちに見るように、戦間期の税務当局はすでに、納税者が所得申告に記載「しない」配当や利子の問題で手いっぱいだった。そのため、配当や利子以上に痕跡が残りにくくチェックがむずかしいキャピタルゲインの一般化された課税は、単純に実現できるようなものではなかったのである。

（1）アリックス&ルセルクレ（1926年a、第2巻、p・65）を参照。

（2）アリックス&ルセルクレ（1926年a、第1巻、p・382）はこの税制を称賛している（クズネッツと同様、彼らはキャピタルゲインを「所得」ではなく「資本利得」と見なし、課税されるべきでないと考えている）。

（3）総合所得税に申告される「習慣的に行なわれる」キャピタルゲインは他の非商業収益に加算されるため、その総額を正確に推計することは不可能である。しかし、所得全体に占める非商業収益の割合がトップ百分位において常にはっきりと減少してきたことから（付録B表B－16の列BNCを参照）、ほとんどの「大口投資家」がこの課税制度をうまく逃れたと考えられる。

（4）１９１４―１９１７年の改革によって生まれた税制において、会社が実現するキャピタルゲインは商工業収益に対する分類所得税を課せられていた。したがって、会社の会計と所有者の会計を区別せず、分類所得税のために会社として申告する商工業収益全体を、所有者が総合所得税の課税所得として申告しなければならない人的会社の場合、キャピタルゲインは総合所得税の課税対象となりえた（アリックス&ルセルクレ〔１９２６年a、第1巻、p・３８１―３８３〕を参照）。他方、会社の解散によって生じたキャピタルゲインは引きつづき有価証券所得税を課せられ、ときには総合所得税の課税対象となった（アリックス&ルセルクレ〔１９２６年a、第1巻、p・２６２〕、プラニェ〔１９８７年、p・１９２―１９７〕を参照）。

（5）ここでも、総合所得税を課せられたキャピタルゲインの総額を正確に推計することは不可能である。キャピタルゲインは（第一の場合）商工業収益として申告されるか、（第二の場合）動産資本所得として申告されるからだ（前注を参照）。しかし重要なことは、会社によって実現されたキャピタルゲインが総合所得税の課税基礎となるのが特殊な状況に限られること、そして個人によって実現されたキャピタルゲインが総合所得税の対象とされないことである。

こうした状況は戦間期を通じて、また第二次世界大戦後の30年ほどは、変わることがなかった。キャピタルゲインを所得税法に組み入れる包括的措置が実施されるのは、1976年7月19日法が採択されてからのことである[1]。採択には、議会での紛糾をともなう長時間の手続きを要し、ジスカールデスタン政権は、税法と社会正義の歴史のまたとない機会としてこの税制改革を打ち出すために全力を尽くした。鳴り物入りで発足した「キャピタルゲインへの包括的課税検討委員会」の任務通達書簡に採録されている、ヴァレリー・ジスカールデスタンから首相のジャック・シラクにあてた1974年7月25日の手紙には次の一節がある。「現代社会で獲得されるキャピタルゲインは、所得に類似した形で、当事者の資産と生活水準を潤している。現行の税制を、公平性をいっそう必要とする構想へ移行させるには、今後、獲得されたキャピタルゲイン全体が所得の概念に含まれる必要がある。そこで、所得税におけるキャピタルゲインへの課税を適用する条文の検討および作成を進めるようお願いする[2]」。実際には、当時の刻々の動きおよび議論の研究によって、キャピタルゲインの問題に対するこの突然の関心の背景には、「公平性を徹底させる構想」の推進という考えが示唆するよりもずっと複雑な事情があることが明瞭になっている。ジスカールデスタン政権は、1965年に導入した配当税還付金をはじめ、1959年の改革以降ずっと適用し、論議の的になりつづけている動産資本所得対象の多くの優遇措置によって世に与えたイメージをいくらか修正しようとしていた。しかも、「キャピタルゲインへの包括的課税」は、当時の左派が言い立てていた資本課税の構想を抑え込むことにもつながった。

同時に注目したいのは、キャピタルゲインが一般法の条件における所得税の対象にはならないことを、1976年の改革がいわば公式に認めたことである。1976年7月19日法はたしかに、動産および不動産のあらゆるキャピタルゲインに累進所得税が課せられることを定めた。しかしこの法はキャピタルゲインを、それぞれ異なる控除が認められる短期・中期・長期の三種に複雑に区別しており、有価証券のキャピタルゲインへの課税制度の開始時期を1978年1月1日と定めていた。開始時期は1979年1月1日に延期されたのだが、現実にはこの制度の適用は行なわれなかった。その開始時期の前に新しい法が、有価証券のキャピタルゲインを対象とする措置を単純化し、緩和することになったからだ。すなわち１９７８年7月5日法が、「習慣的に行なわれる」有価証券のキャピタルゲインだけが（常に非商業収益として）累進所得税の対象となること、それ以外の有価証券のキャピタルゲインはすべて15パーセントの税率のみが課せられることを定めたのである。ただ、「習慣的に行なわれる」キャピタルゲインのための制度が実際に適用されるケースがきわめてまれであることを考慮すると、有価証券のキャピタルゲインのほぼ全体が累進所得税の対象外に置かれたと言っても過言ではない。１９８１年の選挙で誕生した社会党政権もこの方針を認めた。１９８２年12月29日法は１９７６—１９７８年に施行された措置を簡略にしたが、その方法は、「習慣的に行なわれる」有価証券のキャピタルゲインという不自然な制度を廃止し、キャピタルゲインを短期・中期・長期に分ける複雑な区別をなくし、次の二つの課税制度だけを残すことだった。一つは、（累進所得税の対象となる）[3]不動産取引によるキャピタルゲイン全体にかかわるもの、もう一つは（税率15パーセントの比例税の対象となる）有価証券のキャピタルゲイン全体にかかわるものである。この新しい措置は１９８２年の所得課税から大きな中断なしに適用されており、20世紀末の有価証券のキャピタルゲインは常に、一般法の課税方針と比べてかなり軽い課税に恵まれている。

（1）数多くの個々のケースに対応しつつキャピタルゲインに課税するため、１９７６—１９７８年の改革前に他の措置が導入された（１９４１年3月15日法および１９４１年7月22日法は臨時の「動産キャピタルゲイン特別税」を制定した。１９４８年12月9日の政令と１９５９年12月28日法は、投資専門家による一部のキャピタルゲインへの課税を定めた。１９６３年9月19日法は不動産売却から生じる「投機的利益」に対応している）。しかし、これらはみなきわめて特殊な措置であり、個人が獲得する動産キャピタルゲインの一般的なケースを扱ってはいない（１９７６—１９７８年の改革前の所得税統計に不規則に現われるキャピタルゲインについては、付録A第3節を参照）。

（2）この手紙は『キャピタルゲインへの課税——研究委員会報告』、第1巻、p・2に収録されている（フランス資料センター、１９７５年）。

（3）実際には、不動産取引によるキャピタルゲインには（居住している住宅の売却で生じるキャピタルゲインの完全な非課税をはじめとする）多様な控除、そして（キャピタルゲインを別々の年の分として分割し、累進課税の影響を抑える）分割申告が認められている。

その額がどんなに高くても、有価証券の売却によって生じた利益には15パーセントの比例税しか課せられず、所得税税率表の厳しい最高限界税率を免れるのである。

いずれにせよここで重要なことは、１９７６—１９８２年の改革によって、キャピタルゲインが所得申告に（したがって税の統計に）しっかりと入ってきた事実である。１９８２年までに生じたたくさんの税法上の変化に適応するのに税務当局は数年を要した。そしてキャピタルゲインが毎年の徹底的な統計処理の対象となるのは１９８８年以降のことである。１９８８年の所得課税から、税務当局は毎年、累進所得税の対象となる所得をいくつかの区分に分けたうえで、比例税を課せられる有価証券のキャピタルゲインの数と金額をその所得区分ごとに示す統計表を作成している。この統計は私たちの研究にとってきわめて貴重なのだが、それはこの統計が、１９９０年代の高所得層の各分位がキャピタルゲインによって獲得した補足的所得、いままで私たちが考慮に入れようとしなかった補足的所得の重要性を正確に教えてくれるからである(1)。

１９８２年12月29日法で再度取り上げられた１９７８年7月5日法の表現によれば、有価証券のキャピタルゲインに15パーセントの税率がかかるのは、特定の年になされた有価証券の売却の総額が一定の閾値を超える場合だけである（この値に満たなければ、キャピタルゲインは完全に非課税となる）。そしてそのようなキャピタルゲインだけが統計に記載される。１９９３年まで、この閾値の見直しが定期的になされたが、やがてバラデュール政権とジュペ政権は、それに先立つ何年かの間に急速な普及を示したＦＣＰとその他のＳＩＣＡＶから得られるキャピタルゲインに関して、閾値を大幅に引き下げる取り組みをした。こうして、資本化型投資信託〔ファンド内の株の配当を出資者に配分するのではなく、ふたたび投資に回す投資信託〕の持ち分の売却で生じるキャピタルゲインを対象とする新しい閾値が１９９３年12月30日法によって定められた。１９９３年のキャピタルゲインへの課税では、有価証券・投資信託ポートフォリオの持ち分の売却によるキャピタルゲインに対して、売却額が16万６０００フランを超えると15パーセントの税率が課せられた。有価証券の売却で生じるその他のキャピタルゲインは、33万２０００フランという全体的閾値を超える場合にだけ課税された。有価証券・投資信託ポートフォリオ対象の閾値は１９９４年のキャピタルゲイン課税では10万フランに、１９９５年のキャピタルゲイン課税では５万フランになり、１９９６年12月30日法で最終的に撤廃された。つまり１９９６年のキャピタルゲイン課税からは、有価証券・投資信託ポートフォリオの持ち分売却によるキャピタルゲインは最初の１フランから課税されることになった。その機会を利用して、ジュペ政権は有価証券・投資信託ポートフォリオ以外の有価証券のキャピタルゲインを対象とする全体的閾値の撤廃を前もって決める。その結果、閾値は１９９５年のキャピタルゲイン課税における34万２８００フランから、１９９６年のキャピタルゲイン課税における20万フランへと引き下げられ、１９９８年のキャピタルゲイン課税では５万フランにまで下がる。売却額の閾値のこうした引き下げは、私たちの目的にとっては限られた重要性しか持たない。たしかにそれは直接の結果として、所得申告に記載される有価証券のキャピタルゲインの急増をもたらし、その数は１９９１—１９９２年のキャピタルゲイン課税以降３倍になった[2]。しかし、課税されるキャピタルゲインの数が３倍になったことは、これらのキャピタルゲインの総額にいかなる影響も及ぼしていない[3]。このことは、有価証券の売却から生じる利益がどれほど大

（１）１９９０年代の税務当局が用いている所得区分は高額の区分が不十分で、キャピタルゲインに関する年間統計表から所得階層のトップ百分位におけるキャピタルゲインの比重の変化を正確に探ることはできない（付録Ａ表Ａ－11を参照）。だが幸いなことに国税庁の所得申告の情報サンプルに基づく推計があり、そこには超高額の申告がほぼすべて含まれているので、１９９０年代の高所得層におけるキャピタルゲインの比重をきわめて正確に推計することができる（付録Ａ表Ａ－12を参照）。

（２）比例税率を適用されたキャピタルゲインの総数は、１９９１—１９９２年が１年あたり約20万、１９９３年が30万弱、１９９４年が40万以上、そして１９９５年以降は１年あたり約60万—70万である（付録Ａ表Ａ－11を参照）。

（３）課税世帯の課税所得全体に占める割合で表わすと、比例税を適用されたキャピタルゲインの総額は１９９２年までが約３—３・５パーセント、そして１９９３年以降もふたたび３—３・５パーセント（あるいはそれ以上）にのぼる（付録Ａ表Ａ－11を参照）（課税・非課税を合わせた世帯の課税申告所得全体に占める割合でキャピタルゲインの総額を表わしても、同じ安定性が見られる。付録Ａ表Ａ－12を参照）。

株主に集中しているか、そしてこの水準の売却額閾値ではどれほど軽微な影響しか受けないかを示している。しかしこの措置からは、１９９０年代の税務当局が、あらゆるキャピタルゲインに最初の1フランから課税する調整手段を持っていることがうかがえる。売却額の閾値が法的に引き下げられてから、キャピタルゲインの申告数は著しく増えはじめた。閾値の引き下げは、現実的な効力には限りがあるとしても、第4章で確認したことの裏づけにもなっている。つまり１９９０年代の立法府は、それ以前の歴代政府が動産資本所得を非課税扱いする方向に進みすぎたことに気づいたのである。(1)

１９９０年代の超高所得世帯にとってのキャピタルゲインの重要性について、これらの統計から何がわかるだろうか。まずこれらの統計は、この「資本利得」の特徴をなす強い集中の重要性を判断する手がかりになる。１９９０年代には、比例税を課せられるキャピタルゲインの総額は、累進所得税のために（課税世帯・非課税世帯を合わせた）全世帯が申告した所得全体の（年によって）1・5—2パーセントに相当する。(2) 言い換えれば、仮にこのキャピタルゲインが所得に比例する形で全世帯に分配されるなら、すべての所得がおよそ1・5—2パーセント、つまり比較的わずかなパーセンテージだけ上昇する。しかし、キャピタルゲインに他の所得よりもはるかに偏った分布が見られることはたしかである。１９９０年代には、比例税がかかるキャピタルゲインから生じる補足的所得は、平均で、上位10パーセントを除く90パーセントの世帯（分位P０—90）においては約0・5パーセント、「中流階級」（分位P90—95）においては1パーセント強、「上位中流階級」（分位P95—99）においては2—3パーセントである。そしてこの補足的所得は、所得階層トップ百分位の下半分（分位P99—９９・５）では5—6パーセントとなり、続く分位P９９・５—９９・９では10—12パーセント、分位P９９・９—９９・９９では15—20パーセント、「２００家族」（分位P９９・９９—１００）では25パーセント（それを若干超えることもある）にまで達する。(3)

じつはこの結果は、キャピタルゲインに累進所得税の対象となる動産資本所得（おもに直接所有している株の配当）(4)とおおよそ同程度の集中があることを示している。所得税の対象となる動産資本所得が他の形態の動産資本所得よりも集中度が高いことはすでに見たとおりである。20世紀末の最も富裕な0・01パーセントの世帯（分位P99・99—100）が獲得するキャピタルゲインの大きさは注目に値する。これらの世帯は毎年、所得税納税のために申告する（キャピタルゲインを除く）動産資本所得の総額の半分に相当する有価証券キャピタルゲインを受け取っているのだ。[5] 言い換えれば、分位P99・99—100の各世帯は毎年、キャピタルゲインのおかげで（平均して）およそ200万フランの補足的所得を得ている。キャピタルゲインを考慮に入れると、1990年代の「200家族」（分位P99・99—100）の平均所得を25パーセントほど上方修正する必要があり、それによって彼らの平均年収の推計額は約700—800万フラン（第2章図2－7を参照）から1000万フランとなる。[6] このことから、キャピタルゲインに税率15パーセントの比例税しか課税されないことが超高所得層にいかに大きく働いているかがわかる。所得階層トップ百分位の世帯全体で見るとキャピタルゲインの重要性は減少するが、それでもやはり大きな割合

（1）第4章第4．4節を参照。
（2）付録A表A－13の列P0—100を参照（表A－12の数値はすべて、課税申告所得、つまりあらゆる控除を行なう前の所得に占める割合を表わしている。表A－12の数値は1992—1995年のものでしかないが、税務当局が作成した通年の統計からは、1988年から1997年までキャピタルゲインの比重と分布に顕著な構造的変化が生じていないことが確認できる。付録A表A－11を参照）。
（3）付録A表A－12を参照。
（4）1990年代には、包括所得に占めるキャピタルゲインの割合は「中流階級」（分位P90—95）で1パーセント強だが、「200家族」（分位P99・99—100）では約25パーセントに急上昇する（付録A表A－12を参照）。動産資本所得の割合は「中流階級」（分位P90—95）で2パーセント、「200家族」（分位P99・99—100）で約50—55パーセントである（付録B表B－16を参照）。
（5）1990年代には、比例税率を適用されるキャピタルゲインから生じる補足的所得が所得全体に占める割合は、「200家族」（分位P99・99—100）で25パーセントに達する（付録A表A－12を参照）。この世帯が申告する所得全体に占める動産資本所得の割合は50—55パーセントである（付録B表B－16を参照）。
（6）0・25×800万＝200万、800万＋200万＝1000万。

を占めている。すなわちキャピタルゲインはトップ百分位（分位Ｐ99―１００）の世帯にとって平均およそ10―12パーセントの補足的所得となっていて、[1] これは１９９０年代の所得全体に占めるトップ百分位の割合が、キャピタルゲインを考慮せずに推計した約８パーセントではなく（第2章図2－14を参照）、約９パーセントであることを意味する。

１９９０年代のキャピタルゲインが相当の額に上ることはたしかだが、それを考慮に入れただけでは、超高額の資本所得が再構築されないという現象は説明できない。ここでもまた、あの大まかな数字を思い出すことが役に立つ。キャピタルゲインに対する上方修正はおよそ25パーセントで、これはつまり「２００家族」（分位Ｐ９９・９９―１００）が20世紀末において、20世紀初頭に置かれていた（国民全体の平均所得との関係における）位置を回復したと結論するために、私たちの推計に適用すべきおよそ４００パーセントの上方修正の15分の１以下となる。[2] 言い換えれば、「２００家族」（分位Ｐ９９・９９―１００）が20世紀初頭に置かれていた相対的位置を取り戻すには、１９９０年代の彼らの所得が、（当初の推計の７００万―８００万フランの代わりに）約１０００万フランではなく、（当初の推計の７００万―８００万の代わりに）３５００万―４０００万フランでなければならない。源泉分離が適用される所得の上方修正（最大で19パーセント）、生命保険契約からもたらされる利子の上方修正（最大で10パーセント）、そしてキャピタルゲインの上方修正（約25パーセント）を加算すると、最大でおよそ45パーセントの上方修正となるが、これは超高額の資本所得が再構築されない現象を「税務統計上の幻想」と見なすために必要な約４００パーセントの上方修正の10分の１近くも少ない数字である。この概算は、私たちの結論が数パーセント程度の推計ミスとも数十パーセントに及ぶ重大なミスとも無縁であることを示している点で重要である。[3] これまで分析してきた他の動産資本所得と同じように、キャピタルゲインの存在を考え合わせると、私たちが累進所得税の申告所得だけをもとに推計した（第2章図2－6を参照）以上に、１９８０―１９９０年代に所得格差が増大したと判断できる。しかしキャピタルゲインは、私たちの関心の的である超高額の資本所得のここ１００年間の急減とそれが再構築されない現象を説明するには著しく不十分である。

しかしながら、20世紀初頭および戦間期の超高所得層にとってキャピタルゲインにはほとんど重要性がなかったと考えるのは行きすぎだろう。たしかに、１９８０年代半ば以降に株式市場が経験した相場の急上昇と、直ちに再資本化される金融商品の発展が、１９７０年代から１９８０年代初めの時点の状況に比べてキャピタルゲインの比重を増大させたと想像することは可能である。キャピタルゲインに関する税務統計が現行の形で存在するのが１９８８年以降にすぎず、その統計によれば、１９８８年以降、キャピタルゲインの総額と分布がきわめて安定しているにもかかわらず、そう想像できるのである。[4] しかし、20世紀初頭および戦間期のキャピタルゲインの比重についてなんらかの

（１）付録Ａ表Ａ－12の列Ｐ99―１００を参照。

（２）400／25＝16

（３）ＩＮＳＥＥが富裕連帯税と（１９９６年分の）所得税のファイルを突き合わせて行なった研究を通じて最近得た推計を考慮に入れるなら、われわれの結論は「税務統計上の幻想」論とほとんど変わらない。その推計によると、富裕連帯税を課税され、かつ富裕連帯税の対象となる資産のトップ十分位の資産を持つ世帯にとって、包括所得に占めるキャピタルゲインの割合は50パーセントに達する（富裕連帯税の対象となる17万世帯のうち、このトップ十分位には約1万７０００世帯が入る）（「家庭の所得と資産１９９７年版」、『総論第11号』〔１９９７年9月、ｐ・75〕を参照。キャピタルゲインの割合を最大で約40パーセントとする推計が、『資産課税』、共和国大統領への第16次報告、租税審議会、１９９８年、ｐ・２３６に記されている）（実際には、ここで採用した数値〔それによれば、所得階層の分位Ｐ９９・９９―１００、つまり課税・非課税の両方を含む全世帯約３０００万のうちの３０００世帯あまりにおいて、キャピタルゲインは「わずか」25パーセントの補足的所得となる。付録Ａ表Ａ－12を参照〕との不一致はうわべだけのもので、おそらくそれは富裕連帯税対象世帯のトップ十分位が、基本的に相続資産に依存する人々のみで構成されていることによる。他方、所得階層の分位Ｐ９９・９９―１００には、超高額の労働所得で生活し、大規模な相続資産や潜在的キャピタルゲインを蓄積する時間がなかった人々も含まれる。あわせて指摘しておくと、富裕連帯税対象世帯のトップ十分位が申告する平均所得は（キャピタルゲインを入れて）「わずか」３３０万フランである（「家庭の所得と資産１９９７年版」、『総論第11号』〔１９９７年9月、ｐ・75〕を参照。富裕連帯税を課税される資産階層と所得税を課税される所得階層との一致が不完全なのはこのためである。

（４）付録Ａ表Ａ－11を参照。

具体的な結論を出すことはきわめて危険に思われる。生命保険契約からもたらされる利子と同じように、キャピタルゲインは20世紀初頭および戦間期の富裕層にとってすでに実質的な補足的所得だった可能性があり、１９８０—１９９０年代にキャピタルゲインに「第二の開花期」が訪れた可能性もある。それに、戦間期の法律家の中には、ほとんどのキャピタルゲインが総合所得税の課税を免れることを危惧し、キャピタルゲイン全体への課税によって、国家に「重要な」[1]追加的税収を確保させることを提案した者がいた。国家が獲得できるはずのこの税収の額をあえて算定した者はいないが、法律家がこの問題を気にかけたという事実からは、すでにキャピタルゲインが１９２０—１９３０年代のフランスにおいて社会的に相当の比重を持ち、かなり目立つ存在だったことがうかがえる。戦間期の資料としてはアメリカの税務統計も参照できるのだが、そこから確認できるのは、１９３０年代の世界恐慌でキャピタルゲインが急減する前、１９２０年代末の裕福なアメリカの納税者の所得全体の20パーセントを、キャピタルゲインが占めていたことである。[2] このアメリカの統計を同時期のフランスの現実にそのままあてはめるのは不可能だが、１９２０年代のフランスの「資本家」が、アメリカの「資本家」からきわめて高く評価されていたこの資金運用法をまったく知らなかったとは考えにくく、ＦＣＰやＳＩＣＡＶなどの「集団による」投資方式の誕生を待って初めて「資本利得」の魅力を知ったとも思えない。キャピタルゲインを完全に計算に入れると、１９９０年代の超高所得層が到達した所得水準の推計を上方修正するだけでなく、１９２０年代の（加えて20世紀初頭の）超高所得層が到達した所得水準の推計も引き上げる必要がありそうである。したがってこれらの修正が超高所得層の相対的位置の１００年にわたる推移に及ぼす影響は、すでに行なった推計から考えられるよりもはるかに小さいものにとどまるだろう。

１.４　分配されない利益

ここでは、企業の分配されない利益のケースを見てみよう。この利益は、当然のこととして、家庭の「所得」にはならない。企業が配当として株主に割り当てるのは利益の一部にすぎず、分配されない利益によって企業は、使いつづけた資本を刷新し、新たな株や社債を発行することなく新しい投資のための資金を調達し、準備金をつくることができる。したがって世帯間の所得格差を扱うときには、原則としてこうした利益を考慮に入れる理由はまったくない。だが実際には、分配されない利益はもっと複雑な役割を果たすことがある。たとえば、成長企業の株の大半を持ち、それによって、消費をまかない生活を営むために「必要」な額よりもはるかに高額の配当を毎年受け取っている人物がいるとする。この人物にとっては、当の企業が、分配する配当額をいくらか減らすことが得になる。こうして取っておいた金額には（それは「所得」にならないので）所得税の最高限界税率がかかることはないが、企業が事実上この人物のものである以上、その金《かね》は彼のものでありつづける。この人物はこのようにして莫大な資産を蓄積できるが、その蓄積は企業の中で行なわれるため、所得申告には現われない（または一部が現われるにすぎない）。この種の課税対策〔あえて企業内に利益を蓄積すること〕は、原則として、資本が常に細分化され、最も持ち分の多い個人株主でさえ数パーセントの株程度しか保有しない巨大企業においては、実行がむずかしくなる。割り当てられる配当は必然的にどんな株主でも一株あたりの額が同じであり、小株主にとっては、受ける権利のある配当を奪われることは理解しにくいだろう。しかし、完全に合法的な法律上のさまざまな手続きを踏めば、この場合でも同じ目的を達成することができる。たとえば、大規模な動産資産の持ち主たちは、持ち株の管理を唯一の目的とする、（ほとんど）彼らだけ

（１）とくにドゥサンシエール＝フランディエール（１９３６年）を参照。

（２）アメリカでは戦間期の時期から、キャピタルゲインが累進課税方式の連邦所得税の対象になっていた。ここに挙げた数値は所得申告に基づいてアメリカの税務当局が作成した統計表によるもので、クズネッツ（１９５３年、ｐ・２５６―２５７）からの再引用である。１９２０年代末の所得全体に占めるキャピタルゲインの割合は19パーセントまで上がったが、１９３０年代の世界恐慌によって５パーセント以下に急落した（クズネッツが引用しているこの数値の対象はおそらく課税世帯全体、つまり当時のアメリカの人口の10―15パーセントで（クズネッツ〔１９５３年、ｐ・２５２〕を参照）、当時の富裕層だけを取り出せばキャピタルゲインの割合は20パーセントを超えることになる。とはいえ、この数字は大きすぎるように思われる）。

が株主であるような会社をつくり、その会社の配当の時期と金額を自由に決めることができる。それゆえ、日常生活の消費における「必要」が十分すぎるほど満たされ、おもな目的が相続資産を有効に運用することであるような大資産を持つ人々にとっては、「所得」の概念そのものがかなりあいまいなのだ。実際に株主に分配される利益だけを根拠とする私たちの結論は、こうした課税対策の存在によって変更を迫られるのだろうか。

第一の答えは、こうした「企業内の利益の蓄積」という個人的対策は、理論上、永遠には続かないということである。その人物がこれらの流動資産を必要だと判断すれば企業内に蓄積された利益はついに分配されるが、そうなるとその利益は所得申告に記載されることになる（場合によってはキャピタルゲインとして記載される。このことは「資本利得」を考慮に入れることがなぜ大切か、そしてこの形態の所得が裕福な納税者にとってなぜこれほどの重要性を持つのかを理解するのに役立つ）。また、現実にはこちらの場合のほうが多いと思われるが、その人物が自分の存命中はこの対策をやめる必要を感じず、動産資産を有効に運用してできるだけ大きい資本を相続人に残すことを目的とするときには、蓄積された資本はやがては相続申告に記載されることになる（そのため、大規模な相続の推移を検討するメリットがあり、それについては後述する）。

第二の答えは、この種の対策をするように仕向ける税の力が、実際には、20世紀末に施行されている税法よりも1914―1917年に確立された税法においていっそう強かったということである。おそらくこの要因によって、超高額の資本所得の急減とそれが再構築されない現象に関する私たちの判断は（見直しを迫られるのではなく）さらに強固なものになる。第4章で見たように、戦間期の配当は「三つの課税」の対象になっていた。企業の利益にはまず、商工業収益に対する分類所得税が課せられ、次いで配当に（源泉徴収による）有価証券所得税が課せられ、最後に株主は、自分の配当を総合所得税の課税対象として申告しなければならなかった。したがって分配されない利益に課せられる税は、分配される利益に対する課税よりはるかに少なかった。利益を配当の形で自分に割り当てる代わりに、専用の会社に蓄積することで、戦間期の大きい動産資産の保有者は、税率が一般的に15―20パーセント前後(1)の有価証券所得税をはじめ、総合所得税を、そして1920年代初めには50パーセントを超えた累進所得税の最高限界税率を免れることができた（第4章図4-1を参照）。つまり当時の税法には、高所得層をこの種の対策に駆り立てる強い力があったのである。20世紀末になると状況はすっかり変わる。というのも、配当が「単税として」の課税制度を適用されるからだ。つまり企業の利益には企業収益税が課せられ、次いで株主は受け取った配当を所得税の対象として申告する。しかし、当の企業がすでに納めた税の額を株主に還元するしくみである配当税還付金を考慮に入れると、配当に課せられるのは一つの税だけで、分配されない利益だけが確実に法人税の対象となる。そのうえ、所得税の最高限界税率と会社の利益に課せられる税率との隔たりは、戦間期以降著しく縮まった。戦間期には、商工業収益に対する分類所得税の税率は（最大で）およそ10―15パーセント[2]、つまり1920年代初めに総合所得税の最高限界税率が到達した水準の約5分の1だった[3]。第二次世界大戦以降、企業収益税の税率は概して50パーセント前後で[4]、これは所得税の最高限界税率よりわずかに低い水準である[5]。実際は、「企業内での利益の蓄積」という形は時とともに有利さが減ってきただけでなく、自らに課せられる所得税の限界税率が法人税の税率よりも高い納税者の場合を含めて、分配されない利益への課税が分配される利益への課税よりも重くなる状況がいくつも存在する。たとえば（フランス海外県・海外領土への投資、不動産投資など）特定の支出を対象とした大幅な減税を受けている納税者にとっては、権限を持つ企業の利益すべてが分配されることが得になる。そうすればそれらの利益はあらゆる税を免れるからだ。

（1）付録C第1節を参照。
（2）付録C表C-8を参照。
（3）第4章図4-1を参照。
（4）企業収益税の税率が（1950年代末からの水準である）1980年代初めの50パーセントから1990年代初めの33パーセントへとしだいに下がったのはたしかだが、1995年以降に実施されてきた数々の特別増税によって、実際には50パーセントという「通常の」税率がほぼ保たれている。
（5）第4章図4-1を参照。

こうした税法の変化を視野に入れると、この課税対策によって累進所得税の申告における所得額は、20世紀末よりも戦間期のほうが大きい割合で減少する。

たしかに、戦間期の「資本家」が「あまりに多く」の配当の割り当てを避けるための山ほどの法的対策を考えだすまでに相当の時間を要したことは想像できる。総合所得税が存在しなかった第一次世界大戦前には、分配されない利益にはあって分配される利益にはない課税上の利点は、税率がきわめて低い有価証券所得税に限られていた。そのため当時の大株主にとっては、どんなにたくさんの配当を受け取ってもそれが目減りすることはほとんどなかった。しかし1914—1917年の改革後の分配されない利益に対する税の扱いは、20世紀末の分配されない利益に対する税の扱いよりもはるかに有利であり、そのため、その適用期間が数年以上継続しえたとは思えないとともに、ここで私たちが関心を向けている現象の一部なりとも、その税の扱いによって説明できるとはまったく考えられない（仮に戦間期の「資本家」が自分たちに課せられる税額を気にかけていなかったとすれば話は別だが）。同様に思い起こしておくべきなのは、物的会社、とくに株式会社には理論上、ある年度中に得られた利益をすべて分配しなければならないわけではないということだ。しかし人的会社においては、「分配されない利益」という概念は存在しない。企業の会計はその所有者個人の会計と一体となり、所有者には、企業の利益すべてを累進所得税の名目で申告する義務がある。この税制は、経営者の人格とは別の法人格を持たない多くの中小企業を対象とするだけでなく、家族的形態の維持を選んだかなりの数の大企業を含む合名会社をも対象としている。20世紀を通じてこうした合名会社の大企業の数は減っていくのだが、そのおもな理由は課税方式にある。1926年にアリックスとルセルクレは、合名会社の社員は（物的会社の株主と違って）総合所得税を課税されないよう利益を取っておけないことが、「個人の会社と大企業との中間に位置する法的形態であり、その活力がフランスに数多くの貢献をしてきた」合名会社にとって致命的な打撃を与えるおそれがあると指摘していた。さらに二人は、合名会社の大企業の多数が株式会社に変わる動きが、「とくに繊維産業において」[1]すでに始まったと述べた。したがって、所得税が導入された最初の数年間に申告された超高所得は、合名会社の社員が新しいルールに適応する時間、そして蓄えと「企業内での利益の蓄積」という戦略を実施する時間に恵まれていたと仮定した場合に申告されたであろう所得をいくらか上まわっている可能性がある。しかし、こうした戦略の実践的重要性が時とともにどのように変化したかを正確に見極めることがきわめてむずかしいとしても、[2]この適応の段階が、私たちが関心を向ける現象を部分的にもたらした可能性があると考えることはあまり現実的とはいえない。所得申告からは、戦間期に申告された超高所得のうち合名会社の利益が占める割合が比較的少ないことが、はっきりとわかる。そして当時の合名会社の所有者には、会社を物的会社にする時間的余裕がなかったと思われる。[3]

（1）アリックス&ルセルクレ（1926年a、第2巻、p・147―158）を参照。

（2）とくに、第1章で言及した非分配利益と分配利益との区別のマクロ経済学的推計をよりどころにすることはできない。参照可能な戦間期の推計が完全なものでないうえ、この推計は理論上、（公企業を含む）企業全体が生み出した利益全体を扱っているため、（準備金という形での「正当な」動機による、あるいは景気循環などを背景とする非分配利益とは異なる）現実に税制への対処を目的とする非分配利益を特定することは不可能である。

（3）「200家族」（分位P99・99―100）が申告した所得全体に占める（とくに合名会社が該当する）商工業収益の割合は、1930年代には20―30パーセント、つまり1950年代の水準より低く、1980年代の水準より10ポイント高かった（付録B表B―17の分位P99・99―100、列BIC）。それに対して1917年と1920年には、商工業収益の割合はずっと高かった（付録B表B―17の分位P99・99―100、列BIC）。これはおもにマクロ的経済情勢によるが、おそらく、大規模な人的会社に自らの法的形態を変える時間がなかったことを示してもいる。

2　脱税の問題

ここでは厳密な意味での脱税、つまり所得申告への記載が法的に義務づけられていながら、そこに記載されない所得の問題を検討しよう。当然のことだが、脱税の規模を正確に推計するのはきわめてむずかしい。とくに想起しておきたいのは、このような推計を行なうにあたって一連の国民経済計算を利用するのは危険だということだ。ただ、そうした形にもある程度の正当性がある。国民経済計算は税務の資料（とくに法人税納付のために企業が行なった申告）と、税務以外の資料（生産指数、部門別の多種多様な調査など）との突き合わせに基づいており、こうして得られた包括的推定値は所得申告とはかなり隔たりがあるため、比較の意味はある。(1) だが問題は国民経済計算が、（給与、利益などの）さまざまな所得カテゴリーの大多数の推定値を、（課税・非課税の区別なくすべての世帯を含めた）マクロ経済的次元で提供しているにすぎないことである。そのためこの資料からは、所得水準によって「脱税率」がどう変化するかを知ることができない。さらに、こうしたマクロ経済的次元で満足するとしても、問題は、国民経済計算が用いる「所得」の概念が所得申告で用いられる概念よりもかなり広いことで、そのため国民経済計算が推計する総額は、脱税とはまったく関係のない理由によって、常に税務上の総額よりもかなり高い値になる。とりわけ、国民経済計算に基づいて非賃金労働者が行なう脱税の規模を推計することはまったく不可能である。国民経済計算は、非賃金労働者が得る「粗」収益（「営業粗利益」と呼ばれる）を推計するだけなのだが、この利益は機材と設備の消耗および交換費用を考慮しておらず、（退職に備えた利子、分担金などの）数々の費用と負担も計算に入れていない。当然のこととして、この「粗」収益は非賃金労働者が所得税納付のために申告する「純」収益よりもかなり高くなり、そのためこのような比較をもとに脱税についてなんらかの正確な結論を引き出すことはできない。

しかしながら動産資本所得の場合には、こうした「所得」の定義の問題は、非賃金労働による混合所得の場合よりもはるかに重要でないことを指摘しておこう。動産資本所得については、国民経済計算の推計は脱税の正確な数値化にはつながらないが、累進所得税の名目で申告された動産資本所得の総額と、世帯が得ていると国民経済計算が考える動産資本所得の総額との大きな差が、（少なくとも１９８０―１９９０年代に関しては）税法違反となる無届けによるものではなく、主として合法的に所得税を免除されている所得の存在によるものであることが、この推計から確認できる。１９９０年代には、国民経済計算が家庭のものであるとした動産資本所得の総額は、累進所得税において申告された動産資本所得の総額のおよそ５倍に上る(2)。だが、この大きな隔たりの原因の90パーセント近くは、預金口座・積立口座の所得、源泉分離が適用される所得、そして生命保険契約からもたらされる利子なのである(3)。言い換え

（１）国民経済計算の情報源と方法を詳述した出版物の正確な出典については付録Ｇを参照。

（２）１９９０年代には、国民経済計算の推計による家庭の（生命保険契約からもたらされる利子を含む）動産資本所得の総額は、年に５０００億フランである（これは１９９０年代初めよりわずかに少なく、１９９０年代末よりわずかに多い）（付録Ｇ表Ｇ－６の列(2)を参照）。つまり累進所得税分として年に申告される約１０００億フランのおよそ５倍にあたる（前出）。

（３）生命保険契約からもたらされる利子を除いて、国民経済計算の年間統計ではこの種の所得を個別に取り出してはいない（付録Ｇ表Ｇ－８を参照）。したがって（すでに本書で行なったように）他の機関による推計に頼らざるをえない。租税審議会（『貯蓄所得課税』、共和国大統領への第17次報告、租税審議会、１９９９年、ｐ・１２８）によれば、国民経済計算が推計した５２６０億フランの動産資本所得のうち、累進所得税分として申告された動産資本所得（９００億フラン）にも、Ａ預金、青の通帳、青少年預金、産業振興向け預金口座、大衆向け預金口座、住宅購入積立口座、住宅購入定期預金、株式積立口座（以上の非課税分、１２６０億フラン）にも、源泉分離を適用される所得（６３０億フラン）にも、生命保険契約からもたらされる利子（１４３０億フラン）にも属さない金額は１０４０億フラン、つまり全体の20パーセント以下だった（数字は１９９６年のものである）。これより10年ほど前に租税審議会が行なった同様の分析（『所得税』、共和国大統領への第11次報告、租税審議会、１９９０年、ｐ・１３５を参照）によれば、動産資本所得全体に占める「隠された所得」の割合（つまり申告所得でもなく、合法的に課税を免除された所得でもない所得の割合）はせいぜい10パーセント強（３４１０億フランのうち４００億フラン）である（数字は１９８８年のものである）。類似の他の分析としては、『一般社会税』、共和国大統領への第14次報告、租税審議会、１９９５年、ｐ・58、『所得税』、共和国大統領への第７次報告、租税審議会、１９８４年、ｐ・57―58、『所得税』、共和国大統領への第２次報告、租税審議会、１９７４年、ｐ・74―75、『所得税』、共和国大統領への第１次報告、１９７２年、ｐ・76―83がある（最後の二つの報告はＳ＆ＥＦ「青シリーズ」、第２８７号〔１９７２年11月〕および第３１１号〔１９７４年11月〕に掲載されている）。

れば、合法的な理由で所得申告に記載されないこの三種類の所得を考慮に入れるなら、厳密な意味での脱税は、動産資本所得全体の（最大で）10パーセントにしかならないことがわかる。[1] 国民経済計算の資料からは、この10パーセントの脱税をしているのが納税者のどの所得層なのかを知ることはできないが、20世紀末において、累進所得税を免れる合法的手段がかなりの規模に達し、それが税法違反となる無届けの規模を大きく上まわっていることは確認できる。[2]

私たちは、税務監査官が行なった申告税額の更正に基づいて税務当局が作成した推計を参照することもできる。留意すべき重要な点は、所得税において税務当局が実際に行なった包括的修正が、概して、納税者が自発的に申告した所得をもとに作成した課税通知に記載された税の総額よりも約5—10パーセント高いことである（正確な数字は年によって異なるが、長期的に見ても高いにしろ低いにしろさほど大きな変化はない）。[3] この約5—10パーセントという違いはおおよそ、申告税額の更正に対応している。申告すべき所得の一部を申告しない納税者がいるという事実が（税務調査によって）判明すると、更正によって当初の税額が増額補正される。このパーセンテージは興味深いが、「実際」の所得を出すために、所得申告に基づく私たちの推計を一律に約5—10パーセント上方修正すべきだと結論するのはもちろん軽率だろう。まず、税収における更正は、理論上、所得における更正を上まわる。したがって約5—10パーセントの追加税収に対応する所得の上方修正の割合は、5—10パーセントよりもずっと低くなる。[4] だが逆に、納税者すべてが毎年、税務調査の対象となるわけではなく、仮に税務調査が国民全体に対して行なわれれば、修正の割合がはるかに大きくなることは考えられる。付け加えるなら、約5—10パーセントというこの全体的推計は、「実際」の脱税率が納税者の所得水準によってどのように変わるかという問題とはなんの関係もない。

このように、税収の統計に基づいて脱税を推計することにはあいまいさがともなうが、このあいまいさを克服する唯一の方法は、納税者全体を代表する全国的規模のサンプルが徹底的な税務調査の対象となっているような体系的調査を使うことである。そのような調査が行政にとってきわめて費用がかかること（また納税者に歓迎されないこと）は当然であり、私たちが知るかぎりでは、フランスにおけるこの種の調査は１９７０年代初めに行なわれただけである。国税庁は１９７２年、１９７１年の所得申告全体の中から無作為に選んだおよそ４万人の納税者のサンプルを作成し、このサンプルの納税者すべてを対象とする（「特別税務調査」および「専門職の利益すべてに関する会計検査」を含む）「徹底的な」検査を、所轄部門の税務調査の年間計画に組み入れた。この調査はきわめて厳密に行なわれたらしく、いくらか古い資料とはいえ、その重要性を過小評価するのは妥当ではないと思われる。というのも、脱税が当時とくに少なかったと考える理由はまったくないからだ。したがって、１９７９年に公表されたその結果は、私たちの研究にとってきわめて興味深い[5]。まず確認されるのは、とがめられる理由のある納税者が多数いることである。サンプルに選ばれた納税者全体に対する調査によって、それらの納税者の20パーセント以上のケースで更正が行

（１）この10パーセントという数値は最大の推計になる。非課税の預金口座・積立口座全体を考慮に入れることがむずかしいうえ、国民経済計算は家庭が手にする動産資本所得の中に、いま考察している三つの非課税対象には属さないが、累進所得税分として申告される動産資本所得には入れないのが完全に普通である所得を加えているからである（たとえば国民経済計算は、有限会社の代表者や合名会社の社員に支払われる報酬が所得申告において切り離して扱われるにもかかわらず、そうした報酬を動産資本所得の中に加えている。同様に、おそらく国民経済計算は、投資信託によって直接再度の運用に回される、課税されない利子と配当の大部分を家庭の所得としている）。

（２）以前の時代について同じような方法を用いることは、とりわけ国民経済計算による歴史的統計の不完全さのために、きわめて困難である（法的に非課税とされた動産資本所得の金額を時代ごとにうまく切り離すことができない）。税の免除がきわめてまれだった戦間期のケースについてはのちに触れる。

（３）付録Ａ第１．３節を参照。フランスの税務当局は、申告の取り扱い期間と課税通知の作成期間をきわめて早く順調な軌道に乗せたようである（付録Ａ第１．５節を参照）。

（４）不法に隠された所得は他の所得に付け加わり、その納税者の平均税率ではなく、その課税区分の限界税率を適用されるため、更正のパーセンテージは必然的に追加所得よりむしろ追加税収としていっそう高くなる（限界税率と平均税率との間に大きな差があることは第５章で見たとおりである）。さらに、約５―10パーセントの追加税収分には違反者が受ける追徴金も含まれる。

（５）１９７２年の調査結果はすべて、『所得税』、共和国大統領への第４次報告、租税審議会、１９７９年、ｐ・１５７―１７７に掲載されている（この報告はＳ＆ＥＦ「青シリーズ」第３６１―３６２号〔１９７９年11―12月〕に収録された）。

なわれた。[1] 1972年の調査はまた、脱税が賃金労働者よりも非賃金労働者の間ではるかに頻繁に行なわれていることを明らかにした。賃金労働者の場合、「脱税者」の割合は平均をかなり下まわったが、一部の専門職では平均を50パーセント上まわった。[2] だが重要なことは、多くの場合、脱税は比較的小さい額にとどまっているように思えることである。税務当局による更正全体を考慮すると、所得税が課せられるはずだった所得の総額は、実際に（「脱税者」と「非脱税者」を合わせた）[3] 納税者が申告した所得の総額よりも約5パーセント高いことがわかる。注目されるのは、（「脱税者」と「非脱税者」を合わせた）平均5パーセントの増額更正率が、非賃金労働者（20パーセント弱）よりも賃金労働者（約2パーセント）においてはるかに少ないことに加えて、「高所得」の非賃金労働者においてよりも「低所得」の非賃金労働者において、増額更正率がはるかに高いこと、同様に高所得の賃金労働者においてよりも低所得の賃金労働者において、増額更正率が上がる傾向を示すことである。[4] しかも、動産資本所得について得られた増額更正率の平均は、所得全体について確認された増額更正率にきわめて近い（前者が7パーセント、後者が5パーセント）。[5] 結果として、増額更正率の平均は全体の所得水準の減少関数となる。すなわち、低いほうの所得区分では5パーセントを上まわり、高いほうの所得区分では5パーセントを下まわっている。[6]

こうした結果の有効性はおそらく広範囲に及ぶ。とくに、脱税が「低所得層」、とりわけ非賃金労働者の「低所得層」において高い割合を占めるという事実は、参照できる他の部分的な情報や調査と完全に一致するように思われる。たとえば戦間期には、課税閾値を少し超えるだけの納税者は、税務当局に対して積極的に納税する意志がないことをことさらに示していたと考えられる。こうした「低所得」の納税者はしばしば、1914―1917年に導入された新しい税の対象とされるには自分たちの所得は低すぎると考え、不満をはっきり伝えようとしていた。[7] 1950年代、つまり第4章で触れたプジャード運動が高まった時代に税務当局が行なった調査を見ても、大企業より中小企業のほうが脱税が多いという結論にたどり着く。[8] この規則性は、最も低い税率区分に属する納税者が脱税にあたって冒すリスクが比較的低いことによって説明できる。完全に「誠実な」帳簿をつけることを避け、実際の所得よりも10―20パーセント（場合によってはそれ以上）少ない額を申告しながら、彼らは仮に更正が行なわれた場合も、要求される加算税の額が比較的少ないことを知っているのである。

付け加えるなら、諸外国で行なわれた同様の調査でも、とくに増税更正率の全体的水準において、同じような結果が見られる。ここでは、まさに１９７２年のフランスの調査と同じように、無作為に抽出した納税者の代表的サンプルに基づき、サンプルとした納税者一人一人について「徹底的な」税務調査を進めたアメリカの税務当局による１９４８年の調査を見よう。その結果が示すのはやはり、（フランスより少し低いものの）更正そのものは高いパーセンテージに達しているが、（「脱税者」と「非脱税者」を合わせると）増税更正率は比較的低いということである。更正を通じてアメリカの税務当局が出した結論は、申告所得が最も高い上位０・５パーセント（分位Ｐ９９・５―１０

（１）前掲『所得税』ｐ・１６０を参照。
（２）同書、ｐ・１６０（見積課税制度によって課税された収益の場合、更正の頻度がきわめて高いが、驚くにはあたらない）を参照。
（３）同書、ｐ・１６０（全体の更正率は追加税収において14パーセントに達する。この率は、不法に隠された所得が他の所得に混じり、その納税者の課税区分の限界税率を適用されたことから生じている）を参照。
（４）同書、ｐ・１６５を参照。
（５）同書、ｐ・１６１（それに対して、不動産収入の増額更正率の平均〔17パーセント〕は、就労による収益の増額更正率にいっそう近い）を参照。
（６）租税審議会が公表した結果（前注を参照）からは、残念ながら分位ごとに増額更正率の平均を推計することはできない。所得区分ごとに公表された統計の対象が、納税者全体ではないからだ（しかし、先に引用した統計を通じて、５パーセントという平均増額更正率が所得総額の水準の減少関数であることは確信できる。重要なのはその点である）。
（７）納税に対するこの消極性は、１９２０―１９３０年代にしばしば用いられた、「職権命令による課税」制度の統計にはっきりと見てとれる。この課税は、課税閾値を上まわる所得があるという情報を税務当局に握られているときに、とくに閾値をわずかしか超えない納税者が所得申告を怠ったときになされた（付録Ａ第１．２節を参照）。
（８）第４章第４．２節を参照。
（９）１９５３年のこの調査結果はマルシャル＆ルカイヨン（１９５８―１９７０年、第2巻、ｐ・47―48）に引用されている。

０）の世帯が申告した平均所得は2パーセントほど、続く４・５パーセント（分位Ｐ95―９９・５）の世帯が申告した平均所得は6パーセントほど、実際よりも少ないということである。[1] １９７０―１９８０年代にアメリカの税務当局が行なった別の同様の調査によって裏づけられた[2]アメリカでの１９４８年における率は、１９７２年にフランスで確認された5パーセントという増税更正率（納税者の所得が高くなるにつれて減少するが）にきわめて近い。これらの調査は二つの国でほぼ同じ方法に基づいて行なわれただけに、こうした結果が出たことはきわめて興味深い。したがって脱税の規模が、（規則に対して「より厳しく」、「ラテン系」でない）アングロサクソン、ゲルマン、スカンジナビア諸国よりもフランスではるかに大きいという広く行き渡った考えは、かなり誇張されているといわざるをえない。（該当する納税者の数では[3]）フランスで脱税が広く見られる可能性はあるが、（申告所得のパーセンテージで表わした）全体の脱税率が実際に大きいと断言する根拠はない。

いずれにせよ、脱税に関する国による違いの問題と（それがあるとすれば）フランスの独自性の問題以上に、こうした推計から知ることができるのは、脱税を考慮に入れても、私たちの関心の対象である所得階層の変化のタイプを説明することは決してできないだろうということである。20世紀末に、上位０・０１パーセント（分位Ｐ９９・９９―１００）の世帯の平均所得と国民全体の平均所得とを隔てる差が20世紀初頭のおよそ5分の1になったという現象は、５パーセントあるいは10パーセントの税収の修正ではとうてい説明できない。たしかに、こうした脱税の調査が不十分で、とくに超高所得層に対する税務調査が本来あるべき水準ほど「徹底的」でないと考えることはできる。また、対象とする納税者の数が限られるこうした調査では、所得階層トップ百分位の中の各千分位および上位「１０００分の10」を取り出して考察することができない。しかし、超高額の資本所得が急減し再構築されない現象が「税務統計上の幻想」でありうることを証明するような推計と、ここで得られた推計との隔たりは大きく、いったい何でそれを埋めることができるのかはわからない。いずれにしても、これらの脱税の推計は、現状では私たちが参照できる最も満足すべきものであり、とくに、脱税を糾弾するおびただしい数の文献に記された「推計」よりもはるかに信頼性がある。どの時代にも、脱税の広がりを非難する一連のベストセラー本が生まれたが、それらにざっと目を通すだけで、そうした文献が常にごくわずかの個人的逸話を根拠にしていることが確認できる。それらの逸話はどんなに意味ありげであっても、脱税の全体的規模を把握するにはほとんど役に立たない。(4) 完全に納得のいく推計がない現在、参照できる推計の限界を知ったうえで引き出せる結論は、税法で認められた免除と同じように脱税も、申告所得の水準に見られる20世紀初頭から20世紀末までに生じた大きな変化の原因だとはまず考えられない、ということである。

脱税の規模を把握するのに役立つ別の方法もある。所得税の歴史を彩った最高限界税率の急激な変化に超高所得層がどう対応してきたかを調べることによって、被るリスクに応じて申告所得を細工できる可能性がどの程度あったのかを推計することができる。そこで、1970―1996年を対象にこの種の詳しい分析を進めてみた。具体的には、1981年5月の選挙で誕生した社会党政権による増税をはじめとして、超高所得層がこの時代に課せられた限界税率の変化全体を考慮に入れた。そして超高所得層が申告した所得が、どの程度この変化に見合っているかを調べたと

（1）この1948年のアメリカの調査結果についてはクズネッツ（1953年、p・462―466を参照）が説明している。

（2）とくにビショップ&チャウ&フォーンビー&ハウ（1994年）を参照。彼らは1979年、1982年、1985年のアメリカの税務当局の税務調査資料を調べたうえで、階層の違いによる所得格差に目を向けると脱税の規模はほとんど取るに足りないと述べている。『所得税』、共和国大統領への第7次報告、租税審議会、1984年、p・67を参照。租税審議会がそこに引用しているアメリカの税務当局による1973年と1981年の調査によると、税の増額更正率は賃金労働者では5パーセントから6パーセント、非賃金労働の専門職の収益では16パーセントから21パーセントである（所得区分ごとの結果は示されていないが、クズネッツ（1953年）およびビショップ&チャウ&フォーンビー&ハウ（1994年）が引用した結果から、増額更正率の平均が常に、納税者の所得水準が上がるにつれて〔少なくともわずかに〕低下することがわかる）。

（3）これまでの注で公表・引用した結果からは正確にいいきることはできないが、1972年にフランスの一部の非賃金労働者において多く生じた50パーセント以上の増額更正は、（アメリカでも非賃金労働者のほうに脱税が多いとはいえ）アメリカには類例がない。

（4）ピエトリ（1933年）とブリ&シャルパンティエ（1975年）は、大量の攻撃的文書の中でも、半世紀近い隔たりがある二つの代表例である。

ころ、きわめて明瞭な結果が得られた。1970―1996年に申告をした超高所得層は（1981―1982年を含めて）、最高限界税率の変化にはっきりした形で反応した様子はなく、超高所得の相対的水準の短期的変化をもたらしたのは、課税による刺激よりもむしろ、マクロ的経済循環（限界税率の変化とは無関係に、景気後退局面では超高所得層は他の所得層よりも落ち込みが著しく、景気回復局面では他の所得層よりも上昇が早い）である。(1) こうした結果から、いくつかの事案についての個人的逸話とは対照的に、税務当局の目から所得を隠すことは想像するよりもはるかにむずかしいと考えるのが自然である。

さらに、1914年以降の最高限界税率のおもな変化をざっと検討すると、こうした結論が1970年から1996年の時期だけでなく、それ以前の時代にもあてはまる可能性が見えてくる。最もわかりやすい例はおそらく、所得税率を最も低く設定した1926年の減税だろう。政権発足後すぐに、ポワンカレは総合所得税の最高限界税率を2分の1にする決定を下し、1925年の所得課税で60パーセントだった最高限界税率は1926年の所得課税では30パーセントとなった。(2) ところが政府の期待に反して、該当する納税者が申告する所得に対してこの措置が及ぼした影響はどちらかというと限定的だった。たしかに1926年には、超高所得層の相対的状況の一時的改善が見られ、それまでの数年の下降傾向と好対照をなしたが、この一時的改善の規模はきわめて小さかった（私たちの推計では、所得全体に占める分位P99・99―100の割合は1925年の2・38パーセントから1926年の2・41パーセントへと上昇した）。(3) 同様に、総合所得税の最高限界税率を24パーセント、つまり1915―1918年以降に到達した最も低い水準に引き下げるという1934年のドゥメルグ政権の決定も、(4) 該当する納税者が申告する所得の水準に対してはごくわずかな影響しか及ぼさなかった。(5) 明らかにその水準は、脱税の問題ではなく、圧倒的に景気後退とデフレに起因していた。これに対して、すでに指摘したとおり、人民戦線政府の成立とそれにともなうインフレ誘導は、レオン・ブルム政権が超高所得層に対する税率を大幅に引き上げたにもかかわらず、総合所得税分として彼らが申告した所得水準にプラスの影響を及ぼした。(6) こうした出来事すべてが、裕福な納税者によって申告される所得の水準と変化が文字どおり経済の力で決定され、隠蔽《いんぺい》のできる所得の規模に左右されるわけではないことを裏づけている。おそらく脱税は常に、これまで想像されてきた規模よりもはるかに小さかった。とはいえ、すでに言及した調査に比べて、とくに所得階層トップ百分位の上層を研究できるという大きな利点を持つこの脱税規模の推計方法には、いくつかの限界がある。とくに、私たちが申告所得に対する影響を測ろうとしている税率の変化は、一般にサイクルが短いので、新しい税率に十分に適応できるほど長い時間が当該納税者にある場合、どれくらいの幅で調整が行なわれるのかを判断するのは困難である。

実際に、私たちが関心を向けている現象の原因が脱税ではありえないことを最も説得力のある形で証明すると思われる論拠は、脱税の規模が、20世紀末よりも戦間期のほうがおそらくずっと大きかったということである。言い換え

（１）１９７０―１９９６年の詳しい分析、および限界税率に対する課税所得の「柔軟性」の推計については、ピケティ（１９９８年）を参照。

（２）第４章表４－２を参照。子供のいない納税者を対象とする最大増税率、つまり子供のいない独身者に適用される税率を考慮に入れると、最高限界税率は１９２５年の所得課税における75パーセントから１９２６年の所得課税における３７・５パーセントに低下したことになる（第４章図４－１を参照）。

（３）第２章図２－８および付録Ｂ表Ｂ－14の列Ｐ９９・９９―１００を参照。

（４）第４章表４－１および４－２を参照。事実、子供のいない納税者に適用される増税率の引き上げ、および高所得層に適用される「特別付加税」の制定を考慮すると、１９３４年の所得課税における実際の「最高限界税率」は１９２６年の所得課税時よりもやや高くなる（３７・５パーセントに対して４２・０パーセント）（第４章図４－１を参照）。しかし「特別付加税」の導入が決まったのは１９３５年７月で（第４章表４－６を参照）、１９３４年分の所得申告が提出されたあとだった。

（５）私たちの推計によると、所得全体に占める分位Ｐ９９・９９―１００の割合は１９３３年には１・６９パーセント、１９３４年には１・７１パーセントである（第２章図２－８および付録Ｂ表Ｂ－14の列Ｐ９９・９９―１００を参照。）

（６）第２章第３．１節を参照。私たちの推計によると、１９３７年の所得全体に占める分位Ｐ９９・９９―１００の割合は、１９３６年から１９３７年にかけて総合所得税の最高税率が急に引き上げられたにもかかわらず（第４章図４－１を参照）、１９３６年の１・７４パーセントから１・８３パーセントに上昇した（第２章図２－８および付録Ｂ表Ｂ－14の列Ｐ９９・９９―１００を参照）。

れば、推計の際に脱税が実質的な問題を提起することはたしかだが、あらゆる事情から考えて、脱税が20世紀で最も大規模だったのは１９２０―１９３０年、つまり所得税の名目で申告された超高所得が20世紀で最も高い水準に達した時期であることはほぼまちがいない。したがって脱税行為の存在は、超高額の資本所得が急減し再構築されない現象に関する私たちの判断を弱めるのではなく、むしろ確固たるものにしてくれる。戦間期には、あらゆる観察者は、脱税について、とくに動産資本所得の意図的な記載漏れについて慢性的なものと考えていた。有価証券の保有者が、課税対象となる所得のかなりの割合を所得申告に記載「せず」、実際には有価証券所得税のほうで源泉徴収される有価証券による所得のほんの一部だけが総合所得税の課税基礎の対象となり、総合所得税の厳格な最高限界税率を課せられる、というのが一般的な印象だった。たしかに、当時の人々が下したこの判断をそのまま信じるべきではない。すでに指摘したように、脱税の告発はどの時代にも共通の材料であり、戦間期にそれをテーマとして書かれた告発本は、のちの時代のものと同じように、内容が厳密であるとは言いがたい[1]。先に言及した１９２６年、１９３４年、１９３６年のエピソードからは、１９２０―１９３０年代の裕福な納税者がリスクを覚悟して申告所得を細工することが容易であると、当時の人々が過度に考える傾向があったことがうかがえる。同様に、総合所得税納付にあたって申告された動産資本所得の額と、有価証券所得税を課せられた所得の額とを比較すると、おそらくその隔たりは、当時考えられていたほど大きくはないことがうかがえる[2]。

それでも、20世紀末のフランス社会よりも戦間期のフランス社会のほうがはるかに強かった慢性的脱税という印象には、ある程度「客観的」な根拠がある。監査にあたって、とくに所得申告に記載された動産資本所得額を調べるにあたって、当時の税務当局には、20世紀末の税務当局のような大きい調査権限がなかったことを強調しておく必要がある。これは決して驚くべきことではない。フランス革命から受け継がれた「四つの国税」の根幹には、徴税が「取り調べ」になってしまうことをできるだけ避けるべきだという考えがあった。所得税の支持者たちは最終的に所得申告という原則を認めさせることに成功したが、それは「反取り調べ」派による最大の譲歩であって、それ以上に事を進めるのは問題外だった。こうして1914年7月15日法によって導入された所得税は、納税者による自発的な所得申告に立脚し、税務当局に対して、その申告の正しさを確かめる調査権限を（少なくとも現代の基準に比べると）きわめてわずかしか与えなかった。とりわけ念頭に置いておきたいのは、個人の口座に利子や配当を振り込む企業、銀行、その他の機関に対して、税務当局がその口座の名義人の身元（振り込み額についてはなおさら）を知らせるよう求める権利がなかったことである。したがって税務当局はかなりの範囲で、納税者の誠実さや、個人の資産について持っている間接的知識、あるいは「暮らしぶりの情報」をもとにした税務の更正に頼らざるをえなかった。

こうした状況を改善し、税務当局の権限を拡大するために、1920年から1930年にかけて多くの法案が提出されたが、それらは「反取り調べ」派の強い反対にぶつかった。1920年代、とくに左翼カルテルの時代に、二つ

(1)　たとえばピエトリ（1933年）は、攻撃文書の常套手段ともいえる単なる個人的逸話に甘んじていない点が評価できるが、脱税の全体的推計はきわめて不十分である。ピエトリは、居住する住宅の賃貸価額が年1500フラン以上にのぼる世帯がフランスに約500万あると指摘している。そこから、年収1万フラン以上の世帯が約500万存在すると「推論」する。さらにそこから、総合所得税が（200万ではなく）約500万の納税者を対象にすべきだと「推論」するのだ（ピエトリ〔1933年、p・67―68〕を参照）。この「推論」は、論理の個々のつながりを裏づけるための補足的事実がまったく示されていないだけに、説得力に欠ける（とくにピエトリは、扶養控除を考慮に入れるのを「忘れて」いる。扶養家族を計算に入れると、当時の課税閾値は1万フランをはるかに上まわり、子供1人の夫婦ならば2万フラン、子供2人の夫婦ならば2万5000フランとなる（付録C表C－1を参照）。したがって、年収1万フラン以上の世帯が500万存在していても、総合所得税の課税世帯が200万以上にならないことはなんら驚くにあたらない）。

(2)　動産資本所得のケースにおいて有価証券所得税の税収を根拠にしたデュジェ・ド・ベルノンヴィルの推定値を利用すると、（あらゆる家庭を含む）家庭の所得全体に占める動産資本所得の割合は、戦間期にはせいぜい10―12パーセントだった（付録G表G－9の列(2)を参照）。同じ時期、最も所得の高い10パーセントの世帯の申告所得全体に占める動産資本所得の割合はおよそ15―20パーセントだった（付録B表B－17の分位P90―100、列RCMを参照）。当時、所得全体に占めるトップ十分位の割合はおよそ40―45パーセントで（第2章図2－6を参照）、これはトップ十分位が総合所得税分として申告した動産資本所得が、有価証券所得税の対象となる動産資本所得の総額のかなりの割合（おそらく3分の2以上）を占めていたことを意味する。

の法案が激しい議論の的となった。「配当券証明書」と「配当券明細書」である。配当券証明書は「税の身分証明書」ともいうべきもので、有価証券の保有者はみな、どんな利子または配当の支払い時にも自分の配当券証明書を持って支払いを受けに行き、（企業、銀行、その他の機関などの）支払い機関は、支払いのたびに証明書に判を押さなければならない。そして税務当局は、所得申告に記載された有価証券の所得額を調べるために、配当券証明書を見ることができるしくみだった。この方法は適用されないままに終わったが、脱税対策において戦間期には何が問題だったかを教えてくれる。配当券明細書は、配当券証明書ほどは取り調べ的色彩が強くはない。有価証券保有者は（住所の通知を除いて）新たな手続きなしにこれまでどおり利子と配当を受け取ることができ、受取人の身元と支払い金額についての必要な情報すべてが記録される配当券明細書を用意するのは支払い機関の義務となる。配当券明細書という方法は1920年代から1930年代初めにかけて繰り返し採択されたが、そのたびに適用が先送りされた(1)。「1937年7月8日の統令」によって、配当券明細書があらためて採択され、適用される。何度か暗礁に乗り上げたのち、配当券明細書は1937―1938年の所得課税においてようやく公式に発効された。税務当局に与えられたこの新しい権限はその後も見直されることはなく、20世紀末の制度は1937年に適用された制度に比較的近い。1990年代の制度では、金融機関は前年に支払った動産資本所得を漏れなく記載した明細書を、有価証券を保有する個人に送付する。納税者には所得申告と同時に、その明細書を税務当局に提出する義務がある。そして税務当局は、銀行に直接連絡してその情報を確かめることができる。銀行にはまた、自行に開設されている個人の口座に不審な振り込みがあったときに税務当局に知らせ、税務当局が係争となるような事例を扱うにあたって必要と判断する補足的情報の提供要請に応じる義務がある。こうした調査権限は、（少なくとも1937―1938年までの）戦間期の税務監査官にはまったく手の届かないものだった。加えて情報技術の発達によって、税務当局は、入手した情報すべてを実用的に効率よく使うことができるようになった。だが、税務当局が獲得したこの新しい権限によって脱税にどの程度歯止めがかかったのかを推計するのはきわめてむずかしい。1920―1930年代に行なわれた有価証券関係の脱税が当時の人々の想像ほど大規模ではなかったと思われるだけでなく、１９３７年に確立された新しい法制によって税務当局と金融機関の関係のあり方は少しずつしか変化せず、第二次世界大戦後にようやく税務当局の新しい調査権限が十分に発揮されはじめたからだ(2)。いずれにせよ、（少なくとも１９３７―１９３８年までの）戦間期の「資本家」にとって、配当を隠すことは、20世紀末の「資本家」にとってよりもはるかに容易だったことはまちがいない。したがって、戦間期に行なわれた有価証券関係の脱税の正確な規模がどれほどであるにせよ、それが20世紀末の脱税

（1）配当券明細書は（１９２４年3月22日法によって）１９２４年の選挙の直前に国民ブロックによって初めて採択されたが、金融界の反応を警戒した左翼カルテルがその適用を拒んだ結果、１９２５年7月13日法によって最終的に廃案となった（１９２５年2月16日の有名な演説で、エリオは「有価証券をいくらか持ち、配当を受けようとするが、無理もないことながら字が読めない調理師のメラニー」を擁護している〔ソーヴィ（１９８４年、第3巻、p・84）を参照〕）。これによって配当券明細書制度は葬り去られた。税務当局からわずらわしい手続きを強いられる多くの小額証券所有者を守るという議題は、この討論で重要な役割を演じた（たとえばアリックス&ルセルクレ〔１９２６年a、第2巻、p・１９２―１９５〕を参照。国民ブロックが行なった選択を左翼カルテルが引き受けられなかったという事実は、金兌換フラン表示放棄の問題を想起させずにはおかない。「貯蓄家の破産」を望んでいると自他ともに認める左翼にとって、この種の措置を適用するのは根本的にむずかしい）。配当券明細書は（１９３３年12月28日法によって）１９３３年にふたたび採択されるが、この二度目の法案も適用されなかった。

（2）税務当局と金融機関の関係の変化は、法律の条文よりも税務監査官と銀行の実施方法に左右されるため、この問題に正確に答えることはむずかしい（法律の条文は、税務監査官の行動の指針となる法の枠組みを定めるだけである）。ここで指摘しておけば、動産資本所得の著しい増加が申告からうかがえる場合でも、それらの申告はそれ以前の年度に関する「釈明要請」の対象にならないという１９３７年7月31日の統令の決定によって、当時強まっていた期待（たとえばトロタバ〔１９３８年、p・５５６〕を参照）とは裏腹に（同じ趣旨の寛容な措置はピネーによる１９５２年4月14日法をはじめ、所得税の歴史にいくつか見られる）、１９３７年7月8日の統令による配当券明細書の制定は申告される所得に対しては直接の影響を与えなかったようである。この新しい制度は、超高所得層の１９３７年における相対的地位の一時的改善にはつながったが（ただしすでに見たように、この改善は高額の動産資本所得の上昇よりも高額の商工業収益の上昇によるところが大きく、その点でインフレ再燃説の裏づけともなる。第2章第3.1節を参照）、第二次世界大戦中に動産資本所得が急減した事実をなんら変えるものではない。これによっても、脱税をめぐる問題より経済そのものの力のほうがはるかに大きいことがうかがえる。

の規模より小さいといえる根拠は見つけにくい。1990年代には、信用のある企業の株を保有する個人が配当を申告せずにいるのはほぼ不可能だが、戦間期にはそうしたことができたのである。

時代が下るとともに、脱税の機会だけでなく脱税への関心も減少する傾向を示しはじめる。第4章で見たように、20世紀末に施行されている所得税の最高限界税率は、所得税が導入されて以来最も低い税率に数えられる（第4章図4－1を参照）。そのうえ、1965年7月12日法による配当税還付金の採用は、配当にあずかる有価証券保有者にとって脱税への関心を薄れさせる効果を生んだ。事実、配当税還付金のしくみでは、該当する還付金を受け取るために配当の申告が前提となる。したがって脱税はリスクが高いだけでなく、利益が少なくなる。たとえば、配当税還付金の総額が課税額を超える株主は、たとえ税務調査を受けるおそれがないことを知っていたとしても、脱税をせず、配当の全額を誠実に申告するほうが得である。配当税還付金の対象として税務当局から小切手をもらうためにはこの「誠実さ」が前提となるからだ（配当税還付金が導入されるまではこうした状況はありえなかった）。概して配当税還付金は、所得税として実際に株主に課せられる税を大幅に減少させ、それだけ脱税への関心を弱めさせる結果をもたらした。さらに、この間接的な脱税抑止効果と並んで、配当税還付金の導入には所得税における申告所得の水準上昇への直接的・力学的な効果があった。1965年の所得課税から、税務当局によって作成され、高所得層の各分位の水準を推計するために私たちが利用した統計表に記載される所得には常に、配当税還付金の額が含まれている。(1) 言い換えれば、仮に戦間期に配当税還付金が存在していれば、この時期に申告された超高額の資本所得の額は私たちが指摘した額よりもはるかに高かったはずである。(2) また、配当税還付金が存在していれば、当時の脱税は大幅に減っていたことだろう。

あわせて指摘するなら、累進所得税を合法的に免除される資本所得総額の著しい増加は、脱税への関心を減らす役割を果たした。大規模な動産資産の保有者が最も重んじる所得（配当）が常に法的に累進所得税の対象となってきたことが事実だとしても、こうした免除の拡大、とくに源泉分離の導入が、脱税に手を染める必要なしに、「資本家」

が厳しい累進課税から自分の所得の一部を守るのに役立つ「安全弁」の役割を果たしたことに変わりはない。1980─1990年代に広まった、（フランス海外県・海外領土への投資、不動産投資などの）特殊な支出に対するいくつもの減税措置が戦間期には存在しなかったことも想起しておこう。当時は、所得税の名目できわめて高い所得を申告することは、必然的にきわめて高い税を課せられることを意味した。20世紀末には、所得税のために申告され、高所得層の各分位の水準を推計するために私たちが利用した超高所得は、ときには、減税制度のおかげで（あるいは配当税還付金のおかげで）比較的低い税しか課せられない（さらにはまったくの非課税、あるいは還付が税を上まわる）ような納税者の事情を表わしていることがある。そういうケースは申し分なく適法である。(3)

これらの理由から、戦間期よりも20世紀末において脱税の規模が大きいと考えることはあまり現実的でないと思われる。ましてや、超高額の資本所得が急減し再構築されないという現象はこの種の「税務統計上の幻想」にほかなら

（1）累進税の対象となる課税所得がこれまでずっと、配当税還付金を含む課税所得だったことを思い起こそう（次いで、こうして得られた税から配当税還付金が差し引かれる）。したがって税務当局が、所得申告に基づく統計表の中に配当税還付金を加えるのは完全に理にかなっている（実際には、こうした統計表は常に動産資本所得の中に配当税還付金を加えており、配当税還付金が個別に申告されるにもかかわらず、それが動産資本所得から切り離されたことはない）。

（2）戦間期には、動産資本所得は分位P99・99─100の世帯が申告した所得全体の50パーセントから55パーセントにのぼった（付録B表B－17のP99・99─100、列RCMを参照）。これらの所得がおもに配当からなっていると仮定し（すでに見たように、この仮定は参照可能なあらゆる情報と一致する）、（1965年7月12日法以降そうなったように）配当税還付金を配当の半額に相当すると仮定すれば、次のような結論が得られる。すなわち、戦間期に配当税還付金が存在していたら、分位P99・99─100の世帯が申告する平均所得は、（不正への影響を考慮に入れなくても）私たちが行なった推計よりも約25パーセント高くなったはずである。

（3）1915年以降の高所得各分位の水準を推計するにあたって本書で根拠とした統計は、課税世帯だけを対象としている。したがって税の軽減の享受によって課税を免れた裕福な納税者は推計から漏れる可能性がある。しかし（課税・非課税の両方を含む）全世帯を対象とした1980─1990年代の申告ファイルを参照したところ、そうした税の軽減による抜け道はほとんど取るに足りないということが確認できた（付録B第1．2節を参照）。

ないと断定するほど脱税の割合が増えた、と想像することは現実離れしていると思われる。1930年代末に（1998年フランで表わした）分位P99・99—100の世帯が申告した平均所得はおよそ500万—600万フランで、1990年代に確認された同世帯の平均所得（約700万—800万フラン）をわずかに下まわる程度であることはとくに印象的だ（第2章図2－7を参照）。というのも、国民全体の1世帯あたりの平均所得は、二つの時期の間におよそ4・5倍に増えたからである。[1]この点は留意しておくべきである。1930年代末といえば、所得税の最高限界税率がきわめて高い水準に達してから約20年後であり、超高所得層が自分たちの所得を隠す戦略を練るようになってからも約20年たっている。こうしたことが、（少なくとも1937—1938年まで）行政の調査権限がかなり限られていた法的・規定的な枠の中で確認される。しかも、1930年代末に申告された超高所得は、第一次世界大戦の打撃に続いて起こった世界恐慌と倒産の波によってすでにかなり削られていた。それでもなお、1930年代末の分位P99・99—100の世帯が申告した平均所得は、国民全体の平均所得が4倍以上になったにもかかわらず、同世帯の20世紀末の水準よりわずかに低い程度である。無視しがたいこの現実は、ここで検討している現象の現実的な性格を実証するように思われる。超高額の資本所得が急減し再構築されないという現象の規模は単純にいってあまりに大きいため、（合法・非合法を問わず）所得を隠すという行為によっては説明がつかない。

3　相続申告によって得られた教訓

以上見てきたように、超高額の資本所得が急減し再構築されないという現象は明確に存在する経済現象であって、「税務統計上の幻想」ではないことがあらゆる事実から明らかであるように思える。しかし、これまで進めてきた論の根拠がいかなるものであれ、この論で満足してしまっては不十分だろう。私たちが関心を向ける現象が第一に相続資産の分配の変化にかかわっている以上、相続資産から生じる所得だけでなく、相続資産そのものを扱った資料に基づいてこの現象を確認できれば、説得力が生まれるだろう。事実、マクロ経済学の視点では、資本所得の重要性は何一つ失われていない。国民経済計算の推計によれば、企業の付加価値に占める資本所得の割合は、家庭の所得に占める資本所得の割合と同じく、20世紀末においても20世紀初頭とほぼ同じ水準である。(2) したがって超高額の資本所得が急減し再構築されないという現象は必然的に、資産の格差の著しい縮小を意味する。所得の検討に基づく私たちの判断が正しいなら、大資産が20世紀初頭の水準を決して回復できなかったことが確認されるはずである。実際はどうだったのだろう。

相続申告は、この問いに満足に答えてくれる唯一の情報源である。もちろんこの情報源には、当然のこととして国民全体の資産ではなく、死者の資産だけを対象とするという性質にともなういくつかの限界がある。しかし、20世紀全体を通じた大資産の変化を研究できるという大きな利点は何ものにも代えがたい。これに比べると、入手可能な他の情報源は影が薄い。所得を生じても所得税が課せられない所得の資産構造を知るために先に用いた、ＩＮＳＥＥによる資産調査は比較的最近の１９８０―１９９０年代に行なわれたものなので、これをもとに長期の推移を調べることはできない。そのうえ、あらゆる世論調査の常として、大資産の事例に対する関心に応えてくれるものでもない。他方、１９８０―１９９０年代の社会党政権が制定し、適用した「富裕税」そして「富裕連帯税」をもとにした統計は、原則として大資産を研究するのに役立つ。しかし、富裕税と富裕連帯税の納付のために提出された資産申告が残念ながら税務当局の側からの毎年の、体系的な統計的活用に結びつかないことに加えて（入手できる統計はどちらかというと情報量に乏しく、期間も数年間にとどまる）、当然のことながらこの資料がカバーするのは１９８０―１９

（１）１９９８年フランに換算した１世帯あたりの平均年収は１９３０年代が３万フラン、１９９０年代がおよそ13万フランである（第１章図１‐６および付録Ｇ表Ｇ‐２の列(７)を参照）。
（２）第１章第３．２節を参照。

90年代の期間だけである。[1] 定期的に雑誌に掲載される資産家の調査と順位にも触れておこう。こうした調査が用いる方法と情報源が常にやや不正確であり、掲載雑誌によってもかなり異なることからしても、これが長期的視野による資産格差の研究に適しているとはいいがたい。[2] 反対に相続申告は、一定の時期における安定性と統一性が傑出している。その傑出ぶりは1901年2月25日法による累進相続税の導入以来なのだが、残念ながら20世紀末のフランスの税務当局はこの資料をほとんど放置している。

まずは、ここで用いる相続統計の大まかな性格とそれらの活用方法について述べることから始めよう（第3．1節）（この専門的詳細にあまり関心のない読者は直接第3．2節へ移ってくださってかまわない）。次に、この情報源に基づいて行なった推計から明らかにすることのできた、超大資産の100年にわたる劇的な急減をはじめとするおもな事実を示すことにする。このような現象は、「税務統計上の幻想」という考えによる説明では不十分なほどの規模に達すると思われる（第3．2節）。最後に、こうした出来事を「じかに」体験した当時の人々が、超大資産の急減をどれほど自覚していたかを明らかにしたい。おそらく超高所得の場合と同じように、税法で用いられる税率区分の推移が、この問題に答えるためのきわめて貴重な情報源となることがわかるだろう（第3．3節）。

3．1　利用した情報源

第4章で見たように、フランスで累進相続税が導入されたのは1901年2月25日法によってである。この法は税の歴史においてだけでなく、税務統計の歴史においても大きな転機をもたらした。1901年まで、所得税は完全な比例税であり、相続にあたって税務当局は、譲渡されるさまざまな要素からなる資産額を合計する必要なしに、相続人に課せられる税を計算することができた。つまり、相続人が税務署に申告する義務を負わない家屋、土地、有価証券などとは無関係に、一律の税率を適用すればよかった。その結果、税務当局は1901年まで、相続額に応じた相続の分類を行なおうとせず、相続資産の水準に応じた包括的総額の分布についてはいかなる記載もなしにフランスで申告された相続の包括的総額に関する統計を作成するだけだった。しかし、1826年から存在するこの包括的統計はそれなりに役立つ。たとえばこの統計からは、19世紀のフランスで相続によって譲り渡される財産の額が著しく増

（1）私たちの知るかぎり、税務当局が実際に徹底した統計的活用を行なったのは、富裕税分として提出された1982—1985年の資産申告（『資本課税』、共和国大統領への第8次報告、租税審議会、1986年、p・101—137およびp・359—391を参照）と、富裕連帯税分として提出された1996年の資産申告（「家庭の所得と資産1997年版」、『総論第11号』〔1997年9月、租税審議会、1998年、p・234—246〕を参照）だけである（他の年については、納税者数、税収の総額といった包括的統計のみ参照できる）。こうした統計の利用には、職業上の財に対する税の減免などを考えると技術的困難がともなう。したがって本書では、富裕税および富裕連帯税に基づく統計を利用しなかった。

（2）1990年代の雑誌に掲載されたいわゆる長者番付には欠陥があるように思われる。たとえば『チャレンジズ』誌に載った「トップ500」の1999年版によると、フランスの上位500の資産家に入るには1億4100万フラン以上の資産があれば「十分」だという（『チャレンジズ』誌第138号、1999年7—8月、p・51およびp・88—105を参照）。平均収益率を5パーセントと仮定すると、1億4100万フランという資産は約700万フランの年収に相当する。これは最も高い所得を申告している全体の0・01パーセントの世帯、つまり3000世帯あまりということになる（第2章図2-7および付録B表B-11の列P99・99—100を参照）。さらにいえば、700万フランという数字は最も高い所得を申告している全体の0・001パーセントの世帯、つまり300世帯あまりが1990年代に申告している平均所得の3分の1にすぎない（これらの世帯はみな1000万—1100万フラン以上を申告し、彼らの申告所得の平均は1800万—2000万フランに達する。ピケティ〔1998年、p・29およびp・138—144〕を参照）。そのうえ、『チャレンジズ』誌の長者番付は「家族の」財産を対象としている（「家族」という語はきわめて広義に解されている。つまり何十もの世帯を含む一つの家系が、一つの「家族」、一つの包括資産に対応することもある）。したがって、個人の、あるいは1世帯あたりの財産の「トップ500」の下側閾値は、1億4100万フランを大幅に下まわる（こうした各調査どうしの、あるいはこうした調査と1世帯あたりの所得との正確な比較がなぜ不可能なのかということも、このフィールドの違いによって説明できる）。資産家層を扱った社会学の文献も、ここでの役には立たない。たとえばパンソン&パンソン＝シャルロ（1989年、1996年、1997年、1999年）は資産家層および「大ブルジョワジー」の生活様式と習慣について多くの興味深い情報をもたらしてくれるが、対象となる資産の数値化を試みず、資産水準の長期にわたる変化を研究しようともしていない。

えたこと、１８２６年には相続額全体のうち（約3分の2を占める不動産資産に対して）３分の１強を占めるにすぎなかった動産資産が、20世紀初頭には過半数を占めるようになったことが確認できる。[1] しかし、譲渡される相続資産の格差については、この包括的統計からはなんの情報も得られない。19世紀フランスにおける資産格差の推移を研究するには、税務当局が作成した相続統計はまったく役に立たない。したがって国や自治体の古文書館に保存されている個人の相続申告にさかのぼって調べ、それらの申告に基づいて自分自身で代表的統計を作成する必要があるが、それには途方もない困難がともなう。[2]

１９０１年2月25日法はこの状況をすっかり変えた。１９０１年から、税の累進性の適用によって、税務当局は相続のたびに、譲渡される資産の各要素の総額を計算しなければならなくなる。それ以降、税務当局は相続額に応じた相続の分類を行ない、それに対応する統計表を公表するようになる。私たちにとって最も興味深い統計表は、一定数の相続区分に応じて、申告された相続の件数と額を示している。つまり、（相続人の間で分ける前の）総額が５００万―１０００万フランの相続、総額が１０００万―２０００万フランの相続、という具合である。税務当局が１９０２年の相続課税から（程度の差はあれ）一定の間隔で作成し公表してきたこの統計はまさしく、１９１５年の所得課税を皮切りに毎年作成され、一定数の所得区分に応じて、申告された所得の件数と額を示す統計に対応するものである。言い換えれば、１９１４年7月15日法で累進所得税が導入されたおかげで１９１５年以降の所得格差の推移をたどることができるのと同じく、１９０１年2月25日法で累進相続税が導入されたおかげで、１９０２年以降の資産格差の推移をたどることができるのだ。とりわけ、所得申告の調査に基づく統計表と同じように、相続申告の調査に基づく統計表には、特定の年に提出されたすべての申告の完全な調査に立脚しているという大きな長所があるので、この資料によって私たちは規模の大きい相続の当事者の各分位の水準をきわめて正確に推計することができる。ただし、所得申告に基づく統計と相続申告に基づく統計との間にどんな違いがあるか、また私たちがこれらをどのように活用したかを、ここで述べておくのは意味があると思う。[3]

まず、1915年の所得課税から（例外なしに）毎年調査されてきた所得申告のために採用された制度とは違って、税務当局は残念ながら相続申告について毎年の調査を行なってこなかった。最も多くの年について入手可能な統計表である、一定数の相続区分に応じて相続の件数と額を示した主要な統計表は、（1906年と1908年を除く）1902年から1913年のあいだは毎年作成された。しかしこの慣行は第一次世界大戦によって中断され、1925年にようやく再開される。そして1925年から1964年まで（1928年、1934年、1961年、1963年を除いて）、相続申告の調査が毎年行なわれた。やがて、相続申告の調査がほぼ毎年行なわれたこれら二つの時期（1902―1913年および1925―1964年）ののちに、税務当局はこの長年の慣行を最終的に打ち切る。1964年から、税務当局が毎年作成する相続統計は、19世紀につくられていた統計と同じような、フランスで申告

（1）1826年には、相続によって譲渡された財の包括的総額は1340億フランで、そのうち動産が4億6000万フラン（34パーセント）、不動産が8億8000万フラン（66パーセント）だった。（この包括的分析を参照できる第一次世界大戦前の最後の年にあたる）1908年には、相続によって譲渡された財産の総額は74億3000万フランで、そのうち動産が40億9000万フラン（55パーセント）、不動産が33億4000万フラン（45パーセント）だった。動産には有価証券とそれ以外の動産が含まれる（相続統計がこの分析を始めたのは1850年からである。動産全体に占める有価証券の割合は、1908年の56パーセント（2.31／4.09）に対して1850年は2パーセント以下（0.014／0.805）であり、また不動産には家屋や集合住宅などの建築物財産と同時に、農地などの非建築物財産も含まれる。これらの総合的相続統計は『1966年フランスの統計年鑑――歴史的要覧』にまとめられている。同書、INSEE、1966年、p・530を参照。

（2）しかしながら何人もの研究者がこの困難を乗り越えようとしてきた（とくにドマール〔1973年〕を参照）。19世紀における格差の推移を扱った著作から引き出せる教訓については次章で取り上げる（第7章第2．3節を参照）。

（3）相続申告の調査に基づいて税務当局が作成した統計表を、付録Jに転載した。付録Jにはこのデータを用いるにあたって採用した方法と、得られた結果も掲げてある。

された相続の件数と相続額を記録したものだけとなる。[1] それ自体がきわめて興味深く、のちにもう一度触れることにしたいこの相続統計の放棄は、幸いにも1984年と1994年の相続申告に関する大がかりな調査によって埋め合わされた。税務当局は1984年と1994年に提出された相続申告全体の代表サンプルをまとめ、この2年についてかつての表によく似た統計表を作成した。[2] 念のためにいえば、この1984年と1994年の調査は通常の意味における「調査」ではない。この調査はたしかに相続申告全体ではなく、相続申告のサンプルを根拠にしているが、私たちの目的にとって重要なのは、それらのサンプルが大規模な相続全体を含んでいることで、その統計表を見れば、大規模相続の各分位の水準を、1964年まで行なわれていた徹底的な調査に匹敵するほど正確に推計できるのである。[3] 言い換えれば私たちの手元には、1902年に始まって1994年に至る相続統計の継続的でまとまりのあるデータがあるのだ。もちろん、私たちの推計が（1906年と1908年を除く）1902―1913年、（1928年、1934年、1961年、1963年を除く）1925―1964年、そして1984年と1994年しか対象としていないことは、大規模相続の各分位の水準の細かい変動を研究するにあたって、とりわけ20世紀の最後の3分の1の時代を研究するにあたって、大きなハンディキャップになる。しかしのちに見るように、相続額の水準の変化は比較的ゆっくりとしており、上記の調査によって得られた結果から、毎年の推計を必要としないほど十分明確に、また量的にも十分に、100年にわたる変化を明らかにすることができた。

次に、所得統計と相続統計それぞれの扱い方の違いについて述べたい。所得申告に基づく統計における私たちの目的は、入手可能なデータ全体をできるだけ体系的に活用することだった。私たちは100年にわたる変化と同じく短期の変動も研究できるようにしたいと望み、高所得層の各分位の水準の変化とともに、所得全体に占める彼らの割合の変化、彼らの具体的構成、彼らに課せられた平均税率などをできるだけ厳密に推計した。他方、相続統計を用いる際の私たちの姿勢ははるかに控えめである。まず心がけたのは、所得の水準において認められた100年にわたるおもな変化、つまり超高額の資本所得が急減し再構築されないという現象の確認を試みることだった。

私たちは次のように作業を進めた。まず、フランスで毎年確認される死亡者の総数が長期にわたって比較的変化していないという事実を出発点とした。戦争による死亡の急増、そして20世紀初頭にはまだ多かった子供の死亡を除くと、20世紀を通じて、フランスでは毎年およそ50万人（あるいはそれをわずかに上まわる数）が死亡していることがわかる。[4] 年に50万人というこの死亡のすべてが相続申告に結びついたわけではない。相続申告は譲渡するものを何かしら持っている人々に限られるため、死者のかなりの割合が申告資料に記録されない。さらに1956年から、総額が一定の値に達しない相続は正式に申告義務を免除されるようになった。[5] 所得格差を検討したときと同じように、私たちは社会階層のトップ十分位だけを扱うことにした。私たちはそれぞれの年について、最も相続額の大きい5万件の相続（資産が最も豊かな死者のほぼ10パーセント、つまり死亡時の資産階層の分位P90―100に相当）に対応する平均の相続水準、次いで最も相続額の大きい2万5000件の相続（分位P95―100におおよそ相当）に対応する平均の相続水準というように進めていき、最も相続額の大きい50件の相続（分位P99・99―100におおよそ相当）に対応する平均の相続水準に至るまで推計を行なった。そのあと、しばしば分位P90―100、P95―100などの推計結果を参照し、死亡時の資産階層（より単純にいえば死者の階層）の各分位、つまりそれぞれの年の最も大きい5万件の相続、それぞれの年の最も大きい2万5000件の相続などを明らかにした。

（1）1980―1990年代になると、申告された相続の総額に関する年間統計が作成されなくなる。毎年作成される唯一の統計は、相続の件数とそれに対応する相続税の額を記録しているだけである（たとえば『資産課税』、共和国大統領への第16次報告、租税審議会、1998年、p・63参照）。
（2）1977年と1987年に類似の調査が行なわれたが、これらの調査ではわれわれの関心に応える統計表、少なくとも高額の相続を含む相続区分を備えた統計表は作成されなかった（付録J第1．1節を参照）。
（3）付録J第1．1節を参照。
（4）付録J第2節を参照。
（5）1902年以降にフランスで提出された相続申告の数の推移については、付録J表J－1を参照。

こうした推計にはいくつもの限界がある。まず、高所得について行なったこととは違い、私たちは死亡時の資産全体に占める大規模相続の割合を推計しようとはしなかった。[1] 実際、死亡時の資産総額の変化を長期にわたってむらのない形で推計するのはきわめてむずかしい。１９５６年以降、少額の相続が申告義務を正式に免除されていることに加え、おそらく税務当局は、少額の相続を申告しない相続人に対して、これまでかなりの寛容さを示してきたと思われる。[2] 少額の相続資産の算定には実際上も概念上もかなりの困難がともなう。国民の大部分にとって「相続資産」は常に家具や個人の衣類に限られ、多くの場合、（それらの少額資産の合計が軽視できるものでないにもかかわらず）その商品価値を正確に査定するのはむずかしい。（死亡時の資産に関しては言うに及ばず）相続資産に関するマクロ経済データは、所得に関するデータよりはるかに乏しいことを言い添えておこう。家庭の資産全体の推計は概して、前後の時代から切り離された数年間しか対象としておらず（所得に関して存在するような長期にわたる継続的推計はない）、入手できる数少ない推計には、統一性と比較可能性の面で克服しがたい問題がある。[3] 私たちが行なった大規模相続の各分位の水準の推計を不確かな分母で割るよりも、これらの水準の研究、そして20世紀におけるその変化の研究にとどめるほうがよいと私たちは判断した。のちに、この方法がここでの私たちの必要を満たすのに十分であることがわかるだろう。高所得の研究によって、社会階層のトップ十分位（「中流階級」〔分位Ｐ90―95〕から「２００家族」〔分位Ｐ９９・９９―１００〕まで）の特色をなす格差の大きさがすでにわかっている。私たちの推計は、死者の階層の上位10パーセントの各分位の資産がたどった変化を、所得階層の上位10パーセントの各分位の所得がたどった変化と比較するのに役立つだろう。

しかし私たちは、税務当局が相続申告の調査のあとで作成した統計表すべてを活用することはあえてしなかった。すでに言及したように、一定数の相続区分に応じた相続の件数と額だけでなく、その各相続区分において申告された（建物、株、債券などの）いろいろな資産の額も記載した表が存在する。そのような表は、有価証券における株と債券の内訳が資産水準によってどのように変わるかを知るうえできわめて有用だった。[4] 残念ながらそのような表は数年ほど例外的に作成されただけなので、私たちは大規模相続の各分位の構成の変化を正確に推計することは断念した。[5] 税務当局はまた、一定数の相続区分に応じた相続の件数と（相続人の間で分割する前の）相続額ではなく、一定数の「相続割合」区分に応じた「相続割合」の件数と金額を示す表を、いくらか定期的に作成してきた（「相続割合」とは、実際に各相続人のものになる相続財産の取り分を指す）。この統計表は、相続の各分位に課せられる平均税率の変化を正確に推計しようとする場合には不可欠となるだろう。事実、累進相続税は死者が残した（相続人の間で分割する前の）相続資産の総額を対象に全体的に計算されるのではなく、各相続人と各相続割合を対象として個別に計算される。[6] 相続税の計算は、死者と相続人の血族関係によってだけでなく、（とりわけ戦間期において）死者の子供の数によっても変化するだけに、きわめて複雑である。しかし、参照できる統計表にはそうした事情が反映されておらず、作成のされ方も規則的とはいえないので、本書ではこれらの情報の活用を控えることにした。[7] したがって私たちの推計はみな、相続資産が相続人の間でどのように分割されたかをいっさい考慮せずに、死亡時の資産階層の各分位を扱ったものである。さらに私たちは、一定数の相続区分だけでなく、死者の年齢による区分に応じて相続の件数と

(1) 相続総額に占める大規模相続の各分位の割合の推計を付録に掲げたが（付録J表J－11およびJ－12を参照）、これは分母の均質化を試みていない「未加工の」推計であり、扱いに慎重を要することを強調しておく。
(2) 付録J第3．4節を参照。
(3) 国民経済計算は1970年から相続資産の推計を行なっているが、この「資産の国民経済計算」という概念を用いて通史的な統計を作ろうとした者はいないようである。1970年以前には統一を欠いた方法による孤立的な推計があるだけで、まとまりのある統計を作成することは本書の枠内ではむずかしい。
(4) 前出第1．1節を参照。
(5) 税務当局が作成した統計表を付録に転載した（付録J第1．2節および表J－3を参照）。
(6) 付録J第3節を参照。
(7) 各時代の大規模相続の当事者に課せられた平均税率のおおよその推計を付録に挙げた（付録J第3節を参照）。相続分を扱った表が作成されている年のリストもまた、付録に示した（付録J第1．4節を参照）。

金額を示した統計表についても利用を見合わせた。仮にそうした統計表から得られた結果に、国民の各年齢区分の人数を測る係数を適用すれば、（死者においてだけでなく）国民全体において割り出した相続階層の各分位の推計を行なうことができるだろう。しかしこうした年齢区分による相続統計が数年分しか存在しないこと、またこの方法にともなう不正確さ（ある年齢層の死者たちは、その年齢層から無作為に抽出されるのではない）を考慮した結果、こうした情報を利用せず、死亡時の資産の各分位を（あらゆる年齢の死者を一括して）[1]推計するにとどめることを本書の方針とした。20世紀フランスの相続を扱う包括的研究としては、こうした困難を克服し、ここに挙げた補足的情報（構成、相続割合、年齢）すべてをできるだけ体系的に活用しようと努めなければならないだろう。しかし、ここで私たちが必要としていること、そして、現状で得た結果のきわめて明瞭で量的にも十分な性質を考慮すると、私たちが行なった限定的な資料活用はかなり満足のいくものだと思っている。

3.2　調査結果——大規模相続の急減

ここで、相続統計を活用して得られた結果を見ていきたい。まず、死者の階層の分位P90—95の相続にあたる「中流階級」、つまり毎年申告される最も大きい相続資産5万件の、額が少ないほうの半分から始めよう。1998年フランで表わすと、「中流階級」（分位P90—95）が残した相続資産は、20世紀初頭から第一次世界大戦前にかけておよそ34万—35万フランだった。この数値は年によっていくらか変わるが、上昇・下降ともに明らかな傾向は見られない（図6－1を参照）。第二次世界大戦後、「中流階級」の親の死に際して、その子供たちは平均水準が（1998年フランで）10万フラン以下、つまり20世紀を通じて最も低い水準である相続資産を分け合わなければならなかった。やがて20世紀後半には、「中流階級」（分位P90—95）が残す相続資産はたえまなく著しい上昇を記録する。たとえば1990年代の平均相続額はおよそ110万フランに達した（図6－1を参照）。すなわち、「中流階級」（分位

P90—95）が蓄積し、次の世代に残す資産の平均は、1998年フランで表わすと、20世紀初頭の35万フラン弱から20世紀末の約110万フランへと、およそ3・2倍になった。[2]

　この著しい富の増大は決して意外ではない。所得が大幅に伸びたことの自然な表われだからである。所得階層の各分位と死者の階層の各分位を比較するにあたってはたしかに慎重さが必要となる。なぜなら、これら2種類の階層は不完全にしか一致しないからだ。死者の階層の「中流階級」（分位P90—95）は、所得階層の「中流階級」（分位P90—95）とは違う。というのも、前者は死者だけで構成されているのに対して、後者はあらゆる年齢層の世帯で構成されているからである。しかし、20世紀末における所得階層の「中流階級」（分位P90—95）の平均所得が20世紀初頭の約4・7倍に上昇したことを考えると、[3]死者の階層の「中流階級」（分位P90—95）が蓄積して次の世代に残した資産があまり増加していないのは驚きに値する。同様に、相続額の増加が所得の増加ほど著しくないことは（相続額は3・2倍、所得は4・7倍）完全に一貫性がある。事実、1990年代の死者は、年齢的に働くことができる期間の終わりごろにようやく「栄光の30年」による高い所得を十分に享受できるようになった世代であり、100年にわたる所得の増加に釣り合うような資産の蓄積ができなかったのは無理もない。同じ理由で、1970年代以降に所得の伸びがかなり減速したにもかかわらず、「中流階級」（分位P90—95）の相続額が1980—1990年代に絶えず増加しつづけた（図6-1を参照）のは当然である。[4]時代を下るにつれて、現役で働いていた間に「栄光の30年」を享受した死者が増えていく。相続額の伸びが所得の伸びに追いつくこの過程は、「栄光の30年」の時代に働いていた人々すべてが死亡するまで続くだろう。これは資産の変化、とりわけ死亡時の資産の変化が、所得の変化に比

（1）この年齢層別の表が作成された年について、またこの表の利用方法については、付録J第1，4節を参照。
（2）付録Jの表J-9の、行1994／1902—1913を参照。
（3）第2章表2-1および図2-9を参照。
（4）第2章図2-9を参照。

図 6-1：1902-1994 年の「中流階級」（分位 P90-95）の平均相続額
（1998 年フラン換算）

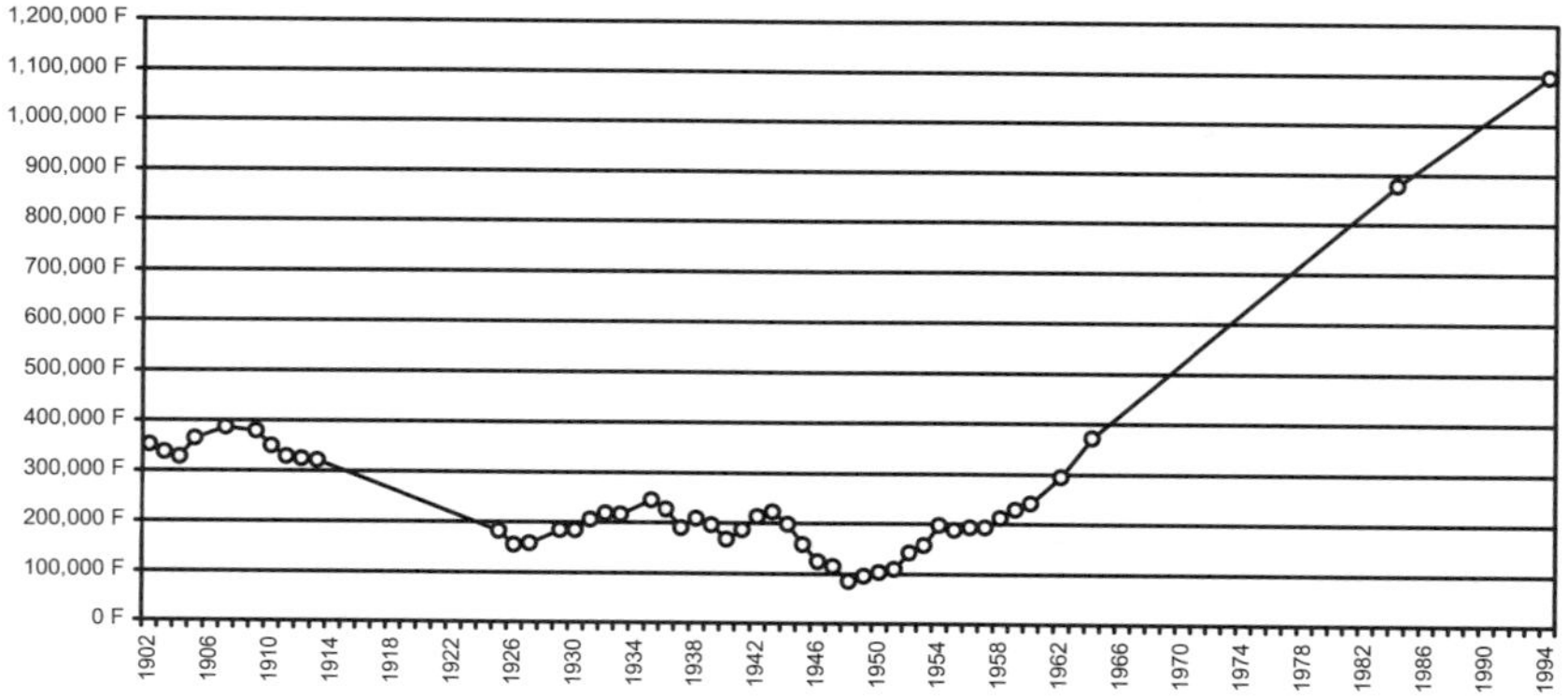

情報源　表J-9の列P90-95（付録J）

べて常にある程度遅れることを明瞭に示す例である。また、私たちの手元には20世紀の最後の3分の1の時期については断片的な推計しかないが、それは（少なくとも長期にわたる傾向の特定に関しては）大きな問題にならないことがわかるだろう。相続は世代と同じ周期でゆっくりと繰り返され、私たちの手元にある、図６－１ではほぼ一直線に並んだ、１９６４年、１９８４年、１９９４年を対象とする推計には、全体の傾向について疑いを抱かせる余地がない。

今度は、死者の階層の「中流階級」（分位Ｐ90―95）の上に位置する分位を検討しよう。やがて明らかになるのは、この分位もまた、所得において確認された変化に完全に一致する変化を特徴とすることである。所得統計の場合と同じように、相続統計を活用した結果わかることは、「中流階級」（分位Ｐ90―95）に見られた１００年にわたる急激な富裕化が、死者の階層のトップ百分位を観察していくと徐々に弱まり、百分位の上層に至ると１００年間で富が減ってさえいるということである。死者の階層の分位Ｐ90―95が残した相続資産の平均は、１９９８年フランに換算すると、20世紀末には20世紀初頭の3倍以上になったが、分位Ｐ95―99では2倍弱となり、分位Ｐ99―１００では20世紀初頭の数字を下まわった[1]。所得の場合と同じように、分位Ｐ９９・９９―１００（「２００家族」）を観察すると、この現象は劇的なほど規模が大きくなる。事実、これらの資産は、二つの世界大戦、そして1930年代の世界恐慌による打撃から決して立ち直れなかった。死者の階層の分位P99・99―100、つまり毎年申告される大規模相続の上位50件〔5万件×0・001〕の平均値は、20世紀末には20世紀初頭の平均値を大きく下まわっている（図6-2を参照）。第一次世界大戦直前には、年間の大規模相続の上位50件の平均値は、1998年フランに換算すると200万―250万フランである。この平均値は年によって大きく変わるが、こうした不規則な変化には増加・減少ともに明らかな傾向は見られない（図6-2を参照）。1902―1913年の期間の平均を出してみると、死者の階層の分位P99・99―100が残した相続資産の平均はおよそ2億2000万フランとなる。[2] これに比べて、1990年代には、第二次世界大戦後の最低水準から絶えず実質的に上昇したにもかかわらず、年間相続資産の上位50件の平均値は6000万フランにどうにか届く程度で（図6-2を参照）、1902―1913年の平均水準の4分の1強にすぎない。[3]

言い換えれば、「中流階級」（分位P90―95）が残した相続資産の平均値を20世紀初頭と20世紀末とで比較するとおよそ3倍になったが、同時に、「200家族」（分位P99・99―100）が残した相続資産の平均値はおよそ4分の1になった。当然のことながら、20世紀末における「200家族」（分位P99・99―100）の平均相続額と「中流階級」（分位P90―95）の平均相続額の比率は、20世紀初頭の12分の1になったわけである。20世紀初頭には、この比率はすでに指摘した不規則な変動によって、また1902―1913年については約630の平均値を

（1）付録J表J-9の、行1994／1902―1913を参照。
（2）付録J表J-9の、行1902―1913を参照。
（3）付録J表J-9の、行1994／1902―1913を参照。残されている資料が20世紀最後の3分の1の時期しかないことは、分位P90―95よりも分位P99・99―100においてより多くの問題をはらむ。平均相続額が、「平均的な」相続の大きいグループよりも大規模相続の小さいグループの場合のほうが不安定に変化するからである。それでも、1950年代初め以降の推移にははっきりした規則性が認められ、1990年代の年間上位50件の大規模相続の平均額が（1990年代で最も恵まれた年を含めて）ほとんど6000万フランを超えないと結論することができる。

図 6-2：1902-1994 年の「200 家族」（分位 P99.99-100）の平均相続額
（1998 年フラン換算）

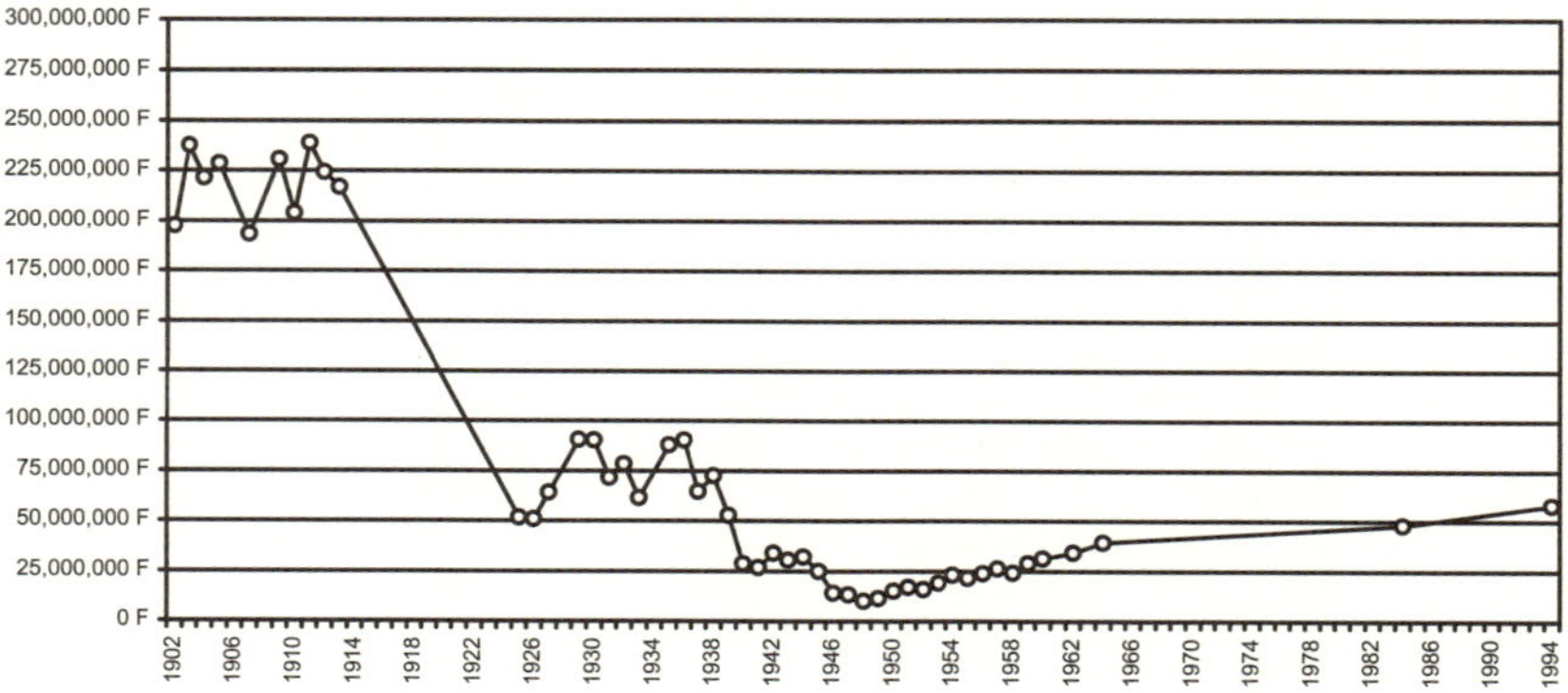

情報源　表J-9の列P99.99-100(*)（付録J）

図 6-3：1902-1994 年の「200 家族」（分位 P99.99-100）の平均相続額と
「中流階級」（分位 P90-95）の平均相続額の比率

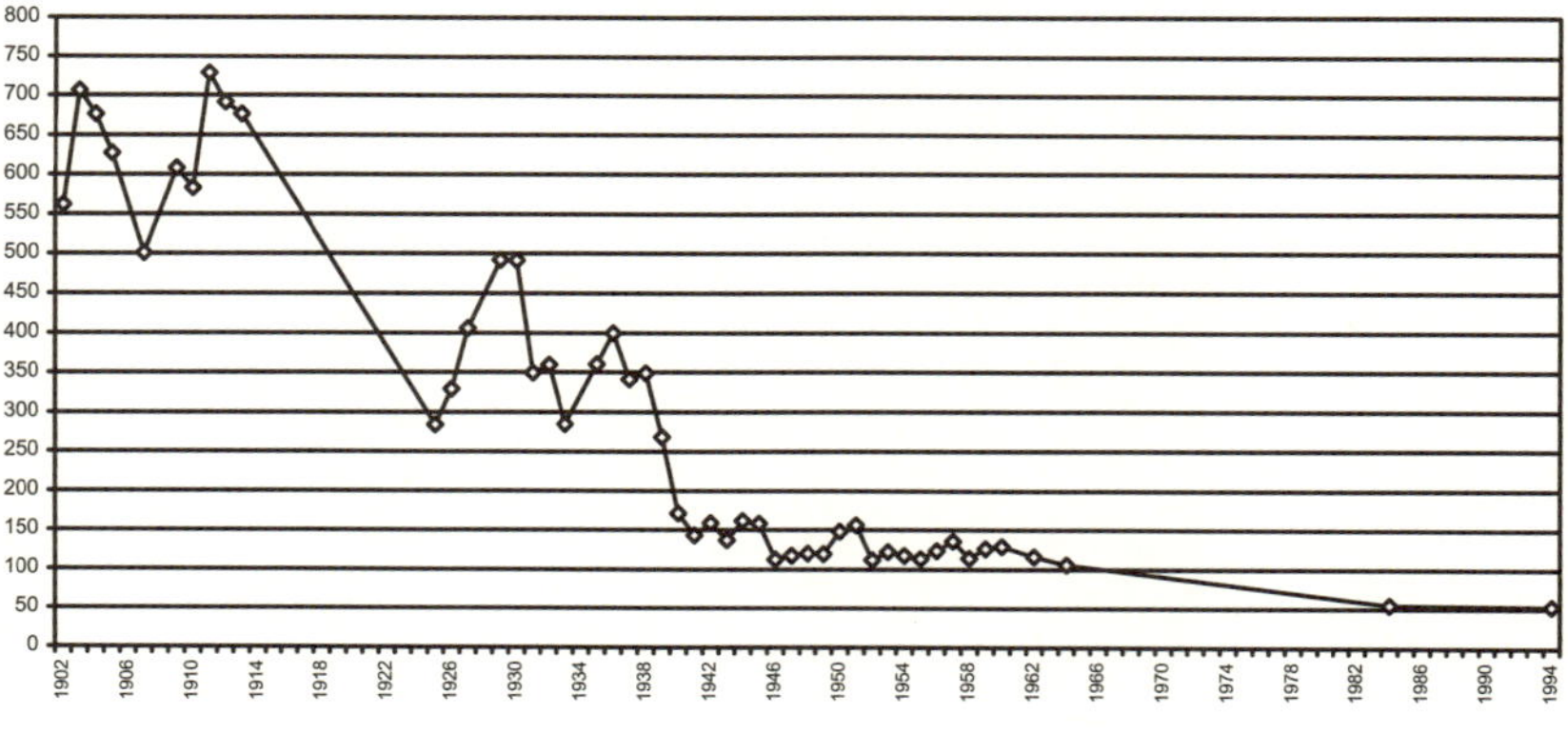

情報源　表J-9の列P99.99-100(*)／P90-95（付録J）

示しながら（分位P90―95の35万フランに対して分位P99・99―100は2億2000万フラン）、600から650の間にあった。1990年代になると、この比率はおよそ50から55になる（分位P90―95の110万フランに対して分位P99・99―100は6000万フラン弱）（図6－3を参照）(1)。超高所得の場合と同じように、こうした数字から大資産はもはや存在しないと結論するのは早計だろう。それぞれ6000万フランの平均値を持つ50件の相続が1990年代のフランスで毎年申告されていることが証明するように、大資産は存在しなくなったわけでは決してない。最も大きい資産を構成する死者の（理論上）10パーセントを「中流階級」が占めるだけに、「中流階級」（分位P90―95）が残した資産の50倍以上にもなる相続について「大」資産を論じないですますことはむずかしい。したがって重要なのは、「大」資産が消滅したかどうかを知ることではなく（実際には消滅していないのだから）、大資産が（実質フランにおける）絶対的水準でも、当時の社会との関連においても、第一次世界大戦前に文字どおり桁外れの水準に達していた事実に気づくことである。仮に20世紀末の大規模相続の上位50件が、「中流階級」（分位P90―95）の平均相続額との比率において20世紀初頭と同じ水準を取り戻していたら、上位50件の相続額は実際より12倍高くなる（6000万フランではなくて7億2000万フランになる）はずである。この数字は、19世紀から1914年までの時代のように、（ほとんど）税のない世界ではどれほど大きな資産が少数の者の手に蓄積して集中するかを教えてくれる。

実際、この結果は、所得の水準において確認した変化の現実的な特徴と、私たちが提示した解釈の信憑性のこのうえない有力な証拠となるように思われる。私たちは相続申告を検討するうちに、この100年間で所得申告とまさしく同じ現象（〔中流階級〕〔分位P90―95〕の富の著しい増加と「200家族」〔分位P99・99―100〕にお

（1）私たちの推計によると、平均の比率は1902―1913年には628・5だったが、1994年にはわずか52・8である（付録J表J－9の行1902―1913および1994を参照）（628.5／52.8＝11.9）。

ける富の明らかな減少）を見いだした。このことはそれ自体で大きな説得力を持つ。実際、この二つの情報源は互いにきわめて独立したものである。相続申告は一人の人物が資産を蓄積したのちに相続人によって提出されるが、所得申告は所得の年間の流れを把握するのに役立つ。無届けは（合法・非合法を問わず）まったくないわけではないとしても、相続申告と所得申告とではまるで異なる。相続税の場合、生命保険契約が法的免除のおもな対象となる。１９３０年7月13日法に始まるこの免除によって、20世紀の１００年間に現実に生じた大規模相続の退潮の大きさを過大視するおそれがあることは、認めないわけにいかない。実際には、これまで見てきたように、法的免除の影響は比較的限られている。つまり生命保険契約からもたらされる利子は、大規模な相続資産の（最大で）20パーセントに相当する。[1] それにともなう税の軽減は、何千万フランもの資産が譲渡される場合は決して軽視できない。しかし、最大で約20パーセントというこの上方修正によっては、20世紀末における年間上位50件の相続の平均値が20世紀初頭の4分の1になった理由も、また上位50件の相続額と「中流階級」（分位Ｐ90―95）の相続額の比率が12分の1になった理由も決して説明できない。[2]

概して、相続申告において見られる変化の規模は、（合法・非合法を問わず）無届けという行為を原因と考えるにはあまりに大きすぎるように思われる。たとえば、20世紀末の最も裕福な相続人たちが、実際に相続した遺産の半分を隠すことができると想定しても（そして20世紀初頭の裕福な相続人たちが遺産の全額を自発的に税務当局へ申告していたと想定しても）、やはり20世紀末の年間上位50件の相続の平均値は20世紀初頭の（4分の1ではなく）2分の1であり、年間上位50件の相続と「中流階級」（分位Ｐ90―95）の相続の比率は（12分の1ではなく）6分の1である。死者の階層の分位Ｐ90―95と分位Ｐ９９・９９―１００との間に生じた資産格差の縮小を無届けという行為によるものと考えるには、20世紀末の最も裕福な相続人たちは、実際に譲り受けた遺産の10パーセント以下しか申告していない（そして20世紀初頭の最も裕福な相続人たちの「申告率」が１００パーセントだった）と仮定しなければならない。所得申告の場合と同じように、あらゆる事情から、相続申告にかかわる不正は20世紀末よりも20世紀初頭に多かったと考えられ、したがって脱税の存在が、相続申告に基づいて得られた結果を弱めるのではなく強固にする傾向がある以上、そのような仮定に真実味があるとは思えない。20世紀初頭の人々が抱いていた印象は、1901年2月25日法の採択以後、相続税の脱税が慢性的になり、税務当局が1902年から作成している統計表の大資産の水準と数は実際よりも「低い」[3]というものだった。戦間期の所得申告の場合と同じように、この一般的感情はおそらく行きすぎである。現実には、所得関係のものよりも相続関係のものを隠すことのほうが常に困難だった（死亡したことを隠すのが不可能なのはもちろんのこと、不動産の隠匿もほとんど不可能であり、有価証券の利益を安心して享受するには正式な手続きが必要になる）。そして、20世紀初頭を含めて、相続申告の不正には常に限界があった。それでも、所得の場合と同じく、相続申告の不正を行なう余地は事実上20世紀初頭のほうが大きかった。当時の税制の「反取り

（1）前出第1．2節を参照。この数字は、先述の推計が相続資産階層の分位P99・99―100ではなく所得階層の分位P99・99―100を対象としたものだけに、あくまでも概算である。また、最大で20パーセントというこの割合は動産資本所得のみに占める割合であり、包括資産に占める割合はもっと低くなる。付け加えておくと、生命保険の非課税には上限が設定されている。1980―1990年代には、70歳以上による支払いは、その支払い額がかなり低い閾値（10万フラン、次いで20万フラン）に達したときから相続税の課税対象となる（『資本課税』、共和国大統領への第8次報告、租税審議会、1986年、p・46および『資産課税』、共和国大統領への第16次報告、租税審議会、1998年、p・68）。さらに、（生命保険契約、森と山林、1947―1973年には一部の新しい建築物、1952年のピネー債のような一部の公債といった）非課税財産は、原則として相続申告への記載が義務づけられている。相続申告の統計を見ると、大規模相続の当事者にとってそうした資産の割合は比較的低いことがわかる（1984年には、最も高額の相続区分において、非課税資産の額は課税資産総額の5パーセント以下だったと思われる。『資本課税』、共和国大統領への第8次報告、租税審議会、1986年、p・81を参照）。

（2）このことは、「中流階級」（分位P90―95）が資産の譲渡にあたって贈与も活用し、その割合がそれより上の分位をおそらく上まわることから見ても、いっそう明瞭である（『資本課税』、共和国大統領への第8次報告、租税審議会、1986年、p・81を参照）。

（3）たとえばセアイユ（1910年、p・25―33）を参照。しかし彼は、同時代にどの程度の脱税がなされていたかを推計してはいない。ソーヴィ&リヴェ（1939年、p・382―383）およびドマール（1973年、p・36―39）も参照。コルソン（1918年、p・408）は相続の無届けを考慮に入れて、20世紀初頭の相続統計の値を80パーセント引き上げている。

調べ的」精神によって、税務当局の調査権限がかなり制限されていたからだ。他方、20世紀末の税務当局は、広範囲に及ぶ権限を持ち、申告された相続額の真偽を確認するために故人の資産を保険で保障していた、あるいは、管理していた保険会社、銀行、証券会社などの情報をすべて手に入れることができる（顧客の一人が死亡した場合、これらの機関は自発的に名乗り出て、必要な情報をすべて税務当局に伝える義務がある）[1]。

生前贈与の存在が、私たちの得た結果を弱めるどころか強固にすることも付け加えておこう。概して、これまで言及してこなかった生前贈与の問題は、潜在的にきわめて深刻である。相続資産の中に、所有者の死亡に先立ってなされる贈与によって（少なくとも一部を）譲渡されるものがあるという事実は、相続申告で示される金額が（実際に譲渡される資産と比べて）、法にかなったやり方でかなり低くなる可能性があることを意味する。ヴィシー政権は1942年3月14日法によって相続と生前贈与の課税制度を統一し、その後の政府もこれを受け継いできたが、この統一以降、税務当局が作成する統計表は相続だけでなく生前贈与も扱っている。したがって1942年から1994年の大規模相続の各分位の水準に関する私たちの推計は、厳密な意味での相続だけでなく、死者が生前に行なった贈与全体も（贈与を相続に加える形で）[2]考慮に入れている。ところが1902年から1941年の期間、とりわけ1902年から1913年の期間はそうではない。1901年2月25日法においては相続と生前贈与にはまったく異なる形で課税がなされ、20世紀初頭に税務当局が作成した統計表は相続だけを対象にしたものなので、この時代に関する私たちの推計に生前贈与は含まれていない。20世紀初頭における生前贈与の総額が軽視できないほど多いことはわかっているが、その総額が、譲渡される資産の水準に応じてどのように分布しているかを見極めるのはかなりむずかしい[3]。当時の観察者によれば、裕福な納税者は1901年に導入された累進相続税を逃れるために、生前贈与を頻繁に用いたという。そうだとすれば、1902―1913年の大規模相続の水準は現実には私たちの推計よりもかなり高く、20世紀における大規模相続の水準の急減は私たちが下した判断よりもいっそうはなはだしいわけである[4]。

相続統計の活用によって得られた結果は、超高額の資本所得が急減し、再構築がなされない現象の現実味を裏づけるだけでなく、所得申告において確認されたこの現象の時代区分と数量化を厳密にすることにも役立つ。この現象の全体的規模が所得についてよりも相続についてのほうがいっそう大きいことはきわめて興味深い。私たちの推計によれば、分位P99・99―100と分位P90―95の平均所得の比率は、20世紀末には20世紀初頭の約5分の1になった。他方、死者の階層の分位P99・99―100と分位P90―95それぞれが残した相続資産の平均額の比率は、20世紀末には20世紀初頭の約12分の1になった。資産格差のこの著しい縮小は、大規模相続に見られるはなはだしい減少の結果である。私たちの推計によれば、所得階層の分位P99・99―100の平均所得は、（1998年フランに換算すると）20世紀末には20世紀初頭の10―20パーセント下がっている（第2章図2‐7を参照）。他方、死者の階層の分位P99・99―100が残した資産の平均は、（1998年フランに換算すると）20世紀末には20世紀初

（1）相続の申告額を調べるために1990年代の税務当局が持っている調査権限については、たとえば『資産課税』、共和国大統領への第16次報告、租税審議会、1998年、p・78を参照。

（2）実際には、税務当局が「過去にさかのぼって」贈与を突き止め、それを相続統計に組み入れる方法はいくらかあいまいである。したがって1942年から1994年の時期を扱った私たちの推計がそれらの贈与を考慮できているかどうかはたしかではない。いずれにせよ1942年の改革以降は、贈与だけを対象とする統計が作成されており、その統計から、贈与の規模がどれほどであれ、本書で明らかにした大規模相続の水準の急落という大きな現象を著しく変える可能性がないことを確認できる（付録J第1．3節を参照）。

（3）20世紀初頭には、年間の贈与額はおよそ10億フラン、つまり年間相続額（60億から70億フラン）の約15―20パーセントだった（『フランスの統計年鑑――過去要覧1966年版』、INSEE、1966年、p・530を参照）。

（4）たとえばセアイユ（1910年、p・25―33）を参照。脱税についてと同様、彼は大資産家たちが贈与をどの程度用いたかについては推計を行なっていない。右に挙げた包括的推計は、20世紀初頭における年間の贈与額が現実には並外れた大きさでないことを示している（1826年から1964年に至るまでずっと、年間の贈与額は相続額の15―20パーセントから30―35パーセントを占めてきた。『フランスの統計年鑑――過去要覧1966年版』、INSEE、1966年、p・530を参照。1964年以降の推移については、付録J第1．3節を参照）。したがって、大資産の保有者たちが1901年2月25日法の採択後に一刻を争うように贈与手続きに乗り出したという考えには、かなりの誇張がある。

頭の約4分の1になった（図6－2を参照）。「２００家族」（分位Ｐ９９・９９―１００）の所得はこれまでずっと、その過半数が、相続資産から生じる所得によって占められてきた。にもかかわらず「２００家族」が所得についてよりも相続資産についてのほうがいっそう明白に、１００年にわたる急落を経験したように見えることをどう解釈すべきだろうか。

「中流階級」（分位Ｐ90―95）の場合と同じように、この種の比較には慎重さが求められる。死者の資産階層の分位と所得階層の分位は完全には一致せず、特定の分位の相続資産、とくに死亡によって譲渡される相続資産の増減は、対応する分位の所得より数十年遅れることがある。１９９０年代に死亡した「２００家族」（分位Ｐ９９・９９―１００）が残した資産は、第二次世界大戦を経験し、所得が大戦後の最低水準をはっきりと上まわるまでにかなりの時間を要した世代によって築かれた。たとえば、１９５０年代には、所得階層の分位Ｐ９９・９９―１００の平均所得は、（１９９８年フランに換算すると）およそ２００万―３００万フラン、つまり20世紀初頭の推計水準の4分の1にすぎない（第2章図2－7を参照）。したがって、20世紀初頭から20世紀末までに「２００家族」（分位Ｐ９９・９９―１００）が所得についてよりも相続資産についてのほうがいっそう明白な急落を経験したことは完全に理にかなっている。同じ理由で、１９８０―１９９０年代に所得格差の新たな拡大が見られるにもかかわらず、この時期に資産格差が（きわめてゆっくりしたペースではあるが）（図6－3を参照）縮小しつづけたことを私たちの推計が示しているのは驚くにあたらない。格差の変化は常に、所得格差の現在の変化よりも過去の変化にいっそう左右される[1]。相続申告の活用によって、富の分布の１００年にわたる変化を裏づけることができるが、所得格差の水準に生じた変化の規模および時期を正確に特定するにあたっては、相続申告は非常に間接的な証拠しか与えてくれない。とくに、１９８０―１９９０年代における所得格差の再拡大の影響が相続統計の領域で感じられるまでには、何年も待つ必要があるだろう。

また、不動産および動産資産の価値の測り方に対しては、相続の各分位の水準に関する私たちの推計が示すいくつかの急激な変化を鵜呑みにしないほうがいい。名目フランで表わした相続価値を１９９８年フランに換算するために、私たちは所得を換算するときと同様、消費者物価指数を用いた。これは現在可能な方法の中でおそらく最も望ましいものだが、完璧というにはほど遠い。この方法は、20世紀初頭と20世紀末のように、とりわけ通貨が安定している二つの時代を長期的に比較する場合には有効だが、短期および中期の変化を調べる場合には大きな偏りをもたらしかねない。とくに、第一次世界大戦後から１９２０年代にかけて、資産価格が（消費者物価に比べて）人為的操作によって下がったことはまちがいない。このことは、家賃の凍結でかなりの不利を被った不動産資産においてとりわけ明らかである。20世紀初頭における家賃の水準は１９１４年以来、実質フランでほとんど上昇しなかった。当時の通貨と経済の慢性的不安定もまた、株をはじめとする動産資産を「正しく」測るのにあまり好都合ではなかった。おそらく、第一次世界大戦によって生じた（１９９８年フランに換算した）相続価値の急減（図６－１および６－２を参照）は、それが相続資産の量の「現実に起きた」急減（その最も純粋な例が戦争による「物質的」破壊である）によってだけでなく、資産価格の並外れて低い水準によってもいくらか説明がつくという意味で、ある程度「人為的」なものである。相続統計は１９１３年に中断し、１９２５年にようやく再開されたが、もちろんそのことがこの問題を解く手がかりにはならない。

いずれにせよ、所得について見られた変化と相続について見られた変化との違いがあまりに大きく、こうした遅滞

（1）ＩＮＳＥＥは１９８６年と１９９２年の「金融資産」調査、および１９９６年の「資産保有」調査に基づいて、資産格差が１９９０年代を通じて（わずかに）縮小したと結論するに至った（「家庭の所得と資産１９９６年版」、『総論第5号』、１９９６年8月、ｐ・83—90。『資産課税』、共和国大統領への第16次報告、租税審議会、１９９８年、ｐ・22も参照）。この結果は、われわれが相続統計を利用して得た結果には及ばないが（この調査は大資産の研究につながらず、またその対象は死亡した人々ではなく国民全体である）、資産格差の推移が所得格差の推移に比べて常にかなりの遅れを示すことを裏づけている（事実、ＩＮＳＥＥはこの結果の原因が「世代の影響」にあると見なしている）。

現象と資産の過小評価の現象によって二つの変化の違いを説明するのが困難なことはたしかである。資本蓄積の過程における遅滞がどれほどであれ、「200家族」(分位P99・99―100)が残した相続資産の平均額が20世紀の100年間で4分の1になっているのに、20世紀末における「200家族」の平均所得が20世紀初頭の20パーセントしか減少していないのはなぜなのか、よくわからない。[1]同様に、第一次世界大戦後の資産の過小評価がどれほどであれ、「200家族」の所得が、第一次世界大戦後から1920年代初めにかけて、20世紀初頭に関して私たちが推計した水準よりもわずかに低い水準で築かれている(第2章図2-7を参照)と考えるのはむずかしい。とはいえ、1920年代における「200家族」の相続価値は第一次世界大戦前の4分の1以下である(図6-2を参照)。[2]最も真実味のある仮説は、超高額の資本所得の100年にわたる急減が、私たちの推計からうかがえるよりもさらに大規模であるという仮説で、そのことは、20世紀初頭の超高所得の水準を(したがって第一次世界大戦で生じた下降の幅を)私たちが過小評価した可能性があることによって説明できる。1915年に始まる申告と同じような、推計の材料となる所得申告がないため、私たちは1900年から1910年までの超高所得の水準の比較的「低い」推計をすすんで採用したのだが、[3]それだけに、この仮説にはいっそう説得力があると思われる。

しかしながら私たちの最初の結論が、第一次世界大戦前の所得申告から得られる情報の代わりには決してなりえない、相続統計を根拠とするこうした事実によって揺らぐことはないと指摘しておこう。超高所得が急減する過程の中で第一次世界大戦が演じた役割は、私たちの推計から想像されるよりもおそらく大きいが、1930年代の世界恐慌と第二次世界大戦が演じた中心的役割に比べればやはり副次的であると思われる。相続統計の観点からすれば、「200家族」(分位P99・99―100)の平均相続額と「中流階級」(分位P90―95)の平均相続額の比率が、1920年代末には第一次世界大戦前の水準に近いレベルを回復したことは驚きに値する。つまり第一次世界大戦の打撃は1920年代末にはすでに乗り越えられ、資産格差が20世紀初頭の水準を永続的かつ構造的に下まわるようになるのは1930年代の世界恐慌と第二次世界大戦を経てからなのだ(図6-3を参照)。[4]これはきわめて意味深い事実のように思われる。なぜなら、この比率は（少なくとも最初の計算では、過小評価があらゆる相続に同じようにあてはまる以上）先に言及した相続資産の過小評価の問題に左右されないからである。また、第二次世界大戦が引き起こした、年間の上位50の相続の平均値の急落が（１９９８年フラン換算で）第一次世界大戦によって生じた急落よりも大規模だったことも指摘できる。[5] これは、資産価格の状況的変化が提起する問題とは別に、[6] 戦争による破壊の規模が１９１４―１９１８年よりも１９３９―１９４５年のほうが大きかったことと符合するように思われる。[7]

(１) 所得階層の分位Ｐ９９・９９―１００を構成する世帯の平均年齢はおそらくかなり高く、（彼らの所得の大半をもたらす）資産と、死者の資産階層の分位Ｐ９９・９９―１００の相続資産との隔たりは一定限度内にとどまる。

(２) 年間上位50件の相続の（１９９８年フラン換算の）平均値は、１９０２―１９１３年の平均2億２０００万フランに対して１９２５―１９２６年は約５０００万フランだった（図6‐2および付録Ｊ表Ｊ‐9を参照）。１９２５―１９２６年および１９２８―１９２９年に見られた著しい増加を考慮すると、１９２０年代初めにおける年間上位50件の相続の平均値はおそらく１９２５―１９２６年よりも低かったと思われる。

(３) 第2章第2．1節および第2．2節を参照。

(４) １９２９―１９３０年には、「２００家族」（分位Ｐ９９・９９―１００）の平均相続額と「中流階級」（分位Ｐ90―95）の平均相続額の比率は約５００の水準、つまり１９０２―１９１３年に見られた約６３０という平均比率に近い水準を取り戻した（図6‐3および付録Ｊ表Ｊ‐9の列Ｐ９９・９９―１００／Ｐ90―95を参照）。この比率は１９２０年代初めから上がりはじめていたので、１９２５―１９３０年の上昇はいっそう印象的である。

(５) 年間上位50件の相続の平均値は、１９０２―１９１３年の平均2億２０００万フランに対して、１９３０年代には（１９９８年フラン換算で）1億フラン近い額で、2分の1以下の減少となった。第二次世界大戦直後における年間上位50件の相続の平均値は、（１９９８年フラン換算で）１０００万フラン強、つまり１９３０年代の約10分の1だった。この平均値は１９５０年代末にようやく２５００万フラン（つまり１９３０年代の4分の1）を上まわった（図6‐2および付録Ｊ表Ｊ‐9の列Ｐ９９・９９―１００を参照）。

(６) 相続の（１９９８年フランに換算した）値が、１９４４―１９４５年（つまり生産と所得が最小を記録した時期）ではなく１９４８―１９４９年に最小となったことはきわめて意味深い（図6‐1、6‐2および付録Ｊ表Ｊ‐9を参照）。相続資産（とくに不動産）の価値が（消費者物価と比べて）最も低い水準に達したのは、１９４４―１９４８年のハイパーインフレのあとなのである。

(７) 第2章第2．3節を参照。

3.3 当時の人々はこうした事実を自覚していたのか

相続統計の検討によって明らかになった変化を「リアルタイム」で経験した当時の人々は、こうした事実を自覚していたのだろうか。「同時代人」の意見と認識は常に多様であり、それらを正確に推し量るための資料が不足しているのでこの問題に答えるのはかなりむずかしい。とはいえ、これまでの章で私たちは1914―1945年の危機によって生じた相続資産の急減が、格差の社会的表象にどれほど痕跡を残したかを示そうとしてきた。そして所得税法の研究によって、かなり納得のいく手がかりを得ることができた。たとえば、20世紀初頭に確立された税法では課税のバランスが逆だったが、第二次世界大戦以降、歴代政府が資本所得に税のさまざまな軽減を認めてきた結果、資本所得に対する課税のほうが労働所得に対する課税より軽くなったという事実は、とりわけ明らかな手がかりとなる。つまり二つの世界大戦による破壊で過去の資産の多くが失われ、以後、貯蓄と新たな資産構築への援助が必要だったことが明白になったのである。[1] 1914年7月15日法が採用した税率区分を分析すると、第二次世界大戦以降に適用された最も高い税率区分が、戦間期および20世紀初頭よりも（各時代の平均所得との関連で、また実質フランにおいて）、構造的に低い所得水準に設定されたことがわかる。これは超高額の資本所得が社会からおおかた姿を消したことの鮮やかな証拠である。[2] 私たちはここで、（資産から生じる所得だけでなく）資産そのものの水準に同じ変化がどの程度見られるかを検討してみたい。当時の人々は年間上位50件の相続の平均値が、（1998年フラン換算で）20世紀初頭の約2億2000万フランから1990年代の6000万フランへと、4分の1近くに減ったことをはっきりと認識したのだろうか。

「高」所得の場合と同じように、政治家の言説に頼ってこの問題の知識を得ようとしてはならない。相続資産がどれくらいの水準に達すると「大」資産になるのかを数字を挙げて説明する政治家などまずいない。それに対して、19

01年2月25日法以来の相続税の税率区分の変化は、きわめて貴重な手がかりとなる。所得の場合と同じように、自らの考えを明確にし、同時代の格差に関するいくらか抽象的な認識を具体的現実に反映させることを政治家に強いるものは税法しかない、と言っても過言ではない。

第一次世界大戦前、累進相続税の最も高い税率区分は、当時の5000万フラン以上の相続を対象としていた。[3] 5000万フランに始まるこの区分を導入したのは1902年3月30日法で、この法は1901年2月25日法が定めた税率表にいくつかの新しい税率区分を付け加えた。[4] 20世紀初頭に使われていた名目フランを1998年フランで表わすには約20倍にする必要があることを想起すれば、5000万フランというこの数字の大きさが理解できるだろう。[5] つまり第一次世界大戦前には、相続税の最高税率区分は1998年フランで10億フラン以上の資産を対象としていた。ただし、相続税の税率表が常に（相続人の間で分割される前の[6]）相続の総額ではなく、「相続割合」を対象として示されてきたことに留意しなければならない。したがって、何人もの子供が遺産を分け合いながら、なおかつ最高税率が適用されるには、相続の総額が（1998年フラン換算で）何十億フランにも上る必要がある。

1990年代における累進相続税の最も高い税率区分は、1983年12月29日法によって定められたもので、大規模相続に対する累進性が低すぎるとされたそれ以前の税率表を補うこの法は、1990年代に至っても修正なしに施

（1）第4章第4．4節を参照。
（2）第5章第1．1節を参照。
（3）1901年以降の相続税法の変遷、そして直系血族および配偶者を対象とする税率表の簡潔な説明を、付録J第3節に掲げた。20世紀初頭に適用されていた税率表については付録J第3．2節を参照。
（4）付録J第3．2節を参照。所得税の場合と同じように、累進相続税の支持者が当初、税率の累進性が「ほどよい」資産水準で止まることを容認するほかなく、その数年後にようやく追加の区分が設けられたことは興味深い。
（5）第1章図1－2および付録F表F－1の列(7)を参照。
（6）付録J第3．1節を参照。

行されている。その最高税率は1120万フラン以上の相続（正確にいえば相続割合）を対象とする。1120万フランを超えると、限界税率は累進性を持たなくなる。(1) したがって、20世紀の100年間で、相続税の最高税率区分の閾値は（1998年フラン換算で）10億フランから1120万フランに下がった。つまりほとんど100分の1になったわけだが、これが富がきわめて増大したフランスで起こったのである。このだいたいの数字は覚えておく価値がある。それは、20世紀初頭の社会の一部をなしていた「大」資産が、20世紀末の立法府からとくに糾弾されるようになった「大」資産よりもどれほど大きかったかを示している。

所得税の税率区分と同じように、ここで検討した事実には二つの意味がある。一方で、相続税の最高税率区分の閾値の引き下げは、当然のことながら、各納税者が納めるべき税の実質的な重さに影響する。立法府は、かつてよりも著しく低い資産水準に最高税率を適用することによって、過去の資産がかなりの程度まで消滅したこと、そしてそれなりの税収を確保しようとするなら、かつてほど規模が大きくない資産に重い課税を加える必要があることを公式に認めたのである。しかし他方で、相続税の最も高い税率区分の閾値の引き下げにはまた（とりわけ、といってもよいが）象徴的な意味がある。重要なのは、歴代政府が「公開」の存在を与えてもよいと判断した資産水準がどのように変化してきたかを知ることである。実際、20世紀初頭には、大資産の場合を含めて税率はきわめて低く、したがって象徴的意味は重要だった。これまでの章で指摘したように、所得税の最高税率と同じく、相続税の最高税率が「現代」(2) の水準に達したのは第一次世界大戦後のことである。大戦前には5000万フラン（1998年フラン換算で10億フラン）以上の相続に適用されていた限界税率は、（1902年から1910年までは）5パーセント、（1910年からは）6・5パーセントにすぎなかった（1990年代に1120万フラン以上の相続に適用される限界税率は40パーセントである）。(3) 現実には、20世紀初頭において、相続水準に応じた限界税率の累進性はきわめて弱かった。たとえば1902—1910年の100万—200万フランの相続に適用される限界税率はすでに3パーセントだったのに対し、5000万フランを超える相続に対する限界税率は5パーセントにすぎなかった。(4) つまり立法府の目的は、大資産を持つ者を「集中攻撃する」ことではなく、実際彼らに適用される税率は、50分の1〔100万／5000万〕の資産に適用される税率をほんのわずか上まわる程度だった。立法府にとっては単に、大資産が存在すること、自分たちがそれを認識していること、そして大資産を税率表に組み入れていることを示すことが目的だった。所得税の税率区分と同じように、相続税の税率区分は時代を映す鏡として、議会で審議され、メディアで報じられる。そして相続税を課せられる納税者は（納税額が最も少ない者を含めて）誰しも、税率区分を注視しないわけにいかない。5000万フラン以上の相続を公式に示すという税法の決定は、20世紀初頭のフランスにおいて存在していた格差の集団的表象の中に、大資産がごく自然に位置づけられていたことを裏づける。

逆に、20世紀末の歴代政府が並外れた水準の資産を税法の中で「あからさまに示す」ことを拒んでいるという事実は、大資産がかなりの程度まで、こうした表象から姿を消している証拠である。大資産は目に見えない形では相変わらず存在するが、はっきりと指し示すのがためらわれるようになったのだ。1980―1990年代の社会党政権によって制定され、適用された財産税（「富裕税」、次いで「富裕連帯税」）はこの状況をほとんど何一つ変えなかった。1981年12月30日法が定めた富裕税の累進課税の最も高い税率区分が対象としたのは1000万フラン以上の資産、つまり1998年フラン換算で2000万フラン弱に相当する資産だった(5)。言い換えれば、20世紀初頭から左派が要求していた「富裕」税を導入することによって、1981年5月の選挙で生まれた社会党政権は、（1998年フラン換算で）20世紀初頭に施行されていた相続税の最も高い税率区分の対象だった資産の約50分の1の資産（10億フラ

（1）付録J第3．4節を参照。
（2）第4章第1．3節、第5章第3．2節、および付録J第3節を参照。
（3）付録J第3．2節および第3．4節を参照。ここでは直系を対象とする税率を典拠とした。
（4）付録J第3．2節を参照。
（5）1981年フランを約1・9倍すると1998年フランが得られる（付録F表F-1の列(7)を参照）。

ンに対して2000万フラン）を公然と攻撃したのである。1980―1990年代の間に、富裕税（1988年以降は富裕連帯税）の税率表に「大資産」への課税を強化するための新しい税率区分が追加されたものの、アンバランスな状況が本当に修正されたわけではない。20世紀末の歴代政府は、20世紀初頭の課税税率表に記載されていた資産に匹敵するほど大きい資産を公然と攻撃することは拒否している。(1)

じつは、歴代政府が「公開」の存在にすることを決めた資産水準の100年にわたる急落は、資産そのものの急落よりも著しい。（1998年フランに換算した）相続税の最も高い税率区分の閾値は、20世紀を通じておよそ100分の1（20世紀初頭の10億フランから1990年代の1120万フラン）になった。しかし年間上位50件の相続の平均値は約4分の1（20世紀初頭の2億2000万フランから1990年代の6000万フラン）にとどまっている。20世紀初頭には、立法府は法律の文面になんの気がねもなく並外れた資産について記載し、ときには現実に存在するよりも「高額」の資産を掲げることもあった。20世紀末には、もはや存在しないことを誰もが「知っている」資産について記載することは場違いであると判断されたかのように、1981年5月の選挙で生まれた社会党政権でさえ、税法の中に何億フランもの資産を「示す」ことをためらっているように見える。

こうした変化の歴史はまた、所得の場合と同じように、重要な転換期となるのが（第一次世界大戦ではなく）第二次世界大戦であることを物語っている。戦間期の歴代政府は、大資産がすでに第一次世界大戦の打撃を被っていたにもかかわらず、20世紀初頭の政府とほとんど同じようにその水準の資産を公然と攻撃することをためらわなかった。たとえば1936年には人民戦線が、1億5000万フラン以上の(2)、すなわち1998年フランに換算して約5億5000万フラン以上の相続（正確にいえば相続割合）に適用する新しい税率区分を設けた(3)。この区分によって、1990年代末の相続税の最高税率区分の閾値（1120万フラン）の50倍、そして1981年に導入された「富裕」税の最高税率区分の閾値（1998年フラン換算で約2000万フラン）の30倍近い資産が記載されることになった。20世紀初頭と同じように、この「公開性」はその推進者にとって、該当する資産の所有者が担うべき税負担への具体的影響以上に重要と思われる象徴的意味を持っていた。たしかにレオン・ブルム政権は1億5000万フラン以上の（直系血族の）相続に対する限界税率を60パーセントに引き上げたが、この新しい最高限界税率の影響力は現実にはほとんどゼロだった。当時の税法には、税率表の「公式」の限界税率の効果を大幅に制限する、（人民戦線が受け継いだ）「最大実効税率」というしくみがあったからである（直系の相続人に適用される「最大実効税率」は60パーセントをはるかに下まわっていた）[4]。

付け加えておけば、「高」所得の場合と同じように、「大」資産を公然と攻撃するために使われたカテゴリーのこうした変化には、格差の認識と表象の歴史という厳密な問題に収まりきらない重要性がある。「認識」の推移はまた、さまざまな時代につくり出され、私たちが「客観的事実」を記述するためによりどころとする統計上のカテゴリーにも影響を与えた。相続申告の調査のために税務当局が用いる相続区分が、所得申告の調査のために税務当局が用いる所得区分と同じく、税率表の区分と厳密に一致したことがないのはたしかである。しかし相続区分は、上位にある区

（1）富裕税の最高区分の閾値は1985年12月30日法によって2000万フランに引き上げられた（最高税率は1・5パーセントから2パーセントになった）。富裕連帯税を導入した1988年12月30日法は（最高税率を1・1パーセントとしつつ）この閾値を受け継ぐ。そして1989年12月29日法は（1・5パーセントの最高税率とともに）4000万フラン以上の資産を対象とする区分を設け、この閾値は（インフレに応じて微調整されながら）1990年代末まで適用された。やがて1998年12月30日法が、（1・8パーセントの税率とともに）1億フラン以上の資産を対象とする新しい最高区分を設ける。このことは、20世紀末の税の世界に「大」資産家が返り咲いたことを示しているのかもしれない。とはいえ、1億フランという閾値は、20世紀初頭の相続税最高区分の閾値（1998年フラン換算で10億フラン）の10分の1にすぎない。そのうえ、20世紀初頭にこの閾値が適用されていたのは相続の総額ではなく相続割合であり、相続税は本質的に「大」資産への課税を目的とする税よりも「普遍的」なものであり、20世紀フランスのめざましい繁栄は「通常ならば」、「大規模」と見なされる資産の水準を上昇させたはずである。

（2）付録J第3．3節を参照。

（3）1936年フランを約3・6倍すると1998年フランが得られる（付録F表F－1の列（7）を参照）。3.6×150＝540。

（4）付録J第3．3節を参照。

分の（実質フランにおける）水準のまぎれもない急落を特徴とする、似たような推移ののちに設けられたのだ。

たとえば、20世紀初頭、相続申告を調査するために用いられた最も高い区分は、最も高い税率区分と同じように5000万フラン以上の相続を対象としていた。したがって相続申告の調査の後、当時の税務当局が作成・公表した統計表は、毎年申告される5000万フラン（1998年フラン換算で10億フラン）以上の相続の金額と件数を示している。これによって、この最高相続区分がおもに象徴的な、そして「公開目的」の役割を演じていたことが確認できる。5000万フラン（1998年フラン換算で10億フラン）を超える申告がなされた件数は、1903年が1件、1904年が3件、1905年が3件、1907年が0件、1909年が2件となっている。[1] いずれにせよ、これらの調査を検討すれば、年間上位50件の相続の平均値だけでなく、年間上位25件の平均値、年間上位5件の平均値などを推計できるだろう。戦間期についても同様である。[2] これに対して、第二次世界大戦以降に作成された相続申告の調査資料は、このような推計には役立たない。たいていの場合、それらの最高相続区分には（大戦直後を除いて）[3] 何十件もの相続が含まれるからである。相続区分ごとの表を作成・公表するために1984年と1994年の調査で用いられた最高相続区分は、1000万フラン以上の相続を対象としているが、これは（1120万フランという）税率表の最も高い税率区分の閾値におおよそ対応する。したがって年間上位50件の相続の平均値をある程度正確に推計するには十分だったが、それ以上の大規模相続について推計するには無理がある。[4] つまり、20世紀末の大規模相続は20世紀初頭の大規模相続ほど金額的に大きくないばかりではなく、かつての大規模相続ほど知られていない。そうした相続の存在を「示す」ことはかつての大規模相続の復活につながるのではないか、と税務当局が恐れているようにも見える。

そもそも、毎年体系的に相続申告の調査を行なうという慣行が1964年を最後に打ち切られたことは、きわめて意味深い。おそらく税務当局は、かなり大幅に、社会的要請の変化に対応したにすぎず、この相続統計の放棄を促したのは、純粋に行政的な決定ではなく、むしろ20世紀フランスにおける格差のその認識と表象のされ方の深い変化だと思われる。20世紀初頭には、社会的格差は相続資産の格差に対する見方を通して認識・表象され、財務省が毎年公表する相続統計は、比較的徹底した活用がなされていた。相続統計はフランスの資産総額や「億万長者」の数、そして（常に資本所得が高いと見なされていた）「高」所得の水準を推計するなどのために利用された(5)。第二次世界大戦以降、格差は（生産労働者、事務労働者、管理職などの）職業別社会階層に対する見方を通して認識・表象されている。「大」資産と超高額の資本所得はそうした表象にほとんどなんの役割も果たしておらず、そのため相続統計はあまり重視されなくなった。概論で指摘したように、第二次世界大戦以降フランスでは相続統計がほとんど活用された

（1）付録J表J－1を参照。5000万フラン以上の区分は1902年3月30日法から適用されていたにもかかわらず、1902年の相続申告にはこの区分を用いた調査がなされなかった。財務省はそれを詫びたうえで、この法の採択があまりに遅かったため、調査を担う部署に「会計の枠組みを修正する」時間がなかったと説明した（『統計比較法要覧』1903年10月、第54巻、p・378を参照）。このときの統計は（相続人の間で分割される前の）相続の総額を対象としているため、5000万フランを上まわる、実際に税率表の最高区分に該当するような相続割合の数ははるかに少なかった。

（2）付録J表J－1を参照。人民戦線が定めた、1億5000万フラン以上の相続を対象とする新しい最高区分は、税務当局によって1938年の申告調査から採用された。

（3）付録J表J－1を参照。

（4）付録J表J－1を参照。1000万フラン以上の相続の件数は1984年には138件、1994年には537件だった。これは年間上位50件の相続の平均値を推計するには不十分に見えるかもしれない。私たちの推計を助けてくれたのは、パレートの法則〔イタリアの経済学者ヴィルフレド・パレート（1848―1923）が、現実の所得分布の統計的観察から導き出した経験法則。χを所得額、Nをχ以上の所得を持つ人の数とすると、Nとχとの間に近似的に$N=A\times\chi^{-\alpha}$（Aとαは定数）という関係が成立する〕による富の分布曲線の近似法の高い信頼度と、1994年の調査の情報ファイルに基づく補足データの存在である。そこで用いた方法、および得られた結果の信頼度については、付録J第2節を参照。

（5）たとえばコルソン（1903年、p・276―292）、ルヴァスール（1907年、p・608―616）、ダヴネル（1909年、p・10およびp・367―671）、セアイユ（1910年、p・25―33）、ネイマルク（1911年）、コルソン（1918年、p・407―411）を参照。

ことがなく、当然のことながら、20世紀全体にわたるフランスの資産格差の歴史の研究文献は存在しない(1)。言い換えれば、戦後の税務当局が行なっている毎年の調査は、社会の要求に真に応えているものではないのだ。

財務省の沿革と刊行物の研究が、この解釈の裏づけとなるように思われる。1913年の最初の中断が、相続申告への関心の喪失によってではなく、戦争直前の特殊な状況によって説明できることは疑いの余地がない。1925年に調査が再開されたとき、財務省は、1914年から1924年までの中断は一時的であって、今後は相続統計の作成と公表が「通常(2)」のペースを取り戻すだろうと明言した。しかし1964年の「打ち切り」の状況はまったく性質が違っていた。すでに1960年、毎年の調査は以後1年おきに行なわれることが決定されていた（1961年と1963年の欠落はこの決定による）。やがて、1962年と1964年の相続申告の調査結果が1965年に公表されると、財務大臣は統計表の数を「減らす」つもりであり、「この軽減案についての意見、およびこの資料の存続に意義があると判断する場合はその理由を伝えてくださるよう読者諸兄にお願いする」と記した（「意見その他のあて先はパリ1区、リヴォリ街93番地の国税庁へ(3)」）。おそらく、財務省のこの刊行物を読んだごく少数の人々はほとんど意見を伝えず、誰にも利用されない資料を作っているという張り合いのなさが、財務省の最終的判断に影響を及ぼしたのだろう。以後、この調査は二度と行なわれず、調査の成果である統計表も刊行されなくなる。この解釈は、「担当部署にとって負担になる(4)」ことに言及しながら相続統計の放棄の妥当性を訴える、1980—1990年代に発せられた公式の説明よりも根拠があるように思われる。「担当部署にとっての負担」が重かったのはたしかだとしても、20世紀初頭から戦間期にかけての時期ほどには大きな負担ではなかったはずだ（地方ごとに手作業で行なわれていた調査が、申告の集計・情報処理ともにパリ一カ所でできるようになるのは1943年の申告調査からである(5)）。本来なら財務省は、1960年代に、こうした方法上の問題がなぜ決定的要因になったのかを説明する必要がある。すでに述べたように、1980—1990年代の財産税（富裕税、次いで富裕連帯税）に基づく統計が税務当局によってこれほどまでになおざりにされているせいで、私たちは望ましい精密さで大資産の変化を研究できないのだが、こうしたこともまた同じ事情に起因すると思われる。[6]

結論として指摘するなら、1964年に生じた相続統計の放棄の原因は、おそらく格差の認識・表象の第二次世界大戦以降の変化であって、因果関係がその逆ではないとしても、こうした統計の弱体化が、格差の表象の変化に影響を与えたことはたしかである。所得申告を調査するために使われる所得区分の構造的引き下げによって1980―1990年代の超高所得がほとんど「見えない」[7]存在になったのと同じように、相続統計が放棄された結果、大資産の詳細をつかむことが以前よりむずかしくなった。21世紀初頭の格差の予測と表象が提起する問題については本書の結論で触れるが、その前に、格差が最もはなはだしかった20世紀初頭から、格差がふたたび拡大する20世紀末に至るフランスの格差の歴史が、諸外国の経験と比べてどのような位置にあるのかを検討しなければならない。そうすることによって、「クズネッツ曲線」が描くいわゆる普遍的モデルをいっそう的確に見極めることができるだろう。

（1）概論第2．2．4節を参照。戦間期には、相続統計は何度か調査の対象になった（たとえばブートン〔1931年、p・272―275〕は、1913年と1925年の相続統計を比較して、大資産が第一次世界大戦によって急減したことを確認している）。
（2）『統計比較法要覧』、1927年7月、第102巻、p・65を参照。
（3）『統計および財務調査』「別刷」第204号（1965年12月）、p・1688を参照。
（4）たとえば『資本課税』、共和国大統領への第8次報告、租税審議会、1986年、p・43を参照。アドリーヌ・ドマールによれば、小規模相続が1956年に申告義務を免除されたことも（本書では付録J第3．4節でこの出来事に触れている）、相続申告に対して財務省が「興味を失う」一因になったという（ドマール〔1977年、p・385〕を参照）。この指摘は説得力があるかもしれないが、大規模相続のランクづけへの興味喪失がこれによって説明できるとは思われない。
（5）『財務省統計要覧』、第2号（1947年第2四半期）、p・317―321を参照。この新しい調査技術によって、相続申告の調査に基づいて作成される統計表は数を増し、精密になった（付録J第1．4節を参照）。
（6）前出第3．1節を参照。
（7）第5章第1．1節を参照。

第7章　諸外国の経験と比べてフランスをどのように位置づけるか?

20世紀フランスにおける所得格差の歴史について、すでにいろいろなことが明らかになった。その特徴は、「クズネッツ曲線」の予想とはまったく反対に、格差が「自然で」「自発的に」縮小していく傾向にあるわけでは決してなく、格差の縮小と拡大(最近では1980―1990年代)局面が複雑に繰り返されていることにある。とくに、短期的・中期的なさまざまな変動を別にすれば、給与格差は20世紀フランスにおいてはきわめて安定していた。唯一の顕著な構造的変化は、超高額資本所得が急激に減少し、その後再構築されなかったことである。どう見ても、これが実際に起こった経済現象であり、税務統計上の幻想ではないことが示されているとしても、重要なのは、そうした推移が「自然で」「自発的な」経済プロセスには似ても似つかないという事実である。超大資産が崩壊したのは、1914―1945年のきわめて政治的な危機の表われであり、これらの大資産が20世紀初頭の途方もない水準に二度と戻ることがなかったのは、累進所得税が大資産の蓄積と構築に与えた影響から説明できそうである。そもそも累進課税の目的は常に、所得階層のトップ百分位の上層に対する税を重くすることにあり、その対象は(上位か否かを問わず)「中流階級」ではなかった。平均所得に対する「中流階級」の位置は、いつも正当であると見なされていたからだ。

では、他の先進国ではどのような状況だったのだろう? フランスで観察された推移はフランス固有の歴史の産物なのだろうか？　「クズネッツ曲線」は本当にまったく存在しなかったのだろうか。この章ではその答えを探る。ただし、本書の枠組みに沿って外国で入手できる未加工の統計材料を新たに分析しようというわけではなく、本章に紹介する国際比較も、もっぱら各国ですでに行なわれた研究に基づいている。このように資料がまったく不十分であることを考慮すると、ここで紹介する格差の歴史比較はあくまで概略にすぎない。

まず、20世紀における国ごとの格差の歴史については、相違よりも類似性のほうがはるかに大きいことを見ていこう。とくに、これらの相違は、フランスの経験を説明するために提唱された解釈モデルと整合性がある点も見ていく（第1節）。次に、19世紀末と第一次世界大戦直前に格差がたどった推移を取り上げる。これらの推移は、20世紀に観察された格差縮小がはたして自発的性格を有しているのかという問題にとって、非常に重要である。さらに、フランスと諸外国の経験を調査することで得られる慎重な結論とはどのようなものであるかを見ていく（第2節）。最後にこうした情報に照らして、格差と再分配と経済発展という三者のつながりの問題についてふたたび考えたいと思う（第3節）。

1　20世紀において世界的に類似している経験

概論ですでに述べたように、アメリカとヨーロッパの大部分の国（南ヨーロッパの国々は除く）については、20世紀における所得全体に占める高所得の割合の推移を検討できるような推計を入手することができる。しかし、フランスについて私たちが行なった推計に比べ、これらの推計にはいくつか不十分な点がある。まず、私たちの推計は１９１５―１９９８年のすべての年を（例外なく）対象としているのに対して、一般的に他の国に関して入手可能な推計は毎年行なわれているわけではない。多くの場合、ほかとつながりのない数年分についての推計があるだけで、所得の再分配のさまざまな変化がいつ起こったのかを特定するには不十分である。次に、私たちの推計は「中流階級」

（分位P90―95）から「200家族」（分位P99・99―100）までの高所得者と超高所得者の分位全体を対象としているが、他の国について入手できる推計ではたいてい、（全体として見た）トップ十分位か、（全体として見た）トップ百分位に限定されており、トップ百分位以上に細かく分けた推計はほとんど存在しない。ここにもまた不十分な点がある。フランスの事例を研究することで、超高額資本所得者だけが20世紀に構造的に大きく変化したことが明らかになったが、トップ百分位やトップ十分位において、所得階層のトップ百分位の上層を切り離せるような推計が手に入らなかったら、こうした重要な事実を認識できなかっただろう。長期にわたる資産格差の推移についての推計が入手できるのはアメリカとイギリスのみである点を付け加えよう。最後に、第二次世界大戦以前の給与格差に関する十分な推計はどの国についても入手できない（アメリカやイギリスについてさえ、入手できない）。このため、20世紀における格差についての国際的な資料の現状では、私たちが望むような詳細な比較は不可能だ。とはいえ、入手可能な推計をフランスの経験に照らして再解釈することでいくつかの結論を得られることを示してみたい。

1．1　第一次世界大戦直前の高所得者

時系列に沿って、まずは第一次世界大戦直前の状況を検討することから始めよう。フランスに関して、私たちは、所得全体に占めるトップ十分位（分位P90―100）の所得の割合は1900―1910年代には45パーセントで、トップ十分位の上位半分（分位P95―100）では34パーセント、トップ百分位（分位P99―100）では19パーセントと推計した。(1) すでに指摘したように、(2) これらの数字はやや少なく見積もられている可能性がある。とくに、20世紀初頭のフランスにおけるトップ百分位の所得の割合は実際には20パーセントを（わずかに）上まわっていただろう。概要をつかむために、トップ百分位の所得が所得全体の20パーセントを占めていたということは、所得分布の上位1パーセントの世帯の平均所得が全体の平均所得の20倍以上であることを意味していると想起しよう。また、1980

―１９９０年代のフランスではトップ百分位の所得の割合は７―８パーセント前後だった点も指摘しよう。つまり、20世紀初頭には所得分布の上位１パーセントの世帯の平均所得は全体の平均所得のおよそ20倍だったのが、20世紀末には７―８倍になったのである（課税前の所得ではなく可処分所得を対象とすれば、格差の減少幅はさらに大きくなるだろう）[3]。第一次世界大戦前に見られるこのような所得の集中はフランス特有のものなのだろうか？　それとも上流階級が家庭の所得全体においてもっと大きな割合を占めている国もあるのだろうか？

入手可能な推計から、実際にはこのような数値、とくに所得階層のトップ百分位の所得が所得全体の20パーセント近く（あるいはそれより少し多く）の割合を占めているという点は、20世紀初頭のヨーロッパに特徴的な非常に大きな所得格差の状況を端的に示していることがわかる。ドイツでは１８５０―１８６０年代以降、いくつもの州（とくにプロイセン州とザクセン州）で、所得全体に対する累進所得税が導入され、そのおかげで第一次世界大戦前の時期に関する推計を行なうことができた。そして入手可能なすべての推計が示しているのは、１９０１―１９１３年には所得全体に占めるトップ百分位の所得の割合はおよそ19―20パーセントだったということである。またトップ千分位の割合と同様に、トップ十分位とトップ十分位の上位半分の割合は、フランスについて私たちが推計したのとほぼ同

（１）付録Ｂ表Ｂ－14を参照。
（２）第２章第２．１節、第２．２節および第７章第３．２節を参照。
（３）第２章図２－14および第５章図５－９を参照。諸外国に関してこの先で引用する推計は、ほとんどすべてが課税前の所得で示されている（少数の例外は除く。また、そうした例外を扱う場合にはそのつど指摘する）。このため、私たちの比較（の大部分）は、課税前の所得全体における所得の割合の比較となるだろう。

じ水準であった。(1) イギリスでは議会が、最終的に１９１０年に「累進付加税」の導入を受け入れた。つまり、包括所得に対する累進課税が１８４２年以降の分類所得税型の税に上乗せされ、この「累進付加税」に基づく統計によって第一次世界大戦直前の数年に関する所得全体に占める高所得者の所得の割合が推計できた。これらの推計は、フランスやドイツ各州と似たような所得の集中を示している。１９１４―１９１８年の大戦前、イギリスでは、所得全体に占める所得階層のトップ百分位の所得の割合は20パーセントを少し上まわっていたようだ（１９１１―１９１２年についての推計の場合）。(2) オランダ、スウェーデン、デンマークなどについて入手可能な推計はかなり不完全ではあるが、ここからもトップ百分位、トップ十分位の上半分、トップ十分位それぞれの所得の割合が20世紀初頭にはどの国でも、１９００―１９１０年代のフランスについて私たちが推計したのと同じような水準であることがわかる。(3)

（1）ジェック（１９７０年）（ジェック〔１９６８年〕も参照）が行ない、ケルブレ（１９８６年、ｐ・32―33）が転載したザクセン州に関する推計によれば、１９０１―１９１３年においてトップ百分位（分位Ｐ99―１００）の所得の割合はおよそ19―20パーセント、トップ十分位の上半分（分位Ｐ95―１００）の割合はおよそ34―35パーセント、トップ十分位（分位Ｐ90―１００）の割合はおよそ45パーセントで、トップ千分位（分位Ｐ９９・９―１００）はおよそ7―8パーセントだった。これらの割合はすべて、私たちが１９００―１９１０年代のフランスについて行なった推計とほとんど同じである（付録Ｂ表Ｂ－14を参照）（ザクセン州に関するこれらの推計は、モリソン〔２０００年、ｐ・２３３〕にも〔部分的に〕転載されている）。ミューラー&ガイゼンベルガー（１９７２年）が行ない、デュムケ（１９９１年、ｐ・１３３）が転載したプロイセン州に関する推計（クラウス〔１９８１年、ｐ・２１６〕とモリソン〔２０００年、ｐ・２３４〕も参照）によれば、１９０１―１９１３年にはトップ百分位（分位Ｐ99―１００）の所得全体に占める所得の割合はおよそ18―19パーセントで、それ以下の分位についてもフランスの水準と非常に近い（あるいはごくわずかに下まわる）。

（2）実際、１９１１―１９１２年の「累進付加税」に基づく未加工のデータはボーリー（１９１４年、１９２０年）の研究以降ほとんど活用されていないようだ。リンダート（２０００年、ｐ・１７５）は１９１１年のイギリスにおいて所得階層の分位Ｐ95―１００が占める所得の割合の推計を行なっている（所得全体のおよそ38―39パーセント）。リンダートはこの推計をボーリーによるものとしながらも、それを「修正した」と明示している（ただし、それ以上の詳しい説明はない）。１９１１―１９１２年に「累進付加税」を課税された所得に関してボーリー（１９１４年、ｐ・２６４）が転載した未加工の税務データによると、最も富裕な階層のパレート係数は、およそ1・8―1・9である（12177／66＝185）。この水準はフランスにおけるパレート係数と非常に近い（あるいはそれを少し下まわってさえいる）（付録Ｂ第１．１．２節および表Ｂ－１を参照）（１９２８―１９２９年に「累進付加税」を課税された所得に関してスタンプ〔１９３６年、ｐ・６３６〕が転載した未加工の税務データによると、最も富裕な階層のパレート係数はおよそ１・９だった〔2486／130＝191〕）。１９００―１９１０年代にフランスでは分位Ｐ95―１００の所得の割合は34パーセントを占め、分位Ｐ99―１００の割合が19パーセントを占めていたことを考慮すると、イギリスでは１９１１―１９１２年に分位Ｐ99―１００の所得の割合がおよそ20―22パーセントだったと推計できる（誤差を縮めるには、未加工の税務データを新たに分析する以外にない）。

（３）ハルトグ＆フェンベルヘン（１９７８年）が行ない、モリソン（２０００年、ｐ・２３０）が転載した推計によれば、オランダでは１９１４年において所得全体に占めるトップ十分位の所得の割合は42パーセントであった。これは１９００―１９１０年代のフランスについて推計された45パーセントの水準よりもわずかに低い水準だ（さらに、１９１４年の直前の数年間の所得の集中度がこれよりももう少し大きかったこともありえる〔残念なことにオランダのデータは１９１４年以降のものしかない〕）。スウェーデンには、１９５３年に（スウェーデン語で）発表された研究がある。私たちはこの研究を参照していないが、その結果はクラウス（１９８１年、ｐ・２１７）に転載されている（また部分的にはモリソン〔２０００年、ｐ・２２８〕にも転載されている）。この研究によれば、１９３５年にはトップ十分位の所得の割合は３９・５パーセントでトップ十分位の上位半分の所得の割合は２８・１パーセントだった。ここから推測できるのは、上記二つの分位は、第一次世界大戦直前の１９００―１９１０年代のフランスの推計水準（45パーセントと34パーセント）とほぼ同じということだ（20世紀初頭についてはスウェーデンに関する推計は一つも存在していないようである）。デンマークには、１９２８年に（デンマーク語で）発表された研究がある。私たちはこの研究を参照していないが、その結果はクラウス（１９８１年、ｐ・２１５）に転載されている（また部分的にはモリソン〔２０００年、ｐ・２２１〕にも転載されている）。この研究によれば、１９０８年にはトップ百分位の所得の割合は39パーセントで、トップ十分位の上位半分の所得の割合は30パーセントであった。このことから、デンマークの所得の集中は、20世紀初頭よりむしろ戦間期のフランスに近い水準だったと推測できる。フィンランドには、１９７４年に（フィンランド語で）発表された研究がある。私たちはこの研究を参照していないが、その結果はクラウス（１９８１年、ｐ・２１５）とモリソン（２０００年、ｐ・２２８）に転載されている。この研究によると、１９００年にはトップ十分位の所得の割合は50パーセント、トップ十分位の上位半分の所得の割合は40パーセントであった。このことから、所得の集中は１９００―１９１０年代のフランスよりもより大きかったことがわかる。ノルウェーには１９５０年に（デンマーク語で）発表された研究がある。私たちはこの研究を参照していないが、その結果はモリソン（２０００年、ｐ・２２４）に転載されている。この研究によれば、１９００―１９１０年にはノルウェーのトップ十分位の上位半分の所得の割合は（デンマークと同じ）30パーセントで、このことから所得の集中が１９００―１９１０年代のフランスよりもより小さいことがわかる（とはいえ、ノルウェーについての推計は都市部のみを対象としている点を指摘する必要がある。そのため集中度は少なく見積もられている可能性がある）。

これらの結果は当時かなり広がっていたいくつかの偏見とは逆のことを示しているだけに、いっそう興味深い。たとえば、20世紀初頭のフランスでは、フランスよりイギリスにおいてのほうが所得の集中がより大きいときわめて広く信じられていた。フランスのような革命が起こらず、少数の貴族が国土のかなりの割合をいまだに所有している国では、そうならざるをえないだろうと思われていたのだ。こうした論拠は、とりわけフランス革命の遺産である「四つの国税」制度に頑としてこだわる「中道派」と「中道右派」によって、共和主義国家であるフランスでは王政を掲げるイギリスよりも累進所得税がはるかに適していないことを説明するために引き合いに出された。フランスは「小地主」と「細分化されて無限に散らばった資産」の国なのだが、所得が非常に集中しているという条件においてしか正当化されないような税を設けることにどんな意味があるのだろう？　似たような論拠は、累進相続税に反対したり、[1]ドイツの税制のモデルに倣うことを拒否したりするために用いられた。さらに、まるで「宗教裁判審問のような」所得申告の方法はドイツのような「権威主義的」国家にしか合わず、フランス国民のような「自由な国民」にはすぐさま拒否されるだろうとも考えられていた。[2]

しかし実際には、経済的観点から見ると、第一次世界大戦直前の所得の集中はフランスでも周辺の君主制諸国と同じくらい大きく、なかでもイギリスと同じ水準だったということは驚くには値しない。先の章で指摘したとおり、20世紀初頭には動産の規模は不動産を大きく上まわっていた。[3]言い換えれば、第一次世界大戦直前に見られた超高所得は、古くからの不動産より、19世紀の間に蓄積された動産に由来するものがはるかに多かった。したがって、フランスよりイギリスで土地の所有がより集中していたかどうか（実際には集中しており、おそらく今でもそうであるが）を知ることが問題なのではなく、1世紀にわたる「資本の」蓄積による有価証券の集中の度合いがイギリスに比べてフランスではたして低いのかについて知ることが重要である。新興富裕層が19世紀の間ずっと資本の蓄積に非常に有利な制度の恩恵を受けていただけに、この点についてはあまりはっきりしていない。しかもこれは税制という観点で見れば、（政治体制には関係なく）ヨーロッパのすべての国にあてはまる。実質的な税率は所得税についても相続税についても、1914年まではきわめて低かった。共和主義のフランスでも同様で、ほかの国以上に税率が低かったかもしれない（南ヨーロッパの国々を除けば、フランスはヨーロッパの中で最後に税制度に所得税を導入した国である）[4]。

1901年2月25日法によって累進相続税が制定され、その直後に行なわれた相続申告の調査に基づく統計が公表されたことで、フランスは財産が「細分化」された国であるという見方が再検討されることになったという点はとりわけ興味深い。1907―1908年の国会での議論において、所得税賛成派はこの統計を何度も引き合いに出し、フランスは反対派が好んで言うような「小地主」の国ではないことを示そうとした。ジョゼフ・カイヨー自身、下院

(1) ドマール（1973年、p・25―26）を参照。

(2) この種の論拠はアメリカにも見られた。たとえば、当時のアメリカで所得税に関する重要な概論を書いたセリグマンの著作がある。これはフランス語に翻訳され、第一次世界大戦直前にフランスで出版された（セリグマン〔1913年〕を参照）。セリグマンの説明によれば、スイスでドイツの制度が失敗することは予測できていた。なぜならこの国は「アメリカと同じように」「民主主義の精神に基づいて」生活する習慣があるからだ。セリグマンはカイヨーの「すばらしい折衷案」に敬意を表している。これはイギリス風の「リベラルな」制度（少なくとも1910年の「累進付加税」の導入までは、分類所得税にのみ基づいていた制度）とドイツ風の「権威主義的な」制度（国民のかなりの部分に義務づけられていた所得全体についての申告に基づいており、カイヨーの一般所得税や1910年の「累進付加税」が想定していたよりはるかに多くの国民が課税対象となった）との理想的な折衷案のように当時は見なされていた。

(3) 第2章第1.1節および第6章第3.1節を参照。

(4) ヨーロッパ各国で消費税が導入された日付についての有益な一覧表については、クラウス（1981年、p・191）を参照。しかしクラウスは各国で適用された税率についてはまったく情報を示していない。本書の第2部で見たように、新しい税を導入しても（あるいは税の公式の名前を変えても）平均的課税率に対して各人が実際に受ける影響は非常に限られたものでしかない（すべては税率表次第である）。このため、1842年以降イギリスで分類所得税が適用されたからといって（あるいは1870年代以降ドイツのいくつかの州で所得全体に対する累進所得税が導入されたからといって）、資産のある納税者にとってフランスの「四つの国税」（1872年以降は有価証券所得税も加わる）以上に実質的な税の圧力となったかどうかは明らかではない。この問題はそれ自体、研究に値する。

議員にこの統計結果の読会を開かせ、フランスで毎年申告される大規模相続の数も額も天文学的なレベルに達していると確認したあとで、次のような結論を下した。「私たちは、フランスは小規模な資産家の国であり、資本が細分化されて無限に散らばっている国だと信じ込まされ、また、そう言うようにと仕向けられてきた。しかし新しい相続制度によって得られた統計結果を見ると、実際にはそうではないのではないかと思わざるをえない。（…）みなさん、これらの数字によって私の頭の中で、先ほど触れたような先入観のいくつかが修正され、私に反省を促したことを正直にお伝えしましょう（…）かなり限られた数の人々が国の財産のかなりの部分を所有しているというのは事実です」（急進左派および左派で拍手が湧く）[1]。事実、これらの相続統計を分析することで、フランスについて得られた大規模相続の各分位レベルの推計から判断すると、またそれらの結果とイギリスについて入手可能な推計を比較すると、20世紀初頭のフランスの資産を特徴づける集中度が、（少なくとも概算では）イギリスと同じような水準であったことがわかる[2]。このことは所得の集中に関して得られた結果とも整合性をもっている。

しかし、入手可能な資料では、このような全般的な結果をさらに掘り下げることはできない。たしかに、各国について入手できる推計は、ヨーロッパのすべての国で第一次世界大戦直前の所得の集中が非常に大きかったという結論を導き出すには十分である。また、それらの推計は、こうした集中は各国でほぼ同じレベルであったと結論するにも十分である（推計の存在するヨーロッパのすべての国において、トップ百分位の所得の割合は所得全体のおよそ20パーセントであった）。しかし、各国間の詳細な比較を行なうには、これらの推計はきわめて不十分である。とくに、第一次世界大戦直前にイギリスがドイツの各州に比べて格差が多少なりとも大きかったかとか、イギリスやゲルマン諸国やスカンジナビア諸国などと比べたときのフランスの位置づけはどうかといったことを正確に特定するためにこれらの推計を使用することはまったく不可能である。まず、入手可能な推計では一般的にトップ百分位（分位Ｐ99—１００）以上は扱っていないので（ただしプロイセン州とザクセン州を除く）、トップ百分位の上層の所得水準を完全に信頼できる方法では比較できない。これは非常に大きな制約である。というのも、フランスの例から明らかなように、所得階層のトップ百分位には非常に多様な社会集団が含まれ、おもに相続資産からの所得で生活をしているような大資産の保有者が現われるのはトップ千分位の水準か、さらにはトップ「一万分位」の水準以上からだからだ。20世紀初頭にこれらのトップ千分位や一万分位がフランス、イギリス、ドイツなどで到達した水準を詳細に比較できれば、国ごとの興味深い差異を明らかにできるだろう。たとえば、20世紀初頭のイギリスは、（全体として見た）トップ百分位の水準ではフランスほど格差が大きくはなかったが、トップ百分位の上層だけを見るとイギリスのほうがはるかに不平等だったということもありえる。だが（〔全体として見た〕トップ百分位のレベルでは類似性が見られることから、たとえトップ千分位と一万分位の間の実際の差異も一定限度を超えることがないと考えられるとしても）、資料の現状ではそのことを断定できないだけでなく、その逆も断定できない。

（1）カイヨー（1910年、p・530―532）を参照。

（2）1923―1972年のイギリスの相続統計に基づいてアトキンソン&ハリソン（1978年）が行なった推計はその後の研究者すべてに転載されているが（たとえばリンダート〔2000年、p・181―182〕を参照）、残念なことに1923年以降の推計しか存在しない（さらにアトキンソンとハリソンは、「相続財産の帰属率」という手法を用いて国民全体を合計した資産全体に占める大資産の割合を推計している。一方私たちは、死亡時の資産の階層のみを扱った〔付録J第2節を参照〕。このため、比較の際には注意が必要である）。とはいえ、アトキンソンとハリソンが1920年代について得た推計は（トップ百分位が保有する資産の合計は全体のおよそ55―60パーセント。アトキンソン&ハリソン〔1978年、p・159〕）、20世紀初頭のフランスについて私たちが得た推計（トップ百分位が所有する死者の資産はおよそ55パーセント。付録J表J－11を参照）と非常に近い。また、私たちが1920年代について得た推計（トップ百分位が所有する資産はおよそ50パーセント。付録J表J－11を参照）をわずかに上まわっている。アトキンソン&ハリソン（1978年、p・139）は1911―1913年についての推計も行なっている。これによるとトップ百分位の割合はおよそ65―70パーセントで、このことから2国間の差は1920年代よりも20世紀初頭のほうが大きかったことがわかる。とはいえ、アトキンソンとハリソンは1911―1913年に関する推計はかなり不確かであると述べている。キング（1915年）が行ない、ウィリアムソン&リンダート（1980年、p・52）が転載した推計によると、トップ百分位が所有する死者の資産の割合は1907―1911年のイギリスではおよそ60パーセントだった）。いずれにせよ、イギリスの資産の集中度はフランスの資産の集中度とは根本的に違わないようである。フランスは「小地主の国」などではないのだ。

さらに、各国について入手可能な推計はさまざまな研究者によって作成されたものなので、完全に均質であるかどうかはたしかではない。したがって、いくつかの点に関しては差異を解釈することが非常にむずかしい。たとえば、入手可能な推計によれば、ドイツの各州ではトップ百分位の所得の割合は所得全体の20パーセントをわずかに下まわり（およそ19―20パーセント）、イギリスでは20パーセントをわずかに上まわっている（およそ20―22パーセント）。[1]しかし、その差はいずれにせよ相対的に小さいので、実際に有意であるのかどうかはわからない。このような推計に固有の不正確さは、もちろん高所得者の各分位の水準についても見られるが、[2]それだけでなく、所得全体に占める高所得者の各分位の所得の割合を計算するために用いられる所得全体（あるいは平均所得）の水準についても見られる。[3]さらに、第一次世界大戦前の時期について入手可能な推計は比較的古いことが多い。そして、こうした技術上のさまざまな問題を解決するための方法もいまだに十分な精度のものがない。[4]だからといって、こうした国際比較を正確に行なうことがその性質から見て不可能なわけではない。ただ、正確な比較を行なうためには、まず各国で入手できる未加工の統計材料までさかのぼり、その後できるだけ均質な推計が得られるように、国ごとの資料全体を詳細に分析しなおす必要があるだろう。

同じ理由から、現在入手できる推計に基づいて、第一次世界大戦直前のアメリカとヨーロッパ諸国での所得の集中について完全に信頼できる方法で比較することは困難である。クズネッツ（１９５３年）は、１９１３年にアメリカで所得税が導入されるとすぐに実施された、所得申告に基づく統計結果から推計を行なったが、その推計によると、所得全体に占める所得階層のトップ百分位の所得の割合は１９１３―１９１４年のアメリカではおよそ14―15パーセントであった。[5]アメリカのトップ百分位についてクズネッツが推計したおよそ14―15パーセントという割合と、ヨーロッパ諸国全体のトップ百分位について推計されたおよそ20パーセントという割合との差はたしかにかなり大きく、有意な違いであると見なしたくなるだろう。また、フランスの税務統計の分析から、１９１５―１９１９年には、トップ百分位の所得の割合がおよそ18―20パーセントであったとわかったという点にも注目しよう（１９２０年代ではおよそ17—19パーセント）（第2章図2－14を参照）。これはクズネッツが1913—1914年のアメリカについて推計した水準をかなり上まわっている。しかも、第一次世界大戦直前には、新しい国々（アメリカやオーストラリア、カナダなど）はヨーロッパより所得の集中度合いが低かったとする見方は、この種の国際比較を試みるために税務統計資料を最初に使用した経済学者たちが至った結論とも一致している。(6) こうした結論は経済的観点から見ても妥当であるという点を付け加えたい。イギリスの旧植民地だった国々やアメリカにおける人口は、第一次世界大戦直前にはまったく安定していなかった。ヨーロッパの資本家によって1世紀かけて蓄積された資産と比べて、新たに来た移民たちがわずか数十年で蓄積した資産のほうがはるかに集中度が低いというのは理にかなっているように思える。

（1）前出の注を参照。

（2）脱税や無申告に加え、税務統計に現われる課税所得は、合法的なさまざまな措置によって人為的に減額されているかもしれない（たとえば戦間期のフランスでは、前年の所得について支払われた税についての控除措置があった）。完全に均質な方法で誤差の修正をするためには、各国の税法に精通することが不可欠である。

（3）税収データから国レベルでの所得全体を知ることは決してできない（ここには、国民の大部分が所得申告を行なわなければならなかったドイツの諸州も含まれる）。所得全体を推計するには、国民経済計算のマクロ経済データに頼る必要があるが、それは第一次世界大戦前の時期に関しては戦間期以上に不正確で一貫性がなく、使うとしてもきわめて慎重に扱わなくてはならない（おそらくまずは高所得者の各分位の水準を比較することから始め、続いてその共通点について考えるのがよいだろう）。

（4）先に引用した出典を参照。

（5）クズネッツ（1953年、表118、p・596）を参照。

（6）とくにプロコポヴィッチ（1926年）の非常に明快な論文を参照。この研究は1910—1913年のイギリスとプロイセン州、ザクセン州の税務統計を利用し、得られた結果を、キング（1915年）による1910年のアメリカについての推計および1914—1915年の調査に基づくオーストラリアの推計の両方と比較している。そして、所得の集中はイギリスでもドイツの諸州（イギリスよりもわずかに集中している）でも実質的には同じであるが、アメリカやオーストラリアに比べるとこれらのヨーロッパ諸国では非常に集中の度合いが大きいと結論づけた（しかしプロコポヴィッチ〔1926年、p・72—75〕が示す数字によると、このことはアメリカよりもオーストラリアのような新しい国についてよくあてはまるようである）。

しかし、このような結論は相対的に脆弱である。事実、クズネッツの推計と、私たちがヨーロッパ各国について入手した推計とはほとんど均質でない。とくに、クズネッツの推計とフランスについて私たちが行なった推計は均質ではない。クズネッツが未加工の税務統計から最終的な推計を導き出す方法、つまりクズネッツがすばらしいことに1953年の分厚い著作の中できわめて詳細に説明している方法は、私たちがフランスのデータに適用した方法とは大きな違いがあるからだ。(1) ここでもまた、詳細な比較を行なうためには、アメリカとヨーロッパの税務当局が作成した未加工の統計材料にまでさかのぼり、各国についてできるだけ均質な方法でデータを分析しなおす必要がある。資料の現状では、20世紀初頭のアメリカは、実際には同時代のヨーロッパの国々より格差がほんのわずか小さかっただけだという可能性も捨てきれない。

いずれにせよ、クズネッツの推計が示すようにアメリカでは所得の集中度合いが最も小さかったということがヨーロッパの国々との事実上の違いだと想定したとしても（これはおそらく最も信憑性の高い仮説なのだが）、重要なのは、そこから、アメリカが20世紀初頭には非常に平等な国であったと推論してはいけないという点だ。植民者の社会における平等主義という神話は、「小地主の国」というフランスの神話と同様に、第一次世界大戦直前にはすでに痛烈に批判されていた。たとえば、クズネッツは、1913—1914年のアメリカのトップ百分位の所得の割合をおよそ14—15パーセントと見ている。これはおそらく少なく見積もられているが、それでも、1980—1990年代のフランスにおけるトップ百分位の所得の割合について私たちが推計した7—8パーセントの2倍以上である（第2章図2-14を参照）。20世紀初頭のアメリカでは、20世紀初頭のヨーロッパ諸国よりもおそらく格差が小さかったが、20世紀末のヨーロッパ諸国よりはるかに格差が大きかった。植民地社会の平等主義と見なされていたものは20世紀初頭には消滅して葬り去られたということもまた、資産自体についての入手可能なデータから確認されている。均質性や比較可能性の問題は別にしても、これらの推計によれば、第一次世界大戦直前にはアメリカの資産集中度はフランスとイギリスより少しだけ低かったと考えられる。(2) 言い換えれば、均質性と比較可能性の問題を別にすれば、重要なのは、19世紀から１９１４年まで、産業の発展と軽い税負担によって、いたるところで新たな動産の蓄積が促され、富の激しい集中が続いたという点である。これはアメリカでも共和主義のフランスでもヨーロッパのほかのすべての国でも同じだった。

（１）最も大きな違いは、クズネッツが各所得階層の世帯の規模の違いを考慮に入れようとしたことだ（彼はアメリカの所得階層の上位の分位の所得の割合を住民ごとに推計しようとした。推計方法の詳細な説明についてはクズネッツ〔１９５３年、ｐ・３０２〕を参照）。一方私たちは世帯の規模の違いを考慮しなかった（私たちは規模を問わずすべての世帯について、フランスの所得階層の上位の分位の所得の割合を推計した）。それでも、上位層においては平均的な世帯の規模がそれほど変わらないことを考えれば、そしてこれはアメリカにも（クズネッツ〔１９５３年、表68、ｐ・２４９〕を参照）フランスにも（付録Ｂ第３．２節を参照）あてはまることを考えれば、クズネッツが用いた方法をフランスのデータに適用しても、私たちの推計結果には限定的な影響しかないかもしれない。また、マクロ経済データから（すべての世帯を合わせた）合計税収を推計する際にクズネッツが行なった推論は（クズネッツ〔１９５３年、ｐ・２６０〕を参照）、私たちが行なった推計に比べて比較的限定的である点に留意しよう。これはおそらく仕方がないことではあるのだが（二国間で利用可能だったマクロ経済データが異なることや、とくに二国間の社会経済構造の違いを考慮すると〔20世紀初頭と戦間期、アメリカでは非賃金労働者の割合がフランスに比べてはるかに低かった〕）、そのせいでクズネッツは所得全体に占める高所得者の所得の割合を（少なくとも私たちの推計に比べると）過小評価したかもしれない。

（２）キング（１９１５年）が行ない、ウィリアムソン&リンダート（１９８０年、ｐ・50―52）が転載した推計によると、アメリカにおける死者の階層に占めるトップ百分位が保持している死亡時の資産の割合は１９１２年にはおよそ50―55パーセントだった。この水準はフランスについて私たちが推計した水準にきわめて近く、イギリスについての推計が示す水準よりもわずかに低い（前出参照）（キング〔１９１５年〕は１９０９年のフランスについての推計も行なっている。これは私たち自身の推計に非常に近く、私たちが知るかぎり、彼はこの方法でフランスの相続統計を分析した唯一の研究者である）。しかし、ランプマン（１９６２年）が作成し、ウィリアムソン&リンダート（１９８０年、ｐ・54）とウォルフ（１９９４年、ｐ・62―63および１９９５年、ｐ・78―79）が（わずかに）修正を施して転載した推計によると、20世紀初頭のアメリカでは、トップ百分位が所有する相続資産総額の割合は50―55パーセントよりも、45パーセントにより近かった。いずれにせよ、これらの数字ははっきりと、20世紀初頭のアメリカが「植民者の社会」の平等モデルにはほど遠かったことを示している。

1.2 「20世紀前半」の危機に直面する高所得者

ここで、どのようにして高所得者が両世界大戦と1930年代の世界恐慌をくぐり抜けたのかを見ていこう。まず、驚くべき規則性が見られる。推計が入手できるすべての国で、1914―1945年の間に所得全体に占める高所得者の所得の割合が例外なく大きく低下しているのだ。この結果は完全に理にかなっている。というのも、ここで検討の対象とした国はすべて、両「世界」大戦と1930年代の世界恐慌を経験し、フランスの事例についてすでに十分に示したように、破壊や倒産やインフレ、さらにより一般的にはそうした打撃によって生産機構に生じた混乱などが、相続資産の保有者に、つまり、あらゆる資本主義国において常に非常に高い所得を得ていた超高額資本所得者に不利に働いたからだ。たしかに、1914―1945年の危機によってすべての国が同じ規模の損害を受けたわけではない。しかし、重要な事実は、各国間に見られる差が、フランスの経験を説明するために提案された解釈モデルと完全に整合性があるという点だ。戦争が最も大きな混乱をもたらした国々、なかでも戦争による物理的な破壊が最も大規模だった国は、高所得が最も大きく崩壊した国でもある。さらに、十分な推計を入手できるどんな国も例外なく、あらゆる観点から見て、1914―1945年に観察される高所得者の所得の割合の低下については、その大部分が超高所得者の所得の割合の大幅な低下によって説明される。この結果は、フランスについて私たちの行なった詳細な推計から明らかになったことと完全に一致している。この結果はまた、1914―1945年の格差縮小はフランスだけでなくすべての国で起こったということを明らかにした。それはまた、所得階層全体で格差が縮小するような全体的な現象ではなく、おもに相続資産の保有者が被った損失に限定される現象であった。格差縮小の「自発的」性格という問題に関して、これは明らかに重要な結論である。クズネッツをはじめとしたほかの研究者たちはそれとは別の結論を主張してきた。ここでは私たちの結論が（クズネッツが提示した数字をはじめとした）数字から導き出されたことを示したいと思う。ほかの研究者との結論の不一致の理由については後述する。[1]

まずは最も研究の進んだアメリカの事例を取り上げよう。実際、クズネッツ（１９５３年）が１９１３―１９４８年のアメリカの所得申告に基づく統計を分析して行なった推計は、１９１３―１９４８年の期間のすべての年を対象としている。したがって、混乱をきわめたこの時期のさまざまな出来事が高所得者にどのような影響を与えたのかを、かなり正確にたどることができる。しかもクズネッツは細心の注意を払って厳密に均質なデータを作成しようとしたので、その結果明らかになった推移はきわめて信頼性が高いと見なすことができる。一般的に、先ほど述べた比較可能性の問題は、推移よりむしろ水準に関する問題である。いくつかの点を除いては、所得全体に占める上位の分位の所得の割合が到達した水準を各国について比較するのは困難であるが、一時的な推移については、とくに一人の研究者によって作成された均質な推計データに基づいている場合（たとえばクズネッツによるアメリカに関する推計やフランスについての私たちの推計などの場合）、ある程度の信頼度をもって比較できる。

まず、クズネッツの推計によって、アメリカの所得階層の中でのトップ百分位（分位Ｐ99―１００）の所得が所得全体に占める割合が１９１３―１９４８年に非常に大幅に減少したことがわかる。トップ百分位の所得の割合は１９１３―１９１４年にはおよそ14―15パーセントだったのが、１９４７―１９４８年にはおよそ8―9パーセントになった[2]。この低下はおもに第二次世界大戦の時期によるものである。第一次世界大戦後にはおよそ12―13パーセントだったトップ百分位の所得の割合は、１９２０年代末にはおよそ14―15パーセントとなり、１９１３―１９１４年の水準に非常に近くなった。トップ十分位の割合は１９３０年代の世界恐慌によってふたたび低下したが、１９３０年代末にもまだおよそ12―13パーセントだった。この水準は１９４０―１９４１年まで続き、その数年後の１９４４―１９４５年にはおよそ8―9パーセントの水準となり、１９４７―１９４８年にはこの水準で比較的安定していた[3]。つ

（１）後出の第2．1節を参照。
（２）クズネッツ（１９５3年、表１１８、ｐ・５９６）を参照。
（３）同書。

まり、アメリカで観察されたトップ百分位の割合の低下も、フランスで観察された低下と同様に、制御不能な経済的な力によって動かされる直線的で継続したプロセスとは似ても似つかないのだ。これらの低下は、はっきりと特定できる時期に起こっている。そして戦間期は、所得格差の観点から見ると、上昇と低下の局面を繰り返した非常にコントラストの強い時期に見える。

残念なことに、私たちがフランスについて行なったこととは反対に、クズネッツはトップ百分位の上層（分位P99・5—100、P99・9—100、P99・99—100）の割合の推移を推計しようとはしなかった。クズネッツの推計はトップ百分位（分位P99—100）までしか扱っていない。(1) 1913—1948年のアメリカの所得格差の歴史に関心を寄せた、その後の時代の研究者は誰もが、1953年にクズネッツが作成したデータを利用するだけにとどまった（誰も未加工の税務データを分析しなおそうとはしなかったようだ）。(2) 私たちが入手できるのもクズネッツの推計だけである。したがって、1913—1948年にトップ百分位の上層の割合がどのように推移したかを正確に示すのは不可能である。それでも、クズネッツの推計から、実際には、アメリカの所得階層における「中流階級」（分位P90—95）とその他の「上位中流階級」（分位P95—99）では、フランスと同様に、トップ百分位では見られた所得格差の縮小が起こらなかったことが確認できる。実際、アメリカの所得階層の分位P95—99の所得が所得全体に占める割合は1913—1914年と1947—1948年ではほとんど同じ水準である。両世界大戦はどちらも「上位中流階級」（分位P95—99）の相対的地位を低下させたが、第一次世界大戦による低下は1920年代初めには回復し、第二次世界大戦による低下は1944—1945年に下限に達したのち、1947—1948年にはすでに大幅に回復していた。(3) 結局1913—1914年と1947—1948年に見られる、トップ十分位の上位半分（分位P95—100）の割合の大幅な低下の90パーセント近くは、トップ百分位（分位P99—100）の割合の低下によって説明できる。(4) クズネッツの推計はまた、1913—1914年と1947—1948年の間に起きた、平均所得に対する「中流階級」（分位P90—95）の地位の低下は、トップ百分位の大幅な低下に比べれば実質的には

意味がないほど小さいことを示している。[5] アメリカの所得階層における「中流階級」（分位P90―95）は平均に対す

（1）クズネッツ（1953年、p・285）はキャピタルゲインの問題に触れ、この方法論の選択を正当化している。キャピタルゲインは戦間期からアメリカの超高所得者にとっては非常に重要なものであったが、クズネッツはこれを「所得」という概念には含めなかった。キャピタルゲインの重要性を考えると（第6章第1．3節を参照）、もしクズネッツがこれを考慮に入れることを選んでいたら、1920年代と1930年代のコントラストはより際立っただろう。

（2）とくにウィリアムソン&リンダート（1980年、p・315―316）を参照。彼らはクズネッツ（1953年、表118、p・596および表122、p・635）が発表したデータを用いた。また、同じデータを転載したリンダート（2000年、p・198―199）も参照。戦間期の未加工の税務データはときには分析しなおされることもあった。それはたとえば限界税率の変化に対して、アメリカの超高所得者がどのように反応したかを研究するためであって（サエズ〔1999年〕を参照）、決して所得全体に占める高所得者の各分位の所得の割合を推計しなおす目的ではなかったようである。アメリカについては1913―1914年から20世紀最後の数十年までの均質なデータを入手できないのも、そもそもこのためである。この点については後述する。

（3）クズネッツ（1953年、表118、p・597―598）を参照。

（4）分位P99―100の所得の割合は1913―1914年にはおよそ14―15パーセントだったのが、1947―1948年にはおよそ8―9パーセントとなった（クズネッツ〔1953年、表118、p・596〕を参照）。およそ6ポイントの低下である。分位P95―99の所得の割合は1917―1918年にはおよそ10―10・5パーセントだったのが、1947―1948年にはおよそ9―9・5パーセントになった（クズネッツ〔1953年、表118、p・597―598〕を参照）。これはほぼ1ポイントの低下にあたるが、分位P95―100が記録したおよそ7ポイント程度の低下のうち1割強に相当する（分位P95―99についてのクズネッツの推計は1917年以降しか存在しない〔1913―1916年についてはトップ百分位のみが推計の対象となっている〕。しかし、1913―1917年に記録されたトップ百分位の所得の割合の低下がきわめてわずかであったことを考えると〔1917年のトップ百分位の割合は14パーセント〕、分位P95―99の割合が1913―1914年に10―10・5パーセントをほとんど上まわっていなかったことは明白だろう）。

（5）1918―1948年の間、分位P90―95の割合はたいてい10―11パーセント前後だった（クズネッツ〔1953年、表118、p・600―602〕を参照〔分位P90―95の割合は1913―1917年については推計されていない〕）。とはいえこの時期の初めと終わりの数値はかなり少ない〔しかし、1945―1948年に急激に上昇していることから、「中流階級」（分位P90―95）の地位がこのように低下したのは純粋に一時的な現象だったのだとわかる。このことは私たちがフランスについて確認したこととぴたりと一致している（第2章図2―10を参照）〕）。

るその地位に継続的に影響を受けることなしに1930年代の世界恐慌や第二次世界大戦をくぐり抜けることができた。このことは、1930年代と第二次世界大戦後に行なわれた所得に関する調査に基づく所得格差の推計によっても確認することができる。これらの推計がクズネッツの推計からは完全に独立しているだけに、このことはなおさら説得力がある。[1] したがってフランスについて私たちが得た結果を考えると、1913―1948年にアメリカでは（全体として見た）トップ百分位の所得の割合が大幅に低下したが（1913―1914年には所得全体の14―15パーセントだったのが、1947―1948年には8―9パーセントとなった）、その大部分はトップ百分位の上層の割合の大幅な低下によって説明できると推測するのが理にかなっているように思える。

1913―1948年にアメリカで起こった格差の縮小は、同時期にフランスで起こった格差の縮小と同じように、おもに相続資産の保有者が被った損失によって説明できる。このような考えは、ほかの指標によっても裏づけられている。クズネッツの推計が、私たちがさまざまな資本主義国について入手したすべての所得構成の推計と同様にまず示しているのは、超高所得は労働所得よりもむしろ資本所得によって構成されているということだ。とくに所得階層のトップ百分位では給与はおもな収入源ではなくなり、配当金が大きな割合を占めるようになる。[2] 言い換えれば、1913年から1948年までに構造的に水準を下げたのは大部分が資本所得（とくに配当金）からなる所得の分位であって、それより下位のおもに給与からなる所得の分位ではなかった。また、次の事実を確認するのも非常に示唆に富んでいる。クズネッツの推計によれば1929―1932年のデフレの際に所得全体に占めるトップ百分位の所得の割合だけが低下したが、一方でそのすぐ下位のいくつかの百分位は1932年まで割合を伸ばしていた。[3] 両者の異なる動きは、私たちがフランスで観察したこととかなり正確に一致している（通貨切り下げによってデフレが収束したのが、アメリカでは1933年だったのに対し、フランスでは1936年だったという違いはある。どちらの場合も、デフレからの脱却は所得申告にかなりはっきりと表われている）。[4] 配当金と企業利益から収入を得ている超高所得者のみがデフレによる不況のあおりを受けたのに対し、そのすぐ下位の所得者は変動所得よりも給与所得により依存しているために名目賃金が比較的変わらず、（生産労働者など、より少額の給与を得ている賃金労働者に比べて）失業のリスクにもほとんどさらされなかったことがその原因である。

クズネッツの推計もそののちの時代の研究者の推計も、資本所得による超高所得の減少は現実の経済現象が原因であり、税務統計上の幻想ではないということを示している。とくに、アメリカの国民経済計算が記録した（企業の未分配利益を含む）資本所得全体と所得税として申告された所得を考慮しても、１９３０年代と第二次世界大戦の時期

（１）１９２９年、１９３５―１９３６年、その後１９４１年以降定期的に実施された所得に関する調査に基づくいわゆる「企業経済局―ゴールドスミス」と呼ばれるデータによると、分位Ｐ95―１００の所得の割合は１９２９年には30パーセントだったのが、１９４６―１９４７年には21パーセントになったようだ。分位Ｐ80―１００では、１９２９年に54パーセントだったのが、１９４６―１９４７年には46パーセントとなったようだ（リンダート〔２０００年、ｐ・１９８―１９９〕を参照）。言い換えれば、分位Ｐ95―１００の割合は９ポイント低下したが、分位Ｐ80―95の割合はまったく低下していない（1ポイント上昇してさえいる）。

（２）とくにクズネッツ（１９５３年、表１２３、ｐ・６４６）が提示した結果を参照。これによれば、所得階層のトップ百分位の所得者は一般的に配当金の総額の75パーセント近くを手にしていることがわかる。しかしクズネッツの推計はトップ百分位以上は扱っていないので、資本所得がトップ百分位の上層の中で、どれほど優勢なのかを確かめることはできない。一般的に、高所得者の各分位の所得構成を推計した資料はほとんどない。このため、私たちがフランスについて得た結果と諸外国で見られる特徴を正確に比較することは困難である。それでも、「資本主義」諸国において実施された所得に関するすべての調査において、資本所得と混合所得の割合は包括所得の水準に応じて増えることが確認できる（たとえばアトキンソン＆レインウォーター＆スメーディング〔１９９５年、ｐ・99―１０１〕を参照）。そして、これらの世論調査では超高所得者の事例を特定して検討することはできないものの、フランスで観察された特徴がかなり一般的なものであることも疑いない（各国の差異を明らかにするには、各国の入手可能な税務統計を新たに分析するしかないだろう）。

（３）クズネッツ（１９５３年、表１１８、ｐ・５９６―６０１）を参照。

（４）第２章第３.１節を参照。

に観察される、申告された超高所得の減少については、ほんの一部しか説明することができない。[1] 要するに、アメリカの資産格差の推移に関する入手可能な推計によれば、1913―1948年に起こった資本所得による超高所得の減少は、大資産の水準が構造的に低下したためであり、相続資産の収益が一時的に下がったためではない。企業の付加価値に占める資本所得の割合は、フランスやほかのすべての国と同様、アメリカでも1世紀を通じて非常に安定していたという特徴がある。[2] そして、たしかにその割合は、第二次世界大戦中にきわめて激しく低下した。[3] この低下はフランスでも確認することができた。[4] だが重要なのは、1930年代の世界恐慌と第二次世界大戦ののちに相続資産が構造的に集中の度合いを下げるということがなかったら、マクロ経済における資本所得の比重の一時的低下が所得格差に長期的な影響を与えることはなかっただろうという点である。[5]

アメリカのこの経験からは、重要な教訓がいくつも引き出せる。まず、フランスのデータの分析から明らかになったのとまったく同じ現象がアメリカのデータによっても確かめられた。これは、1914―1945年について確認された全般的な推移についても、景気による一時的な推移の詳細についてもいえることであるが、かなり信憑性が高く、これらの推移が事実であることは疑いようがないだろう。次に、とりわけアメリカの経験は、両世界大戦と1930年代の世界恐慌に続いて相続資産の保有者が受けた打撃は戦争による物理的な破壊にとどまらないことを示している。アメリカは実質的には（少なくとも国土に関しては）物理的な破壊を受けていないが、それでも1914―1945年、なかでも第二次世界大戦中には、大資産や超高額資本所得の構造的な減少が見てとれる。フランスの場合と同様に、さまざまな説明要因が演じた役割を正確に特定することは非常にむずかしい。[6] それでも、第二次世界大戦のせいで、ヨーロッパの国々と同様にアメリカでも非常に強いインフレが起こったということは念頭に置いておこう。ところで、インフレは常に相続資産を平等化するような大きな影響を与える。確定利付証券やなんらかの債券を所有する人たちはみな、それらの資産価値が取り返しのつかないほど下落するのを目の当たりにしてきた。それはちょうど、財産が物理的破壊を受けた場合と同じようであった。反対に、負債しか持たない人々は資産状況の大幅な改善を見た。同様に、1930年代の世界恐慌による倒産がアメリカではとくに多く、なかでも銀行部門に顕著だったが、その結果、必然的に過去に蓄積された動産の多くが消滅するような影響を受けた。また、戦争の影響自体も無視できないという点を指摘する必要がある。たしかにアメリカでは国土での戦闘や破壊は行なわれなかったが、それでも生産機構は非常に混乱をきたし、とくにアメリカ経済が完全に軍の命令によって動かされていた第二次世界大戦中には混乱をきわめた。こうした混乱によって不可避的に、倒産やインフレによる再分配が進み、それは長い間続いた。1930年代の世界恐慌から立ち直ったばかりの古い企業は、しばしば何年にもわたって昔からの自分たちの市場を失いつづけ、一方で、戦争経済の必要に対応するのにより適していた新興企業は繁盛した。

とはいえ、クズネッツがアメリカについて行なった推計と私たちがフランスについて行なった推計の比較からは、

(1) とくにクズネッツ（1953年、p・36—38）とウィリアムソン&リンダート（1980年、p・86—88）を参照。クズネッツはまたさまざまな調査を用いて（とくに私たちが第6章〔第2節〕で引用した脱税についての1948年の調査を用いて）、（合法・非合法を問わず）所得の無申告の問題からは、観察された推移を説明することができないことを示している（クズネッツ〔1953年、第11章、p・435—468〕を参照。この中でクズネッツは所得の無届けは給与と配当金についてはほとんどなく、問題はむしろ、とくに1940年代に課税のための実質的な閾値が大幅に低下した少額所得であると結論している）。

(2) アメリカとイギリスでの企業の付加価値の資本／労働分配（フランスと同様に、資本がおよそ3分の1、労働がおよそ3分の2の割合だった）が1世紀を通じて非常に安定していたことを示すデータについては、たとえばアトキンソン（1983年、p・201—202）を参照。

(3) クズネッツ（1953年、p・36—38）を参照。

(4) 第1章図1—5を参照。

(5) ランプマン（1962年）が1922—1956年のアメリカの相続統計に基づいて行なった資産全体に占める大資産の割合の推計を参照。この推計はウィリアムソン&リンダート（1980年、p・54）、リンダート（2000年、p・188）、ウォルフ（1944年、p・62—63および1995年、p・78—79）に修正されたうえで、転載されている。この推計については後述する。

(6) 以下に示す要因は、もちろんすべてアメリカの研究者によって引用されているが、それらの役割を厳密に数値化しようとした研究者はいないようである。

1914―1945年の超高所得の割合の低下はフランスでよりはっきりとしていたことがわかる。このこともまたかなり確実である。1914―1918年と1939―1945年の戦争でフランスがより大きな直接的被害を受けていながら、もし、超高所得の低下の割合がアメリカにおけるより大きかったならば、私たちの事実の解釈の整合性は問いなおされなくてはならなかっただろう。クズネッツの推計によれば、所得全体に占めるトップ百分位の所得の割合は、アメリカでは1913―1914年にはおよそ14―15パーセントだったのが、1947―1948年にはおよそ8―9パーセントとなった。これはおよそ40パーセントの低下である。第二次世界大戦の影響に限っても、トップ百分位の所得の割合は1930年代の末にはおよそ12―13パーセントだったのが、1947―1948年にはおよそ8―9パーセントとなり、30パーセント程度低下したことが確認できる。私たちの推計では、所得全体に占めるトップ百分位の所得の割合はフランスでは第一次世界大戦直前のおよそ20パーセント（あるいはこれより少し多い）から、第二次世界大戦後にはおよそ7・5パーセントになっていた（第2章図2‐14を参照）。これは元の割合のほぼ3分の1に相当する。第二次世界大戦の影響に限っても、トップ百分位の所得の割合は1930年代におよそ15パーセントだったのが、戦後は7・5パーセントとなった（第2章図2‐14を参照）。すなわち元の割合の2分の1の水準である。言い換えれば、資産の保有者は全員が「20世紀前半」の打撃を受けたが、ヨーロッパの資本家が受けた打撃はアメリカの資本家が受けた打撃に比べてはるかに大きかった。所得に関して得られたこれらの結果は相続資産自体の推移とも完全に一致している。相続統計の分析から私たちが得た結果を、アメリカについて入手可能な類似の推計と比較すると、1914―1945年に、フランスの大資産はアメリカより著しく減少していることがわかる(1)。

フランス以外のヨーロッパ諸国について入手可能な推計もこの解釈を裏づけている。残念なことに、イギリスに関しては数年分のほかとつながりのない統計があるだけで、高所得の推移を年ごとに検討することは不可能である。「累進付加税」に基づく統計が1911―1912年の所得格差の推計に使われたことがあるが、これらの税務統計は戦間期については一度も系統的に分析されたことがない（実際に分析されたのは、1929年と1938年の所得に関する統計のみである）。ほぼ安定して推計が入手できるのは１９４９年以降である。それでも、その推計からいくつかの結果を得ることができる。まずイギリスでは所得全体に占める高所得者の所得の割合は１９１１—１９１２年と１９４９年の間にかなり低下したことがわかる。この低下の原因はおもに超高所得者の所得の割合が大幅に低下したことにある。イギリスの所得階層における「中流階級」（分位Ｐ90—95）と「上位中流階級」（分位Ｐ95—99）では、フランスやアメリカと同様に、１９１４—１９４５年の打撃によって長期間影響を受けることはなかったようである。これらの階級の所得が所得全体に占める割合は、第二次世界大戦後には経済危機前と同じ割合にまで戻った。(2)

(1) フランスについての私たちの推計によれば、死亡時の資産の階層のトップ百分位が相続年金全体に占める割合は、20世紀初頭にはおよそ55パーセントだったのが、１９２０年代末にはおよそ50パーセントの水準となり、第二次世界大戦後には30パーセント前後となった（付録Ｊ表Ｊ‐11の列Ｐ99—１００を参照）。ランプマン（１９６２年）が行ない、ウィリアムソン＆リンダート（１９８０年、ｐ・54）、リンダート（２０００年、ｐ・１８８）、ウォルフ（１９９４年、ｐ・62—63および１９９５年、ｐ・78—79）が修正のうえ転載したアメリカに関する推計によると、相続資産全体に占める資産階層のトップ百分位の割合は１９２０年代末にはようやく40パーセントといったところだった（20世紀初頭の水準に比べておよそ5ポイントのマイナスの水準である）。その割合は第二次世界大戦後にはおよそ30パーセントだった。これらの水準は厳密には比較できない（私たちの推計は死亡時の資産のみを対象としているが、アメリカの推計は、アトキンソン＆ハリソン［１９７８年］によるイギリスの推計と同様に人口全体を対象としている）。しかし、観察された一時的な推移の差は（フランスでは20—25ポイントの低下、アメリカでは10—15ポイントのみの低下）かなり大きいように思われる。

(2) イギリス税務当局が自ら行ない、リンダート（２０００年、ｐ・１７６）が転載している推計によると、所得全体に占める分位Ｐ80—１００の所得の割合は１９３８年には５２・４パーセントだったのが、１９４９年には４５・３パーセントとなり、分位Ｐ95—１００の所得の割合は３１・５パーセントから２３・１パーセントとなった。このことから、分位Ｐ80—95の所得の割合はまったく低下しなかったことがわかる（１９３８年は２１・９パーセント、１９４９年には２２・２パーセント）。同様に分位Ｐ99—１００の所得の割合は同じ推計によると１９３８年に１７・１パーセントだったのが、１９４９年には１０・６パーセントである。つまり、分位Ｐ95—99の所得の割合はほとんど10パーセント以上低下したことになる（１９３８年には１４・４パーセント、１９４９年には１２・５パーセント）。１９１１—１９１２年について入手可能な推計は明らかにそれより不確かだが、それらの推計もまた、１９１１—１９１２年と１９４９年の間に分位Ｐ80—95とＰ95—99の所得の割合の低下が（もしこの低下が確かだとして）、いずれにせよ分位Ｐ99—１００の所得の割合の低下よりはるかに小さいことを示している（リンダート［２０００年、ｐ・１７５—１７７］が転載した推計を参照）。

次に、超高所得者の所得の割合の低下については、イギリスはフランスとアメリカの中間的な状況にあったことがわかる。イギリスでは所得全体に占めるトップ百分位の所得の割合は１９１１―１９１２年のおよそ20パーセント（あるいはこれを少し上まわる）から、１９２９年にはおよそ18パーセント、１９３８年には17パーセント、１９４９年には10―11パーセントと推移した。[1] つまり、低下の割合はアメリカよりもずっと大きかったが、フランスに比べればはるかに少なかったことになる。

イギリスのこのような中間的な位置は、先ほど示した解釈とも完全に一致しているように思える。イギリスの国土では、フランスの国土の大部分を破壊したような戦闘は行なわれなかったが、それでもアメリカに比べると、とくに第二次世界大戦の空爆によって明らかにより大規模な破壊を受けた。また、フランスやアメリカと同様に、１９３０年代の世界恐慌と第二次世界大戦が第一次世界大戦よりもはるかに決定的な役割を果たしていたようだという点も指摘したい。というのも、１９２０年代の終わりには、イギリスの所得階層のトップ百分位は第一次世界大戦直前の水準をわずかに下まわる水準に回復していたからだ。[2] 最後に、相続資産についてのデータからもイギリスの中間的な位置が確認できそうだということを付け加えよう。入手可能な推計は、イギリスの大資産は１９１４―１９４５年にアメリカよりも大きく減少したが、フランスに比べればそれほど深刻な減少ではなかったことを示している。[3]

ここでドイツの場合を考察しよう。イギリスと同様、残念なことに入手可能なデータは数年分のほかとつながりのないデータだけだ。１９１４―１９４５年の危機がドイツに与えた影響を検討するのに、私たちが入手できたのは１９１３年、１９２６年、１９２８年、１９３２年、１９３４年、１９３６年、１９５０年の推計のみである。[4] それでもイギリスと同様に、これらの情報からこの時期に起こったおもな推移を把握することができる。まず、ここでも高所得者の所得の急落に関係しているのは超高所得者の所得のみであることが確認できる。ドイツの所得階層における「中流階級」（分位Ｐ90―95）とそのほかの「上位中流階級」（分位Ｐ95―99）は、フランスやアメリカやイギリスと同様に、平均所得に対する位置に継続的な影響を受けずに「20世紀前半」を乗り切ることができた。そして１９５

(1) ボーリーによる1911—1912年の推計については前出第1．1節の注で示した文献を参照。1938年と1949年についての推計は両方ともイギリス税務当局が実施したものである（リンダート〔2000年、p・176—177〕に引用されている）。このため、それらの推計はほぼ均質だと考えられる。1929年に関しては、クラーク（1937年）が行ないクズネッツ（1955年、p・4—5）とクラウス（1981年、p・218）が転載した推計が入手可能である。これによると1929年の分位P90—95の割合は33パーセントである。1938年について推計された分位P95—100の割合（31・5パーセント）の水準を考慮すると、分位P99—100の割合は1929年にはおよそ18パーセントであったと推測することができる。セールズ（1951年）も1947年の分位P95—100の割合を推計し、その推定結果（24パーセント）は、クズネッツ（1955年、p・4—5）やクラウス（1981年、p・218）にも転載されているが、1949年についての推定値（23・1パーセント）に非常に近い。

(2) トップ百分位について先に引用したほかとつながりのない推計（1911—1912年に20パーセント、1929年に18パーセント、1938年に17パーセント、1949年に10—11パーセント）からは、第一次世界大戦によって引き起こされた低下の幅を推計することはできない。しかし、1929年の水準が1911—1912年をほんのわずか下まわるほどであることから、低下も限定的であったことが想像できる。プロコポヴィッチ（1926年、p・75）による推計も参照。この推計は1913—1914年と1919—1920年の「累進付加税」の統計に基づいている。これによると、イギリスの所得階層の分位P99・9—100の平均所得と国民全体の平均所得の比率は1913—1914年には122だったのが、1919—1920年には115・5となり、低下は比較的わずかである。

(3) アトキンソン&ハリソン（1978年、p・139およびp・159）の推計によれば、イギリスの資産階層のトップ百分位が相続資産全体に占める割合は1914—1945年の間におよそ15—20ポイント低下した（20世紀初頭には相続資産全体のおよそ65—70パーセントだったのが、1920年代には55—60パーセントとなり、第二次世界大戦後にはおよそ50パーセントまで低下）。この水準はアメリカで見られた10—15ポイントほどの低下とフランスで見られた20—25ポイントほどの低下の中間の水準である（前出参照）。

(4) クラウス（1981年、p・216）に転載されている（またモリソン〔2000年、p・233〕にも部分的に掲載されている）これらの推定値は1939年（1913年、1926年、1928年、1932年、1934年、1936年分について）と1954年（1936年と1950年分について）にドイツ当局によって作成され、発表された（これらの「公式の」推定値以外の推計は存在しないようである）。

0年には、所得全体に占める割合が1913年の割合とほとんど同じ割合まで回復した。[1] 反対に、超高所得者の所得の割合はとりわけ大きく低下した。入手可能な推計によると、ドイツの所得階層に占めるトップ百分位の所得の割合は1913年のおよそ19―20パーセントから、1950年にはちょうど8パーセントとなった。[2] これはアメリカやイギリスで確認されるよりもかなり大きく、フランスで観察されるのと非常に近い下げ幅である。さらに、私たちは1944―1945年のドイツに関する推計を入手していないが、あらゆる状況から考えて、ドイツの超高所得は第二次世界大戦後にはフランスよりも大幅に割合を下げたようである。そして、1944―1945年と1950年の間にはすでにかなり持ち直していたようだ。[3] 実際、第二次世界大戦後のドイツほど、資産蓄積のカウンターを「ゼロにリセット」し、資産格差を平板化した国はほかにないだろう。[4]

入手可能な推計によれば、1914―1945年の間のドイツにおける格差の時系列的推移には、いくつかの特殊性があることがわかる。そしてその特殊性はドイツの政治経済の歴史の特殊性とも完全に一致しているように思える。事実、ドイツの超高所得者の所得は第一次世界大戦後と1920年代のハイパーインフレの際に初めて大きく割合を下げたが、反対にナチズムが台頭した初期のころには所得全体に占める超高所得の所得の割合は大きく持ち直し、そ

(1) ドイツ当局が発表した推計によると、分位P90―100の所得の割合は1913年に40・5パーセントだったのが、1950年には31・7パーセントとなり、分位P95―100の所得の割合は1913年には31パーセントだったのが、1950年には21・5パーセントとなった(クラウス[1981年、p・216]を参照。1936年については、1939年発表のデータと1954年発表のデータとをつなぎ合わせた)。このことが意味するのは「中流階級」(分位P90―95)の所得の割合はまったく低下しなかったということだ(1913年に9・5パーセント、1950年に10・2パーセント)。実際、ドイツ当局発表の推計(クラウス[1981年、p・216]に転載)によると、分位P90―95の所得の割合は1913年と1950年だけでなく、その間のすべての年(1926年、1928年、1932年、1934年、1936年)も10パーセント前後だった。フランスとアメリカの「中流階級」(分位P90―95)は非常に安定していたという特徴があるにしても(所得全体に占める所得の割合はたいてい10―11パーセント前後)、それでも19

14―1945年には、明らかによりはっきりとした景気による変動を経験した（［フランスに関しては］第2章図2－10と付録B表B－15の列P90―95を参照。［アメリカに関しては］クズネッツ（1953年、表118、p・600―602）を参照）。（ドイツの「中流階級」の極端な安定性は、ほとんど「安定しすぎている」ようにさえ思える。ここでも、この点をはっきりさせるために未加工の税務データをもう一度分析する必要があるだろう）。

（2）ドイツ当局が発表した推計は、クラウス（1981年、p・216）にも転載されているが、残念なことに分位P95―100以上は扱っていない。ドイツの所得階層のトップ百分位、千分位、さらに「一万分位」の推移を正確に研究するには、未加工の税務データを分析しなおすしかないだろう。しかし、分位P90―95の割合が1913―1950年の間に低下しなかったこと、また、他のすべての国について私たちが観察したことを考え合わせると、分位P95―100の所得の割合の低下の主要な部分は分位P99―100の低下に起因していると推測できる。そもそも、ドイツの各州では第一次世界大戦前、トップ百分位の割合はおよそ19パーセントであった（あるいはそれを少し上まわっていた）（前出第1．1節参照）。このことを考えると、1913年のドイツについてはこの割合を出発点とするのが妥当だろう。同様に、分位P95―100の所得の割合は32パーセント（あるいはそれを少し上まわる）を出発点としていいだろう（ケルブレ（1986年、p・32―33）が示した1911―1913年のザクセン州の分位P95―100の所得の割合が34パーセントであることを考えると、クラウス（1981年、p・216）が示した31パーセントという割合は低すぎるように思える）。次に、分位P95―100の所得の割合は1926年に24・8パーセント、1928年に26・3パーセント、1932年に23・2パーセント、1934年に23・5パーセント、1936年に25・2パーセント、1950年に21・5パーセントと推移した（クラウス［1981年、p・216］を参照。1936年については1939年発表のデータと1954年発表のデータをつなぎ合わせた）。したがって、ドイツの所得階層に占めるトップ百分位の所得の割合は1913年に19パーセント（あるいはそれを少し上まわる）から、1926年に11・8パーセント、1928年に13・3パーセント、1932年に10・2パーセント、1934年に10・5パーセント、1936年に12・2パーセント、1950年に8・5パーセントと推移したと推測できる。

（3）フランスでは所得全体に占めるトップ百分位の所得の割合が1944―1945年に絶対的最低水準（1945年に7・5パーセント）まで落ち、その後1946―1947年にはあっという間に9パーセント前後まで回復して安定化したことを想起しよう（第2章図2－14および付録B表B－14の列P90―100を参照）。同様に、ドイツ企業の付加価値に占める資本の割合が1944―1945年に少なくともフランスについて私たちが観察したのと同じくらい大幅に低下しなかったとすれば、非常に驚くべきことであろう（第1章図1－5を参照）。

（4）残念なことに、ドイツでの資産集中の推移を示す推計は一つも入手できなかった（ドイツの相続統計は分析されたことがないようである）。

の後、第二次世界大戦によって決定的に低下した。[1] 言い換えれば、とりわけ超高所得者にとって回復期であった1920年代と、企業利益、すなわち超高所得者が経済危機の犠牲となった1930年代とのコントラストは、従来から指摘され、他のすべての国で見られるにもかかわらず、ドイツにおいてはかなりの程度までその逆の現象が見られたようだ。これらの問題にははっきりとした歴史的意義があること、また、この時代の政治経済の時系列的推移はかなり複雑で、それを正しく把握するためには、高所得者と超高所得者の各分位に関する年ごとの推計を用いるしかないことなどを考慮すると、これらの推計それ自体に、研究される価値があるのはいうまでもない。そのためには、1914―1945年について入手可能なドイツの税務統計全体が系統的に分析される必要があるだろう。とくに、トップ百分位の中から、その上層（分位P99・5―100、P99・9―100、P99・99―100）を切り離せるような推計を入手することが不可欠だろう。アメリカとイギリスと同様に、ドイツについて現在入手できる推計は不十分であり、そのため私たちは、フランスで確認されたことからの類推によって推測するしかないのだが、所得階層におけるトップ百分位の所得の割合が大幅に低下したのは、トップ百分位の上層の低下がおもな原因のようだ（つまり、主として超高額資本所得で生活していた社会集団の所得の割合が大幅に低下したということである）。この仮説も最も信憑性が高いというわけではなく、もちろん検証される必要があるだろう。

ヨーロッパの他の国々、つまりおもに北ヨーロッパの国々（広い意味でオランダも含む）[2] については、一般的に入手可能なデータがイギリスやドイツよりもさらに少なく、各国がたどった軌跡を正確に比べようとしても意味がないだろう。もちろん、1914年から1945年までの危機をオランダ、スウェーデン、デンマークの高所得者がどのように経験し、それが、先ほど検討したフランス、アメリカ、イギリス、ドイツの経験とどう違うのかということや、北ヨーロッパの国々の高所得者の所得の割合低下の規模が、フランスとドイツ、あるいはイギリスとアメリカのどちらにどのくらい近かったのかを検討することは非常に興味深いだろう。しかし、残念なことに現在の資料は不十分で、そのような詳細な比較は不可能である。[3] それでも、各国で発表された資料によって、いくつもの重要な規則性を明らかにすることができる。まず、推定値が入手可能なすべての国（オランダ、スウェーデン、デンマーク、フィンランド、ノルウェー）で例外なく、１９１４年から１９４５年までに高所得者の所得が所得全体に占める割合を大きく下げていることが確認できる。その規模は、これら以外の国で観察されたのとまったく同じである。(4) 次に、推計からト

（１）クラウス（１９８１年、ｐ・２１６）に転載されているデータを参照。このデータについては先の注で示した。

（２）すでに指摘したように、南ヨーロッパの国々には所得格差についての歴史的研究は存在しないようである。スイス、オーストリア、ベルギーについても第二次世界大戦前の時期に関しては入手できる推計は何もないようである（たとえば、クラウス〔１９８１年、ｐ・２１８〕を参照。クラウスのスイスに関するデータは１９４９年以降を対象としている）。ただし例外として地方ごとに行なわれた数少ない調査が存在する（たとえばケルブレ〔１９８６年、ｐ・34―35〕を参照。ケルブレは20世紀初頭のグラーツ〔オーストリア南部の都市〕の所得格差に関する調査を転載している）。

（３）これらの推計はトップ十分位の上位半分を扱っていないばかりでなく、第１．１節の注ですでに指摘したように、クラウス（１９８１年）とモリソン（２０００年）が転載した北ヨーロッパの国々に関する入手可能な推計は、だいたいが問題となる国の言語のみで発表された比較的古い資料に基づいている。ここでも、信頼のおける比較をするためには、各国の当局によって作成された未加工の税務データまでさかのぼる必要がある。

（４）ハルトグ&フェンベルヘン（１９７８年）が作成し、モリソン（２０００年、ｐ・２３０）が転載しているデータによると、オランダでは、所得全体に占めるトップ十分位の所得の割合は１９１４年には42パーセントだったのが１９５０年には34パーセントとなった。クラウス（１９８１年、ｐ・２１７）が転載している推定値によると（モリソン〔２０００年、ｐ・２２８〕も参照）、スウェーデンでは、トップ十分位の所得の割合は１９３５年には３９・５パーセントだったのが１９４８年には３０・３パーセントとなった。クラウス（１９８１年、ｐ・２１５）が転載した推定値によると（モリソン〔２０００年、ｐ・２２１〕も参照）、デンマークでは、トップ十分位の所得の割合は１９０８年には39パーセントだったのが１９４９年には２９・５パーセントとなった。クラウス（１９８１年、ｐ・２１５）が転載している推定値によると（モリソン〔２０００年、ｐ・２２８〕も参照）、フィンランドでは、トップ十分位の所得の割合は１９００年には50パーセントだったのが１９５２年には29パーセントとなった。モリソン（２０００年、ｐ・２２４）が転載している推計によると、ノルウェーでは、トップ十分位の上位半分の所得の割合は、１９９０―１９１０年に30パーセントだったのが１９４８―１９５０年には19パーセントとなった（ノルウェーについては、ソルトー〔１９６５年〕による推定値も入手可能であり、モリソン〔２０００年、ｐ・２２４〕もこの推計を転載している。この推定値によると、１９００―１９１０年と１９４８―１９５０年の間にジニ係数がかなり低下した）。

ップ十分位の各層を取り出すことができる場合には常に、トップ十分位の割合低下は、おもにトップ十分位の上層の大幅な割合の低下が原因だということが確認できた（そしてそれは、おそらくトップ百分位の上層の低下が原因である）[1]。この結果から考えられるのは、他の国と同様に北ヨーロッパの国でも、１９１４―１９４５年の格差縮小は第一に超高額資本所得者と相続資産保有者が対象となった現象であり、所得階層全体に影響するような、より広範囲における格差縮小現象ではなかったということだ。

最後に、オランダについて入手可能な推計は１９１４―１９３９年全体を対象としているという長所があり、そのおかげで第一次世界大戦の最初の数年には所得全体に占める高所得者の所得の割合が上昇したことを確認できる（ピークは１９１６年だった）。また、戦争による格差縮小効果が１９１７―１９１８年以降に初めて感じられたことも確認できる[2]。この興味深い事実はフランスとアメリカでも観察される。どちらの場合も所得全体に占める高所得者の所得の割合は１９１６年まで上昇し、１９１７―１９１８年から減少しはじめた[3]。この傾向に関して最も信憑性の高い説明は、フランスの事例研究の際にすでに示した[4]。つまり、１世紀にわたる物価安定のあとで、第一次世界大戦によるインフレは、少なくとも大戦の最初の数年には所得格差の拡大を招いたが（賃金はほとんど引き上げられず、企業の利益はすぐに物価上昇の恩恵を受けた）、物価スライド制賃金が導入されると、格差縮小効果のほうが強くなった。ドイツの税務データに基づいて戦間期に行なわれた推計からもこの解釈が確認できる。第一次世界大戦は当初、格差を深化させたが、その後ハイパーインフレによって相続資産が目減りし、所得階層の格差は縮小されたのである[5]。

（１）クラウス（１９８１年、ｐ・２１７）が転載している推定値によれば、スウェーデンでは分位P90―１００の所得の割合は１９３５年の３９・５パーセントから１９４８年には３０・３パーセント、分位P95―１００の所得の割合は２８・１パーセントから２０・１パーセントとなった。言い換えれば、分位P90―95は実質的には低下していないことになる（１９３５年に１１・４パーセント、１９４８年に１０・２パーセント）。クラウス（１９８１年、ｐ・２１５）が転載した推定値によると（モリソン〔２０００年、ｐ・２２１〕も参照）、デンマークでは、トップ十分位の所得の割合は１９０８年の39パーセントから１９４９年には２９・５パーセント、トップ十分位の上位半分の所得の割合は30パーセントから19・1パーセントとなった。言い換えれば、分位P90―95の所得の割合はまったく低下していないことになる（1908年に9パーセント、1949年に10・4パーセント）。クラウス（1981年、p・215）が転載した推定値によると（モリソン〔2000年、p・228〕も参照）、フィンランドでは、トップ十分位の所得の割合は1900年の50パーセントから1952年には29パーセント、トップ十分位の上半分の所得の割合は40パーセントから18パーセントとなった。言い換えれば、分位P90―95の割合はまったく低下していないことになる（1900年に10パーセント、1952年に11パーセント）。入手可能な推定値はトップ十分位の上位半分以上は対象としていないが、分位P90―95の割合がきわめて安定していることや（とくにフランスなどの）他の国での結果を考えると、分位P95―100の割合の低下はおもに分位P99―100の割合の低下が原因だと仮定することが妥当だろう（さらに、かなりの部分について、トップ百分位の上層の所得の割合低下が原因とさえいえるだろう）。

（2）これらの推計はハルトグ&フェンベルヘン（1978年）が作成したもので、モリソン（2000年、p・230）によって転載されているが、トップ十分位以上については扱っていない。この推計によれば、トップ十分位の所得の割合は1914年には42パーセントだったのが、1915年には47・6パーセントとなり、1916年には49・6パーセントとなった。その後、1917年以降に大幅に下落し1920年代初めに40パーセント前後で安定した（1915―1916年に見られた上昇は「あまりに」大きすぎるように思える。データは1914年から始まっているので、トップ十分位の割合が1914年に一時的に大きく下がったのかどうかを知るのはむずかしい。そのうえ、データは1939年に中断しており、再開するのは1946年からなので、両世界大戦それぞれの初期と末期の数年について正確に比較をすることは不可能である）。

（3）クズネッツ（1953年、表118、p・596）の推計によれば、所得全体に占めるトップ百分位の所得の割合は1914年に低下し、1915―1916年にはかなり増加している。その後、この割合が長期的に下がりはじめるのは、1917年になってからである。私たちの推計によれば、トップ百分位（と上位を占めるいくつかの分位）が歴史上最も高い水準に達したのは、1916年である。低下が始まるのは、同じく1917年だ（付録B表B－14およびB－15を参照）。

（4）第2章第2.2節を参照。

（5）1913年と1918―1919年のプロイセンの税務統計に基づいてプロコポヴィッチ（1926年、p・72）とブレッシャーニ＝チュッローニ（1939年、p・119―121）が行なった推計によると、戦争初期の数年間、格差拡大効果は非常に大きく、1918―1919年にプロイセンで起こった所得の集中は1913年の水準を上まわるほどだった。1913―1928年にドイツで見られた所得全体に占めるトップ百分位の所得の割合の大幅な低下を考えると、上記の結果から、1920年代ドイツのハイパーインフレがきわめて大きな格差縮小効果を持っていたと予想できる（ここでも、こうした変化の多い歴史のさまざまな出来事を正確に把握するには、未加工の財務統計までさかのぼる必要がある）。

1.3 累進課税に直面する高所得者

1914年から1945年までの期間に相続資産の保有者が打撃を受けた結果、第二次世界大戦後にはすべての先進国で、超高所得者の所得は第一次世界大戦直前の水準よりもはるかに低い水準となっていた。1945年以降、この状況はどのように変化したのだろう？　富の集中が20世紀初頭の水準に戻った国はあるのだろうか？　あるいは「20世紀前半」のショックが相変わらず消えていないという状況があちこちで見られるのだろうか？　たとえば累進所得税（そして相続税）が資本の蓄積と大資産の再構築に与えた力学的な影響といった、フランスの経験を考察するために提案した説明は、他のすべての国にもあてはまるのだろうか？

1945年以降に西洋各国で格差がどのように推移したかを検討するために、まずは「栄光の30年」と1980―1990年代を分けて考える必要がある。事実、1980―1990年代は大部分の国、なかでもアメリカとイギリスにとって大きな転換点であった。時系列に沿って検討するために、「栄光の30年」から検討しよう。[1]

まず、フランスに関しては1940年代末から1970年代末まで、給与格差の変動による短期的・長期的な変化を別とすれば（1968年まで拡大した格差は、1968年以降に大幅に縮小した）、所得全体に占める高所得者の所得の割合は比較的安定しており、やや低下傾向さえ見られたという特徴がある。1977―1978年に所得全体に占めるトップ十分位の所得の割合は1947―1948年の水準をわずかに下まわるレベルだった。[2]最上位の分位の割合も含めて、所得階層のトップ十分位とトップ百分位を構成する各分位の所得の割合も同様であった。[3]これと同じ安定性（国によって度合いは違うがやや減少傾向も示している）は、推定値が入手可能なすべての国で例外なく見られた。アメリカでは平均所得に対する高所得の各分位の位置が1944―1945年には完全に「凍結」されたように見える。また、所得全体に占めるこれらの各分位の割合について見られる水準は、1950年代から1970年代まで実質的には変化していない。[4] イギリスでは「栄光の30年」の間、所得全体に占める高所得者の所得の割合に、規則的で比較的大規模な低下傾向が見られる。[5] ドイツでは、１９５０年代から１９７０年代まで、高所得者の各分位の所得が平均所得と同じテンポで増大した。ただし、この時期の最後にはわずかに格差縮小が見られた。これは、１

（１）「栄光の30年」という表現はイギリスやアメリカよりもむしろ大陸ヨーロッパの国々に用いられる表現である。イギリスやアメリカでは、この時期の例外的な性格が長期的にはさほど目に見えない。それでも、この表現によって（少なくともフランス人読者に対しては）説明を単純化できるので、第二次世界大戦後すぐの時期から１９７０年代までの時期を示すのにこの表現を使っていくことにする。

（２）第2章図2－6および付録B表B－14の列P90—１００を参照。

（３）第2章図2－8、図2－10、図2－12、図2－14および付録B表B－14と表B－15を参照。

（４）残念なことに１９１３—１９４８年のアメリカの税務統計はクズネッツ（１９５３年）の研究以来一度も分析しなおされていないため、アメリカの所得全体に占める高所得者の所得の割合の推移を、20世紀全体について推計できるような継続した均質なデータは存在しない。しかし、入手可能な推計から判断して、「栄光の30年」の非常に高い安定性は疑う余地がない。すでに引用した「企業経済局—ゴールドスミス」と呼ばれるデータによれば、所得全体に占める分位P90—95の所得の割合は、１９２９年に30パーセントだったのが１９４６—１９４７年には21パーセントとなり、その後１９７０年代まで20—21パーセント前後で安定した。分位P80—１００の割合は１９２９年に54パーセントだったのが１９４６—１９４７年に46パーセントとなり、その後１９７０年代まで45—46パーセント前後で安定した（リンダート〔２０００年、p・１９８—１９９〕を参照）。アメリカの社会保障制度に基づく統計からブリテン（１９７２年）が行なった推計（ウィリアムソン&リンダート〔１９８０年、p・３１６〕も転載している）からも、分位P95—１００の所得の割合が１９５０—１９６０年代に20—21パーセント前後で安定していたことがわかる。アメリカ国勢調査局の「人口動態調査」（CPS）から直接取ったデータも、１９５０年代から１９７０年代までの高所得者の所得の割合の非常に高い安定性を示している。これはおそらく、わずかな低下傾向もともなっていた（リンダート〔２０００年、p・１９８—１９９〕を参照）。税務統計に基づく分位P99・5—１００の所得の割合についてのデータも同様である。これについては後述する。

（５）以下で示す出典を参照。

968年以降にフランスで観察されたことと非常に似ている。[1] オランダ、スウェーデン、デンマークでも、この時期の最後にはっきり現われはじめたわずかな低下傾向を除けば、所得全体に占める高所得者の各分位の所得の割合は「栄光の30年」の間ほとんど変化しなかったことがわかる。[2] 各国について私たちが入手した推計はまたしても完璧とはいえないが、全般的な傾向は疑いの余地がないものである。

したがって、1914―1945年の混乱状態に比べると、「栄光の30年」は所得格差の歴史において比較的安定していた時期のように見える。所得階層のトップ十分位の下位半分が安定していたとしても意外ではない。すでに見てきたように、すべての国で、「中流階級」（分位P90―95）とその他の「上位中流階級」（分位P95―99）は、平均所得に対する位置に実際に影響を受けることなく1914―1945年の危機を乗り越えた。したがって、「栄光の30年」のような比較的「落ち着いた」時代に同じような状況だったとしても驚くことはない。トップ百分位の超高所得者が安定していることのほうがずっと興味深いといえる。まず、戦争が終わり経済がふたたび安定するとすぐに超高所得者の所得の割合の低下が止まったということから、この現象はかなり特殊な歴史的状況に密接に結びついたものであり、「自然で」「自発的な」経済プロセスではないということがわかる。[3] 次に、どんな国でも、超高所得者は、1914年から1945年までの割合の低下を、たとえ部分的にでも「栄光の30年」の間に取り戻せなかったという事実は、驚くべきことである。明らかに、1914―1945年に先進資本主義国の中では何かが変わった。1914―1945年の危機のあとで所得階層が固定化されたように見える。そして相続資産の保有者にとっては、20世紀初頭と同じような水準で資産を蓄積し、再構築するのが不可能になってしまったようだ。

フランスの事例を検討しながらすでに指摘したように、[4] なぜ、1914年から1945年までの時期以降は超大資産を蓄積することが以前よりも構造的にむずかしくなったのかを説明することができる唯一の要因は、超高所得者と大資産の保有者に対して税金の負担額を増やしたことにあると主張するのは早計だろう。さらに、私たちがフランスについて行なった高所得者の各分位に実際に適用された平均課税率の長期にわたる推計は、所得税が大資産の蓄積と

再構築条件に対して与えた影響を把握することを可能にしたが、そうした推計は他の国には存在していないように見

（１）ドイツ経済研究所が開発し、アトキンソン&レインウォーター&スメーディング（１９９５年、ｐ・67）も採用した総合的指標によると、１９５０―１９６０年代のドイツでは所得格差はきわめて安定しており、１９７０年代初めになって縮小しはじめたようである。しかし、フランスについて確認されたことと比べると、１９７０年代初めにドイツで見られた格差縮小はかなり限定されているように思える（これはおそらく、１９５０―１９６０年代にドイツでは格差がほとんど拡大しなかったためだろう）。また、次のことも指摘したい。ドイツの税務当局が発表し、クラウス（１９８１年、ｐ・２１６）が転載している推計によると、最初に格差縮小が起こったのは１９６５―１９６８年の間のようである。所得全体に占める分位Ｐ90―１００の所得の割合は１９５０―１９６５年はきわめて安定していたが（１９５０年に３６・０パーセント、１９６５年に３６・７パーセント）、１９６８年には３２・８パーセントとなった（この低下の原因はおもにＰ95―１００の低下のようだ。その割合は１９５０年には２６・０パーセントだったのが、１９６５年に２７・２パーセント、１９６８年には２４・３パーセントへと低下した。１９５０年から始まるこれらの推定値は、１９１３―１９５０年について同じくドイツ当局によって発表された推定値と均質ではない点に注意しよう。１９５０年代に関して、この二つのデータの間に見られる大きな差はあえて修正しなかった）。

（２）ハルトグ&フェンベルヘン（１９７８年）が作成し、モリソン（２０００年、ｐ・２３０）が転載したデータによれば、オランダでは、所得全体に占める分位Ｐ90―１００の所得の割合は１９５０年から１９６０年代の半ばまで完全に安定していたが（33―34パーセント前後）、１９６０年代の終わりと１９７０年代初めにわずかに低下した。クラウス（１９８１年、ｐ・２１７）に転載されている推計によれば、スウェーデンでは、分位Ｐ90―１００の所得の割合は１９５０年代初めから１９６８年まで完全に安定していたが（32―33パーセント前後）、１９６０年代の終わりにわずかに低下した。クラウス（１９８１年、ｐ・２１５）が転載した推定値によれば（モリソン〔２０００年、ｐ・２２１〕も参照）、デンマークでも分位Ｐ90―１００の所得の割合は１９５０―１９６０年代を通じて完全に安定していた（27―28パーセント前後。残念なことにデータは１９６０年代の終わりで中断している）。

（３）いくつかの特殊性があるイギリスの場合でも、私たちの全般的な解釈が再検討を迫られるようなことはない（むしろその逆である）。イギリスの場合については後述する。

（４）第５章第３．２節を参照。

える。そのため、各国で累進税がもたらした力学的な影響を正確に比較することは不可能である。[1]より一般的には、フランスの事例を検証することで、税務法制と税率表の「細部」の推移は、格差が社会の中でどのように変容したかをしばしばよく表わしているということがわかった。国ごとの歴史や1914年から1945年までの時期の打撃から、どのようにして「200家族」や「中流階級」や「高」所得者という概念に対するさまざまな認識の仕方が生まれたのかといった点などについて、はっきりとした比較を行ないながらこうした変容を研究できれば非常に興味深いだろう。だが残念なことに、各国での累進税の歴史を扱った研究はほとんどない。[2]法制度の推移について系統的な情報を集めたり、20世紀において各先進国で行なわれた、それらに対応する政治論争を集めたりする研究は、本書の枠組みを大きく超えるものであるのでここでは行なわない。

それでも、私たちが入手できたすべての情報から、フランスで観察された全般的な推移が（少なくとも概略としては）完全に典型的であると考えられることに注目しよう。とくに、すべての国で、数十パーセントを超える限界税率が「発明」されたのは、おそらく第一次世界大戦の結果であり、その後、長期にわたって私たちはこの税率になじんできた。一方、第二次世界大戦は、そうした「近代的」課税率の安定化と固定化という重要な結果をもたらした。言い換えれば、1914―1945年はすべての資本主義国にとって危機の時代であっただけでなく、資本家たちにとっても危機の時代だった。この時期はまた、すべての資本主義国で富の蓄積に関する新しい制度が現われた時期でもあった。それは、豊かになる者は所得（と死亡時の資産）のかなりの割合を共同体に還元すべきだという考えに基づいている。こうした共通の経験を考慮すると、どの国でも超高所得者が同じような軌跡をたどっていたとしても驚くことはない。正確に示すことはできないにしても、この累進税の発達が、なぜ、どの国でも超高所得者は、1914年から1945年までに失ったものを「栄光の30年」で取り戻せなかったのかを示すおもな要因のように思える。

たとえ、もっと正確な比較研究があれば国ごとの興味深い特殊性が明らかになるとしても、どの国でも常に、超高額資本所得が所得税の一番のターゲットだったという点を付け加えておこう。とくに、国民の大半が所得税の名目で課税されている国もあるが（たとえばアメリカでは第二次世界大戦後以降、課税対象世帯の割合は80パーセントを超えている）[3]、このことに惑わされないようにする必要がある。実際には常に、低所得者が所得税の名目で支払う税の対象となる所得の部分の割合は相対的に少なく、他の国で他の税金として（たとえば、フランスでは付加価値税や社会保障費といった名目で）支払いの対象となる所得の割合よりも少ないことが多い。また、どの国でも、所得税の負担が実質的に重くなるのは所得階層のトップ十分位の上層の水準からである（あるいはトップ百分位の上層の水準からのこともよくある）。

また、１９１４―１９４５年には、（フランス人読者にとってはあまり意外ではないだろうが）フランス、ドイツ、北ヨーロッパ諸国だけでなく、アングロサクソン諸国（こちらのほうが意外かもしれない）でも、超高所得者に対して非常に累進性の高い税制が実施された点を指摘したい。たしかに、１９８０―１９９０年代にはアメリカとイギリスは税の累進性が低かったために、富裕な納税者にとっての「タックス・ヘイブン」のように見なされることが当たり前となった。しかし、20世紀末のアングロサクソン諸国の高所得者の税務状況は、よく想像されるほどには優遇さ

（１）唯一私たちが知っている平均課税率についての長期的推計はアメリカに関するものである（スターリ＆ハーツマーク〔１９８１年〕およびシューレン＆マクビン〔１９８７―１９８８年および１９８８年〕を参照）。これらの推計を、私たちがフランスについて行なった推計と完全に比較することはできない（スターリ＆ハーツマークの推計は戦間期を対象としていない。シューレン＆マクビンの推計は実質フランによる固定所得の水準で計算されているか、あるいは世帯全体の水準で定義した分位についてではなく、課税対象世帯の水準だけで定義された分位について計算されている）。

（２）唯一私たちが知っている所得税の歴史に関する個別研究はアメリカ（ウィッテ〔１９８５年〕とスタンリー〔１９９３年〕を参照）とイギリス（サビン〔１９６６年〕を参照）に関するものである。それらの研究はここで私たちが必要としていることに本当に応えてくれるものではない。これらの研究は所得税の税率表について完全な歴史を説明しておらず、とくに、各時代に各税率をかけられた所得水準の所得階層内での正確な位置については対象にしていない。

（３）クズネッツ（１９５３年、ｐ・２５２）を参照。

れていない。しかも、イギリスとアメリカで税の累進性が低く設定されたのは１９８０―１９９０年代になってからなので、ごく最近のことである。「栄光の30年」の間、実際にはフランスよりもイギリスやアメリカのほうが、とくに超高額資本所得に対しては、所得税の累進性が高かった。アメリカでは、１９１３年に導入された所得税の最高限界税率は、当初は7パーセントだった。しかし、フランスと同様に、こうした「妥当な」税率は長続きしなかった。第一次世界大戦中からこの税率は何度も引き上げられ、１９１８年には「前代未聞の」77パーセントに達した。最も高額の所得に適用された限界税率は戦間期には絶えず変動し、真珠湾攻撃直後に「戦勝税」が導入されたことで、１９４２年には94パーセントとなった。１９４５年から１９６４年までの間、連邦消費税表の最高限界税率は91パーセントで、１９６４年から１９８１年までは70パーセントだった。これらは「公式の」税率で、さまざまな「特別」増額によってしょっちゅう増税されていた（１９６４年から１９８１年までの最高限界税率は70パーセントではなく、77パーセントであることが多かった）。しかもこれには、アメリカの各州が設定している補足的な税は含まれていない。フランスでは最も高額の所得に適用される限界税率がこのような水準を長い間維持したことは一度もない。[1] その後、ロナルド・レーガンが大統領に選ばれると、連邦税の最高限界税率は１９８１年に50パーセント、１９８６年には28パーセントまで引き下げられたが、ビル・クリントンの大統領就任にともない、１９９２年に３９・６パーセントにふたたび引き上げられた。したがって、20世紀末の所得税の最高税率はフランスの54パーセントに対し、アメリカでおよそ40パーセントであった。

イギリスでも全体としては似たような推移をたどった。最も高額の資本所得に適用された限界税率は第二次世界大戦後に98パーセントにまで達した。マーガレット・サッチャーが首相に就任してから、この税率はようやく80パーセント以下になった（最高限界税率は１９７９年に83パーセントから75パーセントまで引き下げられ、１９８４年に60パーセントまで、最終的には１９８８年に40パーセントまで引き下げられた。その後この水準は変わっていない[2]）。したがって、戦争直後と「栄光の30年」のほとんどの期間、アメリカとイギリスでは、超高額資本所得にはおよそ80

—90パーセントの限界税率が適用されていたことになる（イギリスでは98パーセントのことさえあった）。もちろん、こうした税率が資本蓄積と大資産の再構築に大きな力学的影響を与えたのは必然であった。

ここで提案した説明モデルは、大部分の経済学者にはほとんど顧みられていないが（後述するように、私たちの意見ではこれはまちがった理由によってである）[3]、実際にはすでに何人かの研究者に支持されてきたことも指摘できる。なかでも１９２２—１９５６年のアメリカの相続統計の分析に基づいて、１９６２年にアメリカにおける資産格差の推移に関する広範な研究論文を発表したランプマンは、私たちと同じ結論に達している。ランプマンは第二次世界大戦以降のアメリカの超大資産の水準が、１９２０年代と20世紀初頭の水準よりも継続的かつ構造的に低いことを確認した。そして、さまざまな理由や入手可能な情報を検討した結果、所得税の最高税率が異常なほど上昇したために、１９３０年代の世界恐慌や第二次世界大戦に起因する一時的な打撃が恒常的な打撃となったという仮説が最も信憑性が高いと結論づけた。毎年、所得税という形で最も高額の所得のかなりの割合が徴収されるようになると、大資産の

（１）フランスでは最も高額の所得に適用される限界税率は（子供のない納税者に適用される増額などのあらゆる特別増額を考慮に入れた場合。ただし、分類所得税と比例税は計算に入れていない）、90パーセントの水準に達したが、それは所得税の歴史の中でもたった５年間だけのことだった（１９２４年および１９４１—１９４４年。第４章図４-１を参照）。一方アメリカでは20年間にわたって90パーセントの水準を超える税率が適用されていた（特別増額と各州の定める税は計算に入れていない）。

（２）イギリスでは長い間、「勤労」所得に適用される最高税率は資本所得に適用される最高税率よりも低かった（分類所得税制度の名残である）。すべてのカテゴリーの所得に対して同じ最高税率が適用されるようになったのは、１９８４年以降のことである。アメリカでも同じような制度が適用された。１９６９年から１９８１年までは「勤労」所得に対する最高限界税率は50パーセントだったが、資本所得にだけは70パーセント以上の最高税率が適用された。

（３）後出の第２．１節を参照。もちろん、累進税が課税前の格差に力学的な影響を与えることについて関心を持つかどうかは、１９１４—１９４５年の格差縮小をどう見るかで決まる。この縮小を、所得格差全体の縮小という全般的で構造的な現象に起因すると考えれば（つまり、超高額資本所得は景気による一時的影響を被ったが、格差縮小の原因はこうした限られた現象ではないと考えると）、大資産の再構築の問題をそれほど重要視しないことも理にかなっている。

保有者は、何も消費しないか、あるいは何世代にもわたって可処分所得のほぼ全額を貯蓄に回すのでもないかぎり、過去の資産に匹敵するような水準の資産をふたたび保有することはほとんど不可能になった。[1]

これと同じメカニズムはイギリスの経験の特殊性を考慮するためにも用いられた。実際、イギリスが、「栄光の30年」の間に所得全体に占める高所得者の所得の割合が（わずかな低下傾向ではなく）大幅に低下した唯一の国だというのは驚くべきことである。しかも、この大幅な低下は1950年代にとくに急激に進み、1960—1970年代にはよりゆっくりとしたテンポで進んだが、これもまた超高所得者だけがその原因であったことが認められる。「中流階級」（分位P90—95）とその他の「上位中流階級」（分位P95—99）は伝説的な安定性を失わず、所得全体に占める所得の割合も1940年代の終わりから1970年代の終わりまでほとんど低下しなかった。同じころ、トップ百分位の所得の割合はかなり大幅に低下し、第二次世界大戦後には所得全体のおよそ11パーセントを占めていたのが、1950年代末にはおよそ7・5—8パーセント、1970年代には6パーセントとなった。[2] これは同時期のフランスを下まわる水準である（ただし、戦後すぐはその逆だった）。[3] 超高所得者の所得の割合が平和な時代に段階的に低下し、それが長く続いた唯一の例であるだけに、このエピソードはいっそう興味深い。[4]

実際、イギリスは第二次世界大戦後に大資産の所有者に対して最も累進性の高い税制を適用した国である。最も高額の資産所得に適用される限界税率は98パーセントにも上り、相続税もまたかなり重かった。イギリスで1950—1960年代に最大規模の相続資産に適用された限界税率は常に80パーセントかそれ以上だった。アングロサクソン諸国で施行されている相続税は常に「遺言自由」の原則、つまり、直系親族への相続と親族以外への相続税率が同じであるという原則に依拠しているだけに、これはいっそう重い税率といえる。それに対し、とくにフランスでは、直系親族による相続の場合は常に税率がはるかに低かった。[5] このような税率は事実上、物理的破壊や資産の収用と同じくらい確実に、一定の閾値以上の相続資産を消滅させる。アトキンソンとハリソンは1978年にイギリスの資産格差の推移についての広範な研究を発表したが、これは、1923年から1972年までのイギリスの相続統計の分析に基づくものであり、上記と同じ結論に達している。二人は、１９５０―１９６０年代に大規模資産が割合を減らしつづけていたことを確認し（これは観察された所得水準の推移と完全に一致している）[6]、さまざまな説明要因の妥当性を検討したあとで、観察された事実の大部分はおそらく相続税の重さによって説明がつくと結論づけた。[7] したがっ

（１）ランプマン（１９６２年、ｐ・２２９―２３７）を参照。

（２）イギリスの税務当局が自ら行ない、リンダート（２０００年、ｐ・１７６）に転載されている推計によると、所得全体に占める分位Ｐ99―１００の所得の割合は１９４９年のおよそ11パーセントから１９７０年代にはおよそ６パーセントになり、分位Ｐ95―１００の所得の割合は１９４９年のおよそ23パーセントから１９７０年代にはおよそ16―16・５パーセントとなった（したがって、分位Ｐ95―99の所得の割合は１９４９年の12パーセントから１９７０年代の10―10・５パーセントとなったことになる。これは、トップ百分位の下げ幅の３分の１以下である）。分位Ｐ80―１００の所得の割合は１９４９年のおよそ45パーセントから１９７０年代にはおよそ39―39・５パーセントとなった（したがって、分位Ｐ80―95の所得の割合はまったく低下していないことになる。１９４９年に22パーセント、１９７０年代には23パーセント）。税務統計と所得調査（いわゆる「青書」と呼ばれるデータ〔イギリス政府による報告書。ブルーブック〕）を合わせて作成され、ノーラン（１９８７年、ｐ・14および１９８８―１９８９年、ｐ・２０２―２０３）とリンダート（２０００年、ｐ・１７７）に転載されている推計はわずかに異なっているが、同様の現象を示している。

（３）フランスでは、所得全体におけるトップ百分位の所得の割合は第二次世界大戦後にはおよそ７・５―８パーセントだったが、１９６０年代に９・５―10パーセントまで上昇し、その後１９７０年代末におよそ７・５―８パーセントの水準に戻った（第２章図２―14および付録Ｂ表Ｂ－の列Ｐ99―１００を参照）。

（４）この出来事の独特な性格については後述する（後出の第２節を参照）。

（５）フランスで適用された税率については、付録Ｊ第３節を参照。

（６）アトキンソン＆ハリソン（１９７８年、ｐ・１５９）の推計によれば、イギリスの資産階層のトップ百分位の割合は第二次世界大戦後にはおよそ50パーセントだったが、１９７０年代初めには30パーセントをわずかに超えるだけの水準となった。

（７）アトキンソン＆ハリソン（１９７８年、ｐ・２３９―２４０）を参照。とはいえ、アトキンソンとハリソンが資産階層のトップ百分位以上は扱っていない点は明言しておく必要がある。この結果、相続税の最高税率（これは超大資産にしか適用されない）は彼らの分析では考慮されていない。しかも、アトキンソンとハリソンは相続税のみを対象とし、所得税の枠組みの中で超高額資本所得に適用された非常に高率の限界税率の影響を考慮していない。こうした側面がすべて考慮されていれば、彼らの計量経済学的方程式の中に「税による」要因がもっとはっきりと表われていたかもしれない。フェルプス＝ブラウン（１９８８年、ｐ・３８０―３８１）を参照。

て、第二次世界大戦後にイギリスで実施された非常に大規模な税による所得の再分配が、「栄光の30年」の間にイギリスで資産格差が大きく縮小した原因であることはほぼ確実である。

1980―1990年代の転換は私たちの説明モデルにどのように組み込むことができるだろうか? まずは事実を示そう。フランスでは、所得格差の縮小が1982―1983年に中断し、この時期から所得全体に占める高所得者の各分位の所得の割合がわずかな増加傾向を示しはじめたことはすでに見た。(1) ドイツや北ヨーロッパの国々の経験もこれと似ている。これらすべての国で、格差の(わずかな)縮小傾向は1970年代末から1980年代初めまでに終わり、1980―1990年代には所得格差は(わずかな)増加傾向を示した。(2) 事実、1980―1990年代に格差が大幅に拡大しはじめた国は二つしかなく、イギリスとりわけアメリカだった。イギリスでは超高所得は20年かけてその前の30年で失った割合を取り戻したようである。この結果、所得全体に占める高所得の割合は、1990年代末には、第二次世界大戦後の水準近くまで戻っている。(3) アメリカでは「栄光の30年」の間は超高所得者の位置が安定していたが、1980―1990年代に所得の集中が戦間期と20世紀初頭に観察された水準近くまで回復した。(4) 言い換えれば、アングロサクソン諸国が、今日私たちが知るような非常に不平等な国になったのは1980―1990年代のことである。イギリスは1970年代の初めには北欧諸国と同じ水準であったが、20世紀末にはヨーロッパで最も格差の大きい国になった。アメリカは1970年代初めはヨーロッパ諸国の平均値と同じ水準だったが、20世紀末には西洋諸国の中で最も格差の大きい国になった。(5)

(1) 第2章図2‐6、図2‐8、図2‐10、図2‐12、図2‐14および付録B表B‐14と表B‐15を参照。
(2) ハウザー&ベッカー(1997年、p・200―202)が示した所得調査に基づく推計によると(アトキンソン&レインウォーター&スメーディング〔1995年、p・67〕に部分的に転載されている)、ドイツでは、所得全体に占める分位P80―100の所得の割合は1970年代におよそ37―38パーセントで、1980年代にはおよそ39―40パーセント、1980―1990年代には40―41パーセントだった(とはいえ、課税および再配分後の所得では、分位P80―100の所得の割合はほとんど安定していることがわかる)

（ただし、またしても１９７０―１９９０年代のドイツについてのこれらの推計はその前の時期と均質ではない。このため、長期的な比較を行なおうとしても無駄である）。オランダ、スウェーデン、デンマーク、ノルウェーなどでも、同じような現象が観察できる。所得全体に占める高所得者の分位の所得の割合は１９８０―１９９０年代にわずかに上昇するが、この傾向は税金と所得の再配分によって大部分が帳消しにされる（アトキンソン＆レインウォーター＆スメーディング〔１９９５年〕、ゴットシャルク＆グスタフソン＆パーマー〔１９９７年〕、ゴットシャルク＆スメーディング〔２０００年〕が集めた、１９７０―１９９０年代についての比較可能なデータをとくに参照）。

（３）下記で示す出典を参照。

（４）下記で示す出典を参照。

（５）西洋諸国の中での格差のランキングにおいて、とくにイギリスとアメリカの位置がこのように変化したことは１９７０―１９９０年代についての比較可能なデータから明らかである。このデータはアトキンソン＆レインウォーター＆スメーディング（１９９５年）、ゴットシャルク＆グスタフソン＆パーマー（１９９７年）、ゴットシャルク＆スメーディング（２０００年）によって収集された。また、ピケティ（１９９７年、ｐ・19）に転載されている給与格差についてのデータも参照。このデータによると、１９７０年には給与階層のＰ90／Ｐ10の比率はイギリスのほうがスウェーデンよりやや大きく（２・5対２・１）、アメリカは３・２、フランスは３・７だった。１９９０年には、この順位は完全に入れ替わった。スウェーデンは常に２・１だが（１９８０年代の上昇が１９７０年代の低下を相殺した）、フランスでは３・２となった（１９８０年代末の上昇によってそれ以前の低下が相殺されることはなかった）。イギリスは３・３で、アメリカは４・５である。言い換えれば、「栄光の30年」にイギリスで起こった資産格差の大幅な縮小だけが原因で、１９７０年代初めにフランスよりもイギリスで格差が明らかに縮小したわけではない。１９５０―１９６０年代のフランスで見られる給与格差の大幅な拡大もこの現象の原因である。当時、イギリスの給与格差は反対に縮小傾向にあった。しかし、私たちが利用できる推計からは、これらすべての比較を完全に満足のいく形で行なうことができないという点も指摘する必要がある。１９７０―１９９０年代について、給与と所得に関して比較可能な入手できるデータはＰ90／Ｐ10、Ｐ90／Ｐ50などの比率でのみ表わされていることがよくあり（つまり、給与所得全体や所得全体の各分位によって表わされているのではない）、これらの比率はかなり一貫性のないことが多いという点はすでに指摘した（第3章第3．2節を参照）。そもそもＩＮＳＥＥが、１９７０年代にＯＥＣＤが発表したフランスを西洋諸国の格差のランキングのトップに位置づけた調査に反対を表明したのも、Ｐ90／Ｐ10などの指標がこのようにあいまいだったからである。（ベゲ〔１９７６年〕を参照）（この場合、ＯＥＣＤの調査は１９６０年代末と１９７０年代初めを対象としていたため、フランスに割り当てられた順位はおそらく正しかったと思われる。とはいえ、各国における低所得者の水準を推計するために用いられる方法の違いが大きいことを考えると、Ｐ90／Ｐ10のような指標の使用によってフランスの格差は人為的に高く見積もられることになった）。

このような１９８０―１９９０年代の転換を見れば、まずは、資本主義の発展が進んだ段階では必ず格差縮小の傾向が現われるという考えをきっぱりと捨てることができるだろう。20世紀前半にすべての国で見られた格差縮小局面や、おもに20世紀末のアメリカとイギリスで観察された格差拡大局面をどのような方法で分析するとしても、「クズネッツ曲線」はもはやまったく有効ではないという明白な事実を受け入れる必要がある。私たちの見方によれば、この１９８０―１９９０年代の転換はまた、格差形成に対して累進税が与えた決定的な影響をとくによく示している。１９８０―１９９０年代に突然、資産のある納税者に対する税金の圧力が大幅に低下した2カ国は、格差がはっきりと大幅に増えはじめた2カ国でもあったという事実は、もちろん偶然の一致ではない。課税率が高いと大資産が再構築されないのと同じように、課税率が大きく下がるとあっという間に莫大な相続資産が蓄積される。そこから得られる所得によって課税前の所得格差が大きくなり、新たにより多くの貯蓄をすることが可能になる。そして同じことが繰り返される。ここでもまた、貯蓄力に対して所得税が与える力学的影響、つまり将来的には資産格差や所得格差に与える影響の大きさを正確に推計することは私たちには不可能である。しかし、多くの指標から、このメカニズムが１９８０―１９９０年代にもそれ以前の時代と同じくらい重要な役割を演じていたと考えられる。

まず、資本所得による超高所得や大資産の再構築などの問題だけを参照しながら、１９７０年代以降に観察される推移全体を考察しようとしても無意味だということをはっきりさせよう。事実、１９８０―１９９０年代の転換はきわめて複雑な現象で、その効果は所得分布のすべての段階で感じられたが、他の要因が重要な役割を演じたことも明らかだ。実際、数多くの研究が、１９８０―１９９０年代にアメリカとイギリスでは給与階層が大きく拡大したこと、また、下位十分位から上位十分位までの給与階層全体にかかわるこの現象が、レーガンとサッチャーが指揮した「保守革命」の前、すでに１９７０年代に始まっていたことを明らかにしている[1]。１９９０年代、アメリカの多くの経済学者が「スキル偏重型技術進歩」の理論によって、給与階層がこのように継続的に拡大する理由を説明しようとしたが[2]、この理論を満足のいく説明と見なすのはむずかしい。なぜなら、この理論はかなりの程度において一つの結論を前提としているからである（給与格差が拡大したのは、最も熟練度の高い労働者が生産性をより高め、最も熟練度の低い労働者が生産性を下げたからにちがいない……）。それでもこの理論には、１９８０―１９９０年代に観察されたプロセスにはおそらく根深い「普遍的な」原因があるようだ、と主張したという長所がある。実際には、アングロサクソン諸国だけでなく、いわゆる「工業化された」すべての国で、従来の産業部門の危機と「産業の空洞化」プロセスが（アメリカではこれらの現象は１９６０年代末に始まっており、１９７０年代にはすべてのヨーロッパの国で始まった）、労働者の各カテゴリーに対して不平等な形で打撃を与え、その結果格差が広がった（給与格差や雇用格差など）。アメリカとイギリスでは、労働組合の崩壊と最低賃金の放棄によって給与格差の拡大が激化した。大陸ヨーロッパの国々では、高い水準の最低賃金を維持し、給与体系を集団でコントロールしつづけたために、１９８０―１９９０年代に給与格差は、わずかに拡大したのみだった（これはすでにそれまでの傾向との大きな断絶を示している）[3]。とはいえ、これらの国も失業と不完全雇用の大幅な増加を免れることはできなかった。ただ失業手当と社会保障費の大幅な増額によって、所得格差が大幅に増大するのを防ぐことができただけだった[4]。したがって、この理論に

（１）たとえば、カッツ＆ラヴマン＆ブランチフラワー（１９９5年、図1）を参照。
（２）たとえば、ジューン＆マーフィー＆ピアス（１９９3年）を参照。
（３）フランスの場合については、第3章第2．3節図3－2、図3－4、図3－6、図3－8、図3－9を参照。ドイツ、スウェーデン、オランダなどについて入手可能な推計からは、１９８０―１９９０年代にはこれらすべての国で、フランスについて私たちが見てきたのと同じような給与格差の緩やかな拡大が起こったように思われる（たとえばピケティ〔１９９7年、p・19〕に転載されているP90／P10というような指標を参照）。
（４）とくにブルギニヨン＆マルティネ（１９９7年）を参照。彼らは、ＩＮＳＥＥが１９７9年、１９８4年、１９８9年、１９９4年に行なった「家計」調査の調査票を分析し、もし失業手当と社会保障がなかったら、（イギリスやアメリカと同様に）フランスでも就業可能年齢の人々の所得格差がかなりの速さで拡大していたかもしれないことを示した。ドイツと北ヨーロッパの国々に関しては前出の出典も参照。

よれば、1980—1990年代の格差拡大への転換は、1970年代以降に見られる先進国の生産システムが被った大混乱の「自然な」帰結であるようだ。「新産業革命」の特徴は「栄光の30年」に資産を蓄積した従来の産業部門が衰退し、第三次産業中心の社会と情報テクノロジーが出現したことだが、それは少なくとも初期には、必然的に格差拡大をもたらした。

しかし、おそらくこの説明が真実の一部を含んでいるにしても、それが観察された現象の一部分しか説明できていない点を付け加えることも重要である。実際、1980—1990年代にアメリカで観察された非常に大幅な所得格差の拡大は、給与格差の全般的な拡大によっては、ほんの一部しか説明できず、むしろ、所得全体に占める超高所得者の所得の割合がめざましく増加したことが、その大きな理由であることが確認できる。そして超高所得者の所得は給与ではなく、おもに資本所得によって構成されている。入手可能な推計でも、この点はきわめて明確である。アメリカの所得階層の「中流階級」（分位P90—95）とその他の「上位中流階級」（分位P95—99）の平均所得に対する位置は、（たとえ位置が低下した最も低位の分位とのコントラストははっきりしているとしても）1970年代以降はわずかしか上昇していない。1980—1990年代にアメリカで観察された所得全体に占めるトップ十分位の所得の割合の増加は、その90パーセント近くが、トップ百分位の所得の割合が非常に大きく上昇したことによって説明できる[1]。また、私たちは、アメリカの所得階層のトップ百分位の下層は、所得全体に占める割合が文字どおり急増したトップ千分位や一万分位よりもこの現象の影響を受けていないことを示す推計も入手した[2]。イギリスについてはこれほど詳細な推計を入手していないが、あらゆる点から、1980—1990年代にイギリスで見られた高所得の割合の上昇も、大部分はイギリスの超高所得の割合の大幅な上昇によって説明できると考えられる[3]。

したがって、アメリカの所得階層のトップ百分位の所得の所得全体に占める割合は、1990年代末に20世紀初頭の水準に近い水準まで回復したようである。入手可能な最新の推計によれば、所得全体に占めるトップ百分位の所得の割合は、1940年代末から1970年代末まではおよそ8—9パーセントだったが、1998年にはおよそ15パ

ーセントとなったようだ。これは、1913—1914年のアメリカについてクズネッツが推計した14—15パーセン

(1) アメリカの税務当局が自ら行ない、フィーンバーグ&ポターバ（1993年、p・149）に転載されている推計によれば、分位P80—100の所得の割合は1977年の45・6パーセントから1988年の51・4パーセントとなり（5・8ポイントの上昇）、分位P80—90の所得の割合は15・6パーセントから15・3パーセント（0・3ポイントの減少）となった。分位P90—95の所得の割合は10・1パーセントのままで変化がなく、分位P95—100の所得の割合は11・6パーセントから12・6パーセント（1ポイントの上昇）となり、分位P99—100の所得の割合は8・3パーセントから13・4パーセント（5・3ポイントの上昇）となった。1990年代についてはこのような詳細なデータがないが、それでも入手可能な推計によるとトップ百分位の割合の大幅な上昇は続いたことがわかる（後出参照）。さらに、所得調査に基づく推計から超高所得者の事例を研究することはできないものの、その推計は格差拡大の度合いがかなり強かったことを裏づけている。たとえば、リンダート（2000年、p・198—199）によって転載されている人口動態調査に基づく推計によると、分位P80—100の割合は1981年の44・4パーセントから1994年の49・1パーセントとなり、分位P95—100の割合は16・5パーセントから21・2パーセントとなった。言い換えれば、分位P80—95の割合はまったく増加しなかったのだ（1981年に27・9パーセント、1994年も27・9パーセント）。

(2) アメリカの税務統計に基づいてフィーンバーグ&ポターバ（1993年、p・160）が行なった推計によると、所得全体に占める分位P99—100の所得の割合は1979年に8・8パーセントだったのが1989年には14・4パーセントとなり（5・6ポイントの上昇）、分位P99・9—100の所得の割合は1979年に2・6パーセントだったのが1989年には6・0パーセントとなった（3・4ポイントの上昇で、分位P99—100の上昇全体の60パーセント以上を占める）。

(3) グッドマン&ジョンソン&ウェッブ（1997年、p・92—94）をとくに参照。また、リンダート（2000年、p・177—178）が転載しているイギリス行政当局が作成した「青書」や「経済動向」と呼ばれるデータによると、所得全体に占める分位P80—100の所得の割合は1970年代に最低値に達したのち、1990年代には1949年の水準に回復したようである（おそらくこの水準をわずかに上まわったと思われる。ただし、データが中断しているため、完全に確信を持つことはできない）。トップ百分位の所得の割合の推移を示すデータを私たちは持ち合わせていないとしても、すべての点から、その割合が1970年代におよそ6パーセントの最低値まで落ちたあと、1990年代に1949年の水準に近い水準（すなわちおよそ10—11パーセント）に戻ったように考えられる。

トとほぼ同じ水準である。[1] 比較として、フランスでは、１９８０—１９９０年代、所得全体に占めるトップ百分位の所得の割合はおよそ7—8パーセントだったことを想起しよう。これは第二次世界大戦後の水準とほとんど同じである。[2] アメリカでは20世紀末に所得全体に占めるトップ百分位の所得の割合はおよそ15パーセントであったが、それでもこれは20世紀初頭のヨーロッパの国々について推計される水準を下まわっている（所得全体に占めるトップ百分位の所得の割合はおよそ20パーセントだった）。アメリカは20世紀の間にヨーロッパより格差の大きい国になった。それでも、第一次世界大戦前のヨーロッパで見られた格差のピークには及ばなかったようだ。[3] アメリカの超高所得者は20世紀初頭には実質的にはまったく税金を払っていなかったが、20世紀末のアメリカでは税金は完全には姿を消していないことを付け加えよう。課税前の所得ではなく可処分所得について考えると、所得全体に占める超高所得の所得の割合は、１９９０年代の終わりには、クズネッツが１９１３—１９１４年について推計した水準よりもかなり低い水準を示していることが確認できるだろう。[4]

たしかに、１９８０—１９９０年代に観察されたアメリカの格差拡大はこれほどまでに超高所得を中心としていたが、だからといってこの現象が、大資産（つまり、超高額資本所得）の再構築の新たな機会によって説明できるということではない。この再構築の新たな機会は、資産のある納税者に対する税の圧力が突然大きく低下したことによってもたらされた。たとえば、１９８０—１９９０年代のアメリカの高所得が非常に大きく増えたのは、部分的には景気に起因していると反論できるだろう。一般的に経済成長がめざましい時期は、高所得者にとって好都合である。１９８０—１９９０年代はとくにいい時期であり、なかでも株式市場の好調と企業利益の増大によって所得を増やした相続資産保有者には有利であった。さらに、１９８０—１９９０年代のアメリカでは所得階層のトップ百分位の上層の所得に占める給与の割合が急激に上昇した（資本所得が大半を占めていたとはいえ）。20世紀末のアメリカの新しい「２００家族」は、税の軽減のおかげで資産を再構築できた相続資産保有者や、過去数十年よりも構造的により大きくなった資本所得を得ている者たちだけではなく、大部分が「高所得管理職」で構成されていた。つまり、アメリ

(1) フィーンバーグ&ポターバ（1993年、p・149、p・160）が提示する推定値によれば、所得全体に占める分位P99―100の所得の割合は1970年代にはおよそ8―9パーセントだった（すなわち、1947―1948年についてクズネッツが推計した水準に相当する水準である）。この分位P99―100の所得の割合は1980年代の終わりにはおよそ13―14パーセントとなった（これらの推定値はグラムリッチ&カステン&サンマルティノ〔1993年、p・133〕と一致している）。彼らは、分位P99―100の所得の割合は1980年の10・1パーセントから1990年代の14・1パーセントになったと考えている）。分位P99―100の所得の割合はアメリカで1990年代初めに起こった不況の間にやや低下し、1993年にふたたび上昇に転じた。発表された最新の税務統計に一致するパレート係数を計算することにより（『予算および経済見通し――2001―2010会計年度』、第3章、p・10〔表3―4〕〔アメリカ議会予算局、2000年1月〕）、所得全体に占める分位P99―100の所得の割合が1993年の13・4パーセントから1998年の15・4パーセントになったと推計できる。これは、1913―1914年についてクズネッツが行なった推計と同じ水準である。しかし、リンダート（2000年、p・198―199）によって転載されている人口動態調査に基づく推計によると、所得全体に占める分位P95―100の所得の割合は、大幅に上昇したにもかかわらず、1990年代には、1913―1914年の水準よりもかなり低い水準にとどまっていることを指摘しよう。この分位が1990年に達した水準は20世紀初頭よりも1930年代により近いだろう（こうした不一致はおそらく、人口動態調査からは超高所得者を正しく推計できないことから説明できるだろう）。

(2) 第2章図2―14および付録B表B―14の列P99―100を参照。

(3) このことは、フランスやヨーロッパの他の国（イギリスも含む。イギリスでは所得全体に占めるトップ百分位の所得の割合は、最近再上昇したにもかかわらず、20世紀終わりには20世紀初頭に比べておよそ2分の1であった）で観察された超高額資本所得の1世紀にわたる低下は、ヨーロッパからアメリカに大資産が大量に流出したからだという考えでは説明できないということを示している。アメリカでは所得全体に占める超高所得者の所得の割合は20世紀初頭の水準に戻ったところだった。アメリカがヨーロッパの大資産をすべて吸収することができていたら、この水準をもっと大きく超えていただろう（フランスについては、国内に課税住所がある納税者、すなわち1年のうち6カ月以上フランスに住んでいる者は、所得税の名目で世界中で得た所得と、相続税の名目で世界中で保有する財産すべてをフランスで申告する義務があることも思い起こそう）。

(4) シャピロ&グリーンスタイン（1999年、p・7）の行なった推計によると、1999年にアメリカでトップ百分位が保有していた可処分所得の割合は12・9パーセントのようだ。

カの大企業が経営者に支払う報酬の急激な増大の恩恵を受けた人々だ[1]。

しかしながら、資産格差の推移について私たちが入手できる推計から、集中が進んだのは所得だけではないことがわかる。1980—1990年代には、アメリカの相続資産の集中も著しく進行した。家庭の資産全体に占める超大資産の割合は、1940年代の終わりから1980年代半ばまでは比較的安定していたが、1990年代の終わりには実質的に戦間期の水準まで戻ったようである[2]。言い換えれば、20世紀末のアメリカで私たちが目にしている現象はまさしく新たな大資産の蓄積の構造的なプロセスであって、それは単なる一時的な所得格差の拡大ではない。こうした新しい大資産の保有者の一部は、アメリカ経済に現われた新しい「高所得管理職」と新しい企業家であるが、重要なのは、このような水準の相続資産は1980年代の税の軽減なしにはこれほど早くには蓄積されなかっただろうということだ。1950—1960年代に適用されていたおよそ80—90パーセントの限界税率を適用していれば、おそらく所得格差の一時的な拡大にとどめることができたものが、富の蓄積の新たな制度によって拡大し、持続するようになったのだ[3]。

2 格差縮小は1914年以前から始まっていたのか？

いままで検討してきた事実から導き出せるおもな教訓はおそらく、20世紀に格差が「自然発生的に」縮小したことは一度もなかったという点だ。すべての先進国で1世紀を通じて格差が縮小したのは、相続資産の保有者が1914—1945年に受けた打撃の結果であったように思える。そしてその打撃は、累進税の発展によって、少なくとも1980—1990年代までは持続した。

ここから次のような問いが出てくる。格差が自然発生的に持続的かつ構造的に縮小した歴史上の例はあるのだろうか？　格差は1914年以前からすでに縮小を始めていたのだろうか？　それとも、資本主義によって生み出された富の集中が弱まるのは、「20世紀前半」の危機が始まってからなのだろうか？　この問いの争点は明らかに非常に重要である。前者の主張が正しければ、資本主義はおのずと格差を縮小できることになり、後者の主張が正しければ積極的な介入や外部からの衝撃によってしか格差を減らすことができないことになる。

（１）アメリカの税務統計に基づいてフィーンバーグ&ポターバ（２０００年、ｐ・７―８、ｐ・12）が行なった推計によれば、アメリカの所得階層の分位Ｐ９９・５―１００の世帯が申告した所得全体に占める給与の割合は、１９７０年代にはおよそ10―15パーセントだったのが、１９９０年代にはおよそ30パーセントになった。しかし、フィーンバーグとポターバが用いた所得のカテゴリーはやや漠然としている（たとえば、給与の割合の増加は給与に含まれるストックオプションの増加によって説明できそうだ。また、「その他の所得」の割合の大幅な増加も問題になりそうである）。この問題は体系的な研究をしてみる価値があるだろう。いずれにせよ重要なのは、所得の集中が進むという傾向は資本所得でも起こったことと、これらの所得の集中度は給与よりも明らかに高いという事実を強調することである（グラムリッチ&カステン&サンマルティノ〔１９９３年、ｐ・２３５〕が行なった推計によれば、〔所得全体の分布の〕上位１パーセントの世帯が保有する給与所得全体の割合は、１９８０年には６・０パーセントだったのが、１９９０年には９・２パーセントとなった。〔所得全体の分布の〕上位１パーセントの世帯が保有する資本所得の割合は、１９８０年には３４・１パーセントだったのが、１９９０年には３８・８パーセントとなった。つまり、給与のほうが増加の割合は高いが、資本所得のほうが明らかに集中している）。

（２）ウォルフ（１９９４年、ｐ・62―63および１９９５年、ｐ・78―79）を参照（これらの推計は部分的にリンダート〔２０００年、ｐ・１８８〕に転載されている）。

（３）１９８０―１９９０年代に資産格差が大きく増大したということ（ウォルフ〔１９９４年、１９９５年〕は、税務資料とは完全に別の調査を用いて、このことを明らかにした）は、所得の集中の進行という傾向が「税務統計上の幻想」ではないことを示している（この説明によれば、所得の集中が進行したのは単に、最高限界税率が大きく低下したことで、超高所得者が脱税をあまりしなくなったためである）。グールズビー（１９９７年）とホール&リーブマン（２０００年）の研究によれば、管理職給与の大幅な増加は１９７０年代以降継続している現象であり、最高限界税率を修正しても、このプロセスに対して限られた影響しか与えられなかった（この結論はフィーンバーグ&ポターバ〔１９９３年、２０００年〕の説とは反対を行くものである）。所得集中のプロセスが継続しているのは、「税務統計上の幻想」によると考えるより、所得税の最高税率が低下することで、資産のある納税者の貯蓄能力に「実際に」影響が出ているためだと考えるほうが矛盾がないという点を付け加えておこう。

1950年代のクズネッツをはじめとする多くの経済学者は、1914—1945年の衝撃は格差縮小の自然発生的現象を促進したにすぎず、格差の縮小はこうした衝撃がなくてもいずれにせよ20世紀前半に起こったという説を擁護してきた。彼らがどうして、またどのような根拠に基づいてその説を擁護したのかを、まず理解する必要があるだろう（第2.1節）。次に、この議論はかなり政治的な議論であったため、19世紀末と20世紀初頭の経済学者が19世紀における格差の推移に関して行なった研究は最大限の注意を払って考察しなくてはならないだろう（第2.2節）。最後に、入手可能なわずかなデータから、19世紀における格差の推移に関してはたして何がいえるのかを見ていこう（第2.3節）。

2.1　1914—1945年の衝撃は氷山の一角にすぎないのか？

現在の資料の状態では、私たちには「氷山の一角」理論〔1914—1945年の衝撃は格差縮小の原因の「氷山の一角」でしかなく、もっと本質的な原因が氷山の見えない部分に隠されているとする考え方〕は実際には根拠がないように思える。各国についての入手した推計をフランスの経験に照らしてもう一度解釈しなおしたが、その推計からは、フランスだけでなくすべての先進国で、20世紀前半に観察された格差縮小の原因はその大部分が、1914—1945年に相続資産の保有者が被った衝撃だったということが考えられる。ところが、1953年に、20世紀前半に起こった格差縮小を初めて明らかにしたクズネッツは「氷山の一角」[1]理論を採用した。事実についてのこの解釈は「クズネッツ曲線」という概念によって有名になったが、のちに非常に広く、なかでもジェフリー・ウィリアムソンとピーター・リンダートによって継承されるようになった。彼らは1980年にアメリカの格差の歴史について非常に重要な総論を発表した。この理論によると、1910—1920年代と1950年代に観察された格差の縮小は、両世界大戦や1930年代の世界恐慌による激しい衝撃（破壊、インフレ、倒産など）だけが原因なのではない。これらの衝撃は補助的な役割を果たしたにすぎず、格差の縮小にはより「本質的な」経済要因（「氷山の隠れた重要な部分」）があり、資本主義が発展した段階の特徴である、自然発生的な格差の縮小傾向というより一般的な現象を反映しているにすぎない。それは、上記の衝撃がなくても、いずれにせよ起こったものだという。しかしこの説を信奉するにしても、「クズネッツ曲線」は１９８０年代までしかあてはまらなかった。１９８０—１９９０年代にアメリカとイギリスで観察された格差の大幅な拡大を考えると、今日ではもはや誰も、先進国には格差縮小へ向かう抗しがたい傾向があるなどという考えを主張しようとはしないだろう。とはいえ、１９８０—１９９０年代の格差拡大への転換によって、20世紀前半に見られた格差縮小局面が自然発生的であったのかどうかを判断することはできない。また、こうした最近の出来事が、１９１４—１９４５年に主流だった解釈の見直しにつながったことは実際にはない。「氷山の一角」理論は経済学者の中で広範囲にわたって支配的でありつづけている。[2]この理論と私たちの独自の解釈との不一致は、どのように説明したらいいだろう？

まず、私たちは、自分たちの事実の解釈が確実で絶対的なものであるとは見なしていないということをもう一度言っておきたい。私たちは、この説が最も信憑性があると考えてはいるが、入手可能な推計には周知のとおり不備があるので、かなり慎重を期する必要がある。事実、20世紀前半に起こった格差縮小は、相続資産の保有者が受けた衝撃によってのみ説明できると確信をもって断言するために必要なすべての要素が手に入るのはフランスについてのみで

（1）私たちの知る範囲では、ここで問題となっていることについて「氷山の一角」という表現が使われたことは一度もない（とくにクズネッツはこの表現を使っていない）。しかし、私たちにはこの表現は比較的適切であるように思える。１９１４—１９４５年の衝撃（戦争、インフレ、倒産など）が、少なくとも経済的状況という観点からは重要な役割を果たしたことを否定しようとする人はいない。問題はこうした「明らかな」プロセスが、より「本質的で」構造的なプロセスを隠しているのかどうかということだ（このことは、ウィリアムソン&リンダート［１９８０年］が採用した定式の中にとくにはっきり表われている。このことは後述する）。

（2）たとえば、リンダート（２０００年）とモリソン（２０００年）を参照。彼らは二人とも、程度の差こそあれ（後出参照）、１９１４—１９４５年の衝撃は格差縮小の自然発生的プロセスによって大きく増幅されたという考えを繰り返している。

ある。一方で、フランスについての私たちの推計からは、高所得者の所得の割合の低下は所得階層のトップ百分位にとどまらず、その大部分がトップ百分位の中でも上層、つまり、資本所得からの所得が最大限拡大される社会集団でも起こったということが確認できる。すでに指摘したように、あらゆる点から、どの国にとっても状況は同じだと考えられる。所得全体に占めるトップ十分位の所得の割合が低下したのは、おもに、トップ百分位の割合が大幅に低下したことが原因であることはすでにあちこちで見た。おそらく、トップ百分位の中から上層を切り離すことができるような推計が入手できれば、フランスと同じ結果が得られるだろう。しかし実際にはそのような推計は存在しないため、確信を持つことは不可能なのである。

他方、とくにフランスの事例について検討した際に、20世紀における給与格差とその推移について検討することで、20世紀前半に起こった所得格差の縮小は1914—1945年の超高額資本所得者が被った損失のみが原因であったということが確認できた。この結論は、所得階層に占める「中流階級」（分位P90—95）とその他の「上位中流階級」（分位P95—99）の割合が1世紀の間にほとんど変化しなかったことからすでに予想がついていた。しかし、私たちの見方をより強固にするためには給与格差をそれ自体として検討し、格差が実際に長期にわたって非常に安定していたことを確かめることが重要だった。[1] 実際、給与格差について得られた結果が、本書の枠組みの中で分析したデータから明らかになった結果の中でも（「200家族」の割合の大幅な低下に関する結果と並んで）おそらく最も興味深いものだった。私たちは、給与分布最上層と最下層の賃金労働者の分位の格差についてと同様に、給与分布の上位10パーセントの賃金労働者、上位5パーセントの賃金労働者、上位1パーセントの賃金労働者などと、平均給与の賃金労働者を隔てる給与格差が、実際には20世紀フランスでは長期にわたってほとんど変化しなかったということを明らかにした。[2] とくに、両世界大戦がそれぞれ引き起こした給与階層の縮減の動きはまったく一時的なもので、両大戦後数年ですぐに過去の階層差に戻った。[3] 言い換えれば、相続資産の保有者が1914—1945年の深刻な打撃を受けていなかったら、所得格差は第二次世界大戦後には、第一次世界大戦前の水準に戻っていただろう。[4]

残念なことに、フランスについて私たちが行なったのと同じような長期にわたる給与格差の推移を示す推計は、どの国についても入手することができない（アメリカやイギリスにさえない）。第二次世界大戦前の時期における給与格差を示す数少ない推計は、どの国でも「典型的賃金労働者」のいくつかの職業分類（単純労働者、熟練労働者、エンジニア、公務員など）の給与の比較のみに基づいており、給与階層の各分位の平均賃金の比較には基づいていない。(5) また、対象となる賃金労働者の人数やその人々が代表例であるかどうかについての正確な情報は何もない。フランス

(1) 第3章を参照。
(2) 第3章第2．2節および第3．1節を参照。
(3) 第3章第2．3節を参照。
(4) 私たちは給与階層の長期にわたる安定という結果を得たが、20世紀初頭と戦間期の低賃金労働者は大部分が農業労働者と農場の使用人だったことから、農業部門から工業部門への労働力の移転の影響も考慮に入れられている点をあらためて思い起こそう。
(5) 一般的に、給与格差に関する歴史研究は非常に少なく、珍しく入手可能な推計があってもきわめて貧弱なものである。リンダート（2000年、p・194、p・196）を参照。リンダートは、アメリカとイギリスの給与格差の長期的推移に言及するために、職業分類別あるいは産業部門別のいくつかのデータしか用いていない（〔熟練労働者の給与〕／〔単純労働者の給与〕、〔エンジニアの給与〕／〔熟練労働者の給与〕などといった比率を用いているが、当該の労働者の人数についてはまったく言及していない。これらのデータはまた、ウィリアムソン＆リンダート（1980年）とゴールディン＆マーゴ（1992年）でも使われている。これについては後述する）。また、リンダートは分位で表わされた給与格差の推計は一つも参照していない。モリソン（2000年、p・246）も参照。モリソンは大陸ヨーロッパの国の事例に言及するために、リンダートよりもさらに少ない資料しか参照していない。モリソンが用いたのは、リンダートが用いたのと同じタイプの職業分類別あるいは産業部門別のいくつかのデータのみである。しかも、それらのヨーロッパに関するデータは、ほかとつながりのない数年分についてだけを対象としたデータだった。（すべての職業分野と産業部門を含む）賃金労働者全体のレベルにおいて分位で表わした第二次世界大戦以前の時期を対象とする給与格差に関する推計で、私たちの知っている唯一のものは、ウィリアムソン（1985年、p・40）による19世紀イギリスについての推計である（これらの推計はウィリアムソン〔1991年、p・63〕にも転載されている）（19世紀の格差の推移を論じる際に、もう一度ウィリアムソンの推計を取り上げよう〔後出第2．3節を参照〕）。

の事例を検討した際に見たように、そのような「典型的賃金労働者」の比較から、長期的な賃金格差の推移を信頼できる方法で推計することは、どんな場合も不可能である（また、国ごとの厳密な比較を行なうことなどなおさら無理だ）。堅固な結論に達することができるのは、分位によって表現された給与階層の推計だけである。[1] このため、現状の資料では、フランスについて私たちが明らかにしたことがもっと幅広くあてはまるのかどうか、確信をもって判断することはできない。もしかすると20世紀前半に給与格差がかなり縮小した国もあるかもしれない。そのような格差縮小が（戦争やインフレによる一時的打撃によってだけでなく）「本質的な」経済要因によって部分的には説明できる可能性も排除できない。その場合、この現象はその国にとって所得格差縮小の「氷山の隠れた重要な部分」ということになるだろう。この点を明確にできるのは、フランスについて私たちが行なったような、給与階層の長期的推移に関する推計を各国についても新たに行なった場合のみだろう。

そうはいっても、「氷山の隠れた重要な部分」は、いずれにせよ「氷山の一角」より明らかに小さい要因だという点を指摘しよう。事実、推計が入手できるすべての国において、私たちが確認したところでは、「中流階級」（分位P90―95）と他の「上位中流階級」（分位P95―99）では、すなわち、どの国でも「高給与の賃金労働者」が大部分を占める分位では、平均所得に対する位置を長期的・構造的に変えることなしに20世紀を乗り切った。すべての国で、「中流階級」（分位P90―95）とその他の「上位中流階級」（分位P95―99）は第二次世界大戦後すぐに、所得全体に占める所得の割合が第一次世界大戦前の割合に戻った。ということは、このような長期的な高い安定性が他の給与階層にも（少なくとも一見して）表われていないわけがない。また、すべての国でこうした社会集団には、所得全体に占める所得の割合が非常に安定しているだけでなく、所得全体に占める所得の割合が国によってほとんど変わらないという特徴があることも指摘できる。たとえば、推計が入手可能なすべての国で、「中流階級」（分位P90―95）の所得全体に占める割合は常に10―11パーセント前後である。[2] つまり、これらの世帯は常に、平均所得のおよそ2―2・2倍の所得を得ていたのだ。これらのことすべてから、フランスの給与階層の安定性に関して私たちが行なった解釈が実際にはかなり広い範囲にあてはまることがわかる。すべての国で、給与格差は、その大部分が同じ能力主義的な考え方によって決められており、こうした考え方は、少なくとも超高額資本所得のレベルで観察される大きな変化との比較でいえば、1世紀を通じてとくに変化しなかったようである。[3]

しかも衝撃的なのは、「氷山の一角」理論の擁護者が、その理論的解釈が有効と見なされるような実証可能な証拠を実際に提示しようとしたことは一度もないということだ。とくに、クズネッツが自らの理論を提唱するようになった状況から考えると、純粋に政治的な思惑がまったくなかったとは言いきれない。明らかに、1914―1945年の危機だけが資本主義の格差を縮小できたという考えに、その時代、誰もが賛同できたわけはないのだ。1953年の記念碑的研究の中で、クズネッツは研究結果から明らかにできること以上のことは主張しないようにしている。彼はきわめて詳細に、そして厳密に、1913―1948年のアメリカの税務統計を分析した際の方法を提示している。そして、自らの推計で明らかにした所得全体に占める高所得者の所得の割合の大幅な低下の要因とその範囲について

（1）第3章第2．4節を参照。

（2）前出第1．1節から第1．3節の注記に示した推計および出典を参照。

（3）ソヴィエト連邦やその他の共産主義国でも、これと同じような安定した規模感であったことを指摘するのは興味深い。共産圏でも鉄のカーテンの反対側と非常に近い給与階層を適用していたのだ（フランス共産党がフランスにあるような給与格差を実際に再検討しようとしたことが一度もなかったという事実とも、このことはつじつまが合っている。第5章第2．3節を参照）。たとえば、アトキンソン&ミクルライト（1992年、p・381、表U12）が行なった推計によれば、1980年代のソヴィエト連邦では、所得全体に占める分位P90―95の所得の割合はおよそ10パーセント前後だった（推計では10パーセントをわずかに下まわっているが、それは住民ごとの所得が対象である、つまり家庭の規模について修正したあとの所得を対象としているからである）。しかし、もう一度強調したいのは、本当に満足のいく国際比較を可能にするのは、各国の給与階層の長期にわたる推移を扱った推計だけである。その推計は、分位で表わされていなければならず、給与の各分位と超高給与の分位を切り離すことができなければならない（1980―1990年代アメリカの「高所得管理職」の給与が爆発的に上昇しているように見えることの歴史的な意味を特定することができるのも、こうした推計のみである）。

の研究は、慎重にのちの時代の分析に委ねている。[1] 実際、クズネッツは超高所得者の所得の割合のみが低下していることに明らかに気がついていた。また、重要な問題は、累進税の力学的な影響によって相続資産保有者が受けた打撃が持続することになるかどうかだということもわかっていた。クズネッツははっきりとこのメカニズムに言及し、超高所得者の貯蓄能力の推移の推計まで行なった。[2] 続いてクズネッツは、１９５４年12月にデトロイトで開催されたアメリカ経済学会において会長として行なうことになっていた講演で、１９５３年の著作で示した結果とはまったく異なる（そして、はるかに野心的な）解釈を採用することにした。この講演録は『経済成長と所得格差』という題名で１９５５年に刊行され、そこで「クズネッツ曲線」の理論が紹介された。

この１９５５年のテキストを読むのは興味深い。なぜなら、冷戦時に非常に高まっていた政治的緊張がどのようなものだったかを思い出すことができるからだ。その緊張は非常に大きく、クズネッツのような厳格な経済学者でさえ完全に無関心でいることはできないほどだった。クズネッツが唯一利用できたデータは１９５３年に出版した自らの著作のデータと、イギリスとドイツに関するいくつかの断片的な推計だけだった。それらの推計からは、アメリカと同様、格差縮小はその大部分が１９１４―１９４５年に相続資産の保有者が被った打撃の結果であると考えられた。[3] 実際、クズネッツは、とくにインフレ（相続資産を平等化する強力な要因）や、所得や相続に対する累進性の高い税金という形での政治的介入が、格差縮小のための最適なメカニズムであると説明することから始めている。こうした介入がなければ、少数の人々に相続資産をますます集中させる累積過程（経済活動の拡大または縮小の過程が積み重なり、その量や程度が増していくこと）のせいで、格差は無限に拡大していく傾向さえあっただろう（超高額資本所得者のみが貯蓄手段を持っており、それにより、もともと集中していた相続資産とそこから得られる所得の集中がより高まる。そして、それが繰り返される）。[4] 続いて講演の第2部では、クズネッツは同業者の前であえて、それまでとまったく異なる理論を発表した。すなわち、実際には経済成長の内的論理は、どんな政治的介入とも外部からのどんな衝撃とも無関係であり、格差は工業化の初期段階で拡大し（少数の人々しか工業化がもたらす新しい富を享受できないいため）、その後発展が進んだ段階で自然発生的に減少する（ますます多くの人が最も見込みのある産業部門へ移動することで、格差は自然発生的に減少する）[5]というものである。この「発展が進んだ段階」は、すべての工業化国では19世紀末か20世紀初頭に始まり、アメリカで1913―1948年に起こった格差縮小は、あらゆる国のより一般的な現象を示しているにすぎない。この現象は、貧困と植民地からの独立に当時苦しんでいた後進国も含め、すべての国がいつかは原則として経験するはずのものである。1953年の著書でクズネッツが明らかにした事実は、すぐに非常に強力な政治的武器となった。クズネッツはこうした理論にかなり推論的な性格があることを完璧に自覚していた。

（1）クズネッツ（1953年、p・xxxvii―xxxviii）を参照。

（2）クズネッツ（1953年、p・xxxvii―xxxviii、p・173―218）を参照。そもそも、クズネッツが得た結果は、累進税の導入が1913―1948年の時期の打撃を持続させるのに十分だったと示しているように見える点も指摘できる（クズネッツはこの点についてそれほど明確に述べてはいないにしても）。1935―1936年、1941年、1944―1947年に実施された所得に関する調査を用いて、クズネッツは超高所得者では、貯蓄率（可処分所得に対するパーセンテージで表わされる）が非常に安定していることを発見した。課税前の所得に占める超高所得者の所得の割合が大幅に低下し、所得税の最高税率が大幅に上昇したことを考えると、これは、超高所得者の社会集団が過去の位置にふたたび戻ることはなさそうだったことを意味している。

（3）クズネッツ（1955年、p・4―5）を参照。

（4）クズネッツ（1955年、p・7―10）を参照。

（5）クズネッツ（1955年、p・12―18）を参照。すでに指摘したように（第2章第2．4節を参照）、クズネッツが描いた特殊なメカニズムが根拠にしているのは、貧しい農業部門から豊かな工業部門へ徐々に人口が移転するという考え方である（まず少数の人々が工業部門の富の恩恵を受けはじめ、そのために格差は拡大するが、その後、誰もが同じ恩恵を受けるようになると格差は縮小する）。しかし、いうまでもなく、このように高度に様式化されたメカニズムがより一般的な形態をとることもありえる（たとえば、各産業部門や多かれ少なかれ有望な各雇用の間を単純労働者が段階的に移動するという形態など）。1955年の論文でクズネッツは単純労働者が農業部門から工業部門に移動することで、どのようにして格差が縮小するのかを示すことができるような数字を用いた例を提示した。しかし、これはあくまでも理論上のシミュレーションであり、1953年の著書で得た実証的な結果とは直接の関係はない（クズネッツ［1955年、p・13］を参照）。

クズネッツ自身、自らの発表についてはっきりと次のように述べている。「これは5パーセントほどの実証的な情報と95パーセントの憶測で、しかもその一部は物欲しげな願望で歪んでいるかもしれない[1]」。それでもクズネッツはこれほど楽観的な理論を「会長講演」としてアメリカの経済学者たちの前で発表した。もちろん聴衆には、一流の経済学者がもたらすいいニュースを信じて広める準備ができていたので、クズネッツは自分が大きな影響力を持つようになることは知っていた。こうして「クズネッツ曲線」が生まれた。彼は何が問題になっているのかを誰もがわかるように、このような楽観的な予言の要点は、ただ単に後進国を「自由世界の軌道」にとどめることだとはっきりと述べた[2]。「クズネッツ曲線」理論はこのように、かなり広い意味で冷戦の産物だといえる。

こうした非常に強い政治的緊張は1950年以降もちろん緩和された。「自由世界」を守ることだけを目的としたクズネッツ理論を擁護したすべての経済学者を非難するのもばかばかしいだろう。そうはいっても、1950年代以降にアメリカで行なわれた研究の中には、クズネッツが明らかにした1913—1948年の格差縮小は1930年代の世界恐慌と両世界大戦の間に資産の保有者が被った打撃以外のものに起因する、ということを実際に示すことができたものは一つもないという点に留意しなければならない。とくに、私たちは、ウィリアムソンとリンダートが1980年の著作の中で主張した結論に同意することはできない。この著作は「クズネッツ曲線」の有効性を実証的に確認しようとした試みの中でも主要なもので、この問題に関する国際的な考察に多大な影響を与えた(ヨーロッパの国々でこのような研究が行なわれたことは一度もなく、「クズネッツ曲線」という概念はアメリカの事例との単なる類推から採用されることが多かった[3])。

ウィリアムソンとリンダートは、著作の序文からはっきりと研究の目的を述べている。それは、20世紀前半にアメリカで起こった格差縮小は1930年代の世界恐慌や、両世界大戦が引き起こしたインフレ、戦争自体といった「明らかな」要因だけでは説明がつかないことを示し、この格差縮小には、技能の熟練に関連する報酬格差の構造的減少のような、はるかに「本質的な」経済的要因があると示すことだった。給与格差の減少自体は、技術的進歩の構造や人口構造にかかわる長期的な変化に起因するだろう。(4) もちろんウィリアムソンとリンダートも、とくに相続資産の保有者が経験した所得の割合の急激な低下については、「不況、戦争、インフレ」の３点セットが一時的に重要な役割を果たしたことをとくに否定しようとはしていない。また、財産のある納税者に対する課税圧力の増大によって大資産の再構築の機会が制限されたことも否定していない。(5) しかし、彼らの著作は、序文で掲げられた目的にあるとおり、こうした明らかな説明以上のものを探ることに全体が費やされている。ウィリアムソンとリンダートは超高所得者の

（１）クズネッツ（１９５５年、p・26）を参照。

（２）クズネッツ（１９５５年、p・24）を参照。

（３）ヨーロッパの国々の格差の推移に関する個別研究や総括資料は非常に珍しく、あっても19世紀のみを対象にしており（とくにウィリアムソン〔１９８５年〕とケルブレ〔１９８６年〕を参照）、したがってそれらの研究は１９１４―１９４５年の時期をはっきりとは取り上げていない（これらの研究については、19世紀における格差の推移を論じる際にもう一度取り上げよう。後出第２．３節を参照）。「氷山の一角」理論がヨーロッパにあてはめられたのは、おもにこうしたアメリカの研究からの類推によるものだった。つまり、アメリカに関してクズネッツ（１９５５年）とウィリアムソン&リンダート（１９８０年）が主張した結論がヨーロッパにもあてはまると仮定したのだ（たとえばモリソン〔１９９１年、２０００年〕を参照）。そうはいっても、モリソンが（正当にも）この理論に対して非常に慎重だったことも指摘したい。フランスの事例を検討したときすでに指摘したように（第3章第２．４節を参照）、職業分類別・産業部門別統計を用いて、給与格差が20世紀前半に実際に構造的に縮小したことを満足のいく方法で証明することはできないと、モリソンははっきりと述べた）。

（４）ウィリアムソン&リンダート（１９８０年、p・xix―xx）を参照。

（５）実際、ウィリアムソン&リンダートは１９８０年の著作の中で、「不況、戦争、インフレ」の3点セットに関係した一時的衝撃を幅広く論じている（著作全体の目的はこの説明以上のものを探ることだった）。しかし、彼らは、累進課税が与えたかもしれない構造的影響については、可処分所得格差に対する影響についても、課税前所得の格差に対する影響についても言及していない（累進課税が所得格差に影響するのは、それが貯蓄能力と資産格差へ影響を与えるためである）。しかし、この点に関して彼らの考えは変化したようである。というのは、リンダート（２０００年、p・１７１―１７２）は、このメカニズムをウィリアムソンよりはるかに重視しているためである（全体的に、リンダート〔２０００年〕はウィリアムソン&リンダート〔１９８０年〕よりも「氷山の一角」理論に対してはるかに慎重である）。

事例にはほとんど関心がなく（資本所得による所得者にさえ関心を持っていない）[1]、彼らが行なった研究はおもに、なぜ給与格差が20世紀前半に構造的に大きく減少したのかを説明できるマクロ経済データと人口統計データを集めることだった。この場合、彼らの主張は次のとおりだ。アメリカでは20世紀初頭まで、技術の進歩により多くの資本が集約されており、そのため最も熟練した労働者（彼らは新しい設備によって生産性を向上できる）には有利で、最も熟練度の低い労働者には不利であった（彼らは機械に取って代わられる可能性が一番高い）。続いて、１９１０―１９２０年代から資本蓄積のペースが大きく落ち、これにより熟練のさまざまな度合いに関連した給与格差が縮小した[2]。ウィリアムソンとリンダートによれば、このような労働需要の推移に関連したプロセスは、それにともなう労働供給の推移によって促進されたようだ。出生率の減少と移民の大幅な減少は、戦間期のアメリカではとくに目立った現象で、それにより１９１０―１９２０年代以降、最も熟練度の低い労働者の相対的地位は改善されたようである[3]。ウィリアムソンとリンダートが描写したメカニズムはクズネッツが提示したものとまったく同じというわけではない。しかし、重要な点において両者は類似している。すなわち、どちらの場合でも、格差縮小は資本主義に内在する力学に含まれており、基本的な結論は、格差縮小は１９１４―１９４５年の打撃がなくてもいずれにせよ起こり、どんな政治的介入とも関係がないというものである[4]。

ウィリアムソンとリンダートが描写したメカニズムにはそれ自体何も突飛な点はない。とくに、戦間期の「移民数割り当て」が給与格差に重要な影響を与えたかもしれないことと、より一般的には20世紀アメリカの移民政策のさまざまな変動の結果生じた人口統計学的な衝撃によって（人口が非常に安定していたフランスのような国と比べて）、アメリカの給与格差が構造的により不安定になったことは、かなり信憑性が高い。たとえば、世紀末アメリカの大規模な国境解放によって、１９８０―１９９０年代の給与格差拡大の無視できない部分（明らかにわずかな部分にすぎないが）を説明できると多くの研究者が示した[5]。しかし、問題はウィリアムソンとリンダートの分析の出発点は、実際にはきわめて脆弱であるという点だ。ウィリアムソンとリンダートは分位で表現されたアメリカの給与階層についての推計を一つも利用しておらず、１９１０—１９２０年代と１９５０年代のアメリカで給与格差が構造的に縮小したという主張の根拠は、もっぱら「典型的賃金労働者」のいくつかのカテゴリーが受け取っていた給与間の比率（熟練労働者と単純労働者の給与の比率、エンジニアと熟練労働者の給与の比率など）がこの二つの年代の間に低下したということだった。[6] アメリカの最新の研究では、分位で表現された推計を用いているが、これらの推計は第二次世界大戦後の時代しか対象にしていない。それ以前の時代については、常に同じ「典型的賃金労働者」の比較を用いて示されている。すでに指摘したように、戦間期と20世紀初頭のアメリカについて、分位によって給与階層の推計をしようとした研究者は一人もいなかったようだ。これはつまり、アメリカの給与格差が20世紀前半に実際にどのように推

（１）すでに指摘したように（前出第１．２節を参照）、ウィリアムソンとリンダートは、クズネッツ以降の研究者全員と同じように、高所得者の研究に関してはクズネッツのデータを転載しているだけである。このことからとくにわかるのは、彼らには、所得階層のトップ百分位の上層がたどった推移は研究できなかったということだ。

（２）ウィリアムソン&リンダート（１９８０年、ｐ・１５５—１７７、ｐ・２３９—２５４）を参照。

（３）ウィリアムソン&リンダート（１９８０年、ｐ・２０３—２１３、ｐ・２３９—２５４）を参照。

（４）移民の場合は除く。ウィリアムソンとリンダートが主張する説明モデルでは、どちらにせよ移民の役割は二次的なものでしかない。

（５）ボージャス&フリーマン&カッツ（１９９２年）をとくに参照。彼らは、１９７０年代以降アメリカで見られる技能の違いによる給与格差の上昇をおよそ25パーセントと考え、その原因は移民であると推測している。

（６）ウィリアムソン&リンダート（１９８０年、ｐ・３０５—３１２）を参照。ウィリアムソン&リンダートは自分たちのデータの脆弱性を自覚していた。というのは、「典型的賃金労働者」の各カテゴリーの「百分位数による順位」は時とともに変わったかもしれないという点に言及しているからだ（ウィリアムソン&リンダート〔１９８０年、ｐ・２８３〕を参照）。しかし、彼らはこのように導き出されたバイアスを修正しようとはしていない（彼らはまた、各給与データに対応する賃金労働者の人数さえ示していない）。

移したかを正確に知るのは不可能だということを示している。[1]

熟練賃金労働者の比率の継続的な上昇を考慮に入れると、ウィリアムソンとリンダートが研究したような比率が低下傾向にあったこともまったく理にかなっているという点をとりわけ想起しよう。しかし、そのことからは給与階層の実際の推移については何も正確なことはわからない(だから、この二人の研究者が用いた「単純労働者」「熟練労働者」「エンジニア」といったカテゴリーの定義が何度も変わったことによる問題は考慮するまでもない)。また、フランスでは(上級管理職の平均給与)/(生産労働者の平均給与)のような比率は、20世紀を通じて世紀前半も1950年代以降も、かなり目立って継続的に低下した。それでも、給与分布のトップ10パーセントの給与、トップ5パーセントの給与、トップ1パーセントの給与などと平均給与または低給与との比率はこの時期にまったく低下しなかった(これらの比率はすべて非常に安定していた)。[2]おそらくアメリカでも状況は同じだっただろう。アメリカの給与階層が1914—1945年の衝撃から元に戻るのには、フランスの給与階層よりも少し時間がかかったかもしれない(おそらく、これらの衝撃が戦間期に実施された新しい移民政策の構造的影響によってさらに強まったからだろう)。とはいえ、このことはまだこれから証明される必要がある。[3]現在の研究状況では、ウィリアムソンとリンダートが用いた比率からしっかりとした結論を得ることはできないし、彼らのアプローチとフラスティエがフランスで採用したアプローチとの比較検討をしないではいられない(フラスティエが格差縮小の抑制できないプロセスという考えを主張しようとしたときに、(コンセイユ・デタ評定官の給与)/(単純労働者の給与)のようないくつかの比率のみを根拠としていたことを想起しよう)。[4]「不況、戦争、インフレ」の3点セットはあまりに明らかなので、それ以外の説明はむずかしいように私たちには思える。そして、「氷山の隠れた部分」は、まだまだこれから明らかにされなくてはならない。

（1）ゴールディン&マーゴ（1992年、p・4）をとくに参照。彼らは1940年、1950年、1960年、1970年、1980年、1985年についてアメリカの給与階層を分位で表わした推計を提供している（この研究では、これらの推計はP90／P10の比率で簡略に示されている）。しかし、1940年以前の時代については、ウィリアムソンとリンダートと同じような「典型的賃金労働者」の比較に基づいている。そもそも、1940年以前のアメリカには、分位で表わされた給与階層の推計を作成するのに適した統計データが存在していなかったこともありえる（とくに、戦間期にアメリカでは分類所得税は存在しなかった。したがって、私たちが用いたフランスの統計に相当するものはアメリカにはない）。

（2）第3章第2．4節を参照。

（3）ゴールディン&マーゴ（1992年）が示した推計によると、アメリカでは第二次世界大戦の格差縮小のあとの給与階層の再構築は、私たちがフランスについて認めたものより遅かったようである。おそらく1940年の水準に完全に戻るためには、1970年代の初め以降に見られる給与格差の拡大を待たなくてはならなかった。アメリカの給与階層のP90／P10の比率は1940年には4・26だったのが、1950年には2・89、1960年には3・16、1970年には3・25、1980年には3・74、1985年には4・31となった（すなわち、対数で表わすと1・45、1・06、1・15、1・18、1・32、1・46となる。ゴールディン&マーゴ〔1992年、p・4〕を参照）。しかし、おそらく1940年には給与格差がとりわけ大きかったことを指摘する必要がある（1940年以前については分位で表わされた推計がないので、その程度を正確に知るのは非常にむずかしい）。また、とくにP90／P10の比率で表わされた数値は、フランスの事例の際にすでに見たようにその性質上、より不安定である（第3章第3．2節を参照）。おそらく、1940年代には、給与所得全体に占める給与分布の上位10パーセントの給与の割合は、P90／P10の比率で示すのよりも明らかに低下が少なかった（残念だが、一般的に、各国で入手できる給与格差の推計〔1980―1990年代のものでも〕が、P90／P10、P90／P50というようなタイプの比率で示されているだけでなく、給与所得全体に占めるいくつかのトップの分位の割合でも示されていることはめったにない。トップの分位の割合で表わされた国際的推計が入手できるのはほとんど所得の場合についてのみである）。

（4）第3章第2．4節を参照。フラスティエはクズネッツにはっきりとは言及していない（そもそも外国の研究者はまったく参照していない）。しかし、彼はまちがいなく、アングロサクソンの研究者と同じ見通しを持っていた。彼も、格差縮小は抑制不可能でほとんど「自然な」現象であるという考えを主張しようとした。しかし、フラスティエの事例はとくに極端である。ウィリアムソンとリンダートは人口の大部分にかかわる可能性がある給与データに頼った（大部分にかかわるかどうかは、彼らは明言はしていないとしても）。一方で、フラスティエは、一握りの超上級公務員が受け取っている給与に関する断片的ないくつかのデータを用いただけだった。

2.2　20世紀初頭の「社会問題」――恣意的解釈の問題

クズネッツや、フラスティエ、あるいはウィリアムソンとリンダートの不注意は、非常に厳密な経済学者たちから見ると驚くべきことに思えるが、そうはいっても、19世紀末から20世紀初頭に格差の推移の問題に関心を寄せた多くの経済学者に見られる正真正銘の恣意的解釈に比べればなんらたいしたことではない。こうした研究を少し時間をかけて取り上げるのも興味深いだろう。それらの研究はそれ自体の歴史的意義にとどまらず、当時の統計システムがあまりにも貧しかったことを示している。その貧しさはあらゆる行きすぎを許してしまうとともに、19世紀と1914年までの格差の推移を厳密に研究することは非常にむずかしいということを意味する。それについては後述する。

ここで論じたい恣意的解釈を最もよく表わしている例はおそらく、ポール・ルロワ＝ボーリューの例だろう。ルロワ＝ボーリューがどこにでもいるような研究者ではないだけに、この事例は非常に興味深い。彼は、コレージュ・ド・フランス〔1950年設立のフランスの高等教育機関。教授陣に加わることは、その分野の第一人者であることを意味する〕の政治経済学の教授で、『エコノミスト・フランセ』誌〔経済専門のフランスの週刊誌。1862―1938年〕の編集長であり、当時絶えず再版を重ねていた多数の概論の著者でもあった（その中には『財政科学概論』や『政治経済概説』などがある）。おそらく、ルロワ＝ボーリューは19世紀末から20世紀初頭に最も影響力のある経済学者であった。1881年には600ページ近くもある大部の本を出版した。その題名は『富の再分配と生活条件の格差縮小傾向に関する論考』という興味深いものだった。この本は、1880年代から1910年代の初めまでに何度も重版された。[1]ルロワ＝ボーリューはその中で、すべてはうまく行っており、このすばらしい調和を乱すようなことは何もすべきではないということを示そうとした。序文の初めの数行から全体的な方向性が示されている。「社会問題と呼ばれているものが、少し前から大いに話題になっている。多くの人が自分が解決策だと信じるものを提案している。最も想像力に恵まれず、最も疑い深い人々の中で、『何かやるべきことがある』という人はほとんどいない。社会主義という言葉がふたたび流行し、前よりも恐れられなくなった。（…）これらの人々はみんな確信している。現代社会では富の分配を自然の法則に任せるだけではまったくうまくいかず非常に不公平になってしまう、と。『豊かな人は日々ますます豊かになり、貧しい人は日々ますます貧しくなる』といわれている。（…）これらの不満のすべてについて、私たちは心配している。これらが動機となって、何年も前から、私たちは現代社会において富の分配を司る法則とその法則の自然な効果を、科学的・実証的に研究するようになった。私たちの観察の結果については読者に判断を委ねる[2]」。続いて、ルロワ＝ボーリューは結論としてこう語っている。「資産の格差、とくに所得の格差は私たちが思っているよりも小さく、この格差は今後さらに小さくなるだろう。（…）私が『大規模な工業化による混乱の時代』と呼んだ、変化と苦しみと試行錯誤の時代から私たちは脱するのだ。（…）これらの悪はその性質から考えて長続きすることはない。悪はまだ完全にはなくなっていないが、消え去りつつある。現代社会は、生活条件の格差がはるかに小さくなる状態へと向かって進んでいる。社会問題は解決可能なのだから、数年前から始まっている大きな経済的要因の継続的作用によって段階的におのずと解消されていくだろう。この動きを早めるために国家が革新的な行動に出たとしても、それらはすべてこの動きを妨げ、遅らせることにしかならないだろう。以上が本書の結論である。読者が自ら私たちの主張が真実かどうかを判断できるよう、私たちは数多くの事実と観察を積み上げ、それを読者の判断に委ねた[3]」。

このような導入のあとで、ルロワ＝ボーリューの本の中には少なくともおおまかには、場合によってはほとんど説得力がないかもしれないが、資産の格差や「とくに所得の格差」がルロワ＝ボーリューの時代のフランスでは縮小し

（１）以下では１８８１年版のみを参照する。だが、それ以降の版（とくに１８８８年版と１８９７年版）には、ここで私たちが関心を抱く見地からは重要な新しい点は何もないことを検証済みである。
（２）ルロワ＝ボーリュー（１８８１年、ｐ・ｖ―ｖｉ）を参照。
（３）ルロワ＝ボーリュー（１８８１年、ｐ・ｖｉｉ―ｖｉｉｉ）を参照。

ていたということを示す数多くの事実や情報があるのだろうと私たちは期待していた。ところが、ルロワ＝ボーリューの本には、このような結論に達することができるようなデータが何一つ含まれていない。たとえば、ルロワ＝ボーリューは「四つの国税」に基づく税務統計を満足げに引用している。それによれば、不動産の数は1822年から1876年の間に35パーセント増加し、扉と窓の数は80パーセント増加したという。しかもこれは、「人口の増加が20パーセントにすぎなかったのにもかかわらず」である。[1] たしかに、半世紀で住宅の数と質が大幅に改善したことを示す興味深い数字ではあるが、格差の推移に関しては、ここからは何一つ正確なことがわからない。ルロワ＝ボーリューはまた、援助を受けている困窮者の数がフランスでは1837年から1860年までに40パーセント増え、また、社会福祉事務所の数もほぼ倍増したことを指摘している。[2] これらの数字から困窮者の数が実際に減ったと推測するにはかなり楽観的でなくてはならないが（ルロワ＝ボーリューは迷わずそうしたわけだが）、それに加えて、貧しい人の数が減ったとしても、貧しい人と豊かな人の間の格差の推移に関する情報は何も得られないことは明らかである。著作全体にこの種の統計の誤った解釈があふれている。著作の端から端まで、ルロワ＝ボーリューは行き当たりばったりに数字を解釈しているが、そもそもそれらの数字から、序文でおおげさに予告した結論を得ることは不可能である。これほど名声のある経済学者がこれほど堕落したということが、当時を支配していた集産主義〔生産手段の共有を主張する考え方で、社会主義に近い〕の強迫観念を雄弁に物語っている。

たしかに、当時の統計システムのかなりの貧弱さや利用できた資料の脆弱さは、ルロワ＝ボーリューの責任ではない。19世紀末から20世紀初頭には、所得を直接対象とした統計はフランスには存在しなかった。したがって、「生活条件の格差縮小傾向」を扱う本を書くのはきわめて困難であった。だが、ルロワ＝ボーリューはこのような本を書くことも、資産格差と所得格差が減少していることを「科学的・実証的に」示す準備があると告げることも義務づけられていたわけではない。そのうえ、格差推移の推計が可能になるようなごく少数の統計さえ分析しようとしなかった点に留意する必要がある。とくに、ルロワ＝ボーリューはプロイセン州で実施されていた累進所得税に基づく統計を引用しているが、それを用いて所得の集中の推移を研究しようとはしていない（もしそうしていたら、私たちがのちに見るように、19世紀末のプロイセン州では高所得者の所得のほうが低所得者よりも構造的により速く増大していたことに気がついただろう）。ルロワ＝ボーリューの論証の中でプロイセン州の統計資料が取り上げられたのは、超高所得者は「ごくわずかな数」しか存在しないという考えを主張するためだけだった（ルロワ＝ボーリューは、プロイセン州当局が所得申告を調査するために用いた最上層の中に数百人の納税者しかいないことを確認するにとどめている）[3]。そもそも、このような「理論」はほとんど反論の余地がない。そもそも、所得階層を十分に上がれば、いつだって「ごくわずかな数」の超高所得者がいるものである。そして、時間軸に沿った比較をしないかぎりこうした概念には意味がなく、われらがコレージュ・ド・フランス教授もそうした比較は行なっていない[4]。そもそも、ルロワ＝ボーリューが当時のあらゆる税務統計を用いたのも、これと同じ「実証的・科学的」精神からだった（スイスのいくつかの都市や、南北戦争中にアメリカで短期間適用された所得税に基づく統計、イギリスに適用された分類所得税に基づく統計、フランスの地租や個人動産税に基づく統計など）。これらの資料が提示されたのはただ、超高所得者が「私たちが通常想像するよりはるかに少なく」「ごくわずかな数」しかいないということを示すためだけであった

（1）ルロワ＝ボーリュー（1881年、p・31―33）を参照。
（2）ルロワ＝ボーリュー（1881年、p・428―429）を参照。
（3）ルロワ＝ボーリュー（1881年、p・501―502）を参照。
（4）ルロワ＝ボーリュー（1881年、p・507以降）は、プロイセン州の超高所得が過去数十年で非常に急速に増加したようだということを簡潔に指摘している。しかし、彼はそのことの原因は、プロイセン州の大規模な領土拡大と景気動向だと考えた。そして、それらの偏りを修正しようとはしなかった（分位によって所得を推計することはなおさら行なわなかった）。

（ただし、「通常」という表現についての厳密な定義は示されていない）[1]。

じつのところ、題名と序文から想像できることとは反対に、ルロワ＝ボーリューの本の目的は格差が縮小していると示すことではなかった（ルロワ＝ボーリューにはそのような推測を証明することはできないとはっきりわかっていた）。そうではなくて、目的はむしろ、格差は「私たちが通常想像するより」小さいのだと読者に納得させることだった。そのためにルロワ＝ボーリューはおもに二つの論拠を用いている。一つは、超高所得者は「ごくわずかな数」しかいないという論拠、もう一つは工業化の発展により生産労働者の購買力が大幅に増大するという考えである。実際、今日私たちが入手できるすべての推計から、19世紀に購買力の上昇が起こったと確認できる。実質賃金については、生産労働者の賃金は19世紀前半には停滞していたようであるが、１８５０年から20世紀初頭までに倍増した[2]。もちろん、この19世紀フランスの社会史および経済史の詳細が問題なのではない。しかし、この単純な事実によって、ルロワ＝ボーリューおよび同時代のリベラル派のすべての経済学者は、「貧困化」説を主張する社会主義者を一蹴することができた[3]。また、次のことにも気がつくだろう。すなわち、すべての経済学者（自由企業の最も忠実な擁護者も含む）が、工業化の初期段階（ルロワ＝ボーリューによれば「大規模な工業化による混乱の時代」）では格差が拡大するという主張を常に受け入れてきたが、その理由はかなりの部分まで、生産労働者の購買力が19世紀半ばまで停滞していたということにあった[4]。問題は明らかに、19世紀後半に生産労働者の購買力が倍増したことからは工業化の第二段階に格差が縮小したという結論を導き出すことは絶対にできないことにある[5]。格差が縮小したかどうかの判断は、生産水準や企業利益の水準の推移、給与構造の推移、労働人口の推移などによって決まり、とりわけ利益分配の推移が決め手となる。資本の所有がますます集中した場合、所得もますます集中する可能性が高い。また、これはマクロ経済の水準で、給与が企業利益よりも速く増加することが観察される典型的な場合においてもいえることである[6]。

（１）ルロワ＝ボーリュー（１８８１年、ｐ・１７１—１７５、ｐ・２０７—２０８、ｐ・５２１—５２４、ｐ・５２８—５３８、ｐ・

５４０―５４５）を参照。筋金入りの共和派のルロワ＝ボーリューが、少数の「本当の富裕者」が富全体のかなりの部分を独占していると認めたのは、イギリスの不動産についてのみであった。しかし、ルロワ＝ボーリューは抜け目なく、「こうした現象は資産の自由な動きによってではなく、厳密な法則にしたがって起こっている」、また「封建主義の名残」は、「イギリス自由党の最も急進的な人々が要求するように」「土地の自由取り引き」が確立されれば消滅するだろうとはっきり述べている（ルロワ＝ボーリュー〔１８８１年、ｐ・５１７―５１８〕）。

（２）バイエ（１９９７年、ｐ・25―28）を参照。バイエが作成したデータは（部分的に）マルシャン&テロ（１９９７年、ｐ・２４１）にも転載されているが、それらはそれ以前の研究の集大成である。20世紀の生産労働者の給与の推移を推計するために、私たちもこのデータを用いた（付録E第1節を参照）。

（３）私たちはここでは、「貧困化」説の支持者が当時書いたことをあえて検討しなかった。この説はずいぶん前から（リベラル派の主張以上に）まったく信用をなくしているだけでなく、所得あるいは資産の格差の推移についての「真摯な」研究を促したとは思えない（ルロワ＝ボーリューや彼のリベラル派の同業者の研究を「真摯な」と形容することができるとしても。彼らは少なくとも、格差問題の数量的な把握を試みているように、見せかけようとしていた）。

（４）ルロワ＝ボーリューが実質賃金の上昇に割いた章では、使用したデータとこの現象の時代区分についてはほとんど明確に示されていない（ルロワ＝ボーリューは停滞の時期に関しては言及を避けたがっているように見える）。しかし、実質賃金の上昇がはっきりと見られるのは19世紀後半のみであるということが、「大規模な工業化による混乱の時代」について彼が抱いた考えの中で重要な役割を演じたことは明らかである（ルロワ＝ボーリュー〔１８８１年、第16章〕を参照）。これと同じ時代区分（19世紀前半には給与はほぼ停滞しており、19世紀後半には大幅に上昇した）はすべての工業国にもあてはまる（少なくとも一見したところでは）。おそらくこれが、「逆U字曲線」の考え方が人気のある理由だろう（ルロワ＝ボーリュー〔１８８１年〕だけでなくクズネッツ〔１９５５年〕も、工業化の初期段階に格差が拡大しはじめた理由を説明する必要性を感じなかった。この説は常に、給与停滞の明白で議論の余地のない結果として受け入れられてきた）。

（５）第一段階についていえることについては、もう少し後で取り上げよう（後出第2．3節を参照）。

（６）この場合、19世紀後半には給与よりも利益のほうが速く増加したようである。レヴィ＝ルボワイエ&ブルギニョン（１９８５年、ｐ・３３３―３３７）が作成したデータによれば、工業生産量は１８５０―１９１０年の間に実質3倍に増加した。一方で実質給与は2倍に増えただけだった。とはいえ、19世紀に関するマクロ経済データが巻き起こす議論や不確実さを考慮に入れると（とくにトゥタン〔１９９６年〕を参照）、この種の比較をするには、入手可能なさまざまなデータを詳細に検討する必要があるだろう。本書の枠組みではこのような研究は行なわなかった（付録に示したマクロ経済データはすべて、20世紀だけを対象としている。付録Gを参照）。

ルロワ＝ボーリューはこのような点に注意を払っていない。彼はわざと、一方では彼が証明できるもの、すなわち最も賃金の低い労働者（あるいは少なくとも生産労働者）の生活条件の絶対的な改善と、もう一方で彼が証明したいと思っているもの、すなわち「生活条件の格差縮小傾向」との区別を、ある程度あいまいなままにしている。

ルロワ＝ボーリューのアプローチは非常に興味深い。なぜなら、19世紀末から20世紀初頭のリベラル派の経済学者がどのように社会主義者に反論しようとするのかを典型的に示しているからだ。しかも、当時行なわれた所得の分配に関する数少ない推計は、ルロワ＝ボーリューと同じ精神の下に行なわれていた。格差が縮小していくことを証明するのが目的ではなく（入手可能なデータでは不可能なことだが）、真の目的は単に超高所得者が「ごくわずか」しかいないことを示すこと、つまり、再分配の問題を重視しすぎて羨望やねたみをかき立てるのは無意味だと示すことだった。とくにクレマン・コルソンの事例を取り上げよう。20世紀初頭の著名な経済学者であるコルソンは、1903年に、総合所得税導入を図るドゥメール案〔当時の財務大臣ポール・ドゥメールによる所得税導入案。下院では可決されたが上院で否決された。所得税がフランスで導入されたのは1914年。それまで60年以上にわたり議会でさまざまな法案が提出され、議論されていた〕のために、1896年にフランス財務省の担当部署によって実施された所得分配に関する推計の修正に着手した（この推計は1907年のカイヨーの第二案の中に、ほとんどそのまま採用されている〔カイヨーは1907年当時の財務大臣。第二案は下院で可決されたが、上院の財務委員会と内閣によって拒否された〕）。この推計は超高所得の割合をわざと少なく見積もっており、その目的は、誰にも楽観的すぎると言われないような歳入の見積もりをつくるためだった。コルソンの目的は、「超高所得」の実質的な割合を示す、より現実的な推計を採用することで、フランス国民の所得全体に占める超高所得の割合が相対的に小さいと示すこと、とくに、「平均所得」と「小所得」（これらはコルソンが用いた用語である。こうした用語は常に、問題となる主張〔その主張自体、厳密な比較基準なく定義されている〕が検証されるように定義されうることはいうまでもない）[1]などの大多数派の割合に比べて小さいと示すことであった。

また、パリ統計学会の元会長であり、常に非常に優秀な学会員であったアルフレッド・ネイマルクの事例についても触れよう。彼は1911年に相続統計を用いて、百万長者と所得の多い不労所得生活者の数が「私たちが通常想像するより」はるかに少ないことを示した。そして、労働総同盟や社会党のプロパガンダが想像させることとは逆に数百万人の正直で勤勉な小口の預金者が、国民総資本のかなりの部分を所有していると示した。[2] これらの経済学者が明らかに固定観念に縛られていたことを考えると、こうした推計はできるだけ慎重を期して検討されなければならないことはいうまでもない。これらの推計からは、格差に関する時間軸に沿った推移については何も情報を得ることができないうえに、あらゆる状況から見て、上記の研究者が提示した純粋に統計的な推計でも、超高所得の比重は低く見積もられている傾向があると考えられる。[3] そもそも、こうした態度はフランスの経済学者に特有のものではなく、ほかの工業化国で20世紀初頭に実施された所得分配に関する推計でも、最も高額の所得の割合を過小評価する傾向があったようである。[4] また、それまでもこのような悪い習慣が完全になくなったことなど一度もないことを付け加えよう（たとえ、1914―1945年の危機のあとで超高所得が急激に縮小したことから、なぜその比重を過小評価することが政治的に以前ほど重要ではなくなったのかを説明できるとしても）。たとえば、アルフレッド・ソーヴィが『両大戦間期におけるフランス経済史』の中で発表した1929年の所得分配の推計には出典も方法論もまったく示

（1）コルソン（1903年、p・304―313）を参照。コルソンの推計結果については付録にコルソンが提示したとおりの表をそのまま示した（付録I第2.1節表I-4を参照）。

（2）ネイマルク（1911年）を参照。

（3）1900―1910年代について、私たちがこれらのばらばらな推計から高所得者の割合の平均を推計したやり方については（おそらくこの推計も低く見積もられているが）、付録I第2.1節を参照。

（4）たとえば、ウィリアムソン&リンダート（1980年、p・89―92）によれば、20世紀初頭にアメリカで作成された推計はどれも、最も高額の所得の比重を少なく見積もる傾向がある。ブレッシャーニ＝チュッローニ（1939年、p・123）も参照。彼の考えによれば、ボーリーは20世紀初頭にはプロイセンよりもイギリスのほうが明らかに格差が小さかったと結論づけたかったために、イギリスの超高所得者の比重を人為的に少なく見積もった。

されておらず、超高所得の総額と超高所得者の人数が大幅に少なく見積もられている。[1] その動機はここでもはっきりしている。ソーヴィは是が非でも「富裕層に課税する」ことでは戦間期の経済的・社会的問題を解決できないと示したかったために、こうした結論が得られるようなあらゆる概算値を用いたのである。[2]

また、ヴィルフレド・パレートのアプローチが19世紀末から20世紀初頭の（一つにまとまっているとはいえないが）反集産主義の流れにどのように位置づけられるかを確認することも役に立つだろう。1896年に発表された有名な論文『富の分配曲線』の中で、パレートはのちに「パレートの法則」となるものを純粋に技術的に紹介している。彼は、比較的単純な数式によって、当時の税務統計（プロイセン州やザクセン州、スイスやイタリアのさまざまな都市で実施されていた所得税に基づく統計や、フランスの個人動産税に基づく統計など）が示す富の分配の曲線を許容できる精度で描くことができるということを明らかにした。彼は、そこからはいかなる政治的結論も引き出していない。[3] しかし、パレートはすぐに、彼の発見の本質的な意味が何であると考えているのかを述べるに至った。すなわち、富の分配曲線が数式によってこれほどうまく描けるという事実は、格差が「自然の」法則に従っており、富を再分配することでその法則を見直そうとしても無駄であることを証明しているというのだ（「所得分配は偶然の産物ではない」）。[4] 恣意的解釈がなされたことは明白である。実際には、パレートの主張とは反対に、彼が分析した統計から格差が変化していないと証明することはどうやってもできないのである。彼の統計分析からいえることは単に、実際に観察された分配曲線を数少ないパラメーターによって描くことができるという点だけである。それらのパラメーターは時代や場所によって大きく変わる可能性があり、本質的に技術的な利点から用いられるものだ（このことは悪いこと

（1）付録I第2．2節を参照。

（２）このような動機はソーヴィの著作にも非常にはっきりと表われている（付録Ⅰ第２．２節を参照）。しかし、これらの指摘によって、記念碑的著作『戦間期におけるフランス経済史』が持つ大きな意義が失われることはまったくない。

（３）実際、パレートの法則を統計上の単純な概算技術として用いることももちろん可能である。この技術を用いれば、ある分布の各分位の水準を階層別のデータから推計することができる。そして、私たちがこの便利な発見を利用したのもそのように考えたからである（付録Ｂ第１．１節を参照）。もっとも、パレートの法則を１９１０年にフランスで最初に用いた経済学者の一人であるセアイユは、格差についてほとんどの同業者とは（そしてパレート自身とも）まったく異なる見方をしていたことが指摘できる。セアイユは皮肉を込めて、ルロワ＝ボーリューは願望を現実と取り違える傾向があったと述べている（「労働者階級の生活は絶えず改善されるはずだという頑なな信念のために、自らが望んだ結論が得られるように事実の解釈をねじまげたのではないかと考えることもできる」。セアイユ［１９１０年、ｐ・17］を参照）。セアイユは相続に関する統計を分析することで、フランスでは資産がきわめて集中しているという結論に至った（セアイユ［１９１０年、ｐ・65］を参照）。しかし、私たちの目的にとってはセアイユの研究はそれほど役に立たない。彼は資産の分配にしか興味を持たず、所得の分配に関してはいかなる推計も行なっていない。そればかりか、彼は格差の推移を検討しようとはしていないのだ（ほとんどの研究者が超高所得者［あるいは大規模資産保有者］は「ほんの少し」しかいないと考えているのに対して、セアイユは「大勢」いると考え、富の分配が「非常に集中」していると考えていた。どちらの場合も、こうした主観的判断にはかなりの歴史的意義があるとはいえ、格差を完全に変化のないものと見なしていたので、時間的な推移に関してここから私たちが得られる情報はない）。一般的に、しばしばパレートの発見に刺激を受けて、分配曲線の統計学的および数学的法則を分析することをおもな目標とする研究が行なわれるようになった（これらの研究はたいてい、格差について静的で運命的な見方を採用するに至る）。しかし、これらの研究は格差の歴史的推移の分析を目標とはしていなかった（これらの非常に統計的で静的な研究のフランスの例としては、ジブラ［１９３１年］、ロワ［１９４９年］、ティオネ［１９６０年］を参照）。

（４）パレート（１８９６―１８９７年、第2巻、ｐ・３１５）を参照。同様の解釈は１８９６年に発表された「所得曲線」という題の短い論文でも示されている。パレートはこの中で、自分の研究は、伝統的な政治経済学が分配よりもむしろ生産について研究したことは正しかったと示すだろうと説明している。分配は常に同じなので、貧困者の生活を改善するためには、「社会主義者が誤って主張するような」国内生産の再分配を試みるよりもむしろ、国内生産を増大させるべきである（この１８９６年のテキストはブジノによる１９６４年のパレート論文集に収録されている。この論文集の中には「富の分配曲線」についての元の論文も収録されている。パレート［１８９６年］を参照）。パレートの元の論文には、累進所得税についての節も含まれていた。この節は、パレートが以前に明らかにした曲線が大規模な再分配を正当化するものではないということを示していると考えられる。しかし、全体的な調子はのちの出版物よりも落ち着いており、しかも技術的であった（パレート［１８９６年、ｐ・８―14］を参照）。

ではない）。[1] 結局、格差は驚くほど変化しないと延々と説明したあとで、パレートは「生活条件の格差縮小傾向」という考えを主張せずにはいられなかった。パレートが利用したデータでは、この結論を得ることができなかったが、彼は、同僚であるルロワ＝ボーリューが1881年に出版した本を参照することで自らの主張を証明した。しかしルロワ＝ボーリューの著作には、すでに述べたように、そのような結論を主張できるような情報はいっさい含まれていない。[2]

当時の統計システムが貧弱なために、実際、どんな結論を主張することも許されていたという点も付け加えておこう。とくに、1909年にダヴネル子爵が出版した著作について取り上げよう。この本はつつましくも『700年前からの富裕層』という題名が付けられている。[3] ダヴネル子爵は、ルロワ＝ボーリューやリベラル派の経済学者に比べて、工業化の発展がもたらす利益をあまり信じておらず、19世紀には所得格差と資産格差がそれまでの数世紀とは比べものにならないほど大きくなることを証明しようとした。ダヴネルは、聖ルイからルイ16世まで、フランス史のさまざまな君主について検討し、その境遇をロスチャイルドや当時の大資本家と比較して、これらの資本家が蓄積した資産は過去の王や皇太子の資産を大きく凌駕していると結論づけた（「今日の最富裕層は封建時代の最富裕層の10倍富裕であり、アンシャン・レジーム下の最富裕層の6倍富裕である」）。[4] 当然、このような比較は「700年前からの」資産格差の推移について正確なところを何一つ伝えるものではないことはいうまでもない。ダヴネルはこうした

（1）もちろんパレートは、各国で比較的近いパラメーターが得られたと強く主張した。パレートが推計した係数α（私たちが付録B第1．1．2節で用いた表記法では係数aに相当）はたいていの場合1・4から1・7の間であった（パレート［1896年、p・4］およびパレート［1896—1897年、第2巻、p・312］を参照）。しかしこれらの係数aは、2・4から3・5の間の係数bに相当し（1・4／0・4＝3・5、1・7／0・7＝2・4）、実際には、表面的な検証から考えられるほど近いものではない。分配の格差はこれらの係数の数値のみに左右されるのではなく（たとえば同じ係数が、所得全体の中で高所得の分位の割合について、大きく異なる水準に対応することもある。パレートは、このようなタイプの格差の推定値を用いようとは思わなかったために、この点について

は考慮しなかった）。フランスの経験が示すところによると、超高所得の割合が大きく低下しても、パレート係数の低下はかなり限定されている（係数ｂは戦間期にはおよそ2・1―2・2であったが、第二次世界大戦以降およそ1・7―1・8となった。付録B第1．1．2節および表Ｂ－1を参照）。当時の税務統計に基づいてパレートが推計した係数からは、ヨーロッパ各国では富の集中が非常に顕著だったということが確認できるだけである（2・3―2・4を超える係数ｂが得られたのは、1910年代の終わりと1920年代の初めだけだった。付録B第1．1．2節および表Ｂ－1を参照）。だからといって、これらの係数から、各国で分配が同じであったと結論することはどのようにしてもできない。

（2）実際、パレートは「生活条件の格差縮小傾向」については、ルロワ＝ボーリューと同じくらいあいまいである。パレートの指摘によれば、ルロワ＝ボーリューは、重要なのは貧困者の生活水準を改善することであると的確に説明し、格差そのものを心配しているのは社会主義者と嫉妬深い人だけであると述べた（パレート［1896―1897年、第2巻、ｐ・319―320］を参照）。そして、パレートはやはり、格差は縮小する傾向にあるという考えを擁護しようと決意した（その結果、読者にとっては、パレートがルロワ＝ボーリューの研究に与えた意味があいまいになってしまった）。パレートの推計からはプロイセン州とザクセン州について係数ａが低下したことがわかるので（パレート［1896年、ｐ・4］およびパレート［1896―1897年、第2巻、ｐ・312］を参照）、パレートは続いて、係数ａの低下が格差の縮小と解釈できるという説を支持しようとした（パレート［1896―1897年、第2巻、ｐ・323―325］を参照）。これはまさしく不誠実な態度である。というのも、パレートが仮定した係数ａと格差との関係は厳密にいうと理屈のうえでは可能であるものの、実際にはその関係は逆方向に向かうと仮定するほうが信憑性があるからだ（このすり替えについては、Ｂ・ムレ［1922年］がすでに指摘している）。事実、実証的経験から、係数ａの低下（すなわち係数ｂの増加）は格差の拡大をともなうことがわかっている。また、後述するように、19世紀末のドイツ諸州の事例は例外ではない（後出の第2．3節を参照）。言い換えれば、パレートとルロワ＝ボーリューは二人とも、当時のドイツの統計が示す傾向にうんざりしていたために、それを隠そうとしたのである。

（3）19世紀末から20世紀初頭にかけて、この本は何度も出版されている。私たちは1909年版を引用するにとどめる（ほかの版もたいして違いはない。とくに1909年版と『7世紀間の私有財産』というタイトルで1895年に刊行された初版との大きな違いは一つだけだ。それは、1901年に制定された相続財産に対する累進税のおかげで相続に関する統計が新たに作成されたが、1985年にはまだダヴネル子爵はそういった統計を入手できなかったという点だけである）。また、ダヴネル子爵がこのような壮大な歴史絵巻を描くのを得意としていたことも指摘しよう。たとえば、1894年には『財産、給与、消費物資およびあらゆるものの価格に関する経済史――1200年から1800年まで』というタイトルの本を出版している。

（4）ダヴネル（1909年、ｐ・1―39、とくにｐ・10―11）を参照。

個別の例を列挙するだけで満足している（しかもたいてい、利用した情報源をまったく示していない）。これらの例がどれだけ典型的であるのか、また、ダヴネルがこれらの例に与えた重要性が実際どれほどあるのかを知ることはとてもむずかしい[1]。ダヴネルはまた、給与格差が19世紀に大幅に拡大したとも主張している。ダヴネルによれば、公務員の給与の中でも最も高額の給与だけは、生産労働者や使用人の給与よりも上昇のペースが遅かったが、この現象は、製造企業や銀行の経営陣やエンジニアの給与の急激な上昇によって相殺された。これらの人々の給与は、より低い給与の賃金労働者よりはるかに速いペースで上昇した[2]。ダヴネルが提示する情報はあまりにも部分的なので、そこから19世紀に給与階層が実際に拡大したのかどうかを推測することはできない。そのためには、給与の各水準や当該の人数の両方についての正確で体系的なデータを集める必要がある。それでも、ダヴネルが上級公務員の地位の低下傾向を解釈した方法（すなわち法則としてではなく例外として論じたこと）は取り上げるに値する。なぜならそれは、ルロワ＝ボーリューが１８８１年に提案した解釈の真逆だからである。ルロワ＝ボーリューはこうした低下傾向に気がつき、給与階層の縮小のより全般的な現象をそこに見いだそうとした（だからといって、民間部門の給与格差に関する正確なデータを集めようとしたわけではなかったが[3]）。現状の研究では、ダヴネルとルロワ＝ボーリューのどちらが正しいかを判断することは不可能であり、19世紀フランスにおいて給与格差が拡大したのか縮小したのかを知ることもできない[4]。ただし、次のことには留意しよう。断片的なエピソードが統計の代わりであった時代には、何をいうこともできた。同じデータを示しながら、反対のことを主張することさえ可能だったのである。

2.3　19世紀の格差の推移について、何がわかるか？

多くの経済学者がたしかな根拠なしに、19世紀末から20世紀初頭に格差が縮小傾向にあったという考えを支持したが、もちろん、根拠がないからといってこうした現象が起こらなかったということではない。20世紀前半に先進国で観察された格差の縮小は、１９１４—１９４５年の危機の際に相続資産の保有者が被った打撃によってその大部分を説明できる。すでに述べたとおり、これが最も本当らしく思える解釈である。この解釈を認めつつも、第一次世界大戦の開戦前にすでに格差が自然に縮小した局面があったと考えることも可能である。19世紀と20世紀初頭の格差の推移については、どんなことがいえるのだろうか？

まず、入手可能な統計データは非常に脆弱であるという点をもう一度強調しなくてはならない。この脆弱さは、多くの国では第一次世界大戦直前になって初めて総合累進所得税が導入されたためである（イギリスでは１９１０年、

（1）ダヴネルは、20世紀初頭に関しては、相続統計を用いたために個々の例よりも進んだ分析を行なっている（ダヴネル［１９０９年、ｐ・10、ｐ・２６７—２７１］を参照）。しかし、封建時代とアンシャン・レジーム期に関しては、そうした相続統計との比較が可能な貴族の財産の件数や水準についてのどんなデータも提示していない。

（2）ダヴネル（１９０９年、ｐ・95—96、ｐ・１５９—１６６）を参照。

（3）そもそもルロワ＝ボーリューは、国家は少額の給与のみを何度も引き上げているが、それはやりすぎだと考え、1万５０００—２万フランの年収しかない当時の上級公務員を必死に擁護した。この年収は「庶民には膨大に見える金額」だが、実際にはこの金額では「優雅な生活をしたり貯蓄をしたりすることはできない」という（ルロワ＝ボーリュー［１８８１年、ｐ・３５０—３６１］を参照）（付け加えていうと、19世紀末のフランの価値を１９９８年のフランの価値に換算するには、20倍にする必要がある（付録F表F－1の列(7)を参照）。すなわち、2万フランの年収というのは、１９９８年フランに換算すると40万フランに近い年収ということになる。しかも、当時の平均年収は１０００フラン程度であった（１９９８年では2万フラン）。これはルロワ＝ボーリューが同情していた上級公務員の給与の20分の1である）。

（4）１世紀以上前のルロワ＝ボーリューと同じように、フラスティエは19世紀以降にフランスで起きたような継続的で不可逆な格差の縮小という考えを擁護しようとする際に、一部の上級公務員の給与だけを論拠にした（第3章第2．4節を参照）。20世紀にはそういう現象はまったく起きなかったことはすでに見てきた（20世紀には、公的部門、民間部門を含めたすべての賃金労働者を対象とすると、給与格差はきわめて安定していたことがわかる）。しかし、そうはいっても19世紀はまた別だったと考えることもできる（20世紀にはたしかに、民間の高給与が公的部門の高給与に取って代わるというプロセスが起こった。そしてこのプロセスはおそらく19世紀にはすでに始まっていたようである。問題は、それがどれほどの規模と速度であったかということだ）。

アメリカでは１９１３年、フランスでは１９１４年）。その結果、これらの税に基づく統計からは、20世紀初頭の所得の集中の自然な推移がどのようなものだったかを知ることができない（19世紀についてはなおさらである）。ドイツの事例研究はこの観点から非常に興味深い。なぜなら多くの州で累進税が早い時期から導入されたため、１８７０年代にまでさかのぼって所得の集中に関する推計を利用することができるからだ。そうして得られた結果はきわめて明白である。その結果によれば、ドイツでは所得格差の拡大傾向が第一次世界大戦前の数十年間に起こっている。入手可能な推計によれば、ザクセン州では所得全体に占める所得分布のトップ百分位の所得の割合が１８７０年代にはおよそ16―17パーセントだったのが、１８８０―１８９０年代にはおよそ18―19パーセントになり、１９００―１９１０年代には19―20パーセントになった。[1] プロイセン州では所得の集中度は常にザクセン州よりもやや低かったが、全体的な推移は似通っているようだ。所得全体に占める所得分布のトップ百分位の所得の割合は１８７０年代にはおよそ15パーセントだったのが、１９００―１９１０年代にはおよそ18―19パーセントになった。[2] どちらの場合もたしかに格差の急激な拡大ではない。比較として、フランスでは所得全体に占める所得分布のトップ百分位の所得の割合が１９１４年から１９４５年までの30年間におよそ20パーセントからちょうど7・5パーセントまで低下した。[3] また、同時期にドイツで観察された急激な低下も少なくとも同じくらい際立っていたことも想起しよう。[4] それでも、１８７０年代と１９００―１９１０年代の間にザクセン州とプロイセン州で見られた傾向に重要な意味があることには変わりはない。どちらの場合も、１８７０年の普仏戦争と１９１４年の第一次世界大戦を隔てる半世紀弱の間に、ゆっくりとだが確実に、所得が集中していった。

このように所得の集中が進む現象が、見たところトップ百分位の超高所得者（そしておそらくおもにトップ百分位の上層の所得者）のみに起こっていることが多くのことを物語っている。入手可能な推計によれば、１８７０年代と１９００―１９１０年代の間、ザクセン州とプロイセン州では、所得全体に占める「中流階級」（分位Ｐ90―95）と「上位中流階級」（分位Ｐ95―99）の所得の割合が、きわめて安定したままだったようだ。[5] この結果が示しているのは、１８７０—１９１０年代のドイツでは、高給与の賃金労働者ではなく、超高額資本所得者が国民所得のますます大きな部分を独占するようになっていたということである[6]。そもそも、超高額資本所得者だけが所得集中が進む過程

（１）ザクセン州の推計については、ここではジェック（１９７０年）を参照した（ジェック〔１９６８年〕も参照）。これらの推計はケルブレ（１９８６年、ｐ・32—33）によって転載されている（また、モリソン〔２０００年、ｐ・２３３〕にも〔部分的に〕転載されている）。

（２）プロイセン州の推計について、ここではミューラー＆ガイゼンベルガー（１９７２年）の推計を参照した。これらの推計はデュムケ（１９９１年、ｐ・１３３）によって転載されている（また、クラウス〔１９８１年、ｐ・２１６〕とモリソン〔２０００年、ｐ・２３４〕にも〔部分的に〕転載されている）。

（３）第2章図2-14および付録B表B-14の列Ｐ99—１００を参照。

（４）前出第1.2節を参照。

（５）ジェック（１９７０年）（ジェック〔１９６８年〕も参照）が作成し、ケルブレ（１９８６年、ｐ・32—33）によって転載されているザクセン州に関する推計によれば、所得全体に占める分位Ｐ90—95の割合は、１８７０—１９１０年の間、10パーセント前後で安定している（分位Ｐ95—99は14—15パーセント前後で安定）。ミューラー＆ガイゼンベルガー（１９７２年）が作成し、デュムケ（１９９１年、ｐ・１３３）に転載されているプロイセン州に関する推計によれば、所得全体に占める分位Ｐ95—１００の割合は、１８７６—１８８０年には２８・４パーセントだったのが、１９１１—１９１３年には３０・６パーセントになった。分位Ｐ99—１００の割合は１８７６—１８８０年には１５・２パーセントだったのが、１９１１—１９１３年には１８・０パーセントになった。言い換えれば、分位Ｐ95—99の割合はまったく変化していない（１８７６—１８８０年は１３・２パーセントで、１９１１—１９１３年は１２・６パーセント）（分位Ｐ90—95についてもおそらく同様だろう）。

（６）もちろん、１８７０—１９１０年のザクセン州とプロイセン州の高所得者の各分位の構成に関する推定値が入手できれば非常に興味深いだろう。しかし、残念なことにそのような推定値はさまざまな研究者がいるにもかかわらず、一つも作成されていないようである。そのため私たちは、超高額資本所得者が最大に増加したのはトップ百分位においてであると仮定するにとどめた。もちろん、これが最も信憑性の高い仮説である（さらに、プロコポヴィッチ〔１９２６年〕の推計も、１８７０—１９１０年にドイツで最も利益を得たのが、トップ百分位の中でもとりわけ上層であったことを示している。このことから、この現象が超高額資本所得者に関係しているということが確認できる）。

の恩恵を得ていたことは、すでに1920年代にソ連の経済学者、プロコポヴィッチが指摘していた。彼は、こうした観察から、ドイツでは第一次世界大戦前の数十年は「金権政治が発展した」時代であったと結論している。[1] 言い換えれば、所得の集中が進行したのは、国民のうちごくわずかな人たちに資本の所有がますます集中し、蓄積していったプロセスの当然の結果であった。もともと大きな相続資産があれば、新たな計画に取り組み、大きな投資を実現することができる。こうした投資により高収入を得ることができ、その高収入はもともとの相続資本を増やすためにふたたび投資に回すことができる。そして、それが繰り返される。反対に、もともと資本を持っていない人たちは全員、工業の発展により引き起こされたこのすばらしい富の増大方法の恩恵を受けることができない（あるいは少なくとも、最富裕層よりはるかに少ない割合でしかその恩恵を受けることができない）。

たしかに、1870年から1914年までのドイツの税務統計は、今日よく知られていない多くの点を明らかにするために系統立てて再分析されるべきである。[2] しかし、現状の資料では、プロコポヴィッチが1920年代に下した判断が最も信憑性が高いだろう。つまり、この時期にドイツでは自然発生的かつ持続的に格差が拡大し、「20世紀前半」の危機が始まってからようやく「金権政治の発展」傾向を終わらせることができた。ドイツが19世紀に関する推計を私たちが入手できる唯一の国であるだけに、このドイツの経験はとても興味深い。また、20世紀についての各国の推計は、格差縮小の自然発生的かつ持続的な局面の例を一つも示していないだけになおさらである。こうした状況から考えると、国家による再分配や外的な衝撃がない場合、資本主義経済における格差はどこまでも（少なくとも一定の閾値までは）自然に拡大する傾向にあると結論したくなる。

19世紀末と20世紀初頭のドイツについて得られた結果が他の先進国にもあてはまるかどうかを判断するのは、たしかに非常にむずかしい。実際、ドイツの工業化は他の国より遅く始まり、きわめて急速に進んだ。そして、1870—1910年代はドイツが大急ぎで他の工業国に対する後れを取り戻そうとしていた時期である点を想起する必要がある。工業化の急速な発展と新たな産業部門での資本の蓄積が、所得と資産の集中を自然発生的にますます強める原動力であったとすれば、１８７０―１９１０年代のドイツで観察された集中増大の局面はドイツの歴史の特殊性に結びついていると考えられるかもしれない。そして、他の国ではこの種の局面はまったく見られなかったか、少なくとも所得と資産の集中のプロセス（ルロワ＝ボーリューの「大規模な工業化による混乱の時代」）が他の国ではもっと早く終わったということも考えられる。フランスとイギリス・アメリカでは、１８７０―１９１０年代は、むしろ格

（１）プロコポヴィッチ（１９２６年、ｐ・72―73）を参照。また、次のことを指摘しよう。プロコポヴィッチのプロイセン州に関する推計も、所得全体に占める分位P99―99・5の割合が１８７５―１９１３年に実際にはほとんど増加していないこと、そして分位P99―１００の割合の大幅な増加が、ほとんど分位P99・5―１００による（そのうちの大部分は分位P99・9―１００による）ことを示している（プロコポヴィッチのザクセン州に関する推計は、１９１２年のみを対象にしている。したがって、ザクセン州の推計からは、同じ現象を明らかにすることができない。しかし、もし推計が手に入れば同様の規則性を観察することができるだろう）。

（２）前に触れた高所得者の各分位の構成の問題に加えて、分位P99・99―１００の水準までトップ百分位を分解できるような年度別の推計が利用できれば非常に興味深いだろう（分位P99―１００よりも細かい区分をしているのは、プロコポヴィッチ〔１９２６年、ｐ・72〕の推計のみであるが、対象としている年は〔プロイセン州については〕１８７５年、１８９６年、１９１３年と〔ザクセン州については〕１９１２年のみである）。このような推計があれば、ますます強まる所得の集中傾向が１９１４年まで活発に続いたのか、それとも20世紀初頭の数年間に落ち着いたのかを知ることができるだろう。プロコポヴィッチ（１９２６年、ｐ・72）の推計によれば、所得全体に占めるトップのいくつかの分位の所得の割合は、１８７５―１９１３年を二つに分けた１８７５―１８９６年と１８９６―１９１３年の期間で、ほとんど同じくらいの規模で増加している。しかし、ケルブレ（１９８６年、ｐ・32―33）とデュムケ（１９９１年、ｐ・１３３）が転載した推計によれば、この傾向は１９００―１９１３年の間に大きく減速したようである（あるいは中断さえしたかもしれない）。この不一致はおそらく、この時期のプロイセン州とザクセン州の所得全体の推移に関する推計方法が異なっていた結果である。１８７０―１９１０年代のドイツの国民経済計算と税務統計全体の再調査を行なうことによってのみ、この点をはっきりさせることができるだろう。一般的に、これらの推計は比較的古く、さまざまな研究者が用いた方法を正確に知ることもむずかしいだけに、このような全体の再調査はいっそう意味があるだろう（ケルブレ〔１９８６年、ｐ・23、ｐ・31〕によれば、この時期の傾向に関して、かなり異なった結論に達する研究者もいるということだ。また、のちの世代のドイツの研究者に何度も利用されている研究の中には、発表されたことがないものもある。その結果、これこれの推計の出典が何なのかを確かめられないことがある。また、プロイセン州やザクセン州以外のドイツの州について調査するのもとても興味深いだろう）。

差安定の局面（おそらくこのとき格差は「安定局面」に達したのだろう）、あるいはおそらく格差の自然な縮小の局面でさえあったかもしれない。第一次世界大戦が起こってすべてが混乱に陥ることがなければ、ドイツも数十年後にこのような幸福な局面を自然に経験していたのかもしれない。

とはいえ、入手可能な数少ないデータは、脆弱ではあるものの、ドイツの経験の特殊性を誇張してはならないことを示している。なかでも強調したいのは、ドイツの特殊性という説が、実証的な検証なしに受け入れられることがあまりにも多かったということだ。とくにそれはアングロサクソンの研究者に見られる傾向である。(1) 資産格差の推移に関する入手可能な推計によれば、イギリスでは19世紀に資産がますます集中した。1世紀にわたるこのような傾向が１８７０―１９１０年代に実際に減速したことをはっきりと示すものは何もない。(2) イギリスでは給与格差が19世紀前半に拡大し、後半に安定した（あるいはわずかに縮小した）ということもありえる。しかし、この説も確認が必要だろう。(3) アメリカについても状況は似ている。入手可能な数少ない推計から、18世紀末よりも19世紀末のほうがアメリカでは資産がより集中していたことが確認できる。しかし、こうした一般的に見られる事実をさらに掘り下げて年代をさらに細かく区切ることはとてもむずかしい。(4) 19世紀末と20世紀初頭にイギリス・アメリカで格差が安定したこと（あるいはわずかに縮小したこと）をこうしたデータが否定するわけではないものの、このことは今後証明する必要がある。

フランスについてはどんなデータが入手できるだろうか？　まず、アドリーヌ・ドマールが中心になって行なった19世紀フランスの資産に関する大規模な調査の結果がある。この調査を実施するにあたって、ドマールと共同研究者たちは、行政当局の資料室に保存されていた個別の相続申告の中から代表的なサンプルを集めた。これにより、彼らは19世紀の大規模相続資産の水準と数の推移を推計することができた。１９０１年から税務当局が作成していた相続統計との比較によって私たちは20世紀フランスにおける資産格差の推移を検証したが、(5) この統計に比べて、ドマールとその共同研究者が19世紀について作成した統計には、当然のことながら不十分な点がかなりある。とくに、フラン

（1）反対に、ドイツの研究者は1870—1910年代のプロイセン州とザクセン州の統計からわかることをより注意深く観察し、しばしば「クズネッツ曲線」という考え方に対してかなり大きな疑念を抱いた（とくにデュムケ〔1991年〕を参照。彼は、ドイツの経験を無視し、資本所得に十分に注意を払っていないとして〔私たちの感覚からすれば正当にも〕アングロサクソンの研究者を非難している）。

（2）リンダート（2000年、p・181）が示した推計によれば、イギリスでは資産全体に占める資産階層のトップ百分位の割合は、1810—1875年と1875—1913年の二つの時期で、だいたい同じような割合で増加した。とはいえ、1911—1913年についての推計は1810年と1875年の推計と完全に均質というわけではないことを指摘する必要がある（均質でないせいで、私たちの結論がどのように偏るのかを知るのはむずかしい）。19世紀イギリスの所得の集中についての入手可能なばらばらの推計によれば、19世紀末には格差はある程度安定していた（わずかに低下してさえいた）（リンダート〔2000年、p・175〕を参照）。しかし、これらの推計にも、均質性の欠如という重大な問題がある。

（3）ウィリアムソン（1985年、p・40）が作成した推計（これらの推計はウィリアムソン〔1991年、p・63〕にも転載されている）によれば、イギリスの給与所得全体（すべての部門とすべての賃金労働者を含む）に占める上位10パーセントの賃金労働者の給与の割合は1827年におよそ28パーセントだったのが、1851年と1881年にはおよそ32—33パーセントとなり、1901年にはふたたび下がっておよそ30—31パーセントとなった。それでも、最新の研究が示したところでは、ウィリアムソンが発見した19世紀半ばのピークは、おもに不完全なデータから導き出されたもので、その不備を修正すると、一時的推移はもっとずっと平坦である（リンダート〔2000年、p・182〕を参照）。いずれにせよ、ウィリアムソンが推計した変動幅はかなり小さく、19世紀イギリスに関してウィリアムソンが観察した規模感は、20世紀フランスについて私たちが観察したものと非常に近いことに気がつくだろう（フランスでは、給与所得全体に占める上位10パーセントの賃金労働者の給与の割合は20世紀を通じて25—30パーセント前後だった。第3章図3-2を参照）。この結果は給与格差が1世紀（さらに数世紀）にわたって非常に安定していたという考えを追認しているように見える。

（4）リンダート（2000年、p・188）が転載した推計によると、アメリカでは資産全体における資産階層のトップ百分位の割合が、1774—1890年の間に2倍以上に増えたようである。リンダートは1860—1870年代に関するほかの推計も提示している。それによると、1774—1890年に観察されるトップ百分位の割合のこのような大幅な増加は、1860—1870年以前に起こったようである。しかし、1860—1870年代についての推計と1774—1890年についての推計とは均質でないため、結論を下すのはむずかしい。

（5）第6章第3節を参照。

スで提出された相続申告全体を一つの研究グループで調べることなど不可能なのは明らかである。ドマールと共同研究者たちはサンプルだけを扱わざるをえなかった。これらのサンプルはパリといくつかの大地方都市（リヨン、リール、ボルドー、トゥールーズ）に提出された相続申告のみを対象としていた。同様に、すべての年のサンプルを選ぶのはおそらく負担が大きすぎたため、調査はいくつかのほかとつながりのない年度だけを対象としている。たとえば、パリに提出された相続申告については、1820年、1847年、1911年のみを調査対象としている。そうはいっても、この調査が非常に興味深い情報源であることに変わりはない。得られた結果がきわめて明確なためになおさらである。調査対象となった他の都市と同じように、19世紀のパリでは大規模相続資産の水準は、より規模の小さい相続資産より明らかに速く上昇した。その結果、20世紀初頭に観察された死者の資産の集中が、その前の世紀よりもかなり多くなった。[1]調査はほかとつながりのない数年しか対象にしていないため、年代の区分をこれ以上細かくすることは非常にむずかしい。ただし、ドマールと共同研究者たちが得た結果は、19世紀の最後の3分の1の時期には格差が変化しなかったという主張を無効にするように思える。たとえば、パリでは死者の資産の集中度合いが1820年と1847年ではほとんど同じ水準だった。小規模・中規模の相続財産が減り、大規模な相続財産が増えたのは、1847年から1911年までの間である。[2]

私たちはまた、「TRA」調査に基づく推計も利用することができる。この調査は1803年と1832年の間に結婚した、名字が「TRA」から始まる夫婦およそ3000組の子孫のその後を研究することを目的とした調査である。相続資産の申告が、子孫のその後を研究するために用いられたおもな資料となった。したがって、この調査から19世紀フランスの相続資産格差の変遷を推計することが可能になる。しかし、これらの推計もやはり完璧とはほど遠い。とくに、完全に信頼できる形で超大規模相続資産の事例を研究するには、調査対象の数が少なすぎる。しかし、質については、得られた結果には疑いの余地がない。入手できる最新の推計によって、19世紀フランスでは相続資産格差がかなりの拡大傾向にあったことが明らかになった。[3]この結果はドマールと共同研究者たちが得た結果と完全に一致しているだけにいっそう興味深い。また、二つの調査（「TRA」調査とドマールの調査）が相続申告とは完全に独立したサンプルを対象としている点でも興味深い。「TRA」調査に基づく推計からも、死者の資産格差が1810—1810年代から1880—1890年代まで、比較的一定のペースで拡大したことが確認できる。また、この時期の終わりにはっきりとした安定傾向は見られず、低下傾向はさらに見られない。(4)

（1）残念なことに、ドマールとその共同研究者たちは相続年金全体に占める相続資産階層の各分位の割合を体系的に推計しようとはしなかった（彼らは20世紀初頭の行政当局と同じ区分を用いて、各サンプルの相続申告を集計しただけだった）。その結果、得られた結果は、期待されるほど明確には表われなかった。それでも、得られた結果の意味は疑いの余地がない。パリでは、相続年金全体に占める上位1パーセントの相続資産の割合が1820年には30・8パーセントで（上位0・4パーセントの割合は18・8パーセント）、相続年金全体に占める上位1・6パーセントの相続資産の割合は、1911年には49・5パーセントだった（上位0・4パーセントの割合は30・1パーセント）（ドマール〔1973年、p・127、p・194〕を参照。人数は、提出された相続申告数のパーセンテージで表わされているが、相続申告をする必要がなかった死者数のパーセンテージが1世紀を通じて安定していたことを考えると（ドマール〔1973年、p・195〕を参照）、このことにより結果が偏ることはない）。ほかの都市でも同様の結果が観察された。たとえばボルドーでは、上位0・3パーセントの相続資産の割合は1824年には6・3パーセントで、上位0・1パーセントの相続資産の割合は1911年に7・5パーセントだった（ドマール〔1973年、p・127〕を参照）。

（2）パリでは相続年金全体に占める上位1パーセントの相続資産の割合は、1820年に30・8パーセント、1847年には30・2パーセントだった。これに対し、1911年には40パーセント以上になっている（ドマール〔1973年、p・194〕を参照）。1911年については、上位1・6パーセントの相続資産の割合が49・5パーセントであったということ、そして上位0・4パーセントの割合が30・1パーセントであったことがわかるだけである。このことから、上位1パーセントの割合が少なくとも40パーセントはあったということが考えられる。対応するパレート係数を計算すれば、より正確な推計を得ることができるだろう）。

（3）ブルデュー&ポステル＝ヴィネイ&スワ＝アイゼンマン（2000年、p・19）を参照。

（4）ブルデュー&ポステル＝ヴィネイ&スワ＝アイゼンマン（2000年、p・19）は、対象となる年に申告された相続資産の分布のジニ係数を年ごとに推計した。これらのジニ係数は、サンプル数が限られているため変動が不安定ではあるが、1800—1810年代から1880—1890年代まで一定の上昇傾向にあった（推計は1890年代に中断される。したがってこの傾向が20世紀初頭も続いたのかどうかを知ることは不可能である。もし低下が起これば、それは傾向の大きな変化となるということを指摘できるだけである）。

1901年以降、税務当局が作成していた相続統計に基づいて私たちが行なった推計も、20世紀初頭が格差縮小の時期などではないことを示している。私たちの推計によれば、資産格差はむしろ1902―1913年には拡大傾向にあり、縮小傾向を示していなかったことは確実である。[1] そうはいっても、ドマールが指揮をとった調査や「TRA」調査に基づく推計と同様に、私たちの推計も対象となる年に提出された相続申告に基づいていることを強調する必要がある。したがって、19世紀末と20世紀初頭に国民全体の資産格差が縮小した（あるいは少なくとも安定した）可能性を排除することはできない。そして、死者の資産格差だけが実際に1913年から1914年まで増加を続けた可能性も排除できない。[2]

また、フランスでは19世紀に資産がよりいっそう集中するようになったからといって、ダヴネルが正しかったわけではない点にも留意しよう。フランス革命とともに土地の再分配とハイパーインフレによって、相続資産格差が大きく縮小し、そのため、アンシャン・レジーム下で起こった資産の集中は、1810―1820年代よりも大規模で、おそらく20世紀初頭と比べてもより大規模だったということもありえる。この説の主張は、クリスティアン・モリソンとウェイン・スナイダーが最近になって行なった推計によって追認されたようである。この二人の研究者は、人頭税という題名で保存されていた18世紀の税務関係資料を分析し、1780年のフランスの所得分布に関するきわめて興味深い推計を引き出した。この推計によれば、所得階層のトップ十分位の所得の割合はフランス革命直前には所得全体のおよそ50―55パーセントを占めていたようだ。これは1900―1910年代について推計された水準（およそ45パーセント）[3] よりもさらに高い水準である。モリソンとスナイダーはこのことから、フランス革命によって所得全体に占めるトップ十分位の所得の割合が大きく低下し、続いて19世紀の間にその割合がふたたび非常に高くなったと結論づけた。この解釈は完全に正しいように思える。

それでも、モリソンとスナイダーに賛同するのがよりむずかしい場合もある。それは彼らが、格差が1860年代に1世紀の中で最も高い水準に達し、その後1870―1910年代にわずかに減少しはじめたことを証明しようとするときである。そのような現象が起こった可能性もあるが、モリソンとスナイダーが集めたデータでは、このことを証明できない。彼らの結論は、１８６０年代の所得全体に占めるトップ十分位の所得の割合の推計に基づいている。この推計は１９００―１９１０年代についての推計よりもわずかに高く、したがって、所得の集中が１８６０年代以降に１７８０年の水準に実質的に戻り、その後19世紀の最後の３分の１の時期に自然に少しだけ減少したことを示している。問題は、１８６０年代を対象としているこの推計が、おもにマクロ経済データを根拠としているということである。このようなデータを使うと、分位で表わされた所得格差について非常にざっくりとした推計しか得られず、この推計と１９００―１９１０年代を対象にした推計（この推計自体が非常にざっくりとしたものだが）の違いに実

（１）行政当局によって作成された相続統計が１９０２―１９１３年のすべての年を対象としているわけではないことを考慮すると、そして、この時期に観察されたいくつかの変動の不安定さを考えると、１９０２―１９１３年を確信を持って特徴づけるのはむずかしい。たとえば、「２００家族」（分位Ｐ９９・９９―１００）の平均相続資産と「中流階級」（分位Ｐ90―95）の平均相続資産の比率は１９０２―１９１３年の間、はっきりとした傾向を示さずに不規則に推移した（第6章図６‐３を参照）。そうはいっても国民の中のもっと小さい部分についての格差の推定値について考察すると、比較的はっきりとした資産格差の拡大傾向が観察できる。たとえば、相続年金全体に占める死亡時の階層のトップ百分位は１９０２―１９０３年にはおよそ51―52パーセントだったのが、１９１１―１９１３年にはおよそ55―56パーセントになった（付録Ｊ表Ｊ‐11の列Ｐ99―１００を参照）。いずれにせよ、どのような推計も、１９０２―１９１３年には格差の縮小傾向を示してはいない。

（２）すでに指摘したように（第6章第３．２節を参照）、死者の資産格差の推移は、人口全体における格差の推移に比べて常に何十年もの後れを取っている。

（３）モリソン＆スナイダー（２０００年、ｐ・１３３、ｐ・１４６）を参照。これらの推計もモリソン（２０００年、ｐ・２３５）に転載されている。モリソン＆スナイダー（２０００年、ｐ・１２９）も、18世紀の格差の推移を検証するために、人頭税に基づく統計を用いた（彼らの結論は、トップ十分位の割合は、１６９０―１７８０年代には比較的安定していたというものだった）。モリソン＆スナイダーが１９００―１９１０年代についての推計を得るために用いた資料については（モリソン＆スナイダーは実際にはこの推計を１８９０年にあてはめている）、次の注を参照。

際に意味があるのかどうかを判断することはできない。しかもいずれにせよ、この違いは比較的小さなものである。[1]

この点をはっきりさせ、20世紀初頭のフランスにおける格差の自然発生的推移とはどのようなものだったのかをよりよく理解するために、私たちは個人動産税と地租に基づく統計の利用を試みた。これらの推計はもちろん、私たちの目的にとって完璧なものではなく、得られた結果から、私たちがここで興味をもっている問題への最終的な回答が得られるわけでもないことはいうまでもない。まず、これらの統計は賃貸価額に基づいており、所得に基づくものではない。個人動産税は納税者の主要な住居（賃貸であれ納税者の所有であれ）の賃貸価額によって計算され、地租は納税者が所有する不動産（その所有地を貸しているのであれ、所有者が自分で使用しているのであれ）の賃貸価額によって計算されていた。次に、これらの賃貸価額は10―15年に一度しか見直されず、行政当局はこうした見直しの際にしか詳細な統計を作成していなかった。しかも、対象となったのはパリ市だけである。国土全体については、同じような統計は一つもない。このため、国レベルの統計を作成するには、行政当局の資料室に保存されている個人の課税通知までさかのぼる必要があるだろう。[2] そこで私たちは、１８８９年、１９０１年、１９１１年に税務当局が作成した建物付き地所に関する調査の際にパリ市が作成した賃貸価額の統計のみを利用した。[3] 個人動産税の枠組みの中で作成された統計から、私たちはパリの住居の賃貸価額全体に占めるさまざまな世帯の割合の推移について推計するこ

（１）モリソン&スナイダーが利用した推計は、それぞれがとても離れている数年についてしか対象にしておらず、しかもまったく均質ではなかったということをとくに強調する必要がある（これらの推計はだいたいの規模感をつかむのにはいいが、詳細な時間的推移の研究にはほとんど向いていない）。１７８０年代についての推計は、人頭税に基づく統計といくつかのマクロ経済データをもとにしている（こうして得られたトップ十分位の割合は、50―55パーセントの間で推移している。モリソン&スナイダー〔２０００年、ｐ・１３３、ｐ・１４６〕とモリソン〔２０００年、ｐ・２３５〕を参照）。１８６０年代についての推計はマクロ経済データと職業別社会階層によるいくつかのデータに基づいている（こうして得られたトップ十分位の割合は48―50パーセントの間で変化している。モリソン&スナイダー〔２０００年、ｐ・１４３、ｐ・１４６〕とモリソン〔２０００年、ｐ・２３５〕を参照）。１９００―１９１０年代の推計については、コルソンの推計に基づいている。そして、コルソンの推計自体は、ドゥメールとカイヨーの命を受けた担当部

署が作成した推計と〔二人はそれぞれ1903年と1907年に財務大臣の職にあり、累進所得税導入のために調査を実施した〕、個人動産税に基づく推計に基づいている（こうして得られたトップ十分位の割合についての推計は、44―46パーセントの間で推移している〔モリソン&スナイダー（2000年、p・146）、モリソン（2000年、p・235）、モリソン（1999年、p・155）を参照〕。モリソン&スナイダー（2000年、p・146）、モリソンはこの推計を1890年にあてはめているが、むしろこれは1900―1910年に関する平均的推計である。というのは、ドゥメールの推計は1896年、カイヨーの推計は1907年、コルソンの推計は1903年のものだからだ。同じ資料を用いて、私たちはまた1900―1910年のトップ十分位の割合について45パーセントという値を得たが、おそらく少なく見積もっている可能性があることも明示した〔付録Iの第2・1節を参照〕）。さらに、私たちから見ると、モリソン&スナイダー（2000年、p・144―145）が当時の経済学者（とくにコルソンとルロワ＝ボーリュー）が展開した議論をあまりに信用しすぎていたことも付け加えよう。前述したように、19世紀末に給与が大きく増加したからといって、そのことは格差が縮小したことを意味しない（すべては資産の集中の推移次第である）。また、モリソン&スナイダー（2000年、p・235）、モリソン（1991年、p・155）が二つの推計しか用いずに20世紀について研究していることも指摘しよう。一つめは、1929年についてのソーヴィの推計で、これについては、超高所得者の数と総額を大幅に過小評価していると指摘した（付録I第2.2節を参照）。もう一つは1975年あるいは1985年（出版物によって年号が異なる）についての推計で、おそらく「税収」調査に基づいている。最後にモリソン&スナイダーの推計がトップ十分位以上は扱っていないことをはっきり指摘しよう。この結果、これらの推計から、問題になっている経済プロセスを正確に特定することはできない。モリソンとスナイダーが利用したマクロ経済データ（類似のデータはまたモリソン〔1984年〕によって収集された）によって、いくつかの全般的傾向を把握することはできるかもしれないが、高所得の各分位についての詳細な推計に代わるものは何もない。

（2）フランス全体についての動産相場の格付けは、1894年に異例の形で「所得税に関する院外委員会」の中で制定された（付録I第2．1節を参照）。1894年の国家レベルでの格付けは税総額を対象とするもので、賃貸価額自体は対象としていないだけでなく、この統計の例外的な性格を考えると、格差の推移を推計するために利用することはできないだろう。

（3）ほかにも似たような推計が1889年以前に作成されている（たとえば、ルロワ＝ボーリュー〔1881年、p・171―175、p・207―209、p・528―538〕は1872年と1878年のパリの賃貸価額統計を利用している）。しかしこれらの推計は1889年に始まった推計とは完全に均質ではないようである。したがって、本書の枠組みでは、19世紀についてそれ以上さかのぼることはしなかった（1860年までさかのぼるパリの賃貸料に関する興味深い研究については、マルナタ〔1961年〕を参照。ただし、マルナタが不動産価額の区分ごとの統計を使っていない点に留意しよう）。1889年、1901年、1911年の元の統計と、私たちがそれを利用した際の方法、得られた結果の全体（同様に、これらの統計が発表された出版物の出典）については、付録Kに示した。

図 7-1　パリにおける、賃貸価額全体に占める最もよい家に住んでいた世帯の分位の割合
(1889 年、1901 年、1911 年)

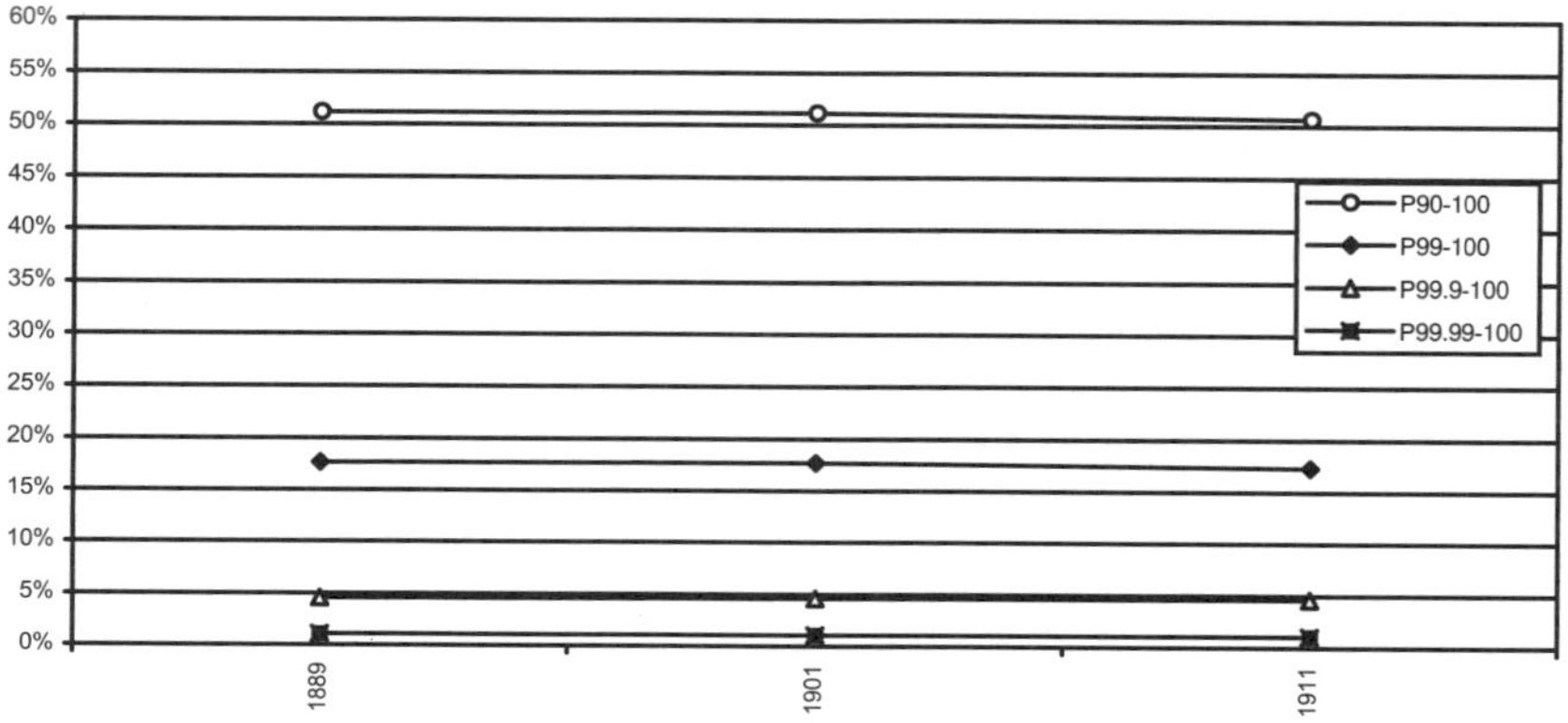

情報源　表K-5（個人動産税）の列P90-100、P99-100、P99.9-100、P99.99-100（付録K）

図 7-2　パリにおける、賃貸価額全体に占める大不動産所有者の分位の割合
(1889 年、1901 年)

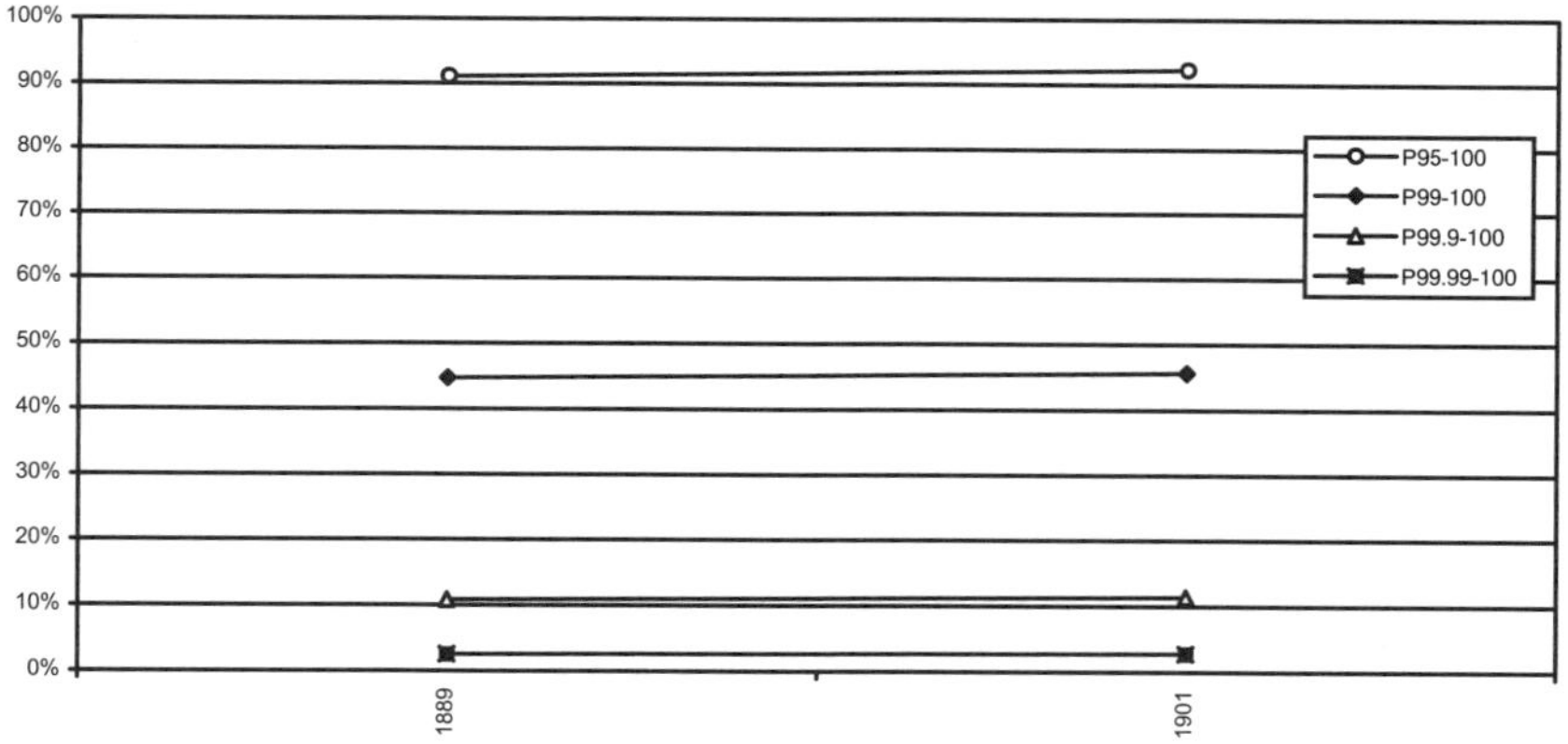

情報源　表K-5（地租(2)）の列P95-100、P99-100、P99.9-100、P99.99-100（付録K）

とができた。すなわち、賃貸価額全体に占める賃貸価額が最も高い住居に住む10パーセントの世帯（すなわち「最もよい家に住んでいる」上位10パーセントの世帯）の賃貸価額の割合、最もよい家に住んでいる上位1パーセントの世帯の割合、最もよい家に住んでいる上位０・１パーセントの世帯の割合などの推移を推計できた。同様に、地租の枠組みの中で作成された統計から、私たちはパリの住居の賃貸価額全体に占めるさまざまな不動産所有者の賃貸価額の割合の推移について推計することができた。すなわち、（賃貸価額で）最も評価の高い不動産を所有する上位10パーセントの所有者の割合、最も評価の高い不動産を所有する上位1パーセントの所有者の割合、最も評価の高い不動産を所有する０・１パーセントの所有者の割合などの推移を推計することができた（残念ながら、地租に基づくこれらの統計は１９１１年については作成されていない。そのため私たちが入手できるのは、１８８９年と１９０１年の二つの年のみである[1]）。

このようにして得られた格差の推定値が、実際に起こった推移について誤ったイメージを与える可能性は排除できない。たとえば、所得の集中がますます減少する一方で、パリの富裕層が（平均的住居に比べて）過去と同じくらい贅沢な住居に暮らしつづけ、（平均的な土地の所有に比べて）以前と同じくらい大規模な土地を所有しつづけているということも想像できる。それでも、第一次世界大戦と家賃凍結政策の実施以前には、おそらく賃貸価額が富裕度を示すかなり適切な指標であったと指摘する必要がある。19世紀末と20世紀初頭に所得格差が大きく縮小し、そのような現象が賃貸価額については見られない（少なくとも部分的にしか見られない）というのは、かなり意外だろう。ところが事実、得られた結果は１８９０―１９１０年代のパリの賃貸価額の格差が完全に安定していたことを示してい

（1）地租に基づく統計は「家」全体を対象としているため、住居用建物だけでなく店舗用建物も含んでいる（工場と土地については考慮しなかった。なぜならそれらはパリではかなり限定された数だからだ）。地租に基づくこれらの統計を行政当局が作成した方法については、残念なことにかなりあいまいである。ある所有者の所有地すべてが実際にしかるべき方法で取りまとめられているのかどうかがはっきりしないため、得られた結果は慎重に解釈する必要がある（付録Kを参照）。

る。住居数と家賃の水準はかなり上昇したが、パリ住民のうち最もよい家に住んでいる世帯とそれ以外の世帯の格差はほとんど変化しなかった。１９０１年と１９１１年同様、１８８９年には最もよい家に住んでいる上位10パーセントの世帯の賃貸価額が賃貸価額全体に占める割合はおよそ51パーセントで、最もよい家に住んでいる上位１パーセントの世帯の賃貸価額が賃貸価額全体に占める割合は、およそ１７・５パーセントであった（図７－１を参照）。不動産所有のレベルでも同様の安定性が観察できる。賃貸価額全体に占めるパリの大不動産所有者の各分位の割合は１８８９年と１９０１年でほとんど同じである。最上層の分位についてはわずかな上昇さえ観察できる（図７－２を参照）[1]。これらの結果から、19世紀末と20世紀初頭のフランスで格差が縮小傾向にあったという考えを完全に無効にすることはできないが、結果的に、そのような説は実証される必要があるとわかる。

したがって、19世紀と20世紀初頭について現在入手可能な推計があまりに少なく脆弱なため、確実な結論に至るとは主張できないことがわかる。ただし、これらの推計から多くの重要な教訓を導き出すことはできる。まず、最もたしかな事実は格差の拡大局面に関することである。この点は議論の余地がない。ここで検討したすべての国（ドイツ、イギリス、アメリカ、フランス）[2]で、19世紀には所得階層と資産階層が大幅に拡大したようである。次に19世紀末と20世紀初頭には、いくつもの国で格差がある程度安定したかもしれない。しかし、現状の資料からは、いつ、どのような条件下で「超不平等な安定局面」に至ったのかを正確に判断することは不可能である。最後に、いくつかの事例では、19世紀末と20世紀初頭に格差がわずかに縮小した可能性も排除できない。しかし、そのことは今後証明される必要があるだろう。そのような格差の自然発生的な縮小局面の存在は、どの国においても証明されなかった。いずれにせよ、この不確かな格差縮小は、１９１４年から１９４５年までに超高所得者が経験した急落と比べるときわめて規模が小さかった。20世紀前半の危機と累進税の発展がなければ、資本主義国において、第一次世界大戦直前に観察された格差のピークがこれほど早く過ぎることはなかっただろう。

３　格差、再分配、経済発展

すでに十分検討したように、この章で示した格差の比較の歴史から導き出せる最初の教訓は、「クズネッツ曲線」は存在しないということだ。経済発展の進んだ段階では自然で抗しがたい格差縮小の傾向が表われるという主張は、どの国でも事実によっては検証できなかった。資産格差と、その結果生じる資本所得格差は、むしろ自然に拡大する傾向にあり、この自然な流れを完全に逆転させることができるのは、外的な衝撃か、累進課税をはじめとした国家による介入だけのように思われる。給与格差については、むしろ特定の傾向が見られないという傾向があるようだ。フランスについて得られた結果、すなわち、短期的・中期的にさまざまな変動をともないながらも給与格差が１世紀を

（1）不動産所有者の分位は、人口全体（非不動産所有者も含む）の中で計算されている。割合がこれほど高い水準に達しているのはこのためである（とりわけ、分位P90―１００の割合は常に１００パーセントであるため、図7-2の中には示さなかった）。地租に基づく統計の抱える技術的な問題を考えると（前出参照）、これらの結果は、少なくとも水準の解釈に関しては慎重に解釈しなくてはならない（付録Kを参照）。

（2）ここでは、北ヨーロッパ諸国の事例には言及しなかった。なぜなら、ここで検討した「大」国に比べて、19世紀についての推計がこれらの国ではもっとずっと少ないためである。しかも、入手可能な数少ない推計は19世紀末しか対象としていないようで、観察される推移にも一貫性がなさそうである。たとえば、モリソン（２０００年、ｐ・２２１、ｐ・２２８）が転載している比較的古い推計によれば、フィンランドでは19世紀末に所得全体に占める高所得の所得の割合が大きく上昇したが、同時期のデンマークでは非常に大幅に減少したようである（どちらの場合も、この変化はたった2年で起こっているため、あまりに急速すぎて疑わしい。両方のデータ全体をもう一度検討しなおす必要があるだろう）。ソルトー（１９６５年）が作成し、ケルブレ（１９８６年、ｐ・19）とモリソン（２０００年、ｐ・２２４）によって転載されているノルウェーについての推計も、19世紀末には格差が縮小したことを示している。しかし、この推計はいくつかの都市と地域のみを対象としており、ジニ係数でのみ表わされている（しかも実際には、ソルトーが得た結果は明らかに、ソルトーの説明から想像できるほど単純なものではない。事実、これらの推計によれば19世紀末に所得がますます集中していったノルウェーの都市はいくつもある）。

通じて非常に安定していたという結果は、おそらくより広い範囲にもあてはまるだろう。

フランスのさまざまな経験を検討することで、私たちは逆の因果関係についても論じることができる。すなわち、格差と再分配が経済発展に与える影響はどのようなものか、という因果関係である。実際、1914年から1945年までにすべての先進国で資産格差が大幅に縮小したということ、そして同じこれらの国が「栄光の30年」にかなりの経済成長を遂げたという点を確認できたことは特筆に値する。また、ドイツとフランスをはじめとした、資本蓄積を最も徹底的に「ゼロにリセット」した国が、第二次世界大戦後の数十年間に最も大きな経済成長を遂げた国でもあったということも付け加えよう（おそらくこのことは日本にもあてはまる）。[1] もちろん、こうした相関関係から、因果関係の存在を推測することはできない。他の多くの要因（それ以前の時期に対するキャッチアップの過程、技術進歩の加速、教育水準の上昇といった要因）から「栄光の30年」の高い経済成長を説明することができるだろう。

ただし、経済的観点からは、1914年から1945年までに起こった資産格差の縮小が、戦後の発展した経済を活性化するのに貢献したという考え方は完全に正しく、妥当であるように思える。資本蓄積のカウンターを「ゼロにリセット」することにより、資本と権力を手に入れる方法を独占していた資本主義の古い財閥の没落は加速されたが、それは新しい世代の個人事業主の出現に有利に働いた。事実、所得申告の分析から、1914年から1945年までの衝撃のあとで経済エリートの刷新プロセスが実際にそのように加速されたことが確認できた。終戦直後のフランスでは、超高所得者の分位を構成するのはおもに個人事業主が受け取る混合所得で、それまでのように資本家が受け取る配当金ではなくなっていた。[2] より一般的にいえば、インフレが引き起こした相続資産の大規模な再分配によって、過去に獲得されたあらゆる地位が見直されたが、これは経済成長にとって非常に効果的だった。投資計画がある場合、いままで負債を重ねるばかりだった人がみな（個人であれ、企業であれ）、こうした負債の価値がほとんどゼロまで下がったのを目の当たりにして、第二次世界大戦後にはより自由に再出発することができた。反対に、自分の金の使い方を知らず、債権を蓄積した人は全員、財産を失った。そもそも、まさにこれこそがケインズによるインフレの解釈であることを想起しよう。１９２０年代初頭から、ケインズは「富と企業経営権の相続による継承」が「資本主義の堕落」の原因であると非常に明確に説明していた。そして、インフレによって相続資産を再分配し、不労所得生活者を追い払うことで、資本主義をもう一度活性化できると述べていた(3)。

したがって、この説によれば、大きすぎる資産格差の存在は経済発展と経済成長にマイナスの影響を与える。なぜなら、こうした格差のせいで、重要な決定（新たな投資、新しい企業の創設など）が一握りの国民の中で行なわれるようになり、価値ある計画をもっている多くの人々が決定にかかわれなくなるからである。同様の理由から、累進所得税と累進相続税は、あまりにも大きな資産格差とあまりにも大きな相続格差がふたたび形成されるのを防ぐので、経済成長にとってプラスの影響を与えるだろう。その場合、これらの税の正当性に反論することはむずかしいだろう。累進性の高い税の存在は、資本主義が生み出す最も不当な格差を消滅させるだけでなく（あるいは少なくともかなり減少させるだけでなく）、経済発展も活性化させる。とはいえ、これは仮説にすぎず、激しい政治論争が起きたとしてもどんな言い訳にでも逃げ込んでしまえるほど不確定要素が強い。事実、このような説の妥当性を、誰にでも受け入れられるような完璧に厳密な方法で証明することはきわめてむずかしい。経済成長には常に多くの要因があり、個々の要因を切り離すのは不可能なことが多いからである。「栄光の30年」にはすべての先進国で非常に累進性の高い税が適用されたが、明らかに、そのことが例外的に速い経済成長を達成する妨げにはならなかったことを確認するにとどめよう。また、近年のカナダの研究にも言及したい。この研究によれば、同様に、相続資産の所有者が経営す

（1）私たちは長期にわたる日本の格差の推移に関する推計を持ち合わせてはいないが、もしそのような推計があれば、おそらく第二次世界大戦中に日本でも資産格差がかなり縮小したことが示されるだろう。

（2）第2章第1．2．1．1節を参照。

（3）たとえば、コンブマル（1999年、p・11、p・103）が集めたケインズの興味深い引用を参照。

る企業の割合が多ければ多いほど、その国では経済成長が遅くなる傾向にあるという[1]。

いずれにせよ、この理論は経済成長に対する資産格差の影響を中心に据えており、いわゆる「レギュラシオン」派がフランスで発展させた理論よりもより現実的であるように私たちには思える。レギュラシオン理論については、20世紀フランスの経済成長の重要な段階を紹介した際にすでに触れたが[2]、この理論によれば１９２９年の不況は、１９２０年代の給与の上昇が生産の上昇よりも構造的にゆっくりとしていたために引き起こされたという（ここから「生産過剰による経済危機」という主張が生まれた）。反対に、第二次世界大戦後に新しい「調整様式」を採用していなければ、「栄光の30年」は起こりえなかった。「調整様式」とは給与の規則的で画一化された上昇に基づくものである。労使間協約と公権力の介入によって、ようやく給与上昇が生産の増大に合わせてスライドし、給与階層のすべての層に同じ割合で恩恵をもたらすようになった。その目的は、各人の消費需要が生産システムの供給と同じペースで増え、それにより安定した成長を確保することだった[3]。このような理論は一見もっともらしく見えるが、観察された事実とは一致していないようだ。まず、すでに指摘したとおり、企業の付加価値に占める給与所得全体の割合は20世紀にはきわめて安定していた（フランスでもほかのすべての国でも）。そして１９２０年代もこの全般的な法則から外れてはいなかった。第一次世界大戦前や１９９０年代と同様、付加価値に占める給与所得全体の割合は１９２０年代には65パーセント前後だった。この割合は１９２８―１９２９年にはわずかに上昇傾向を示してさえいる[4]。言い換えれば、給与が生産と同じペースで上昇したことは戦後の新しさとはいえなそうである。そもそも、すでに見てきたように１９５０―１９６０年代は給与階層の安定時期とは似ても似つかない。むしろその逆であり、この時期、給与格差は大幅に拡大した。フランスで給与階層が大きく縮小したのは、１９６８年以降、１９７０年代になってからで

（1）モルク&ストラングランド&ユン（１９９８年）を参照。そうはいっても、企業の株式に占める相続資産の割合を推計するために、この研究の中で用いられた資料（たとえば、「フォーブス１０００」や「Who's Who」［アメリカで年1回発行される著名人を集めた

紳士録〕のランキングなど）によって実際に、各国の相続資産全体の重みを考慮して比較できるかについてはたしかではない。いくつかの国のいくつかの企業に焦点を当てた個別研究を用いたほうが、おそらくそうした影響をよりよく推計できるだろう。格差と経済成長の回帰に基づく研究に関しても同様の批判が可能である。これらの研究はしばしば、格差が経済成長に対してマイナスの影響を与えると結論づける。しかし、用いられた方法論からはこのマイナスの影響は、格差のせいで国民のかなりの部分が投資をできないという事実が原因であるのか、あるいはまた、得られた相関関係がほかのメカニズムに起因するのかまでは判断できない（たとえばベナブー〔1996年〕を参照）。

（2）第1章第4．2節を参照。

（3）たとえば、ボワイエ（1978年、p・42―47）を参照。マルセイユ（1980年）も、1920年代に給与がほとんど上昇しなかったことが「生産過剰による経済危機」につながったという考え方を擁護している。レギュラシオン派も第二次世界大戦後に公共投資が果たした役割を強調している。いうまでもなく、本書で検討したデータによってレギュラシオン理論のこの部分の主張を確認したり、それに反論したりすることはできない。J・J・カレ&デュボワ&マランヴォー（1972年、p・614―615）によれば、加工産業（公的企業の役割が限定的である部門）が1950―1960年代に成長したという事実によって、この理論に反論することが可能だという。また、J・J・カレ&デュボワ&マランヴォー（1972年、p・457―459およびp・620）が、二つの世界大戦が引き起こしたインフレによって多くの企業が負債を減らし、このようなインフレによる再分配がその後の経済成長を促進することができたという事実を参照していることも指摘しよう（とはいえ、J・J・カレ&デュボワ&マランヴォーは、こうした相続資産による説明が重要な役割を果たすとは見なしていない）。

（4）第1章図1－5と付録G表G－3の列（16）および（17）を参照。このような批判はすでにボワイエ&アスラン（1984年、第2巻、p・96）が唱えた説に対してなされていた。アスランの指摘によれば、入手可能なデータは、1920年代に給与が（生産性に比べて）とくに少ししか上昇しなかったとは示していないようである。この時期については（少なくとも、非常に短期間の推移に関しては）入手可能なマクロ経済データがかなり脆弱であることを考えると、私たちが用いたデータが、1920年代の給与と利益の分配の推移について偏ったイメージを与えている可能性もたしかに排除できない。だが、そのことは今後証明が必要である。一方で、給与所得全体が生産と同じペースで推移したからといって、必ずしも「生産過剰による経済危機」理論や、1929年の世界恐慌の起源が本質的にはフランスにあるという理論が間違っていたということを意味しない。1920年代のフランスの消費構造がいくつかの生産財を重視しなかったために、その部門が持続的には発展できなかったということもありえる（たとえばそれは、使用人を使い、高級消費財の消費者である超高額資本所得者が、国民所得のあまりに大きな部分を占めているためである）。このこともやはり、今後の証明が必要である。

ある。すなわち「栄光の30年」の末期なのである。[1]

一般的に、給与と利益の間の分配と、給与格差が1世紀を通じて非常に安定していたことを考慮すると、こうした格差によって経済成長の体制が構造的に修正された可能性はほとんどないように思える。フランスでも、おそらくすべての先進国でも同じであると思うが、20世紀に資本主義が経験した実質的な変化は、資本所有の格差に関係しており、そのため、むしろこの側面から経済成長と経済発展に対して格差がもたらす実際の影響の有無について検討する必要がある。

（1）第3章第2．3節および図3－2を参照。実際にはボワイエ（1978年、p・42―47）は部門間の給与階層に言及し、1945年以降の各部門の賃金労働者が同様の給与上昇の恩恵を受けるようになったことにも言及している。しかし、このような部門を超えた格差の安定が、（それぞれの部門内の）垂直的格差の拡大にもかかわらず、どうして安定した経済成長を保証できるのかについては説明する必要があるだろう。

結論
21世紀初頭のフランスにおける高所得者

1　フランスにおける格差の世紀

20世紀フランスでは、格差が縮小した。しかし、いくつかの説が信じさせるのとは反対に、こうした格差縮小は決して「自然で」「自発的な」経済プロセスではない。短期的・中期的には変動があったにもかかわらず、長期的に見ると給与格差が実質的にはほとんど変化しなかったことは特筆に値する。たとえば、給与分布の上位10パーセントの賃金労働者の平均給与は、人口全体の平均給与に比べて常におよそ2・5―2・6倍であり、上位1パーセントの賃金労働者の平均給与は人口全体の平均給与に比べて、常におよそ6―7倍だった。人間の労働のさまざまな形態が20世紀初頭と20世紀末とでは完全に様変わりし、平均購買力は5倍に増えたが、給与階層はそのままだった。このような驚くべき安定性はおそらく、技能格差と教育格差の恒常性と並列に置かれるだけでなく、給与階層を常に取り巻いている幅広いコンセンサスの結果でもある。給与格差は、これまでどんな政治運動をもってしても真に問題視されてきたことはないのである。

それでも所得格差が20世紀に縮小したのは、おもに超高額資本所得者が打撃を受けたためである。超大規模相続資産（そしてそこから得られる超高額資本所得）は、１９１４年から１９４５年までの危機（破壊、インフレ、１９３

0年代の相次ぐ倒産）のあとで実質的に急激に減少した。そして、1945年以降の数十年間、こうした資産や所得は第一次世界大戦前の天文学的な水準に戻ることができなかった。それは、累進税が大規模相続資産の蓄積と再構築に力学的な影響を与えたからであるというのが最も説得力をもつ説明だろう。事実、20世紀初頭に見られた資産の大規模な集中は、平和な時期というべきほぼ1世紀にわたる蓄積の結果である。実際に、1815年から1914年までは、所得税や相続税を心配することなく資産を蓄積することができた（1914年以前は最高税率も取るに足らないものだった）。ところが、1914年から1945年までの衝撃ののち、大規模相続資産の蓄積条件は完全に変化した。所得税と相続税の最高税率はきわめて高い水準に達し（1920年代に適用された所得税の最高税率は90パーセントを超えていた）、1914—1945年以前と同じ資産の水準に戻ることは事実上不可能になった。このようにして起こった変化の規模には注目すべきである。私たちの推計によれば、所得分布の上位0・01パーセントの所得（実質的にかなりの部分が資本所得によって構成されている）と平均所得の差は、20世紀初頭は1945年以降のおよそ5倍であった。厳密にいうと、資本所得自体が消滅したわけではなく、むしろその集中度が大きく減少したのである。フランスでは20世紀を通じて国民所得全体を労働所得と資本所得が分け合っているということ自体は変わっていないものの、それぞれの所得の配分の推移は大きく異なる（労働所得の配分はほとんど変化しなかったが、資本所得の配分は大幅に縮小したのである）。

第一次世界大戦の開戦前にすでに格差が縮小しはじめていたという主張を裏づけるものは何もないという点も付け加えよう。フランスでは、1914年から1945年までの衝撃が存在しなかったら、おそらく20世紀初頭の格差のピークからこれほど早く脱することはできなかっただろう。二つの世界大戦と1930年代の経済危機が引き起こした人的・財政的トラウマを経て初めて、税による再分配が決定的な重要性を持つようになったのである。だからといって必ずしも、格差縮小の原因が戦争や株式市場の変動による偶然の出来事にあると考えなくてはならないわけではない。1914年から1945年までの危機の中に、20世紀初頭の資本主義を特徴づける、容認できないほどの格差を引き起こした内的要因を見ることができると考えられなくもない。しかしいうまでもなく、これは私たちの調査の枠組みをはるかに超えた問題である。

2　19世紀に戻ることはありえるか？

本書で検討した事実には歴史的な意義だけでなく、私たちが現在と未来の世界をより明確に理解できるようにするという意義もある。とくに、この調査に続いて、予測を立てたり、今後数十年で格差がどのように推移するかを予想したりしたくなるのは当然である。最終章で示した歴史比較についてのデータがいくつかの道筋を示しているだろう。すべての先進国で1914年から1945年までの間に超大規模相続資産はかなり目減りした。しかし、アメリカはヨーロッパに比べて最初の水準は低かったが、受けた衝撃もより少なく、1980―1990年代には元の水準まで急速に戻ったという点が特異である。アメリカではその20年間で格差が第一次世界大戦前の水準まで戻ったようである。フランスをはじめとするヨーロッパの国々が、アメリカと同じ道をたどらず、そして21世紀の最初の数十年には、19世紀末と20世紀初頭に生じた所得と資産の大規模な集中を経験しそうにないのはなぜだろう。

もちろん、このような予言はきわめて危険である。実際、フランスの例を詳細に検討すると、所得格差の歴史は予測不可能であるとわかる。1914年から1945年までに衝撃が起こり、超高額資本所得が再構築されなかったというシナリオが中心になるものの、それ以外にも20世紀の所得格差の歴史はさまざまな出来事によって特徴づけられている。そうした出来事はしばしば政治活動や経済成長の予測不能な出来事に密接に結びついており、それが21世紀にどのような形で現われるかを予測するのはとてもむずかしい。とくに、すでに見たように、給与格差は1世紀にわたって非常に安定していたものの、それでも20世紀には縮小と拡大の局面を複雑に繰り返してもいた。また、この歴史の節目はしばしばフランスの全般的な歴史の節目と一致していた。給与階層を大幅に縮小させた二つの世界大戦

（ただしどちらの場合も戦後すぐに格差は元に戻った）以外にも、１９３６年、１９６８年、１９８２―１９８３年は20世紀フランスにおける給与格差の歴史の大きな転換点である。このような給与格差の縮小と拡大の動きは、長期的には現在まで常に相殺し合い、資本所得とその分配に起こった変化だけが、所得格差に対して構造的な影響を与えてきた。そうはいってもこうした給与格差の変化が、短期的・中期的に所得格差に重要な影響を与えることがあり、その時代の人たちにとってはそれがしばしば非常に目立ったものであったことには変わりがない。21世紀に同様の変化が見られないとすれば驚きである。とはいえ、それらを予想できると主張するのも思い上がりである。

しかしながら、どれほど不確かであろうと、19世紀への回帰という考え方にはたくさんの客観的な根拠がある。まず、21世紀の転換点にある先進国では生産システムの変化が認められる。その特徴は、従来の産業部門の衰退と、サービス企業と情報テクノロジーの発展である。たとえその実際の影響を推計するのに十分な時間を置いていないにしても（いつの時代にも古い産業部門は廃れ、新しい産業部門が現われる）、こうした変化はおそらく結果として、格差の急速な拡大をもたらすだろう。とくに、新しい産業部門の急激な成長は、おそらく比較的短い時間での莫大な事業資産の蓄積を可能にするだろう。この現象は、すでにアメリカでは１９９０年代に認められていた。それがヨーロッパに起こらない理由はないだろう。

しかも、21世紀初頭の超大規模相続資産の再構築は、19世紀末と20世紀初頭に匹敵する水準となるだろうが、それは最高額の所得に課せられる限界税率が全体的に下がったことで容易に実現されるだろう。もちろん、「栄光の30年」の場合と同じように、最高限界税率が70―80パーセントのとき（アングロサクソンの国々ではこれよりさらに高いこともあった）よりも、30―40パーセントのとき（個別の免除を受ける所得があった場合には明らかにもっと低くなる）のほうが、ずっと簡単に大規模相続資産を構築（あるいは再構築）することができる。アメリカでは、さらにもっと小規模ではあるがイギリスでは、１９８０―１９９０年代に見られた資産格差の拡大が税金の大幅な減少によって大いに助長されたことは疑う余地がない。最も所得の多い高所得者は１９７０年代末からこの低い税金の恩恵を受けていた。フランスと大陸ヨーロッパの国々では、もともとの政治的・イデオロギー的状況が異なっていた。アングロサクソン諸国の世論はすぐに、1970年代の経済危機を、第二次世界大戦後に実施された（累進税をはじめとする）介入政策の失敗の証拠であると解釈したが、ヨーロッパの世論は長い間、「栄光の30年」という恵まれた時期に結びついた制度を見直すことを拒否していた。しかし、アメリカとヨーロッパのこのような大きな差も、結局は縮まっていった。1980─1990年代に見られた購買力の停滞のせいで、あちこちで所得税が拒否されるようになった。そして、ますます増大する資本の流動性（実在のものであれ、仮定されるものであれ）と「高所得管理職」の存在は、21世紀を目前にして、各国が横並びで問題の所得に対する税率を軽減することを後押しした。付け加えると、ソビエト連邦の崩壊によって、累進性の高い税制という平等主義的すぎる考え方が時代遅れになったのかもしれない。

要するにあらゆる点から考えて、21世紀最初の数年は、相続資産所有者にとって幸運な年になりそうである。とはいえ、こうした経済的・知的状況がいつまで続くかを予想するのはむずかしい。20世紀の経験は、あからさまに格差が大きくなった社会は本質的に不安定だということを示している。過去についての研究から、資本が集中しすぎると社会正義の観点からだけでなく、経済効率の点でも否定的な結果になるように思える。1914年から1945年までに起こった資産格差の縮小は、昔の資本家による財閥を衰退させ、新しい世代の個人事業主の出現を促したことで、「栄光の30年」の時期に西洋社会において経済を活性化させたというのは大いにありえることである。累進税には、第一次世界大戦前と同じような状況がふたたび現われることを妨げるという長所がある。累進税が適切に適用されなければ、長期的にはある種の経済停滞が起こってしまうだろう。このような仮説はほとんど証明されていないが、真剣に検討する価値があるように思われる。

3　熱と体温計

次のことを指摘しつつ、結論としたい。このような19世紀の格差への回帰への動きが起こったとしても、フランス社会は統計的にその重要性を判断するための能力を著しく欠いている。高所得と大規模相続資産の観察に関しては、20世紀末と21世紀初頭のフランスの公的統計機構は戦間期と1950—1960年代よりもずっと貧弱であり、おそらく20世紀初頭と比べても劣っている。21世紀を目前にして、フランスの行政当局はもはや相続に関する定期的な統計をとらなくなった（それでも、1902年から1964年までは統計がとられており、とくに超大規模相続に関しては、相続申告の詳しい調査結果を公表していた）。1915年以降所得申告に基づいて作成されていた年ごとの統計では、以前ほど詳しく超高所得の推移を追跡することができなくなった（しかもこれらの統計は公表されなくなったため、利用がよりむずかしくなった）。1980—1990年代に導入され適用された資産に対する税（富裕税、そして富裕連帯税）はこのような状況を何一つ変えなかった。今日では一国民が課税対象相続資産の分配とその水準の推移を知ることは不可能である。行政当局が国民に対して定期的な統計をまったく公表しないためである（対象となる相続資産の総額と納税者数の合計は公表している）。

私たちが明らかにしようとしたのは、このような統計の貧弱さが、偶然の産物や行政の怠慢によるものではないという点である。それは実際には、格差が何を表わすかに対する社会の要請が根本的に変化したためなのだ。すなわち、資産格差と超大規模相続資産の存在に焦点を当てた見方が職業別社会階層に基づく見方に取って代わられることによって、超高所得者や相続資産保有者には象徴的な地位しか与えられなくなったのだ。20世紀初頭と戦間期の社会であれほどの存在感を示していた資本家や不労所得生活者が、1945年以降には管理職に席を譲ったともいえよう。こうした変化は、1914年から1945年までの危機によって大規模相続資産が崩壊したことを社会全体が認識した結果である。相続資産によって生活している人は以前よりずっと少なくなり、以前よりはるかに富裕でなくなった。そして、社会の風景からほぼ消えてしまった。格差が何を表わすかについてのこうした変化は、議論の余地のない客観的な根拠をいくつも持っているにしても、やはりかなり行きすぎている。というのも、大規模相続資産所有者は決して完全にいなくなったわけではなく、格差についての新しいイメージに基づいて作成された新しい統計カテゴリーでは、場合によっては過去の状態に戻りつつあるという事実を把握するのが非常に困難になったことを意味するからだ。

　こういった困難は、税務法制の変化によっていっそう深刻になっている。資本所得に都合のよい適用除外税制が増えたせいで、問題となる人々の副収入のすべてを把握することがますますむずかしくなっている（これらの副収入の中には申告する必要のないものさえある）。そもそも当初、この適用除外制度は、１９１４年から１９４５年まで相続資産や所得が受けた打撃への対策として定められた。第二次世界大戦後には、資本所得の課税条件を緩和することが受け入れられるだけでなく、望ましいとさえ思われるようになった。なぜなら、それは、危機によって無に帰した大資産を優遇する措置ではなく、むしろ新しい預金者階層の形成を促し、戦後の復興を加速するための措置であったからだ。しかし、この動きは１９８０―１９９０年代も続き、この動きが終わったことを示すものは何もない（とくにここでは、２０００年代初めにジョスパン内閣が決定したストックオプション税制の軽減を念頭に置いている）。この後者の措置は、経済的な根拠があるものではなく、おもに、先進各国が身を投じている税制競争の結果である。

　上記のような統計面でのむずかしさはあるが、それでも私たちがほぼ確信しているのは、21世紀を目前にして、まだ超高所得と超大規模相続資産が第一次世界大戦直前の水準にはまったく戻っていないということだ。そうはいってもすでに指摘したとおり、１９８０―１９９０年代に観察された格差の拡大傾向が21世紀の最初の数十年により高まる可能性は排除できない。そのような現象は、信頼性の高い情報に基づく民主的な議論が可能になるように、議論を闘わせ合いながら正確に分析されなければならないだろう。全体として、私たちは、本書の枠組みにおいて、再分配をどうすべきかという問題とは独立して、格差そのものを明らかにすることがいかに重要であるかを示せたことを願っている。

解説

すべてはこの本から始まった

早稲田大学政治経済学術院教授
若田部昌澄

1.『21世紀の資本』の原点

本書は、フランスの経済学者トマ・ピケティが2001年に刊行した3冊目の本であり、現在のピケティの仕事と経歴を決定づけた本でもある。英語版が予定されているものの、本書の翻訳としては日本語訳が世界初めてになる。翻訳にあたってはフランス語版を参照した。

トマ・ピケティといえば、今やロックスター経済学者ともいわれる著名人だ。その理由は、何と言っても、『21世紀の資本』(Picketty 2014)が世界的なベストセラーになったことによる。[1]ただ、世界的な、といってもブームに火が付いたのは英訳が出た2014年以降で、前年に出たフランス語版はさほど話題になっていなかった。

英訳がブームの発火点になった理由は、ピケティ自身の研究から明らかである。要するに、英語圏ではトップ1%で測った富裕層への所得と資産の集中が著しく、不平等についての懸念が盛り上がっていたからだ。「ウォール街を占拠せよ(Occupy Wall Street)」運動が始まったのは、2011年の秋。その時のスローガンは「我々は99%だ」というものだった。

2.ピケティの経歴

トマ・ピケティの経歴は、神童のそれを思わせる。１９７１年にパリ郊外のクリシーに生まれた彼は数学を得意とし、１９８９年に18歳で高等師範学校（ＥＮＳ）に進学し、１９９３年にパリの高等社会研究院（ＥＨＥＳＳ）とロンドン・スクール・オブ・エコノミクス（ＬＳＥ）の共同博士課程プログラム（European Doctoral Programme in Economics）を修了し、22歳で経済学博士号を取得している。彼はまず数理的な理論モデルを用いる公共経済学の分野で脚光を浴びることになった。最初の論文は、最適課税論についての理論的論文で、１９９３年に出版されている。その後、ハーヴァード大学、シカゴ大学、ＭＩＴといった名だたる一流大学から誘いを受け、ＭＩＴに助教授として着任する。[2] ＭＩＴの居心地は良く、彼は数理経済学の分野で数学的な定理を量産する機械であることを期待され、その期待に応えながらも、どこか疑問を覚えるようになったという。「自分は経済学を全く知らないのではないか」と。

こうした疑問を抱くようになった彼は１９９５年、2年でＭＩＴを辞してフランスに戻る。国立科学センター（ＣＮＲＳ）の研究員をし、数理経済学の論文をコンスタントに書きながら、一方では自分が理論家として語りながらも無知であった不平等の実態を解明すべく、歴史や社会学の文献を紐解き、フランス財務省の資料庫に3年間通い詰めたという。その成果が本書である。

その後、２０００年からは母校ＥＨＥＳＳの教授と研究代表者、そして２００７年からはパリ・スクール・オブ・エコノミクス（ＰＳＥ）の教授を兼任している。ちなみに、ＰＳＥはＣＮＲＳ、ＥＨＥＳＳなど6つの大学の研究ユニットが統合してできたもので、ピケティは２００５年にその準備委員会の長、正式発足後には初代院長を務めるなど、ＰＳＥに深くかかわってきた。この他、ピケティは後に述べるWorld Top Incomes Database、その後継である

1　『21世紀の資本』への反響については、翻訳者の一人山形浩生のまとめ（山形2015）を参照のこと。その他、*American Economic Review*, vol.105, no.5, 2015, *Journal of Economic Perspectives*, vol.29, no.1, 2015にも特集が組まれている。

2　ピケティの略歴は彼のＨＰに掲載されているＣＶ（http://piketty.pse.ens.fr/en/cv-en）、wikipediaの記事の他、Eakin 2014の記事を参照した。

World Wealth and Income Databaseの作成・運営にも尽力してきた。なお、ピケティは２０１３年にヨーロッパ経済学会から、ユルヨ・ヨハンソン（Yrjö Jahnsson）賞を授与されている。これは45歳未満のヨーロッパの経済学会に貢献した経済学者に授与されるものであり、これまでも２０１４年のノーベル経済学賞を受賞したジャン・ティロール（１９５３－）や日本人で一番ノーベル賞に近いといわれる清滝信宏（１９５５－）など、錚々たる経済学者が受賞している。

ピケティは学問以外の分野でも多産であり、多方面で活躍している。メディアでの発言にも積極的であり、日刊紙リベラシオンには定期的に寄稿し、それを編んだ本も2冊出している。[1] また政治的には社会党を支持しながら、２０１５年1月、レジオン・ドヌール勲章候補に挙がった時には「誰にオヌール（栄誉）を与えるべきかを決めるのは、政府の役割ではないと思う」と語り、「政府はフランスと欧州の（経済）成長の回復に専念したほうがいい」として辞退している。[2] 世界経済危機、ユーロ危機後、ヨーロッパ諸国で蔓延している緊縮政策については明確に反対の旗幟《きし》を鮮明にしている。[3]

3．本書の位置づけ

本書は大部で記述は詳細だが、主張は簡潔である。フランスの所得は、賃金格差については安定的であり、所得分配の格差は主として資本所得から生じている。資本所得については１９１４年から１９４５年に圧縮されたことで全体の所得の平等化が進んだ。それゆえ、クズネッツ曲線が想定するように資本主義には所得・富の分配が不平等な状態から平等な状態へと「自然に」、「自発的に」変化する傾向は存在しない。むしろ、所得・富の分配は政治や歴史的偶然といった要因で決まる。それゆえ今後についても平等化が進むとは限らない。

本書で注目すべきは、『21世紀の資本』で著名になる概念や方法がすでに使われていることだろう。たとえば、所得の不平等度について本書では、通常用いられるジニ係数ではなく、富裕層トップの１％に着目する独特の測定方法が使われている。また、先行研究としてのいわゆるクズネッツ曲線への批判も明確に述べられている。さらに、理論が先にありきではなく、データを収集・作成し事実をもって語らしめる方法が採用されている。第7章の国際比較は、まさに『21世紀の資本』へと直結していく仕事である。そこでは統計資料の不足から国際比較は困難としながらも、米国での事例はフランスとほぼ同様のパターンをしめしているという。『21世紀の資本』と比べると、r＞g（資本収益率が経済成長を上回る）といった数式による不平等化の簡潔な理論的説明はないし、グローバル累進課税のような単純明快にすぎるくらいの政策提言もないとはいえ、ピケティの不平等研究の基礎は本書で確立したといってよいだろう。

数学に秀でた経済理論家が、歴史家も顔負けの事実収集に打ち込む研究に「転向」したことはピケティに特異なことのように思われる。『21世紀の資本』で現在の経済学に対してピケティが批判的な見解を述べたことからも、ピケティの仕事は現在の経済学では例外のような印象を受けるかもしれない。しかし、こうした印象は正しくない。現在、経済学では大きな変化が進行している。その変化の根底にあるのはコンピュータの計算処理能力とデータの利用可能性の向上である。かつて経済学では理論家にあらずんば人にあらずという風潮すらあった。たとえば、１９７３年に経済学者のアクセル・レイヨンフーヴッドは、文化人類学者が経済学者の部族を訪ねたという設定で「エコン族の生態」という風刺論文を書いている。そこでは、理論家が学界の頂点から実証家を見下している姿が描き出されている。

そうした時代は今や終わった。理論には重要な役割があるとはいえ、現在の経済学は、少なくとも最先端の部分で

1　そのうちの一冊には抄訳がある（Piketty 2012）。

2　「仏経済学者ピケティ氏、最高勲章候補を辞退　現政権批判で」ＡＦＰ通信２０１５年１月２日。http://www.afpbb.com/articles/-/3035517

3　彼の現在の夫人ジュリア・カジェも、メディアの経済学で注目を集めている気鋭の研究者である。その著書Cagé 2015は、邦題は意を汲んでいないところがあるが、現代のメディアの経済学の最新成果を含んでいる。

はデータサイエンス化しており、「現象」の解明の学問に変貌を遂げている。そうした変貌の象徴が実はピケティであり、『ヤバい経済学』で知られているスティーヴン・レヴィット（１９６７－）であったりする。ピケティは「実証の時代の経済学」を代表する存在なのである。

4．不平等研究の現在

「新版への序文」でピケティ自身が述べているように、本書の研究を起点としてピケティは国際的に研究ネットワークを構築し、不平等研究は今や一つの知的運動となっているとすらいえる。[1] 本書の概要を英語で発表したのち（Piketty 2003）、ピケティはＬＳＥ時代の恩師であり、不平等・貧困研究の現代での創始者の一人アンソニー・Ｂ・アトキンソン（１９４４－）、そしてピケティとよく似た経歴をもつエマニュエル・サエズ[2]（１９７２－）との共同研究を活発に行なっている。[3] ２００３年のピケティとサエズとの共著論文（Piketty and Saez 2003）は、20世紀の米国での所得分配の動向に焦点を当てたものである。米国のトップ10％、あるいはトップ１％の所得の占める割合が20世紀の前半に減少し、そして後半に上昇していく有名な図はこの論文に掲載されたのが始まりである。また、ピケティのもとからは、タックスヘイブン研究（Zucman 2015）で早くも単著のあるガブリエル・ズックマン（１９８６－）のような若手も着々と育っている。

そうしたチームワークの結晶ともいうべきものが、２０１１年から構築が始まったWorld Top Incomes Databaseであり、これは２０１５年にWorld Wealth and Income Databaseと名前を変えてさらに発展している。[4]

不平等研究は近年、さらなる広がりを見せている。まずピケティの恩師であるアトキンソンも一般向けの本（Atkinson 2015）を出した。『21世紀の不平等』と邦題のつけられたこの本は、『21世紀の資本』とは好対照である。アトキンソンの本では事実関係はかなり英国に限定されている一方で、不平等対策は14項目と広範囲にわたる。そしてピケティよりも教科書的でもある。

次に比較研究は先進国間だけでなく、開発途上国も含んだグローバルな研究に及んでいる。ピケティらのグループと並ぶ不平等研究の拠点であるニューヨーク市立大学ルクセンブルク所得研究センターのブランコ・ミラノヴィッチ（１９５３－）は、近著『グローバルな不平等』（Milanovic 2016）で世界的に見るとむしろ平等化が進行していること、先進国においてもクズネッツ曲線のような平等化の進行と、現在のような不平等化の進行が景気循環のように繰り返すと論じて話題になっている。彼がピケティらの研究を意識していることは明らかだ。

さらに、最近の欧米の経済論壇の話題といえば長期停滞論（secular stagnation）である。これはそもそも米国の元財務長官で現在でも政策論争をリードするラリー・サマーズ（１９５４－）が復活させたもので、経済危機後の世界経済の停滞を持続的な需要不足と診断したことがきっかけである（Summers 2014）。現在では、ロバート・J・ゴードン（１９４０－）が生産性の停滞を強調し、論争が起きている。興味深いのはどちらも経済停滞、経済成長と所得分配との関係を指摘していることだ。サマーズは、所得の不平等化が総需要を減らす経路を指摘し、ゴードンは所得の不平等化は生産性向上を阻害すると警戒している。

本書から始まるピケティの不平等研究は経済学に一大潮流を作った。この研究は現代の政策論争に多大な影響を与えつつ、なお継続中である。本書はそうした経済学の潮流の現代の古典というべきであり、味読に値するといえよう。

１　より長い経済学の歴史の中でピケティの研究を位置付けたものとしては稲葉2016を参照のこと。
２　サエズは１９９２年にＥＮＳで数学の学士号、１９９９年にＭＩＴで経済学博士号を取得している。また、最初の論文は最適課税論に関するものである。
３　こうした研究ネットワークの中には、日本の所得分配の動向についてサエズと共著論文のある森口千晶一橋大学教授がいる。
４　ＨＰはhttp://www.wid.world/である。

5. 謝辞

本書の翻訳の話を最初に伺ったのは早川書房第一編集部の三村純さんから、3月3日に頂いたメールであった。フランス語と経済学を理解しているしかるべき翻訳協力者がいないかとの問い合わせに、私は直ちに職場の同僚の清水和巳教授に相談した。教授はフランスで経済学博士号を取得され、経済思想史の研究から出発し現在は行動経済学、実験経済学の領域で研究を行なっている。ピケティの著作に関心があるという清水教授は、ほぼ即時に翻訳協力者の任をお引き受け下さった。ただ、何分にも大部であり、経済のみならず20世紀のフランスの政治、社会の歴史と、細かい税制についての専門用語の山に翻訳協力者と翻訳チームの方々は、大変な苦労をされたと聞く。翻訳協力者の清水教授、山本知子さんを代表とする翻訳会社リベルの皆様、そして編集者の三村さん、フリー編集者の鈴木豊雄さん、校正の山口英則さんには深く感謝申し上げたい。

２０１６年7月17日　記

参照文献

Atkinson, Anthony B. 2015. *Inequality: What Can Be Done?*, Cambridge: Harvard University Press.（アンソニー・B・アトキンソン著、山形浩生・森本正史訳『21世紀の不平等』東洋経済新報社、２０１５年）

Cagé, Julia. 2015. *Sauver les médias: Capitalisme, financement participatif et démocratie*, Paris: Seuil.（ジュリア・カジェ著、山本知子・相川千尋訳『なぜネット社会ほど権力の暴走を招くのか』徳間書店、２０１５年）

Eakin, Emily. 2014. "Capital Man," The Chronicle of Higher Education. http://chronicle.com/article/Capital-

Man/146059/（エミリー・エイキン、沖公祐訳「キャピタルマン」『現代思想　総特集ピケティ『21世紀の資本』を読む：格差と貧困の新理論』42巻17号、35－47頁、２０１４年）

Gordon, Robert J. 2016. *The Rise and Fall of American Growth: The U.S. Standard of Living since the Civil War*, Princeton: Princeton University Press.

Leijonhufvud, Axel. 1973. "Life Among the Econ," *Western Economic Journal*, Vol.11, No.3, pp.327-337.（Leijonhufvud A.、武藤博道訳「エコン族の生態」『展望』１８４号、41－51頁、１９７４年）

Milanovic, Branko. 2016. *Global Inequality: A New Approach for the Age of Globalization*, Cambridge, MA: The Belknap Press of Harvard University Press.

Picketty, Thomas. 2003. "Income inequality in France, 1901-1998," *Journal of Political Economy*, Vol. 111, No. 5, 2003, pp. 1004-1042.

———. 2012. *Peut-on sauver l'Europe? Chroniques 2004-2012*, Paris: Ed. LLL.（トマ・ピケティ著、村井章子訳『トマ・ピケティの新・資本論』日経ＢＰ社、２０１５年）

———. 2014. *Capital in the Twenty-First Century*, Cambridge: Harvard University Press.（トマ・ピケティ著、山形浩生・守岡桜・森本正史訳『21世紀の資本』みすず書房、２０１４年）

Picketty, Thomas, and Emmanuel Saez. 2003. "Income inequality in the United States, 1913-1998," *Quarterly Journal of Economics*, Vol. 118, No. 1, 2003, pp. 1-39.

Summers, Lawrence H. 2014. "U.S. Economic Prospects: Secular Stagnation, Hysteresis, and the Zero Lower Bound," *Business Economics*, Vol. 49, No. 2, pp.65-73.

Zucman, Gabriel. 2015. *The Hidden Wealth of Nations: The Scourge of Tax Havens*, University of Chicago Press.（ガブリエル・ズックマン著、林昌宏訳『失われた国家の富：タックス・ヘイブンの経済学』ＮＴＴ出版、２０１５

年）
稲葉振一郎　2016.『不平等との闘い：ルソーからピケティまで』文春新書
山形浩生　2015.「ピケティ『21世紀の資本』訳者解説」http://cruel.org/books/capital21c/APPikettylecture.pdf

担当一覧

本篇翻訳
山本知子：統括、全訳文チェック
山田美明：概論、第1章、第2章（第1、2節）
岩澤雅利：第4章、第5章、第6章、参考文献序文
相川千尋：第2章（第3節以降）、第3章、第7章、結論

付録翻訳
広野和美（ひろの・かずみ）：付録A、B、C
立川美季子（たちかわ・みきこ）：付録D、E、F、G
宮下久美子（みやした・くみこ）：付録H、I、J、K

河野彩（こうの・あや）：全表記チェック、索引

翻訳協力：
清水和巳
株式会社リベル

巻末解説：
若田部昌澄

■著者紹介

トマ・ピケティ（*Thomas Piketty*）

フランスの経済学者。パリ経済学校経済学教授。社会科学高等研究院（EHESS）経済学教授。1971年クリシー生まれ。EHESSおよびロンドン・スクール・オブ・エコノミクス（LSE）で博士号を取得後、マサチューセッツ工科大学（MIT）助教授を経て現職。学会誌への寄稿、著書多数。経済成長と所得および富の分配との相互作用に関する歴史的・理論的研究を行なっている。2013年にヨーロッパ経済学会が選ぶユルヨ・ヨハンソン賞を受賞。同年にフランス語版、14年4月に英語版が刊行された『21世紀の資本』（日本版は14年12月刊）は世界的ベストセラーとなる。本書は01年にフランスで刊行され、『21世紀の資本』の原点となった研究書である。

■訳者略歴

山本知子（やまもと・ともこ）：フランス語翻訳家。早稲田大学政治経済学部卒。東京大学新聞研究所研究課程修了。訳書にブリザール＆ダスキエ『ぬりつぶされた真実』、アスキ『中国の血』、レヴィ『誰がダニエル・パールを殺したか？』、ジョリー『カラシニコフ自伝』、ヴェルベール『星々の蝶』、カジェ『なぜネット社会ほど権力の暴走を招くのか』（相川千尋と共訳）など多数。

山田美明（やまだ・よしあき）：フランス語・英語翻訳家。東京外国語大学英米語学科中退。訳書にラーソン『ミレニアム』（共訳）、『ココ・アヴァン・シャネル』（共訳。以上、早川書房刊）、バージェス『喰い尽くされるアフリカ』、ダベンポート＆カービー『ＡＩ時代の勝者と敗者』、ザッカーマン『史上最大のボロ儲け』他多数。

岩澤雅利（いわさわ・まさとし）：フランス語翻訳家。東京外国語大学大学院修士課程修了。訳書に、ケプレル『交霊』（共訳）、ラーソン『ミレニアム』（共訳）、ガブリエルソンほか『ミレニアムと私』、アタリ編『いま、目の前で起きていることの意味について』（共訳。以上、早川書房刊）、ローラン『イスラム国』他多数。

相川千尋（あいかわ・ちひろ）：フランス語翻訳家。お茶の水女子大学大学院人間文化研究科修了。訳書にカジェ『なぜネット社会ほど権力の暴走を招くのか』（山本知子と共訳）など。

■翻訳協力

清水和巳（しみず・かずみ）：早稲田大学政治経済学術院教授。早稲田大学現代政治経済研究所所長。早稲田大学政治経済学部経済学科卒業後、早稲田大学大学院経済学研究科博士課程修了。仏グルノーブル大学にて経済学博士号（Ph.D.）取得。専門は応用経済学、実験政治経済学。編著書に『実験が切り開く21世紀の社会科学』（共編）、『入門 政治経済学方法論』（共編）、訳書にネグリ『マルクスを超えるマルクス』（共訳）、オルレアン『金融の権力』（共訳）などがある。

■巻末解説

若田部昌澄（わかたべ・まさずみ）：早稲田大学政治経済学術院教授。早稲田大学政治経済学部経済学科卒業後、早稲田大学大学院経済学研究科、トロント大学経済学大学院博士課程単位取得退学。専門は経済学、経済学史。主な著書に『経済学者たちの闘い』、『危機の経済政策』（第31回石橋湛山賞）、共著に『昭和恐慌の研究』（第47回日経・経済図書文化賞）、監修書にフレッチャー『デニス・ロバートソン』、ブライス『緊縮策という病』などがある。

索　引

この索引には、所得、給与、財産、不平等、階級、所得税、「200家族」、「中流階級」などの、常に本文に戻れるような用語は含まれていない（そのような概念がどこにあるかは細かくつけられた巻末の章題一覧に書かれている）。ここでは、わずかな人名、歴史的時期、組織などの、私たちの論のなかで重要な役割をもつ語だが、章題一覧からは正確な位置を見つけることのできないもののみを掲載した。〔邦訳版では一部の項目を補足した。なお、本索引の対象は本篇のみで、付録は含んでいない（早川書房・編集部）。〕

■数字・アルファベット

■あ

■い

■う

■え

■お

■か

■き

■ら

■り

■る

■れ

■ろ

章題一覧

図表一覧

付　録

付録

付録A

所得申告に基づき税務当局が作成した未加工統計表（1915–1998年の所得）

本付録では、フランスで所得税が導入されて以来、所得申告に基づき税務当局が作成してきた未加工の統計表の形式とその変遷について詳しく説明する。本書の中で主要な情報源として利用されているこれらの表は、「分布」表（第1節）、「構成」表（第2節）、「キャピタルゲイン」表（第3節）、その他の表（第4節）の4種類に分類される（これらの未加工の素材から本書で言及されている所得格差を示す推定値を導き出すために用いた方法は付録Bで説明する）。

1　「分布」表（1915–1998年の所得）

1.1　「分布」表の全体的な形式

1914年7月15日法によってフランスで所得税が制定され、1915年の所得（1916年に申告）に対して初めて課税されて以来、フランス税務当局は毎年、納税者が提出したすべての所得申告データを集計し、主要な2種類の統計表を作成、公表してきた。ここでは、その2種類の表をそれぞれ「分布」表および「構成」表と呼ぶことにする[1]。課税対象納税者が申告した包括所得に対する累進税の正式名称は時代とともに変化し、1915–1947年はIGR（総合所得税）、1948–1958年はIRPP（個人所得税）の累進付加税、そして1959–1998年は単に短くIRPP（個人所得税）と称されている。しかし、所得申告に基づいて税務当局が作成してきた統計表の全体的な形式は変化していない。[2]「分布」表には、所得区分別の納税者の分布状況、つまり、一定数の課税所得区分ごとの納税者数と申告所得の合計額が示されている。「構成」表には、所得区分別の所得の構成、つまり、一定数の課税所得区分ごとに、納税者が申告したさまざまなタイプの所得（給与所得、動産資本所得、農業収益など）の納税者数と所得総額が示されている。

「分布」表は、税務当局が1915年の所得について初めて統計表を作成して以来、第二次世界大戦中も含め毎年作成されている。本付録では、1915–1998年の所得

1　税務当局が1915年の所得について初めて統計表を作成してから、これらの表に用いた正式なタイトルは何度も変更されている。そのため、これまでに使用されたタイトルに似かよった、わかりやすい言葉を用いるのが好ましいと考えた。

2　税務当局が作成した表の形式に唯一の大きな変化があったのは、1945年の所得税から家族係数制度が導入されたことによるものであり（後出参照）、税の正式名称が変更されたことによるものではない。

に対応する未加工データを表A-1に転載した。これらの未加工データを活用することで、1915-1998年の全期間について、所得の分布形態や高所得の各分位の水準を推計することができた（付録B第1節を参照）。表A-1に転載したデータは、税務当局が公表した表を、修正を加えずにそのままコピーした未加工のものである[3]。

表 A-1：所得申告に基づき税務当局が作成した未加工統計表（1915-1998 年の所得）

1915			1916			1917			1918		
s_i	N_i	Y_i	s_i	N_i	Y_i	s_i	N_i	Y_i	s_i	N_i	Y_i
5,000	78,206	584,908	3,000	182,673	985,383	3,000	272,866	1,680,634	3,000	310,074	1,927,675
10,000	38,581	477,067	8,000	75,963	734,116	10,000	99,584	1,371,153	10,000	116,233	1,601,635
15,000	17,163	299,140	12,000	35,437	486,973	20,000	46,514	1,407,543	20,000	52,251	1,619,725
20,000	9,243	209,121	16,000	19,655	352,224	50,000	12,184	825,572	50,000	14,068	971,042
25,000	14,722	497,782	20,000	32,771	894,840	100,000	5,810	848,896	100,000	6,204	933,582
50,000	5,123	342,698	40,000	9,201	443,775	250,000	1,227	416,599	250,000	1,264	469,346
100,000	1,596	216,724	60,000	3,868	265,108	500,000	515	588,884	500,000	474	515,016
200,000	629	183,293	80,000	2,271	200,850	総計	438,700	7,139,282	総計	500,568	8,038,022
500,000	131	171,696	100,000	2,665	323,079						
総計	165,394	2,982,429	150,000	1,695	324,041						
			250,000	941	318,604						
			500,000	414	525,463						
			総計	367,554	5,854,454						

1919			1920			1921			1922		
s_i	N_i	Y_i	s_i	N_i	Y_i	s_i	N_i	Y_i	s_i	N_i	Y_i
6,000	148,316	1,260,332	6,000	330,801	2,723,446	6,000	395,261	3,113,008	7,000	236,697	2,013,580
10,000	219,025	3,263,489	10,000	404,399	5,769,529	10,000	468,055	6,614,617	10,000	487,001	6,943,614
20,000	71,846	1,776,400	20,000	108,710	2,711,851	20,000	122,076	2,988,422	20,000	144,191	3,512,096
30,000	52,583	1,935,480	30,000	71,470	2,728,004	30,000	73,054	2,822,707	30,000	86,692	3,288,192
50,000	31,405	2,028,188	50,000	39,647	2,797,624	50,000	40,369	2,777,522	50,000	47,145	3,238,622
100,000	12,139	1,695,228	100,000	15,304	2,101,760	100,000	14,152	1,946,515	100,000	17,201	2,326,537
200,000	3,113	755,671	200,000	3,700	881,227	200,000	3,424	824,506	200,000	4,034	969,294
300,000	1,785	679,098	300,000	2,147	823,517	300,000	1,893	715,980	300,000	2,399	919,276
500,000	761	514,734	500,000	893	605,402	500,000	822	553,189	500,000	1,053	712,936
1,000,000	229	538,203	1,000,000	273	732,887	1,000,000	224	489,750	1,000,000	243	567,051
総計	541,202	14,447,326	総計	977,344	21,875,246	総計	1,119,330	22,846,216	総計	1,026,656	24,491,597

3　税務当局が公表している未加工の数値について、本付録では、1942-1944年の所得に関する数値のみを修正している。というのは、税務当局は1942-1944年の所得の「分布」表を作成するにあたって、家族控除額や扶養控除額だけでなく基礎控除額（1942年の所得については1万フラン、1943-1944年の所得については2万フラン）も課税所得から差し引いたため、公表された表は所得の区分が０－１万フランの納税者から始まっているからだ。そこで本付録の表では、1942-1944年の所得の数値を他の年度の数値と比較できる形にするために、所得区分の所得水準および納税者の所得総額に基礎控除額（1942年の所得については1万フラン、1943-1944年の所得については2万フラン）を加算した（同じ年度の最上位所得区分が100万フランを超えるレベルでなく、101万フランまたは102万フランを超える水準になっているのも、同じ理由からである）。

表 A-1（続き）

1923			1924			1925			1926		
s_i	N_i	Y_i	s_i	N_i	Y_i	s_i	N_i	Y_i	s_i	N_i	Y_i
7,000	268,545	2,224,492	7,000	329,042	2,822,374	7,000	422,639	3,645,414	7,000	573,806	4,838,427
10,000	558,419	7,977,793	10,000	694,441	9,836,003	10,000	936,620	12,946,616	10,000	1,297,051	18,571,936
20,000	174,985	4,269,295	20,000	218,908	5,213,389	20,000	286,953	7,155,976	20,000	362,818	8,779,135
30,000	108,443	4,121,315	30,000	134,896	5,084,413	30,000	165,578	6,499,658	30,000	198,740	7,572,864
50,000	58,840	4,103,335	50,000	74,269	5,022,716	50,000	86,015	5,823,404	50,000	102,127	6,956,688
100,000	21,549	2,948,513	100,000	25,124	3,403,017	100,000	28,429	3,849,815	100,000	36,890	4,955,354
200,000	5,521	1,336,646	200,000	6,141	1,476,647	200,000	6,664	1,616,297	200,000	8,837	2,132,195
300,000	3,254	1,228,071	300,000	3,490	1,315,176	300,000	3,803	1,424,131	300,000	5,348	1,993,056
500,000	1,352	894,400	500,000	1,220	809,877	500,000	1,533	1,042,413	500,000	2,363	1,522,364
1,000,000	377	827,571	1,000,000	297	668,198	1,000,000	363	785,042	1,000,000	670	1,524,276
総計	1,201,285	29,931,431	総計	1,487,828	35,651,809	総計	1,938,597	44,788,765	総計	2,588,650	58,846,295

1927			1928			1929			1930		
s_i	N_i	Y_i	s_i	N_i	Y_i	s_i	N_i	Y_i	s_i	N_i	Y_i
7,000	605,404	5,123,113	10,000	1,071,976	16,099,155	10,000	923,458	13,737,806	10,000	1,043,409	15,449,106
10,000	1,478,518	21,116,140	20,000	485,089	11,779,680	20,000	516,740	12,590,355	20,000	581,904	14,195,918
20,000	434,153	10,488,866	30,000	254,080	9,587,209	30,000	295,023	11,110,510	30,000	332,336	12,525,126
30,000	227,028	8,599,043	50,000	115,411	7,871,040	50,000	128,498	8,556,414	50,000	134,428	9,043,793
50,000	104,549	7,086,334	100,000	39,196	5,319,034	100,000	40,582	5,560,235	100,000	40,550	5,499,917
100,000	35,303	4,803,282	200,000	9,522	2,310,409	200,000	9,755	2,356,185	200,000	9,101	2,301,819
200,000	8,504	2,088,102	300,000	5,994	2,258,065	300,000	5,841	2,178,968	300,000	5,584	2,091,878
300,000	5,288	2,030,767	500,000	2,822	1,890,612	500,000	2,552	1,692,381	500,000	2,376	1,573,539
500,000	2,464	1,663,551	1,000,000	862	1,864,716	1,000,000	821	1,751,759	1,000,000	702	1,458,269
1,000,000	755	1,642,313	総計	1,984,952	58,979,919	総計	1,923,270	59,534,613	総計	2,150,390	64,139,364
総計	2,901,966	64,641,511									

1931			1932			1933			1934		
s_i	N_i	Y_i	s_i	N_i	Y_i	s_i	N_i	Y_i	s_i	N_i	Y_i
10,000	1,428,995	19,603,469	10,000	1,309,383	18,014,747	10,000	1,299,857	17,896,917	10,000	1,195,011	16,469,797
20,000	332,019	8,023,099	20,000	313,024	7,580,215	20,000	320,173	7,748,048	20,000	286,786	6,937,659
30,000	126,712	4,364,425	30,000	121,691	4,187,909	30,000	124,409	4,285,601	30,000	107,213	3,690,822
40,000	61,328	2,732,696	40,000	58,247	2,596,148	40,000	58,883	2,623,079	40,000	51,288	2,287,322
50,000	89,591	6,061,437	50,000	83,425	5,619,793	50,000	82,799	5,568,881	50,000	73,700	4,973,007
100,000	28,622	3,881,559	100,000	25,597	3,448,661	100,000	24,416	3,287,558	100,000	22,004	2,972,521
200,000	10,778	3,156,259	200,000	9,118	2,642,485	200,000	8,299	2,402,568	200,000	7,555	2,194,973
500,000	1,625	1,073,375	500,000	1,294	858,562	500,000	1,223	805,701	500,000	1,081	718,672
1,000,000	494	1,014,169	1,000,000	391	734,392	1,000,000	349	733,049	1,000,000	309	599,973
総計	2,080,164	49,910,487	総計	1,922,170	45,682,911	総計	1,920,408	45,351,401	総計	1,744,947	40,844,744

1935			1936			1937			1938		
s_i	N_i	Y_i	s_i	N_i	Y_i	s_i	N_i	Y_i	s_i	N_i	Y_i
10,000	1,117,576	15,416,607	10,000	746,093	11,325,585	10,000	1,058,886	15,959,496	10,000	1,286,018	19,606,729
20,000	267,177	6,473,978	20,000	485,955	12,011,084	20,000	674,930	16,783,321	20,000	817,292	20,436,880
30,000	96,946	3,476,203	30,000	178,497	6,220,127	30,000	255,559	8,905,986	30,000	328,979	11,235,337
40,000	48,818	2,178,627	40,000	80,085	3,605,761	40,000	107,518	4,846,688	40,000	135,920	6,105,883
50,000	72,355	4,880,170	50,000	79,720	4,836,584	50,000	102,039	6,174,199	50,000	123,195	7,523,695
100,000	21,434	2,886,470	75,000	28,602	2,470,144	75,000	37,134	3,213,483	75,000	43,972	3,853,953
200,000	7,101	2,048,320	100,000	21,273	2,576,059	100,000	28,128	3,405,291	100,000	32,732	4,019,836
500,000	1,040	686,833	150,000	13,693	2,774,475	150,000	18,219	3,707,298	150,000	20,635	4,197,312
1,000,000	352	728,736	300,000	3,718	1,494,167	300,000	4,877	1,952,323	300,000	5,283	2,042,946
総計	1,632,799	38,775,944	600,000	721	534,802	600,000	932	704,328	600,000	942	715,917
			1,000,000	402	872,351	1,000,000	510	1,201,399	1,000,000	505	1,082,098
			総計	1,638,759	48,721,139	総計	2,288,732	66,853,812	総計	2,795,473	80,820,586

表 A-1（続き）

1939

s_i	N_i	Y_i
10,000	880,715	13,650,386
20,000	644,023	16,049,047
30,000	274,709	9,562,217
40,000	116,037	5,198,141
50,000	99,153	5,980,083
75,000	34,457	2,971,216
100,000	28,198	3,414,054
150,000	18,232	3,677,959
300,000	5,402	2,165,403
600,000	1,116	826,216
1,000,000	576	1,263,637
総計	2,102,618	64,758,359

1940

s_i	N_i	Y_i
10,000	822,815	12,673,557
20,000	555,015	13,814,097
30,000	230,043	8,027,495
40,000	102,706	4,614,886
50,000	94,574	5,724,298
75,000	32,798	2,839,368
100,000	24,659	2,995,833
150,000	15,135	3,058,549
300,000	3,989	1,599,969
600,000	762	569,982
1,000,000	334	612,491
総計	1,882,830	56,530,525

1941

s_i	N_i	Y_i
10,000	1,128,646	17,599,706
20,000	813,738	20,258,088
30,000	355,777	12,415,391
40,000	158,677	7,116,993
50,000	145,595	8,805,005
75,000	53,125	4,583,033
100,000	26,661	2,981,041
125,000	15,316	2,100,542
150,000	15,325	2,635,602
200,000	11,449	2,766,170
300,000	6,712	2,671,468
600,000	1,299	953,379
1,000,000	544	1,012,729
総計	2,732,864	85,899,147

1942

s_i	N_i	Y_i
10,000	2,179,674	32,716,063
20,000	833,844	20,645,885
30,000	346,663	12,120,448
40,000	163,144	7,341,030
50,000	87,657	4,828,326
60,000	54,093	3,526,516
70,000	36,492	2,744,327
80,000	25,994	2,216,339
90,000	19,682	1,877,019
100,000	26,849	2,947,809
120,000	16,890	2,190,839
140,000	11,274	1,689,171
160,000	7,743	1,313,463
180,000	5,689	1,080,589
200,000	5,069	1,076,729
225,000	3,662	869,451
250,000	2,655	696,764
275,000	2,132	613,392
300,000	1,628	507,618
325,000	1,291	435,489
350,000	982	356,895
375,000	769	298,005
400,000	2,087	935,847
510,000	2,089	1,385,075
1,010,000	444	792,566
総計	3,838,496	105,205,655

1943

s_i	N_i	Y_i
20,000	996,285	24,721,029
30,000	436,278	15,218,967
40,000	217,639	9,790,565
50,000	118,892	6,546,543
60,000	70,460	4,585,787
70,000	46,375	3,487,847
80,000	31,588	2,691,135
90,000	23,654	2,253,459
100,000	32,000	3,507,520
120,000	19,524	2,532,958
140,000	13,000	1,948,051
160,000	9,086	1,544,141
180,000	6,410	1,217,205
200,000	5,690	1,207,983
225,000	4,145	984,143
250,000	2,846	746,612
275,000	2,356	676,717
300,000	1,687	525,814
325,000	1,238	417,597
350,000	997	361,075
375,000	809	313,270
400,000	2,097	948,550
520,000	1,785	1,208,292
1,020,000	429	787,888
総計	2,045,270	88,223,148

1944

s_i	N_i	Y_i
20,000	1,231,431	30,871,588
30,000	637,380	22,277,519
40,000	331,489	14,917,441
50,000	190,876	10,510,790
60,000	116,162	7,560,062
70,000	72,827	5,473,237
80,000	47,545	4,048,082
90,000	32,642	3,108,153
100,000	40,552	4,441,956
120,000	23,766	3,083,780
140,000	15,014	2,243,445
160,000	10,054	1,706,222
180,000	6,906	1,311,409
200,000	5,904	1,253,047
225,000	4,188	993,324
250,000	3,015	790,836
275,000	2,203	633,059
300,000	1,544	482,442
325,000	1,249	421,506
350,000	928	336,274
375,000	743	287,886
400,000	1,891	851,860
520,000	1,450	975,389
1,020,000	292	461,317
総計	2,780,051	119,040,624

1945

s_i	N_i	Y_i
40,000	401,169	19,564,291
60,000	261,228	18,134,585
80,000	223,212	20,040,250
100,000	389,037	47,493,190
150,000	217,215	42,839,352
300,000	34,502	12,727,727
500,000	8,228	4,913,019
750,000	2,408	2,061,103
1,000,000	1,485	1,791,710
1,500,000	866	2,264,454
総計	1,539,350	171,829,681

1946

s_i	N_i	Y_i
40,000	673,978	34,318,423
60,000	711,016	49,594,157
80,000	583,622	52,394,330
100,000	1,094,209	135,313,298
150,000	864,544	172,040,865
300,000	150,370	55,871,043
500,000	41,151	24,648,196
750,000	13,833	11,849,626
1,000,000	9,462	11,431,761
1,500,000	6,648	18,029,050
総計	4,148,833	565,490,749

表 A-1（続き）

1947			1948			1949			1950		
s_i	N_i	Y_i	s_i	N_i	Y_i	s_i	N_i	Y_i	s_i	N_i	Y_i
100,000	233,724	25,717,592	120,000	421,469	56,904,127	150,000	589,711	103,619,932	170,000	270,336	49,924,000
120,000	169,058	22,576,172	150,000	440,515	76,924,344	200,000	870,911	216,679,295	200,000	540,450	130,948,000
150,000	654,819	143,436,562	200,000	614,993	153,607,011	300,000	1,249,790	478,834,033	300,000	1,195,413	469,969,000
300,000	305,114	113,619,141	300,000	809,198	307,746,337	500,000	480,000	294,315,512	500,000	602,074	361,324,000
500,000	75,445	45,040,287	500,000	272,916	166,662,805	800,000	133,124	126,937,605	750,000	250,344	228,426,000
750,000	22,960	19,629,347	800,000	77,193	73,783,621	1,200,000	58,745	87,978,695	1,200,000	97,492	157,031,000
1,000,000	14,872	17,920,749	1,200,000	35,719	53,509,549	2,000,000	17,483	42,034,930	2,500,000	19,889	66,286,000
1,500,000	8,405	16,744,317	2,000,000	10,741	25,806,347	3,000,000	8,875	33,333,845	5,000,000	6,088	53,792,000
3,000,000	2,056	10,251,958	3,000,000	5,269	19,753,958	5,000,000	4,575	39,744,791	総計	2,982,086	1,517,700,000
総計	1,486,453	414,936,125	5,000,000	2,210	18,925,641	総計	3,413,214	1,423,478,538			
			総計	2,690,223	953,623,740						

1951			1952			1953			1954		
s_i	N_i	Y_i	s_i	N_i	Y_i	s_i	N_i	Y_i	s_i	N_i	Y_i
220,000	670,837	184,017,000	220,000	770,188	214,782,000	220,000	729,082	201,312,000	220,000	714,797	197,281,000
350,000	802,994	391,359,000	350,000	1,034,271	502,158,000	350,000	945,970	460,813,000	350,000	948,409	461,723,000
600,000	636,274	462,007,000	600,000	897,501	653,250,000	600,000	804,633	586,107,000	600,000	832,499	606,798,000
900,000	311,305	346,486,000	900,000	469,738	524,312,000	900,000	424,632	473,953,000	900,000	439,381	490,903,000
1,500,000	101,646	201,305,000	1,500,000	156,185	309,187,000	1,500,000	148,918	295,971,000	1,500,000	161,102	321,186,000
3,000,000	22,395	89,094,000	3,000,000	33,165	131,972,000	3,000,000	32,988	130,953,000	3,000,000	36,543	145,171,000
6,000,000	4,356	33,161,000	6,000,000	6,279	46,850,000	6,000,000	6,101	45,603,000	6,000,000	6,664	49,762,000
10,000,000	1,956	33,982,000	10,000,000	2,872	47,888,000	10,000,000	2,845	48,437,000	10,000,000	3,044	52,742,000
総計	2,551,763	1,741,411,000	総計	3,370,199	2,430,399,000	総計	3,095,169	2,243,149,000	総計	3,142,439	2,325,566,000

1955			1956			1957			1958		
s_i	N_i	Y_i	s_i	N_i	Y_i	s_i	N_i	Y_i	s_i	N_i	Y_i
350,000	1,119,910	543,927,000	350,000	1,302,429	630,225,000	600,000	1,412,829	1,040,628,000	600,000	1,619,743	1,205,212,000
600,000	1,027,680	750,776,000	600,000	1,242,148	909,473,000	900,000	931,445	1,044,715,000	900,000	1,249,900	1,403,529,000
900,000	568,225	635,736,000	900,000	709,480	792,663,000	1,500,000	334,847	665,432,000	1,500,000	445,910	881,660,000
1,500,000	204,584	406,666,000	1,500,000	250,655	498,861,000	3,000,000	74,994	298,123,000	3,000,000	95,155	377,197,000
3,000,000	45,967	182,414,000	3,000,000	57,769	229,596,000	6,000,000	13,415	99,991,000	6,000,000	16,500	122,839,000
6,000,000	8,330	62,035,000	6,000,000	10,439	77,767,000	10,000,000	3,508	41,879,000	10,000,000	4,109	52,773,000
10,000,000	3,747	65,395,000	10,000,000	4,437	78,414,000	15,000,000	1,107	18,199,000	15,000,000	1,325	22,621,000
総計	3,764,936	2,865,979,000	総計	4,400,880	3,449,380,000	20,000,000	731	17,466,000	20,000,000	878	20,916,000
						30,000,000	464	23,848,000	30,000,000	513	26,783,000
						総計	4,430,176	3,963,875,000	総計	4,984,390	4,809,532,000

1959			1960			1961			1962		
s_i	N_i	Y_i	s_i	N_i	Y_i	s_i	N_i	Y_i	s_i	N_i	Y_i
600,000	1,396,359	1,039,204,100	6,500	1,503,490	12,110,891	10,000	1,284,338	15,527,508	10,000	1,541,867	18,712,455
900,000	1,271,853	1,440,198,700	9,750	1,293,359	15,849,311	15,000	473,304	8,117,594	15,000	601,599	10,313,873
1,500,000	520,801	1,034,037,900	16,250	517,176	11,069,286	20,000	318,075	7,624,779	20,000	406,684	9,742,948
3,000,000	112,922	447,723,100	32,000	123,368	5,239,554	30,000	179,756	7,163,713	30,000	221,607	8,821,963
6,000,000	20,272	151,014,000	64,000	21,633	1,680,983	60,000	34,731	2,592,008	60,000	42,164	3,143,353
10,000,000	5,237	62,615,200	100,000	7,258	864,053	100,000	11,887	1,554,373	100,000	14,763	1,937,205
15,000,000	1,590	27,208,100	150,000	2,169	371,729	200,000	1,765	423,509	200,000	2,056	492,127
20,000,000	1,044	24,978,800	200,000	1,412	338,257	300,000	784	291,650	300,000	931	344,039
30,000,000	640	32,626,000	300,000	911	463,253	500,000	363	307,016	500,000	385	323,452
総計	5,044,969	4,992,646,900	総計	5,455,992	57,076,201	総計	6,102,996	67,404,771	総計	6,751,651	78,833,308

表 A-1（続き）

1963			1964			1965			1966		
s_i	N_i	Y_i	s_i	N_i	Y_i	s_i	N_i	Y_i	s_i	N_i	Y_i
10,000	1,853,811	22,587,859	15,000	939,354	16,124,313	15,000	1,079,922	18,556,594	15,000	1,218,542	20,959,844
15,000	774,894	13,295,580	20,000	793,460	20,150,243	20,000	946,800	24,069,998	20,000	1,087,661	27,638,832
20,000	662,394	16,970,943	35,000	140,464	5,534,849	35,000	217,656	8,960,652	35,000	246,275	10,129,538
36,000	167,387	7,512,529	45,000	118,226	6,475,761	50,000	94,637	5,523,284	50,000	106,361	6,198,282
60,000	54,202	4,042,440	70,000	40,141	3,299,513	70,000	48,129	3,951,330	70,000	53,424	4,386,190
100,000	18,543	2,427,511	100,000	24,073	3,151,616	100,000	29,105	3,821,121	100,000	33,053	4,342,338
200,000	2,565	614,587	200,000	3,392	808,946	200,000	3,923	936,151	200,000	4,581	1,095,819
300,000	1,128	419,495	300,000	1,421	530,807	300,000	1,733	644,760	300,000	2,000	741,950
500,000	466	386,510	500,000	587	480,437	500,000	697	585,159	500,000	836	720,184
総計	7,709,532	95,288,013	総計	8,361,863	110,625,658	総計	8,572,756	122,046,887	総計	8,955,194	133,214,734

1967			1968			1969			1970		
s_i	N_i	Y_i	s_i	N_i	Y_i	s_i	N_i	Y_i	s_i	N_i	Y_i
15,000	1,355,224	23,339,879	15,000	1,556,264	26,886,811	20,000	971,308	21,678,349	20,000	1,826,044	44,187,389
20,000	1,261,895	32,128,543	20,000	1,504,582	38,367,604	25,000	546,180	14,931,037	30,000	650,596	22,333,831
35,000	291,776	12,003,155	35,000	340,355	13,976,212	30,000	736,366	27,469,941	40,000	278,951	12,401,268
50,000	125,667	7,326,672	50,000	143,414	8,347,496	50,000	174,512	10,168,575	50,000	222,218	12,949,350
70,000	63,450	5,216,767	70,000	69,591	5,713,584	70,000	84,890	6,978,443	70,000	108,101	8,889,934
100,000	40,400	5,320,065	100,000	43,179	5,680,701	100,000	54,175	7,140,390	100,000	69,615	9,201,859
200,000	5,711	1,360,824	200,000	6,156	1,465,357	200,000	9,988	2,620,982	200,000	13,359	3,498,580
300,000	2,504	928,913	300,000	2,700	1,004,239	400,000	2,469	1,788,023	400,000	3,024	2,143,339
500,000	1,117	968,730	500,000	1,241	1,085,670	総計	10,503,244	184,632,843	総計	10,513,119	206,267,912
総計	9,591,039	148,350,809	総計	10,480,338	166,686,900						

1971			1972			1973			1974		
s_i	N_i	Y_i	s_i	N_i	Y_i	s_i	N_i	Y_i	s_i	N_i	Y_i
25,000	822,100	22,504,114	25,000	980,764	26,845,271	30,000	1,331,971	45,790,160	30,000	1,809,969	62,337,341
30,000	815,488	27,985,752	30,000	999,002	34,302,831	40,000	588,740	26,172,187	40,000	854,193	37,982,226
40,000	348,892	15,511,976	40,000	430,670	19,143,033	50,000	460,949	26,841,515	50,000	665,288	38,695,024
50,000	277,744	16,186,477	50,000	338,819	19,741,650	70,000	224,940	18,506,875	70,000	310,935	25,555,461
70,000	135,552	11,149,299	70,000	166,121	13,662,879	100,000	151,540	20,148,979	100,000	203,688	27,040,295
100,000	89,958	11,920,476	100,000	111,073	14,768,617	200,000	33,424	8,801,430	200,000	44,190	11,631,641
200,000	18,151	4,758,820	200,000	23,676	6,205,057	400,000	8,241	6,108,029	400,000	10,441	7,274,901
400,000	4,142	2,923,268	400,000	5,515	3,961,355	総計	12,092,270	313,432,249	総計	12,767,947	374,844,200
総計	11,019,782	235,238,957	総計	11,502,269	265,369,287						

1975			1976			1977			1978		
s_i	N_i	Y_i	s_i	N_i	Y_i	s_i	N_i	Y_i	s_i	N_i	Y_i
40,000	1,200,242	53,445,982	50,000	1,351,507	78,783,072	50,000	1,706,209	99,671,131	60,000	829,758	53,697,518
50,000	980,033	56,984,192	70,000	609,667	50,004,408	70,000	799,570	65,530,028	70,000	522,628	39,069,340
70,000	438,732	36,006,056	100,000	370,154	49,093,064	100,000	461,016	60,737,661	80,000	558,028	49,534,219
100,000	277,867	36,890,160	200,000	82,076	21,626,632	200,000	92,323	24,290,886	100,000	605,693	79,648,991
200,000	60,912	16,033,475	400,000	19,817	13,883,383	400,000	21,991	15,597,558	200,000	125,176	32,973,347
400,000	14,220	9,964,710	総計	14,242,603	528,292,628	総計	14,007,405	577,365,619	400,000	30,301	21,206,588
総計	13,494,548	448,653,458							総計	14,564,035	664,139,917

1979			1980			1981			1982		
s_i	N_i	Y_i	s_i	N_i	Y_i	s_i	N_i	Y_i	s_i	N_i	Y_i
70,000	668,251	49,954,646	80,000	1,020,009	90,651,000	80,000	1,388,519	123,459,892	100,000	1,666,665	198,881,753
80,000	733,989	65,174,714	100,000	1,096,703	143,302,000	100,000	1,582,223	206,156,220	150,000	471,013	80,398,901
100,000	789,729	103,677,345	200,000	210,495	55,645,000	200,000	287,335	75,837,932	200,000	370,214	97,310,450
200,000	162,981	43,052,350	400,000	52,771	37,145,000	400,000	68,908	48,686,107	400,000	82,295	56,620,220
400,000	41,338	29,258,217	総計	15,289,641	866,335,000	総計	15,056,169	995,563,890	総計	15,308,540	1,125,249,422
総計	15,000,673	755,393,800									

表 A-1（続き）

1983			1984			1985			1986		
s_i	N_i	Y_i	s_i	N_i	Y_i	s_i	N_i	Y_i	s_i	N_i	Y_i
100,000	1,496,948	166,433,165	100,000	1,679,359	186,890,144	125,000	1,054,963	143,828,445	125,000	1,137,595	155,192,917
125,000	785,677	106,983,316	125,000	923,864	125,908,360	150,000	959,383	163,699,807	150,000	1,072,428	183,177,743
150,000	665,346	113,465,001	150,000	807,412	137,692,317	200,000	368,047	81,567,003	200,000	417,365	92,506,513
200,000	492,698	129,138,264	200,000	306,695	67,962,442	250,000	397,297	130,312,095	250,000	452,193	148,419,508
400,000	103,603	69,143,929	250,000	333,631	109,281,033	500,000	85,483	72,031,956	500,000	101,954	87,444,531
総計	15,242,012	1,262,464,876	500,000	69,308	58,310,939	総計	15,252,320	1,447,554,505	総計	13,314,101	1,409,332,505
			総計	15,209,530	1,352,028,172						

1987			1988			1989			1990		
s_i	N_i	Y_i	s_i	N_i	Y_i	s_i	N_i	Y_i	s_i	N_i	Y_i
125,000	1,197,531	163,412,960	125,000	1,273,514	173,668,775	150,000	1,400,562	239,687,604	150,000	1,566,951	268,487,074
150,000	1,147,772	196,137,220	150,000	1,254,450	214,006,500	200,000	573,204	127,089,566	200,000	662,969	147,033,067
200,000	455,851	101,051,633	200,000	503,521	111,127,375	250,000	633,418	207,667,864	250,000	735,995	241,211,541
250,000	493,610	161,879,550	250,000	557,575	180,449,580	500,000	155,880	143,615,702	500,000	175,411	161,347,446
500,000	117,353	104,382,387	500,000	145,800	125,379,705	総計	13,881,932	1,647,683,218	総計	14,296,524	1,767,664,738
総計	13,368,628	1,466,612,969	総計	13,470,354	1,536,160,955						

1991			1992			1993			1994		
s_i	N_i	Y_i	s_i	N_i	Y_i	s_i	N_i	Y_i	s_i	N_i	Y_i
150,000	1,709,115	293,010,834	150,000	1,818,306	311,983,831	150,000	1,886,670	323,839,597	150,000	1,949,526	334,720,308
200,000	740,839	164,305,554	200,000	803,428	178,176,856	200,000	843,453	187,073,742	200,000	884,623	196,224,818
250,000	813,650	266,264,804	250,000	868,123	283,497,601	250,000	908,474	296,182,562	250,000	947,650	308,576,418
500,000	183,121	164,786,239	500,000	185,668	164,282,422	500,000	186,471	164,379,749	500,000	192,473	171,112,167
総計	14,642,747	1,857,504,528	総計	14,753,713	1,911,147,341	総計	14,907,267	1,956,011,688	総計	14,990,137	1,998,301,276

1995			1996			1997			1998		
s_i	N_i	Y_i	s_i	N_i	Y_i	s_i	N_i	Y_i	s_i	N_i	Y_i
150,000	2,034,867	349,662,404	150,000	2,092,251	359,796,697	150,000	2,156,707	370,950,474	150,000	2,255,894	388,342,822
200,000	939,611	208,491,161	200,000	981,219	217,801,597	200,000	1,031,376	229,000,570	200,000	1,106,550	245,748,682
250,000	1,010,150	328,914,964	250,000	1,071,983	349,074,495	250,000	1,131,795	368,218,643	250,000	1,225,912	398,783,481
500,000	204,178	180,186,358	500,000	209,569	184,259,649	500,000	221,827	197,080,665	500,000	240,125	211,966,592
総計	15,474,244	2,081,153,685	総計	15,181,132	2,091,120,959	総計	15,680,354	2,172,151,713	総計	16,838,573	2,313,848,331

情報源：税務当局が作成した「分布」表をそのままコピーした未加工のデータ（オリジナルの表が掲載されている財務省刊行物の出典については、表A-4および表A-5を参照のこと）。

解説：s_iは税務当局が用いた課税所得区分の閾値を表わし、N_iは所得がs_iからs_{i+1}までの納税者の人数、Y_iはその納税者が申告した課税所得の合計を表わす。「総計」の行には課税納税者の総数とすべての課税納税者の課税所得総計が記されている〔Y_iをすべて足しても総計額にはならない〕。閾値は、1915-1959年の所得については旧フラン、1960-1998年の所得については新フランで表記されている。総額は、1915-1959年の所得については1000旧フラン、1960-1998年の所得については1000新フランで表記されている。たとえば、1930年の所得について見ると、年間所得が1万-2万旧フランであると申告した納税者は104万3409人で、この区分の所得額の合計は154億4900万旧フラン、年間所得が2万-3万旧フランであると申告した納税者は58万1904人で、この区分の所得額の合計は141億9600万旧フランであることなどがわかる。また、年間所得が100万旧フランを超えると申告した納税者は702人で、この区分の所得額の合計は14億5800万旧フランに上ることがわかる（課税納税者総数は215万人で、すべての納税者の課税所得総計は641億3900万旧フラン）。1970年の所得について見ると、年間所得が2万-3万新フランであると申告した納税者は182万6044人で、この区分の所得額の合計は441億8700万新フラン、また年間所得が40万新フランを超えると申告した納税者は3024人で、この区分の所得額の合計は21億4300万新フランであることがわかる（課税納税者総数は1051万3000人で、納税者すべての課税所得総計は2062億6800万新フラン）。

注記：1915-1954年の所得については、「総計」の行の数値は各区分の数値の総和に等しいが、1955-1998年の所得については、「総計」の行の数値が各区分の数値の総和を上まわっている。これは、本表では所得分布のトップ十分位の所得を推計するために必要な区分のみを転載したためだ（1955年の所得以降、課税世帯のパーセンテージは最終的に20%を超えており、トップ十分

位に関心を向けるなら、税務当局の作成した表の最下位所得区分は必要ない）（完全な形の表に関心がある読者はこれらの表が掲載されている財務省刊行物を参照することができる。出典を表A-4に記載した）。

所得申告データを集計・整理するために税務当局が用いた所得区分は、累進所得税の税率区分とは直接関係なく、1915年以来、税務当局が多少なりとも定期的に調整してきた特有の区分である（表A-1を参照）。表A-1を見ると、とくに1920-1960年代にかけて税務当局が用いた最上位所得区分はインフレや実質所得の増加を考慮して、ほぼ定期的に調整されているが（1920年代も1960年代も、最上位所得区分に毎年、数百人の納税者が含まれている）、それ以降は、最上位所得区分の水準（名目フランで表記）は実際に修正されていないことがわかるだろう。1961年にはすでに、税務当局が作成した表の最上位所得区分は年間所得が50万フランを超える納税者が対象とされ（同年の最上位所得区分の対象納税者は363人）、1969-1983年は、年間所得が40万フランを超える納税者が最上位所得区分の対象となったものの、その後はふたたび1998年まで年間所得が50万フランを超える納税者が最上位所得区分の対象となっている（1998年の最上位所得区分の対象納税者は24万125人）。結論として、税務当局が用いた最上位所得区分に含まれる世帯は、1961年では（課税世帯と非課税世帯を合わせた）世帯総数の0.002%で、1915-1970年の期間中、最上位所得区分に0.01%以上の世帯が含まれたことはほとんどないが、1990年代末には0.7%以上の世帯が含まれている（付録B表B-1を参照）。1960年代以降は、最上位所得区分の調整が実際には行なわれなかったため、1980-1990年代の「分布」表から得られた所得の最上位0.01%の世帯（P99.99-100）の所得の推定値をわずかに修正する必要があるだろう（付録B第1.2節を参照）。

税務当局が作成した表の所得区分および所得額の合計が常に「課税対象所得」（すなわち、あらゆる控除または軽減を行なう前の所得）ではなく、「課税所得」（すなわち、必要経費控除、なんらかのカテゴリーの所得に対する固有の控除、基礎控除などを計算に入れたあとの所得）で表示されている点も指摘する必要がある。税務当局はもっぱら所得税の見通し、すなわち、課税区分と納税者が支払う税額を決定する課税所得（課税対象所得ではなく）の見通しに関心があるのだから、これは理にかなっている。しかしながら、課税対象所得から課税所得を導き出す決定要因となるルールは、（とりわけ、前年度の税額控除や現在も賃金労働者に認められている10-20%の控除に関しては）時代とともに大きく変化している。したがって、課税対象所得で表示される均質のデータを得るためには、課税所得の形で得られた推計を修正する必要があるだろう（付録B第1.4節を参照）。また、1915-1944年の所得については、場合によっては家庭状況や扶養家族に対する一括控除を計算に入れる前の課税所得（当時の税務当局が「純所得」と呼んでいたもの）とこれらの控除を計算したあとの課税所得（当時の税務当局

が「課税所得」と呼んでいたもの）を区別する必要もある。すなわち、「分布」表の所得区分および所得額の合計は、1915-1930年および1936-1941年の所得については「純所得」という言葉で表わされているが（これはまさに、1945年から1998年まで使用されていた課税所得という概念に相当する）、1931-1935年および1942-1944年の所得については「課税所得」という言葉で表わされているため、これらの年度に関しては特有の修正が必要となる（付録B第1.3.2節を参照）。1945年の所得税からは家庭状況や扶養家族に対する一括控除が廃止されたため、「純所得」と「課税所得」を区別するという問題はなくなり、所得税の計算の基礎とされる所得を指して「課税所得」（すなわち、必要経費控除、なんらかのカテゴリーの所得に対する固有の控除、包括所得に対する控除などを計算したあとの所得）という言葉が共通して使用されることになった。

1.2　「分布」表に含まれるその他の情報

理論上、申告書を提出するのは納税者のみであることから、税務当局の作成する統計表のフィールドに入るのも納税者に限られる。[4] これは、「分布」表に用いられている最下位所得区分の下側閾値は所得税の課税閾値に相当することを前提としている。たとえば、1930年の所得に対するIGRの基礎控除額は1万フランであったため、年間所得が1万フラン未満の納税者はIGRの課税対象とはならず、税務当局の作成する統計データのフィールドには入らない。1930年の所得に関する表に用いられている最下位の所得区分が年間所得1万フランから始まっているのはそのためである（表A-1を参照）。1915-1954年の所得については、税務当局の作成した表に用いられている所得区分すべてに対応する数値を、最下位の所得区分まですべて表A-1に転載した。1955-1998年の所得については、所得分布のトップ十分位の所得を推計するのに必要な区分だけを表A-1に転載した。累進所得税を課せられた世帯のパーセンテージは、1955年以降の所得から確実に20%の大台を超えており（後出の表A-2を参照）、所得分布のトップ十分位に関心を

4　理論上は、課税されない納税者も所得申告書を提出する義務がある。しかし、1980年代になると、大部分の非課税納税者が実際に申告書を提出するようになった（ピケティ〔1998年、p.90〕を参照）。その大きな理由は、時代が進むにつれて所得制限を設けた社会保障給付制度が発展してきたため、低所得世帯にとって非課税通知が役に立つものとなり、税務署からの非課税通知を受け取るためには当然のことながら所得申告書を提出する必要があったからだ。1985年の所得から毎年、税務当局は非課税世帯についても課税世帯と同じデータ系列の統計表を作成している（1915-1984年の所得については、非課税世帯が提出した申告データは集計されなかったため、所得申告をした非課税世帯に関する情報は〔世帯数さえも〕記録されていない）。しかしながら、所得分布のトップ十分位に含まれる非課税世帯数はごくわずかであるため、非課税世帯に関する情報がトップ十分位の所得水準の推計に対して影響を及ぼすことはほとんどない（ピケティ〔1998年、p.127、注43〕を参照）。したがって本書では、1985-1998年の所得に関する非課税世帯の情報は、世帯総数と課税所得総計の推移を知るためだけに用いた（付録H第1節および付録G第1節を参照）。

向けるなら、税務当局の作成した表の最下位の所得区分は最終的に役に立たなくなるからだ。

税務当局が作成した「分布」表には、表A-1に転載しなかったその他の興味深い情報も含まれている。1945年の所得税から、家族係数というしくみによって税額計算に納税者の家庭状況が考慮されるようになった。そのため「分布」表には、一定数の所得区分ごとに、同じ家族係数をもつ納税者をまとめたグループごとの納税者数と所得額の合計が記載されている。たとえば1970年について見ると、年間所得が40万フランを超える納税者3024人のうち、家族係数1の納税者は114人、家族係数1.5の納税者は236人であったことがわかる。[5] したがって、この表から同じ家族係数をもつ納税者グループごとに別々に所得分布の推移をたどることができ、とくに、家族係数のしくみが高所得者の家族構成や出生率にどのような影響を与えたかを研究することもできるだろう。しかしながら、そのような試みは本書の枠組みから大きくはずれるため、私たちはこうした情報を体系的には使用しなかった（このような情報は、トップ十分位の下限に位置する所得の推定値を修正するため、また、分位ごとの平均税率を推計するために補足的に利用したにすぎない。付録B第1.3節および第3.2節を参照）。1945年以降の所得課税に関する「分布」表には、各所得区分ごとに、また同じ家族係数をもつ世帯グループごとに該当する税率を適用して求めた課税額の合計を表わす「本来の税額」という列も含まれている。これは、施行中の税制度の各パラメーターを確認し、[6] 分位ごとの平均税率の私たちの推計の正確さをテストするのに[7] 非常に役に立つ情報である。

1915-1944年の所得課税については、一括控除制度によって家庭状況が考慮されていたため、税務当局の作成した「分布」表には、納税者の各グループごとに「家族控除および扶養控除」を申告した納税者数と控除総額が記載されている。たとえば1930年について見ると、年間所得が100万フランを超えると申告した702人の納税者のうち539人が「家族」控除（結婚しているカップルに対する控

5　1945-1949年の所得課税について作成された「分布」表では、結婚後3年たっても扶養する子供のいない夫婦として家族係数1.5（「1.5(a)」）を持つ納税者と、子供が1人いたがすでに成人しているまたは死亡している、離婚したあるいは配偶者を亡くした独身者として家族係数1.5（「1.5(b)」）を持つ納税者とを区別して扱っているが、1950年の所得からは扶養する子供のいないすべての夫婦に家族係数2を持つ権利が認められるようになり、このような区別はなくなった。にもかかわらず、1945年以降の所得課税について作成されたすべての「分布」表では相変わらず扶養する子供のいない夫婦として家族係数2（「2(a)」）を持つ納税者と、扶養する子供が1人いて離婚したあるいは配偶者を亡くした独身者として家族係数2（1945-1949年の所得課税については「2(c)」、1950年以降の所得課税では「2(b)」）を持つ納税者が区別されている。

6　各年度、各所得区分について、「本来の税額」の列に示された合計がその当時の税制度の各パラメーターを計算できる理論上の合計とぴったり一致することが確認されるとともに、いかなる矛盾も認められなかった。

7　付録B第3.2節を参照。

除）を申告し、674人が「未成年の扶養家族」に対する控除を、40人が「その他の扶養家族（障害のある両親など）」に対する控除を申告しており、控除額の総計は616万8000フランで、これらの納税者が申告した「純所得」は14億5800万フランだったことがわかる。この「純所得」から税額計算の基礎となる「課税所得」を算出することができる。1915-1944年の所得に関する「分布」表には、家族控除や扶養控除に関する列のあとに、税額計算の細目、具体的には、課税総額（つまり税率を適用して計算した課税額の合計）、追徴金および別途課金の総額（つまり主として申告の延滞に対する追徴金）、独身納税者および子供のいない夫婦納税者に課せられる増税、扶養家族に対する減税、そして最後に純税額が記されている。しかし、税務当局がこれらの列を作成したのは1919-1944年の所得についてだけだ（1915-1918年の所得については、家族控除と扶養家族控除に関する列のところで終わっている）。1939-1944年の所得については、独身納税者および子供のいない夫婦納税者に適用される増税額が「TCF（家族補償税）」に代わり、該当する列は「分布」表から消え、税務当局は所得区分ごとに該当する納税者数とその所得額の合計を示したTCF用の表を作成している。[8] たしかに、1945-1998年の所得に関する情報（同じ家族係数の納税者グループごとの所得の分布を推定することができる）に比べて、1915-1944年の所得について入手できる「家族に関する」情報（所得区分ごとの控除申告件数と増税）は全体的に少ないとはいえ、非常に興味深い情報源であり、とりわけ、増税や家族補償税が高額所得層の出産に対する行動や家族構成の変化にどのような影響を与えているかを調査することができるだろう。1945-1998年の所得についても同様のことがいえるが、私たちはこれらの情報を体系的には利用しようとせずに、補足情報としてのみ役立てた（付録B第1.3節および第3.2節を参照）。1945-1998年の期間と同様に、税額計算の細目が記されている列は、当時の税制度のさまざまなパラメーターを確認するうえでも、[9] 分位ごとの平均税率の推計の正確さを確認するうえでも非常に役に立った（付録B第3.2節を参照）。

最後に、戦間期の「分布」表に含まれる数値には、実際には自発的に税務署に所得申告をした納税者だけでなく、税務署が持っている情報に基づき「強制的に課税された」納税者も含まれていることを指摘しよう。しかし、強制的に課税された納税者の数はごくわずかである。1930年について見てみると、強制課税された納税者数は、年間所得が100万フランを超える納税者702人のうちの2人、年間所得が50万-100万フランまでの納税者2376人のうちの7人といった具合だ。実際のところは、IGRの課税閾値をわずかに上まわる所得者が強制課税されるケー

8　これらの表は『BSMF』において「分布」表が掲載されているのと同じ号に掲載されている。

9　ここでも、各年度および各所得区分について、「本来の税額」の列に示された額の合計が当時の税制度の各パラメーターから計算できる理論上の額の合計とぴったり一致することを確認し、いかなる矛盾も認められなかった。

スがかなり多い（年間所得が1万–2万フランまでの納税者104万3409人のうち、強制課税された納税者が33万2394人）。多くの場合、IGRの課税対象にされることに異議を唱えたものの、分類所得税の対象であるために（とくに、給与所得を対象とする分類所得税）、所得を税務署に知られている「中流」賃金労働者あるいは「小規模」個人事業主が強制課税の対象となっている。便宜上、本書では、○○フランから○○フランまでの年間所得を「申告した」納税者区分という場合、実際には自発的に申告した納税者のほかに強制課税された納税者も含まれている。

1.3　納税者数、課税所得総計、決定税額の推移

「分布」表の未加工データからは、所得税導入以来の納税者数、課税所得、決定税額の推移を知ることもできる（表A–2およびA–3を参照）。

表A–2の列(1)からは、1915–1998年の所得について累進所得税を課せられた課税世帯数の推移がわかる。1919–1997年の所得に関する表A–2の列(1)の数値は、表A–1に転載した「分布」表のすべての数値をそのまま転載したものだ。1915–1918年の所得については、「分布」表には、実際に課税された多くの納税者が除外されているため、「分布」表の納税者総数を大きく上方修正した（第1.5節を参照）。1998年の所得については、表A–1に転載した「分布」表の作成日がn+2年12月31日でなくn+1年12月31日であるという事実を考慮に入れるために、課税納税者数を1%だけ加算した（第1.5節を参照）。

表A–2の列(2)は、（非課税世帯と課税世帯を合わせた）世帯総数の推移を表わしている。これは、家庭総数と1家庭あたりの平均世帯数について入手可能な資料から得られた数字である（付録H第1節を参照。表A–2の列(2)は表H–1の列(10)をそのまま転載したものだ）。

表A–2の列(3)は、全世帯における課税世帯のパーセンテージの推移を得るために、列(1)の数値を列(2)の数値で除したものである。

表A–2の列(4)からは課税世帯が申告した課税所得総計の推移がわかる（表A–1に転載されているあらゆる総額と同様に、1915–1959年の所得は、旧1000フランで表わされ、1960–1998年の所得は新1000フランで表わされている）。これは、家族控除および扶養控除が廃止された1945年以降に用いられている意味での課税所得、すなわち、必要経費、なんらかのカテゴリーの所得に対する固有の控除などを計算に入れたあとで、家族の状況や扶養家族の有無による控除を計算に入れる前の課税所得のことである。したがって、税務当局が家族控除および扶養控除を適用したあとに作成した「分布」表に記されている1931–1935年の所得および1942–1944年の所得については（前出参照）、表A–2の列(4)に転載されている数値は、表A–1に転載されている所得全体より高い数値になっている（その差は、課税納税者が申告した家族控除および扶養控除の総額、つまり税務当局の

作成した「分布」表に別々に示されている総額によって説明できる)。その他の年度(1919-1930年、1936-1941年、1945-1997年の所得)については、表A-2の列(4)に示されている課税世帯の課税所得総計は表A-1に転載されている総額と同じである。ただし1915-1918年の所得については、「分布」表に示されている課税所得総計を大きく上方修正した(後出の第1.5節を参照)。1998年の所得については、「分布」表に示されている数値をここでも1%加算した。

表A-2の列(5)を見ると、1915-1998年の所得に対する累進所得税として決定された総税額の推移がわかる。これは、表A-2に示された数値が、税務当局が決定し、課税台帳に記入される決定税額の総計(すなわち、課税通知書に記載される税額の総計)を表わしているという意味においての「決定」税額であり、おもに税務調査によって、実際には決定税額よりもかなり高くなる(およそ5-10%高くなる)ことが多い実質的な徴収税額ではない。[10] またこの列に示されている数字は、「本来の税額」(すなわち、課税所得に所得税率を適用したあとの課税額の総合計)だけでなく、場合によっては追徴金、税額軽減、例外的増税なども考慮されているという意味での「総」税額である(後出の表A-3を参照。構成上、表A-2の列(8)は表A-3の列(7)と同じ数値である)。反対に、列(5)では、比例税率によるキャピタルゲインへの課税のような、所得税に関連して比例税として支払われた税額は考慮に入れていない。[11] 一般に、表A-1に転載されている所得区分別の納税者数や課税所得額の合計に関する統計データ、また表A-2に転載されているさ

---

10 1970-1996年の決定税額と実際の徴収税額との比較についてはピケティ(1998年、表2-4、p.25)を参照のこと。決定税額(表A-2の列(5)を参照)と徴収税額の総計(1900-1930年代の所得税については『S&EF』「増補版」第175号〔1963年7月〕p.965、1930-1960年代の所得税については『S&EF』第144号〔1960年12月〕p.1834を参照)の比較をすると、所得税が初めて適用された当初からすでにその差がおよそ5-10%だったと推測できる。しかしながら、徴収税額と決定税額の差は、とりわけインフレが激しかった時期については安易に比較できるものではないことを強調する必要がある。なぜなら、徴収税額の統計は、特定の年度中に納付された徴収税額を一つの数字にまとめたものであるために、前年の所得に対する税額とさらにその前の年の所得に対する税額とを正確に区別することができないからだ。一般に、徴収税額の統計は十分でないことが多いため(徴収税額は、課税所得の水準別または納税者のタイプ別の分布についてはなんの記載もないまま、一括して財務省の国庫に納められている。1996年までは、徴収税額の受領手続きにおいて、所得税として納付された徴収税額と課税台帳に基づいて徴収されるその他の税金として納付された徴収税額〔住民税など〕とを区別することさえできていなかった。そのため、徴収税額の分布に関する集計は、課税台帳に記された決定税額に基づいて、形式的に行なわれていたにすぎない)、本書では、課税台帳の決定税額の統計のみを利用した。

11 表A-2の列(5)に記されている数字と、ピケティ(1998年、表2-4、p.25)に記されている数字の誤差が小さいのはそのためで、ピケティの数値には1979年から1996年の期間については比例課税のキャピタルゲインが含まれている。そのうえ、1982-1998年の所得についてここに示されている純税額は、『Etats 1921』の表III(課税世帯)にある本来の税額、延滞税、税額軽減、タックスクレジット/配当税還付金および税の減免などの合計額から求めたもので、例外的な農業収益、比例課税のキャピタルゲイン、1%税など、ピケティの論文で考慮されている項目(1998年、表2-4、p.25)はいっさい考慮されていない(後出の表A-3のデータ解析を参照)。

まざまな統計データは、累進所得税の通常の課税方式（すなわち、1945年以降の家族係数制度に基づく累進税率で包括所得に課税する方式）だけが対象とされている。したがって、これらの表に「個別の決定税額」、「特別課税」（すなわち、年度中に納税者が死亡した場合に実施される課税、国際協定の枠内で実施された課税など）、「非合法報酬」、「比例税を課せられるキャピタルゲインの総額」などに相当する行が含まれていた場合、税務当局の公表した「分布」表からそれらの行を除外した。後述する、比例税を課せられるキャピタルゲインを除き（後出の第3節を参照）、これらの特殊な各課税方式では、税法の変遷や税務当局による統計作業の変化に応じて統計データが現われたり消えたりするだけでなく、通常は課税件数も課税額の合計も微々たるものなので、無視しても差し支えない。[12]

表A-2の列(6)を見ると、国民経済計算のデータ情報から知ることができる世帯全体（課税世帯と非課税世帯を合わせた）の課税対象所得の推移がわかる（付録G第1節を参照。表A-2の列(6)には表G-2の列(4)がそのまま転載されている）。

列(7)の数値は、1915-1998年の所得課税について世帯全体（課税世帯と非課税世帯）の累進所得税の平均税率を求めるために、列(5)の数値を列(6)の数値で除したものである。

表A-2の列(8)(9)(10)からは、「純」税額（つまり、場合によってはありえる特別増税または特別減税を考慮する前の総税額）から総税額を算出する過程がわ

12　このように、無視したり、数値の合計から差し引いたりした特殊な課税方式の中から、以下にいくつかの例を挙げよう。1931-1933年の所得について作成された「分布」表では、総税額の計算上「死亡時に支払うべき査定税額」が含まれているが、これは総税額の1%未満にすぎない。1934-1936年の所得に関する「分布」表では、各所得区分のあとに（おそらく死亡時に、または国際協定で実施された特別課税を集めた）「個別の決定税額」という行が含まれている（該当する課税納税者数および課税所得は、通常の課税方式で課税された納税者数および課税所得の1%未満）。戦後は、税務当局の公表した「分布」表に「非合法報酬」（1947年以降の所得）、「特別課税」（1949年以降の所得）、「比例課税のキャピタルゲイン」（1959年以降の所得）に相当する行が見られる（1966年以降の所得は、「19○○年の所得税」という『S&EF』の記事に掲載された「分布」表では通常の課税方式のみが扱われ〔『Etats 1921』に記されている1982年以降の所得に関する「分布」表も同様である〕、特別の課税方式に関する情報は表とは別に記事の中で〔または1982年以降の所得について本書で用いている『Etats 1921』の「表III」の中で〕説明されている）。1947-1972年の所得については（この期間は税務当局の公表したデータは「機械処理で作成された課税台帳」のみに基づいているので、特別の課税方式による数値は統計データから得たものである）、「非合法報酬」として課税された所得（ある企業が身元のはっきりしない相手に支払った報酬のことで、これらの所得は累進所得税率の最高限界税率と同じ比例税率で課税されている）の件数および所得額の合計が通常の税制度で課税された納税者数および課税所得額の合計の0.01%を超えるケースは一つもない。1949-1964年の所得については、「特別課税」された件数と総額が通常の課税方式の0.1-0.2%を超えるケースは一つもない（1965年以降は、該当する税額の合計しか知ることができないが、その数値はたいてい似たようなものである）。キャピタルゲインに関する統計は別に分析する（後出の第3節を参照）。

かる（理論上、総税額（列(5)）は特別増税（列(9)）や特別減税（列(10)）がなければ純税額（列(8)）と等しい）。列(11)には特別増税の合計（場合によってはありえる特別減税を差し引いた）が純税額に対するパーセンテージで示されている。表A-2に転載されている決定税額と純税額、増税、減税、そして総税額との関係の分析は、表A-3に転載されている純税額の分析と同様に、税務当局が公表した「分布」表におおむね記載されている。[13] 1923-1925年の所得に適用された重付加税は、原則として税の例外的増額に含まれるべきだが、当時の税務当局は該当する「分布」表の「本来の税額」の列の中に組み入れている。本付録でもこの重付加税を増税としてではなく、純税額（列(8)）に計上したのはそのためだ。原則として、1915年以降の所得税の歴史に次々と出現したその他のすべての「例外的」増税と減税（すなわち、税率表に組み込まれて、原則的に継続される変更とは対照的に立法府によって発表されたすべての増税または減税）は、表A-2の列(9)と(10)に含まれている。ただし、原則として数年先に納税者に返還される予定の特別増税は例外であり、それらは、税務統計上は税金としてではなく、「強制国債」として処理されている。[14]

表A-3を見ると、本来の税額から、追徴金、税額軽減、独身者と子供のいない夫婦に適用される増税（1919-1938年の所得に適用された）、タックスクレジットおよびその他の配当税還付金（1960年の所得以降の「分布」表に見られる）、[15] そして税の減免（1959-1972年の所得課税、次いで1983年以降の所得課税に再度適用されている）などが考慮されながら純税額に至るまでの推移がわかる。理論上、純税額（列(7)）は、追徴金や独身者と子供のいない夫婦に適用される増税（列(2)および(4)）を加算し、税額軽減、タックスクレジット、税の減免（列(3)(5)(6)）を差し引いた本来の税額（列(1)）[16]に等しい。表A-3の列(8)-(13)は、

13 1919-1965年の所得に関するすべての「分布」表には、税額計算に関係する各項目（増税、追徴金など）が別に記されている。私たちが見落としていないかぎり、記載がないのは1924年の所得に適用された過去にさかのぼる20%の増税（1925年12月4日法）だけで、これは、1924年の所得について作成された「分布」表に記載されていない。おそらく、法律の制定が遅すぎたためだろう（したがって、表A-2の列(9)には、1924年の所得に対する特別増税として該当する純税額の20%に相当する額、すなわち4億8800万フランを計上した。1926年10月発行の『BSLC』〔第100巻、p.694〕および1927年9月発行の『BSLC』〔第102巻、p.408〕に掲載された課税台帳の決定税額の全体報告を見ると、この増税が関係する課税台帳の税額はほとんどが1925年12月31日以前に決定され、その合計額は私たちが計上した合計額にきわめて近いことがわかる）。しかしながら、1966年以降の所得については、これらの項目は、「19〇〇年の所得税」というタイトルの『S&EF』の記事に掲載された「分布」表にはもはや記載されず（本来の税額だけが記載されている）、税額計算に関係する細目は表の説明文に示されている。（私たちが1982年以降の所得について利用している）『Etats 1921』でも「決定すべき純税額の計算にかかわる項目」というタイトルの「表III」の枠内で、これらの項目が別途説明されている。

14 第4章第4.3節の表4-6を参照（私たちは、表4-6に示されたすべての「特別増税」を考慮に入れている）。

列(2)-(7)の本来の税額（列(1)）に対するパーセンテージを表わしている。「追徴金」にはさまざまな項目が含まれ、その正式な名称は時代とともに変わるが（「延滞税」、「延滞利息」、「延滞加算税」など）、いずれも所得申告書の提出が期限より遅れたという事実にかかわるものだ[17]。これらの追徴金が本来の税額の1-2%以上になることは決してなく、第二次世界大戦以降は0.1%をかろうじて上まわる程度にすぎない（列(8)）。（家庭内雇用に対する税額軽減、海外県－海外領土への投資に対する税額軽減など）現在も適用されている「税の軽減」という概念は、1983年の所得課税から適用されるようになったために比較的新しい（この時期に包括所得に対するいくつかの控除措置が税額軽減措置に変更された）。このことが所得税導入以降1980年代初めまでは純税額が本来の税額のおよそ95-100%であった大きな理由である。1990年代末には、純税額は本来の税額のせいぜい85%にすぎない（列(13)）。つまり、それ以前の期間について列(3)に転載されている合計額には、時代に応じて比較的雑多な要素がかかわっている。1919-1933年の所得課税について列(3)に示されているのは、（1934年の所得課税以降は廃止された）扶養家族に対する軽減税額の合計で、それは平均して本来の税額の4%足らずである（列(9)）。1954-1955年の所得課税に適用された税額のわずかな軽減は、「投資貯蓄に対する税額軽減」制度にかかわるもので、この制度は法律上も統計上もすぐに姿を消している。1974-1978年の所得課税に適用された18-21歳の扶養家族に対する税額軽減も同様に短期間で廃止され、該当する合計額は列(3)に転載されている。1959-1971年の所得について列(3)に転載さ

15　タックスクレジットは1959年の所得について作成された「分布」表にも見られるが、その合計額は軽減税額の合計から切り離されていない。そこで、全体の数値を列(3)に転載した。『Etats 1921』の「表III」の中の1987年の所得課税に関するデータの中のタックスクレジットと配当税還付金の数値は極端に低いように思われる。なぜなら、3億6200万フランは本来の税額の合計の0.1%をやや上まわる数値だが、1987年前後のほかのどの年度もタックスクレジットと配当税還付金の合計は本来の税額の合計の3-4%前後となっているからだ。これはおそらく『Etats 1921』の表の記入ミスだと思われるため、1987年のタックスクレジットと配当税還付金の合計額が本来の税額の合計の3.5%、つまり1986年の該当合計額と1988年の該当合計額の中間に相当するレベルだったと推測し、修正した（表A-3を参照）。タックスクレジットと配当税還付金に対するこのような上方修正にともない、純税額（表A-3の列(7)および表A-2の列(8)）と決定税額の総計（表A-2の列(5)）を（わずかに）下方修正することになった（私たちがこのような修正をしたのは、これだけである）。

16　しかしながら、1959-1971年の所得については、純税額と本来の税額の比率（列(14)）を計算する際に本来の税額（列(1)）から軽減税額を差し引いている。なぜなら、これらの年度の税額軽減は少し特殊な性質を持っているからだ（後出参照）。

17　一般に、税額計算にかかわる各項目を示すために用いられている正式名称は頻繁に変わっているため（統計データが公表されたのちに変更されることもある）、正式名称の変化を時系列で並べようとするのは無駄だと思われる。とくに、本書で使用している「純」税額や「総」税額という言い方は、持続的な正式名称ではない（反対に、「本来の税額」という言い方は所得税の導入以来変わっていない）。

れている合計額は、すべての給与所得と退職者年金に対する5%の軽減税額に相当する（1970-1971年は3%）。これは厳密にいえば税額軽減ではない（この軽減は大部分の課税所得に適用されており、むしろ、その他の所得に税率の引き上げが適用されたと見なすほうがより正確であるように思われる）。列(13)に転載された純税額と本来の税額との比率を計算する際に、本来の税額の合計からはこの額を差し引いているのはそのためである。

表 A-2：課税対象世帯数、課税所得および総税額（1915-1998 年の所得）

	(1) 課税世帯数	(2) 課税対象世帯総数	(3) 課税世帯の割合(%)	(4) 課税世帯の課税所得	(5) 決定税額総計	(6) 課税対象所得総計	(7) 税額／課税対象所得(%)	(8) 決定された純税額	(9) 増　税	(10) 減　税	(11) 増税・減税／純税額(%)	(12) 平均最高税率
1915	260,038	15,249,090	1.7	5,151,098	48,445	27,431,441	0.2					2.0
1916	474,077	15,204,616	3.1	7,551,168	252,611	30,605,949	0.8					10.0
1917	593,861	15,160,142	3.9	9,517,096	565,847	39,037,008	1.4					20.0
1918	688,829	15,115,668	4.6	10,756,000	584,244	48,030,496	1.2					20.0
1919	541,202	15,071,194	3.6	14,447,326	1,142,613	61,650,813	1.9	1,142,613	0	0	0.0	62.5
1920	977,344	15,026,720	6.5	21,875,246	1,503,655	82,890,000	1.8	1,503,655	0	0	0.0	62.5
1921	1,119,330	15,323,122	7.3	22,846,216	1,271,527	86,055,000	1.5	1,271,527	0	0	0.0	62.5
1922	1,026,656	15,452,521	6.6	24,491,597	1,524,461	89,235,000	1.7	1,524,461	0	0	0.0	62.5
1923	1,201,285	15,608,585	7.7	29,931,431	2,352,458	99,535,000	2.4	2,352,458	0	0	0.0	75.0
1924	1,487,828	15,802,738	9.4	35,651,809	2,926,448	115,730,000	2.5	2,438,707	487,741	0	20.0	90.0
1925	1,938,597	16,000,924	12.1	44,788,765	2,849,869	125,995,000	2.3	2,849,869	0	0	0.0	75.0
1926	2,588,650	16,146,572	16.0	58,846,295	2,035,303	148,840,000	1.4	2,035,303	0	0	0.0	37.5
1927	2,901,966	16,253,637	17.9	64,641,511	2,108,318	150,455,000	1.4	2,108,318	0	0	0.0	37.5
1928	1,984,952	16,347,018	12.1	58,979,919	2,527,049	161,760,000	1.6	2,527,049	0	0	0.0	41.7
1929	1,923,270	16,454,096	11.7	59,534,613	2,394,505	175,880,000	1.4	2,394,505	0	0	0.0	41.7
1930	2,150,390	16,555,933	13.0	64,139,364	2,280,945	182,120,000	1.3	2,280,945	0	0	0.0	41.7
1931	2,080,164	16,728,728	12.4	59,823,608	1,835,105	170,960,000	1.1	1,835,105	0	0	0.0	41.7
1932	1,922,170	16,767,239	11.5	54,982,129	1,709,180	153,575,000	1.1	1,553,584	155,596	0	10.0	45.8
1933	1,920,408	16,810,401	11.4	54,658,918	1,647,497	147,410,000	1.1	1,497,725	149,773	0	10.0	45.8
1934	1,744,947	16,836,610	10.4	49,089,975	1,164,626	136,920,000	0.9	1,028,668	135,957	0	13.2	42.0
1935	1,632,799	16,873,981	9.7	46,565,827	1,296,520	131,520,000	1.0	1,017,725	278,795	0	27.4	50.4
1936	1,638,759	16,888,969	9.7	48,721,139	2,041,267	147,280,000	1.4	1,708,510	332,757	0	19.5	62.4
1937	2,287,732	16,899,312	13.5	66,853,812	2,952,400	176,940,000	1.7	2,733,736	218,663	0	8.0	67.4
1938	2,795,473	16,915,410	16.5	80,820,586	3,328,988	196,300,000	1.7	2,496,745	832,243	0	33.3	69.3
1939	2,102,618	16,172,289	13.0	64,758,359	3,128,644	199,761,573	1.6	2,346,479	782,165	0	33.3	80.0
1940	1,882,830	16,229,112	11.6	56,530,525	2,236,666	181,740,305	1.2	1,677,496	559,170	0	33.3	80.0
1941	2,732,864	15,368,132	17.8	85,899,147	4,199,311	217,953,496	1.9	2,799,500	1,399,811	0	50.0	90.0
1942	3,838,496	15,371,958	25.0	126,376,154	5,637,847	292,593,566	1.9	5,637,847	0	0	0.0	90.0
1943	2,045,270	15,276,624	13.4	105,892,953	5,762,510	361,750,000	1.6	5,762,510	0	0	0.0	90.0
1944	2,780,051	15,088,563	18.4	142,291,886	6,355,635	439,094,699	1.4	6,355,635	0	0	0.0	90.0
1945	1,539,350	15,138,382	10.2	171,829,681	11,976,197	791,124,413	1.5	11,976,197	0	0	0.0	70.0
1946	4,148,833	16,535,848	25.1	565,490,749	42,884,918	1,343,522,207	3.2	42,884,918	0	0	0.0	70.0
1947	1,486,453	16,648,052	8.9	414,936,125	35,495,655	1,774,515,822	2.0	29,877,294	5,618,360	0	18.8	84.0
1948	2,690,223	16,817,525	16.0	953,623,740	64,162,703	3,015,130,000	2.1	64,162,703	0	0	0.0	70.0
1949	3,413,214	16,961,530	20.1	1,423,478,538	101,410,663	3,843,486,000	2.6	101,410,663	0	0	0.0	70.0

表A-2（続き）

	(1) 課税世帯数	(2) 課税対象世帯総数	(3) 課税世帯の割合(%)	(4) 課税世帯の課税所得	(5) 決定税額総計	(6) 課税対象所得総計	(7) 税額／課税対象所得(%)	(8) 決定された純税額	(9) 増　税	(10) 減　税	(11) 増税・減税／純税額(%)	(12) 平均最高税率
1950	2,982,086	17,077,292	17.5	1,517,700,000	110,598,787	4,489,101,949	2.5	110,598,787	0	0	0.0	70.0
1951	2,551,763	17,204,642	14.8	1,741,411,000	137,888,298	5,629,034,001	2.4	137,888,298	0	0	0.0	70.0
1952	3,370,199	17,302,224	19.5	2,430,399,000	200,652,386	6,621,644,572	3.0	200,652,386	0	0	0.0	70.0
1953	3,095,169	17,410,185	17.8	2,243,149,000	168,777,492	6,848,094,962	2.5	168,777,492	0	0	0.0	70.0
1954	3,142,439	17,497,477	18.0	2,325,566,000	178,626,942	7,319,180,359	2.4	178,626,942	0	0	0.0	70.0
1955	3,764,936	17,647,343	21.3	2,865,979,000	246,295,000	7,938,345,468	3.1	225,689,000	20,606,000	0	9.1	77.0
1956	4,400,880	17,820,252	24.7	3,449,380,000	305,135,891	8,792,361,299	3.5	279,561,522	25,574,369	0	9.1	77.0
1957	4,430,176	18,006,842	24.6	3,963,875,000	392,637,925	9,882,837,561	4.0	359,300,732	33,337,193	0	9.3	77.0
1958	4,984,390	18,223,086	27.4	4,809,532,000	496,742,468	11,382,260,704	4.4	454,314,676	42,427,792	0	9.3	77.0
1959	5,044,969	18,418,174	27.4	4,992,646,900	633,644,700	12,213,662,538	5.2	579,057,300	54,587,400	0	9.4	71.5
1960	5,455,992	18,612,827	29.3	57,076,201	7,133,206	135,989,062	5.2	6,486,484	646,722	0	10.0	71.5
1961	6,102,996	18,803,112	32.5	67,404,771	8,141,683	149,134,512	5.5	7,751,527	390,156	0	5.0	68.3
1962	6,751,651	19,026,155	35.5	78,833,308	9,589,663	169,728,470	5.7	9,266,308	323,355	0	3.5	68.3
1963	7,709,532	19,535,313	39.5	95,288,013	11,927,313	190,296,295	6.3	11,684,015	243,298	0	2.1	69.8
1964	8,361,863	19,803,518	42.2	110,625,658	13,813,441	209,238,868	6.6	13,564,503	248,938	0	1.8	68.3
1965	8,572,756	20,017,681	42.8	122,046,887	15,474,221	226,252,583	6.8	15,205,451	268,770	0	1.8	68.3
1966	8,955,194	20,165,511	44.4	133,214,734	16,330,389	244,668,064	6.7	16,916,831	0	586,442	-3.5	70.0
1967	9,591,039	20,324,303	47.2	148,350,809	19,959,456	266,955,524	7.5	19,333,275	2,023,564	1,397,383	3.2	81.3
1968	10,480,338	20,454,008	51.2	166,686,955	22,447,583	294,701,675	7.6	22,009,602	1,411,488	973,507	2.0	74.8
1969	10,503,244	20,734,258	50.7	184,632,843	24,510,852	332,616,395	7.4	24,710,802	814,225	1,014,175	-0.8	69.9
1970	10,513,119	21,033,070	50.0	206,267,912	26,807,441	380,778,445	7.0	27,552,224	302,058	1,046,841	-2.7	64.9
1971	11,019,782	21,354,803	51.6	235,238,957	31,217,002	423,531,809	7.4	32,099,122	228,131	1,110,251	-2.7	64.3
1972	11,502,269	21,652,870	53.1	265,369,287	34,565,638	474,150,487	7.3	35,763,769	0	1,198,131	-3.4	60.0
1973	12,092,270	21,921,094	55.2	313,432,249	41,657,404	537,081,325	7.8	41,657,404	0	0	0.0	60.0
1974	12,767,947	22,160,611	57.6	374,844,200	49,832,052	629,321,999	7.9	49,832,052	0	0	0.0	60.0
1975	13,494,548	22,363,835	60.3	448,653,458	61,315,641	729,240,582	8.4	61,315,641	0	0	0.0	60.0
1976	14,242,603	22,497,021	63.3	527,597,705	74,722,658	841,856,959	8.9	74,722,658	0	0	0.0	60.0
1977	14,007,405	22,709,252	61.7	576,680,472	82,937,061	963,597,959	8.6	82,937,061	0	0	0.0	60.0
1978	14,564,035	22,938,934	63.5	663,561,892	97,377,773	1,103,768,250	8.8	97,377,773	0	0	0.0	60.0
1979	15,000,673	23,186,245	64.7	755,393,800	112,826,330	1,260,598,726	9.0	112,826,330	0	0	0.0	60.0
1980	15,289,641	23,457,373	65.2	866,335,263	131,468,753	1,446,405,205	9.1	127,808,530	3,660,223	0	2.9	75.0
1981	15,056,169	23,749,607	63.4	995,563,890	154,453,971	1,661,519,650	9.3	148,785,948	5,668,023	0	3.8	66.0
1982	15,308,540	24,042,665	63.7	1,125,249,422	170,908,464	1,899,949,686	9.0	167,308,992	3,599,471	0	2.2	69.6
1983	15,242,012	24,282,961	62.8	1,262,464,876	191,281,290	2,098,515,655	9.1	182,932,327	8,348,964	0	4.6	70.2
1984	15,209,530	24,572,248	61.9	1,352,028,172	193,088,111	2,256,809,378	8.6	194,761,905	2,899,588	4,573,381	-0.9	67.0
1985	15,252,320	25,143,729	60.7	1,447,554,505	202,570,321	2,418,035,007	8.4	210,854,906	0	8,284,585	-3.9	65.0
1986	13,314,101	25,534,326	52.1	1,409,645,000	206,073,159	2,556,531,429	8.1	220,628,086	0	14,554,927	-6.6	58.0
1987	13,368,628	26,341,302	50.8	1,466,613,000	208,328,509	2,697,435,714	7.7	222,826,524	0	14,498,015	-6.5	56.8
1988	13,470,354	26,791,368	50.3	1,536,160,000	220,550,055	2,835,974,286	7.8	235,684,720	0	15,134,664	-6.4	56.8
1989	13,881,932	27,360,033	50.7	1,647,683,000	243,083,693	3,016,377,143	8.1	259,437,286	0	16,353,594	-6.3	56.8
1990	14,296,524	28,029,464	51.0	1,767,665,000	265,951,166	3,215,488,571	8.3	283,539,031	0	17,587,864	-6.2	56.8
1991	14,642,747	28,606,643	51.2	1,857,505,000	274,320,979	3,369,292,857	8.1	292,897,385	0	18,576,405	-6.3	56.8
1992	14,753,713	29,052,122	50.8	1,911,147,000	274,004,694	3,478,377,143	7.9	292,798,118	0	18,793,423	-6.4	56.8
1993	14,907,267	29,558,170	50.4	1,956,012,000	258,324,292	3,555,692,857	7.3	258,324,292	0	0	0.0	56.8
1994	14,990,137	30,038,236	49.9	1,998,301,000	262,188,401	3,634,712,857	7.2	262,188,401	0	0	0.0	56.8
1995	15,474,244	30,585,130	50.6	2,081,153,685	270,150,898	3,753,575,251	7.2	270,150,898	0	0	0.0	56.8
1996	15,181,132	31,133,527	48.8	2,091,120,959	247,649,192	3,878,267,084	6.4	247,649,192	0	0	0.0	54.0
1997	15,680,354	31,537,615	49.7	2,172,151,713	259,281,017	3,974,653,268	6.5	258,160,088	0	0	0.0	54.0
1998	17,007,262	32,250,906	52.7	2,336,986,814	281,047,686	4,133,639,399	6.8	278,265,035	0	0	0.0	54.0

情報源および解説：列(1)-(11)：付録A第1.3節を参照。列(12)：第4章第4.3節図4-1を参照。

表 A-3：本来の税額から純税額が算出されるプロセス（1919-1998 年の所得）

	(1) 本来の税額	(2) 追徴金（延滞）	(3) 軽減税額	(4) 子供のいない夫婦に対する増税	(5) タックスクレジット	(6) 税の減免	(7) 決定された純税額	(8) 列(1)に対する列(2)―(7)までの数値のパーセンテージ(%)	(9)	(10)	(11)	(12)	(13)
1919	1,128,385	19,223	39,642	34,646	0	0	1,142,613	1.7	3.5	3.1	0.0	0.0	101.3
1920	1,471,535	41,129	50,182	41,173	0	0	1,503,655	2.8	3.4	2.8	0.0	0.0	102.2
1921	1,268,053	12,839	45,440	36,074	0	0	1,271,527	1.0	3.6	2.8	0.0	0.0	100.3
1922	1,527,708	10,582	53,512	39,683	0	0	1,524,461	0.7	3.5	2.6	0.0	0.0	99.8
1923	2,371,867	7,246	79,193	52,538	0	0	2,352,458	0.3	3.3	2.2	0.0	0.0	99.2
1924	2,452,363	16,644	93,048	62,747	0	0	2,438,707	0.7	3.8	2.6	0.0	0.0	99.4
1925	2,874,785	14,886	102,747	62,944	0	0	2,849,869	0.5	3.6	2.2	0.0	0.0	99.1
1926	2,040,982	17,133	78,052	55,239	0	0	2,035,303	0.8	3.8	2.7	0.0	0.0	99.7
1927	2,112,471	17,916	79,064	56,995	0	0	2,108,318	0.8	3.7	2.7	0.0	0.0	99.8
1928	2,535,206	14,546	87,530	64,827	0	0	2,527,049	0.6	3.5	2.6	0.0	0.0	99.7
1929	2,411,419	12,860	92,074	62,300	0	0	2,394,505	0.5	3.8	2.6	0.0	0.0	99.3
1930	2,301,028	11,642	89,957	58,232	0	0	2,280,945	0.5	3.9	2.5	0.0	0.0	99.1
1931	1,851,651	9,281	74,593	48,766	0	0	1,835,105	0.5	4.0	2.6	0.0	0.0	99.1
1932	1,569,792	6,367	63,142	40,566	0	0	1,553,584	0.4	4.0	2.6	0.0	0.0	99.0
1933	1,512,615	6,172	59,943	38,880	0	0	1,497,725	0.4	4.0	2.6	0.0	0.0	99.0
1934	967,711	3,605	0	57,352	0	0	1,028,668	0.4	0.0	5.9	0.0	0.0	106.3
1935	958,517	3,816	0	55,392	0	0	1,017,725	0.4	0.0	5.8	0.0	0.0	106.2
1936	1,643,180	5,515	0	59,815	0	0	1,708,510	0.3	0.0	3.6	0.0	0.0	104.0
1937	2,628,100	8,909	0	96,727	0	0	2,733,736	0.3	0.0	3.7	0.0	0.0	104.0
1938	2,393,243	12,768	0	90,734	0	0	2,496,745	0.5	0.0	3.8	0.0	0.0	104.3
1939	2,340,336	6,143	0	0	0	0	2,346,479	0.3	0.0	0.0	0.0	0.0	100.3
1940	1,669,797	7,699	0	0	0	0	1,677,496	0.5	0.0	0.0	0.0	0.0	100.5
1941	2,786,085	13,415	0	0	0	0	2,799,500	0.5	0.0	0.0	0.0	0.0	100.5
1942	5,578,576	59,271	0	0	0	0	5,637,847	1.1	0.0	0.0	0.0	0.0	101.1
1943	5,701,362	61,148	0	0	0	0	5,762,510	1.1	0.0	0.0	0.0	0.0	101.1
1944	6,270,774	84,860	0	0	0	0	6,355,635	1.4	0.0	0.0	0.0	0.0	101.4
1945	11,816,489	159,709	0	0	0	0	11,976,197	1.4	0.0	0.0	0.0	0.0	101.4
1946	42,036,817	848,100	0	0	0	0	42,884,918	2.0	0.0	0.0	0.0	0.0	102.0
1947	29,877,294	0	0	0	0	0	29,877,294	0.0	0.0	0.0	0.0	0.0	100.0
1948	64,162,703	0	0	0	0	0	64,162,703	0.0	0.0	0.0	0.0	0.0	100.0
1949	101,410,663	0	0	0	0	0	101,410,663	0.0	0.0	0.0	0.0	0.0	100.0
1950	110,140,514	458,273	0	0	0	0	110,598,787	0.4	0.0	0.0	0.0	0.0	100.4
1951	137,458,428	429,870	0	0	0	0	137,888,298	0.3	0.0	0.0	0.0	0.0	100.3
1952	199,852,565	799,821	0	0	0	0	200,652,386	0.4	0.0	0.0	0.0	0.0	100.4
1953	168,247,723	529,769	0	0	0	0	168,777,492	0.3	0.0	0.0	0.0	0.0	100.3
1954	179,344,900	162,993	880,951	0	0	0	178,626,942	0.1	0.5	0.0	0.0	0.0	99.6
1955	226,006,000	237,000	554,000	0	0	0	225,689,000	0.1	0.2	0.0	0.0	0.0	99.9
1956	279,186,121	375,401	0	0	0	0	279,561,522	0.1	0.0	0.0	0.0	0.0	100.1
1957	358,865,596	435,046	0	0	0	0	359,300,732	0.1	0.0	0.0	0.0	0.0	100.1
1958	453,898,287	416,389	0	0	0	0	454,314,676	0.1	0.0	0.0	0.0	0.0	100.1
1959	761,715,900	559,500	171,965,200	0	0	11,252,900	579,057,300	0.1	22.6	0.0	0.0	1.5	98.2
1960	8,764,801	6,758	1,864,422	0	304,370	116,383	6,486,484	0.1	21.3	0.0	3.5	1.3	94.0
1961	10,551,423	7,311	2,227,268	0	376,936	203,003	7,751,527	0.1	21.1	0.0	3.6	1.9	93.1
1962	12,553,528	8,466	2,687,578	0	397,504	210,604	9,266,308	0.1	21.4	0.0	3.2	1.7	93.9
1963	15,664,203	4,898	3,333,112	0	433,673	218,301	11,684,015	0.0	21.3	0.0	2.8	1.4	94.8
1964	18,234,902	10,851	3,903,168	0	471,540	306,542	13,564,503	0.1	21.4	0.0	2.6	1.7	94.6
1965	20,471,027	11,971	4,273,663	0	630,555	373,329	15,205,451	0.1	20.9	0.0	3.1	1.8	93.9
1966	22,960,528	8,699	4,719,534	0	898,133	434,729	16,916,831	0.0	20.6	0.0	3.9	1.9	92.7
1967	26,163,889	11,709	5,261,691	0	1,127,897	452,736	19,333,275	0.0	20.1	0.0	4.3	1.7	92.5
1968	29,694,115	14,946	6,148,058	0	1,099,270	452,131	22,009,602	0.1	20.7	0.0	3.7	1.5	93.5
1969	33,410,007	15,886	6,985,496	0	1,151,413	578,181	24,710,802	0.0	20.9	0.0	3.4	1.7	93.5
1970	34,207,921	22,558	4,802,031	0	1,291,742	584,482	27,552,224	0.1	14.0	0.0	3.8	1.7	93.7
1971	39,933,537	23,133	5,873,407	0	1,415,186	568,955	32,099,122	0.1	14.7	0.0	3.5	1.4	94.2
1972	37,783,103	43,611	0	0	1,545,578	517,368	35,763,769	0.1	0.0	0.0	4.1	1.4	94.7
1973	43,374,445	19,185	0	0	1,736,227	0	41,657,404	0.0	0.0	0.0	4.0	0.0	96.0

表A-3（続き）

	(1) 本来の税額	(2) 追徴金（延滞）	(3) 軽減税額	(4) 子供のいない夫婦に対する増税	(5) タックスクレジット	(6) 税の減免	(7) 決定された純税額	(8)	(9)	(10)	(11)	(12)	(13)
								列(1)に対する列(2)―(7)までの数値のパーセンテージ(%)					
1975	63,594,867	30,693	115,662	0	2,194,258	0	61,315,641	0.0	0.2	0.0	3.5	0.0	96.4
1976	77,271,678	35,339	149,935	0	2,434,424	0	74,722,658	0.0	0.2	0.0	3.2	0.0	96.7
1977	85,747,679	52,834	154,200	0	2,709,252	0	82,937,061	0.1	0.2	0.0	3.2	0.0	96.7
1978	100,564,814	55,056	199,013	0	3,043,084	0	97,377,773	0.1	0.2	0.0	3.0	0.0	96.8
1979	116,395,876	63,952	0	0	3,633,498	0	112,826,330	0.1	0.0	0.0	3.1	0.0	96.9
1980	132,101,670	79,433	0	0	4,372,673	0	127,808,530	0.1	0.0	0.0	3.3	0.0	96.8
1981	154,603,723	91,552	0	0	5,909,327	0	148,785,948	0.1	0.0	0.0	3.8	0.0	96.2
1982	172,434,654	96,242	0	0	5,221,904	0	167,308,992	0.1	0.0	0.0	3.0	0.0	97.0
1983	199,395,078	117,307	10,322,676	0	5,099,723	1,157,659	182,932,327	0.1	5.2	0.0	2.6	0.6	91.7
1984	213,235,622	96,434	11,410,047	0	5,887,528	1,272,577	194,761,905	0.0	5.4	0.0	2.8	0.6	91.3
1985	232,002,362	82,689	13,325,126	0	6,534,131	1,370,886	210,854,906	0.0	5.7	0.0	2.8	0.6	90.9
1986	244,824,116	100,950	13,579,511	0	7,397,584	3,319,885	220,628,086	0.0	5.5	0.0	3.0	1.4	90.1
1987	248,407,528	272,522	13,751,949	0	8,694,263	3,407,314	222,826,524	0.1	5.5	0.0	3.5	1.4	89.7
1988	265,767,047	197,858	15,776,196	0	10,997,575	3,506,414	235,684,720	0.1	5.9	0.0	4.1	1.3	88.7
1989	291,846,810	241,174	16,151,511	0	12,849,201	3,649,985	259,437,286	0.1	5.5	0.0	4.4	1.3	88.9
1990	315,833,110	197,205	17,425,495	0	13,480,563	1,585,226	283,539,031	0.1	5.5	0.0	4.3	0.5	89.8
1991	329,206,883	193,573	18,859,648	0	13,686,417	3,957,007	292,897,385	0.1	5.7	0.0	4.2	1.2	89.0
1992	334,532,575	195,580	24,719,209	0	13,307,689	3,903,139	292,798,118	0.1	7.4	0.0	4.0	1.2	87.5
1993	300,308,482	222,603	25,542,958	0	13,990,693	2,673,142	258,324,292	0.1	8.5	0.0	4.7	0.9	86.0
1994	307,333,246	243,954	26,887,151	0	15,805,392	2,696,256	262,188,401	0.1	8.7	0.0	5.1	0.9	85.3
1995	320,563,769	409,709	29,419,312	0	18,512,569	2,890,699	270,150,898	0.1	9.2	0.0	5.8	0.9	84.3
1996	296,828,318	424,366	28,648,251	0	19,238,181	1,717,060	247,649,192	0.1	9.7	0.0	6.5	0.6	83.4
1997	310,768,434	79,172	28,328,339	0	21,267,772	1,970,478	259,281,017	0.0	9.1	0.0	6.8	0.6	83.4
1998	336,857,477	85,818	30,706,506	0	23,053,204	2,135,900	281,047,686	0.0	9.1	0.0	6.8	0.6	83.4

情報源および解説：付録A第1.3節を参照。

表A-3は1919-1998年の所得課税のみが対象とされている。1915-1918年の所得課税にはすでに扶養家族のための税額軽減制度が適用されているが、これらの年に該当する「分布」表には税額計算にかかわる項目の列が一つもない。そこで表A-2には、税務当局が公表した決定税額の全体報告書から知ることができる1915-1918年の所得に対する決定税額の総計を示すにとどめた（後出の第1.5節を参照。1998年の所得についてはすべての数値に1%だけ加算した（後出の第1.5節を参照）。[18]

1.4　「分布」表が掲載されている刊行物の出典

表A-1に転載した「分布」表の正確な出典を表A-4に示した。全般的に、所得

18　1997-1998年については、『Etats 1921』の「表III」で提供された、以前の年度の総税額に関する詳細情報では入手できない。したがって、私たちは以下の手順で処理した。まず、表A-3の列(1)に『Etats 1921』の「表IIA」にある本来の税額の総計を記し、列(8)から(13)までは、入手できた最新版の「表III」（すなわち、1997年の所得に関する暫定的な「表III」〔1998年12月31日作成〕）にある数値と同じであると想定した。列(2)-(7)は、列(1)および列(8)-(13)までの数値から計算した。

申告に基づいて税務当局が作成したほとんどの統計表は、19世紀以降に相次いで出版された財務省の各種統計要覧、たとえば1877年から1940年にかけて刊行された『BSLC（統計比較法要覧）』、1947年と1948年に刊行された『BSMF（財務省統計要覧）』そして1949年から1985年にかけて刊行された『S&EF（統計および財務調査）』に掲載されている。[19] これらの刊行物はそれぞれ、ある程度の規模の図書館であればどこでも閲覧できる。『S&EF』はたいていどの大学図書館にもあるが、『BSLC』の全巻がそろっている図書館はそれほど多くはない。2年間（1947-1948年）だけ刊行された『BSMF』については収蔵していない図書館が多い。[20] 1980年代初め以降は、税務当局が作成した統計表はどこにも公表されていないものの、関心がある場合には税務当局に問い合わせることで誰でも入手できる（後出参照）。また財務省は1889年から1975年にかけて『RSRID（直接税に関する統計資料）[21]』というタイトルの年鑑を刊行している。この年鑑の全巻コレクションはサヴィニー＝ル＝タンプルにある財務省の経済・財務文書館局（SAEF）で閲覧できる。[22] 概して『RSRID』の各巻には、『BSLC』、『BSMF』または『S&EF』で毎年公表された統計表とまったく同じ統計表が転載されているだけのことが多く、その場合、本付録では、財務省の統計要覧（こちらのほうが閲覧が容易である）に掲載されている表の出典を記すにとどめた。『RSRID』に掲載されているが財務省の要覧には掲載されていない補足的な表は1923-1929年の所得について作成された「分布」表だけであり、この期間の所得については『BSLC』に掲載されている表の作成年よりあとに作成された表が『RSRID』に掲載されている（『RSRID』に掲載されている表の中で私たちが利用したこれらの表についてのみ、表A-4に出典を示した）。

表 A-4：さまざまな「分布」表が掲載されている刊行物の出典（1915-1998 年の所得）

所得の生じた年(n)	作成日/月/年	出典
1915年の所得	不確定	BSLC、1920年5月、第87巻p.766；BSLC、1921年10月、第90巻p.746
1916年の所得	不確定	BSLC、1920年5月、第87巻p.767；BSLC、1921年10月、第90巻p.747
1917年の所得	不確定	BSLC、1920年5月、第87巻p.767；BSLC、1921年10月、第90巻p.747

19　財務省はまた、1941-1947年に『BLC』を刊行しているが、『BSLC』とは異なり『BLC』には（そのタイトルが示すように）統計データが掲載されていない。

20　ユルム通りの高等師範学校文学部図書館での『BSMF』の整理番号は、HF er 1028 No.4（『S&EF』の整理番号は SG ep. 117 No.4、『BSLC』の整理番号はSG ep. 220 No.8）。

21　この年鑑の正式タイトルは、1889-1931年は『納税者および直接税等に関する統計資料』で、1932年以降は『直接税に関する統計資料』となった。本付録では、わかりやすいように、すべての期間についてあとのほうのタイトルとその略号を採用している。

22　SAEF（経済・財務文書館局）で閲覧できる『RSRID』の全巻コレクションでは、1916-1919年の期間中の巻だけが欠落している（おそらく第一次世界大戦のために刊行が中断されたのだろう）。一方、第二次世界大戦中は毎年刊行されており、それらの『RSRID』の巻はすべてSAEFの図書館に収蔵されている（「印刷記録文書/刊行物」のコレクションの一部で、厳密にはアーカイブとはいえない）。

表A-4（続き）

所得の生じた年(n)	作成日/月/年	出典
1918年の所得	不確定	BSLC、1921年4月、第89巻p.629; BSLC 、1921年10月、第90巻p.749
1919年の所得	不確定	BSLC、1921年10月、第90巻p.750
	30/4/n+3	BSLC、1923年3月、第93巻p.466-467
	28/2/n+4	BSLC、1924年1月、第95巻p.106-107
	31/12/n+4	BSLC、1925年1月、第97巻p.214-215
	31/12/n+5	BSLC、1925年11月、第98巻p.732-733
1920年の所得	30/4/n+2	BSLC、1923年3月、第93巻p.472-473
	28/2/n+3	BSLC、1924年1月、第95巻p.112-113
	31/12/n+3	BSLC、1925年1月、第97巻p.220-221
	31/12/n+4	BSLC、1925年11月、第98巻p.736-737
1921年の所得	28/2/n+2	BSLC、1924年1月、第95巻p.118-119
	31/12/n+2	BSLC、1925年1月、第97巻p.226-227
	31/12/n+3	BSLC、1925年11月、第98巻p.740-741
1922年の所得	31/12/n+1	BSLC、1925年1月、第97巻p.232-233
	31/12/n+2	BSLC、1925年11月、第98巻p.744-745
1923年の所得	31/12/n+1	BSLC、1925年11月、第98巻p.748-749
	31/12/n+2	RSRID、1926年、p.234-235
1924年の所得	31/12/n+1	BSLC、1926年10月、第100巻p.702-703
	31/12/n+2	RSRID、1927年、p.250-251
1925年の所得	31/12/n+1	BSLC、1927年9月、第102巻p.416-417
	31/12/n+2	RSRID、1928年、p.266-267
1926年の所得	31/12/n+1	BSLC、1928年10月、第104巻p.688-689
	31/12/n+2	RSRID、1929年、p.230-231
1927年の所得	31/12/n+1	BSLC、1929年9月、第106巻p.474-475
	31/3/n+3	RSRID、1930年、p.256-257
1928年の所得	31/3/n+2	BSLC、1930年9月、第108巻p.606-607
	31/3/n+3	RSRID、1931年、p.270-271
1929年の所得	31/3/n+2	BSLC、1931年12月、第110巻p.1020-1021
	31/3/n+3	RSRID、1931-1932年、p.48-49
1930年の所得	31/3/n+2	BSLC、1932年10月、第112巻p.720-721
1931年の所得	31/12/n+1	BSLC、1933年9月、第114巻p.588-589
1932年の所得	31/12/n+1	BSLC、1934年9月、第116巻p.618-619
1933年の所得	31/12/n+1	BSLC、1935年7月、第118巻p.26-27
1934年の所得	31/12/n+1	BSLC、1936年6月、第119巻p.1046-1047
1935年の所得	31/12/n+1	BSLC、1937年8月、第122巻p.288-289
1936年の所得	31/12/n+1	BSLC、1938年7-8月、第124巻p.36-37
1937年の所得	31/12/n+1	BSLC、1939年7-8月、第126巻p.66-67
1938年の所得	31/12/n+1	BSMF、第3号（1947年第3四半期）p.676-677
1939年の所得	31/12/n+1	BSMF、第3号（1947年第3四半期）p.696-697
1940年の所得	31/12/n+1	BSMF、第3号（1947年第3四半期）p.714-715
1941年の所得	31/12/n+1	BSMF、第3号（1947年第3四半期）p.732-733
1942年の所得	31/12/n+1	BSMF、第3号（1947年第3四半期）p.750-751
1943年の所得	31/12/n+1	BSMF、第3号（1947年第3四半期）p.768-769
1944年の所得	31/12/n+1	BSMF、第6号（1948年第2四半期）p.310-311
1945年の所得	31/12/n+1	BSMF、第6号（1948年第2四半期）p.338-341
1946年の所得	31/12/n+1	S&EF、第3号（1949年3月）p.198-202；S&EF、「増補版統計」第4号（1949年第4四半期）p.610-615
1947年の所得	31/12/n+1	S&EF、第8号（1949年8月）p.624-627；S&EF、「増補版統計」第7号（1950年第3四半期）p.574-577
1948年の所得	31/12/n+1	S&EF、第20-21号（1950年8-9月）p.628-631； S&EF、「増補版統計」第14号（1952年第2四半期）p.204-207
1949年の所得	31/12/n+1	S&EF、「増補版統計」第14号（1952年第2四半期）p.244-247； S&EF、第31号（1951年7月）p.636-639
1950年の所得	31/12/n+1	S&EF、「増補版フランスの財政」第18号（1953年第4四半期）p.346-349； S&EF、第46号（1952年10月）p.882-885
1951年分の所得	31/12/n+1	S&EF、「増補版フランスの財政」第21号（1954年第3四半期）p.98-101； S&EF、第57号（1963年9月）p.812-813
1952年の所得	31/12/n+1	S&EF、第67号（1954年7月）p.630-633
1953年の所得	31/12/n+1	S&EF、第80号（1955年8月）p.796-797
1954年の所得	31/12/n+1	S&EF、「増補版」第96号（1956年12月）p.1364-1367；S&EF、第93号（1956年9月）p.936-937
所得の生じた年(n)	作成日/月/年	出典

表 A-4（続き）

1955年の所得	31/12/n+1	S&EF、「増補版」第109号（1958年1月）p.40-43；S&EF、第106号（1957年10月）p.1096-1097
1956年の所得	31/12/n+1	S&EF、「増補版」第121号（1959年1月）p.42-45；S&EF、第116号（1958年8月）p.920-921
1957年の所得	31/12/n+1	S&EF、「増補版」第133号（1960年1月）p.42-45；S&EF、第131号（1959年11月）p.1372-1375
1958年の所得	31/12/n+1	S&EF、「増補版」第145号（1961年1月）p.44-47；S&EF、第143号（1960年11月）p.1230-1233
1959年の所得	31/12/n+1	S&EF、「増補版」第155号（1961年11月）p.1622-1625；S&EF、第155号（1961年11月）p.1386-1389
1960年の所得	31/12/n+1	S&EF、「増補版」第170号（1963年2月）p.386-389；S&EF、第168号（1962年12月）p.1408-1411
1961年の所得	31/12/n+1	S&EF、「増補版」第182号（1964年2月）p.192-195；S&EF、第179号（1963年11月）p.1378-1383
1962年の所得	31/12/n+1	S&EF、「増補版」第196号（1965年4月）p.608-611；S&EF、第193号（1965年1月）p.36-41
1963年の所得	31/12/n+1	S&EF、「増補版」第209号（1966年5月）p.754-757；S&EF、第207号（1966年3月）p.270-275
1964年の所得	31/12/n+1	S&EF、「増補版」第221号（1967年5月）p.566-569；S&EF、第221号（1967年5月）p.588-591
	31/3/n+2	S&EF、第221号（1967年5月）p.534-537
1965年の所得	31/12/n+1	S&EF、「増補版」第230号（1968年2月）p.378-381；S&EF、第238号（1968年10月）p.1038-1041
	31/3/n+2	S&EF、第238号（1968年10月）p.978-981
1966年の所得	31/12/n+1	S&EF、「増補版」第245号（1969年5月）p.48-53
	31/3/n+2	S&EF、第258号（1970年6月）p.68-71
1967年の所得	31/12/n+1	S&EF、「増補版」第258号（1970年6月）p.46-51
	31/3/n+2	S&EF、第263号（1970年11月）p.28-31
1968年の所得	31/12/n+1	S&EF、「青シリーズ」第270号（1971年6月）p.50-55
	31/3/n+2	S&EF、「赤シリーズ」第271-272号（1971年7-8月）p.74-77
1969年の所得	31/12/n+1	S&EF、「青シリーズ」第280号（1972年4月）p.48-53
	31/3/n+2	S&EF、「赤シリーズ」第283-284号（1972年7-8月）p.84-87
1970年の所得	31/12/n+1	S&EF、「青シリーズ」第297号（1973年9月）p.46-51
	31/3/n+2	S&EF、「赤シリーズ」第293号（1973年5月）p.98-101
1971年の所得	31/12/n+1	S&EF、「青シリーズ」第304号（1974年4月）p.46-51
	31/3/n+2	S&EF、「赤シリーズ」第309号（1974年9月）p.24-27
1972年の所得	31/3/n+2	S&EF、「赤シリーズ」第319-320号（1975年7-8月）p.22-25
1973年の所得	31/3/n+2	S&EF、「赤シリーズ」第328号（1976年4月）p.26-29
1974年の所得	31/3/n+2	S&EF、「赤シリーズ」第337号（1977年1月）p.28-31
1975年の所得	31/3/n+2	S&EF、「赤シリーズ」第353号（1978年5月）p.28-31
1976年の所得	31/3/n+2	S&EF、「赤シリーズ」第363-364-365号（1980年2月）p.160-163
1977年の所得	31/3/n+2	S&EF、「赤シリーズ」第371号（1980年9月）p.96-99
1978年の所得	31/3/n+2	S&EF、「赤シリーズ」第380号（1981年6月）p.81-83
1979年の所得	31/3/n+2	S&EF、「赤シリーズ」第390号（1983年）p.98-100
1980年の所得	31/3/n+2	S&EF、「赤シリーズ」第394号（1984年）p.40-42
1981年の所得	31/3/n+2	S&EF、「赤シリーズ」第394号（1984年）p.48-50
1982-1986年の所得	31/3/n+2	Etats 1921（n+2年3月31日作成）表IIA
1987-1997年の所得	31/12/n+2	Etats 1921（n+2年12月31日作成）表IIA
1998年の所得	31/12/n+1	Etats 1921（n+1年12月31日作成）表IIA

略号：**BSLC**：『統計比較法要覧』（財務省、月刊、1877-1940年）
BSMF：『財務省統計要覧』（財務省、四半期刊、1947-1948年）
S&EF：『統計および財務調査』（財務省、月刊、1949-1985年）
RSRID：『直接税に関する統計資料』（財務省、年刊、1889-1975年）
Etats 1921：税務当局（財務省）の統計調査・資料作成課（SESDO）が発行した統計報告書

解説：1919年の所得については、異なる五つの「分布」表が作成されている。第一の表は作成時期が不確定で、第二の表は1922年4月30日までに決定された税額が、第三の表は1923年2月28日までに決定された税額が、第四の表は1923年12月31日までに決定された税額が、第五の表は1924年12月31日までに決定された税額が考慮されている。第一の表は1921年10月の『BSLC』に掲載され、第二の表は1923年3月の『BSLC』に掲載されていることを意味している。

注記：(i) 複数の出典が記されているのは、同じ表が（まったく同じ数値で）複数回掲載されたことを意味する。
(ii) 本表では、『BSLC』、『BSMF』または『S&EF』のいずれにも掲載されていないデータに限り、『RSRID』の各巻に掲載された表の出典を示した。

表A-5：1919-1998年分の所得データについて入手した表および利用した表

所得の生じた年	入手した表（日/月/年）	利用した表（日/月/年）
1919年の所得	30/4/n+3, 28/2/n+4, 31/12/n+4および31/12/n+5	31/12/n+5
1920年の所得	30/4/n+2, 28/2/n+3, 31/12/n+3および31/12/n+4	31/12/n+4
1921年の所得	28/2/n+2, 31/12/n+2および31/12/n+3	31/12/n+3
1922-1926年の所得	31/12/n+1および31/12/n+2	31/12/n+2
1927 年の所得	31/12/n+1および31/3/n+3	31/3/n+3
1928-1929年の所得	31/3/n+2および31/3/n+3	31/3/n+3
1930年の所得	31/3/n+2	31/3/n+2
1931-1963年の所得	31/12/n+1	31/12/n+1
1964-1986年の所得	31/12/n+1および31/3/n+2	31/3/n+2
1987-1997年の所得	31/12/n+1および31/12/n+2	31/12/n+2
1998年の所得	31/12/n+1	31/12/n+1

解説：1919年の所得について作成された四つの表のうち（作成時期が不確定な表を除き、表A-4を参照）、本付録では1924年12月31日までに決定されたすべての税額を考慮して税務当局が作成した表を利用した。この表は、1925年11月号の『BSLC』に掲載されている（表A-4を参照）。全体としては、税務当局が作成し、表A-4に作成時期および該当する出典が示されている表のうち、最終版の表を常に利用した。とくに、表A-1に転載した未加工の表は常に作成時期が最新のものである。

現在、これらの財務省刊行物は発行されていないが、その変遷を簡単に説明するのは意義があるように思う。所得申告の集計に基づく統計表は、1920年5月発行の『BSLC』に掲載された「直接税および同類税、ならびにIGRに関する統計資料」という記事の中で初めて公表されたが、これは1915-1917年の所得に関する統計表である。それ以前にも19世紀末から毎年、年鑑『RSRID』の記事をもとにして「四つの国税」に関する統計だけが含まれる「直接税に関する統計資料」というシリーズ記事が『BSLC』に掲載されていた。その後、1921年4月発行の『BSLC』に1918年の所得に関する同様の表が掲載され、1921年10月発行の『BSLC』で1915-1918年の所得に関する統計表全体が再度取り上げられた。こうして両大戦を挟む期間中、税務当局が作成した統計表が毎年『BSLC』のシリーズ記事の中で公表されてきた。その記事は、「直接税および同類税、ならびにIGRに関する統計資料」、あるいは「19○○年の直接税に関する統計資料」、あるいはまた「19○○年の直接税」（1924年以降）などと年によってタイトルを変え、掲載する月や掲載ページも微妙に変わっている（表A-4を参照）。

1915-1918年の所得について公表された表には税額計算の細目を示す列が含まれていないのに加え（前出参照）、作成された日付が示されていないという重大な欠点がある。反対に、そののち公表された表にはすべて、作成された日付が示されている。たとえば、1930年の所得について公表された「分布」表には、「1932年3月31日現在、すなわち31/3/n+2（nは所得の生じた年、ここではn＝1930年）の課税台帳の結果を分析」したものであることが示されている。また、1970年の所得について公表された「分布」表には、「1972年3月31日現在、すな

わち、ここでもn+2年3月31日」であることが示されている。この二つの事例では、「課税台帳の税額決定」がn+2年3月31日までに行なわれ、税務当局はこの表を作成するにあたり、すべての納税者、すなわち所得申告が税務当局に受け付けられ、課税総額を記した納税通知書をn+2年3月31日以前に作成できたすべての納税者を考慮に入れたことを意味する（「課税台帳」とは、納税者名が記載されているリストのことを指す税務用語で、税務当局はこの台帳に基づいて納税者に納税通知書を送付する。一方、会社の収益に対する税または付加価値税のような税は、納税者が自ら計算して該当する税額を申告する必要があり、税額はいわゆる「課税台帳に基づいて」決定されるのではない）。実際問題として、所得申告は一般的にはn+1年の3月に提出され、課税台帳の税額決定はn+1年の末までに（一般にn+1年の9月から10月）大部分が実施される。n+2年度中およびそれ以降の年度中に税額が決定されることはまれで（所得申告が遅れて提出された場合または税務当局が納税者の補足的情報を明らかにする必要があった場合）、その数は微々たるものであるため、所得の分布を推計するうえで大きな偏りが生じる心配はない。しかし、所得税が適用された当初は折悪しく第一次世界大戦のさなかでもあり、課税台帳に基づく税額の決定が大幅に遅れることがしばしばあった。そのため、1915-1918年の所得に関する「分布」表が作成された日付がわからないという問題がある。所得税が適用された最初の数年間に税額決定の遅れが目立つのは、1920年代には税務当局が、あとから実施された課税台帳の税額決定を考慮に入れる形で、同じ年の所得に関する複数の「分布」表を体系的に作成していたためでもある。表の数が増えることによってある種の混同が生じやすくなるため、本付録では税務当局が作成したすべての表の出典を表A-4に、本付録で使用したすべての表の正確な作成日を表A-5に示した。全体としては、1919-1998年の所得に関しては常に税務当局が作成した表（表A-5を参照）を使用して表A-1に転載しており、付録B（第1節）で活用した未加工のデータも常にこれらの最終的な表による。後出の第1.5節で見るように、これらの最終版の表を使用すれば、1919-1998年の所得を分析するにあたって税額決定日が大きくずれているために大きな偏りが生じるという問題は起こらない。というのは、実際に1920年代以降、税額決定のペースが「近代的」になったからだ（反対に、1915-1918年の所得については、後出の第1.5節で見るように、この問題を処理する適切な解決策が何もない）。

『BSLC』に「19○○年の直接税」シリーズの記事が最後に掲載されたのは1939年7-8月号（このときの記事のタイトルは「1938年の直接税」で1937年の所得に関する表が含まれている）であり、その後、『BSLC』の発行は戦争のために中断され、のちに様式が刷新された『BSMF』の第3号に「直接税および同類税、1939-1944年」という長い記事がふたたび掲載されたのは、1947年第3四半期になってからのことだった。この記事には、1938年-1943年の所得について税務当

局が作成したすべての表が含まれている（表A-4を参照）。これらの表は、1931年以降の所得について作成されたすべての表がそうであるように、n+1年12月31日に作成された表である。これらの表と同じ表（数値がまったく同じ）は、第二次世界大戦中もずっと『RSRID』の各巻に掲載されてきた。このことから、所得申告データの集計と統計表の作成という慣習的な作業が戦時中も決して中断することなく続けられてきたことがわかる。『BSMF』第3号の記事には、1918-1945年の「おもな直接税の計算方法」について非常に役立つ説明が含まれている。[23] 続いて1948年に発行された『BSMF』第6号には、1944-1945年の所得税について作成された表を含む「直接税および同類税、1945年および1946年」と題する記事と、「1946年の所得税および付加税の確定に関する説明」と題する記事が掲載されている。その時々の税制度の説明を掲載するという習慣は『BSLC』にはなかったもので（『BSLC』には統計表が転載されているだけでなんの註解も記されていないが、その反面、関連する税制度に関する法律の条文が転載されており、その条文から税制度に関する情報を知ることができる）、この習慣は1949年以降、『S&EF』に毎年掲載された「19◯◯年の直接負担金」または「19◯◯年の直接税」と題する定期連載記事で受け継がれた。こうした説明は、私たちにとっても税制度の変遷をたどるうえで非常に役立つ情報源となった。[24]

こうして、1949年に月刊誌『S&EF』が創刊され、その第3号（1949年3月）に1946年の所得について作成されたすべての表を含む「1947年における直接税および同類税」と題する記事が掲載されたことで、税務当局が作成した統計表が公表されるという「正常な」ペースが回復した。『S&EF』の構成は時代とともに変化し、1949-1952年の『S&EF』は、月刊の「定期」版、四半期ごとに出す『増補版統計』、そしてやはり四半期ごとに出す『増補版比較財政論』が並行して発行されていた。1953年に『増補版統計』は『増補版フランスの財政』となり、その後、1955年には四半期刊の増補版は姿を消し、代わって月刊の「定期」版と同じ号の月刊『増補版』が出されるようになった。さらに1971年以降、「定期」版は「赤シリーズ」に、『増補版』は「青シリーズ」になり、また「オレンジシリーズ」が新たに創刊されている。オレンジシリーズは1981年以降、「経済と予測」（「E&P」）という名称になり、1984年から1985年にかけて『S&EF』の他のシリーズが最終的に姿を消しても、この「経済と予測」だけは今も同じ名称で存続している。[25] 多様な「分布」表が掲載されていた『S&EF』のすべての号の正確な出典は表A-4に示されている。この表からわかるように、

23　「おもな直接税の計算方法」、『BSMF』第3号（1947年第3四半期）p.821-835。

24　これらの説明には、常に当時の税率や税率表の説明がすべて含まれている。反対に、課税基礎についてはおもな改正を示すにとどまっているため、法律の条文を調べて補完する必要がある。

『S&EF』は創刊された直後から、（総額の表記が、ときには1000フラン単位だったり、またときには100万フラン単位であったりするものの）[26]まったく同じ数値の同じ表を複数回掲載するようになった。とりわけ『S&EF』は、さまざまな増補版や「青シリーズ」に掲載されてきた「19○○年の直接負担金」、「所得税、旧来の直接税、そして土地台帳に関する統計資料、19○○年度」、あるいはまた「19○○年の直接税」と題された年1回の連載記事のほかにも、1951年以降、（定期版、その後「赤シリーズ」に）「19○○年の所得税」と題する記事を毎年掲載している。その最初となる「1950年の所得税」というタイトルの記事は、1949年の所得の統計データに基づく内容であり、1951年発行の『S&EF』の第31号に掲載された。以後、同様の記事は毎年掲載され、1984年発行の『S&EF』第394号に掲載された1980年と1981年の所得統計データに基づく「1981年および1982年の所得税」と題する記事が最後となっている。「1950年の所得税」から「1964年の所得税」まで、つまり、1949年から1963年までの所得に関するこれらの記事にはn+1年12月31日に作成された表が掲載されている。すなわち、『S&EF』の「19○○年の直接税」と題する定期連載記事に転載された表とまったく同じ表である。これらの年度について、表A-4では、「19○○年の直接税」定期連載記事に転載された表の出典から始め、対応する二つの出典を示した。[27]「1965年の所得税」と「1966年の所得税」（1964年と1965年の所得）に関する記事には、n+1年12月31日に作成された表とn+2年3月31日に作成された表が同時に掲載されている。「1967年の所得税」（1966年の所得）以降は、n+2年3月31日に作成された表だけが掲載されている。一方、『S&EF』の「19○○年の直接税」というタイトルの定期連載記事では、1974年発行の「青シリーズ」第304号に掲載された1971年の所得に関する「1972年の直接税」と題する最後の記事に至るまで、常にn+1年12月31日に作成された表が掲載されてきた（表A-4に示された出典を参照）。「19○○年の所得税」という定期連載記事にもやはり、税制度の変遷についての役立つ情報が含まれている。ところが、これらの記事に示

25　しかし、『S&EF』の「オレンジシリーズ」（1981年以降の「E&P」と同じ）は『S&EF』の他のシリーズとはまったく異なる役割を果たしている。それは、財務省が作成した公式の統計表をその活動年度内に公表することではなく、必要に応じて財務省の外部研究者が実施した論文を掲載することである（「E&P」は、1971-1980年の『S&EF』の「オレンジシリーズ」と同様に、予測局から刊行されている）。

26　同じ表を掲載していても、所得税の全般的制度の中のさまざまな特別課税方式を取り上げたり、その説明方法が多少違っていたりと、ときには版によってわずかな違いがある（前出の第1.3節を参照）。

27　例外的に、「1953年の直接税」（『S&EF』、「増補版」第73号〔1955年1月〕）および「1954年の直接税」（『S&EF』「増補版」第84号〔1955年12月〕）というタイトルの『S&EF』の二つの号には「分布」表が含まれていないため、1952年と1953年の所得課税については、「1953年の所得税」および「1954年の所得税」に掲載された「分布」表を反映させた。

されている統計データはあまり役に立たない。というのは、統計表の作成を担当した税務当局が所得申告データを集計して得られた未加工の数値をそのまま転載し、それまでの数年間の変化を簡単に解説するにとどまり、これらの未加工の数値を均質にする試みがまったく行なわれていないからだ。

しかしながら、これらの記事が存在し、税務当局が作成した未加工の統計表を誰でも関心があれば閲覧できることは大きなメリットである。『S&EF』の最終号は1984-1985年に発行され[28]、以後、財務省作成の統計データを外部利用のために公表する役割を担っているのは『財務青書 Les Notes Bleues de Bercy』である〔財務省がベルシー通りにあることから。ベルシーは財務省の通称〕。ところが、『S&EF』には税務当局が作成した統計表のすべてが掲載されていたにもかかわらず、『財務青書』には所得税の徴収総額に関する集計レベルの統計情報が提供されているだけで、所得区分別の納税者と納税額の分布についてのデータは何も提供されていない[29]。1982年以降の所得については、税務当局の作成した所得区分別の統計表は、おもに財務省内用として発行される『Etats 1921』と題されたおよそ50ページの小冊子でしか見ることができない。しかし、これは公的文書であるので、関心があれば誰でも税務当局のSESDO（統計調査・資料作成課）に請求して、『Etats 1921』に掲載されている表全体のコピーを入手することができる（『Etats 1921』に掲載されている数字は常に膨大な数の納税者数が対象とされており、11人以下の集団に関する集計結果は公表しないという規則が遵守されている。したがって、これらの表は統計データの秘密保護の権利をなんら侵害していない）。『Etats 1921』から得られる貴重な表のいくつかはINSEEの発行する『フランスの統計年鑑』にも毎年掲載されている[30]。年鑑『RSRID』は1889年から発行されつづけてきたシリーズだが[31]、1970年代に廃刊となり、その

28　『S&EF』は1978年までは毎月発行されていた（第360号の発行日は1978年12月となっているが、これは、1949年1月から1978年12月までの30年間、年に12号ずつ発行された号数と一致する）。1979年以降の発行ペースは次第に不規則になる。すなわち、実際の発行日が次第に表紙に記載されている日付より遅くなり、終盤のころには表紙の公式の日付さえも遅い日付が記載されるようになった。『S&EF』の「赤シリーズ」の最後のほうの号はいずれも『19○○年の税務当局の統計表』という表題で、所得区分別の最終版のいくつかの表が含まれている。たとえば、『1980年の税務当局の統計表』というタイトルの第386号には1979年の所得についての「分布」表が掲載され、『1981年の税務当局の統計表』というタイトルの第393号には1980年の所得についての「分布」表がある。また、『1982年の税務当局の統計表』、『1983年の税務当局の統計表』、『1984年の税務当局の統計表』というタイトルの第396号、第397号、第398号（図書館に収められている『S&EF』の最後の3冊）には、それぞれ1981年、1982年、1983年の所得についての「分布」表が掲載されている（これらの表の数値は常に連載記事『19○○年の所得税』および『Etats 1921』に掲載されている表の数値とぴったり一致している。したがって表A-4にはこれらの『S&EF』の終盤の号の出典を示さなかった）。1983年の所得の統計データを掲載している『S&EF』の最終号（第398号）は1985年に発行されたと考えられる。

29　たとえば、「税務当局の統計1996年」『財務青書』、第124号、1997年12月1-15。

後は『税務局の統計年鑑』と題する記録文書の中に所得区分別の統計表が掲載されている。しかし、この文書はあまり広く配布されていない。[32] 1987年以降の所得については、『Etats 1921』は、最初にn+1年12月31日に作成され、二回目にn+2年12月31日（n+2年3月31日ではない）に作成され、したがって、私たちは常にこの二回目に作成された最終版の表を使用した。それ以前の年についても同様である（表A-5を参照）。本書の執筆期間中に入手できた最新の表は、1997年の所得に関する最終版の表（1999年12月31日に作成）と1998年の所得に関する最初の表（1999年12月31日に作成）であり、1998年の所得に関する最終版の表（2000年12月31日に作成）および1999年の所得に関する最初の表（2000年12月31日に作成）は2001年にならないと入手できない。[33]

1.5 課税台帳の税額決定日の問題

時とともに作成日が変わった（n+1年12月31日、n+2年3月31日、n+2年12月31日など）「分布」表を用いることによって、高所得層の推移を推計するうえで大きな偏りが生じる可能性があるだろうか？　あるいは、常に入手可能な最終版の表を使用しさえすれば（表A-5を参照）、使用した未加工のデータが十分に均質であるといいきれるのだろうか？

この件に関しては、まず1980-1990年代の時期について検討し、その後、時代をさかのぼることにしよう。1980-1990年代は、課税台帳の税額決定日の問題はまずない。たとえば、1987-1997年の所得についてn+1年12月31日に作成された「分布」表とn+2年12月31日に作成された「分布」表を比べてみると、n年の所得に対する税額決定は、実際には99%がn+1年度中に実施されているため、n+2年に決定された税額を考慮に入れても（あるいは考慮に入れなくても）、推計される所得水準に対する影響は限られている（最大で、およそ1%の差）ことがわかるからだ。n+2年度中に実施される課税規模がすべての所得区分でほぼ同じで

30　たとえば、最後の『フランスの統計年鑑』には、1995年の所得（1997年12月31日に作成）に関する「分布」表（「構成」表ではなく）を見つけることができる（『フランスの統計年鑑』1999年版、INSEE、p.982を参照）。

31　SAEFで閲覧できる『RSRID』の最終号は1975年度（したがって1974年の所得）に関するもので、『S&EF』の中の記事に掲載された最後の『RSRID』は1972年度（したがって1971年の所得）に関するものであり、『S&EF』「青シリーズ」の304号（1974年4月）に掲載されている（その後、『S&EF』は『税務局の統計年鑑』に掲載された年次記事をいくつか掲載しているが、これらの記事に載っているのは集計された税額統計データに限られており、所得区分別の表はいっさい含まれていない）。

32『税務局の統計年鑑』は1979年以降、現在の形式で続いている。

33　例外的に、1998年の所得に関する『Etats 1921』の最初の版は、実際は、1999年12月31日ではなく、2000年2月11日に作成されている。

あれば（n+1年度中に実施される課税規模のおよそ1%）、偏りは小さくなり、高所得層に対する上方修正率はもう少し小さくなる。これは、1920年以降変わらない現象である。[34] この現象を説明するために、1995年、1996年、1997年の所得について、n+1年12月31日とn+2年12月31日に作成された「分布」表を表A-6に転載し、各所得区分の上方修正率を計算した。たとえば1996年の所得について、1998年度中に決定された税額を考慮に入れると、（課税世帯と非課税世帯を合わせた）世帯総数を1.3%、課税所得総計を1.0%、課税世帯総数を1.2%、課税世帯の課税所得を1.0%、課税所得が50万フランを超える世帯数とその課税所得の合計額を0.7%上方修正する結果となった。上方修正率が全体的に同じような比率であるため、とくにn+1年12月31日に作成された「分布」表から得られた1998年の高所得分位の所得水準の推計を修正する必要はないということになる（付録B第1.2節を参照）。[35] 反対に、表A-2と表A-3の1998年の所得に該当する世帯総数、課税所得総計、総税額は1%上方修正した（前出の第1.3節を参照）。それは、たとえば人口や国民経済計算の総合的数値と比較して、1998年のすべての数値をそれ以前の年の数値と完全に均質にするためである（付録H第1節、および付録G第1節を参照）。

上方修正率がいずれも相対的に均一であるということは、1987-1997年の所得についてはn+2年12月31日に作成された「分布」表を使用し、1964-1986年の所得についてはn+2年3月31日に作成された「分布」表を使用しても（表A-5を参照）、n+2年度中に実施される課税のほとんどが一般的にn+2年の最初の3カ月間に実施されるということを考えれば、1986年から1987年にかけてなんら大きなずれはないということにもなる。使用した表がn+2年3月31日に作成された表からn+2年12月31日に作成された表に変わったために、おそらく、1987-1997年の高所得分位に比べて1964-1986年の高所得分位はわずかに過小評価されている（最大で1%）。1964-1986年の所得について表A-2および表A-3に転載したあらゆる数値（課税世帯総数、課税世帯の課税所得総計、総税額、総税額の細目）も、推計は1987-1997年の所得に関する推計に比べてわずかに過小評価されているが、上方修正はしなかった（前出の第1.3節を参照）。

34　n+2年度中に実施された税額決定の中に常に高所得層が非常にわずかしか見られないのは、おそらく、課税閾値すれすれに位置する納税者に対する課税（とりわけ、給与所得者でない自由業者のごくわずかな利益に対する課税）に問題があるケースが、申告書の不備または提出の遅延などで税額決定が遅れたその他のケースよりわずかに多いためだろう（この現象は前出の第1.2節で言及されている強制課税のケースに似ているが、こちらのほうが少ない）。

35　たしかに上方修正率は「分布」表のすべての所得区分でまったく差がないが、一方で、各分位の所得分布は、実際のところ、課税台帳の税額決定期日にはまったく左右されていないだろう。

表 A-6：所得区別の税額決定のペース、1920-1990 年代

1923年の所得	1924年12月31日現在		1925年12月31日現在		比率(31/12/n+2)/(31/12/n+1)	
s_i	N_i	Y_i	N_i	Y_i	N_i	Y_i
7,000	248,652	2,064,087,900	268,545	2,224,492,400	1.080	1.078
10,000	529,588	7,597,266,600	558,419	7,977,792,800	1.054	1.050
20,000	168,883	4,120,314,500	174,985	4,269,294,800	1.036	1.036
30,000	105,019	3,987,056,300	108,443	4,121,314,600	1.033	1.034
50,000	57,815	3,963,277,400	58,840	4,103,335,000	1.018	1.035
100,000	20,817	2,848,938,300	21,549	2,948,513,200	1.035	1.035
200,000	5,327	1,288,844,000	5,521	1,336,646,300	1.036	1.037
300,000	3,124	1,178,293,900	3,254	1,228,070,900	1.042	1.042
500,000	1,287	846,851,800	1,352	894,399,700	1.051	1.056
1,000,000	363	794,451,900	377	827,570,800	1.039	1.042
総計(課税)	1,140,875	28,689,382,600	1,201,285	29,931,430,500	1.053	1.043
1949年の所得	**1950年12月31日現在**		**1951年3月31日現在**		**比率(31/3/n+2)/(31/12/n+1)**	
s_i	N_i	Y_i	N_i	Y_i	N_i	Y_i
150,000	589,711	103,619,932	628,292	110,387,938	1.065	1.065
200,000	870,911	216,679,295	918,992	228,622,975	1.055	1.055
300,000	1,249,790	478,834,033	1,307,108	500,782,421	1.046	1.046
500,000	480,000	294,315,512	500,788	307,260,864	1.043	1.044
800,000	133,124	126,937,605	139,378	133,297,048	1.047	1.050
1,200,000	58,745	87,978,695	61,676	92,470,797	1.050	1.051
2,000,000	17,483	42,034,930	18,228	43,828,431	1.043	1.043
3,000,000	8,875	33,333,845	9,280	34,936,204	1.046	1.048
5,000,000	4,575	39,744,791	4,755	41,304,853	1.039	1.039
総計(課税)	3,413,214	1,423,478,538	3,589,063	1,492,638,914	1.052	1.049
1950年の所得	**1951年12月31日現在**		**1952年3月31日現在**		**比率(31/3/n+2)/(31/12/n+1)**	
s_i	N_i	Y_i	N_i	Y_i	N_i	Y_i
170,000	270,336	49,924,000	285,568	52,739,817	1.056	1.056
200,000	540,450	130,948,000	567,439	137,486,962	1.050	1.050
300,000	1,195,413	469,969,000	1,244,637	489,280,040	1.041	1.041
500,000	602,074	361,324,000	627,929	377,012,051	1.043	1.043
750,000	250,344	228,426,000	262,835	240,018,957	1.050	1.051
1,200,000	97,492	157,031,000	102,604	165,385,959	1.052	1.053
2,500,000	19,889	66,286,000	20,761	69,194,088	1.044	1.044
5,000,000	6,088	53,792,000	6,323	56,029,878	1.039	1.042
総計(課税)	2,982,086	1,517,700,000	3,117,896	1,587,147,752	1.046	1.046
1964年の所得	**1965年12月31日現在**		**1966年3月31日現在**		**比率(31/3/n+2)/(31/12/n+1)**	
s_i	N_i	Y_i	N_i	Y_i	N_i	Y_i
15,000	919,608	15,784,856	939,354	16,124,313	1.021	1.022
20,000	775,915	19,701,066	793,460	20,150,243	1.023	1.023
35,000	136,205	5,366,328	140,464	5,534,849	1.031	1.031
45,000	113,093	6,191,680	118,226	6,475,761	1.045	1.046
70,000	38,112	3,133,623	40,141	3,299,513	1.053	1.053
100,000	22,909	3,001,708	24,073	3,151,616	1.051	1.050
200,000	3,299	786,598	3,392	808,946	1.028	1.028
300,000	1,374	513,472	1,421	530,807	1.034	1.034
500,000	568	466,486	587	480,437	1.033	1.030
総計(課税)	8,053,801	107,181,724	8,361,863	110,625,658	1.038	1.032

表A-6（続き）

1965年の所得	1966年12月31日現在		1967年3月31日現在		比率(31/3/n+2)/(31/12/n+1)	
s_i	N_i	Y_i	N_i	Y_i	N_i	Y_i
15,000	1,055,803	18,141,954	1,079,922	18,556,594	1.023	1.023
20,000	923,179	23,462,938	946,800	24,069,998	1.026	1.026
35,000	209,990	8,641,355	217,656	8,960,652	1.037	1.037
50,000	90,025	5,252,782	94,637	5,523,284	1.051	1.051
70,000	45,452	3,731,242	48,129	3,951,330	1.059	1.059
100,000	27,594	3,625,437	29,105	3,821,121	1.055	1.054
200,000	3,769	899,299	3,923	936,151	1.041	1.041
300,000	1,678	624,749	1,733	644,760	1.033	1.032
500,000	681	573,602	697	585,159	1.023	1.020
総計（課税）	8,219,518	117,817,145	8,572,756	122,046,887	1.043	1.036
1995年の所得	1996年12月31日現在		1997年12月31日現在		比率(31/12/n+2)/(31/12/n+1)	
s_i	N_i	Y_i	N_i	Y_i	N_i	Y_i
150,000	2,012,744	345,879,335,852	2,034,867	349,662,403,793	1.011	1.011
200,000	930,589	206,488,325,018	939,611	208,491,160,715	1.010	1.010
250,000	1,000,330	325,738,932,116	1,010,150	328,914,964,363	1.010	1.010
500,000	202,608	178,995,403,024	204,178	180,186,357,820	1.008	1.007
総計（課税）	15,282,248	2,057,597,303,702	15,474,244	2,081,153,685,196	1.013	1.011
総計（課税＋非課税）	30,087,859	2,595,878,289,110	30,585,130	2,627,502,675,564	1.017	1.012
1996年の所得	1997年12月31日現在		1998年12月31日現在		比率(31/12/n+2)/(31/12/n+1)	
s_i	N_i	Y_i	N_i	Y_i	N_i	Y_i
150,000	2,072,012	356,325,291,077	2,092,251	359,796,697,329	1.010	1.010
200,000	972,369	215,842,086,561	981,219	217,801,596,763	1.009	1.009
250,000	1,062,964	346,158,648,366	1,071,983	349,074,495,377	1.008	1.008
500,000	208,075	182,947,661,978	209,569	184,259,649,184	1.007	1.007
総計（課税）	15,007,042	2,069,451,404,789	15,181,132	2,091,120,959,478	1.012	1.010
総計（課税＋非課税）	30,725,002	2,686,789,054,526	31,133,527	2,714,786,959,098	1.013	1.010
1997年の所得	1998年12月31日現在		1999年12月31日現在		比率(31/12/n+2)/(31/12/n+1)	
s_i	N_i	Y_i	N_i	Y_i	N_i	Y_i
150,000	2,131,054	366,533,961,550	2,156,707	370,950,474,005	1.012	1.012
200,000	1,019,757	226,412,737,061	1,031,376	229,000,570,244	1.011	1.011
250,000	1,117,259	363,415,228,213	1,131,795	368,218,642,688	1.013	1.013
500,000	218,497	193,995,379,207	221,827	197,080,665,466	1.015	1.016
総計（課税）	15,472,558	2,143,727,345,646	15,680,354	2,172,151,713,252	1.013	1.013
総計（課税＋非課税）	31,183,065	2,754,710,185,410	31,537,615	2,785,902,830,088	1.011	1.011

情報源：表A-4および付録A第1.5節を参照。

次に、1964-1986年の所得について、n+1年12月31日に作成された「分布」表とn+2年3月31日に作成された表を比較すると、時がたつにつれて税額の決定ペースがわずかながら速くなっていることがわかる。その結果、1931-1963年の所得についてはn+1年12月31日に作成された「分布」表を使用し、1964-1986年の所得についてはn+2年3月31日に作成された「分布」表を使用すると、1963年の推定値と1964年の推定値との間にわずかだがより大きなずれが生じる。[36] しかしながら、課税台帳の税額決定ペースが速くなる傾向はきわめて緩やかで、このわずかなずれは修正するにはあたらない。1964-1965年の所得については、n+2年

の最初の3カ月中に実施された税額決定を考慮に入れると、課税世帯総数とその課税所得額の合計を約3-4%、最上位所得区分に位置する世帯数とその課税所得額の合計を約2-3%上方修正することになる（表A-6を参照）。使用した表がn+1年12月31日に作成された表からn+2年3月31日に作成された表に変わったため、1963年の高所得分位が1964-1986年の高所得分位に比べて約2-3%過小評価されている（1987-1997年の高所得分位に比べると最大で3-4%）。同じ理由から、表A-2において1963年と1964年の課税世帯のパーセンテージが39.5%から42.2%に上昇しているが、これは多少過大評価されている。というのも、このパーセンテージは、1963年の所得ついてはn+1年12月31日に、1964年の所得についてはn+2年3月31日に推計された課税世帯数に基づいて計算されたものだからだ。[37]

1931-1963年の所得については、n+1年12月31日に作成された「分布」表しか入手していない（表A-5を参照）。幸いなことに、1930年代から1960年代半ばまでの課税台帳の税額決定ペースの推移を評価できる情報源はほかにもある。私たちはまず、財務省の記録文書の中に1949年および1950年の所得についてn+2年12月31日に作成された「分布」表を見つけた。表A-6で、n+2年の最初の3カ月中に実施された税額決定を見ると、1964年と1965年の所得に関する数値よりも1949年と1950年の所得に関する数値のほうがわずかに大きいことがわかる。具体的には、1949-1950年の所得について、課税世帯総数とその課税所得総計の上方修正率はおよそ4-5%で、最上位所得区分に位置する課税世帯数と課税所得額の合計の上方修正率は約3-4%である。[38] また、所得税の導入以来の各年度の所得税の決定税額の合計に関する統計も入手している（表A-7および表A-8を参照）。当然のことだが、これらの全体的統計データからは所得区分ごとの上方修正率の推移を知ることはできないが、いずれにしろ、異なる日に作成されたさまざまな「分布」表によって1920年代から1950-1960年代までの課税台帳の税額決定ペースの推移について考察することができる。

36　『S&EF』に掲載されているn＋1年12月31日に作成された最後の「分布」表は1971年の所得に関するものだが、n＋1年12月31日付の「分布」表は中断することなく作成されつづけてきた（1964年以降の所得についてはn＋2年3月31日付の表が加わり、1987年以降の所得についてはn＋2年12月31日付の表が加わっている）。SESDO（調査・資料作成課）に請求すれば、これらの表のコピーを入手することができる。SESDOには『Etats 1921』のほとんどのコピーが保管されている（1964年から1996年までの所得についてn＋1年12月31日に作成されたすべての「分布」表の数値は、私たちが使用したn＋2年3月31日またはn＋2年12月31日に作成された表と比較すると、1964年と1965年の所得について表A-6で計算した比率と1995年、1996年、1997年の所得について計算した比率との中間の比率で上方修正する必要がある）。

37　仮に1963年の課税世帯数を4%上方修正すると、課税世帯数のパーセンテージは41.1%（39.5×1.04＝41.4）となる。したがって、1963-1964年の課税世帯数の真の上昇率は、実際はおよそ2.7ポイント（39.5%から42.2%の上昇）ではなく、およそ1.1ポイントである（41.1%から42.2%に上昇）。

表A-7：1915-1935年の所得に対し、n+1年、n+2年などに決定された課税総額

所得の生じた年	n+1年	n+2年	n+3年	n+4年	n+5年	n+6年	n+7年	n+8年
1915	32,474,184	5,677,239	3,726,665	3,334,488	2,466,837	3,481,947	129,266	75,782
1916	195,228,547	17,218,354	13,921,777	12,421,267	9,871,218	19,315,438	308,603	95,527
1917	342,311,667	136,655,143	34,852,056	23,415,864	19,570,335	41,033,361	304,264	189,816
1918	415,348,215	95,833,326	38,206,237	25,303,768	36,860,783	27,929,206	246,579	142,213
1919	610,971,361	272,320,197	76,745,689	130,420,996	52,154,266	49,898,218	607,368	321,481
1920	1,108,713,095	116,159,027	188,897,849	73,830,758	33,131,032	68,924,635	449,436	489,834
1921	1,012,144,065	197,302,694	62,079,831	25,704,071	21,519,723	52,503,720	757,939	668,378
1922	1,328,995,284	195,466,097	47,925,806	28,993,820	31,656,320	52,780,850	1,155,656	
1923	2,253,139,957	99,318,111	43,908,333	34,985,446	35,642,981	85,173,957		
1924	2,344,987,118	93,719,388	51,019,729	43,974,814	41,114,762	76,346,133		
1925	2,753,238,597	96,630,185	58,536,640	43,600,670	34,063,688	54,569,175		
1926	1,982,503,152	52,799,463	29,622,568	24,523,779	21,229,505	29,388,304		
1927	2,063,297,874	45,019,600	26,349,717	19,357,150	29,815,455			
1928	2,481,416,232	45,632,659	27,284,037	50,693,971				
1929	2,353,980,196	40,524,760	25,953,679	61,752,531				
1930	2,280,944,843	45,719,454	32,173,699	71,594,340				
1931	1,837,083,763	42,855,065	36,120,553	43,945,320				
1932	1,722,365,996	41,701,453	24,803,070	45,584,387				
1933	1,670,221,609	29,123,392	28,557,024	51,859,377				
1934	1,199,664,962	32,695,827	22,331,717					
1935	1,341,966,590	31,221,752						
	n+2	n+3	n+4	n+5	n+6	n+7	n+8	
1915	17.5	9.8	8.0	5.5	7.3	0.3	0.1	
1916	8.8	6.6	5.5	4.1	7.8	0.1	0.0	
1917	39.9	7.3	4.6	3.6	7.4	0.1	0.0	
1918	23.1	7.5	4.6	6.4	4.6	0.0	0.0	
1919	44.6	8.7	13.6	4.8	4.4	0.1	0.0	
1920	10.5	15.4	5.2	2.2	4.5	0.0	0.0	
1921	19.5	5.1	2.0	1.7	4.0	0.1	0.0	
1922	14.7	3.1	1.8	2.0	3.2	0.1		
1923	4.4	1.9	1.5	1.5	3.5			
1924	4.0	2.1	1.8	1.6	3.0			
1925	3.5	2.1	1.5	1.2	1.8			
1926	2.7	1.5	1.2	1.0	1.4			
1927	2.2	1.2	0.9	1.4				
1928	1.8	1.1	2.0					
1929	1.7	1.1	2.6					
1930	2.0	1.4	3.0					
1931	2.3	1.9	2.3					
1932	2.4	1.4	2.5					

38　1949年と1950年の所得についてn＋2年3月31日に作成された二つの「分布」表だけは、財務省の記録文書の中で見つけた「分布」表であり、財務省の各種統計要覧（『BSLC』、『BSMF』、『S&EF』）または年鑑（『RSRID』）には掲載されていない（この二つの表は、『各種統計資料、1938-1954年』というタイトルの蔵書B651の中にも見られた。これは、SAEFの蔵書目録中の「税務統計」項目にある『税制関係蔵書』の第2巻に属する文書である）。したがって、他の年度についてもn＋2年3月31日に作成された「分布」表があったかもしれないが、公表も保存もされなかった（あるいは、SAEFの蔵書中に保管されているかもしれないが、見つけだすことができなかった）可能性がある。いずれにせよ、1931-1963年の期間中でn＋2年3月31日に作成された表が入手できたのは1949年と1950年の2ヵ年分の所得についてのみであるため、この二つの表はあえて活用しなかった（ただし、表A-6で、n＋1年12月31日に作成された表に対する上方修正率を計算するためには使用した）。

表 A-7（続き）

1933	1.7	1.7	3.0					
1934	2.7	1.8						
1935	2.3							

解説：1915年の所得に対して1916年（n+1）中に決定されたIGRの総額は3247万4000フラン、1917年（n+2）中に決定された課税総額は567万7000フラン（これはn+1年に決定された課税総額の17.5%〔5.677／32.474〕に相当）、1918年（n+3）中に決定された課税総額は372万6000フラン（これはn+1年度中とn+2年度中に決定された課税総額の9.8%〔3.726／(5.677+32.474)〕に相当）など。

注記：（i）空白欄は、税務当局が数値を公表しなかった箇所。
（ii）総額はすべて名目フランで表示されている。
（iii）1929年、1930年、1931年については、税務当局が公表した課税台帳の決定税額の統計データにおける会計年度が暦年と3カ月ずれている（たとえば、1928年の所得に対して1929年度中に決定された課税総額の24億8100万という数値は、実際には1928年の所得に対して1930年3月31日までに決定された課税総額で、4560万という数値は、1928年の所得に対して1930年3月31日から1931年3月31の間に決定された課税総額に相当する、など）。

情報源：『BSLC』に毎年掲載されていた「直接税に関する統計資料」という定期連載記事に掲載された「所得税が適用されてから……年……日現在までの税額決定件数および課税総額を示す一覧表」というタイトルの表（付録A第1.5節を参照）。

表 A-8：1936-1952 会計年度中に決定された当年度および以前の年度の所得に対する課税総額

(1) 会計年度	(2) 当年度	(3) 以前の年度	(4) %(3)/(2)	(5) (n+1)年の%(3)/(2)
1936	1,341,966,590	106,837,238	8.0	7.9
1937	2,091,233,736	105,412,846	5.0	8.3
1938	2,952,399,649	174,507,998	5.9	8.0
1939	3,328,987,905	235,469,006	7.1	6.8
1940	3,128,643,930	225,713,206	7.2	16.4
1941	2,236,666,179	513,339,041	23.0	19.1
1942	4,199,310,710	427,133,828	10.2	26.2
1943	5,637,847,491	1,098,348,583	19.5	21.9
1944	5,766,154,275	1,235,282,813	21.4	19.2
1945	6,355,634,638	1,109,291,999	17.5	20.5
1946	11,976,197,302	1,303,531,312	10.9	26.6
1947	42,884,917,628	3,180,008,280	7.4	14.0
1948	35,844,243,570	5,982,714,305	16.7	17.5
1949	64,738,815,980	6,286,105,570	9.7	13.2
1950	102,554,000,000	8,530,000,000	8.3	13.0
1951	111,444,634,430	13,281,308,870	11.9	13.7
1952	138,848,576,850	15,230,322,100	11.0	10.0

解説：1936年度中に、当年度のIGRとして決定された課税総額（つまり1935年の所得に課せられたIGR）は13億4200万フランである。以前の年度のIGRとして決定された課税総額（つまり1934年の所得、1933年の所得などに課せられたIGR）は1億700万フランで、これは1936年に決定された当年度の税額の8.0%（107／1342）に相当する。1937年に以前の年度のIGRとして決定された課税総額は1億500万フランで、これは1936年に決定された当年度の課税総額の7.9%（105／1342）に相当する。

注記：（i）総額はすべて名目フランで表示されている。

（ii）1936-1948年については、IGRの決定税額、1949年の所得以降はIRPPの累進付加税の決定税額である。

情報源：表A-7および付録A第1.5節を参照。

表A-7に転載されたさまざまな数値は、『BSLC』、『BSMF』、『S&EF』の中の「分布」表が公表された記事と同じ記事の中に毎年掲載されていた「所得税が適用されてから……日現在までの税額決定件数および課税総額を示す一覧表」から取り出した数字である。[39] それらの表から、1916年以降1930年代半ばまでについて、税額を決定した年ごとのIGRを分析することができる。たとえば表A-7を見ると、1915年の所得に対してn+1年（1916年）中に決定されたIGRの総額が3247万4000フランで、n+2年（1917年）に決定された課税総額は567万7000フラン、これはn+1年中に決定された課税総額の17.5%に相当すること、またn+3年（1918年）に決定された課税総額は372万6000フランという具合に、n+8年（1923年）までのデータがわかる。原則として、n+6年を過ぎると税額決定は実施されないことになっている（所得税の導入以来、税額の修正をするために税務当局に与えられる期間は申告書の提出後5年間とされており、それ以降、納税者は原則として税額のことで気をもむことはない）。したがって、表A-7のn+7年およびn+8年の列に記されている数字は、決定が長引いたごくまれなケースで、非常に特殊な個人的事情によるものであるにちがいない。[40] 加えて、税務当局が作成した「……一覧表」では、決定税額が記されている年の数が1920年代以降、次第に少なくなっている（課税台帳の税額決定ペースが著しく速くなったために、実際に所得の生じた年よりずっとあとの年度の統計データは次第に役に立たなくなってきたため）。表A-7に空白欄が増えているのはそのためだ。1930年代の半ばから、税務当局は特定のn年度中に決定された税額の総計に関して「当年度分」の決定税額の合計（つまりn－1年の所得に対するn年度の税金）と、「以前の年度分」の決定税額の合計（つまりn－2年、n－3年などの所得に対する先行する年度の税金）の分析のみを公表するようになった（表A-8を参照）。たとえば、最後のデータとして、1935年の所得に対して決定されたIGRの総額は、n+1

39　この種の表は、1921年の『BSLC』10月号に初めて掲載された（p.744-745）。その後、『BSLC』、『BSMF』、『S&EF』に掲載されてきた『19○○年の直接税』という連載記事すべてに同様の表が掲載されるようになる（後出参照）（これらの表が掲載されている出版物の完全な出典を示す必要はないと考えるが、もし関心があれば、簡単に見つけることができる。これらの表は常に、『BSLC』、『BSMF』、『S&EF』の中の「分布」表が掲載されている直接税に関する年次報告記事の中に含まれ、概して、「分布」表について表A-4に記されているページのごく近くに掲載されている。

40　たとえば、相続開始時の脱漏または不備が見つかった場合、「行政裁判の判例に基づいて」修正を行なうために税務当局に与えられている期間は7年とされている（アリックス&ルセルクレ〔1926年a、第2巻、p.325〕を参照）。

年（1936年）中に決定された税額が13億4200万フラン、n+2年（1937年）中に決定された税額が3100万フランで、これはn+1年の2.3%に相当することがわかる。その後は、1935年の所得に対して1936年（当年）に決定された課税総額が13億4200万フランで、1934年の所得と先行年度（以前の年度）の所得に対する課税総額は1億700万フランであることだけがわかる（表A-8を参照）。

表A-7およびA-8に転載された数値からわかることは、1923年以降の所得については税務当局が「近代的」なペースで税額を決定できるようになったことである。これは決して驚くにあたらない。というのは、所得申告書を遅れて提出した納税者に高額な追徴金を課す制度が始まったのがちょうど1923年の所得税からだったからだ[41]。1923年の所得課税から、n+2年中に決定された課税総額はn+1年中に決定された課税総額の4.4%程度にすぎなくなり、このパーセンテージは1920年代を通じてさらに下降線をたどり、1927年の所得税以降は2%前後と安定している（表A-7を参照）。そのうえ、1920年代に作成された数々の「分布」表を比較してみれば（表A-5を参照）、1923年の所得課税からは、所得区分別の上方修正率が第二次世界大戦後に見られるような特徴的な形を呈していることがわかる。そのことを説明するために、表A-6に1923年の所得についてn+1年12月31日とn+2年12月31日に作成された「分布」表を転載し、各所得区分に該当する上方修正率を計算した。その結果、1949-1950年の所得に対する上方修正率と同様に、課税世帯総数と課税所得総計の上方修正率はおよそ4-5%、最上位所得区分の世帯数と課税所得額の合計の上方修正率は3-4%となった。上方修正率の水準と全般的な形は1929年の所得まで変わらない（わずかに低い水準）。この年は、戦間期に複数の「分布」表が異なる日に作成された最後の年である（表A-5を参照）。

したがって、推計対象をn+1年12月31日に作成された表からn+2年12月31日に作成された表に移行すると、1930年代の上位高所得分位は、1950-1960年代の上位高所得分位とまったく同じように、1964-1986年の高所得分位に比べて約2-3%過小評価することになると考えることができる（1987-1996年の高所得分位と比べると最高で3-4%）。反対に、第二次世界大戦中は過小評価率がわずかながらもう少し高いと考えるべきだろう。実際、表A-8を見ると、以前の年度分として決定された課税総額は、1930年代の当年度分として決定された課税総額のおよそ7-8%だが、第一次大戦直後にはおよそ10%（をやや下まわる）の水準になり、1941-1945年の期間はおよそ15-20%の水準に達していることがわかる。この数値は、戦時中に税務当局が混乱していたことを物語っている。しかし、戦争のために課税台帳の作成に遅れが生じたのはどちらかといえば限定的だったよ

41　高額な追徴金は1924年3月22日法によって導入された（アリックス&ルセルクレ〔1926年a、第2巻、p.328〕を参照）。

うだ。そもそも、（先行するすべての年度の所得の名目での累積決定税額をまとめた）以前の年度の決定税額が全体のおよそ10%であるということは、n+2年中に決定された税額がn+1年中に決定された税額の10%であるという意味ではないことを想起しよう。1930年代を例に挙げると、n+2年中に決定された課税総額はn+1年中に決定された税額の2%そこそこだが（表A-7を参照）、以前の年度分として決定された課税総額は、当年度分として決定された税額の7-8%に達している。1980-1990年代についても同じことがいえる。すなわち、以前の年度分として決定された税額は常に当年度分として決定された税額のおよそ7-8%であり、税額決定の99%はn+1年中に実施されているにもかかわらず、この比率は1950年代以降はほとんど変化していない。そのことから、「以前」とは古い年度の所得に対する残余的なあらゆる決定税額、とくに、税務調査および税額修正にかかわる追徴金などをすべてまとめたものであることがわかる。[42]

最後に1920年代については、表A-7に転載された数値を見れば、どの年も最後に作成された「分布」表（表A-5を参照）を用いることで、1919年以降の所得データは、のちの年度の未加工データに比べても過小評価率は相対的に小さく、ほぼ均質の未加工データを得ることができるとわかる。たとえば、1919年の所得についてn+5年12月31日に作成された表を使用すれば、税額決定のプロセスが遅かったにもかかわらず課税台帳の決定税額の本質が十分に考慮されていると確認できる（表A-7を参照）。

要するに、課税台帳の税額決定日が違うという問題によって生じる偏りは、1919-1998年の期間全体について、とくに所得の「実際の」推移と比較するときわめて小さいものでしかない（また、この偏りはむしろ「良い」方向に向かっている。なぜなら、過小評価される可能性が最も高いのは最も古い時代の所得であり、したがって、その偏りは私たちの推計によって得られた所得の推移を強調することにほかならないからだ）。

しかし、1915-1918年については、課税台帳の税額決定日の問題は重大な問題となっている。所得税が適用されて間もないこの時期は、課税台帳の作成が比較的ゆっくりと行なわれていたことを考慮すると（表A-7を参照）、1915-1918年の所得に関する「分布」表が作成された正確な日がわからないため、これらの表はできる限り慎重に使用しなければならない。私たちは次のような手法をとった。

42　表A-8は1952年で終わっているが、『S&EF』には廃刊されるまで「当年度分」の税額と「以前の年度分」の税額の比較分析データが継続して掲載されていた。また、同様の分析データは1990年代にも継続掲載されていた（たとえば『財務青書』に掲載された）。統計データでは、以前の年度分の課税総額は当年度分の課税総額より10%弱少ないことを示しており（全体としておよそ7-8%）、この傾向は1950年代以降も変わらない（特別のイベント、たとえば1970年代初めの税務当局のストなどによって、課税台帳の作成と税額の決定が遅れた場合は、この変化率は10%をいくらか上まわっている）。

まず、「分布」表に記されている納税者数（表A-1を参照）と、たとえば「税額決定件数および……を示す一覧表」[43]に記されている「最終的な」納税者数を比較した。最終的な納税者数を求めるためには、「分布」表に記されている納税者数を1915年については57%、1916年については29%、1917年については35%、1918年については38%、引き上げる必要がある（表A-9を参照）。これらの数値から、1915-1918年の所得についての「分布」表では実際に課税された多くの納税者が除外されていることが確認できる。したがって、1915-1918年の所得について表A-2に記載された納税者数を得るために、上記の上方修正率を適用した（最終納税者数を採用）。同様に、表A-9にある「最終的」総税額を表A-2に採用した。

次に、期限内に所得申告書を提出しなかったために「分布」表のフィールドに入っていない納税者が、その時期の課税世帯のどのような所得階層に位置していたかを知るために、表A-1に転載した1915-1918年の「分布」表を用いて、これらの表に記されている納税者に対応する理論上の総税額を計算した。その結果は表A-9に記されている。それによると、最終的な総税額を得るためには、理論上の総税額を1915年は80%、1916年は19%、1917年は16%、そして1918年は12%、上方修正する必要がある。1915年について得られた結果から、IGRが適用された当初数年間は、「期限後申告」をした納税者の中に超高所得者が過剰に多いことがはっきりとわかる（遅れて申告した納税者の57%が加算税の80%を支払っている）。このことは、理論上の総税額の私たちの推計がもっぱら税率表だけを考慮しているだけに説得力がある。1915-1918年の「分布」表には適切な情報が何も示されていないため、課税所得の控除額と扶養家族に対する税額軽減を考慮することができなかった。つまり理論上の総税額の推計はおそらく10-15%過大評価されていると考えられる。したがって、表A-2の1915年の課税世帯の課税所得総計の推定値には、「分布」表の数値に課税世帯数に対する上方修正係数と同じ係数を適用した場合の推定値より高い推定値を採用した（この修正についての詳細は付録B第1.3.2.1節に記してある）。1916年について得られた結果からは、「期限後申告」をした納税者の所得は「分布」表の納税者とほぼ同じであることがわかる。遅れて申告した納税者29%が追加納税額の19%を支払っている。このことは、理論上の総税額が約10-15%過大評価されていると考えるとまったく矛盾がないように思える。「分布」表にある課税世帯の課税所得総計には、課税世帯総数に適用したのと同じ上方修正係数を適用した（表A-2で採用した数値はこの方

43　これらの表に記される「件数」は、納税者の厳密な人数ではない。なぜなら、往々にして同一の納税者が複数の「件数」項目に数えられているからだ（たとえば税額修正のケースなど）。しかし、のちの年度と比較するとその差は相対的に小さく、無視できる程度であるとわかる（少なくとも、1915-1918年については、はるかに重大な別の不確定要素がある）。

法で得たものである)。最後に、1917年と1918年の所得については、状況は1915年とは逆のようだ。つまり「期限後申告」をした納税者の中の超高所得層はやや少ないようだ。したがって、表A-2の1915年の課税世帯の課税所得総計の推定値については、「分布」表の数値に課税世帯数に対する上方修正係数と同じ係数を適用した場合より低い推定値を採用した(この修正についての詳細は付録B第1.3.2.1節に記してある)。

表A-9：1915-1918年の所得の場合

	「分布」表		課税台帳の決定税額の「最終」状況		比率	
	課税世帯数	税額	件数	税額	課税世帯数	税額
1915	165,394	26,888	260,038	48,445	1.57	1.80
1916	367,554	211,493	474,077	252,611	1.29	1.19
1917	438,700	486,626	593,861	565,847	1.35	1.16
1918	500,568	520,183	688,829	584,244	1.38	1.12

解説：1915年の所得について作成された「分布」表(表A-1を参照)に記載されている納税者数は16万5394人で、総税額〔単位：千フラン〕は2688万8000フランであると推計できる。一方で課税台帳の「最終」状況は、納税者数は26万38人(すなわち追加納税者が57%)で、総税額は4844万5000フラン(すなわち、追加納税額が80%)であることを示している。「最終」状況の列から、1915年の所得については1921年4月30日に作成された課税台帳、1916年の所得については1922年4月30日に作成された課税台帳、1917年と1918年の所得については1923年2月28日に作成された課税台帳の状況がわかる。

情報源：「分布」表については表A-1、課税台帳の決定税額の最終状況を示す表については表A-7を参照。

2　「構成」表(1917年、1920年、1932年、1934年、1936年、1937年、1945-1946年、1948-1998年の各年度の所得)

2.1　「構成」表の全体的な形式

1915-1998年の各年度の所得について(一度も中断することなく)作成されてきた「分布」表と異なり、所得申告書のより詳しい分析が必要な「構成」表を税務当局が作成したのは、1917年、1920年、1932年、1934年、1936年、1937年、1945年、1946年、そして1948年以降のすべての年についてである。これらの「構成」表は「分布」表と同じく、1917年、1920年、1932年、1934年、1936年、1937年の各年度の所得に関するものは『BSLC』に、1945年の所得に関するものは『BSMF』に、1946年の所得および1948-1981年の所得に関するものは『S&EF』に、1982年以降の所得に関する「構成」表は『Etats 1921』に掲載されている(前出の付録A第1.4節を参照)。さまざまな「構成」表が掲載されている刊行物の正確な出典は表A-10に示されている。[1]

税務当局が作成したこれらの「構成」表はどれも同じ形式だ(以下で見るように、使用されている所得のカテゴリーだけは変化している)。「構成」表には、

各所得区分別に納税者が申告した所得のカテゴリーごとの合計額とそれらのカテゴリーごとの申告納税者数が示されている。所得の各カテゴリー（「RF」、「BIC」など）に対応するデータの列の次には、カテゴリー別所得の総計（これは「部分所得の合計」あるいは「包括粗所得」とも呼ばれ、本付録でのちにこの用語を使用する）を示す列がある。次に、納税者が包括粗所得から差し引くことのできる控除総額を示す列があり、（この控除額を差し引くことで）各区分の納税者数と課税所得額の合計（これは「包括純所得」とも呼ばれる）を示す最終列に至る（ただし、1917年と1920年の所得について作成された「構成」表は例外で、この両年度の所得に関する「構成」表は「包括粗所得」の列のあとで途切れている）。各カテゴリーの所得については、すべてのカテゴリーごとの控除（必要経費、各カテゴリー固有の控除など）の純合計額に関するデータが必ず記載されている。したがって控除に関する列には、たとえば前年度のIGRの控除のような包括所得に対する控除だけが含まれる（後出の第2.2節を参照）。「構成」表の中で用いられている所得区分は常に課税所得額で示され、閾値は「分布」表の中で使用された区分の閾値とまったく同じである。「構成」表には家庭状況による区別はいっさいなく、特定の所得区分に属するすべての納税者をひとまとめにしてあることも指摘しておこう。

表 A-10：各「構成」表が掲載されている刊行物の出典
（1917 年、1920 年、1932 年、1934 年、1936 年、1937 年、1945-1946 年、1948-1998 年の各年度の所得）

所得の生じた年	作成日/月/年	出典
1917年の所得	不確定	BSLC、1921年4月、第89巻p.628；BSLC、1921年10月、第90巻p.748
1920年の所得	30/4/n+2 (1)	BSLC、1923年3月、第93巻p.476-477
	30/4/n+2 (2)	BSLC、1923年3月、第93巻p.478-479
1932年の所得	31/12/n+1	BSLC、1934年9月、第116巻p.622bis
1934年の所得	31/12/n+1	BSLC、1923年6月、第119巻p.1049bis
1936年の所得	31/12/n+1	BSLC、1938年7-8月、第124巻p.37bis
1937年の所得	31/12/n+1	BSLC、1939年7-8月、第126巻p.69bis
1945年の所得	31/12/n+1	BSMF、第6号（1948年第2四半期）p.288-289
1946年の所得	31/12/n+1	S&EF、第3号（1949年3月）p.194-197； S&EF、「増補版統計」第4号（1949年第4四半期）p.616-617
1948年の所得	31/12/n+1	S&EF、第20-21号（1950年8-9月）p.624-627； S&EF、「増補版統計」第14号（1952年第2四半期）p.202-203

1　財務省の記録文書の中からは、主要な所得のカテゴリーごとの構成を示す1950年代の所得に関する表のほかには「構成」表は一つも見つけることができなかったため、これらの表は使用しなかった（これらの表はばらばらの何年かについて作成されているにすぎないことが明らかなばかりでなく、税務当局は「主要な」所得という概念をどのように定義したかを明確に示していない。これらの表は、1949年と1950年の所得についてn＋2年3月31日に作成された「分布」表と同様に（前出参照）、財務省の記録文書中のB651蔵書に掲載されている）。また、1948年以前の「構成」表が掲載されている刊行物には、「構成」表が毎年作成されているわけではないことが言及されている（たとえば、『S&EF』第8号〔1949年8月〕のp.604には、税務当局が1947年の所得について作成した表を紹介し、1946年の所得については「構成」表を作成できるような集計をしなかった旨が明記されている）。しかし、戦間期ないし第二次世界大戦中に関する別の「構成」表は財務省の記録文書の中に埋もれており、私たちも見つけ出すことができなかった。

表 A-10（続き）

1949年の所得	31/12/n+1	S&EF、「増補版統計」第14号（1952年第2四半期）p.242-243； S&EF 第31号（1951年7月号）p.634-635
1950年の所得	31/12/n+1	S&EF、「増補版フランスの財政」第18号（1953年第4四半期）p.344-345； S&EF 第46号（1952年10月）p.880-881
1951年の所得	31/12/n+1	S&EF、「増補版フランスの財政」第21号（1954年第3四半期）p.96-97； S&EF 第57号（1963年9月）p.810-811
1952年の所得	31/12/n+1	S&EF第67号（1954年7月）p.628-629
1953年の所得	31/12/n+1	S&EF第80号（1955年8月）p.794-795
1954年の所得	31/12/n+1	S&EF、「増補版」第96号（1956年12月）p.1362-1363；S&EF 第93号（1956年9月）p.934-934
1955年の所得	31/12/n+1	S&EF、「増補版」第109号（1958年1月）p.38-39；S&EF 第106号（1957年10月）p.1094-1095
1956年の所得	31/12/n+1	S&EF、「増補版」第121号（1959年1月）p.40-41；S&EF 第116号（1958年8月）p.918-919
1957年の所得	31/12/n+1	S&EF、「増補版」第133号（1960年1月号）p.40-41；S&EF 第131号（1959年11月）p.1370-1371
1958年の所得	31/12/n+1	S&EF、「増補版」第145号（1961年1月）p.42-43；S&EF 第143号（1960年11月）p.1228-1229
1959年の所得	31/12/n+1	S&EF、「増補版」第155号（1961年11月）p.1616-1621；S&EF 第155号（1961年11月）p.1380-1385
1960年の所得	31/12/n+1	S&EF、「増補版」第170号（1963年2月）p.380-385；S&EF 第168号（1962年12月）p.1402-1407
1961年の所得	31/12/n+1	S&EF、「増補版」第182号（1964年2月）p.186-191；S&EF 第179号（1963年11月）p.1372-1377
1962年の所得	31/12/n+1	S&EF、「増補版」第196号（1965年4月）p.602-607；S&EF 第193号（1965年1月）p.30-35
1963年の所得	31/12/n+1	S&EF、「増補版」第209号（1966年5月）p.748-753；S&EF 第207号（1966年3月）p.250-255
1964年の所得	31/12/n+1	S&EF、「増補版」第221号（1967年5月）p.560-565；S&EF 第221号（1967年5月）p.592-593
	31/3/n+2	S&EF第221号（1967年5月）p.538-539
1965年の所得	31/12/n+1	S&EF、「増補版」第230号（1968年2月）p.372-377；S&EF第238号（1968年10月）p.1042-1047
	31/3/n+2	S&EF第238号（1968年10月）p.982-983
1966年の所得	31/12/n+1	S&EF、「増補版」第245号（1969年5月）p.42-47
	31/3/n+2	S&EF 第258号（1970年6月）p.72-73
1967年の所得	31/12/n+1	S&EF、「増補版」第258号（1970年6月）p.40-45
	31/3/n+2	S&EF 第263号（1970年11月）p.32-33
1968年の所得	31/12/n+1	S&EF、「青シリーズ」第270号（1971年6月）p.44-49
	31/3/n+2	S&EF、「赤シリーズ」第271-272号（1971年7-8月）p.78-79
1969年の所得	31/12/n+1	S&EF、「青シリーズ」第280号（1972年4月）p.42-47
	31/3/n+2	S&EF、「赤シリーズ」第283-284号（1972年7-8月）p.88-89
1970年の所得	31/12/n+1	S&EF、「青シリーズ」第297号（1973年9月）p.40-45
	31/3/n+2	S&EF、「赤シリーズ」第293号（1973年5月）p.102-103
1971年の所得	31/12/n+1	S&EF、「青シリーズ」第304号（1974年4月）p.40-45
	31/3/n+2	S&EF、「赤シリーズ」第309号（1974年9月）p.28-29
1972年の所得	31/3/n+2	S&EF、「赤シリーズ」第319-320号（1975年7-8月）p.26-27
1973年の所得	31/3/n+2	S&EF、「赤シリーズ」第328号（1976年4月）p.30-31
1974年の所得	31/3/n+2	S&EF、「赤シリーズ」第337号（1977年1月）p.32-33
1975年の所得	31/3/n+2	S&EF、「赤シリーズ」第353号（1978年5月）p.32-33
1976年の所得	31/3/n+2	S&EF、「赤シリーズ」第363、364、365号（1980年2月）p.164-165
1977年の所得	31/3/n+2	S&EF、「赤シリーズ」第371号（1980年9月）p.100-101
1978年の所得	31/3/n+2	S&EF、「赤シリーズ」第380号（1981年6月）p.84-85
1979年の所得	31/3/n+2	S&EF、「赤シリーズ」第390号（1983年）p.101-102
1980年の所得	31/3/n+2	S&EF、「赤シリーズ」第394号（1984年）p.43-44
1981年の所得	31/3/n+2	S&EF、「赤シリーズ」第394号（1984年）p.51-52
1982-1986年の所得	31/3/n+2	Etats 1921（n+2年3月31日現在の状況）、表IA
1987-1997年の所得	31/12/n+2	Etats 1921（n+2年12月31日現在の状況）、表IA
1998年の所得	31/12/n+1	Etats 1921（n+1年12月31日現在の状況）、表IA

略号：表A-4を参照。

解説：表A-4を参照。

注記：（i）複数の出典が記されている場合は、同じ表が（まったく同じ数値で）複数回掲載されたことを意味する。

（ii）『RSRID』に掲載された「構成」表の出典を示さなかったのは、同じものがすべて『BSLC』、『BSMF』または『S&EF』に掲載されているためである。

（iii）1920年の所得については、同じ日に二つの「構成」表が作成された。第一の表には「申告所得」だけが記され、第二の表には「申告所得」と「税務調査官による修正税額」の両方が記されている。

たとえば、1970年の課税所得が40万フランを超える納税者3024人の所得の内訳は、RF（不動産所得）が8591万8000フラン、BIC（商工業収益）が4億2732万2000フラン、RCM（動産資本所得）が7億9752万2000フランなどで、「部分所得の合計」は22億700万フランとなり、この額から「損失および扶養」控除6400万フランを差し引くと、課税所得額21億4300万フランが得られることがわかる。これは「構成」[2]表でも「分布」表でも見ることができる。言い換えれば、1970年の課税所得が40万フランを超える納税者3024人の所得は、3.9%がRF、19.4%がBIC、36.1%がRCMなどで構成されているということになる。[3]これらの未加工データをもとにして、各高所得分位の所得構成を推計することができた（付録B第2節を参照）。

「構成」表には、所得区分ごとおよび所得のカテゴリーごとに、該当するカテゴリーの所得を申告した納税者数も示されている。したがって、これらのデータから、所得区分ごとに所得の各カテゴリーの分布状況に関する情報（全体量だけでなく）を知ることができた。しかしながら、こうしたデータを正しく解釈することは困難なため（ごくわずかな額でも一つのカテゴリーの所得を申告すれば、この統計表のデータに含まれる）、これらの情報を使用することはしなかった。[4]

最後に、「分布」表と同様に、常に税務当局が作成した最終版の「構成」表を使用したことを明言しておこう。[5]税務当局が同じ税額決定日に2種類の「構成」表を作成した1920年の所得に関しては（第一の表には「申告所得」だけが記載され、第二の表には「申告所得」と「税務調査官による修正税額」が記載されている）[6]、第二の表を使用した。[7]

2　しかしながら、「構成」表の数値が「分布」表の数値と完全に一致するのは、1948年以降の所得に関する表からだ。実際、1917年、1920年、1932年、1934年、1936年、1937年、1945年、1946年の各年度の所得について作成された「構成」表は「分布」表に比べて対象フィールドがやや限られているため、すべての人数と合計額の数値がいくらか低くなっている（これは、「構成」表では上方修正や強制課税などが考慮されていないことに起因すると思われる。『S&EF』第3号〔1949年3月〕、p.174を参照）。

3　85.918／2207＝3.9%、427.322／2207＝19.4%、797.522／2207＝36.1%、など。

4　上述した主要なカテゴリー別の表は所得の各カテゴリーの分布状況をより正確に推定することができるかもしれないが、そのような表は1950年代にばらばらの何年かについて作成されているにすぎない。

2.2　「構成」表に使用されている所得の種類

（所得のカテゴリーが非常に多く、「構成」表は、表A-1に転載した「分布」表よりずっと複雑であることを考えると）税務当局が作成した「構成」表を本付録に転載してもあまり意味がないように思える。したがって、「構成」表の未加工データから各高所得分位の所得構成に関する均質な推定値を得るために適用した方法を付録B（第2節）で説明するにとどめる。関心のある読者は、表A-10に正確な出典が示されている刊行物でオリジナルの未加工のデータを参照してほしい。とはいえ、付録B（第2節）で示す均質な推定値を得るために行なった所得のカテゴリーのグループ化、また、この推計では活用しなかったオリジナルの「構成」表に記載されているおもな情報の内容について詳しく説明することが重要であると考えた。

各高所得分位の所得構成を推計するにあたり（付録B第2節、表B-16およびB-17を参照）、次の六つのカテゴリーの所得を使用した。すなわち、RF（不動産所得）、RCM（動産資本所得）、BA（農業収益）、BIC（商工業収益）、BNC（非商業収益）、そしてTSP（俸給・給与・退職年金および終身年金）である。「分布」表の未加工データからこれらの均質なカテゴリーを得るために、以下のようなグループ化を行なった。

(i) 税務当局がときおり用いていた各種のRF（不動産所得）を一つのカテゴリ

5　課税台帳の税額決定日は、「分布」表と「構成」表ではその問題の質が異なる。「分布」表では、最終的に課税されたすべての納税者を考慮に入れなければ、さまざまな上位高所得分位の所得水準を過小評価してしまう可能性がある。しかし、「構成」表では、推計対象のフィールドが不完全でも、付録B（第2節）で行なう推定値に偏りが生じる可能性があるのは、ある特定の課税所得水準で欠落している納税者の所得が該当する所得水準の平均的所得構成と異なっている場合に限られる。いずれにせよ、課税台帳の税額決定日が大きな問題となるのは、1917年の所得について作成された「構成」表だけである。1920年の所得について作成された二つの「構成」表で、場合によって偏りが生じうるのは、最下位所得区分だけだと思われる（給与所得の割合をわずかに過小評価する可能性がある）。

6　同じ日に二つの表が公表されるのは比較的珍しいことで、その後はこのようなケースは一つもない。原則として、特定の日に作成された統計表にはその日までに決定された課税台帳税額がすべて含まれている。税額決定は自発的な申告または更正処分（すでに述べた「強制課税」のケースのような）のあとで行なわれるため、詳しい調査または修正を要するケースとして迅速に処理すべき納税者が見つかるたびに異なる表が作成される。

7　この二つの表は、最下位所得区分に関するデータを除いてほとんど同じものである。このことから、年間所得が課税閾値をわずかに上まわる低所得の納税者が、この時期にとくに所得税制に背く行為をしたことがわかる（とくに、更正処分を受けた納税者の中には所得が課税閾値をわずかに上まわる賃金労働者が非常に多い。たとえば、6000-1万の所得区分中の俸給・給与の割合が更正税額を考慮に入れる前は60.5%だったが、更正後は75.4%に達している。これはおそらく給与所得分類所得税の枠組みにおいて事業主が行なう申告のおかげで、税務当局が賃金労働者の給与を把握しているからだろう）。

一にまとめた。とくに、戦間期の当局が「建物つき土地による所得」(すなわち、家屋、ビルなどから得る所得)と「建物なし土地による所得」(すなわち、土地から得る所得)(1920年と1932年の所得について作成された「構成」表で用いられたカテゴリー)を区別するため、あるいはまた、実際は同じことだが「都市部の土地による所得」と「農村部の土地による所得」(1934年、1936年、1937年の所得について作成された「構成」表で用いられているカテゴリー)[8]を区別するために税務当局が用いていたカテゴリーを一つにまとめた。1945年以降の「構成」表ではこのような区別はいっさいされていない(1937年の所得について作成された「構成」表がこのような区別をしていた最後の表である)。戦間期には建物なし土地(または農村部の土地)が比較的少なかったことは興味深い。1920年の包括粗所得に占める建物なしの不動産所得の割合は2.1%で(あらゆる課税世帯を合わせて)、この割合は、「構成」表に使用されている最下位所得区分ではおよそ1.5–2%、中間の所得区分では2.5–3%、そして最上位所得区分では0.5–1%と変化している(建物つき土地による所得の割合は4.7%で、最下位所得区分ではおよそ3%、中間の所得区分では6%以上、最上位所得区分では1.5%そこそこになっている)。1932年、1934年、1936年、1937年についてもまったく同じ特徴が見られる。唯一の違いは、建物つき土地(または都市部の土地)の(あらゆる課税世帯を合わせた)全体量が回復していることだ(1934年には〔あらゆる課税世帯を合わせて〕包括粗所得の9.2%まで上昇している)。一方で、建物なし土地(または農村部の土地)は2%前後のまま変化していない(最上位所得区分ではこの割合は0.5–1%前後のままである)[9]。実質不動産所得(所有者が実際に貸している、または土地の活用を請け負わせている土地による所得)と帰属不動産所得(所有者が占有または活用している土地による所得)[10]を区別するために税務当局が不定期に用いてきたカテゴリーも一つにまとめた。

(ii)「構成」表の中で、RCMに関する補足的な分析がされている例は一つもないため(とくに、配当金や利子が「構成」表の中で別々に記載される例はいっさいない)、これらの所得を対象とするグループをつくる必要はまったくなかった。

(iii)「RGA(業務執行者および共同事業者の報酬)」、すなわち、SARL(有限

8 1917年の所得について作成された「構成」表では、あらゆる不動産所得をひとまとめにしてあり、この種の区別はいっさいされていない。

9 この変化は所得のカテゴリーが変更されたためではない。所得のカテゴリーは1920年と1932年とで変化していないが、包括粗所得(あらゆる課税世帯を合わせた)に占める建物つき不動産の割合は1920年から1932年の間に4.7%から7.4%になった一方で、建物なし不動産の割合は2.1%から1.9%になっている。

10 この区別をしているのは、1934年、1936年、1937年、1945年、1946年の各年度の所得について作成された「構成」表だけである(これらの表では、不動産所得の総計に占める帰属不動産所得の割合は概して20%前後で〔あらゆる課税世帯を合わせて〕、最上位所得区分ではおよそ30–35%に達している)。

会社）の業務執行者とSNC（合名会社）の共同事業者に支払われる報酬はBICといっしょにまとめた。RGAのカテゴリーは1948年の所得について作成された「構成」表に導入され、以来ずっと使用されている。[11] これらの報酬は1948年以前の「構成」表では区別されずにそのまま「BIC」のカテゴリーに含まれていたため、これらの所得を一つにまとめたのは理にかなっている。[12] 1920年と1932年の所得について作成された「構成」表にのみ使用されていた「鉱山開発による収益」も「BIC」といっしょにまとめた。[13]

（iv）また、BICは、その課税方式（一括方式で課税されるBIC、簡易実収益方式で課税されるBIC、一般実収益方式で課税されるBICなど）[14] にかかわりなく、すべてのBICを一つのカテゴリーにまとめた。BAとBNCについても同様に課税方式による区別はしなかった。[15]

（v）「報酬および給与」と「退職年金および終身年金」をTSPという一つのカテゴリーにまとめた。この2種類の所得は、もっぱら1917年、1920年、1934年の所得と、1975年以降の所得について作成された「構成」表で区別されている（1932年、1936-1937年、1945-1946年、1948-1974年の各年度の所得について作成された「構成」表ではこの区別はされていない）。[16]

（vi）最後に、これら六つの主要なカテゴリーの所得（RF、RCM、BA、BIC、BNC、TSP）のいずれにも属さない、残余的で変則的ないくつかのカテゴリーを分析フィールドから除外した。これらはとくに「海外で得られた所得」（1945年以降は「フランス国外で得られた所得」と呼ばれた）で、1932年、

11　1948年以降の所得について作成されたすべての「構成」表で、RGAのBICに占める割合は常にごくわずかにすぎない（最上位所得区分でRGAの割合がBICの総計の20-25%に達していたこの期間の初めを除き、常にBICの総計の10%未満）。

12　実際、1948年以前は、SNCの共同事業者が受け取る収益の割合は常にBICに組み入れられていたことは明白だが、SARLの業務執行者に支払われた報酬はTSPに含まれていたことを認めないわけにはいかない（財務省の刊行物には残念ながらこの件に関する詳しい記述がない）。いずれにせよ、SARL（1925年に設置された会社形態）の業務執行者に支払われる報酬は非常に限られている。なぜなら、この種の所得はおそらく戦間期には（とりわけ、SNCの共同事業者が受け取る収益に比べて）きわめて少なかったと推測されるからだ。

13　この短命のカテゴリーはきわめてわずかである。1920年でも1932年でも、BICの総計（あらゆる課税世帯を合わせた）に占める割合は0.1%未満だ。しかし、最上位所得区分では1932年に5%（1920年では1%未満）となっている。

14　1948年以降、BICに対するすべての多様な課税方式は、BAおよびBNCに対するすべての多様な課税方式と同様に、「構成」表の中で（「構成」表のあとを受けて公表されるようになった補足表の中でも）詳しく分析されるようになった。高所得区分では申告された収益のほとんどすべてが一般実収益方式で課税されている。

15　1920年の所得について作成された「構成」表には、1948-1969年の所得に関する「構成」表（またはこれに相当する補足表）において、BNCの中で切り離されている「公職収益」〔代訴士、公証人、執行吏などの司法補助職による収益〕という所得カテゴリーについても記載されていることを指摘しておこう。

1934年、1936-1937年、1945-1946年、1948-1976年の各年度の所得について作成された「構成」表の中で用いられていた（1977年以降の所得税については、「フランス国外で得られた所得」は同じようなカテゴリーの所得でまとめられ、「構成」表にはそのような名称は見られなくなった)。1966-1976年の期間については、これらの「フランス国外で得られた所得」は「構成」表の中では「雑所得」[17]という広いカテゴリーの中にまとめられていた。本書では、「海外で得られた所得」、「フランス国外で得られた所得」、「雑所得」など、これらのカテゴリーはすべて分析範囲から除外した。その意味で、本書で扱う各高所得分位の所得構成の推計は、これら残余的所得の額を差し引いたカテゴリー別所得の合計を対象としている（反対に、各高所得分位の所得水準の推計には、明らかにこれらの残余的所得が十分に考慮されている)。なぜなら、所得水準の推計は「分布」表のデータに基づいており、「分布」表は課税所得区分に基づいて作成され、課税所得には当然のことながら、その性質にかかわらず、あらゆるカテゴリーの課税所得が含まれているからである。残余的所得の額が小さいことを考えれば、これらを除外しても、推計結果にはほとんど影響がない。たとえば、1970年には「雑所得」は6億3479万9000フランで、これは、（あらゆる世帯を合わせた)[18]包括粗所得2144億4100万フランの約0.3%に相当する。推計対象となった期間全体について同じことがいえる。たとえば、1945-1946年と1948-1976年の所得について作成された「構成」表では、「フランス国外で得られた所得」または「雑所得」の割合は、常に（あらゆる課税世帯を合わせた）包括粗所得の0.1-0.3%の範囲にとどまっている。また、戦間期に「海外で得られた所得」の割合は、（あらゆる課税世帯を合わせた）包括粗所得の0.5%前後である。しかし、上位高所得層についてはこれらの割合は無視できる数値とはいえないことを明らかにしよう。具体的には、1970年では、上位高所得層の「雑所得」はこの層の包括粗所得の3.3%に達し、[19]これは1945年から1976年までの期間全体を象徴するような最高水準である。戦間期の最上位所得区分の「海外で得られた所得」の割合は包括粗所得の6%に達している。これらの所得の多くは、おそらくRCMであると考え

16 （あらゆる課税世帯を含めた）TSPの合計に占める退職年金と終身年金の割合は著しく増加している（1917-1920年にかろうじて10%増加したのに対して1990年代末には30%近く増加している)。課税世帯の比率が著しく増加したこと、また、TSPの合計に占める退職年金と終身年金の割合が常に所得水準の減少関数であることを考えると、このパーセンテージを明確にする必要があるだろう（おそらく、戦間期のほうが20世紀末よりはるかに多かったと思われる終身年金は、退職および終身年金のカテゴリーの中で区別して記載されている例は一つもない)。

17 この「雑所得」というカテゴリーには「見かけの裕福度に基づく特定の所得」や「建物つき地所の譲渡による収益」のような残余的カテゴリーも含められていた（後出の第3節を参照)。また、「構成」表のあとを受けて公表された補足表には、これらの各項目の詳しい分析がなされている。

18 634.799／214441＝0.3%。

19 72.621／2207＝3.3%。

られるため（この比率を正確に算定できないことが、私たちが推計対象から除外した理由でもある）、私たちが行なった1976年までの超高所得の分位におけるRCMの割合の推定値は、おそらく、わずかながら過小評価されているだろう（これはとくに戦間期にあてはまるが、その過小評価値は4-5ポイントを超えることはないように思われる）。

「構成」表のデータから、納税者たちの包括粗所得から差し引かれる控除がどのように変化していったかを知ることもできる。これらの数値は、付録B（第1.4節）で取り上げる前年度の税額控除にかかわる修正が適切であることを確認するために非常に役立つだろう。実際、戦間期の「構成」表を見ると、この時期は（課税所得）／（包括粗所得）の比率が所得水準の著しい減少関数であったことが確認できる。1932年、1934年、1936-1937年の所得について作成された「構成」表では、課税所得は包括粗所得のおよそ90-91%で（あらゆる課税世帯を含む）、この比率は最下位所得区分については約96%に達しているにもかかわらず、最上位所得区分では70%を超えることはほとんどない。[20] さらに、1930年代の「構成」表では、包括粗所得から差し引かれる経費のうち、納税者が差し引く「直接負担金」と当時の所得税法によって認められていたその他の控除（すなわち「負債の利子または年金保険料」および「営業赤字による損失」）が区別されている。そこで、これを分析すると、（課税所得）／（包括粗所得）の比率が減少するのは「直接負担金」だけに起因していたことが確認できる。つまり、最下位所得区分から最上位所得区分までのすべての所得区分についてその他の経費として控除された額は包括粗所得のおよそ2-3%だった。[21] 1945年以降は、（課税所得）／（包括粗所得）の比率は、納税者の所得水準に応じた差がほとんどないことがはっきり見受けられる。何よりも、課税世帯全体について計算された比率が1945年以降は相対的にほとんど変化していないことに注目しよう。1945-1946年と1948-

20　1917年と1920年の所得について作成された「構成」表のデータから（課税所得）／（包括粗所得）の比率を正確に計算するのは不可能だ。これらの表では「包括粗所得」の列のあとはデータが途切れているからだ（包括粗所得から差し引かれた控除額や課税所得に至るプロセスについての情報が何も記されていない）。この両年度の「構成」表に記載されている包括粗所得と、同じ年に作成された「分布」表に記載されている課税所得を比較してみたが、これらの二つの表のデータは1948年以前の他の表とまったく同じフィールドを対象としているわけではないことを考慮すると（前出の第2.1節を参照）、こうして得られた比率はかなり不正確といえる（1917年の所得については、最上位所得区分で90%、1920年では80%まで下がる比率が得られたが、これは所得区分による税の控除額の変化とほぼ一致しているように見える〔付録B第1.4.1節を参照〕）。

21　実際、「直接負担金」の列には「社会保険負担金」として控除された額も含まれていた。しかし、「直接負担金」が経費の大部分を占めていることは明らかである。この列に示される合計額は計算で得られる理論上の合計額とぴったり一致すること（付録B第1.4.1節を参照）、また、「社会保険負担金」の項目は原則として家庭内雇用者の分として支払われた掛金だけが対象となっていることを明言する必要がある（納税者自身が支払う掛金があれば、これは該当する所得からすでに控除されている）。

1982年の所得に関する「構成」表では、課税所得は常に包括粗所得の約95%で、1983-1998年の所得に関する「構成」表では、この比率は約98%になっている（これは、1983年に包括粗所得から控除される一定数の経費、たとえば、主たる住居にかかわる経費や生命保険の保険料などが突然、税額軽減に変更されたためである）。1945-1959年には、（課税所得）／（包括粗所得）の比率は所得水準のゆるやかな減少関数となっていた。つまり、最下位所得区分ではこの比率は約97-98%だが、最上位所得水準では90-92%になっている（平均的所得水準では約95%）。これは、納税者が累進付加税を課せられた所得から前年度の所得に課せられた比例税の合計額を差し引くことができ、この控除制度はとくに高所得者に有利だったという事実から説明できる。実際、この制度がなくなった1960年代には、この比率はすべての所得区分で実質的にほとんど同じになっている（95%前後）。次に1960年代末から1970年代初めにかけては、この比率がわずかながら次第に所得水準の増加関数の様相を帯びるようになった（これは、当時まだ包括所得からの控除が認められていた経費だけが、多くの場合、一括控除されていたからである）。1970年代末から1980年代初めにかけて、この比率は最下位所得区分では92-93%、最上位所得区分では97-98%となっている（平均所得区分では95%）。そして1983年以降は、この比率はふたたびすべての所得区分で実質的にほとんど同じになっている（98%前後）。

3 「キャピタルゲイン」表（1988-1998年の所得）

税務当局は、所得申告データを集計したことによってキャピタルゲインに関する統計表も作成することができた。入手可能な統計データの性質を十分に理解するために、キャピタルゲインの課税方式の特殊性について簡単に言及する必要がある。第6章（第1.3節）で説明したように、1976-1982年の税制改正以降に施行された税法の一般原則によれば、不動産キャピタルゲインには累進所得税が課せられ（ただし、不動産キャピタルゲインはその他の所得と合算され、一定数の特定控除がある）、動産のキャピタルゲインには比例税が課せられている（動産キャピタルゲインはその他の所得と合算されることなく、分離課税される）。私たちは、1979年以降の所得について作成された「構成」表に記載され、1963-1976年の所得に関する「構成」表にも載っていた不動産キャピタルゲインを先に言及したようなその他の残余的なカテゴリーの所得（「フランス国外で得られた所得」「雑所得」など）と同様に扱った（ともあれ、これは1976-1982年の税制改正以前に課税対象だった数少ない不動産キャピタルゲインに関するものだ）。しかし、（超高所得層も含め）量的にはとても少ないことを考慮すると、推計結果にほとんど影響がないことから、各上位高所得分位の構成の推計からはこれらを除外した（このことはいうまでもなく、同じように除外した他のカテゴリーの所

得と同様に、この種の不動産キャピタルゲインを私たちの所得水準の推計の中で考慮に入れないという意味ではない。なぜなら、「分布」表は常に累進税の対象となる所得全体に基づいて作成されているからだ[1]。動産キャピタルゲインに関しては（動産キャピタルゲインは分離課税であり、累進税の対象となる所得に属さないため、「分布」表では考慮されていない。したがって私たちは、各上位高所得分位の所得水準の推計をする際に考慮に入れていない）、超高所得層にとってしばしば非常に重要な補足的所得となっているが、状況は異なる。1976-1982年の税制改正以前は、動産キャピタルゲインはきわめて特殊な数少ないケースにおいてしか課税されていなかった。したがって、動産キャピタルゲインを含む統計データは非常に貧弱である。たとえば、動産キャピタルゲインは、「日常的に」取引されるキャピタルゲインであることが証明された場合はBNCとして累進課税され、その場合は（分離課税の扱いをされることなく）「構成」表にBNCとして記載されていた[2]。また、1959年以降の所得税で動産キャピタルゲインが比例税の対象となった特殊なケースも一定数あり、税務当局は1959-1972年の所得についてそうしたケースに関する統計表を作成しているが、ここでは使用する必要はないように思える[3]。税務当局は1976-1982年の税制改正に対応するのに数年を要したため、1979-1987年の動産キャピタルゲインについて作成した統計表には、累進課税されたキャピタルゲインの総計だけが記載されている。つまり、最終的に比例税を課せられる動産キャピタルゲインが体系的な年次統計処理の対象となったのは1988年以降の所得課税からだ。そのため本付録では、1988年以降の税務当局の「キャピタルゲイン」表に記載されている情報を転載するにとどめた（表A-11を参照）。これは比例税を課せられるキャピタルゲインであるが、これらの表には累進課税される所得区分別にキャピタルゲインの割合が示されていることに留意しよう。これらの表で使用された最上位所得区分は十分に高いレベルではないが、税務当局の所得申告データのサンプルから抽出した同類の

1　1979年以降の包括粗所得（あらゆる課税世帯を合わせた）中の不動産キャピタルゲインの割合は全体的に0.2-0.3%前後で、最上位所得区分においても2%を超えることはほとんどなかった。1963-1976年の所得について作成された「構成」表では、包括粗所得に占める不動産キャピタルゲイン（この時代は建物つき土地の譲渡キャピタルゲインに限られていた）の割合はさらに小さい（1966-1976年の所得について作成された「構成」表では、これらのキャピタルゲインは「雑所得」のカテゴリーと合算されていた。「構成」表のあとを受けて公表された補足表の中で「雑所得」について詳しく分析されている）。次に、1977-1978年の所得について作成された表では、不動産キャピタルゲインに関するデータは完全に消えうせ、1979年になってふたたび記載されるようになった。これは、税務当局が統計表のこれらのカテゴリーのデータにキャピタルゲインの新しい課税方式を適用させ、その課税手続きを電子化するのに数年を要したからである（『S&EF』、「赤シリーズ」第371号〔1980年9月〕p.71、および『S&EF』、「赤シリーズ」第396号〔1984年〕p.44-46を参照）。

2　動産キャピタルゲインがBICまたはRCMとして課税されるケースもまれにあった（第6章第1.3節を参照）。

情報をここに転載した。このサンプルは、膨大な申告データのすべてを含むサンプルであり、したがって超高所得層のケースをきわめて信頼できる方法で研究できる（これらのサンプルについては、付録B第1.2節で言及する）（表A-12を参照）。

表 A-11：税務当局が作成した未加工の統計表におけるキャピタルゲインの分布（1988-1998 年の所得）

1988				1989				1990				1991			
所得区分の閾値	総世帯に対する比率	キャピタルゲインを申告した世帯数	キャピタルゲインの比率(%)	所得区分の閾値	総世帯に対する比率	キャピタルゲインを申告した世帯数	キャピタルゲインの比率(%)	所得区分の閾値	総世帯に対する比率	キャピタルゲインを申告した世帯数	キャピタルゲインの比率(%)	所得区分の閾値	総世帯に対する比率	キャピタルゲインを申告した世帯数	キャピタルゲインの比率(%)
125,000	13.9	7,771	0.1	150,000	10.1	25,221	1.4	150,000	11.2	23,130	1.4	150,000	12.0	22,004	1.1
150,000	9.2	14,621	0.2	200,000	5.0	20,213	2.3	200,000	5.6	18,723	2.3	200,000	6.1	18,214	2.0
200,000	4.5	12,621	0.5	250,000	2.9	48,683	5.7	250,000	3.3	47,065	5.8	250,000	3.5	47,292	4.9
250,000	2.6	35,593	1.4	500,000	0.6	35,576	16.8	500,000	0.6	35,542	17.7	500,000	0.6	36,455	15.3
500,000	0.5	34,215	17.7	総計		192,344	3.0	総計		190,756	3.4	総計		184,478	3.0
総計		126,542	2.0												

1992				1993				1994				1995			
150,000	12.7	23,863	1.1	150,000	12.9	35,823	1.3	150,000	13.2	59,318	1.1	150,000	13.7	97,371	1.2
200,000	6.4	19,654	1.9	200,000	6.6	28,859	2.1	200,000	6.7	43,290	1.8	200,000	7.0	64,515	1.8
250,000	3.6	50,292	4.8	250,000	3.7	70,616	5.3	250,000	3.8	91,066	4.4	250,000	4.0	116,266	4.2
500,000	0.6	37,002	15.0	500,000	0.6	46,523	17.1	500,000	0.6	50,876	14.7	500,000	0.7	54,839	13.8
総計		195,383	2.9	総計		281,603	3.3	総計		408,067	2.9	総計		626,934	2.8

1996				1997				1998			
150,000	14.0	76,633	1.2	150,000	14.4	101,527	1.7	150,000	15.1	109,199	1.7
200,000	7.3	53,756	1.8	200,000	7.6	71,934	2.6	200,000	8.1	78,480	2.5
250,000	4.1	111,329	4.4	250,000	4.3	143,340	6.0	250,000	4.6	152,922	5.5
500,000	0.7	55,492	14.6	500,000	0.7	66,566	18.9	500,000	0.8	67,022	17.2
総計		541,675	3.0	総計		708,973	4.1	総計		756,163	3.9

情報源：『Etats 1921』表IA（1988-1989年の所得）ならびに表I（1990-1998年の所得）の「比

3　この種のデータは1972年に突然姿を消した（それは、おそらく、1973年以降の所得について作成された統計表には、「機械処理による課税」データしか記載されなくなり、当時は、このような動産キャピタルゲインは「手作業で」課税されていたからだろう（『S&EF』、「赤シリーズ」第328号〔1976年4月〕p.2を参照）。また、動産キャピタルゲインが税務統計表にふたたび記載されるようになったのは1979年になってからのことで（これらのキャピタルゲインの分布に関しては、1988年から記載されるようになった）、（「分布」表が掲載されていたのと同じ刊行物に掲載された）1959-1972年の動産キャピタルゲインに関して作成されたこれらの表には、当時、課税対象だった非常に特殊な動産キャピタルゲインのデータしか記載されていないという問題がある（1959-1972年の期間に課税されたこの種のキャピタルゲインの総計は、課税所得の約0.5%で〔あらゆる課税世帯を含む〕、約3%だった1990年代の6分の1だが〔表A-11を参照〕、該当するキャピタルゲインのフィールドがそのまま残っていたとしても、この比率がどのように推移したかを知るのは困難である）。さらに、1959-1972年のこれらの表には、キャピタルゲインの合計額別に（1988年以降に作成された表のように納税者の課税所得別にでなく）分布状況が示されている。以上のような理由から、1959-1972年のこれらの表はその後の期間と比較することができないため、活用しなかった。

例税を課せられるキャピタルゲインの数」の列および「比例税を課せられるキャピタルゲインの課税基礎」の列。

解説：1998年の所得課税では、0.8％の世帯が50万フランを超える課税所得を申告した（付録B表B-1を参照）。この所得区分の世帯のうち、比例税を課せられるキャピタルゲインを申告した世帯数は6万7022世帯で、これらのキャピタルゲインの合計額はこれらの世帯の累進課税された課税所得の合計額の17.2％に相当する。比例税を課せられるキャピタルゲインを申告した課税世帯総数は75万6163世帯で、キャピタルゲインの総計は課税世帯全体が申告した課税所得の総計の3.9％に相当する。

表A-12：各高所得分位におけるキャピタルゲインの割合（1992-1995年の所得）

分位	1992	1993	1994	1995
P0-100	1.7	1.7	1.6	1.5
P90-100	4.3	4.5	3.7	3.7
P95-100	5.8	6.3	5.3	5.1
P99-100	11.0	12.4	10.6	9.7
P99.5-100	13.5	16.3	12.7	12.1
P99.9-100	17.5	22.2	19.1	17.3
P99.99-100	21.4	26.5	20.4	21.0

分位	1992	1993	1994	1995
P0-90	0.5	0.5	0.6	0.4
P90-95	1.4	1.3	0.8	1.2
P95-99	2.7	2.8	2.2	2.3
P99-99.5	6.2	5.2	6.5	5.0
P99.5-99.9	10.9	12.4	9.1	8.8
P99.9-99.99	16.1	20.7	18.6	15.9
P99.99-100	21.4	26.5	20.4	21.0

情報源：税務当局の所得申告データ、変数pv（pv＝ripv－rimp）とrfisc（課税対象所得）のわずかなサンプル（ピケティ〔1998年、付録F、p.137-145〕を参照）。

解説：1995年の所得課税では、比例税を課せられるキャピタルゲインは分位P0-100の課税対象所得額の合計の1.5％で、分位P90-100の課税対象所得額の合計の3.7％、分位P99.99-100の課税対象所得額の合計の21.0％である。

4　税務当局が作成したその他の統計表

1914-1917年の税制改正以降、すでに言及してきた「分布」表、「構成」表、「キャピタルゲイン」表以外にも、税務当局はいくつかの興味深い統計表を作成してきた。それは、とりわけ1948年まで実施されていた分類所得税制度や、のちにそれに代わって1959年まで実施された比例課税にかかわる表だが、本書ではいっさい活用しなかった（私たちはもっぱら「給与所得」表と「BIC」表を活用した）。しかし、今後の研究のために、入手できる統計表全体の変遷を簡単に説明するのが有益だろう。

1917年に導入された分類所得税に関する表から始めよう。就業所得に課せられる分類所得税には、TSP（報酬・給与・退職年金・終身年金）に対する分類所得税（あるいは単に「給与所得税」）、BICに対する分類所得税、BAに対する分類所得税、BNCに対する分類所得税の4種類があった。税務当局は、IGRの課税対象として提出された所得申告データと同様に、これらの四つの分類所得税の課税対象として提出された給与所得の申告データ、BICの申告データ、BAの申告データ、そしてBNCの申告データも集計し、統計表を作成してきた（給与所得に対する課税については、申告書は雇用主が提出していた。他の三つのカテゴリ

一の場合は、納税者が所得申告と同じ形式で提出していた)。この四つの分類所得税のいずれについても、所得申告に基づいて作成された「分布」表と同じタイプの「分布」表が作成されていた。したがって一定数の給与所得区分ごとに課税された賃金労働者数と申告された給与所得総計が記されている「給与所得」表、一定数のBIC区分ごとに対応するBICの課税対象者数とBICの総計が記されている「BIC」表、一定数のBA区分ごとに対応するBAの課税対象者数とBA総計が記されている「BA」表、そして一定数のBNC区分ごとに対応するBNCの課税対象数とBNCの総計が記されている「BNC」表を入手することができる。これらの表はいずれも、表A-4および表A-10に示したのと同じ刊行物に掲載されている。[1] 分類所得税が初めて適用されたのは1917年の給与所得および収益に対してだが、「給与所得」表、「BIC」表、「BA」表、「BNC」表が作成されるようになったのは1919年の給与所得および収益への課税以降である。1917-1918年の給与所得および収益の申告データは集計されなかったようだ。[2] 第3章(第2.1節)ですでに指摘したように、1939年から1940年にかけて給与からの源泉徴収方式が導入されたため、「給与所得」表は作成されなくなり、「給与所得」表は1919年から1938年の給与所得だけが対象となっている。付録D(第1節)で1919-1938年の各分位の高額給与所得の水準を推計するためにこれらの「給与所得」表を活用した。「給与所得」表とは異なり、「BIC」表、「BA」表、「BNC」表は1948年に分類所得税が廃止されるまで作成されていた。したがって、これらの3種類の表は1919-1947年の収益が対象となっている。私たちは、1919-1938年の「BIC」表を(部分的に)活用したが(付録G表G-18およびG-19を参照)、「BA」表と「BNC」表はいっさい活用しなかった。

資本所得に対する分類所得税については、残念ながら就業所得に対する分類所得税のような充実した統計表は作成されていない。その理由の一つは、いわゆるRFの分類所得税が存在しないからだ。旧来の不動産税(国税として維持されるべきだった「四つの国税」制度に由来する唯一の直接税)がこれに代わるものだった。税務当局がRFに関する「分布」表を作成していないのはそのためである。旧来の不動産税は、1948年に廃止されるまで、1917年以前の税制度に基づき、つまり税務当局が定期的に再評価する賃貸価額に基づき課税されていたが(RFの申告制度はなかった)、1917-1947年の期間の不動産税に関する統計データは、昔の税制度の中で作成されたデータと同じように不十分で、一貫性に欠けるものだ(私たちはこれらのデータを活用していない)。[3] もう一つの理由は、1872年に

1 また、「給与所得」表が掲載されている刊行物の正確な出典を示した付録D表D-2も参照。

2 当時の財務省刊行物(『BSLC』および『RSRID』)にも財務省の記録文書にも、1917年と1918年の給与所得および各収益の申告データが集計された形跡はいっさい見られなかった。

3 第一次世界大戦以前に作成された賃貸価額の統計については、付録Kを参照。戦間期の不動産税に関する統計は、実際のところ戦前の統計より少ない。というのは、戦間期には税務当局が賃貸価額の全般的な再評価の日程を絶えず先延ばしにし、1911年に実施された建物つき土地と建物なし土地の調査に基づいて不定期に再評価された賃貸価額を不動産税に適用しつづけていたからだ。

「IRVM（有価証券所得税）」が導入され（債権・預金・保証金による所得に対してわずかな税が合算される）、これがRCMに対する分類所得税に代わるものであったためだが、1917-1947年の時期には、RCMの申告は行なわれていなかった。IRVMは今でも源泉徴収税であるが、1872-1917年の期間と同様に、この税に関する統計表だけが（問題の所得分布に関する記載はいっさいないまま）[4]徴収された税額全体の統計データであった。しかしながら、IRVMが大雑把に定めた課税基礎に対する比例課税であったことを考慮すると、徴収税額の合計に関するこれらの統計データには一定のメリットがある。というのは、そうしたデータからRCMの全体量を推計できるからだ（たとえば、付録Gで取り上げるデュジェ・ド・ベルノンヴィルが行なった推計を参照）。一般に、徴収税額の統計データ、なかでもIRVMの徴収額の統計は財務省の過去の非常に有益な刊行物で取り上げられている（1900-1930年については『S&EF』、「増補版」第175号（1963年7月）、1930-1959年については『S&EF』、「増補版」第144号（1960年12月）を参照）[5]。

分類所得税に関する統計表は1948年に分類所得税が廃止されたために姿を消した。しかし1948年の税制改革によって「比例税」が導入され、結局、似たようなカテゴリーの表が作成されることになった。唯一の大きな違いは、給与所得がもはや対象とならなくなった点である。「比例税」が存続していた期間中（1948-1958年）は、2種類の表が作成されていた。一つは、（以前の「給与所得」表、「BIC」表、「BA」表、「BNC」表と同じように）一定数の所得のカテゴリー区分ごとに各カテゴリーの所得を申告した納税者数と所得の合計額を示す表で、もう一つは、一定数の「比例税」を課せられた所得全体の区分ごとに、「比例税」[6]を課せられた納税者数と所得の合計額を示す表である。この場合、「比例税」を課せられ、（とくに、「比例税の対象となった所得全体」という概念を定義するために）この二つの表の対象となったカテゴリーは、BIC、BA、BNC、RFである。[7] これらの表は、1919年から1947年まで作成されていた「BIC」表、「BA」表、「BNC」表をそのまま引き継いだもので、そのため、

4　債権、預金および保証金による収入は（少なくとも、個人間の債権に関しては）原則として申告しなければならないが、これらの申告データに基づく「分布」表は作成されなかったようだ。

5　これらの過去の刊行物には、（決算法に基づく）あらゆる徴収税額やあらゆる歳出に関するデータだけでなく、（少なくとも、1930-1959年の期間に関する）決定税額の合計に関するデータが含まれている。

6　この第二の表は、1949年の所得について初めて作成された（一方、第一の表は1948年の所得から作成されている）。

7　この二つの表で考慮されているカテゴリーには、そのほかにもRGAや債権・預金・保証金による所得（したがって、これらも「比例課税枠での申告対象となり、他の所得と同様に課税されていた）、また（たとえば、「フランス国外で得られた所得」のような）累進課税の枠で利用されたいくらかの残余的カテゴリーがある。

1919年から1958年までの表とほとんど変わらない形式を保っている。[8] しかしながら、「BIC」表に関する大きな変化があったことに注目しよう。BICの分類所得税は個人にも法人にも課せられ、統計データも当然、合算されたものであったが（ただし、年とともに、別々の統計が増えている）[9]、反対に「比例税」は個人だけに課せられたため（法人には比例税とともに1948年に導入されたIS〔法人税〕が課せられていた）、「比例税」の統計データは個人だけが対象となっている（ISは課税台帳による税額決定ではなく企業が計算して支払うため、法人税を課せられる企業の収益に関する「分布」表は存在しないが、徴収税額の統計データだけはある）。[10] 専門職収益と同じ統計処理の対象となるRFとは異なり、RCMには別の処理が行なわれてきたことにも注目しよう。すなわち、RCMに課せられる「比例税」は源泉徴収され（これは単にIRVMの継続である）、これらの所得に関する統計表だけが常に徴収税額全体を示す表であった。[11] 最後に、「比例税」を課せられた所得全体の区分ごとの統計表のメリットは限定的であるという点に注目しよう。「“比例税”を課せられた所得全体」という概念は奇妙なものだ。なぜなら、「“比例税”を課せられた所得全体」からは（比例税を免れた）給与所得と（分離課税の）RCMの両方が除外されており、（カテゴリー別所得でもなく、真の包括所得でもない）このような用語から想起される所得階層の社会・経済学的な意味を判断するのはむずかしい。「比例税」に関する統計データは表A-4および表A-10に示したのと同じ刊行物に掲載されているが、私たちはこれらを活用していない。

1959年に「比例税」が廃止され、上記の2種類の統計表は姿を消した。そのため、1969年まで「比例税」に関する表の概念を受け継いでいた「補足税」に関する表を別にすれば[12]、1959年以降に税務当局が作成した統計表は所得申告に基づいた「分布」表、「構成」表（そして一時的な「キャピタルゲイン」表）だけである。この状況は1980年代まで続き、その後、税務当局は、「分布」表およよ

8　1919-1959年も同様（後出参照）。

9　BICに対する分類税に関する統計表は、一般課税方式による収益と特別課税方式による収益が必ず別々に作成されていた。個人事業主は次第に一般課税方式の対象から外れていったため（第4章第4.2節を参照）、統計表においてBICの申告者全体の中から物的会社を徐々に切り離すことができるようになった（完全に切り離すようになったのは1942年から）。

10　例外的に、1948年の収益に対するISは課税台帳によって徴収され、税務当局はこの「分布」表を作成している（『S&EF』第20-21号〔1950年8-9月〕p.619および『S&EF』、「増補版統計」第14号〔1952年第2四半期〕p.198を参照）。しかし、この徴収方法は次の年から廃止され、以来、企業は法人税額を自ら計算し、直接納税する必要があった。その結果、税務当局はこの種の統計表は一度も作成していない（企業収益の申告は常に義務づけられているが、課税台帳に基づいて徴収される税金に関する表のように適切で画一化された表は作成されていない）。

11　分離課税されたのは、狭い意味での有価証券だけだった。なぜなら、債権・預金・保証金による所得の扱いはRFと同じように変化しており、1948年以降、専門職収益と同じ統計処理の対象となった。

び「構成」表に記した情報を補足するために所得申告に基づく新しい形式の統計表を作成し、これを『Etats 1921』に掲載するようになった。これらの新しい表には、たとえば、納税者が支払った一定数の純税額区分ごとの納税者数と課税所得の総額（この表は1984年以降に作成されている）、一定数の課税所得区分ごとの包括所得から差し引いたさまざまな控除の総額（この表も1984年の所得以降に作成されている）、一定数の課税所得区分ごとのさまざまな税の軽減総額（この表は1985年以降に作成されている）、一定数の課税所得区分ごとの（なんらかの控除を行なう前の）カテゴリーごとの粗所得の総額（この表は1989年以降に作成されている）、一定数の課税対象所得ごとの納税者数と（なんらかの控除を行なう前の）課税対象所得総額（この表は1995年以降に作成されている）などが示されている[13]。本書ではこれらの表を活用していない[14]。

12　税務当局は「補足税」表として、一定数の「補足税」を課せられた所得全体の区分ごとの「補足税」の納税者数および課税対象所得総額を記した一連の表を作成した（この所得は「比例税」に関する表で対象とされている所得と同じであるが、ここでも、所得全体という奇妙な言葉が使われている）（この表は1959-1969年の所得について作成された）。また1959年の所得については〔そしてこの年度についてのみ〕、税務当局は「補足税」に関する表として、「比例税」について作成したのと同類のカテゴリー別所得区分ごとの表を作成している。これらの表はすべて、表A-4およびA-10に示したのと同じ刊行物に掲載されているが、私たちは活用していない。

13　所得申告データに基づく統計表は、1985年以降の所得については、（課税世帯だけでなく）非課税世帯に関するデータも作成されていたことを重ねて指摘しておく。

14　ただし、付録B（第3節）で、分位ごとの平均税率を推計するために税額軽減に関する表を利用した。

付録B

所得申告データの統計に基づいて実施した推計方法とその結果（1915–1998年の所得）

本付録では、所得申告データに基づく未加工の統計表を活用するために私たちが用いた方法と得られた結果について説明する。実施した推計は次の三つに分類される。すなわち、各高所得分位の所得水準の推計（第1節）、各高所得分位の所得構成の推計（第2節）、そして、各高所得分位の平均税率の推計（第3節）である。

1　各高所得分位の所得水準の推計（1915–1998年の所得）

1.1　パレートの法則に基づく概算法

1.1.1　推計したデータ

1915年以降の所得について税務当局が毎年作成してきた「分布」表の未加工データから、一定数の課税所得区分ごとの納税者が提出した所得申告データの分布状況を知ることができる（付録A第1節の表A-1を参照）。しかしインフレに見舞われたり、実質所得が全体的に増大したり、あるいはまた、税務当局が所得申告データを集計・整理するために用いた所得区分の数や閾値が不定期に変更されたりしたため、表A-1に転載された未加工のデータは一見しただけではほとんど意味がわからない。そこで、所得格差の推移を研究する前に、これらの未加工データを均質にする必要がある。したがって私たちは、各年度について所得分布の上位10%の世帯の所得水準、上位1%の世帯の所得水準などを推計するために、これらの未加工データを均質にしたうえで活用した。そうすることで、各年度のトップ十分位、トップ百分位などの割合を推計することができた。

具体的には、推計に際して以下のような年度ごとのデータを活用した。まず、所得分布の上位10%の世帯の平均所得水準（これを「P90–100」と表わす）、上位5%の世帯の平均所得水準（「P95–100」）、上位1%の平均所得水準（「P99–100」）、上位0.5%の世帯の平均所得水準（「P99.5–100」）、上位0.1%の世帯の平均所得水準（「P99.9–100」）、上位0.01%の世帯の平均所得水準（「P99.99–100」）をそれぞれ推計した。また、それぞれの分位に該当する閾値、すなわち、所得分布の第90百分位以上に相当する上位10%の世帯に属するために超える必要のある所得の閾値（これを「P90」と表わす）、所得分布の上位5%の世帯に属するために超える必要のある所得の閾値（「P95」）、上位1%の世帯に属するために超える必要のある所得の閾値（「P99」）、第90百分位以上の上位0.5%の世帯に属

するために超える必要のある所得の閾値（「P99.5」）、上位0.1%の世帯に属するために超える必要のある所得の閾値（「P99.9」）、上位0.01%の世帯に属するために超える必要のある所得の閾値（「P99.99」）をそれぞれ推計した。平均所得水準P90-100、P95-100、P99-100、P99.5-100、P99.9-100、P99.99-100を推計することで、各分位の中間層の平均所得水準に相当するP90-95、P95-99、P99-99.5、P99.5-99.9、P99.9-99.99を（引き算により）計算することもできる（P90-95は所得が閾値P90と閾値P95の間にある世帯の平均所得、P95-99は所得が閾値P95と閾値P99の間にある世帯の平均所得など）[1]。

そこで私たちは、1915-1989年の所得について、次の17の数値を推計した。すなわち、平均所得水準P90-100、P95-100、P99-100、P99.5-100、P99.9-100、P99.99-100、P90-95、P95-99、P99-99.5、P99.5-99.9、P99.9-99.99、そして、閾値P90、P95、P99、P99.5、P99.9、P99.99である。しかし、1915-1918年の所得については課税世帯数が少なく、利用できる未加工データが不安定であることを考慮して、十分位や十分位の上位半分についての推定値は示さずに、P99-100、P99.5-100、P99.9-100、P99.99-100の各平均所得水準（そして引き算によって、その中間水準P99-99.5、P99.5-P99.9、P99.9-99.99）と閾値P99、P99.5、P99.9、P99.99の数値を推計するにとどめた。すべての推定値は、表A-1に転載されている名目フランで表記された未加工データから導き出したもので（付録Aを参照）、平均所得水準と閾値はすべて名目フランで表記されている（1919-1959年の所得は旧フラン、1960-1998年の所得は新フラン）。推計と修正のプロセスを終えたあとに、トップ水準の平均所得P90-100、P95-100、P99-100、P99.5-100、P99.9-100、P99.99-100、その中間水準の平均所得P90-95、P95-99、P99-99.5、P99.5-99.9、P99.9-99.99、そして閾値P90、P95、P99、P99.5、P99.9、P99.99を1998年フランに換算し（後出の表B-11からB-13を参照）、その後、トップ水準の平均所得P90-100、P95-100、P99-100、P99.5-100、P99.9-100、P99.99-100とその中間水準の平均所得P90-95、P95-99、P99-99.5、P99.5-99.9、

1　当然、平均所得水準P90-100、P95-100、P99-100、P99.5-100、P99.9-100、P99.99-100からその中間平均所得水準P90-95、P95-99、P99-99.5、P99.5-99.9、P99.9-99.99を導き出すには、次の計算式を適用すればよい。すなわち、P90-95＝2×P90-100－P95-99、P95-99＝(5×P95-100－P99-100）／4、P99-99.5＝2×P99-100－P99.5-100、P99.5-99.9＝(5×P99.5-100－P99.9-100）／4、P99.9-99.99＝(10×P99.9-100－P99.99-100）／9。しかし、私たちの行なった中間水準の推定値P90-95からP99,9-99,99までは、単にトップ所得水準P90-100からP99.99-100までの推定値から機械的に差し引いたわけではない。なぜなら、若干の修正をするためには（後出の付録B第1.4節を参照）、トップ水準の平均所得として得られた結果を変換する前に、中間水準の平均所得から直接修正するほうがいいからだ（中間水準の推定値からトップ水準の推定値を導き出すには、次の計算式を適用すればよい。すなわち、P99.9-100＝(9×P99.9-99.99＋P99.99-100）／10、P99.5-100＝(4×P99.5-99.9＋P99.9-100）／5、P99-100＝(P99-99.5＋P99.5-100）／2、P95-100＝(4×P95-99＋P99-100）／5、P90-100＝(P90-95＋P95-100）／2）。

P99.9-99.99の所得全体に占める割合を導き出した（後出の表B-14およびB-15を参照）。

1.1.2　パレートの法則

税務当局が作成した統計表の未加工データから各分位の閾値と平均所得水準を推計するためには、未加工データの中で用いられている連続する閾値の間で納税者数とその所得がどのように変動したかについての仮説を立てる必要がある。推計する際に中心となる仮説は、高所得層の課税所得の分布はパレートの法則に従うというものだ。つまり、所得水準が一定以上になると、所得分布の関数F(y)は次のような関数によって的確に近似できるという仮定だ（F(y)は、所得がy未満の世帯のパーセンテージ）。

$$1-F(y)=(k/y)^a \quad (k>0,\ a>1)$$

したがって、世帯分布の密度関数f(y)は、$f(y)=ak^a/y^{(1+a)}$という形をとる。課税所得の分布がこの形をとっていれば、所得がyを超える世帯の平均所得$y^*(y)$は、以下の数式によって得られる。

$$y^*(y)=[\int_{z>y} z\,f(z)dz]/[\int_{z>y} f(z)dz]=[\int_{z>y} dz/z^a]/[\int_{z>y} dz/z^{(1+a)}]=ay/(a-1)$$

言い換えれば、パレートの法則には、比率$y^*(y)/y$は所得yの水準に関係なく定数$b=a/(a-1)$に等しいという注目すべき特徴がある。ここでは便宜上、パラメーターbを「パレート係数[2]」とする。したがって、パラメーターaとパラメーターbの推定値を出すには、ある所得水準yとyを超える所得の世帯の平均所得$y^*(y)$がわかればいいことになる。その場合、パラメーターkの推定値を出すには、yを超える所得のある世帯数N(y)がわかればよい。そしてパラメーターaとkがわかれば、高所得層の分布の全体的状況を推計することができる。

所得税が導入されて以来、所得申告データに基づいて税務当局が作成し、そして付録の表A-1に転載されている未加工の表（付録A第1節を参照）には、1915-1998年の所得に関して、一定数の課税所得区分［s_1; s_2］、…、［s_i; s_{i+1}］、…、［s_p; +∞］について、課税所得がs_iからs_{i+1}の課税世帯総数N_iと、これら世帯の課税所得の合計Y_iが記載されている。$N_i^*=N_i+N_{i+1}+\cdots+N_p$は課税所得が$s_i$を超える世帯数を表わす。$N^*$は付録Hで推計された世帯総数（課税世帯と非課税世帯）を表わし（表H-1の列(10)を参照）、$p_i=N_i^*/N^*$は課税所得がs_iを超える世

2　パラメーター$a=b/(b-1)$を「パレートの法則の係数」とする研究者もいる（いずれの言い方も単に慣例的に使われているにすぎず、重要なことは同じ係数を比較することである）。

帯の総数に対する比率を表わす。そして、$y_i=(Y_i+\cdots+Y_p)/N_i^*$はこれらの世帯の平均課税所得を表わし、$b_i=y_i/s_i$はこれらの世帯の平均所得とその最下位所得との比率である。表B-1には、1915-1998年の所得について、税務当局が用いた各閾値s_iについて、表A-1に転載されている未加工の数値にこれらの数式を適用して得られたp_iとb_iの値が示されている。

表B-1を見ると、フランスの税務データ、つまり、1915-1998年の所得に関する全データは総体的にパレートの仮説を立証していることがわかる。たとえば、戦間期に累進所得税の申告をした高所得層のパレート係数はおよそ$b_i=2.1$-2.2で（1910年代末から1920年代初頭にかけての係数は2.3-2.4を上まわり、その後1920-1930年代には大きく低下する傾向にあり、とくに、第二次世界大戦中は低下が著しく、1944年には完全に1.6以下になっている）、第二次世界大戦後はおよそ$b_i=1.7$-1.8に落ち着いている。[3]

とくに、1896年にパレートが当時の税務統計データですでに明らかにしたように、[4] また、その後、クズネッツ（1953年）をはじめ、パレートの発見を用いたすべての研究者らが確認したように、「パレートの法則」は、特定の年度のあらゆる（高）所得水準について係数bは常に一定であるということを示すものではない。どんな国であろうと、またどんな時代であろうと、得られた係数b_iは、所得閾値s_iが変わるにつれてわずかながら絶えず変化している。言い換えれば、パレートの仮説は局所的にしか通用せず、所得分布の各分位に関する最良の推定値を得るためには、推計しようとする分位にできるだけ近い所得の閾値から得た係数を用いる必要がある。アメリカの税務当局が作成した所得区分別の表を使用して分析した研究者らがよく用いた推計方法、なかでも、クズネッツが1913-1948年の所得データの分析に用いた方法（1953年）やフィーンバーグ&ポターバが1950-1989年の所得データの分析に用いた方法（1993年）は、係数b_iに含まれる情報ではなく、連続するペア数値（s_i, p_i）に含まれる情報だけを使用する方法である。たとえば、所得分布の上位0.5%の世帯の分位（P99.5-100）が保有する所得の割合を推計するために、フィーンバーグ&ポターバは数式$a=\log(p_i/p_{i+1})/\log(s_{i+1}/s_i)$と$k=s_i p_i^{1/ai}$を用いて、閾値P99.5の前後の課税所得区分［$s_i$, s_{i+1}］に該当する(s_i, p_i)と(s_{i+1}, p_{i+1})の数値（つまり、$p_{i+1}<0.5\%<p_i$のような連続するペア数値(s_i, p_i)と(s_{i+1}, p_{i+1})）から係数（a, k）を推計することから始めた。次に、トップ百分位の上位半分であるP99.5-100の下側閾値P99.5と平均所得水準を推計するために、係数（a, k）を用いた。つまり、$P99.5=k/(0.005^{1/a})$、

3　戦間期と第二次世界大戦直後は、閾値P90でパレート係数が常に超高所得層よりも著しく高い数値に達していることに気づくだろう。このようなきわめて不自然な現象が見られるのは、「分布」表に示されている所得分布が一部欠落しているからである（後出の第1.3節を参照）。

4　パレート（1896年）およびパレート（1896-1897年、第2巻、第3編第1章）を参照。

P99.5-100＝(a／(a－1))P99.5（フィーンバーグ＆ポターバ〔1993年、p. 172〕を参照)。パレート（1896年）とクズネッツ（1953年）が用いた推計方法はいずれも、連続するペア数値（$\log(s_i)$, $\log(p_i)$）と（$\log(s_{i+1})$, $\log(p_{i+1})$）との間の一次近似式をつくることからなる。[5]

表 B-1：税務当局が作成した未加工のデータから得られたパレート係数（1915-1998 年の所得）

1915			1916			1917			1918			1919		
s_i	p_i	b_i	s_i	p_i	b_i	s_i	p_i	b_i	s_i	p_i	b_i	s_i	p_i	b_i
5,000	1.085	3.61	3,000	2.417	5.31	3,000	2.894	5.42	3,000	3.312	5.35	6,000	3.591	4.45
10,000	0.572	2.75	8,000	1.216	3.29	10,000	1.094	3.29	10,000	1.260	3.21	10,000	2.607	3.36
15,000	0.319	2.63	12,000	0.716	3.16	20,000	0.437	3.08	20,000	0.491	3.04	20,000	1.154	2.85
20,000	0.206	2.58	16,000	0.483	3.10	50,000	0.130	2.72	50,000	0.146	2.63	30,000	0.677	2.66
25,000	0.146	2.54	20,000	0.354	3.06	100,000	0.050	2.46	100,000	0.053	2.41	50,000	0.328	2.51
50,000	0.049	2.45	40,000	0.138	2.85	250,000	0.011	2.31	250,000	0.011	2.27	100,000	0.120	2.32
100,000	0.015	2.43	60,000	0.078	2.75	500,000	0.003	2.29	500,000	0.003	2.17	200,000	0.039	2.11
200,000	0.005	2.34	80,000	0.053	2.65							300,000	0.018	2.08
500,000	0.001	2.62	100,000	0.038	2.61							500,000	0.007	2.13
			150,000	0.020	2.55							1,000,000	0.002	2.35
			250,000	0.009	2.49									
			500,000	0.003	2.54									

1920			1921			1922			1923			1924		
s_i	p_i	b_i	s_i	p_i	b_i	s_i	p_i	b_i	s_i	p_i	b_i	s_i	p_i	b_i
6,000	6.504	3.73	6,000	7.305	3.40	7,000	6.644	3.41	7,000	7.696	3.56	7,000	9.415	3.42
10,000	4.303	2.96	10,000	4.725	2.73	10,000	5.112	2.85	10,000	5.976	2.97	10,000	7.333	2.83
20,000	1.611	2.76	20,000	1.671	2.56	20,000	1.961	2.56	20,000	2.398	2.64	20,000	2.938	2.48
30,000	0.888	2.67	30,000	0.874	2.52	30,000	1.027	2.52	30,000	1.277	2.59	30,000	1.553	2.41
50,000	0.412	2.56	50,000	0.397	2.40	50,000	0.466	2.42	50,000	0.582	2.49	50,000	0.700	2.30
100,000	0.149	2.31	100,000	0.134	2.21	100,000	0.161	2.20	100,000	0.205	2.26	100,000	0.230	2.12
200,000	0.047	2.17	200,000	0.042	2.03	200,000	0.050	2.05	200,000	0.067	2.04	200,000	0.071	1.92
300,000	0.022	2.18	300,000	0.019	1.99	300,000	0.024	1.98	300,000	0.032	1.97	300,000	0.032	1.86
500,000	0.008	2.30	500,000	0.007	1.99	500,000	0.008	1.98	500,000	0.011	1.99	500,000	0.010	1.95
1,000,000	0.002	2.68	1,000,000	0.001	2.19	1,000,000	0.002	2.33	1,000,000	0.002	2.20	1,000,000	0.002	2.25

1925			1926			1927			1928			1929		
s_i	p_i	b_i	s_i	p_i	b_i	s_i	p_i	b_i	s_i	p_i	b_i	s_i	p_i	b_i
7,000	12.116	3.30	7,000	16.032	3.25	7,000	17.854	3.18	10,000	12.143	2.97	10,000	11.689	3.10
10,000	9.474	2.71	10,000	12.478	2.68	10,000	14.130	2.59	20,000	5.585	2.35	20,000	6.076	2.29
20,000	3.621	2.43	20,000	4.445	2.47	20,000	5.033	2.35	30,000	2.618	2.42	30,000	2.936	2.29
30,000	1.827	2.40	30,000	2.198	2.50	30,000	2.362	2.42	50,000	1.063	2.48	50,000	1.143	2.35
50,000	0.792	2.29	50,000	0.968	2.44	50,000	0.965	2.46	100,000	0.357	2.34	100,000	0.362	2.27
100,000	0.255	2.14	100,000	0.335	2.24	100,000	0.322	2.34	200,000	0.117	2.17	200,000	0.115	2.10
200,000	0.077	1.97	200,000	0.107	2.08	200,000	0.105	2.18	300,000	0.059	2.07	300,000	0.056	2.03
300,000	0.036	1.90	300,000	0.052	2.00	300,000	0.052	2.09	500,000	0.023	2.04	500,000	0.020	2.04
500,000	0.012	1.93	500,000	0.019	2.01	500,000	0.020	2.05	1,000,000	0.005	2.16	1,000,000	0.005	2.13
1,000,000	0.002	2.16	1,000,000	0.004	2.28	1,000,000	0.005	2.18						

5　いずれもアトキンソン＆ミクルライト（1992年、p.279-283）を参照。

表B-1（続き）

1930			1931			1932			1933			1934		
s_i	p_i	b_i	s_i	p_i	b_i	s_i	p_i	b_i	s_i	p_i	b_i	s_i	p_i	b_i
10,000	12.989	2.98	10,000	12.435	2.40	10,000	11.464	2.38	10,000	11.424	2.36	10,000	10.364	2.34
20,000	6.686	2.20	20,000	3.893	2.33	20,000	3.655	2.26	20,000	3.691	2.21	20,000	3.266	2.22
30,000	3.172	2.19	30,000	1.908	2.33	30,000	1.788	2.23	30,000	1.787	2.19	30,000	1.563	2.21
50,000	1.164	2.28	40,000	1.150	2.33	40,000	1.062	2.23	40,000	1.047	2.19	40,000	0.926	2.20
100,000	0.352	2.22	50,000	0.784	2.32	50,000	0.715	2.22	50,000	0.697	2.19	50,000	0.622	2.19
200,000	0.107	2.09	100,000	0.248	2.20	100,000	0.217	2.11	100,000	0.204	2.11	100,000	0.184	2.10
300,000	0.052	1.97	200,000	0.077	2.03	200,000	0.064	1.96	200,000	0.059	2.00	200,000	0.053	1.96
500,000	0.019	1.97	500,000	0.013	1.97	500,000	0.010	1.89	500,000	0.009	1.96	500,000	0.008	1.90
1,000,000	0.004	2.08	1,000,000	0.003	2.05	1,000,000	0.002	1.88	1,000,000	0.002	2.10	1,000,000	0.002	1.94

1935			1936			1937			1938			1939		
s_i	p_i	b_i	s_i	p_i	b_i	s_i	p_i	b_i	s_i	p_i	b_i	s_i	p_i	b_i
10,000	9.676	2.37	10,000	9.703	2.97	10,000	13.543	2.92	10,000	16.526	2.89	10,000	13.001	3.08
20,000	3.053	2.27	20,000	5.285	2.09	20,000	7.277	2.07	20,000	8.924	2.03	20,000	7.556	2.09
30,000	1.470	2.27	30,000	2.408	2.08	30,000	3.284	2.05	30,000	4.092	1.96	30,000	3.573	2.02
40,000	0.895	2.22	40,000	1.351	2.10	40,000	1.771	2.10	40,000	2.147	2.03	40,000	1.875	2.10
50,000	0.606	2.20	50,000	0.877	2.10	50,000	1.135	2.12	50,000	1.344	2.06	50,000	1.157	2.17
100,000	0.177	2.12	75,000	0.405	2.09	75,000	0.531	2.11	75,000	0.615	2.04	75,000	0.544	2.17
200,000	0.050	2.04	100,000	0.236	2.07	100,000	0.312	2.08	100,000	0.355	2.01	100,000	0.331	2.12
500,000	0.008	2.03	150,000	0.110	2.04	150,000	0.145	2.06	150,000	0.162	1.96	150,000	0.157	2.09
1,000,000	0.002	2.07	300,000	0.029	2.00	300,000	0.037	2.04	300,000	0.040	1.90	300,000	0.044	2.00
			600,000	0.007	2.09	600,000	0.009	2.20	600,000	0.009	2.07	600,000	0.010	2.06
			1,000,000	0.002	2.17	1,000,000	0.003	2.36	1,000,000	0.003	2.14	1,000,000	0.004	2.19

1940			1941			1942			1943			1944		
s_i	p_i	b_i	s_i	p_i	b_i	s_i	p_i	b_i	s_i	p_i	b_i	s_i	p_i	b_i
10,000	11.602	3.00	10,000	17.783	3.14	10,000	24.971	2.74	20,000	13.388	2.16	20,000	18.425	2.14
20,000	6.532	2.07	20,000	10.439	2.13	20,000	10.791	2.18	30,000	6.867	2.02	30,000	10.264	1.90
30,000	3.112	1.98	30,000	5.144	2.03	30,000	5.367	2.09	40,000	4.011	1.97	40,000	6.039	1.81
40,000	1.694	2.00	40,000	2.829	2.05	40,000	3.112	2.08	50,000	2.586	1.95	50,000	3.842	1.76
50,000	1.061	2.02	50,000	1.796	2.07	50,000	2.050	2.05	60,000	1.808	1.93	60,000	2.577	1.73
75,000	0.479	2.00	75,000	0.849	2.01	60,000	1.480	2.02	70,000	1.347	1.90	70,000	1.807	1.72
100,000	0.277	1.97	100,000	0.503	1.96	70,000	1.128	1.98	80,000	1.043	1.87	80,000	1.325	1.72
150,000	0.125	1.93	125,000	0.330	1.92	80,000	0.891	1.94	90,000	0.836	1.84	90,000	1.010	1.71
300,000	0.031	1.82	150,000	0.230	1.89	90,000	0.722	1.91	100,000	0.681	1.82	100,000	0.793	1.69
600,000	0.007	1.80	200,000	0.130	1.85	100,000	0.594	1.88	120,000	0.472	1.78	120,000	0.525	1.67
1,000,000	0.002	1.83	300,000	0.056	1.81	120,000	0.419	1.84	140,000	0.344	1.75	140,000	0.367	1.64
			600,000	0.012	1.78	140,000	0.309	1.81	160,000	0.259	1.73	160,000	0.268	1.63
			1,000,000	0.004	1.86	160,000	0.236	1.79	180,000	0.200	1.71	180,000	0.201	1.61
						180,000	0.185	1.76	200,000	0.158	1.70	200,000	0.155	1.60
						200,000	0.148	1.75	225,000	0.120	1.68	225,000	0.116	1.58
						225,000	0.115	1.73	250,000	0.093	1.68	250,000	0.088	1.57
						250,000	0.092	1.71	275,000	0.075	1.67	275,000	0.068	1.57
						275,000	0.074	1.70	300,000	0.059	1.68	300,000	0.054	1.57
						300,000	0.060	1.69	325,000	0.048	1.69	325,000	0.043	1.57
						325,000	0.050	1.69	350,000	0.040	1.69	350,000	0.035	1.57
						350,000	0.041	1.69	375,000	0.034	1.70	375,000	0.029	1.57
						375,000	0.035	1.69	400,000	0.028	1.71	400,000	0.024	1.57
						400,000	0.030	1.68	520,000	0.014	1.73	520,000	0.012	1.59
						510,000	0.016	1.69	1,020,000	0.003	1.80	1,020,000	0.002	1.55
						1,010,000	0.003	1.77						

表B-1（続き）

1945			1946			1947			1948			1949		
s_i	p_i	b_i	s_i	p_i	b_i	s_i	p_i	b_i	s_i	p_i	b_i	s_i	p_i	b_i
40,000	10.169	2.79	40,000	25.090	3.41	100,000	8.929	2.79	120,000	15.997	2.95	150,000	20.123	2.78
60,000	7.519	2.23	60,000	21.014	2.55	120,000	7.525	2.59	150,000	13.490	2.63	200,000	16.647	2.34
80,000	5.793	1.91	80,000	16.714	2.18	150,000	6.509	2.26	200,000	10.871	2.24	300,000	11.512	1.88
100,000	4.318	1.75	100,000	13.185	1.97	300,000	2.576	1.73	300,000	7.214	1.83	500,000	4.144	1.78
150,000	1.749	1.68	150,000	6.568	1.80	500,000	0.743	1.77	500,000	2.403	1.77	800,000	1.314	1.85
300,000	0.314	1.67	300,000	1.339	1.83	750,000	0.290	1.78	800,000	0.780	1.83	1,200,000	0.529	1.89
500,000	0.086	1.70	500,000	0.430	1.86	1,000,000	0.152	1.77	1,200,000	0.321	1.82	2,000,000	0.182	1.86
750,000	0.031	1.71	750,000	0.181	1.84	1,500,000	0.063	1.72	2,000,000	0.108	1.77	3,000,000	0.079	1.81
1,000,000	0.016	1.73	1,000,000	0.097	1.83	3,000,000	0.012	1.66	3,000,000	0.044	1.72	5,000,000	0.027	1.74
1,500,000	0.006	1.74	1,500,000	0.040	1.81				5,000,000	0.013	1.71			

1950			1951			1952			1953			1954		
s_i	p_i	b_i	s_i	p_i	b_i	s_i	p_i	b_i	s_i	p_i	b_i	s_i	p_i	b_i
170,000	17.462	2.99	220,000	14.832	3.10	220,000	19.478	3.28	220,000	17.778	3.29	220,000	17.959	3.36
200,000	15.879	2.71	350,000	10.933	2.37	350,000	15.027	2.43	350,000	13.590	2.47	350,000	13.874	2.50
300,000	12.715	2.05	600,000	6.265	1.80	600,000	9.049	1.82	600,000	8.157	1.86	600,000	8.454	1.88
500,000	5.715	1.78	900,000	2.567	1.77	900,000	3.862	1.76	900,000	3.535	1.80	900,000	3.696	1.82
750,000	2.189	1.80	1,500,000	0.758	1.83	1,500,000	1.147	1.80	1,500,000	1.096	1.82	1,500,000	1.185	1.83
1,200,000	0.723	1.87	3,000,000	0.167	1.81	3,000,000	0.245	1.79	3,000,000	0.241	1.79	3,000,000	0.264	1.79
2,500,000	0.152	1.85	6,000,000	0.037	1.77	6,000,000	0.053	1.73	6,000,000	0.051	1.75	6,000,000	0.055	1.76
5,000,000	0.036	1.77	10,000,000	0.011	1.74	10,000,000	0.017	1.67	10,000,000	0.016	1.70	10,000,000	0.017	1.73

1955			1956			1957			1958			1959		
s_i	p_i	b_i	s_i	p_i	b_i	s_i	p_i	b_i	s_i	p_i	b_i	s_i	p_i	b_i
350,000	16.878	2.54	350,000	20.075	2.57	600,000	15.402	1.95	600,000	18.844	2.00	600,000	18.084	2.13
600,000	10.532	1.89	600,000	12.766	1.90	900,000	7.556	1.80	900,000	9.956	1.78	900,000	10.502	1.85
900,000	4.708	1.81	900,000	5.796	1.80	1,500,000	2.383	1.81	1,500,000	3.097	1.78	1,500,000	3.597	1.79
1,500,000	1.488	1.82	1,500,000	1.814	1.82	3,000,000	0.523	1.77	3,000,000	0.650	1.75	3,000,000	0.769	1.76
3,000,000	0.329	1.78	3,000,000	0.408	1.77	6,000,000	0.107	1.75	6,000,000	0.128	1.76	6,000,000	0.156	1.73
6,000,000	0.068	1.76	6,000,000	0.083	1.75	10,000,000	0.032	1.75	10,000,000	0.037	1.80	10,000,000	0.046	1.73
10,000,000	0.021	1.75	10,000,000	0.025	1.77	15,000,000	0.013	1.72	15,000,000	0.015	1.73	15,000,000	0.018	1.73
						20,000,000	0.007	1.73	20,000,000	0.008	1.71	20,000,000	0.009	1.71
						30,000,000	0.003	1.71	30,000,000	0.003	1.74	30,000,000	0.003	1.70

1960			1961			1962			1963			1964		
s_i	p_i	b_i	s_i	p_i	b_i	s_i	p_i	b_i	s_i	p_i	b_i	s_i	p_i	b_i
6,500	18.647	2.13	10,000	12.259	1.89	10,000	14.885	1.90	10,000	18.097	1.93	15,000	10.408	1.83
9,750	10.570	1.87	15,000	5.428	1.83	15,000	6.781	1.81	15,000	8.608	1.81	20,000	5.664	1.80
16,250	3.621	1.83	20,000	2.911	1.82	20,000	3.619	1.80	20,000	4.641	1.79	35,000	1.658	1.77
32,000	0.842	1.79	30,000	1.219	1.79	30,000	1.482	1.78	36,000	1.251	1.75	45,000	0.949	1.74
64,000	0.179	1.74	60,000	0.263	1.74	60,000	0.317	1.72	60,000	0.394	1.71	70,000	0.352	1.70
100,000	0.063	1.73	100,000	0.079	1.74	100,000	0.095	1.71	100,000	0.116	1.70	100,000	0.149	1.69
150,000	0.024	1.74	200,000	0.015	1.76	200,000	0.018	1.72	200,000	0.021	1.71	200,000	0.027	1.69
200,000	0.012	1.73	300,000	0.006	1.74	300,000	0.007	1.69	300,000	0.008	1.69	300,000	0.010	1.68
300,000	0.005	1.70	500,000	0.002	1.69	500,000	0.002	1.68	500,000	0.002	1.66	500,000	0.003	1.64

1965			1966			1967			1968			1969		
s_i	p_i	b_i	s_i	p_i	b_i	s_i	p_i	b_i	s_i	p_i	b_i	s_i	p_i	b_i
15,000	12.102	1.85	15,000	13.651	1.85	15,000	15.488	1.88	15,000	17.930	1.86	20,000	12.443	1.80
20,000	6.707	1.81	20,000	7.608	1.80	20,000	8.820	1.82	20,000	10.322	1.79	25,000	7.758	1.77
35,000	1.978	1.76	35,000	2.214	1.77	35,000	2.611	1.78	35,000	2.966	1.76	30,000	5.124	1.76
50,000	0.890	1.74	50,000	0.993	1.75	50,000	1.175	1.77	50,000	1.302	1.75	50,000	1.572	1.76
70,000	0.418	1.70	70,000	0.466	1.72	70,000	0.557	1.74	70,000	0.601	1.74	70,000	0.731	1.75
100,000	0.177	1.69	100,000	0.201	1.71	100,000	0.245	1.72	100,000	0.260	1.73	100,000	0.321	1.73
200,000	0.032	1.70	200,000	0.037	1.72	200,000	0.046	1.75	200,000	0.049	1.76	200,000	0.060	1.77
300,000	0.012	1.69	300,000	0.014	1.72	300,000	0.018	1.75	300,000	0.019	1.77	400,000	0.012	1.81
500,000	0.003	1.68	500,000	0.004	1.72	500,000	0.005	1.73	500,000	0.006	1.75			

表B-1（続き）

1970			1971			1972			1973			1974		
s_i	p_i	b_i	s_i	p_i	b_i	s_i	p_i	b_i	s_i	p_i	b_i	s_i	p_i	b_i
20,000	15.081	1.82	25,000	11.763	1.80	25,000	14.112	1.81	30,000	12.772	1.81	30,000	17.593	1.80
30,000	6.399	1.77	30,000	7.914	1.78	30,000	9.582	1.80	40,000	6.696	1.82	40,000	9.425	1.77
40,000	3.306	1.76	40,000	4.095	1.79	40,000	4.969	1.80	50,000	4.010	1.83	50,000	5.571	1.79
50,000	1.979	1.76	50,000	2.461	1.79	50,000	2.980	1.81	70,000	1.908	1.83	70,000	2.569	1.79
70,000	0.923	1.75	70,000	1.160	1.77	70,000	1.415	1.80	100,000	0.881	1.81	100,000	1.166	1.78
100,000	0.409	1.73	100,000	0.526	1.75	100,000	0.648	1.78	200,000	0.190	1.79	200,000	0.247	1.73
200,000	0.078	1.72	200,000	0.104	1.72	200,000	0.135	1.74	400,000	0.038	1.85	400,000	0.047	1.74
400,000	0.014	1.77	400,000	0.019	1.76	400,000	0.025	1.80						

1975			1976			1977			1978			1979		
s_i	p_i	b_i	s_i	p_i	b_i	s_i	p_i	b_i	s_i	p_i	b_i	s_i	p_i	b_i
40,000	13.289	1.76	50,000	10.816	1.75	50,000	13.568	1.73	60,000	11.647	1.72	70,000	10.335	1.74
50,000	7.922	1.76	70,000	4.808	1.78	70,000	6.054	1.73	70,000	8.029	1.73	80,000	7.453	1.74
70,000	3.540	1.78	100,000	2.098	1.79	100,000	2.533	1.75	80,000	5.751	1.74	100,000	4.287	1.77
100,000	1.578	1.78	200,000	0.453	1.74	200,000	0.503	1.74	100,000	3.318	1.76	200,000	0.881	1.77
200,000	0.336	1.73	400,000	0.088	1.75	400,000	0.097	1.77	200,000	0.678	1.74	400,000	0.178	1.77
400,000	0.064	1.75							400,000	0.132	1.75			

1980			1981			1982			1983			1984		
s_i	p_i	b_i	s_i	p_i	b_i	s_i	p_i	b_i	s_i	p_i	b_i	s_i	p_i	b_i
80,000	10.146	1.72	80,000	14.009	1.71	100,000	10.773	1.67	100,000	14.596	1.65	100,000	16.768	1.67
100,000	5.798	1.74	100,000	8.162	1.71	150,000	3.841	1.69	125,000	8.431	1.64	125,000	9.934	1.64
200,000	1.122	1.76	200,000	1.500	1.75	200,000	1.882	1.70	150,000	5.196	1.65	150,000	6.174	1.64
400,000	0.225	1.76	400,000	0.290	1.77	400,000	0.342	1.72	200,000	2.456	1.66	200,000	2.888	1.66
									400,000	0.427	1.67	250,000	1.640	1.66
												500,000	0.282	1.68

1985			1986			1987			1988			1989		
s_i	p_i	b_i	s_i	p_i	b_i	s_i	p_i	b_i	s_i	p_i	b_i	s_i	p_i	b_i
125,000	11.395	1.65	125,000	12.460	1.68	125,000	12.953	1.70	125,000	13.941	1.72	150,000	10.099	1.73
150,000	7.199	1.65	150,000	8.005	1.67	150,000	8.407	1.70	150,000	9.187	1.71	200,000	4.980	1.76
200,000	3.384	1.67	200,000	3.805	1.69	200,000	4.050	1.72	200,000	4.505	1.73	250,000	2.885	1.78
250,000	1.920	1.68	250,000	2.170	1.70	250,000	2.319	1.74	250,000	2.625	1.74	500,000	0.570	1.84
500,000	0.340	1.69	500,000	0.399	1.72	500,000	0.446	1.78	500,000	0.544	1.72			

1990			1991			1992			1993			1994		
s_i	p_i	b_i	s_i	p_i	b_i	s_i	p_i	b_i	s_i	p_i	b_i	s_i	p_i	b_i
150,000	11.207	1.74	150,000	12.049	1.72	150,000	12.651	1.70	150,000	12.941	1.69	150,000	13.231	1.70
200,000	5.617	1.75	200,000	6.074	1.71	200,000	6.393	1.69	200,000	6.558	1.67	200,000	6.741	1.67
250,000	3.252	1.77	250,000	3.484	1.73	250,000	3.627	1.70	250,000	3.704	1.68	250,000	3.796	1.68
500,000	0.626	1.84	500,000	0.640	1.80	500,000	0.639	1.77	500,000	0.631	1.76	500,000	0.641	1.78

1995			1996			1997			1998		
s_i	p_i	b_i	s_i	p_i	b_i	s_i	p_i	b_i	s_i	p_i	b_i
150,000	13.696	1.70	150,000	13.988	1.70	150,000	14.388	1.71	150,000	15.121	1.72
200,000	7.042	1.67	200,000	7.268	1.66	200,000	7.554	1.66	200,000	8.057	1.66
250,000	3.970	1.68	250,000	4.116	1.66	250,000	4.284	1.67	250,000	4.591	1.67
500,000	0.668	1.76	500,000	0.673	1.76	500,000	0.701	1.78	500,000	0.752	1.77

情報源：表A-1に転載されている未加工データ（非課税世帯と課税世帯を合わせた世帯総数については、表H-1の列(10)のデータ）を用いて直接行なった計算結果。

解説：s_iは税務当局が用いた課税所得区分の閾値を、p_iはs_iを超える所得を申告した世帯数の（非課税世帯と課税世帯を合わせた）世帯総数に対するパーセンテージを、b_iはs_iを超える所得を申告した世帯の平均所得と所得s_iとの比率を表わす。たとえば、1970年の所得について見ると、3024世帯が40万フランを超える所得を申告し、これらの世帯が申告した所得全体は21億4300万フランである（表A-1を参照）。また、1970年の世帯総数は2103万3000（表H-1の列(10)を参照）である。このことから、40万フランを超える所得を申告した世帯は全世帯の0.014%（p_i＝3024／2103万3070＝0.014）で、これらの世帯は（平均して）40万フランの1.77倍の所得（b_i＝

（21億4333万9000／3024）／40万＝1.77）を申告したことがわかる。

1.1.3 使用した概算法1

私たちは、係数b_iに含まれる情報を直接活用するという少し異なる概算法を用いた。その方法は次のとおりである。各年度および各所得区分［s_i; s_{i+1}］について、表B-1で計算した係数b_iから係数$a_i = b_i / (b_i - 1)$と係数$k_i = s_i\, p_i^{(1/ai)}$を算出することができる。各ペア数値（a_i, k_i）がわかれば、数式$1 - F(y) = (k/y)^a$を使って高所得の分布の全体像を推計することができる。ある特定の分位に該当する閾値または平均所得水準を推計するために、私たちは常に推計しようとする閾値に（分位として）最も近い閾値s_iに該当する係数（a_i, k_i）を用いた。たとえば、トップ百分位の下側閾値（P99）またはトップ百分位の平均所得水準（P99-100）を推計するためには、p_iが1%に最も近い閾値s_iに該当する係数（a_i, k_i）を用いた。トップ千分位の下側閾値（P99.9）またはトップ千分位の平均所得水準（P99.9-100）を推計するためには、p_iが0.1%に最も近い閾値s_iに該当する係数（a_i, k_i）を用いた、など。

私たちが用いた（あらゆる修正をする前の）概算法がどのような手順で進められたかを説明するために、1970年の所得を例にとろう。税務当局が公表した未加工データは表A-1に転載されている。これらのデータから、たとえば全世帯中の6.399%の世帯が3万フランを超える所得を申告したこと、3.306%の世帯が4万フランを超える所得を申告したことなどを計算することができる（表B-1を参照）。3万フランを超える所得を申告した納税者の平均所得は3万フランの1.77倍で、4万フランを超える所得を申告した納税者の平均所得は4万フランの1.76倍だった（表B-1を参照）。したがって、$s_i = 30000$では、$p_i = 6.399\%$および$b_i = 1.77$であることから、$a_i = 1.77/(1.77-1) = 2.30$、$k_i = 30000 \times (0.06399^{(1.77-1)/1.77}) = 9082$となる。[6] $s_i = 40000$では、$p_i = 3.306\%$および$b_i = 1.76$であるため、$a_i = 1.76/(1.76-1) = 2.32$、$k_i = 40000 \times (0.0331^{(1.76-1)/1.76}) = 9126$となる。[7] $p_i = 6.399\%$は5%に最も近いp_iであるため、トップ百分位の上位半分の下側閾値P95と平均所得水準P95-100を推計するためには、$s_i = 30000$に該当する係数（a_i, k_i）を用いる。したがって、$P95 = 9082/(0.05)^{(1.77-1)/1.77} = 33395$で、$P95\text{-}100 = 1.77 \times P95 = 59071$となる。[8] 後出の結果を記した表において1970年の所得について私たちが転載した数値は、以上の方法で算出した閾値P95と平均所得水準P95-100のそれぞれの推定値、3万3395フランと5万9071フランである（表B-2および表B-4を参

6 ほとんど同じ値の計算値（丸め誤差排除）を得るには、小数点以下のすべての数字を使って、表A-1に示された未加工のデータの数値にさかのぼる必要がある。

7 前注を参照。

8 前注を参照。

照)。しかし、係数がごく緩やかにしか変化しないパレートの法則によって所得分布が非常に的確に近似されていることを考慮すると、s_i=3万フランに近い別の閾値s_iに該当する係数(a_i, k_i)を用いる選択をしたとしても、得られた結果にはほとんど違いがないだろう。たとえば、閾値s_i=4万フランに該当する係数(a_i, k_i)を用いると、P95は3万3395フランではなく、P95=9126/$(0.05)^{(1.76-1)/1.76}$=33432という値が得られ、その差はおよそ0.1%である。[9] また、閾値s_i=5万フランに該当する係数(a_i, k_i)を使用すれば、P95=3万3488フランという値が得られる、といった具合だ。

より高い所得分位の推計についても同様である。たとえば表B-1を見ると、1970年の所得では0.078%の世帯が20万フランを超える所得を申告し、0.014%の世帯が40万フランを超える所得を申告したことがわかる。p_i=0.014%は0.01%に最も近いp_iであるため、所得分布の上位0.01%の世帯の下側閾値P99.99と平均所得水準P99.99-100を推計するためには、閾値s_i=400000に該当する係数(a_i, k_i)を用いる。そうすると、P99.99=46万8546フラン、P99.99-100=85万8393フランという値が得られ、これが後出の表B-2および表B-4に記されている推定値となる。しかし、分位P99.99-100から少し離れた閾値s_i=200000に該当する係数(a_i, k_i)を用いれば、P99.99は46万8546フランではなくP99.99=47万2910フランという値が得られ、その差はおよそ0.1%となっていただろう。全般的に、さまざまな閾値に該当する係数(a_i, k_i)を用いて得られる推定値は、用いた閾値s_iが推計しようとする分位から離れ「すぎて」いないかぎり、常に互いに非常に近い値になる。

1915年以降のすべての年度について同じ概算法を適用した。たとえば、1930年の所得について税務当局が作成し、表A-1に転載した「分布」表を見ると、0.107%の世帯が20万フランを超える所得を申告し、0.052%の世帯が30万フランを超える所得を申告したことがわかる(表A-2を参照)。p_i=0.107%が0.1%に最も近いp_iであることから、所得分布の上位0.1%の下側閾値P99.9と平均所得水準P99.9-100を推計するためには、閾値s_i=200000に該当する係数(a_i, k_i)を用いる。すると、P99.9=20万7477フラン、P99.9-100=43万3661フランという値が得られ、これが後出の表B-2および表B-4に記されている推定値になる。しかし、閾値s_i=300000に該当する係数(a_i, k_i)を用いれば、P99.9-100は43万3661フランではなく、P99.9-100=42万9848フランという値が得られただろう。その差はおよそ0.1%である。

これらの計算に誤りがないかぎり、税務当局が作成し、表A-1に転載された未加工データに先に記した数式を適用し、第1.2節および第1.3節で説明する修正を考慮に入れることによって、関心のある読者は後出の表B-2からB-4に示したす

9　前注を参照。

べての結果を端数を丸めて検算できるだろう。

1.2　パレートの法則による概算法の信頼度

パレート（1896年）とクズネッツ（1953年）は自分の概算法の信頼度を判断するために、比較的最近まですべての研究者がそうしていたように、さまざまなペア数値（$\log(s_i)$, $\log(p_i)$）の描く曲線が（少なくとも局所的には）ほぼ直線に近いことをグラフ上で確認するだけで、この方法で生じた近似値の誤差はきわめてわずかだと結論づけていた。一方、フィーンバーグ＆ポターバ（1993年）は、情報処理テクノロジーの進歩のおかげでもう少し高度な判断ができた。というのは、アメリカ連邦税に関する1979年以降のすべての所得申告データの代表的サンプルを電子ファイル形式で活用することができたからだ。この電子ファイルのおかげで、アメリカで所得分布の構造が急速に変化してパレート係数（すなわち係数b）が大きく上昇した時期にパレートの法則による近似値の信頼度を厳密にテストすることができたのだ。このような急激な変化があったにもかかわらず、彼らの推定値は、所得水準についてもその推移についても、常に正確である。たとえばパレートの法則に基づく概算法によって彼らが出した分位P99.5-100の課税所得の割合の推定値は、1979年は6.04%、1988年には12.02%になっている。一方、電子ファイルによる申告所得のサンプルから得られたこれに該当する推定値は、1979年は 6.06%で、1988年は12.05%である（フィーンバーグ＆ポターバ〔1993年、表A-2、p.175〕を参照)。したがって、所得水準についての誤差はおよそ0.02-0.03ポイント、つまり、サンプルから推計した割合との誤差は0.5%未満だ。推移の比率に対する誤差はさらに小さい。

財務省予測局の依頼で実施した調査の一環として、私たちは、税務当局が作成し、使用してきた申告サンプルを利用する機会があり、パレートの法則に基づく概算法がアメリカのデータと同様にフランスのデータについても超高所得層に関するデータも含め信頼できること、また、私たちが最終的に利用することに決めた概算法（係数b_iに含まれる情報をそのまま利用する方法）によって、超高所得層の水準については、フィーンバーグ＆ポターバが用いた概算法で得られる推定値よりずっと正確な推定値が得られると確認することができた[10]。税務当局のサン

10　フィーンバーグ＆ポターバの方法では、結局、最上位閾値を超える所得水準について使用できる情報、つまりとくに高所得に注目する場合に重要な情報がいっさい利用されていないため、これは当然のことだろう。しかし、アメリカのデータならこうした情報がなくても、さほど支障なく推定値を出せるかもしれない。なぜなら、アメリカの税務当局が作成した表ではフランスの表よりずっと高い所得区分が使用されているからだ（とくに超高所得に関しては、フランス税務当局が用いた所得区分は1960年代以降、調整されていない）。いずれにしても、この二つの方法は、調査した時期の変動の大きさに比べれば、きわめて近い結果が得られ、差はまったく気にならない。

プルには、活用できる電子化されたファイルは1988年以降の所得に関するものしかないが（私たちは1988-1995年の所得に関するサンプルのみ使用した）、一定レベルを上まわる所得の申告がすべて含まれているという大きな利点があり、そのため（理論上）高所得水準と超高所得水準の完全に信頼できる推計を行なうことができ、また、これらの推定値とパレートの法則に基づく概算法で得られた結果を徹底的に比較することができる（ピケティ〔1998年、付録D、p.125-136〕[11]を参照）。

電子ファイルによる高所得水準の推定値とパレートの法則による概算法で得られた高所得水準の推定値を比較した結果、両者の差を電子ファイルによる推定値のパーセンテージで表わすと、全体としておよそ0.1-0.2%であり、0.5%を超えるケースはなく（分位P99.99-100の超高所得を除く。後出参照）、変動率の差はさらに小さいという結論に至った。[12]パレートの法則による概算で得られた結果に修正を施す必要があるのは、1980-1990年代の所得分布の上位0.01%の世帯の所得に関するものだけだ（閾値P99.99と平均所得水準P99.99-100）。1970年代の所得に関しては、税務当局が用いた最上位所得区分には0.014%の世帯しか含まれていないため、この最上位所得区分のデータから閾値P99.99と平均所得水準P99.99-100を信頼できる方法で推計するのに十分な情報が得られる。ところが、1970年代から1980年代へと時代が進んでも最上位所得区分の見直しが行なわれていないため、この最上位所得区分に含まれる世帯のパーセンテージが次第に高くなり、1990年代には0.7%にまで達し（表B-1を参照）、時代を経るにつれてP99.99とP99.99-100の推定値の質が徐々に下がるという結果が生じている。パレートの法則による概算で得られた推定値と電子ファイルによる推定値を比べてみると、パレートの法則による概算から得られた閾値P99.99と平均所得水準P99.99-100の推定値は1980年代末の所得では約5%、1990年代末の所得では約10%過小評価されていると推測される。[13]そのため、後出の表B-2から表B-4に記したP99.99とP99.99-100の推定値は、パレートの法則による概算から得られた推定値を1970年では0%、1988年では5%、そして1997-1998年は10%へと直線的に変化する上方修正率を使って補正した数値である。このような修正手法は、

11　税務当局のサンプルやINSEEの「税収」調査から得られた比率やサンプルの利用価値、専門的特徴などの問題についての詳しい説明に興味があれば、ピケティの1998年の論文中のさまざまな付録を参照してほしい。ここでは、私たちが用いた税務当局のサンプル（いわゆる「わずかな」サンプル）には、分位P99.99-100（つまり所得が約300万フランを超える分位）のすべての申告所得データと分位P99.9-99.99（つまり所得が100万-300万フランの分位）の申告所得データの5分の1が含まれているということを明らかにするだけにしておこう。また、課税世帯も非課税世帯も考慮に入れたため、これらの所得水準に非常に多くの非課税世帯がいることが確認できる点も明記しておく。

12　とくに、ピケティ（1998年、表E-2、p.130および表E-4、p.132）を参照。

13　ピケティ（1998年、表E-1、p.126および表E-2、p.130）を参照。

0.1%単位の正確さで適正な概算値を与えることにはならないが、閾値P99.99を上まわる所得を申告したすべての世帯を含む電子ファイルによる推定値、つまりサンプリングにいっさい誤差がない推定値と比較しても、誤差は1-2%を超えることはないため、十分に満足できるものである。私たちがこのような修正をしたのはこれだけだ。[14]

1970年以前の期間については、パレートの法則による概算の信頼度を正確に検証できるような所得申告に関する電子データサンプルは手に入らない。しかし、得られたパレート係数の全般的なパターン（表B-1を参照）は他の国々で見られるパターンに非常に似ており、高所得の分布はフランスだけでなくほかの国々でも、パレート係数が急激に変動する時期も含め、パレートの法則によって常に非常に的確に近似されていることがはっきり見てとれる（先に引用したアメリカのデータに関するフィーンバーグ&ポターバの表〔1993年〕を参照）。その上、フランスの税務当局が1920年代初頭から1960年代末まで途切れることなく超高所得水準に対して非常に多くの所得区分を用いてきたことが推定値を非常に信頼できるものにしている。というのは、この期間中ずっとトップ百分位の中に少なくとも5-6の所得区分があり、推計しようとする分位のすべての閾値を、P99.99の水準に至るまで非常に近い値で囲い込むことができるからだ（表B-1を参照）。とりわけ、さまざまな連続する閾値s_iに該当する係数（a_i, k_i）を用いて得られたある特定分位のさまざまな推定値は常に互いに非常に近い数値となり、調査した全期間を通じてその差はおよそ0.1-0.2%以下であることが確認できる（前出の第1.1節、1930年と1970年の所得に関する箇所を参照）。フランスの所得分布が恒常的にパレート的パターンを呈していることをさらに明確に調べるために、税務当局が1942-1944年の所得申告データを集計する際に用いた非常に多くの所得

14　とくに、閾値P99.99と平均所得水準P99.99-100に関するこのような修正を除けば、またピケティ（1998年）に示されている1996年の所得に対する結果がn＋1年12月31日に作成された「分布」表に基づいているという事実を除けば（1997-1998年の所得についての推計結果はいっさい示されていない）、後出の表B-2、B-3、B-4に転載した1970-1998年の所得についての結果は、ピケティ（1998年、表3-3および3-4、p.35-36、ならびに表D-2、p.109）に示されている推計結果とまったく同じである（ピケティ〔1998年〕に示されている推計結果では所得水準がフランではなく課税所得全体の割合で表記されているため、フランでの推定値を求めるには割合の比率にピケティ〔1998年、表2-3、p.23〕に示されている平均所得を乗じる必要がある。また、所得水準P99.99-100に修正を施せば、P90-100、P95-100、…、P99.9-100のすべての所得水準にごくわずかな上方修正をすることになるという事実を考慮する必要がある。私たちは、所得水準P90-95、P95-99、…、P99.9-99.99の数値はそのまま保持し、所得水準P90-95、P95-99、…、P99.9-99.99のデータと修正したP99.99-100のデータから、所得水準P90-100、P99.9-100を再計算した）。ピケティ（1998年）に示されている結果には、「分布」表の所得区分に用いられている「課税所得」中に比例課税のキャピタルゲインが含まれている唯一の年である1988年の所得にすでに（わずかな）修正がされていること、そして、本書ではその修正結果をそのまま採用したことも明記しておこう（ピケティ〔1998年、p.108-110〕を参照）。

区分も活用した（通常は10程度の区分であるのに対し、この期間は20以上の区分：表B-1を参照）。私たちは、パレートの法則に基づく概算法によって、二つの所得区分のうちの一つの区分の情報だけを用いて次に推計する区分の納税者数や所得総額がどうあるべきかを推計し、税務当局が実際に公表した数値との平均差がおよそ0.1-0.2%であるという結果を得た。0.5%を超えるケースは一つもなく、つまり1980年代から1990年代にかけての所得について得られた差と変わらなかった。

したがって、パレートの法則による概算で生じる誤差は、1915-1998年の全期間を通しておおむね0.5%以下で、最も大きな誤差が生じたのは1980-1990年代のP99.99とP99.99-100の推定値の1-2%であると考えることができる。いうまでもなく、これは十分に満足できる正確さだ。とりわけある特定の年度について、パレートの法則に基づく概算法によって生じるこのような誤差幅は、ある年度の高所得水準と次の年度の高所得水準との間に実際に生じた変動幅と比べると非常に信頼度が高い。まして、長期間にまたがる所得格差の推移に関心をもつなら、このような誤差幅はまったく取るに足らないものであることはいうまでもない。

1.3　欠落している所得分布に対する修正、1915-1965年の所得

たしかにパレートの法則による概算法の信頼性は疑うべくもないが、使用できる未加工データの種類によっては修正を行なう必要がある。まず、税務当局が作成した表のフィールドには課税納税者だけが含まれていることを考慮する必要がある。そのため、所得分布のトップ十分位のすべての納税者がこれらの表の中に計上されているわけではない。このことから、課税世帯数が世帯総数の10%未満だった1915-1924年と1935-1936年、そして1947年の各年度の所得で問題が生じるのは明らかだ（付録A表A-2の列（3）を参照）。しかし、課税世帯の割合が10%をわずかに上まわっている戦間期と大戦直後、そして1950年代から1960年代にかけて課税世帯の割合が最終的に20-30%を超えた年についても同じような問題が生じる。実際、税務当局の「分布」表に示されている所得分布から「欠落している」低所得区分の閾値は、すべての納税者にとって同じではない。閾値は課税閾値つまり納税者の家庭状況に左右される。その結果、たとえ課税世帯の割合が10%をほんの少し上まわっていても、所得が閾値P90を超えるにもかかわらず課税されない。したがって「分布」表に計上されない大家族の世帯主が必ず一定数存在する。この偏りを修正して所得分布のトップ十分位全体の所得水準を正しく推計するためには、「分布」表に記載されているトップ十分位から除外されたこのような納税者の数とその所得を各年度について推計し、考慮する必要がある。実際、修正を施さなければトップ十分位の閾値P90を過小評価することになるだろう（というのは、所得がP90を超えるにもかかわらず家族控除や扶養控除

が差し引かれたために「分布」表に含まれない一定数の納税者を無視することになるからだ)。この欠落している所得分布のために修正が必要となるのは、それが問題となる時期(つまり戦間期と大戦直後)の閾値P90と閾値P95の前後に位置する所得水準に限られ、所得分布のトップ百分位の超高所得層は対象とならない(まして最上位分位はいわずもがなである)。これらの所得層はすべての世帯が課税対象となっており(若干の大家族を除く)、数少ない非課税世帯を考慮に入れても、所得水準の推計に影響があることはまずない(後出参照)。修正に用いた方法は、いうまでもなく、入手できるさまざまな所得区分の家族構成に関する情報に左右されるため、1945-1965年の期間(第1.3.1節)と、1919-1944年の期間(第1.3.2節)と、1915-1918年の期間(第1.3.3節)を区別して説明しよう。得られた結果は表B-2、B-3、B-4に転載されている。

1.3.1 1945-1965年の期間

1945年以降の所得税に関しては、「欠落した所得分布」の現象を検討するのに十分な情報がそろっている。実際、課税所得区分ごとに、また家族係数ごとに該当する課税納税者数とその所得がわかるため、課税対象となる大家族は、家族係数が1しかない納税者の課税閾値に近づくにつれて次第に少なくなり、ついには消えることがわかる(付録A第1.2節を参照)。入手可能なデータの性質上、次のような手順で推計を進めた。

まず、家族係数が6以上で、非課税という理由から「分布」表のトップ十分位に計上されていない納税者の数とその所得は推計しなかった。実際、これは扶養する子供が8人以上いる世帯[15]ということになり、その数はきわめて少なく、無視しても差し支えない。

表 B-2:課税所得の分布の推計結果(所得水準 P90-100、…、P99.99-100)(1915-1998 年の所得)

	P90-100	P95-100	P99-100	P99.5-100	P99.9-100	P99.99-100
1915			28,726	45,626	126,183	490,672
1916			35,965	57,647	165,690	677,098
1917			42,291	67,181	184,525	704,388
1918			44,836	70,290	181,647	658,657
1919	14,230	22,609	62,628	97,480	256,930	851,248
1920	17,445	27,272	74,246	113,964	288,398	994,666
1921	17,458	26,732	69,735	104,962	259,033	824,257
1922	19,116	29,451	76,969	116,328	287,506	905,485
1923	22,140	34,202	90,106	136,676	333,469	1,047,987
1924	24,145	36,134	93,863	140,314	324,199	955,149
1925	27,060	40,309	100,575	149,339	346,813	1,045,858
1926	30,557	46,085	119,796	179,577	430,681	1,378,661
1927	31,733	47,165	120,558	181,668	447,370	1,458,304

15 大家族の扶養する子供に家族係数が与えられるようになったのは、家族係数の効力の上限設定のしくみが導入されたのと同じ1970年代末から1980年代初めにかけてのことである(第4章第4.1.1節を参照)。

表 B-2（続き）

1928	33,863	50,176	128,388	192,752	472,774	1,542,127
1929	35,362	51,525	126,884	189,711	453,233	1,472,839
1930	36,056	51,883	124,152	182,880	433,661	1,336,715
1931	33,400	47,159	108,913	158,145	365,250	1,115,790
1932	31,878	44,728	100,356	143,712	325,103	956,569
1933	31,654	44,276	97,889	139,438	315,111	956,256
1934	30,047	41,898	92,587	131,846	296,974	875,454
1935	29,455	41,226	91,571	130,538	296,445	931,161
1936	31,232	44,113	98,238	140,457	321,108	1,012,977
1937	36,279	50,189	113,610	163,098	373,386	1,211,920
1938	39,383	53,936	120,165	169,949	371,705	1,146,188
1939	37,295	51,798	117,466	170,333	395,729	1,264,180
1940	34,386	47,659	104,250	147,082	321,077	906,372
1941	44,585	62,141	139,114	196,176	417,792	1,155,069
1942	53,027	73,681	157,297	215,156	424,404	1,065,375
1943	60,195	82,426	167,441	224,326	425,487	1,071,946
1944	67,754	90,406	168,745	219,703	393,033	886,715
1945	128,928	168,637	314,522	415,112	797,439	2,060,768
1946	225,153	305,833	628,254	865,385	1,807,234	5,050,370
1947	290,875	400,625	778,415	1,052,496	2,124,371	5,423,719
1948	487,862	645,914	1,306,609	1,788,580	3,664,706	9,594,173
1949	610,042	818,963	1,679,244	2,324,922	4,897,224	13,237,224
1950	700,778	942,973	1,929,951	2,664,548	5,604,287	15,342,621
1951	900,841	1,201,557	2,418,761	3,311,297	6,870,475	18,345,480
1952	1,059,776	1,420,550	2,869,664	3,911,139	7,920,396	20,423,684
1953	1,030,547	1,388,685	2,845,000	3,888,284	7,898,848	20,849,813
1954	1,057,176	1,431,686	2,962,890	4,045,944	8,187,474	21,897,501
1955	1,169,253	1,585,355	3,262,965	4,443,415	8,958,992	24,071,236
1956	1,280,012	1,734,845	3,594,002	4,859,023	9,717,064	26,260,721
1957	1,440,506	1,953,889	4,002,052	5,407,144	10,772,129	29,085,219
1958	1,605,565	2,162,272	4,371,292	5,887,472	11,727,085	30,640,684
1959	1,709,188	2,323,242	4,703,910	6,338,438	12,499,199	32,957,824
1960	18,774	25,673	52,986	72,012	142,712	378,715
1961	20,832	28,553	58,717	79,470	157,232	423,000
1962	22,866	31,200	63,483	85,443	167,404	436,300
1963	25,397	34,556	69,399	92,905	180,275	465,505
1964	27,942	38,102	76,757	102,804	198,338	506,438
1965	30,204	41,175	82,589	110,409	213,186	547,722
1966	31,892	43,405	87,053	116,680	226,563	594,569
1967	34,400	46,923	94,859	127,606	250,393	673,074
1968	36,333	49,074	97,961	131,533	259,559	706,231
1969	39,584	53,430	106,933	143,766	283,588	783,067
1970	43,705	59,071	118,149	158,598	310,129	858,393
1971	48,324	65,416	132,439	178,457	351,131	943,000
1972	52,873	71,830	147,078	199,217	396,108	1,093,010
1973	60,749	82,784	171,570	233,791	473,570	1,374,870
1974	69,150	93,639	190,365	257,069	507,181	1,363,308
1975	79,586	107,363	217,864	293,007	579,141	1,571,604
1976	90,735	122,388	248,971	334,716	666,442	1,811,529
1977	98,123	131,056	260,691	350,685	703,111	1,945,938
1978	110,230	147,595	295,731	397,644	793,211	2,161,791
1979	123,257	165,705	335,591	453,250	916,312	2,539,071
1980	138,196	184,994	371,246	500,106	1,006,403	2,774,297
1981	156,932	209,125	416,692	559,804	1,130,923	3,138,880
1982	172,437	228,008	440,230	589,100	1,161,670	3,120,050
1983	191,503	251,067	475,510	628,461	1,204,340	3,110,863
1984	204,093	267,398	507,911	669,491	1,294,040	3,387,996
1985	217,484	285,665	544,871	723,268	1,400,686	3,682,221
1986	229,142	302,733	586,731	784,572	1,545,871	4,169,474

表 B-2（続き）

1987	237,162	315,646	626,493	850,078	1,733,136	4,910,847
1988	248,058	330,302	662,338	904,911	1,870,628	5,468,545
1989	261,287	351,141	715,580	984,509	2,074,164	6,176,822
1990	273,691	367,610	746,386	1,026,472	2,161,434	6,447,561
1991	279,006	372,303	741,876	1,011,918	2,091,439	6,093,417
1992	281,553	373,109	732,162	992,284	2,021,421	5,786,265
1993	282,659	373,266	726,306	983,087	1,997,594	5,711,961
1994	285,691	377,130	736,259	1,000,094	2,049,783	5,946,359
1995	290,074	382,949	745,552	1,009,968	2,057,880	5,935,820
1996	292,918	386,090	746,342	1,009,743	2,052,176	5,912,828
1997	298,439	393,939	767,462	1,042,822	2,141,704	6,275,446
1998	306,017	403,841	786,183	1,065,741	2,177,734	6,351,833

解説：1998年は、分位P90-100の平均課税所得が30万6017フラン、分位P95-100の平均課税所得が40万3841フランとなる（この表に記載されている所得はすべて名目フランで表記されている〔1915-1959年については旧フラン、1960-1998年については新フラン〕）。

表 B-3：課税所得の分布の推計結果（所得水準 P90-95、…、P99.99-100）（1915-1998 年の所得）

	P90-95	P95-99	P99-99.5	P99.5-99.9	P99.9-99.99	P99.99-100
1915			11,825	25,487	85,684	490,672
1916			14,283	30,636	108,867	677,098
1917			17,400	37,845	126,763	704,388
1918			19,381	42,451	128,646	658,657
1919	5,851	12,604	27,775	57,618	190,895	851,248
1920	7,617	15,529	34,529	70,355	209,924	994,666
1921	8,184	15,981	34,508	66,444	196,230	824,257
1922	8,781	17,571	37,609	73,534	218,841	905,485
1923	10,077	20,226	43,536	87,477	254,078	1,047,987
1924	12,156	21,702	47,411	94,343	254,094	955,149
1925	13,811	25,243	51,812	99,970	269,141	1,045,858
1926	15,030	27,657	60,015	116,801	325,350	1,378,661
1927	16,300	28,817	59,448	115,243	335,044	1,458,304
1928	17,550	30,623	64,023	122,747	353,957	1,542,127
1929	19,199	32,685	64,058	123,830	339,943	1,472,839
1930	20,229	33,816	65,423	120,185	333,321	1,336,715
1931	19,641	31,721	59,682	106,369	281,857	1,115,790
1932	19,029	30,821	57,000	98,364	254,940	956,569
1933	19,033	30,872	56,341	95,519	243,873	956,256
1934	18,196	29,226	53,329	90,564	232,699	875,454
1935	17,685	28,640	52,605	89,061	225,921	931,161
1936	18,352	30,582	56,018	95,295	244,234	1,012,977
1937	22,369	34,334	64,121	110,526	280,216	1,211,920
1938	24,831	37,379	70,381	119,510	285,652	1,146,188
1939	22,793	35,381	64,599	113,983	299,235	1,264,180
1940	21,114	33,511	61,417	103,583	256,044	906,372
1941	27,029	42,897	82,051	140,773	335,872	1,155,069
1942	32,373	52,777	99,437	162,844	353,185	1,065,375
1943	37,964	61,173	110,555	174,036	353,658	1,071,946
1944	45,102	70,822	117,786	176,371	338,179	886,715
1945	89,220	132,165	213,931	319,531	657,069	2,060,768
1946	144,473	225,228	391,123	629,923	1,446,885	5,050,370
1947	181,126	306,177	504,335	784,527	1,757,777	5,423,719
1948	329,811	480,740	824,638	1,319,548	3,005,876	9,594,173

表B-3（続き）

1949	401,121	603,893	1,033,567	1,681,846	3,970,558	13,237,224
1950	458,583	696,229	1,195,354	1,929,613	4,522,250	15,342,621
1951	600,126	897,256	1,526,224	2,421,503	5,595,475	18,345,480
1952	699,003	1,058,272	1,828,189	2,908,825	6,531,141	20,423,684
1953	672,408	1,024,607	1,801,717	2,885,643	6,459,852	20,849,813
1954	682,666	1,048,885	1,879,837	3,010,561	6,664,138	21,897,501
1955	753,151	1,165,953	2,082,514	3,314,521	7,279,854	24,071,236
1956	825,179	1,270,056	2,328,980	3,644,513	7,878,880	26,260,721
1957	927,123	1,441,848	2,596,960	4,065,898	8,737,341	29,085,219
1958	1,048,859	1,610,017	2,855,113	4,427,568	9,625,574	30,640,684
1959	1,095,135	1,728,075	3,069,382	4,798,248	10,226,019	32,957,824
1960	11,874	18,845	33,961	54,337	116,489	378,715
1961	13,110	21,012	37,964	60,030	127,703	423,000
1962	14,532	23,129	41,523	64,953	137,526	436,300
1963	16,238	25,845	45,893	71,063	148,583	465,505
1964	17,782	28,438	50,711	78,921	164,104	506,438
1965	19,233	30,822	54,769	84,714	176,015	547,722
1966	20,379	32,493	57,425	89,210	185,673	594,569
1967	21,877	34,939	62,112	96,910	203,429	673,074
1968	23,591	36,853	64,388	99,527	209,928	706,231
1969	25,739	40,054	70,100	108,811	228,091	783,067
1970	28,339	44,301	77,700	120,716	249,210	858,393
1971	31,231	48,660	86,421	135,289	285,368	943,000
1972	33,916	53,018	94,938	149,994	318,674	1,093,010
1973	38,713	60,588	109,350	173,846	373,425	1,374,870
1974	44,660	69,458	123,661	194,540	412,056	1,363,308
1975	51,809	79,738	142,722	221,473	468,868	1,571,604
1976	59,083	90,742	163,227	251,784	539,210	1,811,529
1977	65,190	98,647	170,698	262,578	565,019	1,945,938
1978	72,865	110,561	193,818	298,752	641,146	2,161,791
1979	80,809	123,233	217,933	337,484	736,005	2,539,071
1980	91,398	138,431	242,387	373,532	809,970	2,774,297
1981	104,739	157,233	273,579	417,025	907,817	3,138,880
1982	116,865	174,952	291,361	445,957	944,072	3,120,050
1983	131,940	194,956	322,560	484,491	992,504	3,110,863
1984	140,789	207,269	346,331	513,353	1,061,379	3,387,996
1985	149,303	220,864	366,475	553,913	1,147,182	3,682,221
1986	155,551	231,734	388,890	594,247	1,254,359	4,169,474
1987	158,678	237,934	402,907	629,313	1,380,057	4,910,847
1988	165,814	247,293	419,764	663,482	1,470,860	5,468,545
1989	171,433	260,031	446,651	712,096	1,618,313	6,176,822
1990	179,771	272,916	466,301	742,731	1,685,198	6,447,561
1991	185,710	279,910	471,833	742,038	1,646,775	6,093,417
1992	189,996	283,346	472,040	735,000	1,603,105	5,786,265
1993	192,052	285,006	469,524	729,460	1,584,887	5,711,961
1994	194,253	287,348	472,425	737,671	1,616,830	5,946,359
1995	197,199	292,299	481,136	747,990	1,626,998	5,935,820
1996	199,745	296,028	482,941	749,134	1,623,215	5,912,828
1997	202,938	300,559	492,102	768,101	1,682,400	6,275,446
1998	208,193	308,255	506,625	787,743	1,713,945	6,351,833

解説：1998年は、分位P90-95の平均課税所得が20万8193フラン、分位P95-99の平均課税所得が30万8255フランとなる（この表に記載されている所得はすべて名目フランで表記されている〔1915-1959年については旧フラン、1960-1998年については新フラン〕）。

表 B-4：課税所得の分布の推計結果（閾値 P90、…、P99.99）（1915-1998 年の所得）

	P90	P95	P99	P99.5	P99.9	P99.99
1915			9,345	16,524	49,593	202,203
1916			11,368	18,579	60,213	271,741
1917			13,143	22,407	67,945	305,088
1918			14,607	24,484	69,195	290,733
1919	4,725	7,508	21,954	38,791	110,728	400,183
1920	6,199	9,691	27,854	44,455	125,101	433,307
1921	6,727	10,301	27,660	43,726	117,310	413,338
1922	7,197	11,088	30,495	48,000	140,261	458,406
1923	8,248	12,742	34,854	54,782	163,425	526,132
1924	9,395	14,667	40,863	66,330	169,286	490,151
1925	10,995	16,645	43,854	69,879	176,161	542,544
1926	12,444	18,767	49,037	80,122	206,793	686,245
1927	13,590	20,199	48,956	77,721	204,996	709,993
1928	14,653	21,711	51,861	82,505	218,104	756,418
1929	16,158	23,543	54,015	83,441	215,492	721,208
1930	17,126	24,644	54,482	82,506	207,477	678,541
1931	16,355	23,339	50,327	76,267	184,238	570,734
1932	15,823	22,796	48,351	68,846	170,252	510,161
1933	15,798	22,937	48,007	67,851	162,331	492,862
1934	15,207	21,833	45,359	64,276	155,625	465,670
1935	14,811	21,182	44,646	63,527	149,955	462,404
1936	15,674	22,138	47,016	67,257	157,284	485,053
1937	18,411	25,026	53,818	77,496	181,660	550,212
1938	20,343	28,048	58,568	83,418	189,812	553,455
1939	18,713	26,177	54,449	78,549	189,499	614,108
1940	17,417	24,523	51,867	73,433	166,723	504,054
1941	21,975	31,317	69,109	100,296	225,764	649,647
1942	26,843	38,131	84,633	120,679	253,022	636,888
1943	32,818	44,885	94,587	130,998	260,012	625,431
1944	38,371	52,522	103,358	136,323	255,852	565,353
1945	77,598	103,346	188,606	248,926	469,450	1,182,156
1946	125,671	170,704	342,615	466,381	988,246	2,793,397
1947	177,582	237,950	439,682	590,601	1,234,784	3,263,132
1948	284,227	365,521	714,732	978,376	2,070,898	5,601,882
1949	340,747	462,177	906,922	1,231,919	2,703,978	7,618,646
1950	400,663	539,136	1,031,893	1,424,663	3,031,000	8,682,135
1951	526,488	702,238	1,322,751	1,810,854	3,875,291	10,559,637
1952	608,794	808,743	1,594,424	2,190,072	4,590,315	12,248,751
1953	584,176	776,568	1,563,373	2,174,085	4,508,492	12,246,365
1954	592,328	789,370	1,619,985	2,266,627	4,652,540	12,638,124
1955	649,896	879,679	1,794,000	2,497,194	5,094,456	13,792,327
1956	704,487	964,216	2,030,341	2,744,983	5,553,212	14,859,441
1957	807,010	1,094,621	2,264,653	3,059,757	6,170,159	16,825,694
1958	910,060	1,216,481	2,493,436	3,358,282	6,673,412	17,870,895
1959	939,326	1,296,899	2,679,973	3,611,218	7,215,767	19,269,566
1960	10,195	14,039	29,670	41,378	82,308	219,524
1961	11,119	15,573	32,751	45,693	90,310	243,131
1962	12,604	17,322	35,645	49,539	98,032	258,058
1963	14,031	19,356	39,624	54,329	106,354	276,183
1964	15,281	21,142	43,996	60,566	117,575	301,686
1965	16,372	22,802	47,599	65,001	126,255	324,647
1966	17,711	24,104	49,851	67,948	131,387	345,973
1967	18,899	26,308	53,634	73,285	143,421	388,046
1968	20,282	27,955	55,984	75,673	147,430	403,637
1969	22,390	30,319	61,216	82,943	160,247	432,521
1970	24,708	33,395	67,637	91,884	180,110	468,546
1971	26,869	36,636	74,690	102,161	203,641	534,458

表B-4（続き）

1972	29,438	39,889	82,700	111,995	227,124	608,676
1973	33,482	45,242	94,489	130,540	254,964	741,994
1974	38,981	52,435	106,941	148,388	290,304	782,653
1975	45,218	60,143	122,169	169,103	329,353	897,094
1976	51,714	68,813	142,710	191,747	378,813	1,034,303
1977	56,844	75,869	149,207	200,576	394,434	1,097,431
1978	63,962	84,895	169,459	227,679	450,665	1,235,549
1979	70,984	93,526	189,298	255,453	514,351	1,434,949
1980	80,485	106,476	210,236	283,343	567,648	1,576,550
1981	91,940	122,481	237,885	315,874	634,993	1,777,049
1982	103,040	134,672	255,357	341,322	669,523	1,813,942
1983	116,975	152,279	284,346	375,366	715,319	1,864,486
1984	124,677	162,869	304,528	396,369	761,507	2,013,475
1985	131,608	173,131	322,436	427,416	822,383	2,184,915
1986	137,203	178,891	340,949	455,229	890,688	2,430,228
1987	139,690	183,093	350,926	475,365	961,800	2,760,536
1988	142,733	192,530	364,626	493,932	1,009,568	2,996,756
1989	150,625	199,654	386,580	530,763	1,108,003	3,352,152
1990	157,427	210,188	403,703	553,934	1,154,731	3,504,775
1991	162,153	216,876	410,094	558,022	1,140,909	3,385,696
1992	165,270	219,057	411,534	556,323	1,120,257	3,269,749
1993	166,697	221,362	409,619	552,927	1,109,647	3,239,800
1994	168,251	223,547	411,513	557,325	1,127,108	3,344,338
1995	173,848	227,778	419,665	566,731	1,138,489	3,363,084
1996	176,173	231,322	421,527	568,416	1,138,012	3,362,498
1997	178,878	235,141	428,703	580,460	1,173,207	3,531,710
1998	183,467	241,616	441,876	596,788	1,199,164	3,597,817

解説：1998年は、分位P90-100に属するために超えなければならない所得の閾値P90は18万3467フラン、分位P95-100に属するために超えなければならない所得の閾値P95は24万1616フランとなる（この表に記載されている所得はすべて名目フランで表記されている〔1915-1959年の所得については旧フラン、1960-1998年の所得については新フラン〕）。

次に、各年度について、家族係数が6未満で、所得がs_i-s_{i+1}のすべての世帯が課税対象となっている最下位所得区分［s_i；s_{i+1}］を検討した。たとえば、1970年の所得課税については、家族係数が5.5（またはそれ以下）の納税者に対する課税閾値は1万5950フランで、[16] したがって家族係数が5.5（またはそれ以下）のすべての納税者が課税対象となる最低所得区分は［20000；30000］だったことになる。つまり、家族係数が5.5で所得がこの区分に入る納税者はすべて課税対象となり、「分布」表に計上されることになる。しかし、［15000；20000］の所得区分に入る納税者は非常に少なく、［10000；15000］の所得区分に入る納税者は皆無である。1970年の所得課税では、［20000；30000］の所得区分とその次の所得区分だけで課税納税者数は世帯総数（課税および非課税）の15%以上に相当するため（表B-1を参照）、この年は「分布」表から欠落している納税者の

16　1970年の所得に適用された税率表の最低税率区分の下側閾値は2900フランだった。15950＝5.5×2900フラン。

問題は生じない。推計対象がトップ百分位に限られているからだ（所得分布のトップ20%を推計しようとするなら、問題になるだろう）。1966年以降の所得についてもすべて同じことがいえる。1966年以降の所得について、閾値P90を推計するには（それ以下のすべての閾値と分位はいうまでもなく）、家族係数が5.5（またはそれ以下）の納税者の一部が非課税であるという理由から「分布」表のフィールドに入らない所得区分のデータを用いないで推計することができる。したがって、一部の納税者が欠落しているために「分布」表のデータを修正する必要があるのは、1945-1965年の所得に限られる。1966-1998年の所得について前出の表B-2からB-4に転載されている推定値は、表A-1に転載した未加工データから、欠落している所得分布の修正をせずにパレートの法則による概算法を用いて得られた推定値である。[17]

1945-1965年の所得については、次のような手順で進めた。先に明確にした［s_i; s_{i+1}］の区分については何の修正も必要ない。その前の区分［s_{i-1}; s_i］については、家族係数が5.5の世帯総数（課税および非課税）は、［s_{i-1}; s_i］の区分と［s_i; s_{i+1}］の区分で家族係数5.5の世帯総数と家族係数5の世帯総数の比率が同じであると想定することで正しく推計できると仮定した。次に、［s_{i-2}; s_{i-1}］、［s_{i-3}; s_{i-2}］、など次第に所得の低いほうにさかのぼり、検討する所得区分に該当する課税閾値が含まれるまで、また修正した世帯数から所得分布のトップ百分位の下側閾値P90を導き出せるまで、家族係数5、4.5、4というように、次第に家族係数の少ない世帯を考慮に入れながら同じように推計を行なった。1945-1965年の所得について表B-2からB-4に転載した推定値は、このようにして「分布」表のデータを修正した値を用いてパレートの法則による概算法で得られた推定値である。

「分布」表のデータを修正した数値を用いてパレートの法則による概算法で得られた推定値と、表A-1に転載した未加工の「分布」表のデータをそのまま用いてパレートの法則による概算法で得られた推定値の比率を計算すると、修正が必要なのはおおむね分位P90-95だけであることがわかる。トップ百分位（閾値P99と平均所得水準P99-100）に対する修正、またそれ以上のすべての分位（閾値P99.5、P99.9、P99.99と平均所得水準99.5-100、P99.9-100、P99.99-100）に対する修正はもちろんいっさい必要なく、このことはトップ百分位に該当する所得区分（そしてもちろんそれに続くすべての分位）は家族係数5（またはそれ以下）の世帯の所得が課税閾値より著しく高い水準であることを意味している。唯一の例外は1947年の所得（課税世帯の比率が戦後最低になった年：付録A表A-2

17　反対に、前出の表B-2からB-4に転載されている推定値には、前出の第1.2節で説明する閾値P99.99と平均所得水準P99.99-100について、「上位区分に対するごくわずかの」修正が考慮されている。

の列（3）を参照）で、この年はトップ百分位のほんのわずかな大家族の所得が課税閾値を下まわっていたため、先に明らかにしたルールにしたがって修正を施した。しかしこの修正はきわめて小さいもので、閾値P99を0.006%、平均所得水準P99-100を0.002%それぞれ上方修正したにすぎない。分位P90-95に施した修正はもう少し大きい。トップ十分位P90-100の平均所得水準に施した上方修正は、1945年の所得については14%、1947年は12%に達し、その後、1955年の所得では1%を切り、1962年には最終的に0.1%を下まわった（1945年と1947年の所得を除けば、1945-1954年の所得に対する修正は常に4%を下まわっている）。トップ十分位の上位半分P95-100の平均所得水準に対する上方修正が0.5%を超えることは決してなく（1945年と1947年に限り、修正率は2.5-3%に達した）、1955年には最終的に0.1%を切った。ところが閾値に施された修正では、1945年および1947年については閾値P90に対する修正が90%を超えるなど平均所得水準に施された修正に比べて著しく大きい。これは、戦間期と大戦直後に非課税納税者が除外されたために、P90のパレート係数がきわめて高くなり（表B-1を参照）、この除外によって生じた閾値の極端な過小評価を相殺する必要があるからだ。

大家族（課税および非課税を合わせた）の真の比率が所得のわずかな増加関数であるかぎり、連続する数の家族係数をもつ二つのグループの世帯数の比率が、連続する所得区分については同じであるという仮定に基づくこの修正方法は、おそらく該当する高所得水準をわずかに過大評価することになる。しかし、この期間中に税務当局が用いた区分が比較的細かいことを考慮すると、この局所的な仮定は理にかなっているように思え、誘導された過大評価はおそらく非常に小さいだろう。実際、（唯一この修正を受けた）分位P90-95について得られた結果は、同じような所得水準の給与所得について同じ期間に確認できる変化とまったく矛盾していない。このことは、分位P90-95の所得の大半が給与所得であることから、私たちの修正方法の信頼度が相対的に高いことを示している。私たちは、課税世帯の比率が断続的に20%を超えている年がある（たとえば、1946年と1949年。付録A表A-2の列（3）を参照）という事実を利用して、実施した修正の信頼度も検証した。これらの年に実施された修正は実際には無意味なものとなっているが、家族係数ごとの所得区分の構成を他の年について修正したのちに得られた所得区分の構成と比較することができる。さまざまな検証を行なった結果、これらの修正による誤差は最大でも1-2%にすぎないという結論に至った。この時期の「分布」表を徹底的に活用することで、同じ家族係数をもつ納税者のグループごとの所得分布の変動を推計することができ、ひいては推定値をより正確なものにできるのは明らかで、私たちの出した結果が大きく修正されるとは思わない。

1.3.2　1919-1944年の期間

1919-1944年の所得課税については、欠落している所得分布のための修正がで

きるような詳しい情報が手に入らない。なぜならこの時期の「分布」表では、税務当局が用いた各所得区分の中に記載されているのは、家族控除と扶養控除の申告件数と控除総額のみだからだ（付録A第1.2節を参照）。たとえば1930年の所得について見ると、所得が1万-2万フランの納税者は、次の所得区分の納税者より家族控除と扶養控除の申告額が明らかに少ないことがわかる。これは完全に理にかなっており、1930年の所得が1万-2万フランのすべての世帯のうち、独身納税者と扶養する子供のいない納税者はことごとくIGR（総合所得税）の課税対象となり（所得が基礎控除額の1万フランを超えている）、その結果、この所得区分には独身者と子供のいない世帯が過剰に多くなる。たとえば扶養する子供が1人いる夫婦は、家族控除として5000フラン、扶養控除として4000フランの控除を受けられるため、課税閾値は1万9000フランとなる。つまり、扶養する子供がいて、年間所得が1万-1万9000フランの夫婦は課税されないため、税務当局が作成した「分布」表のフィールドに入らない。[18] 1919-1944年のすべての期間で見られるこうした「控除のおかげで低所得区分から消える」現象は、1945-1965年の期間に見られる「家族係数が高いために低所得区分から消える」現象と同じように、「分布」表の所得分布がどのように欠落しているかを判断する材料になる。1919-1944年の期間について欠落している所得分布に対する修正を行なうために、1937年の所得については、「分布」表に用いられている所得区分ごとに扶養する子供が1人、2人から、13人以上までの納税者の数がそれぞれ記載されている

18　「分布」表が「純所得」という意味でなく、（家族控除を考慮したのちの）「課税所得」という意味で作成されていた1931-1935年と1942-1944年の期間を除く（付録A第1.1節を参照）。したがって、1931-1935年と1942-1944年の両期間のデータに施す必要がある修正は性質が異なる。具体的には、まず、表A-1に転載した未加工データを用いて各分位の所得水準と閾値を推計し、次に、得られた推定値に家族控除と扶養控除の平均控除額の推定値を加算して修正した。1931-1935年と1942-1944年の各年度の「分布」表の家族控除と扶養控除額に関する列のデータ、また1937年の所得について作成された特別な表（後出参照）のデータを用いて、平均控除額を次のように定めた。1931-1935年については、閾値P90では5000フラン、P95では6000フラン、P99では7000フラン、P99.5では8000フラン、そしてP99.9とP99.99では9000フラン（これは、平均所得水準P90-95では約5500フラン、P95-99では6500フラン、P99-99.5では7500フラン、P99.5-99.9では8500フラン、そしてP99.9-99.99とP99.99-100では9000フランに相当する）。1942年については、閾値P90では6000フラン、P95では7000フラン、P99では9000フラン、P99.5では1万フラン、そしてP99.9とP99.99では1万2000フラン（これは、平均所得水準P90-95では約6500フラン、P95-99では8000フラン、P99-99.5では9500フラン、P99.5-99.9では1万1000フラン、そしてP99.9-99.99とP99.99-100では1万2000フランに相当する）。1943-1944年は、閾値P90では8000フラン、P95では9000フラン、P99では1万3000フラン、P99.5では1万4000フラン、そしてP99.9とP99.99では1万7000フラン（これは、平均所得水準P90-95では約8500フラン、P95-99では1万1000フラン、P99-99.5では1万3500フラン、P99.5-99.9では1万5000フラン、そしてP99.9-99.99とP99.99-100では1万7000フランに相当する）（平均控除額が所得の上昇とともに大きく増加するのは、家族控除と扶養控除を計算に入れたあとの所得という意味において分類した結果である）。

19　この表は、1939年の『BSLC』の7-8月号に掲載されている（第126巻、p.68-69）。

表があり、これを活用することができる。[19]この表は、各所得区分ごとに家族係数別の納税者数を示している戦後の「分布」表を先取りしているが、残念なことに一度しか作成されていない（1937年の所得に関する表のみ）。[20]しかしさまざまな「分布」表を比較してみると、所得区分ごとの家族構成の分布が戦間期には比較的緩やかに変化したことが確認できるため、「分布」表に欠落している人数を修正するために主としてこの1937年の特殊な表を参考にした（1945-1965年の期間中に適用したのと同じ方法を適用）。表B-2からB-4に転載した推定値は、「分布」表のデータをこのようにして修正した数値を用いてパレートの法則に基づく概算法によって得られたものである。1945-1965年の期間と同じく、閾値P90とP95に対する修正がある程度大きくなる可能性があるが、上位分位の所得水準については全体的に取るに足りないものである。[21]最後に、1945-1965年の期間と同様に、分位P90-95の所得水準について得られた変動が分位P90-95の給与所得の推移と一致していることが、これらの修正が信頼できるものであることを十分に証明している。

1.3.3　1915-1918年の期間

1915-1918年の期間の所得には独特の問題がある。私たちの推計対象が分位P99-100と最上位分位に限られていることを考慮すると、1915-1918年の所得については「欠落している分布」の問題はまったくない。[22]しかしこの期間の所得については、性質がまったく違うはるかに重大な問題がある。じつのところ、1915-1918年の所得について作成された「分布」表では、実際に課税された納税者のかなりの数が除外されているからだ（付録A第1.5節を参照）。私たちはまず、1915-1918年の各年度の「分布」表のすべての数値（人数と所得）に、課税世帯総数に対するのと同じ上方修正係数（つまり、1915年については1.57、1916年については1.29、1917年については1.35、1918年については1.28。付録A表A-9

20　『BSLC』にも『RSRID』にも財務省の記録文書にも、ほかに似たような表は見られなかった。

21　表A-1に記載した未加工の数値に適用した人数に対する上方修正率は次のとおりである。1919-1921年の所得については、所得が1万-2万フランの区分に対して1.1704、2万-3万フランの区分に対して1.0016（上位区分の所得にはなんの修正もしない）。1922年の所得については、所得が1万-2万フランの区分に対して1.2494、2万-3万フランの区分に対して1.0026。1923-1927年の所得については、所得が1万-2万フランの区分に対して1.3797、2万-3万フランの区分に対して1.0203。1928年の所得については、所得が1万-2万フランの区分に対して1.0633、2万-3万フランの区分に対して1.0037。1929-1930年の所得については、所得が2万-3万フランの区分に対して1.1981、3万-5万フランの区分に対して1.0290、5万-10万フランの区分に対して1.0014。1936-1941年の所得については、所得が2万-3万フランの区分に対して1.1556、3万-4万フランの区分に対して1.0446、4万-5万フランの区分に対して1.0299、5万-7万5000フランの区分に対して1.0112、7万5000-10万フランの区分に対して1.0012。

22　ただし、私たちが行なった1915年の高所得水準の推計がわずかに過小評価されているということを前提にすれば、1915年の所得については、まったくないとは言いきれない。

を参照）を適用し、P99-100、P99.5-100、などの各分位の所得水準を推計することから始めた。1916年についてはこの修正で十分だが、1915年についてはこの修正では不十分で、1917年-1918年についてはこれでは修正率が大きすぎる。このような修正をすれば、1916年については適切な総税額を得ることになるが、1915年については小さすぎ、1917年と1918年については大きすぎる。このことは、すでに付録Aですべての統計表について指摘したことを裏づけている（付録A第1.5節の表A-9を参照）。したがって、該当する総税額ができるかぎり最終的な総税額に近くなるように推定値をわずかに修正した。1915年については、平均所得水準P99.5-99.9と閾値P99.5を10%引き上げ、平均所得水準P99.9-99.99とP99.99-100、そして閾値P99.9とP99.99をそれぞれ20%引き上げた。1916年については追加の修正はいっさい行なっていない。1917年については、平均所得水準P99.9-99.99とP99.99-100、そして閾値P99.9とP99.99をそれぞれ5%引き下げた。1918年については、平均所得水準P99.9-99.99とP99.99-100、そして閾値P99.9とP99.99をそれぞれ10%引き下げた。こうして行なった修正によって、おそらく1915-1918年の各年度の高所得水準はわずかに過小評価されているにちがいない（とりわけ、遅れて申告した納税者の中に超高所得層が過剰に多かったと思われる1915年）。いずれにせよ、こうした潜在的な推定値の誤差は（最大でも）10-20%である。

1.4　課税所得から課税対象所得を導き出す

課税対象所得（すなわち、あらゆる控除をする前の所得）という意味での均質のデータ系列を得るために、表B-2から表B-4に転載した課税所得という意味での推定値に若干の修正を施す必要がある。まずは、納税者は長年、前年度の税額を当年度の課税所得から控除する権利があったこと、そして、税務当局が作成した「分布」表に記載されている「課税所得」は常にこれらの控除がなされていることを考慮する必要がある（第4章第4.1.3節を参照）。したがって修正するにあたり、前年度のIGRが控除されたケース（第1.4.1節）と前年度の分類所得税（そして分類所得税のあとを受けた税金〔比例税と補足税〕本節では、これらの税金を、いわゆる分類所得税に含めて検討することにする）が控除されたケース（第1.4.2節）を区別しなければならない。最後に、カテゴリー別所得に対する控除のケースも考慮する必要がある（第1.4.3節）。

1.4.1　前年度のIGRが控除されたケース（1916-1947年の所得）

税務当局が作成した「分布」表には、課税所得から控除されるIGRの合計が記載されていないため、納税者が前年度と同じ所得分位に位置していたと仮定して、控除率（そして該当する上方修正率）を推計した（表B-5を参照）。たとえば、

1930年の分位P99.99-100に適用した上方修正率（32.1%）は、1929年の分位P99.99-100の平均課税所得と1930年の分位P99.99-100の平均課税所得の比率に1929年の分位P99.99-100の平均税率（29.2%）を適用して計算した。[23] この仮定に従うと、最上位所得区分に適用される上方修正率を若干大きく見積もることになる。特定の年度の非常に裕福な一部の納税者が前年度は貧しい納税者だったということは、実際に控除された前年度のIGRの額が私たちの推計した控除額より少なかったということを意味している。私たちが推計した理論上の控除率を1932年、1934年、1936-1937年の所得について作成された「構成」表（これらの表には所得区分ごとに控除後の課税額の合計が記されている。付録A第2.2節を参照）に記載されている率と比較すると、この過大な見積もりはごくわずかにすぎないことがわかる（連続する2カ年で分位を移動する納税者はおそらく非常に限られている）。

表 B-5：前年度の IGR が控除されたことを考慮するため、1916-1947 年の所得に適用した上方修正率

	IGR の平均税率							上方修正率					
	P90-95	P95-99	P99-99.5	P99.5-99.9	P99.9-99.99	P99.99-100		P90-95	P95-99	P99-99.5	P99.5-99.9	P99.9-99.99	P99.99-100
1915			0.3	0.8	1.6	1.9	1916			0.2	0.7	1.3	1.4
1916			1.3	2.9	5.6	8.7	1917			1.1	2.3	4.8	8.4
1917			2.1	4.0	12.3	17.9	1918			1.9	3.6	12.1	19.2
1918			2.3	4.3	12.0	17.7	1919	0.0	0.0	1.6	3.2	8.1	13.7
1919	0.0	0.4	1.6	4.4	15.9	39.7	1920	0.0	0.4	1.3	3.6	14.4	34.0
1920	0.1	0.7	2.3	5.9	17.4	41.9	1921	0.1	0.7	2.3	6.3	18.6	50.5
1921	0.1	0.7	2.2	5.3	15.9	38.7	1922	0.1	0.7	2.0	4.7	14.3	35.2
1922	0.1	0.9	2.4	6.0	17.2	39.9	1923	0.1	0.7	2.1	5.0	14.8	34.5
1923	0.2	1.1	3.4	8.5	22.5	49.1	1924	0.2	1.0	3.1	7.9	22.4	53.9
1924	0.4	1.4	4.6	11.4	27.3	56.8	1925	0.3	1.2	4.2	10.7	25.8	51.9
1925	0.5	1.4	4.3	10.0	23.4	49.0	1926	0.4	1.3	3.7	8.6	19.3	37.2
1926	0.3	0.9	2.7	6.2	13.7	26.2	1927	0.3	0.8	2.7	6.3	13.3	24.8
1927	0.3	0.9	2.6	6.0	13.7	26.4	1928	0.3	0.8	2.4	5.6	12.9	25.0
1928	0.2	0.9	3.1	7.0	15.7	29.5	1929	0.2	0.9	3.1	6.9	16.3	30.9
1929	0.2	0.9	2.8	6.7	15.0	29.2	1930	0.2	0.8	2.7	6.9	15.3	32.1
1930	0.2	0.9	2.8	6.4	14.5	28.2	1931	0.3	1.0	3.1	7.2	17.2	33.7
1931	0.2	0.8	2.5	5.6	13.2	27.7	1932	0.2	0.8	2.6	6.1	14.6	32.3
1932	0.2	0.8	2.6	5.6	13.5	29.3	1933	0.2	0.8	2.6	5.8	14.1	29.3
1933	0.2	0.8	2.5	5.4	13.1	29.1	1934	0.2	0.9	2.7	5.7	13.8	31.7
1934	0.1	0.5	1.7	3.8	10.8	23.0	1935	0.1	0.5	1.7	3.8	11.2	21.6
1935	0.1	0.5	1.7	3.9	12.2	28.1	1936	0.1	0.5	1.6	3.6	11.3	25.8
1936	0.2	0.7	2.3	5.4	19.3	40.2	1937	0.1	0.6	2.0	4.7	16.8	33.6
1937	0.3	0.9	3.0	7.6	22.7	46.4	1938	0.3	0.8	2.8	7.0	22.3	49.0
1938	0.5	1.2	3.4	8.6	24.1	47.3	1939	0.5	1.2	3.7	9.0	23.0	42.9
1939	0.4	1.0	2.9	7.6	24.3	49.8	1940	0.4	1.1	3.1	8.4	28.4	69.5
1940	0.3	0.8	2.5	6.0	20.9	45.5	1941	0.2	0.6	1.9	4.4	15.9	35.7
1941	0.6	1.5	4.4	11.5	28.9	55.1	1942	0.5	1.2	3.6	9.9	27.5	59.8

23　29.2×1472839／1336715＝32.1（丸め誤差排除）。表B-5に転載した結果には、1944年のIGRの半分だけが1945年の所得から控除可能で、1946年のIGRの4分の1だけが1947年の所得から控除可能だったという事実が考慮されている（1946年の所得課税について、そして最終的に1948年以降の所得課税については、前年のIGRの控除はいっさい認められなくなった）。

表B-5（続き）

1942	0.9	2.2	6.6	14.8	33.5	56.6	1943	0.7	1.9	5.9	13.9	33.5	56.2
1943	0.6	2.1	7.1	14.8	33.2	56.7	1944	0.5	1.8	6.6	14.6	34.7	68.6
1944	1.1	2.9	8.3	15.7	31.9	54.5	1945	0.3	0.8	2.3	4.3	8.2	11.7
1945	1.2	3.5	8.1	13.2	23.5	44.0	1946	0.0	0.0	0.0	0.0	0.0	0.0
1946	4.0	7.0	10.2	15.1	27.0	48.4	1947	0.8	1.3	2.0	3.0	5.6	11.3

解説：1915-1946年の所得のさまざまな分位に適用されるIGRの平均税率は、表B-19による（付録B第3節を参照）。1916-1947年の所得の各分位に適用される上方修正率は、表B-3に示した各所得分位の課税所得にIGRの平均税率を適用して計算した（1945年の所得に対する課税については前年度のIGRの半分だけが控除可能で、1946年の所得に対する課税についてはいかなる控除も可能ではなかった。1947年の所得に対する課税については前年度のIGRの4分の1だけが控除可能だった）。

1.4.2　前年度の分類所得税が控除されたケース（1918-1970年の所得）

各所得分位に課せられた分類所得税の平均税率を的確に推計するのはむずかしい。それは「構成」表が毎年作成されるようになったのが1948年以降であるうえに、これらの表には理論上、個別のカテゴリーの所得水準に関して間接的な情報しか記載されていないためだ。しかしIGRの控除に比べれば、明らかに問題点は限られているといえる。というのは、分類所得税の税率は（IGRの最高税率と比べると）常に相対的に低いからだ。したがって分類所得税の税率を修正するに際してはおおよその推定値を採用することにした（表B-6を参照）。1919-1958年の所得に対する分類所得税の平均税率は、P90-95で1%、P95-99で3%、P99-99.5で5%、P99.5-99.9で7%、P99.9-99.99で9%、P99.99-100で10%と仮定した。この税率は、給与所得とBIC（商工業収益）に対する分類所得税について分位別に推計した平均税率と一致する。つまり、給与所得に対する分類所得税率は、分位P90-95では非常に低く（1-2%）、最上位分位でも6-7%を超えるケースはない。BICに対する分類所得税とIRVM（有価証券所得税）の税率はもう少し高く、BICとIRVMの高所得分位ではさらに高くなっている。このことから、分位P99.99-100の平均税率は10%まで上がると仮定した。おそらくこの10%という税率は、IRVMの税率が1930年になると20%を超え、BICに対する税率が戦後24%になったことを考慮すると、わずかに低く見積もられているだろう（しかし、戦後、給与所得は分類所得税を完全に免除され、他のカテゴリーの所得に対する分類所得税が増税されたことで相殺された点を考慮する必要がある）。したがって、このような単純な仮定によって、おそらく1930年代および戦後の超高所得水準についてはわずかに過小評価することになっただろう（最高で5-10%）。1917年と1918年の所得については、（1919年の所得課税以降、分類所得税の税率が急激に高くなった事実を考慮して）次のような分類所得税の平均税率を採用した。すなわち、P95-99で0.5%、P95-99で1%、P99-99.5で2%、P99.5-99.9で3%、P99.9-99.99で4%、そしてP99.99-100では5%。[24] 最後に、1959-1969年の所得に

ついては、平均税率は1958年の水準から1970年の0%に至るまで下降線をたどっていると仮定した。これはいうまでもなく概算だが、こうして得られた推定値は、この期間中にこのような補足税が徐々に姿を消していったことを考慮すると、妥当なものに思える。

表B-6の右側には、IGRと分類所得税が控除された影響を組み合わせることで得られた全体の上方修正率が記載されている。たとえば、1930年の分位P99.99-100に適用した包括的上方修正率（43.1%）は、1929年の分位P99.99-100の平均税率（IGRが29.2%、分類所得税が10.0%、すなわち39.2%）に、1929年の分位P99.99-100の平均課税所得と1930年の分位P99.99-100の平均課税所得の比率を適用して計算した。[25]

1.4.3　カテゴリー別所得に対しての控除

均質のデータを得るために考慮する必要がある最終的な修正は、課税対象所得から課税所得を導き出す要因となるカテゴリー別所得の控除が1915年以降大きく変化している点と関係している。[26] この変化は主として給与所得にかかわるものである。つまり、1934年に必要経費に対する10%の一括控除が適用されるようになり[27]、また、給与所得の一括基礎控除率が1915-1952年の所得に対しては0%、1953年の所得に対しては10%、1954-1958年の所得に対しては15%、1959年の所得に対しては19%、1960-1998年の所得に対しては20%と変化しているからだ。私たちは、こうした税法上の変化と、1970年以降の（課税対象所得）／（課税所得）の比率に基づいて、表B-7に示した課税率と上方修正率を採用した。

1.5　得られた結果

最終的な推計データは（表B-8、B-9、B-10）、表B-5、B-6、B-7に示した上方修正率を表B-2、B-3、B-4に転載したデータに適用して求めた。上方修正率はまず中間の所得水準P90-95、P95-99、P99-99.5、P99.5-99.9、P99.9-99.99、そしてP99.99-100に適用し、 次に所得水準P90-100、P95-100、P99-100、

24　1914-1916年の所得課税では分類所得税が存在しなかったが、いずれにしろ「四つの国税」が適用されており、対象となる納税者が1915-1917年の課税所得からこれらの税額を控除することができた点に注目しよう。私たちはこれらの控除は考慮に入れなかったため、該当する推定値はわずかに過小評価されている。

25　39.2×1472839／1336715＝43.1（丸め誤差排除）。

26　この修正には前年度の税額にかかわる控除のほかに包括所得から差し引く控除も考慮されている（付録A第2.2節を参照）。

27　この一括控除は財源の節約のために導入されたもので、1934年以前は（平均して）給与の10%以上が必要経費の実費として申告されていたと推測される。

P99.5-100、P99.9-100、P99.99-100を中間の所得水準の推定値から計算した。[28] たとえば、1930年の所得では、P99.99-100の課税対象所得での平均所得（212万5961）は、P99.99-100の課税所得での平均所得（133万6715）に上方修正率43.1%と11.1%を適用して求めた。[29] P99.9-99.99の課税対象所得での平均所得（47万1435）は、P99.9-99.99の課税所得での平均所得（33万3321）に上方修正率24.5%と13.6%を適用して求めた。[30] P99.9-100の課税対象所得での平均所得（63万6887）は、P99.9-99.99とP99.99-100の課税対象所得での平均所得から求めた。[31]

表 B-6：P90-95、…、P99.99-100 の各分位の分類所得税の平均税率（1917-1969 年の所得）、および 1916-1970 年の所得に適用される包括的上方修正率（IGR ＋分類所得税）

	分類所得税の平均税率					
	P90-95	P95-99	P99-99.5	P99.5-99.9	P99.9-99.99	P99.99-100
1917-1918	0.5	1.0	2.0	3.0	4.0	5.0
1919-1958	1.0	3.0	5.0	7.0	9.0	10.0
1959	0.9	2.8	4.6	6.4	8.3	9.2
1960	0.8	2.5	4.2	5.8	7.5	8.3
1961	0.8	2.3	3.8	5.3	6.8	7.5
1962	0.7	2.0	3.3	4.7	6.0	6.7
1963	0.6	1.8	2.9	4.1	5.3	5.8
1964	0.5	1.5	2.5	3.5	4.5	5.0
1965	0.4	1.3	2.1	2.9	3.8	4.2
1966	0.3	1.0	1.7	2.3	3.0	3.3
1967	0.3	0.8	1.3	1.8	2.3	2.5
1968	0.2	0.5	0.8	1.2	1.5	1.7
1969	0.1	0.3	0.4	0.6	0.8	0.8

	全体の上方修正率					
	P90-95	P95-99	P99-99.5	P99.5-99.9	P99.9-99.99	P99.99-100
1916			0.2	0.7	1.3	1.4
1917			2.7	4.8	8.2	13.2
1918			3.7	6.3	16.0	24.5
1919	0.0	0.0	5.1	8.4	14.1	21.5
1920	0.8	2.8	5.3	9.4	22.6	42.6
1921	1.0	3.6	7.3	13.7	28.3	62.6
1922	1.0	3.4	6.6	11.1	22.4	44.3
1923	1.0	3.4	6.4	10.9	22.6	43.1
1924	1.0	3.8	7.7	14.4	31.4	64.9
1925	1.2	3.7	8.8	17.3	34.3	61.0
1926	1.3	4.0	8.0	14.6	26.8	44.8
1927	1.2	3.7	7.8	13.3	22.0	34.2
1928	1.2	3.7	7.1	12.2	21.5	34.5
1929	1.1	3.7	8.1	13.8	25.7	41.4
1930	1.1	3.7	7.6	14.1	24.5	43.1
1931	1.3	4.2	8.6	15.1	27.8	45.7
1932	1.3	3.9	7.9	13.6	24.5	44.0
1933	1.2	3.8	7.7	13.0	23.5	39.3
1934	1.3	4.1	8.0	13.1	23.2	42.7
1935	1.2	3.6	6.8	11.0	20.4	31.0
1936	1.1	3.3	6.3	10.2	19.6	35.0
1937	1.0	3.3	6.4	10.7	24.6	42.0
1938	1.2	3.6	7.3	13.5	31.1	59.6
1939	1.6	4.4	9.2	16.4	31.6	52.0
1940	1.5	4.2	8.3	16.1	38.9	83.4
1941	1.0	3.0	5.6	9.5	22.8	43.5
1942	1.3	3.7	7.7	16.0	36.1	70.6
1943	1.6	4.4	10.4	20.4	42.5	66.2
1944	1.4	4.4	11.3	21.5	44.1	80.7
1945	0.8	2.4	5.0	8.2	12.8	16.0
1946	0.6	1.8	2.7	3.6	4.1	4.1
1947	1.6	3.5	5.9	8.6	13.0	20.6

28　各分位の閾値には中間水準と同じ上方修正率を適用した（閾値P90にはP90-95の上方修正率を適用、閾値P95にはP95-99の上方修正率を適用、など）。

29　2125961＝1.431×1.111×1336715（丸め誤差排除）。

30　471435＝1.245×1.136×333321（丸め誤差排除）。

31　636887＝(9×471435＋2125961)／10（丸め誤差排除）。

表B-6（続き）

1948	0.5	1.9	3.1	4.2	5.3	5.7
1949	0.8	2.4	4.0	5.5	6.8	7.2
1950	0.9	2.6	4.3	6.1	7.9	8.6
1951	0.8	2.3	3.9	5.6	7.3	8.4
1952	0.9	2.5	4.2	5.8	7.7	9.0
1953	1.0	3.1	5.1	7.1	9.1	9.8
1954	1.0	2.9	4.8	6.7	8.7	9.5
1955	0.9	2.7	4.5	6.4	8.2	9.1
1956	0.9	2.8	4.5	6.4	8.3	9.2
1957	0.9	2.6	4.5	6.3	8.1	9.0
1958	0.9	2.7	4.5	6.4	8.2	9.5
1959	1.0	2.8	4.7	6.5	8.5	9.3
1960	0.8	2.5	4.1	5.7	7.2	8.0
1961	0.8	2.2	3.7	5.3	6.8	7.5
1962	0.7	2.0	3.4	4.9	6.3	7.3
1963	0.6	1.8	3.0	4.3	5.6	6.2
1964	0.5	1.6	2.6	3.7	4.8	5.4
1965	0.5	1.4	2.3	3.3	4.2	4.6
1966	0.4	1.2	2.0	2.8	3.6	3.8
1967	0.3	0.9	1.5	2.1	2.7	2.9
1968	0.2	0.7	1.2	1.7	2.2	2.4
1969	0.2	0.5	0.8	1.1	1.4	1.5
1970	0.1	0.2	0.4	0.5	0.7	0.8

解説：包括的上方修正率は、表B-5に示される前年度のIGRの控除額を考慮した上方修正率と、ここに記した分位ごとの平均税率の推定値から計算できる分類所得税（さらには比例税と補足税）の控除額を考慮した上方修正率を組み合わせることで得られた。

表B-7：課税所得から課税対象所得を導き出すために適用される上方修正率

	確認された税率（単位：%）						
	P0-100	P90-95	P95-99	P99-99.5	P99.5-99.9	P99.9-99.99	P99.99-100
RF70	72.7	72.9	74.0	76.9	79.0	81.5	84.5
RF75	70.0	70.7	72.7	76.0	78.5	78.9	87.0
RF79	68.5	69.2	71.3	74.3	80.8	86.3	82.6
RF84	71.1	71.3	73.9	75.9	78.9	79.8	87.0
RF90	66.8	70.2	71.6	74.4	80.4	88.4	96.1
EL88	69.8	71.2	71.8	72.8	77.4	85.4	93.2
EL89	69.9	70.6	72.2	75.2	79.5	87.6	93.2
EL90	70.1	70.5	73.3	74.9	79.4	85.1	91.8
EL91	69.9	70.2	72.7	75.8	77.7	84.1	88.6
EL92	69.5	70.8	72.3	74.0	76.8	78.3	90.1
EL93	69.1	70.0	71.9	74.3	78.4	83.3	90.2
EL94	68.2	68.9	70.6	73.6	74.9	78.5	87.3
EL95	68.6	69.5	71.4	73.3	75.4	82.5	89.4
	仮定した税率（単位：%）						
1915-1952	85.0	85.0	86.0	86.0	86.0	88.0	90.0
1953	80.0	80.0	82.0	84.0	86.0	88.0	90.0
1954-1958	75.0	75.0	77.0	80.0	82.0	86.0	90.0
1959	71.0	71.0	73.0	76.0	79.0	85.0	90.0
1960-1998	70.0	70.0	72.0	75.0	78.0	84.0	90.0

表 B-7（続き）

	課税所得から課税対象所得を導き出すために適用した上方修正率						
1915-1952	1.18	1.18	1.16	1.16	1.16	1.14	1.11
1953	1.25	1.25	1.22	1.19	1.16	1.14	1.11
1954-1958	1.33	1.33	1.30	1.25	1.22	1.16	1.11
1959	1.41	1.41	1.37	1.32	1.27	1.18	1.11
1960-1998	1.43	1.43	1.39	1.33	1.28	1.19	1.11

略号：RFは「税収」調査、ELは税務当局の抽出サンプル。

解説：「税収」調査と税務当局の抽出サンプルから確認できる分位別の課税率はピケティの論文から引用（1998年、p.29、p.138-144およびp.148-152）。適用した上方修正率は推測された課税率の逆数に等しい。

表 B-8：課税対象所得の分布の推計結果
（P90-100、…、P99.99-100 の各所得水準）（1915-1998 年の所得）

	P90-100	P95-100	P99-100	P99.5-100	P99.9-100	P99.99-100
1900-1910	6,474	9,782	27,333	43,157	115,085	431,568
1915			32,945	52,139	142,150	545,191
1916			41,571	66,494	189,028	762,696
1917			51,723	82,664	228,888	886,097
1918			57,047	90,719	243,774	911,142
1919	17,283	27,682	79,784	125,626	337,730	1,148,916
1920	21,841	34,652	99,012	155,737	420,782	1,575,471
1921	22,295	34,865	97,291	151,539	406,311	1,489,075
1922	23,988	37,542	103,197	159,792	419,083	1,452,296
1923	27,765	43,560	120,573	187,266	485,153	1,666,353
1924	30,860	47,271	131,549	203,722	516,550	1,749,559
1925	34,702	52,958	142,990	220,440	556,646	1,870,787
1926	38,772	59,624	164,286	253,198	643,600	2,217,954
1927	39,758	60,111	161,563	248,636	635,626	2,175,084
1928	42,306	63,708	170,890	262,082	670,068	2,304,013
1929	44,452	66,060	172,661	264,810	668,342	2,313,465
1930	45,191	66,310	168,406	254,942	636,887	2,125,961
1931	42,022	60,641	149,535	223,721	549,144	1,806,647
1932	39,783	56,897	135,511	199,530	477,712	1,530,251
1933	39,348	56,030	131,064	191,592	456,080	1,479,883
1934	37,414	53,148	124,298	181,647	431,938	1,387,725
1935	36,326	51,601	120,004	174,699	413,831	1,355,398
1936	38,456	55,086	128,503	187,785	450,679	1,519,342
1937	44,917	63,265	151,429	223,517	548,360	1,911,543
1938	49,348	69,141	165,623	243,421	586,355	2,032,385
1939	47,231	67,222	164,323	246,629	616,157	2,134,454
1940	43,794	62,383	149,468	221,572	548,454	1,847,485
1941	54,878	77,641	182,716	264,652	605,986	1,841,842
1942	66,691	94,793	219,488	314,407	693,526	2,019,552
1943	76,383	107,391	239,785	337,620	713,168	1,979,217
1944	85,630	117,471	243,551	334,651	676,449	1,779,975
1945	155,209	204,637	393,842	526,370	1,023,891	2,656,541
1946	267,054	363,090	749,436	1,031,641	2,124,299	5,840,497
1947	353,889	491,286	982,567	1,344,382	2,757,617	7,266,856
1948	579,905	769,667	1,569,615	2,151,026	4,362,270	11,262,828
1949	729,641	983,494	2,041,587	2,833,408	5,914,879	15,774,046
1950	840,518	1,136,808	2,361,503	3,272,968	6,842,316	18,518,159
1951	1,077,353	1,443,280	2,945,969	4,047,762	8,347,757	22,088,602

表B-8（続き）

1952	1,270,030	1,710,643	3,505,824	4,797,113	9,667,751	24,731,369
1953	1,293,806	1,738,363	3,538,867	4,824,012	9,751,405	25,435,757
1954	1,402,739	1,886,292	3,823,027	5,183,650	10,247,246	26,647,203
1955	1,548,324	2,083,343	4,196,356	5,672,080	11,164,008	29,178,874
1956	1,695,412	2,280,543	4,623,313	6,205,243	12,116,316	31,853,161
1957	1,906,850	2,566,535	5,144,621	6,897,481	13,409,287	35,234,768
1958	2,126,924	2,843,009	5,626,615	7,522,030	14,623,900	37,276,895
1959	2,379,404	3,201,592	6,274,392	8,322,287	15,747,243	40,024,324
1960	26,382	35,657	70,951	94,745	179,285	454,362
1961	29,203	39,537	78,331	104,158	196,692	505,066
1962	32,004	43,107	84,416	111,569	208,588	520,028
1963	35,465	47,593	91,814	120,592	222,991	549,546
1964	38,920	52,302	101,007	132,615	243,472	592,881
1965	41,985	56,367	108,235	141,754	260,171	636,715
1966	44,231	59,236	113,521	148,953	274,606	685,989
1967	47,556	63,763	122,902	161,713	300,915	769,881
1968	50,146	66,512	126,369	165,851	310,167	803,397
1969	54,477	72,128	137,094	180,006	336,072	883,153
1970	59,997	79,479	150,720	197,451	364,946	961,021
1971	66,146	87,676	168,046	220,864	410,529	1,047,778
1972	72,330	96,209	186,500	246,417	462,882	1,214,456
1973	83,046	110,787	217,338	288,876	552,862	1,527,634
1974	94,638	125,475	241,502	318,122	592,967	1,514,787
1975	108,947	143,882	276,422	362,548	676,981	1,746,227
1976	124,198	163,992	315,838	414,041	779,006	2,012,810
1977	134,430	175,730	330,613	433,630	821,593	2,162,153
1978	150,982	197,872	375,132	491,840	927,141	2,401,990
1979	168,726	222,011	425,427	560,277	1,070,696	2,821,190
1980	189,266	247,962	470,754	618,326	1,176,080	3,082,552
1981	215,004	280,381	528,387	692,003	1,321,425	3,487,645
1982	236,546	306,142	558,754	729,028	1,358,178	3,466,722
1983	262,991	337,498	604,401	778,723	1,409,048	3,456,515
1984	280,264	359,401	645,509	829,243	1,513,635	3,764,440
1985	298,567	383,844	692,200	895,768	1,638,259	4,091,357
1986	314,321	406,427	744,725	970,930	1,807,231	4,632,749
1987	324,903	423,123	793,758	1,050,306	2,024,282	5,456,496
1988	339,668	442,459	838,444	1,117,202	2,183,537	6,076,161
1989	357,411	469,917	904,966	1,214,399	2,420,221	6,863,135
1990	374,423	492,031	943,952	1,266,168	2,521,965	7,163,956
1991	382,079	498,857	939,233	1,249,355	2,441,448	6,770,463
1992	385,893	500,363	927,670	1,225,952	2,360,531	6,429,184
1993	387,554	500,749	920,374	1,214,715	2,332,755	6,346,624
1994	391,644	505,784	932,546	1,235,191	2,393,024	6,607,066
1995	397,706	513,700	944,617	1,247,719	2,402,748	6,595,355
1996	401,709	518,069	945,746	1,247,571	2,396,139	6,569,808
1997	409,128	528,344	971,950	1,287,764	2,499,843	6,972,718
1998	419,556	541,693	995,933	1,316,367	2,542,129	7,057,592

解説：1998年について見ると、分位P90-100の平均課税対象所得は41万9556フランで、分位P95-100の平均課税対象所得は54万1693フラン（この表に記載された所得はすべて名目フランで表記されている〔1915-1959年は旧フラン、1960-1998年は新フラン〕）。

表 B-9：課税対象所得の分布の推計結果
(P90-95、P95-99、P99-99.5、P99.5-99.9、P99.9-99.99、P99.99-100 の各所得水準)
(1915-1998 年の所得)

	P90-95	P95-99	P99-99.5	P99.5-99.9	P99.9-99.99	P99.99-100
1900-1910	3,165	5,395	11,508	25,175	79,920	431,568
1915			13,750	29,636	97,368	545,191
1916			16,648	35,860	125,288	762,696
1917			20,782	46,108	155,865	886,097
1918			23,375	52,455	169,622	911,142
1919	6,884	14,656	33,943	72,600	247,598	1,148,916
1920	9,030	18,562	42,286	89,476	292,483	1,575,471
1921	9,724	19,259	43,044	87,846	286,004	1,489,075
1922	10,435	21,128	46,602	94,969	304,281	1,452,296
1923	11,969	24,307	53,879	112,794	353,908	1,666,353
1924	14,448	26,202	59,376	125,515	379,549	1,749,559
1925	16,445	30,451	65,539	136,388	410,630	1,870,787
1926	17,919	33,459	75,373	155,597	468,672	2,217,954
1927	19,406	34,748	74,491	151,888	464,575	2,175,084
1928	20,904	36,912	79,699	160,086	488,518	2,304,013
1929	22,844	39,410	80,512	163,927	485,550	2,313,465
1930	24,072	40,786	81,870	159,455	471,435	2,125,961
1931	23,403	38,417	75,348	142,366	409,421	1,806,647
1932	22,670	37,243	71,493	129,984	360,763	1,530,251
1933	22,665	37,272	70,535	125,470	342,324	1,479,883
1934	21,680	35,361	66,949	119,074	325,739	1,387,725
1935	21,050	34,501	65,309	114,916	309,212	1,355,398
1936	21,827	36,732	69,221	122,061	331,938	1,519,342
1937	26,568	41,224	79,342	142,306	396,896	1,911,543
1938	29,555	45,020	87,826	157,687	425,686	2,032,385
1939	27,239	42,947	82,017	154,247	447,457	2,134,454
1940	25,205	40,611	77,364	139,852	404,117	1,847,485
1941	32,115	51,373	100,779	179,319	468,669	1,841,842
1942	38,589	63,619	124,570	219,628	546,190	2,019,552
1943	45,376	74,292	141,950	243,734	572,496	1,979,217
1944	53,789	85,951	152,451	249,201	553,835	1,779,975
1945	105,781	157,336	261,314	401,990	842,485	2,656,541
1946	171,017	266,503	467,232	758,476	1,711,388	5,840,497
1947	216,492	368,465	620,752	991,074	2,256,590	7,266,856
1948	390,143	569,681	988,203	1,598,215	3,595,541	11,262,828
1949	475,787	718,971	1,249,766	2,063,040	4,819,417	15,774,046
1950	544,228	830,634	1,450,038	2,380,631	5,545,000	18,518,159
1951	711,426	1,067,608	1,844,176	2,972,763	6,820,997	22,088,602
1952	829,416	1,261,848	2,214,535	3,579,454	7,994,016	24,731,369
1953	849,248	1,288,238	2,253,721	3,592,163	8,008,699	25,435,757
1954	919,187	1,402,108	2,462,403	3,917,751	8,425,028	26,647,203
1955	1,013,304	1,555,090	2,720,633	4,299,097	9,162,356	29,178,874
1956	1,110,281	1,694,850	3,041,383	4,727,475	9,923,333	31,853,161
1957	1,247,166	1,922,013	3,391,761	5,269,529	10,984,233	35,234,768
1958	1,410,840	2,147,107	3,731,201	5,746,562	12,106,901	37,276,895
1959	1,557,216	2,433,392	4,226,497	6,466,048	13,049,789	40,024,324
1960	17,107	26,834	47,157	73,610	148,721	454,362
1961	18,870	29,838	52,505	81,025	162,428	505,066
1962	20,901	32,780	57,263	87,314	173,984	520,028
1963	23,336	36,538	63,036	94,993	186,708	549,546
1964	25,538	40,125	69,399	104,901	204,649	592,881
1965	27,602	43,401	74,716	112,149	218,333	636,715
1966	29,227	45,664	78,089	117,539	228,897	685,989
1967	31,350	48,978	84,092	126,912	248,808	769,881
1968	33,780	51,548	86,886	129,772	255,364	803,397

表 B-9（続き）

1969	36,825	55,887	94,183	140,990	275,285	883,153
1970	40,514	61,668	103,990	155,577	298,716	961,021
1971	44,616	67,583	115,228	173,447	339,724	1,047,778
1972	48,452	73,636	126,584	192,300	379,374	1,214,456
1973	55,304	84,150	145,800	222,879	444,554	1,527,634
1974	63,801	96,469	164,881	249,411	490,543	1,514,787
1975	74,013	110,747	190,296	283,940	558,176	1,746,227
1976	84,404	126,031	217,636	322,800	641,916	2,012,810
1977	93,129	137,010	227,597	336,639	672,642	2,162,153
1978	104,092	153,557	258,424	383,015	763,269	2,401,990
1979	115,442	171,157	290,577	432,672	876,197	2,821,190
1980	130,569	192,265	323,182	478,887	964,250	3,082,552
1981	149,628	218,379	364,772	534,647	1,080,734	3,487,645
1982	166,950	242,989	388,481	571,740	1,123,895	3,466,722
1983	188,485	270,772	430,079	621,142	1,181,552	3,456,515
1984	201,128	287,874	461,774	658,145	1,263,546	3,764,440
1985	213,289	306,755	488,633	710,145	1,365,693	4,091,357
1986	222,215	321,853	518,520	761,855	1,493,285	4,632,749
1987	226,682	330,464	537,210	806,812	1,642,925	5,456,496
1988	236,877	343,463	559,686	850,618	1,751,024	6,076,161
1989	244,905	361,154	595,534	912,943	1,926,564	6,863,135
1990	256,816	379,051	621,735	952,219	2,006,188	7,163,956
1991	265,300	388,763	629,111	951,331	1,960,447	6,770,463
1992	271,423	393,536	629,387	942,307	1,908,458	6,429,184
1993	274,360	395,842	626,032	935,205	1,886,770	6,346,624
1994	277,504	399,094	629,900	945,733	1,924,797	6,607,066
1995	281,713	405,970	641,515	958,962	1,936,902	6,595,355
1996	285,350	411,150	643,921	960,429	1,932,398	6,569,808
1997	289,912	417,443	656,136	984,745	2,002,857	6,972,718
1998	297,419	428,133	675,500	1,009,926	2,040,411	7,057,592

解説：1998年について見ると、分位P90-95の平均課税対象所得は29万7419フランで、分位P95-99の平均課税対象所得は42万8133フラン（この表に記載された所得はすべて名目フランで表記されている〔1915-1959年は旧フラン、1960-1998年は新フラン〕）。

表 B-10：課税対象所得の分布の推計結果（閾値 P90、…、P99.99）（1915-1998 年の所得）

	P90	P95	P99	P99.5	P99.9	P99.99
1900-1910	2,490	3,762	10,513	16,599	44,263	165,988
1915			10,866	19,214	56,355	224,670
1916			13,250	21,747	69,295	306,094
1917			15,698	27,299	83,544	383,791
1918			17,618	30,254	91,235	402,180
1919	5,559	8,730	26,830	48,877	143,618	540,121
1920	7,349	11,584	34,111	56,537	174,301	686,324
1921	7,993	12,414	34,502	57,810	170,978	746,723
1922	8,552	13,332	37,786	61,992	195,022	735,233
1923	9,797	15,313	43,135	70,636	227,636	836,578
1924	11,167	17,708	51,176	88,247	252,869	897,817
1925	13,093	20,079	55,473	95,335	268,769	970,479
1926	14,836	22,704	61,586	106,735	297,888	1,104,012
1927	16,178	24,356	61,344	102,436	284,250	1,058,966
1928	17,453	26,170	64,559	107,602	301,019	1,130,126
1929	19,225	28,387	67,890	110,459	307,793	1,132,839

表 B-10（続き）

1930	20,379	29,723	68,179	109,465	293,446	1,079,176
1931	19,488	28,266	63,538	102,078	267,621	924,112
1932	18,851	27,546	60,645	90,977	240,922	816,120
1933	18,812	27,691	60,102	89,127	227,863	762,744
1934	18,119	26,416	56,943	84,511	217,849	738,156
1935	17,630	25,517	55,428	81,970	205,240	673,075
1936	18,641	26,589	58,098	86,148	213,765	727,521
1937	21,866	30,048	66,593	99,778	257,302	867,840
1938	24,214	33,782	73,085	110,065	282,862	981,369
1939	22,364	31,775	69,129	106,295	283,365	1,036,866
1940	20,792	29,718	65,334	99,145	263,140	1,027,428
1941	26,110	37,504	84,882	127,758	315,027	1,035,909
1942	31,997	45,964	106,024	162,759	391,291	1,207,301
1943	39,225	54,511	121,446	183,460	420,902	1,154,782
1944	45,763	63,742	133,777	192,617	419,007	1,134,880
1945	92,002	123,028	230,379	313,164	601,923	1,523,920
1946	148,762	201,987	409,285	561,559	1,168,906	3,230,422
1947	212,257	286,358	541,175	746,092	1,585,185	4,372,040
1948	336,221	433,145	856,498	1,184,993	2,477,148	6,576,182
1949	404,175	550,250	1,096,629	1,511,136	3,282,057	9,078,707
1950	475,491	643,215	1,251,750	1,757,656	3,716,490	10,479,119
1951	624,131	835,564	1,598,315	2,223,098	4,724,058	12,714,174
1952	722,378	964,318	1,931,369	2,694,993	5,618,474	14,832,211
1953	737,811	976,379	1,955,583	2,706,388	5,589,471	14,939,969
1954	797,549	1,055,199	2,122,023	2,949,643	5,881,899	15,379,410
1955	874,383	1,173,272	2,343,712	3,238,985	6,411,834	16,718,899
1956	947,889	1,286,716	2,651,393	3,560,650	6,994,189	18,023,883
1957	1,085,591	1,459,152	2,957,752	3,965,540	7,756,875	20,383,186
1958	1,224,140	1,622,290	3,258,544	4,358,730	8,393,716	21,741,404
1959	1,335,666	1,826,229	3,690,286	4,866,424	9,208,299	23,401,162
1960	14,688	19,990	41,199	56,054	105,083	263,374
1961	16,004	22,114	45,295	61,675	114,867	290,301
1962	18,128	24,550	49,156	66,593	124,019	307,580
1963	20,164	27,364	54,425	72,624	133,643	326,044
1964	21,946	29,831	60,210	80,504	146,624	353,180
1965	23,496	32,107	64,934	86,051	156,610	377,395
1966	25,400	33,875	67,789	89,525	161,974	399,170
1967	27,083	36,879	72,614	95,974	175,415	443,858
1968	29,041	39,102	75,545	98,670	179,339	459,171
1969	32,034	42,304	82,246	107,472	193,404	487,802
1970	35,324	46,487	90,522	118,420	215,889	524,565
1971	38,384	50,883	99,587	130,975	242,430	593,842
1972	42,055	55,401	110,266	143,584	270,385	676,306
1973	47,831	62,836	125,985	167,359	303,529	824,438
1974	55,687	72,827	142,588	190,241	345,600	869,614
1975	64,597	83,532	162,892	216,798	392,087	996,771
1976	73,877	95,573	190,280	245,829	450,968	1,149,226
1977	81,206	105,373	198,943	257,149	469,564	1,219,368
1978	91,374	117,910	225,945	291,897	536,506	1,372,832
1979	101,406	129,898	252,397	327,504	612,323	1,594,388
1980	114,979	147,884	280,315	363,261	675,771	1,751,723
1981	131,343	170,112	317,180	404,967	755,944	1,974,499
1982	147,200	187,045	340,476	437,592	797,051	2,015,491
1983	167,107	211,499	379,128	481,239	851,570	2,071,651
1984	178,110	226,207	406,038	508,165	906,556	2,237,194
1985	188,012	240,459	429,914	547,970	979,028	2,427,683
1986	196,005	248,460	454,599	583,627	1,060,342	2,700,253
1987	199,558	254,296	467,901	609,442	1,145,000	3,067,262

表B-10（続き）

1988	203,905	267,403	486,168	633,247	1,201,866	3,329,729
1989	215,179	277,297	515,440	680,466	1,319,051	3,724,613
1990	224,896	291,927	538,271	710,172	1,374,680	3,894,194
1991	231,648	301,217	546,792	715,413	1,358,226	3,761,884
1992	236,100	304,246	548,712	713,234	1,333,639	3,633,055
1993	238,138	307,447	546,159	708,880	1,321,008	3,599,777
1994	240,358	310,482	548,684	714,520	1,341,796	3,715,931
1995	248,354	316,359	559,554	726,579	1,355,344	3,736,760
1996	251,676	321,280	562,036	728,738	1,354,776	3,736,109
1997	255,540	326,585	571,604	744,180	1,396,675	3,924,122
1998	262,095	335,578	589,168	765,113	1,427,576	3,997,574

解説：1998年について見ると、分位P90-100に属するために超えなければならない課税対象所得の閾値は26万2095フランで、分位P95-100に属するために超えなければならない課税対象所得の閾値は33万5578フランとなる（この表に記載された所得はすべて名目フランで表記されている〔1915-1959年は旧フラン、1960-1998年は新フラン〕）。

次に、表B-8、B-9、B-10のデータを付録Fに示された換算率を使って1998年フランに換算し（表F-1の列(7)を参照）、それにより、表B-11、B-12、B-13に転載されるデータを得ることができた。たとえば、1930年について見ると、P99.99-100の1998年フランによる平均所得（614万1642）は、P99.99-100の名目フランによる平均課税対象所得（212万5961）に換算率2.899を適用して得られたものである。[32]

表B-11：課税対象所得の分布の推計結果（1998年フランによる）
（P90-100、…、P99.99-100の各所得水準）（1915-1998年の所得）

	P90-100	P95-100	P99-100	P99.5-100	P99.9-100	P99.99-100
1900-1910	129,815	196,165	548,107	865,432	2,307,820	8,654,324
1915			471,402	746,053	2,034,021	7,801,116
1916			531,103	849,512	2,415,001	9,744,093
1917			551,591	881,553	2,440,934	9,449,619
1918			469,058	745,920	2,004,385	7,491,680
1919	113,684	182,086	524,809	826,345	2,221,531	7,557,387
1920	104,560	165,892	474,005	745,572	2,014,436	7,542,353
1921	121,842	190,540	531,700	828,164	2,220,503	8,137,839
1922	136,418	213,492	586,861	908,705	2,383,245	8,258,939
1923	142,245	223,170	617,724	959,410	2,485,561	8,537,156
1924	138,808	212,629	591,711	916,347	2,323,458	7,869,569
1925	145,471	222,003	599,414	924,087	2,333,466	7,842,362
1926	124,928	192,119	529,352	815,841	2,073,775	7,146,573
1927	122,708	185,523	498,640	767,376	1,961,762	6,713,065
1928	130,832	197,019	528,484	810,498	2,072,206	7,125,235
1929	129,444	192,367	502,788	771,124	1,946,204	6,736,784
1930	130,551	191,562	486,504	736,496	1,839,890	6,141,642
1931	126,323	182,293	449,519	672,533	1,650,790	5,430,991
1932	131,277	187,748	447,161	658,408	1,576,353	5,049,522
1933	134,132	191,000	446,780	653,115	1,554,724	5,044,749
1934	133,132	189,120	442,293	646,359	1,536,978	4,937,988

32　6141642＝2.889×2125961（丸め誤差排除）

表 B-11（続き）

1935	140,959	200,234	465,664	677,902	1,605,832	5,259,497
1936	139,074	199,213	464,719	679,107	1,629,839	5,494,563
1937	129,123	181,871	435,319	642,551	1,576,387	5,495,167
1938	124,879	174,966	419,122	615,993	1,483,814	5,143,094
1939	112,121	159,578	390,085	585,470	1,462,691	5,066,967
1940	87,658	124,865	299,175	443,498	1,097,784	3,697,922
1941	93,644	132,487	311,784	451,600	1,034,050	3,142,903
1942	94,755	134,682	311,851	446,713	985,368	2,869,397
1943	87,380	122,852	274,307	386,227	815,842	2,264,162
1944	80,097	109,880	227,813	313,025	632,736	1,664,951
1945	97,962	129,159	248,577	332,224	646,239	1,676,702
1946	110,454	150,175	309,970	426,691	878,619	2,415,654
1947	97,972	136,009	272,017	372,183	763,428	2,011,782
1948	101,289	134,434	274,156	375,708	761,934	1,967,218
1949	112,582	151,751	315,012	437,188	912,651	2,433,894
1950	117,900	159,460	331,249	459,100	959,774	2,597,549
1951	129,940	174,075	355,316	488,204	1,006,830	2,664,124
1952	136,889	184,381	377,873	517,054	1,042,033	2,665,657
1953	141,864	190,609	388,031	528,946	1,069,227	2,788,992
1954	153,195	206,005	417,519	566,115	1,119,118	2,910,184
1955	167,587	225,496	454,203	613,932	1,208,364	3,158,248
1956	176,110	236,891	480,245	644,568	1,258,579	3,308,739
1957	192,304	258,833	518,831	695,606	1,352,317	3,553,401
1958	186,359	249,101	492,997	659,071	1,281,329	3,266,158
1959	196,494	264,392	518,148	687,266	1,300,429	3,305,263
1960	210,094	283,957	565,018	754,498	1,427,736	3,618,310
1961	225,130	304,793	603,864	802,963	1,516,312	3,893,599
1962	235,646	317,397	621,555	821,484	1,535,840	3,828,981
1963	249,166	334,379	645,067	847,256	1,566,691	3,860,997
1964	264,453	355,377	686,319	901,087	1,654,335	4,028,488
1965	278,319	373,661	717,492	939,692	1,724,686	4,220,810
1966	285,504	382,352	732,749	961,454	1,772,518	4,427,896
1967	299,186	401,145	773,202	1,017,365	1,893,115	4,843,467
1968	301,606	400,040	760,048	997,517	1,865,506	4,832,051
1969	307,655	407,341	774,232	1,016,574	1,897,945	4,987,553
1970	322,079	426,664	809,110	1,059,974	1,959,136	5,159,037
1971	336,579	446,132	855,088	1,123,847	2,088,946	5,331,540
1972	346,560	460,971	893,591	1,180,672	2,217,836	5,818,896
1973	370,832	494,708	970,498	1,289,942	2,468,742	6,821,475
1974	371,676	492,785	948,460	1,249,374	2,328,785	5,949,085
1975	382,714	505,434	971,023	1,273,568	2,378,117	6,134,193
1976	398,071	525,617	1,012,304	1,327,057	2,496,818	6,451,326
1977	393,843	514,844	968,611	1,270,422	2,407,054	6,334,544
1978	405,443	531,359	1,007,369	1,320,773	2,489,717	6,450,233
1979	408,928	538,070	1,031,073	1,357,898	2,594,960	6,837,491
1980	403,792	529,020	1,004,338	1,319,178	2,509,129	6,576,525
1981	404,502	527,499	994,090	1,301,910	2,486,083	6,561,533
1982	398,059	515,175	940,269	1,226,804	2,285,535	5,833,783
1983	403,796	518,193	927,996	1,195,649	2,163,448	5,307,122
1984	400,667	513,802	922,823	1,185,491	2,163,902	5,381,666
1985	403,434	518,664	935,325	1,210,392	2,213,672	5,528,382
1986	413,555	534,740	979,843	1,277,463	2,377,793	6,095,356
1987	414,624	539,968	1,012,954	1,340,347	2,583,287	6,963,306
1988	422,071	549,799	1,041,850	1,388,234	2,713,263	7,550,235
1989	428,272	563,084	1,084,388	1,455,170	2,900,063	8,223,846
1990	433,905	570,196	1,093,910	1,467,315	2,922,610	8,302,040
1991	429,047	560,181	1,054,691	1,402,936	2,741,572	7,602,748
1992	423,174	548,703	1,017,292	1,344,391	2,588,582	7,050,308
1993	416,663	538,359	989,501	1,305,950	2,507,964	6,823,305

表 B-11（続き）

1994	414,021	534,683	985,828	1,305,766	2,529,753	6,984,571
1995	413,402	533,973	981,897	1,296,961	2,497,574	6,855,646
1996	409,375	527,956	963,795	1,271,379	2,441,867	6,695,187
1997	411,992	532,043	978,754	1,296,779	2,517,342	7,021,527
1998	419,556	541,693	995,933	1,316,367	2,542,129	7,057,592

解説：1998年について見ると、分位P90-100の平均課税対象所得は41万9556フランで、分位P95-100の平均課税対象所得は54万1693フラン（この表に記載された所得はすべて1998年フランで表記されている）。

表 B-12：課税対象所得の分布の推計結果（1998 年フランによる）（P90-95、…、P99.99-100 の各所得水準）（1915-1998 年の所得）

	P90-95	P95-99	P99-99.5	P99.5-99.9	P99.9-99.99	P99.99-100
1900-1910	63,465	108,179	230,782	504,836	1,602,653	8,654,324
1915			196,751	424,061	1,393,233	7,801,116
1916			212,693	458,140	1,600,657	9,744,093
1917			221,628	491,708	1,662,191	9,449,619
1918			192,197	431,303	1,394,686	7,491,680
1919	45,282	96,406	223,272	477,549	1,628,658	7,557,387
1920	43,228	88,864	202,439	428,356	1,400,223	7,542,353
1921	53,144	105,250	235,236	480,079	1,563,022	8,137,839
1922	59,344	120,150	265,017	540,070	1,730,390	8,258,939
1923	61,321	124,531	276,038	577,872	1,813,162	8,537,156
1924	64,988	117,858	267,075	564,569	1,707,223	7,869,569
1925	68,939	127,650	274,742	571,742	1,721,367	7,842,362
1926	57,738	107,810	242,864	501,357	1,510,131	7,146,573
1927	59,893	107,244	229,904	468,780	1,433,840	6,713,065
1928	64,646	114,153	246,470	495,071	1,510,759	7,125,235
1929	66,521	114,762	234,451	477,355	1,413,917	6,736,784
1930	69,541	117,826	236,512	460,647	1,361,917	6,141,642
1931	70,353	115,487	226,506	427,969	1,230,768	5,430,991
1932	74,807	122,894	235,913	428,922	1,190,446	5,049,522
1933	77,263	127,055	240,446	427,713	1,166,943	5,044,749
1934	77,145	125,827	238,227	423,704	1,159,088	4,937,988
1935	81,684	133,877	253,427	445,919	1,199,869	5,259,497
1936	78,934	132,837	250,330	441,424	1,200,425	5,494,563
1937	76,375	118,509	228,086	409,092	1,140,967	5,495,167
1938	74,791	113,927	222,250	399,038	1,077,228	5,143,094
1939	64,663	101,951	194,699	366,165	1,062,216	5,066,967
1940	50,450	81,287	154,851	279,927	808,879	3,697,922
1941	54,801	87,662	171,968	305,988	799,733	3,142,903
1942	54,827	90,390	176,989	312,049	776,031	2,869,397
1943	51,909	84,988	162,386	278,823	654,918	2,264,162
1944	50,313	80,397	142,600	233,098	518,045	1,664,951
1945	66,765	99,304	164,931	253,720	531,743	1,676,702
1946	70,734	110,227	193,249	313,709	707,837	2,415,654
1947	59,934	102,007	171,851	274,372	624,722	2,011,782
1948	68,144	99,503	172,604	279,152	628,014	1,967,218
1949	73,413	110,935	192,836	318,322	743,623	2,433,894
1950	76,339	116,513	203,397	333,932	777,799	2,597,549
1951	85,806	128,765	222,428	358,547	822,686	2,664,124
1952	89,398	136,008	238,692	385,809	861,631	2,665,657
1953	93,119	141,253	247,117	393,875	878,142	2,788,992
1954	100,386	153,126	268,923	427,864	920,111	2,910,184
1955	109,677	168,319	294,474	465,324	991,710	3,158,248

表 B-12（続き）

1956	115,330	176,052	315,923	491,065	1,030,784	3,308,739
1957	125,776	193,834	342,057	531,428	1,107,752	3,553,401
1958	123,616	188,127	326,923	503,507	1,060,792	3,266,158
1959	128,597	200,953	349,030	533,975	1,077,669	3,305,263
1960	136,231	213,692	375,537	586,189	1,184,339	3,618,310
1961	145,468	230,025	404,764	624,625	1,252,169	3,893,599
1962	153,895	241,357	421,626	642,895	1,281,047	3,828,981
1963	163,954	256,706	442,879	667,397	1,311,768	3,860,997
1964	173,528	272,642	471,551	712,774	1,390,541	4,028,488
1965	182,977	287,704	495,293	743,443	1,447,338	4,220,810
1966	188,655	294,753	504,044	758,688	1,477,476	4,427,896
1967	197,228	308,131	529,039	798,428	1,565,299	4,843,467
1968	203,172	310,039	522,579	780,520	1,535,890	4,832,051
1969	207,970	315,618	531,890	796,232	1,554,655	4,987,553
1970	217,493	331,053	558,246	835,184	1,603,591	5,159,037
1971	227,025	343,893	586,329	882,573	1,728,658	5,331,540
1972	232,149	352,816	606,509	921,381	1,817,719	5,818,896
1973	246,956	375,761	651,054	995,242	1,985,105	6,821,475
1974	250,567	378,866	647,546	979,521	1,926,530	5,949,085
1975	259,993	389,037	668,478	997,431	1,960,776	6,134,193
1976	270,525	403,945	697,551	1,034,617	2,057,429	6,451,326
1977	272,843	401,403	666,799	986,264	1,970,666	6,334,544
1978	279,527	412,356	693,964	1,028,537	2,049,660	6,450,233
1979	279,787	414,819	704,248	1,048,632	2,123,568	6,837,491
1980	278,564	410,190	689,499	1,021,690	2,057,196	6,576,525
1981	281,504	410,851	686,270	1,005,866	2,033,255	6,561,533
1982	280,943	408,901	653,734	962,122	1,891,285	5,833,783
1983	289,400	415,742	660,343	953,700	1,814,151	5,307,122
1984	287,533	411,546	660,155	940,889	1,806,373	5,381,666
1985	288,204	414,498	660,258	959,572	1,845,371	5,528,382
1986	292,371	423,465	682,222	1,002,381	1,964,730	6,095,356
1987	289,280	421,722	685,560	1,029,612	2,096,618	6,963,306
1988	294,343	426,786	695,465	1,056,977	2,175,821	7,550,235
1989	293,460	432,758	713,607	1,093,946	2,308,531	8,223,846
1990	297,614	439,268	720,505	1,103,491	2,324,896	8,302,040
1991	297,913	436,554	706,447	1,068,277	2,201,442	7,602,748
1992	297,645	431,556	690,192	1,033,344	2,092,834	7,050,308
1993	294,967	425,573	673,052	1,005,447	2,028,481	6,823,305
1994	293,360	421,897	665,891	999,769	2,034,774	6,984,571
1995	292,831	421,992	666,833	996,808	2,013,343	6,855,646
1996	290,795	418,996	656,210	978,757	1,969,276	6,695,187
1997	291,941	420,365	660,729	991,638	2,016,877	7,021,527
1998	297,419	428,133	675,500	1,009,926	2,040,411	7,057,592

解説：1998年について見ると、分位P90–95の平均課税対象所得は29万7419フランで、分位P95–99の平均課税対象所得は42万8133フラン（この表に記載された所得はすべて1998年フランで表記されている）。

表 B-13：課税対象所得の分布の推計結果（1998 年フランによる）
（閾値 P90、…、P99.99）（1915-1998 年の所得）

	P90	P95	P99	P99.5	P99.9	P99.99
1900-1910	49,929	75,448	210,810	332,859	887,623	3,328,586
1915			155,477	274,926	806,386	3,214,800

表B-13（続き）

1916			169,283	277,835	885,303	3,910,608
1917			167,407	291,126	890,938	4,092,868
1918			144,857	248,758	750,159	3,306,848
1919	36,567	57,422	176,482	321,503	944,699	3,552,831
1920	35,180	55,456	163,303	270,666	834,441	3,285,682
1921	43,683	67,841	188,555	315,933	934,401	4,080,863
1922	48,636	75,816	214,882	352,536	1,109,054	4,181,131
1923	50,190	78,454	220,990	361,886	1,166,239	4,286,003
1924	50,230	79,649	230,191	396,936	1,137,412	4,038,407
1925	54,884	84,171	232,542	399,646	1,126,684	4,068,259
1926	47,803	73,157	198,440	343,914	959,839	3,557,289
1927	49,932	75,170	189,330	316,152	877,293	3,268,337
1928	53,974	80,932	199,650	332,763	930,910	3,494,950
1929	55,984	82,663	197,696	321,656	896,291	3,298,817
1930	58,873	85,867	196,960	316,231	847,731	3,117,607
1931	58,584	84,970	191,003	306,857	804,500	2,777,988
1932	62,206	90,896	200,116	300,207	794,993	2,693,031
1933	64,129	94,396	204,879	303,822	776,759	2,600,106
1934	64,474	93,998	202,624	300,717	775,181	2,626,606
1935	68,413	99,015	215,084	318,075	796,416	2,611,805
1936	67,415	96,158	210,105	311,548	773,062	2,631,012
1937	62,859	86,379	191,437	286,835	739,674	2,494,806
1938	61,274	85,488	184,946	278,527	715,803	2,483,424
1939	53,090	75,429	164,106	252,333	672,679	2,461,410
1940	41,617	59,484	130,772	198,448	526,701	2,056,498
1941	44,555	63,997	144,842	218,006	537,559	1,767,666
1942	45,462	65,306	150,639	231,249	555,950	1,715,343
1943	44,873	62,359	138,931	209,872	481,499	1,321,035
1944	42,805	59,623	125,132	180,170	391,931	1,061,543
1945	58,068	77,651	145,406	197,657	379,910	961,837
1946	61,528	83,543	169,282	232,263	483,464	1,336,116
1947	58,762	79,276	149,821	206,551	438,848	1,210,371
1948	58,726	75,655	149,600	206,976	432,670	1,148,627
1949	62,363	84,902	169,207	233,164	506,413	1,400,821
1950	66,697	90,224	175,583	246,547	521,313	1,469,910
1951	75,277	100,778	192,774	268,130	569,772	1,533,467
1952	77,861	103,938	208,172	290,478	605,584	1,598,682
1953	80,900	107,058	214,427	296,751	612,877	1,638,145
1954	87,102	115,240	231,750	322,135	642,372	1,679,610
1955	94,641	126,992	253,678	350,580	694,001	1,809,612
1956	98,462	133,657	275,413	369,862	726,520	1,872,226
1957	109,481	147,154	298,287	399,922	782,275	2,055,630
1958	107,258	142,143	285,510	381,907	735,448	1,904,956
1959	110,301	150,813	304,749	401,876	760,434	1,932,500
1960	116,967	159,191	328,089	446,387	836,825	2,097,374
1961	123,373	170,476	349,183	475,454	885,522	2,237,955
1962	133,478	180,763	361,938	490,323	913,157	2,264,722
1963	141,670	192,253	382,380	510,241	938,948	2,290,716
1964	149,121	202,696	409,113	547,005	996,275	2,399,778
1965	155,757	212,839	430,452	570,439	1,038,172	2,501,767
1966	163,954	218,655	437,563	577,864	1,045,504	2,576,545
1967	170,385	232,010	456,826	603,788	1,103,568	2,792,395
1968	174,669	235,179	454,366	593,450	1,078,636	2,761,693
1969	180,912	238,908	464,477	606,943	1,092,240	2,754,834
1970	189,630	249,557	485,948	635,713	1,158,954	2,816,013
1971	195,315	258,913	506,741	666,458	1,233,586	3,021,719
1972	201,499	265,445	528,326	687,961	1,295,513	3,240,428
1973	213,584	280,587	562,572	747,323	1,355,374	3,681,435
1974	218,702	286,015	559,993	747,143	1,357,291	3,415,271

表 B-13（続き）

1975	226,918	293,434	572,210	761,575	1,377,335	3,501,485
1976	236,787	306,325	609,872	787,916	1,445,414	3,683,423
1977	237,911	308,716	582,851	753,379	1,375,699	3,572,430
1978	245,373	316,631	606,745	783,851	1,440,717	3,686,562
1979	245,770	314,823	611,714	793,744	1,484,038	3,864,189
1980	245,304	315,505	598,043	775,005	1,441,736	3,737,244
1981	247,104	320,044	596,731	761,891	1,422,207	3,714,752
1982	247,708	314,758	572,951	736,378	1,341,274	3,391,659
1983	256,575	324,734	582,111	738,893	1,307,498	3,180,807
1984	254,627	323,387	580,474	726,476	1,296,018	3,198,306
1985	254,048	324,917	580,915	740,436	1,322,896	3,280,369
1986	257,886	326,901	598,120	767,884	1,395,104	3,552,751
1987	254,666	324,520	597,112	777,739	1,461,192	3,914,286
1988	253,372	332,275	604,112	786,872	1,493,439	4,137,520
1989	257,842	332,275	617,633	815,377	1,580,571	4,463,069
1990	260,623	338,304	623,782	822,991	1,593,065	4,512,835
1991	260,124	338,245	614,008	803,357	1,525,190	4,224,328
1992	258,909	333,639	601,723	782,140	1,462,482	3,984,044
1993	256,025	330,538	587,180	762,123	1,420,226	3,870,149
1994	254,091	328,222	580,034	755,345	1,418,461	3,928,247
1995	258,155	328,844	581,637	755,254	1,408,833	3,884,234
1996	256,479	327,412	572,762	742,645	1,380,631	3,807,409
1997	257,329	328,871	575,606	749,389	1,406,451	3,951,591
1998	262,095	335,578	589,168	765,113	1,427,576	3,997,574

解説：1998年について見ると、分位P90-100に属するために超えなければならない課税対象所得の閾値は26万2095フランで、分位P95-100に属するために超えなければならない課税対象所得の閾値は33万5578フランとなる（この表に記載された所得はすべて1998年フランで表記されている）。

最後に、表B-11とB-12に示した推計結果と付録G（表G-2の列(7)）で推計した平均所得のデータを利用して、所得全体における各分位の割合を計算した（表B-14およびB-15）。たとえば1930年については、所得全体における分位P99.99-100の割合（1.93%）は、P99.99-100の平均所得（614万1642）をその年の全世帯の平均所得（3万1778）[33]で除して求めた。1900-1910年の各分位の割合は、付録I（第2.1節）のデータを用い、表B-8からB-13に記載した1900-1910年の所得は、当時の平均所得とそれらの割合から計算した。[34]

表 B-14：課税対象所得の分布の推計結果（課税対象所得全体に対する %）
（P90-100、…、P99.99-100 の各所得水準）（1915-1998 年の所得）

	P90-100	P95-100	P99-100	P99.5-100	P99.9-100	P99.99-100
1900-1910	45.00	34.00	19.00	15.00	8.00	3.00
1915			18.31	14.49	7.90	3.03
1916			20.65	16.52	9.39	3.79

33　1.93＝(6141642／31778)／100（丸め誤差排除）

34　私たちは付録Gで推計した1900-1910年の平均所得を利用した（表G-2の列(7)を参照）。閾値は、パレート係数を2.6と仮定して計算した。

表B-14（続き）

1917			20.09	16.05	8.89	3.44
1918			17.95	14.28	7.67	2.87
1919	42.25	33.84	19.50	15.36	8.26	2.81
1920	39.59	31.41	17.95	14.12	7.63	2.86
1921	39.70	31.04	17.32	13.49	7.23	2.65
1922	41.54	32.50	17.87	13.84	7.26	2.51
1923	43.54	34.15	18.91	14.68	7.61	2.61
1924	42.14	32.27	17.96	13.91	7.05	2.39
1925	44.07	33.63	18.16	14.00	7.07	2.38
1926	42.06	32.34	17.82	13.73	6.98	2.41
1927	42.95	32.47	17.45	13.43	6.87	2.35
1928	42.75	32.19	17.27	13.24	6.77	2.33
1929	41.59	30.90	16.15	12.39	6.25	2.16
1930	41.08	30.14	15.31	11.59	5.79	1.93
1931	41.12	29.67	14.63	10.95	5.37	1.77
1932	43.44	31.06	14.80	10.89	5.22	1.67
1933	44.87	31.95	14.95	10.92	5.20	1.69
1934	46.01	32.68	15.28	11.17	5.31	1.71
1935	46.61	33.10	15.40	11.21	5.31	1.74
1936	44.10	31.58	14.74	10.77	5.17	1.74
1937	42.90	30.21	14.46	10.67	5.24	1.83
1938	42.52	29.79	14.27	10.49	5.05	1.75
1939	38.24	27.21	13.30	9.98	4.99	1.73
1940	39.11	27.85	13.35	9.89	4.90	1.65
1941	38.70	27.37	12.88	9.33	4.27	1.30
1942	35.04	24.90	11.53	8.26	3.64	1.06
1943	32.26	22.68	10.13	7.13	3.01	0.84
1944	29.42	20.18	8.37	5.75	2.32	0.61
1945	29.70	19.58	7.54	5.04	1.96	0.51
1946	32.87	22.34	9.22	6.35	2.61	0.72
1947	33.20	23.05	9.22	6.31	2.59	0.68
1948	32.35	21.46	8.75	6.00	2.43	0.63
1949	32.20	21.70	9.01	6.25	2.61	0.70
1950	31.97	21.62	8.98	6.23	2.60	0.70
1951	32.93	22.06	9.00	6.19	2.55	0.68
1952	33.19	22.35	9.16	6.27	2.53	0.65
1953	32.89	22.10	9.00	6.13	2.48	0.65
1954	33.53	22.55	9.14	6.20	2.45	0.64
1955	34.42	23.16	9.33	6.30	2.48	0.65
1956	34.36	23.11	9.37	6.29	2.46	0.65
1957	34.74	23.38	9.37	6.28	2.44	0.64
1958	34.05	22.76	9.01	6.02	2.34	0.60
1959	35.88	24.14	9.46	6.27	2.37	0.60
1960	36.11	24.40	9.71	6.48	2.45	0.62
1961	36.82	24.92	9.88	6.57	2.48	0.64
1962	35.88	24.16	9.46	6.25	2.34	0.58
1963	36.41	24.43	9.43	6.19	2.29	0.56
1964	36.84	24.75	9.56	6.28	2.30	0.56
1965	37.15	24.94	9.58	6.27	2.30	0.56
1966	36.46	24.41	9.36	6.14	2.26	0.57
1967	36.21	24.27	9.36	6.16	2.29	0.59
1968	34.80	23.08	8.77	5.76	2.15	0.56
1969	33.96	22.48	8.55	5.61	2.09	0.55
1970	33.14	21.95	8.33	5.45	2.02	0.53
1971	33.35	22.10	8.47	5.57	2.07	0.53
1972	33.03	21.97	8.52	5.63	2.11	0.55
1973	33.90	22.61	8.87	5.90	2.26	0.62
1974	33.33	22.09	8.50	5.60	2.09	0.53
1975	33.41	22.06	8.48	5.56	2.08	0.54

表 B-14（続き）

1976	33.19	21.91	8.44	5.53	2.08	0.54
1977	31.68	20.71	7.79	5.11	1.94	0.51
1978	31.38	20.56	7.80	5.11	1.93	0.50
1979	31.03	20.42	7.82	5.15	1.97	0.52
1980	30.69	20.11	7.63	5.01	1.91	0.50
1981	30.73	20.04	7.55	4.95	1.89	0.50
1982	29.93	19.37	7.07	4.61	1.72	0.44
1983	30.43	19.53	6.99	4.51	1.63	0.40
1984	30.52	19.57	7.03	4.51	1.65	0.41
1985	31.05	19.96	7.20	4.66	1.70	0.43
1986	31.39	20.30	7.44	4.85	1.81	0.46
1987	31.73	20.66	7.75	5.13	1.98	0.53
1988	32.09	20.90	7.92	5.28	2.06	0.57
1989	32.42	21.31	8.21	5.51	2.20	0.62
1990	32.64	21.45	8.23	5.52	2.20	0.62
1991	32.44	21.18	7.97	5.30	2.07	0.57
1992	32.23	20.90	7.75	5.12	1.97	0.54
1993	32.22	20.81	7.65	5.05	1.94	0.53
1994	32.37	20.90	7.71	5.10	1.98	0.55
1995	32.41	20.93	7.70	5.08	1.96	0.54
1996	32.25	20.79	7.59	5.01	1.92	0.53
1997	32.42	20.93	7.70	5.10	1.98	0.55
1998	32.50	20.98	7.72	5.10	1.97	0.55

解説：1998年には、課税対象所得全体における分位P90−100の割合は32.50%で、分位P90−95の割合は20.98%。

表 B-15：課税対象所得の分布の推計結果（課税対象所得全体に対する %）（P90-95、…、P99.99-100 の各所得水準）（1915-1998 年の所得）

	P90-95	P95-99	P99-99.5	P99.5-99.9	P99.9-99.99	P99.99-100
1900-1910	11.00	15.00	4.00	7.00	5.00	3.00
1915			3.82	6.59	4.87	3.03
1916			4.14	7.13	5.60	3.79
1917			4.04	7.16	5.45	3.44
1918			3.68	6.60	4.80	2.87
1919	8.41	14.33	4.15	7.10	5.45	2.81
1920	8.18	13.46	3.83	6.49	4.77	2.86
1921	8.66	13.72	3.83	6.26	4.58	2.65
1922	9.04	14.63	4.03	6.58	4.74	2.51
1923	9.38	15.25	4.22	7.08	4.99	2.61
1924	9.86	14.31	4.05	6.86	4.66	2.39
1925	10.44	15.47	4.16	6.93	4.69	2.38
1926	9.72	14.52	4.09	6.75	4.58	2.41
1927	10.48	15.02	4.02	6.56	4.52	2.35
1928	10.56	14.92	4.03	6.47	4.44	2.33
1929	10.69	14.75	3.77	6.13	4.09	2.16
1930	10.94	14.83	3.72	5.80	3.86	1.93
1931	11.45	15.04	3.69	5.57	3.61	1.77
1932	12.38	16.26	3.90	5.68	3.54	1.67
1933	12.92	17.00	4.02	5.72	3.51	1.69
1934	13.33	17.39	4.12	5.86	3.60	1.71
1935	13.50	17.71	4.19	5.90	3.57	1.74
1936	12.51	16.85	3.97	5.60	3.43	1.74
1937	12.69	15.75	3.79	5.44	3.41	1.83
1938	12.73	15.52	3.78	5.44	3.30	1.75

表B-15（続き）

1939	11.03	13.91	3.32	4.99	3.26	1.73
1940	11.25	14.51	3.45	5.00	3.25	1.65
1941	11.32	14.49	3.55	5.06	2.97	1.30
1942	10.14	13.37	3.27	4.62	2.58	1.06
1943	9.58	12.55	3.00	4.12	2.18	0.84
1944	9.24	11.81	2.62	3.43	1.71	0.61
1945	10.12	12.04	2.50	3.08	1.45	0.51
1946	10.52	13.12	2.88	3.73	1.90	0.72
1947	10.16	13.83	2.91	3.72	1.91	0.68
1948	10.88	12.71	2.76	3.57	1.80	0.63
1949	10.50	12.69	2.76	3.64	1.91	0.70
1950	10.35	12.64	2.76	3.62	1.90	0.70
1951	10.87	13.05	2.82	3.63	1.88	0.68
1952	10.84	13.19	2.89	3.74	1.88	0.65
1953	10.80	13.10	2.86	3.65	1.83	0.65
1954	10.99	13.41	2.94	3.75	1.81	0.64
1955	11.26	13.83	3.02	3.82	1.83	0.65
1956	11.25	13.74	3.08	3.83	1.81	0.65
1957	11.36	14.01	3.09	3.84	1.80	0.64
1958	11.29	13.75	2.99	3.68	1.74	0.60
1959	11.74	14.68	3.19	3.90	1.77	0.60
1960	11.71	14.69	3.23	4.03	1.83	0.62
1961	11.90	15.05	3.31	4.09	1.84	0.64
1962	11.71	14.70	3.21	3.92	1.76	0.58
1963	11.98	15.00	3.24	3.90	1.73	0.56
1964	12.09	15.19	3.28	3.97	1.74	0.56
1965	12.21	15.36	3.31	3.97	1.74	0.56
1966	12.04	15.05	3.22	3.88	1.70	0.57
1967	11.93	14.92	3.20	3.86	1.70	0.59
1968	11.72	14.31	3.02	3.60	1.60	0.56
1969	11.48	13.94	2.94	3.52	1.54	0.55
1970	11.19	13.63	2.87	3.44	1.49	0.53
1971	11.25	13.63	2.90	3.50	1.54	0.53
1972	11.06	13.45	2.89	3.51	1.56	0.55
1973	11.29	13.74	2.98	3.64	1.63	0.62
1974	11.23	13.59	2.90	3.51	1.55	0.53
1975	11.35	13.59	2.92	3.48	1.54	0.54
1976	11.28	13.47	2.91	3.45	1.54	0.54
1977	10.97	12.92	2.68	3.17	1.43	0.51
1978	10.82	12.77	2.69	3.18	1.43	0.50
1979	10.62	12.59	2.67	3.18	1.45	0.52
1980	10.59	12.47	2.62	3.11	1.41	0.50
1981	10.69	12.49	2.61	3.06	1.39	0.50
1982	10.56	12.30	2.46	2.89	1.28	0.44
1983	10.91	12.53	2.49	2.88	1.23	0.40
1984	10.95	12.54	2.51	2.87	1.24	0.41
1985	11.09	12.76	2.54	2.95	1.28	0.43
1986	11.10	12.86	2.59	3.04	1.34	0.46
1987	11.07	12.91	2.62	3.15	1.44	0.53
1988	11.19	12.98	2.64	3.21	1.49	0.57
1989	11.11	13.10	2.70	3.31	1.57	0.62
1990	11.19	13.22	2.71	3.32	1.57	0.62
1991	11.26	13.20	2.67	3.23	1.50	0.57
1992	11.33	13.15	2.63	3.15	1.43	0.54
1993	11.40	13.16	2.60	3.11	1.41	0.53
1994	11.47	13.19	2.60	3.13	1.43	0.55
1995	11.48	13.23	2.61	3.13	1.42	0.54
1996	11.45	13.20	2.58	3.08	1.40	0.53
1997	11.49	13.23	2.60	3.12	1.43	0.55

表B-15（続き）

1998	11.52	13.27	2.62	3.13	1.42	0.55

解説：1998年には、課税対象所得全体における分位P90-95の割合は11.52%で、分位P95-99の割合は13.27%。

2　各高所得分位の所得構成の推計（1917年、1920年、1932年、1934年、1936-1937年、1945-1946年、1948-1998年の所得）

2.1　所得構成の推計のむずかしさ

税務当局が作成した所得区分別の未加工データ（付録A第2節を参照）から高所得層の所得構成を推計するのは、高所得層の平均所得水準を推計するよりはるかにむずかしい。一つには、平均所得水準はパレートの法則に従っているために構造パラメーターを推計するだけで足りるのに対し、所得構成はなんら明確な法則に従っていないという問題がある。とりわけトップ百分位では、課税所得の構成は常に非常に大きな違いがあり（たとえば、RCM〔動産資本所得〕の割合は、分位P99-99.5や分位P99.5-99.9よりも分位P99.9-100や分位P99.99-100で常に大きい）、しかも非直線的に（ときには複雑に）変動するため、いくつかの課税所得区分に関する情報からこのような変動を推論するのはきわめて困難だ。フィーンバーグ＆ポターバ（1993年）は、さまざまなカテゴリー別所得の平均所得総額は課税所得全体のべき関数によって近似できる（課税所得の二つの閾値の間）という仮説を立てた。アメリカの税務当局が作成した未加工データを用いるなら、アメリカの統計表では非常に多くの課税所得区分が用いられているため、おそらくこの方法でよい結果が得られるように思われるが、フランスのデータの場合には、なかでも1980-1990年代の超高所得層については、すでに言及したようにフランスの税務当局が高所得区分に対してきわめて少ない区分しか用いていないため、この方法ではあまり信頼できる結果が得られるとは思えなかった。それ以前の期間については、税務当局が用いた所得区分の数や所得水準は十分に細かく、所得構成は連続する二つの所得区分の間で比較的緩やかに変動しているため、この方法でもさほど問題はない。また、1988-1995年の所得に関しては、税務当局の所得申告データのサンプルから得られる各高所得分位の所得構成の推定値を活用することができる。このサンプルは各高所得分位の平均所得水準を推計するためにすでに使用しており（前出の第1.2節を参照）、（これらのサンプルには超高所得層の申告データのすべてが含まれていることを考慮すれば）その推定値はきわめて信頼度が高いと見なすことができる。

税務当局が作成した「構成」表に転載されているカテゴリー別所得の合計額は、

各カテゴリーの所得に認められているあらゆる控除が考慮されたあとの合計額であるため、推計がいっそう困難だ。たとえば1980-1990年代の「構成」表に記載されている給与所得の総額は、常に賃金労働者に認められる10%または20%の控除がされたあとの純所得である。このような控除や基礎控除の比率は、その他のほとんどのカテゴリー別所得に認められる控除比率より高いため、この期間の未加工データによる給与所得の割合が課税対象所得（すなわち控除を考慮する前の所得）中の実際の給与所得の割合より低くなっている。このようなさまざまな控除が常に認められていたわけではないために、未加工データから確認できる若干の所得構成の変動が実際の経済変動による影響よりも各カテゴリーの所得に認められる控除制度の変化に大きく影響されるという問題が生じている（たとえば、1950年代に給与所得に対する20%の控除が導入されたことが、この時期の未加工データにおける給与所得の割合が不自然に下がった原因となっている）。したがって、各高所得分位の課税対象所得の構成について長期間にわたって均質の推計を得ようとするなら、この種の偏りを修正する必要がある。

このような困難さを考慮すると、各高所得分位の所得構成について、所得水準に関して得られた推定値と同じような長期間にわたる正確かつ均質の推定値を得ることは不可能である。したがって私たちが用いた推計方法は比較的「実利的」ではあるものの、確認されるすべての所得構成のあらゆる大きな変動の影響が信頼できると見なすに足りる十分に正確な推定値を得ることができる。[1]

2.2　使用した推計方法

表B-16に転載した結果を得るために、以下の方法を適用した。

（i）1917年、1920年、1932年、1934年、1936年、1937年、1945-1946年および1948-1952年の各年度の所得、すなわち、賃金労働者に追加控除が認められるようになる以前の所得については、各カテゴリーの所得の平均控除率はすべてのカテゴリーの所得でほぼ同じである（約10%）。したがって、課税所得（カテゴリー別純所得という意味で）の所得構成から課税対象所得（カテゴリー別粗所得

1　関心があれば、「構成」表の未加工データ（これらの未加工データの出典は付録A表A-10に記載されている）と、各分位の所得構成について私たちが採用した推定値（後出の表B-16を参照）を比較してみてほしい。（少し面倒だが）比較してみれば、すべての変動が完全に一致していることがわかるだろう。私たちが用いた方法によって避けられない唯一の偏りは、課税所得から課税対象所得を導き出す方法に起因するものだ。つまり、課税所得の分布中の給与所得の階層的位置が課税対象所得の階層的位置よりわずかに低くなり、この方法では高所得分位の給与所得の割合がわずかに過小評価されることになる。1988-1995年の所得に関する税務当局のサンプルに基づく所得構成のデータに対する調整値（課税所得からでなく、課税対象所得の分位から適切に得られた数値）から、この偏りの規模はきわめて小さいことがわかる。

という意味で）の所得構成を導き出すために修正は必要ないと仮定した。P90-100、P95-100、P99-100、P99.5-100、P99.9-100、P99.99-100の各分位の課税所得の構成を推計するために（1917年の所得についてはP99-100、P99.5-100、P99.9-100、P99.99-100の各分位のみ）、線形外挿法を実施した。つまり、まず税務当局が公表した「構成」表に示されている未加工データを用いて（付録A第2節を参照）、これらのデータから各閾値s_iについて所得がs_iを上まわる世帯の所得構成を計算することができ、次に、所得がyを上まわる世帯の所得構成は局所的にyの一次関数によって近似できると仮定した。[2] 次に、最初に得た推定値と各分位の所得水準から、中間の分位P90-95、P95-99、P99-99.5、P99.5-99.9、P99.9-99.99（1917年の所得についてはP99-99.5、P99.5-99.9、P99.9-99.99の各分位のみ）の課税所得構成の推定値を導き出した。[3]

（ii）1953-1970年の所得については、各高所得分位の課税所得の構成を推計するにあたり、1917-1952年の所得と同じ方法を用いた。1917-1952年の期間に用いた方法との唯一の違いは、1953-1970年の期間については課税所得の構成から課税対象所得の構成を導き出すために修正を行なったことだ。そのために、1953-1970年の期間中、すべてのカテゴリーの所得が10%の控除を受けていた一方で、給与所得・退職年金は1953年の所得に対しては10%、1954-1958年の所得に対しては15%、1959年の所得に対しては19%、そして1960-1970年代の所得に対しては20%と、10%以上の追加控除が認められていたと仮定した。[4] したがって表B-16に転載した課税対象所得構成の推定値は、各カテゴリーの所得の平均控除率に対してこの仮定に基づく修正率を適用することによって課税所得構成の推定値から導き出したものである。

2　この方法はすでにピケティ（1998年）の中で用いており、この方法によれば、少なくとも利用できる閾値が推計しようとする所得構成の分位の閾値とかけ離れていなければ、相対的に信頼できる推定値（およそ1-2%）を導き出すことができ、1980-1990年代は（分位P99.5-100より上の分位に限り）常にこのケースにあてはまることがわかった。

3　たとえば、分位P90-100と分位P95-100の平均所得水準、そして分位P90-100と分位P95-100の所得構成がわかっているのであれば、分位P90-95の所得構成を（引き算によって）導き出すことができる。しかしこれは、「構成」表に示されている所得分布が「欠落」していない時期についてのみ認められる方法だ（前出の第1.3節を参照）。つまり1950年代末まで、とりわけ戦間期は（戦間期の「構成」表は「分布」表に比べて限られた納税者のフィールドしか対象としていないためになおさら）、この方法ではときに中間分位の所得構成の推定値が未加工データと多少矛盾するものになる可能性がある。このような状況が生じた場合、中間分位の構成が常に未加工データとまったく矛盾しない値（所得水準も所得構成の変動も）になるような方法で、得られた推定値を修正した。

4　賃金労働者の一括控除は給与所得の水準に関係なく同じ比率で適用されていたという仮定は、この控除が1970年代になるまで上限が設定されなかったことを考えれば理にかなっている。このことは、1952-1953年、1953-1954年、1958-1959年、1959-1960年の税制度の移行期には、どの所得区分でも給与所得・退職年金の割合が同じ比率で低下していることを「構成」表の未加工データが示していることからも確認できる。

（iii）1971-1998年の所得については、状況はもっと複雑だ。一つには税務当局が用いた所得区分が時とともに次第に粗雑になり、線形外挿法では超高所得層の推計が少しずつ正確さに欠けてくるためで、もう一つは控除の上限が20%に設定されたり、非賃金労働所得に対するカテゴリー別の新たな控除が設けられたりしたことから（非賃金労働所得の基礎控除が20%に拡大、RCMの一括控除の新設など）、1970年以降の所得についてはカテゴリー別所得の平均控除率について単純な仮説を立てることが不可能になり（高給与所得に対する追加控除が20%以下になったこと、またある種の非賃金所得、とくにわずかなRCMに対する包括的な控除率が10%を大きく上まわる可能性があることなど）、そのために課税所得の構成の推定値から課税対象所得の構成の推計を導き出すのがむずかしくなっているためだ（このようにして得られた推定値は大筋では妥当な値となるだろうが、数%の不整合が含まれる可能性がある）。そこで私たちは次のような手法をとった。まず、1988-1995年の所得については、税務当局のサンプルからP90-100、P95-100、P99-100、P99.5-100、P99.9-100、P99.99-100、P90-95、P95-99、P99-99.5、P99.5-99.9 、P99.9-99.99の各分位の課税対象所得構成の推定値を表B-16に転載した。これらの推定値は完全に信頼できると見なすことができる（前出の第2.1節を参照）[5]。次に、1971-1987年については、「構成」表[6]に記載されている未加工データを用いて線形外挿法によって得られた1970-1988年の所得のP90-100、P95-100、P99-100、P99.5-100の各分位の課税対象所得構成の推定値を変動指数として使用し、1970年と1988年の所得について得られた所得構成の推定値をつなぎ合わせた。1996-1998年については、未加工データを用いて線形外挿法によって得られた1996-1998年の所得のP90-100、P95-100、P99-100、P99.5-100の各分位の課税所得構成の推定値によって明らかになった変動指数を1995年の推定値に適用して同じことを行なった。[7]

5　これらの推定値はピケティ（1998年、表3-2、p.31および表F-2からF-14、p.138-144）に転載されている。1988-1995年について表B-16に転載した推定値と同じもので、修正はいっさい行なっていない。

表 B-16：高所得層の所得構成の推計結果
（1917 年、1920 年、1932 年、1934 年、1936-1937 年、1945-1946 年、1948-1998 年の各年度の所得）

1917	RF	RCM	BA	BIC	BNC	TSP
P90-100						
P95-100						
P99-100	13.0	34.1	1.0	35.2	2.9	13.8
P99.5-100	11.8	36.0	0.8	37.6	2.6	11.2
P99.9-100	8.8	37.3	0.5	42.5	2.1	8.7
P99.99-100	6.8	39.9	0.4	45.2	1.6	5.9
P90-95						
P95-99						
P99-99.5	17.6	26.8	1.9	25.6	4.3	23.8
P99.5-99.9	15.3	34.4	1.1	31.7	3.2	14.4
P99.9-99.99	10.1	35.7	0.6	40.8	2.4	10.4
P99.99-100	6.8	39.9	0.4	45.2	1.6	5.9

1920	RF	RCM	BA	BIC	BNC	TSP
P90-100	6.8	19.7	1.8	32.6	4.1	35.0
P95-100	7.0	21.0	1.9	35.3	4.3	30.4
P99-100	7.1	27.2	1.5	42.7	4.4	17.1
P99.5-100	6.6	29.4	1.2	44.5	3.9	14.4
P99.9-100	5.0	33.3	0.8	48.1	2.7	10.1
P99.99-100	3.2	39.3	0.6	50.3	1.2	5.4
P90-95	4.8	7.8	1.1	7.1	1.5	77.7
P95-99	6.9	12.3	2.5	25.1	4.3	48.9
P99-99.5	8.7	18.6	2.5	35.6	5.9	28.6
P99.5-99.9	8.4	24.8	1.8	40.1	5.4	19.5
P99.9-99.99	6.1	29.9	0.9	46.8	3.5	12.8
P99.99-100	3.2	39.3	0.6	50.3	1.2	5.4

1932	RF	RCM	BA	BIC	BNC	TSP
P90-100	9.8	16.1	0.5	13.3	4.6	55.7
P95-100	10.5	18.2	0.5	14.7	5.2	50.9
P99-100	12.7	27.9	0.5	18.8	6.5	33.5
P99.5-100	12.6	31.5	0.5	20.0	6.1	29.3
P99.9-100	11.1	41.5	0.3	22.8	4.4	19.9
P99.99-100	7.4	51.5	0.2	25.2	2.0	13.7
P90-95	6.8	6.3	0.4	6.8	1.9	77.8
P95-99	8.3	8.7	0.5	10.7	4.0	67.8
P99-99.5	12.8	17.1	0.6	15.0	7.7	46.7
P99.5-99.9	13.9	23.6	0.6	18.0	7.5	36.3
P99.9-99.99	12.7	37.1	0.4	21.7	5.5	22.6
P99.99-100	7.4	51.5	0.2	25.2	2.0	13.7

6　詳しく説明すると、（1）1970-1988年の所得について作成された「構成」表の未加工データに線形外挿法を適用することにより、各年度について、P90-100、P95-100、P99-100、P99.5-100の各分位の課税所得の構成の推定値が得られる（1980-1990年代に税務当局が用いた所得区分が粗すぎることを考慮すると、P99.5-100より上の分位まで推計するのは不可能である。この線形外挿法によって得られた中間分位の値に変換した結果はピケティ〔1998年、表3-6、p.42-43〕に記載されている）。（2）これらの推定値から、各分位について、また各カテゴリーの所得について、検討したい分位における対象となる所得カテゴリーの割合の1970年から1971年にかけての変動率、1971年から1972年にかけての変動率といったように次第に年代を進めて、1987年から1988年にかけての変動率までを知ることができる。この変動率を1970年の所得について考慮したP90-100、P95-100、P99-100、P99.5-100、P99.9-100、P99.99-100の各分位の課税対象所得の構成の推定値に適用した（P99.9-100とP99.99-100の分位については、P99.5-100の分位と同じ変動指数を適用した）。こうすることで、少しずつ1988年までさかのぼることができる。（3）課税所得の構成の変動がごくわずかながら課税対象所得の構成の変動と異なることを考慮すると、1988年の所得について、こうして得られた課税対象所得の構成の推定値は税務当局のサンプルから得られた推定値とごくわずかな差異がある。したがって1988年で連続性が途切れてしまうことを避けるために、1970年と1988年の分位ごと、所得カテゴリーごとの全体の誤差は1970年から1988年にかけて直線的に分布していると仮定し、1917-1987年の所得について得られた推定値を修正した（この仮定の下で行なった年度別の修正値は1%を超えることは決してない。こうして得られた1971-1987年の所得構成の推定値は、構造上、合計が、わずかの差ではあるが100%にはならない。そのため、いうまでもなく、割合の合計が100%になるように再調整した）。（4）最後に、1971-1987年のP90-95、P95-99、P99-99.5、P99.5-99.9、P99.9-99.99の各分位の所得構成を、P90-100、P95-100、P99-100、P99.5-100、P99.9-100、P99.99-100の各分位の所得構成とさまざまな分位の所得水準から（引き算によって）導き出した（1917-1970年の所得についてと同様）。

7　1996-1998年の所得について行なった方法は1971-1987年の所得について行なった方法と同じで（前出の注を参照）、（3）のステップが不要となる点だけに違いがある（1995年の所得に関する税務当局のサンプルに基づく推定値に、1996年／1995年、1997年／1996年、1998年／1997年の変動率を適用するだけで十分であり、次に割合の合計が100%になるよう再調整すればよい）。

表B-16（続き）

1934	RF	RCM	BA	BIC	BNC	TSP
P90-100	11.9	17.7	0.3	11.6	4.7	53.8
P95-100	12.8	19.8	0.3	12.5	5.3	49.4
P99-100	15.8	29.7	0.3	14.6	6.7	32.7
P99.5-100	15.9	33.7	0.3	15.2	6.3	28.6
P99.9-100	14.1	43.8	0.2	16.8	4.3	20.8
P99.99-100	9.5	52.5	0.2	20.7	2.0	15.2
P90-95	7.7	7.5	0.2	7.7	1.9	75.1
P95-99	9.7	9.9	0.3	10.3	3.9	66.0
P99-99.5	15.4	18.1	0.4	12.8	7.9	45.5
P99.5-99.9	17.5	25.4	0.3	14.0	8.0	34.8
P99.9-99.99	16.4	39.6	0.2	14.8	5.4	23.5
P99.99-100	9.5	52.5	0.2	20.7	2.0	15.2

1936	RF	RCM	BA	BIC	BNC	TSP
P90-100	10.6	18.0	0.4	13.6	4.7	52.8
P95-100	11.2	20.1	0.4	14.8	5.2	48.4
P99-100	13.1	29.8	0.4	18.8	6.4	31.5
P99.5-100	12.8	34.1	0.4	20.1	5.9	26.7
P99.9-100	10.3	44.1	0.2	22.2	3.7	19.5
P99.99-100	6.4	53.3	0.1	25.2	1.5	13.5
P90-95	7.5	7.6	0.3	7.9	1.9	74.9
P95-99	9.4	10.2	0.4	10.7	4.1	65.3
P99-99.5	13.9	18.2	0.5	15.0	8.2	44.1
P99.5-99.9	15.4	25.3	0.5	18.6	8.0	32.3
P99.9-99.99	12.5	38.6	0.3	20.6	5.1	22.9
P99.99-100	6.4	53.3	0.1	25.2	1.5	13.5

1937	RF	RCM	BA	BIC	BNC	TSP
P90-100	8.8	16.9	0.3	14.6	3.9	55.4
P95-100	9.5	19.6	0.4	16.5	4.5	49.5
P99-100	11.2	29.7	0.4	22.7	5.4	30.6
P99.5-100	10.8	34.0	0.4	24.8	4.8	25.3
P99.9-100	8.3	42.6	0.3	26.9	2.8	19.0
P99.99-100	4.5	52.2	0.2	29.2	1.2	12.8
P90-95	5.8	6.5	0.2	7.1	1.6	78.7
P95-99	7.9	9.8	0.3	10.3	3.7	67.9
P99-99.5	12.5	17.9	0.5	17.1	7.1	44.8
P99.5-99.9	13.2	25.2	0.5	22.4	6.8	31.8
P99.9-99.99	10.3	37.7	0.3	25.7	3.7	22.3
P99.99-100	4.5	52.2	0.2	29.2	1.2	12.8

1945	RF	RCM	BA	BIC	BNC	TSP
P90-100	4.0	5.8	1.3	24.5	5.2	59.1
P95-100	4.2	6.5	1.4	27.1	6.0	54.9
P99-100	4.9	9.6	1.7	35.6	8.0	40.1
P99.5-100	5.0	11.3	1.8	39.6	8.3	33.9
P99.9-100	4.3	14.4	2.0	50.7	6.7	21.9
P99.99-100	2.5	13.8	1.9	67.5	3.0	11.2
P90-95	3.4	3.0	0.8	13.6	2.1	77.0
P95-99	3.8	4.7	1.2	22.2	4.8	63.3
P99-99.5	4.7	6.3	1.6	27.9	7.3	52.2
P99.5-99.9	5.3	9.5	1.7	32.9	9.3	41.2
P99.9-99.99	5.0	14.5	2.0	45.1	8.0	25.4
P99.99-100	2.5	13.8	1.9	67.5	3.0	11.2

1946	RF	RCM	BA	BIC	BNC	TSP
P90-100	2.3	5.6	2.4	29.5	4.4	55.8
P95-100	2.5	6.8	2.8	33.9	5.1	48.9
P99-100	3.0	11.0	3.7	46.4	6.5	29.4
P99.5-100	2.9	12.8	3.8	51.0	6.1	23.5
P99.9-100	2.2	15.4	2.7	60.7	3.9	15.0
P99.99-100	1.3	16.6	0.4	73.8	0.5	7.5
P90-95	1.8	2.3	1.3	17.1	2.3	75.1
P95-99	2.2	4.0	2.1	25.5	4.2	61.9
P99-99.5	3.1	7.3	3.6	36.6	7.4	41.9
P99.5-99.9	3.4	10.8	4.5	43.9	7.7	29.7
P99.9-99.99	2.6	15.0	3.6	55.6	5.2	18.0
P99.99-100	1.3	16.6	0.4	73.8	0.5	7.5

1948	RF	RCM	BA	BIC	BNC	TSP
P90-100	1.4	3.5	2.5	31.2	4.2	57.1
P95-100	1.5	4.3	2.7	33.9	4.9	52.7
P99-100	1.7	7.7	3.2	43.1	6.1	38.2
P99.5-100	1.7	9.7	3.0	46.8	5.7	33.1
P99.9-100	1.2	14.3	2.0	53.6	3.7	25.2
P99.99-100	0.9	19.7	0.7	60.1	1.9	16.7
P90-95	1.2	1.1	1.6	20.2	1.7	74.2
P95-99	1.4	2.1	2.5	28.1	4.1	61.9
P99-99.5	1.9	3.6	3.5	35.1	7.0	49.0
P99.5-99.9	2.0	6.4	3.8	41.8	7.2	38.9
P99.9-99.99	1.4	12.3	2.5	51.3	4.3	28.3
P99.99-100	0.9	19.7	0.7	60.1	1.9	16.7

1949	RF	RCM	BA	BIC	BNC	TSP
P90-100	0.5	4.4	1.2	26.8	4.7	62.3
P95-100	0.5	5.7	1.3	30.2	5.8	56.4
P99-100	0.6	10.8	1.1	38.4	7.6	41.5
P99.5-100	0.5	13.5	1.0	41.0	7.4	36.6
P99.9-100	0.3	20.2	0.6	42.4	5.1	31.3
P99.99-100	0.1	30.9	0.2	41.2	2.6	25.1
P90-95	0.4	1.0	1.1	18.5	1.7	77.2
P95-99	0.5	2.5	1.4	24.9	4.7	66.0
P99-99.5	0.7	4.9	1.5	32.9	8.2	51.9
P99.5-99.9	0.6	8.4	1.2	40.0	9.2	40.6
P99.9-99.99	0.4	16.2	0.8	42.8	6.0	33.7
P99.99-100	0.1	30.9	0.2	41.2	2.6	25.1

1950	RF	RCM	BA	BIC	BNC	TSP
P90-100	0.7	5.3	1.1	25.8	5.0	62.1
P95-100	0.7	6.7	1.1	28.3	6.0	57.1
P99-100	0.7	12.3	1.1	34.0	7.9	44.0
P99.5-100	0.6	15.4	1.0	35.5	7.8	39.7
P99.9-100	0.4	22.5	0.6	36.4	5.9	34.2
P99.99-100	0.1	33.8	0.1	34.6	1.8	29.6
P90-95	0.6	1.4	1.0	19.3	2.4	75.3
P95-99	0.7	3.2	1.2	24.8	4.9	65.2
P99-99.5	0.8	5.4	1.4	30.7	8.1	53.6
P99.5-99.9	0.8	10.3	1.2	34.8	9.2	43.7
P99.9-99.99	0.5	18.1	0.8	37.1	7.5	36.0
P99.99-100	0.1	33.8	0.1	34.6	1.8	29.6

1951	RF	RCM	BA	BIC	BNC	TSP
P90-100	1.0	5.0	0.8	26.2	5.4	61.6
P95-100	1.0	6.1	0.9	28.6	6.3	57.1
P99-100	1.0	10.9	0.9	34.9	8.1	44.2
P99.5-100	1.0	13.6	0.8	36.7	7.9	40.0
P99.9-100	0.6	21.3	0.5	37.2	5.9	34.5
P99.99-100	0.3	31.7	0.3	35.5	4.2	27.9
P90-95	0.9	1.4	0.6	17.2	2.3	77.5
P95-99	1.0	3.2	0.9	24.8	5.2	64.9
P99-99.5	1.2	4.9	1.1	31.1	8.4	53.3
P99.5-99.9	1.2	8.0	1.0	36.3	9.5	44.0
P99.9-99.99	0.7	17.5	0.6	37.8	6.5	37.0
P99.99-100	0.3	31.7	0.3	35.5	4.2	27.9

1952	RF	RCM	BA	BIC	BNC	TSP
P90-100	0.9	4.5	0.4	26.7	5.4	62.1
P95-100	0.9	5.8	0.4	29.7	6.6	56.6
P99-100	0.9	10.6	0.4	36.5	9.0	42.5
P99.5-100	0.8	13.1	0.4	37.5	8.5	39.6
P99.9-100	0.6	20.5	0.3	37.7	6.9	34.1
P99.99-100	0.3	32.7	0.5	33.2	4.6	28.7
P90-95	0.8	1.2	0.4	18.0	2.0	77.7
P95-99	0.9	2.6	0.5	25.2	5.1	65.6
P99-99.5	1.1	5.1	0.5	34.4	10.1	48.8
P99.5-99.9	1.0	7.9	0.4	37.4	9.7	43.6
P99.9-99.99	0.6	16.2	0.3	39.3	7.7	36.0
P99.99-100	0.3	32.7	0.5	33.2	4.6	28.7

1953	RF	RCM	BA	BIC	BNC	TSP
P90-100	0.9	4.8	0.7	29.4	4.8	59.4
P95-100	0.9	6.1	0.7	32.2	5.9	54.2
P99-100	0.9	11.2	0.7	38.2	8.2	40.8
P99.5-100	0.8	14.0	0.6	38.5	7.9	38.3
P99.9-100	0.5	21.8	0.4	37.3	6.7	33.4
P99.99-100	0.2	32.5	0.3	33.7	3.7	29.6
P90-95	0.8	1.4	0.5	20.6	1.8	75.2
P95-99	0.9	2.7	0.7	28.4	4.3	63.2
P99-99.5	1.2	5.1	0.9	37.7	8.9	46.7
P99.5-99.9	1.0	8.5	0.7	39.6	8.8	41.9
P99.9-99.99	0.7	18.1	0.4	38.8	7.8	35.0
P99.99-100	0.2	32.5	0.3	33.7	3.7	29.6

1954	RF	RCM	BA	BIC	BNC	TSP
P90-100	0.8	4.8	0.5	28.6	6.0	59.3
P95-100	0.9	6.0	0.5	31.5	7.5	53.6
P99-100	0.8	10.9	0.5	36.6	11.1	40.1
P99.5-100	0.8	13.7	0.4	37.0	10.8	37.5
P99.9-100	0.5	21.5	0.3	35.8	9.2	32.8
P99.99-100	0.3	32.6	0.3	33.4	5.3	28.3
P90-95	0.8	1.4	0.5	20.5	1.9	75.3
P95-99	0.9	2.8	0.6	28.1	5.2	62.8
P99-99.5	1.1	4.7	0.6	36.0	11.8	46.4
P99.5-99.9	0.9	8.4	0.5	37.9	12.0	40.9
P99.9-99.99	0.6	17.6	0.3	37.0	10.7	34.6
P99.99-100	0.3	32.6	0.3	33.4	5.3	28.3

表 B-16（続き）

1955	RF	RCM	BA	BIC	BNC	TSP	1956	RF	RCM	BA	BIC	BNC	TSP	1957	RF	RCM	BA	BIC	BNC	TSP
P90-100	0.8	4.8	0.5	27.2	6.2	60.5	P90-100	1.2	4.7	0.4	24.0	6.3	63.3	P90-100	1.4	4.4	0.6	25.8	6.3	61.5
P95-100	0.8	6.2	0.5	30.3	8.0	54.2	P95-100	1.3	6.1	0.5	26.9	8.1	57.2	P95-100	1.4	5.7	0.6	28.5	8.0	55.8
P99-100	0.8	11.0	0.4	34.9	11.1	41.9	P99-100	1.3	11.0	0.4	32.0	11.6	43.8	P99-100	1.5	10.0	0.6	33.3	11.3	43.5
P99.5-100	0.7	13.9	0.3	35.5	11.2	38.5	P99.5-100	1.2	13.7	0.3	33.3	12.1	39.5	P99.5-100	1.4	12.5	0.5	34.6	12.1	38.9
P99.9-100	0.5	21.5	0.2	34.3	9.9	33.6	P99.9-100	0.9	21.2	0.3	32.4	10.6	34.7	P99.9-100	1.1	19.7	0.4	34.3	10.3	34.3
P99.99-100	0.2	32.4	0.1	32.2	6.0	29.2	P99.99-100	0.3	33.6	0.3	30.4	6.9	28.7	P99.99-100	0.6	31.9	0.3	33.1	7.8	26.5
P90-95	0.7	1.4	0.5	19.2	1.8	76.8	P90-95	1.0	1.5	0.4	17.7	2.1	77.4	P90-95	1.2	1.5	0.5	19.0	2.3	75.6
P95-99	0.8	3.0	0.6	27.4	5.9	62.6	P95-99	1.3	2.7	0.5	23.4	5.6	66.7	P95-99	1.4	2.7	0.6	25.3	5.8	64.3
P99-99.5	1.0	4.6	0.6	33.6	11.1	49.6	P99-99.5	1.5	5.6	0.5	29.5	10.6	52.6	P99-99.5	1.6	4.8	0.7	30.6	9.6	53.1
P99.5-99.9	0.8	8.8	0.4	36.5	12.0	42.0	P99.5-99.9	1.4	8.7	0.4	34.0	13.1	42.8	P99.5-99.9	1.6	7.8	0.5	35.0	13.4	42.0
P99.9-99.99	0.6	17.7	0.2	35.3	11.4	35.4	P99.9-99.99	1.1	17.0	0.3	33.3	11.9	37.0	P99.9-99.99	1.2	15.3	0.5	34.8	11.3	37.3
P99.99-100	0.2	32.4	0.1	32.2	6.0	29.2	P99.99-100	0.3	33.6	0.3	30.4	6.9	28.7	P99.99-100	0.6	31.9	0.3	33.1	7.8	26.5
1958	RF	RCM	BA	BIC	BNC	TSP	1959	RF	RCM	BA	BIC	BNC	TSP	1960	RF	RCM	BA	BIC	BNC	TSP
P90-100	1.4	4.1	0.5	21.7	6.3	66.0	P90-100	1.6	3.9	0.5	25.3	6.4	62.3	P90-100	2.1	4.8	0.7	23.0	6.7	62.7
P95-100	1.5	5.3	0.5	24.0	8.2	60.5	P95-100	1.8	5.1	0.4	28.1	8.4	56.2	P95-100	2.2	6.2	0.7	25.3	8.9	56.7
P99-100	1.6	9.4	0.5	28.9	11.9	47.9	P99-100	1.9	8.8	0.3	32.6	12.3	44.0	P99-100	2.5	11.0	0.6	28.8	13.6	43.6
P99.5-100	1.5	11.7	0.4	30.5	12.7	43.4	P99.5-100	1.9	10.8	0.3	33.8	12.9	40.3	P99.5-100	2.4	13.6	0.5	29.5	13.9	40.0
P99.9-100	1.2	18.2	0.3	31.9	11.1	37.4	P99.9-100	1.6	16.8	0.2	35.5	12.0	34.0	P99.9-100	2.1	21.2	0.3	29.9	12.4	34.1
P99.99-100	0.7	29.7	0.2	32.5	7.9	29.1	P99.99-100	1.1	27.1	0.1	36.0	9.7	26.1	P99.99-100	1.5	35.4	0.2	27.2	8.9	26.8
P90-95	1.2	1.5	0.5	16.3	2.2	78.5	P90-95	1.4	1.5	0.5	19.3	2.0	75.6	P90-95	1.6	1.7	0.7	18.2	2.1	75.7
P95-99	1.5	2.6	0.6	20.8	5.8	69.0	P95-99	1.7	2.6	0.5	25.2	5.8	64.5	P95-99	2.1	2.9	0.8	22.9	5.6	65.8
P99-99.5	1.7	4.8	0.6	25.8	10.3	57.2	P99-99.5	2.0	4.9	0.4	30.2	11.1	51.6	P99-99.5	2.6	5.0	0.8	27.2	12.9	51.7
P99.5-99.9	1.7	7.5	0.5	29.6	13.7	47.4	P99.5-99.9	2.1	7.0	0.4	32.8	13.6	44.5	P99.5-99.9	2.6	8.7	0.6	29.3	14.9	43.9
P99.9-99.99	1.4	14.2	0.3	31.8	12.3	40.5	P99.9-99.99	1.8	13.2	0.2	35.4	12.9	36.9	P99.9-99.99	2.3	16.2	0.4	30.9	13.7	36.7
P99.99-100	0.7	29.7	0.2	32.5	7.9	29.1	P99.99-100	1.1	27.1	0.1	36.0	9.7	26.1	P99.99-100	1.5	35.4	0.2	27.2	8.9	26.8
1961	RF	RCM	BA	BIC	BNC	TSP	1962	RF	RCM	BA	BIC	BNC	TSP	1963	RF	RCM	BA	BIC	BNC	TSP
P90-100	2.1	4.6	0.6	23.4	6.9	62.4	P90-100	2.2	4.5	0.8	22.3	6.4	63.9	P90-100	2.2	4.2	0.6	22.5	6.6	63.9
P95-100	2.3	6.0	0.6	26.3	9.4	55.4	P95-100	2.4	5.8	0.8	25.0	8.5	57.5	P95-100	2.5	5.5	0.6	25.5	8.9	57.0
P99-100	2.5	10.5	0.5	29.0	14.8	42.7	P99-100	2.7	9.9	0.8	28.8	13.2	44.6	P99-100	2.9	9.5	0.5	29.5	14.4	43.4
P99.5-100	2.5	13.1	0.4	29.4	15.2	39.5	P99.5-100	2.7	12.4	0.7	29.9	14.1	40.2	P99.5-100	2.8	11.8	0.5	30.5	15.4	38.9
P99.9-100	2.2	20.5	0.3	29.6	13.9	33.6	P99.9-100	2.3	19.6	0.4	30.8	13.8	33.1	P99.9-100	2.6	18.4	0.3	30.7	15.4	32.6
P99.99-100	1.6	34.0	0.2	27.6	10.1	26.7	P99.99-100	1.6	33.2	0.2	26.6	11.8	26.7	P99.99-100	1.7	31.5	0.3	25.5	14.4	26.7
P90-95	1.6	1.4	0.7	16.9	1.5	78.1	P90-95	1.7	1.8	0.8	16.6	1.9	77.3	P90-95	1.7	1.6	0.6	16.2	1.7	78.4
P95-99	2.2	2.9	0.7	24.5	5.7	64.2	P95-99	2.3	3.0	0.9	22.5	5.4	66.2	P95-99	2.3	2.8	0.6	23.0	5.3	66.1
P99-99.5	2.7	4.8	0.7	28.0	14.2	50.1	P99-99.5	2.8	4.4	1.0	26.3	11.5	54.3	P99-99.5	2.9	4.5	0.6	27.3	12.1	52.9
P99.5-99.9	2.7	8.4	0.5	29.4	16.0	43.4	P99.5-99.9	2.9	7.9	0.9	29.5	14.3	44.9	P99.5-99.9	3.0	7.7	0.5	30.6	15.5	43.0
P99.9-99.99	2.4	15.8	0.3	30.5	15.3	36.2	P99.9-99.99	2.6	14.9	0.5	32.3	14.6	35.5	P99.9-99.99	2.9	14.0	0.3	32.5	15.8	34.8
P99.99-100	1.6	34.0	0.2	27.6	10.1	26.7	P99.99-100	1.6	33.2	0.2	26.6	11.8	26.7	P99.99-100	1.7	31.5	0.3	25.5	14.4	26.7
1964	RF	RCM	BA	BIC	BNC	TSP	1965	RF	RCM	BA	BIC	BNC	TSP	1966	RF	RCM	BA	BIC	BNC	TSP
P90-100	2.0	4.1	1.1	21.3	7.8	63.7	P90-100	2.3	4.0	1.1	21.9	7.8	63.0	P90-100	2.5	4.0	1.1	21.3	7.8	63.4
P95-100	2.3	5.2	1.1	23.9	10.6	56.9	P95-100	2.6	5.2	1.1	24.3	10.5	56.3	P95-100	2.8	5.1	1.1	23.2	10.3	57.4
P99-100	2.8	9.0	1.1	27.6	17.9	41.7	P99-100	3.2	9.2	1.1	27.3	17.8	41.5	P99-100	3.5	9.4	1.0	26.2	17.6	42.3
P99.5-100	2.8	11.1	1.0	28.6	19.0	37.6	P99.5-100	3.3	11.5	1.0	28.1	19.0	37.2	P99.5-100	3.6	12.0	0.9	27.2	18.5	37.9
P99.9-100	2.7	17.0	0.8	29.1	18.8	31.7	P99.9-100	3.3	17.7	0.7	28.1	18.2	32.0	P99.9-100	3.4	19.2	0.7	27.1	17.4	32.3
P99.99-100	2.2	29.8	0.5	25.0	16.8	26.0	P99.99-100	2.8	30.8	0.3	24.4	16.5	25.3	P99.99-100	2.6	35.5	0.3	22.6	13.9	25.2
P90-95	1.4	1.6	1.0	15.9	1.8	78.5	P90-95	1.6	1.4	1.1	16.7	1.8	77.6	P90-95	1.9	1.8	1.0	17.3	2.7	75.6
P95-99	2.1	2.7	1.2	21.5	5.7	67.2	P95-99	2.2	2.5	1.1	22.3	5.6	66.5	P95-99	2.4	2.3	1.1	21.3	5.5	67.6
P99-99.5	2.7	4.6	1.3	25.6	15.8	50.8	P99-99.5	3.1	4.6	1.3	25.7	15.3	50.5	P99-99.5	3.3	4.1	1.2	24.4	15.8	51.6
P99.5-99.9	2.9	7.5	1.1	28.4	19.2	41.4	P99.5-99.9	3.4	7.6	1.1	28.2	19.5	40.6	P99.5-99.9	3.7	7.5	1.1	27.3	19.3	41.4
P99.9-99.99	2.9	12.8	0.9	30.6	19.6	33.8	P99.9-99.99	3.4	13.5	0.8	29.5	18.9	34.4	P99.9-99.99	3.7	13.6	0.8	28.7	18.6	34.8
P99.99-100	2.2	29.8	0.5	25.0	16.8	26.0	P99.99-100	2.8	30.8	0.3	24.4	16.5	25.3	P99.99-100	2.6	35.5	0.3	22.6	13.9	25.2

表B-16（続き）

1967	RF	RCM	BA	BIC	BNC	TSP	1968	RF	RCM	BA	BIC	BNC	TSP	1969	RF	RCM	BA	BIC	BNC	TSP
P90-100	2.8	4.4	1.3	21.6	7.9	62.0	P90-100	2.9	4.2	1.1	19.4	7.5	64.9	P90-100	2.8	3.9	1.3	18.3	7.5	66.2
P95-100	3.2	5.7	1.3	23.6	10.7	55.6	P95-100	3.3	5.5	1.2	21.1	10.3	58.7	P95-100	3.3	5.2	1.4	20.4	10.3	59.6
P99-100	3.9	10.3	1.3	26.2	17.6	40.7	P99-100	4.2	10.1	1.2	23.8	17.0	43.8	P99-100	4.1	9.7	1.4	23.2	16.9	44.9
P99.5-100	4.0	13.2	1.1	26.8	18.7	36.1	P99.5-100	4.4	13.1	1.1	24.5	18.4	38.7	P99.5-100	4.2	12.4	1.3	24.2	18.2	39.8
P99.9-100	3.9	21.4	0.8	26.1	17.4	30.5	P99.9-100	4.3	21.3	0.7	23.7	18.0	32.1	P99.9-100	4.1	20.3	0.9	23.6	17.9	33.4
P99.99-100	2.9	39.6	0.3	21.1	13.4	22.8	P99.99-100	3.2	38.6	0.3	18.7	16.2	23.1	P99.99-100	3.0	37.1	0.3	20.7	16.4	22.7
P90-95	2.0	1.5	1.2	17.4	1.9	76.1	P90-95	2.0	1.4	1.0	15.9	1.7	78.2	P90-95	1.9	1.5	1.1	14.1	2.0	79.6
P95-99	2.7	2.7	1.3	21.9	6.2	65.4	P95-99	2.7	2.6	1.2	19.5	6.0	68.2	P95-99	2.8	2.3	1.4	18.7	6.1	69.1
P99-99.5	3.7	4.4	1.6	25.0	15.3	50.4	P99-99.5	3.8	4.3	1.4	22.4	14.3	54.2	P99-99.5	3.8	4.2	1.6	21.2	14.4	55.4
P99.5-99.9	4.1	8.1	1.4	27.4	19.6	39.7	P99.5-99.9	4.4	8.0	1.3	25.1	18.7	42.9	P99.5-99.9	4.3	7.7	1.6	24.7	18.4	43.9
P99.9-99.99	4.2	14.9	0.9	28.0	18.9	33.3	P99.9-99.99	4.7	15.0	0.9	25.5	18.7	35.4	P99.9-99.99	4.5	14.5	1.1	24.8	18.6	37.3
P99.99-100	2.9	39.6	0.3	21.1	13.4	22.8	P99.99-100	3.2	38.6	0.3	18.7	16.2	23.1	P99.99-100	3.0	37.1	0.3	20.7	16.4	22.7
1970	RF	RCM	BA	BIC	BNC	TSP	1971	RF	RCM	BA	BIC	BNC	TSP	1972	RF	RCM	BA	BIC	BNC	TSP
P90-100	3.0	4.0	1.8	17.2	7.5	66.4	P90-100	3.1	4.0	1.7	16.6	7.6	67.0	P90-100	3.0	3.8	0.6	16.4	7.4	68.7
P95-100	3.5	5.3	2.0	19.4	10.2	59.6	P95-100	3.6	5.2	1.9	18.9	10.5	59.9	P95-100	3.6	5.1	0.7	19.0	10.3	61.3
P99-100	4.4	9.9	2.3	22.7	16.8	43.9	P99-100	4.6	9.7	2.0	23.0	17.4	43.2	P99-100	4.5	9.4	1.0	23.9	17.2	44.0
P99.5-100	4.5	12.6	2.2	24.0	17.7	39.0	P99.5-100	4.8	12.4	2.0	24.4	18.6	37.9	P99.5-100	4.6	11.8	1.1	24.9	18.3	39.3
P99.9-100	4.4	21.0	1.9	23.5	16.5	32.8	P99.9-100	4.7	20.7	1.6	24.0	17.3	31.6	P99.9-100	4.6	19.8	0.9	24.7	17.2	32.7
P99.99-100	3.6	39.9	1.3	18.9	12.4	24.0	P99.99-100	3.9	39.2	1.2	19.7	13.0	23.1	P99.99-100	3.9	37.7	0.7	20.8	12.9	24.0
P90-95	2.0	1.6	1.4	12.9	2.2	80.0	P90-95	1.9	1.2	1.3	11.7	1.4	82.4	P90-95	1.8	1.2	0.4	11.0	1.4	84.2
P95-99	2.9	2.3	1.9	17.2	6.0	69.9	P95-99	3.0	2.2	1.8	16.1	5.7	71.3	P95-99	2.9	2.0	0.6	15.6	5.5	73.5
P99-99.5	4.1	4.3	2.4	20.4	15.2	54.1	P99-99.5	4.2	3.9	2.2	20.2	15.0	54.6	P99-99.5	4.2	4.4	0.8	21.8	14.8	53.9
P99.5-99.9	4.6	7.5	2.5	24.4	18.6	43.1	P99.5-99.9	4.8	6.9	2.2	24.6	19.4	42.1	P99.5-99.9	4.7	6.3	1.2	25.0	19.0	43.8
P99.9-99.99	4.7	14.8	2.1	25.2	18.0	36.0	P99.9-99.99	5.0	14.1	1.8	25.5	18.9	34.7	P99.9-99.99	4.9	13.3	1.0	26.1	18.8	35.9
P99.99-100	3.6	39.9	1.3	18.9	12.4	24.0	P99.99-100	3.9	39.2	1.2	19.7	13.0	23.1	P99.99-100	3.9	37.7	0.7	20.8	12.9	24.0
1973	RF	RCM	BA	BIC	BNC	TSP	1974	RF	RCM	BA	BIC	BNC	TSP	1975	RF	RCM	BA	BIC	BNC	TSP
P90-100	2.9	3.7	2.1	15.9	7.6	67.9	P90-100	2.7	3.6	1.7	15.6	7.5	69.0	P90-100	2.7	3.5	1.2	14.9	8.0	69.7
P95-100	3.4	4.9	2.3	18.4	10.4	60.6	P95-100	3.3	4.7	1.9	18.5	10.3	61.2	P95-100	3.2	4.6	1.3	17.4	11.0	62.5
P99-100	4.3	9.0	2.4	22.8	17.5	44.0	P99-100	4.2	8.7	2.3	23.8	17.5	43.5	P99-100	4.2	8.3	1.6	22.0	18.6	45.5
P99.5-100	4.3	11.2	2.3	22.9	18.1	41.3	P99.5-100	4.2	10.8	2.3	23.7	17.2	41.8	P99.5-100	4.3	10.6	1.7	22.3	19.9	41.1
P99.9-100	4.3	19.1	2.0	23.0	17.2	34.4	P99.9-100	4.3	18.5	2.0	24.0	16.5	34.6	P99.9-100	4.4	18.3	1.6	22.8	19.2	33.8
P99.99-100	3.7	36.5	1.5	19.9	13.0	25.4	P99.99-100	3.7	35.4	1.6	21.3	12.4	25.6	P99.99-100	3.8	35.0	1.3	20.6	14.3	25.0
P90-95	1.8	1.3	1.6	10.5	1.7	83.1	P90-95	1.6	1.2	1.1	9.6	1.5	84.9	P90-95	1.7	1.4	1.0	9.9	2.0	84.0
P95-99	2.8	2.0	2.2	15.3	5.4	72.4	P95-99	2.6	2.1	1.7	14.8	5.4	73.5	P95-99	2.5	2.0	1.2	14.3	5.8	74.1
P99-99.5	4.2	4.1	2.6	22.8	16.2	50.1	P99-99.5	4.2	3.8	2.3	24.1	18.2	47.3	P99-99.5	3.8	3.0	1.2	21.2	15.6	55.2
P99.5-99.9	4.2	6.2	2.5	22.8	18.6	45.7	P99.5-99.9	4.2	5.8	2.5	23.4	17.7	46.4	P99.5-99.9	4.3	5.7	1.8	22.0	20.4	45.8
P99.9-99.99	4.6	11.9	2.2	24.3	18.9	38.1	P99.9-99.99	4.5	12.3	2.2	25.0	18.1	37.9	P99.9-99.99	4.6	12.1	1.7	23.6	21.0	37.1
P99.99-100	3.7	36.5	1.5	19.9	13.0	25.4	P99.99-100	3.7	35.4	1.6	21.3	12.4	25.6	P99.99-100	3.8	35.0	1.3	20.6	14.3	25.0
1976	RF	RCM	BA	BIC	BNC	TSP	1977	RF	RCM	BA	BIC	BNC	TSP	1978	RF	RCM	BA	BIC	BNC	TSP
P90-100	2.6	3.4	0.9	15.1	8.0	69.9	P90-100	2.6	3.4	0.9	14.4	7.7	71.0	P90-100	2.8	3.4	1.2	14.2	8.4	70.0
P95-100	3.2	4.5	1.0	18.1	11.2	62.1	P95-100	3.2	4.6	1.0	17.0	10.7	63.6	P95-100	3.4	4.6	1.3	16.7	11.8	62.2
P99-100	4.0	8.3	1.1	22.1	18.5	46.1	P99-100	4.2	8.9	1.1	20.8	17.5	47.5	P99-100	4.5	8.7	1.5	20.1	20.3	44.9
P99.5-100	4.2	10.5	1.1	22.4	20.4	41.4	P99.5-100	4.5	11.8	1.2	21.5	19.9	41.2	P99.5-100	4.7	11.2	1.5	20.2	21.9	40.4
P99.9-100	4.3	18.2	1.0	22.9	19.7	33.8	P99.9-100	4.6	20.3	1.1	21.9	19.1	33.0	P99.9-100	4.8	19.5	1.4	20.7	21.2	32.3
P99.99-100	3.7	34.7	0.9	21.1	14.7	24.9	P99.99-100	3.9	37.6	0.9	20.1	13.8	23.7	P99.99-100	4.2	36.3	1.3	19.5	15.3	23.4
P90-95	1.6	1.2	0.8	9.2	1.7	85.4	P90-95	1.5	1.0	0.8	9.2	1.7	85.8	P90-95	1.6	1.1	1.1	9.2	1.7	85.2
P95-99	2.6	1.8	0.9	15.3	6.0	73.5	P95-99	2.5	1.8	0.9	14.5	6.2	74.1	P95-99	2.7	1.8	1.2	14.5	6.1	73.7
P99-99.5	3.7	3.6	1.0	21.6	14.5	55.7	P99-99.5	3.5	2.9	1.0	19.3	12.7	60.6	P99-99.5	4.1	3.5	1.3	19.9	17.1	54.1
P99.5-99.9	4.1	5.5	1.2	22.0	20.9	46.3	P99.5-99.9	4.4	6.3	1.2	21.2	20.4	46.5	P99.5-99.9	4.6	5.9	1.6	19.8	22.4	45.8
P99.9-99.99	4.5	12.0	1.1	23.6	21.7	37.1	P99.9-99.99	4.8	13.6	1.1	22.6	21.1	36.6	P99.9-99.99	5.0	13.1	1.5	21.2	23.4	35.7
P99.99-100	3.7	34.7	0.9	21.1	14.7	24.9	P99.99-100	3.9	37.6	0.9	20.1	13.8	23.7	P99.99-100	4.2	36.3	1.3	19.5	15.3	23.4

表 B-16（続き）

1979	RF	RCM	BA	BIC	BNC	TSP	1980	RF	RCM	BA	BIC	BNC	TSP	1981	RF	RCM	BA	BIC	BNC	TSP
P90-100	2.8	3.6	1.3	14.1	8.6	69.6	P90-100	2.8	3.9	1.3	13.5	8.4	70.1	P90-100	3.0	4.1	1.2	12.5	8.3	70.9
P95-100	3.4	4.8	1.4	16.4	11.9	62.0	P95-100	3.4	5.2	1.4	16.1	12.0	61.8	P95-100	3.5	5.4	1.3	14.0	11.3	64.6
P99-100	4.6	9.1	1.7	19.8	21.2	43.6	P99-100	4.6	9.5	1.8	19.5	21.1	43.4	P99-100	5.0	10.0	1.6	18.0	20.1	45.4
P99.5-100	4.7	11.4	1.8	19.2	21.2	41.7	P99.5-100	4.7	11.9	1.9	18.7	20.4	42.5	P99.5-100	5.1	12.6	1.7	17.3	19.8	43.5
P99.9-100	4.8	19.9	1.7	19.9	20.6	33.1	P99.9-100	4.8	20.7	1.8	19.4	19.8	33.4	P99.9-100	5.2	22.0	1.7	18.0	19.3	33.9
P99.99-100	4.2	36.8	1.6	19.0	14.7	23.8	P99.99-100	4.2	37.8	1.7	18.7	14.0	23.7	P99.99-100	4.6	39.5	1.6	17.4	13.3	23.7
P90-95	1.7	1.4	1.1	9.5	2.1	84.3	P90-95	1.5	1.4	1.0	8.3	1.6	86.2	P90-95	2.0	1.6	0.9	9.4	2.5	83.5
P95-99	2.6	1.9	1.2	14.2	5.6	74.6	P95-99	2.6	2.4	1.2	13.9	6.0	73.9	P95-99	2.6	2.4	1.0	11.5	5.7	76.7
P99-99.5	4.5	4.2	1.6	20.9	21.3	47.4	P99-99.5	4.6	4.6	1.6	21.2	22.7	45.2	P99-99.5	4.8	4.7	1.5	19.3	20.6	49.1
P99.5-99.9	4.6	5.7	1.9	18.7	21.6	47.5	P99.5-99.9	4.5	6.0	1.9	18.2	20.8	48.5	P99.5-99.9	4.9	6.3	1.7	16.8	20.2	50.0
P99.9-99.99	5.0	13.4	1.8	20.2	22.8	36.7	P99.9-99.99	5.0	14.2	1.9	19.7	22.1	37.1	P99.9-99.99	5.5	15.2	1.7	18.2	21.6	37.8
P99.99-100	4.2	36.8	1.6	19.0	14.7	23.8	P99.99-100	4.2	37.8	1.7	18.7	14.0	23.7	P99.99-100	4.6	39.5	1.6	17.4	13.3	23.7
1982	RF	RCM	BA	BIC	BNC	TSP	1983	RF	RCM	BA	BIC	BNC	TSP	1984	RF	RCM	BA	BIC	BNC	TSP
P90-100	3.0	3.7	1.3	11.8	8.1	72.1	P90-100	3.1	3.4	1.3	10.9	8.3	73.0	P90-100	3.1	3.5	1.6	9.8	8.2	73.7
P95-100	3.6	4.8	1.4	13.7	11.3	65.2	P95-100	3.8	4.4	1.6	12.8	11.7	65.9	P95-100	3.7	4.5	1.9	11.4	11.6	66.9
P99-100	5.0	8.8	1.8	17.2	19.1	48.0	P99-100	5.2	7.9	2.1	15.3	19.7	49.8	P99-100	5.2	8.2	2.7	14.1	20.1	49.6
P99.5-100	5.2	11.5	1.9	16.8	19.7	44.8	P99.5-100	5.5	10.3	2.3	15.1	21.1	45.7	P99.5-100	5.3	10.4	2.8	13.4	19.8	48.4
P99.9-100	5.5	20.4	1.9	17.8	19.4	35.0	P99.9-100	5.9	18.5	2.4	16.2	21.1	35.9	P99.9-100	5.7	18.8	3.0	14.6	20.0	37.9
P99.99-100	4.9	37.1	1.9	17.8	13.5	24.8	P99.99-100	5.4	34.2	2.5	16.9	15.0	26.0	P99.99-100	5.3	34.7	3.1	15.5	14.1	27.4
P90-95	1.8	1.7	1.0	8.1	2.1	85.3	P90-95	1.8	1.7	0.9	7.3	2.0	86.3	P90-95	1.9	1.7	1.0	6.9	1.9	86.7
P95-99	2.8	2.4	1.2	11.6	6.5	75.6	P95-99	2.9	2.3	1.3	11.2	6.9	75.4	P95-99	2.8	2.3	1.4	9.8	6.5	77.2
P99-99.5	4.7	3.4	1.7	17.9	17.9	54.5	P99-99.5	4.6	3.2	1.7	15.8	16.9	57.7	P99-99.5	5.2	4.2	2.4	15.5	20.8	51.9
P99.5-99.9	5.0	5.8	1.9	16.2	19.8	51.2	P99.5-99.9	5.3	5.2	2.3	14.4	21.0	51.8	P99.5-99.9	5.0	5.1	2.7	12.7	19.6	54.9
P99.9-99.99	5.7	14.2	1.9	17.8	21.6	38.8	P99.9-99.99	6.0	12.9	2.4	15.9	23.3	39.4	P99.9-99.99	5.9	13.1	2.9	14.2	22.1	41.7
P99.99-100	4.9	37.1	1.9	17.8	13.5	24.8	P99.99-100	5.4	34.2	2.5	16.9	15.0	26.0	P99.99-100	5.3	34.7	3.1	15.5	14.1	27.4
1985	RF	RCM	BA	BIC	BNC	TSP	1986	RF	RCM	BA	BIC	BNC	TSP	1987	RF	RCM	BA	BIC	BNC	TSP
P90-100	3.1	3.8	1.5	9.4	8.5	73.7	P90-100	3.2	3.9	1.4	9.4	9.1	73.0	P90-100	3.3	4.3	1.4	9.4	9.2	72.4
P95-100	3.7	4.8	1.9	10.9	12.0	66.7	P95-100	3.8	4.7	1.7	10.9	12.5	66.4	P95-100	3.9	5.3	1.6	10.8	12.6	65.8
P99-100	5.2	8.2	2.7	13.6	20.5	49.8	P99-100	5.2	8.0	2.3	13.6	21.5	49.4	P99-100	5.3	9.0	2.0	13.3	21.1	49.3
P99.5-100	5.3	10.4	2.8	13.2	20.7	47.6	P99.5-100	5.3	10.2	2.5	13.3	22.2	46.5	P99.5-100	5.4	11.7	2.2	13.0	22.0	45.8
P99.9-100	5.7	18.9	3.0	14.4	21.0	36.9	P99.9-100	5.8	18.6	2.7	14.5	22.6	35.9	P99.9-100	5.8	21.1	2.4	14.1	22.1	34.5
P99.99-100	5.3	34.7	3.3	15.5	14.6	26.6	P99.99-100	5.4	34.0	3.0	16.0	15.7	25.8	P99.99-100	5.3	37.6	2.6	15.4	14.8	24.2
P90-95	1.9	1.9	0.9	6.5	1.8	87.1	P90-95	2.0	2.3	0.9	6.8	2.6	85.4	P90-95	2.1	2.4	1.1	6.8	2.7	84.9
P95-99	2.9	2.7	1.4	9.2	7.0	76.7	P95-99	2.9	2.7	1.3	9.2	7.0	76.9	P95-99	3.0	3.0	1.3	9.3	7.3	76.1
P99-99.5	5.0	3.8	2.3	14.5	20.2	54.2	P99-99.5	5.0	3.5	1.9	14.2	20.0	55.3	P99-99.5	5.1	3.4	1.7	13.8	19.2	56.8
P99.5-99.9	5.0	5.1	2.7	12.4	20.5	54.2	P99.5-99.9	5.0	4.8	2.4	12.5	22.0	53.4	P99.5-99.9	5.1	5.3	2.1	12.2	21.9	53.4
P99.9-99.99	5.9	13.2	3.0	14.0	23.3	40.7	P99.9-99.99	5.9	12.8	2.6	14.0	25.1	39.6	P99.9-99.99	5.9	14.5	2.3	13.6	25.0	38.7
P99.99-100	5.3	34.7	3.3	15.5	14.6	26.6	P99.99-100	5.4	34.0	3.0	16.0	15.7	25.8	P99.99-100	5.3	37.6	2.6	15.4	14.8	24.2
1988	RF	RCM	BA	BIC	BNC	TSP	1989	RF	RCM	BA	BIC	BNC	TSP	1990	RF	RCM	BA	BIC	BNC	TSP
P90-100	3.5	4.5	1.4	9.1	9.5	72.0	P90-100	4.0	4.8	1.8	8.4	10.0	71.1	P90-100	4.2	4.3	1.8	8.5	9.5	71.7
P95-100	4.1	5.6	1.6	10.5	13.0	65.2	P95-100	4.7	6.0	2.0	10.2	13.8	63.1	P95-100	4.7	5.6	2.1	10.3	13.3	64.1
P99-100	5.6	9.5	1.9	12.9	21.4	48.8	P99-100	6.0	10.6	2.4	12.9	22.7	45.5	P99-100	6.1	10.2	2.7	13.2	21.2	46.6
P99.5-100	5.7	12.4	2.0	12.8	22.6	44.4	P99.5-100	6.4	13.4	2.6	13.0	23.6	41.0	P99.5-100	6.7	13.2	2.9	13.7	23.7	39.9
P99.9-100	6.2	22.3	2.2	13.8	22.6	33.0	P99.9-100	6.9	23.4	2.2	13.8	22.4	31.4	P99.9-100	6.5	22.6	2.8	12.7	19.4	35.9
P99.99-100	5.7	39.1	2.4	15.2	14.9	22.8	P99.99-100	5.7	38.3	2.0	15.1	17.3	21.5	P99.99-100	5.4	39.1	3.0	14.1	17.2	21.1
P90-95	2.2	2.5	1.2	6.5	2.7	85.0	P90-95	2.5	2.5	1.4	4.7	2.5	86.5	P90-95	3.1	1.8	1.3	5.2	2.4	86.2
P95-99	3.3	3.3	1.4	9.0	7.9	75.2	P95-99	4.0	3.3	1.8	8.6	8.4	73.9	P95-99	3.8	2.7	1.7	8.5	8.3	75.0
P99-99.5	5.3	3.9	1.7	13.0	19.1	57.0	P99-99.5	5.3	4.9	2.0	12.7	20.8	54.3	P99-99.5	5.0	4.3	2.3	12.2	16.3	60.0
P99.5-99.9	5.5	6.2	1.9	12.2	22.6	51.6	P99.5-99.9	6.1	6.9	2.8	12.4	24.5	47.4	P99.5-99.9	6.7	6.9	2.9	14.3	26.5	42.6
P99.9-99.99	6.3	15.9	2.1	13.3	25.5	36.8	P99.9-99.99	7.3	17.4	2.3	13.3	24.3	35.3	P99.9-99.99	7.0	15.9	2.8	12.1	20.3	41.9
P99.99-100	5.7	39.1	2.4	15.2	14.9	22.8	P99.99-100	5.7	38.3	2.0	15.1	17.3	21.5	P99.99-100	5.4	39.1	3.0	14.1	17.2	21.1

表B-16（続き）

1991	RF	RCM	BA	BIC	BNC	TSP	1992	RF	RCM	BA	BIC	BNC	TSP	1993	RF	RCM	BA	BIC	BNC	TSP
P90-100	4.7	4.0	1.6	7.5	9.6	72.6	P90-100	4.6	4.3	1.4	7.0	9.5	73.2	P90-100	4.3	3.9	1.0	6.6	9.1	75.0
P95-100	5.5	5.1	2.0	8.8	13.5	65.3	P95-100	5.1	5.3	1.6	8.1	13.5	66.6	P95-100	5.0	5.1	1.1	7.7	12.7	68.4
P99-100	6.9	9.8	2.3	12.1	22.0	47.0	P99-100	6.7	10.2	1.8	9.3	22.3	49.8	P99-100	7.0	10.7	1.3	9.8	22.0	49.1
P99.5-100	7.8	12.7	2.3	13.1	22.0	42.1	P99.5-100	7.7	13.6	2.1	10.6	21.9	44.2	P99.5-100	7.6	14.8	1.3	10.3	25.7	40.3
P99.9-100	8.9	25.2	2.6	11.9	22.5	28.9	P99.9-100	7.9	22.8	1.6	8.4	19.4	39.9	P99.9-100	8.3	27.0	1.2	11.1	20.5	31.9
P99.99-100	10.7	42.3	1.9	14.5	11.3	19.3	P99.99-100	7.5	42.4	1.1	12.1	13.9	22.9	P99.99-100	6.8	45.4	1.1	9.8	13.8	23.1
P90-95	3.4	2.0	0.9	5.1	2.3	86.4	P90-95	3.4	2.6	1.0	5.0	1.9	86.0	P90-95	3.1	1.8	0.8	4.5	2.6	87.1
P95-99	4.6	2.1	1.8	6.7	8.2	76.5	P95-99	4.2	2.3	1.5	7.4	8.2	76.4	P95-99	3.8	2.0	1.1	6.4	7.4	79.3
P99-99.5	5.1	4.1	2.2	9.9	22.2	56.5	P99-99.5	4.7	3.2	1.3	6.5	23.1	61.2	P99-99.5	6.0	3.0	1.2	8.9	15.1	65.7
P99.5-99.9	7.1	4.8	2.1	13.9	21.7	50.6	P99.5-99.9	7.6	7.7	2.3	12.0	23.4	46.9	P99.5-99.9	7.1	6.9	1.4	9.8	29.1	45.8
P99.9-99.99	8.2	18.6	2.9	11.0	26.9	32.6	P99.9-99.99	8.0	15.9	1.8	7.1	21.4	45.9	P99.9-99.99	8.9	20.2	1.3	11.6	23.0	35.2
P99.99-100	10.7	42.3	1.9	14.5	11.3	19.3	P99.99-100	7.5	42.4	1.1	12.1	13.9	22.9	P99.99-100	6.8	45.4	1.1	9.8	13.8	23.1
1994	RF	RCM	BA	BIC	BNC	TSP	1995	RF	RCM	BA	BIC	BNC	TSP	1996	RF	RCM	BA	BIC	BNC	TSP
P90-100	4.5	4.8	1.1	6.3	9.3	73.9	P90-100	4.0	5.0	1.4	6.0	8.8	74.9	P90-100	4.0	5.3	1.5	5.0	8.4	75.7
P95-100	5.7	6.5	1.3	7.0	12.4	67.2	P95-100	4.6	6.8	1.6	7.1	12.1	67.8	P95-100	4.7	7.1	1.8	5.9	11.7	68.9
P99-100	7.0	12.4	1.3	9.3	21.7	48.4	P99-100	6.1	13.5	1.3	9.1	20.9	49.0	P99-100	6.2	14.0	1.6	7.5	19.9	50.8
P99.5-100	7.0	16.2	1.3	9.1	22.6	43.8	P99.5-100	6.3	17.8	1.3	9.7	22.8	42.2	P99.5-100	6.4	18.3	1.5	7.9	21.6	44.3
P99.9-100	7.4	29.8	1.2	7.9	22.7	30.9	P99.9-100	6.4	30.7	1.2	8.4	19.5	33.9	P99.9-100	6.5	31.4	1.4	6.8	18.4	35.5
P99.99-100	5.5	50.5	0.6	7.8	14.8	20.7	P99.99-100	5.4	53.3	0.8	7.3	11.2	22.0	P99.99-100	5.4	54.2	0.9	5.9	10.6	22.9
P90-95	2.5	1.9	0.9	5.1	3.6	86.0	P90-95	2.8	1.8	0.2	3.9	2.7	87.8	P90-95	2.8	1.8	1.0	3.3	2.3	88.8
P95-99	4.9	2.9	1.2	5.7	6.9	78.4	P95-99	3.7	2.9	0.5	5.9	7.0	78.9	P95-99	3.8	3.2	1.9	5.0	6.9	79.2
P99-99.5	7.0	5.0	1.1	9.7	19.8	57.4	P99-99.5	5.6	5.4	1.1	8.1	17.3	62.1	P99-99.5	5.6	5.1	1.7	6.8	16.4	64.4
P99.5-99.9	6.7	6.8	1.4	9.9	22.5	52.7	P99.5-99.9	6.2	9.6	1.2	10.5	24.9	47.5	P99.5-99.9	6.4	9.5	1.6	8.6	23.7	50.2
P99.9-99.99	8.1	22.5	1.5	7.9	25.5	34.5	P99.9-99.99	6.8	22.0	1.3	8.8	22.6	38.5	P99.9-99.99	7.0	21.8	1.6	7.2	21.7	40.7
P99.99-100	5.5	50.5	0.6	7.8	14.8	20.7	P99.99-100	5.4	53.3	0.8	7.3	11.2	22.0	P99.99-100	5.4	54.2	0.9	5.9	10.6	22.9
1997	RF	RCM	BA	BIC	BNC	TSP	1998	RF	RCM	BA	BIC	BNC	TSP							
P90-100	3.9	5.6	1.4	4.8	8.3	76.0	P90-100	4.0	5.5	1.3	4.7	8.4	76.1							
P95-100	4.5	7.6	1.7	5.6	11.4	69.2	P95-100	4.6	7.5	1.6	5.5	11.5	69.3							
P99-100	5.9	15.1	1.6	7.1	19.5	50.9	P99-100	6.0	15.0	1.5	7.0	19.6	51.0							
P99.5-100	6.1	19.8	1.5	7.5	21.3	43.7	P99.5-100	6.2	19.7	1.4	7.4	21.4	43.8							
P99.9-100	6.1	33.7	1.4	6.4	17.9	34.5	P99.9-100	6.2	33.6	1.3	6.3	18.0	34.6							
P99.99-100	5.0	56.8	0.9	5.4	10.1	21.8	P99.99-100	5.1	56.7	0.8	5.3	10.2	21.9							
P90-95	2.8	1.7	0.9	3.2	2.3	89.1	P90-95	2.9	1.6	0.8	3.1	2.4	89.2							
P95-99	3.7	3.3	1.8	4.7	6.8	79.6	P95-99	3.8	3.2	1.7	4.6	6.9	79.7							
P99-99.5	5.4	5.0	1.6	6.3	15.6	66.1	P99-99.5	5.5	4.9	1.5	6.2	15.7	66.2							
P99.5-99.9	6.1	10.5	1.6	8.2	23.6	49.9	P99.5-99.9	6.2	10.4	1.5	8.1	23.7	50.0							
P99.9-99.99	6.6	23.7	1.6	6.8	21.3	40.0	P99.9-99.99	6.7	23.6	1.5	6.7	21.4	40.1							
P99.99-100	5.0	56.8	0.9	5.4	10.1	21.8	P99.99-100	5.1	56.7	0.8	5.3	10.2	21.9							

略号：RFは不動産所得、RCMは動産資本所得、BAは農業収益、BICは商工業収益、BNCは非商業収益、TSPは俸給・給与・退職年金・終身年金。

解説：1998年には、分位P90-100の所得全体に占めるRFの割合は4.0%で、RCMの割合は5.5%。

表B-17とB-18は、各分位の所得構成の時系列の推移がよくわかるように表B-16の結果を別の形式で転載したものである。

表 B-17：高所得層の所得構成の推移（RF、RCM、BA、BIC、BNC、TSP）
（1917 年、1920 年、1932 年、1934 年、1936-1937 年、1945-1946 年、1948-1998 年の各年度の所得）

	P90-100						P95-100						P99-100						P99.5-100					
	RF	RCM	BA	BIC	BNC	TSP	RF	RCM	BA	BIC	BNC	TSP	RF	RCM	BA	BIC	BNC	TSP	RF	RCM	BA	BIC	BNC	TSP
1917													13.0	34.1	1.0	35.2	2.9	13.8	11.8	36.0	0.8	37.6	2.6	11.2
1920	6.8	19.7	1.8	32.6	4.1	35.0	7.0	21.0	1.9	35.3	4.3	30.4	7.1	27.2	1.5	42.7	4.4	17.1	6.6	29.4	1.2	44.5	3.9	14.4
1932	9.8	16.1	0.5	13.3	4.6	55.7	10.5	18.2	0.5	14.7	5.2	50.9	12.7	27.9	0.5	18.8	6.5	33.5	12.6	31.5	0.5	20.0	6.1	29.3
1934	11.9	17.7	0.3	11.6	4.7	53.8	12.8	19.8	0.3	12.5	5.3	49.4	15.8	29.7	0.3	14.6	6.7	32.7	15.9	33.7	0.3	15.2	6.3	28.6
1936	10.6	18.0	0.4	13.6	4.7	52.8	11.2	20.1	0.4	14.8	5.2	48.4	13.1	29.8	0.4	18.8	6.4	31.5	12.8	34.1	0.4	20.1	5.9	26.7
1937	8.8	16.9	0.3	14.6	3.9	55.4	9.5	19.6	0.4	16.5	4.5	49.5	11.2	29.7	0.4	22.7	5.4	30.6	10.8	34.0	0.4	24.8	4.8	25.3
1945	4.0	5.8	1.3	24.5	5.2	59.1	4.2	6.5	1.4	27.1	6.0	54.9	4.9	9.6	1.7	35.6	8.0	40.1	5.0	11.3	1.8	39.6	8.3	33.9
1946	2.3	5.6	2.4	29.5	4.4	55.8	2.5	6.8	2.8	33.9	5.1	48.9	3.0	11.0	3.7	46.4	6.5	29.4	2.9	12.8	3.8	51.0	6.1	23.5
1948	1.4	3.5	2.5	31.2	4.2	57.1	1.5	4.3	2.7	33.9	4.9	52.7	1.7	7.7	3.2	43.1	6.1	38.2	1.7	9.7	3.0	46.8	5.7	33.1
1949	0.5	4.4	1.2	26.8	4.7	62.3	0.5	5.7	1.3	30.2	5.8	56.4	0.6	10.8	1.1	38.4	7.6	41.5	0.5	13.5	1.0	41.0	7.4	36.6
1950	0.7	5.3	1.1	25.8	5.0	62.1	0.7	6.7	1.1	28.3	6.0	57.1	0.7	12.3	1.1	34.0	7.9	44.0	0.6	15.4	1.0	35.5	7.8	39.7
1951	1.0	5.0	0.8	26.2	5.4	61.6	1.0	6.1	0.9	28.6	6.3	57.1	1.0	10.9	0.9	34.9	8.1	44.2	1.0	13.6	0.8	36.7	7.9	40.0
1952	0.9	4.5	0.4	26.7	5.4	62.1	0.9	5.8	0.4	29.7	6.6	56.6	0.9	10.6	0.4	36.5	9.0	42.5	0.8	13.1	0.4	37.5	8.5	39.6
1953	0.9	4.8	0.7	29.4	4.8	59.4	0.9	6.1	0.7	32.2	5.9	54.2	0.9	11.2	0.7	38.2	8.2	40.8	0.8	14.0	0.6	38.5	7.9	38.3
1954	0.8	4.8	0.5	28.6	6.0	59.3	0.9	6.0	0.5	31.5	7.5	53.6	0.8	10.9	0.5	36.6	11.1	40.1	0.8	13.7	0.4	37.0	10.8	37.5
1955	0.8	4.8	0.5	27.2	6.2	60.5	0.8	6.2	0.5	30.3	8.0	54.2	0.8	11.0	0.4	34.9	11.1	41.9	0.7	13.9	0.3	35.5	11.2	38.5
1956	1.2	4.7	0.4	24.0	6.3	63.3	1.3	6.1	0.5	26.9	8.1	57.2	1.3	11.0	0.4	32.0	11.6	43.8	1.2	13.7	0.3	33.3	12.1	39.5
1957	1.4	4.4	0.6	25.8	6.3	61.5	1.4	5.7	0.6	28.5	8.0	55.8	1.5	10.0	0.6	33.3	11.3	43.5	1.4	12.5	0.5	34.6	12.1	38.9
1958	1.4	4.1	0.5	21.7	6.3	66.0	1.5	5.3	0.5	24.0	8.2	60.5	1.6	9.4	0.5	28.9	11.9	47.9	1.5	11.7	0.4	30.5	12.7	43.4
1959	1.6	3.9	0.5	25.3	6.4	62.3	1.8	5.1	0.4	28.1	8.4	56.2	1.9	8.8	0.3	32.6	12.3	44.0	1.9	10.8	0.3	33.8	12.9	40.3
1960	2.1	4.8	0.7	23.0	6.7	62.7	2.2	6.2	0.7	25.3	8.9	56.7	2.5	11.0	0.6	28.8	13.6	43.6	2.4	13.6	0.5	29.5	13.9	40.0
1961	2.1	4.6	0.6	23.4	6.9	62.4	2.3	6.0	0.6	26.3	9.4	55.4	2.5	10.5	0.5	29.0	14.8	42.7	2.5	13.1	0.4	29.4	15.2	39.5
1962	2.2	4.5	0.8	22.3	6.4	63.9	2.4	5.8	0.8	25.0	8.5	57.5	2.7	9.9	0.8	28.8	13.2	44.6	2.7	12.4	0.7	29.9	14.1	40.2
1963	2.2	4.2	0.6	22.5	6.6	63.9	2.5	5.5	0.6	25.5	8.9	57.0	2.9	9.5	0.5	29.5	14.4	43.4	2.8	11.8	0.5	30.5	15.4	38.9
1964	2.0	4.1	1.1	21.3	7.8	63.7	2.3	5.2	1.1	23.9	10.6	56.9	2.8	9.0	1.1	27.6	17.9	41.7	2.8	11.1	1.0	28.6	19.0	37.6
1965	2.3	4.0	1.1	21.9	7.8	63.0	2.6	5.2	1.1	24.3	10.5	56.3	3.2	9.2	1.1	27.3	17.8	41.5	3.3	11.5	1.0	28.1	19.0	37.2
1966	2.5	4.0	1.1	21.3	7.8	63.4	2.8	5.1	1.1	23.2	10.3	57.4	3.5	9.4	1.0	26.2	17.6	42.3	3.6	12.0	0.9	27.2	18.5	37.9
1967	2.8	4.4	1.3	21.6	7.9	62.0	3.2	5.7	1.3	23.6	10.7	55.6	3.9	10.3	1.3	26.2	17.6	40.7	4.0	13.2	1.1	26.8	18.7	36.1
1968	2.9	4.2	1.1	19.4	7.5	64.9	3.3	5.5	1.2	21.1	10.3	58.7	4.2	10.1	1.2	23.8	17.0	43.8	4.4	13.1	1.1	24.5	18.4	38.7
1969	2.8	3.9	1.3	18.3	7.5	66.2	3.3	5.2	1.4	20.4	10.3	59.6	4.1	9.7	1.4	23.2	16.9	44.9	4.2	12.4	1.3	24.2	18.2	39.8
1970	3.0	4.0	1.8	17.2	7.5	66.4	3.5	5.3	2.0	19.4	10.2	59.6	4.4	9.9	2.3	22.7	16.8	43.9	4.5	12.6	2.2	24.0	17.7	39.0
1971	3.1	4.0	1.7	16.6	7.6	67.0	3.6	5.2	1.9	18.9	10.5	59.9	4.6	9.7	2.0	23.0	17.4	43.2	4.8	12.4	2.0	24.4	18.6	37.9
1972	3.0	3.8	0.6	16.4	7.4	68.7	3.6	5.1	0.7	19.0	10.3	61.3	4.5	9.4	1.0	23.9	17.2	44.0	4.6	11.8	1.1	24.9	18.3	39.3
1973	2.9	3.7	2.1	15.9	7.6	67.9	3.4	4.9	2.3	18.4	10.4	60.6	4.3	9.0	2.4	22.8	17.5	44.0	4.3	11.2	2.3	22.9	18.1	41.3
1974	2.7	3.6	1.7	15.6	7.5	69.0	3.3	4.7	1.9	18.5	10.3	61.2	4.2	8.7	2.3	23.8	17.5	43.5	4.2	10.8	2.3	23.7	17.2	41.8
1975	2.7	3.5	1.2	14.9	8.0	69.7	3.2	4.6	1.3	17.4	11.0	62.5	4.2	8.3	1.6	22.0	18.6	45.5	4.3	10.6	1.7	22.3	19.9	41.1
1976	2.6	3.4	0.9	15.1	8.0	69.9	3.2	4.5	1.0	18.1	11.2	62.1	4.0	8.3	1.1	22.1	18.5	46.1	4.2	10.5	1.1	22.4	20.4	41.4
1977	2.6	3.4	0.9	14.4	7.7	71.0	3.2	4.6	1.0	17.0	10.7	63.6	4.2	8.9	1.1	20.8	17.5	47.5	4.5	11.8	1.2	21.5	19.9	41.2
1978	2.8	3.4	1.2	14.2	8.4	70.0	3.4	4.6	1.3	16.7	11.8	62.2	4.5	8.7	1.5	20.1	20.3	44.9	4.7	11.2	1.5	20.2	21.9	40.4
1979	2.8	3.6	1.3	14.1	8.6	69.6	3.4	4.8	1.4	16.4	11.9	62.0	4.6	9.1	1.7	19.8	21.2	43.6	4.7	11.4	1.8	19.2	21.2	41.7
1980	2.8	3.9	1.3	13.5	8.4	70.1	3.4	5.2	1.4	16.1	12.0	61.8	4.6	9.5	1.8	19.5	21.1	43.4	4.7	11.9	1.9	18.7	20.4	42.5
1981	3.0	4.1	1.2	12.5	8.3	70.9	3.5	5.4	1.3	14.0	11.3	64.6	5.0	10.0	1.6	18.0	20.1	45.4	5.1	12.6	1.7	17.3	19.8	43.5
1982	3.0	3.7	1.3	11.8	8.1	72.1	3.6	4.8	1.4	13.7	11.3	65.2	5.0	8.8	1.8	17.2	19.1	48.0	5.2	11.5	1.9	16.8	19.7	44.8
1983	3.1	3.4	1.3	10.9	8.3	73.0	3.8	4.4	1.6	12.8	11.7	65.9	5.2	7.9	2.1	15.3	19.7	49.8	5.5	10.3	2.3	15.1	21.1	45.7
1984	3.1	3.5	1.6	9.8	8.2	73.7	3.7	4.5	1.9	11.4	11.6	66.9	5.2	8.2	2.7	14.1	20.1	49.6	5.3	10.4	2.8	13.4	19.8	48.4
1985	3.1	3.8	1.5	9.4	8.5	73.7	3.7	4.8	1.9	10.9	12.0	66.7	5.2	8.2	2.7	13.6	20.5	49.8	5.3	10.4	2.8	13.2	20.7	47.6
1986	3.2	3.9	1.4	9.4	9.1	73.0	3.8	4.7	1.7	10.9	12.5	66.4	5.2	8.0	2.3	13.6	21.5	49.4	5.3	10.2	2.5	13.3	22.2	46.5
1987	3.3	4.3	1.4	9.4	9.2	72.4	3.9	5.3	1.6	10.8	12.6	65.8	5.3	9.0	2.0	13.3	21.1	49.3	5.4	11.7	2.2	13.0	22.0	45.8
1988	3.5	4.5	1.4	9.1	9.5	72.0	4.1	5.6	1.6	10.5	13.0	65.2	5.6	9.5	1.9	12.9	21.4	48.8	5.7	12.4	2.0	12.8	22.6	44.4
1989	4.0	4.8	1.8	8.4	10.0	71.1	4.7	6.0	2.0	10.2	13.8	63.1	6.0	10.6	2.4	12.9	22.7	45.5	6.4	13.4	2.6	13.0	23.6	41.0
1990	4.2	4.3	1.8	8.5	9.5	71.7	4.7	5.6	2.1	10.3	13.3	64.1	6.1	10.2	2.7	13.2	21.2	46.6	6.7	13.2	2.9	13.7	23.7	39.9
1991	4.7	4.0	1.6	7.5	9.6	72.6	5.5	5.1	2.0	8.8	13.5	65.3	6.9	9.8	2.3	12.1	22.0	47.0	7.8	12.7	2.3	13.1	22.0	42.1
1992	4.6	4.3	1.4	7.0	9.5	73.2	5.1	5.3	1.6	8.1	13.5	66.6	6.7	10.2	1.8	9.3	22.3	49.8	7.7	13.6	2.1	10.6	21.9	44.2
1993	4.3	3.9	1.0	6.6	9.1	75.0	5.0	5.1	1.1	7.7	12.7	68.4	7.0	10.7	1.3	9.8	22.0	49.1	7.6	14.8	1.3	10.3	25.7	40.3
1994	4.5	4.8	1.1	6.3	9.3	73.9	5.7	6.5	1.3	7.0	12.4	67.2	7.0	12.4	1.3	9.3	21.7	48.4	7.0	16.2	1.3	9.1	22.6	43.8

表 B-17（続き）

1995	4.0	5.0	1.4	6.0	8.8	74.9	4.6	6.8	1.6	7.1	12.1	67.8	6.1	13.5	1.3	9.1	20.9	49.0	6.3	17.8	1.3	9.7	22.8	42.2
1996	4.0	5.3	1.5	5.0	8.4	75.7	4.7	7.1	1.8	5.9	11.7	68.9	6.2	14.0	1.6	7.5	19.9	50.8	6.4	18.3	1.5	7.9	21.6	44.3
1997	3.9	5.6	1.4	4.8	8.3	76.0	4.5	7.6	1.7	5.6	11.4	69.2	5.9	15.1	1.6	7.1	19.5	50.9	6.1	19.8	1.5	7.5	21.3	43.7
1998	4.0	5.5	1.3	4.7	8.4	76.1	4.6	7.5	1.6	5.5	11.5	69.3	6.0	15.0	1.5	7.0	19.6	51.0	6.2	19.7	1.4	7.4	21.4	43.8

	P99.9-100						P99.99-100						P90-95						P95-99					
	RF	RCM	BA	BIC	BNC	TSP	RF	RCM	BA	BIC	BNC	TSP	RF	RCM	BA	BIC	BNC	TSP	RF	RCM	BA	BIC	BNC	TSP
1917	8.8	37.3	0.5	42.5	2.1	8.7	6.8	39.9	0.4	45.2	1.6	5.9												
1920	5.0	33.3	0.8	48.1	2.7	10.1	3.2	39.3	0.6	50.3	1.2	5.4	4.8	7.8	1.1	7.1	1.5	77.7	6.9	12.3	2.5	25.1	4.3	48.9
1932	11.1	41.5	0.3	22.8	4.4	19.9	7.4	51.5	0.2	25.2	2.0	13.7	6.8	6.3	0.4	6.8	1.9	77.8	8.3	8.7	0.5	10.7	4.0	67.8
1934	14.1	43.8	0.2	16.8	4.3	20.8	9.5	52.5	0.2	20.7	2.0	15.2	7.7	7.5	0.2	7.7	1.9	75.1	9.7	9.9	0.3	10.3	3.9	66.0
1936	10.3	44.1	0.2	22.2	3.7	19.5	6.4	53.3	0.1	25.2	1.5	13.5	7.5	7.6	0.3	7.9	1.9	74.9	9.4	10.2	0.4	10.7	4.1	65.3
1937	8.3	42.6	0.3	26.9	2.8	19.0	4.5	52.2	0.2	29.2	1.2	12.8	5.8	6.5	0.2	7.1	1.6	78.7	7.9	9.8	0.3	10.3	3.7	67.9
1945	4.3	14.4	2.0	50.7	6.7	21.9	2.5	13.8	1.9	67.5	3.0	11.2	3.4	3.0	0.8	13.6	2.1	77.0	3.8	4.7	1.2	22.2	4.8	63.3
1946	2.2	15.4	2.7	60.7	3.9	15.0	1.3	16.6	0.4	73.8	0.5	7.5	1.8	2.3	1.3	17.1	2.3	75.1	2.2	4.0	2.1	25.5	4.2	61.9
1948	1.2	14.3	2.0	53.6	3.7	25.2	0.9	19.7	0.7	60.1	1.9	16.7	1.2	1.1	1.6	20.2	1.7	74.2	1.4	2.1	2.5	28.1	4.1	61.9
1949	0.3	20.2	0.6	42.4	5.1	31.3	0.1	30.9	0.2	41.2	2.6	25.1	0.4	1.0	1.1	18.5	1.7	77.2	0.5	2.5	1.4	24.9	4.7	66.0
1950	0.4	22.5	0.6	36.4	5.9	34.2	0.1	33.8	0.1	34.6	1.8	29.6	0.6	1.4	1.0	19.3	2.4	75.3	0.7	3.2	1.2	24.8	4.9	65.2
1951	0.6	21.3	0.5	37.2	5.9	34.5	0.3	31.7	0.3	35.5	4.2	27.9	0.9	1.4	0.6	17.2	2.3	77.5	1.0	3.2	0.9	24.8	5.2	64.9
1952	0.6	20.5	0.3	37.7	6.9	34.1	0.3	32.7	0.5	33.2	4.6	28.7	0.8	1.2	0.4	18.0	2.0	77.7	0.9	2.6	0.5	25.2	5.1	65.6
1953	0.5	21.8	0.4	37.3	6.7	33.4	0.2	32.5	0.3	33.7	3.7	29.6	0.8	1.4	0.5	20.6	1.8	75.2	0.9	2.7	0.7	28.4	4.3	63.2
1954	0.5	21.5	0.3	35.8	9.2	32.8	0.3	32.6	0.3	33.4	5.3	28.3	0.8	1.4	0.5	20.5	1.9	75.3	0.9	2.8	0.6	28.1	5.2	62.8
1955	0.5	21.5	0.2	34.3	9.9	33.6	0.2	32.4	0.1	32.2	6.0	29.2	0.7	1.4	0.5	19.2	1.8	76.8	0.8	3.0	0.6	27.4	5.9	62.6
1956	0.9	21.2	0.3	32.4	10.6	34.7	0.3	33.6	0.3	30.4	6.9	28.7	1.0	1.5	0.4	17.7	2.1	77.4	1.3	2.7	0.5	23.4	5.6	66.7
1957	1.1	19.7	0.4	34.3	10.3	34.3	0.6	31.9	0.3	33.1	7.8	26.5	1.2	1.5	0.5	19.0	2.3	75.6	1.4	2.7	0.6	25.3	5.8	64.3
1958	1.2	18.2	0.3	31.9	11.1	37.4	0.7	29.7	0.2	32.5	7.9	29.1	1.2	1.5	0.5	16.3	2.2	78.5	1.5	2.6	0.6	20.8	5.8	69.0
1959	1.6	16.8	0.2	35.5	12.0	34.0	1.1	27.1	0.1	36.0	9.7	26.1	1.4	1.5	0.5	19.3	2.0	75.6	1.7	2.6	0.5	25.2	5.8	64.5
1960	2.1	21.2	0.3	29.9	12.4	34.1	1.5	35.4	0.2	27.2	8.9	26.8	1.6	1.7	0.7	18.2	2.1	75.7	2.1	2.9	0.8	22.9	5.6	65.8
1961	2.2	20.5	0.3	29.6	13.9	33.6	1.6	34.0	0.2	27.6	10.1	26.7	1.6	1.4	0.7	16.9	1.5	78.1	2.2	2.9	0.7	24.5	5.7	64.2
1962	2.3	19.6	0.4	30.8	13.8	33.1	1.6	33.2	0.2	26.6	11.8	26.7	1.7	1.8	0.8	16.6	1.9	77.3	2.3	3.0	0.9	22.5	5.4	66.2
1963	2.6	18.4	0.3	30.7	15.4	32.6	1.7	31.5	0.3	25.5	14.4	26.7	1.7	1.6	0.6	16.2	1.7	78.4	2.3	2.8	0.6	23.0	5.3	66.1
1964	2.7	17.0	0.8	29.1	18.8	31.7	2.2	29.8	0.5	25.0	16.8	26.0	1.4	1.6	1.0	15.9	1.8	78.5	2.1	2.7	1.2	21.5	5.7	67.2
1965	3.3	17.7	0.7	28.1	18.2	32.0	2.8	30.8	0.3	24.4	16.5	25.3	1.6	1.4	1.1	16.7	1.8	77.6	2.2	2.5	1.1	22.3	5.6	66.5
1966	3.4	19.2	0.7	27.1	17.4	32.3	2.6	35.5	0.3	22.6	13.9	25.2	1.9	1.8	1.0	17.3	2.7	75.6	2.4	2.3	1.1	21.3	5.5	67.6
1967	3.9	21.4	0.8	26.1	17.4	30.5	2.9	39.6	0.3	21.1	13.4	22.8	2.0	1.5	1.2	17.4	1.9	76.1	2.7	2.7	1.3	21.9	6.2	65.4
1968	4.3	21.3	0.7	23.7	18.0	32.1	3.2	38.6	0.3	18.7	16.2	23.1	2.0	1.4	1.0	15.9	1.7	78.2	2.7	2.6	1.2	19.5	6.0	68.2
1969	4.1	20.3	0.9	23.6	17.9	33.4	3.0	37.1	0.3	20.7	16.4	22.7	1.9	1.5	1.1	14.1	2.0	79.6	2.8	2.3	1.4	18.7	6.1	69.1
1970	4.4	21.0	1.9	23.5	16.5	32.8	3.6	39.9	1.3	18.9	12.4	24.0	2.0	1.6	1.4	12.9	2.2	80.0	2.9	2.3	1.9	17.2	6.0	69.9
1971	4.7	20.7	1.6	24.0	17.3	31.6	3.9	39.2	1.2	19.7	13.0	23.1	1.9	1.2	1.3	11.7	1.4	82.4	3.0	2.2	1.8	16.1	5.7	71.3
1972	4.6	19.8	0.9	24.7	17.2	32.7	3.9	37.7	0.7	20.8	12.9	24.0	1.8	1.2	0.4	11.0	1.4	84.2	2.9	2.0	0.6	15.6	5.5	73.5
1973	4.3	19.1	2.0	23.0	17.2	34.4	3.7	36.5	1.5	19.9	13.0	25.4	1.8	1.3	1.6	10.5	1.7	83.1	2.8	2.0	2.2	15.3	5.4	72.4
1974	4.3	18.5	2.0	24.0	16.5	34.6	3.7	35.4	1.6	21.3	12.4	25.6	1.6	1.2	1.1	9.6	1.5	84.9	2.6	2.1	1.7	14.8	5.4	73.5
1975	4.4	18.3	1.6	22.8	19.2	33.8	3.8	35.0	1.3	20.6	14.3	25.0	1.7	1.4	1.0	9.9	2.0	84.0	2.5	2.0	1.2	14.3	5.8	74.1
1976	4.3	18.2	1.0	22.9	19.7	33.8	3.7	34.7	0.9	21.1	14.7	24.9	1.6	1.2	0.8	9.2	1.7	85.4	2.6	1.8	0.9	15.3	6.0	73.5
1977	4.6	20.3	1.1	21.9	19.1	33.0	3.9	37.6	0.9	20.1	13.8	23.7	1.5	1.0	0.8	9.2	1.7	85.8	2.5	1.8	0.9	14.5	6.2	74.1
1978	4.8	19.5	1.4	20.7	21.2	32.3	4.2	36.3	1.3	19.5	15.3	23.4	1.6	1.1	1.1	9.2	1.7	85.2	2.7	1.8	1.2	14.5	6.1	73.7
1979	4.8	19.9	1.7	19.9	20.6	33.1	4.2	36.8	1.6	19.0	14.7	23.8	1.7	1.4	1.1	9.5	2.1	84.3	2.6	1.9	1.2	14.2	5.6	74.6
1980	4.8	20.7	1.8	19.4	19.8	33.4	4.2	37.8	1.7	18.7	14.0	23.7	1.5	1.4	1.0	8.3	1.6	86.2	2.6	2.4	1.2	13.9	6.0	73.9
1981	5.2	22.0	1.7	18.0	19.3	33.9	4.6	39.5	1.6	17.4	13.3	23.7	2.0	1.6	0.9	9.4	2.5	83.5	2.6	2.4	1.0	11.5	5.7	76.7
1982	5.5	20.4	1.9	17.8	19.4	35.0	4.9	37.1	1.9	17.8	13.5	24.8	1.8	1.7	1.0	8.1	2.1	85.3	2.8	2.4	1.2	11.6	6.5	75.6
1983	5.9	18.5	2.4	16.2	21.1	35.9	5.4	34.2	2.5	16.9	15.0	26.0	1.8	1.7	0.9	7.3	2.0	86.3	2.9	2.3	1.3	11.2	6.9	75.4
1984	5.7	18.8	3.0	14.6	20.0	37.9	5.3	34.7	3.1	15.5	14.1	27.4	1.9	1.7	1.0	6.9	1.9	86.7	2.8	2.3	1.4	9.8	6.5	77.2
1985	5.7	18.9	3.0	14.4	21.0	36.9	5.3	34.7	3.3	15.5	14.6	26.6	1.9	1.9	0.9	6.5	1.8	87.1	2.9	2.7	1.4	9.2	7.0	76.7
1986	5.8	18.6	2.7	14.5	22.6	35.9	5.4	34.0	3.0	16.0	15.7	25.8	2.0	2.3	0.9	6.8	2.6	85.4	2.9	2.7	1.3	9.2	7.0	76.9
1987	5.8	21.1	2.4	14.1	22.1	34.5	5.3	37.6	2.6	15.4	14.8	24.2	2.1	2.4	1.1	6.8	2.7	84.9	3.0	3.0	1.3	9.3	7.3	76.1
1988	6.2	22.3	2.2	13.8	22.6	33.0	5.7	39.1	2.4	15.2	14.9	22.8	2.2	2.5	1.2	6.5	2.7	85.0	3.3	3.3	1.4	9.0	7.9	75.2
1989	6.9	23.4	2.2	13.8	22.4	31.4	5.7	38.3	2.0	15.1	17.3	21.5	2.5	2.5	1.4	4.7	2.5	86.5	4.0	3.3	1.8	8.6	8.4	73.9
1990	6.5	22.6	2.8	12.7	19.4	35.9	5.4	39.1	3.0	14.1	17.2	21.1	3.1	1.8	1.3	5.2	2.4	86.2	3.8	2.7	1.7	8.5	8.3	75.0
1991	8.9	25.2	2.6	11.9	22.5	28.9	10.7	42.3	1.9	14.5	11.3	19.3	3.4	2.0	0.9	5.1	2.3	86.4	4.6	2.1	1.8	6.7	8.2	76.5
1992	7.9	22.8	1.6	8.4	19.4	39.9	7.5	42.4	1.1	12.1	13.9	22.9	3.4	2.6	1.0	5.0	1.9	86.0	4.2	2.3	1.5	7.4	8.2	76.4

表 B-17（続き）

1993	8.3	27.0	1.2	11.1	20.5	31.9	6.8	45.4	1.1	9.8	13.8	23.1	3.1	1.8	0.8	4.5	2.6	87.1	3.8	2.0	1.1	6.4	7.4	79.3
1994	7.4	29.8	1.2	7.9	22.7	30.9	5.5	50.5	0.6	7.8	14.8	20.7	2.5	1.9	0.9	5.1	3.6	86.0	4.9	2.9	1.2	5.7	6.9	78.4
1995	6.4	30.7	1.2	8.4	19.5	33.9	5.4	53.3	0.8	7.3	11.2	22.0	2.8	1.8	0.2	3.9	2.7	87.8	3.7	2.9	0.5	5.9	7.0	78.9
1996	6.5	31.4	1.4	6.8	18.4	35.5	5.4	54.2	0.9	5.9	10.6	22.9	2.8	1.8	1.0	3.3	2.3	88.8	3.8	3.2	1.9	5.0	6.9	79.2
1997	6.1	33.7	1.4	6.4	17.9	34.5	5.0	56.8	0.9	5.4	10.1	21.8	2.8	1.7	0.9	3.2	2.3	89.1	3.7	3.3	1.8	4.7	6.8	79.6
1998	6.2	33.6	1.3	6.3	18.0	34.6	5.1	56.7	0.8	5.3	10.2	21.9	2.9	1.6	0.8	3.1	2.4	89.2	3.8	3.2	1.7	4.6	6.9	79.7

	P99-99.5						P99.5-99.9						P99.9-99.99						P99.99-100					
	RF	RCM	BA	BIC	BNC	TSP	RF	RCM	BA	BIC	BNC	TSP	RF	RCM	BA	BIC	BNC	TSP	RF	RCM	BA	BIC	BNC	TSP
1917	17.6	26.8	1.9	25.6	4.3	23.8	15.3	34.4	1.1	31.7	3.2	14.4	10.1	35.7	0.6	40.8	2.4	10.4	6.8	39.9	0.4	45.2	1.6	5.9
1920	8.7	18.6	2.5	35.6	5.9	28.6	8.4	24.8	1.8	40.1	5.4	19.5	6.1	29.9	0.9	46.8	3.5	12.8	3.2	39.3	0.6	50.3	1.2	5.4
1932	12.8	17.1	0.6	15.0	7.7	46.7	13.9	23.6	0.6	18.0	7.5	36.3	12.7	37.1	0.4	21.7	5.5	22.6	7.4	51.5	0.2	25.2	2.0	13.7
1934	15.4	18.1	0.4	12.8	7.9	45.5	17.5	25.4	0.3	14.0	8.0	34.8	16.4	39.6	0.2	14.8	5.4	23.5	9.5	52.5	0.2	20.7	2.0	15.2
1936	13.9	18.2	0.5	15.0	8.2	44.1	15.4	25.3	0.5	18.6	8.0	32.3	12.5	38.6	0.3	20.6	5.1	22.9	6.4	53.3	0.1	25.2	1.5	13.5
1937	12.5	17.9	0.5	17.1	7.1	44.8	13.2	25.2	0.5	22.4	6.8	31.8	10.3	37.7	0.3	25.7	3.7	22.3	4.5	52.2	0.2	29.2	1.2	12.8
1945	4.7	6.3	1.6	27.9	7.3	52.2	5.3	9.5	1.7	32.9	9.3	41.2	5.0	14.5	2.0	45.1	8.0	25.4	2.5	13.8	1.9	67.5	3.0	11.2
1946	3.1	7.3	3.6	36.6	7.4	41.9	3.4	10.8	4.5	43.9	7.7	29.7	2.6	15.0	3.6	55.6	5.2	18.0	1.3	16.6	0.4	73.8	0.5	7.5
1948	1.9	3.6	3.5	35.1	7.0	49.0	2.0	6.4	3.8	41.8	7.2	38.9	1.4	12.3	2.5	51.3	4.3	28.3	0.9	19.7	0.7	60.1	1.9	16.7
1949	0.7	4.9	1.5	32.9	8.2	51.9	0.6	8.4	1.2	40.0	9.2	40.6	0.4	16.2	0.8	42.8	6.0	33.7	0.1	30.9	0.2	41.2	2.6	25.1
1950	0.8	5.4	1.4	30.7	8.1	53.6	0.8	10.3	1.2	34.8	9.2	43.7	0.5	18.1	0.8	37.1	7.5	36.0	0.1	33.8	0.1	34.6	1.8	29.6
1951	1.2	4.9	1.1	31.1	8.4	53.3	1.2	8.0	1.0	36.3	9.5	44.0	0.7	17.5	0.6	37.8	6.5	37.0	0.3	31.7	0.3	35.5	4.2	27.9
1952	1.1	5.1	0.5	34.4	10.1	48.8	1.0	7.9	0.4	37.4	9.7	43.6	0.6	16.2	0.3	39.3	7.7	36.0	0.3	32.7	0.5	33.2	4.6	28.7
1953	1.2	5.1	0.9	37.7	8.9	46.7	1.0	8.5	0.7	39.6	8.8	41.9	0.7	18.1	0.4	38.8	7.8	35.0	0.2	32.5	0.3	33.7	3.7	29.6
1954	1.1	4.7	0.6	36.0	11.8	46.4	0.9	8.4	0.5	37.9	12.0	40.9	0.6	17.6	0.3	37.0	10.7	34.6	0.3	32.6	0.3	33.4	5.3	28.3
1955	1.0	4.6	0.6	33.6	11.1	49.6	0.8	8.8	0.4	36.5	12.0	42.0	0.6	17.7	0.2	35.3	11.4	35.4	0.2	32.4	0.1	32.2	6.0	29.2
1956	1.5	5.6	0.5	29.5	10.6	52.6	1.4	8.7	0.4	34.0	13.1	42.8	1.1	17.0	0.3	33.3	11.9	37.0	0.3	33.6	0.3	30.4	6.9	28.7
1957	1.6	4.8	0.7	30.6	9.6	53.1	1.6	7.8	0.5	35.0	13.4	42.0	1.2	15.3	0.5	34.8	11.3	37.3	0.6	31.9	0.3	33.1	7.8	26.5
1958	1.7	4.8	0.6	25.8	10.3	57.2	1.7	7.5	0.5	29.6	13.7	47.4	1.4	14.2	0.3	31.8	12.3	40.5	0.7	29.7	0.2	32.5	7.9	29.1
1959	2.0	4.9	0.4	30.2	11.1	51.6	2.1	7.0	0.4	32.8	13.6	44.5	1.8	13.2	0.2	35.4	12.9	36.9	1.1	27.1	0.1	36.0	9.7	26.1
1960	2.6	5.0	0.8	27.2	12.9	51.7	2.6	8.7	0.6	29.3	14.9	43.9	2.3	16.2	0.4	30.9	13.7	36.7	1.5	35.4	0.2	27.2	8.9	26.8
1961	2.7	4.8	0.7	28.0	14.2	50.1	2.7	8.4	0.5	29.4	16.0	43.4	2.4	15.8	0.3	30.5	15.3	36.2	1.6	34.0	0.2	27.6	10.1	26.7
1962	2.8	4.4	1.0	26.3	11.5	54.3	2.9	7.9	0.9	29.5	14.3	44.9	2.6	14.9	0.5	32.3	14.6	35.5	1.6	33.2	0.2	26.6	11.8	26.7
1963	2.9	4.5	0.6	27.3	12.1	52.9	3.0	7.7	0.5	30.6	15.5	43.0	2.9	14.0	0.3	32.5	15.8	34.8	1.7	31.5	0.3	25.5	14.4	26.7
1964	2.7	4.6	1.3	25.6	15.8	50.8	2.9	7.5	1.1	28.4	19.2	41.4	2.9	12.8	0.9	30.6	19.6	33.8	2.2	29.8	0.5	25.0	16.8	26.0
1965	3.1	4.6	1.3	25.7	15.3	50.5	3.4	7.6	1.1	28.2	19.5	40.6	3.4	13.5	0.8	29.5	18.9	34.4	2.8	30.8	0.3	24.4	16.5	25.3
1966	3.3	4.1	1.2	24.4	15.8	51.6	3.7	7.5	1.1	27.3	19.3	41.4	3.7	13.6	0.8	28.7	18.6	34.8	2.6	35.5	0.3	22.6	13.9	25.2
1967	3.7	4.4	1.6	25.0	15.3	50.4	4.1	8.1	1.4	27.4	19.6	39.7	4.2	14.9	0.9	28.0	18.9	33.3	2.9	39.6	0.3	21.1	13.4	22.8
1968	3.8	4.3	1.4	22.4	14.3	54.2	4.4	8.0	1.3	25.1	18.7	42.9	4.7	15.0	0.9	25.5	18.7	35.4	3.2	38.6	0.3	18.7	16.2	23.1
1969	3.8	4.2	1.6	21.2	14.4	55.4	4.3	7.7	1.6	24.7	18.4	43.9	4.5	14.5	1.1	24.8	18.6	37.3	3.0	37.1	0.3	20.7	16.4	22.7
1970	4.1	4.3	2.4	20.4	15.2	54.1	4.6	7.5	2.5	24.4	18.6	43.1	4.7	14.8	2.1	25.2	18.0	36.0	3.6	39.9	1.3	18.9	12.4	24.0
1971	4.2	3.9	2.2	20.2	15.0	54.6	4.8	6.9	2.2	24.6	19.4	42.1	5.0	14.1	1.8	25.5	18.9	34.7	3.9	39.2	1.2	19.7	13.0	23.1
1972	4.2	4.4	0.8	21.8	14.8	53.9	4.7	6.3	1.2	25.0	19.0	43.8	4.9	13.3	1.0	26.1	18.8	35.9	3.9	37.7	0.7	20.8	12.9	24.0
1973	4.2	4.1	2.6	22.8	16.2	50.1	4.2	6.2	2.5	22.8	18.6	45.7	4.6	11.9	2.2	24.3	18.9	38.1	3.7	36.5	1.5	19.9	13.0	25.4
1974	4.2	3.8	2.3	24.1	18.2	47.3	4.2	5.8	2.5	23.4	17.7	46.4	4.5	12.3	2.2	25.0	18.1	37.9	3.7	35.4	1.6	21.3	12.4	25.6
1975	3.8	3.0	1.2	21.2	15.6	55.2	4.3	5.7	1.8	22.0	20.4	45.8	4.6	12.1	1.7	23.6	21.0	37.1	3.8	35.0	1.3	20.6	14.3	25.0
1976	3.7	3.6	1.0	21.6	14.5	55.7	4.1	5.5	1.2	22.0	20.9	46.3	4.5	12.0	1.1	23.6	21.7	37.1	3.7	34.7	0.9	21.1	14.7	24.9
1977	3.5	2.9	1.0	19.3	12.7	60.6	4.4	6.3	1.2	21.2	20.4	46.5	4.8	13.6	1.1	22.6	21.1	36.6	3.9	37.6	0.9	20.1	13.8	23.7
1978	4.1	3.5	1.3	19.9	17.1	54.1	4.6	5.9	1.6	19.8	22.4	45.8	5.0	13.1	1.5	21.2	23.4	35.7	4.2	36.3	1.3	19.5	15.3	23.4
1979	4.5	4.2	1.6	20.9	21.3	47.4	4.6	5.7	1.9	18.7	21.6	47.5	5.0	13.4	1.8	20.2	22.8	36.7	4.2	36.8	1.6	19.0	14.7	23.8
1980	4.6	4.6	1.6	21.2	22.7	45.2	4.5	6.0	1.9	18.2	20.8	48.5	5.0	14.2	1.9	19.7	22.1	37.1	4.2	37.8	1.7	18.7	14.0	23.7
1981	4.8	4.7	1.5	19.3	20.6	49.1	4.9	6.3	1.7	16.8	20.2	50.0	5.5	15.2	1.7	18.2	21.6	37.8	4.6	39.5	1.6	17.4	13.3	23.7
1982	4.7	3.4	1.7	17.9	17.9	54.5	5.0	5.8	1.9	16.2	19.8	51.2	5.7	14.2	1.9	17.8	21.6	38.8	4.9	37.1	1.9	17.8	13.5	24.8
1983	4.6	3.2	1.7	15.8	16.9	57.7	5.3	5.2	2.3	14.4	21.0	51.8	6.0	12.9	2.4	15.9	23.3	39.4	5.4	34.2	2.5	16.9	15.0	26.0
1984	5.2	4.2	2.4	15.5	20.8	51.9	5.0	5.1	2.7	12.7	19.6	54.9	5.9	13.1	2.9	14.2	22.1	41.7	5.3	34.7	3.1	15.5	14.1	27.4
1985	5.0	3.8	2.3	14.5	20.2	54.2	5.0	5.1	2.7	12.4	20.5	54.2	5.9	13.2	3.0	14.0	23.3	40.7	5.3	34.7	3.3	15.5	14.6	26.6
1986	5.0	3.5	1.9	14.2	20.0	55.3	5.0	4.8	2.4	12.5	22.0	53.4	5.9	12.8	2.6	14.0	25.1	39.6	5.4	34.0	3.0	16.0	15.7	25.8
1987	5.1	3.4	1.7	13.8	19.2	56.8	5.1	5.3	2.1	12.2	21.9	53.4	5.9	14.5	2.3	13.6	25.0	38.7	5.3	37.6	2.6	15.4	14.8	24.2
1988	5.3	3.9	1.7	13.0	19.1	57.0	5.5	6.2	1.9	12.2	22.6	51.6	6.3	15.9	2.1	13.3	25.5	36.8	5.7	39.1	2.4	15.2	14.9	22.8
1989	5.3	4.9	2.0	12.7	20.8	54.3	6.1	6.9	2.8	12.4	24.5	47.4	7.3	17.4	2.3	13.3	24.3	35.3	5.7	38.3	2.0	15.1	17.3	21.5
1990	5.0	4.3	2.3	12.2	16.3	60.0	6.7	6.9	2.9	14.3	26.5	42.6	7.0	15.9	2.8	12.1	20.3	41.9	5.4	39.1	3.0	14.1	17.2	21.1

表 B-17（続き）

1991	5.1	4.1	2.2	9.9	22.2	56.5	7.1	4.8	2.1	13.9	21.7	50.6	8.2	18.6	2.9	11.0	26.9	32.6	10.7	42.3	1.9	14.5	11.3	19.3
1992	4.7	3.2	1.3	6.5	23.1	61.2	7.6	7.7	2.3	12.0	23.4	46.9	8.0	15.9	1.8	7.1	21.4	45.9	7.5	42.4	1.1	12.1	13.9	22.9
1993	6.0	3.0	1.2	8.9	15.1	65.7	7.1	6.9	1.4	9.8	29.1	45.8	8.9	20.2	1.3	11.6	23.0	35.2	6.8	45.4	1.1	9.8	13.8	23.1
1994	7.0	5.0	1.1	9.7	19.8	57.4	6.7	6.8	1.4	9.9	22.5	52.7	8.1	22.5	1.5	7.9	25.5	34.5	5.5	50.5	0.6	7.8	14.8	20.7
1995	5.6	5.4	1.1	8.1	17.3	62.1	6.2	9.6	1.2	10.5	24.9	47.5	6.8	22.0	1.3	8.8	22.6	38.5	5.4	53.3	0.8	7.3	11.2	22.0
1996	5.6	5.1	1.7	6.8	16.4	64.4	6.4	9.5	1.6	8.6	23.7	50.2	7.0	21.8	1.6	7.2	21.7	40.7	5.4	54.2	0.9	5.9	10.6	22.9
1997	5.4	5.0	1.6	6.3	15.6	66.1	6.1	10.5	1.6	8.2	23.6	49.9	6.6	23.7	1.6	6.8	21.3	40.0	5.0	56.8	0.9	5.4	10.1	21.8
1998	5.5	4.9	1.5	6.2	15.7	66.2	6.2	10.4	1.5	8.1	23.7	50.0	6.7	23.6	1.5	6.7	21.4	40.1	5.1	56.7	0.8	5.3	10.2	21.9

略号：表B-16を参照。

解説：表B-16を参照。

表 B-18：高所得層の所得構成の推移（資本所得、混合所得、労働所得）（1917 年、1920 年、1932 年、1934 年、1936-1937 年、1945-1946 年、1948-1998 年の各年度の所得）

	P90-100					P95-100					P99-100					P99.5-100				
	Cap.	Mix.	Trav.	Mix.	Trav.	Cap.	Mix.	Trav.	Mix.	Trav.	Cap.	Mix.	Trav.	Mix.	Trav.	Cap.	Mix.	Trav.	Mix.	Trav.
1917											47.1	39.1	13.8	73.9	26.1	47.8	41.0	11.2	78.5	21.5
1920	26.5	38.4	35.0	52.3	47.7	28.1	41.6	30.4	57.8	42.2	34.3	48.6	17.1	74.0	26.0	35.9	49.6	14.4	77.5	22.5
1932	25.9	18.4	55.7	24.8	75.2	28.7	20.4	50.9	28.6	71.4	40.6	25.9	33.5	43.5	56.5	44.1	26.6	29.3	47.6	52.4
1934	29.5	16.6	53.8	23.6	76.4	32.6	18.0	49.4	26.8	73.2	45.6	21.7	32.7	39.8	60.2	49.6	21.8	28.6	43.3	56.7
1936	28.5	18.6	52.8	26.1	73.9	31.3	20.4	48.4	29.6	70.4	42.9	25.6	31.5	44.8	55.2	46.9	26.4	26.7	49.7	50.3
1937	25.7	18.9	55.4	25.4	74.6	29.2	21.3	49.5	30.1	69.9	40.9	28.5	30.6	48.2	51.8	44.8	29.9	25.3	54.2	45.8
1945	9.8	31.0	59.1	34.4	65.6	10.7	34.4	54.9	38.6	61.4	14.5	45.4	40.1	53.1	46.9	16.3	49.8	33.9	59.5	40.5
1946	7.9	36.3	55.8	39.4	60.6	9.3	41.8	48.9	46.1	53.9	14.0	56.6	29.4	65.8	34.2	15.6	60.9	23.5	72.1	27.9
1948	5.0	38.0	57.1	39.9	60.1	5.8	41.5	52.7	44.1	55.9	9.5	52.4	38.2	57.8	42.2	11.4	55.5	33.1	62.6	37.4
1949	4.9	32.8	62.3	34.5	65.5	6.3	37.3	56.4	39.8	60.2	11.3	47.2	41.5	53.2	46.8	14.0	49.4	36.6	57.5	42.5
1950	6.0	31.9	62.1	33.9	66.1	7.4	35.5	57.1	38.3	61.7	13.0	43.0	44.0	49.4	50.6	16.1	44.2	39.7	52.7	47.3
1951	6.0	32.4	61.6	34.5	65.5	7.1	35.8	57.1	38.5	61.5	11.9	43.9	44.2	49.8	50.2	14.6	45.4	40.0	53.2	46.8
1952	5.3	32.5	62.1	34.4	65.6	6.7	36.8	56.6	39.4	60.6	11.5	45.9	42.5	51.9	48.1	14.0	46.4	39.6	53.9	46.1
1953	5.7	34.9	59.4	37.0	63.0	7.0	38.8	54.2	41.7	58.3	12.2	47.1	40.8	53.6	46.4	14.8	47.0	38.3	55.1	44.9
1954	5.6	35.1	59.3	37.2	62.8	6.9	39.5	53.6	42.4	57.6	11.8	48.2	40.1	54.6	45.4	14.4	48.2	37.5	56.2	43.8
1955	5.6	33.9	60.5	35.9	64.1	7.0	38.8	54.2	41.7	58.3	11.8	46.4	41.9	52.6	47.4	14.5	47.0	38.5	55.0	45.0
1956	5.9	30.7	63.3	32.7	67.3	7.4	35.5	57.2	38.3	61.7	12.3	44.0	43.8	50.1	49.9	14.8	45.7	39.5	53.7	46.3
1957	5.8	32.7	61.5	34.7	65.3	7.1	37.1	55.8	40.0	60.0	11.4	45.1	43.5	50.9	49.1	13.9	47.3	38.9	54.9	45.1
1958	5.5	28.5	66.0	30.2	69.8	6.8	32.7	60.5	35.1	64.9	10.9	41.2	47.9	46.2	53.8	13.2	43.5	43.4	50.1	49.9
1959	5.6	32.2	62.3	34.1	65.9	6.9	37.0	56.2	39.7	60.3	10.8	45.3	44.0	50.7	49.3	12.7	47.1	40.3	53.9	46.1
1960	6.8	30.5	62.7	32.7	67.3	8.4	34.9	56.7	38.1	61.9	13.4	43.0	43.6	49.6	50.4	16.0	43.9	40.0	52.3	47.7
1961	6.7	31.0	62.4	33.2	66.8	8.3	36.3	55.4	39.6	60.4	13.1	44.3	42.7	50.9	49.1	15.5	45.0	39.5	53.3	46.7
1962	6.7	29.5	63.9	31.6	68.4	8.2	34.3	57.5	37.4	62.6	12.6	42.8	44.6	49.0	51.0	15.1	44.7	40.2	52.6	47.4
1963	6.5	29.7	63.9	31.7	68.3	8.0	35.0	57.0	38.0	62.0	12.3	44.3	43.4	50.6	49.4	14.7	46.4	38.9	54.4	45.6
1964	6.1	30.2	63.7	32.2	67.8	7.6	35.6	56.9	38.5	61.5	11.8	46.6	41.7	52.8	47.2	13.9	48.6	37.6	56.4	43.6
1965	6.3	30.7	63.0	32.8	67.2	7.9	35.8	56.3	38.9	61.1	12.5	46.1	41.5	52.7	47.3	14.8	48.1	37.2	56.4	43.6
1966	6.5	30.2	63.4	32.2	67.8	8.0	34.6	57.4	37.6	62.4	12.9	44.9	42.3	51.5	48.5	15.6	46.6	37.9	55.2	44.8
1967	7.2	30.8	62.0	33.2	66.8	8.9	35.6	55.6	39.0	61.0	14.2	45.1	40.7	52.6	47.4	17.2	46.7	36.1	56.4	43.6
1968	7.0	28.1	64.9	30.2	69.8	8.8	32.6	58.7	35.7	64.3	14.3	42.0	43.8	49.0	51.0	17.4	44.0	38.7	53.2	46.8
1969	6.7	27.1	66.2	29.0	71.0	8.4	32.0	59.6	35.0	65.0	13.7	41.4	44.9	48.0	52.0	16.6	43.7	39.8	52.3	47.7
1970	7.0	26.6	66.4	28.6	71.4	8.8	31.6	59.6	34.6	65.4	14.2	41.9	43.9	48.8	51.2	17.1	43.9	39.0	53.0	47.0
1971	7.0	25.9	67.0	27.9	72.1	8.9	31.3	59.9	34.3	65.7	14.3	42.5	43.2	49.6	50.4	17.2	44.9	37.9	54.2	45.8
1972	6.8	24.5	68.7	26.3	73.7	8.6	30.1	61.3	32.9	67.1	13.9	42.1	44.0	48.9	51.1	16.4	44.3	39.3	53.0	47.0
1973	6.6	25.5	67.9	27.3	72.7	8.3	31.1	60.6	34.0	66.0	13.3	42.7	44.0	49.3	50.7	15.5	43.2	41.3	51.1	48.9
1974	6.3	24.7	69.0	26.4	73.6	8.0	30.8	61.2	33.4	66.6	12.9	43.7	43.5	50.1	49.9	15.0	43.2	41.8	50.9	49.1
1975	6.2	24.1	69.7	25.7	74.3	7.8	29.7	62.5	32.2	67.8	12.5	42.1	45.5	48.1	51.9	15.0	43.9	41.1	51.6	48.4
1976	6.0	24.0	69.9	25.6	74.4	7.6	30.2	62.1	32.7	67.3	12.3	41.7	46.1	47.5	52.5	14.7	43.9	41.4	51.5	48.5
1977	6.0	23.0	71.0	24.5	75.5	7.7	28.6	63.6	31.0	69.0	13.1	39.4	47.5	45.3	54.7	16.3	42.5	41.2	50.8	49.2
1978	6.2	23.8	70.0	25.4	74.6	8.0	29.8	62.2	32.4	67.6	13.2	41.9	44.9	48.2	51.8	15.9	43.6	40.4	51.9	48.1

表 B-18（続き）

1979	6.5	23.9	69.6	25.6	74.4	8.3	29.7	62.0	32.4	67.6	13.7	42.7	43.6	49.5	50.5	16.1	42.2	41.7	50.3	49.7
1980	6.7	23.2	70.1	24.9	75.1	8.6	29.5	61.8	32.3	67.7	14.2	42.5	43.4	49.5	50.5	16.6	41.0	42.5	49.1	50.9
1981	7.1	22.0	70.9	23.7	76.3	8.9	26.6	64.6	29.2	70.8	14.9	39.7	45.4	46.6	53.4	17.7	38.8	43.5	47.1	52.9
1982	6.7	21.1	72.1	22.7	77.3	8.4	26.4	65.2	28.8	71.2	13.8	38.1	48.0	44.2	55.8	16.7	38.4	44.8	46.1	53.9
1983	6.5	20.5	73.0	21.9	78.1	8.1	26.0	65.9	28.3	71.7	13.1	37.1	49.8	42.7	57.3	15.8	38.5	45.7	45.7	54.3
1984	6.6	19.6	73.7	21.0	79.0	8.3	24.9	66.9	27.1	72.9	13.4	37.0	49.6	42.7	57.3	15.6	36.0	48.4	42.7	57.3
1985	6.9	19.4	73.7	20.9	79.1	8.5	24.8	66.7	27.1	72.9	13.4	36.8	49.8	42.5	57.5	15.7	36.7	47.6	43.6	56.4
1986	7.0	19.9	73.0	21.5	78.5	8.5	25.1	66.4	27.4	72.6	13.2	37.4	49.4	43.1	56.9	15.5	38.0	46.5	44.9	55.1
1987	7.6	20.0	72.4	21.7	78.3	9.2	25.0	65.8	27.5	72.5	14.3	36.4	49.3	42.5	57.5	17.1	37.2	45.8	44.8	55.2
1988	8.0	20.0	72.0	21.8	78.2	9.8	25.1	65.2	27.8	72.2	15.1	36.2	48.8	42.6	57.4	18.2	37.4	44.4	45.7	54.3
1989	8.8	20.1	71.1	22.0	78.0	10.8	26.1	63.1	29.2	70.8	16.6	37.9	45.5	45.4	54.6	19.8	39.2	41.0	48.8	51.2
1990	8.4	19.9	71.7	21.7	78.3	10.3	25.7	64.1	28.6	71.4	16.3	37.1	46.6	44.3	55.7	19.8	40.3	39.9	50.2	49.8
1991	8.7	18.7	72.6	20.5	79.5	10.5	24.3	65.3	27.1	72.9	16.7	36.4	47.0	43.6	56.4	20.5	37.4	42.1	47.0	53.0
1992	8.9	17.9	73.2	19.7	80.3	10.4	23.2	66.6	25.9	74.1	16.9	33.3	49.8	40.1	59.9	21.3	34.5	44.2	43.9	56.1
1993	8.2	16.7	75.0	18.2	81.8	10.1	21.5	68.4	23.9	76.1	17.8	33.1	49.1	40.3	59.7	22.4	37.3	40.3	48.1	51.9
1994	9.4	16.7	73.9	18.5	81.5	12.1	20.6	67.2	23.5	76.5	19.4	32.2	48.4	40.0	60.0	23.2	33.0	43.8	43.0	57.0
1995	9.0	16.1	74.9	17.7	82.3	11.4	20.8	67.8	23.5	76.5	19.6	31.4	49.0	39.0	61.0	24.1	33.7	42.2	44.4	55.6
1996	9.3	15.0	75.7	16.5	83.5	11.8	19.3	68.9	21.9	78.1	20.1	29.0	50.8	36.3	63.7	24.7	31.0	44.3	41.2	58.8
1997	9.5	14.5	76.0	16.0	84.0	12.1	18.7	69.2	21.3	78.7	20.9	28.1	50.9	35.6	64.4	26.0	30.3	43.7	41.0	59.0
1998	9.5	14.4	76.1	15.9	84.1	12.1	18.6	69.3	21.2	78.8	20.9	28.0	51.0	35.5	64.5	26.0	30.2	43.8	40.9	59.1

	P99.9-100					P99.99-100					P90-95					P95-99				
	Cap.	Mix.	Trav.	Mix.	Trav.	Cap.	Mix.	Trav.	Mix.	Trav.	Cap.	Mix.	Trav.	Mix.	Trav.	Cap.	Mix.	Trav.	Mix.	Trav.
1917	46.1	45.2	8.7	83.9	16.1	46.7	47.3	5.9	88.8	11.2										
1920	38.4	51.5	10.1	83.6	16.4	42.5	52.1	5.4	90.6	9.4	12.6	9.7	77.7	11.1	88.9	19.3	31.9	48.9	39.5	60.5
1932	52.6	27.5	19.9	58.0	42.0	58.9	27.4	13.7	66.7	33.3	13.1	9.1	77.8	10.4	89.6	17.0	15.2	67.8	18.3	81.7
1934	57.9	21.3	20.8	50.6	49.4	62.0	22.8	15.2	60.0	40.0	15.1	9.8	75.1	11.5	88.5	19.6	14.4	66.0	18.0	82.0
1936	54.3	26.1	19.5	57.2	42.8	59.7	26.7	13.5	66.4	33.6	15.1	10.0	74.9	11.8	88.2	19.5	15.2	65.3	18.9	81.1
1937	50.9	30.0	19.0	61.2	38.8	56.7	30.5	12.8	70.5	29.5	12.4	9.0	78.7	10.2	89.8	17.7	14.3	67.9	17.4	82.6
1945	18.7	59.4	21.9	73.1	26.9	16.3	72.4	11.2	86.6	13.4	6.4	16.5	77.0	17.6	82.4	8.5	28.2	63.3	30.8	69.2
1946	17.6	67.3	15.0	81.7	18.3	17.9	74.6	7.5	90.8	9.2	4.1	20.8	75.1	21.7	78.3	6.2	31.9	61.9	34.0	66.0
1948	15.5	59.3	25.2	70.2	29.8	20.6	62.7	16.7	78.9	21.1	2.2	23.5	74.2	24.1	75.9	3.5	34.6	61.9	35.9	64.1
1949	20.6	48.1	31.3	60.5	39.5	31.0	43.9	25.1	63.6	36.4	1.4	21.3	77.2	21.6	78.4	3.0	30.9	66.0	31.9	68.1
1950	22.9	42.9	34.2	55.6	44.4	33.9	36.5	29.6	55.2	44.8	2.0	22.6	75.3	23.1	76.9	3.9	30.9	65.2	32.1	67.9
1951	21.9	43.5	34.5	55.8	44.2	32.1	40.1	27.9	59.0	41.0	2.3	20.1	77.5	20.6	79.4	4.3	30.9	64.9	32.2	67.8
1952	21.1	44.9	34.1	56.8	43.2	33.0	38.3	28.7	57.2	42.8	2.0	20.4	77.7	20.8	79.2	3.5	30.8	65.6	31.9	68.1
1953	22.4	44.3	33.4	57.0	43.0	32.8	37.7	29.6	56.0	44.0	2.2	22.9	75.2	23.3	76.7	3.7	33.4	63.2	34.6	65.4
1954	22.0	45.3	32.8	58.0	42.0	32.8	39.0	28.3	57.9	42.1	2.1	22.8	75.3	23.3	76.7	3.7	33.9	62.8	35.0	65.0
1955	22.0	44.5	33.6	57.0	43.0	32.6	38.3	29.2	56.8	43.2	2.1	21.4	76.8	21.8	78.2	3.8	33.8	62.6	35.1	64.9
1956	22.1	43.3	34.7	55.5	44.5	33.9	37.6	28.7	56.7	43.3	2.6	20.2	77.4	20.7	79.3	4.0	29.6	66.7	30.7	69.3
1957	20.7	45.0	34.3	56.7	43.3	32.5	41.2	26.5	60.9	39.1	2.7	21.9	75.6	22.4	77.6	4.1	31.8	64.3	33.1	66.9
1958	19.4	43.3	37.4	53.6	46.4	30.4	40.6	29.1	58.2	41.8	2.7	19.0	78.5	19.5	80.5	4.1	27.2	69.0	28.2	71.8
1959	18.4	47.7	34.0	58.4	41.6	28.3	45.8	26.1	63.7	36.3	2.8	21.9	75.6	22.4	77.6	4.2	31.5	64.5	32.8	67.2
1960	23.3	42.7	34.1	55.6	44.4	36.9	36.3	26.8	57.5	42.5	3.4	21.0	75.7	21.7	78.3	5.0	29.4	65.8	30.9	69.1
1961	22.7	43.8	33.6	56.6	43.4	35.5	37.9	26.7	58.7	41.3	3.0	19.1	78.1	19.7	80.3	5.1	30.9	64.2	32.5	67.5
1962	21.9	45.0	33.1	57.6	42.4	34.9	38.6	26.7	59.1	40.9	3.5	19.4	77.3	20.0	80.0	5.3	28.7	66.2	30.3	69.7
1963	21.0	46.4	32.6	58.7	41.3	33.2	40.2	26.7	60.1	39.9	3.3	18.4	78.4	19.0	81.0	5.1	29.0	66.1	30.5	69.5
1964	19.7	48.7	31.7	60.6	39.4	32.0	42.2	26.0	61.9	38.1	3.0	18.8	78.5	19.3	80.7	4.8	28.4	67.2	29.7	70.3
1965	21.0	47.0	32.0	59.5	40.5	33.6	41.2	25.3	62.0	38.0	3.0	19.6	77.6	20.1	79.9	4.8	29.0	66.5	30.3	69.7
1966	22.7	45.1	32.3	58.3	41.7	38.1	36.8	25.2	59.4	40.6	3.6	21.0	75.6	21.8	78.2	4.7	27.9	67.6	29.2	70.8
1967	25.3	44.3	30.5	59.3	40.7	42.5	34.8	22.8	60.4	39.6	3.5	20.5	76.1	21.2	78.8	5.4	29.4	65.4	31.0	69.0
1968	25.6	42.4	32.1	56.9	43.1	41.8	35.2	23.1	60.3	39.7	3.4	18.7	78.2	19.3	80.7	5.3	26.7	68.2	28.2	71.8
1969	24.4	42.4	33.4	56.0	44.0	40.1	37.4	22.7	62.2	37.8	3.4	17.3	79.6	17.8	82.2	5.1	26.1	69.1	27.4	72.6
1970	25.4	41.8	32.8	56.0	44.0	43.5	32.5	24.0	57.6	42.4	3.6	16.6	80.0	17.2	82.8	5.3	25.1	69.9	26.4	73.6
1971	25.4	43.0	31.6	57.6	42.4	43.1	33.8	23.1	59.4	40.6	3.1	14.5	82.4	14.9	85.1	5.1	23.5	71.3	24.8	75.2
1972	24.4	42.9	32.7	56.8	43.2	41.6	34.4	24.0	58.9	41.1	3.0	12.8	84.2	13.2	86.8	4.9	21.6	73.5	22.7	77.3
1973	23.4	42.3	34.4	55.1	44.9	40.2	34.4	25.4	57.6	42.4	3.1	13.8	83.1	14.3	85.7	4.7	22.8	72.4	24.0	76.0
1974	22.8	42.6	34.6	55.2	44.8	39.1	35.3	25.6	58.0	42.0	2.9	12.3	84.9	12.6	87.4	4.7	21.9	73.5	22.9	77.1
1975	22.7	43.5	33.8	56.2	43.8	38.8	36.2	25.0	59.1	40.9	3.1	12.9	84.0	13.3	86.7	4.6	21.3	74.1	22.3	77.7

表 B-18（続き）

1976	22.5	43.7	33.8	56.4	43.6	38.4	36.7	24.9	59.6	40.4	2.8	11.7	85.4	12.1	87.9	4.4	22.1	73.5	23.1	76.9
1977	24.9	42.1	33.0	56.0	44.0	41.5	34.7	23.7	59.4	40.6	2.5	11.7	85.8	12.0	88.0	4.3	21.6	74.1	22.6	77.4
1978	24.3	43.4	32.3	57.3	42.7	40.5	36.1	23.4	60.7	39.3	2.7	12.1	85.2	12.4	87.6	4.5	21.8	73.7	22.8	77.2
1979	24.7	42.2	33.1	56.0	44.0	41.0	35.2	23.8	59.7	40.3	3.1	12.6	84.3	13.0	87.0	4.5	20.9	74.6	21.9	78.1
1980	25.6	41.1	33.4	55.2	44.8	42.0	34.3	23.7	59.2	40.8	2.9	10.9	86.2	11.2	88.8	5.0	21.1	73.9	22.2	77.8
1981	27.2	38.9	33.9	53.4	46.6	44.0	32.3	23.7	57.6	42.4	3.6	12.8	83.5	13.3	86.7	5.0	18.3	76.7	19.2	80.8
1982	25.9	39.1	35.0	52.8	47.2	42.0	33.2	24.8	57.2	42.8	3.5	11.2	85.3	11.6	88.4	5.1	19.3	75.6	20.3	79.7
1983	24.4	39.7	35.9	52.5	47.5	39.6	34.4	26.0	56.9	43.1	3.5	10.2	86.3	10.6	89.4	5.2	19.4	75.4	20.5	79.5
1984	24.5	37.6	37.9	49.8	50.2	40.0	32.7	27.4	54.4	45.6	3.5	9.8	86.7	10.1	89.9	5.2	17.7	77.2	18.6	81.4
1985	24.7	38.4	36.9	51.0	49.0	40.0	33.4	26.6	55.7	44.3	3.8	9.2	87.1	9.5	90.5	5.6	17.6	76.7	18.7	81.3
1986	24.3	39.8	35.9	52.6	47.4	39.5	34.7	25.8	57.3	42.7	4.3	10.3	85.4	10.8	89.2	5.6	17.5	76.9	18.5	81.5
1987	26.9	38.6	34.5	52.8	47.2	42.9	32.9	24.2	57.6	42.4	4.5	10.6	84.9	11.1	88.9	6.0	17.9	76.1	19.1	80.9
1988	28.4	38.6	33.0	53.9	46.1	44.7	32.5	22.8	58.8	41.2	4.6	10.4	85.0	10.9	89.1	6.5	18.3	75.2	19.6	80.4
1989	30.2	38.4	31.4	55.0	45.0	44.0	34.4	21.5	61.6	38.4	5.0	8.6	86.5	9.1	90.9	7.2	18.9	73.9	20.3	79.7
1990	29.2	35.0	35.9	49.4	50.6	44.5	34.4	21.1	62.0	38.0	4.9	8.9	86.2	9.3	90.7	6.5	18.5	75.0	19.8	80.2
1991	34.1	37.0	28.9	56.2	43.8	53.0	27.7	19.3	58.8	41.2	5.4	8.3	86.4	8.7	91.3	6.7	16.8	76.5	18.0	82.0
1992	30.6	29.4	39.9	42.4	57.6	50.0	27.1	22.9	54.1	45.9	6.0	8.0	86.0	8.5	91.5	6.5	17.1	76.4	18.3	81.7
1993	35.3	32.8	31.9	50.7	49.3	52.2	24.7	23.1	51.6	48.4	4.9	8.0	87.1	8.4	91.6	5.8	14.9	79.3	15.8	84.2
1994	37.3	31.8	30.9	50.7	49.3	56.0	23.3	20.7	52.9	47.1	4.4	9.6	86.0	10.1	89.9	7.8	13.8	78.4	15.0	85.0
1995	37.1	29.0	33.9	46.1	53.9	58.6	19.3	22.0	46.7	53.3	4.6	6.8	87.8	7.1	92.9	6.6	13.3	78.9	14.4	85.6
1996	37.9	26.6	35.5	42.9	57.1	59.7	17.4	22.9	43.2	56.8	4.6	6.6	88.8	6.9	93.1	7.0	13.8	79.2	14.8	85.2
1997	39.8	25.7	34.5	42.7	57.3	61.8	16.4	21.8	42.9	57.1	4.5	6.3	89.1	6.6	93.4	7.0	13.3	79.6	14.3	85.7
1998	39.8	25.6	34.6	42.5	57.5	61.8	16.3	21.9	42.6	57.4	4.5	6.2	89.2	6.5	93.5	7.0	13.2	79.7	14.2	85.8

	P99-99.5					P99.5-99.9					P99.9-99.99					P99.99-100				
	Cap.	Mix.	Trav.	Mix.	Trav.	Cap.	Mix.	Trav.	Mix.	Trav.	Cap.	Mix.	Trav.	Mix.	Trav.	Cap.	Mix.	Trav.	Mix.	Trav.
1917	44.4	31.8	23.8	57.1	42.9	49.7	35.9	14.4	71.4	28.6	45.8	43.8	10.4	80.8	19.2	46.7	47.3	5.9	88.8	11.2
1920	27.3	44.1	28.6	60.6	39.4	33.2	47.3	19.5	70.8	29.2	36.0	51.2	12.8	80.1	19.9	42.5	52.1	5.4	90.6	9.4
1932	29.9	23.3	46.7	33.3	66.7	37.6	26.1	36.3	41.8	58.2	49.9	27.5	22.6	54.9	45.1	58.9	27.4	13.7	66.7	33.3
1934	33.5	21.1	45.5	31.6	68.4	42.9	22.4	34.8	39.2	60.8	56.1	20.4	23.5	46.4	53.6	62.0	22.8	15.2	60.0	40.0
1936	32.1	23.7	44.1	35.0	65.0	40.6	27.1	32.3	45.6	54.4	51.1	26.0	22.9	53.1	46.9	59.7	26.7	13.5	66.4	33.6
1937	30.4	24.8	44.8	35.6	64.4	38.5	29.7	31.8	48.3	51.7	48.0	29.7	22.3	57.2	42.8	56.7	30.5	12.8	70.5	29.5
1945	11.1	36.8	52.2	41.3	58.7	14.8	44.0	41.2	51.6	48.4	19.5	55.1	25.4	68.4	31.6	16.3	72.4	11.2	86.6	13.4
1946	10.5	47.7	41.9	53.2	46.8	14.2	56.1	29.7	65.4	34.6	17.6	64.5	18.0	78.2	21.8	17.9	74.6	7.5	90.8	9.2
1948	5.5	45.6	49.0	48.2	51.8	8.4	52.8	38.9	57.6	42.4	13.7	58.0	28.3	67.3	32.7	20.6	62.7	16.7	78.9	21.1
1949	5.6	42.5	51.9	45.1	54.9	9.0	50.4	40.6	55.4	44.6	16.6	49.7	33.7	59.5	40.5	31.0	43.9	25.1	63.6	36.4
1950	6.2	40.2	53.6	42.8	57.2	11.0	45.3	43.7	50.9	49.1	18.7	45.3	36.0	55.7	44.3	33.9	36.5	29.6	55.2	44.8
1951	6.2	40.6	53.3	43.2	56.8	9.2	46.8	44.0	51.6	48.4	18.2	44.8	37.0	54.8	45.2	32.1	40.1	27.9	59.0	41.0
1952	6.3	44.9	48.8	47.9	52.1	8.9	47.5	43.6	52.1	47.9	16.8	47.2	36.0	56.7	43.3	33.0	38.3	28.7	57.2	42.8
1953	6.3	47.5	46.7	50.4	49.6	9.5	49.1	41.9	54.0	46.0	18.8	47.0	35.0	57.3	42.7	32.8	37.7	29.6	56.0	44.0
1954	5.8	48.4	46.4	51.1	48.9	9.3	50.3	40.9	55.2	44.8	18.2	47.9	34.6	58.1	41.9	32.8	39.0	28.3	57.9	42.1
1955	5.6	45.3	49.6	47.7	52.3	9.6	48.9	42.0	53.8	46.2	18.2	47.0	35.4	57.0	43.0	32.6	38.3	29.2	56.8	43.2
1956	7.1	40.7	52.6	43.6	56.4	10.1	47.5	42.8	52.6	47.4	18.0	45.5	37.0	55.1	44.9	33.9	37.6	28.7	56.7	43.3
1957	6.4	40.9	53.1	43.5	56.5	9.4	48.9	42.0	53.8	46.2	16.5	46.6	37.3	55.5	44.5	32.5	41.2	26.5	60.9	39.1
1958	6.5	36.7	57.2	39.1	60.9	9.2	43.9	47.4	48.1	51.9	15.6	44.4	40.5	52.3	47.7	30.4	40.6	29.1	58.2	41.8
1959	6.9	41.8	51.6	44.7	55.3	9.1	46.8	44.5	51.3	48.7	15.0	48.6	36.9	56.8	43.2	28.3	45.8	26.1	63.7	36.3
1960	7.6	40.8	51.7	44.1	55.9	11.4	44.8	43.9	50.5	49.5	18.5	45.0	36.7	55.1	44.9	36.9	36.3	26.8	57.5	42.5
1961	7.5	42.8	50.1	46.1	53.9	11.0	46.0	43.4	51.5	48.5	18.2	46.0	36.2	56.0	44.0	35.5	37.9	26.7	58.7	41.3
1962	7.3	38.8	54.3	41.7	58.3	10.8	44.7	44.9	49.9	50.1	17.5	47.4	35.5	57.2	42.8	34.9	38.6	26.7	59.1	40.9
1963	7.4	40.0	52.9	43.1	56.9	10.7	46.6	43.0	52.0	48.0	16.9	48.6	34.8	58.3	41.7	33.2	40.2	26.7	60.1	39.9
1964	7.3	42.6	50.8	45.6	54.4	10.4	48.7	41.4	54.1	45.9	15.7	51.1	33.8	60.2	39.8	32.0	42.2	26.0	61.9	38.1
1965	7.7	42.3	50.5	45.6	54.4	11.0	48.9	40.6	54.6	45.4	16.9	49.2	34.4	58.8	41.2	33.6	41.2	25.3	62.0	38.0
1966	7.5	41.4	51.6	44.5	55.5	11.2	47.6	41.4	53.5	46.5	17.4	48.1	34.8	58.0	42.0	38.1	36.8	25.2	59.4	40.6
1967	8.0	41.9	50.4	45.4	54.6	12.2	48.4	39.7	54.9	45.1	19.2	47.8	33.3	59.0	41.0	42.5	34.8	22.8	60.4	39.6
1968	8.2	38.1	54.2	41.3	58.7	12.4	45.1	42.9	51.3	48.7	19.7	45.2	35.4	56.0	44.0	41.8	35.2	23.1	60.3	39.7
1969	8.0	37.2	55.4	40.2	59.8	12.0	44.6	43.9	50.4	49.6	19.0	44.5	37.3	54.4	45.6	40.1	37.4	22.7	62.2	37.8
1970	8.4	38.0	54.1	41.2	58.8	12.0	45.4	43.1	51.3	48.7	19.5	45.3	36.0	55.7	44.3	43.5	32.5	24.0	57.6	42.4
1971	8.1	37.3	54.6	40.6	59.4	11.8	46.2	42.1	52.3	47.7	19.1	46.2	34.7	57.1	42.9	43.1	33.8	23.1	59.4	40.6
1972	8.6	37.4	53.9	41.0	59.0	11.0	45.2	43.8	50.8	49.2	18.1	46.0	35.9	56.2	43.8	41.6	34.4	24.0	58.9	41.1

表B-18（続き）

1973	8.3	41.6	50.1	45.4	54.6	10.4	43.9	45.7	48.9	51.1	16.5	45.5	38.1	54.4	45.6	40.2	34.4	25.4	57.6	42.4
1974	8.1	44.6	47.3	48.6	51.4	10.0	43.6	46.4	48.5	51.5	16.8	45.3	37.9	54.4	45.6	39.1	35.3	25.6	58.0	42.0
1975	6.8	37.9	55.2	40.7	59.3	10.0	44.2	45.8	49.1	50.9	16.7	46.2	37.1	55.5	44.5	38.8	36.2	25.0	59.1	40.9
1976	7.3	37.0	55.7	40.0	60.0	9.6	44.1	46.3	48.7	51.3	16.5	46.4	37.1	55.5	44.5	38.4	36.7	24.9	59.6	40.4
1977	6.4	33.0	60.6	35.3	64.7	10.8	42.8	46.5	47.9	52.1	18.5	44.9	36.6	55.1	44.9	41.5	34.7	23.7	59.4	40.6
1978	7.6	38.3	54.1	41.4	58.6	10.5	43.8	45.8	48.9	51.1	18.2	46.1	35.7	56.4	43.6	40.5	36.1	23.4	60.7	39.3
1979	8.7	43.8	47.4	48.0	52.0	10.3	42.2	47.5	47.0	53.0	18.4	44.8	36.7	55.0	45.0	41.0	35.2	23.8	59.7	40.3
1980	9.2	45.6	45.2	50.2	49.8	10.5	40.9	48.5	45.8	54.2	19.2	43.7	37.1	54.1	45.9	42.0	34.3	23.7	59.2	40.8
1981	9.5	41.4	49.1	45.7	54.3	11.2	38.7	50.0	43.6	56.4	20.7	41.5	37.8	52.3	47.7	44.0	32.3	23.7	57.6	42.4
1982	8.0	37.5	54.5	40.8	59.2	10.8	38.0	51.2	42.6	57.4	19.9	41.3	38.8	51.6	48.4	42.0	33.2	24.8	57.2	42.8
1983	7.9	34.4	57.7	37.4	62.6	10.5	37.7	51.8	42.1	57.9	19.0	41.6	39.4	51.4	48.6	39.6	34.4	26.0	56.9	43.1
1984	9.4	38.8	51.9	42.8	57.2	10.1	35.0	54.9	39.0	61.0	19.0	39.3	41.7	48.5	51.5	40.0	32.7	27.4	54.4	45.6
1985	8.8	37.0	54.2	40.5	59.5	10.1	35.7	54.2	39.7	60.3	19.1	40.2	40.7	49.7	50.3	40.0	33.4	26.6	55.7	44.3
1986	8.5	36.2	55.3	39.5	60.5	9.8	36.8	53.4	40.8	59.2	18.7	41.7	39.6	51.3	48.7	39.5	34.7	25.8	57.3	42.7
1987	8.4	34.8	56.8	38.0	62.0	10.4	36.2	53.4	40.4	59.6	20.4	40.9	38.7	51.4	48.6	42.9	32.9	24.2	57.6	42.4
1988	9.2	33.8	57.0	37.2	62.8	11.7	36.7	51.6	41.5	58.5	22.3	40.9	36.8	52.6	47.4	44.7	32.5	22.8	58.8	41.2
1989	10.2	35.5	54.3	39.5	60.5	13.0	39.7	47.4	45.6	54.4	24.8	40.0	35.3	53.1	46.9	44.0	34.4	21.5	61.6	38.4
1990	9.3	30.8	60.0	33.9	66.1	13.7	43.7	42.6	50.7	49.3	22.9	35.2	41.9	45.7	54.3	44.5	34.4	21.1	62.0	38.0
1991	9.2	34.3	56.5	37.8	62.2	11.9	37.7	50.6	42.7	57.3	26.8	40.7	32.6	55.6	44.4	53.0	27.7	19.3	58.8	41.2
1992	7.9	30.9	61.2	33.6	66.4	15.4	37.8	46.9	44.6	55.4	23.9	30.3	45.9	39.7	60.3	50.0	27.1	22.9	54.1	45.9
1993	9.0	25.3	65.7	27.8	72.2	14.0	40.3	45.8	46.8	53.2	29.1	35.8	35.2	50.5	49.5	52.2	24.7	23.1	51.6	48.4
1994	11.9	30.6	57.4	34.8	65.2	13.5	33.9	52.7	39.1	60.9	30.6	34.9	34.5	50.3	49.7	56.0	23.3	20.7	52.9	47.1
1995	11.0	26.5	62.1	29.9	70.1	15.8	36.5	47.5	43.5	56.5	28.8	32.7	38.5	45.9	54.1	58.6	19.3	22.0	46.7	53.3
1996	10.7	24.9	64.4	27.9	72.1	15.9	34.0	50.2	40.4	59.6	28.8	30.5	40.7	42.8	57.2	59.7	17.4	22.9	43.2	56.8
1997	10.4	23.5	66.1	26.3	73.7	16.6	33.5	49.9	40.2	59.8	30.3	29.7	40.0	42.6	57.4	61.8	16.4	21.8	42.9	57.1
1998	10.4	23.4	66.2	26.1	73.9	16.6	33.4	50.0	40.0	60.0	30.3	29.6	40.1	42.5	57.5	61.8	16.3	21.9	42.6	57.4

略号：Cap.は資本所得、Mix.は混合所得、Trav.は労働所得。

解説：1998年には、分位P99.99-100の所得全体に占める資本所得の割合は61.8%で、混合所得の割合は16.3%、労働所得の割合は21.9%だった（資本所得にはRFおよびRCMが含まれ、混合所得にはBA、BIC、BNCが含まれ、労働所得にはTSPが含まれる）。資本所得を除けば、混合所得の割合は42.6%で労働所得の割合は57.4%だった。

3　各高所得分位の平均税率の推移（1915-1998年の所得）

3.1　実施した推計

各高所得分位の納税者が申告した所得水準の推計（前出の第1節を参照）と所得税法についての知識、とくに税率表に関する知識（第4章および付録Cを参照）によって、各高所得分位の累進所得税の平均税率を推計することができる。これらの推計結果はすべて表B-19、B-20、B-21に示してある。これらの詳しい推計は、狭い意味での累進所得税、すなわち、1915-1947年の所得課税についてはIGR、1948-1958年の所得課税についてはIRPPの累進付加税、そして、1959-1998年の所得課税については単に短くIRPPと称される所得税の平均税率だけが対象となっている。分類所得税（1917-1947年の所得）、比例税（1948-1958年の所得）、補足税（1959-1969年の所得）に関しては、おおよその推計を実施するにとどめ（前出の第1.4.2節を参照）、これらの推定値は表B-19、B-20、B-21に示した結果には含めなかった。

表 B-19：課税所得に対するパーセンテージで表わした各分位の平均税率（1915-1998 年の所得）

	P90-100	P95-100	P99-100	P99.5-100	P99.9-100	P99.99-100	P90-95	P95-99	P99-99.5	P99.5-99.9	P99.9-99.99	P99.99-100
1915			1.1	1.3	1.7	1.9			0.3	0.8	1.6	1.9
1916			4.4	5.2	6.9	8.7			1.3	2.9	5.6	8.7
1917			8.2	9.7	14.4	17.9			2.1	4.0	12.3	17.9
1918			7.8	9.4	14.1	17.7			2.3	4.3	12.0	17.7
1919	5.3	6.7	11.7	14.6	23.8	39.7	0.0	0.4	1.6	4.4	15.9	39.7
1920	5.7	7.3	12.8	16.0	25.8	41.9	0.1	0.7	2.3	5.9	17.4	41.9
1921	4.7	6.2	11.1	14.1	23.2	38.7	0.1	0.7	2.2	5.3	15.9	38.7
1922	5.2	6.7	12.0	15.0	24.4	39.9	0.1	0.9	2.4	6.0	17.2	39.9
1923	6.8	8.7	15.5	19.4	30.8	49.1	0.2	1.1	3.4	8.5	22.5	49.1
1924	7.6	10.1	18.2	22.7	36.0	56.8	0.4	1.4	4.6	11.4	27.3	56.8
1925	6.5	8.6	15.8	19.8	31.1	49.0	0.5	1.4	4.3	10.0	23.4	49.0
1926	4.1	5.3	9.4	11.7	17.7	26.2	0.3	0.9	2.7	6.2	13.7	26.2
1927	4.0	5.3	9.5	11.8	17.8	26.4	0.3	0.9	2.6	6.0	13.7	26.4
1928	4.5	6.0	10.9	13.5	20.2	29.5	0.2	0.9	3.1	7.0	15.7	29.5
1929	4.1	5.5	10.3	12.9	19.6	29.2	0.2	0.9	2.8	6.7	15.0	29.2
1930	3.8	5.1	9.8	12.2	18.7	28.2	0.2	0.9	2.8	6.4	14.5	28.2
1931	3.2	4.5	8.8	11.2	17.6	27.7	0.2	0.8	2.5	5.6	13.2	27.7
1932	3.2	4.4	8.8	11.3	18.1	29.3	0.2	0.8	2.6	5.6	13.5	29.3
1933	3.1	4.3	8.6	11.1	18.0	29.1	0.2	0.8	2.5	5.4	13.1	29.1
1934	2.3	3.2	6.6	8.6	14.4	23.0	0.1	0.5	1.7	3.8	10.8	23.0
1935	2.6	3.6	7.5	9.9	17.2	28.1	0.1	0.5	1.7	3.9	12.2	28.1
1936	3.8	5.4	11.2	14.8	25.9	40.2	0.2	0.7	2.3	5.4	19.3	40.2
1937	4.8	6.7	13.8	18.0	30.4	46.4	0.3	0.9	3.0	7.6	22.7	46.4
1938	4.9	6.9	14.1	18.5	31.3	47.3	0.5	1.2	3.4	8.6	24.1	47.3
1939	5.1	7.2	14.7	19.2	32.4	49.8	0.4	1.0	2.9	7.6	24.3	49.8
1940	4.0	5.6	11.7	15.5	27.8	45.5	0.3	0.8	2.5	6.0	20.9	45.5
1941	6.0	8.4	16.8	22.0	36.2	55.1	0.6	1.5	4.4	11.5	28.9	55.1
1942	6.7	9.3	18.8	24.5	39.3	56.6	0.9	2.2	6.6	14.8	33.5	56.6
1943	6.2	8.7	18.4	24.0	39.1	56.7	0.6	2.1	7.1	14.8	33.2	56.7
1944	6.1	8.6	18.1	23.3	37.0	54.5	1.1	2.9	8.3	15.7	31.9	54.5
1945	5.6	8.0	15.4	19.2	28.8	44.0	1.2	3.5	8.1	13.2	23.5	44.0
1946	9.3	11.8	18.7	22.6	33.0	48.4	4.0	7.0	10.2	15.1	27.0	48.4
1947	6.6	9.3	18.4	22.8	33.3	48.8	0.6	3.6	9.4	15.7	27.9	48.8
1948	6.9	9.5	16.6	19.9	28.2	42.1	2.0	4.6	9.5	14.1	23.3	42.1
1949	8.3	10.9	18.3	22.0	32.0	46.8	2.9	5.8	9.9	14.8	26.5	46.8
1950	8.0	10.6	18.0	21.7	31.6	44.5	2.6	5.5	9.6	14.5	26.7	44.5
1951	8.0	10.7	18.1	21.8	31.5	44.3	2.8	5.7	10.0	14.9	26.8	44.3
1952	9.4	12.2	19.9	23.8	33.5	45.8	3.8	7.0	11.7	17.2	29.2	45.8
1953	8.4	11.4	19.5	23.4	33.3	46.0	2.3	5.7	10.9	16.7	28.8	46.0
1954	8.6	11.6	19.8	23.8	33.7	46.3	2.3	5.9	11.3	17.1	29.1	46.3
1955	10.6	14.0	23.3	27.8	38.6	52.4	3.4	7.5	13.8	20.5	33.5	52.4
1956	11.6	15.1	24.7	29.3	40.0	53.7	4.2	8.3	15.3	22.1	34.9	53.7
1957	12.9	16.5	26.4	30.9	41.5	54.9	5.3	9.6	16.8	23.9	36.6	54.9
1958	13.9	17.6	27.6	32.2	42.7	55.5	6.4	10.8	18.1	25.3	38.1	55.5
1959	16.6	20.5	31.2	36.0	46.3	59.0	8.2	13.2	21.5	29.2	41.8	59.0
1960	16.4	20.2	30.6	35.2	45.2	57.1	8.1	12.9	21.0	28.7	40.8	57.1
1961	16.2	19.9	30.0	34.3	43.7	54.8	8.0	12.8	21.0	28.2	39.7	54.8
1962	16.9	20.9	31.3	35.5	44.9	55.5	8.3	13.8	22.5	29.5	41.1	55.5
1963	17.8	21.8	32.8	37.0	46.2	56.4	9.3	14.4	24.2	31.2	42.6	56.4
1964	18.1	22.1	33.1	37.3	46.3	56.3	9.5	14.7	24.5	31.6	42.8	56.3
1965	18.4	22.4	33.3	37.5	46.4	56.2	9.9	15.1	24.9	31.9	43.0	56.2
1966	17.7	21.6	32.0	35.9	44.3	53.3	9.5	14.6	24.0	30.6	41.1	53.3
1967	20.8	26.1	41.4	46.8	57.0	67.6	9.3	15.8	30.5	40.2	53.1	67.6
1968	21.7	26.7	39.3	43.8	53.3	63.0	11.2	18.4	30.0	37.6	49.7	63.0
1969	21.1	25.7	36.9	41.2	50.1	59.1	11.4	18.3	28.2	35.4	46.6	59.1
1970	20.4	24.7	34.9	38.8	47.1	55.4	11.5	17.9	26.8	33.5	44.0	55.4
1971	21.1	25.4	35.6	39.6	47.8	55.4	12.1	18.4	27.5	34.3	45.0	55.4

表 B-19（続き）

1972	20.6	24.7	34.4	38.2	46.0	52.9	12.0	17.9	26.5	33.0	43.4	52.9
1973	21.7	26.1	36.2	40.0	47.8	54.3	12.2	18.9	28.0	34.7	45.2	54.3
1974	21.6	25.9	35.9	39.7	47.7	54.0	12.6	19.1	28.0	34.5	45.4	54.0
1975	22.3	26.7	36.6	40.3	48.2	54.3	13.3	19.9	28.8	35.2	46.0	54.3
1976	23.4	27.8	37.8	41.6	49.3	54.8	14.2	21.0	30.0	36.6	47.3	54.8
1977	23.9	28.4	38.2	42.0	49.7	55.0	15.1	21.9	30.3	36.9	47.6	55.0
1978	23.9	28.3	38.2	42.1	49.7	55.0	14.9	21.6	30.3	37.0	47.7	55.0
1979	24.6	29.1	39.3	43.3	50.6	55.4	15.3	22.1	31.1	38.3	48.8	55.4
1980	25.7	30.7	43.3	49.1	60.7	68.3	15.6	22.3	31.2	41.3	57.9	68.3
1981	26.3	31.7	44.0	48.9	56.3	60.9	15.7	23.5	34.1	43.8	54.5	60.9
1982	25.6	30.7	43.4	48.8	58.0	64.0	15.7	22.8	32.5	42.8	55.8	64.0
1983	25.3	30.1	41.5	46.5	55.1	60.8	16.1	23.2	31.9	41.2	53.1	60.8
1984	23.9	28.5	39.3	44.0	52.3	57.8	15.1	21.8	30.2	38.8	50.3	57.8
1985	23.2	27.7	38.3	42.9	50.7	55.9	14.6	21.2	29.2	37.9	48.9	55.9
1986	22.5	26.8	36.4	40.3	46.4	50.1	14.0	20.7	28.5	36.4	45.1	50.1
1987	21.8	26.1	35.7	39.6	45.6	49.1	13.2	19.7	27.4	35.5	44.2	49.1
1988	21.8	26.1	35.7	39.6	45.3	48.6	13.3	19.7	27.4	35.5	44.0	48.6
1989	22.3	26.7	36.4	40.2	45.8	48.9	13.4	20.0	28.0	36.1	44.5	48.9
1990	22.7	27.1	36.9	40.7	46.3	49.4	13.7	20.4	28.5	36.6	44.9	49.4
1991	22.2	26.5	36.1	39.9	45.6	48.8	13.6	20.2	27.9	35.9	44.2	48.8
1992	21.5	25.6	34.9	38.7	44.5	47.9	13.3	19.6	26.9	34.8	43.2	47.9
1993	19.8	23.7	33.2	37.0	43.0	46.8	12.3	17.6	25.1	32.9	41.5	46.8
1994	19.3	23.1	32.0	35.5	42.0	46.2	12.1	17.3	24.6	31.1	40.2	46.2
1995	19.3	23.1	32.5	36.2	42.2	45.9	11.9	17.2	24.5	32.2	40.7	45.9
1996	17.6	21.3	30.1	33.8	39.5	43.1	10.6	15.7	22.5	29.8	38.0	43.1
1997	18.1	21.7	30.6	34.2	39.7	43.2	11.0	16.1	22.9	30.3	38.3	43.2
1998	18.5	22.3	31.5	34.9	40.1	43.4	11.3	16.4	24.3	31.3	38.8	43.4

解説：1998年には、分位P90-100の平均税率（課税所得に対する%）は18.5%で、分位P95-100の平均税率（課税所得に対する%）は22.3%。

表 B-20：課税対象所得に対するパーセンテージで表わした各分位の平均税率（1915-1998 年の所得）

	P0-100	P90-100	P95-100	P99-100	P99.5-100	P99.9-100	P99.99-100	P0-90	P90-95	P95-99	P99-99.5	P99.5-99.9	P99.9-99.99	P99.99-100
1915	0.2			1.0	1.1	1.5	1.7				0.2	0.7	1.4	1.7
1916	0.8			3.8	4.5	6.0	7.8				1.1	2.5	4.8	7.8
1917	1.4			6.7	7.9	11.6	14.2				1.8	3.3	10.0	14.2
1918	1.2			6.2	7.3	10.5	12.8				1.9	3.5	9.1	12.8
1919	1.9	4.4	5.5	9.2	11.4	18.1	29.4	0.0	0.0	0.4	1.3	3.5	12.2	29.4
1920	1.8	4.6	5.8	9.6	11.7	17.7	26.4	0.0	0.1	0.6	1.9	4.7	12.5	26.4
1921	1.5	3.7	4.7	8.0	9.8	14.8	21.4	0.0	0.1	0.6	1.7	4.0	10.9	21.4
1922	1.7	4.1	5.2	8.9	11.0	16.7	24.9	0.0	0.1	0.7	2.0	4.6	12.4	24.9
1923	2.4	5.4	6.8	11.6	14.2	21.2	30.9	0.0	0.2	0.9	2.7	6.6	16.1	30.9
1924	2.5	6.0	7.7	13.0	15.7	22.6	31.0	0.0	0.3	1.1	3.7	8.5	18.3	31.0
1925	2.3	5.1	6.5	11.1	13.4	19.4	27.4	0.0	0.4	1.2	3.4	7.3	15.3	27.4
1926	1.4	3.2	4.1	6.9	8.3	11.8	16.3	0.0	0.2	0.7	2.1	4.6	9.5	16.3
1927	1.4	3.2	4.2	7.1	8.6	12.6	17.7	0.0	0.3	0.7	2.1	4.5	9.9	17.7
1928	1.6	3.6	4.7	8.2	9.9	14.2	19.8	0.0	0.2	0.8	2.5	5.3	11.4	19.8
1929	1.4	3.2	4.3	7.6	9.2	13.3	18.6	0.0	0.2	0.7	2.2	5.0	10.5	18.6
1930	1.3	3.0	4.0	7.2	8.8	12.8	17.7	0.0	0.2	0.7	2.3	4.8	10.3	17.7
1931	1.1	2.6	3.5	6.4	7.9	11.7	17.1	0.0	0.2	0.7	2.0	4.2	9.1	17.1
1932	1.1	2.5	3.5	6.5	8.1	12.3	18.3	0.0	0.2	0.7	2.1	4.2	9.5	18.3
1933	1.1	2.5	3.4	6.4	8.1	12.4	18.8	0.0	0.2	0.7	2.0	4.1	9.3	18.8
1934	0.9	1.8	2.5	4.9	6.2	9.9	14.5	0.0	0.1	0.4	1.3	2.9	7.7	14.5
1935	1.0	2.1	2.9	5.8	7.4	12.3	19.3	0.0	0.1	0.4	1.3	3.0	8.9	19.3

表B-20（続き）

1936	1.4	3.1	4.3	8.6	11.1	18.4	26.8	0.0	0.1	0.5	1.9	4.2	14.2	26.8
1937	1.7	3.8	5.3	10.3	13.2	20.7	29.4	0.0	0.3	0.7	2.4	5.9	16.1	29.4
1938	1.7	3.9	5.4	10.2	12.9	19.8	26.7	0.1	0.4	1.0	2.8	6.5	16.2	26.7
1939	1.6	4.0	5.6	10.5	13.2	20.8	29.5	0.0	0.3	0.8	2.3	5.6	16.2	29.5
1940	1.2	3.1	4.3	8.2	10.3	16.3	22.3	0.0	0.2	0.7	2.0	4.4	13.2	22.3
1941	1.9	4.9	6.7	12.8	16.3	24.9	34.6	0.1	0.5	1.3	3.6	9.0	20.7	34.6
1942	1.9	5.3	7.2	13.5	16.8	24.1	29.8	0.1	0.7	1.8	5.3	11.0	21.7	29.8
1943	1.6	4.9	6.7	12.9	16.0	23.3	30.7	0.0	0.5	1.7	5.5	10.6	20.5	30.7
1944	1.4	4.8	6.6	12.5	15.3	21.5	27.1	0.1	0.9	2.4	6.4	11.1	19.5	27.1
1945	1.5	4.7	6.6	12.3	15.1	22.4	34.1	0.2	1.0	3.0	6.6	10.5	18.3	34.1
1946	3.2	7.8	10.0	15.7	18.9	28.1	41.9	0.9	3.4	5.9	8.5	12.5	22.9	41.9
1947	2.0	5.4	7.6	14.6	17.8	25.6	36.4	0.3	0.5	3.0	7.6	12.4	21.8	36.4
1948	2.1	5.8	8.0	13.8	16.5	23.7	35.9	0.4	1.7	3.9	7.9	11.7	19.4	35.9
1949	2.6	7.0	9.1	15.1	18.1	26.5	39.2	0.6	2.5	4.9	8.2	12.1	21.9	39.2
1950	2.5	6.7	8.8	14.7	17.7	25.9	36.9	0.5	2.2	4.6	7.9	11.8	21.8	36.9
1951	2.4	6.7	8.9	14.8	17.8	25.9	36.8	0.4	2.3	4.8	8.3	12.2	22.0	36.8
1952	3.0	7.8	10.1	16.3	19.4	27.4	37.8	0.6	3.2	5.8	9.6	13.9	23.8	37.8
1953	2.5	6.7	9.1	15.7	18.9	27.0	37.7	0.4	1.8	4.5	8.7	13.4	23.2	37.7
1954	2.4	6.5	8.8	15.4	18.6	26.9	38.0	0.4	1.7	4.4	8.7	13.1	23.0	38.0
1955	3.1	8.0	10.6	18.1	21.8	31.0	43.2	0.5	2.5	5.6	10.6	15.8	26.6	43.2
1956	3.5	8.8	11.5	19.2	22.9	32.1	44.3	0.7	3.1	6.2	11.7	17.0	27.7	44.3
1957	4.0	9.7	12.5	20.5	24.3	33.4	45.3	0.9	3.9	7.2	12.9	18.5	29.1	45.3
1958	4.4	10.5	13.4	21.4	25.2	34.2	45.6	1.2	4.8	8.1	13.8	19.5	30.3	45.6
1959	5.2	11.9	14.9	23.4	27.4	36.7	48.6	1.4	5.8	9.4	15.6	21.7	32.7	48.6
1960	5.2	11.6	14.5	22.9	26.8	35.9	47.6	1.6	5.6	9.0	15.1	21.2	32.0	47.6
1961	5.5	11.5	14.4	22.5	26.2	35.0	45.9	1.9	5.6	9.0	15.2	20.9	31.2	45.9
1962	5.7	12.1	15.1	23.5	27.2	36.0	46.5	2.1	5.8	9.7	16.3	22.0	32.5	46.5
1963	6.3	12.7	15.8	24.8	28.5	37.4	47.8	2.6	6.4	10.2	17.6	23.4	33.9	47.8
1964	6.6	13.0	16.1	25.1	28.9	37.7	48.1	2.9	6.6	10.4	17.9	23.8	34.3	48.1
1965	6.8	13.3	16.4	25.4	29.2	38.0	48.4	3.0	6.9	10.8	18.3	24.1	34.7	48.4
1966	6.7	12.8	15.8	24.5	28.1	36.5	46.2	3.2	6.7	10.4	17.7	23.2	33.3	46.2
1967	7.5	15.0	19.2	32.0	36.9	47.4	59.1	3.2	6.5	11.2	22.5	30.7	43.4	59.1
1968	7.6	15.7	19.7	30.4	34.7	44.6	55.4	3.3	7.8	13.1	22.2	28.8	40.9	55.4
1969	7.4	15.3	19.1	28.8	32.9	42.3	52.4	3.3	8.0	13.1	21.0	27.3	38.6	52.4
1970	7.0	14.9	18.3	27.3	31.2	40.1	49.5	3.2	8.0	12.8	20.0	26.0	36.7	49.5
1971	7.4	15.4	18.9	28.1	32.0	40.9	49.9	3.3	8.5	13.2	20.6	26.8	37.8	49.9
1972	7.3	15.1	18.4	27.1	30.9	39.4	47.6	3.5	8.4	12.9	19.9	25.8	36.4	47.6
1973	7.8	15.8	19.5	28.6	32.4	41.0	48.8	3.6	8.6	13.6	21.0	27.1	38.0	48.8
1974	7.9	15.8	19.3	28.3	32.1	40.8	48.6	4.0	8.8	13.7	21.0	26.9	38.1	48.6
1975	8.4	16.3	19.9	28.8	32.6	41.3	48.9	4.4	9.3	14.4	21.6	27.5	38.6	48.9
1976	8.9	17.1	20.8	29.8	33.7	42.2	49.3	4.8	9.9	15.1	22.5	28.5	39.7	49.3
1977	8.6	17.5	21.2	30.1	34.0	42.5	49.5	4.5	10.5	15.8	22.8	28.8	40.0	49.5
1978	8.8	17.4	21.1	30.1	34.0	42.5	49.5	4.9	10.5	15.6	22.7	28.9	40.1	49.5
1979	9.0	17.9	21.7	31.0	35.0	43.3	49.9	4.9	10.7	15.9	23.3	29.9	41.0	49.9
1980	9.1	18.8	22.9	34.1	39.7	52.0	61.4	4.8	10.9	16.1	23.4	32.2	48.6	61.4
1981	9.3	19.2	23.6	34.7	39.5	48.2	54.8	4.9	11.0	16.9	25.6	34.2	45.8	54.8
1982	9.0	18.7	22.9	34.2	39.5	49.6	57.6	4.9	11.0	16.4	24.3	33.4	46.9	57.6
1983	9.1	18.4	22.4	32.7	37.5	47.1	54.7	5.0	11.2	16.7	23.9	32.1	44.6	54.7
1984	8.6	17.4	21.2	30.9	35.5	44.7	52.0	4.7	10.6	15.7	22.7	30.2	42.3	52.0
1985	8.4	16.9	20.6	30.1	34.6	43.4	50.3	4.5	10.2	15.3	21.9	29.6	41.0	50.3
1986	8.1	16.4	20.0	28.7	32.6	39.7	45.1	4.3	9.8	14.9	21.4	28.4	37.9	45.1
1987	7.7	15.9	19.4	28.2	32.1	39.0	44.2	3.9	9.3	14.2	20.5	27.7	37.1	44.2
1988	7.8	15.9	19.5	28.2	32.0	38.8	43.8	3.9	9.3	14.2	20.5	27.7	36.9	43.8
1989	8.1	16.3	19.9	28.8	32.6	39.2	44.0	4.1	9.3	14.4	21.0	28.2	37.3	44.0
1990	8.3	16.6	20.3	29.1	33.0	39.7	44.5	4.2	9.6	14.7	21.3	28.6	37.8	44.5
1991	8.1	16.2	19.8	28.5	32.3	39.0	43.9	4.3	9.5	14.5	20.9	28.0	37.1	43.9
1992	7.9	15.7	19.1	27.6	31.4	38.1	43.1	4.2	9.3	14.1	20.2	27.1	36.3	43.1
1993	7.3	14.4	17.7	26.2	30.0	36.9	42.1	3.9	8.6	12.7	18.9	25.7	34.9	42.1
1994	7.2	14.1	17.2	25.3	28.8	35.9	41.6	3.9	8.5	12.5	18.4	24.2	33.8	41.6

表 B-20（続き）

1995	7.2	14.1	17.2	25.6	29.3	36.1	41.3	3.9	8.4	12.4	18.4	25.1	34.1	41.3
1996	6.4	12.9	15.8	23.8	27.3	33.8	38.8	3.3	7.4	11.3	16.9	23.3	31.9	38.8
1997	6.5	13.2	16.2	24.1	27.7	34.1	38.9	3.3	7.7	11.6	17.2	23.6	32.2	38.9
1998	6.8	13.5	16.6	24.9	28.3	34.4	39.0	3.3	7.9	11.8	18.2	24.4	32.6	39.0

解説：1998年には、分位P90-100の平均税率（課税対象所得に対する%）は13.5%で、分位P95-100の平均税率（課税対象所得に対する%）は16.6%。

表 B-21：総税額に占める各分位の割合（1915 -1998 年の所得）

	P90-100	P95-100	P99-100	P99.5-100	P99.9-100	P99.99-100	P0-90	P90-95	P95-99	P99-99.5	P99.5-99.9	P99.9-99.99	P99.99-100
1915			99.6	94.3	68.6	29.4				5.3	25.7	39.3	29.4
1916			95.4	89.8	68.4	35.7				5.6	21.4	32.7	35.7
1917			92.6	87.6	71.3	33.8				5.0	16.3	37.5	33.8
1918			91.0	85.2	66.1	30.2				5.8	19.1	35.9	30.2
1919	100.0	100.0	97.0	94.1	80.5	44.6	0.0	0.0	3.0	3.0	13.5	35.9	44.6
1920	100.0	99.7	95.1	91.2	74.5	41.6	0.0	0.3	4.6	3.9	16.7	32.9	41.6
1921	99.8	99.4	93.7	89.2	72.4	38.5	0.2	0.4	5.7	4.5	16.8	33.9	38.5
1922	99.9	99.5	93.4	88.7	71.0	36.6	0.1	0.4	6.1	4.7	17.8	34.4	36.6
1923	99.7	98.9	92.9	88.1	68.2	34.1	0.3	0.8	6.0	4.9	19.8	34.1	34.1
1924	99.6	98.4	92.0	86.1	63.0	29.3	0.4	1.2	6.3	5.9	23.2	33.7	29.3
1925	99.2	97.4	89.3	83.1	60.6	28.8	0.8	1.8	8.1	6.2	22.5	31.8	28.8
1926	99.0	97.2	89.7	83.3	60.4	28.7	1.0	1.7	7.5	6.4	22.9	31.8	28.7
1927	98.7	96.5	88.6	82.7	61.5	29.7	1.3	2.1	7.9	6.0	21.2	31.8	29.7
1928	99.1	97.8	90.3	83.9	61.7	29.4	0.9	1.4	7.5	6.4	22.1	32.3	29.4
1929	98.9	97.6	89.9	83.8	61.0	29.5	1.1	1.4	7.7	6.1	22.8	31.5	29.5
1930	98.5	96.7	87.9	81.2	59.0	27.3	1.5	1.8	8.8	6.7	22.2	31.6	27.3
1931	98.7	96.6	87.3	80.5	58.7	28.2	1.3	2.0	9.3	6.8	21.8	30.5	28.2
1932	98.8	96.7	86.7	79.4	57.9	27.5	1.2	2.1	10.1	7.2	21.6	30.4	27.5
1933	98.8	96.6	86.1	78.8	57.7	28.4	1.2	2.1	10.6	7.3	21.0	29.4	28.4
1934	99.0	97.1	88.2	81.7	61.9	29.1	1.0	1.9	8.9	6.5	19.8	32.8	29.1
1935	99.2	97.6	89.9	84.2	66.3	34.0	0.8	1.6	7.7	5.7	17.9	32.3	34.0
1936	99.2	98.0	91.3	85.9	68.7	33.7	0.8	1.2	6.7	5.4	17.2	35.1	33.7
1937	98.7	96.8	89.7	84.1	65.0	32.2	1.3	1.9	7.1	5.6	19.1	32.8	32.2
1938	97.7	94.9	86.1	80.0	59.0	27.6	2.3	2.8	8.8	6.1	20.9	31.5	27.6
1939	98.7	96.6	89.2	84.4	66.4	32.6	1.3	2.1	7.3	4.9	18.0	33.8	32.6
1940	98.6	96.5	88.4	82.8	64.8	29.9	1.4	2.1	8.1	5.6	18.0	34.9	29.9
1941	98.0	95.1	85.6	79.0	55.3	23.3	2.0	2.9	9.5	6.6	23.7	32.0	23.3
1942	97.0	93.2	80.8	71.8	45.5	16.4	3.0	3.8	12.4	8.9	26.4	29.0	16.4
1943	98.3	95.1	81.8	71.4	44.1	16.1	1.7	3.2	13.4	10.3	27.3	28.0	16.1
1944	97.5	91.8	72.4	60.8	34.5	11.5	2.5	5.8	19.3	11.7	26.3	23.0	11.5
1945	91.4	84.8	61.2	50.3	29.0	11.5	8.6	6.6	23.6	10.9	21.3	17.5	11.5
1946	80.8	69.7	45.3	37.6	23.0	9.4	19.2	11.2	24.3	7.7	14.6	13.6	9.4
1947	90.4	87.8	67.3	56.2	33.1	12.4	9.6	2.7	20.5	11.1	23.0	20.7	12.4
1948	88.6	80.2	56.9	46.6	27.1	10.6	11.4	8.4	23.3	10.3	19.5	16.5	10.6
1949	84.8	74.9	51.4	42.8	26.2	10.4	15.2	9.9	23.5	8.6	16.6	15.9	10.4
1950	86.3	77.0	53.5	44.6	27.3	10.5	13.7	9.3	23.6	8.9	17.3	16.8	10.5
1951	90.3	80.0	54.6	45.0	27.0	10.1	9.7	10.3	25.4	9.5	18.0	16.8	10.1
1952	86.0	74.6	49.2	40.1	22.9	8.1	14.0	11.3	25.4	9.2	17.2	14.8	8.1
1953	89.2	81.3	57.1	47.0	27.2	9.9	10.8	7.8	24.2	10.1	19.9	17.3	9.9
1954	89.5	81.7	57.6	47.2	27.0	9.9	10.5	7.8	24.1	10.4	20.1	17.1	9.9
1955	88.6	79.5	54.5	44.2	24.8	9.0	11.4	9.1	24.9	10.3	19.5	15.7	9.0
1956	86.8	76.6	51.9	41.5	22.7	8.2	13.2	10.1	24.7	10.4	18.8	14.5	8.2
1957	85.0	73.8	48.4	38.4	20.5	7.3	15.0	11.2	25.5	10.0	17.9	13.2	7.3
1958	82.1	69.7	44.2	34.8	18.4	6.2	17.9	12.4	25.5	9.5	16.4	12.1	6.2

表 B-21（続き）

1959	82.3	69.3	42.7	33.1	16.8	5.6	17.7	13.0	26.6	9.6	16.3	11.2	5.6
1960	80.1	67.7	42.4	33.1	16.8	5.6	19.9	12.5	25.3	9.3	16.3	11.2	5.6
1961	77.8	65.6	40.7	31.5	15.9	5.4	22.2	12.2	24.9	9.2	15.6	10.5	5.4
1962	76.6	64.6	39.4	30.1	14.9	4.8	23.4	11.9	25.2	9.2	15.2	10.1	4.8
1963	74.0	61.7	37.3	28.2	13.6	4.3	26.0	12.3	24.5	9.1	14.5	9.3	4.3
1964	72.6	60.4	36.4	27.5	13.2	4.1	27.4	12.2	24.0	8.9	14.3	9.1	4.1
1965	72.0	59.8	35.6	26.8	12.8	4.0	28.0	12.3	24.1	8.8	14.0	8.8	4.0
1966	69.8	57.8	34.4	25.9	12.4	3.9	30.2	12.0	23.4	8.5	13.5	8.5	3.9
1967	72.9	62.5	40.0	30.4	14.5	4.6	27.1	10.4	22.4	9.7	15.8	9.9	4.6
1968	71.8	59.7	35.0	26.2	12.6	4.1	28.2	12.0	24.7	8.8	13.6	8.6	4.1
1969	70.5	58.1	33.4	25.0	12.0	3.9	29.5	12.4	24.7	8.4	13.0	8.1	3.9
1970	69.9	57.2	32.3	24.2	11.5	3.7	30.1	12.8	24.8	8.2	12.7	7.7	3.7
1971	69.7	56.8	32.3	24.2	11.5	3.6	30.3	13.0	24.5	8.1	12.7	7.9	3.6
1972	68.3	55.5	31.7	23.8	11.4	3.6	31.7	12.8	23.8	7.9	12.4	7.8	3.6
1973	69.3	56.8	32.7	24.6	11.9	3.9	30.7	12.5	24.1	8.1	12.7	8.0	3.9
1974	66.5	54.0	30.4	22.7	10.8	3.3	33.5	12.5	23.6	7.7	11.9	7.5	3.3
1975	64.9	52.3	29.1	21.6	10.2	3.1	35.1	12.6	23.2	7.5	11.4	7.1	3.1
1976	63.9	51.3	28.4	21.0	9.9	3.0	36.1	12.6	22.9	7.4	11.1	6.9	3.0
1977	64.3	50.9	27.3	20.2	9.6	2.9	35.7	13.4	23.6	7.1	10.6	6.6	2.9
1978	61.9	49.1	26.6	19.7	9.3	2.8	38.1	12.8	22.5	6.9	10.4	6.5	2.8
1979	62.2	49.5	27.1	20.2	9.5	2.9	37.8	12.7	22.4	7.0	10.6	6.6	2.9
1980	63.4	50.7	28.7	21.9	10.9	3.4	36.6	12.7	22.1	6.8	11.0	7.5	3.4
1981	63.6	50.9	28.2	21.0	9.8	2.9	36.4	12.6	22.7	7.2	11.2	6.8	2.9
1982	62.2	49.3	26.9	20.2	9.5	2.8	37.8	12.9	22.4	6.7	10.7	6.7	2.8
1983	61.5	48.0	25.1	18.6	8.4	2.4	38.5	13.5	23.0	6.5	10.1	6.0	2.4
1984	62.0	48.4	25.4	18.7	8.6	2.5	38.0	13.5	23.0	6.7	10.1	6.1	2.5
1985	62.7	49.2	25.9	19.2	8.8	2.6	37.3	13.6	23.3	6.6	10.4	6.3	2.6
1986	63.8	50.3	26.5	19.6	8.9	2.6	36.2	13.5	23.8	6.9	10.7	6.3	2.6
1987	65.3	52.0	28.3	21.3	10.0	3.0	34.7	13.3	23.8	7.0	11.3	6.9	3.0
1988	65.8	52.4	28.7	21.7	10.3	3.2	34.2	13.4	23.7	7.0	11.4	7.1	3.2
1989	65.6	52.7	29.3	22.3	10.7	3.4	34.4	12.9	23.4	7.0	11.6	7.3	3.4
1990	65.5	52.5	29.0	22.0	10.5	3.4	34.5	13.0	23.5	7.0	11.5	7.2	3.4
1991	64.7	51.5	27.9	21.0	9.9	3.1	35.3	13.2	23.6	6.9	11.1	6.8	3.1
1992	64.1	50.7	27.1	20.4	9.5	2.9	35.9	13.4	23.6	6.7	10.8	6.6	2.9
1993	64.0	50.6	27.6	20.8	9.8	3.1	36.0	13.5	23.0	6.8	11.0	6.8	3.1
1994	63.3	49.8	27.0	20.4	9.9	3.1	36.7	13.5	22.8	6.6	10.5	6.7	3.1
1995	63.4	50.1	27.4	20.7	9.8	3.1	36.6	13.3	22.7	6.7	10.9	6.7	3.1
1996	64.9	51.6	28.3	21.4	10.2	3.2	35.1	13.4	23.3	6.8	11.2	7.0	3.2
1997	65.8	52.2	28.6	21.7	10.4	3.3	34.2	13.6	23.5	6.9	11.3	7.1	3.3
1998	66.5	52.7	29.0	21.8	10.2	3.2	33.5	13.8	23.7	7.2	11.6	7.0	3.2

解説：1998年には、総税額に占める分位P90-100の割合は66.5%で、分位P95-100の割合は52.7%。

表B-19に転載した平均税率は、所得税の計算基礎として役立つ課税所得に対するパーセンテージ、すなわち、表B-2およびB-3に記されている分位別の平均課税所得に対するパーセンテージで表わした平均税率である。これらの平均税率を推計するにあたり、1915-1998年の各年度について、税率表だけでなく、扶養家族のための一括控除、家族係数、税額免除、増税額、減税額など、当時の所得税法のあらゆるパラメーターを考慮した。とりわけ表B-19に転載した実際の平均税率には、いわゆる「特別」[1]増税がすべて考慮されている。そのため、たとえ

ば1924年に分位P99.99-100の平均税率が56.8%に達しているのは（表B-19を参照）、この年には1923-1925年の所得に適用された重付加税のほかに20%の加算税が適用されたからである。

しかしながら、表B-19に転載した平均税率は、課税所得が課税対象所得より著しく低ければ「実質的な」課税率に比べてかなり高く見積もられていたものになる。この現象は、とりわけn年の課税所得からn－1年の所得税として支払った税額を控除できる制度があった戦間期の高所得層にあてはまる。そのため（控除をする前の）課税対象所得、すなわち表B-8とB-9に転載した分位別の平均課税対象所得に対するパーセンテージで表わした実際の平均税率の推定値を表B-20に転載した。表B-20に記した推定値は、各分位の課税所得と各分位の課税対象所得の比率を表B-19の平均税率に適用して得られたもので、分位ごとの平均課税所得については表B-2とB-3に転載される各分位の課税所得、分位ごとの平均課税対象所得については[2]表B-8とB-9に転載される各分位の課税対象所得の数値を用いている。したがって表B-20に転載した課税率は、表B-19に示される課税率より常に低く、その差は、とりわけ戦間期の高所得層について非常に大きい可能性がある。表B-20には、分位「P0-100」（すなわち、母集団全体）と分位P0-90（すなわち、所得分布の下位90%）の課税対象所得に対するパーセンテージで表わした平均税率の推定値も転載した。分位P0-100の平均税率は表A-2（列(7)）に示されている推定値で、これは、税務統計表に公表されている総税額を課税対象所得全体について私たちが出した推定値で除して得た推定値である（付録A第1.3節を参照）。分位P0-90の平均税率は、分位P0-100の平均税率、分位P90-100の平均税率、そして分位P90-100の課税対象所得全体における割合に基づいて、その差から求めた（表 B-14を参照）[3]。この推計方法だと、分位P0-90の平均税率の推定値は高所得分位の平均税率の推定値ほど正確ではない。総税額との差から得られたこの推定値には、その他の平均税率に対するあらゆる推計誤差が含まれている（後出の第3.2節を参照）。

1　総税額についても同様で（付録A第1.3節、表A-2を参照）、表4-6（第4章）に転載した「特別」増税全体を考慮し、強制国債の形を取る増額は除外した。

2　たとえば表B-19を見ると、1930年については、分位P99.99-100の（課税所得に対するパーセンテージで表わした）平均税率が28.2%であることがわかり、表B-2と表B-8から1930年の分位P99.99-100の（平均課税所得）／（平均課税対象所得）の比率がおよそ0.629（1336715／2125961＝0.629）だったことがわかる。以上のことから表B-20には、（課税対象所得に対するパーセンテージで表わした）平均税率は17.7%（17.7＝28.2×0.629）とある。

3　たとえば1930年について見ると、分位P0-100の（課税対象所得に対するパーセンテージで表わした）平均税率が1.3%で、分位P90-100の平均税率が3.1%（表B-20を参照）、分位P90-100の課税対象所得全体における割合が41.08%（表B-14を参照）だった。以上のことから表B-20には、分位P0-90の（課税対象所得に対するパーセンテージで表わした）平均税率は0.0%となっている（(1.3×100－3.1×41.08)／(100－41.08)＝0.045%、端数を処理して0.0%）。

最後に、表B-21には、総税額における各分位の割合の推定値が示され、表B-22とB-23には、課税後の所得全体における各分位の割合の推定値が示されている。これらの推定値は、表B-14とB-15の課税前の所得全体におけるさまざまな分位の割合に表B-20の平均税率を適用して求めたものである。[4]

3.2　推定値の信頼度

厳密にいうと、実際の平均税率を得るためには、1915-1998年の各年度について、家庭状況のタイプ別（独身者、子供のいない夫婦、子供が1人いる夫婦、子供が2人いる夫婦など）の所得分布を別々に推計する必要がある。このような推計によってのみ、各高所得分位の平均的な家族構成の推移と適用すべき加重値を詳細に知ることができ、その結果、各分位、各家庭状況（あらゆる家庭状況が混在する）について計算できる平均税率から分位別の平均税率を導き出すことができる。しかし、このような推計をするために入手可能なデータが十分にそろっているのは、1945年以降の所得課税に関する統計表、つまり家族係数制度が導入されたのちの統計表からで、しかも、このような推計をするためには、当然のことながら、所得と出生率の関係、税制度が家族構成や出生率に及ぼす影響などを研究せざるをえなくなる。これは非常に興味をそそられる研究テーマではあるが、すでに言及したように本書の枠組みから大きくはずれている。したがって私たちは、表B-19の右部分に転載したP90-95、P95-99、P99-99.5、P99.5-99.9、P99.9-99.99、P99.99-100の各分位の平均税率を推計するにあたり、[5]どちらかといえば「実利的」な推計方法を採用した。とはいえ、この方法によれば、税務当局が作成した「分布」表のデータと比べても相対的に正確な推定値を得ることができる。

4　たとえば1930年について見ると、分位P99.99-100の（課税対象所得に対するパーセンテージで表わした）平均税率が17.7%で、分位P0-100の平均税率が1.3%（実際は、1.252%）（表B-20を参照）、そして、分位P99.99-100の課税対象所得全体における割合が1.93%（表B-14を参照）だった。以上のことから表B-21では、総税額における分位P99.99-100の割合は27.3%（27.3＝(17.7×1.93)／(1.252×100)）と示され、表B-22には課税後の所得全体における分位P99.99-100の割合は1.61%（1.61＝(0.823×1.93)／(0.98748)）と示されている。

5　表B-19の左部分に転載したP90-100、P95-100、P99-100、P99.5-100、P99.9-100、P99.99-100の各分位の実際の平均税率の推定値は、表B-19の右部分に転載した中間分位の平均税率と表B-2とB-3に転載した分位別の平均課税所得から直接計算した（分位P99.9-99.99と分位P99.99-100の平均税率と平均課税所得がわかれば、これらの数値から分位P99.9-100の平均税率を導き出すことができる。同様に、分位P99.5-99.9と分位P99.9-100の平均税率と平均課税所得がわかれば、これらの数値から分位P99.5-100の平均税率を導き出すことができる。この方法を続けて、徐々に近づけていく）。表B-20、B-21、B-22に転載した推定値についても、表B-19の推定値から直接計算しているため（前出参照）、推定値の誤差が生じたとしても、この誤差は表B-19の推定値の誤差から来るものに限られる。

表 B-22：課税対象所得の分布の推計結果（課税後の課税対象所得全体における %）
（P90-100、…、P99.99 -100 の各分位）（1915-1998 年の所得）

	P90-100	P95-100	P99-100	P99.5-100	P99.9-100	P99.99-100
1900-1910	45.00	34.00	19.00	15.00	8.00	3.00
1915			18.17	14.35	7.79	2.98
1916			20.03	15.91	8.90	3.52
1917			19.02	15.00	7.97	2.99
1918			17.05	13.40	6.95	2.53
1919	41.16	32.59	18.04	13.87	6.89	2.02
1920	38.48	30.15	16.52	12.69	6.39	2.14
1921	38.80	30.02	16.18	12.36	6.26	2.11
1922	40.52	31.34	16.56	12.53	6.15	1.92
1923	42.18	32.59	17.12	12.91	6.14	1.85
1924	40.65	30.56	16.04	12.04	5.60	1.69
1925	42.80	32.15	16.51	12.40	5.83	1.76
1926	41.27	31.44	16.83	12.77	6.24	2.04
1927	42.16	31.56	16.44	12.45	6.09	1.96
1928	41.86	31.15	16.11	12.12	5.90	1.90
1929	40.79	29.98	15.14	11.40	5.50	1.79
1930	40.35	29.30	14.39	10.71	5.12	1.61
1931	40.49	28.94	13.84	10.19	4.80	1.48
1932	42.81	30.32	13.99	10.12	4.62	1.38
1933	44.26	31.22	14.14	10.16	4.61	1.39
1934	45.55	32.12	14.66	10.56	4.83	1.47
1935	46.08	32.46	14.65	10.48	4.70	1.42
1936	43.32	30.65	13.66	9.71	4.27	1.29
1937	41.95	29.08	13.19	9.43	4.22	1.31
1938	41.57	28.67	13.03	9.29	4.12	1.31
1939	37.28	26.11	12.09	8.80	4.01	1.24
1940	38.37	27.00	12.41	8.98	4.15	1.30
1941	37.53	26.04	11.46	7.96	3.27	0.87
1942	33.82	23.56	10.17	7.01	2.82	0.76
1943	31.19	21.50	8.97	6.09	2.35	0.59
1944	28.42	19.13	7.43	4.94	1.85	0.45
1945	28.75	18.58	6.71	4.34	1.54	0.34
1946	31.29	20.78	8.03	5.32	1.94	0.43
1947	32.03	21.72	8.03	5.29	1.96	0.44
1948	31.12	20.19	7.71	5.12	1.90	0.41
1949	30.77	20.26	7.86	5.26	1.97	0.43
1950	30.60	20.22	7.86	5.26	1.98	0.46
1951	31.49	20.60	7.86	5.21	1.94	0.44
1952	31.54	20.72	7.91	5.21	1.89	0.41
1953	31.47	20.60	7.78	5.10	1.86	0.41
1954	32.13	21.07	7.93	5.17	1.84	0.40
1955	32.69	21.35	7.88	5.09	1.77	0.38
1956	32.48	21.19	7.84	5.02	1.73	0.37
1957	32.66	21.29	7.76	4.96	1.70	0.37
1958	31.86	20.62	7.40	4.71	1.61	0.34
1959	33.34	21.67	7.64	4.81	1.58	0.33
1960	33.67	22.01	7.90	5.01	1.66	0.34
1961	34.45	22.57	8.09	5.13	1.71	0.36
1962	33.44	21.74	7.67	4.82	1.59	0.33
1963	33.89	21.93	7.56	4.72	1.53	0.31
1964	34.31	22.23	7.66	4.78	1.54	0.31
1965	34.58	22.38	7.66	4.76	1.53	0.31
1966	34.07	22.02	7.57	4.73	1.54	0.33
1967	33.25	21.19	6.88	4.20	1.30	0.26
1968	31.76	20.06	6.60	4.07	1.29	0.27
1969	31.05	19.64	6.57	4.07	1.31	0.28

表 B-22（続き）

1970	30.35	19.28	6.51	4.04	1.30	0.29
1971	30.46	19.35	6.58	4.09	1.32	0.29
1972	30.26	19.33	6.69	4.20	1.38	0.31
1973	30.92	19.73	6.87	4.32	1.44	0.35
1974	30.47	19.35	6.62	4.13	1.34	0.30
1975	30.52	19.29	6.59	4.09	1.33	0.30
1976	30.20	19.05	6.50	4.03	1.32	0.30
1977	28.61	17.86	5.96	3.69	1.22	0.28
1978	28.42	17.80	5.97	3.70	1.21	0.28
1979	27.97	17.55	5.93	3.68	1.23	0.29
1980	27.42	17.04	5.53	3.32	1.01	0.21
1981	27.37	16.87	5.44	3.30	1.08	0.25
1982	26.74	16.41	5.11	3.07	0.95	0.20
1983	27.32	16.67	5.18	3.10	0.95	0.20
1984	27.57	16.87	5.31	3.18	1.00	0.22
1985	28.15	17.29	5.49	3.32	1.05	0.23
1986	28.55	17.67	5.77	3.55	1.18	0.28
1987	28.92	18.03	6.03	3.78	1.31	0.32
1988	29.25	18.24	6.17	3.89	1.37	0.35
1989	29.51	18.56	6.36	4.04	1.45	0.38
1990	29.68	18.64	6.36	4.03	1.45	0.38
1991	29.58	18.49	6.21	3.91	1.38	0.35
1992	29.50	18.35	6.09	3.81	1.32	0.33
1993	29.72	18.48	6.09	3.81	1.32	0.33
1994	29.96	18.65	6.21	3.92	1.37	0.34
1995	30.00	18.67	6.17	3.87	1.35	0.34
1996	30.02	18.69	6.18	3.89	1.36	0.34
1997	30.10	18.76	6.25	3.95	1.40	0.36
1998	30.10	18.74	6.21	3.92	1.38	0.36

解説：1998年には、課税後の課税対象所得全体における分位P90−100の割合は30.10%で、分位P95−100の割合は18.74%。

表 B-23：課税対象所得の分布の推計結果（課税後の課税対象所得全体における %）（P90-95、…、P99.99 -100 の各分位）（1915-1998 年分の所得）

	P90-95	P95-99	P99-99.5	P99.5-99.9	P99.9-99.99	P99.99-100
1900-1910	11.00	15.00	4.00	7.00	5.00	3.00
1915			3.82	6.56	4.81	2.98
1916			4.12	7.01	5.38	3.52
1917			4.02	7.03	4.98	2.99
1918			3.65	6.45	4.42	2.53
1919	8.57	14.55	4.17	6.98	4.87	2.02
1920	8.33	13.62	3.83	6.30	4.25	2.14
1921	8.78	13.84	3.82	6.10	4.14	2.11
1922	9.18	14.78	4.02	6.38	4.23	1.92
1923	9.59	15.47	4.21	6.77	4.29	1.85
1924	10.09	14.52	4.01	6.43	3.91	1.69
1925	10.64	15.64	4.11	6.57	4.07	1.76
1926	9.83	14.62	4.06	6.53	4.20	2.04
1927	10.60	15.12	4.00	6.36	4.13	1.96
1928	10.71	15.04	3.99	6.22	4.00	1.90
1929	10.81	14.85	3.73	5.90	3.71	1.79
1930	11.06	14.91	3.68	5.59	3.50	1.61
1931	11.55	15.10	3.65	5.40	3.31	1.48
1932	12.49	16.33	3.87	5.50	3.24	1.38

表 B-23（続き）

1933	13.05	17.07	3.98	5.55	3.22	1.39
1934	13.43	17.47	4.10	5.74	3.35	1.47
1935	13.62	17.81	4.17	5.78	3.28	1.42
1936	12.67	16.99	3.95	5.44	2.98	1.29
1937	12.87	15.90	3.76	5.20	2.91	1.31
1938	12.90	15.63	3.74	5.17	2.82	1.31
1939	11.17	14.01	3.30	4.79	2.77	1.24
1940	11.37	14.59	3.43	4.83	2.85	1.30
1941	11.49	14.59	3.49	4.69	2.40	0.87
1942	10.26	13.39	3.16	4.19	2.06	0.76
1943	9.68	12.54	2.88	3.74	1.76	0.59
1944	9.29	11.70	2.49	3.09	1.40	0.45
1945	10.18	11.87	2.37	2.80	1.20	0.34
1946	10.50	12.75	2.72	3.38	1.51	0.43
1947	10.31	13.69	2.74	3.32	1.52	0.44
1948	10.93	12.48	2.59	3.22	1.49	0.41
1949	10.52	12.40	2.60	3.29	1.54	0.43
1950	10.38	12.36	2.60	3.28	1.52	0.46
1951	10.89	12.74	2.65	3.27	1.50	0.44
1952	10.82	12.81	2.70	3.32	1.48	0.41
1953	10.87	12.82	2.68	3.24	1.44	0.41
1954	11.07	13.14	2.76	3.34	1.43	0.40
1955	11.33	13.47	2.79	3.32	1.39	0.38
1956	11.29	13.35	2.82	3.29	1.36	0.37
1957	11.37	13.53	2.80	3.26	1.33	0.37
1958	11.24	13.22	2.69	3.10	1.27	0.34
1959	11.67	14.03	2.84	3.22	1.26	0.33
1960	11.66	14.10	2.89	3.35	1.31	0.34
1961	11.88	14.48	2.97	3.42	1.34	0.36
1962	11.70	14.07	2.85	3.24	1.26	0.33
1963	11.96	14.37	2.84	3.19	1.22	0.31
1964	12.08	14.57	2.89	3.24	1.23	0.31
1965	12.21	14.71	2.90	3.23	1.22	0.31
1966	12.05	14.46	2.84	3.19	1.21	0.33
1967	12.06	14.31	2.68	2.90	1.04	0.26
1968	11.70	13.45	2.54	2.78	1.02	0.27
1969	11.40	13.08	2.50	2.76	1.02	0.28
1970	11.07	12.78	2.47	2.74	1.01	0.29
1971	11.11	12.77	2.49	2.77	1.04	0.29
1972	10.93	12.64	2.50	2.81	1.07	0.31
1973	11.19	12.86	2.55	2.88	1.10	0.35
1974	11.12	12.73	2.49	2.79	1.04	0.30
1975	11.23	12.70	2.50	2.76	1.03	0.30
1976	11.15	12.55	2.47	2.71	1.02	0.30
1977	10.74	11.91	2.27	2.47	0.94	0.28
1978	10.62	11.82	2.28	2.48	0.94	0.28
1979	10.41	11.63	2.25	2.45	0.94	0.29
1980	10.38	11.51	2.21	2.32	0.80	0.21
1981	10.49	11.44	2.14	2.22	0.83	0.25
1982	10.33	11.30	2.04	2.12	0.75	0.20
1983	10.65	11.49	2.08	2.15	0.75	0.20
1984	10.71	11.56	2.13	2.19	0.78	0.22
1985	10.86	11.80	2.16	2.27	0.82	0.23
1986	10.89	11.90	2.21	2.37	0.91	0.28
1987	10.88	12.00	2.26	2.47	0.98	0.32
1988	11.00	12.08	2.28	2.52	1.02	0.35
1989	10.95	12.20	2.32	2.59	1.07	0.38
1990	11.03	12.29	2.32	2.59	1.07	0.38
1991	11.09	12.28	2.30	2.53	1.03	0.35

表B-23（続き）

1992	11.16	12.25	2.28	2.49	0.99	0.33
1993	11.24	12.39	2.28	2.49	0.99	0.33
1994	11.31	12.44	2.29	2.55	1.02	0.34
1995	11.33	12.50	2.30	2.52	1.01	0.34
1996	11.32	12.51	2.29	2.53	1.01	0.34
1997	11.34	12.52	2.30	2.55	1.04	0.36
1998	11.36	12.53	2.29	2.53	1.03	0.36

解説：1998年には、課税後の課税対象所得全体における分位P90-95の割合は11.36%で、分位P95-99の割合は12.53%。

(i) 所得税の一括控除という制度によって家庭状況が考慮されていた1915-1944年の所得税については、独身の納税者（基礎控除のほかにはいかなる一括控除も認められない）、子供のいない夫婦、扶養する子供が1人いる夫婦、子供が2人いる夫婦、子供が3人の夫婦、子供が4人の夫婦を区別した。1915-1944年の時期には、各年度について家庭状況別に、またP90-95、P95-99、P99-99.5、P99.5-99.9、P99.9-99.99、P99.99-100の分位ごとに当時の税法上の規定を適用し、対象となる各分位の納税者が申告した平均課税所得、つまり、表B-3に示される平均課税所得と同等の課税所得のある納税者に適用される平均税率を計算した。[6] 実際には、これらの平均税率は家庭状況の違いによってそれほど変化はなく（とりわけ超高所得層について）、家庭状況に応じた加重値を適用しても相対的にわずかな違いしかない。そこで、1915-1944年についてはすべて、あらゆる分位に対して同じ加重値を適用することにした。その加重値は、1937年の所得について税務当局が作成した家庭状況に関する統計表からヒントを得て決定した加重方法である（付録B第1.3節を参照）[7]。「分布」表のデータに基づく所得区分別の平均税率と比べると、推定値の誤差は相対的に小さいことがわかる。たとえば1930年の所得について税務当局が作成した「分布」表には、課税所得が10万-20万フランの納税者に対する純決定税額の総計が3億8165万6000フランで、これは、この区分の申告課税所得である54億9991万6000フランの6.9%に相当するとわかることから、1930年の課税所得が8万2506-20万7477フランの世帯を一つにまとめた分位P99.5-99.9（表B-4を参照）の実際の平均税率は6.4%だったと推計した。[8] 全体として、分位ごとの平均税率について私たちの出した推定値は常に「分

6　厳密にいえば、累進税率であるため、特定分位の平均税率はその分位の平均所得とちょうど同じ所得がある納税者に適用される平均税率とまったく同じではない（分位の位置ごとの平均税率を計算し、次にパレートの法則に従ってこれらを加重平均する必要がある）。しかし、中間分位（P90-95、P95-99、など）を検討する場合は、平均税率はその分位の最下位から最上位まで比較的緩やかに変化するため、推定値に誤差が生じたとしてもごくわずかである。「分布」表のデータから計算できる平均税率と比較すれば、この概算法は十分受け入れるに足る結果をもたらすことがわかる。

布」表のデータから計算できる所得区分別の平均税率とまったく矛盾がなく、確認される差から推定値の誤差があったとしても課税率で0.5-1ポイントを超えることはまずないと思われる。税務当局が作成した「分布」表のデータに基づく所得区分別の平均税率は、当然、完全に信頼できるものであるから（「分布」表のデータは、納税者の所得申告データと決定税額をすべて集計したもので、所得区分ごとに納税者の状況に応じて実際に行なわれた控除や税額軽減、増税額などがすべて考慮されている）、表B-19に記載された平均税率と実際の課税率との差が0.5-1ポイント以上あるケースがまったくない以上、これは事実上無視してかまわない誤差幅であると結論づけることができる。分位P0-90の推定値は差から求めたものであるから、そもそもさほど正確でないが（前出参照）、「分布」表の情報から、誤差幅はここでもまたきわめて小さいことが見てとれる。たとえば1930年について見ると、「分布」表には、課税所得が2万フラン未満の納税者に対する純課税額の合計は総税額の2.1%以下であると示されていることから（総税額が22億8094万5000フランであるのに対し、所得区分1万-2万の課税額の合計は4767万8000フラン）、1930年の所得が1万7126フラン未満の世帯を一つにまとめた分位P0-90（表B-4を参照）の総税額における割合は1.5%だったと推計した（表B-21を参照）。分位P0-90についての差から求めた推定値も、「分布」表のデータに基づく推定値とほとんど差がないことから、高所得分位の平均税率の推定値の誤差は非常に小さいことが見てとれる。

(ii) 家族係数という制度によって家庭状況が考慮されていた1945-1998年の

7　より正確には、1915-1944年の全期間について、すべての高所得分位に対し、独身者は0.146、子供のいない夫婦は0.359、扶養する子供が1人いる夫婦は0.249、扶養する子供が2人いる夫婦は0.148、扶養する子供が3人の夫婦は0.070、扶養する子供が4人の夫婦は0.029の加重値を用いた（構造上、加重値の合計は1になる。扶養する子供が5人以上いる家庭については、扶養する子供が4人の家庭に実際よりやや高い比重をかけることで考慮した）。毎年作成されてきた「分布」表と同様に、1937年の所得について作成された家庭状況に関する表からも、「平均的」家族構成は所得水準の違いによって相対的にあまり変化しないことが確認でき（少なくともトップ十分位の中では）、「分布」表からはこの「平均的」家族構成が1944年までごく緩やかにしか変化していないことがわかる。これらの加重値の時間的な変化についてさまざまな「理論的」仮定をしながら、別の加重値による推計も実施したうえで総合的に判断すると、さまざまな分位の平均税率について得られた推定値は加重値の選択にほとんど左右されない（最大でも課税率で0.5ポイント）という結論に至った。

8　分位P99.5-99.9の平均税率が所得区分10万-20万の平均税率よりわずかに低いのは、分位P99.5-99.9は平均税率が著しく低い8万2506フランから10万フランまでの課税所得も含めた集団であるためで、当然のことである。「分布」表から、1930年の所得区分5万-10万の平均税率は2.99%だったことがわかる（課税所得90億4379万3000フランに対する純決定税額が2億7060万8000フラン）（分位P99.5-99.9には20万フランから20万7477フランまでの課税所得も含まれるが、その数は明らかに少ない）。

所得課税については、家族係数が1、1.5、2、2.5、3、3.5、4の各納税者を区別した。1945-1998年の各年度について、家族係数ごとに、またP90-95、P95-99、P99-99.5、P99.5-99.9、P99.9-99.99、P99.99-100の各分位ごとに当時の税法上の規定を適用し、対象となる各分位の納税者が申告した平均課税所得、つまり、表B-3に示される平均課税所得と同等の課税所得のある納税者に適用される平均税率を計算した。「分布」表を見れば、「平均的」家族構成は所得水準の違いによってそれほど変化しないことがわかり（少なくともトップ十分位の中では）[9]、なかでも1945-1998年の期間、この「平均的」家族構成は相対的に緩やかに変化していた。とくに、1945-1998年の期間のトップ十分位の世帯の平均家族係数はおよそ2.5-2.6である（これは扶養する子供が1人いる夫婦の家族係数に相当する）。しかし家族係数の平均数が安定していることの裏には、この平均数前後の分散状況が大きく変化しているという事実が隠されており、この変化を考慮する必要がある。なぜなら、1915-1944年の期間に比べてこの期間は、家族係数の違いが家族の状況に応じて平均税率を大きく左右する原因となっているからだ。1945-1998年の期間について、家族係数の違いによって適用すべき加重値を決定するために考慮した最も大きな税法上の変化は、家族係数を付与する規定の変更である。具体的には、1950年の所得課税からは、結婚後2年を経ても扶養する子供のいない夫婦にペナルティーが科せられなくなったため（1950年以降、該当する夫婦の家族係数は1.5ではなく2になった）、家族係数が1.5の納税者数が大きく減少することになった。また、1980年の所得からは、扶養する3人めの子供の家族係数が0.5ではなく1になった（この変化は最初に挙げた変化ほど大きなもの

9　トップ十分位の中では、家庭の割合は「逆U字曲線」をたどっていることが見てとれる（1915-1944年の期間と同様に1945-1998年の期間）。具体的には、P95-99とP99-99.5の各分位にはより多くの家庭が含まれ、平均家族係数は分位P90-95よりわずかに高い。その後、トップ百分位の上位層になるにつれて、家庭のパーセンテージと平均家族係数は下降線をたどる（P99.5-99.9、P99.9-99.99、P99.99-100の各分位には常にそれ以下の階層の分位より、独身者と扶養する子供のいない夫婦の納税者が多い）。しかしこれは、トップ十分位の中で観察されるこれらのあらゆる変動の信頼度が常に相対的に高いということで（たとえば、1995年には、平均家族係数は分位P90-100では2.59、分位P95-100では2.61、分位P99-100では2.73、P99.5-100では2.71、P99.9-100では2.64、P99.99-100では2.47となっているが、これらの数値は1988年でもほとんど同じで、P90-100では2.58、P99-100では2.73、P99.99-100では2.47だ。これらの数値はピケティ〔1998年〕で用いられた1988-1995年の所得申告に関する税務当局のサンプルに基づく数値である）、私たちはこれを活用しないことにした（たとえこれらの数値を考慮したとしても、分位別の平均税率に関する結果が課税率で0.5ポイントを上まわる誤差が出ることは決してないだろう）。反対に、下位十分位の「平均的」家族構成はトップ十分位の「平均的」家族構成とは著しく異なる。とくに、独身者のパーセンテージ（そしてとくに家族係数が1と1.5の世帯のパーセンテージ）は、トップ十分位に比べて著しく高く、平均家族係数は著しく低い（その上、1980年代から1990年代にかけて、分位P90-100の平均家族係数は低下する傾向がはっきりと観察されるが（1988年は1.90、1995年は1.79）、一方、分位P90-100の平均家族係数は非常に安定している。

ではない)。[10] 1945-1958年の所得税については、家族係数が1だけの納税者に適用される最高限界税率を考慮した。[11] 1981-1998年の所得課税については、家族係数の効力の上限設定のしくみに関する当時の規定を適用した。[12] この時期の「分布」表からは、税制上の特定のパラメーターが各分位にどのような影響を及ぼしたかを計算するために必要な情報、とくに税額軽減のしくみに関する情報がわからないため、この時期の推計はよりむずかしくなっている。先の期間の「分布」表には、課税所得区分ごとに本来の税額から純税額が算出されるプロセスが詳細に示されているのとは反対に、1945-1998年の「分布」表には本来の課税総額だけが記され、本来の税額から純税額を算出するプロセスの各項目の総額（増税額、税の免除、税額軽減など）が積算レベルでしかわからない（付録A第1節を参照)。[13]

10　1945-1998年の「分布」表に基づき、次のような加重値を採用した。1945-1949年の所得については、家族係数＝1に対して0.04、家族係数＝1.5に対して0.15、家族係数＝2に対して0.24、家族係数＝2.5に対して0.22、家族係数＝3に対して0.19、家族係数＝3.5に対して0.12、家族係数＝4に対して0.04（つまり、平均家族係数は2.45となる)。子供のいない夫婦に対するペナルティが廃止された年である1950年の所得については、家族係数＝1に対して0.04、家族係数＝1.5に対して0.04、家族係数＝2に対して0.35、家族係数＝2.5に対して0.22、家族係数＝3に対して0.19、家族係数＝3.5に対して0.12、家族係数＝4に対して0.04（つまり、平均家族係数は2.5となる)。1970年の所得については、家族係数＝1に対して0.04、家族係数＝1.5に対して0.04、家族係数＝2に対して0.30、家族係数＝2.5に対して0.22、家族係数＝3に対して0.24、家族係数＝3.5に対して0.12、家族係数＝4に対して0.05（つまり、平均家族係数は2.56となる)。1951-1969年の所得については、1950年に対して採用した加重値と1970年に対して採用した加重値の間を直線的に推移すると仮定した。これで、1950-1970年の家族係数の分布から観察される家庭数の増加を十分考慮していることになる（最初の概算)。この偏向的な変動は1970年初めには止まったように思われ、1971-1979年の所得については、1970年に採用したのと同じ加重値を採用した。3人めの子供に家族係数1を付与する規定が適用された最初の年である1980年の所得については（この規定により、以降は子供が3人いる夫婦の家族係数が3.5ではなく4になった)、家族係数＝1に対して0.05、家族係数＝1.5に対して0.05、家族係数＝2に対して0.30、家族係数＝2.5に対して0.22、家族係数＝3に対して0.25、家族係数＝3.5に対して0.01、家族係数＝4に対して0.12（平均家族係数は2.54）を採用した。1981-1998年の所得については、1980年に採用したのと同じ加重値を採用した（ピケティ〔1998年〕で用いた1988-1995年の所得申告データの税務当局のサンプルから、1980年代から1990年代にかけて、高所得層の家族係数の分布がきわめて安定していることがわかる)。構造上、これらの加重値の合計は常に1となる（1915-1944年についてと同様に、家族係数が4以上の家庭があることを考慮し、家族係数＝4に、実際よりやや高い比重をかけた)。いうまでもなく、これらの加重値によって1945年以降の高所得層の家族構成の推移が正確に説明されているわけではない。

11　第2部第4章の表4-5を参照。

12　上限設定の影響を計算するために、家族係数が2以上の世帯はすべて夫婦世帯であると仮定し（実際、これらの世帯の大多数がそうである。ピケティ〔1998年、p.18、注33〕を参照)、独身者が扶養する1人めの子供に付与される家族係数1に対して認められる税額軽減の上限設定が1986年の所得課税の全体的な上限より低くなったことは考慮しなかった（この規定はごくわずかな納税者を対象とするもので、分位別平均税率への影響は微々たるものである。反対に、1997年以降の所得課税に適用された家族係数が1.5の納税者に適用される新しい上限と（すべての納税者が対象となったと仮定して)、1998年以降の所得課税に適用された全体的な上限の引き下げを考慮した（付録C、家族係数に対する税額軽減の上限の所得閾値の変遷に関する表C-5を参照)。

特別増税に関してはとくに問題はない。特別増税は常に所得水準に応じて（場合によっては家族係数に応じて）直接的に定められるため、各分位について対象となる特別増税の比重を常に計算することができる。[14] 純税額の算出に関係するその他の項目について実際に困難な問題が生じるのは1959年以降である。1945-1958年の期間は、本来の税額から純税額を算出するには、所得申告の遅延に対する潜在的な追徴税を加算するだけですむため、本来の税額と純税額の差は１-1.5%を超えることはまずない（表A-3の列(14)を参照）。その上、1945-1958年の期間は1945-1998年の全期間と同様に、分位ごとまた家族係数ごとの（単純に税率表を適用して得られた）本来の平均税率を加重平均して推計した分位別の本来の平均税率は、分位P0-90について差によって得られた税率と同様に、常に「分布」表のデータに基づく所得区分別の本来の課税率とまったく矛盾がない（この二つのケースにおいて、最大誤差幅は課税率で0.5-1ポイントを超えることは決してない）。したがって1945-1958年の期間については、分位ごとの本来の平均税率に表A-3の列(14)に記されている(純税額)／(本来の税額)の比率を適用するにとどめたが、[15] これは、所得申告の提出遅延に対する追徴税がすべての分位で同じ比率で課せられているという仮定に基づいている。しかしながら、このような仮定は、1959-1969年の所得課税に適用された給与所得・退職年金の総額に対する5%の税額軽減に対しては（また、1970-1971年の所得課税に適用された給与所得・退職年金の総額に対する3%の税額軽減に対しても）、その軽減額の総計が本来の総税額の20%を超えることを考えれば、受け入れがたい（表A-3の列(10)を参照）。1959-1971年の全期間については、私たちが出した分位ごとの所得構成の推定値に基づいて（前出の第2節を参照）、各分位における給与所得・退職年金の割合が、分位P90-95では80%、分位P95-99では70%、分位P99-99.5では55%、分位P99.5-99.9では45%、分位P99.9-99.99では35%、分位P99.99-100では25%

13　1915-1944年についても、各分位に関する特定の項目の重要性を推定するために必要な情報をすべて入手しているわけではない。たとえば、家庭状況（独身者、子供のいない夫婦、子供が1人、2人、3人、4人いる夫婦）や課税所得がわかったとしても、独身者や子供のいない夫婦に適用される可能性のある増税額を計算することはできない（これを計算するためには、増税が実際に適用される子供のいない夫婦のパーセンテージ、つまり、結婚後3年以上経過しても子供のいない夫婦のパーセンテージなどを知る必要があるだろう）。しかし、「分布」表からさまざまな課税所得区分におけるこのような増税額の実際の比重を知ることができ、そのことによって、さまざまな分位に割り当てるべきこの種の増税額をおおよそ推計することができる（このようなおおよその推定値は、1915-1944年の期間の本来の税額と純税額の差が非常に小さいことを考慮すると、この期間については十分満足できるものである〔表A-3の列(14)を参照〕）。

14　すでに言及したように、考慮に入れなかった特別増税は、強制国債だけである（表4-6〔第4章〕に転載されている特別増税はすべて考慮に入れた）。

15　言い換えれば、分位別の本来の税額の平均税率に、1945年については1.014、1946年については1.020、1947年については1.000などの係数を乗じた（また1915-1998年の全期間を通じてと同様、私たちは可能性のある特別増税を加算した）。

だったと仮定し、各分位の本来の税額の平均税率から該当する税の軽減額を導き出した。[16] 純税額の計算に関係するその他の項目（1960-1998年の所得についての配当税還付金およびタックスクレジット、1974-1978年の所得および1983-1998年の所得についての減税額、1959-1972年の所得および1983-1998年の所得についての税の免除）[17]については、残念ながら、各分位に該当する総額を割り当てることができるようないかなる手がかりもない。実際、税務当局が本来の税額の合計だけでなく課税所得区分ごとの純税額の合計を「分布」表に記載するようになったのは、1994年以降の所得からだ。[18] しかしこれらの表から、（全体的に見て）これらの各項目によってもたらされる税の包括的な軽減額は（本来の税額に対する比率で見ると）相対的に所得水準による違いはほとんどないことが確認できる。たとえば、入手できる最新の表である1998年の所得に関する表（1999年12月31日現在）を見ると、（純税額）／（本来の税額）の比率から、課税世帯全体では税額の平均軽減率が10.8%に相当し、所得が12万5000-15万フランの課税世帯では10.8%、15万-20万フランの所得区分では10.8%、20万-25万フランの所得区分では10.0%、25万-50万フランの所得区分では9.1%、そして50万フランを超える課税所得では13.8%に相当することがわかる。[19] 言い換えれば、1990年代には超高所得層は税額軽減措置以外にも税制上の優遇措置の恩恵を受けていたように思えるが、実際は、所得区分間の差は非常に小さく、変動状況は所得区分によってまちまちだ。したがって最初の概算では、各分位で各項目が（各分位の本来の

16　したがって、1959-1971年の期間については、給与所得・退職年金の総額に対する比例税の軽減額を考慮する前の税率表を適用して、分位別、家族係数別に本来の税額の平均税率を計算した（すなわち1959-1969年の所得については、5%-15%-20%-25%-35%-45%-55%-65%という区分の税率表を適用し〔0%-10%-15%-20%-30%-40%-50%-60%という税率表でなく〕、1970-1971年の所得については、3%-13%-18%-23%-33%-43%-53%-63%という税率表を適用した〔0%-10%-15%-20%-30%-40%-50%-60%という税率表ではなく〕。第2部第4章の表4-5を参照）。次に、分位P90-95については得られた税率から4ポイント差し引き（4＝5×80%）（1970-1971年の所得については、2.4ポイント〔2.4＝3×80%〕差し引いた）、分位P95-99については3.5ポイント（3.5＝5×70%）（1970-1971年の所得については、2.1ポイント〔2.1＝3×70%〕）差し引いた、など。厳密にいえば、さまざまな分位の給与所得・退職年金の割合が常に一定でないことは明らかだが（前出の第2節を参照）、検討する税額軽減の大きさが限定的であることを考慮すれば、所得構成の微妙な変動を利用して、各分位の納税者が実際に恩恵を受ける権利がある税額軽減率のわずかな変動を計上しようとするのは無意味なように思われる。

17　表A-3を参照。

18　付録A第4節を参照。

19　この計算は、1998年の所得（1999年12月31日現在の状況）に関する『Etat 1921』の表IIAの「本来の税額の合計」と「純税額の合計」の列に記載されているデータ（課税世帯、あらゆる数の家族係数が混在）を用いた。（1994年以降の所得について入手できる）同じ形式の表にあるほかの年についてのデータから得られた軽減率も似たような特徴と水準を示している。表IIAに記載されている純税額には比例課税のキャピタルゲインが考慮されているため、これらの税額の平均軽減率はわずかに過小評価されている。

税額に応じて）比例して分散していると仮定し、1959-1998年の期間について得られた分位ごとの本来の平均税率（1959-1971年の所得に関する給与所得・退職年金の総額に対する比例税額の軽減に関する修正後）に、表A-3の列(14)に転載した(純税額)／(本来の税額)の比率を適用した。[20] 税率表の適用による課税率についてのこのような修正（そして家族係数に応じた加重）が本当に重要な意味をもつのは1983年以降の所得からである。というのは、1982年までは(純税額)／(本来の税額)の比率が全体的に95%を上まわっているからである。反対に、1980年代から1990年代にかけて税額軽減制度が非常に発展すると、(純税額)／(本来の税額)の比率は著しく低下し、1990年代末には85%を下まわるまでになっている（1997-1998年は83.4%）（表A-3の列(14)を参照)。言い換えれば、税率表の課税率についてのこれらの修正は、1990年代はおよそ10-15%で（1990年代末には16%以上になった)、これは著しい低下であり、表B-19に示される平均税率が税率表より著しく低いのはそのためだ（たとえば1998年については、課税所得に対するパーセンテージで表わされる分位P99.99-100の平均税率は私たちの推定値によれば43.4%で、その年の最高限界税率は54%だが、この修正をしなければ課税所得に対するパーセンテージで表わされる分位P99.99-100の平均税率は51.8%になる〔51.8×0.834＝43.2〕)。いうまでもなく、すべての分位に同じ包括的な税額軽減率を割り当てるこの方法によって税率表と実際の課税率との差の年代による変動を詳しく説明できるわけではない。たとえば、1980-1990年代の税額軽減制度が短期間に特定の分位に有利になる（あるいは不利になる）方向に推移したとしても、私たちの推計は構造上そのような変動を記録することはできない。しかし、1990年代の所得区分ごとの(純税額)／(本来の税額)の比率について先に挙げた数字から、こうした変動の幅は全般的に非常に限られ、すべての分位で税額軽減率が一定だったという仮定は、最初の概算としては容認できる仮定であるように思える。1988-1995年の所得申告データに基づく税務当局のサンプル（ピケティ〔1998年〕で用いたサンプル）から計算できる分位別の平均税率と私たちが出した推定値との差がわずかであることから、私たちが実施した推計方法によって満足できる概算値が導き出せることが確認できる。1990年代末の平均税率を約4-5ポイント過大評価している分位P99.99-100の非常に特殊なケース[21]を除けば、この差は（差から推計した分位P0-90の税率も含め）課税率で1ポイントを超えることはまずない。私たちの実施した(純税額)／(本来の税額)の比率に対する調整方法では、1960年と1983年のデータにわずかな不連続性が生じることも指摘しておこう。[22]

20　言い換えれば、分位別の本来の税額の平均税率に、1959年については0.982、1960年については0.940、1997-1998年については0.834などの係数を乗じた。

21　税務当局のサンプルによれば、（純税額）／（本来の税額）の比率は、課税所得が50万フラン以上の世帯で急激に低下し（このことは、「分布」表からは読み取ることができない）、該当する税額の全体的な軽減率は、1995年には分位P99.99-100で27.8%に達している（分位P99.5-99.9では9.9%、分位P99.9-99.99では3.9%に対して）。このことは、分位P99.99-100の（税務当局のサンプルに基づいて推計し、課税対象所得に対するパーセンテージで表わした）実際の平均税率は1990年代には35%をやっと上まわる程度であり、表B-20に（間違って）記載されている推定値の39-40%ではなかったことを意味している。しかし私たちは次のような理由からこの推定値の誤りを修正しなかった。その理由の一つは、課税世帯だけを対象とする税額軽減率は11.4%にすぎなかったが（1997-1998年）、すべての世帯（課税世帯と非課税世帯を合わせた、つまり、とくに税額の減免の影響を考慮して）で確認できる16.6%（1997-1998年）という全体的な税額軽減率をすべての分位に適用したからだ。すでにこの偏りの重要な部分を修正している（私たちが出した分位P99.99-100の平均税率の推定値と税務当局のサンプルから推定した平均税率の差が小さいのはそのためで、私たちの他の分位の平均税率がごくわずかながら過小評価されていることもこの選択の理由の一つである）。もう一つの理由は、そしてとくに、分位P99.99-100の27.8%という税額軽減率はおもにRCMの比重、したがって超高所得層の配当税還付金の比重の結果で、このような現象によって超高所得層の平均税率がわずかに引き下げられるのは、配当税還付金が常に分母に考慮されるかぎりやや不自然だろう。税務統計に示されている課税所得には配当税還付金が以前から含まれているため（$y = y_a + a$の式で、yは税務統計と税額の計算に考慮される課税所得の合計額、y_aは配当税還付金を加算する前の課税所得の合計額、aは配当税還付金の総額であり、y_aとaは税務当局が作成した表の中で切り離されたことは一度もない）、支払い税額から配当税還付金を差し引こうとするなら、分母の配当税還付金も差し引くのが妥当だろう（すなわち、Iを支払うべき税額〔配当税還付金の控除前〕とすると、$t = (I - a) / y$ 式の平均税率よりもむしろ、$t = (I - a) / (y - a)$式の平均税率（または比率$t = I / y$）を調べるほうが筋の通ったやり方のように思えるからだ。私たちが選んだ解決策は十分でないが（すべての区分に適用する（純税額）／（課税所得）の一定の比率を計算するにあたり、配当税還付金を考慮するが、配当税還付金が超高所得層に集中していることは考慮していない）、この解決策は容認できる概算を導くだけでなく、長期間にわたる配当税還付金の問題を完全に処理するには、法人税（また1948年の税制改革前のBICに対する分類所得税）の税率が1965年に配当税還付金が創設される前（第4章第4.4節を参照）の動産資本の保有者に対する平均税率に及ぼす影響の問題、またより広く、所得税以外の税や源泉徴収が所得税納税者に及ぼす影響の問題に関心を向けざるをえなくなり、これらの問題は本書の枠組みからは大きくはずれているため、この解決策が唯一の可能な方法だと考えた。

22　1960年に（純税額）／（本来の税額）の比率をとりわけ大きく引き下げる要因となった（98.2%から94.0%になった。付録A表A-3の列（14）を参照）タックスクレジットは1959年まで分離課税ではなかったため、1959年と1960年の超高所得分位の平均税率の低下が強調されることになった。同様に、1983年の（純税額）／（本来の税額）の比率の大きな低下（97.0%から91.7%に低下。付録A表A-3の列（14）を参照）も平均税率の低下を強調することになった（（純税額）／（本来の税額）の比率の低下は課税所得の控除が税額軽減に変更されたことによるもので、（純税額）／（本来の税額）の比率に対する必要な調整をしなかった）。

付録C

所得税法に関する補足データ

本付録では、所得税法について記述した第4章の中で、無駄にテキスト量が多くなるのを避けるために明確に言及しきれなかった所得税法に関する若干の補足情報をまとめる。本付録に示す情報の出典は第4章で利用した資料とまったく同じもので、詳細は概論（第2.2.1節）に記してある。本付録にはいくつかの表（第1節）と所得税の歴史に刻まれたおもな法律条文の年譜（第2節）が含まれている。

1　所得税法に関する補足的な表

ここに示す表は、いわゆる累進所得税に関するもの（表C-1からC-5）と分類所得税（また分類所得税のあとを受けて導入された税金、すなわち、比例税と補足税）（表C-6からC-9）に関するものである。分類所得税に関しては、税率の推移や適用された控除については詳細に説明せずに、最も重要な2種類の分類所得税、すなわち、給与所得分類税と商工業収益分類税について詳しい情報を提供する。その他の分類所得税（農業収益分類税、非商業収益分類税、有価証券所得分類税）に関する税法に興味のある読者は、概論（第2.2.1節）に記されている出典を参照してほしい。1947年に刊行された『財務省統計要覧』の中の「おもな直接税の計算方法」と題する概要に1918-1945年のさまざまな分類所得税の算定ルールの変遷が総合的に説明されているが、これが分類所得税について非常に役に立つ資料となっている[1]。また、表C-6およびC-8に記載されている給与所得分類税と商工業収益分類税の税率を見るだけでも、その他の分類所得税の税率をかなり正確に推測できる点を指摘しておこう。実際、1917年7月31日法によって、労働所得が混合所得より優遇され、さらに混合所得が資本所得より優遇されることが定められたが、この一般原則はその後もずっと適用されてきた。つまり、常に農業収益分類税と非商業収益分類税の税率は給与所得分類税と商工業収益分類税の税率の中間で、IRVM（有価証券所得税）の税率は商工業収益分類税の税率より（わずかに）高かった[2]。

1　付録A第1.4節を参照。1947年に掲載されたこの概要には、この種のほかのすべての概要と同様、残念なことに、IRVMについては言及されていない。

2　この一般的規定は、IRVMの税率が証券のタイプによって違いがあり、複雑である。

表 C-1：1915-1944 年の所得課税に適用された扶養家族に対する課税所得の控除額（総合所得税）

	基礎控除	夫婦に対する控除	扶養する子供に対する控除				
			1人め	2人め	3人め	4人め	5人め
1915	5,000	2,000	1,000	1,000	1,000	1,000	1,000
1916-1918	3,000	2,000	1,000	1,000	1,000	1,000	1,000
1919-1921	6,000	3,000	2,000	2,000	2,000	2,000	2,000
1922	7,000	3,000	2,000	2,000	2,000	2,000	2,000
1923-1927	7,000	3,000	3,000	3,000	3,000	3,000	3,000
1928	10,000	3,000	3,000	3,000	4,000	4,000	4,000
1929-1933	10,000	5,000	4,000	5,000	6,000	7,000	8,000
1934-1935	10,000	5,000	5,000	5,000	8,000	9,000	10,000
1936-1942	10,000	5,000	5,000	5,000	10,000	15,000	15,000
1943-1944	20,000	7,000	7,000	10,000	15,000	20,000	20,000

解説：1915年の所得課税については、すべての納税者が5000フランの基礎控除を受ける権利があり、結婚している納税者は2000フランの追加控除を受けられ、また扶養する子供1人につき1000フランの追加控除を受けていた。

注記：（i）扶養する5人め以降の子供に対する控除額は、5人めと同じだった。ただし例外として、1915-1918年の所得については扶養する6人め以降の子供1人につき1500フランで、1929-1933年の所得については扶養する5人め以降の子供1人につき1000フランだった。

（ii）1915-1918年の所得に対しては、その他の扶養家族（障害のある直系尊属など）も扶養する子供と同じ1000フランの控除を受ける権利が与えられ（6人めの扶養家族からは1500フラン）、1919-1923年の所得では、この控除は1500フラン（6人めからは2000フラン）、1924-1928年の所得では2000フラン（6人めからは3000フラン）、1929-1933年の所得では3000フランだったが、1934年以降の所得からは「子供以外の扶養家族」に対する控除は廃止された。

（iii）1915-1935年の所得税と1940-1944年の所得課税については、扶養家族控除は所得水準に関係なくすべての納税者に対してまったく同じ額の控除をする完全な一括控除である。1936-1939年の所得課税で満額の扶養控除が適用されたのは所得が7万5000フラン未満の納税者に限られ、所得が7万5000-15万フランの納税者は控除が20%減額され、15万-30万フランの所得の納税者は40%、30万-60万フランの所得に対しては60%、そして60万フラン以上の所得に対しては80%が減額された（この「控除の減額」が「夫婦」に対する控除にも適用されるようになったのは、1937年以降のことだ）。

表 C-2：1915-1947 年の所得課税に適用された扶養家族に対する税額軽減
（総合所得税および分類所得税）

	適用範囲	1人め	2人め	3人め	4人め	5人め	6人め	総合所得税の軽減税の上限	分類所得税の軽減の上限
1915-1916	すべての納税者	5%	10%	20%	30%	40%	50%	50%	
1917-1918	<10,000	7.5%	15%	30%	45%	60%	75%	75%	75%
	>10,000	5%	10%	20%	30%	40%	50%	50%	50%
1919-1928	<10,000	7.5%	15%	30%	45%	60%	75%	（上限なし）	（上限なし）
	>10,000	5%	10%	15%	25%	35%	45%	2,000	300
1929-1933	<30,000	10%	20%	40%	60%	80%	100%	（上限なし）	（上限なし）
	>30,000	5%	10%	15%	25%	35%	45%	3,000	500
1934-1936	BIC/BA/BNC	10%	20%	50%	80%	100%	100%		800
	給与所得<20,000	20%	40%	100%	100%	100%	100%		800
	給与所得<40,000	15%	30%	75%	100%	100%	100%		800
	給与所得>40,000	10%	20%	50%	80%	100%	100%		800
1937	上限以外は同上								933
1938-1941	上限以外は同上								1,000
1942-1945	上限および給与所得＜15,000以外は同上								2,000

表C-2（続き）

1942-1945	給与所得<15,000	50%	100%	100%	100%	100%	100%		2,000
1946	上限以外は同上								3,000
1947-1948	すべての納税者	15%	30%	75%	100%	100%	100%		4,000
1949-1958	上限以外は同上								5,000

略号：BICは商工業収益、BAは農業収益、BNCは非商業収益。

解説：1915年の所得課税については、扶養家族のための税額軽減率は扶養家族2人めまでは1人につき5%で、3人めからは1人につき10%だった。このようにして受けられる税額軽減率の上限は50%だった。1919年以降の所得については、上限は扶養家族1人あたりの税額の最高軽減額で表わされている。

注記：（i）IGR（総合所得税）と不動産税で扶養家族のための税額軽減が適用されたのは1933年の所得課税が最後で、以後は適用されていない。IRVMとIRCDC（債券預かり証拠金所得税）については、納税者は扶養家族のための税額軽減を受けない。給与所得やBIC（商工業収益）、BA（農業収益）、BNC（非商業収益）については、扶養家族のための税額軽減はこの制度適用の最後の年まで引き続き適用され（1947年の所得課税、また源泉徴収された給与所得税については1948年9月1日まで）、その後、比例税に扶養家族のための税額控除制度がふたたび導入された（表C-9を参照）。

（ii）税額軽減制度として考慮される「扶養家族」には未成年とその他の扶養が必要であると見なされる者（身体に障害のある直系尊属など）が含まれるが、どんなケースであれ、配偶者は含まれない。

表C-3：必要経費に対する10%の一括控除と20%の追加基礎控除の上限（1934-1998年の所得）

	10%の一括控除			20%の基礎控除	
	最大一括控除額	該当する給与所得		最大追加控除額	該当する給与所得
1934-1942	20,000	200,000			
1943-1945	20,000	200,000	1953-1972	上限なし	
1946-1950	50,000	500,000	1973	56,000	280,000
1951	200,000	2,000,000	1974	62,000	310,000
1952-1978	上限なし		1975-1976	68,000	340,000
1979	40,000	400,000	1977-1979	72,000	360,000
1980	44,800	448,000	1980	82,000	410,000
1981-1983	50,900	509,000	1981-1983	92,000	460,000
1984	54,770	547,700	1984	99,000	495,000
1985	57,840	578,400	1985	104,600	523,000
1986	59,230	592,300	1986	107,200	536,000
1987	61,190	611,900	1987	110,800	554,000
1988	62,790	627,900	1988	113,800	569,000
1989	64,870	648,700	1989	117,600	588,000
1990	66,950	669,500	1990	121,400	607,000
1991	68,960	689,600	1991	125,200	626,000
1992	70,900	709,000	1992	128,800	644,000
1993	72,250	722,500	1993	131,400	657,000
1994	73,270	732,700	1994	133,400	667,000
1995	74,590	745,900	1995	136,000	680,000
1996	76,010	760,100	1996	138,600	693,000
1997	76,850	768,500	1997	140,200	701,000
1998	77,460	774,600	1998	141,400	707,000

解説：1998年の所得課税では、必要経費に対する10%の一括控除は年間給与が77万4600フラン

未満の層にのみ適用され（つまり最高控除額は7万7460フラン）、20%の基礎控除は年間給与が70万7000フラン未満（必要経費なし）の層にのみ適用された（つまり最高控除額は14万1400フラン）。

注記：（i）1943-1952年の所得課税では、賃金労働者は必要経費に対し上限とは別に5%の一括控除を受ける権利があった。

（ii）1973-1974年の所得課税では、賃金労働者は上限とは別に10%の基礎控除を受ける権利があった。

（iii）「20%の基礎控除」が実際に20%になったのは1960年の所得からで、1953年は10%、1954-1958年は15%、1959年は19%だった（1953年以前はこの種の基礎控除は存在せず、1934年以前には必要経費の一括控除は存在しなかった）。

（iv）1974-1976年以降の所得課税では、非賃金労働者も公認経営者協会または公認組合に加入していれば20%の基礎控除を受けることができ（BAとBICは1974年から、BNCは1976年から）、1996年の各収益に対する課税からは20%基礎控除の上限は給与所得と同じになった（それ以前は、控除の上限は給与所得より低く、この上限より多く給与所得の控除額の上限より少ない収益に対する基礎控除は10%だった）。

表C-4：税の減免のパラメーター（1951-1952年、1957-1972年、1981-1998年の所得）および減税率（1966-1972年および1984-1992年の所得）

	税の減免	減税率
1951-1952	4,000-8,000	
1957	5,000-10,000	
1958	8,000-12,000	
1959-1960	7,000-14,000 (70-140)	
1961-1963	70-210	
1964	80-240 (QF=1:120-240)	
1965	80-240 (QF=1-1.5:160-480)	
1966	80-240 (QF=1-1.5:190-570)	所得＜45,000の場合の5%から、50,000＜所得＜55,000の場合の2%まで
1967	80-240	所得＜45,000の場合の10%から、50,000＜所得＜55,000の場合の5%まで
1968	80-240	税額＜1,000の場合の15%から、3,500＜税額＜5,000の場合の2%まで
1969	100-300 (QF=1-1.5-2:230-690)	税額＜1,000の場合の15%から、3,500＜税額＜5,000の場合の2%まで
1970	100-300 (QF=1-1.5-2:230-690)	税額＜1,000の場合の15%から、3,500＜税額＜5,000の場合の2%まで
1971	100-300 (QF=1-1.5-2:230-690)	税額＜1,000の場合の15%から、3,500＜税額＜5,000の場合の2%まで
1972	100-300 (QF=1-1.5-2:230-690)	税額＜1,000の場合の15%から、3,500＜税額＜5,000の場合の2%まで
1981	2,600 (QF=1)／800 (QF=1.5)	
1982	3,200 (QF=1)／1,100 (QF=1.5)	
1983	3,700 (QF=1)／1,400 (QF=1.5)	
1984	4,000 (QF=1)／1,600 (QF=1.5)	税額＜21,520の場合5%
1985	4,300 (QF=1)／1,700 (QF=1.5)	税額＜22,730の場合の8%から、28,410＜税額＜34,090の場合の3%まで
1986	4,400	税額＜23,280の場合の11%から、税額＞41,060でRIPP＜295,000の場合の3%まで
1987	4,520	税額＜23,280の場合の11%から、税額＞41,060でRIPP＜304,740の場合の3%まで
1988	4,520	税額＜23,890の場合の11%から、税額＞42,120でRIPP＜312,660の場合の3%まで
1989	4,670	税額＜24,680の場合の11%から、税額＞43,510でRIPP＜312,660の場合の3%まで
1990	4,820	税額＜25,480の場合の11%から、税額＞44,910でRIPP＜322,670の場合の3%まで
1991	4,970	税額＜26,250の場合の11%から、税額＞46,260でRIPP＜332,360の場合の3%まで
1992	5,110	税額＜26,990の場合の11%から、税額＞47,560でRIPP＜341,670の場合の3%まで
1993	4,180	
1994	4,240	
1995	4,320	
1996	3,260	
1997	3,300	
1998	3,330	

略号：QFは家族係数、RIPPは個人課税所得。

解説：1951-1952年と1957-1972年の各年度の所得課税については、税額の減免は二つのパラメーターx-yで説明されている。つまり、QF（家族係数）1あたりの税額がx未満の納税者は税を免除され、QF1あたりの税額がxからyの間の納税者はyとQF1あたりの税額の差に相当する額がQF1あたりの税額から軽減されるという意味である。1964-1966年と1969-1972年の各年度の所得課税については、QFの低い納税者のほうがパラメーターx-yが高くなっている。1981-1998年の所得課税については、税額の減免は一つのパラメーターxだけで示されている。つまり、税額がxを下まわる納税者はxと税額の差に相当する税額が軽減されるという意味だ（したがって税額がx/2を下まわる納税者は税を免除される）（税額の減免が1986年以降の所得課税ですべての納税者に広がるまでの1981-1985年の所得課税では、税額の減免はQFが1または1.5の納税者だけに適用されている）。

表 C-5：1981-1998 年の所得課税に適用された QF に対する税額軽減の上限の所得閾値

	税の最大軽減額			該当する課税所得の閾値			
	QF1/2（あたり）	QF1（あたり）（2B）	QF1/2（あたり）（1.5）	QF=1.5	QF=2B	QF=2.5	QF=3
1981	7,500			119,440	138,590	228,550	238,870
1982	8,450			134,390	155,990	257,190	268,780
1983	9,250			146,930	170,600	281,220	293,860
1984	9,960			158,170	183,650	302,720	316,320
1985	10,520			167,040	193,960	319,710	334,070
1986	10,770	13,770		171,020	116,210	327,310	342,030
1987	11,130	14,230		180,050	124,670	345,400	360,110
1988	11,420	14,600		184,740	127,900	354,370	369,460
1989	11,800	15,090		190,850	132,170	366,110	381,700
1990	12,180	15,580		196,980	136,430	377,860	393,950
1991	12,550	16,050		202,930	140,540	389,280	405,850
1992	12,910	16,500		208,690	144,480	400,310	417,370
1993	15,400	19,060		204,090	161,430	340,590	408,160
1994	15,620	19,330		206,980	163,700	345,390	413,960
1995	15,900	19,680		210,700	166,660	351,600	421,390
1996	16,200	20,050		239,340	173,150	472,960	478,680
1997	16,380	20,270	6,100	104,140	175,060	478,210	484,020
1998	11,000	20,370	6,100	104,420	175,600	313,620	334,600

解説：1981年の所得課税については、独身者の場合はQFが1を上まわる納税者、夫婦の場合はQFが2を上まわる納税者に対し、QF1/2あたりに与えられる税額の最大軽減額は係数付与の理由が何であれ7500フランが上限とされている。QFが1.5で課税所得が11万9440フランを超える納税者はこの上限に達する。1986年以降の所得課税からは、独身納税者の扶養する1人めの子供（QF＝2B）に与えられるQF1に対する税額軽減の上限設定が一般の上限より低くなっている。1997年の所得課税からは、扶養する子供はいないが、成人した子供または死亡した子供がいる納税者に与えられるQF1/2に対する上限が一般の上限より低くなっている。

表 C-6：1917-1948 年の給与所得税に適用された給与所得分類税の税率表

1917-1918 0-3,000 0% 3,000-5,000 1.88% 5,000- 3.75%	1919-1921 0-6,000 0% 6,000-8,000 3% 8,000- 6%	1922 0-7,000 0% 7,000-8,000 3% 8,000- 6%	1923 0-7,000 0% 7,000-8,000 3.6% 8,000- 7.2%	1924-1925 0-7,000 0% 7,000-9,000 3.6% 9,000- 7.2%
1926-1927 0-7,000 0% 7,000-10,000 3% 10,000-20,000 6% 20,000-40,000 9% 40,000- 12%	1928 0-10,000 0% 10,000-20,000 6% 20,000-40,000 9% 40,000- 12%	1929-1933 0-10,000 0% 10,000-20,000 5% 20,000-40,000 7.5% 40,000- 10%	1934-1936 0-10,000 0% 10,000-20,000 3% 20,000- 6%	1937 0-10,000 0% 10,000-20,000 3.5% 20,000- 7%
1938-1942 0-10,000 0% 10,000-20,000 4% 20,000- 8%	1943-1944 0-10,000 0% 10,000-20,000 12% 20,000- 16%	1945 0-20,000 0% 20,000- 16%	1946-1947 0-60,000 0% 60,000- 16%	1948 0-96,000 0% 96,000- 15%

解説：給与所得分類税の税率は常に「限界税率」で表示されている。1917年の給与所得に対する課税では、3000フラン未満の給与に適用される限界税率は0%、3000−5000フランの給与に適用される限界税率は1.875%、5000フランを超える給与に適用される限界税率は3.75%だった。1922−1933年の給与所得に対する課税では、賃金労働者に扶養家族のための控除を受ける権利が認められ（表C−7を参照）、この表に記載される税率は扶養家族控除が考慮される前の給与に適用される。また、給与所得分類税が適用された全期間を通じて、納税者に扶養家族控除が認められていた（表C−2を参照）。

注記：（i）1917−1921年の所得については、年金に適用される基礎控除は給与に適用される基礎控除と異なっている（1917−1918年は年金の基礎控除は1250フラン、1919−1921年は年金および資産の金利収入の基礎控除は2000フラン、老齢年金の基礎控除は3600フラン）。また、1917−1923年の所得の基礎控除は賃金労働者の属する自治体の規模によって異なる（1917−1918年は、パリおよびパリ近郊は3000フラン、人口が10万人以上の自治体は2500フラン、人口が1万−10万人の自治体は2000フラン、人口が1万人未満の自治体は1500フラン。1919−1921年は、パリおよびパリ近郊は6000フラン、人口が5万人以上の自治体は5000フラン、人口が5万人未満の自治体は4000フラン。1922−1923年は、セーヌ県が7000フラン、人口が5万人以上の自治体は6500フラン、その他が6000フランだった）。

（ii）1940年1月1日以降、給与所得分類税は雇用主が計算し、直接支払うようになった（源泉徴収）。

（iii）1945年以降は、課税閾値が年度内にしばしば引き上げられた。1945年12月1日に課税閾値が2万フランから4万フランに、1946年7月1日には4万フランから6万フランに、さらに1947年7月1日に6万フランから8万4000フランに、1948年1月1日に8万4000フランから9万6000フランに引き上げられた。その後、1948年9月1日以降、給与所得分類税の徴収は廃止され、代わりに合計給与総額の5%を一括納付する形になった。

表 C-7：1922-1933 年の給与所得に対する課税に適用された扶養家族に対する控除（給与所得分類税）

	基礎控除	夫婦に対する控除	扶養する子供に対する控除					直系尊属 ＋18-20歳の子供に対する控除
			1人め	2人め	3人め	4人め	5人め	
1922	7,000	3,000	2,000	2,000	2,000	2,000	2,000	1,500
1923-1927	7,000	3,000	3,000	3,000	3,000	3,000	3,000	2,000
1928-1933	10,000	3,000	3,000	3,000	4,000	4,000	4,000	2,000

解説：1922年の給与所得に対する課税では、納税者は7000フランの基礎控除を受ける権利があ

った。夫婦は3000フランの追加控除を受けられ、扶養する子供1人につき2000フランの追加控除を受けられた。

注記：（i）1917-1921年および1934-1948年の給与所得に対する課税には、夫婦に対する控除も扶養家族に対する控除もなかった。それに対し、1922年の給与所得税で導入された「戦争による負傷」に対する1000フランの控除は給与所得分類税の廃止時まで続けられた。

（ii）給与所得分類税は、扶養家族控除が適用された唯一の分類所得税である。

表 C-8：1917-1947 年の収益税に適用された商工業収益分類税の税率表

1917-1918		1919-1922		1923		1924		1925	
0-1,500	1.13%	0-1,500	2%	0-1,500	2.4%	0-1,500	3.6%	0-1,500	2.4%
1,500-5,000	2.25%	1,500-5,000	4%	1,500-5,000	4.8%	1,500-5,000	7.2%	1,500-5,000	4.8%
5,000-	4.50%	5,000-	8%	5,000-	9.6%	5,000-	14.4%	5,000-	9.6%
1926-1933				1934-1936	12%				
0-800	22.5			1937	14%				
800-1,500	45			1938-1941	16%				
1,500-3,000	150			1942-1947	24%				
3,000-5,000	300								
5,000-7,000	750			特別の税制度					
7,000-10,000	1,050			1929-1933		1934-1941		1942	
10,000-15,000	1,500			0-5,000	0	0-5,000	税額/4	0-3,000	0%
15,000-20,000	2,250			5,000-7,000	375	5,000-10,000	税額/2	3,000-6,000	税額/2
20,000-25,000	3,000			7,000-10,000	700				
25,000-30,000	3,750								
30,000-35,000	4,500			1943-1946		1947			
35,000-40,000	5,250			0-5,000	0%	0-60,000	0%		
40,000-45,000	6,000			5,000-10,000	税額/2				
45,000-50,000	6,750								
50,000-	15%								

解説：1917-1925年の収益に対する課税について見ると、商工業収益分類所得税の税率は「限界税率」で記載されている。1926-1933年の収益に対する課税では、収益が5万フラン未満の納税者は自分が属する収益区分のみ申告し、その税額が該当する区分の行に記載されている（収益が5万フランを超える納税者は正確な収益額を申告する必要があり、その税額は収益の15%）。1934-1947年の収益に対する課税については（特別の税制度を除き）、すべての納税者が正確な収益額を申告する必要があり、その税額は表に記載される比率を適用して計算された。BICに対する分類税が適用されていた全期間を通じて、個人および合名会社の共同経営者は扶養家族のための税額軽減を受ける権利があった（表C-2を参照）。

注記：（i）1923年の収益に対する課税から、「職人および同類の職」が給与の種別に移された（同じ税率、同じ基礎控除、同じ控除：表C-3を参照）。これは、1948年に給与所得分類税が廃止され（1947年の収益に対する課税）、「比例税」に移行されるまで続いた。

（ii）1929-1933年の収益については、妻、未婚の子供、従業員のほかに誰の協力も得ないで商店または工場を経営し、その収益が1万フラン未満であるすべての商店主と工場主（「職人など」を除く）が特別の税制度の対象になっている。1934-1941年の収益については、収益が1万フラン未満のすべての個人および合名会社の共同経営者が特別の税制度の対象になっている。1942-1947年の収益については、すべての個人および合名会社の共同経営者が、なんの制約もなく特別の税制度の対象となっている。

（iii）また1928年の収益については、「小規模商店主」（次の三つの条件を満たす者。すなわち、

IGRの課税対象でなく、妻、18歳未満の子供、従業員のほかに誰の協力も得ずに商店または工場を経営し、総売上高が5万フラン未満である者）は、税額が100フラン未満の場合は全額を免除され、税額が100フランを超える場合は100フランの減額を受けられる。1929-1933年の収益については、配偶者のみと働いている商店主は20%の特別減税を受けることができた。

補足 C-9：比例税（1948-1958 の所得課税）および補足税（1959-1969 年の所得課税）の計算ルール

（i）原則として、1948-1957年の所得に対する比例税率は18%で、1958年は22%である。実際には、この「比例課税」制度には多くの例外がある。

（ii）給与所得と退職年金は常に「比例税」を免れていた（雇用主だけが給与所得全体の5%を一括納付する義務がある）。

（iii）「職人および同類の職」による収益は、「公職収益以外の」非商業職による収益と同様に、1948-1952年の収益に対する課税では20万フラン未満の収益に対して、また1953年の収益に対する課税では44万フラン未満の収益に対して、それぞれ9%の税額軽減が認められていた。1954-1958年の収益に対する課税では、44万フラン未満の収益に対して5%の税額軽減が認められていた（1954-1958年の収益に対する課税では、「公職収益」に相当する「職人および同類の職」による収益以外のBIC、BA、BNCもっぱら30万フラン未満の収益区分に対して5%の税額軽減が認められていた）。

（iv）わずかな収益に対しても比例税が課せられる有価証券所得（配当金、利子など）を除き（しかし流通債券所得については、債券の特徴に応じて比例税率は10%または15%に下げられている）、比例税を課せられるすべての所得（BIC、BA、BNC、RF、債券所得、預貯金・証拠金）には、最低所得に対する税を免除し、最低所得をわずかに上まわる所得に対する比例税額を軽減するための減免制度（この税の減免制度は『S&EF』第122号〔1959年2月、p.190-193〕に詳しい説明が載っている）と、扶養家族のための税額軽減制度（扶養家族が1人の場合は10%の軽減、2人の場合は30%の軽減、3人の場合は75%、そして4人の場合は100%〔扶養家族2人のうちの1人につき最大で5000フラン、3人め以降の扶養家族1人につき最大で1万5000フランの税額軽減〕）が常に適用されていた。

（v）補足税の税率は、1959年の所得課税では9%、1960年の所得課税では8%、1961-1969年の所得課税では6%だった。しかし、「職人および同類の職」と「公職収益以外の」BNCは4400新フラン（その他の非賃金労働者は3000新フラン）の控除を、そして1964年の所得課税からは3%の税額軽減の恩恵を受け、さらに1969年の所得課税からは基礎控除が3万フランに達している。そして補足税は1970年に最終的に廃止された（1969年の所得課税として、最後の補足税が源泉徴収された）。

2 おもな法令・規則条文の年譜

本年譜には、1915年から1998年までの所得税の歴史に刻まれたおもな法令・規則条文の制定期日と概要を記している。とくに本年譜には累進所得税の税率変更や「特別増税」を制定した法律と政令が含まれている（これらの税率および「特別増税」の完全なリストは表4-1から4-6に記載されている〔第4章〕）。すべての条文は（原則として、公布期日の翌日に）官報『法律および政令』に掲載された。

1914年7月15日法：IGRの導入、当初は1915年1月1日施行、つまり1914年の所

得課税から適用される予定だった。

1914年12月26日法：IGRの適用を1916年1月1日、つまり1915年の所得課税からに延期。

1916年12月30日法：IGRの新しい税率表の制定、1916年の所得課税から適用。

1917年7月31日法：分類所得税の創設、1917年の所得課税から適用。

1918年6月29日法：IGRの新しい税率表の制定、1917年の所得課税から適用。

1920年6月25日法：IGRの新しい税率表の制定。子供のいない納税者に適用されるIGRの増額の制定（1919年の所得課税から適用される措置）。

1923年6月30日法：IGRの基礎控除を6000フランから7000フランへ引き上げ。1922年の所得課税から適用。

1924年3月22日法：「重付加税」（20%の税の増額）の制定、1923年の所得課税から適用。

1925年12月4日法：1924年の所得課税に対し、（「重付加税」のほかに）過去にさかのぼって適用されるIGRの20%の追加増額の制定。

1926年8月3日法：「重付加税」の廃止、IGRの一般的な税率を50%から30%に引き下げ（1926年の所得課税から適用される措置）。

1928年12月30日法：IGRの基礎控除を7000フランから1万フランに引き上げ、IGRの一般的な税率を30%から33.33%に引き上げる（1928年の所得課税から適用される措置）。

1929年12月29日法：扶養家族に対する一括控除の増額および税額軽減の上限の引き上げ措置、1929年の所得課税から適用。

1932年7月15日法：「平均税率で」定められるIGRの新しい税率表の制定、これは一度も適用されなかった（1933年2月28日法により本規定は廃止）。

1933年2月28日法：IGRの10%の増額、1932年の所得課税から適用。

1934年7月6日法/1934年7月20日の統令：10%の増税の廃止、IGRの一般的な税率を33.33%から24%に引き下げ、IGRと分類所得税の税率を自動的に結びつける措置、扶養家族のためのIGRの軽減を廃止、子供のいない納税者に適用されるIGRの増額幅の拡大（1934年の所得課税から適用）。

1935年6月7日法/1935年7月16日および1935年7月26日の統令：IGRの特別付加税、1934-1935年の所得課税に適用。

1936年12月31日法：IGRの新しい税率表の制定、高所得層に対する扶養家族一括控除の減額、子供のいない納税者に適用される増税の軽減（1936年分の所得課税から適用される措置）。

1937年6月30日法/1937年7月8日の統令：IGRの20%の増額、1936年の所得課税から適用。

1938年4月13日法/1938年5月2日の統令：IGRの8%の追加増額（「特別国税」）、20%の増税とともに1937年の所得課税から適用。

1938年10月4日法/1938年11月12日の統令：IGRの20%および8%の増額を廃止し、別途、30%の増額の制定（1938年12月31日法により、最終的な税率は33.33%になった）（「特別国税」）（1938年の所得課税から適用される措置）。

1939年7月29日の政令：子供のいない納税者に適用されるIGRの増額の廃止および「TCF（家族補償税）」の導入（1939年の所得課税から適用される措置）。

1941年1月13日法：高所得層に対する扶養家族一括控除の復活、1940年の所得課税から適用。

1942年2月23日法：「特別国税」の税率を33.3%から50%に引き上げ、1941年の所得課税から適用。

1942年10月24日法：「特別国税」の廃止、そしてIGRの新しい税率表の制定、1942年の所得課税から適用。

1944年1月30日法：IGRの基礎控除を1万フランから2万フランに引き上げ、扶養家族控除の引き上げ（1943年の所得課税から適用される措置）。

1945年12月31日法：IGRの新しい税率表の制定、扶養家族一括控除を廃止し、これに代わる家族係数制度の導入、TCFの廃止、前年のIGRの税額控除の（半分だけを）廃止（1945年の所得課税から適用される措置）。

1946年12月23日法：IGRの新しい税率表の制定、前年のIGRの税額控除の完全な廃止、必要経費に対する10%の一括控除の上限の引き上げ（1946年の所得課税から適用される措置）。

1948年1月7日法：「インフレ対策のための特別源泉徴収」、とくに、1946年のIGRに課された遡及的な特別増税の廃止。

1948年5月13日法：IGRの新しい税率表の制定、前年のIGRの税額控除の（4分の1だけを）復活（1947年の所得課税から適用される措置）。

1948年8月17日法：政令をもって税制改革を実施する権限を政府に与える法律（当法律を受けた、1948年10月1日の政令および1948年12月9日の政令）。

1948年9月24日法：IGRの20%の特別増額（「重付加税」）、1947年分の所得課税に適用。

1948年10月1日の政令：給与所得分類税が廃止され、給与全体の5%の一括納付がこれに取って代わる。1948年9月1日以降に適用。

1948年12月9日の政令：分類所得税およびIGRを廃止し、これらに代わるIRPP（個人所得税）（「比例税」と「累進付加税」からなる）と「企業およびその他の法人収益税」の創設（1948年の所得課税から適用される措置）。

1949年7月31日法：累進付加税の税率表の20%の区分の廃止、1949年の所得課税から適用。

1951年5月24日法：累進付加税の税率表区分の引き上げ、子供のいないすべての夫婦のQFを2に統一（1950年の所得課税から適用される措置）。

1952年4月14日法：累進付加税の税率区分の引き上げ、税の減免措置の制定、

必要経費の10%一括控除の上限の引き上げ（1951年の所得課税から適用される措置）。

1953年2月7日法：必要経費の10%一括控除の上限の完全撤廃、1952年の所得課税から適用される措置。

1954年4月10日法：累進付加税の税率表の下位区分の閾値の引き上げ、給与所得に対する10%の基礎控除の制定（1953年の所得課税から適用される措置）。

1955年4月2日法/1955年4月30日の政令：給与所得の基礎控除を15%に引き上げ、1954年の所得課税から適用。

1956年6月30日法：所得が60万フランを超えるすべての納税者に対し、累進付加税の10%の増額（「10分の1付加税」）、1955年の所得課税に適用。

1959年12月28日法：比例税と累進付加税を廃止し、「単一の」IRPPおよび「TC（補足税）」の創設、給与所得の基礎控除率を20%に引き上げ（1959年の所得課税から適用される措置。ただし、1959年の所得課税についてのみ給与所得の基礎控除率は19%で、20%になったのは1960年の所得課税から）。

1960年12月23日法：IRPPの税率区分の引き上げ（1960年の所得課税より適用）、税率表の中間区分の新たな引き上げ（1961年の所得課税から適用すると定める）、税率表の下位区分の新たな引き上げ（1962年の所得課税から適用すると定める）、「10分の1付加税」を「20分の1付加税」に変更（5%の増額）（1961年の所得課税から適用すると定める）、そして「20分の1付加税」の廃止（1962年の所得課税から適用すると定める）（「20分の1付加税」の廃止以外は、後続の法律により追認された措置）。

1963年7月2日法：税率区分の閾値引き上げの適用にともない、20分の1付加税の維持（1962年の所得課税から適用）。

1963年12月19日法：IRPPの最高限界税率を61.5%に引き上げ、税率区分の閾値引き上げの適用にともない20分の1付加税の維持（1963年の所得課税のみに適用される措置）。

1964年12月23日法：IRPPの税率表区分の引き上げ、税率区分の閾値引き上げの適用にともない20分の1付加税の維持、帰属家賃の課税免除（1964年の所得課税から適用される措置）。

1965年7月12日法：配当税還付金の導入（1965年の所得課税から適用される措置）。

1965年11月29日法：IRPPの税率区分の引き上げ、税率区分の閾値引き上げの適用にともない20分の1付加税の維持、源泉分離課税の導入（1965年の所得課税から適用される措置）。

1966年12月17日法/1966年12月27日の統令：20分の1付加税の廃止、IRPPの最高限界税率を55%および65%に引き上げ、所得が5万5000フラン未満の納税者に対するIRPPの軽減逓減率の導入（1966年の所得課税から適用される措置、ただ

し、1966年の所得課税にのみ適用される最高限界税率の引き上げを除く)。

1968年7月31日法:IRPPの特別増額(最高所得層に対しては25%まで)、1967年の所得課税に適用。

1968年12月27日法:IRPPの税額が5000フラン未満の納税者に対するIRPPの軽減逓減率、およびIRPPの税額が6000フランを超える納税者に対するIRPPの増額累進率の導入(1968年の所得課税から適用)。

1969年12月24日法:IRPPの税率表の引き上げ、1969年の所得課税から適用。

1970年12月21日法:IRPPを「IR(所得税)」と改称、IRPPの税率区分の引き上げ、1970年の所得課税から適用。

1971年12月29日法:IRの税率区分の引き上げ、1971年の所得課税から適用。

1972年12月20日法:IRの税率区分の引き上げ、1972年の所得課税から適用。

1973年12月27日法:IRの税率区分の引き上げ、賃金労働者の20%の基礎控除の上限を設定(1973年の所得課税から適用する措置)。

1974年7月16日法:IGRの一部還付可能な特別増税、1973年の所得課税に適用。

1974年12月27日法:IRの税率区分の引き上げおよび区分数の増加、1974年の所得課税から適用。

1975年12月30日法:IRの税率区分の引き上げ、1975年の所得課税から適用。

1976年12月29日法:IRの税率区分の引き上げ、1976年の所得課税から適用。

1977年12月30日法:IRの税率区分の引き上げ、1977年の所得課税から適用。

1978年12月29日法:IRの税率区分の引き上げ(1978年の所得課税から適用)、および必要経費の10%の一括控除の上限の設定(1979年の給与に対する課税から適用)。

1980年1月18日法:IRの税率区分の引き上げ、扶養する5人めの子供にQF0.5を加算することを決定(1979年の所得課税から適用される措置)。

1980年12月30日法:IRの税率区分の引き上げ、5人めの子供にQF0.5を加算する決定を、3人めの子供にQF0.5を加算する決定に変更(1980年の所得課税から適用される措置)。

1981年8月3日法:1980年の所得が10万フランを超える納税者に適用される25%の特別増税。

1981年12月30日法:IRの税率区分の引き上げ、低所得層に対する税の減免および高所得層に対する増税の実施、QFの効力の上限を設定(1981年の所得課税から適用される措置)。

1982年12月29日法:IRの税率区分の引き上げ、および税率が65%の区分を新たに設置(1982年分の所得課税から適用される措置)。

1983年12月29日法:IRの税率区分の引き上げ、および1983年の所得課税に適用される税の累進増額の制定。

1984年12月29日法:IRの税率区分の引き上げ、ならびに1984年のIRから適用

される減税率表および増税率表の設置。

1985年12月30日法：IRの税率区分の引き上げ、およびIRの減額率表の設置（1985年の所得課税から適用される措置）。

1986年12月30日法：IRの税率区分の引き上げ、税率65%の区分を廃止しこの区分の税率を60%に引き下げ、3人め以降のすべての子供にQF0.5を加算、結婚していない納税者に対するQFの効力の上限を新たに設定（1986年の所得課税から適用される措置）。

1987年12月30日法：所得課税の区分の引き上げおよび税率の全体的な引き下げ（1987年の所得課税から適用される措置）。

1988年12月23日法：IRの税率区分の引き上げ、1988年の所得課税から適用。

1989年12月29日法：IRの税率区分の引き上げ、1989年の所得課税から適用。

1990年12月29日法：IRの税率区分の引き上げ、1990年の所得課税から適用。

1991年12月30日法：IRの税率区分の引き上げ、1991年の所得課税から適用。

1992年12月30日法：IRの税率区分の引き上げ、1992年の所得課税から適用。

1993年12月30日法：IRの税率区分数の削減および税率の引き下げ、逓減減税の廃止（1993年の所得課税から適用される措置）。

1994年12月29日法：IRの税率区分の引き上げ、1994年の所得課税から適用。

1995年12月30日法：IRの税率区分の引き上げ、結婚していない納税者の1人めの子供に対するQF付与の条件を厳格化（1995年の所得課税から適用される措置）。

1996年12月30日法：IRの税率区分の引き上げ、および税率の全体的引き下げ（1996年の所得課税から適用される措置）。

1997年12月30日法：IRの税率区分の引き上げ、QF1.5の納税者に対するQFの効力の上限を新たに設定（1997年の所得課税から適用される措置）。

1998年12月30日法：IRの税率区分の引き上げ、QFの効力の上限の全体の閾値の引き下げ（1998年の所得課税から適用される措置）。

付録D

雇用主による給与申告統計に基づく推計に使用した未加工データ、その方法、その結果（1919-1938年、1947年、および1950-1998年の給与）

本付録では、雇用主による給与申告に基づいた未加工の統計表を用いて私たちが行なった、給与分布の推計の方法とその結果を説明する。ここで一般的に適用している方法は、所得申告の統計を処理するために適用した方法（付録A、Bを参照）と非常に近いものである。したがって、本付録では二つの方法のおもな相違点を示すにとどめる。

この情報源の全体的特徴を提示する際にすでに説明したように（概論第2.2.3節、第3章第2.1節を参照）、雇用主による所得申告に基づく統計は、1947-1950年以降、戦間期とは異なる形式をとった。適用した方法およびそこから得られた結果を示すには、二つの期間を区別する必要がある。一つめは1919-1938年で、この期間においては、雇用主による給与申告は給与に対する分類所得税の働きを説明するために税務当局によって集計されていた（第1節）。二つめは1947-1950年以降で、この期間においては、雇用主による給与申告（今日ではしばしば、現在の正式名称である「DADS（社会保障年次報告）」と呼ばれる）は、純粋に統計的な目的でINSEE（国立統計経済研究所）によって処理された（第2節）。

1　給与に対する分類所得税の統計に基づいて行なわれた推計（1919-1938年の給与）

給与に対する分類所得税の枠組みの中で税務当局が戦間期に作成した統計表は、所得申告に基づいて作成された「分布」表とまったく同じ形式である。つまり一定数の年間給与区分ごとに、賃金労働者数および給与総額を提示する形式である。私たちはこの未加工のデータをいかなる修正も加えずに表D-1に転載した。これらの未加工データが公表されたフランス財務省による刊行物の正確な出典を表D-2に示した。所得申告の場合と同様に、給与申告に基づいて税務当局が作成した統計表では、給与に対する分類所得税の名目で課税対象となる賃金労働者の給与申告しか対象とされていない。表D-3が提示するのは、給与に対する分類所得税の名目で課税対象となる賃金労働者数の推移である。このことから、所得申告の場合と同様に、戦間期の給与申告に関しては、分布上のトップ十分位についてしか論じることができないことがわかる。というのは、1919-1938年の間、給与に対する分類所得税の名目で課税対象となった賃金労働者のパーセンテージは、概して10-20%であったからだ（表D-3の列(2)を参照）。

表 D-1：給与に対する分類所得税の名目で雇用主により提出された給与申告に基づき、税務当局が作成した未加工の統計表（1919-1938 年の給与）

	1919			1920			1921			1922	
s_i	N_i	Y_i	s_i	N_i	Y_i	s_i	N_i	Y_i	s_i	N_i	Y_i
6,000	362,855	2,365,617	6,000	833,317	5,636,997	6,000	1,031,733	7,152,337	10,000	204,298	2,477,017
8,000	119,222	1,101,846	8,000	335,800	2,995,112	8,000	411,206	3,633,240	15,000	65,633	1,126,378
10,000	96,991	1,280,827	10,000	264,153	3,468,202	10,000	322,007	4,071,724	20,000	64,961	2,441,783
20,000	26,134	1,088,009	20,000	52,027	2,150,430	20,000	56,759	2,184,611	総計	334,892	6,045,177
総計	605,202	5,836,299	総計	1,485,297	14,250,740	総計	1,821,705	1,7041,912			

	1923			1924			1925			1926	
s_i	N_i	Y_i	s_i	N_i	Y_i	s_i	N_i	Y_i	s_i	N_i	Y_i
10,000	239,061	2,906,140	7,000	371,138	3,063,538	7,000	497,181	4,149,802	7,000	673,477	5,589,437
15,000	78,991	1,345,225	10,000	292,463	3,506,142	10,000	484,900	5,973,751	10,000	961,465	12,798,220
20,000	84,588	3,236,002	15,000	102,385	1,757,403	15,000	154,703	2,649,817	20,000	130,647	3,146,757
総計	402,640	7,487,368	20,000	125,697	4,423,641	20,000	153,176	5,891,024	30,000	39,954	1,383,595
			総計	891,683	12,750,724	総計	1,289,960	18,664,393	40,000	18,236	823,081
									50,000	34,312	3,218,603
									総計	1,858,091	26,959,692

	1927			1928			1929			1930	
s_i	N_i	Y_i	s_i	N_i	Y_i	s_i	N_i	Y_i	s_i	N_i	Y_i
7,000	716,176	6,027,691	10,000	936,741	13,282,558	10,000	1,190,820	16,982,637	10,000	1405,578	20,300,156
10,000	1,213,840	16,469,146	20,000	219,414	5,222,233	20,000	298,349	7,160,366	20,000	364,133	8,552,667
20,000	185,521	4,481,348	30,000	63,498	2,172,654	30,000	86,245	2,987,602	30,000	106,003	3,638,971
30,000	56,725	1,947,406	40,000	27,261	1,213,489	40,000	35,787	1,610,547	40,000	44,617	1,974,894
40,000	23,955	1,069,455	50,000	42,380	4,168,307	50,000	53,007	4,995,633	50,000	60,214	5,553,788
50,000	37,942	3,756,033	総計	1,289,294	26,059,242	総計	1,664,208	33,736,784	総計	1,980,545	40,320,475
総計	2,234,159	33,751,079									

	1931			1932			1933			1934	
s_i	N_i	Y_i	s_i	N_i	Y_i	s_i	N_i	Y_i	s_i	N_i	Y_i
10,000	1,579,147	21,141,159	10,000	1,428,087	19,164,860	10,000	1,400,227	18,772,685	10,000	2,039,425	27,306,160
20,000	236,167	5,644,136	20,000	222,262	5,315,858	20,000	222,062	5,315,726	20,000	303,232	7,236,027
30,000	74,102	2,538,946	30,000	70,193	2,403,087	30,000	69,730	2,387,632	30,000	87,535	2,989,955
40,000	31,568	1,457,999	40,000	29,515	1,315,031	40,000	30,135	1,321,874	40,000	33,781	1,498,315
50,000	35,438	2,351,495	50,000	32,335	2,123,982	50,000	31,585	2,009,453	50,000	35,206	2,296,637
100,000	7,678	956,028	100,000	6,539	862,917	100,000	6,281	830,334	100,000	6,717	885,668
200,000	1,995	574,388	200,000	1,686	484,719	200,000	1,588	445,235	200,000	1,649	466,240
500,000	287	239,123	500,000	198	155,672	500,000	196	160,113	500,000	203	161,540
総計	1,966,382	34,903,275	総計	1,790,815	31,826,126	総計	1,769,590	31,425,002	総計	2507748	42,840,543

	1935			1936			1937			1938	
s_i	N_i	Y_i	s_i	N_i	Y_i	s_i	N_i	Y_i	s_i	N_i	Y_i
10,000	1,899,261	25,304,652	10,000	2,203,688	29,313,878	10,000	3,156,551	43,233,425	10,000	3,587,445	50,654,800
20,000	283,126	6,779,811	20,000	308,926	7,378,154	20,000	471,644	11,231,405	20,000	585,451	14,239,590
30,000	82,869	2,833,515	30,000	89,962	3,079,658	30,000	122,924	4,208,718	30,000	150,087	5,256,028
40,000	32,155	1,428,141	40,000	36,881	1,637,851	40,000	48,492	2,152,302	40,000	59,122	2,640,366
50,000	35,020	2,272,431	50,000	37,804	2,453,810	50,000	50,746	3,301,927	50,000	60,610	3,993,300
100,000	6,596	868,945	100,000	7,186	946,566	100,000	9,755	1,288,859	100,000	11,098	1,472,606
200,000	1,615	447,209	200,000	1,757	491,403	200,000	2,354	659,647	200,000	2,667	751,239
500,000	192	148,035	500,000	213	174,777	500,000	334	271,232	500,000	359	289,282
総計	2,341,870	40,107,960	総計	2,686,417	45,476,098	総計	3,862,800	66,347,514	総計	4,456,839	79,297,212

情報源：税務当局が作成した表をそのままコピーした未加工のデータ（オリジナルの表が掲載されている財務省刊行物の出典については、表D-2を参照のこと）。

解説：s_iは、税務当局が用いた給与区分の閾値を表わし、N_iは、給与がs_iとs_{i+1}の間の賃金労働者の人数、Y_iは、その区分の中で申告された給与の合計額を表わす。「総計」欄には、給与に対する分類所得税の名目で課税対象となる賃金労働者の総数と、対応する給与の総計が示されている。閾値は旧フラン、総額は1000旧フラン単位で表記されている。たとえば、1930年の給与について見ると、140万5578人の賃金労働者が年間1万-2万旧フランの給与を得ており、その合計額は203億旧フランになる。

表 D-2：「給与」表が掲載されている刊行物の出典（1919-1938 年の給与）

給与の生じた年（n）	作成日／月／年	出典
1919 年	31/12/n+5	BSLC、1925 年 11 月、第 98 巻 p.730
1920 年	31/12/n+4	BSLC、1925 年 11 月、第 98 巻 p.734
1921 年	31/12/n+3	BSLC、1925 年 11 月、第 98 巻 p.738
1922 年	31/12/n+2	BSLC、1925 年 11 月、第 98 巻 p.742
1923 年	31/12/n+2	RSRID、1926 年、p.107
1924 年	31/12/n+2	RSRID、1927 年、p.248
1925 年	31/12/n+2	RSRID、1928 年、p.264
1926 年	31/12/n+2	RSRID、1929 年、p.228
1927 年	31/3/n+3	RSRID、1930 年、p.254
1928 年	31/3/n+3	RSRID、1931 年、p.268
1929 年	31/3/n+3	RSRID、1931-1932 年、p.46
1930 年	31/3/n+2	BSLC、1932 年 10 月、第 112 巻 p.718
1931 年	31/12/n+1	BSLC、1933 年 9 月、第 114 巻 p.586
1932 年	31/12/n+1	BSLC、1934 年 9 月、第 116 巻 p.614-615
1933 年	31/12/n+1	BSLC、1935 年 7 月、第 118 巻 p.22-23
1934 年	31/12/n+1	BSLC、1936 年 6 月、第 119 巻 p.1042-1043
1935 年	31/12/n+1	BSLC、1937 年 8 月、第 122 巻 p.284-285
1936 年	31/12/n+1	BSLC、1938 年 7-8 月、第 124 巻 p.32-33
1937 年	31/12/n+1	BSLC、1939 年 7-8 月、第 126 巻 p.62-63
1938 年	31/12/n+1	BSMF、第 3 号（1947 年第 3 四半期）p.673

略号：**BSLC**：『統計比較法要覧』（財務省、月刊、1877-1940年）
BSMF：『財務省統計要覧』（財務省、四半期刊、1947-1948年）
RSRID：『直接税に関する統計資料』（財務省、年刊、1889-1975年）

解説：1919年の給与については、税務当局が最終的に作成した表は、n＋5年12月31日の税額決定の報告に基づいており、1925年11月の『BSLC』に掲載された。1920年の給与については、税務当局が最終的に作成した表はn＋4年12月31日の税額決定の報告に基づいており、1925年11月の『BSLC』に掲載された。

注記：所得に関して行なったのとは反対に（付録A表A-4およびA-5を参照）、ここでは本書が使用した表の出典を示すにとどめる（すなわち、財務省が最終的に作成した表ということになる）。ICTSP（公務員の俸給、会社員給与、年金、終身年金に対する税）を課された1919-1939年の給与については、1919-1929年の所得と同様に、過去に他の表が作成されていた。それらは、各年の所得の表が発表されているのと同じ号の『BSLC』にすべて掲載されている。

表 D-3：給与に対する分類所得税を課された賃金労働者（1919-1938 年の所得）

	(1) N	(2) % N	(3) Y	(4) 税額	(5) 税額 /Y	(6) 本来の税額	(7) 税額軽減	(8) % 税額軽減 / 本来の税額
1919	1,059	8.8	8,105	126	1.6	136	10	7.3
1920	2,355	19.6	18,681	292	1.6	313	21	6.7
1921	2,691	22.4	21,502	324	1.5	349	25	7.1
1922	731	6.1	9,157	166	1.8	173	7	3.8

表 D-3（続き）

1923	855	7.1	11,063	254	2.3	263	9	3.4
1924	892	7.4	12,751	295	2.3	307	12	3.8
1925	1,290	10.7	18,664	429	2.3	445	17	3.7
1926	1,858	15.5	26,960	651	2.4	672	21	3.1
1927	2,234	18.6	33,751	825	2.4	851	26	3.1
1928	1,289	10.7	26,059	778	3.0	803	25	3.1
1929	1,664	13.9	33,737	814	2.4	857	43	5.1
1930	1,981	16.5	40,320	955	2.4	1,006	51	5.1
1931	1,972	16.4	40,076	932	2.3	983	52	5.2
1932	1,797	15.0	36,733	846	2.3	895	49	5.5
1933	1,770	14.7	36,082	829	2.3	876	47	5.3
1934	2,508	20.9	42,964	629	1.5	718	90	12.5
1935	2,342	19.5	40,206	595	1.5	679	84	12.4
1936	2,689	22.4	45,825	672	1.5	766	94	12.2
1937	3,863	32.2	66,526	1,125	1.7	1,286	161	12.5
1938	4,457	37.1	79,502	1,610	2.0	1,839	229	12.5

解説：1938年の給与については、445万7000人の賃金労働者（N、1000人単位）が給与に対する分類所得税を課されており、これは賃金労働者全体の37.1%にあたる（1919-1938年にわたって賃金労働者数が1200万人だったと仮定した場合）。その給与総計（Y、100万旧フラン単位）は795億200万フラン、税額は16億1000万フラン、すなわち対象給与の2.0%となる。この税額16億1000万フランの内訳は、本来の税額18億3900万フランと税額軽減2億2900万フラン（本来の税額の12.5%）となっている。

したがって、私たちは以下の方法で処理を行なった。付録B（第1.1節）で述べたパレートの法則による外挿法を適用し、1919-1938年の期間の各年に関して以下の数値を推計した。すなわち、賃金労働者の上位10%の平均給与（P90-100）、上位5%の平均給与（P95-100）、上位1%の平均給与（P99-100）、上位0.5%の平均給与（P99.5-100）、上位0.1%の平均給与（P99.9-100）、ならびに、それぞれに対応する中間階層のレベル（P90-95、P95-99、P99-99.5、P99.5-99.9）および閾値（P90、P95、P99、P99.5、P99.9）である。1931-1938年に関しては、給与申告を集計する際に税務当局が高給与の区分も用いるようになったため、賃金労働者の上位0.01%の平均給与（P99.99-100）、ならびに対応する中間階層のレベル（P99.9-99.99）および閾値（P99.99）も推計することができた。税務当局が用いた各給与区分と各年度について得られたパレート係数を表D-4に示した。これらすべての推計結果を名目フランで表D-5に示した。この同じ結果を、付録F（表F-1の列(7)）において推計した変換率を用いて1998年フランに変換したものを表D-6に示した。さらに、この同じ結果を、付録E（表E-3の列(12)）で推計した平均給与データを用いて給与所得全体の中での各分位の割合に変換したものを表D-7に示した。

これらの推計はすべて、1919-1938年の全期間を通じて、賃金労働者の総数は1200万人であったという仮定のもとに算出されている。理論上、分位P90-100は常に賃金労働者の上位120万人からなり、分位P95-100は常に上位60万人からな

るといった具合である。この単純化された仮定は以下の理由により正当なものと思われる。すなわち、戦間期に実施された国勢調査（1921年、1926年、1931年、1936年）においては常に賃金労働者の総数がおよそ1200万人であったことと、戦間期のフランスにおける賃金労働者の総数について実質的に十分な年ごとのデータは（とくに失業数の推定が困難だということを考慮すると）[1]存在しないからである。付け加えておくと、この単純化された仮定によってもたらされる推計の誤差はきわめてわずかだろう。[2]

本書では、1919-1921年および1934-1938年の給与について、パレートの法則による外挿法から導き出された推計にいかなる修正も加えていない。というのは、給与に対する分類所得税の名目で課税対象となった賃金労働者は、扶養家族のための控除をいっさい受けることができなかったので、税務当局が作成した表に表われている給与分布には欠落がないからである（年間給与が課税対象額を超えている賃金労働者は、家族の状況がどうであれ、すべて表に記されている）[3]。それに対して、1922-1933年の給与に関しては、扶養家族控除の存在を考慮しなければならず（付録C表C-7を参照）、一部が欠落した分布に対する修正が必要である。所得に関する修正（付録B第1.3節を参照）と同様、この修正の範囲は限定され、トップ百分位（および上位分位）[4]といった最高位の給与には適用されない。さらにいえば、所得に関する推計時と同じタイプの信頼度テストを行ない、その結果、

1　国勢調査の結果得られた賃金労働者の総数の推計は付録Hに転載した（表H-2）（得られる数値は、「個人事業主」を扱う方法によって変わる）。マルシャン＆テロ（1997年、p.236-237）は、国勢調査の結果を均質化して賃金労働者の総数を次のように推計した。すなわち、1921年には1220万人、1926年には1240万人、1931年には1290万人、1936年には1190万人。

2　任意の平均給与に対しておよそ2のパレート係数を想定した場合、賃金労働者の総数を実際よりも10%（相当な数値である）多く推計すると、給与所得全体に占める任意の上位分位の割合は実際よりもおよそ5%多く推計することになる。

3　「戦争による負傷」の名目で1922年に導入された1000フランの控除は、1934-1938年の給与に対する課税の際にもまだ適用されていた（付録C表C-7を参照）。しかし、この控除を受けた納税者の数は非常に少ないことを考慮すると、この控除は無視してもよいだろう。

4　1922-1930年と1931-1933年では問題が異なる。というのは、給与申告を集計するために税務当局が用いた区分は、1930年までは「純給与」（扶養家族のために生じる可能性のある控除額を計算に入れる前の給与）、1931年以降は「課税対象給与」（扶養家族のために生じる可能性のある控除額を差し引いた後の給与）という形で表わされたためである。本書では、各給与区分に見られる扶養家族のための控除額を示す列をもとに、まず、表D-1に転載された未加工のデータを使用して各分位のレベルと閾値を推計した。そして、得られた推計に次の数値を加算することにより推計を修正した。1922-1926年では、分位レベルP90-95（閾値P90とP95）に1500フラン、P95-99に1000フラン。1927-1928年では、分位P90-95（閾値P90とP95）に1000フラン、P95-99に500フラン。1929年では、分位P90-95（およびP90）に750フラン、P95に500フラン、P95-99に250フラン。1930年では、P90-95とP90に500フラン、P95に250フラン。1931-1933年では、分位P90-95に2250フラン、P90に2500フラン、P95-99とP95に3000フラン、P99-99.5とP99に4000フラン、P99.5-99.9とP99.5に5000フラン、そしてP99.9-99.99、P99.99-100、P99.9およびP99.99に6000フラン。

パレートの法則による外挿法は、所得に関するときと同様、給与に関しても信頼できるものに見える。[5]

さらに、給与に対する分類所得税（実際の正式名称は「公務員の俸給、給与、年金、終身年金に対する税」）の名目で税務当局が作成した表は、1919-1921年に関してだけは、各種年金と終身年金を除外し、給与と公務員の俸給のみを取り出すことが可能である点を指摘しておこう。1922年以降の表ではこの2種の所得の区別をまったくしなくなり、その結果、各種年金と終身年金を除外できなかった。しかしながら、1919-1921年の表を見れば、年金と終身年金が占める割合は非常に低いものであり、とくに表内の高給与の区分ではその傾向が顕著であることがわかる（したがって、この偏りは無視できるだろう）。

表D-4：給与分布のパレート係数（1919-1938年の給与）

1919			1920			1921			1922		
s_i	p_i	b_i	s_i	p_i	b_i	s_i	p_i	b_i	s_i	p_i	b_i
6,000	5.04	1.61	6,000	12.38	1.60	6,000	15.18	1.56	10,000	2.79	1.81
8,000	2.02	1.79	8,000	5.43	1.65	8,000	6.58	1.56	15,000	1.09	1.82
10,000	1.03	1.92	10,000	2.63	1.78	10,000	3.16	1.65	20,000	0.54	1.88
20,000	0.22	2.08	20,000	0.43	2.07	20,000	0.47	1.92			

1923			1924			1925			1926		
s_i	p_i	b_i	s_i	p_i	b_i	s_i	p_i	b_i	s_i	p_i	b_i
10,000	3.36	1.86	7,000	7.43	2.04	7,000	10.75	2.07	7,000	15.48	2.07
15,000	1.36	1.87	10,000	4.34	1.86	10,000	6.61	1.83	10,000	9.87	1.80
20,000	0.70	1.91	15,000	1.90	1.81	15,000	2.57	1.85	20,000	1.86	1.92
			20,000	1.05	1.76	20,000	1.28	1.92	30,000	0.77	1.96
									40,000	0.44	1.92
									50,000	0.29	1.88

1927			1928			1929			1930		
s_i	p_i	b_i	s_i	p_i	b_i	s_i	p_i	b_i	s_i	p_i	b_i
7,000	18.62	2.16	10,000	10.74	2.02	10,000	13.87	2.03	10,000	16.50	2.02
10,000	12.65	1.83	20,000	2.94	1.81	20,000	3.94	1.77	20,000	4.79	1.71
20,000	2.53	1.85	30,000	1.11	1.89	30,000	1.46	1.83	30,000	1.76	1.77
30,000	0.99	1.90	40,000	0.58	1.93	40,000	0.74	1.86	40,000	0.87	1.80
40,000	0.52	1.95	50,000	0.35	1.97	50,000	0.44	1.88	50,000	0.50	1.84
50,000	0.32	1.98									

1931			1932			1933			1934		
s_i	p_i	b_i	s_i	p_i	b_i	s_i	p_i	b_i	s_i	p_i	b_i
10,000	16.387	1.77	10,000	14.923	1.78	10,000	14.682	1.77	10,000	20.898	1.71
20,000	3.227	1.78	20,000	3.023	1.75	20,000	3.013	1.72	20,000	3.903	1.66
30,000	1.259	1.79	30,000	1.171	1.74	30,000	1.163	1.71	30,000	1.376	1.68
40,000	0.641	1.81	40,000	0.586	1.76	40,000	0.582	1.71	40,000	0.646	1.71
50,000	0.378	1.82	50,000	0.340	1.78	50,000	0.330	1.74	50,000	0.365	1.74
100,000	0.083	1.78	100,000	0.070	1.78	100,000	0.067	1.78	100,000	0.071	1.77
200,000	0.019	1.78	200,000	0.016	1.70	200,000	0.015	1.70	200,000	0.015	1.69
500,000	0.002	1.67	500,000	0.002	1.57	500,000	0.002	1.63	500,000	0.002	1.59

5　注目すべきは、所得に関するパレート係数（表B-1）と比較して、給与に関するパレート係数（表D-4）が明らかに低い点である。これは、所得より給与の集中の度合いが弱いことを示している。

表D-4（続き）

1935			1936			1937			1938		
s_i	p_i	b_i	s_i	p_i	b_i	s_i	p_i	b_i	s_i	p_i	b_i
10,000	19.507	1.71	10,000	22.387	1.69	10,000	32.190	1.72	10,000	37.140	1.78
20,000	3.680	1.67	20,000	4.023	1.67	20,000	5.885	1.64	20,000	7.245	1.65
30,000	1.320	1.68	30,000	1.448	1.68	30,000	1.955	1.69	30,000	2.366	1.69
40,000	0.630	1.71	40,000	0.699	1.70	40,000	0.931	1.72	40,000	1.115	1.71
50,000	0.362	1.72	50,000	0.391	1.73	50,000	0.527	1.75	50,000	0.623	1.74
100,000	0.070	1.74	100,000	0.076	1.76	100,000	0.104	1.78	100,000	0.118	1.78
200,000	0.015	1.65	200,000	0.016	1.69	200,000	0.022	1.73	200,000	0.025	1.72
500,000	0.002	1.54	500,000	0.002	1.64	500,000	0.003	1.62	500,000	0.003	1.61

解説：1938年には、50万フラン以上の年間給与を得ている賃金労働者は0.003%だった。これらの賃金労働者の平均賃金と閾値50万フランとの比率は1.61であった（これらの計算は、表D-1に転載した未加工のデータに基づいて、また1919-1938年の全期間を通じて賃金労働者の総数が1200万人だったという仮定のもとに行なわれている）。

表D-5：給与分布の推計結果（1919-1938年の給与）（名目フラン）

	P90-100	P95-100	P99-100	P99.5-100	P99.9-100	P99.99-100
1919	7,446	9,675	19,478	27,172	62,382	
1920	10,393	13,474	26,998	37,577	88,124	
1921	10,866	13,932	26,430	35,825	81,193	
1922	11,198	14,536	28,206	39,012	82,844	
1923	12,250	16,116	32,376	45,069	97,148	
1924	14,062	18,396	35,905	48,429	97,019	
1925	16,002	21,219	43,240	60,307	130,572	
1926	18,301	24,710	51,648	72,171	153,209	
1927	20,394	27,480	56,784	79,151	175,000	
1928	21,632	28,957	59,589	83,039	182,897	
1929	24,092	32,126	64,728	88,918	189,293	
1930	25,488	33,694	67,644	92,385	193,045	
1931	24,807	32,667	64,090	86,246	169,767	478,695
1932	23,957	31,475	60,524	80,491	158,754	415,259
1933	23,752	31,199	59,191	77,924	155,563	405,318
1934	22,830	30,062	57,091	76,110	152,613	404,978
1935	22,382	29,583	56,415	75,149	149,701	386,881
1936	23,204	30,674	58,692	78,077	156,704	414,080
1937	26,631	34,870	66,681	89,341	181,257	486,897
1938	29,027	38,114	71,500	95,592	191,098	506,332

	P90-95	P95-99	P99-99.5	P99.5-99.9	P99.9-100	P99.99-100
1919	5,217	7,224	11,785	18,369	62,382	
1920	7,311	10,093	16,418	24,941	88,124	
1921	7,799	10,808	17,034	24,484	81,193	
1922	7,861	11,118	17,400	28,054	82,844	
1923	8,385	12,050	19,683	32,049	97,148	
1924	9,729	14,019	23,380	36,282	97,019	
1925	10,784	15,714	26,172	42,741	130,572	
1926	11,891	17,975	31,125	51,912	153,209	
1927	13,307	20,154	34,418	55,188	175,000	
1928	14,307	21,299	36,139	58,074	182,897	
1929	16,058	23,975	40,537	63,825	189,293	
1930	17,283	25,207	42,903	67,219	193,045	
1931	16,947	24,811	41,935	65,365	169,767	478,695
1932	16,439	24,213	40,558	60,925	158,754	415,259
1933	16,304	24,201	40,459	58,514	155,563	405,318
1934	15,597	23,305	38,071	56,984	152,613	404,978

表 D-5（続き）

1935	15,182	22,875	37,681	56,511	149,701	386,881
1936	15,734	23,669	39,307	58,420	156,704	414,080
1937	18,391	26,918	44,021	66,362	181,257	486,897
1938	19,940	29,767	47,409	71,715	191,098	506,332

	P90	P95	P99	P99.5	P99.9	P99.99
1919	4,633	6,020	10,124	14,123	29,969	
1920	6,499	8,426	14,134	19,632	42,641	
1921	6,969	8,936	14,849	20,082	42,190	
1922	7,016	9,041	15,008	20,757	44,080	
1923	7,445	9,703	16,926	23,562	50,788	
1924	8,647	11,239	20,405	27,522	55,135	
1925	9,531	12,541	22,486	31,361	67,901	
1926	10,429	13,949	26,418	37,533	81,665	
1927	11,644	15,637	29,836	40,611	88,389	
1928	12,552	16,760	31,506	42,981	92,978	
1929	14,096	18,541	34,800	47,174	100,426	
1930	15,217	19,898	37,675	50,082	104,650	
1931	14,906	19,515	37,212	49,723	98,178	271,194
1932	14,413	19,132	36,083	47,821	91,588	246,804
1933	14,323	19,167	35,936	47,584	90,017	241,363
1934	13,765	18,126	33,364	43,722	86,408	238,944
1935	13,376	17,679	33,022	43,665	85,914	234,893
1936	13,861	18,323	34,505	45,081	88,965	244,900
1937	16,274	21,309	38,817	51,120	101,606	281,192
1938	17,621	23,138	41,854	54,899	107,399	294,499

解説：1938年には、分位P90-100の平均年間給与は2万9027フラン、分位P90-95の平均年間給与は1万9940フラン、閾値P90は1万7621フラン。

表 D-6：給与分布の推計結果（1919-1938 年の給与）（1998 年フラン）

	P90-100	P95-100	P99-100	P99.5-100	P99.9-100	P99.99-100
1919	48,978	63,641	128,125	178,730	410,339	
1920	49,754	64,507	129,248	179,897	421,881	
1921	59,381	76,139	144,439	195,787	443,722	
1922	63,682	82,662	160,402	221,854	471,119	
1923	62,761	82,564	165,871	230,901	497,712	
1924	63,253	82,746	161,500	217,836	436,392	
1925	67,079	88,950	181,261	252,807	547,359	
1926	58,967	79,619	166,419	232,546	493,663	
1927	62,942	84,813	175,256	244,286	540,111	
1928	66,897	89,550	184,280	256,799	565,616	
1929	70,155	93,549	188,487	258,929	551,219	
1930	73,633	97,338	195,414	266,888	557,684	
1931	74,571	98,199	192,662	259,264	510,340	1,439,013
1932	79,054	103,862	199,718	265,604	523,856	1,370,270
1933	80,966	106,354	201,777	265,632	530,294	1,381,681
1934	81,236	106,972	203,148	270,825	543,049	1,441,047
1935	86,852	114,793	218,914	291,610	580,902	1,501,255
1936	83,915	110,929	212,255	282,359	566,704	1,497,484
1937	76,556	100,243	191,690	256,831	521,065	1,399,696
1938	73,454	96,449	180,937	241,902	483,587	1,281,309

表 D-6（続き）

	P90-95	P95-99	P99-99.5	P99.5-99.9	P99.9-100	P99.99-100
1919	34,315	47,520	77,520	120,828	410,339	
1920	35,001	48,321	78,600	119,400	421,881	
1921	42,624	59,064	93,092	133,803	443,722	
1922	44,702	63,228	98,949	159,538	471,119	
1923	42,958	61,737	100,842	164,198	497,712	
1924	43,760	63,057	105,165	163,197	436,392	
1925	45,208	65,873	109,715	179,169	547,359	
1926	38,315	57,919	100,291	167,267	493,663	
1927	41,070	62,202	106,226	170,330	540,111	
1928	44,245	65,867	111,760	179,595	565,616	
1929	46,761	69,815	118,044	185,857	551,219	
1930	49,927	72,820	123,941	194,189	557,684	
1931	50,943	74,584	126,060	196,495	510,340	1,439,013
1932	54,246	79,898	133,832	201,041	523,856	1,370,270
1933	55,579	82,498	137,921	199,467	530,294	1,381,681
1934	55,499	82,928	135,470	202,769	543,049	1,441,047
1935	58,912	88,762	146,218	219,287	580,902	1,501,255
1936	56,900	85,598	142,151	211,272	566,704	1,497,484
1937	52,870	77,381	126,549	190,772	521,065	1,399,696
1938	50,458	75,328	119,971	181,481	483,587	1,281,309

	P90	P95	P99	P99.5	P99.9	P99.99
1919	30,473	39,596	66,596	92,899	197,130	
1920	31,114	40,340	67,664	93,985	204,137	
1921	38,086	48,834	81,149	109,747	230,571	
1922	39,901	51,414	85,346	118,044	250,672	
1923	38,144	49,711	86,716	120,713	260,201	
1924	38,895	50,556	91,780	123,795	248,000	
1925	39,952	52,572	94,261	131,468	284,644	
1926	33,605	44,944	85,124	120,938	263,135	
1927	35,938	48,260	92,084	125,339	272,800	
1928	38,816	51,830	97,432	132,920	287,537	
1929	41,047	53,992	101,338	137,371	292,440	
1930	43,960	57,482	108,840	144,680	302,320	
1931	44,811	58,664	111,863	149,473	295,134	815,240
1932	47,561	63,133	119,067	157,801	302,221	814,404
1933	48,826	65,338	122,501	162,210	306,859	822,779
1934	48,981	64,499	118,720	155,579	307,469	850,241
1935	51,903	68,601	128,138	169,439	333,380	911,481
1936	50,127	66,264	124,785	163,032	321,733	885,659
1937	46,783	61,258	111,588	146,956	292,089	808,351
1938	44,591	58,551	105,915	138,927	271,780	745,250

解説：1938年には、分位P90–100の平均年間給与は7万3454フラン、分位P90–95の平均年間給与は5万458フラン、閾値P90は4万4591フラン。

表 D-7：給与分布の推計結果（1919-1938 年の給与）（給与所得全体に対する %）

	P90-100	P95-100	P99-100	P99.5-100	P99.9-100	P99.99-100
1919	21.46	13.95	5.62	3.92	1.80	
1920	22.09	14.32	5.74	3.99	1.87	
1921	21.49	13.78	5.23	3.54	1.61	
1922	23.47	15.23	5.91	4.09	1.74	
1923	24.50	16.12	6.48	4.51	1.94	

表D-7（続き）

1924	24.01	15.71	6.13	4.14	1.66	
1925	25.34	16.80	6.85	4.78	2.07	
1926	24.09	16.27	6.80	4.75	2.02	
1927	26.55	17.89	7.39	5.15	2.28	
1928	26.58	17.79	7.32	5.10	2.25	
1929	26.46	17.64	7.11	4.88	2.08	
1930	26.79	17.71	7.11	4.85	2.03	
1931	27.17	17.89	7.02	4.72	1.86	0.52
1932	28.13	18.48	7.11	4.73	1.86	0.49
1933	27.37	17.98	6.82	4.49	1.79	0.47
1934	26.84	17.67	6.71	4.47	1.79	0.48
1935	26.62	17.59	6.71	4.47	1.78	0.46
1936	24.15	15.96	6.11	4.06	1.63	0.43
1937	23.68	15.51	5.93	3.97	1.61	0.43
1938	24.50	16.09	6.04	4.03	1.61	0.43

	P90-95	P95-99	P99-99.5	P99.5-99.9	P99.9-100	P99.99-100
1919	7.52	8.33	1.70	2.12	1.80	
1920	7.77	8.58	1.74	2.12	1.87	
1921	7.71	8.55	1.68	1.94	1.61	
1922	8.24	9.32	1.82	2.35	1.74	
1923	8.39	9.64	1.97	2.56	1.94	
1924	8.31	9.58	2.00	2.48	1.66	
1925	8.54	9.95	2.07	2.71	2.07	
1926	7.83	9.47	2.05	2.73	2.02	
1927	8.66	10.49	2.24	2.87	2.28	
1928	8.79	10.47	2.22	2.85	2.25	
1929	8.82	10.53	2.23	2.80	2.08	
1930	9.08	10.60	2.25	2.83	2.03	
1931	9.28	10.87	2.30	2.86	1.86	0.52
1932	9.65	11.37	2.38	2.86	1.86	0.49
1933	9.39	11.16	2.33	2.70	1.79	0.47
1934	9.17	10.96	2.24	2.68	1.79	0.48
1935	9.03	10.88	2.24	2.69	1.78	0.46
1936	8.19	9.85	2.05	2.43	1.63	0.43
1937	8.18	9.58	1.96	2.36	1.61	0.43
1938	8.42	10.05	2.00	2.42	1.61	0.43

解説：1938年には、給与所得全体に占める分位P90-100の割合は24.50%、分位P90-95の割合は8.42%。

2　DADSを処理した統計に基づいて行なった推計（1947年および1950-1996年の給与）

戦後に用いられたデータ処理方法は、全体として、戦間期に用いられていたものと非常に近い。表D-8からD-10は、1947年以降の給与にINSEEが行なった給与申告の処理の未加工データである。表D-11からD-16は、これらの未加工データをもとに、パレートの法則の外挿法を用いて私たちが行なった推計の結果である（表D-11からD-13は中間結果であり、表D-14からD-16は最終データである）。最後に、表D-17は「雇用調査」に基づく推計であり、私たちが作成したデータ

を補完する目的で用いた。

給与に対する分類所得税について戦間期に税務当局が作成した統計表と比較すると、第二次世界大戦以降にINSEEが作成した統計表にはいくつかの難点がある。この難点のために、最終データに至る前にいくつもの修正を加える必要があった。またそのため、得られたデータは戦間期のデータより質が劣っている。[1] 修正結果については表D-11からD-14に詳細に示されている。[2] したがってここでは、主要な問題点を述べるにとどめる。

第一に、INSEEの表は、残念なことに毎年作成されたわけではなかった。初の給与申告の処理は、1947年の給与に関してINSEEと財務省によって共同で実施された。しかし、1948年と1949年の給与に関しては更新されなかった。1950年以降の給与は、ほぼ毎年、給与申告は統計処理と公表の対象となった。しかし、1953年と1958年は欠落しており（1953年の給与に関しては地方の申告のみ処理され、1958年の給与に関しては給与区分を用いたいかなる表も作成されなかった）、1981年、1983年、1990年の給与についても同様であった（1982年と1990年の国勢調査の結果を集計する作業の負担が大きかったため、上記三つの年の申告はまったく処理されなかった）。これらの欠けている年について、本書は線形内挿法を用いて補間した（空白のまま残した1948年と1949年を除く）。さらに、本書執筆時に入手可能な最新の表は1996年の給与申告を対象にしているので、1997年と1998年の「雇用調査」に見られる給与分布を変動指数として使用することでデータを補完した。[3]

次に、1947年と1951-1952年、および1993-1996年の給与を除いて（1993-1996年の給与については、私たちの依頼によりINSEEが作成した特別な表を使用することができる）、INSEEの表は、各給与区分に含まれる賃金労働者の数のみを示しており、それらの各区分に対応する給与の総額は示していない（表D-8、D-9およびD-10に転載した未加工のデータを参照）[4]。その結果、1950年と1956-1992年の給与については、私たちが通常用いているパレートの法則による外挿法（付録B第1.1節で述べた手法）を適用することができなかった。したがって、

1　戦間期の表と比較すると、INSEEの表にはいくつもの利点がある。INSEEは（ある閾値以上の給与に関する申告だけでなく）給与申告全体を処理しており、職業別社会階層、性別、産業部門等に関する情報を提示している。しかし、私たちの目的（すなわち、給与所得全体に占める高給与の分位の割合を推計すること）を考慮するなら、これらの利点から得られるメリットは限られている。

2　表D-15とD-16は、表D-14の結果を1998年フランと、給与所得全体に占める割合に変換しただけの表である。変換の際には、付録F（表F-1の列(7)）で推定した変換率と、付録E（表E-3の列(12)）で推計した平均給与のデータを利用した。

3　「雇用調査」の給与は、賃金労働者が自己申告した給与である。つまり、とくに超高給与を低く見積もるといった一定の偏りがあることも考えられる（とりわけ、表D-17で、給与所得全体における超高給与の割合が1990年代末に著しく低下している点は疑わしい）。そのため私たちは、トップ十分位の変動指数として「雇用調査」の閾値P90を使用するにとどめた。

これらの年については、フィーンバーグ＆ポターバ（1993年）が使用したものと類似した、パレートの法則による外挿法を適用せざるをえなかった。[5] 入手可能データのもう一つの重大な欠陥は、給与申告を表にするにあたりINSEEが用いた高給与の上位区分が、給与階層の十分に高い層まで区分するに至っていないという事実に関連している。1993-1996年の給与を除いて（これらの年の給与に関しては、まさに私たちがINSEEに依頼した特別な表のおかげで超高給与に関する情報を得ることができた）、INSEEの用いる高給与の最上位区分は、たいていの場合1%をわずかに下まわる賃金労働者しか含まれていない（ときに1%以上の賃金労働者が含まれる場合もある）（表D-8、D-9、D-10を参照）。私たちの推計が多くの場合、給与階層のトップ百分位までにとどまっているのはこういうわけである（表D-11および表D-14からD-16を参照）。さらに上位の分位を推計することも可能ではあったが、その場合得られた結果は相対的に不確かなものとなっただろう。1954-1955年の給与に関しては、INSEEが用いた高給与の最上位区分の水準があまりにも低く設定されており、INSEEの表で推計できるのは閾値P90でしかない。したがって、私たちはこの表は使用しないことにした（表D-8に転載されている未加工データが1956年から始まっているのはこのためだ）。

INSEEの表におけるこれらの欠陥は、過去にさかのぼることが不可能であるだけに非常に残念である。相対的に「古い」時代については（とりわけ1950-1960年代については）、雇用主による給与申告に関してINSEEが保管するデータは、当時行なわれた集計結果のみである。この結果は表D-8およびD-9に転載した。実際、フランスにおける給与格差に関する過去のすべての研究はこの同じ表に基づいている。とくに、ボードゥロ＆ルボーパン（1979年a、1979年b）は、1950-1975年の期間における閾値P10、P50、P90の推移を推計するためにこれらの表全体を利用した（ボードゥロ＆ルボーパンは給与所得全体の各分位の割合についてのデータを推計しようとはしなかった）。バイエ＆ジュレース（1996年）、そしてフリエ＆ジュレース（1998年）は、1950-1996年の期間における閾値P10、P50、P90の推移についてのデータを発表した。その中で、1950-1975年の期間に関しては、ボードゥロ＆ルボーパンのデータをまったく修正を加えずに再録し

4　しかもINSEEの表はほとんどの場合、各区分にあてはまる人員数を総人員に占めるパーセンテージでしか表わしておらず、そのパーセンテージも限られた小数点の値までしか扱っていない（1956-1974年の給与については小数第一位まで、1975-1992年の給与については小数第二位まで。表D-9を参照）。このこともまた、とくに超高給与に関して新たな誤差を招く原因になる。

5　したがって、1950年と1956-1992年については、本書では常に、推計すべき分位の下側閾値が $[s_i, s_{i+1}]$ の区間に含まれるような (s_i, p_i) と (s_{i+1}, p_{i+1}) のペアによってもたらされる係数（a, k）を用いた（aおよびkは $a=\log(p_i/p_{i+1})/\log(s_{i+1}/s_i)$、$k=s_i p_i^{(1/ai)}$ から導き出される）。他の年については、本書では常に推計すべき分位の下側閾値に最も近い閾値 (s_i, p_i, b_i) によってもたらされる係数（a, k）を用いた（aおよびkは $a_i=b_i/(b_i-1)$、$k_i=s_i p_i^{(1/ai)}$ から導き出される）。

ている（ボードゥロ＆ルボーパン同様、バイエ、ジュレース、フリエは給与所得全体の各分位の割合についてデータを推計しようとはしなかった）。これらの著者が発表したP90のデータと私たちが推計したP90のデータを比較したところ、両者はきわめて近い値であることが確認された（表D-12を参照）[6]。

しかし、これらの欠陥を強調しすぎるべきではない。1976年以降の期間については、INSEEは給与申告に関して情報処理を施したサンプルを所有しており、ここから当時作成された表とは異なる表を作成することが可能である。1976-1996年の期間についてINSEEが提供してくれた、（トップ百分位までの）高給与の各分位の水準の推計結果を表D-13に転載した。ここでもまた、私たちが出した結果と比べてわずかな差しかないことが確認された（表D-13を参照）。したがって、入手可能なデータに欠陥があるにもかかわらず、本書の用いるパレートの法則による外挿法は納得できる結果を導き出すと結論づけることができる。ただし、私たちのデータでトップ百分位以上の階層のケースについて十分に検討することはできない。また、（とくに、欠落している年の前後では）非常に短期間に起こったいくつかの推移については慎重に解釈しなければならない。しかし私たちのデータが示すほかのすべての推移は信頼できるものである。

最後に付け加えておくと、INSEEが処理する給与申告の対象範囲は1963年に変更された。1962年までは、たいていの場合、いわゆる「正規」賃金労働者（すなわち、当該年の12ヵ月にわたって同一企業に勤務した賃金労働者）に関する申告を処理するだけであった。その後、1963年の給与から、正規と非正規両方の賃金労働者について給与申告の処理を行なうようになった[7]。幸いなことに、多くの年について、とりわけ1963年について、正規賃金労働者のみから得られた結果と賃金労働者全体から得られた結果とを別々に利用することができ、その結果、1963年以前の推計を修正すること、および当該期間全体について均質のデータを得ることが可能となった[8]。ただし、以下については明確にしておこう。

6　私たちのデータと、ボードゥロ＆ルボーパンとバイエ、ジュレース、フリエのデータとの差は、概しておよそ1%である。ただし1950年に関してのみ、差は5%に達した。これは、ボードゥロ＆ルボーパンが1950年の給与申告を処理する際、INSEEが下したある閾値未満の給与は除外するという決定を考慮しなかったことによる（当時のINSEEの刊行物においてこのことは明確に説明されている。『BMS』増補版、1952年10-12月、p.39-40を参照）。ボードゥロ＆ルボーパンは、この1950年の特異性を閾値P10の推計については考慮に入れたが、閾値P50とP90の推計については考慮しなかった。また、職業別社会階層ごとの平均給与の推計についてもこの点を考慮していない（付録E第2節を参照）。もう一つ言及しておこう。「偽の低給与」（たとえば、パートタイムや短時間の労働に支払われた低給与、労働時間や労働期間が不正に申告された低給与、など）を発見しやすくするために、INSEEは1993年の給与から給与申告を処理するための新たな方法を導入した。そしてこの方法の導入により、おそらく閾値P10を人為的に引き上げる（さらにP90／P10比を人為的に引き下げる）こととなった。1993年以降の閾値P10の推移を推計するにあたり、私たちが「雇用調査」による閾値P10を使用したのはこのためである。

すなわち、給与階層のトップ百分位の中でも上位層の水準の推計に関して、この正規賃金労働者については、1993-1996年の例から明らかなように技術上の大きな問題がある。事実、非正規賃金労働者を計上する方法は常に、「年給化」した給与をベースとして計算することであった。つまり、ある賃金労働者に関して、彼が6カ月間働いたと雇用主が申告する場合、この賃金労働者に支払われた給与は2倍にして処理される（表の中でこの賃金労働者は「就労年」×0.5働いたという形で計上される）[9]。この処理方法は理にかなっているが[10]、誤差を導く可能性もはらんでいる。たとえば、比較的短期の労働期間に非常に高い報酬を得る少数の賃金労働者が存在する場合などである。この問題は、より詳しく分析するに値するだろう。現在のところ、1993-1996年の超高給与について認められる数値の大きな不一致を確信をもって解釈することはむずかしい[11]。

7　表B-8、B-9、B-10を参照。一方、INSEEによる給与申告の処理には、以下に挙げる賃金労働者の給与は除外されている。パートタイム賃金労働者（すなわち、正規雇用であろうとなかろうと、１週間の法定労働時間の80%未満しか労働しない賃金労働者）、農業労働者、家事使用人、（公務員と公務員以外も含む）国や地方自治体の職員、また特定の半官半民機関（病院や郵便通信関連など）で働いており給与を毎年申告しなかった賃金労働者などである。第3章（第2.2節および第2.3節）で指摘したとおり、「雇用調査」による給与分布を用いることで、こうして生じた偏りをざっと推計することが可能になる。

8　私たちの外挿法の結果から次のことがわかる。すなわち、非正規賃金労働者を除外したために1963年の給与は約10%高く推計されたが、1950年代の初めにはこの偏りはより小さかった（表D-11参照）。このことから、1963年より以前の推計に適用すべき引き上げ率を確定できた（詳細はすべて表D-12およびD-14に示されている）。ボードゥロ&ルボーパンはこの偏りを修正しようとしなかった点も指摘しておこう。閾値P10、P50、P90に関する彼らのデータは、1962年までは正規賃金労働者しか対象としておらず、すべての賃金労働者を対象とするようになったのは1963年以降である（ただし、職業別社会階層ごとの平均給与に関するボードゥロ&ルボーパンのデータは、この偏りを考慮に入れている）。

9　INSEEは、1947年の給与処理において、年給化していない給与に基づく非正規賃金労働者を考慮に入れた表も作成している（本書はこの表を利用せず、表D-8に転載した、正規賃金労働者のみについての表だけを利用した）。

10　理想的な解決法は、1人の賃金労働者が行なうさまざまな申告を一つにまとめることだろう。そうすることにより、年給化された給与ではなく、賃金労働者が受け取った実際の年間給与に基づいて調査することが可能になる。しかし現在のところ、INSEEがこのような処理を徹底的に行なったことは一度もない（1967年以降、INSEEは社会保障の個人ナンバーを使用しているが、これはもっぱら同一機関または同一企業内における多数の申告をまとめることのみを目的としている。一方、ボードゥロ&ルボーパンのデータでは、閾値P10、P50、P90と職業別社会階層ごとの平均給与に関して、この偏りを考慮に入れている）。

11　1993-1996年における、正規賃金労働者のみを対象として得られた推計と、すべての賃金労働者を対象として得られた推計との差は、分位P99.9-100、P99.99-100では、およそ30%にのぼる（さらに1993年では86%）（表D-11を参照）。本書ではすべての賃金労働者を対象とした推計を用いることにしたが（表D-14を参照）、正規賃金労働者のみについての推計のほうがより現実に近い可能性はある。

表 D-8：雇用主による給与申告に基づき INSEE が作成した未加工の統計表
（1947 年および 1950-1952 年の給与）

1947				
s_i	N_i	Y_i	p_i	b_i
0	2,645,762	174,085,604	50.90	
100,000	2,076,592	275,014,670	39.95	1.70
200,000	295,162	70,120,624	5.68	1.67
300,000	92,036	31,444,294	1.77	1.63
400,000	38,304	16,983,862	0.74	1.61
500,000	19,194	10,446,912	0.37	1.59
600,000	10,570	6,817,636	0.20	1.58
700,000	6,594	4,917,626	0.13	1.57
800,000	3,822	3,217,634	0.07	1.58
900,000	2,884	2,750,594	0.06	1.58
1,000,000	7,378	11,876,928	0.14	1.61
総計	5,198,298	607,676,384	100.0	

1950		
s_i	N_i	p_i
その他	280,340	
0	1,037,950	14.89
125,000	700,680	10.05
150,000	828,570	11.88
175,000	811,035	11.63
200,000	736,920	10.57
225,000	635,035	9.11
250,000	862,810	12.37
300,000	487,120	6.99
350,000	272,340	3.91
400,000	269,635	3.87
500,000	119,680	1.72
600,000	104,690	1.50
800,000	44,010	0.63
1,000,000	65,365	0.94
総計	7,253,380	100.0

1951a				
s_i	N_i	Y_i	p_i	b_i
0	106,800	6,886	1.87	
100,000	121,600	14,141	2.13	3.42
125,000	212,900	29,373	3.73	2.78
150,000	360,400	58,601	6.31	2.37
175,000	445,100	83,361	7.80	2.11
200,000	494,400	104,735	8.66	1.94
225,000	514,300	121,835	9.01	1.82
250,000	974,700	267,120	17.07	1.74
300,000	766,100	247,416	13.42	1.66
350,000	513,900	191,473	9.00	1.65
400,000	539,400	238,718	9.45	1.67
500,000	241,800	131,401	4.24	1.70
600,000	211,800	144,416	3.71	1.71
800,000	83,000	73,402	1.45	1.73
1,000,000	74,300	89,588	1.30	1.72
1,500,000	24,000	41,483	0.42	1.67
2,000,000	24,700	80,204	0.43	1.62
総計	5,709,200	192,4153	100.0	

1951b				
s_i	N_i	Y_i	p_i	b_i
0	191,800	13,175	2.69	
100,000	192,100	22,143	2.69	3.27
125,000	317,600	43,853	4.45	2.67
150,000	511,600	83,236	7.17	2.29
175,000	608,300	114,018	8.53	2.05
200,000	656,700	139,228	9.20	1.89
225,000	653,200	154,792	9.16	1.78
250,000	1,184,900	324,539	16.61	1.71
300,000	899,500	290,534	12.61	1.64
350,000	586,500	218,535	8.22	1.64
400,000	608,600	269,455	8.53	1.65
500,000	269,200	146,307	3.77	1.69
600,000	231,200	157,653	3.24	1.71
800,000	89,900	79,601	1.26	1.72
1,000,000	80,500	97,065	1.13	1.71
1,500,000	26,100	45,033	0.37	1.66
2,000,000	26,600	85,889	0.37	1.61
総計	7,134,300	2,285,056	100.0	

表D-8（続き）

1952a					1952b				
s_i	N_i	Y_i	p_i	b_i	s_i	N_i	Y_i	p_i	b_i
0	142,200	7,921	2.35		0	222,500	12,586	2.96	
100,000	81,100	9,158	1.34	3.96	100,000	124,700	14,073	1.66	3.79
125,000	126,500	17,464	2.09	3.20	125,000	187,800	25,926	2.50	3.06
150,000	219,700	35,872	3.63	2.70	150,000	317,200	51,806	4.22	2.60
175,000	349,500	65,502	5.78	2.37	175,000	478,700	89,808	6.36	2.29
200,000	414,900	87,970	6.86	2.15	200,000	562,400	119,340	7.47	2.08
225,000	443,300	104,936	7.33	2.00	225,000	583,400	138,227	7.75	1.94
250,000	888,700	244,007	14.70	1.89	250,000	1,137,200	312,116	15.11	1.84
300,000	840,200	272,284	13.89	1.75	300,000	1,020,100	330,494	13.56	1.72
350,000	680,600	254,470	11.26	1.69	350,000	797,700	298,197	10.60	1.66
400,000	811,300	360,329	13.42	1.67	400,000	931,600	413,554	12.38	1.65
500,000	393,300	213,967	6.50	1.69	500,000	443,800	241,458	5.90	1.67
600,000	332,800	227,057	5.50	1.71	600,000	367,900	250,875	4.89	1.69
800,000	131,000	116,454	2.17	1.72	800,000	142,800	126,857	1.90	1.71
1,000,000	114,800	136,849	1.90	1.71	1,000,000	124,100	147,956	1.65	1.70
1,500,000	38,600	66,423	0.64	1.65	1,500,000	41,300	71,200	0.55	1.65
2,000,000	34,700	96,786	0.57	1.62	2,000,000	36,600	101,889	0.49	1.62
5,000,000	3,800	27,912	0.06	1.47	5,000,000	4,000	29,809	0.05	1.49
総計	6,047,000	2,345,361	100.0		総計	7,523,800	2,776,171	100.0	

情報源：INSEEが作成、公表した表をそのままコピーした未加工のデータ。1947年：『S&EF』第2号（1949年2月）、p.86（調査率を考慮して、もとの数値を14倍した）。1950年：『BMS』増補版、1952年10-12月、p.53。1951年：『BMS』 増補版、1953年10-12月、p.58。1952年：『BMS』増補版、1954年10-12月、p.60。

解説：1947年には、7378人の賃金労働者が100万フラン以上の年間給与を得ており、彼らの給与は総額で118億7700万フランだった。これらの賃金労働者は、賃金労働者全体の人数の0.14%に相当し、彼らの平均給与と閾値100万フランとの比率は1.61であった。1951年と1952年については、表aは正規賃金労働者のみに関して作成された表であり、表bは賃金労働者全体に関して作成された表である（1947年については、正規賃金労働者のみに関する表である。1950年については、賃金労働者全体に関する表である）。

注記：1947年の給与申告の集計結果については、以下でも発表されている。『S&EF』増補版、第5-6号（1950年）、p.5-434、および『BSGF』増補版、1949年7-9月、p.251-268。

表D-9：雇用主による給与申告に基づきINSEEが作成した未加工の統計表（1956-1992年の給与）

	1956	1957	1959		1960	1961	1962		1963a	1963b	1964	1965	1966
s_i	p_i	p_i	p_i	s_i	p_i	p_i	p_i	s_i	p_i	p_i	p_i	p_i	p_i
0	4.8	4.3	3.2	0	2.8	2.7	2.9	0	4.5	5.9	5.1	4.6	4.5
200,000	16.8	12.3	6.4	2,000	4.3	3.1	2.1	3,000	4.2	5.5	4.1	3.4	2.7
300,000	21.3	18.8	14.9	3,000	11.6	9.4	6.1	4,000	7.9	9.4	7.4	6.5	5.2
400,000	19.1	18.4	16	4,000	14.0	12.3	9.8	5,000	10.2	11.4	9.8	8.9	7.7
500,000	13.3	14.7	15.2	5,000	14.9	14.0	11.8	6,000	21.9	22.5	21.4	20.1	18.6
600,000	12.8	16.2	21	6,000	22.9	24.1	23.6	8,000	18.6	17.4	18.8	18.7	18.8
800,000	5.0	6.5	9.9	8,000	12.3	14.0	17.0	10,000	19.9	17.4	20.9	23.3	25.6
1000,000	4.1	5.2	8	10,000	10.5	12.5	16.2	15,000	6.0	5.1	6.1	7.1	8.2
1,500,000	1.3	1.7	2.4	15,000	3.0	3.6	4.9	20,000	6.0	4.8	5.6	6.5	7.6
2,000,000	1.1	1.4	2.1	20,000	2.6	3.0	3.9	50,000	0.8	0.6	0.8	0.9	1.1
3,500,000	0.4	0.5	0.9	35,000	1.1	0.8	1.0	合計	100.0	100.0	100.0	100.0	100.0
合計	100.0	100.0	100.0	50,000		0.5	0.7	総人数	6,627	9,302	9,738	10,308	10,137
総人数	6,095	6,505	6,498	合計	100.0	100.0	100.0						
				総人数	6,804	6,953	6,556						

表 D-9（続き）

1967	1968		1969		1970		1971	1972	1973	1974	1975		1976
p_i	p_i	s_i	p_i	s_i	p_i	s_i	p_i	p_i	p_i	p_i	p_i	s_i	p_i
4.2	3.1	0	3.0	0	6.2	0	5.4	5.1	4.4	2.9	3.10	0	1.93
2.3	1.3	4,000	1.2	6,000	8.0	6,000	5.1	3.1	1.7	1.1	0.86	6,000	0.81
4.4	2.5	5,000	2.5	8,000	13.9	8,000	10.6	7.2	3.9	1.8	1.12	8,000	0.88
6.8	5.3	6,000	12.4	10,000	34.2	10,000	32.3	29.0	23.8	15.8	8.17	10,000	3.93
17.4	15.8	8,000	16.4	15,000	18.6	15,000	22.2	24.5	25.4	24.0	19.96	15,000	13.17
18.2	17.6	10,000	34.2	20,000	11.7	20,000	15.0	19.2	25.4	31.7	35.09	20,000	18.74
27.6	30.9	15,000	14.9	30,000	3.6	30,000	4.6	5.8	7.6	11.4	15.83	25,000	17.12
9.2	11.3	20,000	9.3	40,000	1.5	40,000	1.9	2.4	3.2	4.6	6.70	30,000	21.28
8.6	10.6	30,000	4.1	50,000	0.8	50,000	1.0	1.3	1.6	2.3	3.23	40,000	9.26
1.3	1.6	50,000	2.0	60,000	0.8	60,000	0.6	0.7	0.9	1.3	1.81	50,000	4.56
100.0	100.0	合計	100.0	80,000	0.7	70,000	0.4	0.5	0.6	0.8	1.09	60,000	2.55
10,221	10,218	総人数	10,317	合計	100.0	80,000	0.6	0.8	1	1.4	1.93	70,000	1.56
				総人数	10,784	120,000	0.1	0.2	0.2	0.4	0.50	80,000	2.63
						150,000	0.2	0.2	0.3	0.4	0.59	120,000	0.70
						合計	100.0	100.0	100.0	99.9	100.0	150,000	0.87
						総人数	11,233	11614.3	11,901	12,367	12490.7	合計	100.0
												総人数	12,424

1977	1978	1979		1980	1982	1984	1985	1986	1987	1988	1989	1991	1992
p_i	p_i	p_i	s_i	p_i	p_i	p_i	p_i	p_i	p_i	p_i	p_i	p_i	p_i
2.03	1.09	0.83	0	3.07	2.18	1.55	1.67	1.47	1.46	1.36	1.15	0.94	0.76
0.64	0.58	0.84	15,000	1.81	1.24	0.77	0.80	0.70	0.98	0.8	0.94	0.74	0.6
0.61	0.62	0.51	20,000	3.57	1.54	1.02	0.67	0.83	0.65	0.75	0.68	0.67	0.59
2.56	1.94	1.43	25,000	8.5	1.92	1.19	0.99	1.04	0.89	1.04	0.77	0.74	0.73
8.47	4.22	2.54	30,000	11.18	4.14	1.43	1.19	1.11	1.12	1.17	1.11	0.91	1.03
15.62	10.94	7.74	35,000	12.32	7.86	2.48	1.62	1.34	1.22	1.19	1.13	1.01	1.01
16.92	15.04	12.54	40,000	21.54	19.19	13.99	9.97	7.43	6.05	5.09	4.21	2.31	2.12
24.77	27.50	27.42	50,000	13.74	18.07	17.14	15.84	14.45	13.5	12.06	10.78	6.40	5.23
11.86	15.74	18.68	60,000	7.94	13.22	15.40	15.38	14.95	14.8	14.04	13.31	11.43	10.55
5.91	8.04	10.12	70,000	4.71	8.65	12.01	12.80	13.33	13.5	13.52	13.12	12.37	11.99
3.23	4.49	5.56	80,000	4.97	9.41	14.22	16.44	18.06	18.66	19.81	20.42	21.51	21.53
2.03	2.69	3.31	100,000	4.21	7.92	11.91	14.31	15.88	16.99	18.2	20.13	25.37	27.02
3.36	4.47	5.35	150,000	1.33	2.41	3.48	4.18	4.63	4.99	5.37	6.00	7.78	8.57
0.87	1.16	1.34	200,000	0.79	1.56	2.29	2.73	3.12	3.32	3.58	3.97	4.98	5.28
1.11	1.48	1.78	300,000	0.32	0.69	1.15	1.40	1.67	1.86	2.03	2.29	2.86	3.01
100.0	100.0	100.0	合計	100.0	100.0	100.0	100.0	100.0	100.0	100.0	100.0	100.0	100.0
12,758	12,575	12,869	総人数	12,705	12,304	11,708	11,556	11,537	11,668	11,960	12,152	12,396	12,492

情報源：INSEEが作成、公表した表に基づく未加工のデータ。1956年：統計研究（『BMS』増補版、1958年10-12月）、p.64。1957年：統計研究（『BMS』増補版、1959年7-9月）、p.294。1959年：統計研究（『BMS』増補版、1961年10-12月）、p.431。1960年：統計研究（『BMS』増補版、1962年4-6月）、p.181。1961年：統計研究（『BMS』増補版、1963年4-6月）、p.156。1962年：統計研究（『BMS』増補版、1964年4-6月）、p.113。1963年：『E&C（調査および景気）』、1965年11月（第11号）、p.57-58。1964年：『E&C』、1966年7月（第7号）、p.36。1965年：『E&C』、1967年4月（第4号）、p.32。1966年：『E&C』、1968年7月（第7号）、p.33。1967年および1968年：『INSEE叢書』第36号（Mシリーズ第8号）1971年1月、p.97、p.100。1969年：『INSEE叢書』第80号（Mシリーズ第20号）1973年1月、p.58。1970年：『INSEE叢書』第112号（Mシリーズ第29号）1973年12月、p.62。1971年：『INSEE叢書』第135号（Mシリーズ第36号）1974年6月、p.71。1972年：『INSEE叢書』第164号（Mシリーズ第45号）1975年9月、p.71。1973年：『INSEE叢書』第233号（Mシリーズ第60号）1977年6月、p.78。1974年：『INSEE叢書』第304号（Mシリーズ第76号）1979年5月、p.108。1975年：『INSEE叢書』第343号（Mシリーズ第82号）1980年2月、p.90。1976年、1977年、1978年、1979年：記録と資料、第107号、1984年7月、p.67、p.121、p.173、p.225。1980年：『INSEE叢書』第493号（Mシリーズ第113号）1985年7月、p.141。1982年：記録と資料、第212号、1987年9月、p.69。1984年：記録と資料、第249号、

1988年6月、p.84。1985年、1986年：記録と資料、第276号、1988年12月、p.56、p.114。1987年、1988年、1989年、1991年：『INSEE統計結果』第367、368、369号（雇用と所得編、第76、77、78号）1995年2月、p.124、p.156、p.188、p.220。1992年：『INSEE統計結果』第426号（雇用と所得編、第97号）1995年11月、p.52。

解説：1956年には、350万フラン以上の年間給与を得た賃金労働者の割合は0.4%であった。1963年については、表aは正規賃金労働者のみに関して作成された表、表bは賃金労働者全体に関して作成された表である（1956-1962年については、正規賃金労働者のみに関する表、1964-1992年については賃金労働者全体に関する表である）。

注記：ここでは、INSEEが給与申告を処理後に最終結果を公表した刊行物の出典を示すにとどめる。

表D-10：雇用主による給与申告に基づきINSEEが作成した未加工の統計表（1993-1996年の給与）

1993a				
s_i	N_i	Y_i	p_i	b_i
0	314,489	30,124	3.06	
40,000	172,067	45,270	1.68	2.99
50,000	443,758	56,132	4.32	2.42
60,000	965,098	65,329	9.41	2.06
70,000	1,163,886	75,034	11.34	1.87
80,000	1,157,945	84,965	11.28	1.75
90,000	1,101,500	94,936	10.73	1.67
100,000	1,745,790	109,231	17.01	1.62
120,000	1,388,076	133,318	13.53	1.59
150,000	956,019	170,417	9.32	1.57
200,000	556,451	239,071	5.42	1.55
300,000	233,707	368,731	2.28	1.47
500,000	56,323	637,646	0.55	1.43
1,000,000	5,304	1,270,315	0.05	1.46
2,000,000	582	2,652,329	0.006	1.51
5,000,000	53	7,068,195	0.001	1.41
総計	10,261,048	116,748	100.0	

1993b				
s_i	N_i	Y_i	p_i	b_i
0	509,585	29,841	4.09	
40,000	270,581	45,256	2.17	3.00
50,000	607,399	56,030	4.88	2.43
60,000	1,231,884	65,293	9.90	2.09
70,000	1,418,764	74,992	11.40	1.90
80,000	1,386,656	84,895	11.14	1.78
90,000	1,294,955	94,933	10.40	1.71
100,000	1,970,636	109,225	15.83	1.67
120,000	1,592,478	133,412	12.79	1.65
150,000	1,107,970	170,536	8.90	1.63
200,000	671,090	239,531	5.39	1.61
300,000	293,997	369,402	2.36	1.56
500,000	80,577	644,201	0.65	1.56
1,000,000	9,667	1,290,236	0.08	1.71
2,000,000	1,606	2,756,530	0.013	1.96
5,000,000	251	11,387,239	0.002	2.28
総計	12,448,097	116,213	100.0	

1994a				
s_i	N_i	Y_i	p_i	b_i
0	186,577	30,170	1.92	
40,000	101,167	45,493	1.04	3.05
50,000	354,677	56,353	3.65	2.46
60,000	869,547	65,378	8.95	2.09
70,000	1,081,368	75,052	11.13	1.88
80,000	1,107,478	84,977	11.40	1.75
90,000	1,053,161	94,925	10.84	1.67
100,000	1,714,478	109,356	17.65	1.62
120,000	1,391,423	133,184	14.32	1.59
150,000	1,002,975	170,312	10.32	1.55
200,000	564,060	238,978	5.81	1.54
300,000	229,547	367,988	2.36	1.47
500,000	53,571	637,285	0.55	1.44
1,000,000	5,296	1,276,219	0.05	1.46
2,000,000	620	2,692,890	0.006	1.47
5,000,000	40	6,666,186	0.000	1.33
総計	9,715,985	120,218	100.0	

1994b				
s_i	N_i	Y_i	p_i	b_i
0	308,413	29,580	2.58	
40,000	171,859	45,539	1.44	3.02
50,000	528,891	56,292	4.43	2.44
60,000	1,178,062	65,325	9.86	2.09
70,000	1,379,636	75,019	11.54	1.89
80,000	1,342,433	84,970	11.23	1.77
90,000	1,239,894	94,899	10.37	1.70
100,000	1,974,906	109,303	16.53	1.65
120,000	1,623,671	133,215	13.59	1.62
150,000	1,155,821	170,460	9.67	1.59
200,000	683,892	239,035	5.72	1.57
300,000	282,677	368,672	2.37	1.51
500,000	70,904	641,785	0.59	1.51
1,000,000	8,491	1,287,099	0.07	1.56
2,000,000	1,250	2,733,476	0.010	1.63
5,000,000	122	8,599,201	0.001	1.72
総計	11,950,924	118,541	100.0	

表 D-10（続き）

1995a				
s_i	N_i	Y_i	p_i	b_i
0	193,331	30,481	1.97	
40,000	104,543	45,321	1.06	3.09
50,000	321,276	56,328	3.27	2.49
60,000	846,389	65,428	8.60	2.11
70,000	1,074,866	75,039	10.93	1.90
80,000	1,085,940	84,958	11.04	1.77
90,000	1,036,213	94,917	10.53	1.68
100,000	1,742,552	109,384	17.71	1.63
120,000	1,476,066	133,016	15.00	1.58
150,000	1,068,752	170,130	10.86	1.55
200,000	585,252	238,336	5.95	1.54
300,000	240,139	367,594	2.44	1.47
500,000	55,577	636,942	0.56	1.45
1,000,000	5,556	1,276,110	0.06	1.50
2,000,000	688	2,672,649	0.007	1.55
5,000,000	74	7,108,542	0.001	1.42
総計	9,837,214	121,657	100.0	

1995b				
s_i	N_i	Y_i	p_i	b_i
0	316,428	29,826	2.61	
40,000	176,088	45,444	1.45	3.06
50,000	483,218	56,304	3.98	2.47
60,000	1,175,776	65,371	9.69	2.11
70,000	1,405,437	74,990	11.58	1.91
80,000	1,339,273	84,907	11.03	1.79
90,000	1,236,051	94,911	10.18	1.71
100,000	1,989,509	109,437	16.39	1.66
120,000	1,688,319	133,223	13.91	1.62
150,000	1,231,320	170,582	10.14	1.59
200,000	709,559	239,112	5.85	1.58
300,000	299,958	368,928	2.47	1.52
500,000	76,049	641,940	0.63	1.52
1,000,000	9,397	1,294,474	0.08	1.57
2,000,000	1,408	2,713,195	0.012	1.62
5,000,000	151	8,153,640	0.001	1.63
総計	12,137,940	120,035	100.0	

1996a				
s_i	N_i	Y_i	p_i	b_i
0	189,963	30,707	1.91	
40,000	112,850	45,078	1.13	3.14
50,000	270,074	56,353	2.71	2.53
60,000	779,587	65,479	7.83	2.14
70,000	105,1305	75,084	10.56	1.92
80,000	1,090,969	84,985	10.95	1.78
90,000	1,050,494	94,947	10.55	1.69
100,000	1,784,699	109,544	17.92	1.63
120,000	1,570,144	133,153	15.76	1.58
150,000	1,129,014	170,594	11.34	1.55
200,000	617,045	238,614	6.20	1.54
300,000	249,240	368,184	2.50	1.47
500,000	57,615	638,234	0.58	1.45
1,000,000	5,874	1,280,268	0.06	1.49
2,000,000	791	2,691,697	0.008	1.47
5,000,000	47	7,296,161	0.000	1.46
総計	9,959,711	123,650	100.0	

1996b				
s_i	N_i	Y_i	p_i	b_i
0	314,769	29,975	2.57	
40,000	191,024	45,259	1.56	3.11
50,000	414,556	56,228	3.39	2.51
60,000	1,087,232	65,383	8.89	2.13
70,000	1,368,689	75,024	11.20	1.93
80,000	1,339,071	84,938	10.95	1.80
90,000	1,239,507	94,918	10.14	1.72
100,000	2,037,786	109,489	16.67	1.66
120,000	1,785,946	133,189	14.61	1.61
150,000	1,300,285	170,723	10.64	1.59
200,000	745,007	238,892	6.09	1.57
300,000	311,904	369,103	2.55	1.51
500,000	78,693	641,562	0.64	1.49
1,000,000	9,285	1,289,424	0.08	1.52
2,000,000	1,356	2,697,699	0.011	1.50
5,000,000	91	7,489,096	0.001	1.50
総計	12,225,203	121,832	100.0	

情報源：私の要請によりINSEE（行政資料処理局、シルヴィー・ラガルド＆ファブリス・ローヌ、1999年4月）がDADSを処理したもの。1996年については、これらの数値はINSEEが公表した数値（『INSEE統計結果』第615号〔雇用と所得編、第140号〕1998年7月、p.33）とまったく同じである（ただし公表された表の中では表の最上位の給与区分が30万フランになっている）。1993-1995年については、これらの数値は公表された数値とわずかに異なるが、これは発表後にDADSの処理方法が改善された結果である。

解説：1996年 aでは、47人の賃金労働者が500万フラン以上の年間給与を得ており、彼らの平均給与は729万6000フランであった。これらの賃金労働者は賃金労働者全体の0.001%未満でしかなく、彼らの平均給与と閾値500万フランとの比率は1.46であった。表aは正規賃金労働者のみに関する表であり、表bは賃金労働者全体に関する表である。

表D-11：パレートの法則による外挿法から導いた未加工の結果

	P90-100	P95-100	P99-100	P99.9-100	P99.99-100	P90	P95	P99	P99.9	P99.99
1947(1)	321,640	425,177	784,748	1,838,111		193,072	260,688	494,465	1,141,843	
1947(2)	328,368	443,404	816,650			192,851	257,677	494,092		
(2)/(1)	*1.02*	*1.04*	*1.04*			*1.00*	*0.99*	*1.00*		
1950	592,001	789,238	1,716,326			379,784	491,834	972,366		
1951a(1)	901,777	1,204,550	2,344,867	5,699,211		530,614	697,316	1,407,648	3,510,311	
1951b(1)	850,116	1,132,184	2,203,357	5,328,169		502,871	656,957	1,330,375	3,300,290	
b(1)/a(1)	*0.94*	*0.94*	*0.94*	*0.93*		*0.95*	*0.94*	*0.95*	*0.94*	
1951a(2)	881,722	1,181,064	2,488,005			529,672	700,569	1,399,183		
1951b(2)	826,626	1,111,174	2,334,968			502,753	661,662	1,313,925		
b(2)/a(2)	*0.94*	*0.94*	*0.94*			*0.95*	*0.94*	*0.94*		
a(2)/a(1)	*0.98*	*0.98*	*1.06*			*1.00*	*1.00*	*0.99*		
b(2)/b(1)	*0.97*	*0.98*	*1.06*			*1.00*	*1.01*	*0.99*		
1952a(1)	1,058,987	1,414,778	2,728,476	6,332,697		620,459	822,335	1,651,039	4,310,735	
1952b(1)	996,545	1,327,196	2,561,715	6,053,414		588,173	775,240	1,551,058	4,061,467	
b(1)/a(1)	*0.94*	*0.94*	*0.94*	*0.96*		*0.95*	*0.94*	*0.94*	*0.94*	
1952a(2)	1,044,087	1,440,662	2,832,033			620,059	822,879	1,658,830		
1952b(2)	979,914	1,344,465	2,632,182			588,468	774,781	1,553,091		
b(2)/a(2)	*0.94*	*0.93*	*0.93*			*0.95*	*0.94*	*0.94*		
a(2)/a(1)	*0.99*	*1.02*	*1.04*			*1.00*	*1.00*	*1.00*		
b(2)/b(1)	*0.98*	*1.01*	*1.03*			*1.00*	*1.00*	*1.00*		
1956	1,454,607	2,099,811	4,118,143			859,055	1,155,806	2,374,570		
1957	1,592,020	2,365,310	4,506,549			949,734	1,292,328	2,617,460		
1959	2,057,286	3,050,683	6,227,156			1,139,475	1,557,578	3,332,726		
1960	22,155	33,531	67,897			12,627	17,285	36,573		
1961	23,686	35,336	74,354			13,562	18,623	39,571		
1962	27,091	39,754	78,533			15,321	21,093	44,111		
1963a	30,783	39,896	85,270			16,782	22,814	46,635		
1963b	27,001	35,426	76,039			15,320	20,652	41,484		
b/a	*0.88*	*0.89*	*0.89*			*0.91*	*0.91*	*0.89*		
1964	28,951	39,864	81,017			16,510	22,298	45,318		
1965	30,723	41,972	84,519			17,583	23,718	47,761		
1966	33,223	45,901	93,652			18,829	25,563	52,157		
1967	35,416	49,616	102,587			19,912	27,222	56,286		
1968	39,852	54,480	112,593			21,877	29,906	61,807		
1969	42,980	60,638	122,266			24,162	32,861	68,686		
1970	46,080	62,516	112,320			26,376	35,532	69,923		
1971	50,826	68,723	120,899			29,221	39,307	76,997		
1972	56,774	78,950	135,623			32,333	43,712	85,568		
1973	62,400	83,592	147,265			36,010	48,269	92,914		
1974	72,587	97,952	183,138			41,959	56,270	109,733		
1975	81,212	111,566	194,543			48,228	64,437	123,819		
1976	95,240	128,743	228,789			55,545	74,315	142,308		
1977	106,801	138,978	254,152			61,501	82,180	156,159		
1978	117,409	156,412	283,966			69,424	92,399	174,477		
1979	125,670	166,816	313,168			74,799	99,089	188,651		
1980	141,540	188,424	307,000			84,949	112,224	206,921		
1982	185,603	246,316	402,067			109,824	145,749	264,144		
1984	217,192	291,411	501,505			129,219	171,468	315,924		
1985	233,859	314,117	544,345			139,167	184,872	340,322		
1986	248,248	341,757	594,026			146,366	196,383	365,445		
1987	263,404	335,724	634,873			151,082	202,820	383,543		
1988	273,146	348,344	661,929			156,130	209,397	397,901		
1989	286,131	366,903	702,059			163,668	218,970	418,992		
1991	310,108	400,804	765,552			180,685	239,649	457,738		
1992	311,665	408,243	777,426			185,364	244,857	466,286		
1993a	289,800	370,267	615,742	1,227,618	2,568,633	187,303	251,453	430,079	842,284	1,700,576
1993b	303,153	393,635	698,686	1,660,263	4,772,879	187,962	252,925	448,957	968,366	2,433,222

表 D-11（続き）

b/a	*1.05*	*1.06*	*1.13*	*1.35*	*1.86*	*1.00*	*1.01*	*1.04*	*1.15*	*1.43*
1994a	293,594	373,223	619,663	1,251,321	2,593,968	191,127	254,244	430,566	857,134	1,768,396
1994b	299,081	383,713	660,777	1,456,791	3,433,014	190,657	253,384	438,170	933,329	2,109,338
b/a	*1.02*	*1.03*	*1.07*	*1.16*	*1.32*	*1.00*	*1.00*	*1.02*	*1.09*	*1.19*
1995a	296,377	377,202	627,714	1,292,049	2,834,036	192,925	256,733	433,096	863,381	1,826,389
1995b	304,316	391,310	677,464	1,513,880	3,565,893	192,683	257,088	446,303	963,435	2,201,074
b/a	*1.03*	*1.04*	*1.08*	*1.17*	*1.26*	*1.00*	*1.00*	*1.03*	*1.12*	*1.21*
1996a	299,891	380,839	634,226	1,307,823	2,790,366	195,322	258,612	436,208	878,483	1,891,810
1996b	306,709	393,180	673,608	1,453,686	3,172,256	195,383	260,211	450,890	956,416	2,115,525
b/a	*1.02*	*1.03*	*1.06*	*1.11*	*1.14*	*1.00*	*1.01*	*1.03*	*1.09*	*1.12*

解説：給与区分ごとの表が、正規賃金労働者についてと同時に賃金労働者全体についても入手可能な年（1951-1952年、1963年、1993-1996年）については、表aは正規賃金労働者のみから得られた推計、表bは賃金労働者全体から得られた推計を表わす。一方、1947年および1951-1952年については、表(1)は本書で通常行なった方法による外挿法で得られた推計、表(2)はフィーンバーグ＆ポターバの方法により得られた推計を表わす。イタリック体の行は、同年度における各推計の比率を表わす。たとえば、1996年において、分位P90-100の平均給与について私たちが出した推計は、正規賃金労働者のみを考慮した場合は29万9891フラン、賃金労働者全体を考慮した場合は30万6709フランであり、その差は2%となる。

表 D-12：INSEE が公表した P10、P50、P90 の推計との比較

	(1) P10	(2) P50	(3) P90	(4) P90 との比率	(5) 1990-1998 年の雇用調査との比率	(6)	(7)	(8) P10*	(9) P50*	(10) P90*	(11) P10/ 平均	(12) P50/ 平均	(13) P90/ 平均	(14) P90*/P10*
1947										181,487				
1950	112,000	220,100	398,000	1.05				112,000	187,666	364,593	0.48	0.81	1.57	3.26
1951	150,000	265,000	510,000	1.01				150,000	265,000	502,871	0.48	0.84	1.60	3.35
1952	163,000	310,000	595,000	1.01				163,000	310,000	588,173	0.44	0.83	1.58	3.61
1953								171,200	315,515	605,674	0.45	0.83	1.59	3.54
1954	190,000	340,000	660,000					179,399	321,030	623,176	0.43	0.77	1.50	3.47
1955	222,000	358,000						202,040	364,132	713,699	0.44	0.79	1.55	3.53
1956	240,000	435,000	860,000	1.00				224,681	407,234	804,221	0.44	0.80	1.58	3.58
1957	250,000	480,000	940,000	0.99				233,051	447,458	885,345	0.42	0.80	1.58	3.80
1958								257,492	482,552	969,321	0.41	0.77	1.55	3.76
1959	305,000	560,000	1,125,000	0.99				281,933	517,647	1,053,296	0.42	0.78	1.59	3.74
1960	3,270	6173	12,486	0.99				3,010	5,682	11,623	0.41	0.78	1.59	3.86
1961	3,500	6500	13,200	0.97				3,208	5,958	12,432	0.41	0.75	1.57	3.87
1962	3,900	7,400	15,200	0.99				3,560	6,755	13,986	0.41	0.78	1.61	3.93
1963	3,800	7,550	15,100	0.99				3,800	7,550	15,100	0.40	0.79	1.59	3.97
1964	4,150	8,200	16,400	0.99				4,150	8,200	16,400	0.41	0.81	1.62	3.95
1965	4,361	8,642	17,952	1.02				4,361	8,642	17,952	0.41	0.80	1.67	4.12
1966	4,550	9,100	19,000	1.01				4,550	9,100	19,000	0.40	0.80	1.66	4.18
1967	4,900	9,650	20,000	1.00				4,900	9,650	20,000	0.41	0.80	1.66	4.08
1968	5,650	10,600	21,500	0.98				5,650	10,600	21,500	0.43	0.80	1.62	3.81
1969	6,800	11,800	24,000	0.99				6,800	11,800	24,000	0.46	0.80	1.64	3.53
1970	7,173	12,966	26,279	1.00				7,173	12,966	26,279	0.45	0.81	1.64	3.66
1971	7,900	14,500	29,200	1.00				7,900	14,500	29,200	0.44	0.82	1.64	3.70
1972	8,700	16,000	32,300	1.00				8,700	16,000	32,300	0.44	0.82	1.65	3.71
1973	10,000	18,000	36,000	1.00				10,000	18,000	36,000	0.46	0.82	1.64	3.60
1974	12,100	21,000	42,200	1.01				12,100	21,000	42,200	0.47	0.82	1.64	3.49
1975	13,776	24,015	48,208	1.00				13,776	24,015	48,208	0.47	0.81	1.64	3.50
1976	16,323	27,918	55,093	0.99				16,323	27,918	55,093	0.48	0.82	1.61	3.38
1977	18,129	30,949	60,686	0.99				18,129	30,949	60,686	0.48	0.82	1.61	3.35
1978	20,876	35,132	68,846	0.99				20,876	35,132	68,846	0.49	0.82	1.61	3.30
1979	23,007	38,495	74,752	1.00				23,007	38,495	74,752	0.50	0.83	1.61	3.25
1980	26,092	44,029	84,854	1.00				26,092	44,029	84,854	0.49	0.84	1.61	3.25
1981	29,812	49,689	96,109					29,812	49,689	96,109	0.50	0.83	1.61	3.22

表D-12（続き）

1982	34,252	56,361	109,425	1.00				34,252	56,361	109,425	0.50	0.83	1.61	3.19
1983	38,433	62,213	120,468					38,433	62,213	120,468	0.51	0.83	1.61	3.13
1984	41,593	66,575	128,682	1.00				41,593	66,575	128,682	0.52	0.83	1.60	3.09
1985	44,520	71,350	138,810	1.00				44,520	71,350	138,810	0.52	0.83	1.61	3.12
1986	46,180	74,590	145,980	1.00				46,180	74,590	145,980	0.51	0.82	1.61	3.16
1987	47,490	76,745	151,120	1.00				47,490	76,745	151,120	0.51	0.82	1.62	3.18
1988	48,370	79,210	156,000	1.00				48,370	79,210	156,000	0.50	0.83	1.63	3.23
1989	50,030	82,350	163,490	1.00				50,030	82,350	163,490	0.50	0.82	1.63	3.27
1990	52,796	86,737	172,263		1.04	1.10	1.10	52,796	86,737	172,263	0.50	0.82	1.63	3.26
1991	54,832	89,924	178,688	0.99	1.02	1.07	1.08	54,832	89,924	178,688	0.50	0.82	1.64	3.26
1992	56,585	92,719	182,767	0.99	1.00	1.06	1.08	56,585	92,719	182,767	0.51	0.83	1.63	3.23
1993	57,810	95,030	185,680	0.99	0.98	1.04	1.06	57,810	95,030	185,680	0.50	0.83	1.62	3.21
1994	61,640	98,290	190,140	1.00	1.03	1.08	1.07	58,212	98,290	190,140	0.49	0.84	1.62	3.27
1995	62,990	100,330	193,900	1.01	1.02	1.09	1.08	59,400	100,330	193,900	0.49	0.84	1.62	3.26
1996	63,532	101,444	194,191	0.99	1.02	1.08	1.08	59,400	101,444	194,191	0.49	0.84	1.61	3.27
1997								61,455	103,680	196,564	0.50	0.85	1.61	3.20
1998								62,964	103,900	200,204	0.51	0.85	1.63	3.18

情報源：

(1) (2) (3)　：バイエ＆ジュレース（1996年、p.48）が発表した閾値P10、P50、P90のデータ（1993-1996年については、フリエ＆ジュレース〔1998年、p.42〕によって補完されたデータ）（1950-1975年については、ボードゥロ＆ルボーパン〔1979年a、1979年b〕が発表した推計と同じ結果になっている）。

(4)：本表における列(3)と表D-11における列P90との比率（この比率を算出するため、1951-1952年については表D-11の1951b(1)と1952b(1)の推計、1963年については1963bの推計、1993-1996年については1993b-1996bの推計を用いた）。

(5)：本表における列(1)と、1990-1996年の「雇用調査」における閾値P10（表D-17を参照）との比率。

(6)：本表における列(2)と、1990-1996年の「雇用調査」における閾値P50（表D-17を参照）との比率。

(7)：本表における列(3)と、1990-1996年の「雇用調査」における閾値P90（表D-17を参照）との比率。

(8)：本書が使用する閾値P10（1950-52年および1963-1993年については(8)＝(1)。1954-1957年および1959-1962年については、列(1)は、1952年の5%から1963年の10%まで直線的に移行するパーセンテージ分を引き下げた。1953年と1958年については、1952-1954年と1957-1959年との間の内挿法により補間している。1994-1998年については、「雇用調査」による閾値P10〔表D-17を参照〕を1%引き下げることで、データを補完している）。

(9)　：本書が使用する閾値P50（1950年については、バイエ＆ジュレース〔1996年、p.48〕の推計が示す比率(給与中央値)／(給与平均値)を維持するように列(2)の数値を引き下げた〔1950年に特有の問題については付録E第2節を参照〕。1951-1952年および1963-1996年については(9)＝(2)。1954-1957年および1959-1962年については、列(2)は、1952年の5%から1963年の10%まで直線的に移行するパーセンテージ分を引き下げた。1953年と1958年については、1952-1954年と1957-1959年との間の内挿法により補間している。1997-1998年については、「雇用調査」による閾値P50（表D-17を参照）を8%引き上げることで、データを補完している）。

(10)：本書が使用する閾値P90（1963-1996年については(10)＝(3)。1947年については、表D-11の1947(1)の推計を6%引き下げて用いた。1950年については、表D-11の1950の推計を4%引き下げて用いた。1951-1952年については、表D-11の1951b(1)と1952b(1)の推計を用いた。

1956-1957年および1959-1962年については、表D-11の推定値は、1952年の5%から1963年の10%まで直線的に移行するパーセンテージ分を引き下げた。1954年については、本表の列(3)の推計を対応したパーセンテージで引き下げて用いた。1953年、1955年、1958年については、1952-1954年、1954-1956年、1957-1958年の推計の間の内挿法により補間している。1997-1998年については、「雇用調査」による閾値P90〔表D-17を参照〕を8%〔1997年〕または10%〔1998年〕引き上げることで補完している)。

(11)(12)(13)：列(8)(9)(10)と平均給与（表E-3の列(11)）との間の比率。

(14)：本表の列(10)と(8)の比率。

表 D-13：DADS 資料に基づき得られた P90、P95、P99、P90-100、P95-100、P99-100 の推計との比較

	(1)	(2)	(3)	(4)	(5)	(6)	(7)	(8)	(9)	(10)	(11)	(12)	(13)
	P90-100	P95-100	P99-100	P90	P95	P99	P90との比率	外挿法の結果との比率					
1976	91,936	121,000	219,946	55,093	73,662	141,471	1.00	0.97	0.94	0.96	0.99	0.99	0.99
1977	99,141	129,057	225,910	60,686	81,002	153,269	1.00	0.93	0.93	0.89	0.99	0.99	0.98
1978	111,313	144,143	246,853	68,846	91,819	171,385	1.00	0.95	0.92	0.87	0.99	0.99	0.98
1979	120,215	155,396	265,937	74,752	99,394	183,565	1.00	0.96	0.93	0.85	1.00	1.00	0.97
1980	135,854	175,380	299,217	84,854	112,340	206,871	1.00	0.96	0.93	0.97	1.00	1.00	1.00
1981													
1982	176,417	228,306	395,741	109,393	145,729	265,727	1.00	0.95	0.93	0.98	1.00	1.00	1.01
1983													
1984	208,787	270,986	474,681	128,597	171,567	314,277	1.00	0.96	0.93	0.95	1.00	1.00	1.00
1985	223,054	287,844	492,545	138,740	185,321	334,577	1.00	0.95	0.92	0.91	1.00	1.00	0.98
1986	239,042	311,063	550,108	145,908	196,297	355,997	1.00	0.96	0.91	0.93	1.00	1.00	0.97
1987	245,735	318,609	550,956	151,061	202,869	370,812	1.00	0.93	0.95	0.87	1.00	1.00	0.97
1988	251,664	324,813	549,871	155,917	209,496	378,525	1.00	0.92	0.93	0.83	1.00	1.00	0.95
1989	264,628	342,228	584,936	163,474	219,246	400,747	1.00	0.92	0.93	0.83	1.00	1.00	0.96
1990													
1991	289,719	373,347	638,451	180,734	240,823	433,889	1.01	0.92	0.92	0.82	0.99	0.99	0.94
1992	294,067	377,620	642,309	185,067	245,431	435,639	1.01	0.93	0.91	0.82	0.99	0.99	0.92
1993	316,621	410,250	729,451	195,130	260,362	469,600	1.05	0.99	0.99	0.99	0.99	0.98	1.00
1994	314,341	404,984	714,262	196,940	260,021	462,257	1.04	1.01	1.02	1.04	1.00	0.99	1.02
1995	322,857	414,999	723,632	203,208	267,742	479,348	1.05	1.01	1.01	1.02	1.01	0.99	1.02
1996	324,587	416,053	718,214	205,469	270,557	477,537	1.06	1.00	1.00	1.01	0.99	0.98	1.00

情報源：

(1)-(6)：1976-1996年のDADS資料に基づき推計した閾値P90、P95、P99および分位P90-100、P95-100、P99-100（本書の要請によりINSEEが処理したDADS資料。結果は1999年3月にアドリアン・フリエ〔INSEE、「給与・就業所得」局〕により伝えられた)。

(7)：本表の列(4)と表D-12の列(3)との間の比率（アドリアン・フリエにより伝えられたデータは社会保障費負担金を差し引いておらず、その結果、1991年以降の両者の数値はわずかに異なっている)。

(8)-(13)：（列(7)で算出した比率により修正した）本表の列(1)-(6)と、表D-11の対応する推計との比率（この比率の算出には、1993-1996年について1993b-1996bの推計を用いた)。

表 D-14：名目フランによる給与分布推計の最終結果（1947 年および 1950-1998 年の給与）

	(1)	(2)	(3)	(4)	(5)	(6)	(7)	(8)	(9)	(10)	(11)	(12)
	P90	P95	P99	P90-100	P95-100	P99-100	P90-95	P95-99	P99.9	P99.99	P99.9-100	P99.99-100
1947	181,487	245,047	464,797	302,342	399,666	737,663	205,017	315,167	1,073,332		1,727,824	
1950	364,593	472,161	933,471	568,321	757,668	1,647,673	378,974	535,167				

表D-14（続き）

1951	502,871	656,957	1,330,375	850,116	1,132,184	2,203,357	568,049	864,391	3,300,290		5,328,169	
1952	588,173	775,240	1,551,058	996,545	1,327,196	2,561,715	665,894	1,018,566	4,061,467		6,053,414	
1953	605,674	802,576	1,617,011	1,015,484	1,380,722	2,676,372	650,246	1,056,810				
1954	623,176	829,911	1,682,963	1,034,423	1,434,248	2,791,029	634,597	1,095,053				
1955	713,699	955,971	1,952,983	1,170,856	1,660,699	3,246,050	681,013	1,264,361				
1956	804,221	1,082,031	2,223,002	1307289	1,887,150	3,701,071	727,429	1,433,669				
1957	885,345	1,204,712	2,440,005	1,424,723	2,116,752	4,032,979	732,694	1,637,695				
1958	969,321	1,322,245	2,760,338	1,625,174	2,411,956	4,779,463	838,392	1,820,079				
1959	1,053,296	1,439,778	3,080,671	1,825,625	2,707,160	5,525,947	944,090	2,002,464				
1960	11,623	15,911	33,666	19,578	29,630	59,999	9,525	22,038				
1961	12,432	17,071	36,273	20,843	31,095	65,431	10,592	22,511				
1962	13,986	19,255	40,267	23,741	34,839	68,822	12,644	26,343				
1963	15,100	20,356	40,888	26,081	34,219	73,448	17,944	24,411				
1964	16,400	22,150	45,017	27,609	38,015	77,260	17,202	28,204				
1965	17,952	24,215	48,762	30,112	41,138	82,839	19,086	30,713				
1966	19,000	25,795	52,631	32,184	44,465	90,722	19,904	32,900				
1967	20,000	27,342	56,534	34,150	47,841	98,917	20,458	35,072				
1968	21,500	29,391	60,743	37,599	51,400	106,228	23,799	37,693				
1969	24,000	32,641	68,225	40,984	57,823	116,588	24,146	43,131				
1970	26,279	35,401	69,667	44,075	59,796	107,432	28,354	47,887				
1971	29,200	39,279	76,941	48,757	65,927	115,979	31,588	53,413				
1972	32,300	43,668	85,481	54,448	75,715	130,065	33,181	62,127				
1973	36,000	48,255	92,887	59,887	80,226	141,334	39,548	64,949				
1974	42,200	56,593	110,363	70,083	94,573	176,821	45,593	74,012				
1975	48,208	64,410	123,767	77,931	107,059	186,683	48,804	87,153				
1976	55,093	73,662	141,471	91,936	121,000	219,946	62,872	96,264				
1977	60,686	81,002	153,269	99,141	129,057	225,910	69,226	104,844				
1978	68,846	91,819	171,385	111,313	144,143	246,853	78,482	118,466				
1979	74,752	99,394	183,565	120,215	155,396	265,937	85,034	127,761				
1980	84,854	112,340	206,871	135,854	175,380	299,217	96,327	144,421				
1981	96,109	129,056	236,338	156,161	201,876	347,537	110,446	165,461				
1982	109,425	145,772	265,805	176,469	228,373	395,857	124,565	186,502				
1983	120,468	158,726	290,145	192,697	249,769	435,426	135,625	203,354				
1984	128,682	171,680	314,485	208,925	271,165	474,995	146,686	220,207				
1985	138,810	185,415	334,746	223,167	287,989	492,794	158,344	236,788				
1986	145,980	196,394	356,173	239,160	311,217	550,379	167,102	251,426				
1987	151,120	202,948	370,957	245,831	318,733	551,171	172,928	260,624				
1988	156,000	209,608	378,727	251,798	324,986	550,164	178,610	268,691				
1989	163,490	219,267	400,786	264,654	342,261	584,993	187,046	281,578				
1990	172,263	228,682	414,882	275,546	355,691	608,108	195,401	292,587				
1991	178,688	238,097	428,977	286,439	369,121	631,223	203,757	303,595				
1992	182,767	242,381	430,225	290,413	372,927	634,326	207,899	307,577				
1993	185,680	247,753	446,858	301,287	390,382	694,124	212,192	314,447	968,366	2,433,222	1,660,263	4,772,879
1994	190,140	251,043	446,296	303,487	391,000	689,600	215,974	316,350	933,329	2,109,338	1,456,791	3,433,014
1995	193,900	255,478	457,391	308,069	395,990	690,486	220,148	322,366	963,435	2,201,074	1,513,880	3,565,893
1996	194,191	255,706	451,325	306,771	393,216	678,792	220,326	321,823	956,416	2,115,525	1,453,686	3,172,256
1997	196,564	258,832	456,841	310,520	398,022	687,088	223,018	325,756				
1998	200,204	263,625	465,301	316,271	405,393	699,812	227,148	331,788				

解説：1998年における、分位P90-100の平均給与は31万6271フラン、分位P95-100の平均給与は40万5393フラン。

情報源：

(1)：表D-12の列(10)。

(2)-(6)：1976-1980年、1982年、1984-1989年、1991-1996年については、表D-13の対応する

列を、表D-13の列(7)で算出した比率で修正して用いた（1981年、1983年、1990年については、1980-1982年、1982-1984年、1989-1991年の間の線形内挿法により補間した)。1947年については、表D-11の1947(1)の推計を6%引き下げた。1950年については、表D-11の1950の推計を4%引き下げた。1951-1952年については、表D-11の1951b(1)と1952b(1)の推計を用いた。1956-1957年および1959-1962年については、表D-11の推定値は、1952年の5%から1963年の10%まで直線的に移行するパーセンテージ分を引き下げた。また、分位P90-100、P95-100、P99-100はさらに4%引き下げた（1954年については、当年のP95／P90、P99／P90、P90-100／P90、P95-100／P90、P99-100／P90が1952年と1956年の平均値と同じであると想定して補間した。また1953年、1955年、1958年については、1952-1954年、1954-1956年、1957-1959年の線形内挿法により補間した)。1963-1975年については、分位P90-100、P95-100、P99-100を4%引き下げつつ、表D-12のP90と表D-11のP90との比率で表D-11の推計を修正したものを用いた。1997-1998年については、表D-12の閾値P90を採用し、P90-100とP90、P95-100とP90などの比率は1996年と同じであると想定した。

(7)(8)：列(4)-(6)から引き算により導き出した。

(9)-(12)：未加工のデータによってこのような推計が可能な年についてのみ計算された列（1947年と1951-1952年については、下位分位と同じ方法で算出した。1993-1996年については、表D-11における1993b-1996bをまったく修正せずに転載した)。

表 D-15：1998 年フランで表わした給与分布推計の最終結果（1947 年および 1950-1998 年の給与）

	(1) P90	(2) P95	(3) P99	(4) P90-100	(5) P95-100	(6) P99-100	(7) P90-95	(8) P95-99	(9) P99.9	(10) P99.99	(11) P99.9-100	(12) P99.99-100
1947	50,244	67,840	128,676	83,701	110,645	204,217	56,758	87,252	297,145		478,337	
1950	51,142	66,230	130,938	79,719	106,278	231,120	53,159	75,068				
1951	60,652	79,236	160,458	102,533	136,554	265,749	68,513	104,255	398,051		642,635	
1952	63,396	83,559	167,180	107,412	143,051	276,113	71,773	109,786	437,763		652,464	
1953	66,411	88,001	177,303	111,346	151,394	293,460	71,298	115,878				
1954	68,058	90,636	183,799	112,971	156,637	304,813	69,305	119,593				
1955	77,249	103,472	211,386	126,731	179,750	351,344	73,711	136,851				
1956	83,538	112,396	230,914	135,794	196,027	384,448	75,562	148,922				
1957	89,286	121,494	246,073	143,682	213,473	406,723	73,892	165,160				
1958	84,931	115,854	241,858	142,396	211,333	418,771	73,459	159,473				
1959	86,983	118,899	254,406	150,763	223,561	456,340	77,964	165,366				
1960	92,559	126,707	268,097	155,907	235,962	477,803	75,852	175,501				
1961	95,841	131,603	279,631	160,684	239,717	504,416	81,651	173,542				
1962	102,981	141,774	296,487	174,806	256,518	506,739	93,095	193,963				
1963	106,089	143,015	287,271	183,242	240,412	516,033	126,071	171,507				
1964	111,434	150,505	305,878	187,593	258,306	524,965	116,881	191,641				
1965	119,005	160,523	323,243	199,614	272,705	549,142	126,522	203,596				
1966	122,640	166,502	339,718	207,741	287,010	585,591	128,473	212,364				
1967	125,824	172,016	355,664	214,842	300,978	622,309	128,707	220,645				
1968	129,312	176,775	365,339	226,143	309,147	638,910	143,139	226,706				
1969	135,539	184,337	385,298	231,455	326,549	658,426	136,360	243,580				
1970	141,073	190,044	373,991	236,606	321,001	576,726	152,210	257,070				
1971	148,582	199,866	391,509	248,098	335,462	590,148	160,735	271,791				
1972	154,761	209,229	409,572	260,879	362,776	623,190	158,982	297,673				
1973	160,754	215,478	414,778	267,417	358,239	631,112	176,595	290,021				
1974	165,734	222,260	433,433	275,241	371,422	694,436	179,060	290,669				
1975	169,346	226,262	434,772	273,759	376,079	655,784	171,439	306,153				
1976	176,580	236,097	453,434	294,668	387,821	704,957	201,514	308,537				
1977	177,794	237,315	449,038	290,458	378,103	661,857	202,813	307,164				
1978	184,877	246,568	460,232	298,915	387,078	662,892	210,753	318,124				
1979	181,170	240,893	444,892	291,356	376,622	644,530	206,090	309,645				
1980	181,033	239,674	441,353	289,840	374,168	638,370	205,511	308,118				
1981	180,816	242,801	444,638	293,796	379,803	653,844	207,789	311,293				
1982	184,140	245,304	447,295	296,961	384,305	666,146	209,617	313,844				

表D-15（続き）

1983	184,966	243,707	445,487	295,866	383,494	668,551	208,239	312,230				
1984	183,965	245,435	449,589	298,681	387,659	679,055	209,703	314,810				
1985	187,565	250,538	452,320	301,551	389,141	665,880	213,960	319,957				
1986	192,067	258,397	468,620	314,665	409,471	724,140	219,858	330,804				
1987	192,852	258,992	473,396	313,717	406,752	703,377	220,682	332,595				
1988	193,846	260,458	470,605	312,884	403,827	683,633	221,940	333,876				
1989	195,904	262,740	480,248	317,125	410,119	700,976	224,130	337,405				
1990	199,629	265,011	480,791	319,320	412,197	704,714	226,443	339,068				
1991	200,654	267,366	481,711	321,651	414,496	708,819	228,805	340,916				
1992	200,424	265,797	471,789	318,470	408,955	695,609	227,984	337,292				
1993	199,626	266,361	480,420	323,916	419,703	746,258	228,130	338,064	1,041,098	2,615,977	1,784,961	5,131,360
1994	201,004	265,387	471,796	320,827	413,341	729,001	228,314	334,426	986,657	2,229,858	1,540,027	3,629,165
1995	201,552	265,561	475,443	320,227	411,618	717,736	228,836	335,088	1,001,458	2,287,940	1,573,626	3,706,624
1996	197,897	260,586	459,939	312,625	400,721	691,746	224,530	327,964	974,669	2,155,898	1,481,428	3,232,795
1997	197,940	260,643	460,039	312,694	400,808	691,897	224,579	328,036				
1998	200,204	263,625	465,301	316,271	405,393	699,812	227,148	331,788				

解説：1998年における分位P90-100の平均給与は31万6271フラン、分位P95-100の平均給与は40万5393フラン。

表D-16：給与所得全体に対するパーセンテージで表わした給与分布推計の最終結果（1947年および1950-1998年の給与）

	(1) P90-100	(2) P95-100	(3) P99-100	(4) P90-95	(5) P95-99	(6) P99-100	(7) P99.9-100	(8) P99.99-100
1947	26.94	17.81	6.57	9.13	11.23	6.57	1.54	
1950	24.43	16.29	7.08	8.15	9.20	7.08		
1951	26.98	17.97	6.99	9.01	10.97	6.99	1.69	
1952	26.82	17.86	6.90	8.96	10.97	6.90	1.63	
1953	26.69	18.14	7.03	8.54	11.11	7.03		
1954	24.88	17.25	6.71	7.63	10.53	6.71		
1955	25.49	18.07	7.07	7.41	11.01	7.07		
1956	25.74	18.58	7.29	7.16	11.29	7.29		
1957	25.40	18.87	7.19	6.53	11.68	7.19		
1958	26.02	19.31	7.65	6.71	11.66	7.65		
1959	27.47	20.37	8.32	7.10	12.05	8.32		
1960	26.78	20.27	8.21	6.52	12.06	8.21		
1961	26.40	19.70	8.29	6.71	11.41	8.29		
1962	27.41	20.11	7.94	7.30	12.16	7.94		
1963	27.38	17.96	7.71	9.42	10.25	7.71		
1964	27.24	18.75	7.62	8.48	11.13	7.62		
1965	28.03	19.15	7.71	8.88	11.44	7.71		
1966	28.18	19.46	7.94	8.71	11.52	7.94		
1967	28.39	19.88	8.22	8.50	11.66	8.22		
1968	28.39	19.40	8.02	8.98	11.38	8.02		
1969	27.94	19.71	7.95	8.23	11.76	7.95		
1970	27.47	18.63	6.70	8.84	11.94	6.70		
1971	27.41	18.53	6.52	8.88	12.01	6.52		
1972	27.81	19.33	6.64	8.47	12.69	6.64		
1973	27.28	18.27	6.44	9.01	11.84	6.44		
1974	27.23	18.37	6.87	8.86	11.50	6.87		
1975	26.43	18.16	6.33	8.28	11.82	6.33		
1976	26.93	17.72	6.44	9.21	11.28	6.44		
1977	26.33	17.13	6.00	9.19	11.14	6.00		
1978	26.10	16.90	5.79	9.20	11.11	5.79		
1979	25.96	16.78	5.74	9.18	11.03	5.74		

表 D-16（続き）

1980	25.77	16.63	5.68	9.14	10.96	5.68		
1981	26.17	16.92	5.82	9.26	11.09	5.82		
1982	26.00	16.82	5.83	9.18	10.99	5.83		
1983	25.68	16.64	5.80	9.04	10.84	5.80		
1984	25.99	16.87	5.91	9.12	10.96	5.91		
1985	25.92	16.72	5.72	9.19	11.00	5.72		
1986	26.36	17.15	6.07	9.21	11.09	6.07		
1987	26.38	17.10	5.91	9.28	11.19	5.91		
1988	26.25	16.94	5.74	9.31	11.21	5.74		
1989	26.42	17.09	5.84	9.34	11.24	5.84		
1990	26.15	16.88	5.77	9.27	11.11	5.77		
1991	26.25	16.91	5.78	9.33	11.13	5.78		
1992	25.93	16.65	5.66	9.28	10.99	5.66		
1993	26.24	17.00	6.04	9.24	10.95	6.04	1.45	0.42
1994	25.80	16.62	5.86	9.18	10.76	5.86	1.24	0.29
1995	25.67	16.50	5.75	9.17	10.74	5.75	1.26	0.30
1996	25.38	16.27	5.62	9.11	10.65	5.62	1.20	0.26
1997	25.45	16.31	5.63	9.14	10.68	5.63		
1998	25.73	16.49	5.69	9.24	10.80	5.69		

解説：1998年における給与所得全体に占める分位P90-100の割合は25.73%、分位P95-100の割合は16.49%。

表 D-17：「雇用調査」における給与分布（1990-1998 年）

	1990	1991	1992	1993	1994	1995	1996	1997	1998
賃金労働者数	18,635	18,760	18,758	18,865	18,699	19,106	19,311	19,359	19,726
平均給与	7,531	7,912	8,240	8,581	8,514	8,564	8,699	8,764	8,836
公共部門・フルタイム	4,186	4,053	4,012	4,192	4,131	4,140	41,23	4,049	4,100
平均給与	8,205	8,536	9,130	9,702	9,703	9,914	10,150	10,245	10,548
公共部門・パートタイム	658	678	691	752	744	798	815	852	879
平均給与	4,330	4,498	4,793	5,395	5,117	5,400	5,594	5,738	5,654
民間部門・フルタイム	12,183	12,404	12,327	11,970	11,689	11,873	11,966	11,908	12,057
平均給与	8,036	8,473	8,768	9,165	9,184	9,227	9,385	9,504	9,574
民間部門・パートタイム	1,607	1,624	1,728	1,951	2,135	2,295	2,407	2,549	2,690
平均給与	3,255	3,499	3,788	3,821	3,729	3,800	3,859	3,966	4,093
フルタイム平均給与	8,079	8,489	8,857	9,304	9,320	9,405	9,581	9,692	9,821
生産労働者平均給与	6,158	6,519	6,850	6,988	6,926	7,123	7,087	7,280	7,357
上級管理職平均給与	16,779	17,723	17,793	17,799	18,181	17,988	18,387	18,568	18,529
比率	2.72	2.72	2.60	2.55	2.63	2.53	2.59	2.55	2.52
賃金労働者全体									
P0-10	1,991	2,163	2,161	2,206	2,186	2,212	2,253	2,214	2,262
P10	3,252	3,500	3,500	3,450	3,272	3,300	3,369	3,300	3,352
P25	4,965	5,200	5,400	5,500	5,500	5,525	5,600	5,630	5,742
P50	6,500	6,844	7,042	7,399	7,467	7,500	7,583	7,626	7,800
P75	8,667	9,200	9,500	10,000	10,000	10,009	10,263	10,413	10,534
P90	12,000	12,944	13,000	13,548	13,798	14,000	14,083	14,183	14,500
P90-100	19,029	19,424	20,782	22,029	21,218	20,903	21,269	21,311	21,251
P95	15,600	16,250	16,663	17,232	17,333	17,333	17,833	18,000	18,000
P95-100	24,244	24,616	26,802	28,950	27,090	25,784	26,974	27,131	26,379
P99	25,744	27,083	28,125	28,708	28,750	28,259	30,000	30,000	29,754
P99-100	44,731	42,303	51,636	60,038	51,322	45,146	48,282	47,654	43,688
%P0-10	2.64	2.73	2.62	2.57	2.57	2.58	2.59	2.53	2.56
%P90-100	25.27	24.55	25.22	25.67	24.92	24.41	24.45	24.32	24.05
%P95-100	16.10	15.56	16.26	16.87	15.91	15.05	15.50	15.48	14.93
%P99-100	5.94	5.35	6.27	7.00	6.03	5.27	5.55	5.44	4.94
P90/P10	3.69	3.70	3.71	3.93	4.22	4.24	4.18	4.30	4.33

表 D-17（続き）

フルタイム賃金労働者									
P0-10	3,372	3,649	3,766	3,831	3,810	4,057	4,063	4,198	4,316
P10	4,400	4,675	4,875	5,000	5,000	5,125	5,200	5,300	5,467
P25	5,391	5,683	5,958	6,100	6,175	6,300	6,392	6,500	6,500
P50	6,833	7,200	7,500	7,875	8,000	8,017	8,125	8,300	8,491
P75	9,000	9,583	9,982	10,383	10,500	10,833	10,833	11,000	11,131
P90	12,667	13,292	13,862	14,083	14,350	14,713	15,000	15,137	15,167
P90-100	19,666	20,211	21,458	22,528	22,413	21,799	22,929	22,448	22,619
P95	16,250	17,000	17,333	18,000	18,083	18,417	19,000	19,095	19,333
P95-100	25,376	25,596	27,314	30,130	28,787	27,454	28,757	28,162	27,884
P99	27,000	27,973	29,000	30,000	30,000	30,000	31,000	30,766	30,333
P99-100	46,497	44,174	52,213	63,740	57,796	48,981	50,331	47,389	45,705
%P0-10	4.17	4.30	4.25	4.12	4.09	4.31	4.24	4.33	4.39
%P90-100	24.34	23.81	24.23	24.21	24.05	23.18	23.93	23.16	23.03
%P95-100	15.70	15.08	15.42	16.19	15.44	14.60	15.01	14.53	14.20
%P99-100	5.76	5.20	5.90	6.85	6.20	5.21	5.25	4.89	4.65
P90/P10	2.88	2.84	2.84	2.82	2.87	2.87	2.88	2.86	2.77
民間部門フルタイム賃金労働者									
P0-10	3,207	3,386	3,619	3,751	3,720	3,776	3,720	4,020	4,062
P10	4,236	4,500	4,708	4,900	4,900	5,000	5,000	5,173	5,300
P25	5,167	5,500	5,717	5,958	5,958	6,000	6,025	6,200	6,317
P50	6,583	7,000	7,258	7,583	7,593	7,692	7,800	8,000	8,017
P75	8,897	9,425	9,750	10,182	10,292	10,500	10,583	10,833	10,833
P90	13,000	13,833	14,083	14,625	14,833	15,000	15,000	15,167	15,167
P90-100	20,938	21,207	21,857	23,279	23,093	22,772	23,362	23,279	23,022
P95	16,875	17,682	18,000	18,988	18,798	19,046	19,500	19,973	19,667
P95-100	26,600	26,979	28,190	30,031	29,779	28,528	29,728	29,156	28,592
P99	28,072	29,748	30,000	30,653	30,333	30,333	32,500	32,500	31,500
P99-100	49,978	47,761	52,505	57,823	55,684	48,114	52,598	50,383	47,645
%P0-10	3.99	4.00	4.13	4.09	4.05	4.09	3.96	4.23	4.24
%P90-100	26.06	25.03	24.93	25.40	25.14	24.68	24.89	24.49	24.05
%P95-100	16.55	15.92	16.08	16.38	16.21	15.46	15.84	15.34	14.93
%P99-100	6.22	5.64	5.99	6.31	6.06	5.21	5.60	5.30	4.98
P90/P10	3.07	3.07	2.99	2.98	3.03	3.00	3.00	2.93	2.86

解説：1998年における、賃金労働者1972万6000人の平均給与は8836フラン、公共部門でフルタイムで働く賃金労働者410万人の平均給与は1万548フラン、公共部門でパートタイムで働く賃金労働者87万9000人の平均給与は5654フラン。民間部門でフルタイムで働く賃金労働者の中で、分位P0-10の平均給与は（月額で）4062フラン、閾値P10は5300フラン。また給与所得全体に占める分位P0-10の割合は4.24%。

情報源：1990-1998年の「雇用調査」資料に基づき作成された表（資料の提供はLASMAS〔二次分析および社会学適用方法研究所〕による)。給与に関して、本書は変数「salred」を使用した（これは無回答や区分ごとの給与を計算に入れる目的で、INSEEが純月給を計算しなおすための変数である。賞与と特別手当も含まれ、すべての変数が与えられた場合、salred＝給与〔フラン〕＋手当〔フラン〕／12となる)。表はまずすべての賃金労働者を対象範囲として作成され（ただしsalred＞＝999999のみ除外する)、その後フルタイムで働く賃金労働者のみを対象範囲とし（salred＜999999 、tp ＝ 1)、さらに民間部門の賃金労働者のみを対象範囲としている（salred＜999999 、tp ＝1&statut＝ 41)。職業別社会階層ごとの平均給与は変数 dcstot（dcstot ＝ 3または6）を用いて算出した。

注記：本表に示されている給与は純月給である（他の表ではすべて、給与は純年給である)。

付録E

長期にわたる生産労働者給与と平均給与に関する均質データの推計（1900-1998年）

本付録では、長期（1900-1998年）にわたる生産労働者の平均給与と（すべての賃金労働者の）平均給与に関して年ごとの均質なデータを作成する際に、本書が利用した情報源と方法を記述する。平均給与に関するデータは、給与所得全体に占める高給与所得者の各分位の割合の変化を推計するのにとくに役立った（付録Dを参照）。本付録では、まず生産労働者給与について（第1節）、次に、各職業別社会階層間の給与の差について論じる（第2節）。続いて、（すべての賃金労働者の）平均給与に関するデータを作成した方法を述べ（第3節）、最後に公務員給与に関するデータを紹介する（第4節）。

1　生産労働者給与（1900-1998年）

1.1　利用可能なデータ

INSEE（国立統計経済研究所）が雇用主による給与申告（DADS〔社会保障年次報告〕）を処理し、各職業別社会階層の平均給与、とくに生産労働者の平均給与に関して信頼のおけるデータを提供するようになったのは、1947-1950年以降になってからだった。第二次世界大戦以前に給与に関して定期的に実施されていた統計は、生産労働者のさまざまな職種（大工、石切り工、単純労働者、仕上げ工、など）の平均給与についての統計のみであった。これらの平均給与は、SGF（フランス総合統計局）が労働審判所のもとで、パリ地方、県庁所在地および労働審判所が所在する都市において行なった調査によって推計できた。[1] このデータは、任意の特殊な分野（「パリ地方の冶金業」、炭鉱業など）における生産労働者の給与の割合について多少なりとも定期的に集められた非常に多くのデータとともに、長期間を対象とした給与研究のほとんどにおいて基礎的資料として使用されている。たとえばフラスティエは、きわめて長期にわたる「地方の単純労働者給与」に関するデータを作成するために「労働審判所による単純労働者データ」を利用し、（他のさまざまな情報源にあたることによって）それを過去にも適用した。そして、購買力の増大を推定するための基準点として彼の役に立ったのもこのデータだった。[2] フラスティエが自分の目的は生産労働者の平均給与データを

1　1806年にまでさかのぼるこの種の未加工データの大部分は、INSEEが1966年に発行した統計年鑑の中に再録されている（『AR1966』（INSEE、1966年）、p.422以降を参照）。

手に入れることではなく（ましてや、全体の平均給与や平均所得を入手することでもなく）、最低収入者に数えられる生産労働者の特定カテゴリーの実質給与の推移を観察することであると明言している点に注目しよう。

実際、これらの未加工データから「生産労働者の平均給与」のデータを得るためには、長く綿密な作業が必要である。なぜなら、平均給与が知られている各職種に対応する生産労働者数は不明であることが多く、そのため、未加工データから「生産労働者平均給与」データを導き出すために必要な加重値を正確に決めることはむずかしいからである。未加工データの加重値の問題は、各生産労働者の給与間の格差がしばしば著しく（各職種間、男女間、パリと地方との間など）、また各データの時間的推移が（少なくとも短期間においては）非常に異なるだけにいっそう重要である。

これらの未加工データに基づいて行なわれた数多くの研究の中でも、クチンスキーの研究は最も深く掘り下げられたもののうちに数えられる。戦後、東ベルリンのフンボルト大学で経済史の教授だったユルゲン・クチンスキーは、1960年から1972年にかけて並外れた大著『資本主義下の労働者の状態史』を全38巻で出版した（そのうちの三つの巻〔第32、33、34巻〕はフランスについて書かれている）。この中でクチンスキーは、19世紀初頭以降の西洋の主要国すべてにおける生産労働者平均給与を、均質化した年ごとのデータで提示している（クチンスキー〔1960-1972年〕を参照）。クチンスキーは各国において収集、公表された未加工データに基づいて、これらのデータを作成した（フランスについては、上記の未加工データに加え、ダヴネル、シミアン、ルヴァスールといったさらに古い研究も利用している）。

その後、とくにロム（1968年）そしてバイエ（1997年）など多くの研究者がクチンスキーのデータを取り上げ、利用可能なさまざまな未加工データと照合し、クチンスキーのデータがきわめて信頼できるものであると結論づけた。

たとえば、ロム（1968年）は自身の論文「100年間（1840-1940年）を通して見たフランスの生産労働者の購買力」の中で、生産労働者の平均給与（フルタイム労働での名目純年給）に関するクチンスキーのデータをそのまま転載した。これは、1913年の数値を100として表わした、1840-1913年および1919-1938年の数値に関するデータである。名目賃金を実質賃金に換算するためにロム（1968年）は、クチンスキーが算出した1840-1913年および1919-1938年における生活費のデータを用いている。これはSGFのデータと非常に近いものであるが、本書では使用しなかった。また、ロム（1968年）はクチンスキーのデータと戦後のデータをつなぎ合わせようとはしていない（彼の研究は1938年で終わっている）。ロムが転載したデータはその後何度も再掲載されて、何度も使用されるこ

2　第1章第5節で示したフラスティエの著作の出典を参照。

とになった（たとえばボワイエ〔1978年〕を参照）。

バイエ（1997年）は、1820-1995年の期間全体について（1915-1918年および1939-1945年を除く）、「生産労働者の平均給与」の年ごとのデータを作成するために、クチンスキーのデータを用いている（マルシャン＆テロ〔1997年〕の第8章にはバイエ〔1997年〕のデータの一部が転載されている）。ここで扱われているのは、フルタイムで働く工場労働者の平均純年給に関するデータである（バイエはまた、平均労働時間、生産労働者の平均時間給、〔社会保険負担分を考慮に入れた〕時間あたりの平均労働費用の変遷も推計しているが、本書ではこれを使用しなかった）。バイエは1950-1995年の期間に関してはDADSによる生産労働者平均給与を利用してデータを作成した（職業別社会階層の新たな分類法への移行、とくに生産労働者階層から「職長」と「見習い」の項目が排除されたことを考慮し、バイエは1950-1983年のDADSによる推定値を修正した）。そして、1820-1950年の期間に関してはクチンスキーの指数を利用してさかのぼった。バイエはまた、このようにして得られた名目年給と、19世紀に行なわれた大規模な産業調査の際に得られた名目年給とを比較し、自身が得たデータはこれらのほかの情報源とまったく矛盾していないと結論づけた。

1.2　本書が取り上げるデータ

本書においては、おもにバイエのデータに基づいた数値を利用しているが、両大戦期（バイエは賢明にもこれらの時期は空欄のままにした）についてはクチンスキーの指数を用い、近年についてはDADSと雇用調査のデータを用い、それぞれ補間している。利用した情報源の出典と得られた結果は表E-1に示した。ここでは以下の点を明確にしておくにとどめる。

まず表E-1は、バイエのデータ（列(1)）とクチンスキーのデータ（列(2)）が、戦前の時期にはたしかに対応していたことを示している。1900年から1929年まで、バイエのデータ（名目フランによる年給で表示）とクチンスキーのデータ（1900年の値を100とした指数で表示）の間の比率（列(3)）は常に11.63から11.64となっている（ただし1914年は除く。この年に関してのみ、バイエはクチンスキーの指数をわずかに低く修正した。ヴィラも同様の処理をしている。後出参照）。1930-1931年から1938年まで、比率は11.17になっているが、これは、時間給指数からフルタイムでの年給指数への移行をクチンスキーとは若干異なる方法でバイエが処理したためである。最後に、表E-1の列(3)は、1938-1947年に関して、バイエがおもにクチンスキーの指数に基づいてデータをつなぎ合わせたことを示している。その比率は1938年には11.17、1947年には11.04である（およそ1%の差）。反対に、バイエとクチンスキーのデータにおいて（構成上は）1947年／1938年の推移がだいたいにおいて（1%の誤差で）同じであるとすれば、

1947年から1950年代の初めにかけてDADSにおいて観察される（かつバイエに取り上げられた）推移を、クチンスキーはおよそ15-20%低く推計している点に注目すべきである（比率は、1947年の11.04から1952年の12.92に推移している）。1947年以降（その水準についても推移についても）DADSの資料はまちがいなく最も信頼できるものであり、クチンスキーは、戦争直後の動乱の時期における給与のプラス推移をわずかに過小評価しようとしていたのではないかと疑うことができる。[3]

表 E-1：長期にわたる生産労働者平均給与（1900-1998 年）

	(1) バイエ	(2) クチンスキー	(3) (=(1)/(2))	(4) ヴィラ	(5) 「雇用調査」	(6) (*)	(7) (*) 1998 年フラン
1900	1,163	100	11.63	100		1,163	23,383
1901	1,152	99	11.64	99		1,152	23,046
1902	1,128	97	11.63	97		1,128	22,817
1903	1,152	99	11.64	99		1,152	23,420
1904	1,152	99	11.64	99		1,152	23,752
1905	1,152	99	11.64	99		1,152	23,776
1906	1,210	104	11.63	104		1,210	24,653
1907	1,221	105	11.63	105		1,221	24,533
1908	1,256	108	11.63	108		1,256	24,669
1909	1,268	109	11.63	109		1,268	24,955
1910	1,291	111	11.63	111		1,291	24,643
1911	1,315	113	11.64	113		1,315	22,840
1912	1,326	114	11.63	114		1,326	23,288
1913	1,338	115	11.63	115		1,338	22,726
1914	1,353	117	11.56	116		1,353	22,980
1915		123		128		1,422	20,353
1916		138		140		1,596	20,388
1917		177		158		2,047	21,828
1918		219		216		2,533	20,823
1919	3,269	281	11.63	281		3,269	21,503
1920	4,420	380	11.63	380		4,420	21,160
1921	4,735	407	11.63	407		4,735	25,877
1922	4,455	383	11.63	383		4,455	25,335
1923	4,653	400	11.63	400		4,653	23,839
1924	5,433	467	11.63	467		5,433	24,438
1925	5,840	502	11.63	502		5,840	24,481
1926	7,003	602	11.63	602		7,003	22,565
1927	7,061	607	11.63	607		7,061	21,793

3　DADSのデータおよび他の利用可能なデータと比較すると、クチンスキーは、1947年（マーシャル・プランが発表され政府から共産主義者が離脱しはじめた年）とその後数年における給与のプラス推移を低く推計しようとし、逆に、1945-1946年以来の給与引き上げを実際より高く推計しようとしているように思われる（後出参照）。このわずかな偏りは、ユルゲン・クチンスキーが戦後東ベルリンで活動していたこと、そして当時彼が個人的に、給与の実質上昇率についての政治的論争に参加していたことを考慮すれば理解できる。このころ、労働総同盟が定期的に発表するインフレ率は、政府が発表するものとも、ジャン・フラスティエが発表した購買力推移に関する非常に肯定的な推定値とも、常に異なっていた（クチンスキー〔1960-1972年、第33巻、p.283、p.286〕を参照）。しかし、当時の統計には明らかに不確かな部分があったことを考えると、これらの論争の重要性は限られており、戦前の数年に関してクチンスキーが行なった研究の真摯さや客観性を問題視しなければならないというわけではない。

表E-1（続き）

1928	7,457	641	11.63	641		7,457	23,061
1929	8,317	715	11.63	715		8,317	24,219
1930	8,664	760	11.40	760		8,664	25,029
1931	8,286	742	11.17	742		8,286	24,909
1932	7,706	690	11.17	690		7,706	25,428
1933	7,828	701	11.17	701		7,828	26,685
1934	7,650	685	11.17	685		7,650	27,221
1935	7,538	675	11.17	675		7,538	29,251
1936	8,588	765	11.23	765		8,588	31,058
1937	10,017	897	11.17	897		10,017	28,796
1938	10,520	942	11.17	942		10,520	26,622
1939		985		950		11,000	26,113
1940		878		968		9,800	19,616
1941		1,092		1,095		12,200	20,818
1942		1,442		1,255		16,100	22,875
1943		1,764		1,387		19,700	22,537
1944		2,839		2,425		28,531	26,687
1945		4,952		4,187		49,771	31,413
1946	61,900	7,029	8.81	5,662		70,651	29,222
1947	96,900	8,775	11.04	8,859		96,900	26,826
1948	155,900	13,342	11.68	14,254		155,900	27,230
1949	179,200	14,390	12.45	16,385		179,200	27,650
1950	192,000	15,545	12.35	17,554		192,000	26,932
1951	252,300	19,718	12.80	21,688		252,300	30,430
1952	293,700	22,736	12.92	26,285		293,700	31,656
1953	300,800					300,800	32,982
1954	340,000					340,000	37,132
1955	379,500					379,500	41,076
1956	422,200					422,200	43,856
1957	462,300					462,300	46,623
1958	513,100					513,100	44,957
1959	540,400					540,400	44,627
1960	5,926					5,926	47,192
1961	6,307					6,307	48,621
1962	6,916					6,916	50,923
1963	7,577					7,577	53,234
1964	8,089					8,089	54,963
1965	8,484					8,484	56,241
1966	8,978					8,978	57,951
1967	9,392					9,392	59,087
1968	10,279					10,279	61,823
1969	11,492					11,492	64,900
1970	12,571					12,571	67,485
1971	13,864					13,864	70,546
1972	15,462					15,462	74,084
1973	17,421					17,421	77,792
1974	20,411					20,411	80,161
1975	23,214					23,214	81,547
1976	26,919					26,919	86,279
1977	29,704					29,704	87,025
1978	33,641					33,641	90,339
1979	36,332					36,332	88,055
1980	41,431					41,431	88,392
1981	46,858					46,858	88,157
1982	53,269					53,269	89,641
1983	58,913					58,913	90,455
1984	63,096					63,096	90,202
1985	67,833					67,833	91,658
1986	71,005					71,005	93,422

表E-1（続き）

1987	72,087					72,087	91,994
1988	73,829					73,829	91,740
1989	76,418					76,418	91,569
1990	80,168				1.08	80,168	92,904
1991	82,810				1.06	82,810	92,990
1992	84,499				1.03	84,499	92,662
1993	88,129				1.05	88,129	94,748
1994	88,925				1.07	88,925	94,006
1995	90,730				1.06	90,730	94,311
1996	91,710				1.08	91,710	93,460
1997						93,475	94,130
1998						94,464	94,464

解説：本書で採用した数値（列(6)、列(7)）によると、1900年における工場労働者の平均純年給は1163フランであり、1998年フランに換算すると2万3383フランになる。

情報源：

(1)：バイエが発表した、名目フランによる生産労働者平均給与（フルタイム労働での名目純年給）のデータ（バイエ〔1997年、p.25-28（「名目賃金」データ）〕を参照)、（1993-1996年に関してはフリエと&ジュレース〔1998年、p.50〕により補完されたデータを参照)。

(2)：クチンスキーが発表した、1900年の数値を100とした指数による生産労働者平均給与（フルタイム労働での名目純年給）のデータを参照（1900-1914年のデータに関してはクチンスキー〔1960-1972年、第33巻、p.152〕を参照〔1900年の数値を100として表わした「平均給与」データ〕。1914-1918年のデータに関してはクチンスキー〔1960-1972年、第33巻、p.156〕を参照〔1900年の数値を100として表わした「産業と農業における給与」データ〕参照。1918-1939年のデータに関してはクチンスキー〔1960-1972年、第33巻、p.201〕を参照〔1900年の数値を100として表わした「産業と農業における給与」データ〕。1939-1952年のデータに関してはクチンスキー〔1960-1972年、第33巻、p.284〕を参照〔1937年の数値を100として表わした「名目純給与」データ。本書ではこのデータを、1939年の数値を985として換算した〕）（1900年の数値を100として表わしたクチンスキーのデータは、ロム〔1968年、p.46（1840-1913年）およびp.52（1919-1938年）（純給与データ)〕にも転載されている)。

(3)：バイエのデータとクチンスキーのデータとの比率（(3)＝(1)／(2))。

(4)：ヴィラ（1994年、p.152）が発表した、1900年の数値を100として表わしたWHデータ（「クチンスキーのデータ」）（ヴィラのオリジナルのデータは1938年の数値を1として表わしている)。

(5)：列(1)と、1990-1996年の「雇用調査」に基づく生産労働者の平均給与（付録D表D-17を参照）との比率。

(6)：本書で使用する、名目フランによる生産労働者の平均給与（フルタイム労働での名目純給与）のデータ（1900-1914年、1919-1938年および1947-1996年に関しては列(5)＝列(1)。1915-1918年および1939-1946年に関しては、1914年〔および1938年〕の数値をもとに、クチンスキーの指数〔列(2)〕を適用することにより1915-1918年のデータが補完された〔1939-1946年に関しては、1944-1946年についてのクチンスキーの指数を10%減少させた〕。1997-1998年に関しては、当該年の「雇用調査」に基づく生産労働者の平均給与〔付録D表D-17を参照〕の数値を7%引き上げてデータを補完した)。

(7)：本書で使用する、1998年フランによる生産労働者の平均給与（フルタイム労働での純年給）のデータ（(7)＝(6)×表F-1の列(7)〔付録F〕)。

一方、表E-1は、ヴィラ（1994年）によって発表され、1900年の数値を100として表わしたヴィラ自身「クチンスキーのデータ」と述べる生産労働者給与指数とクチンスキーの指数が、1900-1913年および1919-1938年に関しては一桁の位まで一致していることを示している（列(4)を参照)。1914-1918年に関しては、（1919年／1913年の推移指数はまったく同じであるにもかかわらず）ヴィラはクチンスキーの未加工データにわずかな修正を加えている。また、とりわけ、1939-1946年に関しては、クチンスキーの指数に修正を加えた。1947年／1938年の推移はだいたい同じ数値であるが（1947年の指数はクチンスキーが8775、ヴィラが8859。その差は1%未満である)、1945-1946年においてクチンスキーの指数はヴィラの指数よりも明らかに高く（およそ15-20%)、1946年と1947年の間のプラス推移も少なく推計されている。1939-1948年の混乱、とくに1945-1948年の非常に強いインフレを考慮すれば、この期間における生産労働者平均給与の年ごとの推移を確実に測定できると主張することに意味がないのは明らかだ。しかし、労働審判所の未加工データを調査すると、パリと地方との間で、または独身生産労働者と一家を養っている生産労働者との間などで、観察される推移率に重大な不均衡が存在することがわかるとしても、[4] 1939-1946年に関してのクチンスキーの指数はヴィラの採用した指数よりも信頼できるようである。とりわけ、ヴィラの指数から得られる1943年／1938年および1946年／1938年の上昇は弱すぎるようであり、その結果、1942-1943年および1946年における所得税のための申告所得と生産労働者給与との比率が高く計算されている疑いがある。逆にクチンスキーは、1944年、1945年、1946年の生産労働者給与の上昇をわずかに高く推計しているようだ。1947年以降に関しては、ヴィラは、DADSまたは労働省調査に基づく「公的」指数に非常に近い指数を用いており、その結果、ヴィラが示す1952年／1947年の推移は（バイエが示す推移と同様に)、クチンスキーが示すものよりおよそ15-20%高くなっている（前出参照)。

したがって、本書で用いる生産労働者平均給与（名目フランで表わした、フルタイム労働での名目純給与）（表E-1の列(6)）のデータを作成するにあたって、私たちは以下の方法を用いた。1900-1914年、1919-1938年および1947-1996年に関しては、バイエの数値を採用した。1915-1918年に関しては、1914年の数値をもとに、クチンスキーの推移指数を適用することによって補完した。1939-1946年に関しては、1938年の数値をもとに、クチンスキーの推移指数を適用することにより補完したが、1944-1946年についてのみ、クチンスキーの指数を

4　INSEEが1966年に発表したデータによると（『AR1966』〔INSEE、1966年〕、p.422以降を参照)、戦争末期の生産労働者給与の推移は、地方よりパリにおけるほうが、また家族手当やほかの家族補助金が大きく増加したことを考えると一家の父親より独身者についてのほうが、明らかに不利だったようだ。

10%減少して適用した。これは、戦後の生産労働者給与の推移をクチンスキーがやや高く推計したことを考慮に入れたためである（前出参照）[5]。最後に、1997-1998年に関しては、1997年3月および1998年3月の「雇用調査」に基づいた推計を利用することでこのデータを完成させた（付録D表D-17を参照）。列(5)は、1990-1996年に関して、「雇用調査」に基づく生産労働者平均給与は常におよそ6-8%低く推計されていることを示している（これはとくに、調査対象者の自己申告による給与に基づく「雇用調査」の推計が、賞与、特別手当、補助報酬等を完全には考慮に入れていないことが原因である）。したがって私たちは、「雇用調査」に基づく月給を12倍し、それを7%上方修正した数値を採用した。以上のようにして入手したデータは、1900-1998年のすべての年を対象としている。名目フランで表わされたこのデータ（列(6)）は、表F-1（付録F）の列(7)にある換算率を利用することで、1998年フランに換算できる（列(7)）。最後に明確にしておくと、こうして入手したデータは工場労働者のみにかかわるものである。クチンスキーの指数のいくつかは農業労働者を考慮に入れているが、全体をまとめるために利用した1947-1995年の水準はDADSの生産労働者の水準であり、したがって農業労働者は除外している。

2　職業別社会階層ごとの平均給与（1947年および1950-1998年）

表E-2は、1947-1950年以降における、とくに二つの職業別社会階層（生産労働者と上級管理職）の平均給与の推移、および全体の平均給与の推移を示している。利用する情報源の出典については表E-2で述べているので、ここでは以下の点を指摘するにとどめる。全体としては、バイエ＆ジュレース（1996年、p.56）およびフリエ＆ジュレース（1998年、p.50）が発表した、DADSに基づくデータを転載した（1950-1975年に関しては、バイエ、フリエ、ジュレースのデ

5　この方法で私たちはおよそ37%という1947年／1946年の推移率を得た。これは労働省発表の推移指数（38%）にほぼ合致している（『AR1966』〔INSEE、1966年〕、p.428を参照）。それに対し、クチンスキーの指数はおよそ25%と低すぎる推移に、バイエのデータはおよそ57%と高すぎる推移になっているようだ。こうして得た推定値はまた、シェリニ（1998年、表28、p.60）がソーヴィの国民所得データおよび給与に関する財務省の記録文書に基づき作成した第二次世界大戦中の給与所得全体の推定値に非常に近いものとなっている（シェリニは、残念ながら、自身の用いた推計方法について詳細をまったく述べていない）。シェリニが推計した名目フランによる給与所得全体は、1938年の数値を100とすると、1942年には147、1943年には163、1944年には271、1945年には467、1946年には717である。本書が採用した生産労働者給与のデータは、1938年の数値を100とすると、1942年には153、1943年には187、1944年には271、1945年には473、1946年には672である。したがって、両者のデータはきわめて近いものであり、またシェリニのデータは、ヴィラのデータ（1938年の数値を100とすると、1943年には147、1946年には601）が1943年／1938年および1946年／1938年の上昇について低く推計していることを証明しているように見える。

ータはボードゥロ＆ルボーパン〔1979年a、1979年b〕の研究に基づいている)。しかし、これらのデータは、1950年に関してはわずかな修正を要し、また1997-1998年の数値については補間する必要がある。

表 E-2：職業別社会階層ごとの平均給与（1947 年および 1950-1998 年）

	(1) バイエ	(2) バイエ＆ジュレース＆フリエ	(3) (2)／(1)	(4) 平均給与	(5) 「雇用調査」1990-1996 年	(6) 上級管理職	(7) 「雇用調査」1990-1996 年	(8) 上級管理職 (*)	(9) (8)／(1)	(10) 平均給与 (*)	(11) (10)／(1)
1947	96,900									112,223	1.16
1950	192,000	236,900	1.23	272,800		788,600				232,624	1.21
1951	252,300	258,000	1.02	315,100		1,005,000		1,005,000	3.98	315,100	1.25
1952	293,700	300,300	1.02	371,500		1,213,300		1,213,300	4.13	371,500	1.26
1953	300,800	307,600	1.02	380,500		1,261,500		1,261,500	4.19	380,500	1.26
1954	340,000	347,700	1.02	415,800		1,423,500		1,423,500	4.19	415,800	1.22
1955	379,500	388,100	1.02	459,400		1,674,000		1,674,000	4.41	459,400	1.21
1956	422,200	431,700	1.02	507,800		1,819,600		1,819,600	4.31	507,800	1.20
1957	462,300	472,800	1.02	561,000		2,037,100		2,037,100	4.41	561,000	1.21
1958	513,100	524,700	1.02	624,600		2,221,100		2,221,100	4.33	624,600	1.22
1959	540,400	552,600	1.02	664,500		2,480,100		2,480,100	4.59	664,500	1.23
1960	5,926	6,060	1.02	7,310		26,393		26,393	4.45	7,310	1.23
1961	6,307	6,450	1.02	7,894		28,689		28,689	4.55	7,894	1.25
1962	6,916	7,072	1.02	8,663		30,488		30,488	4.41	8,663	1.25
1963	7,577	7,748	1.02	9,526		32,786		32,786	4.33	9,526	1.26
1964	8,089	8,272	1.02	10,137		36,366		36,366	4.50	10,137	1.25
1965	8,484	8,676	1.02	10,743		38,736		38,736	4.57	10,743	1.27
1966	8,978	9,181	1.02	11,422		40,606		40,606	4.52	11,422	1.27
1967	9,392	9,604	1.02	12,030		43,713		43,713	4.65	12,030	1.28
1968	10,279	10,511	1.02	13,245		46,410		46,410	4.52	13,245	1.29
1969	11,492	11,752	1.02	14,669		49,500		49,500	4.31	14,669	1.28
1970	12,571	12,855	1.02	16,046		54,559		54,559	4.34	16,046	1.28
1971	13,864	14,177	1.02	17,788		60,263		60,263	4.35	17,788	1.28
1972	15,462	15,811	1.02	19,580		65,771		65,771	4.25	19,580	1.27
1973	17,421	17,815	1.02	21,951		71,241		71,241	4.09	21,951	1.26
1974	20,411	20,872	1.02	25,742		82,185		82,185	4.03	25,742	1.26
1975	23,214	23,739	1.02	29,482		88,900		88,900	3.83	29,482	1.27
1976	26,919	26,816	1.00	34,141		99,321		99,321	3.69	34,141	1.27
1977	29,704	29,529	0.99	37,659		106,746		106,746	3.59	37,659	1.27
1978	33,641	33,469	0.99	42,647		114,548		114,548	3.41	42,647	1.27
1979	36,332	36,201	1.00	46,312		123,537		123,537	3.40	46,312	1.27
1980	41,431	41,237	1.00	52,724		136,279		136,279	3.29	52,724	1.27
1981	46,858	46,582	0.99	59,665		149,884		149,884	3.20	59,665	1.27
1982	53,269	52,888	0.99	67,870		165,504		165,504	3.11	67,870	1.27
1983	58,913	58,724	1.00	75,039				170,639	2.90	75,039	1.27
1984	63,096	63,096	1.00	80,390		175,773		175,773	2.79	80,390	1.27
1985	67,833	67,833	1.00	86,110		182,183		182,183	2.69	86,110	1.27
1986	71,005	71,005	1.00	90,715		189,363		189,363	2.67	90,715	1.28
1987	72,087	72,087	1.00	93,201		202,671		202,671	2.81	93,201	1.29
1988	73,829	73,829	1.00	95,911		207,455		207,455	2.81	95,911	1.30
1989	76,418	76,418	1.00	100,163		214,843		214,843	2.81	100,163	1.31
1990	80,168	80,168	1.00	105,381	1.09	223,494	1.11	223,494	2.79	105,381	1.31
1991	82,810	82,810	1.00	109,140	1.07	229,122	1.08	229,122	2.77	109,140	1.32
1992	84,499	84,499	1.00	111,982	1.06	230,624	1.08	230,624	2.73	111,982	1.33
1993	88,129	88,129	1.00	114,837	1.04	221,871	1.04	221,871	2.52	114,837	1.30
1994	88,925	88,925	1.00	117,649	1.07	231,832	1.06	231,832	2.61	117,649	1.32
1995	90,730	90,730	1.00	120,012	1.08	235,126	1.09	235,126	2.59	120,012	1.32
1996	91,710	91,710	1.00	120,876	1.07	232,540	1.05	232,540	2.54	120,876	1.32
1997	93,475							238,413	2.55	122,031	1.31

表E-2（続き）

1998	94,464							237,912	2.52	122,930	1.30

情報源：

(1)：本書で採用した名目フランによる生産労働者の平均給与（フルタイム労働での純年給）のデータ（(1)＝表E-1の列(6)）。

(2)：バイエ＆ジュレース（1996年、p.56）が発表した、名目フランによる生産労働者の平均給与（フルタイム労働での純年給）のデータ（1993-1996年のデータについてはフリエ＆ジュレース〔1998年、p.50〕により補完したデータ）。

(3)＝(2)／(1)。

(4)：バイエ＆ジュレース（1996年、p.35）が発表した、名目フランによる（DADSの対象となるすべての賃金労働者の）平均給与（フルタイム労働での純年給）のデータ（1993-1996年のデータについてはフリエ＆ジュレース〔1998年、p.50〕により補完したデータ）。

(5)：列(4)と、1990-1996年の「雇用調査」に基づく（民間部門のフルタイム労働者の）平均給与（付録D表D-17〔純月給〕を参照）との比率。

(6)：バイエ＆ジュレース（1996年、p.56）が発表した、名目フランによる上級管理職の平均給与（フルタイム労働での純年給）のデータ（1993-1996年のデータについてはフリエ＆ジュレース〔1998年、p.50〕により補間したデータ）（1950-1982年に関しては、1954年に制定された分類項目である職業別社会階層「上級管理職」が対象。1984-1998年に関しては、1982年に制定された分類項目である職業別社会階層「管理職および上級知的職業」が対象。1983年については、1982年と1984年の数値の平均を出してデータを補間した）。

(7)：列(6)と、1990-1996年の「雇用調査」に基づく「管理職および上級知的職業」の平均給与（付録D表D-17〔純月給〕を参照）との比率。

(8)：本書で採用した上級管理職の平均給与データ（1951-1996年に関しては(8)＝(6)。1997年と1998年に関しては、1997-1998年の「雇用調査」に基づく「管理職および上級知的職業」の平均給与〔付録D表D-17（純月給）を参照〕を7%引き上げデータを補間した）。

(9)：本書で採用した上級管理職の平均給与と生産労働者の平均給与のデータの比率（(9)＝(8)／(1)）。

(10)：本書で採用した平均給与（フルタイム労働での名目純年給）データ（1951-1996年に関しては(10)＝(4)。1947年と1950年に関しては数値に修正を加えている〔本文参照〕。1997年と1998年に関しては、1997-1998年の「雇用調査」に基づく平均給与〔フルタイム労働での民間部門給与〕を7%引き上げデータを補間した〔付録Dの表D-17を参照〕）。

(11)＝(10)／(1)。

表E-2の列(3)は、1951-1975年において、ボードゥロ、ルボーパン、バイエ、ジュレース、フリエの生産労働者平均給与についてのデータは、バイエの生産労働者給与の長期にわたるデータと比べて常に2.3%高いことを示している。バイエは「職長」を対象範囲から除外したので、このことは当然の帰結である（この点を修正すれば、1982年に制定された労働者分類との一貫性が保たれることになる。私たちが労働者給与に関してバイエのデータを採用したのはこのためだ）。しかし1950年に関しては、DADSのデータはバイエのデータと比べて23%高い。

この不一致は、ボードゥロ＆ルボーパンによる1950年の数値の取り扱いにちょっとした誤りがあったことによる。このため、ここでも私たちはバイエによる生産労働者給与のデータを用いた。[1] 同じ理由で、ボードゥロ＆ルボーパンによる1950年の（すべての賃金労働者の）平均給与にも修正を加えた。また1947年に関して、当時発表された給与申告の処理結果から得た、（すべての賃金労働者の）平均給与の推計も付け加えた。これらの推計から、（平均給与）／（生産労働者給与）の比率について、1950年の1.21に対して、1947年の1.16という数値を得た（表E-2の列(11)を参照)。1947年の比率はわずかに低く推計されており、本来の比率は1950年の比率にじつは非常に近い可能性もある（すなわち1.16より1.19-1.20に近い比率かもしれない)。1947年に関してバイエが採用した（そして、本書が転載している）生産労働者給与は、おそらくわずかに高く（最大で3-4%）推定されているのだろう。

上級管理職に関しては、1951-1996年について本書はボードゥロ、ルボーパン、バイエ、ジュレース、フリエの数値を採用し、また1947年と1950年については数値を示すことを断念した。実際、DADSが「上級管理職」というカテゴリーを使用したのは1951年の給与を利用した以降のことでしかなく、また、1954年の職業別社会階層による分類法の最終版をDADSが使用したのは1952年以降のことでしかない。1947年と1950年の給与処理結果を示した刊行物の中では、使用されている職業別社会階層の呼び方がさまざまに変化しており（「給与制管理職」「技術管理職」「幹部」「技師」など)、その結果、「上級管理職」の平均給与を算出することが困難になっている。マルシャル＆ルカイヨン（1958-1970年、第1巻、p.427）は1947年および1950-1952年について上級管理職の平均給与の推計を示しており、それによると、上級管理職の平均給与と生産労働者の平均給与との比率は、1947年から1950年の間、また1950年から1951年の間にすでに上昇しはじめている（おそらく実際にそうだったのだろう)。しかし彼らは、当時のDADSの分類をもとにして、どのように上級管理職の平均給与を算出したのかを述べていない。したがって私たちはこの数値を採用しなかった。

1997-1998年に関して私たちは、雇用調査の推計をもとに、平均給与と上級管理職の平均給与データを補間した。生産労働者平均給与と同様に、「雇用調査」はDADSに基づく給与をおよそ6-8%低く見積もっている（列(5)および列(7)を

1　付録D（第2節）においてすでに指摘したとおり、ボードゥロ＆ルボーパンはINSEEが1950年の給与を活用する際にある閾値以下の給与を除外したことを考慮に入れておらず（ボードゥロ＆ルボーパンは閾値P10の推計においてのみこの偏りを修正した)、その結果、二人は平均給与を高く推計している。実際、ボードゥロ＆ルボーパンのデータが示す1951年／1950年の名目給与の上昇（生産労働者で9%）は低すぎる。AR1966（p.422以降）で発表された生産労働職のデータは、1951年／1950年の上昇がおよそ30%であると示している（レヴィ＝ブリュル〔1952年〕も参照)。生産労働者給与に関するバイエのデータも同レベルの上昇を示している。

参照)。よって私たちは、1997年と1998年に関しては、「雇用調査」に基づく月給を12倍し、さらに7%引き上げて用いた。

3　平均給与（すべての賃金労働者）（1900–1998年）

1900–1998年の期間全体にわたる（すべての賃金労働者の）平均給与の推移を推計するために私たちが用いた方法は、表E-3に示されている。ここでは、その方法の一般的原則を述べるにとどめる。

表 E-3：平均給与と労働者平均給与との比率（1900-1998 年）

	(1) バイエ*	(2) デュジェ	(3) 国勢調査による賃金労働者数	(4) 比率	(5) 時間	(6) 比率	(7) マルシャン＆テロによる賃金労働者数	(8) 比率	(9) 比率	(10) (*) 比率	(11) (*) 平均給与	(12) (*)1998 年フランによる平均給与
1900	1,163									1.00	1,163	23,383
1901	1,152									1.00	1,156	23,118
1902	1,128									1.01	1,135	22,960
1903	1,152									1.01	1,163	23,640
1904	1,152									1.01	1,166	24,051
1905	1,152									1.02	1,170	24,150
1906	1,210									1.02	1,233	25,119
1907	1,221									1.02	1,248	25,076
1908	1,256									1.03	1,288	25,293
1909	1,268									1.03	1,304	25,666
1910	1,291									1.03	1,332	25,425
1911	1,315									1.03	1,361	23,639
1912	1,326									1.04	1,377	24,177
1913	1,338	15.7	11,461	1.02	3	1.04	11,888	0.99	1.00	1.04	1,393	23,667
1914	1,353									1.04	1,413	24,008
1915	1,422									1.05	1,491	21,329
1916	1,596									1.05	1,678	21,433
1917	2,047									1.05	2,158	23,019
1918	2,533									1.06	2,679	22,028
1919	3,269				3					1.06	3,469	22,818
1920	4,420	57.4	11,461	1.13	2	1.14	12,251	1.06	1.07	1.06	4,705	22,524
1921	4,735	58.7	11,461	1.08	10	1.14	12,251	1.01	1.07	1.07	5,056	27,631
1922	4,455	58.0	11,570	1.13	5	1.15	12,290	1.06	1.09	1.07	4,772	27,137
1923	4,653	62.9	11,679	1.16	2	1.17	12,329	1.10	1.11	1.07	5,000	25,614
1924	5,433	74.0	11,789	1.16	2	1.17	12,368	1.10	1.11	1.08	5,856	26,340
1925	5,840	79.5	11,898	1.14	2	1.16	12,407	1.10	1.11	1.08	6,314	26,470
1926	7,003	92.7	12,007	1.10	2	1.11	12,446	1.06	1.07	1.08	7,595	24,474
1927	7,061	95.1	12,039	1.12	6	1.15	12,554	1.07	1.11	1.09	7,682	23,710
1928	7,457	103.0	12,072	1.14	4	1.17	12,661	1.09	1.11	1.09	8,139	25,169
1929	8,317	115.6	12,104	1.15	2	1.16	12,769	1.09	1.10	1.09	9,106	26,515
1930	8,664	122.2	12,137	1.16	2	1.17	12,876	1.10	1.11	1.10	9,515	27,488
1931	8,286	116.8	12,169	1.16	12	1.23	12,984	1.09	1.15	1.10	9,128	27,441
1932	7,706	105.9	11,875	1.16	23	1.31	12,774	1.08	1.22	1.11	8,516	28,101
1933	7,828	101.1	11,580	1.12	24	1.27	12,564	1.03	1.17	1.11	8,678	29,582
1934	7,650	92.8	11,286	1.07	25	1.23	12,355	0.98	1.12	1.11	8,507	30,271
1935	7,538	87.4	10,991	1.05	26	1.21	12,145	0.95	1.10	1.12	8,409	32,630
1936	8,588	97.6	10,697	1.06	24	1.21	11,935	0.95	1.08	1.12	9,610	34,754
1937	10,017	119.7	10,697	1.12	20	1.24	11,935	1.00	1.11	1.12	11,244	32,324
1938	10,520	133.0	10,697	1.18	20	1.31	11,935	1.06	1.18	1.13	11,846	29,977
1939	11,000									1.13	12,425	29,496
1940	9,800									1.13	11,104	22,227
1941	12,200									1.14	13,867	23,663

表E-3（続き）

1942	16,100									1.14	18,357	26,082
1943	19,700									1.14	22,532	25,776
1944	28,531									1.15	32,734	30,619
1945	49,771									1.15	57,282	36,154
1946	70,651									1.15	81,568	33,737
1947	96,900									1.16	112,223	31,068
1948	155,900									1.18	183,330	32,021
1949	179,200									1.19	213,923	33,008
1950	192,000									1.21	232,624	32,630
1951	252,300									1.25	315,100	38,004
1952	293,700									1.26	371,500	40,042
1953	300,800									1.26	380,500	41,721
1954	340,000									1.22	415,800	45,410
1955	379,500									1.21	459,400	49,724
1956	422,200									1.20	507,800	52,748
1957	462,300									1.21	561,000	56,576
1958	513,100									1.22	624,600	54,727
1959	540,400									1.23	664,500	54,875
1960	5,926									1.23	7,310	58,213
1961	6,307									1.25	7,894	60,856
1962	6,916									1.25	8,663	63,786
1963	7,577									1.26	9,526	66,928
1964	8,089									1.25	10,137	68,879
1965	8,484									1.27	10,743	71,216
1966	8,978									1.27	11,422	73,726
1967	9,392									1.28	12,030	75,683
1968	10,279									1.29	13,245	79,662
1969	11,492									1.28	14,669	82,842
1970	12,571									1.28	16,046	86,140
1971	13,864									1.28	17,788	90,513
1972	15,462									1.27	19,580	93,815
1973	17,421									1.26	21,951	98,020
1974	20,411									1.26	25,742	101,098
1975	23,214									1.27	29,482	103,565
1976	26,919									1.27	34,141	109,426
1977	29,704									1.27	37,659	110,331
1978	33,641									1.27	42,647	114,523
1979	36,332									1.27	46,312	112,243
1980	41,431									1.27	52,724	112,485
1981	46,858									1.27	59,665	112,252
1982	53,269									1.27	67,870	114,211
1983	58,913									1.27	75,039	115,215
1984	63,096									1.27	80,390	114,926
1985	67,833									1.27	86,110	116,355
1986	71,005									1.28	90,715	119,355
1987	72,087									1.29	93,201	118,938
1988	73,829									1.30	95,911	119,179
1989	76,418									1.31	100,163	120,022
1990	80,168									1.31	105,381	122,122
1991	82,810									1.32	109,140	122,556
1992	84,499									1.33	111,982	122,801
1993	88,129									1.30	114,837	123,462
1994	88,925									1.32	117,649	124,371
1995	90,730									1.32	120,012	124,748
1996	91,710									1.32	120,876	123,183
1997	93,475									1.31	122,031	122,886
1998	94,464									1.30	122,930	122,930

解説：本書で採用したデータ（列(11)、列(12)）によると、（すべての賃金労働者の）平均純年給は1900年には1163フラン、すなわち1998年フランで2万3383フランである。

情報源：

(1)：本書で採用した、名目フランによる生産労働者の平均給与（フルタイム労働での名目純年給）のデータ（＝表E-1の列(6)）。

(2)：デュジェ・ド・ベルノンヴィルが推計した給与の総額（付録G表G-12を参照）。

(3)：国勢調査を使用して推計した賃金労働者の数（個人事業主を除く）（付録H表H-5を参照）（国勢調査の間の年度については線形内挿法により得た）。

(4)：列(1)、列(2)、列(3)に基づき算出された「(平均給与)／(生産労働者平均給与)」の比率。

(5)：クチンスキーによる「生産労働者の削減された労働時間の平均パーセンテージ」（部分的失業）のデータをロム（1968年、p.52）が転載したデータ（ロムはクチンスキー〔1960-1972年、第33巻、p.202〕が提示した「実質賃金平均」と「実質純賃金平均」のデータを区別することで、このデータを算出した）。

(6)：列(4)、列(5)に基づき算出された部分的失業を考慮して修正した（平均給与）／(生産労働者平均給与）の比率（生産労働者の部分的失業の割合は賃金労働者の50%に相当すると仮定している）。

(7)：国勢調査に基づきマルシャン&テロ（1997年、p.236-237）が推計した賃金労働者の数（「農業労働者」、「管理職および事務労働者」「生産労働者」「家事使用人」「軍隊、警察」「聖職者」の列の総計）（国勢調査の間の年については内挿法により得た）。

(8)：列(1)、列(2)、列(7)に基づき算出された（平均給与）／(生産労働者平均給与）の比率。

(9)：列(5)、列(8)に基づき算出された部分的失業を考慮して修正した（平均給与）／(生産労働者平均給与）の比率（生産労働者の部分的失業の割合は賃金労働者の50%に相当すると仮定している）。

(10)：本研究で採用した（平均給与）／(生産労働者平均給与）の比率（1947年および1950-1998年については表E-2の列(11)と同数値。1948-1949年については、1947年と1950年の間の線形内挿法による。1900年の値を1.00とし、1900-1947年の間、一定の年間上昇率を保ったと仮定している）。

(11)：本研究で採用した平均給与（＝列(1)×列(10)）。

(12)：列(11)を1998年フランに換算した数値（列(12)＝列(11)×表F-1の列(7)〔付録F〕）。

この調査を進めるにあたり原則とした第一の方法は、生産労働者給与のデータを起点として、（平均給与）／(生産労働者給与）の比率を推計する方法である。たしかに、1947-1950年より以前における（すべての賃金労働者の）平均給与と生産労働者平均給与との差の短期的推移を正確に推計するのはむずかしい。とくに民間部門における管理職と事務労働者の給与については満足のいく資料がないことがその理由である。しかし、利用可能なデータからは、比較的小さい誤差でこの差の長期にわたる全体的推移を推計することができる。まず、20世紀全般にわたり、平均給与と生産労働者平均給与との差が拡大傾向にあったのはたしかである。これは単に、以下の事象の当然の結果であった。すなわち、工場労働者より給与が低い賃金労働者（農業労働者と家事使用人）の数が減少傾向にある一

方で、工場労働者より給与が高い賃金労働者（事務労働者、中級および上級管理職、公務員）の数は逆に上昇傾向にあったためである。事実、国勢調査の結果が示すとおり、農業労働者と家事使用人の数は1901年以降、国勢調査のたびに減少しており、反対に、管理職と事務労働者の数は1901年以降、国勢調査のたびに上昇している。したがって問題になるのは、賃金労働者全体の平均給与と生産労働者平均給与との差はどのようなペースで広がっていったのかという点だ。バイエ（1997年）は長期にわたる平均給与について明確な推定値を提示していないが、おもに国勢調査の際に記録される賃金労働者の各カテゴリーの人数の推移に基づいて、19世紀半ばから20世紀末にかけての構造的影響を50％と推計した。1990年代において、平均給与は生産労働者平均給与と比較しておよそ30-40％高い。そして、バイエによれば、19世紀の半ばには、前者は後者と比較して10-20％低かったようである。これは、工場労働者と比較すると平均して給与が低かった農業労働者と家事使用人の数が多かったこと、また管理職と事務労働者の人数が少なかったことによる。言い換えれば、150年間で、平均給与の生産労働者給与に対する比率は約50％上昇したということになる。労働者給与の購買力は8倍になったからだ（19世紀半ばから20世紀初頭までに2倍、20世紀初頭から20世紀の終わりまでに4倍）。ということは、この150年間に、平均給与の購買力は12倍になったことを意味している（バイエ〔1997年、p.7-8〕を参照）。150年間で50％の構造的影響は、平均すると1年間でおよそ0.3％の構造的影響に相当する。すなわち、生産労働者給与が享受した1年につき平均1.4％の購買力上昇に加え、平均給与は毎年平均して、さらに0.3％の購買力上昇を享受したということである。しかしバイエは、この構造的影響は一様に推移したわけではないと推計している。彼の推計によれば、1850-1950年の期間には1年に0.2％であったのが、1950年以降は0.5-0.6％になり、構造的影響は時代を経るごとに加速する傾向がある（バイエ〔1997年、p.7-8〕を参照）[1]。

原則とした第二の方法は、給与所得全体の推定値を起点として、その値を賃金労働者の総数で除するという方法である。私たちは、デュジェ・ド・ベルノンヴィルが1913年と1920-1938年に関して戦間期に行なった給与所得全体の推計を利用した（付録G表G-12を参照）。ベルノンヴィルは当時入手可能だったすべての情報源を最大限利用したようであり（民間部門については社会保険および労働災害法に基づく統計、公務員については予算統計など）、ベルノンヴィルの資料を取り上げるにあたりその推定値を大きく改良するべき理由は見当たらない[2]。したがって、問題となるのは、フルタイム労働での平均給与に相当する数値を得るために、ベルノンヴィルが提示する給与所得全体をどのような賃金労働者の人数で

1　平均給与と生産労働者給与との差に関するバイエのこれらの推計はすべて、マルシャン＆テロ（1997年、第7章、p.165-166）に転載されている。

除するべきかを知ることである。個人事業主、不定期労働者、パートタイム労働者の問題に加え、1930年代にとくに多かった部分的失業が問題になってくる。実際ベルノンヴィルは、自身の方法が部分的失業を考慮に入れていることを明確に説明している。つまり、生産労働者の給与所得全体を推計するために、日給の推定値を使用し、そこに労働日数の推定値を乗じたのである。[3]給与所得全体を、部分的失業中の賃金労働者をかなりの割合で含んでいる賃金労働者数で除することによって1930年代の平均給与を推計すると、フルタイム労働での平均給与を著しく過小評価することになるからだ。事実、表E-3の列(4)は、ベルノンヴィルの給与所得全体を国勢調査による賃金労働者数で除した場合、1932-1936年については不自然に低い数値となることを示している。（クチンスキーの割合が、1200万人の賃金労働者のうち600万人の工場労働者、つまり賃金労働者のおよそ50%を対象としていると仮定して）部分的失業率により数値を修正するなら、この数値の不自然な低さははるかに軽減される（列(6)および列(9)を参照）。この修正されたデータから、以下の２点が確認できる。第一に、1913-1938年の期間において、（平均給与）／（生産労働者給与）の比率は上昇傾向を続けているようであり、これは国勢調査に基づく人員構成と一貫している。第二に、この期間の終わりについて得られたレベル（1930年代の終わりに1.15-1.20）は1947-1950年のレベルと矛盾せず、またこの期間の初めのレベル（第一次世界大戦前に1-1.10）はバイエが19世紀末について推計した数値と矛盾しないということだ。

したがって、上記の２種の方法により、次のことも確認できる。それは、（平均給与）／（生産労働者給与）の比率が、20世紀の初頭にはおよそ1-1.10のレベ

2　第一次世界大戦前の数年に、さまざまな研究者が、デュジェ・ド・ベルノンヴィルと同様の考え方と方法により、給与所得全体の推計を行なった。しかし、それらはつながりのない何年かのみについての推計であり、そこから均質のデータを作成することは不可能である（デュジェ・ド・ベルノンヴィル〔1931年、p.943〕を参照。彼はとくに、コルソン、ラヴェルニュ、アンリ、ピュパンの推計を引用している。1913年に関するコルソンの推計〔147億フラン〕はデュジェ・ド・ベルノンヴィルの推計〔157億フラン〕よりわずかに低い。国勢調査の賃金労働者数とバイエによる生産労働者平均給与に関する推計全体では、20世紀初頭以降の（平均給与）／（生産労働者給与）の比率は常に1にきわめて近い比率（あるいは1よりもわずかに低い数値）が導き出される。このことは方法が異なるとしても、本書が採用したデータとあまりにも異なる数値が導き出されないことを示している）。ヴィラ（1993年、1994年、1997年）による「国民経済計算」のデータに含まれる給与所得全体の推計は、デュジェ・ド・ベルノンヴィルの推計に関して新しい情報を何も提示していない（ヴィラは変動指数として、1920-1938年についてはデュジェ・ド・ベルノンヴィルの給与所得全体のデータを、1900-1913年についてはクチンスキーの生産労働者給与データを使用している）。

3　たとえば、デュジェ・ド・ベルノンヴィル（1937年、p.535）を参照。デュジェ・ド・ベルノンヴィルはそこで、工場労働者すべての累積労働日数は、1930年には7900万、1931年には7000万、1932年には6000万、1933-1934年には5700万、1935-1936年には5400万となったと推計している。すなわち、クチンスキーの「生産労働者の削減された労働時間の平均パーセンテージ」のおよそ20-25%の推定値が示唆するよりも大きく減少していることになる。

ルであったのが第二次世界大戦のころにはおよそ1.15-1.20のレベルに移行したと考えられるということだ。そこで、本書は以下の単純化した仮定を採用した。1947年と1950-1998年について、私たちはDADSに基づく比率を採用した（1948-1949年については1947年と1950年の間の線形内挿法により補間した）。次に、1900年に1.00だったレベルが1947年にDADSで観察された1.16のレベルになる間に、比率が一定の年間上昇率で増加していった、と私たちは仮定した。この仮定は、年間平均上昇率およそ0.3%に相当する。1947-1998年に関しては、1947年に1.16のレベルだったのが1990年代には1.30-1.35のレベルへ移行したが、これもやはりおよそ0.3%の年間平均上昇率に合致している。1947-1950年にDADSにおいて得られた1.15-1.20の比率は少々高く推計されている可能性がある。本書が、バイエが推計した構造的影響の加速を確認することができなかったのはこのためである。事実、DADSは、1947-1950年にはまだ数の多かった農業労働者と家事使用人を除外しており、このため、当時の実際の給与平均は、DADS発表の給与平均よりもおそらくわずかに低かっただろう（すべては公務員を省いたことから生じる逆の影響に対しての、この影響の大きさ次第である）。いずれにせよ、長期的な誤差は微細なものでしかないだろう。実際の比率は、1900年に1であったのが、1947年に1.10に、1990年代に1.30-1.35へと移行していったと考えられる。しかし、1947-1950年よりも前の（平均給与）／（生産労働者給与）の比率の短期間における変動を正確に推計することは、本書の方法では不可能であると強調しなくてはならない。

4　公務員給与

ここでは、INSEEが1966年に発表した『AR1966』に基づく表を転載するにとどめる。この表は、1911年から1966年まで公務員のいくつかの職種の報酬の推定値を年ごとに示している。本書では第3章（第2.3節）でこの表を頻繁に参照している。このため私たちは、INSEEの刊行物を見なくてもこのデータを参照できるよう、この表を転載することが興味をもった読者にとっては、役に立つと考えた。第3章で述べたように、公務員における報酬格差の歴史に関して徹底した研究を行なうのは、本書の枠組みをはるかに超えることになる。したがって、私たちは表E-4に転載したデータを補間することも均質化することもしなかった（公務員の給与に関するほかの参考資料は第3章に示されている）。ただし、本書の表E-4にも転載されているINSEEが1966年に収集したデータは、「報酬」が正式な公務員の本俸だけではなく、「一時手当」「臨時手当」（または逆に「特別徴収」など）といった公務員給与の歴史を特徴づけてきた多くの手当類も含んでいる限りにおいては、一見して比較的均質であるように見受けられる。

表E-4：公務員のいくつかの職業における年間報酬（1911-1966年）

	郵便電信電話局			公的教育機関（パリ）		中央行政機関（パリ）	
	地方	パリ					
	郵便配達人（新人）	郵便配達人（新人）	郵便配達人（最高給）	小学校教諭（最高給）	大学教授（退職時）	二等事務官 秘書官 行政職員	事務官 上級行政官（最高給）
1911	900	1,300	1,900	2,200	15,000	3,100	12,000
1912	900	1,300	1,900	2,200	15,000	3,100	12,000
1913	1,100	1,400	2,100	2,200	15,000	3,100	12,000
1914	1,100	1,400	2,100	2,500	15,000	3,100	12,000
1915	1,100	1,400	2,100	2,500	15,000	3,100	12,000
1916	1,100	1,400	2,100	2,500	15,000	3,100	12,000
1917	1,220	1,520	2,100	2,500	15,000	3,100	12,000
1918	2,180	2,480	3,180	3,580	15,000	4,180	12,000
1919	2,900	3,200	3,900	4,300	15,000	4,900	12,000
1920	4,520	5,720	6,920	8,920	26,200	9,200	19,200
1921	4,520	5,720	6,920	8,920	26,200	9,200	19,200
1922	4,520	5,720	6,920	9,920	27,700	9,200	19,200
1923	4,520	5,720	6,920	10,920	29,200	9,200	22,200
1924	4,520	6,120	7,820	11,320	29,600	9,600	22,600
1925	5,600	7,600	9,700	14,000	37,000	13,400	28,000
1926	5,600	7,600	9,700	14,000	37,000	13,400	28,000
1927	6,900	9,140	11,840	17,240	56,240	18,240	42,240
1928	8,000	10,240	12,240	18,240	56,240	18,240	42,240
1929	8,000	10,240	12,740	18,740	70,240	20,240	50,240
1930	8,500	10,740	13,240	20,240	78,240	20,740	55,240
1931	9,000	11,240	13,740	21,240	92,240	22,240	62,240
1932	9,000	11,240	13,740	21,240	92,240	22,240	62,240
1933	9,000	11,240	13,740	21,240	92,240	22,240	62,240
1934	9,000	11,240	13,740	20,670	85,240	21,640	58,040
1935	8,550	10,790	13,165	20,290	84,140	21,240	57,440
1936	8,920	10,836	12,596	19,116	83,016	20,016	56,016
1937	9,000	11,240	13,740	20,733	81,440		57,440
1938	11,400	14,100	16,600	23,632	93,700	24,920	63,700
1939	12,600	15,700	18,200	28,336	98,600	26,520	67,100
1940	12,600	15,700	18,200	28,336	98,600	26,520	67,100
1941	12,600	15,700	18,200	28,336	98,600	26,520	67,100
1942	14,000	19,000	21,500	33,500	106,000	30,000	73,000
1943	17,000	22,000	24,500	39,600	128,000	38,000	84,000
1944	20,000	25,000	31,000	51,500	145,000	42,000	96,000
1945	36,000	44,000	62,000	107,000	323,000	75,000	210,000
1946	67,200	81,400	97,600	143,000	323,000	113,500	278,500
1947	79,200	96,400	131,800	240,200	612,952	138,700	388,900
1948	127,500	158,437	219,187	376,475	840,028	243,500	856,950
1949	150,000	199,020	271,095	475,345	998,740	294,437	978,500
1950	165,288	212,220	287,595	518,657	1,126,084	314,625	1,036,104
1951	185,658	235,320	315,545	616,232	1,358,404	337,350	1,188,394
1952	242,102	289,760	395,924	785,848	1,856,176	459,000	1,605,080
1953	242,102	289,760	395,924	785,848	1,856,176	459,000	1,605,080
1954	242,102	289,760	395,924	785,848	1,856,176	459,000	1,605,080
1955	281,760	332,200	441,760	869,600	2,345,344	531,156	1,900,322
1956	313,280	363,992	478,716	927,592	2,525,100	569,724	2,051,760
1957	341,092	382,492	509,464	985,100	2,671,340	604,818	2,175,023
1958	388,844	434,000	580,720	1,121,596		683,124	2,559,446
1959	428,196	476,292	646,724	1,267,992		777,270	2,914,552
1960	4,513	5,000	6,595	12,931		7,923	29,722
1961	4,620	5,212	6,876	13,404		9,211	
1962	5,535	6,217	8,569	16,456		10,299	
1963	6,088	6,672	9,200	17,737		11,107	
1964	6,572	7,187	9,916	19,123		11,974	
1965	6,835	7,466	10,303	19,875		12,444	

表E-4（続き）

1966	7,108	7,757	10,708	20,660		12,934	

解説：1911年において、新人の地方郵便配達人の年給は900フランであった（これらすべての報酬は名目フランで、すなわち1959年までは旧フラン、1960年以降は新フランで表わされている）。

情報源：『AR1966』（INSEE、1966年）、p.438。

注記：これらの報酬は、正式の公務員本俸だけではなく、職務手当・一時手当・臨時手当などの総計および特別徴収・一時控除なども計算に入れられたものである。また、これらの数値は（年金控除と社会保障控除を差し引く前の）粗報酬である。

付録F

消費者物価指数（1900-1998年）

本付録では、名目フランを1998年フランへ換算するために私たちが使用した物価指数について説明する。

1949年以降、INSEE（国立統計経済研究所）は「近代的」消費者物価指数を毎月作成している。この物価指数は、食品や工業製品全体、さらに大部分のサービスの代表的なものについて、個別の価格を数多く取り上げたリストに基づいて作成されている。1949年以前の時期については、複数ある消費者物価指数の中から一つの指数を選ぶことが問題となる。実際、1914年以降SGF（フランス総合統計局）によって作成された指数は、現在の指数に比べるとはるかに体系化されておらず、限られた範囲しか対象にしていない価格リストに基づいていた（13品目、うち食品は11品目。のちに34品目、うち食品は29品目となった）[1]。そのため、20世紀前半と19世紀に関しては、多くの研究者たち（クチンスキー、サンジェ＝ケレルおよびフラスティエなど）が公式発表の指数を改良しようと、独自の価格リストに基づき独自の指数を計算した。しかし実際には、これらの研究の結果、利用可能となったさまざまな指数は、全体としてSGFの指数と非常に近いものであり、任意の1年についてのわずかな差は、数年にわたるとたいていは相殺される。[2] このため、私たちはSGFおよびINSEEの指数を使用することにした。表F-1には、使用した刊行物の正確な出典が示されている。ここでは主要な点を確認するにとどめる。

1999年2月、INSEEは『BMS（月次統計報告）』で、過去の消費者物価指数の

1　SGFによって、その後はINSEEによって作成された「公式発表の」指数の歴史については、『AR1948-1988年』（INSEE、1990年）、p.283-285、およびランプ（1987年）を参照（「未加工の」指数に関しては、『AR1966』（INSEE、1966年）、p.387-405、および『AR1948-1988年』（INSEE、1990年）、p.286-297を参照）。指数算出の基本原則は変わっていないとしても、1949年以降、INSEEの作成する指数は改良されつづけてきた。地理的範囲が広がり（1961年までは価格の一覧はパリのみを対象としていた。指数が「全国」の価格を対象としたのは、1962年からでしかない）、さまざまな品目の加重値を計算するために選ばれた基準家庭は、より代表的なものになった（SGFの指数は生産労働者家族の平均家計に基づいて作成されていた。1949-1992年に、基準となる集団は世帯主が生産労働者あるいは事務労働者である家庭で構成されていた。INSEEの指数がすべての家庭を対象とするようになったのは1993年以降のことでしかない）。また調査の対象となる個別価格一覧の数は絶えず増加した（現在では、16万以上の価格一覧が毎月作成されている）。

2　1914-1949年に関して、SGFとINSEEの指数およびフラスティエの指数をおよそ10-20%高く推計したサンジェ＝ケレルの指数を除く（フラスティエとサンジェ＝ケレル、SGF、INSEEの指数の比較についてはフラスティエ〔1970年、p.611-621〕を参照）。

データを1901-1998年のフランを1998年フランに換算するという形で発表した(『BMS』1999年2月、p.144-145)。このデータは表F-1の列(1)に転載されている。またこのデータをもとに、1902-1998年の各年のインフレ率を算出することができる(表F-1の列(3))。ヴィラは、自身が作成した長期にわたるマクロ経済データ集において、1890-1985年の(1938年の数値を1として示した)消費者物価指数を発表した(ヴィラ〔1994年、p.142、「SGFによる消費者物価指数」データ〕を参照)。私たちはこのデータを表F-1の列(2)に転載した。またこのデータをもとに、1891-1985年の各年のインフレ率を算出することができる(表F-1の列(4))[3]。こうして得られたインフレ率の2種のデータ(列(3)および列(4))は、1949-1985年に関してはほぼ同等であり[4]、1914-1949年に関しては非常に近い数値となっている(わずかな差はやはり数年で相殺される)。それに対して、1901-1914年に関して、『BMS』が発表した数値とヴィラが発表した数値には整合性がない。1901-1905年、1907-1910年、1911-1914年に関してそれぞれ、1998年フランへの換算率がほぼ同一の数値となっているからである(列(1)を参照)。これは、1906年および1907年に関しては、インフレ率がゼロではなかった(この2カ年のインフレ率は厳密に相殺される)[5]ことを前提としている。1890-1914年に関しては、とくにフラスティエの研究に基づいて作成されたヴィラの数値が、より妥当なものに思われる。

表 F-1:消費者物価指数(1890-1998 年)

	(1)	(2)	(3)	(4)	(5)	(6)	(7)	(8)	(9)	(10)
	未加工指数		インフレ率		使用数値			家賃指数およびその一般物価指数との比率		
	BMS	ヴィラ	BMS	ヴィラ	インフレ	指数	1998 年フランへの換算率			
1890		0.1285				1.000	19.750			
1891		0.1308		1.8	1.80	1.018	19.401			
1892		0.1297		− 0.9	− 0.90	1.009	19.577			
1893		0.1277		− 1.5	− 1.50	0.994	19.875			
1894		0.1317		3.1	3.10	1.025	19.278			
1895		0.1282		− 2.6	− 2.60	0.998	19.792			
1896		0.1262		− 1.6	− 1.60	0.982	20.114			
1897		0.1228		− 2.7	− 2.70	0.955	20.672			
1898		0.1245		1.4	1.40	0.969	20.387			
1899		0.1262		1.4	1.40	0.982	20.105			
1900		0.1262		0.0	0.00	0.982	20.105	84.48	91.00	1.08

3 ヴィラは「SGFによる消費者物価指数」を「PCSGF」データとして示している(ヴィラ〔1994年、p.102〕を参照)。ヴィラはまた、フラスティエ、サンジェ=ケレルの消費者物価指数も発表している(ヴィラ〔1994年、p.141-142、「PCJF」および「PCSK」データ〕を参照)。

4 特定の何年かに認められるごくわずかな差異は、1999年2月に『BMS』で発表されたデータが小数点以下の数値を十分に含んでいないことに起因している(『BMS』のデータを十分な数の小数点以下の数値〔1998年11月にステファン・ロリヴィエ(INSEE、小売価格・資産・家庭生活状況課)が伝えてくれたデータ〕とともに使用すれば、ヴィラのデータとのこのわずかな差はなくなる)。

5 これらの矛盾は、小数点以下の数値の数が不十分であることに起因するものではない。

表 F-1（続き）

1901	19.841	0.1268		0.5	0.50	0.987	20.005	84.90	89.00	1.05
1902	19.841	0.1254	0.0	− 1.1	− 1.10	0.976	20.228	83.97	89.00	1.06
1903	19.841	0.1248	0.0	− 0.5	− 0.50	0.972	20.330	83.55	90.00	1.08
1904	19.841	0.1231	0.0	− 1.4	− 1.40	0.958	20.618	82.38	90.00	1.09
1905	19.841	0.1230	0.0	− 0.1	− 0.10	0.957	20.639	82.29	90.00	1.09
1906	21.494	0.1245	− 7.7	1.3	1.30	0.969	20.374	83.36	90.00	1.08
1907	19.841	0.1262	8.3	1.4	1.40	0.983	20.093	84.53	91.00	1.08
1908	19.841	0.1291	0.0	2.3	2.30	1.006	19.641	86.48	91.00	1.05
1909	19.841	0.1288	0.0	− 0.2	− 0.20	1.004	19.680	86.30	93.00	1.08
1910	19.841	0.1328	0.0	3.1	3.10	1.035	19.089	88.98	94.00	1.06
1911	17.195	0.1459	15.4	9.9	9.90	1.137	17.369	97.79	95.00	0.97
1912	17.195	0.1443	0.0	− 1.1	− 1.10	1.125	17.562	96.71	96.00	0.99
1913	17.195	0.1492	0.0	3.4	3.40	1.163	16.985	100.00	99.00	0.99
1914	17.195	0.1492	0.0	0.0	0.00	1.163	16.985	100.00	100.00	1.00
1915	14.329	0.1770	20.0	18.7	18.70	1.380	14.309	118.70	100.00	0.84
1916	12.896	0.1984	11.1	12.0	12.00	1.546	12.776	132.94	100.00	0.75
1917	10.747	0.2377	20.0	19.8	19.80	1.852	10.664	159.27	100.00	0.63
1918	8.320	0.3082	29.2	29.7	29.70	2.402	8.222	206.57	100.00	0.48
1919	6.788	0.3852	22.6	25.0	25.00	3.003	6.578	258.21	100.00	0.39
1920	4.867	0.5295	39.5	37.4	37.40	4.125	4.787	354.78	100.00	0.28
1921	5.607	0.4639	− 13.2	− 12.4	− 12.40	3.614	5.465	310.79	116.00	0.37
1922	5.732	0.4459	− 2.2	− 3.9	− 3.90	3.473	5.687	298.67	164.00	0.55
1923	5.264	0.4951	8.9	11.0	11.00	3.855	5.123	331.52	200.00	0.60
1924	4.606	0.5639	14.3	13.9	13.90	4.391	4.498	377.60	200.00	0.53
1925	4.299	0.6049	7.1	7.3	7.30	4.711	4.192	405.17	210.00	0.52
1926	3.265	0.7869	31.7	30.1	30.10	6.130	3.222	527.12	243.00	0.46
1927	3.145	0.8213	3.8	4.4	4.40	6.399	3.086	550.32	263.00	0.48
1928	3.145	0.8197	0.0	− 0.2	− 0.20	6.386	3.093	549.22	288.00	0.52
1929	2.965	0.8705	6.1	6.2	6.20	6.782	2.912	583.27	325.00	0.56
1930	2.931	0.8770	1.2	0.8	0.80	6.837	2.889	587.94	350.00	0.60
1931	3.071	0.8426	− 4.6	− 3.9	− 3.90	6.570	3.006	565.01	355.00	0.63
1932	3.350	0.7672	− 8.3	− 8.9	− 8.90	5.985	3.300	514.72	363.00	0.71
1933	3.486	0.7426	− 3.9	− 3.2	− 3.20	5.794	3.409	498.25	375.00	0.75
1934	3.633	0.7115	− 4.0	− 4.2	− 4.20	5.550	3.558	477.32	375.00	0.79
1935	3.968	0.6525	− 8.4	− 8.3	− 8.30	5.090	3.880	437.71	382.00	0.87
1936	3.685	0.7000	7.7	7.3	7.30	5.461	3.616	469.66	363.00	0.77
1937	2.931	0.8803	25.7	25.8	25.80	6.870	2.875	590.83	375.00	0.63
1938	2.579	1.0000	13.6	13.6	13.60	7.805	2.531	671.18	414.00	0.62
1939	2.411	1.0656	7.0	6.6	6.60	8.320	2.374	715.48	426.00	0.60
1940	2.047	1.2639	17.8	18.6	18.60	9.867	2.002	848.56	431.00	0.51
1941	1.743	1.4820	17.4	17.3	17.30	11.574	1.706	995.36	439.00	0.44
1942	1.449	1.7803	20.3	20.1	20.10	13.901	1.421	1,195.43	455.00	0.38
1943	1.167	2.2115	24.2	24.2	24.20	17.265	1.144	1,484.72	464.00	0.31
1944	0.955	2.7049	22.2	22.3	22.30	21.115	0.935	1,815.81	489.00	0.27
1945	0.643	4.0098	48.5	48.2	48.20	31.292	0.631	2,691.04	563.00	0.21
1946	0.421	6.1180	52.7	52.6	52.60	47.752	0.414	4,106.52	646.00	0.16
1947	0.283	9.1410	48.8	49.4	49.40	71.341	0.277	6,135.14	745.00	0.12
1948	0.178	14.485	59.0	58.5	58.50	113.08	0.175	9,724.20	944.00	0.10
1949	0.157	16.393	13.4	13.2	13.20	128.00	0.154	11,007.79	1,831.00	0.17
1950	0.143	18.033	9.8	10.0	10.00	140.80	0.140	12,108.57	2,488.28	0.21
1951	0.123	20.967	16.3	16.3	16.30	163.75	0.121	14,082.27	2,981.24	0.21
1952	0.110	23.454	11.8	11.9	11.90	183.24	0.108	15,758.06	3,802.85	0.24
1953	0.112	23.066	− 1.8	− 1.7	− 1.70	180.12	0.110	15,490.17	4,295.81	0.28
1954	0.111	23.164	0.9	0.4	0.40	180.84	0.109	15,552.13	4,788.77	0.31
1955	0.110	23.377	0.9	0.9	0.90	182.47	0.108	15,692.10	5,328.68	0.34
1956	0.106	24.361	3.8	4.2	4.20	190.14	0.104	16,351.17	5,939.01	0.36
1957	0.103	25.097	2.9	3.0	3.00	195.84	0.101	16,841.71	6,338.08	0.38
1958	0.089	28.887	15.7	15.1	15.10	225.41	0.088	19,384.80	7,324.00	0.38
1959	0.084	30.661	6.0	6.1	6.10	239.16	0.083	20,567.28	8,333.40	0.41

表F-1（続き）

1960	8.116	31.793	3.5	3.7	3.70	2.4801	7.963	213.28	97.65	0.46
1961	7.856	32.830	3.3	3.3	3.30	2.5619	7.709	220.32	110.56	0.50
1962	7.496	34.387	4.8	4.7	4.70	2.6824	7.363	230.68	119.25	0.52
1963	7.153	36.038	4.8	4.8	4.80	2.8111	7.026	241.75	133.10	0.55
1964	6.915	37.264	3.4	3.4	3.40	2.9067	6.795	249.97	139.91	0.56
1965	6.747	38.208	2.5	2.5	2.50	2.9794	6.629	256.22	153.52	0.60
1966	6.570	39.246	2.7	2.7	2.70	3.0598	6.455	263.14	166.90	0.63
1967	6.395	40.283	2.7	2.6	2.60	3.1394	6.291	269.98	184.51	0.68
1968	6.119	42.123	4.5	4.6	4.60	3.2838	6.015	282.40	199.77	0.71
1969	5.748	44.859	6.5	6.5	6.50	3.4972	5.647	300.75	217.26	0.72
1970	5.463	47.170	5.2	5.2	5.20	3.6791	5.368	316.39	234.74	0.74
1971	5.170	49.764	5.7	5.5	5.50	3.8814	5.088	333.79	247.42	0.74
1972	4.870	52.831	6.2	6.2	6.20	4.1221	4.791	354.49	258.92	0.73
1973	4.459	56.699	9.2	7.3	7.30	4.4230	4.465	380.36	279.11	0.73
1974	3.921	64.482	13.7	13.7	13.70	5.0289	3.927	432.47	298.83	0.69
1975	3.508	72.076	11.8	11.8	11.80	5.6223	3.513	483.51	327.94	0.68
1976	3.201	79.010	9.6	9.6	9.60	6.1621	3.205	529.92	361.27	0.68
1977	2.926	86.416	9.4	9.4	9.40	6.7413	2.930	579.74	392.49	0.68
1978	2.683	94.246	9.1	9.1	9.10	7.3548	2.685	632.49	423.01	0.67
1979	2.423	104.39	10.7	10.8	10.80	8.1491	2.424	700.80	467.14	0.67
1980	2.133	118.54	13.6	13.6	13.60	9.2573	2.133	796.11	525.12	0.66
1981	1.881	134.43	13.4	13.4	13.40	10.498	1.881	902.79	593.43	0.66
1982	1.682	150.28	11.8	11.8	11.80	11.737	1.683	1,009.32	650.47	0.64
1983	1.535	164.76	9.6	9.6	9.60	12.863	1.535	1,106.21	714.09	0.65
1984	1.429	176.98	7.4	7.4	7.40	13.815	1.430	1,188.07	769.02	0.65
1985	1.350	187.31	5.9	5.8	5.80	14.616	1.351	1,256.98	818.55	0.65
1986	1.315		2.7		2.70	15.011	1.316	1,290.92	863.86	0.67
1987	1.275		3.1		3.10	15.476	1.276	1,330.94	912.68	0.69
1988	1.242		2.7		2.70	15.894	1.243	1,366.87	972.07	0.71
1989	1.198		3.7		3.70	16.482	1.198	1,417.45	1,025.59	0.72
1990	1.159		3.4		3.40	17.043	1.159	1,465.64	1,074.96	0.73
1991	1.123		3.2		3.20	17.588	1.123	1,512.54	1,127.47	0.75
1992	1.097		2.4		2.40	18.010	1.097	1,548.84	1,184.71	0.76
1993	1.075		2.0		2.00	18.370	1.075	1,579.82	1,237.28	0.78
1994	1.057		1.7		1.70	18.683	1.057	1,606.67	1,272.75	0.79
1995	1.039		1.7		1.70	19.000	1.039	1,633.99	1,306.07	0.80
1996	1.019		2.0		2.00	19.380	1.019	1,666.67	1,335.10	0.80
1997	1.007		1.2		1.20	19.613	1.007	1,686.67	1,352.30	0.80
1998	1.000		0.7		0.70	19.750	1.000	1,698.47	1,380.25	0.81

情報源：

(1)：『BMS』1999年2月、p.144-145に掲載されたデータ（「旧年のフランから現在のフランへの変換係数（一般小売物価指数によるデフレ）」）。

(2)：ヴィラ（1994年、p.142、「SGFによる消費者物価指数」データ）が発表した消費者物価指数（1938年の数値を1として表示）。

(3)：列(1)に基づき算出した年ごとの平均インフレ率。

(4)：列(2)に基づき算出した年ごとの平均インフレ率。

(5)：本書で使用するインフレ率（1891-1985年については列(4)、1986-1998年については列(3)）。

(6)：列(5)に基づき算出した、1890年の数値を1とした物価指数。

(7)：列(6)に基づき算出した、1890-1998年のフランから1998年フランへの換算率。

(8)：1914年の数値を100として換算した列(6)の数値。

(9)：SGFとINSEEが発表した住居家賃指数。1914年の数値を100として表示（1900-1949年：『AR1966』〔INSEE、1966年〕、p.404に掲載された、1914年の数値を100とした住居家賃指数〔同指数はフラスティエ（1970年、p.458-460）にも転載されている〕。1949-1989年：『AR1948-1988年』〔INSEE、1990年〕、p.282に掲載された、1970年の値を100としたINSEEの家賃指数。1949年の値を1831として換算。1989-1993年：『BMS』〔1990年2月、p.61。1991年1月、p.63。1992年2月、p.64。1993年1月、p.64〕に掲載された、1980年の値を100としたINSEEの指数。1989年の値を1025.6として換算。1993-1998年：『BMS』〔1994年1月、p.66。1995年1月、p.75。1996年1月、p.82。1997年1月、p.92。1998年1月、p.93。1999年1月、p.93〕に掲載された、1990年の数値を100としたINSEEの住居家賃指数。1990年の数値を1075.0として換算）（SGFとINSEEによる家賃指数は消費者一般物価指数同様、1961年まではパリに関する数値、1962年以降は全国に関する数値となっている）。

(10)＝(9)／(8)。

したがって、私たちは以下の方法で表を作成した。1891-1985年に関しては、ヴィラの年次インフレ率を用いた（1891-1985年に関しては列(5)＝列(4)）。1986-1998年に関しては、『BMS』の年次インフレ率を用いた（1986-1998年に関しては、列(5)＝列(3)）。列(5)とそれ以降の計算については、インフレ率を小数点第一位までしか取り上げなかった。これは、利用可能な小数点以下の数値に関連した問題が起きることなく、私たちが算出したデータを転載できるようにするためである（いずれにせよ、小数点第一位よりも細かく物価の上昇を推計できると考えるのは幻想にすぎない）。列(6)は、列(5)の年次インフレ率に基づき算出した、（1890年の数値を1として表わした）本書で用いた消費者物価指数を示している。最後に、列(7)は、過去の所得を1998年フランに換算するために本書で用いた1890-1998年フランから1998年フランへの換算率を示している。これは列(6)に基づき算出された（構造的に、これらの1998年フランへの換算率は、『BMS』で発表されているものと非常に近い数値となっている）。

表F-1（列(8)から(10)）はまた、本書第1章で使用した家賃指数を転載している（図1-9を参照）。列(8)は、1914年の数値を100として換算した列(6)の消費者一般物価指数を転載している。列(9)は、SGFおよびINSEEによる家賃指数を転載しているが、それらの指数はさまざまな時代の指数（使用した刊行物は表の下に記載した）をつなぎ合わせて得られた、1914年の数値を100として換算した数値である。列(10)は列(9)と列(8)との比率である。

付録G

国民経済計算のデータに基づく推計方法とその結果（1900-1998年）

本付録が示すのは、本書で使用した国民経済計算のデータ、およびこのデータを用いて私たちが行なった推計結果である。まず、1900-1998年の期間全体について、課税対象所得の総計と平均課税対象所得に関する均質なデータを私たちがどのように推計したかを説明する（第1節）（このデータはとくに、所得全体に占める高所得者の各分位の割合を算出するうえで役に立った。付録B第1.5節を参照）。次に、この期間全体において、企業の付加価値を労働所得と資本所得とに分割するためのデータを示す（第2節）。最後に、補足的な表を数種提示する。これらの表により、家庭所得の内訳を明らかにすることと、利用可能な各種データを比較することが可能になる（第3節）。

1　課税対象所得の総計と平均課税対象所得に関する均質なデータの推計（1900-1998年）

表G-1とG-2は、1900-1998年の課税対象所得の総計と平均課税対象所得について、均質なデータを1年ごとに推計した方法を示している。使用した情報や計算の結果はすべてこの表に示してあるため、ここでは主要な点を述べるにとどめる。

私たちが関心を抱いたおもな問題点は、以下の二つだ。第一に、国民経済計算の家庭所得の概念は、課税対象所得の概念よりもかなり広いため、[1] 国民経済計算の家庭所得から課税対象所得を割り出すためには、かなりの修正が必要になる。第二に、利用可能なデータは複数存在する場合が多いため、使用する国民経済計算のデータの性質については十分に注意しなければならない。とりわけ重要なのは、フランスの統計機関が作成する「公的な」国民会計報告は1949年に始まったという点である。「公的な」国民経済計算の年間データ（GDP〔国内総生産〕、給与総額、企業利益、家庭所得など）は1949-1998年に関するものであり、1949年より以前にさかのぼることはない。[2] ただし1938年については、簡略化された国民会計報告を作成しようとする試みが、戦争直後に関係当局により実施された。この『1938年経済会計報告』は数度にわたる見直しを経たあと、1957年に「決定」版が発表された。[3] しかしこの1938年を除き、1949年以前の国民経済計算のデータはすべて、「民間」で働く研究者が作成したものだ。そのため、戦間期と

1　第4章第4.1節を参照。

20世紀初頭に関してはいくつもの国民経済計算データが存在する。作成者により、精巧な会計の枠組みに基づいているものもあればそうでないものもあり、1年単位で作成されたものもあれば、つながりのない何年かだけを取り上げて作成されたものもある。1949年以前の時期に関して、「国民経済計算」（ここでは、近代的な国民経済計算からかけ離れたものも含め、広い意味での「国民経済計算」を指す）データの作成を試みたおもな研究者のうち、私たちがデータを使用した研究者を発表順に並べると次のようになる。デュジェ・ド・ベルノンヴィル（1931年、1933年、1935年、1936年、1937年、1938年、1939年）、ミツァキス（1944年）、フロマン&ガヴァニエ（1947年、1948年）、マリサン（1953年）、ソーヴィ（1954年、1965-1975年、1984年）、ヴァンサン（1962年、1965年、1972年）、カレ&デュボワ&マランヴォー（1972年）、トゥタン（1987年、1997年）、ヴィラ（1993年、1994年、1997年）、マディソン（1995年）[4]。しかし、利用可能なデータが多数あることを、過度に問題視すべきではない。これらさまざまな研究者たちが使用しているのは実際、戦後の「公的」国民経済計算が用いているのと同じような未加工の統計資料（生産指数、物価指数、国勢調査、産業部門別調査、行政データなど）である。またこれらの研究者は一般的に、未加工資料を処理する方法をきわめて詳細に説明している。そのため、これらの推計にはある程度の信頼性があると考えられる。とくに、自身の方法論を詳細に説明しているデ

2　「公的」な国民会計報告は、当初は財務省の「SEEF（経済財政研究局）」（1965年には「DP〔予測局〕」となる）とINSEEとが共同で作成したが、1962年からはINSEEが単独で作成した。しかしながら、国民会計報告のデータが初めて公表されたのは、1956年である（「国民会計報告書——収益と会計1949-1955年」〔『S&EF』第85号（1956年1月）p.1-165〕を参照）（いわゆる1952年基準データ。実質価格での計算を行なうにあたり、1952年を基準年として使用している）（第二次世界大戦後にフランスで作成された「草創期」の「公的な」国民会計報告に関する心躍るような物語については、フーケ〔1980年〕を参照）。1956年以降、『国民会計報告書』は毎年発表された（1961年までは『S&EF』、1962-1967年までは『情勢と分析』、1968年から1987年までは『INSEE集成』、1988年以降は『INSEE統計結果』に掲載された）。また、1952年基準が現われたあと、いくつもの基準が導入されている（1959年の会計は1956年基準、1962年の会計は1959年基準、1968年の会計は1962年基準、1975年の会計は1971年基準、1986年の会計は1980年基準、1998年の会計は1995年基準が導入されている）。INSEEはまた、国民経済計算の方法論と概念を説明した大部の刊行物を発表している（『拡大版国民経済計算体系、1971年基準、方法論』（『INSEE集成』第198-199号〔シリーズC（会計と計画化）第44-45号、1976年5月〕）、『拡大版国民経済計算体系、1980年基準、方法論』（『INSEE集成』第549-550号〔シリーズC（会計と計画化）第140-141号、1987年6月〕）など。INSEEはさらに、均質なベースに基づいて1949年までさかのぼることが可能な長期データも公表している（私たちはこの「遡及計算」された長期データを大いに活用した。使用した資料および「公的」国民経済計算データの正確な出典は表に記した）。

3　『1938年経済会計報告』（『S&EF』第101号付録、1957年5月）、p.673-691を参照。

4　19世紀に関しては、レヴィ＝ルボワイエ&ブルギニヨン（1985年）とトゥタン（1987年、1997年）の研究を挙げておこう。本書の研究対象は20世紀に限定しているので、19世紀に関する利用可能なデータについては触れない（これらのデータは多くの論議を引き起こしている。たとえば、トゥタン〔1996年〕を参照）。

ュジェ・ド・ベルノンヴィルには敬意を表さなければならない。ベルノンヴィルは当時の統計システムによる最良のデータを使用しており、「給与外所得」については、これ以上改善の余地のないほどの推計を行なっている（細部の数点を除く）[5]。さらに注目すべきは、利用可能な各データは、作成者それぞれが独自に入手したものであるにもかかわらず、全体としてデータ同士の整合性がとれている点である。利用可能な各データを体系的に比較したところ、全体的な差異は数%程度しかなかった（後出の第3節、とくに表G-20からG-22を参照）。したがって、これらのデータは比較的信頼できるものと考えられる。そこで私たちが推計を行なうにあたっては、おもにベルノンヴィルとヴィラの研究を利用することにした。とりわけ第一次世界大戦前夜および戦間期における家庭所得については、ベルノンヴィルの研究ほど頼りになる資料はない。また、1900-1949年の期間について完全な国民会計報告を作成する試みとして、ヴィラの研究ほど体系的なものはない。ヴィラの研究はとくに、過去のすべての研究者の仕事を統合したうえに成り立っている。そのおかげで、利用可能な各データが非常に高いレベルで一致していることを確認できるのである。

表 G-1：GDP、一次粗所得、可処分粗所得（1900-1998 年）〔10 億フラン単位〕

	(1) 市場 GDP（名目フラン）	(2) 市場 GDP（実質フラン）	(3) GDP 成長率	(4) GDP 合計（名目フラン）	(5) %(4)/(1)	(6) 一次粗所得（名目フラン）	(7) 可処分粗所得（名目フラン）	(8) %(7)/(6)	(9) %(6)/(1)	(10) %(7)/(1)
1900	36.1	290.4					33.7			93.3
1901	34.2	276.3	− 4.9				32.4			94.8
1902	34.3	273.2	− 1.1				31.3			91.3
1903	35.9	282.6	3.4				32.7			91.1
1904	36.9	288.5	2.1				33.3			90.5
1905	38.0	295.9	2.5				33.1			87.0
1906	38.4	291.9	− 1.3				33.5			87.2
1907	41.9	315.2	8.0				36.3			86.8
1908	41.2	314.7	− 0.2				36.9			89.5
1909	43.0	325.0	3.3				38.0			88.5
1910	42.2	310.0	− 4.6				38.5			91.2
1911	46.1	342.1	10.3				41.6			90.2
1912	51.2	370.8	8.4				44.1			86.2
1913	50.8	368.4	− 0.6				43.6			85.8

5　デュジェ・ド・ベルノンヴィルの例はまた、「公的な」推計と「民間の」推計との差がほとんどないことを示唆している。デュジェ・ド・ベルノンヴィルは民間の一研究者として、『政治経済』誌に自身の推計を発表した（SGFが発行する公的な刊行物に発表したわけではない）。しかし彼は当時、SGFの副局長であり、その推計を書籍の中で初めて取り上げたのはミシェル・ユベール（当時のSGF局長）だった。ユベールは自身の書籍の序文において部下の推計を熱心に推薦している（ユベール〔1931年〕、デュジェ・ド・ベルノンヴィル〔1931年〕を参照）。さらにいえば、デュジェ・ド・ベルノンヴィルは、近代的な国民会計報告の手法で、年ごとの「給与外所得」の推計をほぼ定期的に作成したという点で革新的だった（同じような推計はそれ以前にもすでに作成されていた〔とくにコルソン（1903年、p.295-304）を参照。また、1894年の所得に関して院外税務委員会が行なった研究があり、付録I第2.1節でこれを参照している〕。しかし常に単一の年についての限られた推計だった）。

表 G-1（続き）

1914	45.1	309.0	− 16.1							
1915	45.1	264.5	− 14.4							
1916	59.6	299.2	13.1							
1917	70.7	291.8	− 2.5							
1918	78.2	244.5	− 16.2							
1919	105.0	270.5	10.7							
1920	159.5	291.0	7.6				163.4			102.5
1921	128.6	278.2	− 4.4				158.6			123.3
1922	159.9	334.6	20.3				173.7			108.6
1923	189.8	354.0	5.8				189.6			99.9
1924	241.8	396.4	12.0				213.7			88.4
1925	265.8	401.8	1.4				233.0			87.7
1926	330.6	417.8	4.0				273.1			82.6
1927	342.5	409.6	− 2.0				280.1			81.8
1928	356.1	434.6	6.1				312.2			87.7
1929	400.2	473.1	8.9				334.1			83.5
1930	392.2	460.8	− 2.6				328.5			83.8
1931	365.6	442.9	− 3.9				299.8			82.0
1932	316.5	403.8	− 8.8				265.1			83.8
1933	312.8	415.8	3.0				259.6			83.0
1934	297.3	401.7	− 3.4				239.8			80.7
1935	280.1	391.5	− 2.5				234.3			83.6
1936	281.3	396.6	1.3				268.4			95.4
1937	349.3	405.8	2.3				322.8			92.4
1938	395.8	395.8	− 2.5				366.0			92.5
1939	453.3	411.5	4.0							
1940	371.1	315.8	− 23.3							
1941	413.0	294.6	− 6.7							
1942	480.9	295.1	0.1							
1943	531.4	291.3	− 1.3							
1944	575.4	222.2	− 23.7							
1945	1,102.3	277.9	25.0							
1946	2,437.5	375.1	35.0							
1947	3,635.4	398.7	6.3							
1948	6,556.1	451.2	13.2							
1949a	8,100.6	479.4	6.2				6,722.9			83.0
1949b	7,708.3	227.5		8,491.8	110.2	6,626.7	6,500.6	98.1	86.0	84.3
1950	9,017.4	244.7	7.6	9,956.8	110.4	7,700.1	7,551.5	98.1	85.4	83.7
1951	11,338.0	260.4	6.4	12,525.1	110.5	9,606.1	9,520.9	99.1	84.7	84.0
1952	13,195.7	268.7	3.2	14,605.5	110.7	11,242.6	11,062.7	98.4	85.2	83.8
1953	13,601.3	278.6	3.7	15,103.0	111.0	11,568.3	11,356.4	98.2	85.1	83.5
1954	14,375.8	293.8	5.4	15,995.0	111.3	12,301.9	12,101.7	98.4	85.6	84.2
1955	15,448.1	309.7	5.4	17,139.4	110.9	13,275.8	13,128.9	98.9	85.9	85.0
1956	16,922.4	325.8	5.2	18,880.2	111.6	14,630.8	14,388.4	98.3	86.5	85.0
1957	19,086.6	345.1	5.9	21,271.7	111.4	16,363.9	16,112.8	98.5	85.7	84.4
1958	22,050.2	354.4	2.7	24,567.9	111.4	18,753.7	18,269.6	97.4	85.1	82.9
1959	23,898.3	363.5	2.6	26,722.8	111.8	20,024.8	19,372.8	96.7	83.8	81.1
1960	266.5	392.5	8.0	296.5	111.2	221.9	215.5	97.1	83.2	80.9
1961	290.1	415.0	5.7	323.5	111.5	242.1	234.0	96.7	83.5	80.7
1962	323.2	444.6	7.1	361.2	111.7	274.2	268.3	97.8	84.8	83.0
1963	361.6	471.1	6.0	404.9	112.0	306.0	299.5	97.9	84.6	82.8
1964	401.8	504.2	7.0	449.2	111.8	334.8	326.4	97.5	83.3	81.2
1965	433.2	530.1	5.1	483.5	111.6	360.3	351.1	97.4	83.2	81.0
1966	469.7	560.4	5.7	523.4	111.4	387.8	377.3	97.3	82.6	80.3
1967	507.4	587.6	4.9	565.4	111.4	421.2	409.8	97.3	83.0	80.8
1968	547.4	611.9	4.1	614.5	112.3	462.7	445.6	96.3	84.5	81.4
1969	625.3	658.0	7.5	700.7	112.1	519.8	497.8	95.8	83.1	79.6
1970a	697.9	697.9	6.1	782.6	112.1	584.6	561.1	96.0	83.8	80.4
1970b	695.7	1704.5		793.5	114.1	592.3	562.6	95.0	85.1	80.9

表G-1（続き）

1971	772.5	1,790.3	5.0	884.2	114.5	658.4	621.7	94.4	85.2	80.5
1972	862.7	1,872.8	4.6	987.9	114.5	736.6	699.3	94.9	85.4	81.1
1973	987.0	1,982.7	5.9	1,129.8	114.5	833.7	793.5	95.2	84.5	80.4
1974	1,129.8	2,042.7	3.0	1,303.0	115.3	976.3	929.5	95.2	86.4	82.3
1975	1,255.7	2,024.3	− 0.9	1,467.9	116.9	1,130.5	1,075.5	95.1	90.0	85.7
1976	1,448.9	2,113.6	4.4	1,700.6	117.4	1,293.8	1,209.0	93.4	89.3	83.4
1977	1,625.4	2,180.5	3.2	1,917.8	118.0	1,468.3	1,366.5	93.1	90.3	84.1
1978	1,843.3	2,250.9	3.2	2,182.6	118.4	1,667.7	1,579.6	94.7	90.5	85.7
1979	2,094.3	2,323.6	3.2	2,481.1	118.5	1,888.6	1,767.2	93.6	90.2	84.4
1980	2,360.1	2,360.1	1.6	2,808.3	119.0	2,159.6	1,996.6	92.4	91.5	84.6
1981	2,644.8	2,384.2	1.0	3,164.8	119.7	2,472.4	2,314.8	93.6	93.5	87.5
1982	3,012.0	2,441.3	2.4	3,626.0	120.4	2,817.7	2,648.5	94.0	93.5	87.9
1983	3,321.5	2,452.3	0.5	4,006.5	120.6	3,101.7	2,883.3	93.0	93.4	86.8
1984	3,611.4	2,482.7	1.2	4,361.9	120.8	3,324.4	3,086.3	92.8	92.1	85.5
1985	3,904.6	2,530.0	1.9	4,700.1	120.4	3,550.0	3,323.1	93.6	90.9	85.1
1986	4,224.0	2,598.8	2.7	5,069.3	120.0	3,728.8	3,500.0	93.9	88.3	82.9
1987	4,462.7	2,662.2	2.4	5,336.7	119.6	3,900.0	3,629.1	93.1	87.4	81.3
1988	4,821.5	2,790.8	4.8	5,735.1	118.9	4,106.4	3,853.0	93.8	85.2	79.9
1989	5,198.3	2,926.7	4.9	6,159.7	118.5	4,443.4	4,139.4	93.2	85.5	79.6
1990	5,494.0	3,005.9	2.7	6,509.5	118.5	4,731.9	4,412.9	93.3	86.1	80.3
1991	5,699.4	3,018.9	0.4	6,776.4	118.9	4,993.8	4,649.7	93.1	87.6	81.6
1992	5,853.3	3,046.1	0.9	6,999.5	119.6	5,178.1	4,850.8	93.7	88.5	82.9
1993	5,865.7	2,985.7	− 2.0	7,077.1	120.7	5,276.2	4,995.6	94.7	89.9	85.2
1994	6,128.2	3,072.4	2.9	7,389.7	120.6	5,436.9	5,140.3	94.5	88.7	83.9
1995	6,342.1	3,141.7	2.3	7,662.4	120.8	5,693.4	5,364.2	94.2	89.8	84.6
1996	6,494.7	3,183.8	1.3	7,871.7	121.2	5,871.2	5,493.5	93.6	90.4	84.6
1997	6,724.5	3,264.2	2.5	8,137.1	121.0	6,067.4	5,685.3	93.7	90.2	84.5
1998	7,000.2	3,368.7	3.2	8,470.7	121.0	6,310.1	5,878.6	93.2	90.1	84.0

解説：1998年の場合、フランスの市場GDPは1998年フランで7兆2億フラン、1980年フランで3兆3687億フラン（1997年から1998年にかけて実質フランによる市場GDPの規模は3.2%増加したことになる）、GDP合計（市場GDP＋非市場GDP）は1998年フランで8兆4707億フラン（市場GDPの121%にあたる）、家庭の一次粗所得は1998年フランで6兆3101億フラン（市場GDPの90.1%にあたる）、家庭の可処分粗所得は1998年フランで5兆8786億フラン（一次粗所得の93.2%、市場GDPの84.0%にあたる）であった。

情報源：

(1)：名目フランによる市場GDP（単位は10億フラン。1900-1959年は旧フラン、1960-1998年は新フラン）（1900-1949aについては、ヴィラのPIBQデータ〔生産高から算出したGDP〕〔ヴィラ（1994年、p.466）を参照〕。1949b-1970aについては、1971年を基準にINSEEが遡及計算した市場GDPデータ〔『AR1948-1988』（INSEE、1990年）、p.239を参照〕。1970b-1997については、1980年を基準としたINSEEの市場GDPデータ〔「会計と経済指標——1997年国民会計報告書」（『INSEE統計結果』第607、608、609号〔一般経済編、第165、166、167号〕1998年6月、p.25）を参照〕。1998年の名目フランによる市場GDPは、1998年／1997年の成長率4.1%を適用して算出した〔「会計と経済指標——1998年国民会計報告書」（『INSEE統計結果』第664号（一般経済編、第182号）1999年7月、p.9）を参照〕）。

(2)：実質フランによる市場GDP（1900-1949aについては、ヴィラのPIBQデータ〔生産高から算出したGDP、1938年フラン換算、単位は10億フラン〕〔ヴィラ（1994年、p.466）を参照〕。1949b-1970aについては、1971年を基準にINSEEが遡及計算した市場GDPデータ〔1970年フラン換算、単位は10億フラン。『AR1948-1988』（INSEE、1990年）、p.242を参照〕。1970b-1997については、1980年を基準としたINSEEの市場GDPデータ〔1980年フラン換算、単位は10億フラン。「会計と経済指標——1997年国民会計報告書」（『INSEE統計結果』第607、608、609号〔一般経済編、第165、166、167号〕1998年6月、p.26）を参照〕。1998年の実質フランによる市場GDPは、1998年／1997年の成長率3.2%を適用して算出した〔「会計と経済指標——1998年国民会計報告書」（『INSEE統計結果』第664号〔一般経済編、第182号〕1999年7月、

p.9）を参照〕）。

(3)：実質フランによる市場GDPの成長率（(3)＝(2)の年間成長率）。

(4)：名目フランによるGDP合計（市場GDPおよび非市場GDP）（単位は10億フラン。1949-1959年は旧フラン、1960-1998年は新フラン）（1949b-1970aについては、1971年を基準にINSEEが遡及計算したGDP合計データ〔『AR1948-1988』（INSEE、1990年）、p.239参照〕。1970b-1997については、1980年を基準としたINSEEのGDP合計データ〔「会計と経済指標――1997年国民会計報告書」（『INSEE統計結果』第607、608、609号〔一般経済編、第165、166、167号〕1998年6月、p.25）を参照〕。1998年の名目フランによるGDP合計は、1998年／1997年の成長率4.1%を適用して算出した〔「会計と経済指標――1998年国民会計報告書」（『INSEE統計結果』第664号〔一般経済編、第182号〕1999年7月、p.9）を参照〕）。

(5)：市場GDPに占めるGDP合計（市場GDPおよび非市場GDP）の割合（(5)＝(4)/(1)%）。

(6)：名目フランによる家庭の一次粗所得（単位は10億フラン。1949b-1970aについては、1971年を基準にINSEEが遡及計算した一次粗所得データ〔『AR1948-1988』（INSEE、1990年）、p.251を参照〕。1970b-1997については、1980年を基準としたINSEEの一次粗所得データ〔「会計と経済指標――1997年国民会計報告書」（『INSEE統計結果』第607、608、609号〔一般経済編、第165、166、167号〕1998年6月、p.163）を参照〕。1998年の一次粗所得は、1998年／1997年の成長率4.0%を適用して算出した〔「会計と経済指標――1998年国民会計報告書」（『INSEE統計結果』第664号〔一般経済編、第182号〕1999年7月、p.77）を参照。6292.372／6049.793＝1.040〕）。

(7)：名目フランによる家庭の可処分粗所得（単位は10億フラン。1900-1913、1920-1938、1949aについては、ヴィラのRDMデータ〔家庭の可処分粗所得〕〔1900-1913についてはヴィラ（1997年、p.207）、1920-1938および1949aについてはヴィラ（1994年、p.147）を参照〕。1949b-1970aについては、1971年を基準にINSEEが遡及計算した可処分粗所得データ〔『AR1948-1988』（INSEE、1990年）、p.251を参照〕。1970b-1997については、1980年を基準としたINSEEの可処分粗所得データ〔「会計と経済指標――1997年国民会計報告書」（『INSEE統計結果』第607、608、609号〔一般経済編、第165、166、167号〕1998年6月、p.163）を参照〕。1998年の可処分粗所得は、1998年／1997年の成長率3.4%を適用して算出した〔「会計と経済指標――1998年国民会計報告書」（『INSEE統計結果』第664号〔一般経済編、第182号〕1999年7月、p.77）を参照。5513.142／5332.014＝1.034〕）。

(8)：一次粗所得に占める可処分粗所得の割合（(8)＝(7)／(6)%）。

(9)：市場GDPに占める一次粗所得の割合（(9)＝(6)／(1)%）。

(10)：市場GDPに占める可処分粗所得の割合（(10)＝(7)／(1)%）。

表G-2：課税対象所得総計と平均課税対象所得（1900-1998年）〔(1) (2) (4) は10億フラン単位〕

	(1) 課税所得（名目フラン）	(2) 課税対象所得総計（名目フラン）	(3) 合計課税対象所得／一次粗所得 (%)	(4) 合計課税対象所得（名目フラン）	(5) 合計課税対象所得／デュジェ所得 (%)	(6) 平均課税対象所得（1世帯あたり）（名目フラン）	(7) 平均課税対象所得（1世帯あたり）（1998年フラン）	(8) 平均課税対象所得（1人あたり）（名目フラン）	(9) 平均課税対象所得（1人あたり）（1998年フラン）	(10) 平均課税対象所得／労働者平均給与	(11) 平均課税対象所得／平均給与
1900			60.0	20.2		1,430	28,760	525	10,551	1.23	1.23
1901			60.0	19.4		1,377	27,537	505	10,103	1.19	1.19
1902			60.0	18.8		1,326	26,819	488	9,866	1.18	1.17
1903			60.0	19.6		1,376	27,979	508	10,322	1.19	1.18
1904			60.0	20.0		1,396	28,787	517	10,649	1.21	1.20
1905			60.0	19.9		1,380	28,474	512	10,563	1.20	1.18
1906			60.0	20.1		1,389	28,310	517	10,532	1.15	1.13
1907			60.0	21.8		1,502	30,185	560	11,261	1.23	1.20
1908			60.0	22.1		1,518	29,821	568	11,157	1.21	1.18
1909			60.0	22.8		1,558	30,660	585	11,503	1.23	1.19

表 G-2（続き）

1910			60.0	23.1		1,571	29,994	591	11,286	1.22	1.18
1911			60.0	25.0		1,686	29,279	636	11,048	1.28	1.24
1912			60.0	26.5		1,772	31,123	675	11,851	1.34	1.29
1913			58.9	25.7	70.8	1,701	28,893	654	11,103	1.27	1.22
1914				26.2		1,716	29,140	665	11,302	1.27	1.21
1915				27.4		1,799	25,740	699	9,999	1.26	1.21
1916				30.6		2,013	25,717	783	10,005	1.26	1.20
1917				39.0		2,575	27,460	1,003	10,700	1.26	1.19
1918				48.0		3,178	26,127	1,240	10,196	1.25	1.19
1919				61.7		4,091	26,908	1,599	10,517	1.25	1.18
1920			50.7	82.9	75.4	5,516	26,408	2,160	10,339	1.25	1.17
1921			54.3	86.1	74.8	5,616	30,692	2,219	12,129	1.19	1.11
1922			51.4	89.2	75.0	5,775	32,840	2,289	13,019	1.30	1.21
1923			52.5	99.5	74.3	6,377	32,671	2,536	12,993	1.37	1.28
1924			54.2	115.7	74.7	7,323	32,941	2,922	13,142	1.35	1.25
1925			54.1	126.0	73.3	7,874	33,009	3,151	13,211	1.35	1.25
1926			54.5	148.8	71.6	9,218	29,702	3,701	11,925	1.32	1.21
1927			53.7	150.5	71.6	9,257	28,569	3,724	11,493	1.31	1.20
1928			51.8	161.8	71.3	9,895	30,602	3,989	12,335	1.33	1.22
1929			52.6	175.9	71.8	10,689	31,127	4,317	12,571	1.29	1.17
1930			55.4	182.1	74.9	11,000	31,778	4,452	12,860	1.27	1.16
1931			57.0	171.0	75.0	10,220	30,721	4,144	12,457	1.23	1.12
1932			57.9	153.6	74.6	9,159	30,224	3,722	12,282	1.19	1.08
1933			56.8	147.4	74.1	8,769	29,892	3,571	12,174	1.12	1.01
1934			57.1	136.9	74.4	8,132	28,937	3,319	11,811	1.06	0.96
1935			56.1	131.5	75.2	7,794	30,245	3,188	12,372	1.03	0.93
1936			54.9	147.3	73.3	8,720	31,537	3,575	12,930	1.02	0.91
1937			54.8	176.9	73.1	10,470	30,099	4,295	12,347	1.05	0.93
1938			53.6	196.3	73.5	11,605	29,367	4,763	12,052	1.10	0.98
1939				199.8		12,352	29,323	5,072	12,040	1.12	0.99
1940				181.7		11,198	22,415	4,601	9,209	1.14	1.01
1941				218.0		14,182	24,200	5,830	9,947	1.16	1.02
1942				292.6		19,034	27,044	7,828	11,122	1.18	1.04
1943				361.8	68.6	23,680	27,089	9,744	11,146	1.20	1.05
1944				439.1		29,101	27,221	11,980	11,206	1.02	0.89
1945				791.1		52,260	32,984	21,525	13,586	1.05	0.91
1946				1343.5		81,249	33,605	33,483	13,849	1.15	1.00
1947				1774.5		106,590	29,509	43,872	12,146	1.10	0.95
1948				3015.1		179,285	31,315	73,700	12,873	1.15	0.98
1949			58.0	3843.5		226,600	34,964	93,033	14,355	1.26	1.06
1950			58.3	4489.1		262,870	36,873	107,789	15,120	1.37	1.13
1951			58.6	5629.0		327,181	39,462	133,993	16,161	1.30	1.04
1952			58.9	6621.6		382,705	41,250	156,536	16,872	1.30	1.03
1953			59.2	6848.1		393,338	43,129	160,686	17,619	1.31	1.03
1954			59.5	7319.2		418,299	45,683	170,670	18,639	1.23	1.01
1955			59.8	7938.3		449,832	48,689	183,639	19,877	1.19	0.98
1956			60.1	8792.4		493,392	51,251	201,535	20,934	1.17	0.97
1957			60.4	9882.8		548,838	55,350	224,309	22,621	1.19	0.98
1958			60.7	11382.3		624,607	54,727	255,420	22,380	1.22	1.00
1959			61.0	12213.7		663,131	54,762	271,326	22,406	1.23	1.00
1960			61.3	136.0		7,306	58,183	2,991	23,819	1.23	1.00
1961			61.6	149.1		7,931	61,144	3,249	25,046	1.26	1.00
1962			61.9	169.7		8,921	65,684	3,656	26,921	1.29	1.03
1963			62.2	190.3		9,741	68,439	4,000	28,104	1.29	1.02
1964			62.5	209.2		10,566	71,792	4,347	29,537	1.31	1.04
1965			62.8	226.3		11,303	74,926	4,659	30,885	1.33	1.05
1966			63.1	244.7		12,133	78,316	4,998	32,260	1.35	1.06
1967			63.4	267.0		13,135	82,633	5,407	34,016	1.40	1.09
1968			63.7	294.7		14,408	86,657	5,927	35,647	1.40	1.09

表G-2（続き）

1969			64.0	332.6		16,042	90,596	6,638	37,488	1.40	1.09
1970	266.5	380.8	64.3	380.8		18,104	97,186	7,536	40,455	1.44	1.13
1971	296.5	423.5	64.3	423.5		19,833	100,919	8,302	42,244	1.43	1.11
1972	331.9	474.2	64.4	474.2		21,898	104,920	9,209	44,125	1.42	1.12
1973	376.0	537.1	64.4	537.1		24,501	109,405	10,345	46,195	1.41	1.12
1974	440.5	629.3	64.5	629.3		28,398	111,530	12,028	47,238	1.39	1.10
1975	510.5	729.2	64.5	729.2		32,608	114,546	13,864	48,701	1.40	1.11
1976	589.3	841.9	65.1	841.9		37,421	119,939	15,945	51,105	1.39	1.10
1977	674.5	963.6	65.6	963.6		42,432	124,315	18,175	53,247	1.43	1.13
1978	772.6	1,103.8	66.2	1,103.8		48,118	129,214	20,720	55,641	1.43	1.13
1979	882.4	1,260.6	66.7	1,260.6		54,368	131,768	23,571	57,127	1.50	1.17
1980	1,012.5	1,446.4	67.0	1,446.4		61,661	131,552	26,919	57,432	1.49	1.17
1981	1,163.1	1,661.5	67.2	1,661.5		69,960	131,620	30,752	57,856	1.49	1.17
1982	1,330.0	1,899.9	67.4	1,899.9		79,024	132,981	34,967	58,843	1.48	1.16
1983	1,469.0	2,098.5	67.7	2,098.5		86,419	132,688	38,399	58,958	1.47	1.15
1984	1,579.8	2,256.8	67.9	2,256.8		91,844	131,301	41,111	58,773	1.46	1.14
1985	1,692.6	2,418.0	68.1	2,418.0		96,169	129,946	43,839	59,237	1.42	1.12
1986	1,789.6	2,556.5	68.6	2,556.5		100,121	131,731	46,138	60,704	1.41	1.10
1987	1,888.2	2,697.4	69.2	2,697.4		102,403	130,682	48,444	61,821	1.42	1.10
1988	1,985.2	2,836.0	69.1	2,836.0		105,854	131,534	50,673	62,966	1.43	1.10
1989	2,111.5	3,016.4	67.9	3,016.4		110,248	132,106	53,605	64,233	1.44	1.10
1990	2,250.8	3,215.5	68.0	3,215.5		114,718	132,943	56,834	65,863	1.43	1.09
1991	2,358.5	3,369.3	67.5	3,369.3		117,780	132,259	59,222	66,502	1.42	1.08
1992	2,434.9	3,478.4	67.2	3,478.4		119,729	131,296	60,793	66,666	1.42	1.07
1993	2,489.0	3,555.7	67.4	3,555.7		120,295	129,330	61,806	66,448	1.36	1.05
1994	2,544.3	3,634.7	66.9	3,634.7		121,003	127,917	62,907	66,501	1.36	1.03
1995	2,627.5	3,753.6	65.9	3,753.6		122,725	127,569	64,695	67,248	1.35	1.02
1996	2,714.8	3,878.3	66.1	3,878.3		124,569	126,946	66,573	67,843	1.36	1.03
1997	2,785.9	3,979.9	65.6	3,979.9		126,194	127,077	68,045	68,521	1.35	1.03
1998	2,914.2	4,163.1	66.0	4,163.1		129,085	129,085	70,894	70,894	1.37	1.05

解説：1998年の場合、1世帯あたりの平均課税対象所得は12万9085フラン、1人あたりの平均課税対象所得は7万894フラン。

情報源：

(1)：名目フランによる課税所得総計（課税世帯および非課税世帯。単位は10億フラン）（1970-1995については、ピケティ〔1998年、p.94、表C-2、列(10)〕を参照。列(1)に示した1996-1997の数値は、『L'Etat1921』n＋2年12月31日の課税所得総計〔課税世帯および非課税世帯〕。列(1)に示した1998の数値は、『L'Etat1921』n＋1年12月31日の課税所得総計〔課税世帯および非課税世帯〕を、n＋2年度の決定税額を考慮して1%引き上げた数値〔付録A第1.5節を参照〕)。

(2)：(課税所得)／(課税対象所得)の平均比率を70%と仮定して列(1)から導いた、1970-1998年の課税対象所得総計データ（(2)＝(1)／0.7)。

(3)：課税対象所得総計。1949-1998については一次粗所得に占める割合、1900-1913および1920-1938については可処分粗所得に占める割合（1970-1998については、(3)＝(2)／(表G-1の列(6))%。1949-1969については、この割合が1949年の58.0%から1970年の64.3%へと線形に推移したと仮定した。1913と1920-1938については(3)＝(4)／(表G-1の列(7))%。1900-1912についてはこの割合が60%であったと仮定した)。

(4)：本書で使用される名目フランによる課税対象所得総計データ（単位は10億ドル。1900-1959年は旧フラン、1960-1998年は新フラン）（1970-1998年については(4)＝(2)。1949-1969年については(4)＝(3)×（表G-1の列(6)）〔1949年については1949b〕。1900-1912年については(4)＝(3)×（表G-1の列(7))。1913年、1920-1938年および1943年については、列(4)の数値

は、デュジェ・ド・ベルノンヴィルの「給与外所得」の推定値〔1943年についてはミツァキスが引き継いでいる〕をもとに、表G-12の数値に以下の係数を適用して推計した。給与は95%、有価証券所得は70%、建物つき地所による所得は75%、BAは25%、BICは、1913年および1920-1929年は75%、1930-1938年および1943年は85%、自由業所得については100%、退職年金については0%。1914-1919年、1939-1942年および1944-1948年においては、(4)=(6)×(表H-1の列(10)))。

(5):(4)/(表G-12の「合計」列(8))%。

(6):本書で使用される1世帯あたりの平均課税対象所得データ(名目フラン。1900-1959年は旧フラン、1960-1998年は新フラン)(1900-1913年、1920-1938年、1943年および1949-1998年については、(6)=(4)/(表H-1の列(10))。1914-1919年、1939-1942年および1944-1948年については、(6)=(10)×(表E-1の列(6)))。

(7):本書で使用される1世帯あたりの平均課税対象所得データ(1998年フラン換算。(7)=(6)×(表F-1の列(7)))。

(8):本書で使用される1人あたりの平均課税対象所得データ(名目フラン。1900-1959年は旧フラン、1960-1998年は新フラン)((8)=(4)/(表H-1の列(1)))。

(9):本書で使用される1人あたりの平均課税対象所得データ(1998年フラン換算。(9)=(8)×(表F-1の列(7)))。

(10):「(1世帯あたりの平均課税対象所得)/(労働者平均給与)」の比率(1910-1913年、1920-1938年、1943年および1949-1998年については、(10)=(6)/(表E-1の列(6))。1914-1919年については、この比率が1913年の数値から1920年の数値へと線形に推移したと仮定した。1939-1942年については、この比率が1938年の数値から1943年の数値へと線形に推移したと仮定した。1944-1948年については、各年に1.02、1.05、1.15、1.10、1.15の比率を仮定した)(第1節を参照)。

(11):(1世帯あたりの平均課税対象所得)/(平均給与)の比率((11)=(6)/(表E-3の列(11)))。

表G-1を作成するにあたり、1900-1949年に関しては、ヴィラの推計したGDPおよび家庭所得のデータを転載した。GDPに関して、ヴィラが生産高から推計したGDPデータ[6]を使用したのは、戦時中も含め、1900-1949年の期間中すべての年を扱っているというメリットがあるためである。[7]家庭所得に関しては、ヴィラは家庭の可処分粗所得データのみを推計している(私たちは一次粗所得データを推計していないが、利用可能なデータが示すところによると、第二次世界大戦より以前の時期においても、GDPに占める一次粗所得の割合はGDPに占める可処分粗所得の割合よりわずかに高くなっており、1949年以降と同じ傾向を示している)。ヴィラによる可処分粗所得のデータは、1914-1919年および1939-1948年については扱っていないが、私たちもこれを補完していない(戦時中の扱い方については後出参照)。1949-1998年については、GDPと家庭所得(一次粗所得と可処分粗所得)の「公的」データを表G-1に転載した。[8]

1900-1998年における課税対象所得総計データを推計するため、私たちは以下の方法を採用した。ピケティ(1998年)において私たちは、1970-1995年における課税所得全体の年間データを推計した。このデータは、1985-1995年について

は利用可能な税務統計（1985年以来、年間税務統計には非課税世帯も含まれる）を使用し、1970-1985年については(課税所得)／(一次粗所得)の比率の推移を推計することによって導き出した。(課税所得)／(一次粗所得)の比率の推移の算出は、1970年、1975年、1979年、1984年、1990年の「税収」調査が提供する情報（世帯全体の課税対象所得の合計額の推定値）をとくに参照した。したがって本書では、課税所得全体に関するこの1970-1995年のデータを転載し、1996-1998年に関しては使用可能な最新の税務統計を使って補間した（表G-2の列(1)）。そしてこのデータを、(課税所得)／(課税対象所得)の比率が一律に70%であったと仮定して、課税対象所得総計に関する1970-1998年のデータに換算した。[9]

1949-1970年に関しては、(課税対象所得)／(一次粗所得)の比率が、1949年の58.0%から1970年の64.3%へと線形に推移したと仮定し（表G-2の列(3)）、表G-1に示した1949-1970年の一次粗所得のデータにこの比率を適用して、課税対象所得総計のデータを算出した。この単純化した仮定は、1956年、1962年、1965年、1970年の「税収」調査の結果と合致している。これはつまり、1950年

6　生産高の観点から考えると、GDPは各部門の生産高の総計と等しくなる。需要の観点から考えると、GDPと輸入の総額は、消費・投資・輸出の総額と等しくなる。所得の観点から考えると、GDPは各要素（給与、株式配当金など）から生じる所得の総額と等しくなる。理論上、GDPを計算するこの三つの方法は、すべて同じ結果を導き出すはずである（1949年に始まった公的な国民会計報告、さらに「1938年会計」もそうである)。しかし実際には、この三つのGDPの計算方法は、それぞれ異なるタイプの情報を必要とする（生産高による計算では、各種生産指数を集めればよい。需要による計算では、消費・投資・対外貿易に関するデータが必要である。所得による計算は最も煩雑で、給与や株式配当金など、所得のカテゴリーごとのデータをかき集めなければならない)。そのため1900-1949年の国民会計報告は、この理論的理想からはやや遠ざかることが多くなる。大半の研究者は、生産高の観点からGDPデータを推計するだけで満足しているが、完全な国民会計の推計を試みる研究者もおり（ヴィラもその一人である)、そうして導き出されたGDPデータは、選んだアプローチ法（生産高か、需要か、所得か）によりわずかに異なる値を取っている。これらの問題点については後述する。

7　ヴィラは国民経済計算の1962年基準の概念を使用しているので、彼のデータは、「国内総生産（GDP)」に関するものではなく、「国内総生産高」に関するものになっている。つまり、ヴィラのデータからは非市場GDPが除外されている。非市場GDPの概念は、1971年基準において初めて、大きな改革点の一つとして導入された（非市場GDPとは、国家が生産するサービスの価格であり、この価格は当該の生産コストと同額であると想定される。ここでいう生産コストとは、国家が消費する財やサービスの市場価格と公務員給与との総計である)。この改革により「国内総生産（GDP)」の概念が、それまでの「国内総生産高」の概念に取って代わった（1971年基準の導入以来、GDPは非市場GDPと市場GDPとの総計となった。それまでのGDPは後者のみの数値であった〔細部については除く〕)。私たちは、長期にわたる非市場GDPの推計は試みなかったが、利用可能なデータによると、第二次世界大戦前の非市場GDPの数値は、戦争直後に非常に近い水準、すなわち市場GDPの10%前後であった。本付録においても本書全体においても、この語を使用するたびに注意を喚起してはいないが、1971年より以前の基準で作成した推計に関しては、「GDP」は、「国内総生産」ではなく「国内総生産高」を指す。

代から1960年代にかけてこの調査で測定された課税対象所得が、国民経済計算の意味での家庭所得よりもわずかに速いペースで増加したことを示している。[10] この仮定はまた、家庭所得の構成の変化に関して私たちが確認した結果（後出の第3節表G-5からG-11を参照）とも合致している。長期的に見て、（課税対象所得）／（国民経済計算の意味での家庭所得）の比率がほぼ一定であるのは、非賃金労働者の混合所得の比重が低くなった（国民経済計算は混合所得の比重を、税務

8　1949-1970年の期間に関しては、1990年にINSEEが発表した『AR1948-1988年』に掲載されたデータを転載した。これはINSEEが、過去の基準で作成されたデータを使用して遡及計算を行ない、1971年基準で作成したデータである。1970-1997年の期間に関しては、1980年基準で発表された、最新の『国民会計報告書』、すなわち『1997年国民会計報告書』に掲載されたデータを転載している。これは1980年基準で作成されたデータなので、1971年基準で作成されたデータと並べると、1970年において（非常に）わずかな不連続性が見いだされるが、実際上の大きな問題はない（1980年基準が採用されたことで国民経済計算の方法や概念が修正されたが、1971年基準が採用されたときの修正に比べれば、明らかに重要度は低い）（INSEEはまた、1959-1997年の期間全体にわたり、1980年基準でデータを遡及計算している。しかしこの1959-1997年のデータは、「ヌバ」と呼ばれるデータベースを構成し、おもにINSEE内部で使用されているだけで公表されたことはない。本書はできうるかぎり公表されたデータを使用したいと考えたので、この「ヌバ」はほとんど使用していない〔ただし、表G-6およびG-8を参照〕。1998年に関しては、1997年の数値に、『1998年国民会計報告書』に示された成長率〔名目フランによるGDPは4.1%、実質フランによるGDPは3.2%、一次粗所得は4.0%、可処分粗所得は3.4%〕を適用するにとどめた。基本的に、本書の枠組みの中では1995年基準で作成されたINSEEの新データを使用しなかった。本付録の執筆時に利用可能だった1995年基準のデータでは、1970年にさかのぼることさえできなかったため、1980年基準で作成されたデータを使用することを選択した。そして1998年については、1980年基準による1997年の推定値に、『1998年国民会計報告書』に発表された1998年／1997年の成長率を適用して補間した〔過去のデータの見直しをしてきた経験からすると、1980年基準から1995年基準へと移行したことで生じる変化は、少なくとも推移に関するかぎり、10分の数%にとどまる可能性が高い〕）。

9　実際には、かつて（課税所得）／（課税対象所得）の比率が正確に70%になったことはない。しかし、1970年以来70%前後でわずかに変動しているだけなので無視してよい（付録B表B-7を参照）。

10　1970年の「税収」調査の結果を掲載した刊行物の中で、INSEEが指摘しているところによると、1956年と1962年の調査の際には、国民経済計算の意味における家庭所得に占める課税対象所得の割合は約57%、そして1965年と1970年の調査の際には約59-60%であった（バンドリエ&ジグリアッツァ〔1974年、p.119〕を参照）。この数値は、（課税対象所得）／（国民経済計算の意味での家庭所得）の比率がわずかな上昇傾向を示しているとする考えを立証しているが、この数値を額面どおり受け取ることはできないだろう。第一に、当時のINSEEが使用している国民経済計算のデータは、今日では時代遅れの基準に基づいたものである（どのデータを使用したのかも明示していない）。第二に、こちらのほうが重要だが、「税収」調査が推計している課税対象所得や課税所得の総計にしろ、世帯総数にしろ、私たちがここで推計しようとしている集計値と比較して、常にわずかに過小評価されている。というのは、「税収」調査の情報源となっているのは税務当局から送られてくる税務申告のサンプルであり、申告を提出しない非課税世帯の所得については常にうまく把握できなかったからだ（このような世帯の数が著しく減少するのは、1970年代末または1980年代初めになってからである）（ピケティ〔1998年、p.89-96〕を参照）。しかし、私たちが推計した1970年の上方修正率と同様の値を適用すると、INSEEが推計した上昇傾向（1956年は57%、1970年は60%）が、1956年は約60%、1970年は約64%という上昇傾向になる。これは、本節で述べた傾向と非常に近い（表G-2列(3)を参照）。

当局が受理した水準また当事者が申告した水準よりも非常に高く推計しているが）ことが、社会保障手当の比重が高くなった（社会保障手当の中で無条件に課税対象となるのは、障がい年金・旧従軍兵士年金に相当しない退職年金しかない）ことで相殺されているためである。しかし1950-1960年代においては、混合所得の比重の低下がとくに速かったため、第一の要因が第二の要因に完全に相殺されることはなかった（その結果、(課税対象所得)／(一次粗所得)の比率がやや上昇傾向になった)。さらにいえば、私たちの推計によると、(課税対象所得)／(一次粗所得)の比率は、1970年代においてもわずかに上昇する傾向を続けるが、1980-1990年代になると安定し、1990年代の終わりになるとわずかに低下してさえいる（表G-2の列(3)を参照)。これは、混合所得の低下が事実上終了し、社会保障手当の増加が非課税の資本所得の増加により強化されたからである。結果的に、1949-1998年における課税対象所得総計の推移（すなわち平均課税対象所得の推移）に関する私たちの推計は、二つのまったく独立した情報源（「税収」調査と国民会計報告）が提供する情報と合致する。したがってこの推計は、1-2%の誤差があるとしても、比較的信頼のおけるものと見なされる。たとえば、私たちの推計方法は、1970年の(課税対象所得)／(一次粗所得)の比率を（ごく）わずかに高く評価している可能性がある。したがって、1950-1960年代の平均課税対象所得の増加も（ごく）わずかにだが過大評価している可能性がある。これはつまり、この期間に課税対象所得総計に占める高所得者の所得の割合が、実際には私たちの見立てよりも大きく上昇していたかもしれないということだ。しかしこのわずかな偏りは1-2%以上にはならないと思われる[11]。

1913年および1920-1938年に関して、私たちが課税対象所得総計を推計するために選択したのは、国民経済計算の意味における家庭所得の推計ではなく、デュジェ・ド・ベルノンヴィルの「給与外所得」の推計を直接使用するという手法である。これは、ベルノンヴィルが使用する所得の概念のほうが、国民経済計算が使用する概念よりも課税対象所得の概念にはるかに近いため（とりわけベルノンヴィルは、営業粗利益ではなく、「純」利益を推計している）であり、また国民経済計算の意味における家庭所得に関する戦間期の推計、およびヴィラの推計は、すべてベルノンヴィルの推計に基づき算出されているためである[12]。具体的には、表G-2に示した1913年および1920-1938年の課税対象所得総計については、表G-12に転載したベルノンヴィルの推計に、表G-2の注に示した係数を適用して計算した。この係数は、ベルノンヴィルが使用した方法・概念・情報源を考慮す

11　このわずかな偏りには、次のような理由が考えられる。この推計のもとになったのは、ピケティ（1998年）の推計した課税所得全体のデータであり、これにはもともと偏りはない。しかし課税所得から課税対象所得を算出する際に、一律0.70の係数でこのデータを除した。だが実際のところ、1970年における「真の」係数はおそらく0.72に近い数値であり、0.70前後まで下がるのは1970年代に入ってからである（付録B表B-7を参照)。

れば、「妥当」なものと思われる。[13] ただし、最初の「税収」調査は1956年に行なわれており、この時期の課税対象所得総計について、この推計と照合できるようなほかの情報源は存在しない。つまり、課税対象所得総計と平均課税対象所得に関する私たちの推計は、戦間期や第一次世界大戦以前の時期については、第二次世界大戦後の時期に比べ、必然的に脆弱なものとなっている。しかしながら、ベルノンヴィルのデータから課税対象所得を直接推計するというこの方法を使用すると、1913年および1920-1938年の（課税対象所得）／（可処分粗所得）の比率は

12　所得からGDPを計算するために必要なデータ（家庭所得、給与、個人事業主収益、株式配当金、企業未分配利益など）を推計するため、ヴィラは「1938年会計」に示された数値から作業を始め、デュジェ・ド・ベルノンヴィルの「給与外所得」の各データを推移の指標として使用した（株式配当金と未分配利益については、ベルノンヴィルのデータとマリサンのデータを組み合わせた）。

13　以下の点は明確にしておく必要がある。デュジェ・ド・ベルノンヴィルは、「BIC」を推計する際、分類所得税の対象となるBICの総額をもとにした。そして、前年の分類所得税の控除、および課税対象基準に満たないBICの存在を考慮に入れるため、その総額を上方修正したあと、そうして得られた総額から、IRVMの統計に基づき推計したフランスの企業の株式配当金の額を差し引いた。このように上方修正と差し引きとを組み合わせてBICを推計したが、これは分類所得税の対象となるBICの総額とおよそ同じ額になった（表G-13の列(7)）。ベルノンヴィルがこうして推計したBICは、（課税対象所得に含まれない）未分配利益を含んでいる。そこで私たちは、このデータの75%（1913年および1920-1929年）または85%（1930-1938年）の値を採用した（マリサンの推計に基づき、未分配利益の割合を1920年代には25%、1930年代には15%とした。このことから、フランス企業の収益保持率は1920年代でおよそ50%、1930年代でおよそ30%であったこと〔表G-15の列(4)を参照〕、またBIC全体の中で企業が占める割合は常におよそ50%であったこと〔表G-15の列(8)を参照〕がわかる）。 有価証券所得を推計する際には、ベルノンヴィルはまず（予算統計より得た）フランス国家資産所得の額と、IRVMの対象となる有価証券所得の額とを合計し、次にそうして得られた総額から、企業または公的機関（よって私人は除く）が受け取った有価証券所得に相当するパーセンテージを差し引いた。実際には、採用されたパーセンテージはおよそ10%（表G-14の列(6)を参照）であったが、これは少ないように思われる（企業間を行き来する株式配当金がしばしばIRVMの名目で何重もの課税対象になることを、ベルノンヴィルは考慮していない。この偏りの大きさについては、マリサン〔1953年、p.47〕を参照）。このため、本書はこのデータの70%にあたる値を採用した（非課税である公的な利益の存在もまた考慮に入れるべきであろう）。私たちが適用したその他の率は以下のとおりである。農業所得は25%のみ（ベルノンヴィルは農業生産水準に関する統計を使用しているが、課税対象となるBAをきわめて都合よく決めていた事実を考慮すると、彼はBAをかなり高く推計している）。退職年金は0%（ベルノンヴィルは主として傷痍軍人年金をもとにしているが、これは非課税であり、したがって課税対象所得に含まれない）。給与は95%（ベルノンヴィルは、実人員数および官民の給与を直接扱ったデータをもとに給与総額を推計している。そしてここから、義務である社会保険負担金も、任意である退職準備積立金も差し引いていないが、これらは課税対象所得から大いに控除可能である。そのためこの95%という値は高すぎるかもしれない）。建物付き地所による所得は75%（ベルノンヴィルは、賃貸価額が課税対象所得となる場合には、不動産税の賃貸価額を約25%上方修正している）。自由業所得は100%（ベルノンヴィルは、BNCに対する分類所得税の統計に基づいているが、統計の数値は適切に上方修正されており、課税対象所得を考えるうえでいかなる修正も必要ないと思われる）。

50-60%（おおむね55-60%）になった。これは1949年の(課税対象所得)／(一次粗所得)の比率58.0%に非常に近い（表G-2の列(3)を参照)。そのため、この推計に誤差があるとしてもおそらく数%と考えられる。またこれは、(課税対象所得)／(可処分粗所得)の比率（あるいは(課税対象所得)／(一次粗所得)の比率）が20世紀を通してほぼ一定であったとする仮説を立証してもいる。とりわけ、これらの比率が戦争直後よりも戦間期（とくに1920年代）のほうがわずかに低いという事実は、非賃金労働者の混合所得の相対的比重の変化と完全に合致している。この現象はまた、戦間期における可処分粗所得をわずかに高く評価したことからも説明できるだろう（1920年、1922年、1928年についてヴィラが採用した可処分粗所得はとくに高いように思われる)。[14] 1900-1912年については、ベルノンヴィルが行なったような推計は存在しないので、(課税対象所得)／(可処分粗所得)の比率を一律60.0%と仮定した。これは1913年の58.9%に非常に近い水準である。

戦時中に関しては、利用可能な統計資料は比較的少ない（戦時中の年度について家庭所得の推計をあえて提示しようとする研究者はほとんどいない)。そこで、(平均所得)／(生産労働者平均給与)の比率の推移については仮定的な数値で補った。戦争中の混沌とした時期における給与規模の推移はよく知られており、(平均所得)／(生産労働者平均給与)の比率はたいてい、比較的ゆっくりとしたペースで変化する傾向がある。仮定的に補った数値は、こうした事実に基づいている（表G-2の列(10)を参照)。

1939-1948年に関しては、ミツァキス（1944年）の推計のおかげで、1943年に関する比較的確実な指標が存在する。ミツァキスは、1943年の「給与外所得」の推計を1944年に行なっており、この推計は（戦時期に固有の問題を考慮しても）比較的信頼できるものと思われる。ミツァキスはベルノンヴィルと同様の方法、同様の分類を使用し、またベルノンヴィルを手本に、当時の統計資料を総動員している。[15] そこで、表G-12に転載したミツァキスの推計に、ベルノンヴィルの推計に適用した係数と同じものを適用すると、1943年の(平均所得)／(労働者平均給与)の比率は1.20になる。これは1938年の比率1.10と比較すると、約10%

14　ただし、ヴィラのデータに基づいた1920年代初めの(可処分粗所得)／GDPの比率が非常に高くなっているのは（表G-1の列(10))、生産高の観点から計算したGDP推計（ヴィラの「PIBQ」変数）を分母として使用しているためである。仮に、所得の観点から計算したGDP推計（ヴィラの「PIBE」変数。後出の表G-3を参照）を使用したとすると、1921年の123.3%という比率は大きく下がり、100%の水準を（わずかに）下まわる程度になるだろう。戦間期における可処分粗所得の推計が高くなっているのは、おそらく、「1938年会計」で採用された水準が高かったこと、およびデュジェ・ド・ベルノンヴィルの「給与外所得」にヴィラが適用した上方修正係数がわずかに高すぎたことが原因だろう（ただしこの高すぎる係数は、戦間期においてすでに非課税の社会保障手当が大量にあったことを考慮すれば根拠があり（とりわけベルノンヴィルは、雇用者が直接支払う手当を考慮していなかった)、課税対象所得の推計についても同じことがいえる)。

高い比率である（表G-2の列(10)を参照)。しかしこの数値は、BIC（商工業収益）に対する分類所得税に関する税務統計情報と矛盾しない。この統計によると、1938-1943年のインフレの間、給与よりもBICのほうが増加ペースがわずかに速いことがわかる。[16] したがって、表G-2に示した1943年の課税対象所得総計は、ベルノンヴィルの推計に適用した係数と同じものをミツァキスの推計に適用して算出した。また、1939-1942年に関しては、(平均所得)／(生産労働者平均給与)の比率が1938-1943年の間で線形に推移したものと仮定した（表G-2の列(10)を参照)。ただし、1944-1948年に関しては、同様の仮定は想定できない。たしかに、1943年の(平均所得)／(生産労働者平均給与)の比率（1.20）は、1949年の比率（1.26）と比較的近い。そのため、1938-1943年の線形推移が1943-1949年も持続していたと推測することもできるだろう。しかし、GDPの成長率、給与の増加率、またBICに対する分類所得税の税務統計から得られる成長率を比較すると、1943-1949年に(平均所得)／(生産労働者平均給与)の比率がたどった推移が単純ではないことがわかる。1944年には急激な低下、1945年にわずかな上昇、1946年には大幅な上昇、1947年にはわずかな低下、そして1948-1949年にはふたたび上昇を示している。したがってこの情報をもとに、(平均所得)／(生産労働者平均給与)の比率を1944年には1.02、1945年には1.05、1946年には1.15、1947年には1.10、1948年には1.15と仮定し、1944-1948年の課税対象所得総計を計算した（表G-2の列(10)を参照)。当然こうした推計は比較的不正確なものになる。しかしこの推計結果は、使用可能なすべての情報と合致している。しかも、フロマン＆ガヴァニエ（1947年、p.921および1948年、p.738）の推計を使用して得られる課税対象所得総計の推定値よりも明らかに満足できるものである。フロマン＆ガヴァニエによると、名目フランによる家庭所得は、1938年には3710億フラン、1946年には2兆3000億フラン、1947年には3兆1480億フランと推移した（私たちが知るかぎり、1939-1948年を対象に、国民経済計算の意味における家庭所得を推計した例はこれしかない)。ここから得られる1946年／1938年、1947年／1938年の増加率を、私たちが推計した1938年の課税対象所得総計に仮に適用したとすると、1946年の平均所得は労働者平均給与よりほんのわずかだけ高いこ

15　リヴェ（1941年）もまた、1941年の給与所得全体を推計するためにデュジェ・ド・ベルノンヴィルと同様の方法を採用している（リヴェの推計はベルノンヴィルやミツァキスの推計と矛盾していない。しかし、リヴェはほかの所得総額を推計していないので、私たちは彼の推計は使用しないことにした)。

16　後出の第3節表G-15からG-17を参照。1943年まで給与よりもBICのほうがわずかに速いペースで増加したことは、企業の付加価値に占める資本所得の割合が戦争初期から低下しはじめていたことと矛盾しない。実際、BICに対する分類所得税の統計によると、1943年まで給与よりも速いペースで増加しているのは「個人事業や中小企業」のBICのみであり、「大企業」のBIC（とくに企業収益）は、（相対的な意味だけではなく名目フランにおいても）戦争初期から低下を始めている。

とになるが、1946年に経済が大きく回復したことを考慮すれば、それだけの差では少なすぎる（給与、GDP、BICの成長率を比較すると、1946年の（平均所得）／（生産労働者平均給与）の比率は少なくとも1.10-1.15であり、私たちが採用した1.15という数値はむしろ「平均的な」数値である）。またフロマン＆ガヴァニエの推計に従うと、1946年に高所得者の所得の割合が不自然なほど跳ね上がったことになるが、私たちの推計によれば、高所得者の所得の割合の変動は「穏当な水準」だった（しかし私たちの推計では、1944年における（平均所得）／（生産労働者平均給与）の比率の低下をやや過大評価している可能性がある。もう少し高い比率であれば、1944年の高所得者の所得の割合の低下は、私たちの見方よりもさらに大幅だったことになる）。

1914-1919年の時期についての家庭所得の推計数は、1939-1948年の時期よりもさらに少ない（これはおもに、分類所得税、とりわけBICに対する分類所得税の統計が1919年から始まったためである）。私たちが知るかぎりでは、ルカイヨン（1948年）による推計しかない。これは、デュジェ・ド・ベルノンヴィルが作成した1913年および1920年の「給与外所得」の推計を、工業生産指数と農業生産指数を使用してつなぎ合わせたものである[17]。平時においても比較的不正確になるこのような方法を、戦時について使用すべきではない。戦時においては一般的に、家庭所得は生産高よりもかなりゆっくりと低下し、低下幅もかなり小さいことを考慮しなくてはならない（とくに公債や国際的な資本移転のため）。またいずれにせよ、経済的推移が大きく変化する可能性がある（これもまた、戦時中の家庭所得の推移を推計する際に、ヴィラが生産高から推計したGDPデータを使用できない理由である）。事実、ルカイヨンの1914-1919年の推計を使用すれば、重大な不整合を招くことになる。したがって私たちはこれを使用しなかった[18]。1913年と1920年の推計から（平均所得）／（生産労働者平均給与）の比率を導き出すと、この2カ年で非常に近い比率になる（1913年には1.27、1920年には1.25）。この事実を考慮すると、1913年から1920年にかけてこの比率が線形に推移したと仮定するのがきわめて自然である（表G-2の列（10）を参照）。第一次世界大戦中における（平均所得）／（生産労働者平均給与）の比率が、1944-1945年と同じよ

17　ルカイヨンは、1913年、1914年、1915年、1916年、1917年、1918年、1919年、1920年の「給与外所得」の総額はそれぞれ、363億フラン、290億フラン、287億フラン、358億フラン、416億フラン、579億フラン、708億フラン、829億フラン（名目フラン）だったと推計した。

18　たとえば、ルカイヨンのデータによると、1918年から1919年にかけて家庭の購買力は低下したことになるが、当時はGDPが急成長しており、給与の購買力も明らかに増加していた。ということは、家庭もこの回復の恩恵に浴していたことになり、現実とまるで合致しない。また、ルカイヨンのデータによると、1919年から1920年にかけて家庭の購買力は目覚ましく増加しているが、そうなると高所得者の所得の割合が、不自然なほど激しく低下したことになる（たとえば、P90-100の割合が、1919年には49.57％であるのが1920年には39.60％になるなど）。

うな急落を経験しなかったとしても、それは整合性があると思われる。なぜなら、第二次世界大戦後は生産高が急減し、大規模な給与の引き上げが行なわれたが、第一次世界大戦ではそのような状況にならなかったからだ。仮に、第一次世界大戦期に物価が高騰し、十分な給与引き上げも行なわれず、付加価値に占める資本所得の割合が増加したと仮定すれば、1914-1918年における（平均所得）／（生産労働者平均給与）の比率は上昇し、1919-1920年になってようやく約1.25-1.27の水準に戻ったと結論づけることも可能だろう。しかしながら、入手可能な数少ない推計を見るかぎり、第一次世界大戦期には資本所得と労働所得との間の分配は相対的に安定していたようである。[19] これらの条件から見て、（平均所得）／（生産労働者平均給与）の比率は1913-1920年の間に線形に推移したと仮定するのが最も妥当だと考え、私たちはこの方法を採用した。

2　付加価値を労働所得と資本所得とに分割するための均質なデータの推計（1900-1998年）

表G-3とG-4は、1900-1998年の企業の付加価値を、労働所得と資本所得とに分割するための均質な年次データを入手するために、私たちが採用した方法を示している。ここでもまた、使用したすべての情報源、すべての計算方法を明確に表に記しておいたので、以下では重要な点を説明するにとどめる。

表 G-3：付加価値の労働所得と資本所得への分割（1900-1949 年）

	(1) PIBE	(2) MSE	(3) PSE	(4) CSE	(5) EBE	(6) IDVE	(7) RBEI	(8) RBM	(9) TAXE	(10) TAXIM	(11) SUBE	(12) DOME	(13) %EI	(14) %Tr.	(15) %K	(16) %Tr.	(17) %K
1900	34.9	13.2	0.1	0.0	1.6	1.6	12.9	3.2	2.3	0.5	0.5	0.0	44.0	80.8	19.2	76.7	23.3
1901	32.9	13.1	0.1	0.0	1.0	1.5	12.1	3.0	2.3	0.4	0.5	0.0	43.5	84.1	15.9	80.0	20.0
1902	32.1	12.8	0.1	0.0	1.3	1.4	11.5	2.8	2.3	0.4	0.6	0.0	42.4	82.5	17.5	78.4	21.6
1903	33.7	13.2	0.1	0.0	1.4	1.5	12.4	3.0	2.3	0.4	0.6	0.0	43.4	82.3	17.7	78.2	21.8
1904	34.3	13.1	0.1	0.0	1.4	1.5	12.9	3.2	2.3	0.4	0.6	0.0	44.7	82.2	17.8	78.1	21.9
1905	34.5	12.9	0.1	0.0	1.9	1.5	12.8	3.1	2.3	0.4	0.6	0.0	43.9	79.2	20.8	75.1	24.9
1906	34.1	13.3	0.1	0.0	1.3	1.7	12.4	3.0	2.4	0.4	0.6	0.0	43.1	81.9	18.1	77.8	22.2
1907	38.0	13.6	0.1	0.0	2.4	1.9	14.0	3.5	2.5	0.4	0.5	0.0	43.8	76.1	23.9	72.0	28.0
1908	37.8	14.2	0.1	0.0	1.8	1.9	13.9	3.4	2.5	0.4	0.5	0.0	43.7	79.7	20.3	75.6	24.4
1909	39.3	14.5	0.1	0.0	2.3	2.0	14.3	3.5	2.7	0.4	0.6	0.0	43.2	77.5	22.5	73.4	26.6
1910	39.2	14.9	0.1	0.0	1.7	2.3	14.0	3.4	2.9	0.5	0.6	0.0	42.3	78.9	21.1	74.8	25.2
1911	43.6	15.2	0.1	0.0	2.8	2.5	16.0	3.9	3.1	0.5	0.6	0.0	43.7	74.5	25.5	70.4	29.6
1912	47.3	15.3	0.1	0.0	4.5	2.7	17.6	4.3	3.1	0.5	0.7	0.0	43.8	68.2	31.8	64.1	35.9
1913	46.7	15.3	0.1	0.0	4.2	2.8	17.1	4.2	3.3	0.5	0.8	0.0	43.3	68.8	31.2	64.7	35.3
1914				0.0	2.8				2.6	0.4	0.9	0.0					
1915				0.0	2.5				2.7	0.4	0.9	0.0					
1916				0.0	5.6				3.4	0.4	0.8	0.0					
1917				0.0	7.7				4.3	0.5	1.1	0.0					
1918				0.0	7.7				4.0	0.6	1.2	0.0					

19　オークール＆グロタール（1999年）を参照。二人は、戦争収益に対する課税の統計を活用し、企業の付加価値を資本所得と労働所得とに分配する割合の推移を推計した。

表 G-3（続き）

1919		38.1	0.2	0.1	11.9	4.7			7.8	0.8	2.0	0.9		69.9	30.1	65.8	34.2
1920	162.6	59.1	0.4	0.4	20.0	5.3	61.5	5.5	13.3	1.6	2.8	1.8	41.9	70.3	29.7	66.2	33.8
1921	162.6	60.5	0.3	0.2	18.4	5.1	59.7	6.6	13.9	1.7	3.3	0.6	41.4	72.1	27.9	68.0	32.0
1922	174.4	59.7	0.2	0.3	20.8	4.9	65.8	9.2	15.5	1.7	1.7	2.0	43.4	70.1	29.9	66.0	34.0
1923	195.7	64.8	0.3	0.3	22.8	5.7	76.6	9.6	17.2	1.6	1.7	1.5	44.9	69.7	30.3	65.6	34.4
1924	226.3	76.2	0.3	0.3	26.1	7.8	86.5	11.0	20.1	1.9	2.3	1.5	43.8	69.4	30.6	65.3	34.7
1925	250.6	81.9	0.4	0.3	27.4	9.7	97.6	12.3	22.5	2.0	2.4	1.1	44.9	69.0	31.0	64.9	35.1
1926	312.5	95.8	0.5	0.4	34.1	11.3	123.6	14.1	33.3	3.5	3.4	0.7	46.5	68.1	31.9	64.0	36.0
1927	322.4	98.0	0.7	0.5	34.8	11.6	123.1	15.7	37.4	4.9	3.2	1.0	45.8	68.1	31.9	64.0	36.0
1928	346.4	106.0	0.8	0.7	35.8	12.8	132.8	17.3	40.1	5.0	3.5	1.2	46.0	68.9	31.1	64.8	35.2
1929	371.0	119.0	0.9	0.9	37.5	14.8	134.8	18.9	45.0	4.9	4.3	1.4	43.8	69.8	30.2	65.7	34.3
1930	361.7	127.4	2.2	1.9	38.2	14.0	116.4	20.9	42.6	5.2	5.6	1.4	38.8	71.6	28.4	67.5	32.5
1931	338.6	122.0	3.6	3.1	37.5	10.9	98.7	22.0	42.2	4.7	5.5	0.6	35.8	72.7	27.3	68.6	31.4
1932	300.1	110.6	3.3	2.9	29.0	7.0	86.3	22.0	38.4	6.0	5.3	0.0	36.1	76.4	23.6	72.3	27.7
1933	292.0	105.6	3.1	2.7	31.3	7.7	83.5	21.2	37.7	4.9	5.4	0.3	35.7	74.1	25.9	70.0	30.0
1934	264.7	96.6	3.2	2.9	26.1	8.6	72.6	20.4	34.9	5.1	5.7	0.0	34.6	74.7	25.3	70.6	29.4
1935	256.5	90.0	3.4	3.0	25.7	8.3	73.6	19.6	34.5	4.9	6.4	0.1	36.1	73.9	26.1	69.8	30.2
1936	286.0	100.5	3.1	2.7	25.8	9.8	93.7	18.9	33.4	4.9	6.8	0.1	39.8	74.9	25.1	70.8	29.2
1937	348.6	123.3	4.2	3.7	36.1	10.9	116.6	19.6	37.2	5.3	8.4	0.1	39.6	73.6	26.4	69.5	30.5
1938	396.9	137.0	5.3	4.7	41.0	14.0	128.0	22.0	46.0	7.0	8.0	0.1	38.8	72.8	27.2	68.7	31.3
1939		140.0	5.3	4.8	43.1	14.1	147.8						41.6	72.4	27.6	68.3	31.7
1940		127.6	4.6	3.5	37.7	14.1	122.1						39.4	72.4	27.6	68.3	31.7
1941		148.3	5.2	4.8	41.3	14.0	137.0						39.1	74.1	25.9	70.0	30.0
1942		181.0	6.1	7.6	47.1	14.0	160.8						38.6	76.1	23.9	72.0	28.0
1943		216.4	7.0	8.7	49.5	12.2	179.2						37.9	79.0	21.0	74.9	25.1
1944		367.9	11.5	10.4	28.5	12.4	195.6						31.2	90.5	9.5	86.4	13.6
1945		619.8	18.6	31.0	74.2	10.9	377.8						33.4	88.7	11.3	84.6	15.4
1946		835.7	24.1	110.2	265.3	20.4	842.2						40.1	77.2	22.8	73.1	26.9
1947		1278	35.2	201.6	386.0	38.1	1266						39.5	78.1	21.9	74.0	26.0
1948		2061	54.3	344.1	751.1	52.2	2302						41.4	75.4	24.6	71.3	28.7
1949a		2249	56.4	464.1	979.1	87.2	2866						42.8	72.2	27.8	68.1	31.9

解説：1949年の場合、企業の付加価値に占める労働所得の割合は68.1%、資本所得の割合は31.9%。

情報源：

(1)：ヴィラのPIBEデータ＝所得により計算した名目GDP（単位は10億フラン）（1920-1938年については、ヴィラ〔1994年、p.142〕、1900-1913年についてはヴィラ〔1997年、p.207〕を参照）。

(2)：ヴィラのMSEデータ＝企業が支払った名目給与総額（単位は10億フラン）（1919-1949年については、ヴィラ〔1994年、p.139〕、1900-1913年についてはヴィラ〔1997年、p.206〕を参照）。

(3)：ヴィラのPSEデータ＝企業が支払った名目社会保障手当額（単位は10億フラン）（1919-1949年については、ヴィラ〔1994年、p.146〕、1900-1913年についてはヴィラ〔1997年、p.206〕を参照）。

(4)：ヴィラのCSEデータ＝企業が支払った名目社会保険負担額（単位は10億フラン）（1919-1949年については、ヴィラ〔1994年、p.114〕、1900-1913年についてはヴィラ〔1997年、p.206〕を参照）。

(5)：ヴィラのEBEデータ＝企業の名目粗貯蓄額（単位は10億フラン）（ヴィラ〔1994年、p.123〕を参照）。

(6)：ヴィラのIDVEデータ＝企業が支払った名目利子・株式配当金額（単位は10億フラン）

（1919-1938年については、ヴィラ〔1994年、p.129〕、1900-1913年についてはヴィラ〔1997年、p.206〕を参照。1939-1949年については、ヴィラの1938年の数値をもとに、分配収益についてマリサンが作成した1939-1949年のデータを推移の指標として使用し、算出した（表G-15の列（2）を参照）。マリサンのデータは1940-1941年が欠けているので、1939年から1942年にかけて線形に推移したと仮定した）。

(7)：ヴィラのRBEIデータ＝個人事業主の名目営業粗所得（単位は10億フラン）（ヴィラ〔1994年、p.147〕を参照）。

(8)：ヴィラのRBMデータ＝家庭の営業粗所得（住居および市民農園）（ヴィラ〔1994年、p.147〕を参照）。

(9)：ヴィラのTAXEデータ＝企業が支払った名目税額（単位は10億フラン）（1919-1938年についてはヴィラ〔1994年、p.149〕、1913年についてはヴィラ〔1997年、p.206〕、1914-1918年についてはwww.cepii.frを参照）。

(10)：ヴィラのTAXIMデータ＝家庭が支払った名目間接税額（単位は10億フラン）（1919-1938年についてはヴィラ〔1994年、p.150〕、1913年についてはヴィラ〔1997年、p.206〕、1914-1918年についてはwww.cepii.frを参照）。

(11)：ヴィラのSUBEデータ＝企業が受け取った名目補助金額（単位は10億フラン）（1919-1938年についてはヴィラ〔1994年、p.149〕、1913年についてはヴィラ〔1997年、p.206〕、1914-1918年についてはwww.cepii.frを参照）。

(12)：ヴィラのDOMEデータ＝企業が受け取った名目戦災補償金額（単位は10億フラン）（ヴィラ〔1994年、p.122〕を参照）（理論上、PIBE＝MSE＋PSE＋CSE＋EBE＋IDVE＋RBEI＋RBM＋TAXE＋TAXIM－SUBE－DOMEとなる）。

(13)：付加価値に占める個人事業主の割合（(13)＝(7)／［(2)＋(3)＋(4)＋(5)＋(6)＋(7)］%）。

(14)：企業（個人事業主を除く）の付加価値に占める労働所得の割合（(14)＝［(2)＋(3)＋(4)］／［(2)＋(3)＋(4)＋(5)＋(6)］%）。

(15)：企業（個人事業主を除く）の付加価値に占める資本所得の割合（(15)＝［(5)＋(6)］／［(2)＋(3)＋(4)＋(5)＋(6)］%）。

(16)：修正後の労働所得の割合（(16)＝(14)－4.1）。

(17)：修正後の資本所得の割合（(17)＝(15)＋4.1）。

表G-4：付加価値の労働所得と資本所得への分割（1949-1998年）〔列(1)-(3)は10億フラン単位〕

	(1) 企業が賃金労働者に支払った報酬総額	(2) 企業（個人事業主を除く）の営業粗利益	(3) 個人事業主の営業粗利益	(4) 付加価値に占める個人事業主の割合（%）	(5) 企業（個人事業主を除く）の付加価値に占める労働所得の割合（%）	(6) 企業（個人事業主を除く）の付加価値に占める資本所得の割合（%）		(7) 修正後の労働所得の割合（%）	(8) 修正後の資本所得の割合（%）
1949	2,717.4	1,102.4	2,477.1	39.3	71.1	28.9	1949	67.0	33.0
1950	2,995.0	1,297.6	3,002.3	41.2	69.8	30.2	1950	65.7	34.3
1951	3,808.6	1,658.7	3,668.8	40.2	69.7	30.3	1951	65.6	34.4
1952	4,561.4	1,833.7	4,124.2	39.2	71.3	28.7	1952	67.2	32.8
1953	4,760.0	1,917.9	3,826.4	36.4	71.3	28.7	1953	67.2	32.8
1954	5,171.1	2,052.3	4,170.5	36.6	71.6	28.4	1954	67.5	32.5
1955	5,674.4	2,198.6	4,450.4	36.1	72.1	27.9	1955	68.0	32.0
1956	6,349.3	2,455.9	4,712.7	34.9	72.1	27.9	1956	68.0	32.0
1957	7,128.8	2,745.0	5,290.8	34.9	72.2	27.8	1957	68.1	31.9
1958	8,163.1	3,157.8	6,142.7	35.2	72.1	27.9	1958	68.0	32.0

表 G-4（続き）

1959	8,922.0	3,569.4	6,219.7	33.2	71.4	28.6	1959	67.3	32.7
1960	98.3	41.1	70.2	33.5	70.5	29.5	1960	66.4	33.6
1961	110.1	44.6	72.5	31.9	71.2	28.8	1961	67.1	32.9
1962	124.2	47.3	81.8	32.3	72.4	27.6	1962	68.3	31.7
1963	142.2	52.8	87.5	31.0	72.9	27.1	1963	68.8	31.2
1964	159.5	60.6	92.5	29.6	72.5	27.5	1964	68.4	31.6
1965	173.0	66.1	97.8	29.0	72.4	27.6	1965	68.3	31.7
1966	187.5	72.6	104.0	28.6	72.1	27.9	1966	68.0	32.0
1967	201.9	80.5	112.4	28.5	71.5	28.5	1967	67.4	32.6
1968	223.1	87.0	117.5	27.5	72.0	28.0	1968	67.9	32.1
1969	256.1	102.6	125.8	26.0	71.4	28.6	1969	67.3	32.7
1970a	290.6	116.0	138.9	25.5	71.5	28.5	1970	67.4	32.6
1970b	249.0	120.5	136.7	27.0	67.4	32.6			
1971	281.1	137.5	146.1	25.9	67.2	32.8	1971	67.2	32.8
1972	315.5	149.7	164.9	26.2	67.8	32.2	1972	67.8	32.2
1973	366.1	179.0	180.1	24.8	67.2	32.8	1973	67.2	32.8
1974	438.3	201.8	197.7	23.6	68.5	31.5	1974	68.5	31.5
1975	511.9	204.9	212.4	22.9	71.4	28.6	1975	71.4	28.6
1976	594.5	236.5	231.6	21.8	71.5	28.5	1976	71.5	28.5
1977	672.1	275.6	259.8	21.5	70.9	29.1	1977	70.9	29.1
1978	754.3	306.7	298.3	21.9	71.1	28.9	1978	71.1	28.9
1979	855.4	350.6	328.5	21.4	70.9	29.1	1979	70.9	29.1
1980	991.8	374.3	357.2	20.7	72.6	27.4	1980	72.6	27.4
1981	1,125.9	423.0	388.6	20.1	72.7	27.3	1981	72.7	27.3
1982	1,276.7	475.3	449.4	20.4	72.9	27.1	1982	72.9	27.1
1983	1,400.9	537.4	486.5	20.1	72.3	27.7	1983	72.3	27.7
1984	1,494.5	616.7	510.2	19.5	70.8	29.2	1984	70.8	29.2
1985	1,586.6	692.3	542.2	19.2	69.6	30.4	1985	69.6	30.4
1986	1,660.9	821.5	585.6	19.1	66.9	33.1	1986	66.9	33.1
1987	1,743.7	897.1	591.8	18.3	66.0	34.0	1987	66.0	34.0
1988	1,853.2	1,022.9	613.4	17.6	64.4	35.6	1988	64.4	35.6
1989	1,980.2	1,111.0	689.5	18.2	64.1	35.9	1989	64.1	35.9
1990	2,127.4	1,143.4	728.0	18.2	65.0	35.0	1990	65.0	35.0
1991	2,229.7	1,207.0	725.8	17.4	64.9	35.1	1991	64.9	35.1
1992	2,304.0	1,224.1	732.8	17.2	65.3	34.7	1992	65.3	34.7
1993	2,313.2	1,228.5	706.0	16.6	65.3	34.7	1993	65.3	34.7
1994	2,362.0	1,266.9	715.7	16.5	65.1	34.9	1994	65.1	34.9
1995	2,456.4	1,320.7	731.8	16.2	65.0	35.0	1995	65.0	35.0
1996	2,531.7	1,333.2	736.6	16.0	65.5	34.5	1996	65.5	34.5
1997	2,598.0	1,407.6	748.2	15.7	64.9	35.1	1997	64.9	35.1
1998	2,670.8	1,472.3	775.8	15.8	64.5	35.5	1998	64.5	35.5

解説：1998年の場合、付加価値に占める労働所得の割合は64.5%、資本所得の割合は35.5%。

情報源：

(1)：企業が賃金労働者に支払った報酬総額。

(2)：企業（個人事業主を除く）の営業粗利益。

(3)：個人事業主の営業粗利益。（名目フラン。単位は10億フラン）。

1949b-1970aについては、1971年基準（「シェイエ基準」）のINSEE推計（(1)：シェイエのCOUTSE変数（企業が支払った賃金コスト総額）。(2)：シェイエのEBEE変数（SQSおよび個人事業主の営業粗利益）とEBEEI変数（個人事業主の営業粗利益）との差額。(3)：シェイエのEBEEI変数）。1970b-1997については、1980年基準のINSEE推計（「会計と経済指標――1997年国民会計報告書」〔『INSEE統計結果』第607、608、609号（一般経済編、第165、166、167号）、1998年6月〕）（(1)：SQSが支払った賃金労働者の報酬〔p.143〕。(2)：SQSの営業粗利益〔p.143〕。(3)：個人事業主の営業粗利益〔p.163〕）。1998については、1995年基準のINSEE

推計（「会計と経済指標——1998年国民会計報告書」〔『INSEE統計結果』第664号（一般経済編、第182号）、1999年7月〕）をもとに、1998年／1997年の成長率を適用して算出。成長率は、(1)は2.8%（p.64。(2035＋629＋70＋45)／(1954＋636＋69＋44)＝1.028）、(2)は4.6%（p.64。1411／1349＝1.046）、(3)は3.7%（p.77、707／682＝1.037）。

(4)：付加価値に占める個人事業主の割合（(4)＝(3)／［(1)＋(2)＋(3)］%）。

(5)：企業（個人事業主を除く）の付加価値に占める労働所得の割合（(5)＝(1)／［(1)＋(2)］%）。

(6)：企業（個人事業主を除く）の付加価値に占める資本所得の割合（(6)＝(2)／［(1)＋(2)］%）。

(7)：修正を施された労働所得の割合（1949-1969年は(7)＝(5)－4.1。1970-1998年は(7)＝(5)）。

(8)：修正を施された資本所得の割合（1949-1969年は(8)＝(6)＋4.1。1970-1998年は(8)＝(6)）。

1900-1949年の期間に関しては、ヴィラが所得から計算したGDPデータおよびヴィラが提示した各種構成データを採用した。構造的に、所得から計算したGDPは以下のものの総和になる。すなわち、企業が賃金労働者に支払った報酬の合計額（給与、社会保険負担金、社会保障手当）、企業（個人事業主を除く）のEBE（営業粗利益）（ヴィラが採用した会計の枠組みでは、企業が支払った利子・株式配当金額と企業の粗貯蓄とに分けられる）[1]、個人事業主の営業粗所得、家庭（個人事業主を除く）の営業粗所得（おもに家賃、とくに帰属家賃）[2]、そして生産に関連する税金（補助金は除く）の総和である（ヴィラが推計した所得から計算したGDPを分割するための計算式は、表G-3の注に記載した）[3]。ヴィラのデータを使い、所得から計算したGDPを完全に分割できるのは、1900-1913年および1920-1938年のみである（表G-3を参照）。1914-1919年については、データの補間を行なわなかった。一方1939-1949年については、ヴィラの「IDVE」（企業が支払った利子および株式配当金）データを補間した。これは、1938年の数値を基準に、企業の分配収益に関するマリサンの1939-1949年データ（表G-15の列(2)[4]を参照）を推移の指標として使用し、算出した。ヴィラもまたマリサンのデータを使用して戦間期のIDVE変数の推移を推計したことを考えると、この方法には一貫性がある。[5]またマリサンは、一般的に非常に信頼できると見なされているIRVM（有価証券所得税）の統計に基づいてデータを推計していることから、この推計はまずまず信頼できるものと考えられる。[6]この数値をヴィラの

1　ヴィラが使用した「EBE」変数は、企業粗貯蓄（l'épargne brute des entreprises）を指す。すなわち、総経営余剰から企業が支払った利子および株主配当金を差し引いたものである（表G-3を参照）。EBEという略号の一般的な意味、すなわち営業粗利益（l'excédent brut d'exploitation）と混同してはならない。

データに追加すれば、第二次世界大戦期にまで付加価値分割の推計を延長することが可能になる。こうして得られた結果は比較的「妥当な」ものといえるだろう。[7]

私たちのおもな目標は、「純」付加価値を労働所得と資本所得に分割することにあった。純付加価値とは、生産に関連する税金や補助金を差し引いた付加価値

2　国民経済計算ではいまだに、家庭（個人事業主を除く）の営業粗所得は、家庭（個人事業主を除く）の営業粗利益と呼ばれる（粗所得と粗利益との唯一の違いは、後者においては利子が控除される点であるが、ヴィラは家庭が支払う利子を考慮しなかったため、ここではまったく重要ではない)。ここに含まれるのは、家庭が所有する農園から得た所得（現物所得など）や、住居から得た所得（すなわち家賃。住居所有者がその住居に居住している場合に、自身に支払うと見なされる帰属家賃も含む）である。1970-1998年に関しては、未発表のあるデータにより家庭（個人事業主を除く）の営業粗利益を分割することが可能になる（表G-6の列(1)にあたる)。それによれば予想どおり、農園からの所得は無視しうる値であった（1-2%。つまり、家賃が全体の98-99%を占める)。家賃全体の中で帰属家賃が占める割合はおよそ70%である（わずかな上昇傾向を見せている）（この未発表データは、ジャック・ブルネ〔INSEE国民会計課〕から提供された。残念なことに、これより前の時期に関する同様のデータはまったく存在しない)。

3　前述したとおり、このような所得区分ごとの分割ができるのは、所得から計算したGDP（ヴィラの表記では「PIBE」）のみである。生産高から計算したGDP（ヴィラの表記では「PIBQ」）であれば、生産部門ごとに限った分割ができる。需要から計算したGDP（ヴィラの表記では「PIBVAL」）であれば、もっぱら所得の最終的用途（消費、投資または輸出）に応じた分割ができる。

4　マリサンのデータには1940-1941年のデータが欠落しているため、1939年から1942年にかけて線形に推移したと仮定してこれを補間した（1938-1945年全体を通じて、マリサンが推計した値はきわめて安定している（名目フランで100億フラン前後)。誤差が生まれたとしてもおそらく非常にわずかであり、1940-1941年の資本所得の割合がより低い方向へと向かうだけだろう)。

5　前出参照。

6　原則的に、フランス企業が支払った株式配当金に関するデュジェ・ド・ベルノンヴィルの推計（表G-13の列(2)）とフランス企業が分配した収益に関するマリサンの推計（利子は課税対象のBICから控除されるため、実質的に株式配当金になる）（表G-15の列(2)）とは、完全に一致するはずである。両者ともIRVMの徴収税額統計に基づいて推計しているためだ。実際、両データ間の誤差は、概して10%未満である（表G-13の列(9))。こうした誤差が生まれるのは、IRVMの徴収税額から当該所得を推計する方法がいくつも存在していることから説明がつく。IRVMの税率は課税される有価証券の種類により変化し、さらに、1年の間に頻繁に変更されるためだ（マリサンは、ベルノンヴィルよりも詳細なIRVMの統計を入手していた。このため前者の推計のほうがやや信頼できると考えられる。とくに、ベルノンヴィルは当時まだ1938年の統計を入手していなかったため、この年に関する推計はとりわけ説得力の弱いものとなっている。1931-1932年の推計もまた、会計年度から暦上の年度への移行が行なわれたために複雑なものとなっている)。またマリサンは、1921-1939年のフランス企業の収益総計を推計する際（表G-15の列(1)参照)、BICに対する分類所得税の高額納税企業上位5万社を想定した（マリサンがこのような仮定をせざるをえなかったのは、BICに対する分類所得税の統計が、企業と個人事業主を区別していないためである)。1942-1949年に関しては、統計を用いて企業収益を切り離して扱うことが可能である（表G-15の列(5))。この際、マリサンはそこから同年の徴収税額を差し引くという入念さを見せている（表G-15の列(6))。1942年以来、前年の収益に対して支払った税金が、当年の収益から控除できなくなったことを考慮するためである。

である。生産に関連する税金が付加価値全体にかかることを考えれば、[8] これはきわめて論理的な方法だと思われる。本書はまた、付加価値から家庭の営業粗所得も排除した。この項目は企業の生産には相応しくないと考えるからである（ただし、この項目は家庭所得の分割には当然考慮に入れられる。後出の表G-5からG-11を参照）。私たちが行なった第一の分割は、付加価値に占める個人事業主の割合を計算することである（表G-3の列(13)を参照）。第二の分割は、いわゆる企業（個人事業主を除く）の付加価値を、労働所得の割合と資本所得の割合に分けることである。構造的に、この二つの割合の合計は100%になる（表G-3の列(14)(15)を参照）。

1949-1998年の期間における私たちの目標も、1900-1949年の期間と同様、付加価値を分割することにある。そのための手段として、表G-4には三つの主要な項目に関する「公的」なデータを転載するにとどめた。すなわち、企業が賃金労働者に支払った報酬総額、企業（個人事業主を除く）の営業粗利益（EBE）、そして個人事業主のEBEである（表G-4の列(1)(2)(3)を参照）。この三大項目は、1900-1949年の付加価値を分割するために使用した項目と概念的には同じものである。[9] 1900-1949年についてと同様、この三大項目の総和はGDPの数値を下まわる。家庭のEBEのほか、生産に関連する税金や補助金、また金融機関や保険会

7　とくに、ヴィラのデータを延長するこの方法により、両表の境にあたる1949年について非常に適切な値を算出できる（資本所得の割合を見ると、表G-3〔列(15)〕では27.8%、表G-4〔列(6)〕では28.9%となっている）。仮に、1949年の企業（個人事業主を除く）の付加価値に占める資本所得の割合についてヴィラの推計（4086億フラン。マリサンのデータから得られる額である872億フランの4倍以上に相当する）を採用すると、資本所得の割合は33.4%になる。しかしながら、いくつか整合性のない点も存在する。たとえば未分配収益についてマリサンは、「1938年会計」およびこれに基づくすべてのデータ（ヴィラのデータも含まれる）で採用された推定値よりも、明らかに低い推定値を採用している（マリサン〔1953年、p.65-66〕によると、「1938年会計」の作成者たちは、1945年に推計された「未分配収益率」と同じものをGDPに適用しているだけなので、「1938年会計」が採用した未分配収益の推定値は著しく過大評価されているという）。いずれにせよ、戦時期につきもののこうした不確実性のため、1944-1945年に資本所得の割合が急落した現象を再検討することはむずかしい。だがこれは、かなり厳然たる現象だと思われる（この現象は、さまざまな研究者が使用したどの生産指数・給与指数とも完全に合致している。これらの指数は、1944-1945年における生産高の急落と給与の大幅な引き上げとが結びついていることを証明している。また、マリサンが使用したBICに対する分類所得税およびIRVMの税務統計と照らし合わせても、完全に符合する。これらの統計から、戦時中、とくに戦争末期に大企業の収益および債権者・株主へ分配される利子・株式配当金が急減したことがわかる）。

8　これはとくに、付加価値税およびそれに先行するほかの「生産に関連する税金」にあてはまる。生産に関連する税金や補助金を組み込んだ「市場価格表示」の付加価値と対比させ、「純」付加価値を「要素費用表示」の付加価値と呼ぶことがある。「要素費用表示」の付加価値を分割する利点は、労働所得の割合と資本所得の割合の合計がちょうど100%になることである。一方、「市場価格表示」の付加価値を分割すると、「生産に関連する税金（補助金は除く）の割合」が含まれ、推移が見えにくくなってしまう（付加価値を分割するさまざまな方法については、たとえばセッテ&マフーズ〔1995年、1996年〕、ピケティ〔1997年、p.39-40〕、プリジャン〔1998年〕を参照）。

社の付加価値をさらに加えなければならないからだ。金融機関と保険会社に関しては、推計するうえで特殊な問題があるため、「近代的」国民経済計算データの中ではほかの企業から切り離されている。そのためこの付加価値の分割からは除外している。これらの補足的項目は、私たちが行なう付加価値の分割には意味がないため、表G-4に転載しなかった。興味のある読者は「公的な」国民経済計算の完全データを参照すれば、これらのデータを容易に見つけることができる。ここに転載した三大項目もそこから入手したものである。[10] そして1949-1998年のこの「公的」データをもとに、1900-1949年の場合と同じ計算を行なった。すなわち、付加価値に占める個人事業主の割合（表G-4の列(4)）を計算し、企業（個人事業主を除く）の付加価値を労働所得と資本所得に分割したのである（表G-4の列(5)(6)）。「公的」データをもとにこうして算出した1949年の推定値と、ヴィラのデータを引き継いで得られた1949年の推定値とを比較すると、個人事業主の割合についても企業（個人事業主を除く）の付加価値の分割についても、非常に近い結果が得られる。ヴィラのデータを引き継ぐために私たちが適用した方法は、かなり一貫性があるものといえるだろう。

しかし、対象期間全体において均質と見なされるような企業の付加価値の分配率を取得するためには、表G-3の列(14)(15)および表G-4の列(5)(6)に示した推計に修正を施すことが必要になる。その理由となる問題は二つある。第一の問題

9　本書が現在使用しているのは個人事業主の営業粗利益（EBE）であり、個人事業主の営業粗所得ではないという、（わずかな）相違点を除く（個人事業主が支払う利子によりこの両者は区別されるが、実際には量的にさほど大きな重要性を持たない。いずれにせよ、このわずかな相違は、いわゆる企業〔個人事業主を除く〕の付加価値の分割にいかなる影響ももたらさない）。

10　1970-1997年に関しては、1980年に作成され、1980年基準で公表された最新の「国民会計報告書」、すなわち「1997年国民会計報告書」に転載されたデータを採用した（1998年に関しては、ここでもまた、1997年の数値に「1998年国民会計報告書」に示された成長率を適用するにとどめた）。1949-1970年に関しては、過去の基準で作成されたデータをもとに、INSEEが1971年基準で遡及計算したデータを採用した（この1971年基準で遡及計算したデータを用いれば、企業の付加価値を分割することが可能になるが、1990年にINSEEが発表した『AR』にはこのデータが転載されていない。したがって、ヴィラがウェブサイト「セピ」（www.cepii.fr）で公開していた「シェイエ」基準のデータを使用しなくてはならなかったが、このデータは公表されているデータと完全に一致している）。この選択（1949-1970年は1971年基準、1970-1998年は1980年基準）は、表G-1での選択と整合性を持つという利点がある。加えて、仮に私たちがほかの基準の国民経済計算データを使用したとしても、付加価値の分割について得られる結果はほぼ同様になるはずであり、誤差があるとしても10分の数%未満となるはずである（たとえば、セッテ&マフーズ〔1995年、1996年〕は、1949-1959年は1962年基準のデータを、1959-1994年は1980年基準〔ヌバ基準〕のデータを使用している。同様にプリジャン〔1998年〕は、1959-1996年について1980年基準〔ヌバ基準〕のデータを使用している。これらの研究者はすべて、ここに提示した結果とまったく同じ結果に到達している。すなわち、資本所得と労働所得との分配は、1950-1960年代には非常に安定しているが、1970年代から1990年代にかけては、資本所得の割合は「U字曲線」（労働所得の割合については「逆U字曲線」）を描き、1982-1983年に最も落ち込んでいる）。

は、付加価値を労働所得と資本所得とに分割しようとする際に常についてまわる問題であるが、個人事業主の混合所得の分割に関係している。当然のことながら、国民経済計算が扱う個人事業主の混合所得（すなわち個人事業主のEBE）には、非賃金労働者が提供する労働への報酬と、彼らが自社に投資する資本への報酬とが同時に含まれており、両者を区別することはできない。この問題に対しては、通常二つの解決法が適用される。一つめの解決法は、個人事業主のEBEにおける労働所得と資本所得の分割を、企業（個人事業主を除く）の付加価値分割と同じ条件で行なうというものだ。この解決法は構造的に、付加価値を労働所得と資本所得に分割する方法すべてが、企業（個人事業主を除く）の付加価値を分割する方法とまったく同一になることを意味する。二つめの解決法は、賃金労働者の平均労働所得と同額の平均労働所得を、非賃金労働者に割り当てるというものだ。20世紀全体を通じて、付加価値に占める個人事業主の割合は、雇用全体に占める非賃金労働者の割合に（おおむね）類似した水準を示している。20世紀初頭には45-50%だったが、20世紀の終わりには10-15%へ推移しているのだ（表G-3の列(13)および表G-4の列(4)を参照)。そのためこの二つめの解決法が導き出す結論は、一つめの解決法の結果と非常に近いものになる。[11]

第二の問題は、第一の問題より深刻なのだが、個人事業主が支払う給与に関係している。国民経済計算における個人事業主とは、経営者の人格とは異なる法人格をもたない企業とされ、農業経営者、職人、商店主などが含まれる。したがって、賃金労働者はほとんどおらず、給与の支払いもほとんどない。しかし実際のところ、個人事業主が支払う給与総額は無視できるものではない。その証拠に、表G-3と表G-4に転載したデータを見ると、1970年のところで不連続性が見られる。1900-1949年および1949-1970年の期間に関しては、企業が支払った給与総額（表G-3の列(2)、表G-4の列(1)）は個人事業主が支払った報酬を含んでいるが、1970-1998年の期間に関しては、企業（個人事業主を除く）が支払った報酬のみの数値になっているからだ。[12] そのため、このデータから推計した企業の付加価値に占める労働所得の割合は、1900-1949年および1949-1970年において不自然に高く推計されている（表G-3の列(14)、表G-4の列(5)を参照)。そこでこの不連続性をならすために、1970年を境とした修正を施した。1970年より以前の年については、企業の付加価値に占める労働所得の割合を4.1ポイント引き下げ、企業の付加価値に占める資本所得の割合を4.1ポイント引き上げた（表G-3の列(16)(17)および表G-4の列(7)(8)を参照)。しかし、時代とともに個人事業主の

11　たとえば、すでに引用したセッテ&マフーズ（1995年、1996年）は1949-1994年について、プリジャン（1998年）は1959-1996年について、付加価値の分配を推計するためにこの二つめの解決法を適用している。この解決法により得られた資本所得と労働所得との分配は、個人事業主を除外して得た数値とほぼ同じ（誤差は10分の数%未満）だった。

数が減少していったことを考慮すると、最も古い時代にこの修正の手順を適用しても、それだけでは不十分だろう。とくに、20世紀初頭の付加価値に占める労働所得の割合は非常に高い（表G-3の列(16)を参照)。この値はやや過大評価されている可能性がある。[13]

3　補足データ

本節には、第1節および第2節に提示したデータを作成するために役に立ち、また本書のさまざまな箇所で参照した数種の補足データを集めた。使用した情報源、実行した計算はすべて、表に明確に示しておいた。表G-5からG-8が提示するのは、国民経済計算の意味における家庭所得の分割である。[1] 表G-9からG-11が提示するのは、家庭の課税対象所得の分割である。表G-12からG-14が提示するのは、デュジェ・ド・ベルノンヴィルが作成した戦間期の「給与外所得」の推計結果である。表G-15が提示するのは、マリサンが作成した戦間期のフランス企業の自己金融を推計した結果である。表G-16およびG-17が提示するのは、戦間期の納税義務者数、およびBICに対する分類所得税の名目で課税された収益額の推移である。表G-18およびG-19が提示するのは、BIC申告に基づき、戦間期

12　この不連続性が生まれたのは、1971年基準が採用されて以来、個人事業主の支払った報酬がほかの企業の支払った報酬から無条件に切り離されるようになったためだ（これは、非市場GDPの概念の導入に続く、1971年基準における第二の重要な改革点といえる。すなわち、以前は企業部門に属していた個人事業主が、この基準で完全に家庭部門に組み込まれたのである)。1949-1970年に関するデータは、基本的にはINSEEが1971年基準で遡及計算したものだが、「シェイエ」基準の「COUTSE」変数には以前の基準の慣習が残っており、個人事業主が支払った報酬とほかの企業が支払った報酬とを一つにまとめてしまっている（この遡及計算ではいかなる補足的な分割も行なわれていないようである。おそらく、以前の基準に基づく未加工の資料においてはこのような分割が不可能なためだろう)。

13　この偏りの大きさを正確に推計するのは困難である。利用可能なデータからは、対象期間全体にわたって個人事業主が支払った報酬の規模を知ることができないためである。しかしながら、1970-1998年に関する利用可能なデータから、個人事業主の付加価値に占める給与の割合が15-20%あたりできわめて安定していることがわかる（この計算を行なうのに使用したのは、1990年代の「国民会計報告書」表09.09に掲載されている個人事業主が支払った報酬の推定値、および「ヌバ」基準のデータである。後者は、1959-1998年の期間全体にわたりこの割合が安定していたことを証明している)。同様の割合を20世紀初頭に想定し、また個人事業主の付加価値（個人事業主が支払った給与を除く）が20世紀初頭にはおよそ45%だったことを考慮に入れると（表G-3の列(13)を参照)、表G-3の列(14)に示した20世紀初頭の労働所得の割合は、4.1ポイントではなく、約5ポイント高く推計されていると考えられる（修正前の割合を80%、個人事業主の付加価値に占める給与の割合を20%とすると、以下の式が得られる。

$[0.8-(0.2\times0.45)/((1-0.2)\times(1-0.45))]\ /\ [1-(0.2\times0.45)/((1-0.2)\times(1-0.45))] = 0.75$

しかしながら、20世紀初頭の国民経済計算において個人事業主として分類された企業には、付加価値に占める給与の割合が明らかに15-20%を上まわる大規模な人的会社がかなりの数含まれていたという点を忘れてはならない。

に税務当局が作成したBIC区分ごとの統計から作成した推計結果である。これらの推計を得るために、パレートの法則による近似法を適用した。[2] 所得申告（付録B第1.1節を参照)、給与申告（付録D第1節を参照)、相続申告（付録J第2節を参照）の統計を処理するために使用した手法と同じものである。最後に、表G-20からG-22において、1913-1949年に関して利用可能な主要GDPデータを比較した。[3] 各データが全体的に矛盾がないことが確認できる。とくにこれらのデータすべてが、戦間期に同様の周期的特性を示している。1921年に後退、1922年、1923年、1924年に大幅な成長、1925年に鈍化、1926年に成長、1927年に後退、1928年、1929年に大幅な成長、1930年、1931年、1932年に後退、1933年にわずかな回復、1934年、1935年に再度下落、1936年、1937年に停滞とわずかな回復、1938年に再度下落といった具合である。[4] GDPの総合的推移の概算についても非常に近い数値を示している。各研究者がいずれも、実質GDPの成長について、1913-1929年の間はおよそ30-40%、1913-1938年の間はおよそ10-20%、1913-1949年の間はおよそ30-40%と推計している。[5] これはきわめてわずかな差ということになる。たとえば、36年間（1913-1949年）において10%の差ということは、平均年間成長率の差はおよそ0.3%になる。[6] 所得格差水準の変化の規模と比較すると、これぐらいの差は取るに足らないといえるだろう。

1　国民経済計算の意味における家庭の地所による所得（表G-6の列(2)を参照。分割については表G-7およびG-8を参照）を構成するのはRCMのみである（前述したとおり、RFは家庭〔個人事業主を除く〕の営業粗利益に含まれる)。また、1949-1959年の期間における家庭所得を分割するために、1962年基準のデータを使用せざるをえなかった（表G-6を参照)。これは、INSEEが遡及計算した1971年基準のデータが、1959年以前の時期の家庭所得を完全に分割していないためである（『AR1948-1988』〔INSEE、1990年〕、p.251を参照）（続いて、1959-1998年の期間全体に関しては、ヌバ基準の未発表データを使用することにした。これは、ふたたび基準を1970年に変更しても計算を無駄に複雑にするだけだと考えたためである)。同様に、1949-1959年における家庭の地所による所得を分割する際には、1956年基準のデータを使用せざるをえなかった（表G-7を参照)。これは、1962年基準のデータが、1949-1959年の期間の地所による所得を分割していないためである（以下を参照。「国民会計、1962年基準、1949-1959年度会計」〔『INSEE集成』第55号（シリーズC〔会計と経済計画〕第13号）1972年4月〕)。

2　BIC申告に基づき税務当局が戦間期に作成したBIC区分ごとの表は、所得区分ごとおよび給与区分ごとの表と同じ刊行物上で発表された（付録A第4節を参照)。また、これらの表で使用されているBICの最上位区分は、1919-1930年については5万フラン以上のBIC、1931-1938年については100万フラン以上のBICとなっている。このため、1931年以降に関してのみ、高額納税者1万人、および高額納税者1000人の平均BICの推計を提示している（表G-18および表G-19を参照）（納税者総数が不安定に変動すること、また商工業企業総数の推移の推計が困難であることを考慮し、分位ではなく、固定数の納税者で推計を行なうことにした)。ちなみに、BICの分布に関して得られたパレート係数はおよそ4-5であり（すなわち所得および給与に関して得られる係数の2倍以上である)、極度に富が集中しているというBICの特徴を表わしている。

3　表G-20に転載したGDPデータはすべて、生産高から計算したGDPデータである（表G-20に示したいずれの研究者も、需要から、あるいは所得からGDPデータを作成しようとはしていない。私たちが知るかぎり、そのような分析を行なっているのはヴィラのみである）。ヴァンサンやカレ&デュボワ&マランヴォーやトゥタンによって発表された論文には、データを作成するために彼らが使用した農業・工業・第三次産業部門の多数の生産指数に関する詳しい説明がある。残念なことに、ソーヴィは自身の処理方法に関する説明をほとんどしていない。1954年の報告書では、「個人的な計算」に基づいたデータであると述べるにとどめている。またソーヴィは『戦間期のフランス経済史』を1954年のデータで改訂した版を発表しているが、興味のある読者には1954年の報告書を参照するようにと促すにとどめ、しかも以下のように断っている。「報告書には、計算方法について簡潔な注があるだけである。当の原稿は貸し出されたまま返却されていない」（ソーヴィ〔1965-1975年、第1巻、p.276〕を参照）（おそらくソーヴィも生産指数に基づいて計算しているのだろう。また、ソーヴィのデータは国民所得を対象としているが、推移に関するかぎりあまり重要ではない〔GDPから国民所得を導き出すためには、海外から受け取った純所得を加算し、資本減価を差し引かなければならない〕）。マディソンはおもにトゥタンとソーヴィのデータに依拠しているため、彼のデータは真にオリジナルなデータではない。

4　表G-21を参照。需要から計算したGDPでも所得から計算したGDPでも、細部の数点を除き、これと同様の周期的特性を見いだすことができる（表G-22を参照）（所得から計算したヴィラのGDPデータは、生産高または需要から計算したヴィラのGDPデータとは異なり、名目フランでのみ作成されている。そのため実質フランのデータを得るために、需要から計算したGDPの物価指数を使用しなければならなかった（ほかの物価指数、たとえば消費者物価指数を使用することも可能だろう）。この種のデータすべてに共通する一般的特性の一つがここにある。すなわち、生産高あるいは需要からGDPを計算すれば、名目フランのデータと実質フランのデータを同時に作成できる（基準年を選び、各部門の生産者価格、または需要の各構成要素の価格を集めて物価指数を計算すればよい）が、一方、所得からGDPを計算すると、名目フランのデータしか作成できない（各所得カテゴリー別の「価格」を集めて物価指数を計算してもまったく意味がない）。

5　表G-21を参照。この混沌とした時期におけるGDPの総合的推移については論争がないわけではない。たとえば、1929年に達した最高値の水準についての論争がある。ソーヴィの最初の推計によると、1929年の実質GDPは1913年の実質GDPより38%高いとしているが、ヴァンサンによると1929年／1913年の成長率は26%である。しかし実際には、こうした不一致の幅は比較的小さいといえる（加えて、それぞれの研究者の推計値が一点へと集中していく傾向を見せている。1929年／1913年の成長率についてソーヴィが修正したデータは、38%ではなく33%であった。トゥタンのデータにおいても同様の現象が見られる）。さらに、需要から計算したGDPデータも所得から計算したGDPデータも、同様の概算値（数%の誤差は除く）を示している（表G-22を参照）。これらのデータは完全に独立した情報源に基づき作成されているだけに、これは驚くべきことである。すなわち、生産高から計算したGDPデータは生産指数に基づき、需要から計算したGDPデータは消費・投資・対外貿易に関する資料に基づき、所得から計算したGDPデータは各所得カテゴリー別に関する資料に基づいている（デュジェ・ド・ベルノンヴィルとマリサンのデータの場合は、とくに税務資料に基づいている）。

6　$1.1^{1/36} = 1.0027$

表 G-5：国民経済計算の意味における家庭所得の分割（1900-1938 年）〔列(1)-(7)は 10 億フラン単位〕

	(1) RBM	(2) IDVM	(3) RBA	(4) RBI	(5) MSM	(6) PSM	(7) DOMM	(8) %RBM	(9) %IDVM	(10) %RBA	(11) %RBI	(12) %MSM	(13) %PSM	(14) %Cap.	(15) %Mix.	(16) %Trav.	(17) %Mix.	(18) %Trav.	(19) %MSE	(20) %MSG	(21) %PSM
1900	3.2	3.4	6.5	6.4	13.9	0.4	0.0	9.4	10.1	19.3	18.9	41.2	1.1	19.5	38.2	42.3	47.4	52.6	95.0	5.0	2.7
1901	3.0	3.3	6.1	6.0	13.8	0.5	0.0	9.1	10.2	18.6	18.5	42.2	1.5	19.3	37.0	43.7	45.9	54.1	94.9	5.1	3.4
1902	2.8	3.2	5.5	6.0	13.5	0.5	0.0	9.0	10.0	17.5	19.0	42.9	1.5	19.0	36.5	44.5	45.1	54.9	94.8	5.2	3.5
1903	3.0	3.2	6.2	6.1	13.9	0.5	0.0	9.2	9.8	18.9	18.6	42.1	1.5	19.0	37.5	43.6	46.2	53.8	95.0	5.0	3.4
1904	3.2	3.3	6.8	6.1	13.8	0.4	0.0	9.5	9.8	20.2	18.3	41.1	1.1	19.2	38.6	42.2	47.7	52.3	94.9	5.1	2.7
1905	3.1	3.4	6.5	6.3	13.6	0.5	0.0	9.4	10.1	19.5	18.9	40.7	1.5	19.5	38.4	42.1	47.7	52.3	94.8	5.2	3.4
1906	3.0	3.7	5.9	6.5	14.1	0.5	0.0	9.0	10.9	17.4	19.3	41.9	1.4	19.9	36.7	43.4	45.9	54.1	94.3	5.7	3.3
1907	3.5	4.1	7.2	6.8	14.4	0.5	0.0	9.4	11.2	19.7	18.7	39.5	1.3	20.7	38.4	40.9	48.5	51.5	94.5	5.5	3.3
1908	3.4	4.1	7.3	6.6	15.0	0.6	0.0	9.2	11.0	19.7	17.9	40.5	1.6	20.2	37.6	42.1	47.2	52.8	94.7	5.3	3.8
1909	3.5	4.4	7.3	7.1	15.4	0.6	0.0	9.2	11.5	19.0	18.5	40.3	1.6	20.7	37.5	41.9	47.2	52.8	94.2	5.8	3.7
1910	3.4	4.7	6.9	7.1	15.8	0.7	0.0	8.9	12.0	17.9	18.3	41.0	1.8	20.9	36.2	42.8	45.8	54.2	94.3	5.7	4.2
1911	3.9	4.9	8.4	7.6	16.2	0.7	0.0	9.4	11.8	20.0	18.3	38.8	1.7	21.2	38.3	40.5	48.6	51.4	93.8	6.2	4.1
1912	4.3	5.4	9.3	8.3	16.3	0.7	0.0	9.7	12.2	21.0	18.7	36.7	1.6	22.0	39.7	38.3	50.9	49.1	93.9	6.1	4.1
1913	4.2	5.4	8.8	8.3	16.3	0.7	0.0	9.6	12.4	20.1	19.0	37.3	1.6	22.0	39.1	38.9	50.1	49.9	93.9	6.1	4.1
1920	5.5	17.2	26.5	35.0	64.8	6.3	10.2	3.3	10.4	16.0	21.2	39.2	10.0	13.7	37.1	49.1	43.1	56.9	91.2	8.8	20.3
1921	6.6	18.7	26.6	33.1	66.8	6.7	3.1	4.1	11.6	16.5	20.5	41.3	6.1	15.7	36.9	47.4	43.8	56.2	90.6	9.4	12.8
1922	9.2	17.5	25.9	39.9	65.8	7.1	11.1	5.2	9.9	14.7	22.6	37.3	10.3	15.1	37.3	47.6	43.9	56.1	90.7	9.3	21.7
1923	9.6	20.6	29.9	46.7	71.2	6.7	8.6	5.0	10.7	15.5	24.1	36.8	7.9	15.6	39.6	44.8	46.9	53.1	91.0	9.0	17.7
1924	11.0	23.8	33.6	52.8	82.4	7.3	8.7	5.0	10.8	15.3	24.1	37.5	7.3	15.8	39.4	44.8	46.8	53.2	92.5	7.5	16.3
1925	12.3	24.3	41.8	55.8	88.6	7.9	6.2	5.2	10.3	17.6	23.6	37.4	5.9	15.4	41.2	43.4	48.7	51.3	92.4	7.6	13.7
1926	14.1	29.8	56.5	67.1	103.9	7.4	4.1	5.0	10.5	20.0	23.7	36.7	4.1	15.5	43.7	40.8	51.7	48.3	92.2	7.8	10.0
1927	15.7	29.1	57.1	66.0	107.0	11.1	5.9	5.4	10.0	19.6	22.6	36.7	5.8	15.4	42.2	42.5	49.8	50.2	91.6	8.4	13.7
1928	17.3	30.0	61.7	71.1	115.7	19.4	6.8	5.4	9.3	19.2	22.1	35.9	8.1	14.7	41.2	44.1	48.3	51.7	91.6	8.4	18.4
1929	18.9	35.4	64.1	70.7	129.9	15.9	7.8	5.5	10.3	18.7	20.6	37.9	6.9	15.8	39.3	44.8	46.7	53.3	91.6	8.4	15.4
1930	20.9	31.4	50.4	66.0	138.8	20.9	7.8	6.2	9.3	15.0	19.6	41.3	8.5	15.6	34.6	49.8	41.0	59.0	91.8	8.2	17.1
1931	22.0	26.7	43.9	54.7	135.1	24.4	3.4	7.1	8.6	14.2	17.6	43.5	9.0	15.7	31.8	52.5	37.7	62.3	90.3	9.7	17.1
1932	22.0	20.8	37.9	48.4	123.5	25.2	0.1	7.9	7.5	13.6	17.4	44.4	9.1	15.4	31.1	53.5	36.7	63.3	89.6	10.4	17.0
1933	21.2	21.0	37.2	46.3	117.3	27.1	1.7	7.8	7.7	13.7	17.0	43.2	10.6	15.5	30.7	53.8	36.4	63.6	90.0	10.0	19.7
1934	20.4	22.9	29.3	43.3	108.8	27.0	0.2	8.1	9.1	11.6	17.2	43.2	10.8	17.2	28.8	54.0	34.8	65.2	88.8	11.2	20.0
1935	19.6	24.4	26.5	47.1	101.5	27.3	0.3	8.0	9.9	10.7	19.1	41.1	11.2	17.8	29.8	52.3	36.3	63.7	88.7	11.3	21.4
1936	18.9	28.3	41.5	52.2	113.2	28.3	0.3	6.7	10.0	14.7	18.5	40.0	10.1	16.7	33.1	50.2	39.8	60.2	88.8	11.2	20.2
1937	19.6	32.4	55.1	61.5	139.7	29.7	0.4	5.8	9.6	16.3	18.2	41.3	8.9	15.4	34.5	50.2	40.7	59.3	88.3	11.7	17.7
1938	22.0	39.0	60.1	67.9	159.0	36.1	0.3	5.7	10.1	15.6	17.7	41.4	9.5	15.9	33.3	50.8	39.6	60.4	86.2	13.8	18.6

情報源：

(1)-(7)：国民経済計算の意味での家庭所得の各構成要素。名目フラン。単位は10億フラン。ヴィラによる推計（1920-1938年についてはヴィラ〔1994年、p.147、p.129、p.147、p.139、p.146、p.122〕、1900-1913年についてはヴィラ〔1997年、p.206-207〕を参照）（RBM＝家庭の営業粗所得〔住居および市民農園〕。IDVM＝家庭が受けた利子および株式配当金。RBA＝個人事業主〔農業部門〕の営業粗所得。RBI＝個人事業主〔非農業部門〕の営業粗所得〔理論上、RBEI（個人事業主の売上総所得）＝RBA＋RBI〕。MSM＝家庭が受けた給与総額。PSM＝家庭が受けた社会保障手当。DOMM＝家庭が受けた戦災補償金）（列(1)-(7)の総計は家庭の可処分総所得〔RDM〕と同額にはならない〔表G-3の列(7)を参照〕。家庭の可処分総所得（RDM）の計算に含まれるほかの多くの項目〔とくに税金と社会保険負担金〕を取り上げていないためである）。

(8)-(13)：列(1)-(7)を総額に占める割合で表示（(8)＝(1)／［(1)＋(2)＋…＋(7)］%、(9)＝(2)／［(1)＋(2)＋…＋(7)］%など）（戦災補償金〔DOMM〕は社会保障手当〔PSM〕に組み込んだ）。

(14)-(16)：国民経済計算の意味における家庭所得に占める資本所得・混合所得・労働所得の割合（(14)＝(8)＋(9)、(15)＝(10)＋(11)、(16)＝(12)＋(13)）。

(17)-(18)：家庭の就業所得に占める混合所得・労働所得の割合（(17)＝(15)／［(15)＋(16)］％、(18)＝(16)／［(15)＋(16)］％）。

(19)-(20)：家庭が受けた合計給与総額（MSM）に占める、企業が支払った給与総額（MSE）および官公庁が支払った給与総額（MSG）の割合（(19)＝MSE／(5)％、(20)＝MSG／(5)％）（MSEおよびMSG変数はヴィラ〔1994年、p.139および1997年、p.206〕による。理論上、MSM＝MSE＋MSGである）。

(21)：労働所得に占める社会保障手当（戦災補償金を含む）の割合（(21)＝(13)／［(12)＋(13)］％）。

表 G-6：国民経済計算の意味での家庭所得の分割（1949-1998 年）〔列(1)-(5)は 10 億フラン単位〕

	(1) EBM	(2) Pté	(3) RBEI	(4) Sal.N.	(5) Pr.Soc.	(6) (%) EBM	(7) (%) Pté	(8) (%) RBEI	(9) (%) Sa.N.	(10) (%) P.S.	(11) (%) Cap.	(12) (%) Mix.	(13) (%) Tra.	(14) (%) Mix.	(15) (%) Tra.	(16) RS	(17) (%) Mix.	(18) (%) Tra.	(19) (%) P.S.	(20) (%) P.S.
1949	306.8	375.6	2560.6	2710.4	1106.3	4.3	5.3	36.3	38.4	15.7	9.7	36.3	54.1	40.2	59.8				29.0	
1950	362.4	431.1	3019.9	2988.5	1308.4	4.5	5.3	37.2	36.8	16.1	9.8	37.2	53.0	41.3	58.7				30.4	
1951	374.3	529.7	3401.3	3788.4	1648.9	3.8	5.4	34.9	38.9	16.9	9.3	34.9	55.8	38.5	61.5				30.3	
1952	418.1	620.0	3808.9	4499.2	1926.4	3.7	5.5	33.8	39.9	17.1	9.2	33.8	57.0	37.2	62.8				30.0	
1953	446.7	645.5	3789.2	4675.0	2087.0	3.8	5.5	32.5	40.2	17.9	9.4	32.5	58.1	35.9	64.1				30.9	
1954	534.4	704.0	3947.5	5096.3	2258.6	4.3	5.6	31.5	40.6	18.0	9.9	31.5	58.6	34.9	65.1				30.7	
1955	564.0	735.0	4206.6	5577.7	2484.4	4.2	5.4	31.0	41.1	18.3	9.6	31.0	59.4	34.3	65.7				30.8	
1956	607.3	806.0	4635.7	6196.7	2750.7	4.0	5.4	30.9	41.3	18.3	9.4	30.9	59.7	34.1	65.9				30.7	
1957	662.4	870.5	5088.8	6955.7	3094.0	4.0	5.2	30.5	41.7	18.6	9.2	30.5	60.3	33.6	66.4				30.8	
1958	745.4	923.4	6001.5	7930.6	3464.9	3.9	4.8	31.5	41.6	18.2	8.8	31.5	59.8	34.5	65.5				30.4	
1959a	812.4	974.8	6214.5	8616.1	3808.6	4.0	4.8	30.4	42.2	18.6	8.7	30.4	60.8	33.3	66.7				30.7	
1959b	994.1	1136.2	6016.2	8984.1	3606.9	4.8	5.5	29.0	43.3	17.4	10.3	29.0	60.7	32.3	67.7	0.96	33.2	66.8	28.6	25.8
1960	11.5	12.8	67.7	98.1	39.7	5.0	5.6	29.5	42.7	17.3	10.6	29.5	60.0	33.0	67.0	0.96	33.9	66.1	28.8	25.8
1961	13.4	13.7	68.9	108.0	44.5	5.4	5.5	27.7	43.5	17.9	10.9	27.7	61.4	31.1	68.9	0.97	31.8	68.2	29.2	26.9
1962	15.5	15.9	79.4	121.5	52.9	5.4	5.6	27.8	42.6	18.5	11.0	27.8	61.2	31.3	68.7	0.96	32.2	67.8	30.3	27.4
1963	18.2	16.9	83.4	137.9	62.6	5.7	5.3	26.2	43.2	19.6	11.0	26.2	62.8	29.4	70.6	0.95	30.4	69.6	31.2	28.0
1964	20.3	17.7	87.7	153.1	70.5	5.8	5.1	25.1	43.8	20.2	10.9	25.1	64.0	28.2	71.8	0.95	29.1	70.9	31.5	28.2
1965	23.2	19.4	92.7	164.2	77.6	6.2	5.1	24.6	43.6	20.6	11.3	24.6	64.1	27.7	72.3	0.95	28.7	71.3	32.1	28.7
1966	26.3	20.9	99.1	177.1	84.5	6.4	5.1	24.3	43.4	20.7	11.6	24.3	64.1	27.5	72.5	0.95	28.5	71.5	32.3	28.7
1967	30.1	23.8	106.3	189.8	92.3	6.8	5.4	24.0	42.9	20.9	12.2	24.0	63.8	27.4	72.6	0.95	28.4	71.6	32.7	29.4
1968	34.1	26.4	109.2	212.9	103.6	7.0	5.4	22.5	43.8	21.3	12.4	22.5	65.1	25.6	74.4	0.95	26.6	73.4	32.7	29.5
1969	39.1	30.2	116.9	241.9	117.6	7.2	5.5	21.4	44.3	21.5	12.7	21.4	65.9	24.5	75.5	0.96	25.3	74.7	32.7	29.9
1970	44.2	34.2	127.7	276.1	129.3	7.2	5.6	20.9	45.2	21.1	12.8	20.9	66.3	23.9	76.1	0.97	24.6	75.4	31.9	29.5
1971	48.2	40.3	136.3	311.4	144.0	7.1	5.9	20.0	45.8	21.2	13.0	20.0	66.9	23.0	77.0	0.97	23.6	76.4	31.6	29.5
1972	53.3	46.5	154.2	346.3	162.7	7.0	6.1	20.2	45.4	21.3	13.1	20.2	66.7	23.3	76.7	0.97	23.8	76.2	32.0	29.8
1973	61.9	51.4	168.0	398.6	187.8	7.1	5.9	19.4	45.9	21.6	13.1	19.4	67.6	22.3	77.7	0.97	22.9	77.1	32.0	29.7
1974	69.5	69.1	183.8	476.7	222.0	6.8	6.8	18.0	46.7	21.7	13.6	18.0	68.4	20.8	79.2	0.97	21.3	78.7	31.8	29.8
1975	77.2	78.2	198.4	552.1	279.0	6.5	6.6	16.7	46.6	23.5	13.1	16.7	70.1	19.3	80.7	0.96	19.8	80.2	33.6	31.1
1976	89.2	86.8	216.1	633.8	321.4	6.6	6.4	16.0	47.0	23.9	13.1	16.0	70.9	18.4	81.6	0.98	18.8	81.2	33.6	32.0
1977	101.6	101.6	242.5	713.3	369.9	6.6	6.6	15.9	46.7	24.2	13.3	15.9	70.8	18.3	81.7	0.98	18.6	81.4	34.1	32.8
1978	114.9	110.7	278.6	806.4	437.7	6.6	6.3	15.9	46.1	25.0	12.9	15.9	71.2	18.3	81.7	0.97	18.8	81.2	35.2	32.9
1979	132.9	131.2	306.1	893.9	500.8	6.8	6.7	15.6	45.5	25.5	13.4	15.6	71.0	18.0	82.0	0.98	18.4	81.6	35.9	34.4
1980	151.3	166.6	332.6	1021.1	582.6	6.7	7.4	14.8	45.3	25.8	14.1	14.8	71.1	17.2	82.8	0.98	17.4	82.6	36.3	35.1
1981	179.0	209.5	361.4	1168.8	693.2	6.9	8.0	13.8	44.7	26.5	14.9	13.8	71.3	16.3	83.7	0.96	16.8	83.2	37.2	34.7
1982	204.7	230.5	420.2	1320.1	828.2	6.8	7.7	14.0	43.9	27.6	14.5	14.0	71.5	16.4	83.6	0.96	17.0	83.0	38.6	35.7
1983	234.5	256.6	452.4	1427.4	928.5	7.1	7.8	13.7	43.3	28.1	14.9	13.7	71.4	16.1	83.9	0.96	16.7	83.3	39.4	36.7
1984	266.9	273.4	473.2	1504.7	1022.6	7.5	7.7	13.4	42.5	28.9	15.3	13.4	71.4	15.8	84.2	0.96	16.4	83.6	40.5	37.8
1985	295.6	302.8	498.1	1586.2	1117.5	7.8	8.0	13.1	41.7	29.4	15.7	13.1	71.1	15.6	84.4	0.95	16.2	83.8	41.3	38.4
1986	319.8	304.6	543.4	1653.7	1197.2	8.0	7.6	13.5	41.1	29.8	15.5	13.5	70.9	16.0	84.0	0.95	16.8	83.2	42.0	38.8
1987	350.4	328.4	555.1	1702.6	1241.8	8.4	7.9	13.3	40.7	29.7	16.2	13.3	70.5	15.9	84.1	0.96	16.5	83.5	42.2	39.6
1988	386.0	347.3	572.2	1790.1	1325.7	8.7	7.9	12.9	40.5	30.0	16.6	12.9	70.5	15.5	84.5	0.95	16.1	83.9	42.5	39.8
1989	420.8	420.7	643.0	1883.2	1401.8	8.8	8.8	13.5	39.5	29.4	17.6	13.5	68.9	16.4	83.6	0.96	16.9	83.1	42.7	40.4

表 G-6（続き）

1990	449.4	458.8	680.3	2012.8	1491.7	8.8	9.0	13.4	39.5	29.3	17.8	13.4	68.8	16.3	83.7	0.96	16.8	83.2	42.6	40.3
1991	485.0	530.2	678.7	2117.9	1588.9	9.0	9.8	12.6	39.2	29.4	18.8	12.6	68.6	15.5	84.5	0.95	16.1	83.9	42.9	40.0
1992	524.0	550.3	686.0	2183.6	1689.0	9.3	9.8	12.2	38.8	30.0	19.1	12.2	68.7	15.0	85.0	0.95	15.8	84.2	43.6	40.4
1993	560.2	550.9	661.1	2217.3	1796.2	9.7	9.5	11.4	38.3	31.0	19.2	11.4	69.4	14.1	85.9	0.93	15.0	85.0	44.8	40.7
1994	594.4	528.6	673.4	2268.5	1848.9	10.1	8.9	11.4	38.4	31.3	19.0	11.4	69.6	14.1	85.9	0.93	15.0	85.0	44.9	40.7
1995	633.0	574.4	689.1	2352.9	1912.8	10.3	9.3	11.2	38.2	31.0	19.6	11.2	69.2	13.9	86.1	0.93	14.7	85.3	44.8	40.9
1996	663.0	574.8	693.8	2413.1	1983.7	10.5	9.1	11.0	38.1	31.3	19.6	11.0	69.5	13.6	86.4	0.94	14.4	85.6	45.1	41.4
1997	690.1	614.4	707.8	2515.2	2049.0	10.5	9.3	10.8	38.2	31.2	19.8	10.8	69.4	13.4	86.6	0.93	14.3	85.7	44.9	40.6
1998	715.7	650.0	734.0	2613.3	2100.2	10.5	9.5	10.8	38.4	30.8	20.0	10.8	69.2	13.5	86.5	0.93	14.3	85.7	44.6	40.5

情報源：

(1)：家庭（個人事業主を除く）の営業粗利益。(2)：家庭（個人事業主を除く）の資産による粗所得。(3)：個人事業主の営業粗利益。(4)：家庭が受けた純給与。(5)：家庭が受けた社会保障手当。名目フラン。単位は10億フラン。

1949-1959aについては、INSEEによる1962年基準での推計（「国民会計、1962年基準、1949-1959年会計」『INSEE集成』第55号〔Cシリーズ（会計と経済計画）第13号、1972年4月〕）（(1)＝「家庭の営業粗損益」〔8項、p.20-21〕と家庭が支払った利子〔72項、雇用・経営、p.24-45〕との総計。(2)＝「利子・株式配当金・小作料」〔72項、p.20-21〕。(3)＝「個人事業主の粗所得」〔78項、p.20-21〕。(4)＝「純給与」〔7011項、p.20-21〕。(5)＝「社会保障手当」〔71項、p.20-21〕と「移転所得」〔74項、p.20-21〕との総計）。1959b-1997年については、INSEEによる1980年基準（ヌバ基準）での推計（(1)＝N2項、個人事業主を除いた家庭。(2)＝R41（個人事業主を除いた家庭）、R42、R43、R44、R46項の総計。(3)＝N2項（個人事業主）、ただし個人事業主が支払ったR41項およびR43項を差し引き、個人事業主が受けたR41項を加算してある。(4)＝R11項、ただしR622項を差し引いている。(5)＝R64項）。1998年については、INSEEによる1995年基準での推計（「会計と経済指標——1998年国民会計報告書」〔『INSEE統計結果』第664号（一般経済編、182号）1999年7月〕）をもとに、1998年／1997年の成長率を適用して得た数値。それぞれの成長率は以下のとおり。(1)は3.7%（p.77：680／656＝1.037）。(2)は5.8%（p.77：(264＋140＋72＋202＋12)／(268＋114＋72＋187＋11)＝1.058）。(3)は3.7%（p.77：707／682 ＝ 1.037）。(4)は3.9%（p.77：3208／3088＝1.039）。(5)は2.5%（p.77：(1251＋102＋241＋162＋148＋52)／(1217＋97＋234＋161＋151＋48)＝1.025）。

(6)-(10)：列(1)-(5)を総額に占める割合で表わしている（(6)＝(1)／［(1)＋(2)＋…＋(5)］%、(7)＝(2)／［(1)＋(2)＋…＋(5)］%など）。

(11)：家庭所得に占める資本所得の割合（(11)＝(6)＋(7)＝［(1)＋(2)］／［(1)＋(2)＋(3)＋(4)＋(5)］%）。

(12)：家庭所得に占める混合所得の割合（(12)＝(8)＝(3)／［(1)＋(2)＋(3)＋(4)＋(5)］%）。

(13)：家庭所得に占める労働所得の割合（(13)＝(9)＋(10)＝［(4)＋(5)］／［(1)＋(2)＋(3)＋(4)＋(5)］%）。

(14)：家庭の就業所得に占める混合所得の割合（(14)＝(3)／［(3)＋(4)＋(5)］%）。

(15)：家庭の就業所得に占める労働所得の割合（(15)＝［(4)＋(5)］/［(3)＋(4)＋(5)］%）。

(16)：賃金労働者が受けた報酬総額と、純給与および社会保障手当の総額との比率（分母は(4)＋(5)の数値。分子は列(1)-(5)と同じ情報源に基づく。すなわち、1959b-1997についてはヌバ基準のR11、R12、R13項の総計。また1998年／1997年の成長率は3.7%（p.77：(3208＋980＋232)／(3088＋947＋226)＝1.037）。

(17)：修正を施した混合所得の割合（(17)＝(3)／［(3)＋(16)×((4)＋(5))］%）。

(18)：修正を施した労働所得の割合（(18)＝［(16)×((4)＋(5))］／［(3)＋(16)×((4)＋(5))］%)。

(19)：労働所得に占める社会保障手当の割合（(19)＝(5)／［(4)＋(5)］%)。

(20)：修正を施した社会保障手当の割合（(20)＝［(16)×((4)＋(5))－(4)］/［(16)×((4)＋(5))］%)。

表 G-7：(国民経済計算の意味における）資産による所得の分割（1949-1959 年)
〔列(1)-(3)は 10 億フラン単位〕

	(1) 利子	(2) 株式配当金	(3) 合計	(4) 利子の割合（%）	(5) 株式配当金の割合（%）
1949	45.0	174.0	219.0	20.5	79.5
1950	56.0	205.0	261.0	21.5	78.5
1951	68.0	262.0	330.0	20.6	79.4
1952	80.0	316.0	396.0	20.2	79.8
1953	79.0	338.0	417.0	18.9	81.1
1954	96.0	360.0	456.0	21.1	78.9
1955	101.0	374.0	475.0	21.3	78.7
1956	120.0	408.0	528.0	22.7	77.3
1957	141.0	435.0	576.0	24.5	75.5
1958	170.0	435.0	605.0	28.1	71.9
1959	177.0	463.0	640.0	27.7	72.3

情報源：
(1)-(3)：INSEEによる1956年基準での推計。名目フラン。単位は10億フラン（「国民会計1949-1959年版」『E&C』1963年12月〔第12号〕、p.1214-1215を参照)。

(4)-(5)：列(1)-(3)をもとに計算した割合。

注記：ここに示した資産による所得の合計額は、表G-6（列(2)）に示した合計額を下まわる。これは、1956年基準での推計水準がのちの基準において引き上げられたためである（加えて、表G-6の1949-1959年の期間に示された資産による所得は、利子と株式配当金のみではなく、小作料も含んでいる)。

表 G-8：(国民経済計算の意味における）資産による所得の分割（1959-1997 年）〔列(1)-(5)は 10 億フラン単位〕

	(1) 利子	(2) 生命保険契約による利子	(3) 耕地所得	(4) 株式配当金	(5) 賃金労働者の経営参加に関連する所得	(6) 利子（%）	(7) 生命保険契約による利子（%）	(8) 耕地所得（%）	(9) 株式配当金（%）	(10) 賃金労働者の経営参加に関連する所得（%）
1959	242.2	19.5	260.8	613.7	0.0	21.3	1.7	23.0	54.0	0.0
1960	2.6	0.3	2.9	7.0	0.0	20.2	2.2	22.6	54.9	0.0
1961	2.8	0.3	3.1	7.5	0.0	20.8	2.4	22.3	54.5	0.0
1962	3.7	0.4	3.3	8.4	0.0	23.3	2.8	20.9	52.9	0.0
1963	3.8	0.6	3.6	9.0	0.0	22.7	3.3	21.0	53.0	0.0
1964	4.1	0.7	3.7	9.2	0.0	23.1	3.7	21.2	52.0	0.0
1965	5.0	0.8	3.8	9.8	0.0	25.7	4.0	19.9	50.4	0.0
1966	5.6	0.9	4.1	10.4	0.0	26.9	4.2	19.4	49.5	0.0
1967	7.0	1.1	4.3	11.4	0.0	29.5	4.4	18.1	48.0	0.0
1968	8.9	1.2	4.7	11.5	0.0	33.8	4.7	17.8	43.6	0.0
1969	10.7	1.4	5.1	12.3	0.8	35.3	4.7	16.8	40.7	2.5
1970	12.4	1.7	5.4	13.6	1.1	36.2	4.9	15.9	39.9	3.1
1971	16.0	2.0	5.8	15.1	1.4	39.8	4.9	14.3	37.5	3.5
1972	19.1	2.2	6.0	17.5	1.6	41.1	4.8	13.0	37.6	3.5
1973	23.0	2.7	6.7	16.8	2.2	44.8	5.2	13.0	32.8	4.3
1974	33.6	3.1	7.3	22.7	2.4	48.6	4.5	10.6	32.8	3.4

表 G-8（続き）

1975	41.3	3.7	7.7	23.1	2.4	52.8	4.7	9.9	29.5	3.1
1976	47.9	4.3	7.8	24.0	2.7	55.2	5.0	9.0	27.7	3.1
1977	58.2	4.9	8.3	26.8	3.4	57.3	4.8	8.1	26.4	3.4
1978	63.6	5.8	8.9	28.6	3.8	57.5	5.2	8.0	25.8	3.5
1979	75.5	6.7	10.1	34.4	4.4	57.5	5.1	7.7	26.2	3.4
1980	102.9	8.7	10.8	39.0	5.1	61.8	5.2	6.5	23.4	3.1
1981	131.0	11.3	11.2	50.0	5.9	62.6	5.4	5.4	23.9	2.8
1982	150.8	14.5	11.6	47.1	6.4	65.4	6.3	5.1	20.4	2.8
1983	159.1	18.2	12.8	59.8	6.7	62.0	7.1	5.0	23.3	2.6
1984	164.4	21.0	15.2	65.6	7.1	60.1	7.7	5.6	24.0	2.6
1985	174.5	25.2	16.8	77.8	8.5	57.6	8.3	5.5	25.7	2.8
1986	157.4	28.9	16.6	90.7	11.0	51.7	9.5	5.4	29.8	3.6
1987	148.9	32.6	13.2	120.7	13.0	45.4	9.9	4.0	36.7	3.9
1988	154.2	40.0	17.2	120.0	16.0	44.4	11.5	4.9	34.6	4.6
1989	166.2	51.1	18.3	165.8	19.4	39.5	12.1	4.3	39.4	4.6
1990	180.5	62.4	18.3	178.2	19.4	39.3	13.6	4.0	38.8	4.2
1991	199.0	75.8	17.9	218.8	18.6	37.5	14.3	3.4	41.3	3.5
1992	180.9	91.3	18.3	240.2	19.6	32.9	16.6	3.3	43.7	3.6
1993	205.3	105.0	17.8	202.5	20.3	37.3	19.1	3.2	36.8	3.7
1994	181.3	112.6	18.6	193.8	22.3	34.3	21.3	3.5	36.7	4.2
1995	208.3	127.3	19.2	195.1	24.4	36.3	22.2	3.3	34.0	4.3
1996	196.7	143.2	20.1	185.5	29.2	34.2	24.9	3.5	32.3	5.1
1997	191.2	158.6	21.4	212.4	30.8	31.1	25.8	3.5	34.6	5.0

情報源：

(1)-(5)：INSEEによる1980年基準（ヌバ基準）での推計。名目フラン（1959年は旧フラン、1960年以降は新フラン）。単位は10億フラン（(1)＝利子（生命保険を除く）。(2)＝生命保険契約による利子。(3)＝耕地所得。(4)＝株式配当金。(5)＝賃金労働者の経営参加に関連する所得)。

(6)-(10)：列(1)-(5)をもとに計算した割合。

表 G-9：課税対象所得の分割（1913-1943 年）

	(1) RF(%)	(2) RCM(%)	(3) BA(%)	(4) BIC(%)	(5) BNC(%)	(6) TSP(%)	(7) 資本所得 (%)	(8) 混合所得 (%)	(9) 労働所得 (%)	(10) 混合所得 (%)	(11) 労働所得 (%)
1913	7.6	12.2	8.2	11.7	2.3	58.0	19.8	22.2	58.0	27.6	72.4
1920	3.2	10.0	5.6	13.2	2.3	65.8	13.1	21.1	65.8	24.3	75.7
1921	3.7	12.0	5.4	11.9	2.3	64.8	15.6	19.6	64.8	23.2	76.8
1922	4.4	12.4	5.1	14.0	2.5	61.7	16.8	21.5	61.7	25.8	74.2
1923	4.6	12.9	5.2	14.8	2.4	60.0	17.5	22.4	60.0	27.2	72.8
1924	4.5	12.9	5.1	14.5	2.2	60.7	17.5	21.8	60.7	26.4	73.6
1925	4.6	13.4	5.8	13.9	2.3	59.9	18.0	22.0	59.9	26.9	73.1
1926	4.5	13.2	6.6	14.2	2.3	59.2	17.7	23.1	59.2	28.1	71.9
1927	5.0	12.2	6.6	13.7	2.4	60.0	17.2	22.7	60.0	27.5	72.5
1928	5.1	11.6	6.7	13.7	2.5	60.5	16.7	22.8	60.5	27.4	72.6
1929	5.1	11.3	6.4	12.4	2.4	62.4	16.4	21.2	62.4	25.3	74.7
1930	5.5	11.1	4.8	12.5	2.4	63.7	16.5	19.7	63.7	23.6	76.4
1931	6.1	11.3	4.5	10.7	2.5	64.9	17.4	17.7	64.9	21.4	78.6
1932	6.8	10.3	4.3	10.2	2.8	65.5	17.1	17.4	65.5	20.9	79.1
1933	6.9	10.6	4.4	10.3	2.7	65.2	17.5	17.4	65.2	21.1	78.9
1934	7.1	11.7	3.7	10.2	2.8	64.4	18.8	16.8	64.4	20.7	79.3
1935	7.1	11.4	3.5	11.9	2.9	63.1	18.6	18.3	63.1	22.5	77.5
1936	6.1	11.4	4.9	11.9	2.7	63.0	17.5	19.5	63.0	23.7	76.3
1937	5.3	10.7	5.4	11.8	2.5	64.3	16.0	19.8	64.3	23.5	76.5

表G-9（続き）

1938	5.3	10.7	5.3	11.7	2.5	64.4	16.0	19.6	64.4	23.3	76.7
1943	2.5	6.8	9.3	23.5	2.8	55.1	9.3	35.6	55.1	39.2	60.8

情報源：

(1)：課税対象所得に占める不動産所得（RF）の割合（%）。

(2)：課税対象所得に占める動産資本所得（RCM）の割合（%）。

(3)：課税対象所得に占める農業収益（BA）の割合（%）。

(4)：課税対象所得に占める商工業収益（BIC）の割合（%）。

(5)：課税対象所得に占める非商業収益（BNC）の割合（%）。

(6)：課税対象所得に占める公務員給与、会社員給与、退職年金、終身年金（TSP）の割合（%）。(1)-(6)は、表G-12の推定値に、表G-2に示した係数を適用して得た、課税対象所得の構成。

(7)：課税対象所得に占める資本所得の割合（(7)＝(1)＋(2)）。

(8)：課税対象所得に占める混合所得の割合（(8)＝(3)＋(4)＋(5)）。

(9)：課税対象所得に占める労働所得の割合（(9)＝(6)）。

(10)：就業所得に占める混合所得の割合（(10)＝(8)／［(8)＋(9)］%）。

(11)：就業所得に占める労働所得の割合（(11)＝(9)／［(8)＋(9)］%）。

表G-10：課税対象所得の分割（1956-1995年）

	(1) RF(%)	(2) RCM(%)	(3) BA(%)	(4) BIC(%)	(5) BNC(%)	(6) RGA(%)	(7) TS(%)	(8) PR(%)	(9) 資本所得 (%)	(10) 混合所得 (%)	(11) 労働所得 (%)	(12) 混合所得 (%)	(13) 労働所得 (%)
RF1956	3.9	2.3	1.9	13.9	2.7	0.9	67.6	6.8	6.2	19.4	74.4	20.7	79.3
RF1962	2.6	2.7	2.1	12.4	3.1	0.4	67.5	9.2	5.3	18.0	76.7	19.0	81.0
RF1965	2.6	2.6	2.4	11.4	3.7	0.6	65.1	11.6	5.2	18.1	76.7	19.1	80.9
RF1970	2.8	2.1	2.3	8.9	2.9	0.2	67.2	13.6	4.9	14.3	80.8	15.0	85.0
RF 1975	2.7	1.9	1.9	7.6	2.5	0.1	68.5	14.7	4.6	12.2	83.3	12.8	87.2
RF 1979	2.1	2.0	2.2	6.9	2.8	0.1	66.5	17.4	4.2	12.0	83.8	12.5	87.5
RF 1984	2.6	2.4	1.9	5.1	3.3	0.1	64.7	19.9	5.0	10.5	84.5	11.0	89.0
RF 1990	2.1	2.3	1.9	5.0	3.4	0.1	64.8	20.4	4.4	10.4	85.2	10.9	89.1
EL 1988	2.1	3.2	1.4	5.0	3.5	0.1	64.5	20.3	5.2	9.9	84.8	10.5	89.5
EL 1989	2.4	3.3	1.5	4.8	3.7	0.1	63.6	20.7	5.6	10.0	84.3	10.6	89.4
EL 1990	2.4	3.1	1.5	4.6	3.6	0.1	64.1	20.5	5.5	9.9	84.6	10.5	89.5
EL 1991	2.5	2.7	1.3	4.1	3.6	0.1	64.2	21.4	5.2	9.2	85.6	9.7	90.3
EL 1992	2.5	2.7	1.2	3.9	3.5	0.2	64.8	21.1	5.3	8.8	85.9	9.3	90.7
EL 1993	2.4	2.5	1.1	3.8	3.4	0.2	64.4	22.2	4.9	8.5	86.6	8.9	91.1
EL 1994	2.6	2.7	1.2	3.6	3.6	0.2	62.8	23.3	5.4	8.6	86.1	9.1	90.9
EL 1995	2.5	2.8	1.2	3.4	3.3	0.3	63.1	23.4	5.3	8.1	86.5	8.6	91.4

各年　RF：課税対象所得調査　EL　：税務当局のわずかなサンプル調査

情報源：

(1)：課税対象所得に占める不動産所得の割合（%）。

(2)：課税対象所得に占める動産資本所得（RCM）の割合（%）。

(3)：課税対象所得に占める農業収益（BA）の割合（%）。

(4)：課税対象所得に占める商工業収益（BIC）の割合（%）。

(5)：課税対象所得に占める非商業収益（BNC）の割合（%）。

(6)：課税対象所得に占める業務執行者や共同事業者の報酬（RGA）の割合（%）。

(7)：課税対象所得に占める公務員給与と会社員給与（TS）の割合（%）。

(8)：課税対象所得に占める退職年金と終身年金（PR）の割合（%）。
RF1956-RF1990については、INSEEによる「税収」調査に基づく推計（1956年：フルジョ&ナタフ〔1963年、p.443〕。1962年：ルオー〔1965年、p.43〕。1965年：バンドリエ〔1970年、p.54〕。1970年、1975年、1979年、1984年、1990年：ピケティ〔1998年、p.148-152〕）。EL1988-EL1995については、税務当局による少量の所得申告サンプルに基づく推計（ピケティ〔1998年、p.31およびp.138-144〕を参照）。

(9)：課税対象所得に占める資本所得の割合（(9)＝(1)＋(2)）。

(10)：課税対象所得に占める混合所得の割合（(10)＝(3)＋(4)＋(5)＋(6)）。

(11)：課税対象所得に占める労働所得の割合（(11)＝(7)＋(8)）。

(12)：就業所得に占める混合所得の割合（(12)＝(10)／［(10)＋(11)］%）。

(13)：就業所得に占める労働所得の割合（(13)＝(11)／［(10)＋(11)］%）。

表 G-11：（課税対象所得）／（国民経済計算の意味での所得）の比率（1956-1995 年）

	(1) EBM	(2) Pté	(3) RBEI	(4) Sal.N.	(5) Pr.Soc.		(6) RPB
RF1956	56.5	25.1	36.8	95.9	21.7		60.1
RF1962	28.5	28.9	38.5	94.3	29.5		61.9
RF1965	25.3	30.4	44.2	89.7	33.8		62.8
RF1970	23.8	23.4	42.6	92.7	40.1		64.3
RF 1975	25.3	17.7	44.7	90.5	38.5		64.5
RF 1979	20.1	19.6	49.4	93.7	43.7		66.7
RF 1984	22.3	19.5	49.9	97.0	43.9		67.9
RF 1990	15.2	16.2	49.2	103.5	43.9		68.0
EL 1988	15.3	25.8	49.1	102.2	43.5		69.1
EL 1989	16.9	23.3	47.1	101.9	44.6		67.9
EL 1990	17.3	21.5	46.7	102.5	44.2		68.0
EL 1991	17.7	17.1	45.4	102.2	45.3		67.5
EL 1992	16.7	17.3	44.8	103.2	43.5		67.2
EL 1993	15.2	16.4	45.7	103.3	43.9		67.4
EL 1994	16.1	18.7	46.3	100.5	45.8		66.9
EL 1995	14.7	18.5	44.3	100.7	45.9		65.9

各年　RF：課税対象所得調査　EL　：税務当局のわずかなサンプル調査

情報源：
(1)：（不動産所得）／（家庭〔個人事業主を除く〕の営業粗利益）の比率（%）。

(2)：（動産資本所得）／（資産による所得）の比率（%）。

(3)：（BA・BIC・BNC・業務執行者や共同事業者の報酬）／（個人事業主の営業粗所得）の比率（%）。

(4)：（公務員俸給と会社員給与）／（純給与）の比率（%）。

(5)：（退職年金と終身年金）／（社会保障手当）の比率（%）。
(1)-(5)は表G-10の列(1)-(8)、表G-2の列(4)、表G-7の列(1)-(5)に基づき計算した比率。

(6)：（課税対象所得）／（一次粗所得〔表G-2の列(3)〕）の比率（構造的に(6)は、本表の列(1)-(5)と表B-6の列(1)-(5)との積を、一次粗所得〔表G-1の列(6)〕で除することで算出できる）。

表G-12：デュジェ・ド・ベルノンヴィルの「給与外所得」推計（1913-1943年）〔列(1)-(8)は10億フラン単位〕

	(1) 会社員給与と公務員俸給	(2) 有価証券所得	(3) 建物つき地所による所得	(4) 農業所得	(5) 商工業所得	(6) 自由業所得	(7) 退職年金	(8) 合計	(9) %(1)	(10) %(2)	(11) %(3)	(12) %(4)	(13) %(5)	(14) %(6)	(15) %(7)
1913	15.7	4.5	2.6	8.4	4.0	0.6	0.5	36.3	43.3	12.4	7.2	23.1	11.0	1.7	1.4
1920	57.4	11.8	3.5	18.5	14.6	1.9	2.9	110.6	51.9	10.7	3.2	16.7	13.2	1.7	2.6
1921	58.7	14.7	4.2	18.6	13.6	2.0	3.2	115.0	51.0	12.8	3.7	16.2	11.8	1.7	2.8
1922	58.0	15.8	5.2	18.1	16.6	2.2	3.3	119.2	48.7	13.3	4.4	15.2	13.9	1.8	2.8
1923	62.9	18.4	6.1	20.9	19.6	2.4	3.5	133.8	47.0	13.8	4.6	15.6	14.6	1.8	2.6
1924	74.0	21.4	7.0	23.5	22.3	2.6	3.9	154.7	47.8	13.8	4.5	15.2	14.4	1.7	2.5
1925	79.5	24.1	7.8	29.2	23.4	2.9	5.6	172.5	46.1	14.0	4.5	16.9	13.6	1.7	3.2
1926	92.7	28.0	9.0	39.5	28.2	3.4	7.5	208.3	44.5	13.4	4.3	19.0	13.5	1.6	3.6
1927	95.1	26.3	10.0	39.9	27.5	3.6	7.8	210.2	45.2	12.5	4.8	19.0	13.1	1.7	3.7
1928	103.0	26.8	11.0	43.1	29.5	4.0	9.3	226.7	45.4	11.8	4.9	19.0	13.0	1.8	4.1
1929	115.6	28.3	12.0	44.8	29.0	4.3	11.2	245.2	47.1	11.5	4.9	18.3	11.8	1.8	4.6
1930	122.2	28.8	13.3	35.2	26.7	4.4	12.2	242.8	50.3	11.9	5.5	14.5	11.0	1.8	5.0
1931	116.8	27.5	14.0	30.7	21.5	4.3	14.0	228.8	51.0	12.0	6.1	13.4	9.4	1.9	6.1
1932	105.9	22.6	14.0	26.5	18.5	4.3	14.0	205.8	51.5	11.0	6.8	12.9	9.0	2.1	6.8
1933	101.1	22.3	13.5	26.0	17.8	4.0	14.5	199.2	50.8	11.2	6.8	13.1	8.9	2.0	7.3
1934	92.8	22.8	13.0	20.5	16.5	3.9	14.4	183.9	50.5	12.4	7.1	11.1	9.0	2.1	7.8
1935	87.4	21.5	12.5	18.5	18.4	3.8	13.4	175.5	49.8	12.3	7.1	10.5	10.5	2.2	7.6
1936	97.6	24.0	12.0	29.0	20.6	4.0	13.3	200.5	48.7	12.0	6.0	14.5	10.3	2.0	6.6
1937	119.7	27.0	12.5	38.5	24.5	4.5	15.1	241.8	49.5	11.2	5.2	15.9	10.1	1.9	6.2
1938	133.0	30.0	14.0	42.0	27.0	5.0	15.8	266.8	49.9	11.2	5.2	15.7	10.1	1.9	5.9
1943	210.0	35.0	12.0	135.0	100.0	10.0	25.0	527.0	39.8	6.6	2.3	25.6	19.0	1.9	4.7

情報源：
(1)-(8)：デュジェ・ド・ベルノンヴィルによる推計。名目フラン。単位は10億フラン（1913年および1920-1934年については、デュジェ・ド・ベルノンヴィル〔1937年、p.549〕を参照。1935-1938年については、デュジェ・ド・ベルノンヴィル〔1939年、p.959〕を参照。1943年については、ミツァキス〔1944年、p.25〕を参照）。

(9)-(15)：列(1)-(8)をもとに計算した割合（(9)＝(1)／(8)%、(10)＝(2)／(8)%など）。

注記：ここに示したのはデュジェ・ド・ベルノンヴィルの最終的推計である（ほかの推計はデュジェ・ド・ベルノンヴィル〔1931年、1933年、1935年、1936年、1938年〕で発表されている。ただし、これらの推計はデュジェ・ド・ベルノンヴィル〔1937年、1939年〕でわずかに修正されている）。とくに、1966年にINSEEが発表したデュジェ・ド・ベルノンヴィルの推計（『AR1966』〔INSEE、1966年〕、p.556）は、1933-1934年について記載していないのみならず、1931-1932年については最終的推計となっていない（またINSEEは、農業所得の中に小作料と分益小作料は含まれていないと示しているがこれは誤りであり、デュジェ・ド・ベルノンヴィルはそれらが含まれていると明確に説明している。一方、株式配当金は商工業所得から控除され、有

価証券所得の中に組み込まれている）。

表G-13：デュジェ・ド・ベルノンヴィルの商工業所得推計（1920-1938年）
〔列(1)-(4)、(8)は100万フラン単位〕

	(1) 申告された BIC	(2) 株主配当金	(3) 商工業所得	(4) 株式配当金控除前の BIC	(5) %(4)/(1)	(6) %(2)/(4)	(7) %(3)/(1)	(8) フランス企業が分配した収益（マリサン推計）	(9) %(8)/(2)
1920	15,280	3,200	14,600	17,800	116.5	18.0	95.5		
1921	15,024	4,000	13,600	17,600	117.1	22.7	90.5	3,903	97.6
1922	18,130	3,900	16,600	20,500	113.1	19.0	91.6	3,742	95.9
1923	21,080	4,400	19,600	24,000	113.8	18.3	93.0	4,323	98.3
1924	23,919	5,500	22,300	27,800	116.2	19.8	93.2	5,957	108.3
1925	25,217	6,800	23,400	30,200	119.8	22.5	92.8	7,288	107.2
1926	30,140	7,800	28,200	36,000	119.4	21.7	93.6	8,589	110.1
1927	27,696	9,000	27,500	36,500	131.8	24.7	99.3	9,168	101.9
1928	31,213	9,000	29,500	38,500	123.3	23.4	94.5	10,292	114.4
1929	29,895	10,000	29,000	39,000	130.5	25.6	97.0	11,823	118.2
1930	26,601	9,000	26,700	35,700	134.2	25.2	100.4	11,441	127.1
1931	21,152	7,800	21,500	29,300	138.5	26.6	101.6	9,121	116.9
1932	18,385	6,000	18,500	24,500	133.3	24.5	100.6	5,335	88.9
1933	17,531	5,500	17,800	23,300	132.9	23.6	101.5	6,000	109.1
1934	18,361	6,300	16,500	22,800	124.2	27.6	89.9	6,884	109.3
1935	17,793	5,500	18,400	23,900	134.3	23.0	103.4	6,305	114.6
1936	20,257	6,520	20,600	27,120	133.9	24.0	101.7	7,507	115.1
1937	24,169	7,250	24,500	31,750	131.4	22.8	101.4	8,300	114.5
1938	26,826	8,000	27,000	35,000	130.5	22.9	100.6	11,650	145.6

情報源：

(1)：申告されたBIC（＝表G-16の列(2)）（名目フラン。単位は100万フラン。列(1)-(4)および(8)についても同様）。

(2)：デュジェ・ド・ベルノンヴィルの推計による、フランス企業が支払った株式配当金（デュジェ・ド・ベルノンヴィル〔1931年、p.954。1935年、p.606。1937年、p.547およびp.549。1939年、p.983、p.988およびp.990〕を参照）。

(3)：デュジェ・ド・ベルノンヴィルの推計による商工業所得（＝表G-12の列(5)）。

(4)：デュジェ・ド・ベルノンヴィルの推計による、フランス企業が支払った株式配当金控除前の商工業所得（(4)＝(3)－(2)）。

(5)：(4)／(1)%。

(6)：(2)／(4)%。

(7)：(3)／(1)%。

(8)：マリサンの推計による、フランス企業が分配した収益（＝表G-15の列(2)）。

(9)：(8)／(2)%。

表G-14：デュジェ・ド・ベルノンヴィルの有価証券所得推計（1913年および1920-1938年）
〔100万フラン単位〕

	(1) 国家保有有価証券所得	(2) IRVM対象の有価証券所得	(3) 総額	(4) 国家保有有価証券所得（%）	(5) 有価証券給与外所得	(6) 調整（%）	(7) 株式配当金	(8) IRVM対象有価証券所得に占める株式配当金（%）
1913	8,00	3,900	4,700	17.0	4,200	10.6		
1920	6,500	6,900	13,400	48.5	11,800	11.9	3,200	46.4
1921	8,400	8,200	16,600	50.6	14,700	11.4	4,000	48.8
1922	9,800	8,000	17,800	55.1	15,800	11.2	3,900	48.8
1923	11,400	9,500	20,900	54.5	18,400	12.0	4,400	46.3
1924	12,000	11,200	23,200	51.7	20,800	10.3	5,500	49.1
1925	12,400	13,400	25,800	48.1	23,400	9.3	6,800	50.7
1926	13,100	17,000	30,100	43.5	27,200	9.6	7,800	45.9
1927	12,300	16,300	28,600	43.0	25,600	10.5	9,000	55.2
1928a	11,900	16,000	27,900	42.7	25,300	9.3	9,000	56.3
1928b	11,900	17,800	29,700	40.1	26,800	9.8	9,000	50.6
1929	11,100	20,200	31,300	35.5	28,300	9.6	10,000	49.5
1930	11,000	20,800	31,800	34.6	28,800	9.4	9,000	43.3
1931	10,700	20,000	30,700	34.9	27,500	10.4	7,800	39.0
1932	10,300	15,000	25,300	40.7	22,600	10.7	6,000	40.0
1933	10,200	14,895	25,095	40.6	22,300	11.1	5,500	36.9
1934	11,000	14,600	25,600	43.0	22,800	10.9	6,300	43.2
1935					21,500		5,500	
1936	11,200	15,200	26,400	42.4	24,000	9.1	6,520	42.9
1937	12,500	17,500	30,000	41.7	27v000	10.0	7,250	41.4
1938	12,800	20,300	33,100	38.7	30,000	9.4	8,000	39.4

情報源：

(1)：デュジェ・ド・ベルノンヴィルの推計によるフランスの国家保有有価証券所得（1913および1920-1928aについては、デュジェ・ド・ベルノンヴィル〔1931年、p.918-919〕を参照。1928b-1938年については、デュジェ・ド・ベルノンヴィル〔1933年、p.649。1935年、p.597-598。1939年、p.952-953〕を参照）（名目フラン。単位は100万フラン。列(1)-(3)、(5)、(7)についても同様）。

(2)：デュジェ・ド・ベルノンヴィルの推計による、IRVMの対象となる有価証券所得総額（出典は列(1)と同書）。

(3)：(1)＋(2)。

(4)：総額に占める、フランスの国家保有有価証券所得の割合（(4)＝(1)／(3)%）。

(5)：デュジェ・ド・ベルノンヴィルの推計による有価証券給与外所得総額（＝表G-12の列(2)。1913および1920-1928aについては、デュジェ・ド・ベルノンヴィル〔1931年、p.922〕発表の最終的ではない推計を示した。最終的推計は分割がなされずに発表されたためである）。

(6)：企業および公共機関が受け取った有価証券所得を考慮に入れるために、デュジェ・ド・ベルノンヴィルが行なった調整（(6)＝［(3)－(5)］／(3)%）。

(7)：デュジェ・ド・ベルノンヴィルの推計による、フランス企業が支払った株式配当金（＝表G-13の列(2)）。

(8)：IRVMの対象となる有価証券所得総額に占める、フランス企業が支払った株式配当金の割合（(8)＝(7)／(2)%）。

表 G-15：マリサンによるフランス企業の自己金融推計（1921-1949 年）

	(1) 売上収益	(2) 分配収益	(3) 未分配収益	(4) 収益保持率 (%)	(5) 課税対象 BIC	(6) 前年 BIC に 対応する徴収税額	(7) 課税対象 BIC 総額	(8) % (1) / (7)	(9) % (5) / (7)
1921	7,800	3,903	3,897	50.0			15,024	51.9	
1922	9,600	3,742	5,858	61.0			18,130	53.0	
1923	10,700	4,323	6,377	59.6			21,080	50.8	
1924	12,500	5,957	6,543	52.3			23,919	52.3	
1925	12,500	7,288	5,212	41.7			25,217	49.6	
1926	16,000	8,589	7,411	46.3			30,140	53.1	
1927	15,500	9,168	6,332	40.9			27,696	56.0	
1928	17,700	10,292	7,408	41.9			31,213	56.7	
1929	18,000	11,823	6,177	34.3			29,895	60.2	
1930	15,600	11,441	4,159	26.7			26,601	58.6	
1931	12,800	9,121	3,679	28.7			21,152	60.5	
1932	10,100	5,335	4,765	47.2			18,385	54.9	
1933	9,500	6,000	3,500	36.8			17,531	54.2	
1934	8,800	6,884	1,916	21.8			18,361	47.9	
1935	8,300	6,305	1,995	24.0			17,793	46.6	
1936	9,900	7,507	2,393	24.2			20,257	48.9	
1937	13,700	8,300	5,400	39.4			24,169	56.7	
1938	15,500	11,650	3,850	24.8			26,826	57.8	
1939	16,300	11,757	4,543	27.9			25,440	64.1	
1942	12,667	11,652	1,015	8.0	16,230	3,563	41,782	30.3	38.8
1943	12,666	10,127	2,539	20.0	16,961	4,295	45,885	27.6	37.0
1944	4,111	10,330	− 6,219	− 151.3	8,609	4,498	37,750	10.9	22.8
1945	19,586	9,091	10,495	53.6	25,054	5,468	94,966	20.6	26.4
1946	91,237	16,986	74,251	81.4	118,416	26,369			
1947	87,844	31,690	56,154	63.9	123,754	35,910			
1948	366,756	43,428	323,328	88.2	431,944	65,238			
1949	272,824	72,576	200,248	73.4	397,434	124,610			

情報源：

(1) (2)：マリサンの推計によるフランス企業の売上収益・分配収益（1921-1939年については、マリサン〔1953年、表I、p.41および表II、p.48〕を参照。1942-1949年については、マリサン〔1953年、表XI、p.85および表XII、p.88〕を参照)。

(3)：マリサンの推計によるフランス企業の未分配収益（定義上、(3)＝(1)－(2))。

(4)：マリサンの推計による、フランス企業の収益保持率（定義上、(4)＝(3)／(1)%)。

(5) (6)：企業の課税対象のBICと、前年のBICに対応する徴収税額（マリサン〔1953年、表III、p.85〕を参照）（定義上、(1)＝(5)－(6)）((5)＝表G-17の列(6))。

(7)：課税対象のBIC総額（＝表G-16の列(2))。

(8)：(1)／(7)%。

(9)：(5)／(7)%。

表 G-16：BIC に対する分類所得税の対象となる BIC（すべての税制を含む)、収益（1919-1945 年）

〔列 (2) (3) (5) - (9) は 100 万フラン単位〕

	(1) 納税者数 〔1000 人単位〕	(2) 分類所得税の 課税対象 BIC	(3) 税総額	(4) %(3)/(2)	(5) 本来の税総額	(6) 追徴税	(7) 減税	(8) 20% 減税	(9) 負担金	(10) %(3)/(5)
1919	1,260	11,933	755	6.3	774	12	31	0	0	97.5
1920	1,369	15,280	996	6.5	1,011	23	38	0	0	98.5
1921	1,475	15,024	942	6.3	976	5	39	0	0	96.5

表G-16（続き）

1922	1,604	18,130	1,170	6.5	1,211	4	45	0	0	96.7
1923	1,589	21,080	1,660	7.9	1,729	4	74	0	0	96.0
1924	1,596	23,919	1,924	8.0	2,003	4	83	0	0	96.1
1925	1,599	25,217	2,066	8.2	2,145	4	83	0	0	96.3
1926	1,545	30,140	4,115	13.7	4,185	11	129	0	48	98.3
1927	1,508	27,696	3,839	13.9	3,842	29	122	0	91	99.9
1928	1,192	31,213	4,377	14.0	4,347	24	121	0	128	100.7
1929	818	29,895	4,029	13.5	4,121	18	169	40	99	97.8
1930	803	26,601	3,565	13.4	3,686	14	167	48	80	96.7
1931	769	21,152	2,746	13.0	2,900	11	152	51	37	94.7
1932	741	18,385	2,357	12.8	2,488	7	138	54	54	94.7
1933	737	17,531	2,224	12.7	2,359	8	130	56	44	94.3
1934	1,303	18,361	1,800	9.8	1,919	4	123	0	0	93.8
1935	1,343	17,793	1,721	9.7	1,835	5	120	0	0	93.8
1936	1,356	20,257	2,007	9.9	2,131	6	130	0	0	94.2
1937	1,331	24,169	2,850	11.8	3,041	6	168	29	0	93.7
1938	1,321	26,826	3,672	13.7	3,918	8	218	36	0	93.7
1939	1,012	25,440	3,486	13.7	3,669	4	161	26	0	95.0
1940	1,032	21,716	2,946	13.6	3,144	8	181	27	0	93.7
1941	1,028	31,151	4,490	14.4	4,730	16	230	25	0	94.9
1942	880	41,782	8,740	20.9	9,146	50	456	0	0	95.6
1943	811	45,885	9,225	20.1	9,679	38	493	0	0	95.3
1944	798	37,750	7,240	19.2	7,728	35	523	0	0	93.7
1945	982	94,966	20,145	21.2	21,130	76	1,060	0	0	95.3

情報源：税務当局発表の統計。
(1)：BICに対する分類所得税の対象となる納税者数（単位は千人）。

(2)：BICに対する分類所得税の対象となるBICの合計額（名目フラン。単位は100万フラン）。

(3)：対応する税額の合計（名目フラン。単位は100万フラン）。

(4)：(3)／(2)%。

(5)：対応する本来の税額の合計（名目フラン。単位は100万フラン）。

(6)-(9)：企業の譲渡・操業停止の場合に生じる追徴税・減税・20%減税・負担金の総額（名目フラン。単位は100万フラン）（定義上、(3)＝(5)＋(6)－(7)－(8)－(9)）。

(10)：(3)／(5)%。

表G-17：通常税制と特別税制の分割、収益（1929-1945年）〔列(2)(3)(6)(7)は100万フラン単位〕

	(1)	(2)	(3)	(4)	(5)	(6)	(7)	(8)
	特別税制				通常税制			
	納税者数〔1000人単位〕	BIC	税額	%(3)/(2)	納税者数〔1000人単位〕	BIC	税額	%(7)/(6)
1929	233	1,641	97	5.9	584	27,912	3,765	13.5
1930	236	1,666	97	5.8	566	24,591	3,319	13.5
1931	244	1,715	101	5.9	525	19,099	2,540	13.3
1932	249	1,753	99	5.7	491	16,282	2,134	13.1
1933	256	1,797	102	5.7	480	15,464	2,024	13.1
1934	907	3,941	176	4.5	339	13,843	1,564	11.3
1935	942	4,057	181	4.5	327	12,960	1,459	11.3
1936	936	4,088	183	4.5	343	15,205	1,719	11.3
1937	953	4,150	207	5.0	378	20,019	2,643	13.2

表G-17（続き）

1938	892	4,009	232	5.8	429	22,816	3,440	15.1
1939	694	3,098	179	5.8	318	22,342	3,307	14.8
1940	684	3,121	181	5.8	348	18,595	2,765	14.9
1941	578	2,739	162	5.9	450	28,411	4,329	15.2
1942	835	25,551	4,845	19.0	44	16,230	3,895	24.0
1943	763	28,924	5,154	17.8	48	16,961	4,071	24.0
1944	760	29,141	5,174	17.8	38	8,610	2,066	24.0
1945	931	69,912	14,133	20.2	51	25,054	6,013	24.0

情報源：税務当局発表の統計（原則として、(1)＋(5)＝表G-16の列(1)、(2)＋(6)＝表G-16の列(2)、(3)＋(7)＝表G-16の列(3)。実際には、細かな特別税制〔保険会社、個別台帳〕が含まれていないため、総計が〔ごく〕わずかに少ない）。

表G-18：景気循環における課税対象のBIC（1919-1938年）(I)〔列(1)のみ100万フラン単位〕

	(1) BIC	(2) 上位50万人	(3) 上位10万人	(4) 上位1万人	(5) 上位1000人	(6) %(2)	(7) %(3)	(8) %(4)	(9) %(5)
1919	11,933	21,628	79,829			90.6	66.9		
1920	15,280	27,379	99,814			89.6	65.3		
1921	15,024	26,278	93,045			87.5	61.9		
1922	18,130	31,634	112,392			87.2	62.0		
1923	21,080	36,991	130,050			87.7	61.7		
1924	23,919	42,423	148,312			88.7	62.0		
1925	25,217	44,877	154,888			89.0	61.4		
1926	30,140	53,833	199,304			89.3	66.1		
1927	27,696	49,428	183,792			89.2	66.4		
1928	31,213	55,936	212,295			89.6	68.0		
1929	29,895	55,249	209,789			92.4	70.2		
1930	26,601	48,876	180,244			91.9	67.8		
1931	21,152	38,591	135,823	860,950	5,052,422	91.2	64.2	40.7	23.9
1932	18,385	33,488	115,823	746,653	4,550,582	91.1	63.0	40.6	24.8
1933	17,531	32,037	110,405	715,846	4,414,768	91.4	63.0	40.8	25.2
1934	18,361	30,497	103,359	679,799	4,405,803	83.0	56.3	37.0	24.0
1935	17,793	28,891	97,094	626,468	4,041,918	81.2	54.6	35.2	22.7
1936	20,257	33,161	115,634	734,107	4,458,055	81.8	57.1	36.2	22.0
1937	24,169	42,269	154,591	965,637	5,506,109	87.4	64.0	40.0	22.8
1938	26,826	47,044	170,637	1,071,669	6,103,051	87.7	63.6	39.9	22.8

情報源：

(1)：申告されたBIC総額（＝表G-16の列(2)）（名目フラン。単位は100万フラン）。

(2)－(5)：税務当局発表の区分ごとのBIC表（フランで表示）をもとに、パレートの法則による外挿法を用いて得られた推計結果（(2)＝BICに対する分類所得税の高額納税者上位50万人の平均BIC。(3)＝高額納税者上位10万人の平均BIC。(4)＝高額納税者上位1万人の平均BIC。(5)＝高額納税者上位1000人の平均BIC。

(6)：申告されたBIC総額に占める、高額納税者上位50万人の割合。

(7)：申告されたBIC総額に占める、高額納税者上位10万人の割合。

(8)：申告されたBIC総額に占める、高額納税者上位1万人の割合。

(9)：申告されたBIC総額に占める、高額納税者上位1000人の割合。

表 G-19：景気循環における課税対象の BIC（1920-1938 年）（II）

	(1) g（BIC）	(2) g（50 万）	(3) g（10 万）	(4) g（1 万）	(5) gn（1000）	(6) g（50-10 万）	(7) g（10 万 -1 万）	(8) g（1 万 -1000）	(9) g（1000+）
1920	28.0	26.6	25.0			31.0	25.0		
1921	− 1.7	− 4.0	− 6.8			3.4	− 6.8		
1922	20.7	20.4	20.8			19.4	20.8		
1923	16.3	16.9	15.7			19.9	15.7		
1924	13.5	14.7	14.0			16.2	14.0		
1925	5.4	5.8	4.4			8.9	4.4		
1926	19.5	20.0	28.7			0.5	28.7		
1927	− 8.1	− 8.1	− 7.8			− 8.8	− 7.8		
1928	12.7	13.2	15.5			6.4	15.5		
1929	− 4.2	− 1.2	− 1.2			− 1.4	− 1.2		
1930	− 11.0	− 11.5	− 14.1			− 3.5	− 14.1		
1931	− 20.5	− 21.0	− 24.6			− 10.9	− 24.6		
1932	− 13.1	− 13.2	− 14.7	− 13.3	− 9.9	− 9.7	− 17.2	− 18.0	− 9.9
1933	− 4.6	− 4.3	− 4.7	− 4.1	− 3.0	− 3.6	− 5.7	− 5.9	− 3.0
1934	4.7	− 4.8	− 6.4	− 5.0	− 0.2	− 1.3	− 8.9	− 12.8	− 0.2
1935	− 3.1	− 5.3	− 6.1	− 7.8	− 8.3	− 3.6	− 2.6	− 7.1	− 8.3
1936	13.8	14.8	19.1	17.2	10.3	5.9	22.6	29.7	10.3
1937	19.3	27.5	33.7	31.5	23.5	13.1	37.4	44.0	23.5
1938	11.0	11.3	10.4	11.0	10.8	13.8	9.4	11.2	10.8

情報源：表G-18の推計をもとに計算した年間成長率。

(1)-(5)：表G-18の列(1)-(5)の年間成長率。

(6)：分位50万-10万人の平均収益の年間成長率。

(7)：分位10万-1万人の平均収益の年間成長率。

(8)：分位1万-1000人の平均収益の年間成長率。

(9)：高額納税者上位1000人の平均収益の年間成長率。

表 G-20：ソーヴィ、ヴァンサン、カレ&デュボワ&マランヴォー、トゥタン、マディソンが発表した、1913-1949 年の GDP データ〔列(1)(2)(6)(8)(10)は 10 億フラン単位〕

	(1) ソーヴィ	(2) ソーヴィ	(3) ソーヴィ	(4) ヴァンサン	(5) カレ&デュボワ&マランヴォー	(6) トゥタン	(7) トゥタン	(8) トゥタン	(9) トゥタン	(10) トゥタン	(11) トゥタン	(12) マディソン	(13) 工業生産指数
1913	328.0	41.8	100.0	100.0	76.0	49.6	108.0	49.6	108.0	49.6	108.0	100.0	109.0
1914												92.9	
1915												91.0	
1916												95.6	
1917												81.0	
1918												63.9	
1919												75.3	62.0
1920	270.0	132.0	392.5	81.0	65.0	175.5	428.0	172.1	457.0	162.5	429.0	87.1	67.0
1921	250.0	104.3	336.5	80.5	64.0	133.9	338.0	126.2	345.0	128.0	348.0	83.5	60.0
1922	304.0	118.2	312.5	93.6	74.0	156.0	331.0	142.5	334.0	149.0	349.0	98.5	85.0
1923	329.0	147.5	360.5	98.3	78.0	189.5	380.0	185.8	413.0	183.9	410.0	103.6	96.0
1924	381.0	188.0	400.2	109.1	86.0	218.1	386.0	240.6	476.0	215.6	428.0	116.6	118.0
1925	384.0	209.5	443.5	110.0	87.0	248.9	439.0	277.6	543.0	246.6	484.0	117.1	117.0
1926	401.0	278.0	567.0	111.2	88.0	325.2	557.0	362.0	690.0	316.2	604.0	120.2	137.0
1927	387.0	272.5	575.0	109.8	87.0	305.9	534.0	323.3	624.0	315.7	611.0	117.7	120.0
1928	410.0	285.5	575.0	116.2	92.0	331.9	539.0	353.5	636.0	347.8	627.0	125.9	121.0
1929	453.0	334.0	601.0	126.0	100.0	348.3	528.0	376.1	632.0	368.8	622.0	134.4	133.0

表 G-20（続き）

1930	447.0	332.0	599.0	122.1	97.0	335.9	523.0	323.8	558.0	362.7	628.0	130.5	133.0
1931	428.0	308.0	577.0	117.0	93.0	300.2	498.0	268.7	496.0	318.7	589.0	122.7	115.0
1932	398.0	277.0	537.0	111.7	89.0	267.3	475.0	230.1	455.0	266.3	528.0	114.7	98.0
1933	400.0	259.5	510.0	116.6	93.0	249.7	415.0	232.5	434.0	259.6	486.0	122.9	107.0
1934	392.0	237.0	491.0	116.0	93.0	230.9	388.0	222.8	423.0	236.0	449.0	121.7	100.0
1935	375.0	221.0	454.0	111.9	90.0	205.2	354.0	210.2	412.0	208.5	410.0	118.6	96.0
1936	371.0	239.0	477.0	113.0	91.0	247.2	411.0	238.7	461.0	247.3	479.0	123.1	103.0
1937	384.0	304.0	606.0	117.4	96.0	348.1	546.0	328.6	615.0	334.4	628.0	130.2	109.0
1938	380.0	340.0	678.0	117.1	96.0	415.3	655.0	382.5	724.0	394.0	746.0	129.7	100.0
1939	407.0				100.0							139.0	
1940	336.0											114.7	
1941	266.0											90.7	
1942	238.0											81.3	61.0
1943	226.0											77.2	54.0
1944	191.0											65.2	38.0
1945	207.0											70.7	50.0
1946	315.0				80.0							107.5	84.0
1947	341.0				87.0							116.5	99.0
1948	366.0				100.0							125.0	113.0
1949	414.0				107.0							142.0	122.0

情報源：

(1)：ソーヴィが推計した国民所得。単位は10億フラン（1938年フラン）（ソーヴィ、1954年、p.391参照）（データは以下にも転載されている。『AR1966』〔INSEE、1966年〕、p.556）。

(2) (3)：ソーヴィが修正した国民所得（名目フラン。単位は10億フラン）と物価指数（1913年を100とする）（ソーヴィ〔1984年、第2巻、p.297〕およびソーヴィ〔1965-1975年、第1巻、p.277および第2巻、p.576〕を参照）。

(4)：ヴァンサンが推計した実質国内総生産高指数（1913年を100とする）（ヴァンサン〔1972年、p.340〕を参照）。

(5)：カレ&デュボワ&マランヴォーが推計した実質国内総生産高指数（1929年を100とする）（カレ&デュボワ&マランヴォー〔1972年、p.35〕を参照）。

(6) (7)：トゥタンが推計したGDP（名目フラン。単位は10億フラン）と物価指数（トゥタン〔1997年、p.57-58〕を参照）。

(8) (9)：トゥタンの「別表1」（トゥタン〔1997年、p.61〕を参照）。

(10) (11)：トゥタンの「別表2」（トゥタン〔1997年、p.62〕を参照）。

(12)：マディソンの実質国内総生産（GDP）指数（1913年を100とする）（マディソン〔1995年、p.148-149〕を参照）。

(13)：INSEEが発表した工業生産指数（1938年を100とする）（『AR1966』〔INSEE、1966年〕、p.561を参照）。

表G-21：1913-1949年のGDPデータ（1913年を100とする）および年間成長率

	1913年を100とする実質GDP指数									実質年間成長率								
	(1)	(2)	(3)	(4)	(5)	(6)	(7)	(8)	(9)	(10)	(11)	(12)	(13)	(14)	(15)	(16)	(17)	(18)
	ソーヴィ		ヴァンサン	カレ&デュボワ&マランヴォー	トゥタン			マディソン	工業生産指数	ソーヴィ		ヴァンサン	カレ&デュボワ&マランヴォー	トゥタン			マディソン	工業生産指数
1913	100	100	100	100	100	100	100	100	100									
1914								93									− 7.1	
1915								91									− 2.0	
1916								96									5.1	
1917								81									− 15.3	
1918								64									− 21.1	
1919								75	57								17.8	
1920	82	80	81	86	89	82	82	87	61								15.7	8.1
1921	76	74	81	84	86	80	80	84	55	− 7.4	− 7.8	− 0.6	− 1.5	− 3.4	− 2.9	− 2.9	− 4.1	− 10.4
1922	93	90	94	97	103	93	93	99	78	21.6	22.0	16.3	15.6	18.9	16.6	16.1	18.0	41.7
1923	100	98	98	103	109	98	98	104	88	8.2	8.2	5.0	5.4	5.8	5.4	5.1	5.2	12.9
1924	116	112	109	113	123	110	110	117	108	15.8	14.8	11.0	10.3	13.3	12.4	12.3	12.5	22.9
1925	117	113	110	114	123	111	111	117	107	0.8	0.6	0.8	1.2	0.3	1.1	1.1	0.4	− 0.8
1926	122	117	111	116	127	114	114	120	126	4.4	3.8	1.1	1.1	3.0	2.6	2.7	2.6	17.1
1927	118	113	110	114	125	113	112	118	110	− 3.5	− 3.3	− 1.3	− 1.1	− 1.9	− 1.2	− 1.3	− 2.1	− 12.4
1928	125	119	116	121	134	121	121	126	111	5.9	4.8	5.8	5.7	7.5	7.3	7.4	7.0	0.8
1929	138	133	126	132	144	129	129	134	122	10.5	11.9	8.4	8.7	7.1	7.1	6.9	6.8	9.9
1930	136	133	122	128	140	126	126	131	122	− 1.3	− 0.3	− 3.1	− 3.0	− 2.6	− 2.5	− 2.6	− 2.9	0.0
1931	130	128	117	122	131	118	118	123	106	− 4.3	− 3.7	− 4.2	− 4.1	− 6.1	− 6.6	− 6.3	− 6.0	− 13.5
1932	121	123	112	117	122	110	110	115	90	− 7.0	− 3.4	− 4.5	− 4.3	− 6.7	− 6.6	− 6.8	− 6.5	− 14.8
1933	122	122	117	122	131	117	116	123	98	0.5	− 1.4	4.4	4.5	7.0	5.9	5.9	7.1	9.2
1934	120	115	116	122	129	115	114	122	92	− 2.0	− 5.1	− 0.5	0.0	− 1.1	− 1.7	− 1.6	− 1.0	− 6.5
1935	114	116	112	118	126	111	111	119	88	− 4.3	0.8	− 3.5	− 3.2	− 2.6	− 3.1	− 3.2	− 2.5	− 4.0
1936	113	120	113	120	131	113	112	123	94	− 1.1	2.9	1.0	1.1	3.8	1.5	1.5	3.8	7.3
1937	117	120	117	126	139	116	116	130	100	3.5	0.1	3.9	5.5	6.0	3.2	3.1	5.8	5.8
1938	116	120	117	126	138	115	115	130	92	− 1.0	0.0	− 0.3	0.0	− 0.5	− 1.1	− 0.8	− 0.4	− 8.3
1939	124			132				139		7.1			4.2				7.2	
1940	102							115		− 17.4							− 17.5	
1941	81							91		− 20.8							− 20.9	
1942	73							81	56	− 10.5							− 10.4	
1943	69							77	50	− 5.0							− 5.0	− 11.5
1944	58							65	35	− 15.5							− 15.5	− 29.6
1945	63							71	46	8.4							8.4	31.6
1946	96			105				108	77	52.2							52.1	68.0
1947	104			114				117	91	8.3			8.8				8.4	17.9
1948	112			132				125	104	7.3			14.9				7.3	14.1
1949	126			141				142	112	13.1			7.0				13.6	8.0

情報源：表G-20に転載した、各研究者が発表した未加工データに基づいて行なわれた計算。
(1)：ソーヴィのデータ（表G-20の列(1)）、1913年を100とする。
(2)：修正したソーヴィのデータ（表G-20の列(2)(3)）、1913年を100とする。
(3)：ヴァンサンのデータ（表G-20の列(4)）、1913年を100とする。
(4)：カレ&デュボワ&マランヴォーのデータ（表G-20の列(5)）、1913年を100とする。
(5)：トゥタンのデータ（表G-20の列(6)(7)）、1913年を100とする。
(6)：トゥタンの「別表1」（表G-20の列(8)(9)）、1913年を100とする。
(7)：トゥタンの「別表2」（表G-20の列(10)(11)）、1913年を100とする。

(8)：マディソンのデータ（表G-20の列(12)）、1913年を100とする。

(9)：工業生産指数（表G-20の列(13)）、1913年を100とする。

(10)-(18)：列(1)-(9)をもとに計算した年間成長率。

表G-22：1913-1949年のヴィラのGDPデータ〔列(1)(2)(6)(7)(10)(11)は10億フラン単位〕

	(1)	(2)	(3)	(4)	(5)	(6)	(7)	(8)	(9)	(10)	(11)	(12)	(13)	(14)
	生産高から割り出したGDP					需要から割り出したGDP					所得から割り出したGDP			
1913	50.8	368.4	0.138	100		49.4	347.7	0.142	100		46.7	328.8	100	
1914	45.1	309.0	0.146	84	− 16.1	47.5	316.0		91	− 9.1				
1915	45.1	264.5	0.170	72	− 14.4	47.4	272.1		78	− 13.9				
1916	59.6	299.2	0.199	81	13.1	52.0	270.1		78	− 0.8				
1917	70.7	291.8	0.242	79	− 2.5	57.1	258.7		74	− 4.2				
1918	78.2	244.5	0.320	66	− 16.2	72.2	250.4		72	− 3.2				
1919	105.0	270.5	0.388	73	10.7	94.3	279.2	0.338	80	11.5				
1920	159.5	291.0	0.548	79	7.6	141.5	296.0	0.478	85	6.0	162.6	339.9	103	
1921	128.6	278.2	0.462	76	− 4.4	144.1	302.1	0.477	87	2.1	162.6	340.8	104	0.3
1922	159.9	334.6	0.478	91	20.3	168.5	343.5	0.490	99	13.7	174.4	355.6	108	4.3
1923	189.8	354.0	0.536	96	5.8	171.5	335.5	0.511	96	− 2.3	195.7	382.9	116	7.7
1924	241.8	396.4	0.610	108	12.0	212.5	364.0	0.584	105	8.5	226.3	387.6	118	1.2
1925	265.8	401.8	0.662	109	1.4	227.0	374.8	0.606	108	3.0	250.6	413.8	126	6.8
1926	330.6	417.8	0.791	113	4.0	283.0	381.2	0.743	110	1.7	312.5	420.9	128	1.7
1927	342.5	409.6	0.836	111	− 2.0	311.3	392.3	0.793	113	2.9	322.4	406.4	124	− 3.5
1928	356.1	434.6	0.819	118	6.1	320.9	411.3	0.780	118	4.9	346.4	444.1	135	9.3
1929	400.2	473.1	0.846	128	8.9	352.1	429.7	0.820	124	4.5	371.0	452.7	138	1.9
1930	392.2	460.8	0.851	125	− 2.6	376.5	435.9	0.864	125	1.5	361.7	418.8	127	− 7.5
1931	365.6	442.9	0.825	120	− 3.9	347.0	406.4	0.854	117	− 6.8	338.6	396.5	121	− 5.3
1932	316.5	403.8	0.784	110	− 8.8	306.3	383.0	0.800	110	− 5.7	300.1	375.3	114	− 5.3
1933	312.8	415.8	0.752	113	3.0	300.3	390.8	0.768	112	2.0	292.0	380.0	116	1.3
1934	297.3	401.7	0.740	109	− 3.4	276.2	378.0	0.731	109	− 3.3	264.7	362.2	110	− 4.7
1935	280.1	391.5	0.715	106	− 2.5	257.0	380.3	0.676	109	0.6	256.5	379.6	115	4.8
1936	281.3	396.6	0.709	108	1.3	260.6	370.2	0.704	106	− 2.7	286.0	406.2	124	7.0
1937	349.3	405.8	0.861	110	2.3	335.5	380.2	0.882	109	2.7	348.6	395.1	120	− 2.7
1938	395.8	395.8	1.000	107	− 2.5	388.5	388.5	1.000	112	2.2	396.9	396.9	121	0.5
1939	453.3	411.5	1.101	112	4.0	417.7	395.2	1.057	114	1.7				
1940	371.1	315.8	1.175	86	− 23.3									
1941	413.0	294.6	1.402	80	− 6.7									
1942	480.9	295.1	1.630	80	0.1									
1943	531.4	291.3	1.825	79	− 1.3									
1944	575.4	222.2	2.589	60	− 23.7									
1945	1102.3	277.9	3.967	75	25.0									
1946	2437.5	375.1	6.499	102	35.0									
1947	3635.4	398.7	9.119	108	6.3									
1948	6556.1	451.2	14.531	122	13.2									
1949	8100.6	479.4	16.899	130	6.2									

情報源：

(1)：ヴィラのPIBQデータ＝生産高から計算した、名目国内総生産高（単位は10億フラン）（ヴィラ〔1994年、p.166〕を参照）。

(2)：ヴィラのPIBZQデータ＝生産高から計算した、実質国内総生産高（単位は10億フラン〔1938年フラン〕）（ヴィラ〔1994年、p.166〕を参照）。

(3)：ヴィラのPPIBQデータ＝生産高から計算した、GDP価格指数（1938年を1とする）（構造的に、PIBQ＝PPIBQ×PIBZQ）（ヴィラ〔1994年、p.166〕を参照）。

(4)：1913年を100とするPIBZQデータ（列(2)をもとに計算）。

(5)：生産高から計算した実質国内総生産高（PIBZQ）の年間成長率（列(2)をもとに計算）。

(6)：ヴィラのPIBVALデータ＝需要から計算した、名目国内総生産高（単位は10億フラン）（ヴィラ〔1994年、p.142〕を参照）（1914-1918年に関しては、PIBVALはCM＋CG＋IM＋IG＋IE＋EXPORT－IMPORT＋SUSの総和から計算されている）。

(7)：ヴィラのPIBVOLデータ＝需要から計算した、実質国内総生産高（単位は10億フラン〔1938年フラン〕）（ヴィラ〔1994年、p.143〕を参照）（1914-1918年に関しては、PIBVOLはCZM＋CZG＋IZM＋IZG＋IZE＋EXPOZT－IMPOZTの総和から計算されている）。

(8)：ヴィラのPPIBVデータ＝需要から計算したGDP価格指数（1938年を1とする）（構造的に、PPIBV＝PIBVAL／PIBVOL）。

(9)：1913年を100とするPIBVOLデータ（列(7)をもとに計算）。

(10)：需要から計算した実質国内総生産高（PIBVOL）の年間成長率（列(7)をもとに計算）。

(11)：ヴィラのPIBEデータ＝所得から計算した、名目国内総生産高（単位は10億フラン）（1920-1938年についてはヴィラ〔1994年、p.142〕を参照。1900-1913年についてはヴィラ〔1997年、p.207〕を参照）。

(12)：ヴィラのPIBZEデータ＝所得から計算した、実質国内総生産高（単位は10億フラン〔1938年フラン〕）。需要から計算したGDP価格指数を用いた（理論上、PIBZE＝PIBE／PPIBV）（ヴィラ〔1994年、p.143〕を参照）。

(13)：1913年を100とするPIBZEデータ（列(12)をもとに計算）。

(14)：所得から計算した実質国内総生産高（PIBZE）の年間成長率（列(12)をもとに計算）。

付録H

人口、家庭、職業別社会階層構造（1900-1998年）

本付録では、さまざまな点で私たちに有益だった社会人口統計を集めた。一つは人口と家庭数に関するデータで、とくに世帯総数（課税世帯および非課税世帯）の推移を算出するうえで役に立った（第1節）。もう一つは労働力人口の職業別社会階層構造を示すデータである（第2節）。

1　人口、家庭数、世帯数（1900-1998年）

1900-1998年の総人口、家庭数、世帯数の年間データを作成するにあたり、私たちが利用した情報源や方法は表H-1に詳しく記しておいたので、ここではいくつかのポイントを押さえるにとどめる。

フランス本国の総人口については、INSEE（国立統計経済研究所）が公表している過去のデータをそのまま表H-1に転載した。しかしINSEEの最新の刊行物から得られる過去の人口データは1993年までなので（ダゲ〔1995年〕を参照）、1994-1997年については、最新の『国民会計報告書』[1]に掲載された総人口の推計を用いて補足し、1998年については1997-1998年の人口増加率を0.4％と仮定して割り出した（表H-1を参照）。したがって、表H-1に記載した1990年代の数字は、いずれINSEEが若干の修正を加える可能性がある。とくに本書の執筆段階では1999年3月の国勢調査の最終結果がまだ出ておらず、INSEEが公表した暫定結果さえ私たちは利用していない（したがって表H-1に転載し、本書で利用した推定値は1999年国勢調査前の数字である）。とはいえ、その暫定結果を見ると今後の修正は比較的小さいはずだ。1999年7月にINSEEが公表した暫定結果では、1999年3月の本国における人口は5841万7000人で、1999年国勢調査前の推計よりも数十万人少ないだけで、1990年から1999年の年平均人口増加率は0.38％となる（これに対し1982年から1990年の平均増加率は0.55％）[2]。この暫定結果が確定されれば、表H-1に記載した1990年代末の数字は（ごく）わずかに過大評価していたことになる。たとえば、1998年の本国の「実際の」人口は5870万人ではなく

1　情報源が変わっても1993年から1994年のデータに一貫性がないということにはならない。というのも『国民会計報告書』に発表された人口データは、ダゲ（1995年）が発表した人口データとまったく同じものだからだ（とくにどちらの調査もその年の1月1日時点の本国の総人口を表わしている）。しかし『1998年国民会計報告書』（1999年7月発行）にはそれまでの報告書と異なり、総人口に関するデータが含まれていない（おそらく1999年の国勢調査の結果をまだ反映できなかったのだろう）。

2　*INSEE-Première* 第663号（1999年7月）を参照。

約5840万人になるが、その差は1%もない。長期にわたる人口1人あたりの平均所得の推移を考えるときには、この程度の誤差はまったく問題にならない。

表 H-1：人口、課税対象家庭、課税対象世帯（1900-1998 年）〔1000 人単位〕

	(1) 総人口	(2) 0-19 歳の人口	(3) 20-59 歳の人口	(4) 60 歳以上の人口	(5) 国勢調査による人口	(6) 国勢調査による家庭数	(7) (人口)／(家庭)	(8) 家庭数	(9) (世帯)／(家庭)	(10) 世帯数	(11) (人口)／(世帯)
1900	38,486						3.56	10,806	1.31	14,119	2.73
1901	38,486	13,185	20,416	4,885	38,962	10,940	3.56	10,806	1.31	14,119	2.73
1902	38,564	13,194	20,460	4,910			3.55	10,858	1.31	14,187	2.72
1903	38,657	13,204	20,519	4,934			3.54	10,915	1.31	14,261	2.71
1904	38,737	13,196	20,588	4,953			3.53	10,968	1.31	14,331	2.70
1905	38,800	13,173	20,658	4,969			3.52	11,017	1.31	14,394	2.70
1906	38,836	13,146	20,706	4,984	39,252		3.51	11,058	1.31	14,448	2.69
1907	38,893	13,128	20,778	4,987			3.50	11,106	1.31	14,510	2.68
1908	38,925	13,114	20,859	4,952			3.49	11,146	1.31	14,563	2.67
1909	39,024	13,130	20,929	4,965			3.48	11,206	1.31	14,642	2.67
1910	39,089	13,126	20,983	4,980			3.47	11,257	1.31	14,708	2.66
1911	39,228	13,189	21,019	5,020	39,605	11,438	3.46	11,329	1.31	14,802	2.65
1912	39,229	13,119	21,075	5,035			3.43	11,433	1.31	14,938	2.63
1913	39,337	13,134	21,127	5,076			3.40	11,570	1.31	15,117	2.60
1914	39,431	13,107	21,225	5,099			3.37	11,705	1.31	15,294	2.58
1915	39,256						3.37	11,671	1.31	15,249	2.57
1916	39,082						3.36	11,637	1.31	15,205	2.57
1917	38,907						3.36	11,603	1.31	15,160	2.57
1918	38,732						3.35	11,569	1.31	15,116	2.56
1919	38,558						3.35	11,535	1.31	15,071	2.56
1920	38,383	11,999	21,074	5,310			3.34	11,501	1.31	15,027	2.55
1921	38,773	12,144	21,241	5,388	39,210	11,860	3.31	11,728	1.31	15,323	2.53
1922	38,978	12,168	21,363	5,447			3.30	11,827	1.31	15,453	2.52
1923	39,248	12,196	21,570	5,482			3.29	11,946	1.31	15,609	2.51
1924	39,611	12,228	21,832	5,551			3.28	12,095	1.31	15,803	2.51
1925	39,981	12,275	22,109	5,597			3.26	12,247	1.31	16,001	2.50
1926	40,217	12,335	22,251	5,631	40,744	12,520	3.25	12,358	1.31	16,147	2.49
1927	40,404	12,317	22,404	5,683			3.25	12,440	1.31	16,254	2.49
1928	40,556	12,322	22,502	5,732			3.24	12,511	1.31	16,347	2.48
1929	40,741	12,324	22,639	5,778			3.24	12,593	1.31	16,454	2.48
1930	40,912	12,335	22,784	5,793			3.23	12,671	1.31	16,556	2.47
1931	41,257	12,398	22,989	5,870	41,835	12,983	3.22	12,804	1.31	16,729	2.47
1932	41,261	12,381	23,017	5,863			3.22	12,833	1.31	16,767	2.46
1933	41,276	12,325	23,006	5,945			3.21	12,866	1.31	16,810	2.46
1934	41,249	12,248	23,001	6,000			3.20	12,886	1.31	16,837	2.45
1935	41,249	12,191	22,979	6,079			3.19	12,915	1.31	16,874	2.44
1936	41,194	12,336	22,714	6,144	41,907	13,150	3.19	12,926	1.31	16,889	2.44
1937	41,198	12,541	22,430	6,227			3.19	12,934	1.31	16,899	2.44
1938	41,216	12,722	22,189	6,305			3.18	12,947	1.31	16,915	2.44
1939	39,385	12,227	20,989	6,169			3.18	12,378	1.31	16,172	2.44
1940	39,503	12,396	20,821	6,286			3.18	12,421	1.31	16,229	2.43
1941	37,388	12,083	19,166	6,139			3.18	11,762	1.31	15,368	2.43
1942	37,378	11,832	19,408	6,138			3.18	11,765	1.31	15,372	2.43
1943	37,127	11,618	19,371	6,138			3.18	11,692	1.31	15,277	2.43
1944	36,651	11,333	19,200	6,118			3.17	11,548	1.31	15,089	2.43
1945	36,753	11,318	19,303	6,132			3.17	11,586	1.31	15,138	2.43
1946	40,125	11,839	21,489	6,797	40,503	12,931	3.17	12,656	1.31	16,536	2.43
1947	40,448	11,958	21,970	6,520			3.17	12,742	1.31	16,648	2.43
1948	40,911	12,178	22,114	6,619			3.18	12,872	1.31	16,818	2.43
1949	41,313	12,366	22,231	6,716			3.18	12,982	1.31	16,962	2.44
1950	41,647	12,556	22,328	6,763			3.19	13,070	1.31	17,077	2.44

表H-1（続き）

1951	42,010	12,710	22,483	6,817			3.19	13,168	1.31	17,205	2.44
1952	42,301	12,854	22,592	6,855			3.19	13,243	1.31	17,302	2.44
1953	42,618	13,000	22,703	6,915			3.20	13,325	1.31	17,410	2.45
1954	42,885	13,165	22,757	6,963	42,777	13,418	3.20	13,392	1.31	17,497	2.45
1955	43,228	13,343	22,845	7,040			3.20	13,507	1.31	17,647	2.45
1956	43,627	13,571	22,951	7,105			3.20	13,639	1.31	17,820	2.45
1957	44,059	13,826	23,031	7,202			3.20	13,782	1.31	18,007	2.45
1958	44,563	14,121	23,123	7,319			3.20	13,947	1.31	18,223	2.45
1959	45,015	14,387	23,173	7,455			3.19	14,097	1.31	18,418	2.44
1960	45,465	14,665	23,196	7,604			3.19	14,246	1.31	18,613	2.44
1961	45,904	14,991	23,166	7,747			3.19	14,391	1.31	18,803	2.44
1962	46,422	15,382	23,109	7,931	46,243	14,610	3.19	14,562	1.31	19,026	2.44
1963	47,573	15,904	23,500	8,169			3.18	14,952	1.31	19,535	2.44
1964	48,134	16,211	23,547	8,376			3.18	15,157	1.31	19,804	2.43
1965	48,562	16,511	23,585	8,466			3.17	15,321	1.31	20,018	2.43
1966	48,954	16,759	23,593	8,242			3.16	15,474	1.30	20,166	2.43
1967	49,374	16,814	23,807	8,753			3.16	15,637	1.30	20,324	2.43
1968	49,723	16,789	24,057	8,877		15,778	3.15	15,778	1.30	20,454	2.43
1969	50,108	16,757	24,345	9,006			3.12	16,036	1.29	20,734	2.42
1970	50,528	16,748	24,670	9,110			3.10	16,310	1.29	21,033	2.40
1971	51,016	16,772	25,002	9,242			3.07	16,611	1.29	21,355	2.39
1972	51,486	16,851	25,302	9,333			3.04	16,911	1.28	21,653	2.38
1973	51,916	16,902	25,551	9,463			3.02	17,204	1.27	21,921	2.37
1974	52,321	16,942	25,808	9,571			2.99	17,493	1.27	22,161	2.36
1975	52,600	16,888	26,040	9,672		17,745	2.96	17,745	1.26	22,364	2.35
1976	52,798	16,809	26,405	9,584			2.94	17,977	1.25	22,497	2.35
1977	53,019	16,704	26,892	9,423			2.91	18,221	1.25	22,709	2.33
1978	53,271	16,613	27,359	9,299			2.88	18,480	1.24	22,939	2.32
1979	53,481	16,511	27,766	9,204			2.86	18,730	1.24	23,186	2.31
1980	53,731	16,419	28,155	9,157			2.83	18,998	1.23	23,457	2.29
1981	54,029	16,380	28,299	9,350			2.80	19,289	1.23	23,750	2.27
1982	54,335	16,327	28,487	9,521		19,589	2.77	19,589	1.23	24,043	2.26
1983	54,650	16,303	28,668	9,679			2.76	19,834	1.22	24,283	2.25
1984	54,895	16,199	28,878	9,818			2.74	20,057	1.23	24,572	2.23
1985	55,157	16,092	29,099	9,966			2.72	20,290	1.24	25,144	2.19
1986	55,411	15,999	29,296	10,116			2.70	20,522	1.24	25,534	2.17
1987	55,682	15,920	29,496	10,266			2.68	20,764	1.27	26,341	2.11
1988	55,966	15,853	29,685	10,428			2.66	21,015	1.27	26,791	2.09
1989	56,270	15,793	29,875	10,602			2.64	21,276	1.29	27,360	2.06
1990	56,577	15,720	30,094	10,763		21,542	2.63	21,542	1.30	28,029	2.02
1991	56,893	15,632	30,308	10,953			2.59	21,984	1.30	28,607	1.99
1992	57,217	15,523	30,566	11,128			2.57	22,297	1.30	29,052	1.97
1993	57,530	15,397	30,827	11,306			2.55	22,532	1.31	29,558	1.95
1994	57,779			11,447			2.53	22,840	1.32	30,038	1.92
1995	58,020			11,604			2.51	23,156	1.32	30,585	1.90
1996	58,256			11,727			2.48	23,451	1.33	31,134	1.87
1997	58,489			11,848			2.46	23,728	1.33	31,538	1.85
1998	58,723						2.45	23,959	1.33	31,801	1.85

解説：1998年の場合、フランス本国の総人口は5872万3000人、家庭数は2395万9000（1家庭あたり2.45人）、世帯数は3180万1000（1家庭あたり1.33世帯、1世帯あたり1.85人）である。

情報源

(1)：1月1日時点のフランス本国の総人口（1901-1993年については、ダゲ〔1995年、p.36-37〕を参照。1994-1997年については、「会計と経済指標――1997年国民会計報告書」〔『INSEE統計結果』第607、608、609号（一般経済編、第165、166、167号）1998年6月、

p.39〕を参照。1998年については1998年／1997年の人口増加率を0.4%と仮定して算出した〔付録H第1節を参照〕)。

(2)-(4)：1月1日時点のフランス本国の総人口を年齢別に分割した（(2)＝1月1日時点の20歳未満の人口、(3)＝1月1日時点の20-59歳の人口、(4)＝1月1日時点の60歳以上の人口）（理論上、(1)＝(2)＋(3)＋(4)）（情報源は(1)と同じ）。

(5)-(6)：国勢調査によるフランス本国の人口と家庭数。1901年、1911年、1921年、1926年、1931年、1936年、1946年、1954年、1962年（『AR1966』〔INSEE、1966年〕、p.22を参照）、1968年、1975年、1982年、1990年（「地域・県別家庭構造（1990年人口調査――調査結果）」〔『INSEE統計結果』第336号（シリーズ「人口統計――社会」第35号）1994年9月、p.22〕を参照）。

(7)：1家庭あたりの人口（1901年、1911年、1921年、1926年、1931年、1936年については(7)＝(5)／(6)。1946年、1954年、1962年については、(8)の家庭数はINSEEが推計した1月1日時点の家庭数（『フランスの統計年鑑1989年版』〔INSEE〕p.51を参照）と等しく、(7)＝(1)／(8)。1968年、1975年、1982年、1990年については、(8)の家庭数は国勢調査で推計された家庭数と等しく（(8)＝(6))、(7)＝(1)／(8)。1991-1998年については、(8)の家庭数は雇用調査で推計された家庭数（1991-1998年の雇用調査ファイルからの集計。雇用調査に関する刊行物の中でINSEEが毎年発表している推計と同一。たとえば「1998年の雇用調査――詳細な結果」〔『INSEE統計結果』第617、618号（シリーズ「職――所得」第141、142号)、1998年9月、p.114-115〕を参照）と等しく、(7)＝(1)／(8)。国勢調査のない期間（1902-1910年、1912-1914年、1920年、1922-1925年、1927-1930年、1932-1935年、1937-1945年、1947-1953年、1955-1961年、1963-1967年、1969-1974年、1976-1981年、1983-1989年）については、線形外挿法によって推計した（人口）／（家庭）の比率は上記の期間、線形に推移したと仮定した)。

(8)：列(1)と(7)から推計した家庭数（構造的に(8)＝(1)／(7))。

(9)：1家庭あたりの世帯数（1970-1995年についてはピケティ〔1998年、表2-2、p.21〕を参照。1965-1970年については「税収」調査と同じペースで減少したと仮定した。1900-1964年については1965年の数値と等しい割合を維持したと仮定した。1996-1997年については、(10)の課税対象世帯数は『Etat 1921』n＋2年12月31日の世帯総数（課税世帯と非課税世帯を含む）と等しく、(9)＝(10)／(8)。1998年については、(10)の課税対象世帯数は、n＋2年の決定税額を考慮し『Etat 1921』n＋1年12月31日の世帯総数（課税世帯と非課税世帯を含む）に1%を上乗せした数値とし（付録A第1.3節および第1.5節を参照)、(9)＝(10)／(8)。

(10)：列(8)、(9)から推計した世帯数（構造的に(10)＝(8)×(9))。

(11)：(1)／(10)。

注記：このデータは、1920-1938年および1946-1998年では現在の領土を対象とし、1901-1918年および1939-1945年では87の県（現在の領土からモーゼル県とバ・ラン県、オー・ラン県を除く）を対象としている（1941-1945年における本国の人口の数字にはフランス国外に拘束された戦争捕虜は含まれていない)。1915-1919年については、人口に関するいかなる統計も存在しない（当然家庭数の統計もない。ダゲ〔1995年〕に掲載されているデータも1914年で中断しており、1920年から再開している)。しかし1914年と1920年の数値に大きな差がないことから（戦争による死者数は特定地域の現在の領土への復帰によりほぼ相殺される)、その間は線形に推移したと仮定して、1915-1919年の総人口、家庭数、世帯数を補間した。1900年については1901年と同じ数字をあてた。

長期にわたって利用できる家庭総数のデータは、1901年から実施されてきた各国勢調査の推計だけである（INSEEは長期にわたる家庭数の年次推計を体系的には行なっていないようである)。各国勢調査の間の年次データについては、家庭の平均規模が線形に推移したと仮定して算出した（表H-1を参照)[3]。家庭の

平均規模が比較的ゆっくりしたペースで推移することを考えると、このような仮定から生じる誤差はきわめて小さいと思われる。[4] 1991-1998年の家庭総数については、INSEEが毎年行なっている雇用調査からの推計を取り上げた（表H-1を参照）。総人口と同様、1999年の国勢調査の結果を考慮に入れていないので、表H-1に転載した1990年代末の数字は、近い将来（ごく）わずかに下方修正される可能性がある。

世帯総数に関しては、人口や家庭数よりもあいまいな点が多い。SGF（フランス総合統計局）もINSEEも国勢調査を利用して世帯総数を推計する試みをいっさいしていない。さらにいえば、所得申告の集計から税務当局が作成した統計表に、課税世帯と同様に非課税世帯が含まれるようになったのは、1985年の所得課税以降である（それ以前は非課税世帯の申告に関する統計情報はもちろん、その世帯数さえもいっさい残されていなかった）。そのため、表H-1に記載された課税対象世帯総数の推計値のうち、税務当局が作成した統計表に基づいているのは1985年以降のみとなる。[5] 1985年より前については、税務統計だけでは、累進所得税の課税対象となった世帯数しか知ることができない。課税・非課税を問わずすべての世帯数を知るためには、20世紀における1家庭あたりの平均世帯数の推移について仮説を立てるほかなかった。

幸い、1956年以降の時代については、INSEEが代表的な家庭のサンプルに基づいて5-6年ごとに行なっていた「税収」調査を利用することができる。INSEEは、このサンプル家庭に含まれるすべての世帯（非課税世帯も含む）の所得申告を税務当局から譲り受け、この調査を行なった。私たちは実際に以前の論文で、この調査と、当時財務省が家庭構造をもとに行なった世帯総数の推計を用いて、1970-1985年の全世帯数と1家庭あたりの平均世帯数の推移を推計した（ピケテ

3　注意深い読者なら、家庭数の年次データを取得するために採用した方法にはやや一貫性が欠けていることに気づくだろう。総人口については、表H-1に転載した推計は常に1月1日時点のものだ。一方、家庭数の場合、1901-1962年の国勢調査による推計は「1月1日」を基準にしているが、1968-1990年は国勢調査を実施した時点、つまり3月の推計である。しかしいっさい修正はせずに、国勢調査の推計をそのまま転載している（雇用調査による推計も3月時点のものだが、いかなる修正もせず転載している）（表H-1を参照）。私たちがこのわずかな不一致を修正しようとしなかったのは、ピケティ（1998年、表2-2、p.21）に載せた1970-1996年の家庭総数のデータも（ほんの）わずかに修正を加えなければならなくなり、そうやって精度を追求したところで、さらなる混乱をもたらすだけで得られるものはないと考えたからだ。

4　さらに、そのようにして得られた年次推計は、INSEEが1946年の国勢調査から行なっている家庭数の年次推計の値と非常に近い（0.1%程度の差しかない）（たとえば、1946-1980年の年次データについては『フランスの経済活動』1949-1979年版〔INSEE、1981年〕、p.22を、1946-1989年の年次データについては『フランスの統計年鑑』1989年版〔INSEE、1989年〕、p.51などを参照）。

5　1998年の所得については、本書の執筆段階でn+1年12月31日に作成された表のみが利用できた。したがってn+2年の決定税額を考慮し、この表から得た世帯総数に1%上乗せした（付録A第1.3から第1.5節を参照）。

ィ〔1998年、付録C第1節、p.89-93〕を参照)。表H-1には、そのデータをそのまま転載している(修正はいっさいしていない)。これらの推計を見ると、1970-1998年の間、1家庭あたりの平均世帯数は期間の半ばにわずかに減少(1.20-1.25)したが、全体的にきわめて安定していたことがわかる(1970年代の初めおよび1990年代は1家庭あたりおよそ1.30世帯である)(表H-1を参照)。だが1970年以前の「税収」調査は使用がむずかしい。対応するデータファイルが利用可能な形式では存在しないため、INSEEが当時発表した統計結果が掲載された論文や刊行物に頼るほかはない。とはいえこれらの刊行物に掲載されたデータは、1家庭あたりの平均世帯数が1956年以来非常に安定していたことを確認するには十分である。世帯数は、1956年から1965年にかけてはあまり変動がなかったが(およそ1.30-1.31)、1965年から1970年にかけては緩やかに減少しているようだ(1.31から1.29へ)[6]。

1956年以前については、1家庭あたりの平均世帯数の推移を算出できるデータは、家族構成に関する調査から得られた情報(既婚者、複合家庭、離婚者などの割合)[7]しかない。しかしこうした資料を見ると、1956年以降の1家庭あたりの平均世帯数に見られるきわめて安定した傾向(複数の核家族からなる家庭の数は減少傾向にあるが、結婚していないカップルの数は増加傾向にある)は、20世紀前半にもおおむねあてはまるようだ。そのため私たちは、(世帯数)/(家庭数)の比率は1956年以前もきわめて安定していたと仮定した(表H-1を参照)[8]。このように単純化された仮定を採用してしまうと、いうまでもなく世帯総数を正

6　「税収」調査を扱ったINSEEの主要な刊行物の出典については、付録I第1節を参照してほしい。これらの調査のおもな目的は、家庭所得(同じ家庭内に暮らす世帯の所得をまとめたもの)の格差を測ることにあったため、どの刊行物を見ても、世帯に関する統計結果はほとんどない。例外的に「調査によれば、平均して100家庭が130世帯に相当する」といった記述が見られる程度である(たとえば1962年の調査結果を公表したルオー〔1965年、p.110、注1〕を参照)。1970年代の租税審議会の報告書には、「税収」調査から推計した課税世帯の割合が記されており、そこからも世帯総数を推計できるが、それを見てもやはり、(世帯数)/(家庭数)の比率は非常に安定している。

7　ダゲ(1995年)も参照。国勢調査やその間に行なわれた人口動態統計から入手した既婚者、寡夫・寡婦、離婚者、独身者などの割合を年齢別に示した均質な年次データが、1901-1993年の期間について欠けることなく掲載されている。

8　結婚している男性、独身の成人男性、離婚した男性あるいは寡夫、独身の成人女性、離婚した女性あるいは寡婦、これらすべての合計が世帯数に等しいと仮定し、実際にダゲ(1995年、p.125以降)が提供するデータを使って世帯数を推計してみた。すると、(世帯数)/(家庭数)の比率は戦間期のほうが1956-1998年よりも10-15%ほど多くなった。1.3ではなく、およそ1.4-1.5という比率になるのである(20世紀初頭では1.5-1.6)。これは、20世紀前半においては、結婚していないカップルの増加傾向よりも、複合家庭の減少傾向のほうが強かったことを示しており、理にかなっていると思われる。こうした推計はやや不確実だが(とくに婚姻に関する統計では、他の世帯に入った非労働力人口の数値がわからないので、世帯数を過大評価することになる)、この傾向がささいな規模であることを考えれば、1956年以前も比率は安定していたと仮定するほうが妥当だと思われる。

確に推計することはできなくなる。たとえば、1家庭あたりの世帯数は、1970-1995年に緩やかな減少傾向を見せた。このような短期的な変動は20世紀前半にも見られたかもしれない。[9] しかしながら、そのような推計誤差があったとしても、5-10%を超えることはないと思われる。それに、所得全体に占める富裕世帯の所得の割合が大幅に変化したことに比べれば、その程度の誤差は取るに足らないものである。[10]

2　労働力人口の職業別社会階層構造（1900-1998年）

表H-2、H-3、H-4はフランスにおける職業別社会階層構造の区分ごとの労働力人口の推移を示している。これについては、1901年から行なわれている国勢調査により推計が可能である。国勢調査は、当初はSGFによって、その後はINSEEによって行なわれ、毎回その結果が公表されている。ここでは、国勢調査から得られた未加工の数値をそのまま、いっさい修正することなく転載した（参照した出典については各表に記載している）。[1] ここに掲載した三つの表は、20世紀フランスの国勢調査で使用された職業別社会階層の変遷の歴史において重要な三つの時期にそれぞれ対応している。第一の時期は、20世紀初頭および戦間期である。この時期の国勢調査では、労働力人口を四つの「職業上の身分」（事業主、事務労働者、生産労働者、個人事業主）に分けていただけだった（表H-2）。第二の時期は1954年の分類法の時代である。同年にフランスでは職業別社会階層による分類法が初めて体系化され、1954年、1962年、1968年、1975年の国勢調査で適用された（表H-3）。そして第三の時期は1982年の分類法の時代である。同年に職業別社会階層の分類法が改定され、1982年の国勢調査から適用された（表H-4）。[2] これらの分類法の詳細に興味がある読者は、表H-2、H-3、H-4に示したSGFやINSEEの刊行物を参照してほしい。[3] 表H-5では、労働力人口に占める賃金労働者と非賃金労働者の割合について、これらの表から得た結果を掲載した。

9　前出の注を参照。

10　それどころか、誤差があったとしても、それがかえって本書の主要な結論を強化することになるかもしれない。世帯総数を上方修正すれば、所得全体に占める上位分位の所得の割合もまた上方修正することになるからだ（上位分位に含まれる世帯のほうが多くなるため）。戦間期の世帯総数を10-15%低く見積もれば（前出の注を参照）、上位分位の所得の割合もおよそ5-7.5%低く見積もることになる（世帯総数を低く見積もることで上位分位の所得の割合がどれだけ下がるかを知りたければ、その低く見積もった割合をパレート係数で割ればいい。新たに上位分位に加わる世帯は、その分位の下限に近いところに位置するからであり、この分位の平均所得と新たに加わった世帯の所得の比率はパレート係数とほぼ同じになる）。

1　ここでは、マルシャン&テロ（1991年、1997年）が作成した修正データを使用してはいない。というのもこのデータは、労働力人口を職業別社会階層別に細かく分割していないからである。

表 H-2：職業別社会階層の区分ごとの有職労働力人口の分布（1901-1936 年）

	1901		1906		1921		1926		1931		1936	
	(1000 人)	(%)	(1000 人)	(%)	(1000 人)	(%)	(1000 人)	(%)	(1000 人)	(%)	(1000 人)	(%)
事業主（農業、林業、漁業）	3,470	17.9	4,795	23.4	5,017	23.7	4,839	22.9	4,679	22.1	4,429	22.8
事務労働者（農業、林業、漁業）	7	0.0	6	0.0	6	0.0	6	0.0	6	0.0	5	0.0
生産労働者（農業、林業、漁業）	2,912	15.0	2,685	13.1	2,834	13.4	2,375	11.2	2,141	10.1	1,893	9.8
個人事業主（農業、林業、漁業）	1,804	9.3	1,356	6.6	1,142	5.4	962	4.5	853	4.0	831	4.3
事業主（その他の部門）	1,396	7.2	1,492	7.3	1,395	6.6	1,437	6.8	1,557	7.4	1,493	7.7
うち「自由業」	45	0.2	55	0.3	47	0.2	48	0.2	52	0.2	53	0.3
事務労働者（その他の部門）	2,403	12.4	2,111	10.3	2,693	12.7	2,727	12.9	3,019	14.3	2,972	15.3
うち「公益事業」	1,135	5.9	925	4.5	894	4.2	785	3.7	886	4.2	984	5.1
生産労働者（その他の部門）	4,763	24.6	5,222	25.5	5,928	28.0	6,899	32.6	7,003	33.1	5,827	30.0
うち「使用人」	939	4.8	913	4.5	769	3.6	767	3.6	746	3.5	694	3.6
うち「工員」	3,325	17.1	3,439	16.8	3,917	18.5	4,823	22.8	4,829	22.8	3,946	20.3
個人事業主（その他の部門）	2,601	13.4	2,816	13.7	2,169	10.2	1,906	9.0	1,901	9.0	1,946	10.0
事業主（すべての部門）	4,866	25.1	6,287	30.7	6,412	30.3	6,276	29.7	6,236	29.5	5,922	30.5
事務労働者（すべての部門）	2,410	12.4	2,117	10.3	2,699	12.7	2,733	12.9	3,025	14.3	2,977	15.3
生産労働者（すべての部門）	7,675	39.6	7,907	38.6	8,762	41.4	9,274	43.8	9,144	43.2	7,720	39.8
個人事業主（すべての部門）	4,405	22.7	4,172	20.4	3,311	15.6	2,868	13.6	2,754	13.0	2,777	14.3
総有職者数	19,401	100.0	20,482	100.0	21,183	100.0	21,151	100.0	21,159	100.0	19,396	100.0
賃金労働者（個人事業主を含まない）	10,085	52.0	10,024	48.9	11,461	54.1	12,007	56.8	12,169	57.5	10,697	55.2
非賃金労働者（個人事業主を含む）	9,271	47.8	10,459	51.1	9,723	45.9	9,144	43.2	8,990	42.5	8,699	44.8
賃金労働者（個人事業主を含む）	14,490	74.9	14,196	69.3	14,772	69.7	14,875	70.3	14,923	70.5	13,474	69.5
非賃金労働者（個人事業主を含まない）	4,866	25.1	6,287	30.7	6,412	30.3	6,276	29.7	6,236	29.5	5,922	30.5
事業主（農業、林業、漁業）（賃金労働者 0 人）	2,129	11.0	3,459	16.9	3,632	17.1	3,643	17.2	3,590	17.0	3,416	17.6
事業主（農業、林業、漁業）（賃金労働者 1 人）	674	3.5	715	3.5	698	3.3	641	3.0	596	2.8	579	3.0
事業主（農業、林業、漁業）（賃金労働者 2 人）	340	1.8	323	1.6	361	1.7	300	1.4	272	1.3	251	1.3
事業主（農業、林業、漁業）（賃金労働者 3-5 人）	274	1.4	252	1.2	282	1.3	219	1.0	189	0.9	158	0.8
事業主（農業、林業、漁業）（賃金労働者 6-10 人）	43	0.2	37	0.2	35	0.2	28	0.1	24	0.1	19	0.1
事業主（農業、林業、漁業）（賃金労働者 11-50 人）	10	0.05	9	0.04	9	0.04	8	0.04	8	0.04	6	0.03
事業主（農業、林業、漁業）（賃金労働者 51-500 人）	0.2	0.001	0.2	0.001	0.4	0.002	0.2	0.001	0.3	0.001	0.2	0.001

2　私たちは1911年と1946年の国勢調査結果を使用しなかった。この二つの国勢調査は、その後は二度と使用されなかったその場かぎりの分類法に基づいているからである。また表H-3には、INSEEが1954年の分類法を用いて作成した1982年の国勢調査結果も載せた。これを使用すれば、分類法の変更により不連続性が生まれたかどうかを確認できる（INSEEは同様に1982年の分類法を利用して1962年と1975年の国勢調査結果を遡及計算して公表したが、私たちはそれを使用していない。1982年の分類法を詳細なレベルまで使用できないからだ。1954年と1968年の国勢調査結果については遡及計算されていない）。

3　これらの刊行物は、ほかのINSEEとSGFの刊行物と同様、INSEEの図書館で閲覧できる（大学の図書館で全資料を保有しているところはほとんどない。20世紀初頭と戦間期の国勢調査結果に関する資料はとくにそうだ）。1954年と1982年の分類法に関する詳細な説明については「1975年の総人口調査――労働力人口」『INSEE集成』第328号（Dシリーズ〔人口統計――職〕、第67号）p.49-76（INSEE、1979年10月）（1954年の分類法）および「1982年の総人口調査――労働力人口」『INSEE集成』第472号（シリーズD〔人口統計――職〕、第100号）p.39-61（INSEE、1984年9月）（1982年の分類法）を参照。

表 H-2（続き）

事業主（農業、林業、漁業）（賃金労働者 501 人以上）	0.000	0.000	0.000	0.000	0.000	0.000	0.000	0.000	0.001	0.000	0.001	0.000
事業主（その他の部門）（賃金労働者 0 人）	492	2.5	520	2.5	506	2.4	466	2.2	661	3.1	644	3.3
事業主（その他の部門）（賃金労働者 1 人）	472	2.4	503	2.5	433	2.0	457	2.2	382	1.8	378	1.9
事業主（その他の部門）（賃金労働者 2 人）	186	1.0	202	1.0	173	0.8	187	0.9	180	0.9	174	0.9
事業主（その他の部門）（賃金労働者 3-5 人）	146	0.8	160	0.8	152	0.7	171	0.8	167	0.8	158	0.8
事業主（その他の部門）（賃金労働者 6-10 人）	49	0.3	54	0.3	59	0.3	70	0.3	75	0.4	63	0.3
事業主（その他の部門）（賃金労働者 11-50 人）	42	0.2	43	0.2	57	0.3	68	0.3	73	0.3	60	0.3
事業主（その他の部門）（賃金労働者 51-500 人）	9	0.05	10	0.05	15	0.1	17	0.1	18	0.1	15	0.1
事業主（その他の部門）（賃金労働者 501 人以上）	0.6	0.003	0.7	0.003	0.8	0.004	1.2	0.006	1.3	0.006	1.0	0.005

解説：1901年のフランスでは、事業主（すべての部門）が486万6000人を数え（総有識者数の25.1%）、そのうち「農業、林業、漁業」部門は347万人（総有識者数の17.9%）、その他の部門は139万6000人（総有識者数の7.2%）である。「農業、林業、漁業」部門の347万人のうち、212万9000人が従業員を1人も雇っておらず（総有識者数の11.0%）、67万4000人が従業員を1人だけ雇っている（総有識者数の3.5%）。

情報源：
1901年および**1906年**：『1906年3月4日実施の国勢調査の統計結果』第2部（総人口、労働力人口、事業）p.182-183（SGF、国立印刷局、1911年）（1901年の調査結果は1906年の調査結果とともに公表されたものを使用した。それ以前に公表されたものに多少の修正が加えられているからである）。
1921年：『1921年3月6日実施の国勢調査の統計結果』第1巻第3部（労働力人口、事業）p.83-84（SGF、国立印刷局、1927年）。
1926年：『1926年3月7日実施の国勢調査の統計結果』第1巻第3部（労働力人口、事業）p.88-90（SGF、国立印刷局、1931年）。
1931年：『1931年3月8日実施の国勢調査の統計結果』第1巻第3部（労働力人口、事業）p.94-96（SGF、国立印刷局、1935年）。
1936年：『1936年3月8日実施の国勢調査の統計結果』第1巻第3部（労働力人口、事業）p.94-96（国立統計局、国立印刷局、1943年）。

注記：1901-1936年の国勢調査における四つの「職業上の身分」（事業主、事務労働者、生産労働者、個人事業主）は産業部門に従って分類された（農業＝第1部門および第2部門〔農業、林業、漁業〕、非農業＝第3部門から第9部門）。私たちはまた、「自由業」（第7部門）の事業主、「公益事業」（第9部門）の事務労働者、「家事使用人」（第8部門B）および「工員」（第3部門、第4部門）の生産労働者を取り上げた。

表 H-3：職業別社会階層の区分ごとの有職労働力人口の分布（1954-1982 年）

	1954		1962		1968		1975		1982	
	(1000 人)	(%)	(1000 人)	(%)	(1000 人)	(%)	(1000 人)	(%)	(1000 人)	(%)
0：農業経営者	3,984	21.2	3,012	15.9	2,460	12.3	1,652	7.9	1,448	6.7
1：農業労働者	1,137	6.0	821	4.3	579	2.9	362	1.7	273	1.3
2：工場、商店経営者	2,296	12.2	1,997	10.5	1,962	9.8	1,712	8.2	1,738	8.1
区分 21：工場主	*85*	*0.5*	*79*	*0.4*	*79*	*0.4*	*60*	*0.3*	*71*	*0.3*
22：職人	*734*	*3.9*	*611*	*3.2*	*623*	*3.1*	*531*	*2.5*	*573*	*2.7*
23：漁業経営者	*24*	*0.1*	*19*	*0.1*	*18*	*0.1*	*15*	*0.1*	*13*	*0.1*
26：大商店主	*183*	*1.0*	*170*	*0.9*	*214*	*1.1*	*190*	*0.9*	*210*	*1.0*
27：小商店主	*1,269*	*6.7*	*1,118*	*5.9*	*1,028*	*5.1*	*915*	*4.4*	*869*	*4.0*
3：自由業と上級管理職	550	2.9	757	4.0	983	4.9	1,423	6.8	1,765	8.2
区分 30：自由業	120	0.6	124	0.7	142	0.7	171	0.8	220	1.0
32：教授、文学者、科学者	80	0.4	125	0.7	206	1.0	361	1.7	465	2.2
33：技師	79	0.4	138	0.7	187	0.9	247	1.2	336	1.6

表H-3（続き）

34：上級管理職	271	1.4	370	2.0	447	2.2	644	3.1	744	3.5
含：公共事業、国家、地方公共団体の賃金労働者	156	0.8	159	0.8	172	0.9	238	1.1		
4：中間管理職	1,124	6.0	1,478	7.8	1981	9.9	2,690	12.8	3,109	14.5
区分 41：教職、その他の知的職業	395	2.1	417	2.2	557	2.8	715	3.4	799	3.7
42：医療、社会福祉事業			110		173	0.9	296	1.4	420	2.0
43：技術者	190	1.0	349	1.8	525	2.6	734	3.5	881	4.1
44：中間管理職	539	2.9	604	3.2	726	3.6	945	4.5	1,009	4.7
含：公共事業、国家、地方公共団体の賃金労働者	212	1.1	186	1.0	222	1.1	316	1.5		
5：従業員	2,021	10.7	2,373	12.5	2,941	14.7	3,620	17.3	4,199	19.6
区分 51：事務職	1,596	8.5	1,883	9.9	2,345	11.7	2,934	14.0	3,394	15.8
含：公共事業、国家、地方公共団体の賃金労働者	787	4.2	812	4.3	1,019	5.1	1,229	5.9		
53：商店の従業員	425	2.3	490	2.6	596	3.0	686	3.3	806	3.8
6：生産労働者	6,266	33.3	6,914	36.5	7,451	37.3	7,786	37.2	7,065	32.9
区分 60：現場監督	140	0.7	303	1.6	358	1.8	435	2.1	453	2.1
61：熟練工	2,761	14.7	2,299	12.1	2,506	12.5	2,819	13.5	2,862	13.3
63：専門工	1,816	9.6	2,437	12.9	2,651	13.3	2,849	13.6	2,403	11.2
65：鉱山労働者	235	1.2	190	1.0	142	0.7	74	0.4	48	0.2
66：船員、漁師	49	0.3	50	0.3	43	0.2	37	0.2	30	0.1
67：見習い労働者	209	1.1	263	1.4	263	1.3	107	0.5	124	0.6
68：非熟練労働者	1,057	5.6	1,372	7.2	1,489	7.4	1,465	7.0	1,145	5.3
7：奉公人	951	5.1	1,016	5.4	1,125	5.6	1,178	5.6	1,383	6.4
区分 70：家事使用人	324	1.7	309	1.6	275	1.4	222	1.1	189	0.9
71：家政婦	204	1.1	206	1.1	221	1.1	144	0.7	98	0.5
72：その他の奉公人（給仕など）	424	2.3	500	2.6	629	3.1	812	3.9	1,096	5.1
8：その他の部門	495	2.6	590	3.1	520	2.6	518	2.5	485	2.3
区分 80：芸術家	42	0.2	41	0.2	49	0.2	54	0.3	63	0.3
81：聖職者	155	0.8	158	0.8	132	0.7	116	0.6	61	0.3
82：軍人、警官	298	1.6	391	2.1	339	1.7	348	1.7	361	1.7
総有職者	18,824	100.0	18,956	100.0	20,002	100.0	20,940	100.0	21,466	100.0
賃金労働者	12,382	65.8	13,784	72.7	15,388	76.9	17,352	82.9	17,996	83.8
非賃金労働者	6,442	34.2	5,174	27.3	4,613	23.1	3,589	17.1	3,469	16.2

解説：1954年のフランスでは、398万4000人の農業経営者を数えた（総有識者数の21.2%）。農業労働者は113万7000人（総有識者数の6.0%）、工場、商店経営者は229万6000人（総有識者数の12.2%）、うち8万5000人が工場主で（総有識者数の0.5%）、73万4000人が職人（総有識者数の3.9%）である。

情報源：
1954年：「1954年5月の総人口調査――労働力人口」p.58-59（INSEE、1958年）（1954年の国勢調査では、区分41と区分42を一つにまとめた〔区分41の欄の数字〕。また区分62〔公共部門の熟練工と現場監督〕も存在したが、区分61にまとめた）。
1962年：「1962年の総人口調査――労働力人口」p.66-67（INSEE、1964年）。
1968年：「1968年の調査予備結果――人口、労働力人口、家庭、住居」『INSEE集成』第12号（シリーズD〔人口統計―職〕第3号）、p.38-40（INSEE、1969年）。
1975年：「1975年の総人口調査――労働力人口」『INSEE集成』第328号（シリーズD〔人口統計――職〕第67号）、p.98-100（INSEE、1979年10月）。
1982年：「古い規範から職業別社会階層の新たな分類法へ」（『記録と文書』第156号、p.140）（INSEE、1986年3月）。

注記：1954年の分類法では、工場主（区分21）は従業員を6人以上雇っている工業・手工業事業主、職人（区分22）は従業員を5人以下しか雇っていない工業・手工業事業主、大商店主（区分26）は従業員を3人以上雇っている商人、小商店主（区分27）は従業員を2人以下しか雇っていない商店主を指す。

表 H-4：職業別社会階層の区分ごとの有職労働力人口の分布（1982-1998 年）

	1982		1990		1998	
	(1000 人)	(%)	(1000 人)	(%)	(1000 人)	(%)
1：農業経営者	1,466	6.8	1,005	4.5	682	3.0
2：職人、商店主、企業主	1,815	8.5	1,752	7.9	1,595	7.1
区分 21：職人	896	4.2	827	3.7	768	3.4
22：商店主	788	3.7	756	3.4	699	3.1
23：従業員 10 人以上の企業主	132	0.6	169	0.8	128	0.6
区分 2310：大企業主（従業員 500 人以上）	5.3	0.02	6.7	0.03		
2320：中企業主（従業員 50-499 人）	29	0.1	24	0.1		
2331-2334：企業主（従業員 10-49 人）	98	0.5	139	0.6		
3：管理職および上級知的職業	1,860	8.7	2,603	11.7	3,008	13.4
区分 31：自由業	236	1.1	308	1.4	342	1.5
33：公務員幹部	241	1.1	286	1.3	297	1.3
34：教授、学術職	352	1.6	553	2.5	703	3.1
35：報道、芸術、興行	103	0.5	152	0.7	187	0.8
37：企業の経営・営業幹部	560	2.6	720	3.2	834	3.7
区分 3710：大企業の経営・財務・営業幹部	8.4	0.04	12.7	0.06		
38：技師、企業の技術幹部	369	1.7	584	2.6	647	2.9
区分 3810：大企業の技術部長	5.2	0.02	6.2	0.03		
4：中間職	3,784	17.6	4,464	20.0	4,759	21.1
区分 42：教員、準教員	761	3.5	736	3.3	764	3.4
43：医療・社会福祉の仲介業者	590	2.7	738	3.3	905	4.0
44：聖職者、修道士	60	0.3	48	0.2	17	0.1
45：公務員の中間管理職	278	1.3	394	1.8	391	1.7
46-48：企業の経営・営業中間管理職、技術者（第 3 次産業の技術者を除く）、現場監督、職工長（下級管理職は除く）	2,097	9.8	2,548	11.4	2,682	11.9
5：従業員	5,502	25.6	5,899	26.5	6,512	28.9
区分 52-53：民間企業の職員、公務員、警官、軍人	2,039	9.5	2,310	10.4	2,403	10.7
54：企業の管理部職員	2,061	9.6	1,921	8.6	1,963	8.7
55：商店の従業員	622	2.9	732	3.3	799	3.5
56：個人への直接奉公人	781	3.6	937	4.2	1,347	6.0
区分 5632：個人宅の家事使用人、家政婦	200	0.9	178	0.8		
6：生産労働者	7,044	32.8	6,546	29.4	5,972	26.5
区分 62-65：工業・手工業の熟練工、あるいは商品管理、運転手	3,686	17.2	3,725	16.7	3,913	17.4
67-68：工業・手工業の非熟練労働者	3,089	14.4	2,585	11.6	1,831	8.1
69：農業労働者	269	1.3	236	1.1	229	1.0
総有職者	21,472	100.0	22,270	100.0	22,527	100.0
賃金労働者	17,954	83.6	19,204	86.2	19,909	88.4
非賃金労働者	3,517	16.4	3,065	13.8	2,619	11.6

解説：1982年のフランスでは、146万6000人の農業経営者を数えた（総有識者数の6.8%）。職人、商人、企業主は181万5000人（総有識者数の8.5%）、そのうち職人は89万6000人（総有識者数の4.2%）、商人は78万8000人（総有識者数の3.7%）である。

情報源：

1982年：「1982年の総人口調査——労働力人口」『INSEE集成』第472号（シリーズD〔人口統計——職〕第100号）、p.132-133（INSEE、1984年9月）（1990年の国勢調査結果とともに公表されたわずかな修正を考慮に入れた）。

1990年：「1990年の総人口調査——労働力人口」『INSEE統計結果』第243号（シリーズ「人口——社会」第25号）p.28-39（INSEE、1993年6月）。

1998年：「1998年3月の雇用調査——詳細結果」『INSEE統計結果』第617-618号（シリーズ「職——所得」、第141-142号）、p.54-55（INSEE、1998年9月）。

注記：1982年の分類法では、従業員を10人以上雇っている手工業・工業・商業企業主は、従業員10人以上の企業主（区分23）として分類され、それ以外の手工業・工業・商業企業主は、職

人（区分21）あるいは商店主（区分22）として分類される。

表H-5：賃金労働者と非賃金労働者（1901-1998年）〔列(1)-(5)は1000人単位〕

	(1) 総有職者	(2) 賃金労働者	(3) 非賃金労働者	(4) うち農業従事者	(5) うち非農業従事者	(6) 賃金労働者(%)	(7) 非賃金労働者(%)	(8) 農業従事者(%)	(9) 非農業従事者(%)
1901	19,401	10,085	9,271	5,274	3,997	52.0	47.8	27.2	20.6
1906	20,482	10,024	10,459	6,151	4,308	48.9	51.1	30.0	21.0
1921	21,183	11,461	9,723	6,159	3,564	54.1	45.9	29.1	16.8
1926	21,151	12,007	9,144	5,801	3,343	56.8	43.2	27.4	15.8
1931	21,159	12,169	8,990	5,532	3,458	57.5	42.5	26.1	16.3
1936	19,396	10,697	8,699	5,260	3,439	55.2	44.8	27.1	17.7
1946	20,520	13,392	7,129	3,952	3,177	65.3	34.7	19.3	15.5
1954	18,824	12,382	6,442	3,984	2,458	65.8	34.2	21.2	13.1
1962	18,956	13,784	5,174	3,012	2,162	72.7	27.3	15.9	11.4
1968	20,002	15,388	4,613	2,460	2,153	76.9	23.1	12.3	10.8
1975	20,940	17,352	3,589	1,652	1,937	82.9	17.1	7.9	9.3
1982	21,472	17,954	3,517	1,466	2,051	83.6	16.4	6.8	9.6
1990	22,270	19,204	3,065	1,005	2,060	86.2	13.8	4.5	9.3
1998	22,527	19,909	2,619	682	1,937	88.4	11.6	3.0	8.6

解説：1901年のフランスの有識者人口は1940万1000人で、そのうち賃金労働者は1008万5000人（総有識者数の52.0%）、非賃金労働者は927万1000人（総有識者数の47.8%）、非賃金労働者のうち527万4000人が農業従事者（総有識者数の27.2%）、399万7000人が非農業従事者（総有識者数の20.6%）である。

情報源：
1901-1936年：表H-2を参照。
1946年：『1946年3月10日実施の国勢調査の統計結果』第3巻（労働力人口）、第1部（労働力人口全体）、p.132-133（INSEE、1952年）。1946年の国勢調査結果は、それ以前の国勢調査についてもそれ以後の国勢調査についても均質なものとはいえない。(i)他の年とは異なり、ここに示した1946年の調査結果は（有識労働力人口だけでなく）労働力人口全体を扱っている。(ii)「経営者や上級管理職」全体を「非賃金労働者」、「従業員、生産労働者、下級管理職」全体を「賃金労働者」として数えた（「経営者や上級管理職」から正確に賃金労働者を抜き出すことは不可能である）。
1954-1975年：表H-3を参照。
1982-1998年：表H-4を参照。

付録 I

20世紀のフランスにおける所得分布の推計

本付録では、20 世紀フランスの所得分布に関する数少ない推計について補足情報をいくつか提示する。第1節では、「税収」調査の一環として第二次世界大戦後からINSEE（国立統計経済研究所）が実施してきた推計から得られるおもな情報について詳しく述べる。第2節では、第二次世界大戦以前の時代を対象とした数少ない推計について説明する。

1　第二次世界大戦後の時代を対象とする推計：INSEEによる「税収」調査（1956-1996年）

概論で説明したとおり、「税収」調査は、第二次世界大戦以降、所得格差を調査する目的でINSEEが実施してきた統計業務の中核をなすものだ。[1] INSEEは1956年、1962年、1965年、1970年、1975年、1979年、1984年、1990年、1996年の所得を対象にして「税収」調査を行なってきたが、その基本的な方法は1956年以来変わっていない。INSEEは税務当局から提供された所得申告のサンプルをもとに、所得申告に記載のないいくつかの非課税所得（家族手当、必要最小限の福祉給付など）をサンプルの各世帯の所得に加えて調査を行なっている。1956年からの各「税収」調査の結果や方法は、INSEEの刊行物に記されている。[2]

本書では、ほとんどこの調査を利用していないが、それにはいくつかの理由がある。まず第一に、この調査は1956年からしか存在しないので、20世紀全体にわたる格差の推移を研究できないからである。第二の理由として、この調査がつながりのない何年かしか対象にしていないために、高所得者の所得を検討する際に大きな問題が生じるという点が挙げられる。というのは、高所得者の所得は短

1　概論第1.2節を参照。

2　1956年の調査についてはフルジョ＆ナタフ（1963年）、1962年の調査についてはルオー（1965年）、1965年の調査についてはバンドリエ（1970年）、1970年の調査についてはバンドリエ＆ジグリアッツァ（1974年）、1975年と1979年の調査についてはカンセイユ他（1987年）、1984年の調査についてはカンセイユ（1989年）、1990年の所得調査についてはカンパーニュ他（1996年）を参照。1996年の調査に関する予備結果、および1990年と1996年の結果とそれ以前の調査結果を比較した遡及的分析は、『集大成』（後出参照）の中で最近公表された。INSEEが「税収」調査をもとに発表した、より特殊な論文は『経済と統計』にも掲載されている（たとえばベゲ〔1987年、p.251〕が参照している）。

期的に大きく変動するからだ。長期的な傾向と短期間の変動を正確に見極められるのは年次データだけなのである。そして何より大きな理由は、「税収」調査のサンプルサイズが不十分なため（調査率はほぼ一定であり、高所得者のサンプルが過剰に含まれているということはないのだが）、この調査から高所得者の各分位の所得水準を推計すると、重大なサンプリング誤差が生み出されることである。たとえば私たちは、1970年以降の各「税収」調査から推計された高所得者の各分位の所得水準と（「税収」調査の電子データが利用できるのは1970年以降の調査だけである）、税務当局の年次集計（サンプルではなく提出された申告すべてをもとにしている）をもとにした推計、および税務当局が利用した所得申告のサンプルをもとにした推計（ある水準以上の申告ほぼすべてを含む）とを体系的に比較した。それにより、「税収」調査では、高所得者のあちこちの分位の所得水準に大きな誤差があるだけでなく、推移についてもかなりの誤差があることが確認できた。たとえば「税収」調査では、所得全体に占める分位P99-100または分位P99.9-100の割合がある調査とある調査の間で増加したという結論に至ったが、実際に起きた推移はまったく逆だった。[3] このような状況では、高所得者の所得を研究するためにこの情報源を利用することはできない。

そのため本書では、「税収」調査を、所得分布の下層における格差の推移に言及するために利用するにとどめた。課税世帯だけを対象にしている（少なくとも1985年までは）年次税務統計に比べ、「税収」調査の利点は常に世帯全体（課税世帯および非課税世帯）を対象としていることにある。したがって、年次税務統計による推計からは、所得平均に対する閾値P90や分位P90-100（およびそれより高い閾値と分位）の位置について、信頼度の高いデータを入手できる。一方「税収」調査からは、平均所得と閾値P50の差、あるいは閾値P50と閾値P10の差の推移についての情報を入手できる。そこでまずは、「税収」調査から入手できる、分位で表わされた所得分布の推計について詳しく説明していくことにしよう（第1.1節）（この結果は第3章第3.2節に引用されている）。そして次に、やはり「税収」調査から入手できる、職業別社会階層ごとの平均所得の推計について説明する（第1.2節）（この結果については、本書のさまざまな部分で参照している。たとえば、職業別社会階層間の比較に基づいた格差の推計に見られる特有の偏りに言及する場合など。第3章第2.4節参照）。

1.1　分位で表わされた調査結果

「税収」調査では残念ながら、分位で表わされた所得分布について、1956-1996年の期間全体を通じて均質な推計を行なうことはできない。実際この調査から、

3　ピケティ（1998年、p.153）を参照。

高所得者、とりわけ超高所得者の各分位の所得水準を正確に推計することはできない（前出参照）。またINSEEが行なう低所得者の所得の統計処理は、これまでに著しい修正が加えられているため、低所得者の各分位の所得水準の推計は慎重に読み取る必要がある（後出参照）。さらに、1956年、1962年、1965年の調査について利用できる情報は、INSEEが1960-1970年代に公表したものしかない。これは、当時としてはきわめて珍しく分位で表わされているが（たいていは職業別社会階層区分で表わされている）、いずれにせよ紙ベースであることに変わりはない。「税収」調査の個別データが、利用可能な電子形式で保存されるのは1970年以降である。そのため、1970-1996年については最近INSEEが均質な遡及的研究を行なっているものの、1970年以前については同様の研究はむずかしい。そこで、この時代全体を対象に均質な表を提示することは断念し、INSEEの刊行物で示された結果から導き出せる全体的な傾向を言葉で説明するにとどめる。「税収」調査から引き出せる1956-1970年の情報はいささか信頼性に欠け、1970-1996年の情報は非常に信頼性の高いものなので、この二つの期間を分けて検証することにしたい。

1.1.1　1956-1970年の期間

1956年の「税収」調査結果を示した刊行物（フルジョ＆ナタフ〔1963年〕）の中で、INSEEは分位で表わされた所得分布の推計をいっさい提示していない。いくつかの包括所得の区分ごとに家庭数を示した表（対応するグラフと同様）[4]はあるが、この表を使って各分位の閾値を、とくに所得分布の下層部分を推計するのは非常にむずかしい。というのも、この最初の調査では、国税庁が所得申告を確認できなかった家庭の所得はそのままにされ、その結果10%以上の家庭（1820万家庭のうち240万家庭）が「所得ゼロ」となり、その上位の所得区分には、そこだけで全家庭の約20%（1820万家庭のうち350万家庭）が入ったからだ。

1962年の「税収」調査結果を示した刊行物（ルオー〔1965年〕）では、INSEEは前回調査と同様の表（「所得ゼロ」がこの回では修正されているという大きな違いはあるが）を利用し、1962年時点の閾値P25、P50、P75の所得水準を推計したが、その値はそれぞれ、この調査で推計された平均所得の35%、74%、127%だった。[5]この中では、1956年の調査結果もふたたび取り上げられ、分布表から「所得ゼロ」を排除して1956年時点の閾値P25、P50、P75の所得水準を推計している。その値はそれぞれ、1956年の調査で推計された平均所得の38%、77%、131%であった。[6]INSEEはこれについて、1956年と1962年の所得分布の曲

4　フルジョ＆ナタフ（1963年、p.435およびp.438）を参照。

5　ルオー（1965年、p.34およびp.105）を参照（3750／10823＝0.35、8000／10823＝0.74、13700／10823＝1.27）（平均所得は後出の表I-1を参照）。

線が非常に「類似」していると結論づけた。しかしその一方で、（P75－P25）／P50の比率が1956年の1.20から1962年の1.24にわずかに上昇したことも指摘している。[7]

1965年の「税収」調査結果を示した刊行物（バンドリエ〔1970年〕）では、1965年時点の閾値P25、P50、P75の所得水準を推計するために同じ方法がとられ、それぞれの値は、この調査で推計された平均所得の38%、74%、125%になった。[8] INSEEは（P75－P25）／P50の比率が1956年の1.20から1962年に1.24、そして1965年の1.17へと推移したことを明らかにしている。[9]

1970年の「税収」調査結果を示した刊行物（バンドリエ＆ジグリアッツァ〔1974年〕）では、INSEEは1970年時点の閾値P25、P50、P75だけでなく、初めて閾値P10とP90の推計を行なった。結果はそれぞれ、この調査で推計された平均所得の42%、76%、127%（閾値P25、P50、P75の値）、および19%、193%（閾値P10、P90の値）[10]で、1970年のP90／P10の比率は10となった。INSEEは、（P75－P25）／P50の比率は、1962年の1.24から1965年の1.17、そして1970年の1.11へと推移している[11]と指摘した。さらにINSEEは、先に公表された1956年の調査から推計した（P75－P25）／P50の比率1.20は、「所得ゼロ」の家庭を除外したことから（次の調査からは修正された）偏りが生じており、本来はこの比率は1.26になるはずだとした（そのため、減少傾向は1956年から1970年まで続いていることになる）。だが、1956年の閾値P25、P50、P75の修正後の所得水準は明示していない。[12]

これらの結果からいくつかのことがわかった。

一つめは、中央値の所得の位置が非常に安定していることである（閾値P50の値に大きな動きはなく、常に平均所得の75%付近に位置している）。

二つめは、1956年の調査から1970年の調査までの間、（P75－P25）／P50の比率が連続して低下しているのは、所得分布の下位半分で所得の差が縮小しているためだと考えられる。閾値P75の値は明らかな変動がなく、常に平均所得の125%付近に位置しているが（1962年は125%、1965年は127%、1970年は125%）、

6　ルオー（1965年、p.105）を参照（2400／6343＝0.38、4900／6343＝0.77、8300／6343＝1.31）（平均所得は後出の表I-1を参照）。

7　ルオー（1965年、p.105-106）を参照。

8　バンドリエ（1970年、p.44）を参照（5500／14641＝0.38、10850／14641＝0.74、18250／14641＝1.25）（平均所得は後出の表I-1を参照）。

9　バンドリエ（1970年、p.113）を参照。

10　バンドリエ＆ジグリアッツァ（1974年、p.46）を参照（9300／22013＝0.42、16800／22013＝0.76、28000／22013＝1.27、4250／22013＝0.19、42500／22013＝1.93）（平均所得は後出の表I-1を参照）。

11　バンドリエ＆ジグリアッツァ（1974年、p.125）を参照。

12　バンドリエ＆ジグリアッツァ（1974年、p.124、注2）を参照。

閾値P25の値は上昇傾向をはっきりと示している（1962年は35%、1965年は38%、1970年は42%）。INSEEは1956年の閾値P25、P50、P75を修正した推計は公表していないが、（P75－P25）／P50の比率は公表している。それによればこの値は、1956年から連続して低下していることになり、所得分布の下層部分では所得の差の縮小傾向が1962年の調査より前から始まっていることを示唆している。この縮小傾向は、P50／P25だけでなく、P50／P10にもあてはまると仮定するのは妥当であろう（INSEEが閾値P25より下の階層の推計に着手したのは1970年からなので、この仮定を厳密に確認することはできない）。

同様にCERC（所得・コスト研究センター）が1986年に公表した推計でも、P90／P10の比率が1962年の14.7から1965年は11.7、1970年は10.0と低下している点を指摘できる。これはおもに、P50／P10の比率が低下したことによる。[13] この推計は、INSEEが公表した結果から得られた、所得分布の下層部分での所得格差が縮小傾向にあるという考察を追認するものだ。しかし問題は、CERCがこの推計をどのように導いたか明らかにしていないことである。1970年の推計については明らかに前述のINSEEの刊行物から転載されているが、1962年と1965年の推計に利用した方法については何一つ明らかにされていない（唯一わかっているのは、「CERC計算」が「税収」調査の結果を利用しているということだけである）。1969年から1993年までに公表された110ほどの『CERC資料』を見ても、「CERC計算」の内容はまったくわからない。ちなみにこれは、CERCが分位を使って所得分布の推計を行なった最初で最後の研究である（ただしCERCは、1986年の刊行物で公表した結果を1989年の刊行物で詳細を補足することなく転載している）。[14] 通常、CERCの刊行物が対象とする格差は、国民経済計算、職業

13　「家庭所得（1960-1984年）集成レポート」（『CERC資料』第80号〔1986年第2四半期〕p.78）を参照（CERCが公表した推計は1979年まで。P90／P10の比率は、1962年の14.7から1965年には11.7、1970年に10.0、1975年に8.4、1979年に7.1へと変化したようだ）。

14　「フランス人とその所得――1980年代の転換期」（『CERC資料』第94号〔1989年第3四半期〕p.69）を参照。ここでCERCは1986年に公表した推計を転載し、1984年のP90／P10の比率を推計して補足している（その方法についての詳細はない）。それによれば、P90／P10の比率は、1962年の14.7から1965年には11.7、1970年に10.0、1975年に8.4、1979年に7.1、1984年の6.9へと変化したとされ、「ここ数年の格差縮小は止まった」と記している。報告書のタイトル（「1980年代の転換期」）はそういう意味である。この結果は広く刊行物や大衆向けの所得格差問題に関する記事で取り上げられた（たとえばマルセイユ〔1996年、p.32〕を参照。「今日、課税対象所得の申告額の最上位10%の家庭の所得は、最下位10%の家庭の6.9倍だが、1962年は14.7倍だった」〔マルセイユは情報源を明記するのを忘れ、利用した年代も明らかにしておらず、P90／P10の比率とP90-P100/P0-P10の比率を混同しているが、明らかにCERCの推計を参照している〕）。「フランス人の所得――集成第2レポート」（『CERC資料』第51号〔1979年第4四半期〕p.61）も参照。CERCはここでP75／P25の比率が、1962年の3.22から1965年に3.04、1970年に2.83、1975年に2.78へと変化したという推計を発表している（情報源は明示しておらず、またこの比率が人口全体なのか、労働力人口だけについてなのかということも明らかにしていない）。

別社会階層区分、賃金格差（INSEEが給与申告を活用して算出する）関連データから導き出されることはあっても、所得分布の各分位の所得水準から導き出されることはない（とくに1915年の所得課税以後、税務当局が毎年作成している所得申告集計の統計表を利用したことは一度もない）。[15] いずれにせよ、「CERC計算」はINSEEが公表した表から作成されたと推定でき、包括所得のいくつかの区分ごとに納税者数が示されているが、その方法については詳しい説明をすべきだろう。1956年の調査に比べて状況が改善されているにしても、1962年の調査結果として公表された表では、最低所得区分に依然として家庭数の約20%が属し、[16] 1965年の調査結果では約15%が属している。[17] これらの表から閾値P10の値を推計することは容易ではなく、それゆえINSEEはあえて推計しなかったのである（INSEEが使用した最も低い区分は1970年の調査から家庭数の10%以下になった）。[18]

概して、「税収」調査から閾値P10を推計するには慎重かつ正確な方法が必要となるが、1956-1970年の時代に関してはとくに注意が必要である。所得ゼロの家庭は1962年の調査以降、原則的にはほぼ同じ方法により修正されたが、非課税の社会保障手当（とくに高齢者最低生活保障手当）の控除方法が（多少でも）変化することで、閾値P10の水準にきわめて大規模な（まったく不自然な）変動が起こる。さらに、申告をしない世帯の割合が低下傾向にあることが、推計され

15　CERCの刊行物の中で所得申告の年間集計を参照しているのは、1977年のものだけである（「フランス人の所得――集成第1レポート」、『CERC資料』第37-38号〔1977年第3四半期〕、p.133-135を参照）。CERCは出典を明示することなく、この統計から1973年に40万フラン以上の所得を申告した納税者は7984人いたことがわかるとだけ記し、この統計が納税者全体を対象としていることや60年以上も前から毎年作成されていることには言及していない。CERCは時折BICやBNC、会社経営者に関する職業別税務統計を活用していた（とくに『CERC資料』第24号〔1974年第4四半期〕、第73号〔1984年第4四半期〕、第77号〔1985年第4四半期〕、第90号〔1988年第3四半期〕を参照）。しかし、個別に1年か2年の研究に活用しただけで、高所得者の各分位の所得水準を推計するために税務統計を利用したことは一度もない（1969年から1993年の間で、CERCが分位で表わされる所得分布の推計を公表した例は、前出の注に示した二つしかない。それらは全体的に「税収」調査を情報源としているが、ただ一つ、前述した1989年の報告書（p.92）で公表した、1986年の所得全体に占める各十分位の割合の推計は、「税務当局資料を活用して」行なっている。これには1979年に関する同様の推計も併載されており、こちらは「1979年実施の『税収』調査から抜粋」とある。CERCは1979年も1986年も、所得全体に占めるトップ十分位の所得の割合が31-32%程度であるとしており、これは比較的妥当だと思われる）。ところで、CERCは1977年の報告書（p.38）の中でフラスティエのデータを採用し、フランスでの格差が長期的に縮小していると判断しているが、このデータはどの点においても満足のいくものではない（第3章第2.4節を参照）。

16　ルオー（1965年、p.31）を参照。

17　バンドリエ（1970年、p.41）を参照。

18　バンドリエ&ジグリアッツァ（1974年、p.43）を参照。INSEEは、各分位の閾値の水準、とくに低所得者の所得の分位や閾値P10について推計するために当時使用したグラフの内挿法がまったく根拠のないものだったとも述べている（バンドリエ&ジグリアッツァ〔1974年、p.124, 注1から4〕を参照）。

た低所得者の所得水準の推移に影響を与えているかどうかも判然としない（修正や控除の方法が変わらない場合も含めて）。「所得ゼロ」や非課税の社会保障手当と関連する問題を別にしても、「税収」調査の未加工の表から推計した可能性のある閾値P10の水準がきわめて低く見積もられているのはまちがいない。その要因は小規模農民の所得を過小評価していることにある（彼らは一般的に農業協約課税制度に従っており、INSEEはその点に関する修正をしていない）。これは閾値P10の水準やP90／P10、P50／P10などの比率の推移に重大な偏りをもたらしている（農民、とりわけ農業協約課税制度に従う小規模農民の数が著しく減少したことでP10の水準が不自然に上昇し、P90／P10、P50／P10の比率がやはり不自然に低下したと思われる）。これらの偏りがあることはINSEEが刊行物の中で明確に言及しており、1970年以前の刊行物で閾値P10の水準推計はもちろん、この閾値に基づく格差の規模の推移をINSEEが推計しようとしなかった原因はここにある。[19]

このような理由から、CERCの推計を利用することは不可能と思われる。たしかに、P90／P10の比率、とりわけP50／P10の比率が1962年から1970年の間で低下したのは本当かもしれない。しかしそれよりも、CERCが閾値P10の増加を過大に評価するような方法で（補足的な詳しい説明はない）推計したことのほうが問題である。1956年と1970年の調査間で、所得分布の下層部分の所得格差が縮小傾向にあるという仮説は比較的妥当だと思われるが、利用可能なデータからはこの現象を正確に数値化することはできない。

1.1.2　1970-1996年の期間

1975年と1979年の「税収」調査の結果を提示した刊行物（カンセイユ&ラフェ

19　たとえばバンドリエ（1970年、p.107-109）を参照。それによれば、小規模職人、とくに小規模農民が消滅したことにより（「税収」調査で考慮されたその所得は実際よりもずっと少ない）、低所得者の所得が不自然に増えたおそれがあり、対象を非農業の家庭に限るならば、1956年から1965年に見られた所得格差の縮小傾向はなくなる、という。実際、INSEEが公表した職業別社会階層の区分ごとに表わされた結果を見ると、農業従事家庭や非就業家庭（少なくとも農業従事家庭と同様の問題がある）が低所得層の中で大きな影響を与えていることがわかる（たとえばルオー〔1965年、p.32〕を参照。1962年には、最も低い所得区分の32%近くが農業従事家庭であり、54%近くが非就業家庭、14%あまりが賃金労働者家庭または農業以外の自営業家庭だった。ルオー〔1965年、p.37およびp.61〕も参照。1962年においては民間企業の退職者の年金も、農業従事者の経営収益と同様にかなり少なかったようだ）。

20　ただし1970年代の終わりには、1975年の調査結果は『経済と統計』誌の記事などで部分的に活用されていた（たとえばベゲ〔1987年、p.251〕に引用された記事など）。また1965年、1970年、1975年の調査はINSEEと予測局（当時「税収」調査を利用して税制改革をシミュレーションしていた）でまとめて活用され、租税審議会の報告書で公表された（とくに「租税審議会第2レポート」〔『S&EF』（青シリーズ）第311号（1974年11月）、p.35-37〕、および「租税審議会第4レポート」〔『S&EF』（青シリーズ）第361-362号（1979年11-12月）、p. 65-68〕を参照）。

レール&メルシエ〔1987年〕）が公表されたのは、1970年の調査結果を対象にした刊行物の発表からおよそ15年後だった。[20] この中でINSEEは初めて、十分位すべて（第1十分位から第10十分位まで）の閾値と平均所得、および中間的な五分位の閾値を推計した。[21] しかし前回までとは異なり、この論文では以前の調査結果との比較をいっさい行なっていない（1975年と1979年の比較さえない）。

1984年（カンセイユ〔1989年〕）と1990年（カンパーニュ&コンテンシン&ロワノー〔1996年〕）の「税収」調査結果を対象にした刊行物でもまったく同様の方法がとられた。INSEEはすべての十分位および五分位の閾値と平均所得を推計しているが、[22] 過去の調査との比較はいっさい行なっていない。

それでも1990年代半ばから、INSEEは過去にさかのぼる重要な分析を発表している。所得格差を対象にしたその分析は、「家庭の所得と資産199X年編」と題された研究の一環として、『集大成』というまったく新しい定期刊行物の中で1995年から毎年発表された。

1995年にINSEEは、1975年、1979年、1984年および1990年の「税収」調査から計算した所得格差の推移を新たに推計して公表した。それによれば、P90／P10の比率は、1975年の4.04から1979年には3.65、1984年には3.67、1990年には3.42へと推移した。[23] 1984年と1990年の間の低下を別にすれば、この推移は私たちが推計した所得全体に占める高所得者の所得の割合が示す動向とほぼ一致している。1970年代は縮小し、1980-1990年代は安定しているのだ。ただしINSEEも、1984年と1990年の間に見られた推移は偏りが生じた可能性があると指摘している。RMI（社会参入最低所得手当）の導入で（閾値P10の階層が受け取る移転所得がこれまで以上に考慮された。以前は移転所得の形成に統一性がなく、控除も適切になされていなかった）、低所得層の所得の増加が過大評価されたと同時に、高所得層の所得の増加が過小評価されたと考えられるからだ（「税収」調査では考慮されない非課税の資本所得が増加したため）。[24] ところで、上記のP90／P10の比率を見ると、以前公表された比率よりかなり低かった（「CERC計算」によると1970年は10、1960年代は10よりもさらに高かった）。これは第一に、すでに説明したように閾値P10の計測方法に問題があり、過去の調査ではP10の値を過小評価したため、P90／P10あるいはP50／P10の比率が過大に推計されることになったが、時がたつにつれ、その影響が薄らいだ（申告をしない世帯の割合が大幅に減少し、非課税の社会保障手当の控除手続きが安定し、小規模農民の大部分が消滅した）ことによる。そして第二に、1995年に公表された推計が家庭の規模

21　カンセイユ&ラフェレール&メルシエ（1987年、p.81およびp.171）を参照。
22　カンセイユ（1989年、p.70）およびカンパーニュ&コンテンシン&ロワノー（1996年、p.67）を参照。
23　「家庭の所得と資産1995年編」（『集大成』第1号〔1995年6月〕、p.32）を参照。
24　「家庭の所得と資産1995年編」（『集大成』第1号〔1995年6月〕、p.43-44）を参照。

を考慮に入れたことも挙げられる。P90／P10の比率は（家庭単位ではなく）消費単位による所得分布で推計され、その結果、P10とP90の生活水準の差が縮小することになったのだ（P10の所得水準に位置する家庭は、たいてい一人暮らしである）。低所得者の各分位の所得水準を推計するとき、またその分位をもとにした指標から格差の推移を研究するときには、あらためてこうした点に十分気をつけなければならない。

1996年にINSEEは1979年、1984年、1989年、1994年の「家計」調査を活用した研究を発表した。[25]「税収」調査と比較して、「家計」調査のとくに優れた点は、原則的に各家庭が回答した質問票に基づいており、非課税の社会保障手当や資本所得も含めたすべての所得を対象としているところにある。この調査からINSEEは、1980-1990年代にP90／P10の比率がふたたび上昇したと指摘した。1979年から1984年にかけて低下したのち（1979年ではおよそ4.2-4.3、1984年ではおよそ3.8-3.9）、1989年には3.9-4、そして1994年には4-4.1に上昇したという（このP90／P10の比率は、家庭単位ではなく消費単位の所得分布の水準から推計されたものである）。[26]さらに、未加工のデータから導き出されたこの数値を「正確な値に近づける」ために、INSEEは「家計」調査で各家庭が申告した資本所得を国民経済計算の資本所得の合計と「家計」調査の資本所得の合計との比率で乗じるという修正を行なった。[27]そこから得た結果は説得力があった。修正後のP90／P10の比率は、1984年ではおよそ4.1、1989年ではおよそ4.2、1994年では4.4-4.5といった具合に、1980-1990年代でより顕著な上昇を見せた。[28]この修

25 1951年からINSEEは「家計」調査と同様の調査を行なっていたが、次第に調査の質とサンプルの適格性が低下していったために1970年で中断し、1979年に再開した（ドゥサビエ〔1987年、p.258-259〕を参照）。19世紀以来、家計に関するいくつもの調査がINSEEやSGF、あるいは「民間」の研究者（経済学者、社会学者）により行なわれてきた。しかしこれらの調査は概して特定の社会階層や地域に絞られている。ドゥサビエ（1987年、p.254）によると、「戦間期では100以上の家庭を対象にした家計調査は存在しない」という。フランスの家計調査の歴史についてはブルース（1957年）も参照。社会学者モーリス・アルブヴァクスの有名な調査は、20世紀初頭と戦間期にこの種の調査が追求した目的を顕著に表わしている。庶民階級の家計構造を研究しており（食費や家賃などの比重）、国家レベルでの所得分布の推計などはまったく行なっていないのである。たとえばアルブヴァクスは、1907年から1937-1938年にかけての生産労働者の家計の推移を研究しているが、その際1913-1914年のSGFの調査を「非常に素早く行なわれ、信頼性がまったくない調査」として採用しなかった（1461の生産労働者家庭と221の農業従事者家庭を対象とし、かなり多くのサンプルを使用しているにもかかわらず）。それよりも、87家庭（54の生産労働者家庭と33の農業従事者家庭）を対象にした1907年の調査と、4家庭を対象にした1937-1938年の調査を採用したのである（アルブヴァクス〔1921年および1933年〕も参照）。つまり、国家レベルでの所得分布の推計と「税収」調査の補足に「家計」調査が利用できるようになったのは、1979年からである。

26 「家庭の所得と資産1996年編」（『集大成』第5号〔1996年8月〕、p.36）を参照。

27 この方法については「家庭の所得と資産1996年編」（『集大成』第5号〔1996年8月〕、p.149-151）を参照。

28 「家庭の所得と資産1996年編」（『集大成』第5号〔1996年8月〕、p.36）を参照。

正については第6章（第1.2節）でも言及したが、所得水準よりも推移により大きな影響を与えている。所得水準の点では、資本所得全体を考慮に入れた影響は10%を超えない（1994年のP90／P10の比率は、修正前が4-4.1、修正後が4.5）。しかしながら、P90／P10の比率は閾値P90を超える所得には関係していないので、申告されない資本所得が超高所得層に与える影響を考える際にはこの推計は使用できない。また「家計」調査も「税収」調査と同様に、トップ十分位、あるいはその中のさらに上位の分位を正確に研究するには、調査件数が少なすぎる。[29]

そして1999年にINSEEは、1970年、1975年、1979年、1984年、1990年の「税収」調査を新たに活用するとともに、1996年の「税収」調査を初めて活用し、遡及的な研究結果を発表した。それにより得られた結果は、先に公表されていた結果を追認するものとなった。P90／P10の比率は、1970年代に大きく下がったあと、1980-1990年代には安定したが、1990年から1996年にかけては緩やかに上昇している。[30] しかしながらINSEEは、この研究において非課税の資本所得を考慮していない。おそらくこれが1980-1990年代の格差の上昇を抑えることになったと思われる。[31] この刊行物には、十分位ごとの平均所得で表わされた、1970年の調査以降の所得分布の推移を説明する表が掲載されており、[32] 1956年の調査結果の公表以来たどってきた道のりの重要性を示している。これらのデータのおかげで、P50／P10の比率もP90／P10の比率と同様の傾向をたどってきたことがわかる（1970年代には低下し、1980-1990年代には安定する）。また、平均所得に対するP50の位置は1990年代においても最初の「税収」調査時とあまり変わらない（P50はどちらの場合も平均所得の75-80%あたりに位置する）。[33]

29　この種の調査では、調査件数の問題とは別に、集められた回答の信頼性もまた問題になる。高所得の家庭ではとくに注意が必要となる。

30　「家庭の所得と資産1999年編」（『集大成』第28号〔1999年9月〕、p.22）を参照。

31　INSEEは、「税収」調査で考慮される資本所得の割合が減少していることを認め、1999年に公表した推計では「課税対象所得」の概念から資本所得を単純に除外した（先の研究では決して行なわなかった方法である）。INSEEは、退職者家庭では資本所得が重要だと考え、資本所得を考慮すれば1990年から1996年におけるP90／P10の比率の上昇がさらに大きくなるとは必ずしもいえないと述べている（「家庭の所得と資産1999年編」〔『集大成』第28号（1999年9月）、p.30〕を参照）。

32　「家庭の所得と資産1999年編」（『集大成』第28号〔1999年9月〕、p.44-48）を参照。

33　「家庭の所得と資産1999年編」（『集大成』第28号〔1999年9月〕、p.44）を参照。ただし、これらのデータからはP50／P10やP50／（平均所得）のような比率を厳密に計算することはできない。というのは、閾値ではなく十分位ごとの平均所得を表わしているからである。しかし、P40-50／P0-10はP50／P10に非常に近いと考えられる（少なくとも推移は似る）。実際P40-50／P0-10も、1970年代は低下し、1980-1990年代は安定している（1970年では77121／11367＝6.8、1979年では110001／22078＝5.0、1996年では119995／24561＝4.9）。また1996年には分位P40-50の平均所得は、全体の所得平均の76%（119995／158566＝0.76）であり、初期の「税収」調査でのP50／（平均所得）の数値と事実上同一といえる（前出の第1.1.1節参照）。初期の調査でP50の値が多少低く見積もられていた可能性があることを考えると（理由はすでに述べた）、P50／（平均所得）の比率はほとんど変わらないと結論できる。

つまり1956年以来INSEEが行なってきた調査から、所得分布の下層における所得格差の推移について次のような情報を引き出すことができる（これについては第3章第3.2節でも述べている）。所得全体に占める高所得者の所得の割合と同じように、所得の平均値に対する中央値の位置は、長期にわたり非常に安定していたようだ。一方、所得分布の下層における所得格差（P50／P10などの比率で計測可能）は1950年代から1980年代の初めにかけては縮小傾向にあったが（1950-1960年代についてはやや不確実だが、1970年代についてはより信頼できる）、1980-1990年代においては安定していたと思われる。

1.2　職業別社会階層の区分ごとに表わされた調査結果

「税収」調査を扱ったINSEEの刊行物の中で、分位による格差の推計が見られるのは比較的最近のことであるが、それに比べ職業別社会階層ごとの平均所得で表わした格差の推計は1956年の調査以降、重要な位置を占めてきた。職業別社会階層ごとの所得分布の推計は、INSEEが「職業別社会階層別国民経済計算」を作成するうえで必要不可欠である。「税収」調査から得られる職業別社会階層ごとの所得分布は、各職業別社会階層に国民経済計算の集計を割り振るために1956年の調査以降に利用された。[34] このように、国民経済計算に合わせて「税収」調査が利用されたことが、「税収」調査の活用に使用された職業別社会階層の項目が国勢調査とは同じでない理由といえる。使用された項目というのはいわゆる「勘定項目」で、賃金労働者と非賃金労働者を完全に分けている（国民経済計算〔給与、営業粗利益など〕の考え方では、賃金労働者と非賃金労働者が明確に区別されている）。したがって、表I-1およびI-2に転載されたデータへ導くためには、INSEEが公表した職業別社会階層ごとの平均所得の推計に若干の修正を加えなければならなかった。[35] 各職業別社会階層の平均所得の差は、時を経るにつれはっきりと減少していく点が注目される（たとえば上級管理職の家庭と生産労働者の家庭の平均所得の比率が示されている表I-1およびI-2を参照）。だが第3章で述べたように（第2.4節）、職業別社会階層が格差とその推移について極端に偏った解釈を生み出すことははっきりと実証されている。実際、分位で推計され

34　「職業別社会階層別国民経済計算」の結果は、各「税収」調査のあとにINSEEから公表された。1956年の職業別社会階層別国民経済計算はフルジョ&ナタフ（1963年）、1962年はルオー（1966年）、1965年はローゼ（1971年）、1970年はローゼ他（1975年）、1975年はマルタン（1981年）、1979年はゴンベール（1985年）、1984年はファール（1992年）を参照（INSEEは同様に1984-1989年を対象に年ごとの職業別社会階層別国民経済計算の作成を試みたが〔ファール（1992年）を参照〕、作成はそれだけに終わった。より一般的にいえば、職業別社会階層別国民経済計算は少々時代遅れということだ）。最初の職業別社会階層別国民経済計算は1951年と1952年を対象として実験的に（おおよその分布を手がかりとして）作成された（マランヴォー〔1954年〕も参照のこと）。

た所得格差は20世紀後半ではおおむね安定していた（それは所得全体に占めるトップ十分位の所得の割合にもあてはまる）。（上級管理職家庭の平均所得）／（生産労働者家庭の平均所得）の比率の著しい減少は、単に上級管理職家庭数が生産労働者家庭数に比べ大幅に増えたということで説明がつく。

表Ⅰ-1:「税収」調査における職業別社会階層別平均所得、1956-1996年（年間平均所得、名目フラン）

1954年の項目	1956	1962	1965	1970	1975	1979
全体	6,343	10,823	14,641	22,013	41,916	66,385
0．農業経営者	1,695	4,030	5,858	11,339	23,470	45,967
1．農業賃金労働者	3,077	5,796	7,454	12,706	27,902	42,201
2．工場、商店経営者	8,148	17,066	21,757	34,376	59,253	104,439
3．自由業と上級管理職	21,139	35,654	46,334	61,201	101,548	146,578
4．中間管理職	11,752	20,145	24,694	35,182	57,951	85,946
5．事務労働者	6,820	11,914	15,130	23,716	40,912	62,453
6．生産労働者	6,002	10,237	13,344	20,277	36,334	55,754
7．奉公人	4,587	7,526	10,031	15,391		
8．その他の部門	6,705	12,377	16,156	23,356		
9．非就業者	4,352	6,328	8,626	13,201	27,721	47,226
上級管理職／労働者の比率（3．／6．）	3.52	3.48	3.47	3.02	2.79	2.63
1982年の項目	1984	1990a	1990b	1990c	1996	
全体	114,661	148,000	147,754	172,400	174,700	
1．農業経営者	88,141	138,500	138,497	162,100	159,100	
2．職人、商店主、企業主	165,826	242,400	237,283	248,100	234,400	
3．管理職および上級知的職業	244,871	306,464	307,907	329,547	313,712	
4．中間職	148,049	176,700	178,056	203,500	201,100	
5．事務労働者	103,387	119,100	119,109	141,700	137,000	
6．生産労働者	95,021	119,800	119,752	151,300	153,500	
7-8．非就業者	81,818	110,900	110,860	132,474	143,135	

35　国勢調査で使用されている標準的な項目と「勘定項目」との対応については、「税収」調査結果を示した各論文で明確に説明されている（バンドリエ〔1970年、p.121〕、バンドリエ＆ジグリアッツァ〔1974年、p.133-135〕、カンセイユ他〔1987年、p.200-203〕、カンセイユ〔1989年、p.138-142〕、カンパーニュ他〔1996年、p.116-119〕を参照）。1956年、1962年、1965年、そして1970年の調査では、国勢調査の分類法を使用してINSEEが職業別社会階層別平均所得を再計算したので（バンドリエ＆ジグリアッツァ〔1974年、p.119〕を参照）、この数値を修正せず利用することができた。1975年と1979年の調査に関しては、職業別社会階層の「自由業と上級管理職」に勘定項目の「非商業的職業」をふたたび組み入れるにとどめた。本来なら、「非商業的職業」の一部は「中間管理職」に入れるべきだが（たとえば医療や社会福祉関連の非賃金労働者、まれにフリーランスの教師など）、公表された1975年と1979年の調査結果ではまだ、「非商業的職業」が、のちの調査で使われる「非商業上級職」や「非商業中間職」などに分けられていない。したがって、表Ⅰ-1で「自由業と上級管理職」にあてはめられた1975年と1979年の平均所得は、わずかに過小評価されている。その反面、勘定項目で示された1975年と1979年の調査結果からは、職業別社会階層の「奉公人」（勘定項目では生産労働者と一緒になっている）や「その他の部門」の平均所得は再計算できない。1984年と1990年の調査では（1990bの列）、「非商業的職業」が完全に分かれて公表されているので、「管理職および上級知的職業」という職業別社会階層に勘定項目の「上級非商業職業」を、「中間職」という職業別社会階層に勘定項目の「非商業中間職」をふたたび組み入れることにした。1990年（1990aと1990cの列）と1996年の調査では、国勢調査の項目で作成された結果が公表されているので、私たちは（職業別社会階層の「管理職および上級知的職業」を形成するために「管理職」と「自由業」をまとめたあとに）この結果を転載した。

798

表I-1（続き）

上級管理職／労働者の比率（3．／6．）	2.58	2.56	2.57	2.18	2.04	

情報源：
1956、1962、1965、1970：バンドリエ＆ジグリアッツァ（1974年、p.119）。
1975：カンセイユ他（1987年、p.164およびp.196）。
1979：カンセイユ他（1987年、p.49およびp.148）。
1984：カンセイユ（1989年、p.39およびp.123）。
1990a：「家庭の所得と資産1995年編」『集大成』第1号（1995年6月）、p.13。
1990b：カンパーニュ他（1996年、p.36およびp.107）。
1990cおよび1996：「家庭の所得と資産1999年編」『集大成』第28号（1999年9月）、p.21（1990cの推計は1996年フランで示されている）。

注記：1990cと1996の推計は、INSEEが相続資産所得の新たな処理方法を採用したために、それ以前の推計とは均質でない。

表I-2　「税収」調査における職業別社会階層別平均所得、1956-1996年（年間平均所得、1998年フラン）

1954年の項目	1956	1962	1965	1970	1975	1979
全体	65,888	79,690	97,056	118,172	147,244	160,892
0．農業経営者	17,607	29,673	38,833	60,871	82,446	111,407
1．農業賃金労働者	31,962	42,676	49,413	68,209	98,015	102,279
2．工場、商店経営者	84,637	125,657	144,228	184,540	208,147	253121
3．自由業と上級管理職	219,581	262,521	307,150	328,545	356,721	355,250
4．中間管理職	122,074	148,328	163,698	188,867	203,572	208,300
5．事務労働者	70,843	87,723	100,297	127,314	143,717	151,362
6．生産労働者	62,346	75,375	88,458	108,853	127,635	135,126
9．非就業者	45,206	46,593	57,182	70,867	97,379	114,458
上級管理職／労働者の比率（3．／6．）	3.52	3.48	3.47	3.02	2.79	2.63
1982年の項目	1984	1990a	1990b	1990c	1996	
全体	163,920	171,512	171,227	175,690	178,034	
1．農業経営者	126,007	160,502	160,499	165,194	162,136	
2．職人、商店主、企業主	237,066	280,908	274,978	252,835	238,873	
3．管理職および上級知的職業	350,070	355,149	356,822	335,836	319,699	
4．中間職	211,651	204,771	206,342	207,384	204,938	
5．事務労働者	147,803	138,021	138,031	144,404	139,615	
6．生産労働者	135,843	138,832	138,776	154,187	156,429	
7-8．非就業者	116,968	128,518	128,471	135,002	145,867	
上級管理職／労働者の比率（3．／6．）	2.58	2.56	2.57	2.18	2.04	

情報源：計算は表I-1に転載した推計を利用して行なった（名目フランの所得を付録F表F-1列(7)の換算率を利用して1998年のフランに換算した）。

注記：1990cと1996年の推計は、INSEEが相続資産所得の新たな処理方法を採用したために、それよりも前の推計とは均質でない。

2　第二次世界大戦前の時代を対象にした推計

1　18世紀を対象にしたモリソン＆スナイダーの推計はここでは取り上げない。第7章（第2.3節）を参照されたい。

第二次世界大戦以前の時代について知ることができるのは、1900-1910年を対象にしたドゥメール、カイヨー、コルソンの推計（第2.1節）、1929年を対象にしたソーヴィの推計（第2.2節）、1938年と1946年を対象にしたブロシエとジャンケリヨウィッチの推計（第2.3節）[1]によってだけである。

2.1　1900-1910年を対象にしたドゥメール、カイヨー、コルソンの推計

19世紀末と20世紀初頭のフランスにおいて、財務省が当時の所得分布推計の実現に至ったのは、総合所得税法案の一環としてであった。最初の推計は財務大臣ポール・ドゥメールが1896年に自らの法案とともに発表した。次いで、財務大臣ジョゼフ・カイヨーがわずかな修正を加えた推計を1907年の法案とともに発表した（1907年の推計は、1896年の推計で提示されたすべての数値をわずかに引き上げただけである）。これら二つの推計を表I-3に転載した。[2]

これらの推計の統計的根拠はドゥメール法案（1896年）[3]の提案理由の説明で詳しく述べられている。ドゥメールは最新の国勢調査で示された家庭数（およそ1070万家庭）をもとに、フランス人の所得合計については比較的低い推定値（220億フラン）を採用した。そして、パリ市については、入手可能な個人動産税に基づく個々の賃貸価額の格付けを、フランス全土については、「所得税に関する院外委員会」の活動の一環として1894年に特別に実施した動産税の査定額の格付けをもとに、220億フランを1070万家庭の間で割り振った。[4]しかし、所得水準に応じて、（賃貸価額）／（所得）の比率の推移に関する仮説を立てる必要が

2　ジョゼフ・カイヨーが所得税について述べた著作や談話集には、所得分布を数値化した推計はいっさい含まれていない（カイヨー〔1897-1904年〕、カイヨー〔1910年〕を参照）。ここで取り上げた推計を入手するには、1896年と1907年の法案を参照する必要がある（正確な出典は表I-3に示した）。

3　『BSLC』第39巻、1896年2月、p.184-196を参照。

4　この二つの情報源の違いは、パリ市について利用可能な格付けは個人動産税の基礎となる賃貸価額を対象としているが（この未加工の資料については付録Kで説明し活用する）、フランス全土について利用可能な格付けは動産税の査定額のみを対象としている（つまり相当する税額、賃貸価額との関係性がやや複合的な税額）という点にある。これらすべての統計資料は1894年の委員会で当時の直接税担当局長により明確に説明されている（「財務省に設置された所得税に関する院外委員会〔1894年6月16日の政令〕――議事録」、第1巻、p.467-470、国立印刷局、1895年参照）。そのためドゥメールは1896年にはもはや、この委員会ですでに行なわれた作業を仕上げるだけになっていた（委員会の報告書にはこれらの未加工の統計資料がすべて含まれていたが、所得分布の推計はなかった。とくに委員会の統括報告者アドルフ・コストが発表した報告書には、マクロ経済レベルの所得総計の推計しか含まれていなかった〔「財務省に設置された所得税に関する院外委員会（1894年6月16日の政令）――議事録」、第2巻、p.1077、国立印刷局、1895年参照〕。その推計は戦間期にデュジェ・ド・ベルノンヴィルが行なったのと同じタイプのもので〔付録G表G-12を参照〕、コストが1890年に公表した自身の研究を再録したにすぎない〔コスト（1890年）を参照〕）。

あったことから、賃貸価額から所得を推測するのは明らかに確実性に欠ける。

表I-3：ドゥメール法案（1896年）とカイヨー法案（1907年）で示された所得分布の推計〔フラン単位〕

	1896			1907		
	家庭	所得の合計	b_i	家庭	所得の合計	b_i
0-2,500	9,186,267	12,431,554,480		9,509,800	12,342,000,000	
2,500-3,000	562,850	1,537,405,400	*2.57*	563,000	1,597,000,000	*2.73*
3,000-5,000	445,978	1,698,296,660	*2.89*	446,000	1,735,000,000	*3.08*
5,000-10,000	294,456	2,008,920,990	*2.63*	294,000	2,109,000,000	*2.84*
10,000-20,000	122,589	1,668,145,580	*2.32*	123,000	1,798,000,000	*2.52*
20,000-50,000	50,809	1,498,915,810	*2.08*	51,000	1,673,000,000	*2.27*
50,000-100,000	9,769	611,310,080	*1.77*	9,800	674,000,000	*1.89*
100,000+	3,321	545,451,000	*1.64*	3,400	572,000,000	*1.68*
総計	10,676,039	22,000,000,000		11,000,000	22,500,000,000	

情報源：**1896年**：『BSLC』第39巻、1896年2月、p.186（1896年2月1日に財務大臣ポール・ドゥメールによりフランス下院に提出された法案の提案理由の説明）。
1907年：『BSLC』第61巻、1907年3月、p.273（1907年2月8日に財務大臣ジョゼフ・カイヨーによりフランス下院に提出された法案の提案理由の説明）。
これらの数値は以下にも転載された。1896年の推計はコルソン（1903年、p.313）。1907年の推計はコルソン（1918年、p.420）、コルソン（1927年p.419）およびルヴァスール（1907年、p.619）。コルソンは当初ドゥメールとカイヨーが利用したいくつかの所得区分をまとめてしまっており、ルヴァスールはいくつかの数値をわずかに変更してしまった（明らかな不注意による）ため、ここに挙げた元の刊行物を参照すべきである。

解説：ドゥメールが公表した推計によると、1896年のフランスには所得が10万フラン以上の家庭が3321あり、その所得総額は約5億4500万フランだった（パレート係数は1.64）。

注記：(i)ドゥメールとカイヨーが提供した数値から私たちが計算したパレート係数b_iを除けば、ここに転載した表は法案とともに公表された表と完全に同一である（とくにこの法案には「超高所得」とか「中所得」など、コルソンが使ったような項目の記載はされていない〔表I-4を参照〕）。

(ii)パレート係数b_iは、任意の閾値以上の所得の平均とその閾値との比率を示している（付録B表B-1を参照）。たとえば1896年の推計によると、所得が10万フランを超える家庭の平均所得は10万フランの家庭の1.64倍である。

この1896年の推計では1907年と同様に（ほとんど同じといえるが）、超高所得者の所得の比重がかなり過小評価されている。もっともこの評価は意図的であり、そのようなものとして公表された。ドゥメールは、「高所得者」についてはあえて「現実より低く」したと明確に認めている。これは脱税を考慮し、楽観的すぎるといわれない程度の税収予測に導くためであった（所得税に反対する者は、税務調査に対する抵抗があれば新しい税制を定めたところでたいした成果はないだろうとしばしば主張していた）[5]。では、超高所得者の人数とその所得総額をどの程度過小評価していたのだろうか？　ドゥメールは、所得が5万フラン以上の家庭はせいぜい1万3000ほどだと推定している（表I-3を参照）。一方ルロワ＝ボー

5　『BSLC』第39巻、1896年2月、p.187を参照。

リューは（高所得者の規模を過大に評価する理由はなかった）、1881年に当時のフランスで所得が5万フラン以上の家庭は約1万8000-2万であると推計していた。[6]

1896年と1907年の推計が超高所得者の所得の比重をかなり低く見積もっているという事実は、パレート係数を検討することでも追認できる。パレート係数とは、任意の閾値以上の所得の平均とその閾値との比率である（表I-3の列b_iを参照）。1896年の推計によると、10万フランを超える所得水準ではこの比率は1.64である（1907年の推計ではそれよりやや大きい1.68である）。20世紀初頭のフランスでこの程度の比率であったというのは完全に疑わしい。この比率は（少なくとも超高所得者の所得水準では）所得の偏りが進むにつれて増える。所得申告統計を活用すると、所得税が適用された最初の数年はこの比率が2.5以上であり、1920年代はずっと2.1-2.2以上だったことがわかる（付録B表B-1を参照）。したがって、問題となっている所得者数の過小評価は考慮に入れないとしても、1896年と1907年の推計で示された10万フラン以上の所得区分の総額は、少なくとも40%は増える（おそらくそれ以上だろう）[7]と見なすことができる。また、このかなりの過小評価にもかかわらず、次のような事実も指摘できる。1896年の推計では所得が５万フラン以上の家庭は約1万3000家庭であり、全1100万世帯の0.1%強でしかない。それでも、それらの家庭は、所得総額220億フランのうち11億フラン以上を受け取っていると推測され（表I-3を参照）、その割合は所得全体の5%以上を占める（ちなみに1990年代には所得全体に占める分位P99.9-100の割合はせいぜい2%である。付録B表B-14を参照）。

ドゥメールとカイヨーの推計はコルソンが見直し、修正した。これはやはりパリ市を対象にした賃貸価額の格付けに基づいているが、（賃貸価額）／（所得）の係数やパリ市の結果からフランス全土へと推測を広げる仕方に関しては異なる仮説を採用している。コルソンの推計結果は1903年の彼の論文で発表されたとおり、表I-4に示した。[8] コルソンの目的は、ドゥメールやカイヨーの推計における

6　『BSLC』第39巻、1896年2月、p.187を参照。ルロワ＝ボーリューの推計はやはりパリ市を対象とした賃貸価額の格付けに基づいており、フランス全土で妥当な推計を得るために数値をわずかに引き上げていた。ルロワ＝ボーリューはそのようにして、所得が5万フラン以上の家庭は約1万8000-2万、25万フラン以上の家庭は約700-800存在するという結論に至った（ルロワ＝ボーリュー〔1881年、p.539〕を参照）。ネイマルク（1911年）も、ルロワ＝ボーリュー同様に高所得者の規模を過大に評価する理由がなかったが、所得が4万フラン以上の家庭を約2万と推計している（ネイマルクが資産所得しか考慮に入れていないのは、相続の統計だけに基づいていることによる）。

7　2.5／1.6＝1.56および2.2／1.6＝1.38。

8　正確な出典は表I-3に示した。コルソンの『政治経済学講義』1918年版と1927年版は、1903年版と同じ推計がまったく修正されずに転載されているにすぎない。とくに1927年版は戦争後の変化を扱った章が新たに加えられたが、所得分布の新たな推計は示されておらず、新しい税制に基づく統計を活用しようとはしなかった（コルソン〔1927年、p.453-512〕を参照）。

高所得者の所得の比重を大幅に引き上げることであり、高所得者の所得の規模を過小評価していると非難されないようにするためだった。[9] そのため、コルソンの推計はドゥメールやカイヨーの推計よりも現実に近い。しかしこれを直接活用することはむずかしい。というのも所得区分が四つしかなく、しかもその区分はパリとその他の地方とでは異なっているからである（表I-4を参照）。さらに、あらゆる点から見て、コルソンの推計は、少なくとも「超高所得」に関しては現実より低いままだと思われる。第一に、コルソンは「超高所得」の数を1881年のルロワ＝ボーリューによる推定値よりも低く推計している。ルロワ＝ボーリューの推計がおそらく少なすぎるにもかかわらずである。[10] そして第二に、コルソンの推計によれば、所得が最も高い上位1000家庭、すなわち1300万家庭のおよそ0.01%は、所得総額250億フランのうちのおよそ3億8000万フラン、すなわち所得全体の2%未満を受け取っていたということになる（表I-4を参照）。私たちが推計した1990年代の分位P99.99-100の割合（0.5-0.6%）と比べるとかなり高い割合であるが、所得税が適用された最初の数年間の分位P99.99-100の割合（3%以上）、あるいは1920年代の分位P99.99-100の割合（1920年代初頭は2.8-2.9%、1920年代末は2.1-2.2%）よりかなり低い（付録B表B-14を参照）。第一次世界大戦が所得の偏りにどのような影響を及ぼしたかはっきりしないにせよ、1920年代における分位P99.99-100の割合が20世紀初頭の割合よりも高いというのはまったくありえないと思われる。

私たちは、ドゥメール、カイヨー、コルソンによる推計と、1910年代末および1920年代の所得申告から得られた結果をもとに、1900-1910年代を対象とする平均推計のために以下の推定値を採用することにした。分位P90-P95は所得全体の11%、分位P95-P99は15%、分位P99-P99.5は4%、分位P99.5-P99.9は7%、分位P99.9-P99.99は5%、分位P99.99-P100は3%。すなわち分位P90-P100については合計で45%である（付録B表B-14とB-15を参照）。入手可能な資料の脆弱性を考慮すると、当然この推計はさらに徹底した分析が必要だろう。ただし、この数値は少なすぎることはあっても、多すぎることはないと思われる。たとえばコルソンは、超高所得者の所得の比重を低く見ていたにもかかわらず、その推計によれば、最も所得が高い約147万家庭、すなわち全1300万家庭の10%強が、所得

9　コルソン（1903年、p.313）を参照。

10　コルソンは「超高所得」の家庭は1000存在する、つまり所得が地方では14万フラン以上、パリでは20万フラン以上の家庭が合わせて1000あると推計した（表I-4を参照）。一方、ルロワ＝ボーリューは1881年にフランス全土で所得が25万フラン以上の家庭は約700-800あると推計している（ルロワ＝ボーリュー〔1881年、p.539〕を参照）。ダヴネル（1909年、p.10およびp.356-371）は、少なくとも1000家庭が20万フラン以上の所得を得ていると推計している。ダヴネルはその推定値は最小値であると強調しているのに対して、ルロワ＝ボーリューは自分の推定値は最大値であると見なしているが、その点を除けば、ダヴネルとボーリューの推計は矛盾していない。

全体のおよそ50%を受け取っている（表Ⅰ-4を参照）。

表Ⅰ-4：コルソンが行なった所得分布の推計（1903年）

	家庭数	合計額〔100万フラン単位〕	割合
低所得 地方では2,800フランまで パリ市では3,500フランまで	11,500,000	12,420	50%
中所得 地方では2,800-14,000フラン パリ市では3,500-17,500フラン	1,300,000	7,340	29%
高所得 地方では14,000-140,000フラン パリ市では17,500-200,000フラン	160,000	4,860	19%
超高所得 地方では140,000フラン以上 パリ市では200,000フラン以上	1,000	380	2%
総計	12,961,000	25,000	100%

情報源：コルソン（1903年、p.312）（コルソン〔1918年、p.419〕およびコルソン〔1927年、p.419〕にも数値は違うが同じ分布が転載されている）。

解説：コルソンによると、「超高所得」の数、すなわち、地方では14万フラン以上、パリ市では20万フラン以上の所得を得ている家庭の数は、20世紀初頭のフランスでは約1000あり、その所得の合計額は約3億8000万フランである。これはフランス人の所得全体の約2%に相当する。

注記：コルソンが発表した表をそのまま転載している（とくに列の文言（「低所得」など）は明らかにコルソンが使用したものである）。

2.2　1929年を対象にしたソーヴィの推計

表Ⅰ-5は、アルフレッド・ソーヴィが1967年に発表した1929年の所得分布の推計（ソーヴィ〔1965-1975年、第2巻、p.447〕を参照）を転載したものである。これは、自身の『両大戦間期のフランス経済史』1984年版（ソーヴィ〔1984年、第2巻、p.304〕を参照）にもそのまま転載されている。

表Ⅰ-5：ソーヴィによる1929年の所得分布の推計

年間所得	家庭数	所得全体（100万フラン）	分布（%）
10,000フランまで	6,740,000	51,900	15.62
10,000-15,000	5,670,000	67,500	20.31
15,000-30,000	3,510,000	72,300	21.76
30,000-50,000	1,600,000	59,000	17.76
50,000-100,000	568,000	37,700	11.35
100,000-200,000	134,800	17,940	5.40
200,000-400,000	37,600	10,040	3.02
400,000-600,000	12,500	5,820	1.75
600,000-1,000,000	540	3,960	1.19
1,000,000-2,000,000	240	3,210	0.97
2,000,000以上	60	2,880	0.87
合計	18,273,740	332,250	100.00

情報源：ソーヴィ（1965-1975年、第2巻、p.447）、ソーヴィ（1984年、第2巻、p.304）。

解説：ソーヴィによると、1929年のフランスには200万フラン以上の所得を得ている家庭がおよそ60あり、その所得全体は28億8000万フランである。これはフランス人の所得全体の0.87%に相当する。

注記：ソーヴィが発表した表をそのまま転載している。

ソーヴィはこの推計に利用した情報源や方法をいっさい公表していない。ただ「計算は当時、私たち自身で行ない、きわめておおまかな推計ではあるが、1929年の恐慌直前におけるおおよその所得分布を引き出した」（ソーヴィ〔1965-1975年、第2巻、p.447〕、ソーヴィ〔1984年、第2巻、p.304〕を参照）と述べているだけである。私たちは、「当時」のソーヴィの刊行物を調査したが、この推計のいかなる痕跡も見つけられなかった。とくに、ソーヴィは1936年に『政治経済学雑誌』の中で「どのようにして所得格差を縮めるか？　分布の問題を資本主義的に解決するための論考」と題された論文を書いているが、所得分布については1929年の推計もその他の年の推計もいっさい含まれておらず、他のところで発表されたソーヴィや他の研究者による推計もいっさい参照していない。この論文は純粋に理論的なものにすぎない。ここでソーヴィは、証券の記名化、所得申告や会計の公表を認めるなど、資本主義の透明化を促進すれば、分配の問題をなんの対立もなく解決できるという展望を語っている。この論文では、以下の数値だけが取り上げられている。ソーヴィは１人あたりの国民所得は「どんなによいときでも6000フランを超えることは決してない」として、「勤労者階級の所得を15%上げるために所得を完全に平等にしようとすれば、流血の革命が起きるだろう。それよりも、国民所得を10%増大させれば十分であり、そのほうがより現実的である」（ソーヴィ〔1936年、p.1613〕）と結論している。ソーヴィは『両大戦間期のフランス経済史』でも、1929年の所得分布の推計に基づいているのでなければ、詳細は示さず同じような数値を持ち出している[11]。おそらくソーヴィは1936年にはすでに1929年の所得分布推計を入手できていたと思われるが、その推計を『政治経済学雑誌』に載せるにはあまりに「正確さに欠ける」と判断したのだと思われる。

唯一詳細が明かされているのは、「法律上（夫婦）の家庭所得、つまり既婚女性を除いた成人の所得」（ソーヴィ〔1965-1975年、第2巻、p.447〕、ソーヴィ〔1984年、第2巻、p.304〕を参照）の推計である。これは通常の意味における家庭所得の推計ではなく、世帯所得の推計を意味している。事実、ソーヴィが推計した家庭の総数（1827万）は、国勢調査時に推計された家庭数（1926年は1252万、1931年は1298万）よりかなり多く、本書で採用した1929年の世帯数

11　ソーヴィ（1965-1975年、第2巻、p.447）、ソーヴィ（1984年、第2巻、p.304-305）を参照。

（1645万）（付録H表H-1を参照）により近い。ソーヴィは推計にわずか二段落を割いただけで、「所得ピラミッドはかなり古典的な形である。所得分布の上位1%が所得全体の13%を受け取り、所得分布の下位27%は所得全体の16%しか受け取っていない」と結論づけている。だが、他の所得分布についてはいっさい触れておらず、彼が何をもってこの所得「ピラミッド」を「古典的」であると見なしていたのかを見極めるのはむずかしい。

ソーヴィの提示する数値に税務統計との一貫性が認められないだけに、彼の推計はきわめて信用度の低いものといえる。税務統計は当時でも入手でき、所得分布（少なくとも分布の上位部分）を推計する際に直接利用できる情報源であったが、ソーヴィはその統計をまったく参照していない。たとえば、ソーヴィは、1929年には300の「法律上の家庭」に年100万フラン以上の所得があり、840の家庭に年60万フラン以上の所得があったと推計している（表I-5を参照）。しかし、財務大臣により当時発表された所得申告の統計によると、1929年には、821人の納税者が年100万フラン以上の所得、3373人の納税者が年50万フラン以上の所得を申告した（付録A表A-1を参照）。したがって、ソーヴィの推計では100万フラン以上の所得者数は税務統計における100万フラン以上の所得者数の約3分の1、60万フラン以上の所得者数は税務統計の4分の1以下にしかならない。両者にこれほどの差があることはどうしても説明がつかない。[12] 少なくともその時代の人が語っているような当時の脱税の規模を考慮すれば、むしろ税務統計の高所得者数を減らすのではなく増やす方向へ修正をするはずである。[13] したがって、ソーヴィによる1929年の所得分布の推計を利用すべきではない。

2.3　1938年と1946年を対象にしたブロシエとジャンケリヨウィッチの推計

12　とりわけ、この差が、税務統計における「課税前所得」と、ソーヴィの推計における「課税後所得」との違いによって正当化されるわけではない。その程度の修正では補完できないほど大きな差があるからだ。さらに前述したように、当時の税務統計に利用されたIGRに対して申告された所得は「前年度のIGR控除後」の所得であり、本書でも専門的な細かい修正をしなければならなかった点（付録B第3節を参照）を想起する必要がある。ソーヴィはこの「細かい修正」を忘れて、税務統計の所得からその年のIGRの推定値を控除した可能性がある。その場合は、IGRが二度（一度めは申告者自身により前年度について、二度めはソーヴィによって当該年度について）控除されていたことになる。

13　税務統計全体、とくにデュジェ・ド・ベルノンヴィルが「給与外所得」データを推計するために利用したBICの統計で、これらの所得水準が著しく過小評価されているおそれがあると、ソーヴィ自身が自著『両大戦間期のフランス経済史』の中で何度も強調している。それを考えると、この差にはなおさら驚かされる（付録Gで説明したとおり、デュジェ・ド・ベルノンヴィルは手法や情報源をきわめて詳細に説明しており、その点でソーヴィとは異なる）。

14　概論第1.2節および第2.1.2節を参照。

すでに指摘したように、[14]所得格差の推移を研究するうえで所得申告に基づく年次統計を活用した試みは、（私たちの知るかぎり）ブロシエ（1950年）とジャンケリヨウィッチ（1949年）の二例だけで、彼らの論文はそのまま引用する価値があると思われる。とはいえ、彼らが申し分ない所得格差の推計を提示しているわけではない点は認めなければならない。ブロシエはIGRの統計表と分類所得税の統計表を組み合わせて、IGRの課税世帯よりもさらに多くの割合の人口を対象に1938年と1946年の所得分布を推計している。しかしそのように作成された分布は、コルソンの推計と同じように（第2.1節、前出の表I-4を参照）、所得の区分が少なく（「低所得」、「中所得」など）、その結果1938年と1946年の間の格差の推移を推計できない（ブロシエは分位の概念に頼ることなく、分位を利用した格差の推計はまったく行なっていない）。[15]ジャンケリヨウィッチがIGR統計から行なった1938年と1946年の推計は、より高度な技術を用いている。グラフで二つの分布を表わし、それぞれのパレート係数を推計し、1938年の係数のほうが1946年よりはるかに高いことを指摘した。そこからIGRに対する所得申告を見るかぎり、1938年から1946年にかけて所得の偏りは大きく減少していると推論した。しかしジャンケリヨウィッチは（ブロシエと同様に）この2カ年しか比較していないことに加え、グラフの表示とパレート係数の計算から先には進んでいない。各分位に対応する所得水準の推計を試みることもなく、高所得者の分位について得られた推移と、国民経済計算のデータから平均所得について得られた推移の比較さえ行なっていない（たしかにジャンケリヨウィッチが執筆していた時期の国民経済計算はまだ初期段階ではあるが）。[16]

15　しかもブロシエは概念的にも大きな過ちを犯している。すべての分類所得税納税者（BICに対する分類所得税納税者も含む）は個人であることを暗に仮定しているが、実際はBICに対する分類所得税納税者のほとんど（とくに超高額納税者の大部分）は法人である。

16　さらに、ジャンケリヨウィッチは自分の結果に対して非常に懐疑的であったという点を指摘したい。彼は、1946年の所得の集中度が非常に低かったのは、単に1938年以降脱税が大幅に増えたからではないかと示唆している。反対にブロシエは、配当券明細書が導入されたことを考慮し、1938年よりも1946年はRCMがより正確に申告された可能性が高いと指摘している。

付録J

相続申告による統計に基づいて行なわれた推計結果とその方法、未加工データ（1902-1994年の相続）

本付録では、20世紀を通じて税務当局が集計してきた相続申告統計を私たちがどのように活用したのかを説明していく。まず初めに私たちが入手した未加工の統計資料について述べる（第1節）。次に、それらのデータと入手したデータを活用するために用いた方法を紹介する（第2節）。最後に相続税制度の変遷についていくつかの点を述べたい（第3節）。

1　相続申告に基づき税務当局が作成した未加工の統計表（1902-1994年の相続）

1901年2月25日にフランスで累進相続税法が制定されて以来、税務当局は相続人により提出された申告の集計を（ほぼ）定期的に行なってきた。その結果、いくつかの統計表が作成、公表された。所得申告の集計に基づいた表と同様に（付録A参照）、相続申告による統計表も「分布」表（第1.1節）と「構成」表（第1.2節）とに区別できる。そして贈与を対象にした表について言及し（第1.3節）、最後に税務当局が作成したその他のさまざまな表についても補足的に言及する（第1.4節）。

1.1　「分布」表

「分布」表は、（各相続人に分割される以前の）相続合計額に応じて申告された相続合計額と相続件数を示している。第6章（第3節）でも示したように、これらの「分布」表は、本書のために私たちが実際に活用した唯一のものである。またこれは最も多くの年について入手可能ではあったものの、残念ながら毎年は作成されていない。「分布」表は1902-1913年（1906年と1908年を除く）、1925-1964年（1928年、1934年、1961年、1963年を除く）、1984年および1994年について入手可能である。表J-1には「分布」表に含まれているデータ全体を修正せずに転載した。[1] たとえば表J-1は以下のことを示している。1902年に500万フラン以上の申告があった相続は27件でその総額は2億5089万3000フラン、100万-500万フランの相続申告は381件で総額7億1418万8000フランだったといった具合である。

そして、所得申告の表と異なり、相続申告の表では「課税台帳の発行日」に関

してはまったく問題がない点に留意しよう。相続申告に基づくこれらの表は、常にその年に提出された申告全体を対象としており[2]、同じ年の表が複数存在することはない[3]。

さらに詳細を記しておくと、税務当局が相続申告の集計に利用し、表J-1に転載した相続区分は、1902-1956年と1984-1994年の期間については「相続純資産」を示し、1957-1964年の期間では「相続総資産」を示している。同様に表J-1に転載した相続額は、1902-1956年と1984-1994年の期間ではそれぞれの区分に相当する「相続純資産」額を示し、1957-1964年の期間ではそれぞれの区分に相当する「相続総資産」額を示している。「相続純資産」とは、各相続人の間で分割する前の段階であるが、故人が負債を残した場合には、相続の際に譲渡された全資産の合計からその負債を差し引いたものを指す。それに対して「相続総資産」は、同じく各相続人間で分割する前の段階であるが、相続の際に譲渡された全資産の合計から故人が残した負債を差し引く前のものを指す。しかし、その結果生じる偏りは非常にわずかである。税務当局が発表した1957-1964年の未加工の表には、総資産の各区分に対応する負債総額を示す列が含まれており、この額が（最高区分も含め）どの区分でも決して総資産の3-4%を超えることはないと確認できる[4]。相続統計を活用するおもな目的は、3-4%のばらつきよりもっと大きな変化を特徴とする長期間での推移を研究することにある点を考慮し、この偏りは修正しないことにした。したがって、1902-1956年と1984-1994年の期間については相続の純資産、1957-1964年の期間では相続の総資産を対象に推計を行なった。

1　税務当局が発表した1932年の未加工の数値に一つだけ修正を加えた。その年の「分布」表は9カ月しか対象にしていないので（1932年4月1日から1932年12月31日までの申告分しか計算に入れられていない）、その年の数値をすべて4／3倍にした（この修正が妥当であることは、そうやって修正した結果が、暦年の12カ月間の相続申告をもとにした前後数年の値と完全に一貫性があることから証明される〔唯一1931年の表については例外で、1931年4月1日から1932年3月31日までの申告が対象とされているが、結果にはあまり大きな影響はないと思われる〕）。

2　該当する年に提出された申告のサンプルを対象にしている1984年と1994年の表は除く（後出参照）。

3　ただし、こうしたわかりやすさには難点もある。相続申告は概して死亡後数カ月たってから提出される。したがって、ある年に提出された相続に基づいて作成された「分布」表は、実際に、その年や月とは別の時に起きた死亡に関する相続申告もまとめられていることになり、高いインフレの期間にはそれが問題になる可能性もある（だが、私たちはこの偏りを修正しようとしなかった。なぜなら、その偏りは短期間ではある程度重要ではあるものの、相続統計を活用するのは長い期間での推移を見るためなので重要視しなくてもかまわないと判断したからである）。

4　負債を対象にした数値は転載しなかったが、表J-2に詳しい出典を示したので、興味がある読者は元の表を参照されたい。（それ以前のデータとの連続性を保つために）1957年の刊行物には純資産の区分から作成された表も含まれており、（少なくとも長期間について研究するかぎりにおいては）負債額によって生じた数値の偏りは非常に小さいと確認できる点もまた指摘したい。

相続申告に基づく統計表も所得申告に基づく統計表と同様に、20世紀を通じて財務省から発行された各統計報告書の中で公表されてきた。第二次世界大戦前の統計は、『BSLC（統計比較法要覧）』の中で公表されたが、第二次世界大戦中の統計はすべて、その後に臨時で刊行された『BSMF（財務省統計要覧）』の中で公表され、のちにそれが『S&EF（統計および財務調査）』に取って代わった。「分布」表が発表された刊行物の詳しい出典は表J-2に示した。

さらに詳細を示しておくと、1984年と1994年の統計表は、それまでの表と異なり、税務当局が行なった相続申告の集計ではなく、相続申告の代表的サンプルから税務当局が実施した調査（「非課税で譲渡される権利」またはDMTGと呼ばれる調査）に基づいている。しかし第6章（第3.1節）で述べたとおり、本書の目的にとって重要な事実は、それらのサンプルに大規模相続のすべてが含まれる点である。1984年のDMTG調査の際に利用されたサンプルには、200万フラン以上の相続申告がすべて含まれており、[5] 1994年の調査の際に利用されたサンプルには350万フラン以上の相続申告がすべて含まれていた。[6] したがって、この調査に基づく統計表はそれ以前の表と同様、完全に信頼できるものである。[7]

5　『資本課税』、共和国大統領への第8次報告書、租税審議会、1986年、p.323を参照。

6　『資産課税』、共和国大統領への第16次報告書、租税審議会、1998年、p.210を参照。

7　税務当局は、1984年と1994年に加えて1977年と1987年にもDMTG調査を実施している。残念ながらそれらの調査からは、本書の目的に十分かなうような大規模な相続区分を設定した「分布」表は作成されなかったようなので、それらの調査を利用しなかった（1977年のDMTG調査の活用についてはフーケ＆メロン〔1982年〕、1987年のDMTG調査の活用についてはアロンデル＆ラフェレール〔1991年〕、ラフェレール＆モンテイユ〔1992年〕、アロンデル＆ラフェレール〔1994年〕を参照。同じく1984年のDMTG調査の活用についてはラフェレール〔1990年〕、1994年のDMTG調査の活用についてはアロンデル＆ラフェレール〔1998年〕を参照）。INSEEが1975年の「税収」調査の範囲で実施した補足調査によって、1962年から1975年に生じた贈与と相続の推移を追うことができる（この調査は、1964年に年間相続統計を断念してから1977年に最初のDMTG調査を実施するまでの空白を埋める目的があった〔カンセイユ（1979年）を参照〕。しかし超大規模相続のサンプルはほとんど含まれていないので、得られた結果は本書で使用できるようなものではなかった）。最後に1988年にINSEEが実施した「遺産」調査（ラフェレール＆モンテイユ〔1994年〕、アカルド＆モンテイユ〔1995年〕を参照）を挙げておく（この調査の目的は、相続申告書が作成された死者だけでなく死者全体の資産を研究することにある。超大規模相続に特化した「分布」表はまったく作成されなかったようである）。

表 J-1：税務当局が相続申告から作成した未加工の統計表Ⅰ：「分布」表（1902-1994 年の相続）

1902

s_i	N_i	Y_i
1	213,378	241,495
2,000	97,257	554,175
10,000	39,198	903,987
50,000	6,964	477,418
100,000	4,250	662,786
250,000	1,473	513,492
500,000	684	453,693
1,000,000	381	714,188
5,000,000	27	250,893
総計	363,612	4,772,126

1903

s_i	N_i	Y_i
1	121,558	32,981
500	105,597	136,445
2,000	102,800	508,510
10,000	41,847	903,354
50,000	7,079	487,463
100,000	4,423	687,203
250,000	1,525	525,158
500,000	706	498,196
1,000,000	353	494,299
2,000,000	119	361,886
5,000,000	17	133,043
10,000,000	7	104,775
50,000,000	1	50,634
総計	386,032	4,923,948

1904

s_i	N_i	Y_i
1	119,539	30,399
500	102,785	129,144
2,000	103,157	496,913
10,000	42,042	887,986
50,000	6,876	488,141
100,000	4,449	698,892
250,000	1,548	553,802
500,000	724	492,495
1,000,000	311	449,949
2,000,000	123	350,853
5,000,000	33	230,234
10,000,000	11	214,540
50,000,000	3	250,458
総計	381,601	5,273,806

1905

s_i	N_i	Y_i
1	116,802	29,203
500	101,710	127,689
2,000	107,733	520,229
10,000	44,056	944,048
50,000	7,118	492,987
100,000	4,638	723,136
250,000	1,619	576,963
500,000	816	565,460
1,000,000	328	463,767
2,000,000	150	442,006
5,000,000	34	234,956
10,000,000	12	252,805
50,000,000	3	373,640
総計	385,019	5,746,889

1907

s_i	N_i	Y_i
1	116,323	27,686
500	106,807	135,162
2,000	114,695	562,248
10,000	47,967	1,014,215
50,000	7,703	532,421
100,000	5,018	776,396
250,000	1,713	602,866
500,000	814	579,240
1,000,000	360	501,586
2,000,000	134	389,141
5,000,000	33	234,477
10,000,000	7	106,406
50,000,000	0	0
総計	401,574	5,461,843

1909

s_i	N_i	Y_i
1	103,438	26,960
500	101,178	129,938
2,000	110,427	543,254
10,000	48,755	1,026,513
50,000	7,692	529,556
100,000	4,822	758,743
250,000	1,720	605,656
500,000	810	554,401
1,000,000	373	512,170
2,000,000	145	425,611
5,000,000	46	303,298
10,000,000	10	179,938
50,000,000	2	144,399
総計	379,418	5,740,436

1910

s_i	N_i	Y_i
1	98,657	24,575
500	95,590	120,663
2,000	104,713	533,354
10,000	45,529	970,347
50,000	7,651	528,353
100,000	4,641	724,499
250,000	1,706	586,919
500,000	785	542,913
1,000,000	383	472,425
2,000,000	142	424,298
5,000,000	29	200,931
10,000,000	10	190,704
50,000,000	0	0
総計	359,836	5,319,982

1911

s_i	N_i	Y_i
1	95,522	23,554
500	94,787	119,126
2,000	105,966	523,586
10,000	47,032	993,981
50,000	7,755	539,326
100,000	4,878	761,071
250,000	1,675	587,971
500,000	832	591,274
1,000,000	379	532,314
2,000,000	245	439,897
5,000,000	30	200,604
10,000,000	9	233,041
50,000,000	3	215,979
総計	359,113	5,761,725

1912

s_i	N_i	Y_i
1	103,128	25,277
500	93,783	118,351
2,000	100,942	511,828
10,000	45,799	977,137
50,000	7,738	528,328
100,000	4,597	711,133
250,000	1,630	564,805
500,000	768	539,125
1,000,000	352	500,214
2,000,000	137	409,354
5,000,000	30	196,567
10,000,000	16	252,328
50,000,000	1	242,701
総計	358,921	5,577,146

1913

s_i	N_i	Y_i
1	96,689	22,210
500	95,144	118,775
2,000	105,188	528,901
10,000	47,668	999,995
50,000	7,731	524,305
100,000	5,042	770,712
250,000	1,734	579,944
500,000	795	549,859
1,000,000	376	531,383
2,000,000	125	373,697
5,000,000	29	194,414
10,000,000	18	337,327
50,000,000	0	0
総計	360,539	5,531,523

1925

s_i	N_i	Y_i
1	50,865	15,923
500	71,397	97,044
2,000	132,996	732,731
10,000	97,793	2,097,089
50,000	17,606	1,162,299
100,000	10,053	1,473,813
250,000	3,006	1,016,776
500,000	1,352	952,528
1,000,000	572	826,141
2,000,000	239	736,521
5,000,000	48	310,636
10,000,000	14	234,330
50,000,000	2	145,701
総計	385,943	9,801,533

1926

s_i	N_i	Y_i
1	45,491	13,082
500	72,499	90,420
2,000	138,178	704,881
10,000	110,409	2,277,881
50,000	20,115	1,303,004
100,000	11,041	1,570,558
250,000	3,559	1,120,890
500,000	1,563	1,000,920
1,000,000	715	927,900
2,000,000	305	867,283
5,000,000	85	492,914
10,000,000	27	470,794
50,000,000	3	217,561
総計	403,990	11,058,090

表 J-1（続き）

1927			1929			1930			1931		
s_i	N_i	Y_i	s_i	N_i	Y_i	s_i	N_i	Y_i	s_i	N_i	Y_i
1	40,051	10,817	1	34,826	10,083	1	31,505	8,538	1	29,051	7,973
500	65,279	82,439	500	58,634	75,773	500	51,298	66,080	500	52,032	64,742
2,000	129,688	686,648	2,000	127,039	707,123	2,000	113,460	636,015	2,000	117,214	646,276
10,000	107,206	2,259,780	10,000	120,126	2,684,825	10,000	112,767	2,535,557	10,000	121,515	2,748,741
50,000	20,792	1,374,265	50,000	25,374	1,709,163	50,000	24,911	1,667,486	50,000	27,113	1,797,958
100,000	11,741	1,664,966	100,000	14,370	2,146,741	100,000	14,769	2,146,988	100,000	16,442	2,414,477
250,000	3,700	1,224,715	250,000	4,348	1,528,069	250,000	4,668	1,581,491	250,000	4,975	1,710,573
500,000	1,727	1,143,579	500,000	2,219	1,525,774	500,000	2,102	1,482,251	500,000	2,114	1,464,971
1,000,000	780	1,057,269	1,000,000	968	1,368,749	1,000,000	1,002	1,409,635	1,000,000	1,049	1,467,030
2,000,000	352	1,017,453	2,000,000	520	1,536,684	2,000,000	522	1,530,020	2,000,000	501	1,565,963
5,000,000	94	602,831	5,000,000	117	807,288	5,000,000	167	1,142,628	5,000,000	123	851,274
10,000,000	43	805,942	10,000,000	74	1,203,710	10,000,000	62	1,129,857	10,000,000	50	904,890
50,000,000	3	211,935	50,000,000	5	590,372	50,000,000	7	642,387	50,000,000	4	325,077
総計	381,456	12,142,639	総計	388,620	15,894,352	総計	357,240	15,978,934	総計	372,183	15,969,945

1932			1933			1935			1936		
s_i	N_i	Y_i	s_i	N_i	Y_i	s_i	N_i	Y_i	s_i	N_i	Y_i
1	29,584	7,938	1	27,466	7,334	1	26,382	7,505	1	24,654	7,137
500	52,497	64,860	500	46,724	59,602	500	46,103	61,548	500	45,544	60,376
2,000	117,919	657,757	2,000	111,283	622,630	2,000	121,581	679,422	2,000	119,814	694,943
10,000	121,600	2,759,177	10,000	119,774	2,667,885	10,000	127,694	2,795,982	10,000	125,314	2,813,808
50,000	25,920	1,767,334	50,000	25,808	1,715,260	50,000	25,529	1,700,038	50,000	25,245	1,711,663
100,000	15,001	2,244,886	100,000	14,838	2,223,453	100,000	14,789	2,186,050	100,000	14,349	2,185,841
250,000	4,783	1,671,067	250,000	4,709	1,598,528	250,000	4,637	1,599,055	250,000	4,510	1,554,373
500,000	2,121	1,448,395	500,000	2,032	1,391,903	500,000	2,004	1,387,266	500,000	1,823	1,277,012
1,000,000	965	1,323,185	1,000,000	947	1,289,165	1,000,000	891	1,233,042	1,000,000	909	1,271,954
2,000,000	481	1,434,699	2,000,000	404	1,195,449	2,000,000	418	1,204,357	2,000,000	344	1,018,112
5,000,000	77	542,825	5,000,000	94	626,190	5,000,000	83	586,030	5,000,000	99	627,269
10,000,000	44	700,454	10,000,000	66	838,365	10,000,000	37	586,566	10,000,000	30	474,763
50,000,000	5	479,408	50,000,000	2	254,091	50,000,000	2	911,574	50,000,000	3	1,122,408
総計	370,999	15,101,986	総計	354,147	14,489,855	総計	370,150	14,938,435	総計	362,638	14,819,658

1937			1938			1939			1940		
s_i	N_i	Y_i	s_i	N_i	Y_i	s_i	N_i	Y_i	s_i	N_i	Y_i
1	21,424	6,695	1	112,805	249,259	1	91,776	199,118	1	70,336	165,148
500	42,404	56,159	5,000	68,273	490,935	5,000	58,972	431,157	5,000	50,676	361,301
2,000	118,829	664,621	10,000	137,687	3,147,348	10,000	120,399	2,813,669	10,000	112,202	2,581,207
10,000	128,361	2,884,789	50,000	32,505	2,185,838	50,000	31,489	2,128,697	50,000	35,803	2,139,957
50,000	26,772	1,802,310	100,000	16,472	2,341,619	100,000	18,637	2,806,377	100,000	18,780	2,660,802
100,000	15,176	2,316,053	250,000	7,548	2,377,281	250,000	5,431	1,845,933	250,000	5,614	1,670,871
250,000	4,714	1,638,672	500,000	2,347	1,616,086	500,000	2,397	1,640,645	500,000	2,161	1,361,978
500,000	2,098	1,414,240	1,000,000	1,024	1,417,388	1,000,000	1,037	1,421,096	1,000,000	721	951,657
1,000,000	1,019	1,345,882	2,000,000	440	1,353,824	2,000,000	425	1,244,223	2,000,000	271	708,952
2,000,000	400	1,100,276	5,000,000	87	576,350	5,000,000	92	633,865	5,000,000	50	288,993
5,000,000	88	601,020	10,000,000	35	549,203	10,000,000	39	619,439	10,000,000	17	342,828
10,000,000	40	710,614	50,000,000	2	194,350	50,000,000	1	60,025	50,000,000	2	186,116
50,000,000	3	344,855	150,000,000	1	742,831	150,000,000	1	851,906	150,000,000	0	0
総計	361,328	14,886,186	総計	379,226	17,242,311	総計	330,696	16,696,149	総計	296,633	13,419,810

表 J-1（続き）

1941		
s_i	N_i	Y_i
1	77,722	178,024
5,000	53,262	402,002
10,000	131,887	3,256,005
50,000	42,151	2,887,733
100,000	27,357	4,180,995
250,000	8,513	2,895,172
500,000	3,464	2,382,102
1,000,000	1,203	1,674,275
2,000,000	510	1,508,739
5,000,000	104	690,191
10,000,000	40	675,772
50,000,000	0	0
150,000,000	0	0
総計	346,213	20,731,011

1942		
s_i	N_i	Y_i
1	74,132	172,204
5,000	47,612	362,914
10,000	130,120	3,352,123
50,000	48,258	3,382,291
100,000	34,266	5,323,231
250,000	11,880	4,066,803
500,000	5,018	3,480,121
1,000,000	2,097	2,881,707
2,000,000	938	2,814,895
5,000,000	196	1,328,118
10,000,000	60	841,439
50,000,000	2	125,379
150,000,000	2	375,063
総計	354,581	28,506,290

1943		
s_i	N_i	Y_i
1	49,884	109,874
5,000	39,038	274,984
10,000	126,032	3,161,548
50,000	49,397	3,526,068
100,000	40,894	6,333,430
250,000	15,119	5,234,351
500,000	7,026	4,845,090
1,000,000	2,984	4,085,168
2,000,000	1,451	4,289,878
5,000,000	326	2,224,787
10,000,000	93	1,214,230
20,000,000	30	881,175
50,000,000	2	121,324
100,000,000	0	0
150,000,000	0	0
総計	332,276	36,301,907

1944		
s_i	N_i	Y_i
1	40,505	87,341
5,000	33,379	229,199
10,000	118,142	2,989,053
50,000	49,448	3,510,372
100,000	43,156	6,689,267
250,000	16,242	5,629,526
500,000	7,330	5,043,898
1,000,000	3,164	4,317,949
2,000,000	1,397	4,190,542
5,000,000	332	2,236,685
10,000,000	112	1,454,110
20,000,000	38	1,154,089
50,000,000	4	308,937
100,000,000	1	109,184
総計	313,250	37,950,152

1945		
s_i	N_i	Y_i
1	32,145	74,582
5,000	29,389	201,454
10,000	115,880	2,982,158
50,000	53,893	3,816,041
100,000	51,076	7,975,304
250,000	20,400	7,068,838
500,000	9,461	6,508,479
1,000,000	4,127	5,644,255
2,000,000	1,750	5,244,384
5,000,000	421	2,954,141
10,000,000	100	1,311,284
20,000,000	41	1,277,463
50,000,000	9	589,752
100,000,000	1	124,768
総計	318,693	45,772,903

1946		
s_i	N_i	Y_i
1	241,356	15,453,997
250,000	24,791	8,751,403
500,000	11,724	8,163,454
1,000,000	4,716	6,479,080
2,000,000	2,041	6,019,723
5,000,000	548	4,576,467
20,000,000	46	1,218,762
50,000,000	5	317,058
100,000,000	3	240,402
総計	285,230	51,220,346

1947		
s_i	N_i	Y_i
1	247,483	16,990,729
250,000	33,048	11,686,201
500,000	16,685	11,620,934
1,000,000	7,202	9,926,772
2,000,000	3,102	9,092,700
5,000,000	920	7,835,849
20,000,000	72	2,159,878
50,000,000	14	1,064,509
100,000,000	0	0
総計	308,526	70,377,572

1948		
s_i	N_i	Y_i
1	214,029	15,760,339
250,000	35,623	12,574,145
500,000	20,071	14,057,918
1,000,000	9,110	12,630,294
2,000,000	4,117	12,258,523
5,000,000	1,197	10,100,559
20,000,000	95	2,840,156
50,000,000	22	1,676,255
100,000,000	0	0
総計	284,264	81,898,189

1949		
s_i	N_i	Y_i
1	200,105	15,858,078
250,000	41,973	15,054,548
500,000	25,749	18,117,755
1,000,000	12,226	17,021,274
2,000,000	5,530	18,784,121
5,000,000	1,703	16,022,477
20,000,000	153	4,543,680
50,000,000	23	1,587,286
100,000,000	7	1,212,932
総計	287,669	108,202,151

1950		
s_i	N_i	Y_i
1	174,645	13,653,121
250,000	48,761	16,538,919
500,000	27,791	19,834,295
1,000,000	14,501	20,423,304
2,000,000	7,467	22,762,843
5,000,000	2,419	21,039,928
20,000,000	260	7,740,440
50,000,000	41	2,776,989
100,000,000	14	2,885,853
総計	275,899	127,655,692

1951		
s_i	N_i	Y_i
1	172,490	14,621,735
250,000	47,237	17,287,370
500,000	32,438	23,437,809
1,000,000	17,832	25,477,346
2,000,000	9,377	28,999,710
5,000,000	3,272	29,274,339
20,000,000	358	10,427,784
50,000,000	71	4,753,211
100,000,000	15	10,874,619
総計	283,090	165,153,923

1952		
s_i	N_i	Y_i
1	150,113	12,940,155
250,000	49,139	17,801,632
500,000	39,053	27,827,885
1,000,000	24,950	35,211,978
2,000,000	15,641	47,963,178
5,000,000	4,536	31,460,622
10,000,000	1,607	22,027,723
20,000,000	575	17,152,911
50,000,000	120	8,565,923
100,000,000	34	5,928,026
総計	285,768	226,880,033

表 J-1（続き）

1953		
s_i	N_i	Y_i
1	122,321	11,568,200
250,000	46,496	17,449,369
500,000	39,633	29,047,620
1,000,000	26,320	37,542,524
2,000,000	17,022	52,608,871
5,000,000	6,651	57,606,766
20,000,000	647	18,979,514
50,000,000	92	6,172,170
100,000,000	41	7,878,580
総計	259,223	238,853,614

1954		
s_i	N_i	Y_i
1	125,799	12,086,800
250,000	50,736	18,699,700
500,000	45,763	33,007,900
1,000,000	31,698	44,894,100
2,000,000	21,799	67,000,000
5,000,000	6,601	45,627,500
10,000,000	2,431	33,004,200
20,000,000	880	25,140,700
50,000,000	160	10,917,400
100,000,000	65	12,166,100
総計	285,932	302,544,400

1955		
s_i	N_i	Y_i
1	102,365	9,802,000
250,000	44,015	16,148,000
500,000	41,397	29,669,000
1,000,000	30,146	42,430,000
2,000,000	20,749	63,367,000
5,000,000	6,645	45,667,000
10,000,000	2,451	33,400,000
20,000,000	938	27,410,000
50,000,000	188	12,163,000
100,000,000	66	11,557,000
総計	248,960	291,613,000

1956		
s_i	N_i	Y_i
1,000,000	31,402	44,151,000
2,000,000	21,958	67,478,000
5,000,000	7,213	49,548,000
10,000,000	2,829	38,436,000
20,000,000	1,037	30,288,000
50,000,000	214	14,499,000
100,000,000	82	14,991,000
総計	64,735	259,391,000

1957		
s_i	N_i	Y_i
1,000,000	34,643	50,340,000
2,000,000	22,074	69,796,000
5,000,000	7,297	51,333,000
10,000,000	3,054	42,890,000
20,000,000	1,293	39,875,000
50,000,000	278	19,929,000
100,000,000	88	19,566,000
総計	68,727	293,729,000

1958		
s_i	N_i	Y_i
1,000,000	41,299	60,376,000
2,000,000	27,756	88,652,000
5,000,000	9,195	65,135,000
10,000,000	3,725	52,777,000
20,000,000	1,577	48,688,000
50,000,000	366	25,273,000
100,000,000	120	22,162,000
総計	84,038	363,063,000

1959		
s_i	N_i	Y_i
1,000,000	40,817	60,245,000
2,000,000	30,229	97,766,000
5,000,000	10,636	76,115,000
10,000,000	4,370	62,477,000
20,000,000	1,951	58,720,000
50,000,000	373	26,384,000
100,000,000	184	40,047,000
総計	88,560	421,754,000

1960		
s_i	N_i	Y_i
10,000	37,738	565,242
20,000	32,336	1,046,768
50,000	11,918	846,760
100,000	4,966	698,337
200,000	2,052	616,068
500,000	444	304,142
1,000,000	200	355,780
総計	89,654	4,433,097

1962		
s_i	N_i	Y_i
10,000	40,572	871,218
20,000	37,292	1,214,977
50,000	15,511	1,097,206
100,000	7,002	989,381
200,000	3,328	982,736
500,000	614	425,652
1,000,000	333	705,881
総計	104,652	6,287,051

1964		
s_i	N_i	Y_i
10,000	38,869	584,759
20,000	45,777	1,466,950
50,000	21,512	1,519,757
100,000	10,624	1,507,540
200,000	5,357	1,618,964
500,000	1,244	851,542
1,000,000	532	1,119,082
総計	123,915	8,668,594

1984		
s_i	N_i	Y_i
1	30,094	728,002
50,000	38,218	2,814,794
100,000	65,783	9,597,715
200,000	118,852	47,743,124
1,000,000	12,708	20,505,056
3,000,000	1,146	4,314,319
5,000,000	456	3,045,074
10,000,000	138	2,779,109
総計	267,395	91,527,193

1994		
s_i	N_i	Y_i
1	19,217	326,945
50,000	26,965	2,100,644
100,000	48,212	7,133,071
200,000	113,013	37,575,242
500,000	60,938	42,588,217
1,000,000	33,242	53,366,108
3,000,000	3,618	13,492,010
5,000,000	1,471	9,760,943
10,000,000	537	9,512,727
総計	307,213	175,855,907

情報源：税務当局が作成した「分布」表をそのままコピーした未加工のデータ（元の表が掲載されている財務省の刊行物の出典については表J-2を参照）。

解説：s_iは税務当局が使用した相続区分の閾値、N_iは総額が閾値s_iからs_{i+1}までの相続件数、Y_iは対応する相続の合計額を表わしている。「総計」の行は全相続の合計件数と総額を示している。閾値は1902-1959年の相続については旧フラン、1960-1994年については新フランで表わされている。合計額は1902-1959年の相続については1000旧フランを単位とし、1960-1994年については1000新フランを単位として表わされている。たとえば、1902年に500万旧フラン以上を申告した相続は27件で、それらの相続の合計額は2億5089万3000旧フランであり、100万-500万旧フランの相続の申告数は381件で、その合計額は7億1418万8000旧フランであった。

注記：

(i)「総計」行はその前の行のすべての合計に等しく（税務当局が作成し、公表した表に示されている区分全体を転載した）、したがってその年1年間に申告された相続全体に対応している。

(ii) これらの表に示されている区分と合計は、1902-1956年と1984-1994年の期間については「相続純資産」で、1957-1964年については「相続総資産」で表わされている（「相続純資産」は、相続人の間で分割する前の資産合計から故人が残した負債を差し引いた資産合計額を指し、「相

統総資産」は、分割前で、しかも負債を差し引く前の資産合計額を指す)。

表 J-2:各「分布」表が公表された刊行物の出典(1902-1994 年の相続)

相続年	出典
1902 年の相続	BSLC、1903 年 6 月、第 53 巻 p.811
1903 年の相続	BSLC、1904 年 6 月、第 55 巻 p.707
1904 年の相続	BSLC、1905 年 8 月、第 58 巻 p.197
1905 年の相続	BSLC、1906 年 8 月、第 58 巻 p.197
1907 年の相続	BSLC、1908 年 10 月、第 64 巻 p.331
1909 年の相続	BSLC、1910 年 11 月、第 68 巻 p.495
1910 年の相続	BSLC、1911 年 12 月、第 70 巻 p.673
1911 年の相続	BSLC、1912 年 12 月、第 72 巻 p.643
1912 年の相続	BSLC、1913 年 12 月、第 74 巻 p.703
1913 年の相続	BSLC、1915 年 3 月、第 77 巻 p.287
1925 年の相続	BSLC、1927 年 7 月、第 102 巻 p.67
1926 年の相続	BSLC、1928 年 1 月、第 103 巻 p.59
1927 年の相続	BSLC、1929 年 6 月、第 105 巻 p.1271
1929 年の相続	BSLC、1930 年 7 月、第 108 巻 p.86
1930 年の相続	BSLC、1931 年 10 月、第 110 巻 p.654
1931 年の相続	BSLC、1933 年 10 月、第 114 巻 p.828
1932 年の相続	BSLC、1933 年 12 月、第 114 巻 p.1374
1933 年の相続	BSLC、1934 年 10 月、第 116 巻 p.888
1935 年の相続	BSLC、1936 年 6 月、第 119 巻 p.1135
1936 年の相続	BSLC、1937 年 9 月、第 122 巻 p.637
1937 年の相続	BSLC、1938 年 10 月、第 124 巻 p.715
1938 年の相続	BSLC、1940 年 4-5-6 月、第 127 巻 p.738
1939 年の相続	BSMF、第 2 号(1947 年第 2 四半期)、p.325
1940 年の相続	BSMF、第 2 号(1947 年第 2 四半期)、p.335
1941 年の相続	BSMF、第 2 号(1947 年第 2 四半期)、p.345
1942 年の相続	BSMF、第 2 号(1947 年第 2 四半期)、p.359
1943 年の相続	BSMF、第 2 号(1947 年第 2 四半期)、p.376
1944 年の相続	BSMF、第 2 号(1947 年第 2 四半期)、p.414
1945 年の相続	BSMF、第 2 号(1947 年第 2 四半期)、p.480
1946 年の相続	BSMF、第 6 号(1948 年第 2 四半期)、p.423-424
1947 年の相続	S&EF、第 3 号(1949 年 3 月)、p.166
1948 年の相続	S&EF、「統計増補版」第 14 号(1952 年第 2 四半期)、p.268-269
1949 年の相続	S&EF、第 30 号(1951 年 6 月)、p.496-497
1950 年の相続	S&EF、「統計増補版」第 14 号(1952 年第 2 四半期)、p.322-323
1951 年の相続	S&EF、「増補版」第 79 号(1955 年 7 月)、p.764-765
1952 年の相続	S&EF、「増補版」第 79 号(1955 年 7 月)、p.776-777
1953 年の相続	S&EF、第 76 号(1955 年 4 月)、p.377
1954 年の相続	S&EF、「増補版」第 91 号(1956 年 7 月)、p.820-821
1955 年の相続	S&EF、「増補版」第 103 号(1957 年 7 月)、p.876
1956 年の相続	S&EF、「増補版」第 118 号(1958 年 10 月)、p.1182
1957 年の相続	S&EF、「増補版」第 128 号(1959 年 8 月)、p.1198-1199
1958 年の相続	S&EF、「増補版」第 138 号(1960 年 6 月)、p.814
1959 年の相続	S&EF、「増補版」第 159 号(1962 年 3 月)、p.358
1960 年の相続	S&EF、「増補版」第 184 号(1964 年 4 月)、p.700
1962 年の相続	S&EF、「増補版」第 204 号(1965 年 12 月)、p.1708
1964 年の相続	S&EF、「増補版」第 204 号(1965 年 12 月)、p.1754
1984 年の相続	「資本課税」共和国大統領への第 8 次報告書、租税審議会、1986 年、p.69 および p.83
1994 年の相続	「資産課税」共和国大統領への第 16 次報告書、租税審議会、1998 年、p.210-211

略号:**BSLC**:『統計比較法要覧』(財務省、月刊、1877-1940年)
BSMF:『財務省統計要覧』(財務省、四半期刊、1947-1948年)
S&EF:『統計および財務調査』(財務省、月刊、1949-1985年)

解説：1902年に申告された相続について、相続区分ごとの相続件数と相続合計額を示す統計表は『BSLC』1903年6月、p.811に掲載された。

注記：(i)ここに記載されていない年は、相続申告が集計されなかった年である。

(ii)1902-1964年の相続申告の集計から作成された「分布」表はまた、『AR1966』、INSEE、1966年、p.531にも（要約という形で）掲載されている。しかしその刊行物に転載された表はほとんどの年について不完全なので（多くの相続区分がただ一つの区分にまとめられてしまっている）、ここに記した元の刊行物を参照することが望ましい。反対に、『AR1966』（p.530）には、1826年から1964年までに関する包括的な統計（相続の規模と構成、贈与の規模など）がすべて集約されていて、過去にさかのぼる非常に有益な表が含まれている。

1.2　「構成」表

「構成」表は、申告された相続の件数や合計額だけではなく、相続を構成する各種の資産額もまた示している。この表は税務当局がきわめて不定期に作成しており、最初の発行は1945年である。1945年以前で資産別の相続構成に関して入手可能な統計は、相続全体を対象とした包括的な統計だけだが、この平均的な構成が相続額の水準に応じてどのように変化するかについてはまったく記されていない。[8] 最終的には、1945年、1946年、1949年、1956年、1959年、1962年、1994年についてのみ「構成」表を利用できた。[9] 本書では、個々の表に基づき、死亡時の資産階層の各分位ごとに相続の平均構成を推計することまではせず、1945年、1956年、1962年、1994年の「構成」表に示された未加工の数値を表J-3に転載し、各相続区分ごとに申告された相続総額のパーセンテージを示すにとどめる（1946年、1949年、1959年の「構成」表は内容が類似しているためにここには転載しなかった）。元の形で表を掲載している刊行物の詳細な出典は、表J-3に示した。[10] 元の表に使われた各カテゴリーの資産の種類をまとめた方法も表J-3に示した。

1.3　贈与を対象にした表

贈与に関して、（法制上、そして利用可能な統計という意味でも）重要な節目

8　第6章で述べたとおり（第3.1節）、1826年から1964年までの包括的な統計はすべて『AR1966』、INSEE、1966年、p.530に収められている。

9　「構成」表は1984年と1987年の調査結果についても作成されたが、超大規模相続の構成を明らかにできるほど高い区分までは設定されていない（表J-3に示した出典を参照）。1994年の表は、私たちの要請に基づきリュック・アロンデル（CNRS）が作成した特殊な情報処理ファイルを活用して作成された。

10　1946年、1949年、1959年の「構成」表は、それぞれに対応する「分布」表と同じ刊行物の中に収められている（表J-2を参照）。

は、相続と贈与の税制を統一し、基本原則を制定した1942年3月14日法である。この基本原則に従って、相続開始時に生前の贈与を「思い出し」、相続時に譲渡される資産に加算しなければならない（後出の第3節を参照）。したがって二つの時期は区別されるべきである。

1901-1941年の時期に関しては、相続財産のために作成された「分布」表に贈与は考慮されておらず、贈与のみを対象とした表は一つもない。1901-1941年の期間の贈与に関して利用できる統計は、年間の贈与全体を対象にした総合的な統計であるが、そこには贈与額に応じた総額の分布についての記載はまったくない。[11]

1942-1994年については、原則として「思い出した」すべての贈与が相続の「分布」表の中で計算に入れられている。しかしながら、「思い出した」贈与が1942年3月14日法以降に税務当局が作成した統計表の中で処理された方法についてはややあいまいである。財務省の刊行物には、相続申告を集計するために1943-1944年から使用された相続区分が「思い出した資産も含む純資産」（1957-1964年については「思い出した資産も含む純資産」、あるいはまた「思い出した資産を含む総資産」）の区分であるという点が明確に示されている。反対に、「思い出した」資産の額が、常に「思い出した資産を含む資産」の区分に応じて譲渡された資産の総額を示す列の中に含まれているかどうかは定かではない。財務省の刊行物ではこの点を完全には明らかにせず、何年か分については「思い出した」資産は入れられていないと思われる。[12] したがって、相続の「分布」表から行なった私たちの推計において、思い出した贈与全体が実際に計算に入れられているかどうかを断定することはむずかしい。またこの技術面の問題とは別に、贈与は1942年からいくつかの税制優遇措置を受けつづけたので、多くの場合、「思い出した」贈与額は不自然に引き下げられた。これは完全に合法的な措置であり、たとえば「思い出した」贈与（贈与時点での名目フランで表示）は一般的に相続時の価値に換算されず、また1991年12月30日法以降は、死亡の10年以上前に行なわれた譲与はもはや「思い出す」こともなくなったといった具合である（後出の第3節を参照）。

11　すでに述べたとおり、1826年から1964年までの包括的な統計はすべて『AR1966』、INSEE、1966年、p.530に収められている。

12　たとえば、1946年の数値には明らかに一貫性がない。1億フラン以上を申告した相続は3件だが、その総額は2億4000万フランである（表J-1を参照）。1984年と1994年の調査の「分布」表が掲載されている租税審議会の報告書も、「思い出した」贈与の問題についてはあまり明確にはしておらず、それらが実際に考慮に入れられているかどうかは定かでない。

表 J-3：税務当局が相続申告から作成した未加工の統計表Ⅱ：「構成」表（1945年、1956年、1962年、1994年の相続）

1945

s_i	p_i	住宅	農業資産	動産	現金	有価証券	合計	有価証券のうち金券と債券の割合
1	63.74	27.1		29.2	18.8	24.9	100.0	30.6
5,000	57.31	25.5	0	40.6	15.5	18.5	100.0	30.7
10,000	51.43	41.0	0	25.0	13.6	20.4	100.0	48.3
50,000	28.26	48.4	0	17.5	10.3	23.7	100.0	53.0
100,000	17.48	48.0	0	13.5	8.6	29.8	100.0	52.5
250,000	7.26	48.3	0	10.6	7.8	33.3	100.0	52.4
500,000	3.18	46.2	0	8.3	7.2	38.4	100.0	45.2
1,000,000	1.29	43.5	0	6.1	6.3	44.1	100.0	37.6
2,000,000	0.46	40.8	0	4.9	5.8	48.6	100.0	31.2
5,000,000	0.11	29.9	0	3.5	4.2	62.3	100.0	23.6
10,000,000	0.03	31.5	0	2.6	4.2	61.7	100.0	25.0
20,000,000	0.01	17.3		1.5	3.7	77.5	100.0	25.8
合計	63.74	43.2		10.5	7.7	38.5	100.0	40.4

1956

s_i	p_i	住宅	農業資産	動産	現金	有価証券	合計	有価証券のうち金券と債券の割合
1,000,000	12.95	37.9	26.7	8.5	8.5	18.5	100.0	27.9
2,000,000	6.67	35.1	24.1	7.9	7.3	25.6	100.0	21.4
5,000,000	2.28	31.3	22.2	7.0	6.6	33.0	100.0	15.8
10,000,000	0.83	27.5	20.5	6.0	6.8	39.3	100.0	10.4
20,000,000	0.27	22.7	19.6	4.3	5.1	48.2	100.0	7.5
50,000,000	0.06	15.8	18.5	5.1	5.0	55.6	100.0	5.8
100,000,000	0.02	12.2	13.2	4.3	4.8	65.6	100.0	3.0
合計	12.95	24.1	18.6	5.7	5.7	46.0	100.0	8.4

1962

s_i	p_i	住宅	農業資産	動産	現金	有価証券	合計	
10,000	20.93	44.7	23.0	6.9	14.3	11.1	100.0	
20,000	12.82	39.4	20.3	7.1	12.0	21.1	100.0	
50,000	5.36	36.3	19.0	5.8	20.6	18.4	100.0	
100,000	2.26	32.5	20.2	5.1	15.2	27.1	100.0	
200,000	0.86	31.1	19.2	4.3	11.6	33.8	100.0	
300,000	0.43	29.4	17.9	5.1	10.9	36.8	100.0	
400,000	0.27	28.3	18.6	4.4	10.4	38.4	100.0	
500,000	0.19	26.3	18.0	4.9	9.0	41.8	100.0	
750,000	0.11	22.4	19.9	4.5	8.3	45.0	100.0	
1,000,000	0.07	21.8	15.5	3.7	9.8	49.1	100.0	
2,000,000	0.01	17.2	12.5	3.3	6.9	60.1	100.0	
合計	20.93	33.7	19.3	5.6	13.7	27.7	100.0	

1994

s_i	p_i	住宅	農業資産	動産	現金	有価証券	合計	有価証券のうち金券と債券の割合
1	61.44	17.3	0.6	6.3	68.0	7.7	100.0	34.1
50,000	57.60	24.4	1.8	5.8	56.8	11.2	100.0	24.8
100,000	52.21	38.1	0.6	4.3	44.8	12.3	100.0	25.3
200,000	42.56	48.5	2.6	3.3	31.3	14.3	100.0	22.6
500,000	19.96	48.7	2.7	3.5	26.7	18.4	100.0	21.9
1,000,000	7.77	50.9	2.5	3.4	19.0	24.2	100.0	25.8
3,000,000	1.13	46.6	1.3	3.0	13.1	36.1	100.0	22.7
5,000,000	0.40	49.8	2.1	2.9	8.7	36.5	100.0	20.9
10,000,000	0.11	37.8	1.6	3.2	6.3	51.0	100.0	19.2
20,000,000	0.03	30.7	0.5	6.6	6.8	55.4	100.0	13.2
合計	61.44	47.7	2.3	3.5	23.8	22.7	100.0	21.9

情報源：税務当局が作成した「構成」表をそのままコピーしたデータ（1945年：『BSMF』第2号〔1947年第2四半期〕p.530-532。1956年：『S&EF』「増補版」第118号〔1958年10月〕p.1188-1189。1962年：『S&EF』「増補版」第204号〔1965年12月〕p.1720-1721。1994年：私たちの要請に基づいて、リュック・アロンデル〔CNRS〕が行なった、1994年の相続申告のサンプルの特定の処理によって作成された表〔1999年7月〕)。

解説：1945年の1-5000フランの相続では、住宅と農業資産が27.1%、動産が29.2%、現金が18.8%、有価証券が24.9%という構成であり、有価証券のうち金券と債券の割合は30.6%であった。

注記：（i）本書では次のようにまとめた。「住宅」には不動産全体が含まれる（建物、家屋、建築用地、歴史的建造物など)。ただし、農業用は除く（農地、森林、農園など）（1945年については、農業不動産と農業以外の不動産の区別が行なわれていなかったのですべてを「住宅」にまとめた)。「動産」には、すべての有形動産、家具、家財、芸術品、コレクションなどが含まれる。「現金」には、貨幣や小切手預金、当座預金などが含まれる。上場株と非上場株の区別が困難なことも考慮に入れ、「有価証券」には、株券、発起人株、FCP（契約型投資信託）株、社債、金券、国債、債券だけでなく、営業権、顧客権なども含まれる（1962年のこのカテゴリーは、有価証券において金券と債券を分けていない）（税務当局が使用したカテゴリーは時代によってばらつきがあるが、いくつかの違いは些細なものである。たとえば、1945年の下位の相続区分で、有価証券の中の「金券と債券」の比重が比較的少ないのは、私たちはその中にいわゆる固定所得（金券、債券、国債など）による動産価値のあるものしか含めなかったからである。1945年の下位層の債券には年金の形で譲渡された金額が含まれていたために除外した)。
（ii）列p_iは表J-4に基づき、相続申告が生じた死亡の割合（このパーセンテージは、理論上、死者数が年間50万人という仮定の下に計算された）を表わしており、その申告額は当該の閾値s_iより大きい（1945年については、2000万フラン以上を対象とするただ一つの区分に上位区分をまとめた。1962年については「構成」表に使われた区分数は「分布」表に使われた区分数より多い。1994年については、2000万フランの閾値に対応する比率は、リュック・アロンデルのデータから算出された〔2000万フラン以上の相続は128件、それに対して1000万フラン以上の相続は537件である〕)。

（iii）「構成」表は、1984年と1987年の相続申告を活用して作成された（1984年はラフェレール〔1990年、p.21〕、1987年はラフェレール＆モンテイユ〔1992年、p.36-37〕、アロンデル＆ラフェレール〔1994年、p.50〕を参照)。これらは、同様の規則性を示したが（現金はだんだんと不動産、そして有価証券、とくに株券に代わった)、用いられた相続の最上位区分（1984年は200万フラン、1987年は500万フラン）は、莫大な相続の存在を明らかにするほど高いとはいえない。

幸い、1942年3月13日法により、税務当局は、贈与に特化し、一定数の贈与区分に応じた当該の年度中に行なわれた贈与件数とその総額を示す「分布」表を作成することになった。この「贈与」表は、相続を対象とした「分布」表が作成された1944年から1994年までのすべての年について入手可能であり、表J-2で示したのと同じ刊行物の中で公表されている。それらの表の中で使用された区分は、相続を対象とした「分布」表と同じであり、この表から贈与の規模を詳しく知ることができる。1944-1964年と1984年については、贈与による譲渡資産総額は、一般的に、相続によって譲渡された資産総額の15-20%を占め、この割合は実際に譲渡された額の大きな減少関数となった（一般的にはこの比率は最高区分については10%を大きく下まわる)。1994年については、贈与による譲渡資産総額が大きく上昇したことが認められるが（相続による譲渡資産額の60%近くを占める)、この割合も譲渡額に応じて大幅に減少するという特徴があり、最も高い区

分ではおよそ15-20%のレベルで低下した。[13] さらに1990年代の贈与のこのような大幅な増加は、1991年12月30日法で与えられた大きな優遇措置の結果であることはまちがいない。したがって1994年の相続により譲渡された資産に対する影響はない。というのも死亡の10年以上前に行なわれた贈与は「思い出されない」ことから、1991年12月30日法以降の贈与ブームは、比較的若い人、少なくとも1994年時点では死亡しそうにない人たちの間で起きたからだ。[14] いずれにせよ重要なことは、贈与額は一般的に最も高い区分のレベルにおける相続額の10%未満（多くても1994年の15-20%）であり、これは無視できないほどの節税に相当するものの、大規模相続レベルの100年間の推移を特徴づける規模から見ると、きわめてわずかなものだという点である。

1.4　その他の表

税務当局は相続申告の集計から別の統計表も作成した。その数や精度は年により大きなばらつきがある。第6章（第3.1節）でも説明したように、本書ではそういった補足的な表を活用するつもりはない。ただし、興味をもった読者が簡単に元の表に当たることができるように、ここで入手可能な表の性質とそれらの表が作成された年を示すことは有益だろう。

初めに、（相続人による分割前の）一定数の相続額区分に応じた相続の件数と合計（「分布」表）ではなく、「相続割合」（各相続人が受け取る相続額）の一定数の区分に応じた相続する割合の件数と総額を示している表について述べよう。「相続割合」の表は、それぞれの相続分位が負う標準税率を正確に推計するには大変役に立つ（後出の第3節を参照）。最初の「相続割合」表は、1901年2月25日法可決から1901年末までに提出された相続申告を対象にしたもので、1902年に作成され公表された。[15] それ以降、「相続割合」表は「分布」表のように頻繁には作成されていない。1902-1903年、1905年、1907年、1909-1911年、1938年、1943-1951年、1959年、1984年そして1994年のみ作成されている。[16]

税務当局はまた、相続額区分だけでなく、死亡年齢区分に応じた相続の件数と総額を示す厳密な表も作成しようとした。しかし残念ながら、「年齢区分」の表

13　贈与を対象にした「分布」表は転載しなかったが、表J-2に詳しい出典を示したので、興味のある読者は元の表が収められた刊行物を参照されたい。

14　1950年代初めからのフランスの贈与件数と税制の変化との関係、とくに1991年12月30日法以降に見られる贈与ブームについてはアロンデル＆ラフェレール（1998年）を参照。

15　『BSLC』、1902年8月、第52巻、p.153-159を参照。

16　これらの「相続割合」の表は、「分布」表と同じ刊行物に掲載されたが（表J-2に示した出典を参照）、少しだけ例外がある。たとえば1902年の「分布」表は1903年6月の『BSLC』に掲載されたが、同じ年の「相続割合」表は1903年10月の『BSLC』に掲載された（第54巻、p.378-385）。

の作成には相続申告の比較的面倒な集計を必要とすることから、1943-1954年についてしか作成されなかった。[17] 死亡年齢区分に応じた相続件数と総額を示す表は、1906年と1908年の申告に基づいてすでに作成されていたが、その当時は相続額区分は考慮に入れられなかったことから厳密な表とはいえなかった。[18] ただし、1931年にSGFが広範な調査を実施したことも指摘しておかなければならない。その目的は、当時税務当局が行なっていた集計よりもさらに体系的に相続申告の中に含まれた情報を活用することにあり（とくに死亡年齢について）、（残念ながらこの調査はフランス全体を対象とはしていなかったが）[19] その結果として1931年の「年齢区分」表が作成された。また、たとえ「年齢区分」表が1980-1990年代の調査の結果として正式に公表されたものではなかったとしても、必要なすべての情報を入手するために、原則的にはそれらの調査の情報処理ファイルを再活用することができるだろう。それらすべての情報は、収集され、活用されるだけの価値がある。実際に「年齢区分」表によって、「相続財産の帰属率」と呼ばれる方法を利用することで、（死者だけでなく）人口全体の資産の分布を推計できる。

この方法の最も簡単な形は、単に、資産の平均的ローテーション、つまり二つの相続の間の平均年数に対応すると見なされる一律の係数を適用することである。この方法は年間の相続総量から民間資産の合計額を推計するために19世紀と20世紀初頭によく使われ、採用され、「相続財産の帰属率」と呼ばれたその率は一般的におよそ40倍であった（あるいはもう少し低い）。つまり、年間の相続総量が50億フランなら、そこから、フランスにおいて民間が保有する財産の合計額は約2000億フランであると推測される。[20] 同様に、20世紀初頭には何人かの研究者が、莫大な財産の件数と水準（さらに、超高額資本所得者の人数と水準）について相続統計を利用して推計しようとした。たとえば100万フラン以上の相続が毎年500件申告されたとすると、そこからフランスの百万長者は約2万人いると

17　これらの「年齢区分」表は「分布」表と同じ刊行物に掲載されたが（表J-2に示した出典を参照）、少しだけ例外がある。たとえば1947年の「分布」表は『S&EF』第3号（1949年3月）に掲載されたが、同じ年の「年齢区分」表は『S&EF』「統計増補版」第4号（1949年第4四半期）p.670-742に掲載されている。

18　1906年と1908年を対象としたこれらの表は、1907年10月の『BSLC』（第62巻、p.373-395）と1909年11月の『BSLC』（第66巻、p.473-495）に掲載されている。1928年と1934年の相続申告からも同様の表が作成された（1928年の表は1929年8月の『BSLC』〔第106巻、p.349-375〕、1934年の表は1935年3月の『BSLC』〔第117巻、p.369-395〕に掲載されている）。

19　この調査結果は1934年に『SGF報告書』に掲載された（ダニーツ〔1934年〕を参照）。

20　例として、コルソン（1903年、p.276-292）やルヴァスール（1907年、p.608-616）を参照。また「フランスにおける民間資産の課税に関するいくつもの統計データ」『統計研究』（BMS増補版）第1号、1958年1-3月、p.33-37も参照。INSEEはここに、19世紀後半と20世紀初頭に行なわれたフランス人の総資産の主要な推計を示す過去にさかのぼる表を掲載した。

推定された（したがって、平均収益率が4%だとすると、2万人が資産の名目で年間4万フラン以上の所得を手に入れていたことになる）。[21]

この方法は興味深い規模感を示すことができるものの、明らかに正確さに欠ける。たとえば、成長率が高く、急速に富裕化している時期が莫大な相続レベルにその影響を及ぼすには、その時期に利益を得た就労世代の人々の死亡を待たなくてはならない。相続統計により描かれた財産分布は、人口全体の財産分布に対して常に後れをとり、任意の年の間に申告されたすべての相続に決まった係数を適用することではこの偏りを是正できない。[22] より精密な方法は、年齢区分による相続統計を利用することにある。これにより、就労世代全体の資産がどのように推移するかを知るのにその世代の死亡によって申告された相続を利用することが可能になる。言い換えれば、就労世代の死亡には高齢者の死亡よりも高い係数が適用される。というのも、理論上、就労世代の人々の死亡人口に占める割合は、（人口全体に占める就労世代の人々の割合に比べても）高齢者より少ないからである。この方法は、とくに、アトキンソン＆ハリソン（1978年）によってイギリスの相続統計に適用されたが、[23] 定められた係数を使う方法よりはるかに正確な推計を導く。とはいえ、この方法は完全ではない。任意の年の間に死亡した任意の年代に属する人が、その同じ年齢層に属する人々全体を代表しているとはかぎらないからだ。

最後に県ごとに申告された相続件数とその総額を示した統計表が存在する点にも言及しよう。それらの表はすべての年について入手可能であり、「分布」表もすべて作成されている（ほとんどの場合、「分布」表は各県について別々に公表された）。この表から地理上の財産分布の推移が研究できる。[24]

21　とくにネイマルク（1911年）を参照。

22　固定乗算法は人口の変化によってその精度を失うこともある。たとえば平均寿命がかなり延びると、（少なくとも初期には）年間相続額から資産総額を割り出すために適用すべき係数を構造的に下げることになる。このことから、相続財産の帰属率という方法から得たフランス人の資産総額の推計と、「直接的」方法で得た推計（つまり当該の資産の総量を直接的に対象にしている情報源を利用することで資産のカテゴリーごとに行なう推計）との差が大きくなる理由をほぼ説明できる。それら二つの推計の一貫性を保つために、20世紀初頭に使用された相続財産の帰属率を2倍か3倍にすべきだったかもしれない（フーケ〔1982年、p.101-103〕を参照）。「フランスにおける民間資産の課税に関するいくつかの統計データ」『統計研究』（BMS増補版）第1号、1958年1-3月、p.33-37も参照。

23　1906年の年齢区分ごとの相続統計を利用することで同じ試みをしているセアイユ（1910年、p.74-77）も参照（クロス集計表が作成されているわけではないので分析の範囲は当然のことながら限られているものの、興味深い試みである）。ダニーツ（1934年）も参照。コルニュ（1963年）も年齢区分ごとの相続統計を利用したが、その目的はより狭く、フランス人の資産総額を推計しただけである（コルニュはこの資産総額の県ごとの分布にも興味を抱いたものの、相続区分による分布にはまったく無関心だった）。

24　すべての表は「分布」表と同じ刊行物に収められている（表J-2に示した出典も参照）。

2 大規模相続の各分位水準を推計した結果と方法（1902–1994年の相続）

大規模相続の各分位水準を推計するために実施された方法は、高所得の各分位水準を推計するために私たちが適用した方法とほぼ同じであるが（付録B第1節を参照）、いくつかの点だけ詳細を記しておく。表J-4は表J-1に転載された未加工のデータから得られたパレート係数を示している。表J-5、J-6、J-7は、（高所得分位についてと同じ定式を適用しながら）パレートの法則による外挿法から得られた大規模相続の各分位の推計結果を名目フランで表わしている。表J-8、J-9、J-10は、同じ推計を1998年フランで表わしている。そして表J-11とJ-12は同じ推計を年間相続総額における割合という形で表わした。それらの割合は、均質化の試みはまったくなされないままに、表J-1に示した年間相続総額から計算されたという点を強調しておく。したがって表J-11およびJ-12に示された短期の推移のいくつかは完全に人為的である。たとえば、100万旧フラン（1万新フラン）未満の相続は1956年から申告義務を免除されたことにより（後出の第3.3節を参照）、1956年に年間相続額がなぜ大きく減少し（表J-1を参照）、年間相続額における相続の高分位の割合の私たちの推定値がなぜ大幅に上昇しているという特徴があるのかを説明できる（表J-11およびJ-12を参照）。1990年代の相続申告をもたらした死亡件数は20世紀初頭のレベルに戻ったが（どちらの場合も1年に約30万から40万件）、表J-11、J-12に示された長期推移についてはこれらの偏りはさほど大きくないと仮定できる。いずれにせよ、このような不確実さは、理論上、年間相続額における割合で表わした推計に関するものだけに見られ（つまり表J-11、J-12）、フランで表わした推計（つまり表J-5からJ-10）には見られない。いずれにせよ、大規模相続の各分位水準の推計は、もっぱら、分布の上位部分に関する未加工データとパレートの法則による外挿法の技術に依存している。私たちは何度もテストを繰り返し、この技術が所得の場合と同じく相続の推計においても同じぐらい信頼性が高いことを確信した。[1]

また、私たちのすべての推計は、20世紀全体を通じて年間死亡件数を50万と仮定して行なわれたことを指摘しておこう。分位P90-100は年間相続額の上位5万件が入り、分位P95-100は年間相続額の上位2万5000件、分位P99.99-100は上位50件が入っている。実際、フランスでの死亡件数（すべての年齢を含む）は20世紀を通じて一定の割合で減少してきた。20世紀初頭には75万から80万件であったのが、戦間期では60万から70万件、1945年以降は50万から55万件となった（当然のことながら戦争による短期的な伸びは例外である）[2]。しかし、20世紀初頭はおよそ15万件だった1歳未満の死亡件数が1990年代は5000件と著しく減っているが、[3] これは1歳以上の死亡率が20世紀初頭から20世紀末までの間にほんのわずかしか減少していないことを意味している（60万-65万件から50万-55万件）。2歳、3歳といった死亡年齢を考慮すると、[4] 成人の年間死亡数は50万件前後と非

常に安定していることがわかり、私たちの仮定が正しいことが示される。大規模相続のレベルに見られる変化の幅を考慮すると、この簡略化された仮定によって生じるおそれのある偏りは無視できるほどわずかなものである。

最後に、50件という相続数の少なさを計算に入れると、分位P99.99-100の平均相続額は、とくに20世紀初頭において、ときおり不安定かつ大幅に変動するという特徴がある。たとえば、5000万フラン以上の相続は、1905年には3件で総額は3億7300万フランだったが、1907年には1件もなかった（表J-1を参照）。その結果、分位P99.99-100の平均相続額は1905年と1907年の間で著しく減少した（表J-5を参照）。このようなばらつきは経済的な視点からはなんの意味もなく（単なる自然の成り行きによるものにすぎない）、だからこそ私たちは「平滑化」したデータを提示した。表J-9に示したP99.99-100（*）のデータは、同じ表のP99.99-100のデータに基づき、1902年から1913年の各パーセンテージを3、4年ごとの変わりやすい平均値に置き換えることで得られた。[5] この「平滑化」されたデータP99.99-100（*）はとくに図6-2（第6章）の作成と、さらに表J-9と図6-3（第6章）に示したP99.99-100（*）／P90-P95の比率を計算するために使用された。理論上、平滑化しても1902-1913年における分位P99.9-100について得られた平均値は何も変わらない。[6]

1　所得と同様、最終的に採用した閾値とは若干異なる外挿法の閾値を利用することで得られた推計は、最終的に採用した推計とほぼ同一だった（誤差は概して0.1%よりも小さい）。これは相続分布が、所得申告と同様にパレート法と非常に近いことを示している。唯一技術面で直面した問題は、未加工の統計表の最上位区分による相続件数がこの時期の終わりに相対的に大きくなったことによるものである（表J-1およびJ-4を参照）。この偏りを修正するために、1994年の水準P99.99-100と閾値P99.99の推定値を10%引き上げることにした（表J-5からJ-7の1994年のP99.99-100とP99.9に示した数値は外挿法の未加工の結果と等しく10%引き上げられた。外挿法の未加工の結果を修正したのはこれだけである）。10%の引き上げは、私たちの要請に基づいてリュック・アロンデルが行なった1994年のDMTG調査の特殊な処理結果に基づき決められた（外挿法によると1000万フラン以上の区分の相続件数が115件となるのに対して、この処理結果によると2000万フラン以上の相続件数は128件となる）。こうした若干の不確実性はあるものの、それは、私たちの推計によって明らかになった100年間の変動幅に比べれば無視できる範囲といえる。

2　ダゲ（1995年、p.117-119）を参照。

3　ダゲ（1995年、p.117-119）を参照。

4　ダゲ（1995年）が収集した、過去にさかのぼる統計にはできないことである。

5　1902年について採用された数値は1902-1904年までの平均値に等しく、1903年について採用された数値は1902-1905年までの平均と等しく、1904年について採用された数値は1903-1907年までの平均と等しい。以下同。

6　1902-1913年までの分位P99.9-100の平均相続額の平均レベルは、平滑化前は約2億1800万フラン、平滑化後は約2億1900万フランである（表J-9を参照）。

表 J-4：税務当局が作成した未加工のデータから得られたパレート係数（1902-1994 年の相続）

1902			1903			1904			1905		
s_i	p_i	b_i	s_i	p_i	b_i	s_i	p_i	b_i	s_i	p_i	b_i
1	72.722	13,124.23	1	77.206	12,755.28	1	76.320	13,820.21	1	77.004	14,926.25
2,000	30.047	15.08	500	52.895	36.99	500	52.412	40.02	500	53.643	42.63
10,000	10.595	7.51	2,000	31.775	14.96	2,000	31.855	16.05	2,000	33.301	16.79
50,000	2.756	4.46	10,000	11.215	7.57	10,000	11.224	8.23	10,000	11.755	8.63
100,000	1.363	3.81	50,000	2.846	4.70	50,000	2.816	5.30	50,000	2.944	5.61
250,000	0.513	3.01	100,000	1.430	3.99	100,000	1.440	4.50	100,000	1.520	4.78
500,000	0.218	2.60	250,000	0.546	3.18	250,000	0.551	3.69	250,000	0.592	3.93
1,000,000	0.082	2.37	500,000	0.241	2.73	500,000	0.241	3.30	500,000	0.269	3.47
5,000,000	0.005	1.86	1,000,000	0.099	2.30	1,000,000	0.096	3.11	1,000,000	0.105	3.35
			2,000,000	0.029	2.26	2,000,000	0.034	3.08	2,000,000	0.040	3.27
			5,000,000	0.005	2.31	5,000,000	0.009	2.96	5,000,000	0.010	3.52
			10,000,000	0.002	1.94	10,000,000	0.003	3.32	10,000,000	0.003	4.18
			50,000,000	0.000	1.01	50,000,000	0.001	1.67	50,000,000	0.001	2.49

1907			1909			1910			1911		
s_i	p_i	b_i	s_i	p_i	b_i	s_i	p_i	b_i	s_i	p_i	b_i
1	80.315	13,601.09	1	75.884	15,129.58	1	71.967	14,784.46	1	71.823	16,044.32
500	57.050	38.10	500	55.196	41.41	500	52.236	40.55	500	52.718	43.54
2,000	35.689	14.85	2,000	34.960	15.97	2,000	33.118	15.63	2,000	33.761	16.64
10,000	12.750	7.43	10,000	12.875	7.83	10,000	12.175	7.62	10,000	12.568	8.11
50,000	3.156	4.72	50,000	3.124	5.14	50,000	3.069	4.78	50,000	3.161	5.19
100,000	1.616	3.95	100,000	1.586	4.39	100,000	1.539	4.08	100,000	1.610	4.42
250,000	0.612	3.15	250,000	0.621	3.51	250,000	0.611	3.17	250,000	0.635	3.53
500,000	0.270	2.69	500,000	0.277	3.06	500,000	0.270	2.72	500,000	0.300	2.95
1,000,000	0.107	2.31	1,000,000	0.115	2.72	1,000,000	0.113	2.28	1,000,000	0.133	2.44
2,000,000	0.035	2.10	2,000,000	0.041	2.59	2,000,000	0.036	2.25	2,000,000	0.057	1.90
5,000,000	0.008	1.70	5,000,000	0.012	2.16	5,000,000	0.008	2.01	5,000,000	0.008	3.09
10,000,000	0.001	1.52	10,000,000	0.002	2.70	10,000,000	0.002	1.91	10,000,000	0.002	3.74
50,000,000			50,000,000	0.000	1.44	50,000,000			50,000,000	0.001	1.44

1912			1913			1925			1926		
s_i	p_i	b_i	s_i	p_i	b_i	s_i	p_i	b_i	s_i	p_i	b_i
1	71.784	15,538.65	1	72.108	15,342.37	1	77.189	25,396.32	1	80.798	27,372.19
500	51.159	43.41	500	52.770	41.76	500	67.016	58.41	500	71.700	61.62
2,000	32.402	16.77	2,000	33.741	15.98	2,000	52.736	18.37	2,000	57.200	19.15
10,000	12.214	8.06	10,000	12.704	7.65	10,000	26.137	6.85	10,000	29.564	6.93
50,000	3.054	5.17	50,000	3.170	4.87	50,000	6.578	4.17	50,000	7.483	4.26
100,000	1.506	4.54	100,000	1.624	4.11	100,000	3.057	3.73	100,000	3.460	3.86
250,000	0.587	3.69	250,000	0.615	3.34	250,000	1.047	3.23	250,000	1.251	3.26
500,000	0.261	3.28	500,000	0.269	2.96	500,000	0.445	2.88	500,000	0.540	2.95
1,000,000	0.107	2.99	1,000,000	0.110	2.62	1,000,000	0.175	2.58	1,000,000	0.227	2.62
2,000,000	0.037	2.99	2,000,000	0.034	2.63	2,000,000	0.061	2.36	2,000,000	0.084	2.44
5,000,000	0.009	2.94	5,000,000	0.009	2.26	5,000,000	0.013	2.16	5,000,000	0.023	2.05
10,000,000	0.003	2.91	10,000,000	0.004	1.87	10,000,000	0.003	2.38	10,000,000	0.006	2.29
50,000,000	0.000	4.85	50,000,000			50,000,000	0.000	1.46	50,000,000	0.001	1.45

表 J-4（続き）

1927			1929			1930			1931		
s_i	p_i	b_i	s_i	p_i	b_i	s_i	p_i	b_i	s_i	p_i	b_i
1	76.291	31,832.35	1	77.724	40,899.47	1	71.448	44,728.85	1	74.437	42,908.85
500	68.281	71.07	500	70.759	89.79	500	65.147	98.06	500	68.626	93.04
2,000	55.225	21.82	2,000	59.032	26.78	2,000	54.887	28.98	2,000	58.220	27.31
10,000	29.288	7.76	10,000	33.624	8.98	10,000	32.195	9.48	10,000	34.777	8.77
50,000	7.846	4.64	50,000	9.599	5.17	50,000	9.642	5.28	50,000	10.474	4.77
100,000	3.688	4.19	100,000	4.524	4.73	100,000	4.660	4.75	100,000	5.052	4.24
250,000	1.340	3.62	250,000	1.650	4.15	250,000	1.706	4.18	250,000	1.763	3.76
500,000	0.600	3.23	500,000	0.781	3.60	500,000	0.772	3.80	500,000	0.768	3.43
1,000,000	0.254	2.91	1,000,000	0.337	3.27	1,000,000	0.352	3.33	1,000,000	0.345	2.96
2,000,000	0.098	2.68	2,000,000	0.143	2.89	2,000,000	0.152	2.93	2,000,000	0.136	2.69
5,000,000	0.028	2.32	5,000,000	0.039	2.65	5,000,000	0.047	2.47	5,000,000	0.035	2.35
10,000,000	0.009	2.21	10,000,000	0.016	2.27	10,000,000	0.014	2.57	10,000,000	0.011	2.28
50,000,000	0.001	1.41	50,000,000	0.001	2.36	50,000,000	0.001	1.84	50,000,000	0.001	1.63

1932			1933			1935			1936		
s_i	p_i	b_i	s_i	p_i	b_i	s_i	p_i	b_i	s_i	p_i	b_i
1	74.200	40,706.31	1	70.829	40,914.81	1	74.030	40,357.79	1	72.528	40,866.26
500	68.283	88.42	500	65.336	88.66	500	68.754	86.87	500	67.597	87.65
2,000	57.783	26.01	2,000	55.991	25.76	2,000	59.533	24.98	2,000	58.488	25.22
10,000	34.200	8.40	10,000	33.735	8.18	10,000	35.217	8.06	10,000	34.525	8.14
50,000	9.880	4.70	50,000	9.780	4.55	50,000	9.678	4.71	50,000	9.462	4.75
100,000	4.696	4.19	100,000	4.618	4.08	100,000	4.572	4.24	100,000	4.413	4.32
250,000	1.695	3.59	250,000	1.651	3.49	250,000	1.614	3.72	250,000	1.544	3.81
500,000	0.739	3.21	500,000	0.709	3.16	500,000	0.687	3.44	500,000	0.642	3.61
1,000,000	0.315	2.85	1,000,000	0.303	2.78	1,000,000	0.286	3.16	1,000,000	0.277	3.26
2,000,000	0.122	2.60	2,000,000	0.113	2.57	2,000,000	0.108	3.04	2,000,000	0.095	3.41
5,000,000	0.025	2.72	5,000,000	0.032	2.12	5,000,000	0.024	3.42	5,000,000	0.026	3.37
10,000,000	0.010	2.39	10,000,000	0.014	1.61	10,000,000	0.008	3.84	10,000,000	0.007	4.84
50,000,000	0.001	1.80	50,000,000	0.000	2.54	50,000,000	0.000	9.12	50,000,000	0.001	7.48

1937			1938			1939			1940		
s_i	p_i	b_i	s_i	p_i	b_i	s_i	p_i	b_i	s_i	p_i	b_i
1	72.266	41,198.54	1	75.845	45,467.11	1	66.139	50,487.91	1	59.327	45,240.45
5,000	67.981	87.55	5,000	53.284	12.76	5,000	47.784	13.81	5,000	45.259	11.71
10,000	59.500	24.91	10,000	39.630	8.33	10,000	35.990	8.93	10,000	35.124	7.34
50,000	35.734	7.92	50,000	12.092	4.42	50,000	11.910	4.45	50,000	12.684	3.25
100,000	10.062	4.48	100,000	5.591	4.00	100,000	5.612	3.96	100,000	5.523	2.96
250,000	4.708	4.02	250,000	2.297	3.07	250,000	1.885	3.53	250,000	1.767	2.49
500,000	1.672	3.42	500,000	0.787	3.28	500,000	0.798	3.24	500,000	0.644	2.38
1,000,000	0.730	3.02	1,000,000	0.318	3.04	1,000,000	0.319	3.03	1,000,000	0.212	2.34
2,000,000	0.310	2.65	2,000,000	0.113	3.02	2,000,000	0.112	3.06	2,000,000	0.068	2.25
5,000,000	0.106	2.60	5,000,000	0.025	3.30	5,000,000	0.027	3.26	5,000,000	0.014	2.37
10,000,000	0.026	2.53	10,000,000	0.008	3.91	10,000,000	0.008	3.74	10,000,000	0.004	2.78
50,000,000	0.009	2.45	50,000,000	0.001	6.25	50,000,000	0.000	9.12	50,000,000	0.000	1.86
150,000,000	0.001	2.30	150,000,000	0.000	4.95	150,000,000	0.000	5.68	150,000,000		

表 J-4（続き）

1941

s_i	p_i	b_i
1	69.243	59,879.36
5,000	53.698	15.31
10,000	43.046	9.36
50,000	16.668	4.05
100,000	8.238	3.40
250,000	2.767	2.84
500,000	1.064	2.61
1,000,000	0.371	2.45
2,000,000	0.131	2.20
5,000,000	0.029	1.90
10,000,000	0.008	1.69
50,000,000		
150,000,000		

1942

s_i	p_i	b_i
1	70.916	80,394.30
5,000	56.090	20.21
10,000	46.567	12.01
50,000	20.543	4.79
100,000	10.892	3.90
250,000	4.039	3.15
500,000	1.663	2.85
1,000,000	0.659	2.54
2,000,000	0.240	2.29
5,000,000	0.052	2.05
10,000,000	0.013	2.10
50,000,000	0.001	2.50
150,000,000	0.000	1.25

1943

s_i	p_i	b_i
1	66.455	109,252.27
5,000	56.478	25.63
10,000	48.671	14.76
50,000	23.464	5.58
100,000	13.585	4.30
250,000	5.406	3.39
500,000	2.382	2.97
1,000,000	0.977	2.62
2,000,000	0.380	2.30
5,000,000	0.090	1.97
10,000,000	0.025	1.77
20,000,000	0.006	1.57
50,000,000	0.000	1.21
100,000,000		
150,000,000		

1944

s_i	p_i	b_i
1	62.650	121,149.73
5,000	54.549	27.76
10,000	47.873	15.72
50,000	24.245	5.72
100,000	14.355	4.34
250,000	5.724	3.42
500,000	2.476	3.04
1,000,000	1.010	2.73
2,000,000	0.377	2.51
5,000,000	0.097	2.16
10,000,000	0.031	1.95
20,000,000	0.009	1.83
50,000,000	0.001	1.67
100,000,000	0.000	1.09

1945

s_i	p_i	b_i
1	63.739	143,626.95
5,000	57.310	31.90
10,000	51.432	17.69
50,000	28.256	6.02
100,000	17.477	4.43
250,000	7.262	3.38
500,000	3.182	2.97
1,000,000	1.290	2.66
2,000,000	0.464	2.48
5,000,000	0.114	2.19
10,000,000	0.030	2.19
20,000,000	0.010	1.95
50,000,000	0.002	1.43
100,000,000	0.000	1.25

1946

s_i	p_i	b_i
1	57.046	179,575.59
250,000	8.775	3.26
500,000	3.817	2.83
1,000,000	1.472	2.56
2,000,000	0.529	2.34
5,000,000	0.120	2.11
20,000,000	0.011	1.64
50,000,000	0.002	1.39
100,000,000	0.001	0.80

1947

s_i	p_i	b_i
1	61.705	228,109.05
250,000	12.209	3.50
500,000	5.599	2.98
1,000,000	2.262	2.66
2,000,000	0.822	2.45
5,000,000	0.201	2.20
20,000,000	0.017	1.87
50,000,000	0.003	1.52
100,000,000		

1948

s_i	p_i	b_i
1	56.853	288,106.09
250,000	14.047	3.77
500,000	6.922	3.10
1,000,000	2.908	2.72
2,000,000	1.086	2.47
5,000,000	0.263	2.22
20,000,000	0.023	1.93
50,000,000	0.004	1.52
100,000,000		

1949

s_i	p_i	b_i
1	57.494	376,395.89
250,000	17.473	4.23
500,000	9.078	3.41
1,000,000	3.928	3.01
2,000,000	1.483	2.84
5,000,000	0.377	2.48
20,000,000	0.037	2.01
50,000,000	0.006	1.87
100,000,000	0.001	1.73

1950

s_i	p_i	b_i
1	55.180	462,689.94
250,000	20.251	4.50
500,000	10.499	3.71
1,000,000	4.940	3.14
2,000,000	2.040	2.80
5,000,000	0.547	2.52
20,000,000	0.063	2.13
50,000,000	0.011	2.06
100,000,000	0.003	2.06

1951

s_i	p_i	b_i
1	56.618	583,397.23
250,000	22.120	5.44
500,000	12.673	4.21
1,000,000	6.185	3.55
2,000,000	2.619	3.22
5,000,000	0.743	2.98
20,000,000	0.089	2.93
50,000,000	0.017	3.63
100,000,000	0.003	7.25

1952

s_i	p_i	b_i
1	57.154	793,930.86
250,000	27.131	6.31
500,000	17.303	4.53
1,000,000	9.493	3.55
2,000,000	4.503	2.96
5,000,000	1.374	2.48
10,000,000	0.467	2.30
20,000,000	0.146	2.17
50,000,000	0.031	1.88
100,000,000	0.007	1.74

表 J-4（続き）

1953

s_i	p_i	b_i
1	51.845	921,421.38
250,000	27.380	6.64
500,000	18.081	4.64
1,000,000	10.155	3.56
2,000,000	4.891	2.93
5,000,000	1.486	2.44
20,000,000	0.156	2.12
50,000,000	0.027	2.11
100,000,000	0.008	1.92

1954

s_i	p_i	b_i
1	57.186	1,058,099.13
250,000	32.027	7.26
500,000	21.879	4.97
1,000,000	12.727	3.75
2,000,000	6.387	3.04
5,000,000	2.027	2.50
10,000,000	0.707	2.30
20,000,000	0.221	2.18
50,000,000	0.045	2.05
100,000,000	0.013	1.87

1955

s_i	p_i	b_i
1	49.792	1,171,324.71
250,000	29.319	7.69
500,000	20.516	5.18
1,000,000	12.237	3.86
2,000,000	6.207	3.12
5,000,000	2.058	2.53
10,000,000	0.729	2.32
20,000,000	0.238	2.14
50,000,000	0.051	1.87
100,000,000	0.013	1.75

1956

s_i	p_i	b_i
1,000,000	12.947	4.01
2,000,000	6.667	3.23
5,000,000	2.275	2.60
10,000,000	0.832	2.36
20,000,000	0.267	2.24
50,000,000	0.059	1.99
100,000,000	0.016	1.83

1957

s_i	p_i	b_i
1,000,000	13.745	4.27
2,000,000	6.817	3.57
5,000,000	2.402	2.89
10,000,000	0.943	2.59
20,000,000	0.332	2.39
50,000,000	0.073	2.16
100,000,000	0.018	2.22

1958

s_i	p_i	b_i
1,000,000	16.808	4.32
2,000,000	8.548	3.54
5,000,000	2.997	2.86
10,000,000	1.158	2.57
20,000,000	0.413	2.33
50,000,000	0.097	1.95
100,000,000	0.024	1.85

1959

s_i	p_i	b_i
1,000,000	17.712	4.76
2,000,000	9.549	3.79
5,000,000	3.503	3.01
10,000,000	1.376	2.73
20,000,000	0.502	2.50
50,000,000	0.111	2.39
100,000,000	0.037	2.18

1960

s_i	p_i	b_i
1,000,000	17.931	4.94
2,000,000	10.383	3.73
5,000,000	3.916	2.88
10,000,000	1.532	2.58
20,000,000	0.539	2.37
50,000,000	0.129	2.05
100,000,000	0.040	1.78

1962

s_i	p_i	b_i
1,000,000	20.930	6.01
2,000,000	12.816	4.23
5,000,000	5.358	3.14
10,000,000	2.255	2.75
20,000,000	0.855	2.47
50,000,000	0.189	2.39
100,000,000	0.067	2.12

1964

s_i	p_i	b_i
1,000,000	24.783	7.00
2,000,000	17.009	4.75
5,000,000	7.854	3.37
10,000,000	3.551	2.87
20,000,000	1.427	2.52
50,000,000	0.355	2.22
100,000,000	0.106	2.10

1984

s_i	p_i	b_i
1	53.479	342,292.09
50,000	47.460	7.65
100,000	39.817	4.42
200,000	26.660	2.94
1,000,000	2.890	2.12
3,000,000	0.348	1.94
5,000,000	0.119	1.96
10,000,000	0.028	2.01

1994

s_i	p_i	b_i
1	61.443	572,423.39
50,000	57.599	12.19
100,000	52.206	6.64
200,000	42.564	3.91
500,000	19.961	2.58
1,000,000	7.774	2.22
3,000,000	1.125	1.94
5,000,000	0.402	1.92
10,000,000	0.107	1.77

情報源：（年間死者数を50万と仮定した）表J-1に転載した未加工のデータから直接計算した結果。

解説：1994年の1000万フラン以上の相続申告をともなう死亡は0.107%で、その平均額は1000万フランの閾値の1.77倍である。

表 J-5：相続分布の推計結果（水準 P90-100、…、P99.99-100）（1902-1994 年、名目フラン）

	P90-100	P95-100	P99-100	P99.5-100	P99.9-100	P99.99-100
1902	78,919	140,463	478,470	766,350	2,103,427	6,990,545
1903	83,643	150,746	522,090	843,711	2,295,265	7,790,309
1904	91,060	166,252	597,756	990,737	3,029,570	14,198,512
1905	99,513	181,385	665,610	1,114,679	3,479,347	17,327,293
1907	91,688	164,152	565,017	905,463	2,393,949	7,771,287
1909	97,604	175,937	627,455	1,024,817	2,971,994	11,720,716
1910	90,462	162,610	565,543	907,926	2,444,375	8,864,193
1911	99,101	179,330	642,357	1,058,778	3,106,312	13,745,791
1912	96,022	173,581	624,256	1,036,076	3,128,655	14,125,807
1913	94,240	169,609	593,215	964,699	2,774,912	10,929,655
1925	151,665	260,013	832,693	1,334,895	3,530,821	12,320,432
1926	170,664	293,492	951,851	1,550,348	4,400,745	15,750,813

表 J-5（続き）

1927	191,827	332,432	1,118,619	1,829,468	5,308,159	20,777,949
1929	250,303	437,440	1,506,589	2,485,620	7,309,051	31,097,574
1930	256,419	449,226	1,570,561	2,602,405	7,713,668	31,267,517
1931	247,630	427,134	1,421,131	2,317,869	6,513,540	23,782,046
1932	232,844	399,737	1,303,013	2,108,703	5,856,622	23,730,052
1933	223,739	384,091	1,247,834	2,014,436	5,554,138	18,043,168
1935	229,469	396,024	1,318,023	2,157,909	6,412,901	31,964,846
1936	227,498	392,445	1,309,790	2,164,504	6,579,440	34,806,981
1937	225,168	384,581	1,224,591	1,965,891	5,387,231	22,447,132
1938	258,370	434,433	1,387,707	2,244,185	6,562,411	31,888,304
1939	257,371	432,167	1,387,312	2,241,316	6,578,298	32,298,694
1940	199,751	316,077	923,581	1,381,117	3,626,016	14,280,709
1941	296,575	484,061	1,353,499	2,054,409	5,088,221	15,643,106
1942	415,532	681,155	1,972,001	3,001,809	7,489,015	23,856,754
1943	544,414	894,968	2,585,950	3,934,326	9,360,592	26,659,349
1944	575,625	939,850	2,744,670	4,232,764	10,655,090	34,148,367
1945	675,384	1,101,488	3,116,192	4,739,989	11,768,480	39,437,728
1946	744,581	1,188,752	3,249,195	4,832,740	11,635,513	33,900,377
1947	1,008,534	1,605,861	4,366,765	6,692,971	16,095,696	48,287,876
1948	1,206,458	1,928,777	5,198,441	7,806,862	18,935,430	58,147,204
1949	1,590,317	2,564,175	7,338,218	10,472,438	27,348,500	73,630,904
1950	1,923,898	3,117,046	8,753,578	13,296,620	33,308,720	108,134,244
1951	2,518,964	4,136,909	12,225,693	19,373,875	54,264,107	269,229,710
1952	3,416,002	5,516,038	14,976,062	22,113,284	53,200,538	147,912,223
1953	3,600,223	5,773,278	15,409,755	22,902,340	53,546,418	174,714,550
1954	4,477,778	7,153,223	18,890,111	27,939,680	68,130,627	211,497,236
1955	4,479,240	7,223,689	19,377,783	28,747,415	68,175,623	197,250,200
1956	4,863,975	7,875,665	21,230,692	31,652,197	76,730,591	228,740,001
1957	5,419,278	8,926,052	25,015,599	37,684,868	91,274,797	303,466,195
1958	6,328,021	10,241,583	28,133,153	41,754,527	96,260,303	275,909,696
1959	7,318,931	11,872,915	33,385,638	49,996,339	126,982,834	440,164,962
1960	76,580	122,830	334,587	494,374	1,166,516	3,264,122
1962	102,140	164,374	450,508	680,766	1,732,308	5,771,474
1964	142,173	229,691	623,377	919,558	2,173,122	7,272,680
1984	1,100,466	1,587,359	3,491,648	4,887,305	10,668,734	33,573,519
1994	1,929,974	2,823,177	6,166,804	8,641,785	18,273,970	54,792,193

情報源：未加工の相続統計から行なったパレートの法則による外挿法の結果（表J-1および表J-4を参照）。

解説：1994年には、死亡者の階層の分位P99.99-100の平均相続額は5479万2000フラン（名目フラン）であった。

表 J-6：相続分布の推計結果（水準 P90-95、…、P99.99-100）（1902-1994 年、名目フラン）

	P90-95	P95-99	P99-99.5	P99.5-99.9	P99.9-99.99	P99.99-100
1902	17,374	55,961	190,591	432,081	1,560,414	6,990,545
1903	16,541	57,910	200,470	480,823	1,684,705	7,790,309
1904	15,868	58,376	204,775	481,028	1,788,576	14,198,512
1905	17,640	60,328	216,542	523,512	1,940,686	17,327,293
1907	19,223	63,936	224,571	533,341	1,796,467	7,771,287
1909	19,271	63,058	230,094	538,022	1,999,914	11,720,716
1910	18,315	61,876	223,160	523,814	1,731,061	8,864,193
1911	18,872	63,573	225,937	546,894	1,924,147	13,745,791
1912	18,462	60,912	212,436	512,931	1,906,749	14,125,807
1913	18,871	63,707	221,731	512,146	1,868,829	10,929,655

表 J-6（続き）

1925	43,318	116,843	330,491	785,913	2,554,198	12,320,432
1926	47,836	128,902	353,355	837,749	3,139,626	15,750,813
1927	51,222	135,885	407,769	959,795	3,589,294	20,777,949
1929	63,166	170,152	527,559	1,279,763	4,665,881	31,097,574
1930	63,611	168,893	538,716	1,324,589	5,096,573	31,267,517
1931	68,125	178,635	524,392	1,268,952	4,594,817	23,782,046
1932	65,950	173,919	497,322	1,171,724	3,870,686	23,730,052
1933	63,386	168,155	481,231	1,129,511	4,166,468	18,043,168
1935	62,914	165,524	478,138	1,094,161	3,573,796	31,964,846
1936	62,550	163,109	455,076	1,060,771	3,443,047	34,806,981
1937	65,755	174,578	483,291	1,110,557	3,491,686	22,447,132
1938	82,306	196,115	531,230	1,164,628	3,748,423	31,888,304
1939	82,574	193,381	533,308	1,157,070	3,720,476	32,298,694
1940	83,425	164,202	466,044	819,893	2,442,161	14,280,709
1941	109,088	266,702	652,589	1,295,956	3,915,456	15,643,106
1942	149,909	358,444	942,192	1,880,008	5,670,377	23,856,754
1943	193,860	472,223	1,237,573	2,577,760	7,438,507	26,659,349
1944	211,400	488,645	1,256,577	2,627,182	8,044,726	34,148,367
1945	249,281	597,812	1,492,394	2,982,866	8,694,119	39,437,728
1946	300,410	673,642	1,665,650	3,132,047	9,161,639	33,900,377
1947	411,207	915,635	2,040,558	4,342,290	12,518,787	48,287,876
1948	484,140	1,111,361	2,590,020	5,024,720	14,578,566	58,147,204
1949	616,459	1,370,664	4,203,997	6,253,422	22,206,011	73,630,904
1950	730,751	1,707,913	4,210,536	8,293,595	24,994,773	108,134,244
1951	901,020	2,114,713	5,077,510	10,651,317	30,379,040	269,229,710
1952	1,315,966	3,151,032	7,838,841	14,341,470	42,677,017	147,912,223
1953	1,427,169	3,364,158	7,917,169	15,241,320	40,083,292	174,714,550
1954	1,802,334	4,219,001	9,840,543	17,891,943	52,201,004	211,497,236
1955	1,734,790	4,185,166	10,008,150	18,890,363	53,834,004	197,250,200
1956	1,852,286	4,536,908	10,809,188	20,382,598	59,840,657	228,740,001
1957	1,912,504	4,903,666	12,346,329	24,287,386	67,697,975	303,466,195
1958	2,414,459	5,768,690	14,511,778	28,128,083	76,299,260	275,909,696
1959	2,764,947	6,494,735	16,774,938	30,749,715	92,184,819	440,164,962
1960	30,330	69,891	174,801	326,338	933,448	3,264,122
1962	39,907	92,840	220,251	417,880	1,283,512	5,771,474
1964	54,655	131,269	327,195	606,167	1,606,505	7,272,680
1984	613,572	1,111,287	2,095,991	3,441,947	8,123,758	33,573,519
1994	1,036,771	1,987,270	3,691,823	6,233,739	14,216,389	54,792,193

情報源：表J-5のデータから計算したデータ。

解説：1994年には、死者の階層の分位90-95の平均相続額は103万6000フラン（名目フラン）であった。

表 J-7：相続分布の推計結果（閾値 P90、…、P99.99）（1902-1994 年、名目フラン）

	P90	P95	P99	P99.5	P99.9	P99.99
1902	10,514	31,496	125,654	254,324	889,251	3,761,465
1903	11,047	32,087	130,761	265,412	996,601	3,375,907
1904	11,068	31,379	132,821	268,208	974,057	4,799,335
1905	11,537	32,353	139,252	283,689	1,037,598	4,928,237
1907	12,340	34,797	143,091	287,070	1,037,967	4,559,511
1909	12,466	34,234	142,771	291,975	1,093,556	5,415,581
1910	11,865	33,990	138,493	286,755	1,070,064	4,413,590
1911	12,202	34,336	143,379	290,390	1,084,063	4,443,519

表 J-7（続き）

1912	11,914	33,596	137,616	280,937	1,047,338	4,799,863
1913	12,313	34,808	144,316	289,133	1,058,344	4,830,297
1925	36,367	69,772	257,984	463,653	1,499,226	5,708,308
1926	40,048	76,128	292,047	525,829	1,804,506	7,666,933
1927	41,337	79,315	308,953	566,911	1,979,875	8,974,205
1929	48,376	92,416	418,070	760,112	2,529,344	11,715,223
1930	48,544	94,589	413,363	782,340	2,630,867	12,173,599
1931	51,865	100,788	414,835	782,710	2,421,679	10,441,178
1932	49,526	95,331	405,990	740,462	2,255,554	9,922,199
1933	49,139	94,184	395,303	725,114	2,157,543	11,230,978
1935	48,727	93,393	383,105	682,942	2,106,090	8,321,179
1936	47,865	90,855	362,755	664,046	1,931,697	7,191,656
1937	50,241	95,573	404,876	742,723	2,075,346	9,145,004
1938	64,670	108,739	423,410	737,702	2,170,467	8,152,374
1939	64,924	109,018	427,908	740,060	2,153,240	8,647,465
1940	67,501	106,811	387,418	579,343	1,614,846	6,023,502
1941	87,213	170,373	519,542	838,658	2,315,159	8,245,490
1942	106,558	216,083	776,629	1,182,196	3,271,472	11,378,291
1943	126,514	264,150	985,830	1,714,065	4,752,462	17,019,452
1944	168,485	275,093	1,006,070	1,687,097	4,929,721	18,679,181
1945	199,548	370,430	1,172,067	1,913,833	5,378,881	20,194,190
1946	228,341	419,859	1,388,189	2,064,744	5,513,082	20,612,517
1947	288,292	539,033	1,780,254	3,043,845	7,320,038	25,758,430
1948	389,797	623,172	2,101,002	3,509,009	8,511,051	30,126,677
1949	466,985	851,175	2,582,187	4,226,376	11,037,072	39,442,056
1950	518,097	991,858	3,474,165	5,277,231	15,656,235	52,512,355
1951	598,932	1,165,080	4,105,432	6,505,818	18,493,721	74,078,599
1952	963,302	1,866,027	6,044,239	9,624,039	24,509,978	84,834,573
1953	1,011,094	1,971,072	6,316,948	10,816,641	25,289,659	90,921,163
1954	1,193,462	2,356,857	8,223,163	12,162,582	33,204,217	112,996,937
1955	1,161,272	2,316,564	8,351,267	12,389,310	36,502,126	112,646,129
1956	1,213,880	2,439,319	8,996,899	14,116,357	38,508,401	125,119,606
1957	1,517,823	2,499,994	9,643,262	15,753,861	42,292,158	136,486,891
1958	1,787,016	3,584,686	10,935,842	17,922,784	49,312,225	149,396,099
1959	1,933,162	3,942,138	12,238,388	20,038,325	53,235,265	202,238,252
1960	20,558	42,626	129,847	208,909	569,186	1,834,911
1962	24,170	52,409	182,183	275,298	724,900	2,722,698
1964	42,187	80,018	247,747	414,370	1,033,080	3,457,357
1984	518,854	748,417	1,797,741	2,516,321	5,440,444	16,671,335
1994	870,924	1,273,992	3,176,596	4,501,661	10,315,782	30,930,571

情報源：未加工の相続統計から行なったパレートの法則による外挿法の結果（表J-1と表J-4を参照）。

解説：1994年には、死者の階層の閾値 P99.99の平均相続額は3093万1000フラン（名目フラン）であった。

表 J-8：相続分布の推計結果（水準 P90-100、…、P99.99-100）（1998 年フラン）

	P90-100	P95-100	P99-100	P99.5-100	P99.9-100	P99.99-100
1902	1,596,360	2,841,271	9,678,458	15,501,662	42,547,942	141,404,143
1903	1,700,436	3,064,594	10,613,869	17,152,278	46,661,735	158,373,558
1904	1,877,495	3,427,826	12,324,661	20,427,220	62,464,325	292,747,982
1905	2,053,826	3,743,574	13,737,437	23,005,704	71,809,735	357,615,487
1907	1,842,253	3,298,264	11,352,710	18,193,184	48,100,881	156,146,110

表J-8（続き）

1909	1,920,879	3,462,496	12,348,515	20,168,711	58,489,783	230,667,369
1910	1,726,794	3,103,983	10,795,408	17,331,006	46,659,610	169,204,755
1911	1,721,288	3,114,787	11,157,128	18,389,945	53,953,634	238,751,120
1912	1,686,352	3,048,464	10,963,321	18,195,789	54,946,124	248,080,515
1913	1,600,638	2,880,758	10,075,600	16,385,162	47,131,147	185,637,325
1925	635,783	1,089,976	3,490,660	5,595,897	14,801,248	51,647,411
1926	549,905	945,675	3,067,005	4,995,449	14,179,846	50,751,434
1927	592,045	1,026,000	3,452,446	5,646,373	16,382,825	64,127,973
1929	728,880	1,273,820	4,387,173	7,238,099	21,283,877	90,555,804
1930	740,762	1,297,760	4,537,159	7,518,031	22,283,848	90,328,054
1931	744,404	1,284,015	4,272,085	6,967,786	19,580,462	71,491,611
1932	768,337	1,319,053	4,299,679	6,958,297	19,325,677	78,304,402
1933	762,699	1,309,320	4,253,719	6,866,979	18,933,408	61,507,054
1935	890,433	1,536,733	5,114,467	8,373,565	24,884,668	124,036,614
1936	822,724	1,419,242	4,736,738	7,827,734	23,793,949	125,876,285
1937	647,296	1,105,565	3,520,368	5,651,405	15,486,829	64,529,423
1938	653,823	1,099,365	3,511,692	5,679,069	16,606,650	80,695,628
1939	610,971	1,025,919	3,293,332	5,320,647	15,616,184	76,673,687
1940	399,821	632,660	1,848,636	2,764,441	7,257,823	28,584,228
1941	506,072	825,998	2,309,599	3,505,626	8,682,498	26,693,264
1942	590,392	967,791	2,801,836	4,264,997	10,640,459	33,895,889
1943	622,792	1,023,815	2,958,245	4,500,745	10,708,222	30,497,457
1944	538,428	879,116	2,567,307	3,959,238	9,966,548	31,941,666
1945	426,276	695,215	1,966,815	2,991,691	7,427,793	24,891,514
1946	307,962	491,673	1,343,880	1,998,841	4,812,497	14,021,337
1947	279,206	444,572	1,208,910	1,852,905	4,455,988	13,368,183
1948	210,726	336,889	907,984	1,363,583	3,307,350	10,156,261
1949	245,382	395,645	1,132,268	1,615,870	4,219,802	11,361,057
1950	269,866	437,229	1,227,868	1,865,122	4,672,226	15,168,029
1951	303,814	498,956	1,474,551	2,336,699	6,544,837	32,472,011
1952	368,192	594,543	1,614,187	2,383,468	5,734,191	15,942,638
1953	394,759	633,031	1,689,656	2,511,207	5,871,283	19,157,184
1954	489,025	781,215	2,063,020	3,051,338	7,440,657	23,097,957
1955	484,822	781,874	2,097,403	3,111,548	7,379,158	21,349,867
1956	505,244	818,083	2,205,333	3,287,864	7,970,371	23,760,311
1957	546,530	900,186	2,522,805	3,800,492	9,204,997	30,604,345
1958	554,454	897,355	2,464,994	3,658,483	8,434,215	24,174,885
1959	604,407	980,482	2,757,032	4,128,766	10,486,416	36,349,424
1960	609,845	978,158	2,664,482	3,936,939	9,289,535	25,993,798
1962	752,061	1,210,288	3,317,104	5,012,496	12,755,028	42,495,513
1964	966,032	1,560,694	4,235,700	6,248,184	14,765,856	49,416,157
1984	1,573,232	2,269,298	4,991,681	6,986,920	15,252,088	47,996,909
1994	2,040,246	2,984,484	6,519,154	9,135,547	19,318,082	57,922,833
1902-1913	1,772,632	3,198,602	11,304,711	18,475,066	53,276,492	217,862,837
1994	2,040,246	2,984,484	6,519,154	9,135,547	19,318,082	57,922,833
1994/1902-1913	1.15	0.93	0.58	0.49	0.36	0.27

情報源：表J-5のデータと付録F（表F-1の列(7)）に示された1998年フランの換算率に基づいて得られたデータ。

解説：1994年には、死者の階層の分位P99.99-100の平均相続額は5792万3000フラン（1998年フラン）であった。

表 J-9：相続分布の推計結果（水準 P90-95、…、P99.99-100）（1998 年フラン）

	P90-95	P95-99	P99-99.5	P99.5-99.9	P99.9-99.99	P99.99-100	P99.99-100 (*)	P99.99-100(*)/P90-95
1902	351,449	1,131,975	3,855,255	8,740,092	31,563,920	141,404,143	197,508,561	562.0
1903	336,277	1,177,275	4,075,461	9,774,913	34,249,310	158,373,558	237,535,293	706.4
1904	327,165	1,203,617	4,222,102	9,917,944	36,877,252	292,747,982	221,257,456	676.3
1905	364,078	1,245,108	4,469,170	10,804,697	40,053,540	357,615,487	228,408,430	627.4
1907	386,243	1,284,653	4,512,235	10,716,260	36,095,855	156,146,110	193,406,739	500.7
1909	379,262	1,240,992	4,528,319	10,588,443	39,358,940	230,667,369	230,667,369	608.2
1910	349,605	1,181,127	4,259,810	9,998,855	33,043,483	169,204,755	203,977,938	583.5
1911	327,789	1,104,202	3,924,311	9,499,023	33,420,579	238,751,120	238,751,120	728.4
1912	324,240	1,069,749	3,730,854	9,008,205	33,486,748	248,080,515	224,156,320	691.3
1913	320,518	1,082,047	3,766,037	8,698,666	31,741,571	185,637,325	216,858,920	676.6
1925	181,589	489,805	1,385,422	3,294,559	10,707,230	51,647,411	51,647,411	284.4
1926	154,135	415,342	1,138,561	2,699,350	10,116,337	50,751,434	50,751,434	329.3
1927	158,090	419,389	1,258,518	2,962,261	11,077,808	64,127,973	64,127,973	405.6
1929	183,939	495,482	1,536,246	3,726,655	13,586,997	90,555,804	90,555,804	492.3
1930	183,764	487,911	1,556,286	3,826,577	14,723,380	90,328,054	90,328,054	491.5
1931	204,792	536,998	1,576,384	3,814,617	13,812,557	71,491,611	71,491,611	349.1
1932	217,621	573,897	1,641,062	3,866,452	12,772,485	78,304,402	78,304,402	359.8
1933	216,077	573,220	1,640,460	3,850,371	14,203,003	61,507,054	61,507,054	284.7
1935	244,133	642,299	1,855,369	4,245,789	13,867,785	124,036,614	87,949,357	360.3
1936	226,207	589,868	1,645,741	3,836,180	12,451,467	125,876,285	90,367,112	399.5
1937	189,027	501,865	1,389,330	3,192,549	10,037,652	64,529,423	64,529,423	341.4
1938	208,281	496,283	1,344,315	2,947,174	9,485,653	80,695,628	72,612,526	348.6
1939	196,023	459,065	1,266,017	2,746,763	8,832,017	76,673,687	52,628,957	268.5
1940	166,983	328,665	932,832	1,641,095	4,888,223	28,584,228	28,584,228	171.2
1941	186,147	455,097	1,113,573	2,211,408	6,681,302	26,693,264	26,693,264	143.4
1942	212,992	509,280	1,338,675	2,671,132	8,056,523	33,895,889	33,895,889	159.1
1943	221,769	540,208	1,415,745	2,948,876	8,509,418	30,497,457	30,497,457	137.5
1944	197,739	457,068	1,175,375	2,457,411	7,524,868	31,941,666	31,941,666	161.5
1945	157,336	377,315	941,939	1,882,666	5,487,380	24,891,514	24,891,514	158.2
1946	124,251	278,621	688,920	1,295,428	3,789,292	14,021,337	14,021,337	112.8
1947	113,840	253,488	564,915	1,202,135	3,465,744	13,368,183	13,368,183	117.4
1948	84,562	194,115	452,385	877,641	2,546,360	10,156,261	10,156,261	120.1
1949	95,118	211,490	648,666	964,887	3,426,330	11,361,057	11,361,057	119.4
1950	102,503	239,570	590,613	1,163,346	3,506,026	15,168,029	15,168,029	148.0
1951	108,673	255,057	612,403	1,284,664	3,664,040	32,472,011	17,019,999	156.6
1952	141,841	339,632	844,905	1,545,787	4,599,919	15,942,638	15,942,638	112.4
1953	156,487	368,875	868,106	1,671,188	4,395,072	19,157,184	19,157,184	122.4
1954	196,836	460,764	1,074,702	1,954,008	5,700,957	23,097,957	23,097,957	117.3
1955	187,769	452,992	1,083,257	2,044,646	5,826,857	21,349,867	21,349,867	113.7
1956	192,406	471,270	1,122,802	2,117,237	6,215,933	23,760,311	23,760,311	123.5
1957	192,875	494,531	1,245,118	2,449,365	6,827,292	30,604,345	26,179,847	135.7
1958	211,552	505,446	1,271,505	2,464,550	6,685,252	24,174,885	24,174,885	114.3
1959	228,333	536,344	1,385,297	2,539,353	7,612,748	36,349,424	28,839,369	126.3
1960	241,532	556,577	1,392,026	2,598,790	7,433,505	25,993,798	31,171,611	129.1
1962	293,834	683,584	1,621,712	3,076,863	9,450,530	42,495,513	34,244,655	116.5
1964	371,369	891,943	2,223,216	4,118,766	10,915,822	49,416,157	39,301,823	105.8
1984	877,167	1,588,702	2,996,441	4,920,629	11,613,775	47,996,909	47,996,909	54.7
1994	1,096,009	2,100,816	3,902,761	6,589,913	15,028,665	57,922,833	57,922,833	52.8
1902-1913	346,663	1,172,074	4,134,355	9,774,710	34,989,120	217,862,837	219,252,815	632.5
1994	1,096,009	2,100,816	3,902,761	6,589,913	15,028,665	57,922,833	57,922,833	52.8
1994/1902-1913	3.16	1.79	0.94	0.67	0.43	0.27	0.26	0.08

情報源：表J-6のデータと付録F（表F-1の列(7)）に示された1998年フランの換算率に基づいて得られたデータ。

解説：1994年には、死者の階層の分位P90-95の平均相続額は109万6000フラン（1998年フラン）であった。

表 J-10：相続分布の推計結果（閾値 P90、…、P99.99）（1998 年フラン）

	P90	P95	P99	P99.5	P99.9	P99.99
1902	212,678	637,108	2,541,712	5,144,451	17,987,689	76,086,592
1903	224,576	652,313	2,658,305	5,395,709	20,260,456	68,630,704
1904	228,194	646,986	2,738,541	5,529,979	20,083,327	98,953,734
1905	238,101	667,737	2,873,994	5,855,012	21,414,837	101,713,164
1907	247,938	699,164	2,875,089	5,768,011	20,855,545	91,612,874
1909	245,337	673,733	2,809,788	5,746,163	21,521,516	106,580,333
1910	226,485	648,819	2,643,641	5,473,743	20,425,999	84,249,123
1911	211,934	596,381	2,490,358	5,043,796	18,829,135	77,179,638
1912	209,241	590,016	2,416,841	4,933,882	18,393,580	84,296,244
1913	209,126	591,200	2,451,170	4,910,842	17,975,697	82,041,329
1925	152,449	292,487	1,081,471	1,943,640	6,284,776	23,929,303
1926	129,039	245,295	941,019	1,694,299	5,814,382	24,703,984
1927	127,580	244,795	953,537	1,749,684	6,110,583	27,697,516
1929	140,871	269,114	1,217,415	2,213,437	7,365,423	34,114,606
1930	140,237	273,256	1,194,155	2,260,086	7,600,255	35,168,047
1931	155,913	302,979	1,247,041	2,352,916	7,279,851	31,387,403
1932	163,426	314,575	1,339,684	2,443,377	7,442,874	32,741,264
1933	167,511	321,061	1,347,542	2,471,829	7,354,811	38,285,092
1935	189,082	362,404	1,486,604	2,650,092	8,172,486	32,289,560
1936	173,100	328,570	1,311,872	2,401,462	6,985,808	26,007,972
1937	144,428	274,745	1,163,908	2,135,129	5,966,057	26,289,409
1938	163,653	275,173	1,071,469	1,866,806	5,492,521	20,630,164
1939	154,123	258,797	1,015,807	1,756,824	5,111,565	20,528,169
1940	135,110	213,792	775,455	1,159,611	3,232,271	12,056,626
1941	148,820	290,723	886,541	1,431,079	3,950,567	14,070,034
1942	151,399	307,013	1,103,441	1,679,674	4,648,137	16,166,377
1943	144,728	302,179	1,127,758	1,960,836	5,436,666	19,469,718
1944	157,597	257,316	941,057	1,578,075	4,611,157	17,472,114
1945	125,947	233,800	739,762	1,207,935	3,394,934	12,745,763
1946	94,443	173,656	574,161	853,987	2,280,234	8,525,423
1947	79,812	149,228	492,852	842,669	2,026,505	7,131,053
1948	68,084	108,846	366,971	612,900	1,486,580	5,262,066
1949	72,055	131,334	398,425	652,119	1,702,991	6,085,807
1950	72,674	139,128	487,322	740,239	2,196,106	7,365,927
1951	72,238	140,521	495,159	784,672	2,230,543	8,934,679
1952	103,829	201,129	651,475	1,037,322	2,641,794	9,143,848
1953	110,865	216,125	692,644	1,186,028	2,772,973	9,969,367
1954	130,340	257,396	898,065	1,328,295	3,626,287	12,340,579
1955	125,693	250,739	903,920	1,340,988	3,950,898	12,192,534
1956	126,091	253,384	934,551	1,466,333	4,000,051	12,996,768
1957	153,071	252,123	972,516	1,588,765	4,265,133	13,764,604
1958	156,576	314,086	958,186	1,570,373	4,320,679	13,089,911
1959	159,643	325,547	1,010,663	1,654,792	4,396,241	16,701,111
1960	163,712	339,450	1,034,037	1,663,647	4,532,703	14,612,287
1962	177,967	385,888	1,341,421	2,027,029	5,337,454	20,047,297
1964	286,654	543,703	1,683,382	2,815,548	7,019,535	23,491,930
1984	741,757	1,069,942	2,570,062	3,597,349	7,777,692	23,833,442
1994	920,686	1,346,784	3,358,095	4,758,870	10,905,191	32,697,839

表 J-10（続き）

1902-1913	225,361	640,346	2,649,944	5,380,159	19,774,778	87,134,374
1994	920,686	1,346,784	3,358,095	4,758,870	10,905,191	32,697,839
1994/1902-1913	4.09	2.10	1.27	0.88	0.55	0.38

情報源：表J-7のデータと付録F（表F-1の列(7)）に示された1998年フランの換算率に基づいて得られたデータ。

解説：1994年には、死者の階層の閾値P99.99の平均相続額は3269万8000フラン（1998年フラン）であった。

表 J-11：年間相続額のうち大規模相続が占める割合の推計結果（割合 P90-100、…、P99.99-100）（単位：%）

	P90-100	P95-100	P99-100	P99.5-100	P99.9-100	P99.99-100
1902	82.69	73.59	50.13	40.15	22.04	7.32
1903	84.94	76.54	53.02	42.84	23.31	7.91
1904	86.33	78.81	56.67	46.96	28.72	13.46
1905	86.58	78.91	57.91	48.49	30.27	15.08
1907	83.93	75.14	51.72	41.44	21.92	7.11
1909	85.01	76.62	54.65	44.63	25.89	10.21
1910	85.02	76.41	53.15	42.67	22.97	8.33
1911	86.00	77.81	55.74	45.94	26.96	11.93
1912	86.08	77.81	55.97	46.44	28.05	12.66
1913	85.18	76.66	53.62	43.60	25.08	9.88
1925	77.37	66.32	42.48	34.05	18.01	6.28
1926	77.17	66.35	43.04	35.05	19.90	7.12
1927	78.99	68.44	46.06	37.67	21.86	8.56
1929	78.74	68.80	47.39	39.10	22.99	9.78
1930	80.24	70.28	49.14	40.72	24.14	9.78
1931	77.53	66.87	44.49	36.28	20.39	7.45
1932	77.09	66.17	43.14	34.91	19.39	7.86
1933	77.21	66.27	43.06	34.76	19.17	6.23
1935	76.80	66.28	44.12	36.11	21.46	10.70
1936	76.76	66.20	44.19	36.51	22.20	11.74
1937	75.63	64.59	41.13	33.02	18.09	7.54
1938	74.92	62.99	40.24	32.54	19.03	9.25
1939	77.07	64.71	41.55	33.56	19.70	9.67
1940	74.42	58.88	34.41	25.73	13.51	5.32
1941	71.53	58.37	32.64	24.77	12.27	3.77
1942	72.88	59.74	34.59	26.33	13.14	4.18
1943	74.98	61.63	35.62	27.09	12.89	3.67
1944	75.84	61.91	36.16	27.88	14.04	4.50
1945	73.78	60.16	34.04	25.89	12.86	4.31
1946	72.68	58.02	31.72	23.59	11.36	3.31
1947	71.65	57.04	31.02	23.78	11.44	3.43
1948	73.66	58.88	31.74	23.83	11.56	3.55
1949	73.49	59.25	33.91	24.20	12.64	3.40
1950	75.35	61.04	34.29	26.04	13.05	4.24
1951	76.26	62.62	37.01	29.33	16.43	8.15
1952	75.28	60.78	33.00	24.37	11.72	3.26
1953	75.36	60.43	32.26	23.97	11.21	3.66
1954	74.00	59.11	31.22	23.09	11.26	3.50
1955	76.80	61.93	33.23	24.65	11.69	3.38
1956	93.76	75.91	40.92	30.51	14.79	4.41

表 J-11（続き）

1957	92.25	75.97	42.58	32.07	15.54	5.17
1958	87.15	70.52	38.74	28.75	13.26	3.80
1959	86.77	70.38	39.58	29.64	15.05	5.22
1960	86.37	69.27	37.74	27.88	13.16	3.68
1962	81.23	65.36	35.83	27.07	13.78	4.59
1964	82.00	66.24	35.96	26.52	12.53	4.19
1984	60.12	43.36	19.07	13.35	5.83	1.83
1994	54.87	40.13	17.53	12.29	5.20	1.56
1902-1913	85.18	76.83	54.26	44.32	25.52	10.39
1994	54.87	40.13	17.53	12.29	5.20	1.56

情報源：表J-5のデータと表J-1に示された年間相続額（「総計」の行）に基づいて得られたデータ。

解説：1994年には、死者の階層の分位P99.99-100の割合は年間相続額の1.56%であった。

表 J-12：年間相続額のうち大規模相続が占める割合の推計結果
（割合 P90-95、…、P99.99-100 ）（単位：%）

	P90-95	P95-99	P99-99.5	P99.5-99.9	P99.9-99.99	P99.99-100
1902	9.10	23.45	9.98	18.11	14.71	7.32
1903	8.40	23.52	10.18	19.53	15.40	7.91
1904	7.52	22.14	9.71	18.24	15.26	13.46
1905	7.67	21.00	9.42	18.22	15.20	15.08
1907	8.80	23.41	10.28	19.53	14.80	7.11
1909	8.39	21.97	10.02	18.74	15.68	10.21
1910	8.61	23.26	10.49	19.69	14.64	8.33
1911	8.19	22.07	9.80	18.98	15.03	11.93
1912	8.28	21.84	9.52	18.39	15.38	12.66
1913	8.53	23.03	10.02	18.52	15.20	9.88
1925	11.05	23.84	8.43	16.04	11.73	6.28
1926	10.81	23.31	7.99	15.15	12.78	7.12
1927	10.55	22.38	8.40	15.81	13.30	8.56
1929	9.94	21.41	8.30	16.10	13.21	9.78
1930	9.95	21.14	8.43	16.58	14.35	9.78
1931	10.66	22.37	8.21	15.89	12.95	7.45
1932	10.92	23.03	8.23	15.52	11.53	7.86
1933	10.94	23.21	8.30	15.59	12.94	6.23
1935	10.53	22.16	8.00	14.65	10.77	10.70
1936	10.55	22.01	7.68	14.32	10.45	11.74
1937	11.04	23.46	8.12	14.92	10.56	7.54
1938	11.93	22.75	7.70	13.51	9.78	9.25
1939	12.36	23.16	7.99	13.86	10.03	9.67
1940	15.54	24.47	8.68	12.22	8.19	5.32
1941	13.16	25.73	7.87	12.50	8.50	3.77
1942	13.15	25.15	8.26	13.19	8.95	4.18
1943	13.35	26.02	8.52	14.20	9.22	3.67
1944	13.93	25.75	8.28	13.85	9.54	4.50
1945	13.62	26.12	8.15	13.03	8.55	4.31
1946	14.66	26.30	8.13	12.23	8.05	3.31
1947	14.61	26.02	7.25	12.34	8.00	3.43
1948	14.78	27.14	7.91	12.27	8.01	3.55
1949	14.24	25.34	9.71	11.56	9.24	3.40
1950	14.31	26.76	8.25	12.99	8.81	4.24
1951	13.64	25.61	7.69	12.90	8.28	8.15

表 J-12（続き）

1952	14.50	27.78	8.64	12.64	8.46	3.26
1953	14.94	28.17	8.29	12.76	7.55	3.66
1954	14.89	27.89	8.13	11.83	7.76	3.50
1955	14.87	28.70	8.58	12.96	8.31	3.38
1956	17.85	34.98	10.42	15.72	10.38	4.41
1957	16.28	33.39	10.51	16.54	10.37	5.17
1958	16.63	31.78	9.99	15.49	9.46	3.80
1959	16.39	30.80	9.94	14.58	9.84	5.22
1960	17.10	31.53	9.86	14.72	9.48	3.68
1962	15.87	29.53	8.76	13.29	9.19	4.59
1964	15.76	30.29	9.44	13.99	8.34	4.19
1984	16.76	24.28	5.73	7.52	3.99	1.83
1994	14.74	22.60	5.25	7.09	3.64	1.56
1902-1913	8.35	22.57	9.94	18.80	15.13	10.39
1994	14.74	22.60	5.25	7.09	3.64	1.56

情報源：表J-6のデータ系列と表J-1に示された年間相続額（「総計」の行）に基づいて得られたデータ。

解説：1994年には、死者の階層の分位 P90-95の割合は年間相続額の14.74%であった。

3　法制に関する一般的データと超大規模相続に課せられた相続税の実質的な比重（1902-1994年の相続）

所得税の場合とは異なり（第4章参照）、本書では20世紀におけるフランスの相続税の法律的変遷に関する完全なデータを集めることはしなかった。そのため、やはり所得税と異なり（第5章参照）、20世紀を通じて大規模相続の各分位が直面してきた平均課税率を体系的に推計することもなかった。したがって、本書において私たちが参照している法律に関する情報はきわめて不完全で、ここに示した平均課税率の推計は[1]あくまで概算である。

3.1　相続の割合、相続と贈与

1901年2月25日法で制定された相続累進税の重要な特徴は、税額が「相続の割合」に応じて、つまり各相続人が受け取った遺産の額に応じて計算される点にある。税額は、相続合計額（すべての相続人を合わせたもの）に応じてではなく、相続人ごとに別々に計算され、この原則が変更されることはなかった。20世紀を通じて、累進相続税の税率表は、（すべての遺産を合わせた）相続合計額に適用される税率ではなく、（後出の1917-1934年に適用された「相続税」を別にすれば）常に「相続の割合」に適用される率で表わされた。加えて、死亡した人と

1　第4章（第1.3節）、第5章（第3.2節）、第6章（第3節）を参照。

当該の相続人との間の近親性に応じて相続の割合に適用される相続累進税の税率表は、常に複数存在した。つまり、直系相続（子、孫など）、夫婦間相続、傍系相続（兄弟姉妹、従兄弟など）、親族以外の相続という具合である。こうした複雑さから、相続財産の各分位に実際に課せられる平均税率を厳密に推計するには、（すべての相続人を合わせた）相続財産の各分位水準ではなく、本書ですでに行なってきたように、相続の割合の各分位水準を推計しなければならない。またそれは近親性について行なわなければならない。このあとで、おもに、実際に最も頻繁に適用される直系相続への適用税率の推移について述べていこう。

1901年2月25日法の二つめの特徴は、相続と贈与が完全に区別されて処理されてきたという点である。相続は累進税の税率表に基づいて課税され、贈与は一定の比率で課税される（この比率は、親等によって変わるだけでなく、父母による贈与分割、婚姻契約による贈与といったように贈与の種類によっても変化する）。税務当局は、相続の開始時に死亡するより前に行なわれた贈与のリストを作成し直そうとはしなかった。1942年3月14日法はそうした状況を根本的に変えた。この日以降、原則的に、贈与も相続と同じ税率表に従い、死亡する前の贈与は「思い出され」、支払われるべき税金を計算するために相続時にその贈与も相続資産に付け加えられるようになった（相続開始時に贈与が行なわれたかのように税額が計算され、その結果の税額から贈与時にすでに支払われた税額を差し引く）。それでも実際には、贈与に対する税制優遇は保たれた。たとえば、贈与者は贈与の名目によって支払うべき税金を自分で支払うこともでき、その追加贈与は相続時に「思い出される」ことはない。さらに、贈与日の名目フランで表わされる贈与の価値は、一般には相続時の価値に換算されない。これは、高いインフレのときには大きなメリットとなる。さらに、各カテゴリーの贈与（父母による贈与分割、婚姻契約による贈与など）は特別な税制優遇措置を受けられた。この特権的制度はとくに1980-1990年代に大きく変化したが、ここではそうした法制の変遷について詳しく述べるつもりはない。たとえば、1942年3月14日法はすべての父母による贈与について（つまり子供たちの間で平等に分割される贈与について）、25%の減税措置を講じた。この優遇措置はほとんど中断することなく40年ほど続き、1981年8月3日法によって廃止された。その後、贈与者がある程度若い場合について、より高い減税率でふたたび導入された。1996年4月12日法では、父母による贈与分割は、贈与者が65歳未満の場合には35%の減税が受けられ（65-75歳の場合は25%）、その他の贈与については、贈与者が65歳未満の場合には25%の減税（65-75歳は15%）を受けられるようになった。1991年の12月30日法では、贈与者が死亡する10年以上前に行なわれた贈与は相続時に「思い出されない」と決定したことも同様に触れておこう。そうした贈与は常に、（血縁関係に従い）相続と贈与全体に対してと同じ累進税が課せられるが、累進制を考慮しても「思い出されない」という事実は、とくに大規模な相続財産にとっては大きな税

制優遇となった。

3.2　20世紀初頭に適用された税率

1901年2月25日法で制定され、直系の相続に適用された税率表は（子供や孫の数にかかわらず）次のようなものである。限界税率は、0から2000フランの相続割合の部分については1%、2000-1万フランの部分については1.25%、1万-5万フランの部分については1.5%、5万-10万フランの部分については1.75%、10万-25万フランの部分については2%となり、その後は累進は適用されず、25万-50万フラン、50万-100万フラン、100万フラン超とも一律2.5%であった。[2]

次に1902年3月30日法は新しい区分を設けた。100万フラン未満の相続割合の部分に適用される限界税率は変わらないが、100万-200万フランの部分については3%、200万から500万フランの部分については3.5%、500万から1000万フランの部分については4%、1000万から5000万フランの部分については4.5%、5000万フラン以上の部分については5%の限界税率が設定された。[3]

さらに、1910年4月8日法では同じ区分が維持されたが、（最も低い率を除いて）直系の相続に適用される限界税率全体はいっせいに引き上げられた。税率は（1%、1.25%、1.5%、1.75%、2%、2.5%、2.5%、3%、3.5%、4%、4.5%、5%[4]から）1%、1.5%、2%、2.5%、3%、3.5%、4%、4.5%、5%、5.5%、6%、6.5%に変わった。

実質的には、5%（1902年から1910年に適用）や、その後の6.5%（1910年から適用）より大きい限界税率は毎年一握りの相続にしか適用されなかった。（相続人の間で分割する前の段階で）5000万フラン以上の相続件数は1903年には1件、1904年には3件、1905年には3件、1907年には0件だったが（表J-1を参照）、当然のことながら相続割合が5000万フラン以上の件数はなおさら少なかった。私たちの推計によると、分位P99.99-100の平均相続額は1902年から1913年については1000万フラン（名目フラン）前後だった（表J-5を参照）。分位P99.99-100の直系相続に課せられた平均税率は、1901年にはおよそ2.5%、1902-1910年には

2　ただし、最高限界税率は夫婦間では7%、傍系の相続では12%、7親等以上および親族以外の相続は18.5%に達した。

3　夫婦間、傍系、親族以外（あるいは7親等以上の親族）では、5000万フラン以上の相続割合の部分に適用される最高限界税率はそれぞれ9%、14%、20.5%になった。

4　1910年4月8日法では、直系の1親等（つまり親子）の相続にしかこの税率表を適用しないことが定められ、直系2親等（祖父母と孫）の限界税率をすべて0.5%引き上げ、3親等以上はさらに0.5%引き上げたようだ。その上、1910年4月8日法では、最高限界税率を夫婦間で12.25%、傍系で18.25%、親族以外（または7親等以上ではなく5親等以上の親族）で29%まで引き上げた。

5　これは最高税率の推計であり、とくに大家族の場合は大きな意味を持つことになる、複数の相続人で分割する場合の影響については私たちは考慮に入れていないため、これは最大の推定値となる。

3.5-4%、1910年以降は5-5.5%（最大値）[5]であったと推計できる。

3.3　戦間期に適用された税率

戦間期に起こった相続税制の変化はきわめて複雑で混乱しているので、ここですべての痕跡をたどることはしない。

所得税と同様に、第一次世界大戦後、相続税制は重要な段階を迎えた。最も高い相続に適用される税率が「現代的な」レベルに達したのである。1910年4月8日法で定められた税率は、1917年の12月31日法と1920年6月25日法で大幅に引き上げられた。名目上の区分は維持され（それにより、インフレが考慮されると、任意の実質的価値を有する相続に適用される実際の税率は大きく引き上げられた）、1917年の12月31日法では1-12%（以前は1-6.5%）の段階的な限界税率が定められた。そして1920年6月25日法では1%から17%の段階的な限界税率が定められた。[6]加えて、1917年の7月31日法では「間接相続税」が制定された。これは4人以下の子供が相続する包括資産（相続割合ではなく）に課税され、従来の相続税（それまでどおり、各相続人の相続割合に応じて計算される）に追加された。間接相続税は相続税と同じ課税区分を用い、限界税率は子供が3人の場合0.25-3%、2人の場合0.5-6%、1人の場合1-12%、子供がいない場合は2-24%である。その後、1920年6月25日法ではこの税率がいっせいに引き上げられ、子供が3人の相続に適用される間接相続税の最高限界税率は7.5%、2人の場合には12%、1人の場合には21%、子供がいない場合には39%に達した。1920年6月25日のこの法律により、子供1人の直系の相続に適用される最高限界税率は38%になり（相続税の名目で17%、間接相続税の名目で21%）、戦前の最高限界税率6.5%の6倍となった。

1926年8月3日法は、やはり所得税の場合と同様に、最高税率を「妥当な」水準に戻そうとした。間接相続税は現状維持だが、相続税の税率表は負担が軽くされ、直系の1親等の最高税率は（17%から）7.8%に引き下げられた。さらに1926年8月3日のこの法律では、最高額の相続にかかる税金を制限するため「最高税率」が定められた。直系の場合、間接相続税と相続税を組み合わせた実際の税率はいかなる場合も相続する純資産額の25%を超えてはならなかった。[7]

間接相続税の適用領域はその後の数年間で狭くなっていった。たとえば、1929年12月29日法では子供が2人以上（4人以上ではなく）のすべての相続で間

6　ここでもまた、直系1親等の相続に適用される率が対象となっている。（親族以外、または5親等以上の親族に適用される）相続税の最高限界税率は1917年7月31日法では36%、さらに1920年6月25日法では80%となった。

7　1926年8月3日法で定められた「最大限度率」は、直系と夫婦間の相続については25%、傍系については35%、親族以外（または5親等以上の親族）については40%だった。

接相続税が免除された。そして1934年7月11日の統令で、間接相続税は最終的に廃止された。したがってこの税制は1917年から1934年まで実施されたことになる。しかしこの廃止で、当該の相続が相応の減税の恩恵を受けたというわけではない。というのも、実際には間接相続の税率が相続税の税率表に組み入れられたためである。1934年7月11日の統令は税率表の全体的な改正を行ない、それ以降は近親性だけでなく子供の数によって変動するようになった。5000万フラン以上の相続割合の部分に常に適用される直系の1親等の最高限界税率は、子供が2人以上で15%、1人の場合には28%になった。

1936年12月31日法は、この税率全体、とくに最高税率を大きく引き上げることを決定した。1億5000万フラン以上の相続割合に関する区分を設け、直系1親等で1億5000万フラン以上の割合の部分に適用される最高限界税率は子供が2人以上の場合には40%、子供が1人の場合には60%と設定された[8]。ただし、1934年7月11日の統令と1936年12月31日法では、1926年8月3日法で制定された「最高税率」の制度が維持されていたことを指摘しておかなければならない。直系では、いかなる場合も税額の合計が相続される純資産の25%を超えてはならないとされた[9]。そして1936年12月31日法で定められた税率表の最高税率は、1939年7月29日の統令でふたたび引き上げられた。その後、1940年11月9日法でわずかに引き下げられ、それにともない直系で子供が3人以上の相続に適用される「最高税率」は引き下げられたが、子供が1人の直系相続では30%に引き上げられた[10]。

最終的に、戦間期の大規模相続の各分位に適用された平均税率の水準を正確に推計するのはきわめてむずかしい。制度と税率は絶え間なく見直され、実際に適用された税率は、他の時期に比べ、対象となる家族形態によって非常に細かく分けられていたからだ。それでも上記に示した法律に関する情報と表J-5に示した相続の分位水準の推計に基づきおおよその推計ができ、1917年7月31日法と1920年6月25日法では、分位P99.99-100の直系相続に課せられる平均税率はおよそ30%から35%、1920-1930年代はおよそ20%から25%を最低限度として、それより下がることはなかったと推計される。この平均税率が(最大で)5%をほとんど超えなかった第一次世界大戦前と比べると、相続によって莫大な資産を得た者

8　親族以外の相続に適用された最高限界税率は1920年6月25日法では80%に達した。

9　ただし、1934年7月11日の統令では、1926年8月3日法で定められた「最高税率」(25%、35%、40%)がすべて保たれていたが、1936年12月31日法では25%の「最高税率」しか残されなかった。具体的には、傍系の相続については40%、親族以外(または5親等以上の親族)では50%に変わった。

10　1939年7月29日の統令では直系に適用される最高限界税率は70%に達したが、1940年11月9日法では、子供が3人以上の相続では44%、2人の場合には52%、1人の場合には66%まで下げられた。「最高税率」は子供が3人以上の場合には20%、2人の場合には25%、1人の場合には30%と定められた(一方で1940年11月9日法では、1936年12月31日法で定められた「最高税率」は、傍系では40%、親族以外〔または5親等以上の親族〕では50%が維持された)。

に課せられた租税圧力は約5倍になったと考えられる。

3.4　第二次世界大戦以降に適用された税率

1940年代末の相続税率は1930年代末とほぼ同じだった。直系に適用された税率表の「公式の」限界税率は、最高相続割合の部分についておよそ60-70%に達した。これらの最高限界税率の影響は、1926年8月3日法で制定された（そして一度も廃止されなかった）「最高税率」のシステムが相続純資産の35%（直系の場合）を限度としていたことから、実際にはかなり小さくなった。そして直系に適用される「公式の」限界税率は、1952年4月14日法で大幅に引き下げられ、子供1人の相続の場合、最高限界税率は35%、子供2人の場合は20%、子供3人以上の場合は24%と定められた。これにより「最高税率」のシステムは廃れ、この新しい税率が1959年まで適用された。

税率表の全体的な簡略化に加えて、1959年12月28日法により着手された相続税の大規模な改正のおもな目的は直系と夫婦間の相続税を大幅に軽減し、代わりに他の相続税の負担を重くすることにあった。その結果、直系と夫婦間の限界税率は3段階だけになった。0から5万フランの相続割合の部分については5%、5万から10万フラン部分には10%、10万フラン以上の部分には15%（もちろん新フランで）[11]が適用されることになった。さらに1959年12月28日法では、直系と夫婦間の相続に10万フランの一般控除を設けた。各相続人は非課税で10万フラン受け取ることができ、前出の税率表はこの一般控除後の相続割合の部分についてのみ適用された。[12]

この10万フランの控除は1901年に定められた制度と比べると、まさに大改革といえる。1901年2月25日法では、たしかに相続税は累進税率表に則っていたが、その累進税率表は、相続した最初の1フランから適用され（「税率が0%」の区分はない）、その結果、19世紀に適用されていた比例相続税の枠組みと同様に、最少額の相続も含め、すべての相続が原則として税金を課せられた。原則的に1901年2月25日法は全体的に19世紀とほとんど変わらず、唯一申告と課税を免れたのは、相続資産がまったくない死亡の場合だけだった。とはいえ、実際のところ、非常に少ない相続に対して当局がどのように対処したかを知ることはむずかしい。死亡にかかる費用（埋葬など）でわずかな相続資産が使い果たされるような場合には、当局は相続申告を怠った相続人に対してある程度の寛容を示した可

11　他のすべての相続については、税金は完全な比例制になった。税率は相続された最初の1フランから徴収対象となり、兄弟姉妹間で40%、4親等までは50%、親族以外（5親等以上）は60%とされた。

12　兄弟姉妹間も3万フランの控除を受ける権利を持っていたが、独身であることや同居していることといった、いくつかの非常に厳しい条件を満たした場合に限られた。

能性も高い。[13] いずれにせよ、税務当局が正式に「相続総資産額が100万フラン未満（1万新フラン）[14] であることが明らかな場合、直系の遺族と配偶者に対する申告書の提出を免除する」と決定したのは1956年8月からである。同様に、直系と配偶者に10万フランの一般控除が設けられたのは1959年12月28日法以降である（直系と配偶者はこの法律の前にすでに基礎控除を受けていたが、1959年12月28日法での一般控除に比べると低い額だった）。[15] ただし、このように相続割合ごとに10万フランの控除が設けられても申告義務の規定は変わらない、という点を指摘しておかなければならない。原則的に、総資産が1万フランを超えるすべての相続は、一般控除で税金を免れるとしてもやはり申告の対象となった。[16]

1959年12月28日法で定められた新しい税制は、それ以降ほとんど変化していない。所得税と同様に相続税は、少なくとも戦間期に特徴づけられるようなかなり混沌とした変化と比べると「穏やかな」租税となった。10万フランの一般控除は、物価の上昇よりもかなり遅いペースで不定期に引き上げられ、1990年代に実施された一般控除は30万フランになった。[17] 直系と夫婦間の相続に適用された税率表も1959年12月28日法以降1980年代の初めまでは実質的には変わっていないが、1968年12月27日法によって最高限界税率が15%から20%に引き上げられたことだけは例外である。0から5万フランの相続割合の部分には5%、5万から7万5000フランの部分には10%のままだが、7万5000から10万フランの部分には（10%から）15%、10万フラン以上の部分に対しては（15%から）20%に達した。

実際、1959年12月28日法以降に見られた税制の重要な改正は1983年12月29日法に起因している。同法では、超大規模相続に適用する目的で新しい区分が設けられ、最高限界税率は40%となった。この新たな税率と新しい区分の名目的な閾値は、それ以降修正されることはなかった。したがって、1990年末に直系と夫婦間の相続に適用された税率表は1983年12月29日法で定められたままであった。

13　法文を見るかぎりは、どんなにわずかな財産に対しても非常に厳しい規定があったように見える（たとえば1930年4月16日法では、「最後の医療費」として2000フランの最大控除を認めているが、これは相対的には決して大きい額ではない。しかも2000フランの控除がありながら、2000フラン未満の相続の申告義務を免除するわけではなかった）。しかし、この厳しい規定が実際に適用されたと断言できるものは何もない（死亡しても申告しなかったケースも非常に多く〔前出の第2節を参照〕、ある程度の寛容さはあったと思われる）。

14　『S&EF』「増補版」第118号（1958年10月）p.1168を参照。

15　この控除の存在は1940年11月9日法までさかのぼると思われる。この法律によって、家族が多く相続額がわずかな場合は100%まで減税されていたことから、特定のカテゴリーの相続については基礎控除が設けられていたということになる。

16　1万フランという閾値もまた、直系や夫婦間以外のすべての相続に適用される一般控除となった（特定のケースや1万フラン以上の控除を受けた兄弟姉妹は除く）。

17　実際、直系の相続人が受ける一般控除額は現在、30万フランで、夫婦間は33万フランである。一定数の条件を満たしている（前出参照）兄弟姉妹が受ける一般控除は10万フラン、その他すべての相続人が受ける控除は1万フランである。

0から5万フランの相続割合の部分への限界税率は5%、5万から7万5000フランの部分には10%、7万5000から10万フランの部分には15%、10万から340万フランの部分には20%、340万から560万フランの部分は20%、560万から1120万フランの部分は35%、1120万フラン以上の部分に対しては40%となった。[18]

このような税制の大きな安定性は、超大規模相続に対する平均税率の推計を容易にする。私たちの推計によると、分位P99.99-100の平均相続額は、1990年代においては5000万フラン前後である（表J-5を参照）。子供1人に譲渡する場合は、大半の相続に対して40%の限界税率が適用され、平均税率は約35%-40%である。複数の子供に譲渡される場合の平均税率は30%-35%に下がるだろう（家族が多い場合はさらに下がる）。したがって分位P99.99-100にあたる直系相続に課せられた平均税率は、1980-1990年代においては約30%から35%であると推計できる。最後にこの税率についてまとめると、20世紀初頭では5%そこそこで、戦間期では20%-25%（さらに1920年代初めは30%-35%）、1950年代は30%-35%、1960-1970年代は15%-20%、1980-1990年代は30%-35%と推計される。

18　実際には、残された配偶者に適用される税率表はもう少し軽いものである。5万-10万フランについては10%、10万-20万フランについては15%である（その後は直系の計算表と同じ限界税率である）。それに対し、1959年12月28日法で定められた、兄弟姉妹間の相続で40%、4親等までは50%、親族以外には60%という比例税率は、わずかに修正されただけだった。15万フラン未満の兄弟姉妹間の相続には35%、15万フラン以上の相続には45%、4親等までの相続には55%が適用されるようになった。

付録K

パリの不動産賃貸分布統計に基づく推計結果と方法、未加工のデータ（1889年、1901年、1911年の不動産賃貸）

本付録では、パリの不動産賃貸分布統計に基づいて行なわれた推計結果と方法、未加工のデータを紹介する。採用した方法は全体的に、所得申告や給与申告や相続申告からの統計に適用した方法とほぼ同じだが、いくつかの点だけ詳しく説明したい。

パリの不動産賃貸統計、というよりむしろパリの賃貸価額統計（というのも、この統計は住居や所有地全体、とくに所有地は所有者が居住しているか、貸しているかにもかかわるので）は、「四つの国税」というシステムにより10-15年ごとに税務当局が実施する建物つき地所に関する広範な調査によるものである。この賃貸価額は、個人動産税と地租を設定する基礎となっており、個人動産税は納税者のおもな住居（家主か借家人かによる）の賃貸価額に基づいて計算され、地租も不動産の賃貸価額に基づいて計算される。すべての所有地と住居を個々に調査するので、実質的には国勢調査といえる。

1889年、1901年、1911年の調査による未加工のデータは、表K-1とK-2に転載した。表K-1は、賃貸価額の一定数の区分に応じた主要な住居の賃貸価額の分布を示しており、表K-2は、賃貸価額の一定数の区分に応じた所有者ごとの不動産の賃貸価額の分布を示している（これらの表に使われている賃貸価額はすべて年間の数値である）。つまり表K-1はパリの住居全体を対象にしているが（1889年は80万4011戸、1901年は91万504戸、1911年は99万3304戸）、表K-2は所有する家庭のほうだけを対象としている（1889年は8万526地所、1901年は8万4218地所）。第7章ですでに述べたように（第2.3節）、税務当局が表K-2を作成した方法は、残念ながらあまりはっきりしていない。というのも、当時の公式な刊行物には、これらの統計の枠組みにおいて、1人の所有者がもつ不動産すべてが本当にただ一つの所有地にまとめられているかどうかがはっきりとは記されていないからである。1人の所有者がもつ一つの不動産がただ1人の所有物として計算されたことはまちがいないが（たとえその不動産が多数の住居に分けられていたとしても）、所有者が同じで隣接していない二つの不動産が別々の不動産として計算された可能性もある。[1] 言い換えれば、これらの統計はパリの土地所有の実際の集中度を過小評価している可能性もある。とはいえ、この問題が推移に大きな偏りをもたらすことはないと思われる。[2] いずれにしろ、このあいまいさは地租に基づく統計（表K-2）だけにかかわることであり、個人動産税の統計（表K-1）には関与していない。

そして表K-1とK-2に転載した未加工のデータから得られたパレート係数を、表K-3とK-4に示した。また、賃貸価額の各分位の推計結果は、所得申告の統計に基づいて行なわれた外挿法と同じ公式を適用して（付録B第1.1節を参照）パレートの法則から得られ、それらの結果は表K-5に示した。個人動産税の統計については、主要住居の総数から分位を計算した。1899年には住居総数は80万4011戸なので、分位P90-100は賃貸価額が最も高い8万401戸ということになる。地租による統計については、さらに分位の計算方法に問題があり、私たちは二つの推計データを作成した。一つめはすべての所有地を基準の母集団と見なす方法。二つめは住居全体を基準の母集団と見なす方法である（表K-5を参照）。

表 K-1：1889 年、1901 年、1911 年の建物つき地所に関する調査に基づき作成された未加工の統計表 I：居住用建物の賃貸価額に関する「分布」表（個人動産税）

1889			1901			1911		
s_i	N_i	Y_i	s_i	N_i	Yi	s_i	N_i	Y_i
1	403,682	65,342,827	1	433,774	70,352,949	1	415,259	68,767,764
300	121,665	39,844,647	300	148,423	48,961,682	300	173,528	57,973,640
400	78,959	33,671,460	400	115,511	50,802,407	400	154,173	68,464,018
500	40,124	20,711,604	500	31,179	16,370,858	500	39,305	20,628,656
600	29,885	18,401,622	600	33,175	20,590,843	600	38,969	24,284,883
700	18,789	13,488,576	700	21,313	15,358,537	700	25,617	18,535,511
800	15,894	12,892,794	800	18,494	15,078,859	800	21,651	17,727,562
900	8,615	7,838,543	900	10,637	9,753,930	900	12,820	11,792,261
1,000	12,187	12,243,825	1,000	12,095	12,187,355	1,000	13,098	13,221,918
1,100	4,640	5,140,294	1,100	5,718	6,365,474	1,100	6,716	7,499,532
1,200	8,227	9,931,445	1,200	8,671	10,492,669	1,200	9,118	11,044,220
1,300	3,471	4,541,991	1,300	4,463	5,862,553	1,300	5,491	7,223,015
1,400	4,025	5,671,503	1,400	4,616	6,521,535	1,400	5,434	7,690,200
1,500	15,449	25,440,521	1,500	17,689	29,435,600	1,500	20,506	34,339,780
2,000	10,194	21,829,305	2,000	11,529	24,845,149	2,000	13,172	28,635,253
2,500	5,659	14,883,862	2,500	6,815	18,079,616	2,500	8,158	21,746,395
3,000	8,056	26,490,537	3,000	9,382	31,137,760	3,000	11,138	37,271,375
4,000	4,516	19,219,635	4,000	5,439	23,366,720	4,000	6,021	26,065,670
5,000	4,759	26,884,841	5,000	5,470	31,196,715	5,000	6,208	35,667,179
7,000	2,796	22,286,476	7,000	3,288	26,342,487	7,000	3,656	29,395,650
10,000	1,471	17,223,645	10,000	1,728	20,193,200	10,000	1,991	23,405,640
15,000	489	8,194,013	15,000	568	9,422,470	15,000	571	9,674,245
20,000	459	14,450,690	20,000	527	17,047,150	20,000	704	22,629,570
総計	804,011	446,624,656	総計	910,504	519,766,518	総計	993,304	603,683,937

1　この種の統計を利用した当時の研究者によると（たとえばルロワ＝ボーリュー〔1881年、p. 172-173〕)、パリ市を対象にしたこれらの統計表は、同じ税務署の管轄下で所有者が同一である不動産をすべてただ一つの不動産としてまとめることで作成された（したがって二つの不動産がパリの別の税務署の管轄下にある場合には、所有者が同じであってもその二つは異なる不動産として計算されたようである)。

2　ただし、それは当該の期間にパリの税務署の地図が大きく変わった場合に限る。たとえば、（実際に不動産が税務署ごとにまとめられると仮定すれば）税務署の数が増えると自動的に土地所有の集中度が（人為的に）低下することになるからである。

情報源：税務当局が公表した表をそのままコピーした未加工のデータ（1889年：『BSLC』1890年9月、第28巻、p.339。1901年：『BSLC』1902年7月、第52巻、p.66-67。1911年：『BSLC』1913年5月、第73巻、p.570-573）。

解説：s_iは、税務当局が利用した賃貸価額区分の閾値を表わしている。N_iは、賃貸価額がs_iとs_{i+1}の閾値の間に含まれる居住用建物の数を表わしている。Y_iは、対応する賃貸価額の合計を表わす。たとえば、1889年には、パリの住居80万4011戸のうち459戸が2万フラン以上の賃貸価額（1年につき）で、それらの住居の賃貸価額の合計は1445万フランである。閾値と合計額はすべて旧フランで表わされている。

注記：（ｉ）「総計」の行は前の行すべての合計に等しいので（税務当局が作成して公表した元の表の区分全体を転載した）、パリの全住居数と一致する。

（ii）これらの表は、1889年1月1日、1901年1月1日、1911年1月1日時点で有効な賃貸価額である。

表 K-2：1889 年、1901 年、1911 年の建物つき地所に関する調査に基づき作成された未加工の統計表Ⅱ：建物つき地所の賃貸価額に関する「分布」表（地租）

	1889			1901	
s_i	N_i	Y_i	s_i	N_i	Y_i
1	8,954	2,427,373	1	8,329	2,437,152
500	7,605	5,484,155	500	7,449	5,668,072
1,000	5,302	6,493,341	1,000	5,075	6,397,074
1,500	4,297	7,443,939	1,500	4,388	7,764,034
2,000	3,649	8,129,151	2,000	3,510	7,973,707
2,500	3,067	8,447,150	2,500	3,198	8,899,721
3,000	5,429	18,849,957	3,000	5,500	19,321,997
4,000	4,516	20,173,983	4,000	4,536	20,540,171
5,000	3,802	20,700,494	5,000	4,039	22,360,375
6,000	3,292	21,184,345	6,000	3,529	23,024,931
7,000	2,886	21,583,768	7,000	3,249	24,442,231
8,000	2,601	22,000,383	8,000	2,914	24,829,553
9,000	2,232	21,218,323	9,000	2,568	24,478,260
10,000	3,902	42,800,231	10,000	4,432	48,704,264
12,000	4,447	59,790,355	12,000	5,096	68,485,014
15,000	4,781	82,535,589	15,000	5,482	95,131,343
20,000	2,899	64,559,263	20,000	3,298	73,814,854
25,000	2,025	55,266,573	25,000	2,197	60,145,555
30,000	1,318	42,573,926	30,000	1,477	47,862,525
35,000	918	34,135,244	35,000	972	36,267,733
40,000	1,100	48,941,035	40,000	1,239	55,144,861
50,000	614	33,419,267	50,000	675	36,805,104
60,000	308	20,126,122	60,000	362	23,355,485
70,000	170	12,697,934	70,000	193	14,432,979
80,000	103	8,726,498	80,000	139	11,747,971
90,000	75	7,133,894	90,000	85	8,084,818
100,000	234	36,629,010	100,000	287	46,333,313
総計	80,526	733,471,303	総計	84,218	824,454,100

情報源：税務当局が公表した表をそのままコピーした未加工のデータ（1889年：『BSLC』1890年9月、第28巻、p.340。1901年：『BSLC』1902年7月、第52巻、p.62-63。1911年：公表された表はなし）。

解説：s_iは、税務当局が利用した賃貸価額区分の閾値を表わし、N_iは賃貸価額がs_iとs_{i+1}の閾値の間に含まれる地所の数を表わし、Y_iは、対応する賃貸価額の合計を表わしている。たとえば、1889年には、パリの地所8万526件のうち234件が10万フラン以上の賃貸価額（1年につき）で、これらの地所の賃貸価額合計は約3663万フランである。閾値と合計額はすべて旧フランで表わ

されている。

注記：(i)「総計」の行は前の行すべての合計に等しいので(税務当局が作成して公表した元の表の区分全体を転載した)、パリの地所総数と一致する。

(ii)これらの表は1889年1月1日、1901年1月1日時点で有効な賃貸価額である。

(iii)私たちは、「家屋」の形をとった地所を対象にした表だけをそのままコピーし、「工場」や「土地」の形の地所をそこに含めなかった。ただし、それらはパリにはほとんどないので、結果はあまり変わらないと思われる。

不動産税の名目で課税される「家屋」には(「居住用建物」だけではなく)商業用建物も含まれ、このために賃貸価額合計が表K-1に示した合計よりも高くなっている。

表 K-3：居住用建物に関する「分布」表に基づいて得られたパレート係数

1889			1901			1911		
s_i	p_i	b_i	s_i	p_i	b_i	s_i	p_i	b_i
1	100.00	555.50	1	100.00	570.86	1	100.00	607.75
300	49.79	3.17	300	52.36	3.14	300	58.19	3.08
400	34.66	3.06	400	36.06	3.05	400	40.72	2.95
500	24.84	3.08	500	23.37	3.29	500	25.20	3.26
600	19.85	3.00	600	19.95	3.06	600	21.25	3.06
700	16.13	2.96	700	16.30	3.01	700	17.32	3.02
800	13.79	2.88	800	13.96	2.92	800	14.74	2.94
900	11.82	2.83	900	11.93	2.89	900	12.56	2.91
1,000	10.75	2.71	1,000	10.76	2.78	1,000	11.27	2.82
1,100	9.23	2.72	1,100	9.43	2.75	1,100	9.96	2.78
1,200	8.65	2.60	1,200	8.81	2.64	1,200	9.28	2.67
1,300	7.63	2.60	1,300	7.85	2.62	1,300	8.36	2.63
1,400	7.20	2.50	1,400	7.36	2.53	1,400	7.81	2.55
1,500	6.70	2.44	1,500	6.86	2.47	1,500	7.26	2.48
2,000	4.78	2.23	2,000	4.91	2.25	2,000	5.20	2.27
2,500	3.51	2.12	2,500	3.65	2.13	2,500	3.87	2.14
3,000	2.80	1.99	3,000	2.90	2.00	3,000	3.05	2.03
4,000	1.80	1.87	4,000	1.87	1.87	4,000	1.93	1.92
5,000	1.24	1.79	5,000	1.27	1.80	5,000	1.32	1.84
7,000	0.65	1.70	7,000	0.67	1.71	7,000	0.70	1.76
10,000	0.30	1.65	10,000	0.31	1.65	10,000	0.33	1.71
15,000	0.12	1.59	15,000	0.12	1.61	15,000	0.13	1.69
20,000	0.06	1.57	20,000	0.06	1.62	20,000	0.07	1.61

情報源：表K-1に転載された未加工データに基づく計算。

解説：1889年には、0.06%の居住用建物に年2万フラン以上の賃貸価額があり、それらの居住用建物の平均賃貸価額は2万フランの閾値より1.57倍高かった。

表 K-4：地所に関する「分布」表から得られたパレート係数

1889			1901		
s_i	p_i	b_i	s_i	p_i	b_i
1	100.00	9108.50	1	100.00	9789.51
500	88.88	20.43	500	90.11	21.66
1,000	79.44	11.34	1,000	81.27	11.93
1,500	72.85	8.17	1,500	75.24	8.52
2,000	67.52	6.54	2,000	70.03	6.80
2,500	62.98	5.55	2,500	65.86	5.73

表 K-4（続き）

3,000	59.18	4.86	3,000	62.06	5.01
4,000	52.43	4.00	4,000	55.53	4.09
5,000	46.83	3.48	5,000	50.15	3.53
6,000	42.10	3.12	6,000	45.35	3.16
7,000	38.02	2.87	7,000	41.16	2.89
8,000	34.43	2.67	8,000	37.30	2.69
9,000	31.20	2.52	9,000	33.84	2.54
10,000	28.43	2.40	10,000	30.79	2.42
12,000	23.58	2.22	12,000	25.53	2.24
15,000	18.06	2.05	15,000	19.48	2.07
20,000	12.13	1.87	20,000	12.97	1.89
25,000	8.53	1.75	25,000	9.06	1.78
30,000	6.01	1.68	30,000	6.45	1.72
35,000	4.37	1.64	35,000	4.69	1.68
40,000	3.23	1.61	40,000	3.54	1.64
50,000	1.87	1.58	50,000	2.07	1.62
60,000	1.11	1.60	60,000	1.27	1.63
70,000	0.72	1.60	70,000	0.84	1.64
80,000	0.51	1.59	80,000	0.61	1.62
90,000	0.38	1.57	90,000	0.44	1.63
100,000	0.29	1.57	100,000	0.34	1.61

情報源：表K-2に転載された未加工データに基づく計算。

解説：1889年には、0.29%の地所に年10万フラン以上の賃貸価額があり、それらの地所の平均賃貸価額は10万フランの閾値より1.57倍高かった。

表 K-5：賃貸価額分布の推計結果

個人動産税							
（フラン）	P0-100	P90-100	P95-100	P99-100	P99.5-100	P99.9-100	P99.99-100
1,889	555	2,840	4,354	9,815	13,270	25,397	59,432
1,901	571	2,920	4,503	10,128	13,686	26,254	63,228
1,911	608	3,078	4,671	10,524	14,342	28,224	67,363
(%)	P0-100	P90-100	P95-100	P99-100	P99.5-100	P99.9-100	P99.99-100
1,889	100.0	51.12	39.19	17.67	11.94	4.57	1.07
1,901	100.0	51.15	39.44	17.74	11.99	4.60	1.11
1,911	100.0	50.65	38.43	17.32	11.80	4.64	1.11
（フラン）	P0-90	P90-95	P95-99	P99-99.5	P99.5-99.9	P99.9-99.99	P99.99-100
1,889	302	1,325	2,988	6,360	10,238	21,615	59,432
1,901	310	1,337	3,097	6,571	10,544	22,146	63,228
1,911	333	1,486	3,208	6,706	10,871	23,875	67,363
(%)	P0-90	P90-95	P95-99	P99-99.5	P99.5-99.9	P99.9-99.99	P99.99-100
1,889	48.88	11.93	21.52	5.72	7.37	3.50	1.07
1,901	48.85	11.71	21.70	5.76	7.39	3.49	1.11
1,911	49.35	12.22	21.11	5.52	7.15	3.54	1.11
（フラン）		P90	P95	P99	P99.5	P99.9	P99.99
1,889		1,046	1,950	5,497	7,794	15,948	37,755
1,901		1,048	1,981	5,564	7,908	16,088	39,093
1,911		1,239	2,181	5,992	8,408	17,561	41,913

表K-5（続き）

地租（1）							
（フラン）	P0-100	P90-100	P95-100	P99-100	P99.5-100	P99.9-100	P99.99-100
1,889	9,109	40,772	54,392	99,514	128,497	230,106	528,555
1,901	9,790	43,797	57,914	106,786	139,794	257,430	618,350
(%)	P0-100	P90-100	P95-100	P99-100	P99.5-100	P99.9-100	P99.99-100
1,889	100.00	44.76	29.86	10.93	7.05	2.53	0.58
1,901	100.00	44.74	29.58	10.91	7.14	2.63	0.63
（フラン）	P0-90	P90-95	P95-99	P99-99.5	P99.5-99.9	P99.9-99.99	P99.99-100
1,889	5,590	27,153	43,111	70,531	103,094	196,945	59,432
1,901	6,011	29,679	45,696	73,778	110,385	217,328	63,228
(%)	P0-90	P90-95	P95-99	P99-99.5	P99.5-99.9	P99.9-99.99	P99.99-100
1,889	55.24	14.91	18.93	3.87	4.53	1.95	0.58
1,901	55.26	15.16	18.67	3.77	4.51	2.00	0.63
（フラン）		P90	P95	P99	P99.5	P99.9	P99.99
1,889		23,353	33,224	62,288	80,688	147,001	337,661
1,901		23,933	34,114	65,695	86,141	159,458	383,021

地租（2）							
（フラン）	P0-100	P90-100	P95-100	P99-100	P99.5-100	P99.9-100	P99.99-100
1,889	912	9,123	16,616	40,799	54,425	99,222	230,235
1,901	905	9,055	16,715	41,302	55,483	103,617	249,900
(%)	P0-100	P90-100	P95-100	P99-100	P99.5-100	P99.9-100	P99.99-100
1,889	100.00	100.00	91.07	44.72	29.83	10.88	2.52
1,901	100.00	100.00	92.30	45.61	30.64	11.44	2.76
（フラン）	P0-90	P90-95	P95-99	P99-99.5	P99.5-99.9	P99.9-99.99	P99.99-100
1,889	0	1,630	10,570	27,174	43,225	84,665	59,432
1,901	0	1,395	10,569	27,121	43,449	87,363	63,228
(%)	P0-90	P90-95	P95-99	P99-99.5	P99.5-99.9	P99.9-99.99	P99.99-100
1,889	0.00	8.93	46.34	14.89	18.95	8.35	2.52
1,901	0.00	7.70	46.69	14.98	19.19	8.68	2.76
（フラン）		P90	P95	P99	P99.5	P99.9	P99.99
1,889		1	4,150	23,368	33,244	62,011	147,083
1,901		1	4,082	21,796	33,055	63,752	154,794

情報源：表K-1とK-2に転載された未加工データに基づいて行なわれたパレートの法則による外挿法の結果。

解説：1889年には、賃貸価額上位10％（分位P90-100）の住居の平均賃貸価額は2840フランで、賃貸価額合計に占めるそれらの割合は51.12％であった。賃貸価額上位10％（分位P90-100）を有する不動産の平均賃貸価額は4万772フランで、賃貸価額全体に占めるそれらの割合は44.76％であった。

注記：地租から得られた未加工のデータに関しては、二つの推計データ系列を作成した。「地租(1)」の推計は所有地の数から分位を計算したのに対して（たとえば、1889年の分位P90-100には8053の所有地がまとめられている）、「地租(2)」の推計は住居の合計数から分位を計算した（たとえば、1889年の分位P90-100には8万401戸がまとめられている）。

参考文献

この目録に挙げたのは、本文および巻末付録に引用した著作だけである。またここに入っているのは著者名が記された著作だけで、公的機関が発行する著者名のない刊行物は挙げていない。著者名なしの刊行物の出典は、各見開きページ左の注および付録に記してある。著者名の有無によるこの区別にはあいまいなケースもある。たとえばINSEE（国立統計経済研究所）の刊行物には、署名があるものもないものもある。ここでは原則として、名前が記された公の刊行物すべてを、その人物の著作として扱った（たとえばバイエ&ジュレス（1996年））。所得申告、給与申告、相続申告の調査結果をまとめた税務当局の刊行物には作成者名の記載がないので、こうした資料の詳しい出典は、その箇所に対応する付録に記した。

本書で参照した定期刊行物の中には、タイトルをアルファベットの略号で表わしたものがある。以下にそれらの刊行物を掲げておく。

BLC：『比較法要覧』（*Bulletin de Législation Comparée*）（財務省、1941-1948）
BMS：『月次統計報告』（*Bulletin Mensuel de Statistique*）（INSEE、1950-）
BSGF：『フランス一般統計要覧』（*Bulletin de la Statistique Générale de France*）（SGF、1911-1949）
BSLC：『統計比較法要覧』（*Bulletin de Statistique et de Législation Comparée*）（財務省、1877-1940）
BSMF：『財務省統計要覧』（*Bulletin de Statistiques du ministère des Finances*）（財務省、1947-1948）
E&C：『研究と景気』（*Etudes et Conjoncture*）（INSEE、1946-1969）
E&P：『経済と展望』（*Economie et Prévision*）（財務省、1979-）
E&S：『経済と統計』（*Economie et Statistiques*）（INSEE、1970-）
RE：『経済誌』（*Revue Economique*）（1950-）
REP：『政治経済学雑誌』（*Revue d'Economie politique*）（1887-）
S&EF：『統計および財務調査』（*Statistiques et Etudes Financières*）（財務省、1949-1984）

Accardo, J. et P. Monteil (1995), « Le patrimoine au décès en 1988 », *INSEE-Résultats* n°390 (série Consommations-modes de vie n°71), avril 1995 (117 p.)

Allain, J.-C. (1978-1981), *Joseph Caillaux*, tome 1 : *Le défi victorieux (1863-1914)* (1978, 537 p.), tome 2 : *L'oracle (1914-1944)* (1981, 589 p.), Imprimerie Nationale.

Allard, P. (1994), « Un repérage des cycle du PIB en France depuis l'après-guerre », *E&P*

n°112 (1994-1), pp. 19-34.

ALLIX, E. et M. LECERCLÉ (1926a), *L'impôt sur le revenu (impôts cédulaires et impôt général) – Traité théorique et pratique*, 2 tomes (445p. + 466 p.), Librairie Arthur Rousseau.

— (1926b), *L'impôt sur le revenu (impôts cédulaires et impôt général) : les nouvelles dispositions législatives (commentaire des lois du 4 décembre 1925, du 4 avril et du 29 avril 1926), complément au traité théorique et pratique* (124 p.), Librairie Arthur Rousseau.

— (1930), *L'impôt sur le revenu depuis 1926 (impôts cédulaires et impôt général) : 2e supplément au traité théorique et pratique* (316 p.), Librairie Arthur Rousseau.

ANDRIEU, C., L. LE VAN et A. PROST (1987), *Les Nationalisations de la Libération – De l'utopie au compromis*, Presses de la FNSP.

ARDANT, G. (1972), *Histoire de l'impôt* (Livre II : Du XVIIIe siècle au XXIe siècle), Fayard (870p.).

ARRONDEL, L. et A. LAFERRÈRE (1991), « Successions et héritiers à travers les données fiscales », *Economie et Prévision* n°100-101, pp. 137-159.

— (1994), « La transmission des grandes fortunes – Profil des riches défunts en France », *Economie et Statistiques* n°273, pp. 41-52.

— (1998), « Taxation and Wealth Transmission in France », Document de travail du Delta n°98-13 (32 p.)

ARRONDEL, L. et A. MASSON (1997), « L'assurance-vie est-elle une épargne de luxe? », *Risques* n°29 (avril-mars 1997), pp. 125-154.

ASSELAIN, J.C. (1974), « Une erreur de politique économique : la loi des quarante heures de 1936 », *Revue Economique* juillet-août 1974, pp. 672-705.

— (1984), *Histoire économique de la France du* XVIIIe *siècle à nos jours*, tome 1 : *De l'Ancien Régime à la Première Guerre mondiale* (226 p.) et tome 2 : *De 1919 à la fin des années 1970* (219 p.), Editions du Seuil (Collection « Points »).

ATKINSON, A.B. (1983), *The Economics of Inequality*, Clarendon Press (330 p.).

ATKINSON, A.B. et A.J. HARRISON (1978), *Distribution of Personal Wealth in Britain*, Cambridge University Press (330 p.).

ATKINSON, A.B. et J. MICKLEWRIGHT (1992), *Economic Transformation in Eastern Europe and the Distribution of Income*, Cambridge University Press (448 p.).

ATKINSON, A.B., L. RAINWATER et T. M. SMEEDING (1995), *Income Distribution in OECD Countries – Evidence from the Luxembourg Income Study*, OECD (164 p.).

AUBERT, J. M. (1999), « Est-il efficace de soutenir la natalité? », *Economie publique – Etudes et recherches* n°3-4 (2e semestre 1999), pp. 161-187.

D'AVENEL, G. (1909), *Les riches depuis 700 ans*, Librairie Armand Colin (387 p.).

AZÉMA, J.P. (1979), *De Munich à la Libération (1938-1944)*, Editions du Seuil (Nouvelle histoire de la France contemporaine, n°14) (416 p.).

BANDERIER, G. (1970), « Les revenus des ménages en 1965 », *Les Collections de l'INSEE*

n°34 (série M, n°7), décembre 1970 (132 p.).

BANDERIER, G. et P. GHIGLIAZZA (1974), « Les revenus des ménages en 1970 », *Les Collections de l'INSEE* n°147 (série M, n°40), décembre 1974 (148 p.).

BAUDELOT, C. et A. LEBEAUPIN (1979a), « Les salaires de 1950 à 1975 », *Economie et Statistiques* n°113 (juillet-août 1979), pp. 15-22.

— (1979b), « Les salaires de 1950 à 1975 », Document de travail de la Division « Revenus » de l'INSEE (212 p.).

BAUDRIN, (1929), *Des droits de mutation à titre gratuit de la loi de l'an VII à l'heure actuelle*, Paris.

BAYET, A. (1997), *« Deux siècles d'évolution des salaires en France »,* INSEE, Document de travail de la Direction des Statistiques Démographiques et Sociales n°F9702 (29 p.) (partiellement reproduit dans Marchand et Thélot (1997, chapitre VII)).

BAYET, A. et M. JULHÈS (1996), « Séries longues sur les salaires », *INSEE-Résultats* n°457 (série Emploi-Revenus n°105), avril 1996 (94 p.).

BECKER, J.J. et S. BERNSTEIN (1990), *Victoire et frustrations (1914-1929)*, Editions du Seuil (Nouvelle histoire de la France contemporaine, n°12) (455 p.).

BÉGUÉ, J. (1976), « Remarques sur une étude de l'OCDE concernant la répartition des revenus dans divers pays », *Economie et Statistiques* n°84 (décembre 1976), pp. 97-104.

— (1987), « Les enquêtes sur les revenus fiscaux des ménages », in *Pour une histoire de la statistique*, INSEE-Economica, tome 2 (Matériaux), pp. 241-251.

BELTRAME, P. (1970), *L'imposition des revenus*, Berger-Levrault (352 p.).

BENABOU, R. (1996), « Inequality and Growth », in *NBER Macroeconomics Annual 1996*, MIT Press.

BISHOP, J.A., K.V. CHOW, J.P. FORMBY et C.C. HO (1994), « The Redistributive Effects of Non-Compliance and Tax Evasion in the US », in *Taxation, Poverty and Income Redistribution*, édité par J. Creedy, pp. 28-47, Cambridge University Press.

BIRNBAUM, P. (1978), *La Classe dirigeante française*, PUF (189p.).

— (1979), *Le peuple et les « gros » – Histoire d'un mythe*, Grasset (238 p.).

BLANCHET, D. (1992), « Interpréter les évolutions temporelles de l'activité féminine et de la fécondité », *Population*, vol. 47, n°2, pp. 389-408.

BLANCHET, D. et O. ECKERT-JAFFÉ (1994), « The Demographic Impact of Family Benefits : Evidence from a Micro Model and from Macro-Data », in *The Family, the Market and the State in Ageing Societies* (Ermish et Ogawa, éd.), pp. 79-104, Oxford University Press.

BOLTANSKI, L. (1982), *Les Cadres : la formation d'un groupe social*, Les Editions de Minuit (523 p.).

BONNEFOUS, G. et E. (1956-1967), *Histoire politique de la Troisième République*, tome 1 : *L'avant-guerre (1906-1914)* (1956, 434 p.), tome 2 : *La Grande Guerre (1914-1918)* (1958, 412 p.), tome 3 : *L'après-guerre (1919-1924)* (1959, 463 p.), tome 4 : *Cartel des*

gauches et Union nationale (1924-1929) (1960, 412 p.), tome 5 : *La République en danger : des ligues au Front Populaire (1930-1936)* (1962, 476 p.), tome 6 : *Vers la guerre : du Front Populaire à la Conférence de Munich (1936-1938)* (1965, 451 p.), tome 7 : *La course vers l'abîme : la fin de la IIIe République (1938-1940)* (1967, 449 p.), PUF.

BORJAS, G., R. FREEMAN et L. KATZ (1992), « On the Labor Market Effects of Immigration and Trade », in *Immigration and the Work Force : Economic Consequences for the United States and Source Areas*, G. Borjas et R. Freeman, University of Chicago Press.

BORNE, D. et H. DUBIEF (1989), *La crise des années 30 (1929-1938)*, Editions du Seuil (Nouvelle histoire de la France contemporaine, n°13) (330 p.).

BOURDIEU, J., G. POSTEL-VINAY et A. SUWA-EISENMANN (2000), « Wealth Accumulation in France 1800-1940 : Individuals and Dynasties – The Weakness of Strong Ties? », article non publié, ENS-LEA (23 p.).

BOURGUIGNON, F. et M. MARTINEZ (1997), « Decomposition of the Changes in the Distribution of Primary Family Incomes : A Microsimulation Approach Applied to France, 1979-1994 », article non publié, ENS-DELTA.

BOUTON, A. (1931), *La Fin des rentiers – Histoire des fortunes privées en France depuis 1914*, Editions M.P. Trémois (308 p.).

BOUVIER, J. (1973), « Le système fiscal français du XIXe siècle : étude critique d'un immobilisme », in R. Schnerb, *Deux Siècles de fiscalité française, XIXe-XXe siècle* (recueil d'articles présentés par J. Bouvier et J. Wolff), pp. 226-262, Mouton.

BOWLEY, A. (1914), « The British Super-Tax and the Distribution of Income », *Quarterly Journal of Economics*, vol. 28, pp. 255-268.

— (1920), *The Change in the Distribution of National Income, 1880-1913*, Oxford.

BOYER, R. (1978), « Les salaires en longue période », *Economie et Statistiques* n°103 (septembre 1978), pp. 27-57.

— (1987), *La Théorie de la régulation : une analyse critique*, La Découverte (143 p.).

BRIE (de), C. et P. CHARPENTIER (1975), *Dossier F... comme fraude fiscale*, Editions Alain Moreau (479 p.).

BRITTAIN, J.A. (1972), *The Payroll Tax for Social Security*, Brookings Institution.

BROCHIER, H. (1950), *Finances publiques et redistribution des revenus*, Armand-Colin (Cahiers de la FNSP n°15) (239 p.).

BRESCIANI-TURONI, C. (1939), « Annual Survey of Statistical Data : Pareto's Law and the Index of Inequality of Incomes », *Econometrica* vol. 7, n°2, pp. 107-133.

BROUSSE, H. (1957), « Variations de structure de la consommation depuis 50 ans », *E&C* n°5 (mai 1957), pp. 479-493.

CAILLAUX, J. (1897-1904), *Les impôts en France – Traité technique*, Marescq-Aîné et Plon (2 tomes, 410p. +500p.).

— (1910), *L'impôt sur le revenu*, Berger-Levrault (539 p.).

CAMPAGNE, N., D. Contencin, C. Roineau (1996), « Les revenus fiscaux des ménages en

1990 », *INSEE-Résultats* n°453 (série Emploi-Revenus n°103), avril 1996 (123 p.).

CANCEILL, G. (1979), « Héritages et donations immobilières », *Economie et Statistiques* n°114 (septembre 1979), pp. 95-102.

— (1989), « Les revenus fiscaux des ménages en 1984 », *Les Collections de l'INSEE* n°605 (série M, n°139), mai 1989 (146 p.).

CANCEILL, G., A. LAFERRÈRE et P. MERCIER (1987), « Les revenus fiscaux des ménages en 1979 (et principaux résultats de 1975) », *Les Collections de l'INSEE* n°570 (série M, n°127), décembre 1987 (207 p.).

CANDELON, B. et P.Y. HÉNIN (1995), « La récession des années quatre-vingt-dix a-t-elle été exceptionnelle? », *E&P* n°120 (1995-4), pp. 51-71.

CARRÉ, J.J., P. DUBOIS et E. MALINVAUD (1972), *La croissance française – Un essai d'analyse économique causale de l'après-guerre*, Editions du Seuil (710 p.).

CETTE, G. et S. MAHFOUZ (1995), « Le partage primaire du revenu – Constat descriptif sur longue période », Document de travail n°G9507 (INSEE, Direction des Etudes et des Synthèses Economiques).

— (1996), « Le partage primaire du revenu : un constat descriptif sur longue période », *E&S* n°296-297 (juin-juillet 1996), pp. 165-189.

CHÉLINI, M.P. (1998), *Inflation, Etat et opinion en France de 1944 à 1952*, Imprimerie Nationale (Comité pour l'histoire économique et financière de la France) (672 p.).

CLARK, C. (1937), *National Income and Outlay*, London.

COLSON, C. (1903), *Cours d'économie politique* (Tome second : *La propriété des biens corporels et incorporels, le commerce et la circulation*), Gauthier-Villars et Guillaumin et Cie (774 p.).

— (1918), *Cours d'économie politique* (Livre troisième : *La propriété des capitaux, des agents naturels et des biens incorporels*), Gauthier-Villars et Felix Alcan (456 p.).

— (1927), *Cours d'économie politique* (Livre troisième : *La propriété des capitaux, des agents naturels et des biens incorporels*) (édition définitive), Gauthier-Villars et Félix Alcan (516 p.).

COMBEMALE, P. (1999), *Introduction à Keynes*, Editions La Découverte, collection « Repères » (122 p.).

CORNUT, P. (1963), *Répartition de la fortune privée en France par département et par nature de biens au cours de la première moitié du xxe siècle*, Armand Colin (656 p.).

COSTE, A. (1890), *Etude statistique sur les salaires des travailleurs et le revenu de la France*, communication faite à la Société de statistique de Paris le 18 juin 1890, Guillaumin.

COUTROT, A. (1972), « La politique familiale », in *Le Gouvernement de Vichy (1940-1942)*, pp. 245-263, Librairie Armand Colin (Actes du Colloque de la FNS P.).

CURCI, G. (1990), « Le prix du loyer », in *Données Sociales 1990*, INSEE, pp. 191-193.

DAGUET, F. (1995), « Un siècle de démographie française – Structure et évolution de la population de 1901 à 1993 », *INSEE-Résultats* n°434-435 (série Démographie-Société n°47-48), décembre 1995 (305 p.).

DANYSZ, E. (1934), « Contribution à l'étude des fortunes privées d'après les déclarations de successions », *BSGF*, octobre-décembre 1934 (tome XXIV), pp. 111-171.

DARRAS (1966), *Le partage des bénéfices – Expansion et inégalités en France*, Les Editions de Minuit (444 p.).

DAUMARD, A. (1973), *Les fortunes françaises au XIXe siècle – Enquête sur la répartition et la composition des capitaux privés à Paris, Lyon, Lille, Bordeaux et Toulouse d'après l'enregistrement des déclarations de successions*, Mouton (603 p.).

DAUMARD, A. (1977), « Les statistiques successorales en France aux XIXe et XXe siècles », in *Pour une histoire de la statistique*, INSEE-Economica, tome 1 (Contributions), pp. 381-392.

DAVID, C. (1987), *L'Impôt sur le revenu des ménages*, Economica.

DECENCIÈRE-FERRANDIÈRE, A. (1936), « L'imposition des gains spéculatifs », *Revue de Science et de Législation Financières* n°1 (1er trimestre 1936), pp. 5-20.

DELORME, H. (1965), *L'Impôt à l'époque du capitalisme monopoliste d'Etat,* Editions sociales (378 p.).

DELORME, R. et C. ANDRÉ (1983), *L'Etat et l'Economie – Un essai d'explication de l'évolution des dépenses publiques en France, 1870-1980*, Editions du Seuil (763 p.).

DESABIE, J. (1987), « Les enquêtes sur les conditions de vie des ménages », in *Pour une histoire de la statistique*, INSEE-Economica, tome 2 (Matériaux), pp. 253-286.

DESROSIÈRES, A. (1977), « Eléments pour l'histoire des nomenclatures socioprofessionnelles », in *Pour une histoire de la statistique*, INSEE-Economica, tome 1 (Contributions), pp. 155-229.

— (1987), « Les nomenclatures de professions et emplois », in *Pour une histoire de la statistique*, INSEE-Economica, tome 2 (Matériaux), pp. 35-56.

DESROSIÈRES, A. et L. THÉVENOT (1988), *Les catégories socioprofessionnelles*, Editions La Découverte, Collection « Repères », 1988 (128p.).

DIVISIA, F., J. DUPIN et R. ROY (1956), *A la recherche du franc perdu* (3 volumes : *Hausse et dispersion des prix* (47 p.), *Stagnation de la production* (103 p.), *Fortune de la France* (122p.)).

DUGÉ DE BERNONVILLE, L. (1931), « Les revenus privés en France avant et après la guerre », in M. Huber, *La population de la France pendant la guerre, avec un appendice sur les revenus avant et après la guerre*, pp. 911-965, PUF.

— (1933), « Les revenus privés », in « La France économique en 1932 », pp. 639-661, *Revue d'Economie politique* mai-juin 1933 (vol. 47, n°3).

— (1935), « Les revenus privés », in « La France économique en 1934 », pp. 586-615, *Revue d'Economie politique* mai-juin 1935 (vol. 49, n°3).

— (1936), « Les salaires et les consommations », in « La France économique en 1935 », pp. 1123-1143, *Revue d'Economie politique* mai-juin 1936 (vol. 50, n°3).

— (1937), « Les revenus privés », in « La France économique en 1936 », pp. 528-551, *Revue d'Economie politique* mai-juin 1937 (vol. 51, n°3).

— (1938), « Les salaires et les consommations », in « La France économique en 1937 », pp. 935-955, *Revue d'Economie politique* mai-juin 1938 (vol. 52, n°3).

— (1939), « Revenus privés et consommations », in « La France économique en 1938 », pp. 943-967, *Revue d'Economie politique* mai-juin 1939 (vol. 53, n°3).

DUMKE, R. (1991), « Income inequality and industrailization in Germany, 1850-1913 : the Kuznets hypothesis re-examined », in *Income Distribution in Historical Perspective*, édité par Y. Brenner, H. Kaelble et M. Thomas, pp. 117-148, Cambridge University Press.

DUMONS, B. et G. POLLET (1994), *L'Etat et les retraites – Genèse d'une politique*, Belin (481 p.).

DURIF, P. (1987), « Les sources statistiques relatives aux conditions de logement des ménages », in *Pour une histoire de la statistique*, INSEE-Economica, tome 2 (Matériaux), pp. 303-313.

FALL, M. (1992), « Les comptes de revenu des ménages par catégorie socioprofessionnelle 1984-1989 », *INSEE-Résultats* n°226 (série « Emploi-Revenus » n°42), décembre 1992 (129 p.).

FEENBERG, D. et J. POTERBA (1993), « Income Inequality and the Incomes of Very High Income Taxpayers : Evidence from Tax Returns », *Tax Policy and the Economy* n°7, pp. 145-177.

— (2000), « The Income and Tax Share of Very High Income Households, 1960-1995 », *NBER Working Paper* n°7525 (14 p.).

FONTAINE, C. (1966), *Les Mouvements des prix et leur dispersion (1892-1963)*, Librairie Armand Colin (Etudes et mémoires du Centre d'Etudes Economiques n°63) (295 p.).

FOUQUET, A. (1982), « Les comptes de patrimoines : quelques aspects méthodologiques », in *Accumulation et répartition des patrimoines*, édité par D. Kessler, A. Masson et D. Strauss-Kahn, pp. 97-116, Economica.

FOUQUET, A. et M. MÉRON (1982), « Héritages et donations », *Economie et Statistiques* n°145.

FOURASTIÉ, J. (1951), *Machinisme et bien-être*, Les Editions de Minuit (255 p.).

— (1958), *Documents pour l'histoire et la théorie des prix*, Librairie Armand Colin (Etudes et mémoires du Centre d'Etudes Economiques n°43) (813 p.).

— (1961), *Documents pour l'histoire et la théorie des prix : tome* II, Librairie Armand Colin (Etudes et mémoires du Centre d'Etudes Economiques n°51) (685 p.).

— (1969), *L'Evolution des prix à long terme*, PUF (358 p.).

— (1970), *Documents pour l'élaboration d'indices du coût de la vie en France de 1910 à 1965*, Editions Mouton (Etudes et mémoires du Centre d'Etudes Economiques n°66)

(360 p.).

Fourastié, J. et J. (1977), *Pouvoir d'achat, prix et salaires*, Gallimard (214p.).

Fourastié, J. (1979), *Les Trente Glorieuses, ou la révolution invisible de 1946 à 1975*, Fayard (288 p.).

Fourastié, J. et B. Bazil (1980), *Le Jardin du voisin – Essai sur les inégalités en France*, Le Livre de Poche (352 p.).

— (1984), *Pourquoi les prix baissent*, Hachette (320 p.).

Fourastié, J. et J. (1987), *D'une France à l'autre – Avant et après les Trente Glorieuses*, Fayard (313 p.).

Fourgeaud, C. et A. Nataf (1963), « Etudes sur les revenus de 1956 », *E&C* juin 1963 (n°6), pp. 425-492.

Fourquet, F. (1980), *Les Comptes de la puissance – Histoire de la comptabilité nationale et du plan*, Encres (éditions recherches) (462 p.).

Frajerman, M. et D. Winock (1972), *Le vote de l'impôt général sur le revenu, 1907-1914*, Mémoire de Maîtrise de l'Université Paris VIII (450 p.).

Friez, A. et M. Julhès (1998), « Séries longues sur les salaires, édition 1998 », *INSEE-Résultats* n°605 (série Emploi-Revenus n°136), avril 1998.

Froment, R. et P. Gavanier (1947), « Le revenu national français – Comptabilité économique nationale et évolution de l'économie française depuis 1938 », in « La France économique de 1939 à 1946 », pp. 905-930, *Revue d'Economie politique* septembre-octobre 1947 (vol. 57, n°5).

— (1948), « Revenu national et comptabilité économique », in « La France économique en 1947 », pp. 727-743, *Revue d'Economie politique* septembre-octobre 1948 (vol. 58, n°5).

Gibrat, R. (1931), *Les inégalités économiques*, Recueil Sirey (296 p.).

Goguel, F. (1946), *La politique des partis sous la IIIe République*, Editions du Seuil (566 p.).

Goldin, C. et R. Margo (1992), « The Great Compression : The Wage Structure in the United States at Mid Century », *Quarterly Journal of Economics*, February 1992 (vol. 107, n°1), pp. 1-34.

Gombert, M. (1985), « Les ressources des ménages par catégorie socioprofessionnelle en 1979 », *Les Collections de l'INSEE* n°509 (série M n°116), décembre 1985 (60 p.).

Goodman, A., P. Johnson et S. Webb (1997), Inequality in the UK, Oxford University Press (297 p.).

Goolsbee, A. (1997), « What Happens when you Tax the Rich? Evidence from executive compensation », NBER Working Paper n°6333 (35 p.).

Gottschalk, P., B. Gustafsson et E. Palmer (1997), *Changing Patterns in the Distribution of Economic Welfare*, Cambridge University Press (397p.).

Gottschalk, P. et T. Smeeding (2000), « Empirical Evidence on Income Inequality in Industrialized Countries », in *Handbook of Income Distribution*, édité par A. Atkinson et F.

Bourguignon, pp. 261-307, North-Holland.

GRAMLICH, E.M., R. KASTEN et F. SAMMARTINO (1993), « Growing Inequality in the 1980s : the Role of Federal Taxes and Cash Transfers », in *Uneven Tides – Rising Inequality in America*, édité par S. Danziger et P. Gottschalk, pp. 225-249, Russel Sage Foundation (287 p.).

GUGLIELMI, J.L. et M. PERROT (1953), *Salaires et revendications sociales en France, 1944-1952*, Librairie Armand Colin (Etudes et Mémoires du Centre d'Etudes Economiques n°9) (248 p.).

HALBWACHS, M. (1921), « Revenus et dépenses de ménages de travailleurs : une enquête officielle d'avant guerre », *REP* janvier-février 1921 (vol. 35, n°1), pp. 50-59.

— (1933), *L'évolution des besoins de la classe ouvrière.*

— (1939), « Genre de vie », in « De la France d'avant guerre à la France d'aujourd'hui », pp. 439-455, *REP* janvier-février 1939 (vol. 53, n°1).

HALL, B.J. et J.B. LIEBMAN (2000), « The Taxation of Executive Compensation », NBER Working Paper n°7596.

HARTOG, J. et J. VEENBERGEN (1978), « Dutch Treat : Long Run Changes in Personal Income Distribution », *De Economist* n°126, pp. 521-549.

HAUTCŒUR, P.C. et S. GROTTARD (1999), « Taxation of Corporate Profits, Inflation and Income Distribution in France, 1914-1926 », article non publié, *ENS-DELTA*.

HAUSER, R. et I. BECKER (1997), « The Development of Income Distribution in the Federal Republic of Germany during the 1970s and 1980s », in *Changing patterns in the distribution of economic welfare*, édité par P. Gottschalk, B. Gustafsson et E. Palmer, pp. 184-219, Cambridge University Press.

HUBER, M. (1931), *La population de la France pendant la guerre, avec un appendice sur les revenus avant et après la guerre*, PUF (1025 p.).

ISAÏA, H. et J. SPINDLER (1987), *Histoire du droit et des finances publiques,* vol. II *: Les grandes étapes de l'évolution de la fiscalité d'Etat, textes à l'appui*, Economica (690 p.).

— (1989), « L'impôt sur le revenu sous la IIIe République », in *L'impôt sur le revenu en question*, édité par J.C. Martinez, pp. 69-101, Litec.

JACQUIN, F. (1955), *Les cadres de l'industrie et du commerce en France*, Librairie Armand Colin (Etudes et Mémoires du Centre d'Etudes Economiques n°25) (258 p.).

JANKELIOWITCH, R. (1949), « La répartition des revenus avant et après la guerre d'après les statistiques fiscales », *E&C* n°5 (septembre-octobre 1949), pp. 63-100.

JEANNENEY, J. M. (1991), « Monnaie et mécanismes monétaires », in *Entre l'Etat et le marché : l'économie française des années 1880 à nos jours*, édité par M. Lévy-Leboyer et J.C. Casanova, pp. 289-329, Gallimard.

JEANNENEY, J.N. (1984), *L'argent caché – Milieux d'affaires et pouvoirs politiques dans la France du XXe siècle*, Editions du Seuil (308 p.).

JEANNENEY, J.N. (1987), *Concordances des temps – L'actualité du passé*, Editions du Seuil

(368 p.).
JECK, A. (1968), « The Trends of Income Distribution in West Germany », in J. Marchal et B. Ducros, *The Distribution of National Income*, McMillan.
— (1970), *Wachstum und Verteilung des Volkseinkommens – Untersuchungen und Materialien zur Entwicklung der Einkommensverteilung in Deutschland, 1870-1913*, Tübingen.
JOURDAN, J.P. (1991), « Pour une histoire des traitements de fonctionnaires de l'Administration au XIXe siècle : l'apport du Bulletin des Lois à travers les années 1789-1814 », *Histoire, économie et société* n°2 (2e trimestre 1991), pp. 227-244.
JUHN, C., K. MURPHY et B. PIERCE (1993), « Wage Inequality and the Rise in Returns to Skill », *Journal of Political Economy*, vol. 101, pp. 410-442.
KAELBLE, H. (1986), *Industrialization and Social Inequality in 19th Century Europe*, Berg (216p.).
KATZ, L., G. LOVEMAN et D. BLANCHFLOWER (1995), « A Comparison of Changes in the Structure of Wages in Four OECD Countries », in *Differences and Changes in Wage Structure*, édité par L. Katz et R. Freeman, University of Chicago Press.
KING, W.I. (1915), *The Wealth and Income of the People of the United States*, MacMillan.
KRAUS, F. (1981), « The Historical Development of Income Inequality in Western Europe and the United States », in *The Development of Welfare States in Europe and America*, édité par P. Flora et A. Heidenheimer, pp. 187-236, Transaction Books.
KUCZYNSKI, J. (1960-1972), *Die Gesichte der Lage der Arbeiter unter dem Kapitalismus*, Akademi-Verlag Berlin, 38 volumes.
— (1967), *Les Origines de la classe ouvrière*, Hachette (254 p.).
KUZNETS, S. (1953), *Shares of Upper Income Groups in Income and Savings*, National Bureau of Economic Research (707 p.).
— (1955), « Economic Growth and Economic Inequality », *American Economic Review* 45-1 (mars 1955), pp. 1-28.
LAFERRÈRE, A. (1990), « Successions et héritiers », *INSEE-Cadrage* n°4 (série Démographie-société n°2), mai 1990 (48 p.).
— (1999), « L'occupation des logements depuis 1945 », in *Données Sociales 1999*, INSEE, pp. 333-340.
LAFERRÈRE, A. et P. MONTEIL (1992), « Successions et héritiers en 1987 », INSEE, Document de travail de la Direction des Statistiques Démographiques et Sociales n°F9210 (68 p.).
— (1994), « Le patrimoine au décès en 1988 », INSEE, Document de travail de la Direction des Statistiques Démographiques et Sociales n°F9410 (177 p.).
LAMPMAN, R.J. (1962), *The Share of Top Wealth-Holders in National Wealth, 1922-1956*, National Bureau of Economic Research/Princeton University Press (286 p.).
LAROQUE, P. (1955), « Préface », in Jacquin (1955), pp. I-XIII.
LAUFENBURGER, H. (1934), « Fluctuations économiques et rendements fiscaux », *REP* jan-

vier-février 1934 (vol. 48, n°1), pp. 12-42.
— (1950), *Traité d'économie et de législation financières*, Sirey.

LECAILLON, J. (1948), *Les rapports des finances publiques et de la conjoncture en France de 1914 à 1948 : essai de construction d'un modèle théorique explicatif*, Thèse, Faculté de Droit de l'Université de Paris (838 p.).

— (1952), « Le revenu des cadres », *RE* n°2 (mars-avril 1952), pp. 206-245.

LEHOULIER, J. (1947), « L'évolution des salaires depuis 1938 », in « La France économique de 1939 à 1946 », pp. 1503-1529, *REP* nov. –déc. 1947 (vol. 57, n°6).

— (1948), « L'évolution des salaires », in « La France économique en 1947 », pp. 1153-1181, *REP* nov. –déc. 1948 (vol. 58, n°6).

LEQUILLER, F. (1997), « L'indice des prix à la consommation surestime-t-il l'inflation? », *E&S* n°303 (mars 1997), pp. 3-32.

LEROY-BEAULIEU, P. (1881), *Essai sur la répartition des richesses et sur la tendance à une moindre inégalité des conditions*, Editions Guillaumin (586 p.).

LEVASSEUR, E. (1907), *Questions ouvrières et industrielles en France sous la Troisième République*, Arthur Rousseau (968 p.).

LÉVY-BRUHL, R. (1951), « L'évolution des salaires de 1948 à 1950 », in « La France économique de 1948 à 1950 », pp. 441-462, *REP* mars-juin 1951 (vol. 61, n°2-3).

— (1952), « L'évolution des salaires en 1951 », in « La France économique en 1951 », *REP* mars-juin 1952 (vol. 62, n°2-3).

LÉVY-LEBOYER, M. (1979), « Hierarchical Structures, Rewards and Incentives in a Large Corporation : The Early Managerial Experience of Saint-Gobain, 1872-1912 », in *Law and the Formation of the Big Enterprises in the 19th and Early 20th Centuries*, édité par N. Horn et J. Kocka, pp. 451-475, Göttingen : Vandenhoeck & Ruprecht.

LÉVY-LEBOYER, M. et F. BOURGUIGNON (1985), *L'économie française au XIXe siècle – Analyse macroéconomique*, Economica (362 p.).

LHOMME, J. (1925), *Anciens et nouveaux impôts directs – Etude critique des transformations du système fiscal français depuis 1914*, Thèse, Faculté de Droit de l'Université de Toulouse (263 p.).

— (1968), « Le pouvoir d'achat de l'ouvrier français au cours d'un siècle : 1840-1940 », *Le Mouvement Social* n°63 (avril-juin 1968), pp. 41-69.

LINDERT, P. (2000), « Three Centuries of Inequality in Britain and America », in *Handbook of Income Distribution*, édité par A. Atkinson et F. Bourguignon, pp. 167-216, North-Holland.

MADDISON, A. (1995), *Monitoring the World Economy, 1820-1992*, OECD Development Centre Studies (255 p.).

MALAN, M. (1966), *La répartition de la charge fiscale en France de 1820 à 1964*, Thèse, Faculté de Droit et de Sciences Economiques, Université de Paris (200p.).

MALINVAUD, E. (1954), « La distribution des revenus par groupes en France », *E&C* mars

1954 (9e année, n°3), pp. 285-300.

Malissen, M. (1953), *L'autofinancement des sociétés en France et aux Etats-Unis*, Dalloz (246 p.).

— (1957), *Investissement et financement : origine et emploi des fonds des grandes sociétés*, Armand Colin (213 p.).

Marchal, J. (1933), « Le rendement des impôts français sur le revenu avant et depuis la guerre », *Revue de Science et de Législation Financière* octobre-novembre-décembre 1933 (vol. 31, n°4), pp. 575-637.

— (1942), *Rendements fiscaux et conjoncture – Contribution à la théorie de la sensibilité des impôts*, Librairie de Médicis (254 p.).

Marchal, J. et J. Lecaillon (1958-1970), *La répartition du revenu national*, Editions Génin (4 tomes) (667p. +388p. +393p. +332 p.).

Marchand, O. et C. Thélot (1991), *Deux siècles de travail en France*, INSEE (Collection INSEE-Etudes, janvier 1991) (202 p.).

Marchand, O. et C. Thélot (1997), *Le travail en France (1800-2000)*, Editions Nathan (269 p.).

Marczewski, J. (1987), « Préface », in Toutain (1987), pp. 3-48.

Marion, M. (1923), « Statistique comparée des augmentations de salaires depuis 1914 », *Journal de la Société de Statistique de Paris*, 64e année, pp. 281-288.

Marnata, F. (1961), *Les loyers des bourgeois de Paris, 1860-1958*, Librairie Armand Colin (118 p.).

Marquis, G. (1947), *L'impôt général sur le revenu en France : évolution, problèmes actuels*, Thèse, Université de Paris, Faculté de Droit (137 p.).

Marseille, J. (1980), « Les origines " inopportunes " de la crise de 1929 en France », *Revue économique*, vol. 31, n°4 (juillet 1980), pp. 648-684.

— (1996), « Enquête sur la fortune des Français », *L'Histoire* n°204 (novembre 1996), pp. 26-32.

Martin, J. (1998), « Politique familiale et travail des femmes mariés en France : perspective historique (1942-1982) », *Population*, vol. 53, n°6, pp. 1119-1152.

Martin, M. (1981), « Les ressources des ménages par catégorie socioprofessionnelle en 1975 », *Les Collections de l'INSEE* (série M, n°87).

Martinez, C. et C. Roineau (1999), « Les taux de possession de patrimoine par les ménages », *INSEE-Résultats* n°635-636 (série Emploi-Revenus n°144-145), janvier 1999 (352 p.).

Martinez, J.C. (1989), *L'impôt sur le revenu en question*, Litec (357 p.).

Masson, A. et D. Strauss-Kahn (1978), « Croissance et inégalité des fortunes de 1949 à 1975 », *Economie et Statistique* n°98 (mars 1978), pp. 31-49.

Mayeur, J. M. (1984), *La vie politique sous la Troisième République (1870-1940)*, Editions du Seuil (449 p.).

MERCILLON, H. (1955), *La rémunération des employés*, Librairie Armand Colin (Etudes et Mémoires du Centre d'Etudes Economiques n°23) (252 p.).

MICHALET, C.A. (1968), *Les placements des épargnants français de 1815 à nos jours*, PUF (374 p.).

MINOT, B. (1985), « La réforme fiscale du 31 décembre 1936 », in *Etats, fiscalités, économies*, textes rassemblés par J. Bouvier et J.C. Perrot, pp. 107-120, Publications de la Sorbonne.

MITZAKIS, M. (1944), *Principaux aspects de l'évolution financière de la France, 1936-1944*, Les publications techniques (172p.).

MORSELLI, E. et L. TROTABAS (1964), *Enquête sur les tarifs d'impôts*, LGDJ (412 p.).

MORCK, R.K., D.A. STRANGELAND et B. YEUNG (1998), « Inherited Wealth, Corporate Control and Economic Growth : the Canadian Disease? », NBER Working Paper n°6814.

MORRISSON, C. (1984), « La répartition factorielle des revenus en France (1880-1979) », document non publié, Laboratoire d'Economie Politique (ENS).

— (1991), « L'inégalité des revenus », in *Entre l'Etat et le marché : l'économie française des années 1880 à nos jours*, édité par M. Lévy-Leboyer et J.C. Casanova, pp. 131-155, Gallimard.

— (2000), « Historical Perspectives on Income Distribution : the Case of Europe », in *Handbook of Income Distribution*, édité par A. Atkinson et F. Bourguignon, pp. 217-260, North-Holland.

MORRISSON, C. et W. SNYDER (2000), « Les inégalités de revenus en France du début du XVIIIe siècle à 1985 », *Revue Economique* vol. 51, n°1 (janvier 2000), pp. 119-154.

MOURÉ, K. (1988), L*a politique du franc Poincaré (1928-1936)*, Albin Michel (554 p.).

MOURRE, B. (1922), « Des variations de l'inégalité des revenus et du revenu moyen », *Journal de la Société de Statiqtique de Paris*, 63e année, pp. 215-227.

MUEL-DREYFUS, F. (1996), *Vichy et l'éternel féminin*, Editions du Seuil (388 p.).

MUELLER, J.H. et S. Geisenberger (1972), *Die Einkommenstruktur in verschiedenen deutschen Ländern, 1874-1914*, Duncker & Humblot.

NEYMARCK, A. (1911), « Les chemineaux de l'épargne », *Journal de la Société de Statistique de Paris*, 52e année, avril 1911, pp. 122-166.

NIZET, J.-Y. (1991), *Fiscalité, économie et politique – L'impôt en France, 1945-1990*, LGDJ (636 p.).

NOLAN, B. (1987), *Income Distribution and the Macroeconomy*, Cambridge University Press (207p.).

— (1988-1989), « Macroeconomic Conditions and the Size Distribution of Income : evidence from the United Kingdom », *Journal of Post-Keynesian Economics* vol. IX, n°2 (winter 1988-89), pp. 196-221.

OMALEK, L., A. LAFERRÈRE, D. LE BLANC, F. CHERRIER et D. GUYOT (1998), « Les conditions de logement des ménages – Exploitation de l'enquête Logement 1996-1997 »,

INSEE-Résultats n°622-623 (série « Consommation – Modes de vie » n°97-98), novembre 1998 (292 p.).

PARETO, V. (1896), « La courbe de la répartition de la richesse », in *Ecrits sur la courbe de la répartition de la richesse*, pp. 1-15 (textes de Pareto rassemblés par G. Busino, Librairie Droz, 1965) (article également reproduit dans Séailles (1910, pp. 127-137)).

— (1896-1897), *Cours d'Economie Politique* (2 volumes) (réédition sous la direction de G. Busino, Librairie Droz, 1964).

PAXTON, R.O. (1973), *La France de Vichy (1940-1944)*, Editions du Seuil (2e édition, 1997, 462 p.).

— (1996), *Le temps des chemises vertes – Révoltes paysannes et fascisme rural, 1929-1939*, Editions du Seuil (316 p.).

PENOUIL, M. (1957), *Les cadres et leur revenu*, Editions Génin (327 p.).

PERROT, M. (1961), *Le mode de vie des familles bourgeoises, 1873-1953,* Librairie Armand Colin (300 p.).

PERROT, M. (1965), « Données statistiques sur l'évolution des rémunérations salariales de 1938 à 1963 », *E&C* n°8 (août 1965), pp. 2-167.

PERROUX, F. (1933), *Les traitements des fonctionnaires en France*, Sirey.

PHELPS-BROWN, H. (1988), *Egalitarianism and the Generation of Inequality*, Oxford University Press (552 p.).

PIÉTRI, F. (1933), *Justice et injustice fiscale*, Editions Tallandier (196 p.).

PIKETTY, T. (1997), *L'économie des inégalités*, Editions La Découverte, Collection « Repères » (122 p.).

— (1998), « Les hauts revenus face aux modifications des taux marginaux supérieurs de l'impôt sur le revenu en France, 1970-1996 », Document de travail du Cepremap n°98-12 (176 p.) (version résumée publiée dans *Economie et Prévision* n°138-139 (1999), pp. 25-60).

— (1999), « Attitudes Toward Income Inequality in France : do people really disagree? », Document de travail du Cepremap n°99-18 (27 p.).

PINÇON, M. et M. PINÇON-CHARLOT (1989), *Dans les beaux quartiers*, Editions du Seuil (254 p.).

— (1996), *Grandes fortunes : dynasties familiales et formes de richesse en France*, Editions Payot et Rivages (375 p.).

— (1997), *Voyage en grande bourgeoisie : journal d'enquête*, PUF (180 p.).

— (1999), *Nouveaux patrons, nouvelles dynasties*, Calmann-Lévy (273 p.).

PLAGNET, B. (1987), « La consécration par le droit fiscal de la définition économique du revenu? », in Isaïa, H. et J. Spindler, *Histoire du droit et des finances publiques, vol. II : Les grandes étapes de l'évolution de la fiscalité d'Etat, textes à l'appui*, pp. 189-218, Economica.

PORTIER, F. (1992), *Les rigidités de prix dans les fluctuations économiques*, Thèse, Univer-

sité de Paris I (676 p.).

PRIGENT, C. (1998), « La part des salaires dans la valeur ajoutée : une approche macroéconomique », Note INSEE n°17/G221/CP/CE (Direction des Etudes et Synthèses Economiques, Département des Etudes Economiques d'Ensemble) (23 p.).

PROCOPOVITCH, S.N. (1926), « The Distribution of National Income », *The Economic Journal*, vol. 36, n°141 (mars 1926), pp. 69-82.

QUARRÉ, D. (1981), « L'emploi et les rémunérations dans la fonction publique », in J. Affichard éd., *Pour une histoire de la statistique*, tome 2 (matériaux), pp. 191-209, Economica/INSEE.

RÉMOND, R. (1967), *Léon Blum, chef de gouvernement (1936-1937)*, actes du colloque de 1965, introduits par R. Rémond, Librairie Armand Colin (439 p.).

REMPP, J. M. (1987), « Les indices de prix à la consommation », in *Pour une histoire de la statistique*, INSEE-Economica, tome 2 (Matériaux), pp. 287-302.

RIOUX, J.P. (1980), *La France de la Quatrième République, 1 : L'ardeur et la nécessité (1944-1952)*, Editions du Seuil (Nouvelle histoire de la France contemporaine, n°15) (314 p.).

— (1983), *La France de la Quatrième République, 2 : L'expansion et l'impuissance (1952-1958)*, Editions du Seuil (Nouvelle histoire de la France contemporaine, n°16) (384 p.).

RIVET, R. (1941), « Evaluation du montant des salaires distribués », *BSGF* décembre 1941 (tome 29, n°7), pp. 333-341.

ROY, R. (1949), « Pareto statisticien : la distribution des revenus », *Revue d'Economie politique* septembre-décembre 1949 (vol. 59, n°5-6), pp. 555-577.

ROZE, H. (1971), « Les ressources des ménages par catégorie socioprofessionnelle en 1965 », *Les Collections de l'INSEE* (série M, n°10), mai 1971.

ROZE, H., J.C. PIERRE et M.E. MARTIN (1975), « Les ressources des ménages par catégorie socioprofessionnelle en 1970 », *Les Collections de l'INSEE* (série M, n°46), septembre 1975.

RUAULT, J.P. (1965), « Les revenus des ménages en 1962 », *E&C* décembre 1965 (n°12), pp. 3-112.

— (1966), « Les ressources des ménages par catégorie socioprofessionnelle », *E&C* juillet 1966 (21e année, n°7), pp. 47-112.

SABINE, B.E.V. (1966), *A History of the Income Tax*, Allen & Unwin (272 p.).

SAEZ, E. (1999), « Responses to federal income tax changes in the inter-war period », PhD Dissertation, MIT, Department of Economics.

SAUVY, A. (1936), « Comment réduire l'inégalité des revenus? Essai d'une solution capitaliste au problème de la répartition », *REP* septembre-octobre 1936 (Vol. 50, n°5), pp. 1585-1613.

— (1954), « Rapport sur le revenu national présenté, au nom du Conseil Economique, par M. Alfred Sauvy », *Journal Officiel – Avis et rapports du Conseil Economique*, 7 avril

1954, pp. 373-391.
— (1965-1975), *Histoire économique de la France entre les deux guerres*, volume 1 : 1918-1931 (1965, 564 p.), volume 2 : 1931-1939 (1967, 626 p.), volume 3 : divers sujets (1972, 467 p.), volume 4 : sujets divers, conclusions et enseignements, bibliographie (1975, 298 p.), Fayard.
— (1978), *La vie économique des Français de 1939 à 1945*, Flammarion (256 p.).
— (1984), *Histoire économique de la France entre les deux guerres*, volumes 1, 2 et 3 (422 p., 439 p. et 476 p.), Economica.
Sauvy, A. et P. Depoid (1940), *Salaires et pouvoir d'achat des ouvriers et des fonctionnaires entre les deux guerres*, Institut National d'Etude du Travail et d'Orientation Professionnelle (64 p.).
Sauvy, A. et R. Rivet (1939), « Fortune et revenu national », in « De la France d'avant guerre à la France d'aujourd'hui », Revue d'Economie politique janvier-février 1939 (vol. 53, n°1), pp. 356-392.
Scheuren, F. et J. McCubbin (1987-1988), « Individual income tax shares and average tax rates, tax years 1916-1950 », *Statistics of Income Bulletin* (Winter 1987-1988), pp. 1-70 (U.S. Treasury Department, Internal Revenue Service).
— (1988), « Individual Income Tax Shares and Average Tax Rates, Tax Years 1951-1986 », *Statistics of Income Bulletin* (Spring 1988), pp. 39-74 (U.S. Treasury Department, Internal Revenue Service).
Séailles, J. (1910), *La répartition des fortunes en France*, Editions Félix Alcan (143 p.).
Seers, D. (1951), *The levelling of Income Since 1938*, Oxford.
Seligman, E.R.A. (1913), *L'impôt sur le revenu*, M. Giard&E. Brière (833 p.).
Sérée de Roch, L. (1999), *La modernisation de la fiscalité en France (1914-1926) – L'exemple du Midi toulousain*, Thèse, Université de Toulouse I, Faculté de Droit (2 tomes, 843 p.).
Siwek-Pouydesseau, J. (1989), *Le syndicalisme des fonctionnaires jusqu'à la guerre froide, 1848-1948*, Presses Universitaires de Lille (342 p.).
Shapiro, I. et R. Greenstein (1999), *The Widening Income Gulf*, Center on Budget and Policy Priorities (Washington) (14 p.).
Soltow, L. (1965), *Towards Income Equality in Norway*, University of Wisconsin Press.
Stamp, J. (1936), « The Influence of the Price Level on the Higher Incomes », *Journal of the Royal Statistical Society* (vol. 99, part 4), pp. 627-673.
Stanley, R. (1993), *Dimensions of Law in the Service of Order – Origins of the Federal Income Tax, 1861-1913*, Oxford University Press (335 p.).
Steuerle, E. et M. Hartzmark (1981), « Individual Income Taxation, 1947-1979 », *National Tax Journal*, vol. 32 (juin 1981).
Talmy, R. (1962), *Histoire du mouvement familial en France (1896-1939)*, Thèse, Université de Lille, Faculté des Lettres et des Sciences Humaines.

TAFFIN, C. (1993), « Un siècle de politique du logement : L'Etat doit-il être acteur ou simple arbitre? », in *Données Sociales 1993*, INSEE, pp. 406-414.

TIANO, A. (1957), *Les traitements des fonctionnaires et leur détermination, 1930-1957*, Editions Genin (554 p.).

THIONNET, P. (1960), « Sur la distribution des revenus et les modèles qui s'y rapportent », in Etudes de comptabilité nationale, pp. 15-40 (Imprimerie Nationale, ministère des Finances, SEEF).

TOUTAIN, J.C. (1987), « Le produit intérieur brut de la France de 1789 à 1982 », *Economie et Sociétés* (Cahiers de l'ISMEA), série « Histoire quantitative de l'économie française » n°15, mai 1987, pp. 49-237.

— (1996), « Comparaison entre les différentes évaluations du produit intérieur brut de la France de 1815 à 1938, ou l'histoire économique quantitative a-t-elle un sens? », *Revue Economique*, juillet 1996 (n°4), pp. 893-919.

— (1997), « Le produit intérieur brut de la France, 1789-1990 », *Economie et Sociétés* (Cahiers de l'ISMEA), série « Histoire économique quantitative » n°1, novembre 1997, pp. 5-136.

TREMPÉ, R. (1971), *Les mineurs de Carmaux (1848-1914)*, Les Editions Ouvrières (2 tomes, 1012 p.).

TRÉVOUX, F. (1949), « Structure de la fortune privée en France », *REP* janvier-février 1949 (59e année, n°1), pp. 33-42.

TROTABAS, L. (1938), « La législation fiscale », in « La France économique en 1937 », pp. 555-563, *Revue d'Economie politique* mai-juin 1938 (vol. 52, n°3).

VILLA, P. (1993), *Une analyse macroéconomique de la France au xxe siècle*, CNRS Editions (Monographies d'économétrie) (499 p.).

— (1994), « Un siècle de données macroéconomiques », *INSEE-Résultats* n°303-304 (série Economie générale n°86-87), avril 1994 (266 p.).

— (1997), *Séries macroéconomiques historiques : méthodologie et analyse économique*, INSEE-Méthodes n°62-63, mars 1997 (228 p.).

VINCENT, L.A. (1962), « Évolution de la production intérieure brute en France de 1896 à 1938 – Méthode et premiers résultats », *Etudes et Conjoncture*, novembre 1962 (n°11), pp. 900-933.

— (1965), « Population active, production et productivité dans 21 branches de l'économie française (1896-1962) », *Etudes et Conjoncture*, février 1965 (n°2), pp. 73-108.

— (1972), « Les comptes nationaux », in A. Sauvy, *Histoire économique de la France entre les deux guerres*, volume 3 (Fayard 1972), chapitre 12, pp. 309-343.

VOLKOFF, S. (1987), « La statistique annuelle sur les salaires », in J. Affichard éd., *Pour une histoire de la statistique*, tome 2 (matériaux), pp. 219-228, Economica/INSEE.

WILLIAMSON, J. (1985), *Did British Capitalism Breed Inequality?*, Allen & Unwin (270 p.).

— (1991), « British Inequality During the Industrial Revolution : Accounting for the Kuz-

nets Curve », in *Income Distribution in Historical Perspective*, édité par Y. Brenner, H. Kaelble et M. Thomas, pp. 57-75, Cambridge University Press.

WILLIAMSON, J. et P. LINDERT (1980), *American Inequality – A Macroeconomic History*, Academic Press (362 p.).

WITTE, J.F. (1985), *The Politics and Development of the Federal Income Tax*, The University of Wisconsin Press (438p.).

WOLFF, E. (1994), *Top Heavy – A Study of the Increasing Inequality of Wealth in America*, The Twentieth Century Fund (92 p.).

— (1995), *Top Heavy – The Increasing Inequality of Wealth in America and What Can Be Done about It*, The New Press (110 p.).

ZDATNY, S. M. (1999), *Les artisans en France au XXe siècle,* Belin (368 p.).

邦訳書リスト

1） *Etudes et Conjoncture*（INSEE, 1946-1969）
1964年4月号の紹介：「フランスの賃金構造——1965年商工業賃金統計」
『海外労働経済月報』、労働大臣官房統計情報部［編］1968年、p.33～37

2） *Economie et Statistiques*（INSEE, 1970-）
① 1971年6月号の紹介：「フランスにおける労働費用（1966-1969年）」
『海外労働経済月報』、労働大臣官房統計情報部［編］1971年、p.25～35
② 1973年2月号の紹介：「一年間の労働移動——フランス」
『海外労働経済月報』、労働大臣官房統計情報部［編］1973年、p.28～41

3） *Revue d'Economie politique*（1887-）
出典の号不明：「フランスにおける所得の動向（68年5月危機後）」
ベルナール・ピエール
『調査月報』、大蔵省大臣官房総合政策課［編］1971年、p.1～5

4） ATKINSON, A.B.（1983）, *The Economics of Inequality*, Second Edition, Clarendon Press（330 p.）
A.B. アトキンソン『不平等の経済学』
佐藤隆三、高川清明訳、時潮社、1981年

5） PARETO, V.（1896-1897）, *Cours d'Economie Politique*（2 volumes）（réédition sous la direction de G. Busino, Librairie Droz, 1964）
V. パレート「経済学提要：嗜好」（上掲書の抜粋）
石橋春男、関谷喜三郎訳
『大東文化大学紀要　社会科学』、2012年、p.133～151

格差《かくさ》と再分配《さいぶんぱい》

20世紀フランスの資本

2016年9月20日　初版印刷

2016年9月25日　初版発行

著　者　トマ・ピケティ

訳　者　山本知子《やまもとともこ》・山田美明《やまだよしあき》

岩澤雅利《いわさわまさとし》・相川千尋《あいかわちひろ》

発行者　早川　浩

発行所　株式会社　早川書房

東京都千代田区神田多町2-2

電話 03-3252-3111（大代表）

振替 00160-3-47799

http://www.hayakawa-online.co.jp

印刷所　三松堂株式会社

製本所　大口製本印刷株式会社

ISBN978-4-15-209621-0 C0033　Printed and bound in Japan

定価はカバーに表示してあります。

乱丁・落丁本は小社制作部宛お送り下さい。送料小社負担にてお取りかえいたします。

ハヤカワ・ノンフィクション

ホワット・イフ?

——野球のボールを光速で投げたらどうなるか

What If?

ランドール・マンロー
吉田三知世訳
46判並製

日本人の科学&ギャグリテラシーを飛躍的に高めた大ベストセラー!

光速の90%でバッターにボールを投げるとどうなる? カップのお茶をかき回して沸騰させられる? 元NASA研究者による人気のマンガ科学解説サイトを書籍化。「知ってどうなる」的おバカな疑問に物理と数学とマンガとで全力で答える、脳内エンタテインメント。

ハヤカワ・ノンフィクション

道程
―オリヴァー・サックス自伝―

On the Move

オリヴァー・サックス
大田直子訳
46判上製

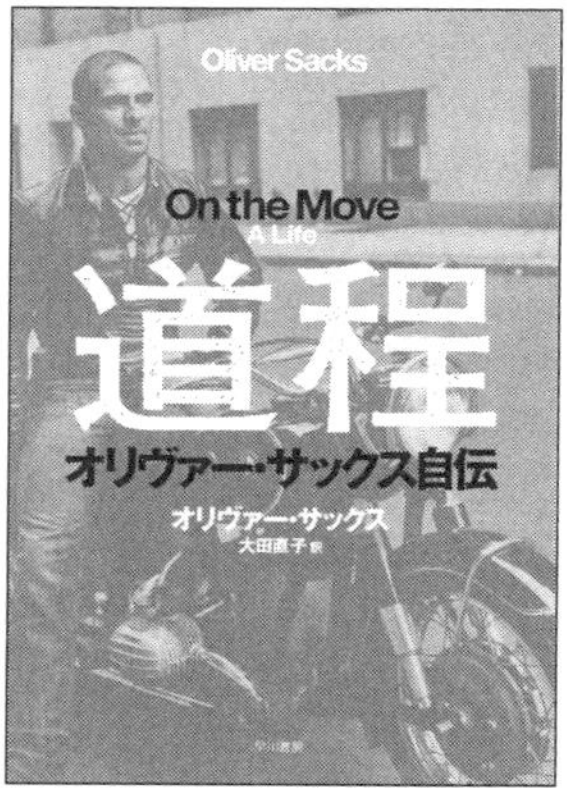

類いまれな観察者が遺した
自らの「観察記録」

先ごろ惜しまれつつがんで亡くなった、脳と患者の不思議に魅せられた著者が、オートバイに夢中の奔放な青年時代から、医師として自立する際の懊悩、世界中で読まれた著作の知られざるエピソード、書くことの何物にも代えがたい素晴らしさを綴った、生前最後の著作となった自伝。

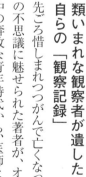